westermann

Andreas Blank, Helge Meyer, Helmut Müller, Peter Pade

Betriebswirtschaftslehre für Berufliche Gymnasien

Für Bildungsgänge, die berufliche Kenntnisse vermitteln und zur allgemeinen Hochschulreife führen

Fachbereich Wirtschaft und Verwaltung

Band 1

8. Auflage

Bestellnummer 32460

Die in diesem Produkt gemachten Angaben zu Unternehmen (Namen, Internet- und E-Mail-Adressen, Handelsregistereintragungen, Bankverbindungen, Steuer-, Telefon- und Faxnummern und alle weiteren Angaben) sind i. d. R. fiktiv, d. h., sie stehen in keinem Zusammenhang mit einem real existierenden Unternehmen in der dargestellten oder einer ähnlichen Form. Dies gilt auch für alle Kunden, Lieferanten und sonstigen Geschäftspartner der Unternehmen wie z. B. Kreditinstitute, Versicherungsunternehmen und andere Dienstleistungsunternehmen. Ausschließlich zum Zwecke der Authentizität werden die Namen real existierender Unternehmen und z. B. im Fall von Kreditinstituten auch deren IBANs und BICs verwendet.

Die in diesem Werk aufgeführten Internetadressen sind auf dem Stand zum Zeitpunkt der Drucklegung. Die ständige Aktualität der Adressen kann vonseiten des Verlages nicht gewährleistet werden. Darüber hinaus übernimmt der Verlag keine Verantwortung für die Inhalte dieser Seiten.

Legende der verwendeten Verweis-Symbole

Volkswirtschaftslehre	VWL	Mathematik	MATH
Wirtschaftsinformatik	INFO	Fremdsprachen	SPRA
Politik/Geschichte	POL	Band 2	Bd. 2
Einsatz des PCs zur Lösung von Aufgaben	EDV		

Web

Unter **BuchPlusWeb** bieten die Autoren eine Fülle von Materialien für Lehrer und Schüler an:

- Belegmasken zum Modellunternehmen,
- Excel-Tabellen zu zahlreichen Beispielen und Aufgaben des Lehrbuchs,
- Bausteine für Übungen, Klausuren und Prüfungsvorbereitungen.

service@westermann.de
www.westermann.de

Bildungsverlag EINS GmbH
Ettore-Bugatti-Straße 6-14, 51149 Köln

ISBN 978-3-427-**32460**-7

westermann GRUPPE

Vorwort

Die Inhalte der beiden Bände „Betriebswirtschaftslehre für Berufliche Gymnasien“ orientieren sich an den fachlichen Vorgaben für die schriftliche Abiturprüfung in den entsprechenden Bildungsgängen des Berufskollegs.

Die Bände beinhalten folgende **Kursthemen**:

Band 1	
Kurshalbjahr	Kursthema
11.1	Unternehmen als komplexes wirtschaftliches und soziales System
11.2	Abwicklung eines Kundenauftrages
12.1	Prozess der Leistungserstellung, Kosten- und Leistungsrechnung

Band 2	
Kurshalbjahr	Kursthema
12.2	Prozess der Leistungsverwertung, Investition
13.1	Finanzierung, Jahresabschluss, Bilanzanalyse, Bilanzkritik
13.2	Veränderungsprozesse im Unternehmen

Alle Kursthemen orientieren sich an den Praxisabläufen innerhalb eines **Modellunternehmens, der Bürodesign GmbH**. Dies unterstützt die Anschauung und bietet einen Fundus an konkreten betrieblichen Situationen und Handlungsfeldern, mit denen sich die Schüler/-innen identifizieren können. **Die Konzeption**

Handlungssituation → Arbeitsauftrag → Sachinhalt → Zusammenfassung → Aufgaben

motiviert zur selbstständigen handlungs- und entscheidungsorientierten Bearbeitung betrieblicher Aufgabenstellungen. Jedes Kapitel wird mit einer unternehmens- und fachtypischen **Handlungssituation** eingeleitet. Über abschließende **Arbeitsaufträge** werden die Schüler und Schülerinnen zu eigenständigen Lösungen aufgefordert.

Mit der verständlichen und illustrierten Darstellung und Erläuterung der Inhalte an Beispielen werden Hilfen zur Entwicklung von eigenen Lösungsvorschlägen und damit zu einer identifizierenden Handlungsorientierung angeboten. Die Darstellung der **Sachinhalte** ist auf die Vermittlung von Grundstrukturen des Faches in starker Einbindung in betriebswirtschaftliche Zusammenhänge gerichtet. In vielen Abschnitten werden computergestützte Lösungen aufgezeigt bzw. gefordert.

Jedes Kapitel schließt mit einer **Zusammenfassung** der Lernstruktur und einem umfangreichen **Aufgabenteil** zur Wiederholung, Vertiefung und Anwendung des Gelernten. Insbesondere werden Aufgaben angeboten, die geeignet sind, die im Lehrplan geforderte Fach-, Methoden-, Sozial- und Humankompetenz zu fördern, indem Referate, Materialsammlungen, Fallstudien, kleine Projekte, Rollenspiele, kritische Reflexion, Präsentationen u.a. gefordert werden. Zudem werden zahlreiche Aufgaben angeboten, die mithilfe des PC fächerübergreifend zu lösen sind. Sie sind mit einem entsprechenden Symbol gekennzeichnet.

Aspekte der beruflichen Bildung in der digitalen Welt werden in Handlungssituationen, Sachinhalt und Aufgaben durchgängig berücksichtigt.

Ein Verzeichnis der Gesetzesabkürzungen sowie ein ausführliches Sachwortverzeichnis erleichtern ein selbstständiges wissenschaftliches Arbeiten mit den beiden Bänden. Unter BuchPlusWeb werden weitere Aufgaben, Klausuren, Belegmasken zum Modellunternehmen, zu den Kunden und Lieferern sowie Excel-Tabellen zu den im Lehrbuch gestellten Aufgaben ergänzt.

Die Verfasser

Inhaltsverzeichnis

Gesetzesabkürzungen

Aktiengesetz	AktG
Abgabenordnung	AO
Betriebsverfassungsgesetz	BetrVG
Bürgerliches Gesetzbuch	BGB
Bundes-Immissionsschutzgesetz	BImSchG
Designgesetz	DesignG
Gesetz über die Drittelbeteiligung der Arbeitnehmer im Aufsichtsrat	DrittelbG
Gesetz über elektronische Handelsregister sowie das Unternehmensregister	EHUG
Einkommensteuergesetz	EStG
Gebrauchsmustergesetz	GebrMG
Gefahrgutverordnung	GGV
Gesetz gegen den unlauteren Wettbewerb	UWG
Gesetz gegen Wettbewerbsbeschränkungen	GWB
Gewerbeordnung	GewO
Grundgesetz	GG
GmbH-Gesetz	GmbHG
Handelsgesetzbuch	HGB
Kreislaufwirtschaftsgesetz	KrWG
Markengesetz	MarkenG
Gesetz zur Modernisierung des GmbH-Rechts und Bekämpfung von Missbräuchen	MoMiG
Patentgesetz	PatG
Produkthaftungsgesetz	ProdHaftG
Produktsicherheitsgesetz	ProdSG
Schulgesetz	SchulG
Signaturgesetz	SigG
Strafgesetzbuch	StGB
Umweltverträglichkeitsprüfungsgesetz	UVPG
Urheberrechtsgesetz	UrhG
Verpackungsgesetz	VerpackG
Zivilprozessordnung	ZPO

Einleitung

Ein Unternehmen stellt sich vor

Die **Betriebswirtschaftslehre** beschäftigt sich mit dem Verhalten von Unternehmen im Markt. Jedes Unternehmen ist gleichzeitig Kunde bei anderen Unternehmen, bei seinen Lieferanten, und hat selbst Kunden, seine Abnehmer. Industrieunternehmen beschaffen Rohstoffe usw. und produzieren unter Einsatz von menschlicher Arbeitskraft, Maschinen und Finanzmitteln neue Güter, die sie ihren Kunden anbieten.

Damit Sie vielfältige Probleme und Methoden der Betriebswirtschaftslehre leichter kennen lernen, haben wir in diesem Buch für Sie ein mittelständisches Industrieunternehmen als Modellunternehmen gewählt, die **Bürodesign GmbH**. An typischen Situationen dieses Unternehmens lernen Sie die wesentlichen Problemkreise kennen, mit der sich die Betriebswirtschaftslehre beschäftigt. Sie erfahren, wie betriebswirtschaftliche Entscheidungen zustande kommen und welche Methoden eingesetzt werden, damit ein Unternehmen Erfolg hat.

Betrachten Sie die Bürodesign GmbH als Ihren „Betrieb", um betriebswirtschaftliches Denken und Handeln kennen zu lernen. Hierzu wollen Sie sicher einige Details über das Unternehmen erfahren.

In dieser Einleitung erfahren Sie, wo die Bürodesign GmbH ihren Sitz hat, wie das Unternehmen aufgebaut ist, welche Abteilungen vorhanden sind und welchen Menschen Sie in diesem Buch häufig begegnen. Sie beobachten sie in typischen betrieblichen Situationen. Sie finden auch einen Katalog der Produkte, die von der Bürodesign GmbH hergestellt werden, sowie einen Auszug aus der Kunden- und Liefererdatei. Außerdem wird der Gesellschaftervertrag der Bürodesign GmbH vorgestellt. Schließlich erfahren Sie, in welchen Verbänden die Bürodesign GmbH Mitglied ist und wie ihr Betriebsrat und ihre Jugendvertretung zusammengesetzt sind.

Auf diese Informationen werden Sie bei Ihrer Arbeit sicher häufiger zurückgreifen müssen. Deshalb haben wir sie zusammengefasst und als Einleitung vor das erste Kapitel gesetzt.

Unternehmensgeschichte

In der Mitte des Rheinlandes gründete der Tischlermeister Christian Stein 1947 in Köln die **Sitzmöbelfabrik Christian Stein**, die Stühle im gutbürgerlichen Geschmack und von hoher handwerklicher Qualität produzierte. Im Jahre 1952 trat der Tischlermeister Bernd Friedrich in das bestehende Unternehmen als Mitgesellschafter ein, wobei das Unternehmen seitdem als **Sitzmöbelfabrik Stein OHG** firmierte. 1983 wandelten die beiden Nachfahren Dipl.-Kfm. Klaus Stein und Dipl.-Ing. Helma Friedrich das Unternehmen in die **Bürodesign GmbH** um. Damit begann der eigentliche Aufstieg des Unternehmens zu einem der führenden Hersteller von Büromöbeln in Deutschland. Das Unternehmen hat den Ruf eines Pioniers der zeitgemäßen Büromöbelgestaltung erlangt.

Eine wesentliche **Grundmaxime** des Unternehmens sind die **Forderung nach hoher Dauerhaftigkeit der Produkte und der Absage an verschwenderischen Überfluss**. In einer Zeit also, in der „ex und hopp" als erstrebenswertes Konsumverhalten galt, erkannten Designer dessen Fragwürdigkeit und zogen gemeinsam mit einer Handvoll fortschrittlicher Unternehmen, zu denen auch die Bürodesign GmbH zählt, daraus die Konsequenz. Daraus entstand in der Bürodesign GmbH der Begriff **„Wahrhaftigkeit der Produkte"** als verpflichtende Maxime.

Ohne um die ökologischen Zusammenhänge zu wissen, produzierte die Bürodesign GmbH vor über zwei Jahrzehnten Möbel, die ein **wesentliches ökologisches Grunderfordernis** erfüllen – **hohe Gebrauchsdauer bei reduziertem Materialaufwand**. Zu den Forderungen nach Form und Funktion ist vor einigen Jahren die **Umweltverträglichkeit** als dritte Vorgabe für die Designer und Konstrukteure gekommen.

Mit der Produktphilosophie bildete sich bei der Bürodesign GmbH auch ein **neues Verständnis für das soziale Verhalten** im Unternehmen aus, das auf gegenseitigem Vertrauen begründet ist. Der **Führungsstil** ist kooperativ und durch die Regel „keine Anweisung ohne Begründung" charakterisiert. Seit dem 1. Januar 1974 sind die Mitarbeiterinnen und Mitarbeiter mit 50 % am Betriebsergebnis (nach Steuern) vermögensbildend beteiligt und halten heute als **stille Gesellschafter** 28 % des Kapitals. Mit der geplanten Umwandlung der Unternehmung in eine **Aktiengesellschaft** werden die Mitarbeiteranteile in Vorzugsaktien umgewandelt werden.

Es war nahe liegend, dass ein Unternehmen, das in der Produktentwicklung ebenso wie in seiner Haltung als Arbeitgeber neue Wege geht, sich in seiner Umweltverantwortung nicht abwartend verhält, sondern bestrebt ist, die Entwicklung aktiv mit voranzutreiben. Ziel ist es bei der Bürodesign GmbH, ein umfassendes **Öko-Controlling** zu implementieren, um durch alternative Werkstoffe, wirtschaftlichen Einsatz von Energien und die Optimierung der Herstellerverfahren sowohl die Produkte als auch die Produktion kontinuierlich umweltverträglicher zu gestalten. Hierbei wird die folgende Unternehmensphilosophie zugrunde gelegt: **„In diesem Jahrtausend werden nur die Unternehmen überleben, die zwei Voraussetzungen haben: ökologische Produkte und die Zustimmung der Menschen."**

▲ Der Standort

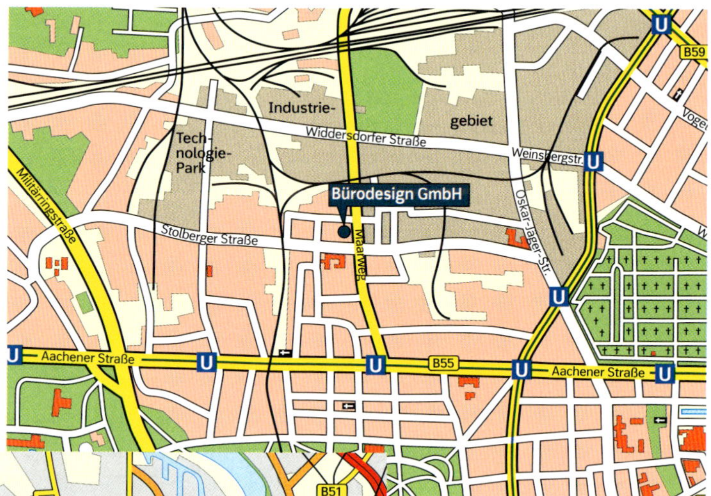

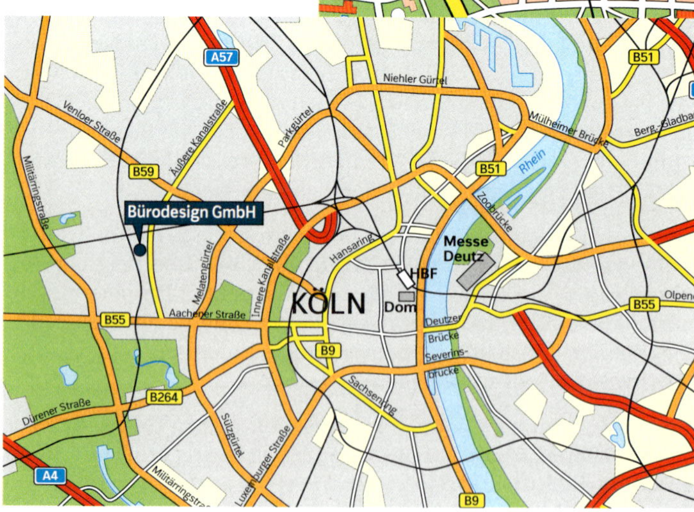

Der Standort der Bürodesign GmbH liegt in **50933 Köln**, **Stolberger Straße 188**. Hier hat das Unternehmen Werkstätten für die Fertigung angemietet. Die Büroräume befinden sich in einem Nebengebäude, das Eigentum der Bürodesign GmbH ist. Die Bürodesign GmbH unterhält ebenfalls in ihrem Verwaltungsgebäude ein Verkaufsstudio, in dem Letztverbraucher ihre Einkäufe tätigen können. Über die Aachener Straße ist das Autobahnkreuz Köln-West mit den Autobahnen A1 und A4 in wenigen Minuten zu erreichen. Der Güterbahnhof Köln-Gereon befindet sich ebenfalls in unmittelbarer Nähe. Arbeitnehmerinnen und Arbeitnehmer können mit den Straßenbahnlinien 7, 8 und 20 bis fast vor die Werkstore fahren. Die Bürodesign GmbH unterhält Zweigniederlassungen in 26607 Aurich, Dieselstraße 10, und in 04347 Leipzig, Brahestraße 30–32. Eine weitere Vertriebsniederlassung soll in zwei Jahren in München oder Umgebung eröffnet werden. Mit einem italienischen Büromöbelhersteller aus Bozen ist ein Kooperationsvertrag abgeschlossen worden. Hierbei sollen die Produkte des jeweiligen anderen Unternehmens den Kunden als Produktalternativen angeboten werden. Jedes Unternehmen erhält aus den für das andere Unternehmen getätigten Verkäufen Provisionen.

Die Abteilungen

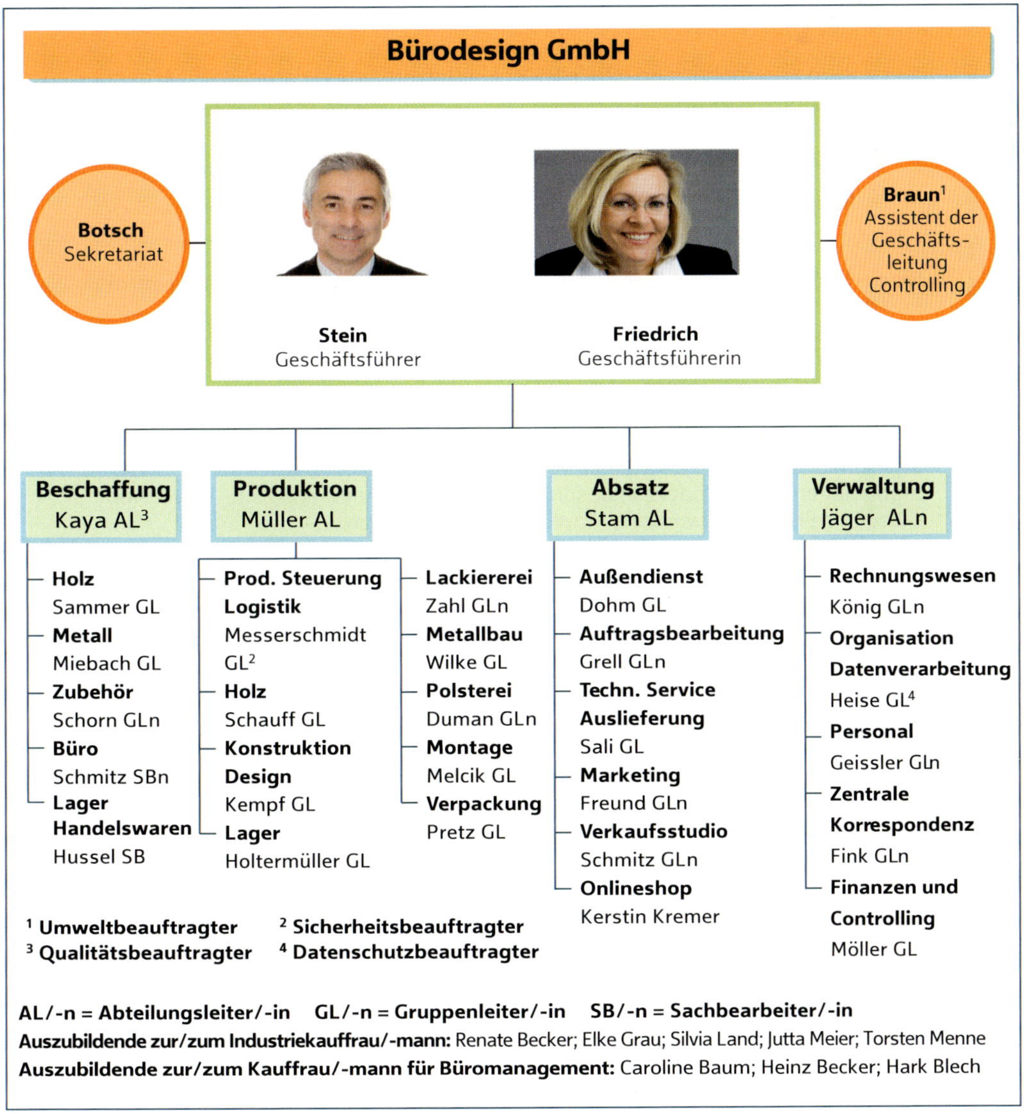

Die Produkte

Auszug aus dem Katalog der Bürodesign GmbH:

Die Stärke eines Unternehmens liegt im Rückgrat seiner Mitarbeiter!

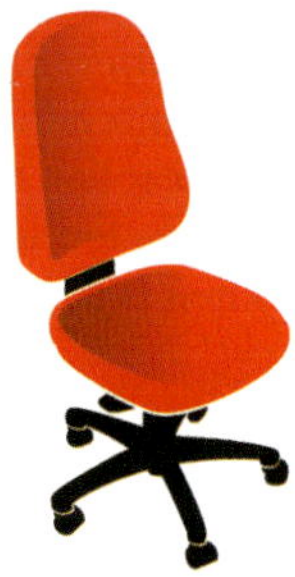

Deshalb ist unser Ziel:

Ihre Mitarbeiter sollen gut sitzen, damit sie ein besseres Stehvermögen haben!

Alle unsere Büromöbel sind miteinander kombinierbar und geben Ihren Arbeitsplätzen ein modernes und funktionelles Flair. Ihre Mitarbeiter sollen sich wohlfühlen.

Ein wichtiges Anliegen ist uns die Ergonomie am Arbeitsplatz.

Büromöbel sollen sich den Bedürfnissen Ihrer Mitarbeiter anpassen und nicht umgekehrt!

Hierzu berücksichtigen wir stets die neuesten Erkenntnisse der Arbeitsmedizin und der Vorschriften der Berufsgenossenschaften für die Gestaltung von Büroarbeitsplätzen.

Ein weiteres Prinzip unseres Unternehmens ist die ökologische Produktion von umweltverträglichen Büromöbeln. Wir verwenden ausschließlich Materialien, die frei von Schadstoffen und recycelbar sind. Deshalb erhalten Sie zu jedem Produkt eine Aufstellung der verwendeten Materialien. Zusätzlich sind die verwendeten Stoffe auf unseren Produkten besonders gekennzeichnet. Übrigens, es versteht sich von selbst, dass wir keine Tropenhölzer verwenden.

Sie sehen, uns liegt die Umwelt am Herzen, genau wie Ihnen!

Die Palette unserer Erzeugnisse umfasst folgende Produktgruppen:

- **Arbeiten am Schreibtisch**
- **Warten und Empfang**
- **Konferenzen und Schulungen**

Unser Katalog gibt Ihnen nur einen kleinen Überblick über unser Angebot. Bei Bedarf stehen Ihnen unsere qualifizierten Einrichtungsberater zur Verfügung. Rufen Sie uns einfach an, wir vereinbaren gerne einen Besuchstermin.

BÜRODESIGN GMBH

Stolberger Straße 188 · 50933 Köln · Tel.: 0221 6683550 · Fax: 0221 668357
Internet: www.buerodesign-online.de

Die Verbände

Gemäß § 1 IHK-Gesetz ist die Bürodesign GmbH Mitglied in der **Industrie- und Handelskammer (IHK).** Als Handwerksbetrieb ist sie ebenfalls Mitglied in der **Handwerkskammer (HWK)**. Frau Friedrich und der Tischlermeister Schauff sind Mitglieder in Prüfungsausschüssen der IHK und der Handwerkskammer. Das Unternehmen ist im **Landesverband Holzindustrie und Kunststoffverarbeitung Nordrhein e. V.** organisiert, die organisierten Arbeitnehmer sind Mitglieder in der Gewerkschaft **IG-Metall**.

Der Betriebsrat und die Jugend- und Auszubildendenvertretung (JAV)

Vorsitzender des Betriebsrates der Bürodesign GmbH ist **Frank Messerschmidt**, seine Stellvertreterin Sabine Schmitz. Darüber hinaus gehören dem Betriebsrat die Mitarbeiterinnen und Mitarbeiter Regina Lehmann, Vera Botsch und Kirsten Schorn an. Jugend- und Auszubildendenvertreterin ist **Silvia Land**, Stellvertreterin ist Elke Grau.

Das Produktionsprogramm (Auszug)

Katalogseite	Produktbezeichnung	Produkt-Nr.	Listenverkaufspreis, netto/€
Produktgruppe: Arbeiten am Schreibtisch			
17	Schreibtisch Chef 2000	211/44	625,00
18	Schreibtisch Stardesign	211/64	416,50
19	Serie Volumen	212/55	460,40
20	Stellwand Integra	203/3	403,00
21	Arbeitssessel ergo-design-natur	205/3	443,00
23	Bürotisch Xama 2000	206/8	638,00
24	Kombinationsschreibtisch Modulo	207/3	937,50
Produktgruppe: Konferenzen und Schulung			
32	Konferenztisch Logo	444/4	375,00
33	Stapelstuhl Stapler	444/1	175,00
34	Konferenzstühle Konzentra	442/1	505,00
35	Regalsystem Wikinger	443/1	545,50
Produktgruppe: Warten und Empfang			
3	Empfangstheke INTRO	764/10	1200,00
4	Sessel Waiter	763/62	942,50
6	Ablagetisch Stand	768/11	225,60
Handelswaren			
8	Regalsystem Danebro	811/12	1200,00
9	Schreibtischlampe Luna	812/13	195,00
10	Papierkorb Sonja	814/11	89,00

1 Verkaufspreise in der Grundversion für den Fachhandel, gültig ab 1. Januar, unverbindlich empfohlene Listenverkaufspreise ohne Umsatzsteuer

Auszug aus der **Produktliste und Produktbeschreibung**:

Produktgruppe „Arbeiten am Schreibtisch“

Produkt	Beschreibung	Maße in cm	Material, Farbe
– **Chef 2000**	Schreibtisch mit Winkelkombination, Oberfläche versiegelt, auf Wunsch mit Glas, Sicherheitsschlösser	Standard: 120 x 80 Höhe: regulierbar 68–75 Sondermaße auf Wunsch	Eiche, Birke, Esche (furniert)
– **Stardesign**	Schreibtisch Stahlrohrrahmen mit wahlweise Glas-, Holz- oder Kunststoffplatte	Standard: 180 x 95 Höhe: regulierbar 68–76 Sondermaße auf Wunsch	Rahmen in Chrom, Platte nach Wunsch
– **Container-Serie Volumen**	Unterbau mit Rollen für alle Modelle, mit Schubladen, Hängeregistratur, Aktenablage, Sicherheitsschlösser	135 x 42 x 164	passend zu Schreibtischen
– **Integra**	Stellwände zur Gestaltung von Bürolandschaften	80 x 80 x 122	passend zu Schreibtischen
– **ergo-design-natur**	Arbeitssessel, höhen- und neigungsverstellbar, mit Rollen		Leder, Textil (nach Farbmuster)
– **Xama 2000**	Bürotisch	Standard: 150 x 70 Höhe regulierbar 68–75 Sondermaße auf Wunsch	Esche, Birke, Kiefer (furniert)
– **Modulo**	Kombinationsschreibtisch, erweiterbar zu Arbeitsinseln, Ergänzungsmodul	160 x 80 x 68–75 120 x 80 x 68–75	Eiche, Birke, Esche (furniert)

Stardesign

Xama 2000

ergo-design-natur

Produktgruppe „Konferenzen und Schulung“

Produkt	Beschreibung	Maße in cm	Material, Farbe
– **Logo**	Konferenztisch kombinierbar mit Eckstücken Rahmen aus Holz oder Stahlrohr	180 x 95 x 68–75	Eiche, Birke, Esche, Kiefer (furniert)
– **Stapler**	Stapelstühle klappbar		Kunststoff auf Stahlrohr
– **Konzentra**	Konferenzstühle mit Armlehnen		Leder, Textil (nach Farbmuster)
– **Wikinger**	Regalsystem	180 x 90 x 30	Eiche, Birke, Esche (furn.), Kiefer (massiv)

Logo

Wikinger

Produktgruppe „Warten und Empfang"

Produkt	Beschreibung	Maße in cm	Material, Farbe
– **INTRO**	Empfangstheke kombinierbar mit Eckteilen	160 x 80 x 220 Thekentiefe 35	Eiche, Birke, Esche
– **Waiter**	Sessel für den Warteraum, kombinierbar zum Sofa		Leder, Textil (nach Farbmuster)
– **Stand**	Ablagetisch für Warteraum, Stahlrohr mit Glasplatte	80 x 80 x 50	Rahmen in Chrom, Platte aus Glas

Intro

Waiter und Stand

▲ Das Firmenlogo der Bürodesign GmbH

BÜRODESIGN GMBH
Stolberger Straße 188 · 50933 Köln · Tel.: 02 21 6 68 35 50 · Fax 02 21 66 83 57
E-Mail: kontakt@buerodesign-online.de

Die Hauptkunden

Auszug aus der Kundendatei der Bürodesign GmbH

Kunden/ Debitoren-Nr.	Name	Anschrift	Tel./Fax E-Mail Internet	Kreditinstitut IBAN/BIC	Umsatz lfd. Jahr	Offene Posten	Mah-nun-gen
L-5681 D24009	Bürobedarfs-großhandel Schneider & Co. OHG	Laarstr. 19 58636 Iserlohn	02371 342311 02371 342315 info@buerobedarf-schneider.de www.buerobedarf-schneider.de	Commerzbank Hagen DE08450400420045623468 COBADEFF450	160 000,00	1	0
L-5677 D24012	Klassik 2000 GmbH	Hagenstr. 130 59075 Hamm	02381 98546 02381 98541 info@klassik-2000.de www.klassik-2000.de	Postbank Dortmund DE98440100460000342176 PBNKDEFF440	320 000,00	2	1
L-5621 D24011	Bodo Lukas KG Fachgeschäft für Büroeinrich-tungen	Ohmstr. 16 76229 Karlsruhe	0721 451122 0721 451128 info@bueroeinrichtung-lukas.de www.bueroeinrichtung-lukas.de	Postbank Ludwigshafen DE27545100670091723146 PBNKDEFF545	185 000,00	1	2
L-5641 D24010	Büromöbel GmbH Europa	Lahnstr. 168 28199 Bremen	0421 886635 0421 886640 info@bueromoebel-europa.de www.bueromoebel-europa.de	Sparkasse Bremen DE78290501010554436278 SBREDE22XXX	95 000,00	0	0
L-5610 D24008	Klaus Oswald e. K. Büromöbel-großhandel	Magazinstr. 98 01099 Dresden	0351 763400 0351 763434 info@bueromoebel-oswald.de www.bueromoebel-oswald-de	Deutsche Bank Dresden DE69870700000097683214 DEUTDE8CXXX	70 000,00	0	0

▲ Die Hauptlieferer

Auszug aus der Liefererdatei der Bürodesign GmbH

Lieferer/ Kreditoren-Nr.	Name	Anschrift	Tel./Fax E-Mail Internet	Kreditinstitut IBAN/BIC	Produkte	Lieferbedingungen	Zahlungsbedingungen	Umsatz lfd. Jahr
H-0082 K70007	Vereinigte Spanplatten AG	Ulmer Str. 12 86154 Augsburg	0821 34785 0821 34679 info@vereinigte-spanplatten.de www.vereinigte-spanplatten.de	Commerzbank Augsburg DE15720400460000127890 COBADEFF720	Spanplatten Sperrholz Furnierholz Kunststoffplatten alle Sondermaße	ab Werk zzgl. Fracht	40 Tage netto 12 Tage 3 % Skonto	862 000,00
H-0345 K70010	Furnierwerk GmbH	Grenzstr. 16 41515 Grevenbroich	02181 56781 02181 56788 info@furnierwerk.de www.furnierwerk.de	Raiffeisenbank Grevenbroich DE72370693060047162896 GENODED1GRB	Furniere Umleimer Kantenschoner	Selbstabholung mögl. ab Werk	40 Tage netto 10 Tage 2 % Skonto	126 000,00
M-0126 K70005	Stammes Stahlrohr GmbH	Neptunstr. 46 45277 Essen	0201 89451 0201 75689 info@stammes-stahlrohr.de www.stammes-stahlrohr.de	SEB Essen DE41422600010000758493 GENODEM1GBU	Stahlrohre roh, verzinkt, verchromt alle Maße, beliebiger Querschnitt	frei vereinbar bisher frachtfrei	30 Tage netto 10 Tage 3 % Skonto Mindestbestellwert 15 000,00 €	476 850,00
Z-0012 K70012	Abels, Wirtz & Co. KG	Industriestr. 124 42653 Solingen	0212 72114 0212 72119 info@abels-wirtz.de www.abels-wirtz.de	Stadtsparkasse Solingen DE80342500000123452234 SOLSDE33XXX	Schlösser Schlüssel Schließanlagen Beschläge	Selbstabholung Post, UPS unfrei	10 Tage 2 % Skonto oder in 30 Tagen netto Kasse	168 900,00
B-00126 K70013	Hanckel & Cie GmbH	Augustastr. 8 40477 Düsseldorf	0211 345234 0211 345100 info@hanckel.de www.hanckel.de	Commerzbank Düsseldorf DE91300400000001340000 COBADEDDXXX	Klebstoffe, Leime, Lasuren, Lacke, Farben, Beize, Polsterstoffe	ab Lager	10 Tage netto	287 560,00
B-44008 K70008	Wollux GmbH Peter Findeisen	Zinckestr. 19 39122 Magdeburg	0391 334231 0391 334232 info@wollux-findeisen.de www.wollux-findeisen.de	Commerzbank Magdeburg DE54810400000674563870 COBADEFF810	Bezugs- und Polstermaterialien und Zubehör für Möbel	frei Haus	Ziel: 30 Tage Skonto: 10 Tage/3 %	800 000,00

Der Gesellschaftsvertrag (Auszug)

Gesellschaftsvertrag der Bürodesign GmbH

durch die Gesellschafterversammlung am 1. April .. in 50933 Köln, Stolberger Straße 188, festgelegt:

§ 1 Die Firma der Gesellschaft lautet Bürodesign GmbH.

§ 2 Der Geschäftssitz der Gesellschaft ist in 50933 Köln.

§ 3 Die Gesellschaft betreibt die Herstellung und den Vertrieb von Büromöbeln. Nach Möglichkeit sollen umweltverträgliche Materialien und Produktionsverfahren berücksichtigt werden.

§ 4 Das Produktionsprogramm kann um ergänzende Produkte erweitert werden. Hierzu ist der einstimmige Beschluss der Geschäftsführer erforderlich. Änderungen des Betriebszweckes sind nur mit einer 3/4-Mehrheit der Gesellschafter möglich.

§ 5 Das Stammkapital der Gesellschaft beträgt 600 000,00 €.

§ 6 Das Stammkapital wird aufgebracht:

1. Gesellschafterin Dipl.-Ing. Helma Friedrich mit einem Geschäftsanteil von 300 000,00 €.
2. Gesellschafter Dipl.-Kfm. Klaus Stein mit einem Geschäftsanteil von 300 000,00 €.

Die Geschäftsanteile sind in bar oder in Sachwerten zu leisten.

§ 7 Der Mindestbetrag des Geschäftsanteils muss 100,00 € betragen. Jede andere Geschäftsanteil muss durch 50,00 € teilbar sein.

§ 8 Die Gesellschafterversammlung beruft einstimmig die Geschäftsführung.

§ 9 Die Gesellschaft hat einen oder mehrere Geschäftsführer. Sie wird von der Geschäftsführung geleitet und gerichtlich und außergerichtlich vertreten. Die Geschäftsführung hat das Recht der unbeschränkten Einzelvertretung und ist vom Selbstkontrahierungsverbot des § 181 BGB befreit. Sie kann nur aus wichtigem Grund durch die Gesellschafterversammlung aus ihrem Amt entlassen werden.

§ 10 Die Gesellschafter treten jährlich einmal zu einer ordentlichen Versammlung zusammen. Die Geschäftsführer laden mit einwöchiger Frist unter Angabe von Tagungsort, Tagungszeit und Tagesordnung ein. Die Gesellschafterversammlung findet regelmäßig am Gesellschaftssitz statt.

§ 11 Die Rechte der Gesellschafterversammlung werden bis auf Widerruf auf die Geschäftsführung übertragen. Für den Widerruf ist eine Mehrheit von 3/4 der Stimmen erforderlich. Abgestimmt wird nach Geschäftsanteilen. Je 1,00 € eines Geschäftsanteils gewähren eine Stimme.

§ 12 Ist nicht schon gesetzlich eine gerichtliche oder notarielle Beurkundung vorgeschrieben, müssen alle das Gesellschaftsverhältnis betreffende Vereinbarungen der Gesellschafter untereinander und mit der Gesellschaft schriftlich erfolgen. Mündliche Absprachen haben keine Gültigkeit. Die Gesellschafterversammlung beschließt nach freiem Ermessen über die Verteilung des jährlichen Reingewinns.

§ 16 Bekanntmachungen der Gesellschaft nach den gesetzlichen Bestimmungen erfolgen ausschließlich im Unternehmensregister.

§ 17 Zuständiges Gericht für alle Streitigkeiten aus diesem Vertrag ist das Gericht am Sitz der Gesellschaft.

§ 20 Außerhalb des Gesellschaftsvertrages wurde folgender Beschluss gefasst:
Als Geschäftsführer gemäß § 9 des Gesellschaftsvertrages werden bestimmt:

1. Frau Dipl.-Ing. Helma Friedrich 2. Herr Dipl.-Kfm. Klaus Stein

§ 21 Vorstehendes Protokoll wurde den Gesellschaftern vom Notar vorgelesen, von ihnen genehmigt und eigenhändig wie folgt gegengezeichnet:

zu 1. Helma Friedrich zu 2. Klaus Stein Köln, 1. April ..

Die Bankverbindungen

Die Bürodesign GmbH unterhält Konten bei folgenden Kreditinstituten:

Kreditinstitut	IBAN	BIC
Deutsche Bank Köln	DE33 3707 0060 0025 2034 88	DEUTDEDKXXX
Sparkasse KölnBonn	DE11 3705 0198 0085 3139 48	COLSDE33XXX
Postbank Köln	DE13 3701 0050 0324 0665 06	PBNKDEFFXXX

Telefon, Telefax, E-Mail und Internet

Telefon: 0221 6683550
Telefax: 0221 668357
E-Mail: info@buerodesign-online.de oder: 02216683550-0001@t-online.de
Homepage: www.buerodesign-online.de
Internet-Shop: www.buerodesign-onlineshop.de

▲ Die Bürodesign bekommt zwei neue Praktikanten

Jutta Meier und Jörg Lehmann haben die Fachoberschulreife mit Qualifikation erworben und möchten im kommenden Schuljahr das Berufliche Gymnasium am Otto Klein Berufskolleg Köln besuchen, weil sie sich dadurch eine bessere Ausgangsposition für eine kaufmännische Ausbildung versprechen und sich die Option für ein Studium offenhalten. Deshalb haben sie gerne von dem folgenden Angebot Gebrauch gemacht:

BÜRODESIGN GMBH

Praktikum in einem modernen Unternehmen

Interessierte Schülerinnen und Schüler haben die Möglichkeit, unser Unternehmen während drei Wochen in den Ferien kennenzulernen. Sie helfen uns bei der Arbeit und erhalten dafür

- einen Einblick in den Aufbau und die Arbeitsweise eines Industriebetriebes,
- wichtige Erkenntnisse aus der Berufs- und Arbeitswelt,
- praktische Kenntnisse, die für ihre schulische Laufbahn wertvoll sind,
- vielleicht später einen Ausbildungsvertrag,
- ein kleines Gehalt von 75,00 € je Woche.

Wenn Sie Interesse haben, melden Sie sich bei Frau Geissler, Personalabteilung
Bürodesign GmbH, 50933 Köln, Stolberger Straße 188, Tel. 0221 6683550.
E-Mail: info@buerodesign-online.de www.buerodesign-online.de

Zu Beginn ihres Praktikums haben Jörg und Jutta einen Prospekt über die Bürodesign GmbH erhalten. Dadurch kennen sie die verschiedenen Abteilungen des Unternehmens, die Namen der Abteilungs- und Gruppenleiter, einige Lieferer und Kunden sowie verschiedene Produkte, die von der Bürodesign GmbH hergestellt werden. Nach zwei Wochen erhalten Sie vom Geschäftsführer Klaus Stein folgenden Auftrag: „Morgen kommt eine 25-köpfige Besuchergruppe aus Münster. Bereiten Sie für diese Besuchergruppe bitte eine Vorstellung der Bürodesign GmbH vor. Sie können dazu auch ein Präsentationsprogramm verwenden. Gehen Sie dabei auf die Unternehmensgeschichte, den Standort, die Abteilungen, die Verbände, in denen die Bürodesign GmbH Mitglied ist, den Betriebsrat und die Jugend- und Auszubildendenvertretung, das Produktionsprogramm, Kunden und Lieferanten und den Gesellschaftsvertrag ein!“

11.1

Kursthema: Unternehmen als komplexes wirtschaftliches und soziales System

1 Industrieunternehmen im gesamtwirtschaftlichen Gefüge
2 Mitarbeiter im Unternehmen
3 Geld-, Güter- und Informationsströme im Unternehmen
4 Rechtsordnung als Rahmenbedingung für unternehmerische Entscheidungsprozesse
5 Rechtsform der Unternehmung als Rahmenbedingung für unternehmerische Entscheidungsprozesse
6 Abbildung von Geld- und Güterströmen

1 Industrieunternehmen im gesamtwirtschaftlichen Gefüge

1.1 Das Unternehmen, seine Leistungen, seine Ziele und seine Anspruchsgruppen

1.1.1 Betriebstypen

Caroline Baum, Auszubildende zur Kauffrau für Büromanagement der Bürodesign GmbH, sieht gemeinsam mit ihrem Freund Sven die Tagesthemen. „Die Konjunkturaussichten für das kommende Jahr sind durchwachsen", berichtet ein Kommentator, „gute Wachstumsaussichten für die Konsumgüterindustrie stehen neben deutlichen Rückgängen für die Investitionsgüterbetriebe." „Sind das jetzt gute oder schlechte Aussichten für unseren Betrieb?", fragt Caroline ihren Freund. „Das hängt davon ab, ob ihr ein Konsumgüter- oder ein Investitionsgüterbetrieb seid", erwidert Sven.

- Stellen Sie fest, ob es sich bei der Bürodesign GmbH um einen Konsumgüter- oder einen Investitionsgüterbetrieb handelt.
- Erstellen Sie eine Liste von Betriebstypen nach der Art der erbrachten Leistung, dem Verwendungszweck, dem Wirtschaftszweig und der Zielsetzung und suchen Sie für jeden der genannten Betriebstypen im Internet ein Unternehmen aus Ihrer Region.

Unsere Wirtschaft besteht aus einer Vielzahl von Akteuren, die alle Aufgaben arbeitsteilig wahrnehmen. Dabei haben sich im Wesentlichen zwei Einheiten herausgebildet: **Betriebe**, die die Güter und Dienstleistungen produzieren und dafür investieren, und **Haushalte**, die diese Güter und Dienstleistungen konsumieren.

Beispiele

- Die Bürodesign GmbH stellt Büromöbel her, die Vereinigte Spanplatten AG produziert u. a. Sperr- und Furnierholz, die Abels, Wirtz & Co. KG produziert Schlösser und Beschläge.
- Der Vater von Caroline Baum kauft der angehenden Kauffrau für Büromanagement einen Schreibtisch.

Dienstleistungen werden erbracht, indem Betriebe oder Haushalte durch Dienstleistungsunternehmen von bestimmten Aufgaben befreit oder in ihrer Arbeit unterstützt werden.

Beispiele

- Die Spedition Rheintrans GmbH liefert die Möbel der Bürodesign GmbH an die Kunden aus.
- Die Büroräume der Bürodesign GmbH werden täglich von den Mitarbeitern der Klein OHG gereinigt.
- Die Zeitungsanzeigen der Bürodesign GmbH werden von der Werbeagentur Heinz Müller e.K. gestaltet und in den entsprechenden Tageszeitungen geschaltet.

Betriebe können anhand einer Vielzahl von Kriterien **strukturiert** werden. So anhand der erbrachten Leistung, des Verwendungszwecks der Leistung, des Wirtschaftszweiges, der Stufen der Verarbeitung, der Zielsetzung, der Kostenstruktur, der Häufigkeit der Leistungswiederholung und der Organisation der Fertigung.

▲ Art der erbrachten Leistung

Nach der Art der erbrachten Leistung können Betriebe in Sachleistungsbetriebe und Dienstleistungsbetriebe unterschieden werden.

- Typische Vertreter der **Sachleistungsbetriebe** sind Maschinen-, Automobil-, Schuh- oder Möbelfabriken.

  Beispiel Bürodesign GmbH

- Zu den **Dienstleistungsbetrieben** gehören beispielsweise Banken, Versicherungen, Spediteure, Verkehrsbetriebe, der Groß- und Einzelhandel.

  Beispiel Sparkasse KölnBonn

VWL

Verwendungszweck der Leistungen

Sachgüter und Dienstleistungen können für unterschiedliche Verwendungszwecke produziert werden.

- **Konsumgüter** werden von privaten Haushalten gekauft und verbraucht (**Verbrauchsgüter**, z.B. Lebensmittel) oder gebraucht (**Gebrauchsgüter**, z.B. Fahrrad, Waschmaschine). Alle Betriebe, die Güter herstellen, die vom Endverbraucher gekauft werden, fasst man unter dem Begriff **Konsumgüterindustrie** zusammen.
- **Produktiv- oder Investitionsgüter** werden ausschließlich von Betrieben verwendet und zur Herstellung neuer Güter eingesetzt (**Investitionsgüter).**

  Beispiele
  - Die Bürodesign GmbH bezieht von der Stammes Stahlrohr GmbH Stahlrohre für ihre Ablagetische „Stand".
  - Die Bürodesign GmbH schafft für die Fertigung drei Furnierschneidemaschinen sowie eine Absauganlage an. Produziert und geliefert werden diese Güter von der Maschinenbau AG.

  Betriebe, die Produktiv- oder Investitionsgüter herstellen, zählen zur **Investitionsgüterindustrie**.

VWL

Wirtschaftszweige

Die Herstellung vieler Sachleistungen ist oft derart komplex, dass daran verschiedene Betriebe aus unterschiedlichen Wirtschaftszweigen arbeitsteilig mitwirken müssen.

- **Industriebetriebe** gewinnen Rohstoffe, erzeugen Energie und stellen durch Weiterverarbeitung Sachgüter her. Entsprechend ihren Aufgaben unterteilt man sie in:

Grundstoffindustrie	Investitionsgüterindustrie	Konsumgüterindustrie
Gewinnung von Rohstoffen Erzeugung von Energie **Beispiele** – Abbau von Kohle, Erzen – Fördern von Öl – Atomkraft- und Elektrizitätswerke	Weiterverarbeitung von Rohstoffen zu Produktionsgütern **Beispiele** – Maschinenbau, Hersteller von Furnierzuschneidemaschinen – Hersteller von Computern für Unternehmen – Hersteller von Lkw	Weiterverarbeitung zu Konsumgütern **Beispiele** – Bürodesign GmbH, die Büromöbel für den Endverbraucher herstellt

- **Handwerksbetriebe** sind kleiner als Industriebetriebe. Im Gegensatz zum Industriebetrieb produzieren sie auf Bestellung und vertreiben ihre Leistungen meist direkt an den Verbraucher.

  Beispiele
  - Der Glasermeister Meyer setzt im Verkaufsraum der Bürodesign GmbH zwei neue Scheiben ein.
  - Vom Maler- und Lackiererbetrieb Helmut Müller e. K. lässt die Bürodesign GmbH demnächst einen neuen Außenanstrich durchführen.
  - Der Installations- und Sanitärbetrieb Schmitz installiert für die Mitarbeiter der Produktion in der Fertigung drei neue Duschanlagen.
- **Handelsbetriebe** beschäftigen sich mit dem Austausch von Gütern.
  - Ein **Großhandelsbetrieb** bezieht Güter vom Hersteller und verkauft sie an Einzelhändler und Großverbraucher weiter.

    Beispiel Die Bürobedarfsgroßhandlung Schneider & Co. OHG bezieht ihr Sortiment von verschiedenen Herstellern und liefert in kleineren Mengen an den Einzelhandel aus.

- Ein **Einzelhandelsbetrieb** bezieht die Güter vom Großhandel oder direkt von Herstellern und verkauft sie in kleineren Mengen an den Endverbraucher.

  Beispiele Im Fachgeschäft für Bürozubehör werden einzelne Kugelschreiber verkauft, im Fachgeschäft für Büromöbel kann ein Schreibtisch erworben werden.

- Ein **Außenhandelsbetrieb** sorgt für den internationalen Güteraustausch. Hierbei handelt es sich um den Im- und Export von Gütern.

  Beispiele Teppichgeschäfte, Importeure für Südfrüchte und für ostasiatische Kunst. Die Bürodesign GmbH exportiert Güter nach Italien.

■ **Verkehrsbetriebe** sind für den Transport von Gütern und Personen zuständig.

Beispiele Die Auslieferung der Büromöbel lässt die Bürodesign GmbH von der Spedition Rheintrans GmbH, in einigen Fällen von der Deutschen Bahn AG durchführen.

■ **Kreditinstitute** (vgl. S. 363 ff.) erledigen den Zahlungsverkehr und vermitteln Kredite.

Beispiele Die Bürodesign GmbH wickelt ihren Zahlungsverkehr über die Deutsche Bank, die Postbank Köln und die Stadtsparkasse Köln ab.

■ **Versicherungsbetriebe** übernehmen die Absicherung gegen bestimmte Risiken.

Beispiele

- Die Bürodesign GmbH hat für ihre Lager- und Produktionshallen Gebäude- und Feuerversicherungen, für alle Mitarbeiter eine Unfallversicherung abgeschlossen.
- Die Bürodesign GmbH übernimmt den Arbeitgeberanteil zur Kranken-, Renten-, Pflege- und Arbeitslosenversicherung ihrer Arbeitnehmer
- Alle Geschäftsfahrzeuge der Bürodesign GmbH sind Kfz-haftpflichtversichert.

▲ Stufen der Verarbeitung

Ehe aus den Rohstoffen ein verwendbares Endprodukt wird, müssen verschiedene **Stufen der Verarbeitung** durchlaufen werden:

Beispiel Die Bürodesign GmbH stellt unter anderem den Konferenztisch „Logo" aus Massivholz mit Stahlbeinen her. Die hierbei verwendeten Stahlbeine bezieht sie von der Stammes Stahlrohr GmbH. Bis zur Fertigstellung des Konferenztisches werden folgende Stufen durchlaufen:

Das Erz stellt das Ausgangsmaterial für die vier Tischbeine dar. Die mit der Materialgewinnung beschäftigten Betriebe heißen **Betriebe der Urproduktion**.

Im Stahlwerk wird das Erz weiterverarbeitet. Im Hochofen entsteht dort unter großer Hitze flüssiger Stahl, der abgekühlt und in Form gewalzt wird. Dieser Walzstahl ist der Grundstoff für die weitere Verarbeitung. Weitere Grundstoffe, die von anderen Betrieben zu neuen Gütern verarbeitet werden, sind z. B. Benzin, Kunststoffe, Papier, Fasern und Zellstoffe. Typische Vertreter dieser Betriebe sind chemische Betriebe, Erdölraffinerien und Hüttenbetriebe. Sie heißen **Betriebe der Grundstofferzeugung**.

Das Grundprodukt wird weiterverarbeitet. Aus dem Stahl werden die Tischbeine hergestellt. Diese Tischbeine werden dann von der Bürodesign GmbH eingekauft und unter die Tischplatte geschraubt. Das Endprodukt ist fertig. Die Stammes Stahlrohr GmbH und die Bürodesign GmbH zählen zu den **Betrieben der Materialverarbeitung**.

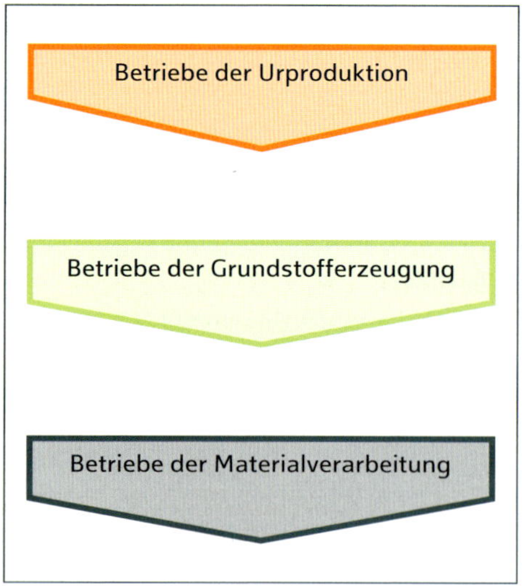

Die **Volkswirtschaftslehre** gliedert sich in die drei Sektoren der Urproduktion (**primärer Sektor**), Verarbeitung (**sekundärer Sektor**) und Dienstleistungen (**tertiärer Sektor**).

Zielsetzung

Die meisten Betriebe sind bestrebt, aus dem Verkauf ihrer Güter und Dienstleistungen **Gewinn** zu erzielen. Man bezeichnet sie als **erwerbswirtschaftliche Betriebe**.

Beispiel Die Bürodesign GmbH stellt Büromöbel her. Hierbei entstehen Kosten. Der Verkaufspreis für diese Büromöbel muss nicht nur die Kosten decken, sondern darüber hinaus noch einen Gewinn für die Gesellschafter erbringen.

Gemeinwirtschaftliche Betriebe haben soziale Aufgaben und wollen in erster Linie ihre **Kosten decken**.

Beispiele

- Der Westdeutsche Rundfunk (WDR) in Köln ist ein öffentlich-rechtliches Unternehmen, das keinen Gewinn erzielen soll. Sein Ziel ist die flächendeckende Information aller Bürger.
- Ein städtisches Krankenhaus hat als Ziel die Wiederherstellung der Gesundheit der Patienten.
- Die Kölner Verkehrsbetriebe AG erfüllen die Wünsche der Bürger nach bezahlbarer Mobilität.

Genossenschaftliche Betriebe stellen die Förderung der **Leistungsfähigkeit ihrer Mitglieder** in den Vordergrund.

Beispiel Bei der Edeka eG haben sich Einzelhandelsbetriebe zu einer Genossenschaft zusammengeschlossen, um den Herstellern gegenüber als Einheit aufzutreten, um z. B. günstigere Einkaufspreise zu erzielen.

Kostenstruktur

VWL

In jedem Betrieb werden zur Erstellung der Leistung Arbeit, Betriebsmittel und Werkstoffe (Roh-, Hilfs- und Betriebsstoffe) eingesetzt. Dabei kann das **Einsatzverhältnis der betrieblichen Produktionsfaktoren** je nach Unternehmen und Produkt unterschiedlich sein.

In **arbeits- oder lohnintensiven Betrieben** stellen die Lohnkosten den größten Kostenanteil dar.

Beispiel Die Bürodesign GmbH lässt alle Büros und Flure, die Ausstellungsräume und sämtliche Glasflächen von Fachkräften der Gebäudereinigung Klein OHG reinigen. Die Klein OHG ist ein lohnintensiver Betrieb, weil etwa 80 % aller anfallenden Kosten Lohnkosten sind.

Anlage- oder kapitalintensive Betriebe sind durch umfangreiche Produktionsanlagen gekennzeichnet. Hier stellen die Kapitalkosten wie **Abschreibung** (vgl. S. 540) und Zinsen den größten Anteil an den Gesamtkosten dar.

Beispiele

- In der Automobilindustrie werden große Teile der Produktionsarbeiten durch rechnergesteuerte Roboter weitgehend automatisiert. Diese ersetzen die menschliche Arbeitskraft.
- Bei der Herstellung von Kunststoffen und anderen chemischen Produkten sind umfangreiche Produktionsanlagen und Gebäude erforderlich.
- Ebenso setzt die Erzeugung von Strom aufwendige technische Einrichtungen wie Turbinen, Trafostationen und Leitungssysteme für den Transport der Energie zum Kunden voraus.

In **materialintensiven Betrieben** fallen die Materialkosten besonders ins Gewicht.

Beispiele

- In der Uhrenindustrie werden Armbanduhren aus Massivgold, Platin oder Stahl hergestellt.
- Das Ausgangsmaterial von Colliers und Ringen sind Diamanten und andere Edelsteine, die in der Schmuckwarenindustrie verarbeitet werden.

Häufigkeit der Leistungswiederholung

Bei dieser Einteilung ist ausschlaggebend, ob die Erstellung einer Leistung, eines Produktes oder Erzeugnisses nur einmal erfolgt **(Einzelfertigung)** oder ob mehrere gleiche Produkte in vielen Einheiten hergestellt werden **(Mehrfach- oder Massenfertigung)** (vgl. S. 456 ff.).

Beispiele

- In Einzelfertigung werden Brücken, Kraftwerke, Produktionsanlagen und Spezialmaschinen hergestellt.
- Die meisten Produkte der Bürodesign GmbH wie Schreibtische und Regale werden in großen Stückzahlen durch Mehrfach- oder Massenfertigung hergestellt.

Organisation der Fertigung

Hierbei geht es um die Frage, in welcher Weise die zur Leistungserstellung benötigten Maschinen angeordnet sind und wie die notwendigen Arbeitsgänge aufeinander abgestimmt werden. Die entsprechenden Verfahren, wie **Werkstatt-/Werkstättenfertigung, Reihen-, Fließ- und Gruppenfertigung**, werden auf den S. 456 ff. vorgestellt.

Einteilung nach sonstigen Merkmalen

Betriebsgröße:

Wird die Anzahl der Beschäftigten, der Umsatz, die Kapitalhöhe oder die Höhe der Bilanzsumme als Maßstab genommen, können Betriebe in Kleinbetriebe, Mittelbetriebe, oder Großbetriebe unterschieden werden.

Standort:

- **Rohstofforientierte Betriebe** suchen die Nähe von Rohstoffvorkommen.

  Beispiel Kohlekraftwerke siedeln sich in unmittelbarer Umgebung von Kohlebergwerken an, Fertigbetonhersteller findet man in der Nähe von Kiesgruben und Holz verarbeitende Betriebe wie die Vereinigte Spanplatten AG produzieren in direkter Nachbarschaft forstwirtschaftlicher Betriebe.
- **Arbeitskraftorientierte Betriebe** suchen sich ihren Standort dort, wo das Lohnniveau am niedrigsten ist oder die gewünschte Qualifikation der Arbeitnehmer vorhanden ist.

  Beispiel Betriebe der Textil- und Elektronikindustrie verlegen ihre Produktion in den Fernen Osten oder in osteuropäische Länder.
- **Absatzorientierte Betriebe** suchen die Nähe der potenziellen Käufer.

  Beispiel Fachgeschäfte des Einzelhandels, wie Schuh-, Textil-, Sport- und Kosmetikfachgeschäfte, lassen sich vorzugsweise in der Fußgängerzone der Innenstadt nieder, weil dort mit vielen Kunden zu rechnen ist.
- **Verkehrsorientierte Betriebe** suchen günstige Verkehrsanbindungen.

  Beispiel Speditionen siedeln sich in der Nähe von Güterbahnhöfen, Häfen und Flughäfen an.

Betriebstypen

Einteilungskriterium	Kennzeichen	Beispiele
– **Art der Leistung**	Sachleistungen Dienstleistungen	Möbelfabrik Steuerberater
– **Verwendungszweck**	Konsumgüter Produktiv-/Investitionsgüter	Schokoladenfabrik Maschinenfabrik
– **Wirtschaftszweige**	Industriebetriebe Handelsbetriebe	Maschinenbau Einzelhandel Großhandel Außenhandel
	Verkehrs- und Versicherungsbetriebe	Deutsche Post AG, Deutsche Bahn AG Lebensversicherungen
– **Stufe der Verarbeitung**	Gewinnung von Rohstoffen Herstellung von Grundstoffen Herstellung von Fertigprodukten	Braunkohlebergbau Erdölraffinerie Bürodesign GmbH

– **Zielsetzung**	erwerbswirtschaftliche Ausrichtung gemeinwirtschaftliche Ausrichtung genossenschaftliche Ausrichtung	Automobilindustrie Stadtwerke Bonn Edeka eG
– **Kostenstruktur**	arbeits- und lohnintensiver Betrieb anlage- und kapitalintensiver Betrieb materialintensiver Betrieb	Versicherungen Chemische Industrie Schmuckwarenindustrie
– **Leistungswiederholung**	Einzelfertigung Mehrfach-, Massenfertigung	Schiffe, Fabrikationsanlagen Stapelstühle
– **Fertigungsorganisation**	Werkstättenfertigung, Reihen-, Fließfertigung, Gruppenfertigung	Möbel, Elektrogeräte Automobile

1 Unterscheiden Sie Sachleistungs- und Dienstleistungsbetriebe anhand von drei Beispielen.

2 Erläutern Sie Konsum- und Investitionsgüter.

3 Betriebe können nach verschiedenen Gesichtspunkten eingeteilt werden. Erstellen Sie eine Liste mit mindestens fünf Einteilungskriterien. Nennen Sie zu jedem Kriterium zwei Beispiele.

4 a) Finden Sie für jedes der folgenden Beispiele heraus, um welchen Betriebstyp es sich handelt:
- Lebensversicherungs AG
- Maschinenfabrik Klein OHG
- Meyers Konservenfabrik KG
- Kraftwerksbau AG
- Gebr. Meier OHG Import/Export
- Heinz Nagel e.K., Intern. Spedition
- Klever Bergwerksgesellschaft AG
- Hagel & Co. KG Schokoladenfabrik

b) Finden Sie heraus, welche der in Aufgabe 4a) genannten Betriebe
1. rohstofforientiert,
2. absatzorientiert,
3. verkehrsorientiert,
4. Industriebetriebe,
5. Handelsbetriebe sind.

c) Klären Sie, welche der in Aufgabe 4a) genannten Betriebe ihre Produkte
1. in Einzelfertigung,
2. in Massenfertigung herstellen.

d) Welche der in Aufgabe 4a) genannten Betriebe stellen
1. Konsumgüter,
2. Produktivgüter her?

5 Führen Sie eine Internetrecherche durch.

a) Sehen Sie unter dem Stichwort Maschinen nach, welche Maschinenbaubetriebe es in Ihrer Stadt bzw. Ihrem Kreis gibt.

b) Erstellen Sie eine Liste, worin Sie den folgenden Merkmalen jeweils drei Betriebe aus den Gelben Seiten zuordnen: Investitionsgüterindustrie, Großhandel, Spedition, Betriebe mit gemeinwirtschaftlicher Ausrichtung-, anlage- und kapitalintensive Betriebe.

6 Werten Sie den Stellenmarkt der Wochenendausgabe Ihrer Tageszeitung oder eine Jobbörse im Internet aus. Ordnen Sie die gefundenen Betriebe den Betriebstypen zu.

7 Belegen Sie anhand eines Beispiels, dass der Schreibtisch Chef 2000 der Bürodesign GmbH sowohl Konsumgut als auch Investitionsgut sein kann.

8 Formulieren Sie für jeden der in der Zusammenfassung als Beispiel genannten Betriebstypen ein Sachziel.

9 Laut einer Prognose der führenden Wirtschaftsforschungsinstitute werden die Zuwächse in den kommenden Jahren ausschließlich im Bereich der Dienstleistungsbetriebe erzielt. Erarbeiten Sie Vorschläge für die Bürodesign GmbH, wie diese ihr Sachziel in Richtung auf einen Dienstleistungsbetrieb verändern könnte.

10 In der Volkswirtschaftslehre werden die Sektoren der Volkswirtschaft wie folgt gegliedert:

Primärer Sektor (Urproduktion)	Sekundärer Sektor (Verarbeitung)	Tertiärer Sektor (Dienstleistungen)

Stellen Sie z. B. mithilfe einer Präsentationssoftware dem volkswirtschaftlichen Modell die betriebswirtschaftliche Einteilung der Betriebe nach den Stufen der Verarbeitung gegenüber.

1.1.2 Funktionsbereiche der Betriebe und ihre Verknüpfung

In der monatlichen Geschäftsleiterbesprechung der Bürodesign GmbH kommt es zu einem Streit zwischen dem Produktionsleiter Müller und dem Absatzleiter Stam. Der Streit wurde durch die mahnenden Worte der Gruppenleiterin des Rechnungswesens, Frau König, ausgelöst. Diese hat festgestellt, dass in den vergangenen zwei Monaten die Bestände im Büromöbelfertiglager von 80 000,00 € auf 210 000,00 € gestiegen sind. Frau König fordert Herrn Müller eindringlich auf, die Produktion zu drosseln. Verkaufsleiter Stam unterstützt Frau König, indem er sagt, dass seine Außendienstmitarbeiter in den letzten Wochen weniger verkauft haben, weil auch die Kunden hohe Lagerbestände hätten. Der Geschäftsführer Stein kann dies alles nicht verstehen, weil er erst vor drei Wochen die Kunden über eine 15 %ige Preissenkung für das gesamte Absatzprogramm informiert hatte. Es entsteht eine hitzige Diskussion.

Produktionsleiter Müller: „Wenn die Produktion halbwegs kostengünstig sein soll, muss monatlich eine bestimmte Menge produziert werden. Wenn die Artikel nicht zu verkaufen sind, müssen sie ins Lager. Ich will vom Verkauf für die nächsten sechs Monate eine verbindliche Absatzplanung, damit ich vernünftig planen kann." „Das geht nicht", sagt Herr Stam, „schließlich entscheidet der Markt, was verkauft wird. Und der Markt gibt im Moment nichts her. Von einer Preissenkung weiß ich übrigens nichts." „Die habe ich beschlossen", sagt Herr Stein, „nachdem mich Frau König über die hohen Lagerbestände informiert hatte."

- Erläutern Sie, wie es zu diesen Unstimmigkeiten kommen konnte.
- Machen Sie Vorschläge, welche Möglichkeiten es gibt, um die oben beschriebenen Probleme der Bürodesign GmbH zu lösen.

▲ Betriebliche Grundfunktionen

Die **Aufgaben der Industriebetriebe** bestehen in der Herstellung und dem Vertrieb von Gütern und Dienstleistungen. Wegen der Komplexität der Aufgabenerfüllung müssen die einzelnen Arbeiten auf verschiedene Aufgabenträger (= Personen) aufgeteilt werden.

Beispiele Die Aufgabe der Bürodesign GmbH ist im Gesellschaftsvertrag festgelegt. Sie lautet: „Die Gesellschaft betreibt die Herstellung und den Vertrieb von Büromöbeln."

Um diese Aufgabe erfüllen zu können, ist eine Vielzahl von unterschiedlichen Arbeiten zu erledigen:

- Werkstoffe, Maschinen und Werkzeuge müssen eingekauft werden. Es entsteht die Abteilung **Beschaffung**.
- Aus den Rohstoffen werden mithilfe von Arbeit, Maschinen und Werkzeugen Büromöbel hergestellt. Auch hierbei wirken mehrere Aufgabenträger mit; alle erforderlichen Arbeiten werden unter dem Begriff **Produktion** zusammengefasst.
- Die fertigen Büromöbel warten im **Lager** auf ihren Verkauf und Transport zum Abnehmer.
- Es müssen Anstrengungen unternommen werden, die Büromöbel an die Kunden zu verkaufen. Dies erledigt der **Absatz**.
- Die beim Ein- und Verkauf entstehenden Verbindlichkeiten und Forderungen müssen gebucht, die Kosten erfasst werden. Dies geschieht im **Rechnungswesen**.
- Schließlich muss jemand die Fäden in der Hand halten, die einzelnen Arbeiten planen, verteilen, dafür sorgen, dass alle Abteilungen reibungslos zusammenarbeiten, und dies auch kontrollieren. Dies sind die wichtigsten Aufgaben der **Geschäftsleitung**.

INFO

Die Aufgaben **Beschaffen, Produzieren, Verkaufen, Verwalten** sowie **Leiten** (= Führen) fallen grundsätzlich in fast allen Betrieben an. Sie heißen daher auch **betriebliche Grundfunktionen**. Damit auch Außenstehende erkennen können, wie die einzelnen Funktionsbereiche (= z.B. Abteilungen) zusammenarbeiten, verwendet man zur Darstellung ein **Organigramm** (vgl. S. 11). Hierin sind die Aufgaben, die Aufgabenträger sowie die Über- und Unterordnungsverhältnisse in einer hierarchischen Darstellung veranschaulicht.

Beispiel Organigrammausschnitt der Bürodesign GmbH (vgl. S. 11)

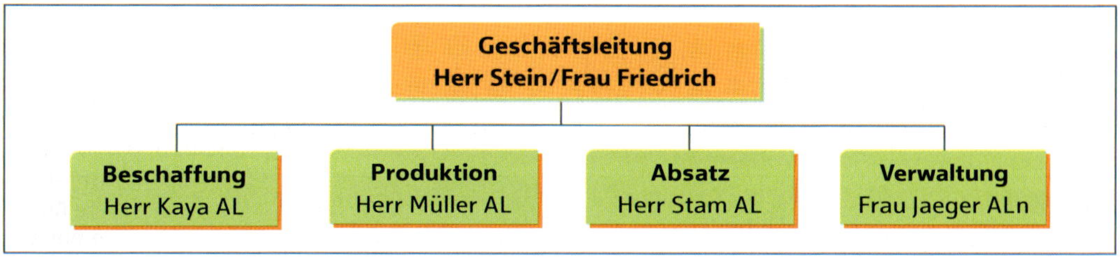

▲ Führungsaufgaben

Die Hauptaufgaben der Geschäftsleitung bestehen in der Vorgabe von Zielen, der Planung, Entscheidung, Realisation, Kontrolle, ob die angestrebten Ziele erreicht wurden, und in der Kommunikation.

- **Zielsetzung:** Ausgangspunkt einer effizienten Planung ist eine eindeutige **Zielvorgabe**. Dies ist die wichtigste Aufgabe der Geschäftsleitung.

  Beispiel Die Geschäftsleitung der Bürodesign GmbH hat für das kommende Geschäftsjahr folgende Ziele vorgegeben:
  - Im nächsten Jahr soll unser Betrieb einen Umsatz von 5 Mio. € erzielen.
  - Die Kosten sollen im nächsten Jahr nicht höher als 3 Mio. € sein.

  Die Festlegung von realistischen Zielen setzt voraus, dass der Geschäftsleitung hinreichende **Informationen** über die abgelaufene Geschäftsperiode, die voraussichtliche Marktentwicklung, das Verhalten der Konkurrenz und die Kosten- und Preisentwicklung vorliegen.

- **Planung:** Liegen die Ziele fest, muss überlegt werden, **wie** diese Ziele erreicht werden können. Dies geschieht durch die **Planung**. Jede Produktion ist betriebswirtschaftlich sinnlos, wenn die hergestellten Güter nicht abgesetzt werden können. Deshalb ist die Planung des Absatzes die wichtigste Arbeit. Vom Absatzplan hängt ab, welche Mengen produziert werden können, welche Rohstoffe, Maschinen und Werkzeuge beschafft und wie viele Arbeitskräfte eingestellt werden müssen.

  Grundlage der Planung sind **Informationen** über die Kundenbedürfnisse, die Preissituation, die Konkurrenz, die Einkommensentwicklung usw. Diese Informationen werden durch Marktforschung gewonnen und im Rahmen des Marketing aufbereitet.

  Ergebnis der Planungsüberlegungen sind verschiedene Einzelpläne für die Funktionsbereiche. Damit die Pläne der Erreichung desselben Zieles dienen, müssen sie abgestimmt werden.

  Beispiel Bürodesign GmbH: Planung für das nächste Jahr:
  Zielvorstellung für d. n. J.: Umsatz 5 Mio. €, Kosten 3 Mio. €, Gewinn 2,0 Mio. €

Einzelpläne	Inhalt	konkrete Formulierung	
Absatzplan **Umsatzplan**	Planung des Absatzes und des Umsatzes nach Abnehmern und Märkten gegliedert	Soll-Umsatz für d. n. J. Soll-Absatz für d. n. J.	5 Mio. € 24000 St.
Produktionsplan	Planung des Ablaufes der Produktion, der dafür benötigten Zeiten und des Arbeitskräftebedarfs	Soll-Produktion für d. n. J. (Lagerbestände 4000 St.) Soll-Arbeitskräfte für d. n. J. Ist-Arbeitskräfte	20000 St. 25 20
Kapazitätsplan	Planung der baulichen Maßnahmen und der erforderlichen maschinellen Anlagen	Soll-Maschinen für d. n. J. Ist-Maschinenbestand	12 10
Investitionsplan	Planung der aus dem Kapazitätsplan abgeleiteten Investitionen	Soll-Maschinenbeschaffung	2 St.

Einzelpläne	Inhalt	konkrete Formulierung	
Personalplan	Planung der Anzahl und der Qualifikationen der Mitarbeiter	Soll-Personalbeschaffung	5 Personen
Materialbeschaffungsplan	Planung der aus dem Produktionsplan abgeleiteten Beschaffungsmengen	Bestand im Rohstofflager Soll-Rohstoffbeschaffung	8 000 St. 12 000 St.
Finanzplan	Planung des für die geplante Produktion erforderlichen Kapitals	Soll-Kapitalbedarf für d. n. J. – eigene Mittel	2,5 Mio. 1 Mio.
		Soll-Kapitalbeschaffung	1,5 Mio.

Bd. 2

- **Entscheidung:** Am Ende eines jeden Planungsvorgangs steht eine **Entscheidung**. Diese Einzelentscheidungen in den jeweiligen Funktionsbereichen sind Soll-Vorgaben, die für das Handeln der einzelnen Aufgabenträger maßgeblich sind.

  Beispiel Auf der Basis des Absatzplanes der Bürodesign GmbH wird der Produktionsplan erstellt. Hieraus lassen sich Entscheidungen für den Kapazitäts-, Investitions-, Personalplan und weitere Pläne ableiten.

  Die Soll-Vorgaben stellen auch die Werte dar, die später auf ihre Realisierung und Einhaltung hin überprüft werden.

- **Realisation:** Der Entscheidung folgen Anweisungen, wie ihre **Realisation** zu erfolgen hat. Die hierbei auftretenden Einzelprobleme wie Arbeitsverteilung auf Stellen, Festlegung der Anordnungsbefugnisse und Gestaltung der Informationswege zwischen den einzelnen Abteilungen werden durch organisatorische Maßnahmen geregelt.

- **Kontrolle:** Die Geschäftsleitung muss bei ihren Planungen davon ausgehen, dass die gesetzten Ziele erreicht werden. Hierzu muss sie den betrieblichen Ablauf **kontrollieren**. Dies geschieht durch die Instrumente des Rechnungswesens (Finanzbuchhaltung, Kostenrechnung, Statistik). Wichtig ist, dass diese Instrumente nicht erst zum Ende des Geschäftsjahres, sondern kontinuierlich eingesetzt werden.

  Beispiel Um die geplante Soll-Absatzmenge und den Soll-Umsatz besser kontrollieren und im Bedarfsfall rechtzeitig eingreifen zu können, werden die Jahreswerte zunächst auf ein Quartal umgerechnet. Am Ende des 2. Quartals ergeben sich die nachfolgenden Werte.

Absatz/Umsatz		1. Quartal	2. Quartal	3. Quartal	4. Quartal	Jahreswerte
Soll	Absatz Umsatz	6 000 St. 1 000 000,00 €	6 000 St. 1 000 000,00 €	6 000 St. 1 000 000,00 €	6 000 St. 1 000 000,00 €	24 000 St. 4 000 000,00 €
Ist	Absatz Umsatz	5 000 St. 833 333,00 €	6 500 St. 1 083 333,00 €			
Abweichungen	Absatz Umsatz	– 1 000 St. – 166 667,00 €	+ 500 St. + 83 333,00 €			

  Im ersten Quartal wurde der vorgegebene Absatz und Umsatz nicht erreicht. Da nach Ablauf der ersten drei Monate bereits die tatsächlichen Absatz- und Umsatzzahlen (Ist-Werte) aus dem Rechnungswesen vorlagen, konnte die Geschäftsleitung sofort entsprechende Maßnahmen einleiten. Hierzu gehören verstärkte Werbung oder Maßnahmen der Preis- und Konditionenpolitik. Diese Maßnahmen zeigten im zweiten Quartal Wirkung. Sowohl Absatz als auch Umsatz stiegen. Vermutlich wird die Geschäftsleitung die eingeleiteten Maßnahmen verstärken, um die Soll-Ist-Abweichung bis zum Jahresende möglichst auf null zu bringen. Hierzu ist eine permanente Kontrolle notwendig.

- **Kommunikation:** Die Erfüllung all dieser Aufgaben setzt voraus, dass die Geschäftsleitung immer mit allen Bereichen im Gespräch ist, um die einzelnen Aufgaben zu koordinieren und zu korrigieren. Eine weitere wichtige Tätigkeit der Geschäftsführung besteht demnach in der **Kommunikation**.

Die Aufgaben der Geschäftsführung (= **Führungsaufgaben**) werden in der nebenstehenden Abbildung deutlich.

Führungsaufgaben dienen der Steuerung des betrieblichen Ablaufs. Daher werden sie als **leitende (dispositive) Arbeit** bezeichnet.

Die leitenden Mitarbeiter eines Unternehmens setzen die betriebswirtschaftlichen Produktionsfaktoren so ein, dass das festgelegte **Unternehmensziel** (vgl. S. 34 ff.) erreicht wird.

Beispiel Frau Friedrich und Herr Stein sind als Geschäftsführer leitende Mitarbeiter der Bürodesign GmbH. Sie werden dem dispositiven Faktor zugeordnet.

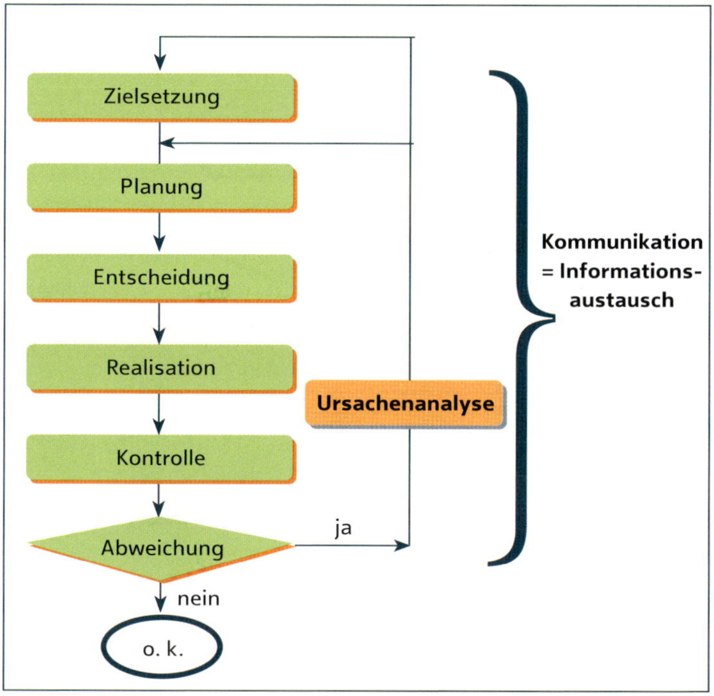

Davon zu unterscheiden ist die Arbeit nach Anordnung. Hier werden Arbeiten gemäß den Vorgaben ausgeführt. Deshalb bezeichnet man diese als **ausführende Arbeit** (vgl. S. 42 f.).

Informationsmanagement

Informationsaustausch und Koordination:

Nur wenn die Pläne der einzelnen Funktionsbereiche untereinander abgestimmt werden, ist sichergestellt, dass alle Bereiche auf **die gleichen Ziele** hinarbeiten. Dazu müssen die Aufgaben zwischen den einzelnen Bereichen koordiniert werden und ein ständiger **Informationsaustausch** stattfinden.

Beispiel Die Bodo Lukas KG bestellt bei der Bürodesign GmbH zehn Schreibtische „Stardesign". Der Kundenauftrag wird in der **Absatz**abteilung angenommen. Von dort aus wird im **Fertiglager** nachgefragt, ob die bestellte Menge verfügbar ist. Ist dies nicht der Fall, wendet sich der Verkauf an die **Produktion**. Dort wird festgelegt, wann die Herstellung der bestellten Produkte erfolgen kann und welche Materialien beschafft werden müssen. Eine entsprechende Anfrage geht an das Rohstofflager. Wenn die Materialien dort nicht vorrätig sind, wird die **Beschaffung** beauftragt, sie bereitzustellen. Die Beschaffung bestellt und legt das Lieferdatum fest. Diese Information geht über das **Lager** an die **Produktion**, die jetzt den Fertigstellungstermin festlegen kann. Dieser Termin wird dem **Absatz** mitgeteilt und der kann jetzt der Bodo Lukas KG mitteilen, wann die bestellten Produkte zur Auslieferung gelangen. Das gemeinsame Ziel aller Abteilungen besteht in der termingerechten Abwicklung des Kundenauftrages.

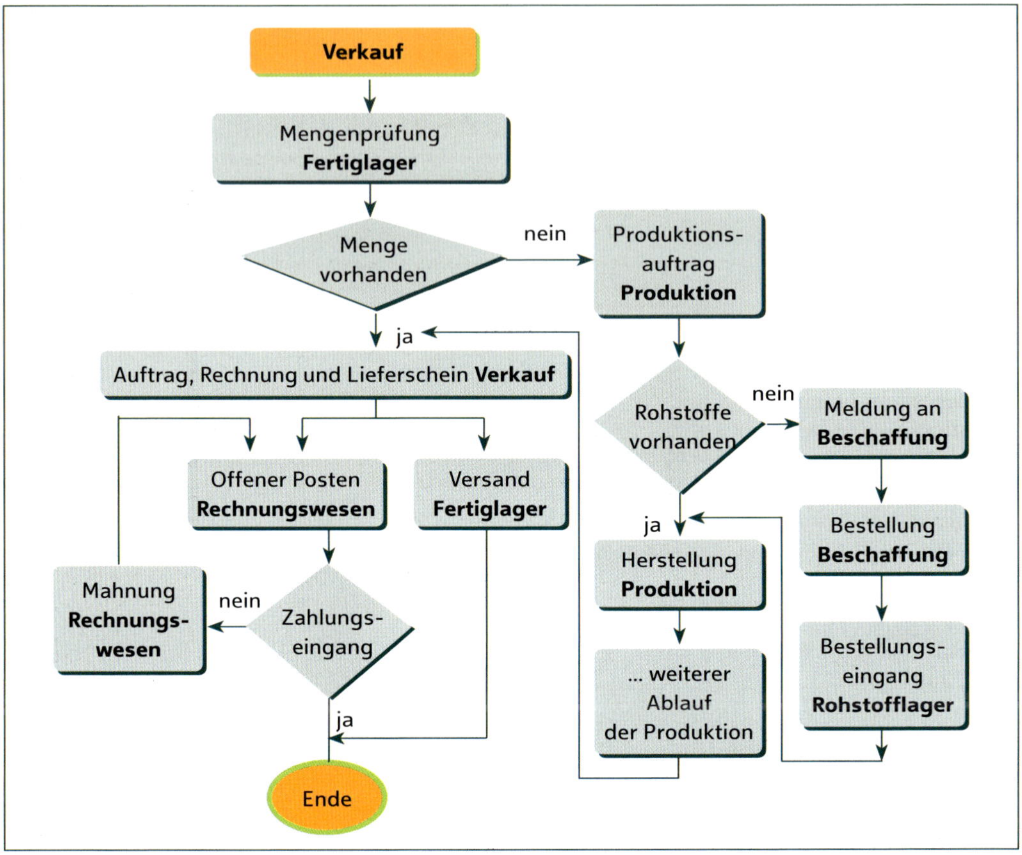

▲ Informationsgrundsätze:

Um das gemeinsame Ziel zu erreichen, müssen an die Informationen bestimmte Anforderungen gestellt werden.

- **Aktualität:** Die Informationen müssen stets auf dem **neuesten Stand** sein.

  Beispiel In der Bürodesign GmbH sind alle wichtigen Kundeninformationen in einer zentralen Datenbank gespeichert. Heute erfuhr der für den Kunden Bodo Lukas KG zuständige Außendienstmitarbeiter, dass der Kunde seinen letzten Auftrag über 125 000,00 € kurzfristig stornieren musste. Diese Information wird sofort an die betroffenen Bereiche Produktion, Beschaffung und Finanzbuchhaltung weitergeleitet, damit die dort bereits eingeleiteten Aktivitäten eingestellt werden können. Sie wird auch direkt in die Datenbank eingegeben, sodass jeder Mitarbeiter, der den Datensatz des Kunden Bodo Lukas KG aufruft, über diese Änderung informiert ist.

- **Verfügbarkeit:** Die Informationen müssen für alle betroffenen Mitarbeiter **jederzeit** und **an jedem Arbeitsplatz** abrufbar sein.

  Beispiel Damit jeder Mitarbeiter der Bürodesign GmbH jederzeit mit allen erforderlichen Informationen versorgt werden kann, sind die einzelnen PC-Arbeitsplätze untereinander und mit dem Zentralrechner vernetzt. Auf diesem Zentralrechner ist auch die Datenbank gespeichert. Durch die Vernetzung hat jeder Mitarbeiter jederzeit direkten Zugriff auf die benötigten Informationen aus der Datenbank. Dadurch, dass auch die einzelnen PCs miteinander verbunden sind, können wichtige Nachrichten auch direkt auf den Bildschirm des betroffenen Mitarbeiters geschickt werden (Mailing).

- **Zuverlässigkeit:** Sowohl die Informationsquelle als auch der Inhalt der Information müssen **vertrauenswürdig und glaubwürdig** sein. Ebenso gilt dies für Informationen, die innerhalb des Betriebes oder vom Betrieb an Dritte weitergegeben werden. Daher dürfen keine Informationen ungeprüft weitergegeben oder verarbeitet werden.

  Beispiel In der Abteilung Absatz der Bürodesign GmbH geht der Anruf eines Außendienstmitarbeiters ein. Dieser teilt mit, er habe gerade durch Zufall erfahren, dass der Kunde Klassik 2000 GmbH ein Insolvenzverfahren angemeldet habe. Deshalb solle man sofort den letzten Auftrag über 80 000,00 € stornieren. Nach Beendigung des Gespräches bittet Herr Stam, der Abteilungsleiter Absatz, Frau König, die Gruppenleiterin Rechnungswesen, die Bonität des Kunden Klassik 2000 GmbH zu überprüfen und hierzu weitere Informationen einzuholen. Es stellt sich heraus, dass es sich bei der „Information" lediglich um ein Gerücht gehandelt hat. Glücklicherweise wurde der Auftrag nicht storniert.

- **Wirtschaftlichkeit:** Hier geht es um die Frage, wie die Informationsbeschaffung und -verarbeitung **möglichst kostengünstig** bewältigt werden können. Informationen können intern oder extern beschafft werden, die Verarbeitung kann manuell oder durch moderne Kommunikationslösungen erfolgen. Welche dieser Möglichkeiten jeweils gewählt wird, richtet sich nach dem verfolgten Ziel, der zur Verfügung stehenden Zeit, der gewünschten Zuverlässigkeit der Informationen und den Kosten.

  Beispiele

  - Der Bürodesign GmbH liegt die Bestellung des Kunden Klaus Arnold e.K., Büromöbelgroßhandel, über 120 000,00 € vor. Mit diesem Kunden wurden bisher nur drei Bestellungen im Gesamtwert von 35 000,00 € abgewickelt. Bevor dieser Auftrag angenommen wird, sollen auf internen und externen Wegen weitere Informationen über diesen Kunden beschafft werden. Der Außendienst wird angewiesen, nähere Erkundigungen einzuziehen, und bei einer Kreditauskunftei wird eine Bankauskunft über den Kunden Arnold angefordert. Beide Informationen sind durchweg positiv und der Auftrag wird angenommen.
  - Die Bürodesign GmbH erhält einen Auftrag über 80 Schreibtische. Die Arbeitsfläche der Schreibtische soll aus Acrylglasplatten bestehen. Geliefert werden muss in zwei Wochen. In der Beschaffungsabteilung wird fieberhaft nach einem Lieferanten für diese Platten gesucht. Einige Mitarbeiter blättern in Branchenbüchern und telefonieren, andere starten per EDV und Internet eine Datenbankrecherche. Durch diese Recherche wird ein preiswerter Lieferant in Italien gefunden.

Funktionsbereiche der Betriebe und ihre Verknüpfung

- **Betriebliche Funktionsbereiche** umfassen Aufgaben wie:
  - Einkaufen
  - Produzieren
  - Lagern
  - Verwalten
  - Leiten

  Es sind Funktionen, die in jedem Betrieb vorkommen **(Grundfunktionen).**

- **Führungsaufgaben (dispositive Aufgaben)** sind:
  - Ziele setzen
  - Planen
  - Entscheiden
  - Realisieren
  - Kontrollieren
  - Kommunizieren

- **Informationsmanagement** umfasst die Koordination des Informationsaustausches zwischen den einzelnen Bereichen des Betriebes unter Beachtung der **Informationsgrundsätze:**
  - Aktualität
  - Verfügbarkeit
  - Zuverlässigkeit
  - Wirtschaftlichkeit

1 Stellen Sie die Aufgaben (Funktionen) eines Industrie-, Einzelhandels- und Versicherungsbetriebes gegenüber.

2 a) Formulieren Sie die Hauptaufgabe eines Industriebetriebes, der Spülmaschinen herstellt.
b) Stellen Sie in einer Liste die einzelnen Arbeiten dar, die zur Erledigung dieser Hauptaufgabe erforderlich sind.

3 Unterscheiden Sie dispositive von ausführender Arbeit am Beispiel von zwei Mitarbeitern der Bürodesign GmbH.

4 Erläutern Sie die wichtigsten Führungsaufgaben der beiden Geschäftsführer der Bürodesign GmbH, Frau Friedrich und Herrn Stein.

5 Als Ergebnis der Planungsüberlegungen muss die Geschäftsleitung verschiedene Pläne erstellen und aufeinander abstimmen. Hierbei wird eine bestimmte Abfolge der Pläne zwingend vorgegeben. Welcher Plan ist Ausgangspunkt aller weiterer Überlegungen? Begründen Sie Ihre Meinung.

6 Stellen Sie dar, warum eine einmalige Kontrolle der Geschäftstätigkeit am Ende des Geschäftsjahres nicht ausreicht.

7 Befragen Sie verschiedene berufstätige Personen (Verwandte, Freunde usw.) und finden Sie heraus, inwieweit der Einsatz moderner Kommunikationsmittel (Fax, Tablet, Laptop usw.) die Erledigung verschiedener Arbeiten beschleunigt. Fertigen Sie hierzu eine Übersicht nach folgendem Muster an:

Beschreibung der Arbeit	vorher		nachher		Abweichung
	Arbeitsschritte	Zeiten	Arbeitsschritte	Zeiten	

8 Die Bürodesign GmbH hat sich laut Beschluss der Gesellschafter in eine Verwaltungs-, eine Produktions- und eine Vertriebsgesellschaft gegliedert.
a) Fertigen Sie für alle drei Gesellschaften je ein Organigramm an. Nutzen Sie dafür eine geeignete Software.
b) Erläutern Sie, welche Informationen zwischen allen drei Gesellschaften ausgetauscht und koordiniert werden müssen, um z. B. eine Kundenbestellung zu bearbeiten.

1.2 Wirtschaftliche, soziale und ökologische Unternehmensziele

Frau Jäger, die Leiterin der kaufmännischen Verwaltung, und Herr Müller, der Leiter der Produktion der Bürodesign GmbH, diskutieren gemeinsam mit dem Geschäftsführer, Herrn Stein, wie viele Auszubildende im kommenden Jahr eingestellt werden sollen. Frau Jäger meint: „Eigentlich möchte ich möglichst vielen jungen Menschen einen Ausbildungsplatz bieten.

Eine fundierte Ausbildung ist der richtige Start in das Leben. Darüber hinaus bewahrt sie junge Menschen vor dem Abgleiten in Radikalität, die Alkohol- und Drogenszene." Herr Müller ist anderer Meinung. „Wir sind ein Wirtschaftsunternehmen und unser Ziel ist ein vernünftiger Gewinn. Von den darauf entrichteten Steuern kann der Staat so viel Gewalt-, Sucht- und Drogenpräventionen betreiben, wie er will. Außerdem halten die Auszubildenden die Sachbearbeiter nur von der Arbeit ab und mindern so unsere Leistungsfähigkeit." „Und woher nehmen Sie die erforderlichen Fachkräfte, wenn wir die Produktion ausweiten oder wenn Mitarbeiter in Ruhestand gehen?", fragt Frau Jäger. „Nichts einfacher als das!", erwidert Herr Müller. „Die besorgen wir uns fertig ausgebildet auf dem Arbeitsmarkt." Jetzt mischt sich der Geschäftsführer, Herr Stein, ein. „Ihre Gewinnorientierung in allen Ehren, lieber Herr Müller, aber wenn alle so dächten wie Sie, gäbe es bald keine ausgebildeten Fachkräfte mehr und das

Bild des Unternehmers in der Öffentlichkeit würde Schaden nehmen. Ich schlage vor, Sie schlagen einmal in unserer Unternehmensphilosophie nach, da haben wir nämlich etwas zur Rolle des Menschen in unserem Unternehmen festgelegt."

- Stellen sie fest, wie die Rolle des Menschen in der Unternehmensphilosophie der Bürodesign GmbH (vgl. S. 10f.) beschrieben ist.
- Ordnen Sie die Unternehmensphilosophie der Bürodesign GmbH in das Zielsystem von Unternehmen ein.
- Erstellen Sie eine Liste von Zielen, die von der Bürodesign GmbH verfolgt werden könnten.
- Stellen Sie fest, ob und wenn ja wie sich diese Ziele gegenseitig beeinflussen.

Unternehmensziele

Alle Unternehmen verfolgen Ziele, die sie mit unterschiedlichen Methoden und Maßnahmen erreichen wollen. Ziele können Sachziele, wirtschaftliche Ziele, soziale Ziele oder ökologische Ziele sein.

Sachziele:

Unter einem Sachziel versteht man den sachlichen Inhalt bzw. den sachlichen Zweck eines Unternehmens, der bei der Gründung eines Unternehmens im **Handelsregister** (= Verzeichnis aller Unternehmen in einem Bezirk, vgl. S. 108f.) angegeben werden muss.

Beispiele

- Die Bürodesign GmbH in Köln sieht ihre Aufgabe darin, Büromöbel herzustellen und zu verkaufen. Dies ist ihr Sachziel.
- Die Vereinigte Spanplatten AG ist ein wichtiger Lieferer der Bürodesign GmbH. Ihr Sachziel ist die Herstellung und der Vertrieb von Spanplatten.

Wirtschaftliche Ziele:

Das Sachziel eines Unternehmens ist letztlich nur ein Mittel zur Erreichung anderer, nämlich wirtschaftlicher Ziele, wie angemessener Gewinn und Verzinsung des eingesetzten Kapitals. Die Verzinsung des eingesetzten Kapitals wird als **Rentabilität** bezeichnet.

Beispiel Die Bürodesign GmbH möchte Gewinne erwirtschaften, Kosten senken, rentabel arbeiten, Marktanteile sichern und ausweiten.

Soziale Ziele:

Unternehmen verfolgen auch soziale Ziele, die sich vorwiegend **auf ihre Mitarbeiter** beziehen.

Beispiele

- Die Arbeitsplätze der Mitarbeiter sollen gesichert werden.
- Die Arbeitsbedingungen der Mitarbeiter sollen verbessert werden.

Zu den sozialen Zielen gehört jedoch auch die Übernahme von sozialer Verantwortung, insbesondere gegenüber sozial benachteiligten Gruppen.

Dieser Grundgedanke findet sich auch im Grundsatz der Inklusion wieder. **Inklusion** fördert die Vielfalt und wendet sich gegen Diskriminierung. Sie strebt eine **uneingeschränkte Teilhabe aller Menschen in allen Bereichen der Gesellschaft** an. Dies gilt für Schulen, Kommunen und Vereine genauso wie für Betriebe.

Inklusion verlangt, dass alle Menschen gleich gut behandelt werden, die gleichen Rechte haben, es keine Hindernisse und Barrieren gibt und alle gleichberechtigt an allen Bereichen der Gesellschaft teilhaben können. Dies gilt unabhängig von individuellen Fähigkeiten, der Hautfarbe, der Herkunft, dem Geschlecht, dem Alter, dem sozialen Status, der sexuellen Orientierung oder einer Behinderung.

Beispiel

- Die Bürodesign GmbH verpflichtet sich dem Grundsatz der **Inklusion**. Sie beschäftigt drei Rollstuhlfahrer. Zwei sind in der Datenerfassung der Buchhaltung an einem Computer-Arbeitsplatz eingesetzt, einer arbeitet in der Polsterei als Qualitätsprüfer.

Ökologische Ziele:

VWL

Sie werden im Zielsystem eines Unternehmens zunehmend wichtig. Das Anstreben ökologischer Ziele drückt die Wahrnehmung der **Verantwortung von Unternehmen gegenüber ihrer Umwelt** aus.

Beispiele

- Die Bürodesign GmbH setzt bei der Produktion nur umweltverträgliche Werkstoffe ein.
- Alle ihre Produkte sind recyclebar und nach Aufbereitung als Rohstoffe wiederzuverwenden.
- Bei der Produktion wird auf umweltschonende Verfahren geachtet, damit Umweltbelastungen so weit wie möglich vermieden werden.

Die natürliche Umwelt

Unsere Umwelt wird durch Luftverschmutzung, Bodenverseuchung, Wasserverunreinigung und Lärm belastet.

Art. 20 a, GG „Der Staat schützt in Verantwortung für die künftigen Generationen die natürlichen Lebensgrundlagen im Rahmen der verfassungsmäßigen Ordnung durch die Gesetzgebung und nach Maßgabe von Gesetz und Recht durch die vollziehende Gewalt der Rechtsprechung."

Die **Luftverschmutzung** erfolgt im Wesentlichen durch folgende Stoffe:

- **Kohlendioxid**, das bei der Verbrennung fossiler Stoffe (Kohle, Öl) entsteht und zum sogenannten **Treibhauseffekt** führt,
- **Kohlenmonoxid**, das bei der unvollständigen Verbrennung in Motoren und Feuerungsanlagen entsteht,
- **Stickstoffoxide**, die bei der Verbrennung in Kraftwerken, Flugzeugturbinen und Automotoren entstehen und zum sogenannten **sauren Regen** führen,
- **Schwefeldioxid**, das bei der Verbrennung von Braunkohle entsteht.

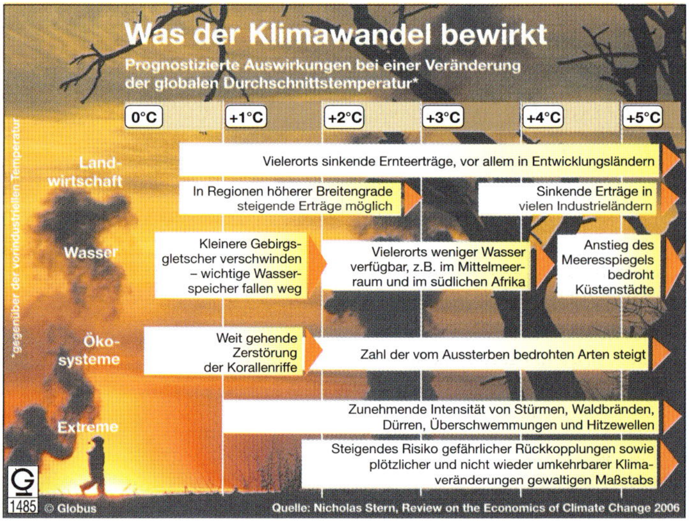

Die **Bodenverseuchung** hängt eng mit der Luftverschmutzung zusammen, da die in die Luft abgegebenen Schadstoffe mit dem Regen wieder zur Erde zurückkehren. Darüber hinaus wird der Boden auch unmittelbar durch Überdüngung und Pestizide belastet.

Die **Wasserverunreinigung** erfolgt durch die Einleitung von Abwässern in die Gewässer, die übermäßige Düngung mit Gülle oder Kunstdünger und den sauren Regen.

Die **Lärmbelästigung** ist Folge der Technisierung und der hohen Bevölkerungsdichte in Europa.

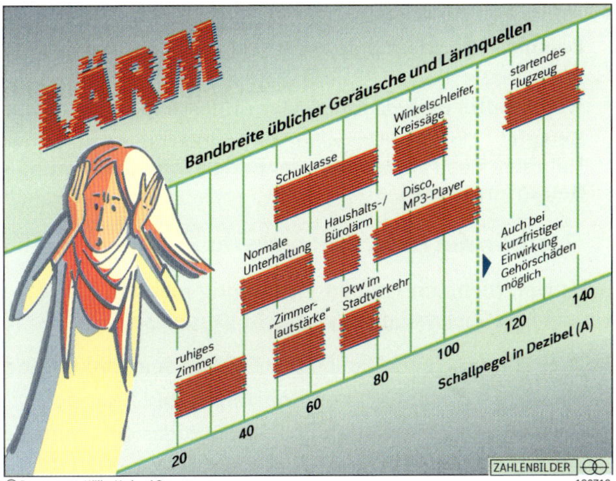

© Bergmoser + Höller Verlag AG 126710

▲ Umweltpolitik

VWL

Der Staat versucht im Rahmen der **Umweltpolitik** die Belastung der Umwelt zu verringern.

Instrumente der Umweltpolitik sind:

- Erlass von Gesetzen, Verordnungen und technischen Vorschriften

  Beispiel

Gesetz über das Inverkehrbringen, die Rücknahme und die hochwertige Verwertung von Verpackungen (Verpackungsgesetz – VerpackG)

§ 1 Abfallwirtschaftliche Ziele

(1) Dieses Gesetz legt Anforderungen an die Produktverantwortung nach § 23 des Kreislaufwirtschaftsgesetzes für Verpackungen fest. Es bezweckt, die Auswirkungen von Verpackungsabfällen auf die Umwelt zu vermeiden oder zu verringern. Um dieses Ziel zu erreichen, soll das Gesetz das Verhalten der Verpflichteten so regeln, dass Verpackungsabfälle vorrangig vermieden und darüber hinaus einer Vorbereitung zur Wiederverwendung oder dem Recycling zugeführt werden. Dabei sollen die Marktteilnehmer vor unlauterem Wettbewerb geschützt werden.

(2) Durch eine gemeinsame haushaltsnahe Sammlung von Verpackungsabfällen und weiteren stoffgleichen Haushaltsabfällen sollen zusätzliche Wertstoffe für ein hochwertiges Recycling gewonnen werden.

(3) Der Anteil der in Mehrweggetränkeverpackungen abgefüllten Getränke soll mit dem Ziel der Abfallvermeidung gestärkt und das Recycling von Getränkeverpackungen in geschlossenen Kreisläufen gefördert werden. Zur Überprüfung der Wirksamkeit der in diesem Gesetz vorgesehenen Mehrwegförderung ermittelt das Bundesministerium für Umwelt, Naturschutz, Bau und Reaktorsicherheit jährlich den Anteil der in Mehrweggetränkeverpackungen abgefüllten Getränke und gibt die Ergebnisse bekannt. Ziel ist es, einen Anteil von in Mehrweggetränkeverpackungen abgefüllten Getränken in Höhe von mindestens 70 Prozent zu erreichen.

(4) Mit diesem Gesetz soll außerdem das Erreichen der europarechtlichen Zielvorgaben der Richtlinie 94/62/EG über Verpackungen und Verpackungsabfälle sichergestellt werden. Danach sind von den im Geltungsbereich dieses Gesetzes anfallenden Verpackungsabfällen jährlich mindestens 65 Masseprozent zu verwerten und mindestens 55 Masseprozent zu recyceln. Dabei muss das Recycling der einzelnen Verpackungsmaterialien mindestens für Holz 15, für Kunststoffe 22,5, für Metalle 50 und für Glas sowie Papier und Karton 60 Masseprozent erreichen, wobei bei Kunststoffen nur Material berücksichtigt wird, das durch Recycling wieder zu Kunststoff wird. Zum Nachweis des Erreichens der Zielvorgaben nach den Sätzen 2 und 3 führt die Bundesregierung die notwendigen Erhebungen durch und veranlasst die Information der Öffentlichkeit und der Marktteilnehmer.

- Verbot bestimmter Produkte oder Produktionsverfahren

  Beispiel Regelungen zur Reduzierung des FCKW-Ausstoßes

- Erlass von Auflagen

  Beispiel Die Stadt Köln erhebt ein Zwangspfand für Einweggeschirr bei öffentlichen Veranstaltungen.

- wirtschaftliche Belastung oder Entlastung in Form von Steuern oder Subventionen

  Beispiel Um dem Umweltgedanken Rechnung zu tragen, setzt sich die Kfz-Steuer aus einem am Hubraum des Fahrzeuges orientierten Grundbetrag und einem am Schadstoffausstoß orientierten Betrag zusammen.

Zielbündel bzw. Zielsystem:

Jedes Unternehmen verfolgt gleichzeitig mehrere Ziele. So hat jedes Unternehmen ein ganzes Zielbündel bzw. Zielsystem, das erreicht werden soll.

Stellt ein Unternehmen ökologische Ziele in den Vordergrund, sind **folgende Möglichkeiten** denkbar:

- Sparsamer Verbrauch von Rohstoffen und Energie

  Beispiel Die Geschäftsführer der Bürodesign GmbH denken über die Anschaffung einer Windenergieanlage nach.

- Aufarbeitung gebrauchter Rohstoffe (**Recycling**)

  Beispiel Die Bürodesign GmbH gibt eine Rücknahmegarantie auf alle von ihr gelieferten Verpackungen. Die so gewonnenen Rohstoffe werden bei der Herstellung neuer Verpackungen verwendet.

- Herstellung und/oder Vertrieb umweltfreundlicher Produkte

  Beispiel Die Bürodesign GmbH bietet mit dem Arbeitssessel „ergo-design-natur“ einen Bürostuhl an, der ausschließlich aus umweltverträglichen Rohstoffen gefertigt ist.

- Anwendung umweltfreundlicher Produktionstechniken

  Beispiel Die Lackiererei der Bürodesign GmbH wurde auf wasserlösliche Lacke umgestellt, die keine umweltschädlichen Lösungsmittel enthalten.

  Beispiel

Zielbündel der Bürodesign GmbH

Sachziele	Wirtschaftliche Ziele	Soziale Ziele	Ökologische Ziele
– Herstellen und Vertreiben von Büromöbeln – Beraten von Abnehmern – Bereitstellen von Ersatzteilen – Kundendienst und Service	– Erwirtschaften von Gewinn – Rentabilität des eingesetzten Kapitals – Sichern und Ausweiten von Marktanteilen	– Schaffen und Sichern von Arbeitsplätzen – Menschengerechte Gestaltung von Arbeitsplätzen – Gerechte Entlohnung von Mitarbeitern – Inklusion	– Vermeiden von Umweltbelastungen – Einsatz umweltfreundlicher Werkstoffe – Verwendung von recyclingfähigen Produkten – Einsparen von Rohstoffen

Das Zielsystem eines Unternehmens **verändert sich** mit den sich wandelnden Einflussfaktoren auf das Unternehmen aus Politik, Gesellschaft, von Konkurrenz und Kunden. Neue Ziele werden erkannt oder die Bedeutung von Zielen kann sich ändern.

Beispiel Noch vor 15 Jahren hatten ökologische Ziele bei vielen Unternehmen keinen hohen Stellenwert. Heute hingegen werden diese Ziele mit hoher Priorität verfolgt.

Zielharmonie, Zielkonflikte:

Das Erreichen von wirtschaftlichen Zielen ist nur in Verbindung mit sozialen und ökologischen Zielen denkbar. Wenn betriebliche Ziele sich gegenseitig ergänzen, liegt **Zielharmonie** vor.

Beispiel Die Bürodesign GmbH beschließt, nur noch kostengünstiges und wiederverwertbares Verpackungsmaterial einzusetzen. Hierdurch wird das wirtschaftliche Ziel der Kostensenkung durch das ökologische Ziel der Wiederverwendbarkeit von Material ergänzt.

Wenn gleichzeitig verschiedene Ziele angestrebt werden, kann es zu **Zielkonflikten** kommen. Ein Zielkonflikt entsteht, wenn sich zwei oder mehrere Ziele gegenseitig behindern oder ausschließen.

Beispiel Um die Gesundheit ihrer Mitarbeiter zu schonen, setzt die Bürodesign GmbH in der Lackiererei nur noch Farben ein, die frei von gefährlichen Lösungsmitteln sind (**soziales Ziel**). Gleichzeitig soll damit ein Beitrag zur Verringerung der Umweltbelastung erbracht werden (**ökologisches Ziel**). Bis hierhin besteht Zielharmonie. Die gewünschten Farben sind aber teurer und erfordern eine längere Trockenzeit der lackierten Möbel. Dadurch entstehen höhere Kosten, die den Gewinn des Unternehmens schmälern (**wirtschaftliches Ziel**). Hierdurch entsteht ein Zielkonflikt.

Steht die Erreichung der Ziele in keinem Zusammenhang, spricht man von **Zielneutralität**.

Unternehmensplanung als Instrument zur Zielerreichung

Um die vielfältigen Maßnahmen zur Erreichung der Unternehmensziele zu realisieren, erstellt das Management **kurz-, mittel- und langfristige Pläne**. Ein wichtiges Instrument zur Zielerreichung ist somit eine flexible Unternehmensplanung. Nur wenn eine Unternehmensleitung weiß, was sie will, kann sie Maßnahmen ergreifen, um die gesetzten Ziele zu erreichen. Grundlage jeder Planungsarbeit sind Informationen und Daten. Bei marketingorientierten Unternehmen sind das die Daten des jeweiligen Marktes.

Beispiele

- **Marktdaten des Absatzmarktes:** Anzahl der möglichen Kunden (Abnehmer), Verhalten der Abnehmer (Modetrends), Bereitschaft zu Investitionen, Kaufkraft der Abnehmer usw.
- **Marktdaten des Beschaffungsmarktes:** Anzahl der Lieferer für bestimmte Produkte, Lieferungs- und Zahlungsbedingungen, Einkaufspreise usw.
- **Marktdaten des Personal- bzw. Arbeitsmarktes:** Anzahl und Qualifikation der benötigten Mitarbeiter je Abteilung oder Gruppe, Gehaltstarife, Arbeitszeiten usw.
- **Marktdaten des Finanzmarktes (Geld- und Kapitalmarkt):** Zinssätze der Banken für Kredite und Einlagen usw.

Die Mitarbeiter der einzelnen Unternehmensbereiche, z. B. Abteilungen, Filialen usw., tragen durch ihre Arbeit dazu bei, die Pläne zu erfüllen. Aufgabe des Managements ist dabei, Abweichungen zu erkennen und nach einer Ursachenforschung Maßnahmen zur Korrektur einzuleiten, damit die angestrebten Ziele erreicht werden und das Unternehmen weiter erfolgreich auf dem Markt bestehen kann.

Die Notwendigkeit, in die Zukunft hinein zu planen, führt zur Formulierung von **strategischen** (langfristigen) Zielen. Die strategische Planung wird durch die **taktische** (mittelfristige) Planung konkretisiert, die im Rahmen der **operativen** (kurzfristigen) Planung umgesetzt wird. Langfristige Ziele eines Unternehmens werden oft in einer **Unternehmensphilosophie** oder einem Unternehmensleitbild zusammengefasst:

Beispiel Die Bürodesign GmbH formuliert in ihrer Unternehmensphilosophie:
„Das Wichtigste ist der Mensch. Das Unternehmen Bürodesign GmbH zeichnet sich durch viele Faktoren aus. Das Wesentliche aber sind die Menschen, die hier arbeiten. Sie sind das Unternehmen, denn sie stehen für das, was das Unternehmen auszeichnet, nämlich Qualität, Service, Solidität und Zuverlässigkeit. Gut ausgebildete, hoch motivierte und engagierte Mitarbeiter bilden die Voraussetzung dafür, dass die Unternehmensziele erreicht werden."

Wirtschaftliche, soziale und ökologische Unternehmensziele

- **Zielsystem** von Unternehmen

Sachziele	Wirtschaftliche Ziele	Soziale Ziele	Ökologische Ziele
– Herstellen und Vertreiben von Sachgütern – Erbringen von Dienstleistungen	– Erwirtschaften von Gewinn – Kapitalverzinsung – Festigung und Ausweitung der Marktstellung	– Sicherung von Arbeitsplätzen – Menschengerechte Gestaltung von Arbeitsplätzen – Soziale Verantwortung	– Verantwortungsbewusster Umgang mit Ressourcen – Vermeidung von Umweltbelastungen

- Wenn betriebliche Ziele sich ergänzen, liegt **Zielharmonie** vor.
- Wenn sich Ziele behindern oder ausschließen, liegt ein **Zielkonflikt** vor.
- Im Rahmen der **Unternehmensplanung** werden langfristig zu erreichende (strategische) Ziele formuliert.

1 Formulieren Sie das Sachziel der Bürodesign GmbH.

2 Erstellen Sie eine Liste der wirtschaftlichen Ziele der Bürodesign GmbH und vergleichen Sie Ihr Ergebnis mit dem Ihrer Mitschüler.

3 Formulieren Sie soziale Ziele für ein Unternehmen aus der Sicht des Arbeitnehmers.

4 Erstellen Sie einen Katalog von ökologischen Zielen für die Bürodesign GmbH und erläutern Sie, wie diese Ziele erreicht werden können.

5 Nehmen Sie Stellung zu der These: „Ökologische und soziale Ziele lassen sich nicht mit wirtschaftlichen Zielen vereinbaren. Der Zielkonflikt ist nicht lösbar."

2 Mitarbeiter im Unternehmen

2.1 Personalstruktur und Aufgabenbereiche der Mitarbeiter – Anspruchsgruppen und ihre unterschiedlichen Interessen

Die Geschäftsführer der Bürodesign GmbH, Frau Friedrich und Herr Stein, haben ihre Abteilungsleiter zu einer Besprechung zusammengerufen. Herr Friedrich fasst zusammen: „Wir haben uns in den vergangenen Wochen intensiv mit der Produktgruppe „Arbeiten am Schreibtisch" auseiauseinandergesetzt. Hauptergebnis der Marktforschung war, dass die Produkte trotz hoher Qualität als zu teuer empfunden wurden. Herr Kaya hat daraufhin zwei deutlich preiswertere Lieferanten für die benötigten Materialien gewonnen und die Einkaufspreise der Vereinigte Spanplatten AG um 10 % senken können. Frau Freund ist es gelungen, durch eine Strategie der Marktentwicklung neue Kundenschichten in den neuen Bundesländern zu gewinnen. Trotzdem befriedigt mich das Ergebnis immer noch nicht und ich möchte mit Ihnen noch einmal über die Kosten reden. 40 % Fertigungslöhne, 20 % Verwaltungsgemeinkosten, und 11 % Vertriebsgemeinkosten, z. B. beim Schreibtisch Chef 2000, sind ein dicker Brocken. Ich denke, dass es bei den Personalkosten deutliche Einsparmöglichkeiten gibt, und erwarte Ihre Vorschläge!"

„Zu viele Häuptlinge und zu wenig Indianer", meldet sich Frau Jäger aufgeregt zu Wort, „wir sollten die Position des Bereichsleiters abbauen und den Abteilungsleitern die Kompetenzen übertragen!" „Sie wollen die Bereichsleitung doch nur abschaffen, um von Einsparmöglichkeiten bei der eigenen Position abzulenken", erwidert aufgeregt die Gruppenleiterin Personal Frau Geissler, „und außerdem überschreiten Sie mit solchen fragwürdigen Vorschlägen deutlich Ihre Kompetenzen." „An den Löhnen können wir nichts ändern", sagt Herr Stein, „die sind tarifvertraglich festgelegt, aber vielleicht können wir die übertariflichen Zulagen kürzen." „Wenn der Betriebsrat davon erfährt, ist der Teufel los", wirft Herr Müller ein. „Ich denke, wir sollten das Problem im Kreis der Geschäftsführer und Prokuristen erörtern", fasst Herr Friedrich zusammen, „Einsparung im Bereich des Personals sollen ausschließlich im Top-Management diskutiert werden."

- Stellen Sie anhand des Organigramms (vgl. S. 11) fest, welche Mitarbeiter den Ebenen des Top-, Middle-, Lower-Managements und der Ausführungsebene zuzuordnen sind.
- Diskutieren Sie die Stellenbeschreibung der Sachbearbeitung Verkauf und ermitteln Sie, ob Entscheidungen über Einsparungen im Personalbereich zu den Stellenaufgaben gehören.
- Erläutern Sie die allgemeine Handlungsvollmacht und die Prokura.

Die Anspruchsgruppen und ihre Interessen

Alle Gruppen, die zum Prozess der betrieblichen Leistungserstellung beitragen, verknüpfen mit der Einbringung ihres jeweiligen Beitrages in den Produktionsprozess spezifische Interessen und Ziele. Sie werden aus diesem Grund als **Anspruchsgruppen** oder **Stakeholder** (engl. = interessierte Person) bezeichnet:

Anspruchsgruppen	Beitrag	Interesse
Unternehmer	Eigenkapital Geschäftsführung	Erhalt und Verzinsung des Kapitals Einkommen, Macht, Einfluss, Prestige
Fremdkapitalgeber	Fremdkapital	Verzinsung, Tilgung, Sicherheit
Mitarbeiter	Arbeit	Entlohnung, Arbeitsplatz, Anerkennung
Zulieferer	Bereitstellung von Leistungen	fristgerechte Zahlung, gute Lieferbedingungen
Kunde	Abnahme der bestellten Leistung	qualitative Leistung, günstiger Preis, Konditionen, Service
Mitbewerber	Gestaltung der Marktsituation	fairer Wettbewerb, ggf. Kooperation

Die Führungsebenen im Unternehmen

Oberste Führungsebene (Top-Management):

Träger unternehmerischer Entscheidungen sind die Eigentümer oder von diesen angestellte Manager. Sie stellen die oberste Führungsebene (Top-Management) dar. Das Top-Management trifft **Grundsatzentscheidungen**, ist selbst an keine Weisungen gebunden und kann allen Mitarbeitern Anweisungen erteilen.

Beispiel Unternehmer, Geschäftsführer der Bürodesign GmbH, Vorstand einer AG

Mittlere Führungsebene (Middle-Management):

Sie ist der Unternehmensspitze direkt unterstellt. Sie nimmt Weisungen des obersten Managements entgegen und ist in ihrem jeweiligen Tätigkeitsbereich weisungsbefugt. Das Middle-Management **setzt getroffene Grundsatzentscheidungen in seinem jeweiligen Zuständigkeitsbereich durch**.

Beispiel Prokurist, Abteilungsleiter der Bürodesign GmbH

Untere Führungsebene (Lower-Management):

Ihr sind keine Stellen mit Anordnungsbefugnis unterstellt. Sie ist für die **Durchführung der von Top- und Middle-Management getroffenen Entscheidungen** der Ausführungsebene verantwortlich.

Beispiel Handlungsbevollmächtigter, Gruppenleiter der Bürodesign GmbH

Ausführungsebene:

Sie umfasst Stellen, die keine Anordnungsbefugnis besitzen. Sie führt **Arbeiten nach Anweisung** durch.

Beispiel Sachbearbeiter der Bürodesign GmbH, gewerbliche Mitarbeiter

Der Unternehmer

Der Unternehmer ist der **Leiter des Unternehmens**. Bei **Einzelunternehmen** und **Personengesellschaften** (vgl. S. 111 ff.) bringt er das gesamte Kapital auf und trägt das Risiko allein. Der Unternehmer führt die Geschäfte **(Geschäftsführung)** und vertritt das Unternehmen nach außen **(Vertretung)**.

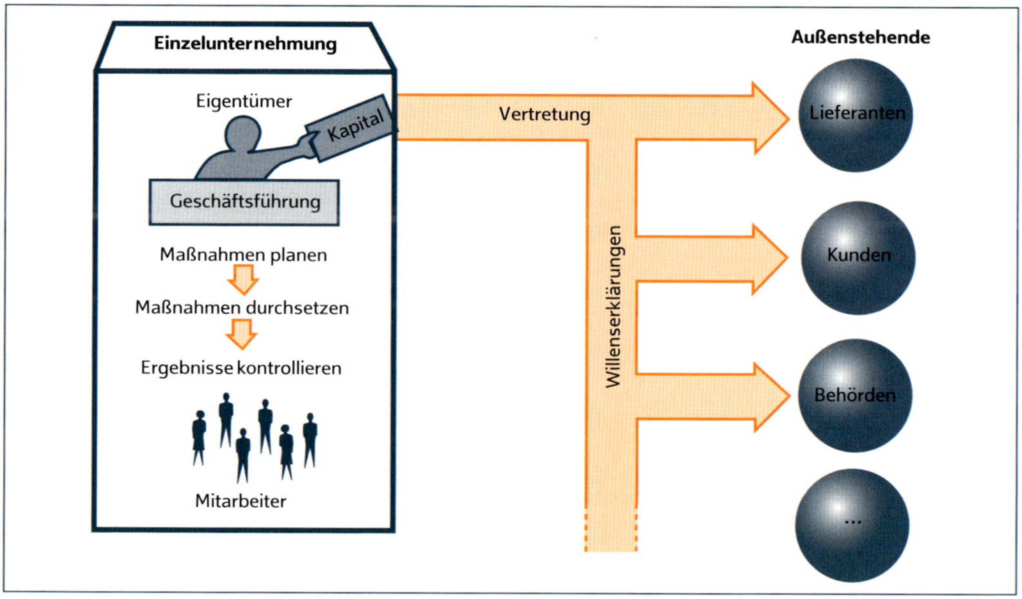

Beispiel Klaus Oswald ist alleiniger Inhaber des Büromöbelgroßhandels Klaus Oswald e. K.

Bd. 2

Bei **Kapitalgesellschaften** (vgl. S. 116 ff.) nehmen Angestellte als sogenannte **Organe** die Aufgaben des Unternehmers wahr (Geschäftsführung und Vertretung). Kapital und Risiko werden hier von den Gesellschaftern und Anteilseignern **(Aktionäre)** getragen.

Beispiel Die Vereinigte Spanplatten AG ist einer der großen Lieferer der Bürodesign GmbH. Vorstandsmitglieder der AG sind Dr. Gruber, Karl Schmidt und Franke Böse. Sie werden vom Aufsichtsrat kontrolliert und von der Hauptversammlung entlastet.

Handlungsvollmacht

§ 54 HGB

(1) Ist jemand [...] zum Betrieb eines Handelsgewerbes oder zur Vornahme einer bestimmten zu einem Handelsgewerbe gehörigen Art von Geschäften oder zur Vornahme einzelner zu einem Handelsgewerbe gehöriger Geschäfte ermächtigt, so erstreckt sich die Vollmacht (Handlungsvollmacht) auf alle Geschäfte und Rechtshandlungen, die der Betrieb eines derartigen Handelsgewerbes oder die Vornahme derartiger Geschäfte gewöhnlich mit sich bringt.

Umfang der Handlungsvollmacht:

Er erstreckt sich demnach lediglich auf **gewöhnliche Rechtsgeschäfte des Betriebes**.

Der Handlungsbevollmächtigte ist **nicht befugt**:
- Grundstücke zu veräußern oder zu belasten
- Grundstücke zu kaufen
- Wechselverbindlichkeiten einzugehen
- Darlehen aufzunehmen
- Prozesse im Namen des Unternehmens zu führen

Handlungsvollmacht kann formlos, d.h. schriftlich, mündlich oder stillschweigend, erteilt werden. Sie wird nicht in das **Handelsregister** (vgl. S. 108ff.) eingetragen.

Arten der Handlungsvollmacht:

- **Allgemeine Handlungsvollmacht:** Sie berechtigt zur Ausführung aller gewöhnlichen Geschäfte, die **im Geschäftszweig des Handelsgewerbes** vorkommen.

  Beispiel Frau Berg, Abteilungsleiterin der Verwaltung, weist ihre Gruppenleiterinnen und Gruppenleiter an, ihr einen Tätigkeitsbericht für das vergangene Quartal vorzulegen.
- **Artvollmacht:** Sie berechtigt zur Ausführung einer bestimmten Art von Geschäften.

  Beispiel Frau Schorn, Gruppenleiterin für die Beschaffung von Zubehör, bestellt bei der Abels, Wirtz & Co. KG regelmäßig Schlösser.
- **Einzelvollmacht:** Sie berechtigt zur Ausführung einzelner Rechtsgeschäfte.

  Beispiel Herr Schumacher, Auslieferungsfahrer der Bürodesign GmbH, legt bei einem Kunden eine Rechnung vor und kassiert den Betrag.

Erteilung der Handlungsvollmacht:

Jeder Bevollmächtigte kann innerhalb seiner Vollmacht Untervollmachten erteilen. So kann z.B. der Angestellte mit allgemeiner Handlungsvollmacht Artvollmacht und der Mitarbeiter mit Artvollmacht Einzelvollmacht erteilen.

Unterschrift

Der Handlungsbevollmächtigte unterschreibt mit dem das Vollmachtsverhältnis ausdrückenden Zusatz **i. A.** (im Auftrag) oder **i. V.** (in Vertretung).

Prokura

§ 48 HGB
(1) Die Prokura kann nur von dem Inhaber des Handelsgeschäfts oder seinem gesetzlichen Vertreter und nur mittels ausdrücklicher Erklärung erteilt werden.
(2) Die Erteilung kann an mehrere Personen gemeinschaftlich erfolgen (Gesamtprokura).

§ 49 HGB
(1) Die Prokura ermächtigt zu allen Arten von gerichtlichen und außergerichtlichen Geschäften und Rechtshandlungen, die der Betrieb eines Handelsgewerbes mit sich bringt.

§ 51 HGB
Der Prokurist hat in der Weise zu zeichnen, dass er der Firma seinen Namen mit einem die Prokura andeutenden Zusatze beifügt.

Umfang der Prokura:

Die Prokura ist die weitreichendste handelsrechtliche Vollmacht. Sie ermächtigt den Prokuristen als „zweites Ich“ des Kaufmanns zu allen gerichtlichen und außergerichtlichen Rechtsgeschäften, die der Betrieb **irgendeines** Handelsgewerbes mit sich bringt.

Beispiel Prokurist Pauli nutzt den Urlaub seines Chefs und wandelt die seit 150 Jahren bestehende Druckerei in einen Copy-Shop um. Als der Chef aus dem Urlaub zurückkommt, traut er seinen Augen nicht. Trotzdem sind alle in diesem Zusammenhang geschlossenen Verträge für das Unternehmen bindend.

Besondere Vollmachten benötigt der Prokurist lediglich zum Verkauf und zur Belastung von Grundstücken. Gesetzlich **verboten** ist ihm,

- die Bilanz und die Steuererklärung zu unterschreiben,
- Handelsregister-Eintragungen vornehmen zu lassen,
- Gesellschafter aufzunehmen,
- Prokura zu erteilen,
- das Geschäft zu verkaufen,
- das Insolvenzverfahren zu beantragen.

Eine darüber hinausgehende Beschränkung der Prokura ist Dritten gegenüber **unwirksam**. (§ 50 HGB)

Arten der Prokura

- **Einzelprokura:** Hier darf der Prokurist alle genannten Rechtsgeschäfte allein abschließen.
- **Filialprokura:** Hier ist die Vollmacht auf eine Filiale beschränkt.
- **Gesamtprokura:** Hier dürfen nur zwei oder mehrere Prokuristen die Vollmacht gemeinsam ausüben.

Erteilung der Prokura

- Nur der **Kaufmann** kann Prokura erteilen. Diese Erklärung sollte schriftlich abgefasst werden, da die Prokura in das Handelsregister eingetragen und die Unterschrift dort hinterlegt wird.
- Im **Innenverhältnis** beginnt die Prokura mit der Erteilung. Im **Außenverhältnis** beginnt die Prokura, wenn ein Dritter Kenntnis davon hat oder wenn sie in das Handelsregister eingetragen und bekanntgemacht ist.

Unterschrift

- Damit man im geschäftlichen Verkehr die Prokura erkennt, unterschreibt der Prokurist mit einem die Prokura andeutenden Zusatz. Als üblich hat sich hier die Abkürzung **ppa.**, d. h. „per procura“, durchgesetzt.

Personalstruktur und Aufgabenbereiche der Mitarbeiter – Anspruchsgruppen und ihre unterschiedlichen Interessen

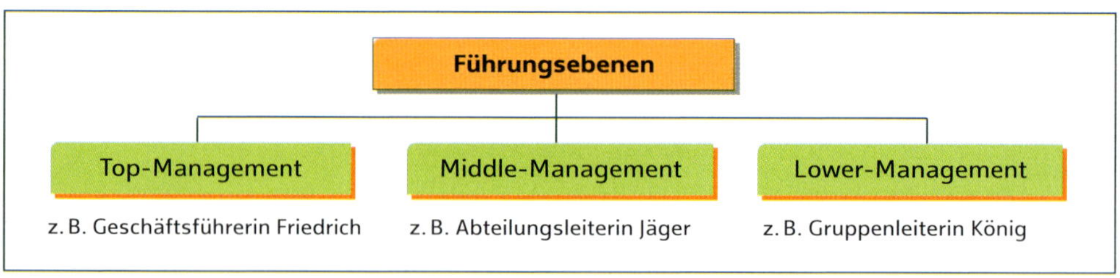

- **Handlungsvollmacht**

Umfang	– ermächtigt zu Rechtsgeschäften, die der Betrieb eines Handelsgewerbes **gewöhnlich** mit sich bringt
Erteilung	– schriftlich, mündlich, stillschweigend
Arten	– **allgemeine Handlungsvollmacht:** alle gewöhnlichen Geschäfte des Betriebes – **Artvollmacht:** eine bestimmte Art von Rechtsgeschäften – **Einzelvollmacht:** Ausführung einzelner Rechtsgeschäfte
Unterschrift	– in Vertretung (i. V.) – oder im Auftrag (i. A.)

Prokura

Umfang	– ermächtigt zu allen Rechtsgeschäften, die der Betrieb **irgendeines** Handelsgewerbes mit sich bringt
Erteilung	– **ausdrücklich** schriftlich oder mündlich nur durch Kaufmann – Eintragung in das **Handelsregister**
Arten	– **Einzelprokura:** Der Prokurist ist allein vertretungsbefugt. – **Gesamtprokura:** Mehrere Prokuristen können nur gemeinsam handeln. – **Filialprokura:** Vertretung für eine Filiale
Unterschrift	– per procura (**ppa.**)

1 Sammeln Sie Stellenanzeigen aus der Tageszeitung oder aus Jobbörsen im Internet und ordnen Sie die Stellen den Ebenen der Betriebshierarchie zu.

2 Fritz und Walter erben jeweils 750 000,00 €. Fritz gründet eine Papiergroßhandlung, Walter legt das Kapital in Bundesschatzbriefen zu einer effektiven Verzinsung von 7,5 % an. Nach einigen Jahren treffen sie sich wieder und stellen fest, dass Fritz einen durchschnittlichen Jahresgewinn von 100 000,00 € erwirtschaftet hat. Walter hingegen erhält jährlich 56 250,00 € Zinsen. Walter findet es ungerecht, dass sein Bruder fast die doppelte Rendite erzielt, und schimpft auf die Unternehmer. Führen Sie das Streitgespräch in einem Rollenspiel durch.

3 Der Unternehmer Schröder ernennt seinen langjährigen Mitarbeiter Wolf zum Prokuristen und lässt die Prokura im Handelsregister eintragen. Während sich Schröder im wohlverdienten Urlaub befindet, wird Wolf ein Grundstück angeboten, das sich hervorragend zur dringend notwendigen Erweiterung des Betriebsgeländes eignet. Wolf erwirbt das Grundstück für das Unternehmen Karl Schröder.

a) Erläutern Sie, ob der Kaufvertrag über das Grundstück rechtswirksam zustande gekommen ist.

b) Stellen Sie Handlungsvollmacht und Prokura in einer Übersicht gegenüber. Nutzen Sie dazu eine Präsentationssoftware.

c) Während des Urlaubs seines Chefs trifft Wolf weitere Entscheidungen. Stellen Sie fest, welche Rechtshandlungen Wolf im Rahmen der Prokura abschließen durfte. Bitte begründen Sie Ihre Entscheidung.

1) Wolf ändert den Gegenstand des Unternehmens. Er wandelt das Sägewerk in ein Beratungsbüro für Holzbauten um.
2) Für das neue Beratungsbüro stellt Wolf fünf Ingenieure ein.
3) Wolf mietet neue Geschäftsräume in der Innenstadt an.
4) Zur Finanzierung der Umwandlung nimmt Wolf einen Kredit über 100 000,00 € auf.
5) Die Bank besteht zur Absicherung des Kredits auf der Eintragung einer Grundschuld. Wolf lässt diese in das Grundbuch eintragen.
6) Nach erfolgter Umwandlung des Unternehmens gewährt sich Wolf einen einwöchigen Urlaub. Er überträgt die Prokura für die Dauer seiner Abwesenheit auf seine Kollegin Schneider.

4 Erarbeiten Sie mithilfe der Gesetzestexte (www.gesetze-im-internet.de/hgb/) die Unterschiede zwischen der allgemeinen Handlungsvollmacht und der Prokura. Gehen Sie dabei auf die wesentlichen Punkte ein.

§ 49 HGB

(2) Zur Veräußerung und Belastung von Grundstücken ist der Prokurist nur ermächtigt, wenn ihm diese Befugnis besonders erteilt ist.

§ 54 HGB

(1) Ist jemand ohne Erteilung der Prokura zum Betrieb eines Handelsgewerbes oder zur Vornahme einer bestimmten zu einem Handelsgewerbe gehörigen Art von Geschäften oder zur Vornahme einzelner zu einem Handelsgewerbe gehöriger Geschäfte ermächtigt, so erstreckt sich die Vollmacht (Handlungsvollmacht) auf alle Geschäfte und Rechtshandlungen, die der Betrieb eines derartigen Handelsgewerbes oder die Vornahme derartiger Geschäfte gewöhnlich mit sich bringt.
(2) Zur Veräußerung oder Belastung von Grundstücken, zur Eingehung von Wechselverbindlichkeiten, zur Aufnahme von Darlehen und zur Prozessführung ist der Handlungsbevollmächtigte nur ermächtigt, wenn ihm eine solche Befugnis besonders erteilt ist.
(3) Sonstige Beschränkungen der Handlungsvollmacht braucht ein Dritter nur dann gegen sich gelten zu lassen, wenn er sie kannte oder kennen musste.

2.2 Personalbedarfsermittlung

Frau König, Gruppenleiterin der Abteilung Rechnungswesen, soll der Abteilungsleitung die Personalbedarfsplanung für das kommende Kalenderjahr vorlegen. Der Abteilung ist ein Soll-Personalbestand von sieben Vollzeitkräften zugewiesen worden. Frau König weiß, dass eine Sachbearbeiterin in Rente geht und ihre Stellvertreterin zum Jahresende Erziehungsurlaub nimmt. Zwei Sachbearbeiterinnen wollen nur noch halbtags arbeiten, da sie geheiratet haben. Als Personalzugänge sind ihr zwei neue Sachbearbeiterinnen angekündigt worden. Die Abteilung ist zurzeit mit sechs Vollzeitkräften besetzt. Als Hilfsmittel steht ihr im Intranet der abgebildete Vordruck zur Verfügung.

Personalbedarfsplan	Abteilung Rechnungswesen
Ist-Personalbestand am Anfang des Jahres	
– voraussichtliche Personalabgänge	
+ erwartete Personalzugänge	
= Zwischensumme	
Soll-Personalbestand	
erforderlicher Personalbedarf/-abbau	

- Ermitteln Sie den Personalbedarf der Abteilung.
- Stellen Sie mithilfe des Gesetzes zum Elterngeld und zur Elternzeit (BEEG) fest, für welchen maximalen Zeitraum die Stellvertreterin von Frau König Elternzeit nehmen kann. Das Gesetz finden Sie unter: www.gesetze-im-internet.de/beeg/index.html

VWL

▲ Aufgaben der Personalwirtschaft

In der **Volkswirtschaftslehre** unterscheiden wir die Produktionsfaktoren **Arbeit, Boden und Kapital**. Der Produktionsfaktor Arbeit, und damit der Mensch, steht hier als ein Produktionsfaktor gleichgewichtig neben anderen.

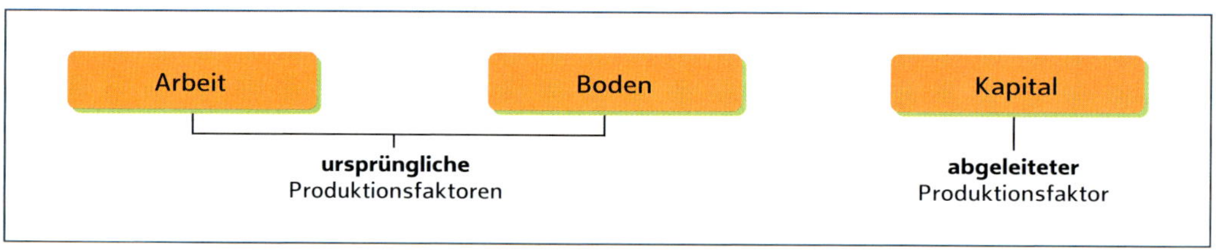

Die **Betriebswirtschaftslehre** gliedert die Produktionsfaktoren wie folgt:

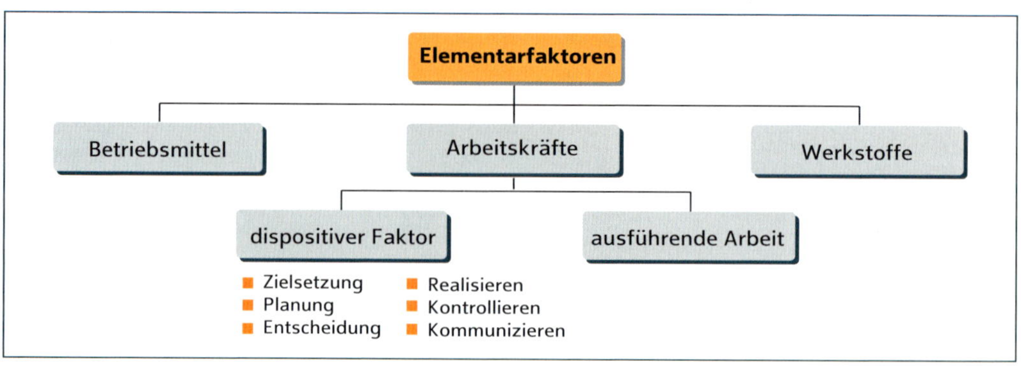

In der betriebswirtschaftlichen Betrachtung ist **der Mensch** der bestimmende Faktor. Ihm kommt als dispositivem Faktor und im Rahmen der ausführenden Arbeit zentrale Bedeutung zu.

Die Versorgung eines Unternehmens mit qualifizierten und motivierten Mitarbeitern ist **Aufgabe der Personalwirtschaft**. Die konkrete Organisationseinheit der Personalwirtschaft ist das **Personalwesen**. Es hat folgende Hauptaufgaben:

- **Personalplanung**

  Beispiel Im Rahmen der Personalbedarfsplanung der Bürodesign GmbH wird festgestellt, dass wegen eines Großauftrags in der Lackiererei zwei zusätzliche Mitarbeiter eingestellt werden müssen.

- **Personalbeschaffung** (vgl. S. 51)

  Beispiel Die Mitarbeiter für die Lackiererei sollen durch eine Stellenanzeige gesucht werden. Eine Mitarbeiterin der Marketingabteilung sucht einen geeigneten Werbeträger aus und formuliert den Text für die Stellenanzeige.

- **Personalentwicklung**

  Beispiel Betriebsrat und Geschäftsleitung der Bürodesign GmbH verhandeln über ein Fortbildungskonzept.

- **Personalentlohnung (Berechnung von Löhnen und Gehältern** (vgl. S. 214 ff.)

  Beispiel Der Tischler Lehmann benötigt einen Vorschuss. Der entsprechende Betrag wird im Folgemonat mit seinem Lohn verrechnet.

Daneben gibt es weitere Aufgaben, z. B. die der Personalpolitik, d. h. der grundsätzlichen Festlegung von Zielen im Personalbereich, die durch die Unternehmensleitung erfolgt.

Personalbestandsplanung

Arten der Arbeitnehmer: Grundlage der Personalplanung ist der **aktuelle Personalbestand**. Bei seiner Erfassung müssen folgende **Arten von Arbeitnehmern** unterschieden werden:

- **Vollzeitbeschäftigte**, d. h. Mitarbeiter, die mit der tariflich vorgesehenen Stundenzahl eingesetzt sind.

  Beispiel Ein Arbeitnehmer in der Holz und Kunststoff verarbeitenden Industrie (zuständige Gewerkschaft IG Metall) arbeitet nach Tarif 37 Stunden in der Woche.

- **Teilzeitbeschäftigte**, d. h. Mitarbeiter, die nur eine begrenzte Stundenzahl im Unternehmen beschäftigt sind.

  Beispiel Marion Marx ist alleinerziehende Mutter. Vormittags ist ihr Kind im Kindergarten. In dieser Zeit arbeitet sie als Buchhalterin in der Bürodesign GmbH.

- **Jobsharing-Mitarbeiter**, d. h. Mitarbeiter, die sich einen Arbeitsplatz teilen.

  Beispiel Die Stelle einer Sachbearbeiterin im Einkauf ist auf zwei Mitarbeiter aufgeteilt. Vormittags sitzt Herr Schneider, nachmittags Frau Wolter am Schreibtisch.

- **Leiharbeitnehmer**, d. h. Arbeitnehmer, die von Personalleasing-Unternehmen bereitgestellt werden.

  Beispiel Während einer Grippewelle im Frühjahr sind fünf von acht Auslieferungsfahrern erkrankt. Der Personalchef beschafft drei Fahrer bei einem Personalleasing-Unternehmen.

Personalveränderungen: Der Personalbestand eines Unternehmens ist ständigen **Veränderungen** unterworfen. Man unterscheidet dabei zwischen autonomen und initiierten Personalveränderungen.

- **Autonome Personalveränderungen** sind Veränderungen, auf die das Unternehmen keinen oder nur bedingten Einfluss hat.

  Beispiel Zugänge durch Rückkehr von Mitarbeitern aus Bundeswehr oder Zivildienst und Abgänge durch Kündigung vonseiten der Arbeitnehmer

- **Initiierte Personalveränderungen** sind Veränderungen, die vom Unternehmen ausgehen.

  Beispiel Übernahme eines Auszubildenden oder Kündigung eines Arbeitnehmers durch den Arbeitgeber

Personalbedarfsplanung

Die **Personalbedarfsplanung** verfolgt den Zweck, den mittel- und langfristigen Personalbedarf eines Unternehmens quantitativ und qualitativ zu ermitteln, d.h., sie soll festlegen, wie viele Mitarbeiter mit welcher Qualifikation benötigt werden.

Dieser zukünftige Personalbedarf kann mithilfe der Stellenplanmethode oder der Kennzahlenmethode ermittelt werden.

- Bei der **Stellenplanmethode** werden die benötigten Stellen (Stellenbestand) dem tatsächlichen Personalbestand gegenübergestellt.

Im **Stellenbesetzungsplan** werden die verfügbaren Stellen den Mitarbeitern zugeordnet.

Beispiel

Stellenbesetzungsplan				**Personalabteilung Bürodesign GmbH**
Stellenart	Tarifgruppe	Personalbestand	Stellenbestand	Differenz
Abteilungsleiter/-in	T4	1	1	–
stellvertr. Abteilungsleiter/-in	T3	1	1	–
Sachbearbeiter/-in	T2	1	2	–1

- Bei der **Kennzahlenmethode** wird ebenfalls vom aktuellen Personalbestand ausgegangen. Dieser wird in Beziehung zu bestimmten betrieblichen Kennzahlen, z.B. Umsatz oder Zeitbedarf, gesetzt.

Beispiele

- Der Fabrikverkaufsladen (Verkaufsstudio) der Bürodesign GmbH hat im vergangenen Jahr mit fünf Mitarbeitern einen Umsatz von 1,1 Mio. € erzielt. Für das kommende Geschäftsjahr ist eine Umsatzsteigerung von 15% geplant. Bei unveränderten Bedingungen steigt der Personalbedarf ebenfalls um 15%.
- In der Holzverarbeitung werden 1 500 Rohlinge hergestellt. Der Zeitbedarf pro Stück beträgt 1 Stunde. Geht man von einer monatlichen Arbeitsstundenzahl pro gewerblichem Mitarbeiter von 150 Stunden aus, werden 1500 Fertigungsstunden : 150 Arbeitsstunden = 10 gewerbliche Mitarbeiter benötigt.

Die Personalbedarfsplanung legt aber nicht nur die Zahl der Mitarbeiter fest, sondern auch deren erforderliche **Qualifikation**.

Hilfsmittel hierfür ist die **Stellenbeschreibung**, die alle wesentlichen Merkmale einer Stelle genau festlegt. Sie ermöglicht es der Personalabteilung, bei der Stellenbesetzung Qualifikation des Mitarbeiters und Anforderung der Stelle optimal aufeinander abzustimmen.

Inhalt einer Stellenbeschreibung sind u.a.:

- Stellenbezeichnung
- Stelleneinordnung
- Stellenaufgabe
- Stellenziele
- Stellenbefugnisse
- Stellenverantwortung
- Stellenvertretung
- Stellenanforderungen

Vorteile einer Stellenbeschreibung sind der klar umrissene Handlungs- und Entscheidungsspielraum, die Vermeidung von Konflikten und die leichte Einarbeitung der Mitarbeiter.

Nachteile sind die Fixierung auf die beschriebene Tätigkeit, der Zeit- und Organisationsaufwand der Erstellung und die Gefahr der Überorganisation und des Bereichsdenkens.

Stellenbeschreibung Bürodesign GmbH	
Stellenbezeichnung:	Gruppenleiterin/Gruppenleiter der Abteilung Personal
Stelleneinordnung: – Unterstellung – Überstellung	 Abteilungsleiter Verwaltung Stellvertretende Leiterin/Leiter Personal Sachbearbeiterin/Sachbearbeiter Personal
Stellenaufgabe:	Fachliche und disziplinarische Leitung der Personalabteilung
Stellenziele:	Personalplanung Personalbeschaffung Personalkostenberechnung
Stellenbefugnisse:	Handlungsvollmacht gemäß den Richtlinien für Gruppenleiter
Stellenverantwortung:	gemäß den Richtlinien für Gruppenleiter
Stellenvertretung:	stellvertretende Gruppenleiterin/Gruppenleiter der Abteilung Personal
Stellenanforderungen: – Ausbildung – Erfahrung – Kenntnisse	 Kaufmannsgehilfenprüfung Prüfung gemäß Ausbildereignungs-VO fünf Jahre Betriebszugehörigkeit fünf Jahre Tätigkeit im Personalbereich EDV-Anwendung im Personalwesen

▲ Personaleinsatzplanung

Die Personaleinsatzplanung verfolgt den Zweck, den **kurzfristigen Personaleinsatz zu regeln**. Ziel ist es, unter Berücksichtigung der geplanten Produktion den wirtschaftlichen Einsatz der vorhandenen Mitarbeiter sicherzustellen.

Der **Personaleinsatzplan** enthält die Namen der Mitarbeiter, die Wochentage, den geplanten Einsatz und vorhersehbare Fehlzeiten, wie Urlaub, Freizeitausgleich oder Berufsschultage bei Auszubildenden. Oft ist noch eine Mindestbesetzung vorgegeben.

Der Personaleinsatzplan stellt sicher, dass die Stellen hinreichend besetzt sind und die Mitarbeiter entsprechend ihrer zeitlichen Verpflichtungen eingesetzt werden.

Beispiel Frau Duman, Gruppenleiterin der Polsterei der Bürodesign GmbH, plant die zweite Dezemberwoche. Sie hat zwei Vollzeitkräfte, eine Teilzeitkraft und eine Auszubildende zur Verfügung: ihre Stellvertreterin, Frau Heine, Herr Horn, Frau Keller und die Auszubildende Frau Nohl. Es sind folgende vorhersehbare Fehlzeiten bekannt:

- Frau Duman ist am Donnerstag ganztägig auf der Möbelmesse.
- Frau Heine ist Montag und Dienstag in Urlaub.
- Herr Horn muss am Dienstag um 08:00 Uhr zum Arzt und wird um 12:00 Uhr zurück sein.
- Frau Keller bekommt am Donnerstag ab 14:00 Uhr ihren Freizeitausgleich.
- Die 17-jährige Auszubildende Nohl hat Mittwoch von 08:00 bis 11:30 Uhr und Donnerstag von 08:00 bis 13:00 Uhr Berufsschule.

Die Werkstatt muss zu folgenden Zeiten besetzt sein:

- Montag bis Donnerstag 07:30 Uhr bis 16:30 Uhr
- Freitag bis 14:30 Uhr
- Von 12:00 bis 13:00 Uhr ist Mittagspause.
- Die Wochenarbeitszeit beträgt laut Tarifvertrag 37 Stunden. Frau Keller steht als Teilzeitkraft 19 Stunden zur Verfügung. Produktionsbedingt ist eine Mindestbesetzung von drei Arbeitnehmern vorgeschrieben. Frau Duman oder ihre Stellvertreterin muss ständig anwesend sein.
- Der Personaleinsatzplan der Polsterei könnte folgendermaßen aussehen:

Personaleinsatzplan Polsterei						48. Woche
Name	**Montag**	**Dienstag**	**Mittwoch**	**Donnerstag**	**Freitag**	**Summe**
Duman	8	8	6	8A	7	37
Heine	8U	8U	8	8	5	37
Horn	8	4 K+4	8	6	7	37
Keller	8	4	–	4+2, 5F	–	19
Nohl	8	8	3, 5B+4, 5	8B	5	37

A = betrieblich außer Haus, U = Urlaub, K = Krankheit, F = Freizeitausgleich, B = Berufsschule

Personalbedarfsermittlung

Aufgaben der Personalwirtschaft

Personalplanung | Personalbeschaffung | Personalentwicklung | Personalentlohnung

- Grundlage der Personalplanung ist **die Personalbestandsplanung**. Bei ihrer Ermittlung sind die verschiedenen Arten von Arbeitnehmern und die Personalveränderungen zu berücksichtigen.
- Die **Personalbedarfsplanung** verfolgt den Zweck, den mittel- und langfristigen Personalbedarf eines Unternehmens quantitativ und qualitativ zu ermitteln. Hilfsmittel sind der Stellenplan, der Stellenbesetzungsplan und die Stellenbeschreibung.
- **Mithilfe der Personaleinsatzplanung** wird der kurzfristige Personaleinsatz geregelt.

1 Die Lackiererei der Bürodesign GmbH wird auf vollautomatische Fertigung umgestellt. Die Arbeit kann jetzt statt von einem Meister und fünf Gesellen von einer angelernten Kraft geleistet werden. Schadstoffausstoß und gesundheitliche Belastung werden auf ein Minimum reduziert. Diskutieren Sie die Vor- und Nachteile dieser Veränderung.

2 Stellen Sie fest, welche Bereiche der Personalwirtschaft durch die in Aufgabe 1 dargestellten Veränderungen berührt werden.

3 „Die Bedeutung des Menschen im Unternehmen nimmt immer mehr zu!“

„In der Fabrik des nächsten Jahrtausends ist für den Menschen kein Platz mehr!“

Versuchen Sie, jede dieser Aussagen durch Argumente zu vertreten. Recherchieren Sie dazu auch im Internet. Wählen Sie sich eine Stellungnahme aus und diskutieren Sie in der Klasse Pro und Kontra. Nehmen Sie die Diskussion mit der Videokamera auf und werten Sie das Ergebnis aus.

4 Suchen Sie in den Stellenanzeigen der Wochenendausgabe Ihrer Tageszeitung oder in Jobbörsen nach Beispielen für die unterschiedlichen Arten von Arbeitnehmern.

5 Erläutern Sie Möglichkeiten der Ermittlung des zukünftigen Personalbedarfs.

6 Erstellen Sie eine Stellenbeschreibung für die Abteilungsleiterin Marketing der Bürodesign GmbH.

7 Führen Sie eine Internetrecherche zum Begriff Zeitarbeit durch. Diskutieren Sie Vor- und Nachteile dieser Art der Beschäftigung aus der Sicht des Arbeitnehmers und des Arbeitgebers.

8 Erkundigen Sie sich bei der Gewerkschaft, in welchem Ausmaß in Ihrer Region Arbeitnehmer in Teilzeitarbeit, Jobsharing und als Leiharbeitnehmer beschäftigt werden. Stellen Sie die Ergebnisse z. B. als Kreis- oder Balkendiagramm mithilfe geeigneter Software grafisch dar und erläutern Sie diese in der Klasse.

2.3 Personalbeschaffung

Am Ende des Geschäftsjahres stellt man bei der Bürodesign GmbH fest, dass der Umsatz im Bereich „Konferenzen und Schulung" um 30 % zurückgegangen ist. Diesem Umsatzeinbruch soll nicht nur mit einer Senkung der Kosten begegnet werden. Die Geschäftsleitung hat entschieden, dass die Verkaufsaktivitäten intensiviert werden sollen. In der Marketingabteilung wird aus diesem Grund die Stelle eines Sachbearbeiters für Messen geschaffen.

- Erstellen Sie eine Stellenbeschreibung für die Stelle eines Sachbearbeiters für Messen. Orientieren Sie sich dabei an der Gliederung der Stellenbeschreibung auf S. 49.
- Stellen Sie fest, welche Möglichkeiten es gibt, den hierfür erforderlichen Mitarbeiter zu beschaffen.
- Erläutern Sie Vor- und Nachteile des Personalleasing aus der Sicht des Unternehmens und der Mitarbeiter.

Beschaffungswege

Die Personalbeschaffung befasst sich mit der **Bereitstellung der für das Unternehmen erforderlichen Mitarbeiter**. Um die erforderlichen Mitarbeiter in qualitativer und quantitativer Hinsicht bereitstellen zu können, kann sich ein Unternehmen interner und externer Beschaffungswege bedienen.

Interne Personalbeschaffung bedeutet, dass Stellen mit Mitarbeitern aus dem Unternehmen besetzt werden. Dies kann auf folgende Weise erfolgen:

- **Innerbetriebliche Stellenausschreibung** Gemäß § 93 BetrVG kann der Betriebsrat verlangen, dass Arbeitsplätze vor ihrer Besetzung innerhalb des Betriebes ausgeschrieben werden.

  Beispiel Aushang am schwarzen Brett, Veröffentlichung in der Hauszeitschrift oder im Intranet
- **Versetzung**

  Beispiel Eine Sachbearbeiterin aus dem Rechnungswesen wird in die Personalabteilung versetzt.
- **Mehrarbeit bei kurzzeitigem Personalmehrbedarf**

  Beispiel Um einen Großauftrag fristgerecht abliefern zu können, werden nach Rücksprache mit dem Betriebsrat Überstunden geleistet.
- **Fort- und Weiterbildung im Rahmen der Personalentwicklung**

  Beispiel Ein Tischlergeselle besucht die Meisterschule. Nach erfolgreicher Prüfung wird er als stellvertretender Gruppenleiter eingesetzt.

Die interne Personalbeschaffung, insbesondere im Wege der innerbetrieblichen Stellenausschreibung, hat für das Unternehmen folgende **Vorteile**:

- Motivation der Mitarbeiter, da die Möglichkeit des Aufstiegs besteht
- die Einarbeitung wird erleichtert
- geringe Beschaffungskosten

Dem stehen folgende **Nachteile** gegenüber:

- bei einer Ablehnung empfindet der Mitarbeiter dies als Misserfolg
- negative Reaktionen des bisherigen Vorgesetzten auf die Bewerbung
- Betriebsblindheit, da kein „frischer Wind" von außen kommt

Die **externe Personalbeschaffung** bezieht sich auf den Teil des Arbeitsmarktes, der außerhalb des Unternehmens liegt. Hierbei können folgende Wege beschritten werden:

- **Arbeitsverwaltung**: Die Arbeitsvermittlung wird in der Bundesrepublik Deutschland i.d.R. von der Bundesagentur für Arbeit wahrgenommen. Um möglichst wirkungsvoll beraten und vermitteln zu können, ist es für die Arbeitsagenturen wichtig, die Unternehmen möglichst genau zu kennen.

Aus diesem Grund sollten die Unternehmen auch nach Möglichkeit engen Kontakt zu den örtlichen Arbeitsagenturen halten.

- **Stellenanzeigen**: Die meisten Unternehmen versuchen ihr Personal durch Stellenanzeigen zu beschaffen. Voraussetzung für den Erfolg dieser Maßnahme ist, dass der geeignete Werbeträger ausgewählt wird, die Anzeige zum richtigen Termin erscheint und Aufmachung und Inhalt ansprechend sind.
- **Personalleasing**: Personalleasing-Unternehmen verleihen bei ihnen beschäftigte Arbeitnehmer an ein Unternehmen. Diese Form der Personalbeschaffung eignet sich immer dann, wenn Arbeitnehmer kurzfristig eingesetzt werden sollen, also z. B. im Saisongeschäft, in der Urlaubszeit oder bei Krankheit.
- **E-Recruiting:** Unter E-Recruiting versteht man die Unterstützung der Personalbeschaffung durch elektronische Systeme, vor allem durch das Internet. Beispiele sind die Stellenausschreibungen auf der Homepage des Unternehmens, Stellenausschreibungen bei Social Communities (z. B. Facebook) oder Business Communities (z. B. XING) oder die Inanspruchnahme von Onlinejobbörsen. Durch das E-Recruiting können Unternehmen eine breite Bewerberzielgruppe erreichen und diese zeit- und kostensparend ansprechen.
- **Sonstige Beschaffungswege**: Neben den genannten Möglichkeiten der Personalbeschaffung gibt es z. B. die Möglichkeit der Einschaltung privater Arbeitsvermittler oder die Nutzung anderer Beschaffungswege.

Beispiele

– Kontakte mit Schulen und sonstigen Bildungseinrichtungen, die z. B. zu Betriebsbesichtigungen eingeladen werden

Das Stellenangebot

Der häufigste Weg der externen Personalbeschaffung durch Unternehmen ist die Suche von Mitarbeitern durch eine **Stellenanzeige** in Print- oder elektronischen Medien.

Der **Inhalt der Anzeige** sollte klar und informativ sein. Die Anzeige sollte Aussagen über folgende Punkte enthalten:

- das Unternehmen

  Beispiel Name des Unternehmens, Standort, Größe
- die freie Stelle

  Beispiel Aufgabenbeschreibung, Entwicklungschancen
- die Anforderungsmerkmale

  Beispiel Ausbildung, Fähigkeiten, Berufserfahrung
- die Leistungen

  Beispiel Hinweis auf Lohn- und Gehaltshöhe, Sozialleistungen
- die Bewerbungsunterlagen

  Beispiel Lebenslauf, Zeugnisse, persönliches Vorstellungsgespräch

In ihrer **Aufmachung** sollte die Stellenanzeige Aufmerksamkeit wecken und sich von anderen Anzeigen abheben. Zur Gestaltung von Stellenanzeigen wird i. d. R. eine Werbeagentur eingeschaltet.

Für Stellenanzeigen stehen folgende **Werbeträger** zur Verfügung:

- regionale oder überregionale Tageszeitungen

  Beispiel Kölner Stadt-Anzeiger, Frankfurter Allgemeine Zeitung
- überregionale Wochenzeitungen

  Beispiel Die Zeit
- Fachzeitschriften

  Beispiel Absatzwirtschaft, Der Möbelmarkt
- soziale Netzwerke oder Jobbörsen im Internet

  Beispiel Facebook, XING, Jobbörse der Arbeitsagentur

Leitende Mitarbeiter oder Spezialisten sucht man vorzugsweise über überregionale Tages- oder Wochenzeitungen und in Fachzeitschriften. **Arbeitskräfte der unteren bis mittleren Hierarchieebene** werden überwiegend in regionalen Tageszeitungen gesucht. **Arbeitskräfte mit Spezialkenntnissen** werden über Fachzeitschriften angesprochen. Parallel zu den genannten Werbeträgern kann die Ausschreibung der Stelle in **sozialen Netzwerken** erfolgen.

> Wir suchen zum 1. September *eine/-n*
> **Industriekauffrau/Industriekaufmann**
> in Vollzeit
>
> **Ihre Aufgaben:** allgemeine Verwaltungstätigkeiten, Kundenkontakt, Bearbeitung von Kundenanrufen und Bestellungen. Stammdatenpflege usw.
>
> **Unsere Anforderungen:** abgeschlossene Berufsausbildung und möglichst Berufserfahrung. Office-Kenntnisse. Englischkenntnisse in Wort und Schrift. Erforderliche Schulbildung: Mittlerer Bildungsabschluss

Die Bewerbung

Grundlage jeder Personalauswahl sind die **Bewerbungsunterlagen**. Hierzu gehören

- das Bewerbungsschreiben,
- ggf. ein Lichtbild,
- der Lebenslauf,
- Arbeitszeugnisse,
- Zeugnis der Abschlussprüfung,
- Schulzeugnisse.

Das **Bewerbungsschreiben** sollte folgende Fragen beantworten:

- Aus welchem Grund erfolgt die Bewerbung?
- Welche Qualifikationen sind vorhanden?
- Welche besonderen Kenntnisse und Erfahrungen hat der Bewerber?
- Befindet sich der Bewerber in einem Arbeitsverhältnis?
- Wann steht der Bewerber frühestens zur Verfügung?

Gehaltsforderungen sollten nur gestellt werden, wenn dies ausdrücklich verlangt wurde.

Die **Form des Bewerbungsschreibens** sollte der **DIN 5008** entsprechen. Es kann mit dem Computer oder sauber mit der Hand geschrieben sein. Der Stil soll zeigen, wie der Bewerber sich einschätzt, was er will und wie er von anderen gesehen werden möchte. Häufig kann die Bewerbung auch als **Onlinebewerbung** digital eingereicht werden.

Das **Lichtbild** sollte ein Passbild sein. Auf der Rückseite sind Namen und Anschrift anzugeben.

Der **Lebenslauf** gibt Auskunft über die persönliche und berufliche Entwicklung des Bewerbers. Er kann tabellarisch oder in Aufsatzform verfasst und mit der Hand oder dem Computer geschrieben werden. Er sollte folgende Angaben enthalten:

- Name und Vorname
- Wohnort und Straße
- Geburtsdatum und Geburtsort
- Familienstand
- Berufstätigkeit
- Berufliche Ausbildung
- Schulische Ausbildung
- Prüfungen
- Berufliche Fähigkeiten und Weiterbildungen
- Ort, Datum und Unterschrift

Der Lebenslauf soll zeitlich lückenlos sein. Er kann Ereignisse hervorheben, die für die angestrebte Stelle von Wichtigkeit sind.

Zeugnisse sind in beglaubigter Kopie beizufügen.

- Bei **Schulzeugnissen** sind das jeweils letzte Zeugnis und die Zeugnisse, mit denen Abschlüsse erworben wurden (z. B. die Fachhochschulreife), beizulegen.
- **Arbeitszeugnisse** sind die Zeugnisse der vorherigen Arbeitgeber. Es kann sich hierbei um ein einfaches oder ein qualifiziertes Arbeitszeugnis handeln (§ 630 BGB).

Michael Evers
Bachemer Straße 77
50931 Köln
Tel. 0221 417118

15.02.20..

Bürodesign GmbH
Personalabteilung
Stolberger Straße 188
50933 Köln

Unser Gespräch auf der Ausbildungsmesse am 13. Februar 20..
im Berufsinformationszentrum (BIZ) des Arbeitsamtes

Sehr geehrte Frau Geissler,

durch unser Gespräch auf der Ausbildungsmesse des Berufsinformationszentrums habe ich interessante Informationen über die Bürodesign GmbH erhalten.

Das Produktionsprogramm und der von Ihnen erläuterte kooperative Führungsstil haben mir so gut gefallen, dass ich mich hiermit um einen Ausbildungsplatz als Industriekaufmann in Ihrem Unternehmen bewerbe.

Zurzeit besuche ich das Wirtschaftsgymnasium am Berufskolleg Otto Klein in Köln, das ich im Juni des Jahres erfolgreich mit der Allgemeinen Hochschulreife abschließen werde. Meinen Interessen und Fähigkeiten entsprechend interessiert mich der Beruf des Industriekaufmanns besonders. Ich habe als Wahlfach den Kurs Wirtschaftsinformatik/Organisationslehre belegt und wirke aktiv im Redaktionsteam sowie bei Herstellung und Vertrieb unserer Schülerzeitung mit. Verstärkt wurde mein Interesse am Beruf des Industriekaufmanns durch ein Praktikum bei der Eisenwarenfabrik Lamix AG in Köln.

Es würde mich freuen, wenn meine Bewerbung Ihr Interesse findet. Zu einem persönlichen Gespräch stehe ich jederzeit zur Verfügung.

Mit freundlichen Grüßen

Evers

Evers

Anlagen
Lebenslauf
Lichtbild
Zeugniskopien

- Die **Zeugnisse der Abschlussprüfungen**, z. B. der Kaufmannsgehilfenbrief oder das Zeugnis des schulischen Teils der Fachhochschulreife, sind in beglaubigter Kopie beizufügen.

Alle arbeitsrechtlich zulässigen Fragen müssen **wahrheitsgemäß** beantwortet werden. Falsche Antworten können zu einer fristlosen Kündigung führen.

Aufgrund der eingereichten Bewerbungsunterlagen wird eine Vorauswahl getroffen. Viele Unternehmen führen bei Auszubildenden eine zusätzliche **Eignungsfeststellung** (Test) durch.

▲ Eignungsfeststellung

Die sorgfältige Analyse der Bewerbungsunterlagen vermittelt den Mitarbeitern der Personalabteilung eine Vielzahl von Erkenntnissen über den Bewerber. Weitere Hinweise können durch Arbeitsproben, Eignungstests oder situative Verfahren gewonnen werden.

Arbeitsproben können mit den Bewerbungsunterlagen eingereicht oder unter Aufsicht durchgeführt werden.

Beispiele

- Ein Tischlermeister legt seinen Bewerbungsunterlagen die Zeichnung für ein besonders aufwändiges Werkstück als Arbeitsprobe bei.
- Die Bewerberin für eine Stelle als Schreibkraft wird aufgefordert, ein Stenogramm nach Diktat aufzunehmen und eine Reinschrift am PC anzufertigen.
- Michael Evers, der Bewerber um einen Ausbildungsplatz, ergänzt sein Bewerbungsschreiben um eine selbst erstellte Präsentation.

Psychologische Eignungstests sollten nur von dafür ausgebildeten Diplom-Psychologen durchgeführt werden. Sie sind nur zulässig, wenn der Bewerber seine Zustimmung gegeben hat. Im Rahmen der Personalbeschaffung werden sie als Fähigkeits- und Persönlichkeitstests eingesetzt:

- Mithilfe von **Fähigkeitstests** können Intelligenz, Merkfähigkeit, Konzentration, Geschicklichkeit oder technisches Verständnis gemessen werden. Hier sind i. d. R. bestimmte Aufgaben in einer begrenzten Zeit zu lösen. Um die Aussagekraft zu erhöhen, werden meist mehrere Tests nebeneinander (Testbatterien) eingesetzt.

  Beispiel Eine Reihe von Zahlen sind in einer bestimmten Weise angeordnet. Diese Regel soll herausgefunden werden. Dann soll die Zahl gefunden werden, die als nächste kommen würde.

  Aufgabe: 1 3 6 10 15 21 28 Lösung: A = 29 B = 34 C = 36

- Mithilfe von **Persönlichkeitstests** können soziale Verhaltensweisen oder charakterliche Eigenschaften festgestellt werden.

  Beispiel Aussage: „Auf Partys stehe ich gern im Mittelpunkt"

  Trifft zu O Trifft nicht zu O Weiß nicht O

Situative Verfahren simulieren Situationen, die der späteren Tätigkeit des Bewerbers nahe kommen.

Beispiel Fünf Bewerber für die Stelle der Projektleitung Messe werden gemeinsam eingeladen und zur Diskussion über ein bestimmtes Thema aufgefordert. Die Mitarbeiter der Personalabteilung beobachten das Verhalten der Kandidaten und ziehen Schlüsse zur Auffassungsgabe, Redefähigkeit, Durchsetzungsfähigkeit usw.

Betriebliche Auswahlverfahren, bei denen mehrere Beobachter einen oder mehrere Bewerber für eine Stelle bei der Lösung konkreter Probleme beobachten, werden auch als **Assessment-Center** bezeichnet. Assessment-Center-Verfahren werden bei der Besetzung von Führungspositionen eingesetzt. Dabei werden den Bewerbern Aufgaben vorgelegt, deren Lösung Rückschlüsse auf die Eignung für die angestrebte Stelle zulassen.

Beispiel Bewerber für die Position des Gruppenleiters der Personalabteilung müssen folgende Aufgaben lösen:

1. Eine Gruppendiskussion zu einem vorgegebenen Thema
2. Ein Rollenspiel zu einem Mitarbeitergespräch
3. Eine Präsentation ihres Unternehmens
4. Die Postkorb-Methode. Hierbei muss der Bewerber eine große Zahl von Vorgängen nach Wichtigkeit sortieren und die Entscheidungen für die Bearbeitung treffen.

Alle Aufgaben sind unter Zeitdruck zu lösen. Die Kandidaten werden dabei von Vertretern der Fachabteilung und einem externen Personalberater beobachtet.

▲ Das Vorstellungsgespräch

Ziel des Vorstellungsgespräches ist es, die in den Bewerbungsunterlagen gegebenen Informationen zu bestätigen, zu ergänzen und abzurunden. Darüber hinaus soll ein **persönlicher Eindruck des Bewerbers** gewonnen werden.

Um das Vorstellungsgespräch erfolgreich durchführen zu können, ist eine sorgfältige Vorbereitung erforderlich. So ist z.B. festzulegen, wer an dem Gespräch teilnimmt oder wo Lücken oder Unklarheiten in den Bewerbungsunterlagen vorliegen.

Das Vorstellungsgespräch sollte als Dialog geführt werden. Die **Durchführung** kann anhand eines Leitfadens erfolgen.

Beispiel Um Vorstellungsgespräche rationeller führen zu können, hat die Bürodesign GmbH einen Gesprächsleitfaden entwickelt:

Phase 1: Begrüßung des Bewerbers
z.B. Vorstellung der Bewerber, Dank für die Bewerbung

Phase 2: Persönliche Situation
z.B. Herkunft, Elternhaus, Familie, Wohnort

Phase 3: Bildungsweg
z.B. schulischer Werdegang, Weiterbildungsaktivitäten und -pläne

Phase 4: Berufliche Entwicklung
z.B. erlernter Beruf, berufliche Tätigkeiten, berufliche Pläne

Phase 5: Information über das Unternehmen
z.B. Unternehmensdaten, Unternehmensorganisation, Abteilung, Arbeitsplatz

Phase 6: Vertragsverhandlung
z.B. bisheriges Einkommen, erwartetes Einkommen, sonstige Unternehmensleistungen

Phase 7: Abschluss des Gespräches
z.B. Hinweis auf Benachrichtigung, Dank, Verabschiedung

Im Interesse aller Beteiligten sollte nach dem Vorstellungsgespräch eine **schnelle Entscheidung** erfolgen.

Personalbeschaffung

Personalbeschaffung

- **intern**
  - innerbetriebliche Stellenausschreibung
  - Versetzung
  - Mehrarbeit
  - Fort- und Weiterbildung
- **extern**
  - Arbeitsverwaltung
  - Stellenanzeigen
  - Personalleasing
  - E-Recruiting

- Bei der Einschaltung einer Stellenanzeige müssen folgende Punkte beachtet werden:

Stellenanzeige

- **Anzeigeninhalte**
  - klar und informativ
- **Gestaltung**
  - Aufmerksamkeit
- **Werbeträger**
  - Print- oder digitale Medien

- **Die Bewerbung**
  - Grundlage der Personalauswahl sind die **Bewerbungsunterlagen.** Sie enthalten:
    1. Bewerbungsschreiben
    2. Lichtbild
    3. Lebenslauf
    4. Schulzeugnisse
    5. Zeugnisse der Abschlussprüfungen
    6. Arbeitszeugnisse
- **Eignungsfeststellung**
  - Verfahren:
    - Arbeitsproben
    - Eignungstests
    - Situative Verfahren
    - Assessment-Center
- **Vorstellungsgespräch**
  - **Ziel:** Gewinnung eines persönlichen Eindrucks vom Bewerber
  - **Durchführung:** kann sich an einem Gesprächsleitfaden orientieren

1 Unter welchen Voraussetzungen ist die Besetzung einer Stelle
a) nach innerbetrieblicher Stellenausschreibung,
b) bei Versetzung,
c) bei Mehrarbeit,
d) nach durchgeführter Fort- und Weiterbildung sinnvoll?

2 Die Bürodesign GmbH sucht einen Auszubildenden für den Beruf Industriekauffrau/Industriekaufmann. Entwerfen Sie die Stellenanzeige.

3 Begründen Sie, wann die Stellenanzeige veröffentlicht werden sollte und welchen Werbeträger Sie auswählen würden.

4 Erläutern Sie das Personalleasing. Für welche Fälle ist diese Form der Personalbeschaffung besonders geeignet?

5 Beschaffen Sie sich Informationsmaterial eines Personalleasing-Unternehmens. Stellen Sie die Vor- und Nachteile dieser Form der Personalbeschaffung
a) für den Arbeitnehmer,
b) für den Arbeitgeber
gegenüber. Tragen Sie die Ergebnisse in der Klasse vor. Nutzen sie dazu eine Präsentationssoftware.

6 a) Die Bürodesign GmbH sucht einen Gruppenleiter für die Datenverarbeitung. Formulieren Sie einen Text für eine Stellenanzeige.
b) Wählen Sie einen geeigneten Anzeigentermin und einen Werbeträger für die Anzeige aus. Begründen Sie Ihre Entscheidung.
c) Fertigen Sie einen Entwurf der Stellenanzeige an.

7 Sammeln Sie Stellenanzeigen aus Tageszeitungen, Fachzeitschriften und Jobbörsen. Stellen Sie fest, welche Qualifikationen gefragt sind, und versuchen Sie, diese zu systematisieren.

8 Verfassen Sie Ihren Lebenslauf
a) in tabellarischer Form,
b) in Aufsatzform.

9 Die Bürodesign GmbH geht vermehrt dazu über, offene Stellen für qualifizierte Mitarbeiter in Jobbörsen im Internet und in sozialen Netzwerken anzubieten. Erläutern Sie
a) drei Gründe für die Wahl dieser Medien,
b) zwei Aspekte, die den Erfolg einer derartigen Stellenanzeige beeinflussen.

10 Immer mehr Unternehmen gehen dazu über, bei der Einstellung von Auszubildenden Eignungstests durchzuführen. Diskutieren Sie die Ursache für diese Entwicklung.

11 Erläutern Sie Arbeitsproben, Eignungstests und situative Verfahren anhand je eines Beispiels.

12 Planen Sie ein Vorstellungsgespräch in Form eines Rollenspiels.
a) Beschreiben Sie die zu besetzende Stelle möglichst genau und formulieren Sie den Text für eine Stellenanzeige.
b) Teilen Sie die Klasse in zwei Gruppen, die Bewerber und die Personalchefs. Jede Gruppe legt Kriterien für ihre Arbeit fest. Bewerber und Personalchef werden ausgewählt.

c) Führen Sie drei Bewerbungsgespräche anhand des Gesprächsleitfadens durch.
d) Die Personalchefs wählen einen Bewerber aus und begründen ihre Entscheidung. Nehmen Sie die Gespräche mit einer Kamera auf und werten Sie diese anschließend aus.

13 Die Geschäftsleitung der Bürodesign GmbH beabsichtigt, die Stelle einer Sachbearbeiterin/eines Sachbearbeiters für den Bereich Organisation/Datenverarbeitung und die Stelle einer Gruppenleiterin/eines Gruppenleiters Produktion/Metallbau neu zu besetzen.
a) Entwerfen Sie für jede der genannten Positionen.
   aa) eine Stellenbeschreibung,
   ab) eine Stellenanzeige,
   ac) einen Arbeitsvertrag.
b) Bereiten Sie in schriftlicher Form das Vorstellungsgespräch vor.
c) Erstellen Sie einen Gesprächsleitfaden für das Vorstellungsgespräch.
d) Führen Sie das Vorstellungsgespräch in Form eines Rollenspiels durch und treffen Sie eine begründete Auswahl zwischen den Kandidaten.
e) Entwerfen Sie je einen Brief
   ea) an den ausgewählten Kandidaten,
   eb) an den nicht ausgewählten Kandidaten.

3 Geld-, Güter- und Informationsströme im Unternehmen

3.1 Modellhafte Darstellung von Geld-, Güter- und Informationsströmen auf der Grundlage eines Kundenauftrages

In der Absatzabteilung der Bürodesign GmbH geht ein Fax des Stammkunden Klaus Oswald e. K., Büromöbelgroßhandel ein. Er bestellt „zu den üblichen Bedingungen“ zwei Winkelkombinationen Chef 2000, Prod.-Nr. 211/44 und drei Arbeitssessel ergo-design-natur, Prod.-Nr. 205/3.

Die beiden Praktikanten Jutta und Jörg befinden sich gerade im Büro von Frau Grell, der Gruppenleiterin Auftragsbearbeitung. Sie sagt zu den beiden: „Hier, dieses Fax ist gerade angekommen. Bringen Sie es doch bitte zu Herrn Schmidt, er ist zuständig für diesen Kunden. Schauen Sie sich einmal an, welche Informations-, Güter- und Geldströme durch ein einziges Fax bei uns ausgelöst werden!“

Jutta und Jörg gehen zusammen zu Herrn Schmidt. Unterwegs sagt Jörg: „Was meinte sie eben mit Strömen? Herr Schmidt braucht doch nur die paar Möbel loszuschicken und zu warten, bis der Kunde das Geld schickt!“

- In der Kapitelüberschrift sind die drei Begriffe Geld-, Güter- und Informationsströme genannt. Frau Grell sagt, dass ein Fax eines Kunden in der Bürodesign GmbH diese Ströme auslöst. Skizzieren Sie stichwortartig, wie im Zusammenhang mit einem Kundenauftrag Geld-, Güter- und Informationsströme fließen.

Unternehmen können ihre **betrieblichen Ziele** (vgl. S. 34) niemals isoliert von ihrer Umwelt erreichen. Sie stehen in Beziehung mit zahlreichen anderen Wirtschaftssubjekten und sind eingebunden in ein weitreichendes **Netz von Kommunikationsbeziehungen**.

Beispiel

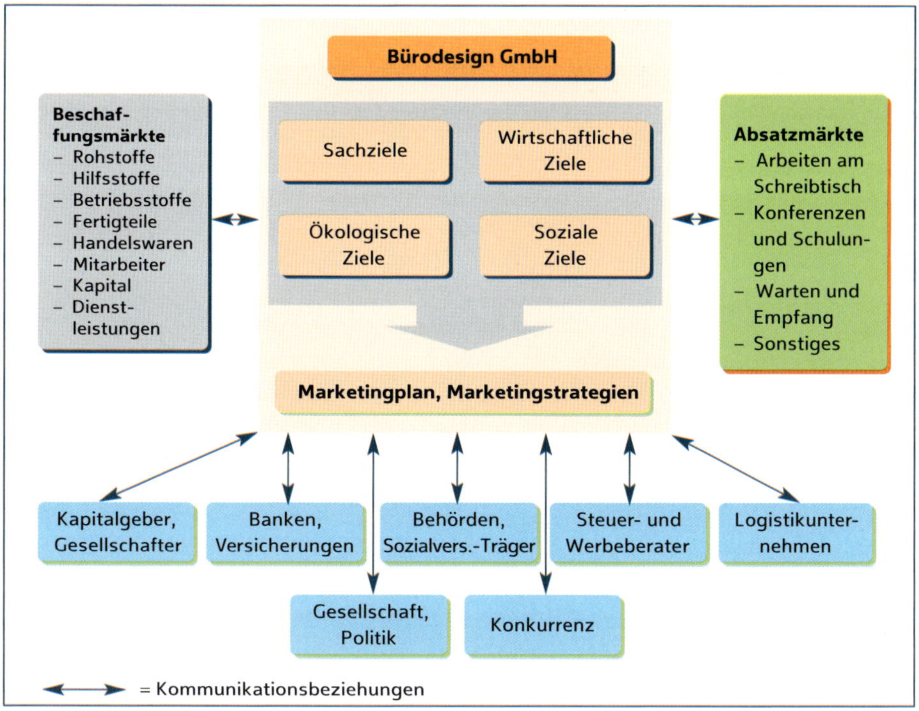

Durch die Kommunikation werden **Informationen** übermittelt, die zu bestimmten **Reaktionen beim Empfänger** der Informationen führen können.

Beispiele

- Ein Kunde erfragt per E-Mail bei der Bürodesign GmbH die Abmessungen eines bestimmten Schreibtisches. Als Reaktion auf diese eingehende Information schaut der Kundenbetreuer in seiner Produktdatenbank nach und mailt dem Kunden die gewünschten Daten.
- Die Bürodesign GmbH benötigt einen weiteren Lieferwagen. Sie fragt bei einem Autohaus nach, zu welchen Konditionen ein bestimmtes Fahrzeug gekauft oder geleast werden kann. Als Reaktion auf diese Anfrage kann das Autohaus einen Kundenberater beauftragen, mit der Bürodesign GmbH einen Beratungstermin zu vereinbaren oder die gewünschten Informationen per Brief zuzustellen.

Ein Unternehmen gibt gezielt Informationen an seine Umwelt ab und nimmt andererseits Informationen auf. Die aufgenommenen Informationen werden gefiltert und nach Wichtigkeit bzw. Dringlichkeit sortiert und innerhalb des Unternehmens an den zuständigen Arbeitsplatz geleitet, damit sie dort zielorientiert verarbeitet werden können.

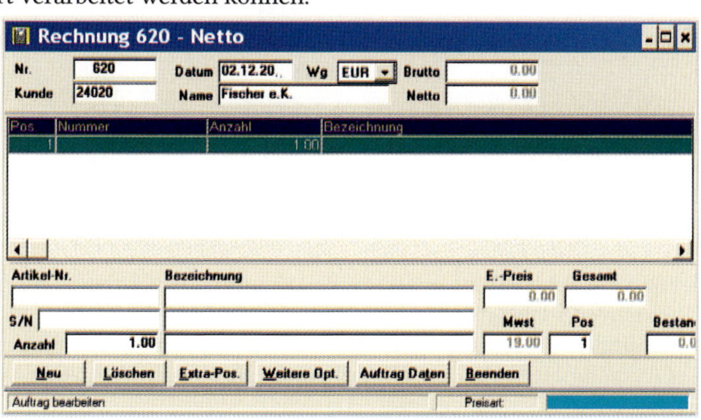

Beispiel Bei einem Kundenauftrag ist in der Bürodesign GmbH eine Vielzahl von Informationen zu verarbeiten.

Informationen über den Kunden	Informationen über den Auftrag	Informationen über bestellte Produkte
Kundennummer Kundenname und -anschrift Lieferanschrift ...	Auftragsdatum Auftragsnummer Bearbeiter des Auftrages Lieferdatum Bezeichnung und Menge der bestellten Produkte Versandart Zahlungsbedingungen ...	Produktnummern Produktbezeichnungen Lagerort ...

Diese Informationen eines Kundenauftrages werden in der **Abteilung „Auftragsbearbeitung"** zusammengestellt, kontrolliert, aufbereitet und u. a. an die Abteilungen Ausgangslager, Versand, Buchhaltung weitergeleitet. Im Ausgangslager werden die bestellten Produkte abgeholt und an den Versand weitergeleitet. Hier werden sie verpackt und auf den Weg zum Kunden geschickt (Lieferwagen). In der Buchhaltung wird die Rechnung erstellt und an den Kunden geschickt.

In jedem Unternehmen gibt es eine **Vielzahl von Informationsströmen**, die zu unterschiedlichen Aktionen, Verarbeitungsschritten oder Prozessen führen können.

Abgabe von Informationen	Aufnahme von Informationen
an Lieferer – Anfragen – Bestellungen – Mängelrügen	**von Lieferern** – Angebote – Auftragsbestätigungen – Rechnungen
an Kunden – Angebote – Auftragsbestätigungen – Rechnungen	**von Kunden** – Anfragen – Bestellungen – Mängelrügen

→

Informationen ...

... lösen bei den Kommunikationspartnern **Informationsverarbeitungsprozesse** aus.

... steuern somit **Geschäftsprozesse**.

... sind Basis für die Gestaltung von **Wertschöpfungsprozessen**.

Neben den Informationsströmen fließen im Unternehmen auch **Güter- und Geldströme**.

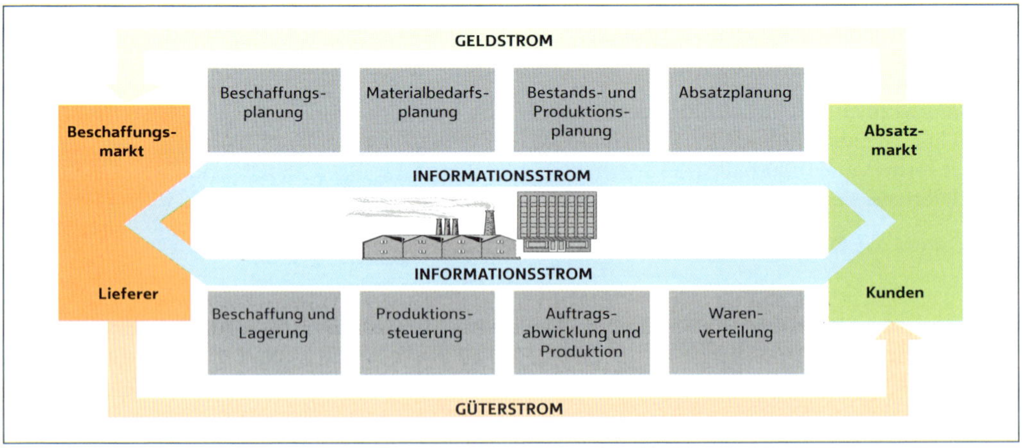

Güterströme fließen vom Beschaffungsmarkt in das Unternehmen. Innerhalb des Unternehmens gibt es ebenfalls Güterströme. Die Güter werden vom Eingangslager in die verschiedenen Produktionsstufen verbracht und zu neuen Erzeugnissen im Produktionsprozess verarbeitet, von da aus fließen sie über das Ausgangslager aus dem Unternehmen ab, sie werden zu den Kunden geliefert.

Beispiel Die Bürodesign GmbH produziert aus den von den Lieferern (Vereinigte Spanplatten AG, Stammes Stahlrohr GmbH, Hanckel & Cie. GmbH, Abels, Wirtz & Co. KG) beschafften Materialien Büromöbel (Schreibtische, Bürotische, Stellwände, Konferenztische, Empfangstheken usw.). Diese Büromöbel verkauft sie überwiegend an gewerbliche Großabnehmer (Kunden).

Geldströme entstehen, wenn die gefertigten Erzeugnisse in den Absatzmarkt gebracht werden. Die Kunden bezahlen für die bestellten Produkte und es fließt Geld in das Unternehmen. Dies wird u. a. benötigt, um die Gehälter der Mitarbeiter zu bezahlen und um neue Roh-, Hilfs- und Betriebsstoffe zu erwerben, die als Güterströme wieder in das Unternehmen fließen. Geldströme werden im Rechnungswesen eines Unternehmens dokumentiert.

Beispiel Alle Zahlungsein- und -ausgänge in einem Unternehmen werden in der Finanzbuchhaltung erfasst.

Die Güter- und Geldströme werden durch **Informationsprozesse** gesteuert. Im materiellen Bereich werden Güter transportiert, verarbeitet und gelagert. Wohin sie transportiert werden, in welchen Mengen sie verarbeitet werden und wo sie gelagert werden, sind aber informationelle Entscheidungen.

Wie Güter-, Geld- und Informationsströme in einem Unternehmen gesteuert werden, ist in der Regel in **Arbeitsanweisungen** und **Vorgangs- und Prozessbeschreibungen** geregelt. Sie werden den Mitarbeitern zur Verfügung gestellt, damit sie zielorientiert ihre Aufgaben verrichten können. Es gibt sehr komplexe Arbeitsanweisungen, die sich über mehrere Arbeitsplätze, die z. T. in verschiedenen Abteilungen sein können, erstrecken.

Bei bestimmten Produkten lässt sich die Zusammensetzung des herzustellenden Produktes weder bildlich noch gegenständlich darstellen. Dies ist vor allem in der chemischen Industrie der Fall. Hier bilden Arbeitsanweisungen eine **beschreibende Ergänzung** zu den **Rezepturen**, die die Zusammensetzung des Erzeugnisses angeben. Diese Arbeitsanweisungen beschreiben, in welcher Reihenfolge die einzelnen Rohstoffe zugegeben werden müssen und welche Einwirkgrößen bei den einzelnen Prozessen einzuhalten sind wie Temperaturen oder Rührgeschwindigkeiten.

In einem Unternehmen gibt es also Arbeiten und Prozesse in materiellen Bereichen, die immer von entsprechenden informationellen Prozessen und Entscheidungen begleitet und gesteuert werden.

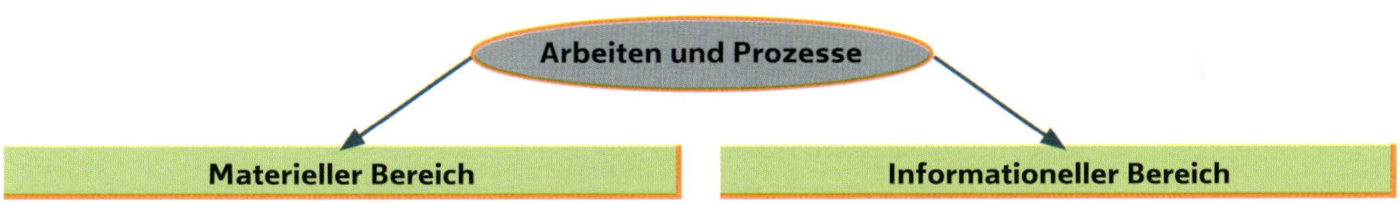

mit und an Gütern

Beispiele Güter annehmen, auspacken, zählen, einlagern, innerbetrieblich an die erforderlichen Orte transportieren, zusammenbauen usw.

mit Informationen über Güter

Beispiele Lieferschein und Rechnung prüfen, Lagerein- und -ausgang buchen, Lagerort festlegen usw.

mit Geld

Beispiele Kassieren bei Barverkauf, Barzahlung von Porto

mit Informationen über Geld

Beispiele Erstellen von Überweisungsträgern, Buchen von Ein- und Ausgangsrechnungen, Kalkulation von Preisen

Die Bearbeitung eines Kundenauftrages ist ein Beispiel für einen solchen komplexen Prozess. Verschiedene Stellen im Unternehmen sind beteiligt.

Beispiel Ereignisgesteuerte Prozesskette: Bearbeitung eines Kundenauftrages

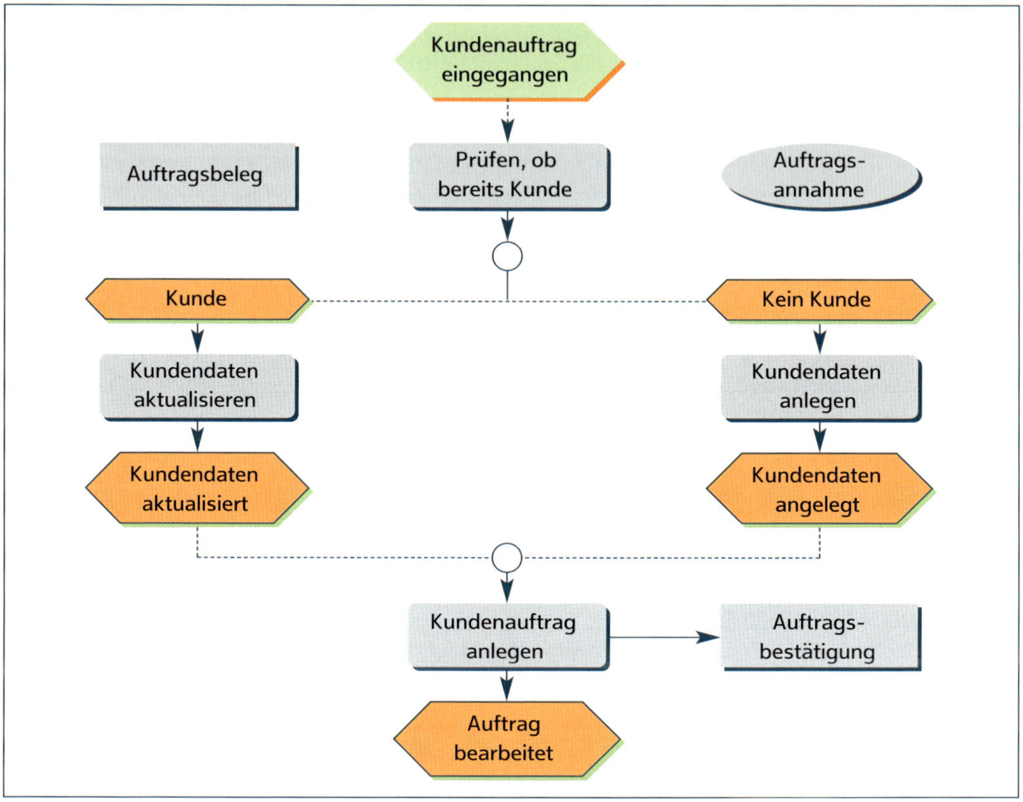

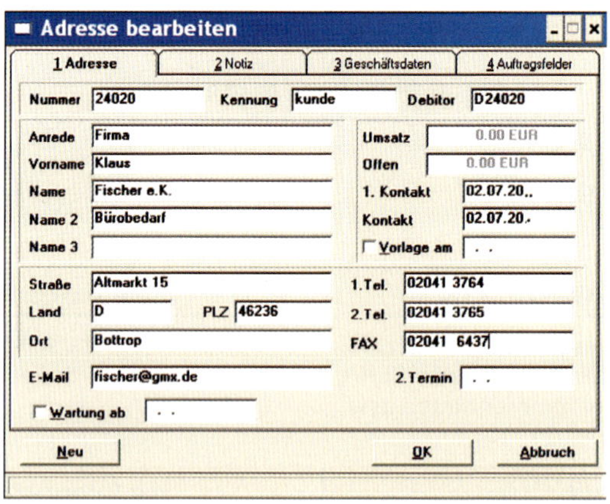

In der Verkaufsabteilung werden die Kunden- und Auftragsinformationen aufgenommen. Die Daten werden an das Fertiglager weitergeleitet, wo geprüft wird, ob die bestellten Produkte vorrätig sind, andernfalls werden die Informationen an die Produktion weitergeleitet, damit die bestellten Produkte gefertigt werden können. Zusätzlich wird in der Buchhaltung die Ausgangsrechnung als Forderung gebucht. Derartige Prozessbeschreibungen werden in der betrieblichen Praxis meist als **ereignisgesteuerte Prozesskette** (EPK, vgl. S. 64 ff.) in Diagrammform erstellt. Sie liefern in anschaulicher Form einen guten und schnellen Überblick über den Arbeitsprozess, die beteiligten Stellen und die erforderlichen Informationen.

Beispiel Ereignisgesteuerte Prozesskette: Angebotsbearbeitung

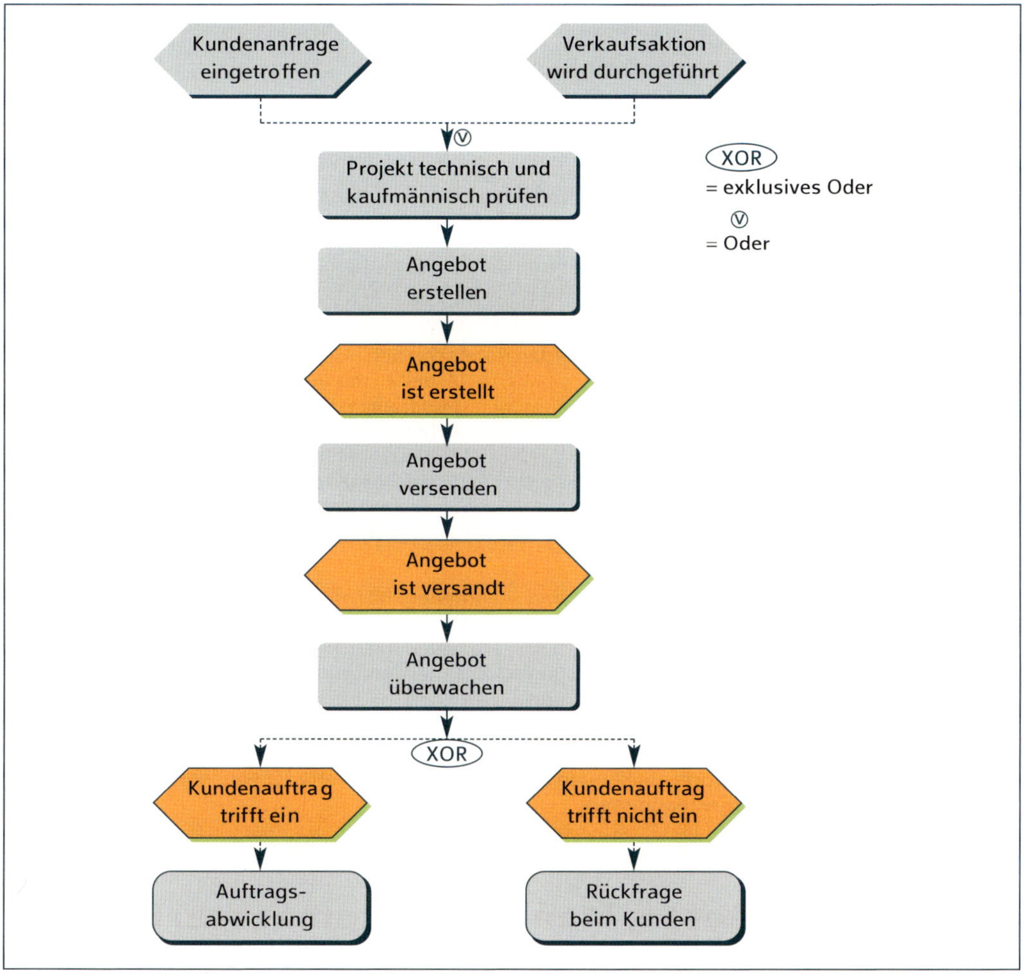

Modellhafte Darstellung von Geld-, Güter- und Informationsströmen auf der Grundlage eines Kundenauftrages

- Unternehmen stehen in **Beziehungen zur Umwelt** (Lieferer, Kunden, Partner).
- Diese Beziehungen führen zu **Informationsströmen** im Unternehmen.
- Informationsströme führen im Unternehmen zu **Aktionen** (Arbeiten, Prozesse).
- Vom Beschaffungsmarkt fließen Güter in das Unternehmen, sie werden verarbeitet und neue Produkte werden an den Absatzmarkt weitergeleitet **(Güterströme)**.
- Vom Absatzmarkt fließen Gelder in das Unternehmen, weil Kunden die Marktpreise überweisen, die Gelder werden u. a. an den Beschaffungsmarkt weitergeleitet, um erforderliche Materialien zu erwerben **(Geldströme)**. Geldströme werden im Rechnungswesen des Unternehmens dokumentiert.
- Güter- und Geldströme werden durch **Informationsprozesse** gesteuert.
- In **ereignisgesteuerten Prozessketten** (EPK) werden die Informationsprozesse übersichtlich dargestellt.

1 Erläutern Sie, weshalb in einem Unternehmen von verschiedenen Güterströmen statt nur von einem Güterstrom gesprochen werden muss.

2 Geben Sie jeweils Beispiele an für
a) Informationen, die ein Unternehmen nach außen abgibt,
b) Informationen, die ein Unternehmen von außen aufnimmt.

3 Erläutern Sie, welche Informationen eine Rechnung haben muss, die ein Kunde der Bürodesign GmbH erhalten soll.

4 Beschreiben Sie, welche Stellen in der Bürodesign GmbH bei der Abwicklung eines Kundenauftrages beteiligt sind.

5 Erläutern Sie, weshalb Güter- und Geldströme durch Informationsprozesse gesteuert werden.

6 Informationen sind Grundlage für alle Tätigkeiten und Entscheidungen in einem Industriebetrieb.
Die Arbeiten in einem Industriebetrieb werden unterschieden in:

physischer Bereich	informationeller Bereich
– Arbeiten mit und an Materialien/Fertigerzeugnissen	– Arbeiten mit Informationen über Materialien/Fertigerzeugnisse
– Arbeiten mit Kunden	– Arbeiten mit Informationen über Kunden
– Arbeiten mit Lieferern	– Arbeiten mit Informationen über Lieferer
– Arbeiten mit Geld	– Arbeiten mit Informationen über Geld

Geben Sie typische Beispiele an für
a) Arbeiten mit und an Materialien/Fertigerzeugnissen und Arbeiten mit Informationen über Materialien/Fertigerzeugnisse,
b) Arbeiten mit Kunden und Arbeiten mit Informationen über Kunden,
c) Arbeiten mit Lieferern und Arbeiten mit Informationen über Lieferer,
d) Arbeiten mit Geld und Arbeiten mit Informationen über Geld.

7 Erläutern Sie die Abbildung im Lehrbuch auf S. 60.

8 Erstellen Sie in Diagrammform eine ereignisgesteuerte Prozesskette für eine Auftragsbearbeitung bei nicht vorrätigen Fertigerzeugnissen.

3.2 Kernprozesse, Managementprozesse, unterstützende und unternehmensübergreifende Prozesse

3.2.1 Definition und Merkmale von Prozessen im Unternehmen

„Wenn ich die Jahresergebnisse unseres Verkaufs mit den Ergebnissen unserer Produktion vergleiche, fällt mir auf, dass wir erheblich mehr produziert als verkauft haben“, sagt die Auszubildende Nicole Ganser. Frau Grell, Leiterin der Auftragsbearbeitung, antwortet: „Genau das ist eines der zentralen Probleme der Betriebswirtschaftslehre und der praktischen Unternehmensleitung! Unsere Prozesse der Produktion laufen eben nicht parallel mit den Prozessen auf dem Markt ab. Kunden bestellen unsere Produkte und wollen nicht warten, bis wir sie produziert haben, deshalb fertigen wir unsere Büromöbel zum Teil auf Vorrat. Wir als Industriebetrieb müssen unsere gesamten Prozesse so gestalten und koordinieren, dass die Kundenwünsche bestmöglich befriedigt werden, weil nur dadurch unsere betrieblichen Ziele erreicht werden können. Kundenorientierte Prozessgestaltung ist somit unsere Hauptaufgabe. Weil die Ergebnisse eines Unternehmens über seinen Markterfolg entscheiden, ist die Gestaltung der Prozesse zur Erreichung der Ergebnisse so wichtig.“

- Klären Sie mithilfe des nachfolgenden Sachinhaltes, welche Merkmale ein betrieblicher Prozess in einem Unternehmen hat, und fassen Sie Ihre Ergebnisse in Plakaten zusammen, die im Klassenraum ausgehängt werden.
- Untersuchen Sie zwei Ihnen bekannte betriebliche Prozesse und stellen Sie dabei heraus, welche Prozessschritte und welcher Input erforderlich sind und welcher Output erzeugt wird.

Funktionsorientierung und Prozessorientierung

Traditionell sind Unternehmen **funktionsorientiert** organisiert. Die betrieblichen Funktionen wie Einkauf, Produktion, Verkauf usw. sind i.d.R. in Abteilungen angesiedelt. Die Kommunikation zwischen und in den Abteilungen orientiert sich an den Notwendigkeiten der einzelnen betrieblichen Aufgaben. Entscheidungen werden häufig nach Bedürfnissen der jeweiligen Abteilung getroffen.

Funktionsorientierte Organisation

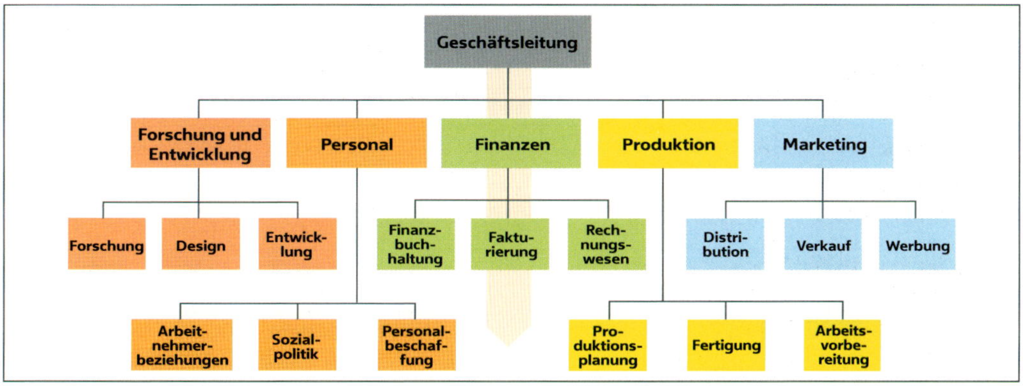

Bd. 2

Die einzelnen Abteilungen sind isoliert voneinander, die Arbeitsabläufe werden durch Weisungen der Vorgesetzten geregelt.

Bei einer prozessorientierten Sichtweise stehen die betrieblichen **Geschäftsprozesse** (vgl. S. 71 ff.) im Mittelpunkt. Entscheidungen werden danach getroffen, inwieweit eine Verbesserung der **Wertschöpfung** (vgl. S. 71) eintritt, also einer Kundenorientierung zum Zwecke der Existenzsicherung des Unternehmens.

Prozessorientierte Organisation:

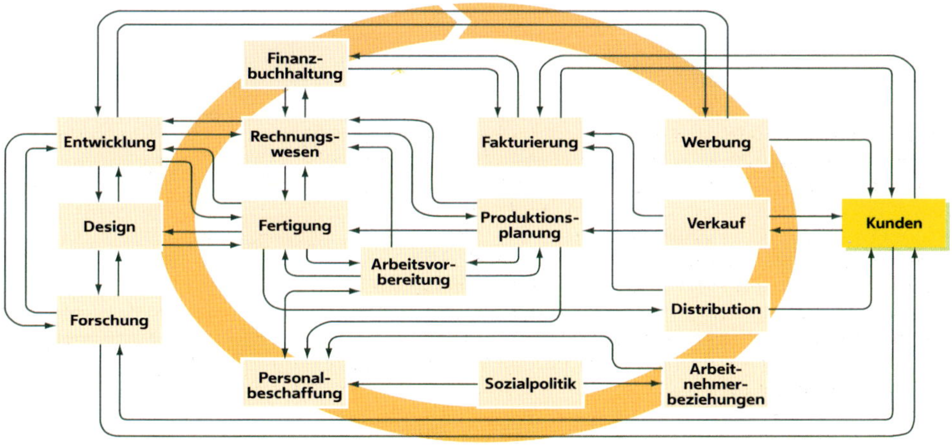

Die Abteilungen sind die **Aktionsträger in den Prozessen**, sie sind als eindeutige Schnittstellen definiert.

Heute ist eine **funktionsübergreifende Gestaltung von ganzheitlichen Geschäftsprozessen** in vielen Unternehmen die Regel. Dieser Übergang von der Funktions- zur Geschäftsprozessorientierung in Unternehmen spiegelt den Wandel von der reinen Industrie- zur Informations- und Wissensgesellschaft wider.

Paradigmenwechsel in der betrieblichen Organisation[1]

	Industriegesellschaft	→	Informationsgesellschaft
Ausrichtung	Innensicht: Funktion, Produkt (das Unternehmen beschäftigt sich vornehmlich mit sich selbst)		Außensicht: Prozessleistung, Kunde (das Unternehmen begreift sich als Glied in einer Wertschöpfungskette)
Reichweite	Unternehmen		Netzwerk von kooperierenden Unternehmen
Organisationsstruktur	steile Hierarchie		flaches, vernetztes Team
Unternehmensgröße	tendenziell groß		tendenziell klein und modular
Abläufe	sequenziell (nacheinander)		verstärkt parallel
Innovation	Perfektionierung vorhandener Strukturen		Redesign, z. T. radikale Änderungen
Integration	funktionale Spezialisierung in Abteilungen (Einkauf, Verkauf usw.)		Bereichs- bzw. abteilungsübergreifende Ablaufoptimierung
Prozesse	tendenziell komplex		tendenziell einfach
Mitarbeiter	Spezialisierung	→	ganzheitliche Sachbearbeitung (Generalisten)

▲ Definition von Prozessen

Ein Prozess ist eine **Abfolge von Aktivitäten** (Prozess-Schritten), die durch einen Prozessor (vgl. S. 68) vollzogen werden. Jeder Prozess wird durch **Inputs** ausgelöst und jeder Prozess erzeugt **Outputs**. Inputs und Outputs können Material, Leistungen oder Informationen sein. So spricht man von **Material-, Leistungs- oder Informationsprozessen**.

Formale Darstellung eines Prozesses:

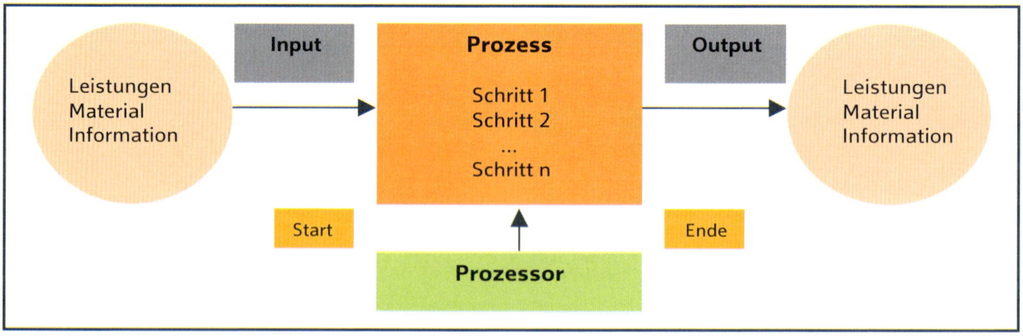

[1] *Vgl. Österle, Hubert: Business Engineering – Prozess- und Systementwicklung, Heidelberg (Springer) 1995*

In Industrieunternehmen kommen **Material-, Leistungs- und Informationsprozesse** vor.

Beispiele In der Bürodesign GmbH gibt es folgende Prozesse:

- **Materialprozesse:** Die physischen Prozesse von Materialien und Produkten erstrecken sich von der Annahme von Materialien über ihre Lagerung, den innerbetrieblichen Transport, die Verarbeitung bei der Produktion bis hin zu Recyclingprozessen.
- **Leistungsprozesse:** Es werden Dienstleistungen beschafft und beansprucht, z. B. Abwicklung des Zahlungsverkehrs mit Banken, Versicherungsleistungen, Leistungen von Speditionsunternehmen usw., diese Leistungen fließen in andere Prozesse ein, sie unterstützen oder ermöglichen sie.
- **Informationsprozesse:** Die gesamte Finanzbuchhaltung sowie die Kosten- und Leistungsrechnung beschäftigen sich ausschließlich mit Informationen. Ebenso sind Marktforschungsaktivitäten reine Informationsprozesse.

Informationsprozesse erhalten in einem Unternehmen eine **zentrale Bedeutung**, weil alle übrigen Prozesse zwangsläufig über Informationsprozesse gesteuert werden.

Beispiele

- Informationen über Finanzmittel steuern Prozesse in der Finanzbuchhaltung.
- Informationen über Roh-, Hilfs- und Betriebsstoffe sowie Bauteile und Stücklisten steuern Produktionsprozesse.
- Informationen über Bestände steuern Lager- und Beschaffungsprozesse.
- Informationen über Mitarbeiter (Fähigkeitsprofil, Verfügbarkeit usw.) steuern personalwirtschaftliche Prozesse.
- Informationen über Kunden und Märkte steuern Marketingprozesse.

Merkmale von Prozessen

Start, Ende, Input, Output:

Alle Prozesse haben einen bestimmbaren **Start** bzw. einen Auslöser. Der Auslöser eines Prozesses ist ein Ereignis. Jeder Prozess benötigt einen **Input**, das sind Informationen, die den Prozess steuern. Prozesse haben jeweils auch ein bestimmbares **Ende** und ein bestimmtes Ergebnis, den **Output**.

Beispiele

- Ein Kunde bestellt bei der Bürodesign GmbH (**Start**). Durch Eingang des Bestellschreibens (Auslöser des Prozesses) beginnt der Prozess der Auftragsbearbeitung. Der **Input** für diesen Prozess sind Kunden- und Produktdaten. Der Prozess ist abgeschlossen (**Ende**) durch eine Annahme des Auftrages (dann ist der **Output** eine Auftragsbestätigung an den Kunden und die Weitergabe der Auftragsdaten an Rechnungswesen und Produktion) oder durch die Ablehnung des Auftrages, z. B. weil nicht fristgemäß produziert werden kann oder erforderliche Materialien nicht vorrätig sind (dann ist der Output eine Auftragsablehnung an den Kunden oder es beginnt ein neuer Prozess der Verhandlungen mit dem Kunden).
- Bei der digitalen Lagerwirtschaft wird bei Erreichen von bestimmten Mengen (**Meldebestand**, vgl. S. 277) automatisch ein Bestellvorgang ausgelöst. Das Erreichen des Meldebestandes ist der Auslöser des Bestellprozesses. Input sind Informationen über das Lagerprodukt (Artikel-Nr., Lieferanten-Nr. usw.). Output sind die konkreten Bestelldaten bzw. Bestellungen bei Lieferanten.
- Bei der Anlieferung von Material wird eine Materialeingangsprüfung durchgeführt. Dieser Prozess hat als Startereignis die Anlieferung. Hier wird nun u. a. geprüft, ob die angelieferten Materialien bestellt waren. Das Ergebnis dieses Prüfungsprozesses kann entweder die Annahme oder bei mangelhafter Lieferung die Abweisung der Lieferung sein. Output ist somit entweder die Anweisung, den Einlagerungsprozess einzuleiten (Lager-Nr., Lagerstandort usw.) oder eine **Mängelrüge** (vgl. S. 326 ff.) zu erteilen.

Prozessschritte:

Innerhalb des Prozesses werden die Input-Informationen verarbeitet, d. h., sie werden nach bestimmten Vorgaben miteinander und mit anderen Informationen verknüpft. Der Prozess besteht somit aus einzelnen Arbeitsschritten bzw. Prozess-Schritten. Hieraus entstehen neue Informationen, die als Output den Prozess verlassen und als Input für andere Prozesse dienen.

Beispiel Ein Informationsverarbeitungsprozess in der Bürodesign GmbH

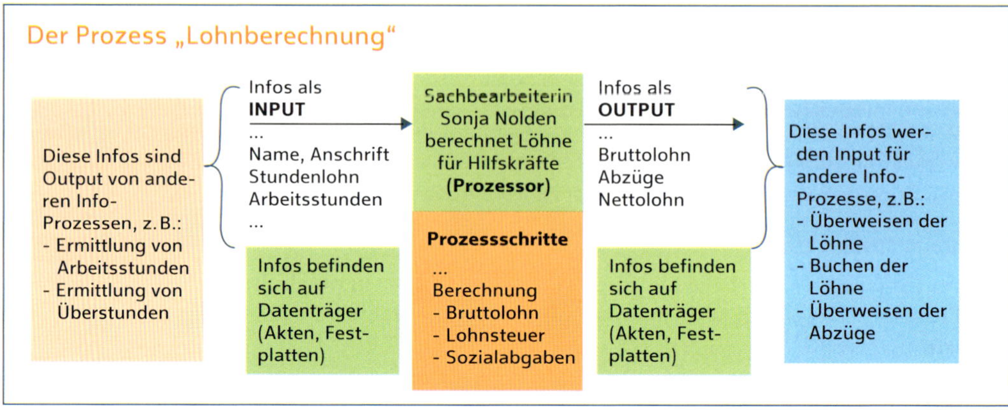

Die **Prozess-Schritte** sind in einem Prozess abhängig von dem Input. Sie sind vorzuplanen und nach optimierten Strukturen zu gestalten.

Beispiel Die Abläufe in einem Prozess „Bestellung bearbeiten“ können unterschiedlich sein, je nachdem, wie die Bestellung eingegangen ist, z. B. telefonisch, per Fax, schriftlich, per E-Mail usw.

Prozessor:

Der **Prozessor** ist der Akteur des Prozesses, er wickelt den Prozess ab. Er kann aus einem Mitarbeiter, einem Arbeitsteam, einem Computersystem (Hardware und Software) oder aus Kombinationen von Mitarbeitern und Computersystemen (Mensch-Maschine-System) bestehen.

Beispiel Eine Lohnabrechnung kann entweder von einem Sachbearbeiter mithilfe von Akten, Tabellen, Listen, Formularen usw. weitgehend manuell durchgeführt werden oder Software-gestützt durch einen Mitarbeiter erfolgen. Es ist auch möglich, dass die gesamte Abrechnung völlig automatisiert alleine durch ein Computersystem abgewickelt wird.

Durchlaufzeit:

Für die Abwicklung eines Prozesses ist eine bestimmbare Zeit planbar. Sie wird Durchlaufzeit genannt. Sie ergibt sich aus der Differenz zwischen **Anfangs- und Endzeitpunkt** des Prozesses. Die Durchlaufzeit wird benötigt, um die Dauer von Prozessen zu bestimmen, damit Personal-, Raum- und Maschinenkapazitäten geplant werden können. Ferner können Prozesskosten ermittelt werden.

Beispiel Der Prozess Lohnabrechnung mit einem Software-gestützten System hat eine durchschnittliche Durchlaufzeit von 120 Sekunden je Mitarbeiter (inkl. Zeit für die Erstellung der Belege). Wenn bekannt ist, wie viele Mitarbeiter in diesem Prozess eingebunden sind, welche Personal- und Raumkosten sie verursachen und wie viele anteilige Kosten der Hard- und Software anfallen, so kann dieser Prozess kostenmäßig erfasst werden.

Die Kostenaspekte der Geschäftsprozessorientierung können nicht isoliert betrachtet werden. Vielmehr müssen Kosten immer in Relation zu entsprechenden Leistungen gesehen werden. Somit sind auch Veränderungen von Kosten (Senkung, Erhöhung) im Verhältnis zu den jeweiligen Veränderungen der Leistungen (Minderungen, Erhöhungen) zu untersuchen.

Prozessketten, Prozessnetze:

Unternehmensprozesse sind eingebettet in Prozessketten bzw. Prozessnetze. Prozessketten ergeben sich, wenn der Output eines Prozesses zum Input eines anderen Prozesses wird und diesen auslöst bzw. steuert. Wird der Output eines Prozesses zum Input von mehreren anderen Prozessen, so kann ein Prozessnetzwerk entstehen.

Beispiel Internes Prozessnetzwerk in der Bürodesign GmbH (Auszug)

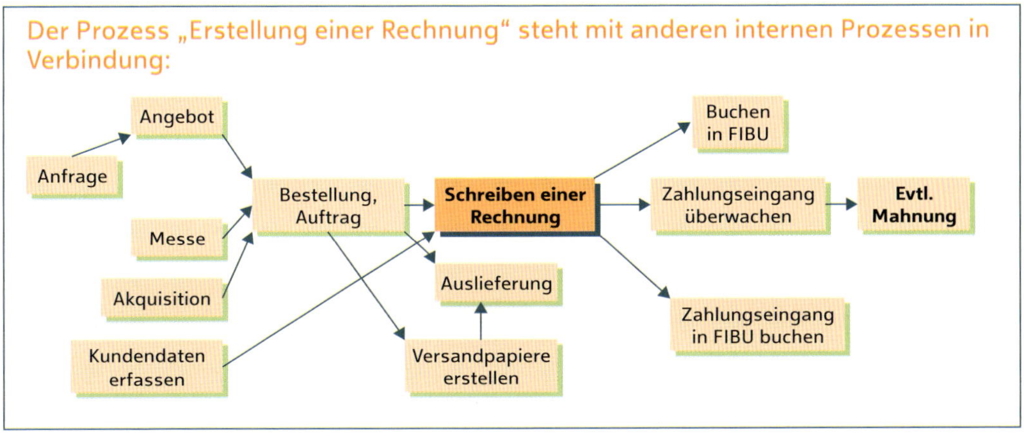

Interne, externe Prozesse

Prozessketten und -netze können innerhalb eines Unternehmens ablaufen **(interne Prozesse)** oder aber mit der Umwelt (Kunden, Lieferern) in Beziehung stehen **(externe Prozesse)**. Bei externen Beziehungen und Prozessen ist auf die **Schnittstellen zum Umsystem** zu achten. Bei der Gestaltung von Prozessen müssen daher die Beziehungsrichtungen, die auszutauschenden Informationen sowie die Kanäle des Informationsaustausches exakt beschrieben sein. Dies ist erforderlich, um Fehlerquellen beim Informationsaustausch zu vermeiden.

Beispiel Externe Prozessbeziehungen der Bürodesign GmbH

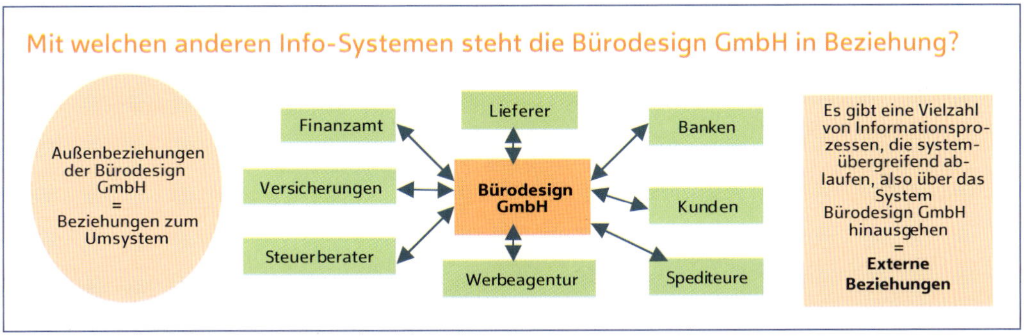

Beispiel Bei der Bestellung eines Kunden laufen neben den internen Prozessen eine Reihe von externen Prozessen ab. Um den Kundenauftrag ausführen zu können, müssen bei den Lieferern möglicherweise die für die Herstellung erforderlichen Materialien bestellt werden. Die auf der Rechnung der Lieferer ausgewiesene Vorsteuer kann mit der an das Finanzamt zu zahlenden Umsatzsteuer verrechnet werden. Zur Finanzierung dieser Materialien müssen u. U. Kredite bei den Banken aufgenommen werden. Um die Waren dem Kunden zu liefern, müssen Spediteure mit dem Transport beauftragt werden. Möglicherweise muss der Transport der Erzeugnisse bei einer Versicherung versichert werden usw.

Jegliche Beziehung eines Unternehmens zu seinem Umfeld führt zur Beeinflussung interner Prozesse.

Prozesshierarchie, Prozessabgrenzung, Prozessauflösung:

Unternehmensprozesse müssen für konkrete Gestaltungsaufgaben gegliedert werden, um überschaubare handhabbare Strukturen zu erhalten. Man erhält dabei Prozessbereiche, die in ihrem Kontext mit anderen Prozessen, insbesondere den Input-Output-Beziehungen, analysiert und zielorientiert gestaltet werden können.

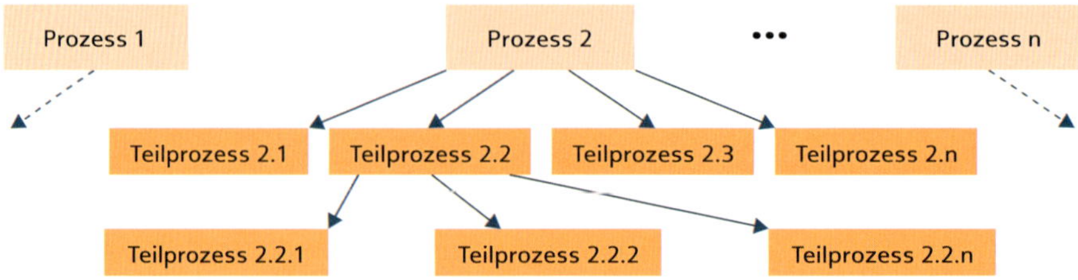

Diese Prozess-Ebenen können je nach Bedarf bzw. je nach Komplexität verfeinert werden (vgl. S. 77).

Definition und Merkmale von Prozessen im Unternehmen

- Ein Prozess ist eine **Abfolge von Aktivitäten (Prozessschritten)**.
- Jeder Prozess hat einen bestimmbaren **Start** sowie ein definiertes **Ende**, somit kann die Durchlaufzeit eines Prozesses bestimmt werden.
- In jeden Prozess fließt ein **Input** hinein, jeder Prozess hat einen bestimmten **Output**.
- Inputs und Outputs können Material, Leistungen oder Informationen sein, somit gibt es **Material-, Leistungs- und Informationsprozesse**.
- Inputs von Prozessen sind Outputs von anderen Prozessen, Outputs werden somit zu Inputs, hierdurch entstehen **Prozessketten und Prozessnetze**.
- Prozesse werden von Prozessoren abgearbeitet, Prozessoren können Mitarbeiter, Maschinen (Computersysteme) oder Kombinationen von Mitarbeitern und Computersystemen sein.
- **Interne Prozesse** beziehen sich auf ein einzelnes Unternehmen, bei **externen Prozessen** sind andere Unternehmen oder Kunden eingebunden.
- Prozesse können in **Teilbereiche (Prozess-Ebenen)** gegliedert werden, hierdurch kommt es zu einer **Prozesshierarchie**.

1 Konstruieren Sie konkrete Beispiele für folgende Prozesse und geben Sie jeweils Inputs sowie Outputs an:
a) Materialprozesse,
b) Leistungsprozesse,
c) Informationsprozesse.

2 Erläutern Sie, weshalb Informationsprozesse in Unternehmen eine zentrale Bedeutung haben.

3 Skizzieren Sie den Prozess der Rechnungserstellung in der Bürodesign GmbH nach dem Schema auf S. 69. Geben Sie an, woher der Input kommt und wohin der Output geht.

4 Erläutern Sie, wozu die Durchlaufzeit eines Prozesses benötigt wird.

5 Stellen Sie den Unterschied zwischen internen und externen Prozessen dar und geben jeweils ein konkretes Beispiel an.

6 Erstellen Sie in Gruppenarbeit ein Prozessnetz der Bürodesign GmbH. Gehen Sie dabei von dem Prozess Rechnungserstellung (vgl. S. 69) aus. Entwickeln Sie für alle vor- und nachgelagerten sowie parallelen Prozesse die jeweiligen Inputs und Outputs. Da für die Darstellung des Prozessnetzes viel Raum benötigt wird, benutzen Sie in Ihren Gruppen Plakate (Packpapier, Tapetenrollen o. Ä.). Verbinden Sie die Einzelergebnisse der Gruppen. Analysieren Sie das Gesamtergebnis und ergänzen Sie es gegebenenfalls.

7 Erläutern Sie den Prozess der Lohnberechnung anhand der Abbildung im Lehrbuch S. 68.

3.2.2 Geschäfts-, Support- und Serviceprozesse

Heinrich Peters, Auszubildender in der Bürodesign GmbH, ist gerade in der Abteilung Rechnungswesen eingesetzt. Er hat von Herrn Effer, seinem Ausbilder, einen Auftrag erhalten. Er soll eine Statistik über die Häufigkeit der Verspätungen und Fehlzeiten der Mitarbeiter in der Abteilung Marketing erstellen. Heinrich Peters geht deshalb zu Diana Feld, die als Auszubildende in der Abteilung Marketing eingesetzt ist, und schildert ihr seine Aufgabe. Sie scheint sehr beschäftigt und antwortet ihm: „So ein Quatsch, ihr im Rechnungswesen habt wohl nichts Besseres zu tun, als Zahlenfriedhöfe zu produzieren. Wozu braucht ihr denn solch eine Statistik? Wir hier im Marketing sehen zu, dass wir uns ausschließlich mit Dingen beschäftigen, die das Unternehmen im Markt nach vorne bringen, unsere Arbeitsprozesse sind wertschöpfend! Ohne unsere Arbeit könnte das Unternehmen überhaupt nicht bestehen!" – „Ja, aber ich soll doch ...", wirft Heinrich Peters ein, wird aber sofort unterbrochen. „Ich habe gelernt, dass nicht alle Arbeiten in einem Unternehmen gleich wichtig sind, nur die wertschöpfenden Prozesse sind wichtig, das sagt auch mein Abteilungsleiter immer – und nun verzieh' dich, ich hab zu tun!"

Heinrich Peters ist zunächst einmal sprachlos. „Sind die Wichtigkeiten der Arbeiten in einem Unternehmen tatsächlich verschieden?"

- Klären Sie den Unterschied zwischen Arbeitsprozessen und wertschöpfenden Prozessen.
- Nehmen Sie kritisch Stellung zu der These: „Nur wertschöpfende Prozesse sind es wert, dass sie optimal gestaltet werden."
- Erläutern Sie Support- und Serviceprozesse und ihre Bedeutung.

▲ Merkmale von Geschäftsprozessen

Ein Unternehmen beschäftigt sich mit Geschäftsprozessen, durch die Dienstleistungen oder Produkte für interne oder externe Kunden erstellt werden. Nicht jeder Arbeitsprozess in einem Unternehmen ist aber zwangsläufig auch ein Geschäftsprozess.

Geschäftsprozesse in Unternehmen weisen drei **charakteristische Merkmale** auf:

Merkmale	Beispiele aus der Bürodesign GmbH
1. Ein Geschäftsprozess ist eine wiederholt ablaufende **Folge von Funktionen** (Aktivitäten, Vorgängen, Aufgaben, Transaktionen) in einem zeitlichen und sachlogischen Zusammenhang, die inhaltlich abgeschlossen ist.	– Ein Geschäftsprozess in der Bürodesign GmbH kann alle Prozesse vom Auftragseingang über Auftragsprüfung, Beschaffung von Material, Produktion bis hin zur Auslieferung umfassen. Alle Teilprozesse stehen in einem zeitlichen und sachlogischen Zusammenhang.
2. Ein Geschäftsprozess besteht aus Funktionen (Vorgängen), die **kundenorientiert und erfolgsrelevant** sind, sich also auf das Kerngeschäft eines Unternehmens bzw. auf seine **Wertschöpfung** beziehen. Geschäftsprozesse sind mit **betriebswirtschaftlich bedeutsamen Informationsobjekten oder physischen Objekten** verknüpft und beinhalten eine Wertschöpfung.	– Die „Auftragsgewinnung" ist ein Geschäftsprozess, sie ist sowohl kundenorientiert als auch erfolgsrelevant, weil Kunden nur diejenigen Güter und Dienstleistungen zu bezahlen bereit sind, die für sie einen Wert darstellen. Dieser Prozess beinhaltet u. a. als Informationsobjekt eine „Rechnung" und als physisches Objekt die ausgelieferte Ware. – Die Teilaufgabe „Durchführung einer Inventur zur Vorbereitung des Jahresabschlusses" in der Bürodesign GmbH ist kein Geschäftsprozess. Zwar entstehen Informationsobjekte, jedoch ist dieser Prozess nicht kundenorientiert (schafft also keine vermarktbaren Werte) und auch nicht erfolgsrelevant.

Die Wertschöpfung ist sowohl ein betrieblicher Prozess der Entstehung von Werten als auch das Ergebnis dieses Prozesses.

Merkmale	Beispiele aus der Bürodesign GmbH
3. Ein Geschäftsprozess existiert nicht isoliert. Er ist eingebettet in andere Prozesse und mit ihnen **vernetzt**. Geschäftsprozesse erhalten verschiedene messbare **Inputs** (z. T. von anderen Geschäftsprozessen, z. T. von der unternehmensexternen Umwelt), die verarbeitet werden und messbare **Outputs** erzeugen.	– Der Prozess „Auftragsbearbeitung" erhält u. a. Inputs von dem Prozess „Auftragsgewinnung", hier werden Informationen übergeben, z. B. Kundendaten, Produktdaten, Termine, Konditionen usw. In diesem Prozess werden diese Informationen gezielt verarbeitet, so werden z. B. Kundendatensätze angelegt, Bonitäten (Zahlungsfähigkeit der Kunden) geprüft usw. Dieser Prozess erzeugt neue Informationen als Outputs, die als Input für weitere Prozesse dienen, z. B. Auslösung eines Beschaffungsprozesses für Materialien, Auslösung eines Produktionsprozesses usw.

Fehlt eines dieser Merkmale, so handelt es sich nicht um einen Geschäftsprozess im engeren Sinne. Geschäftsprozesse sind somit eine Teilmenge aller in einem Unternehmen ablaufenden Prozesse.

Die Erzeugnisse oder Dienstleistungen eines Unternehmens erhalten ihren Wert durch

- die **Vorleistungen** anderer Unternehmen,
- die **Produktionsleistung** der Unternehmung selbst und
- den **Gewinnzuschlag**, der in den Verkaufspreisen berücksichtigt wird (= „Verdienst" des Unternehmens).

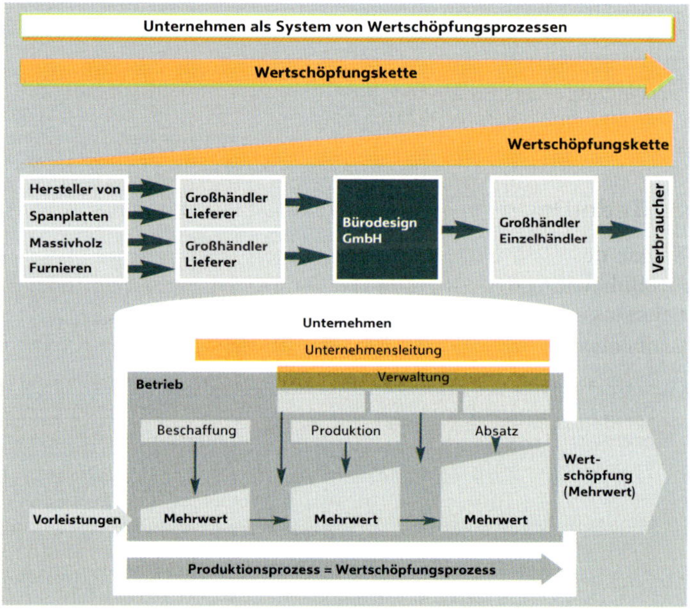

▲ Support- und Serviceprozesse

Neben den Geschäftsprozessen existieren in Unternehmen weitere Prozesse. Hierzu gehören insbesondere **Service- und Supportprozesse**. Diese haben keinen wertschöpfenden Charakter, d. h., ein Kunde wäre nicht bereit, für den Output eines solchen Prozesses einen Preis zu bezahlen. Obwohl diese Prozesse Aufwand und Kosten verursachen, werden sie in Unternehmen trotzdem vollzogen. Gründe hierfür können u. a. gesetzliche Auflagen und Vorschriften, innerbetriebliche Koordinations- oder Kontrollmaßnahmen, externe Vorgaben durch Geschäftspartner oder Fortführung von traditionellen Gepflogenheiten sein.

Beispiele

Bd. 2

– Die **Finanzbuchhaltung** (vgl. S. 124 ff.) ist Kaufleuten gesetzlich vorgeschrieben. Der Jahresabschluss ist für Kapitalgesellschaften ebenfalls gesetzlich vorgeschrieben. Hieraus ableitbare Prozesse sind aber i. d. R. nicht wertschöpfender Natur. Kunden wären nicht bereit, hierfür einen Preis zu bezahlen.

- Im Rahmen der **Kosten- und Leistungsrechnung** (vgl. S. 517 ff.) werden verschiedene Verfahren der Kostenrechnung eingesetzt, um die Produktivität und Rentabilität von betrieblichen Teilbereichen zu kontrollieren. Diese Prozesse sind nicht wertschöpfend, sie dienen nur der Entscheidungsfindung im Unternehmen.
- Bei Exporten von Roh-, Hilfs- oder Betriebsstoffen sind z. T. umfangreiche Prozesse bei der Berücksichtigung von Ausfuhrbestimmungen abzuwickeln, die grundsätzlich **nicht wertschöpfend** sind. Wird die Abwicklung der Außenhandelsgeschäfte jedoch für Kunden durchgeführt, so wird eine Dienstleistung erbracht, die **wertschöpfend** wirkt, weil sie kundenorientiert und erfolgswirksam ist (der Kunde ist bereit, dafür einen Preis zu bezahlen).

Einige dieser Service- und Supportprozesse stehen in Unternehmen zur Disposition. Im Rahmen einer Kosten-Nutzen-Analyse wird untersucht, inwiefern diese Prozesse ausgelagert werden können, d.h., ob die Outputs dieser Prozesse durch Externe günstiger zu beschaffen sind. Dabei sind alle Konsequenzen abzuschätzen, die sich aus dem Beschluss zum **Outsourcing** ergeben. Im Extremfall sind alle Prozesse eines Unternehmens auslagerungsfähig (vgl. **virtuelle Unternehmen**, S. 384 f.).

Beispiele

- Im Rahmen des Absatzmarketings schaltet die Bürodesign GmbH vielfach externe Werbeagenturen ein. Sie kauft sich also den Output der Prozesse „Erstellung einer Werbekampagne", „Produktion von Werbemitteln" ein.
- Der Output des Prozesses „Zahlungseingänge von Kunden überprüfen" wird durch Forderungsabtretung an eine Bank (Factoring) erzeugt, der gesamte Prozess kann ausgelagert werden. Bd. 2
- Der gesamte Prozess „Personalbeschaffung" kann an eine Personalagentur ausgelagert werden.

Bedeutung von Supportprozessen

Etliche der nicht wertschöpfenden Unternehmensprozesse sind für Unternehmen unumgänglich. So sind einige Supportprozesse Voraussetzung für die mittel- und langfristige Existenz des Unternehmens.

Beispiele

- Prozesse der Personalbereitstellung, -förderung und -verwaltung
- Prozesse zur Sicherung der Liquidität eines Unternehmens (Finanzierung, Liquiditätsplanung und -kontrolle)
- Prozesse der Bereitstellung von Infrastruktur (Beschaffung von Investitionsgütern, Grundstücken, Immobilien)
- Prozesse der internen IT-Unterstützung (User-Support am Arbeitsplatz)

Diese Prozesse ermöglichen z. T. erst die Abwicklung von wertschöpfenden Prozessen. Sie bilden die Grundlagen des gesamten Unternehmens und schaffen die Rahmenbedingungen für die Prozessgestaltung.

Geschäfts-, Support- und Serviceprozesse

- **Geschäftsprozesse** sind eine Teilmenge aller Arbeitsprozesse in einem Unternehmen. Sie weisen folgende Merkmale auf:
  - **Folge von Aktivitäten**, die in einem zeitlichen und sachlogischen Zusammenhang inhaltlich abgeschlossen ist,
  - **Prozess ist wertschöpfend**, d. h. kundenorientiert und erfolgswirksam,
  - **Prozess ist nicht isoliert**, sondern über Inputs und Outputs mit anderen Prozessen vernetzt.
- **Support- und Serviceprozesse**
  (z. B. Personalbeschaffung und -verwaltung, Rechnungswesen) sind nicht wertschöpfend, sind aber häufig Voraussetzung für den Ablauf von Geschäftsprozessen.

1 Stellen Sie Gemeinsamkeiten und Unterschiede von Geschäftsprozessen und Support- bzw. Serviceprozessen gegenüber.

2 Nehmen Sie kritisch Stellung zu der Aussage: „Geschäftsprozesse sind zu optimieren, Support- und Serviceprozesse sind zu eliminieren!“

3 Entscheiden Sie, ob folgende Prozesse als Geschäftsprozesse bezeichnet werden können:
a) Versandfertige Verpackung eines Auftrages,
b) Inventur im Lager,
c) Gründung einer Filiale,
d) Einstellung eines Mitarbeiters in der Kundenberatung,
e) Schulung von Mitarbeitern.

4 Führen Sie eine Pro- und Kontra-Diskussion in der Klasse durch. Die Pro-Fraktion vertritt den Standpunkt, dass eine Unterscheidung zwischen Geschäftsprozessen und Support- bzw. Serviceprozessen in einem Unternehmen erforderlich ist, die Kontra-Fraktion verteidigt den Standpunkt, dass diese Unterscheidung überflüssig ist und alle Arbeitsprozesse als gleichwertig zu behandeln sind. Beide Fraktionen bereiten sich mit entsprechenden Argumentationslisten vor. Ein Teil der Klasse übernimmt die Rolle der Beobachter und listet die jeweiligen Argumente auf. Abschließend ist eine gemeinsame Auswertung durchzuführen.

3.2.3 Prozesskategorien

Heinrich Peters hat eingesehen, dass nicht alle Arbeitsprozesse in einem Unternehmen wertschöpfend und somit auch keine Geschäftsprozesse sind. Vom Prinzip her ist ihm klar, wie einzelne Geschäftsprozesse durch Input- und Output-Beziehungen miteinander vernetzt sind. Er denkt darüber nach, wie die Vielzahl der verschiedenen Geschäftsprozesse in der Bürodesign GmbH einzuteilen ist, damit sie für ihn übersichtlicher werden. Er stellt sich die Frage, welche Typen oder Arten von Geschäftsprozessen es gibt, damit er sich eine „Prozesslandschaft“ vorstellen kann.

- Erarbeiten Sie Vorschläge, wie Geschäftsprozesse in übersichtliche Kategorien einzuteilen sind.
- Finden Sie heraus, ob es in der Bürodesign GmbH „Schlüsselprozesse“ gibt, die für das Unternehmen von besonderer Bedeutung sind.

Prozesse lassen sich einerseits hinsichtlich ihrer Auswirkungen auf den Unternehmenserfolg, andererseits hinsichtlich ihres Nutzens für den Kunden einteilen. Hieraus entstehen **Kategorien von Prozessen** oder Prozesstypen, die unterschiedliche Perspektiven und Bedeutungen für ein Unternehmen haben.

Prozesstypen[1]

[1] *Vgl. Barske, Gerybadze, Hünninghausen, Sommerlatte (Hrsg.): Das innovative Unternehmen 2001.*

Schlüssel- und Hebelprozesse:

Sie sind für ein Unternehmen besonders wichtig, da sie sowohl eine hohe Bedeutung für den Unternehmenserfolg haben, also die Gewinn- und Rentabilitätsziele unterstützen, als auch eine hohe Bedeutung für Kunden haben, da sie wertschöpfend sind. Bei der Prozessoptimierung gilt diesem Prozesstyp daher die größte Aufmerksamkeit. Supportprozesse sollten möglichst kostengünstig abgewickelt werden, sofern es sich um Routine- und nicht um strategische Prozesse handelt.

Beispiel In der Bürodesign GmbH gehören insbesondere alle Prozesse zur Auftragsgewinnung und zur Kundenpflege zu den Schlüsselprozessen. Die Finanzbuchhaltung ist kein Schlüsselprozess, da sie weitgehend automatisiert ablaufen kann und keine strategische Bedeutung hat. Die Liquiditätsplanung hingegen ist ein strategisch wichtiger Prozess, der die Existenz des Unternehmens sichert.

Unterstützende Prozesse:

Sie haben geringe bzw. nur indirekte Auswirkungen auf den Unternehmenserfolg und einen geringen Nutzen für Kunden. Trotzdem sind sie erforderlich und müssen optimiert werden, da sie z. T. die Voraussetzungen für andere Prozesse bilden.

Beispiel Die Personalverwaltung der Bürodesign GmbH ist nicht direkt ein Nutzen für ihre Kunden. Sie ist aber notwendig, um den Personalbestand des Unternehmens zu verwalten.

Opportunistische Prozesse:

Sie haben zwar einen hohen Kundennutzen, jedoch nur geringen bzw. indirekten Einfluss auf den Unternehmenserfolg. Sie sollten möglichst kostengünstig abgewickelt werden.

Beispiel Reklamationen sind trotz sorgfältigster Arbeit unvermeidbar. Im Rahmen eines Reklamations-Management-Systems versucht die Bürodesign GmbH Reklamationsarbeiten trotz der hohen Kundennähe und des Nutzens für die Kunden möglichst kostengünstig abzuwickeln.

Prozessrahmenwerk

Große Unternehmen, die eine Vielzahl unterschiedlicher Prozesse zu gestalten und zu koordinieren haben, benötigen ein **Prozessrahmenwerk**, das es ihnen ermöglicht, Prozesse einzuordnen, um ihre Bedeutung für das gesamte Unternehmen zu erkennen und um entsprechende Maßnahmen zur Prozessoptimierung einleiten zu können.

Ein Prozessrahmenwerk kann immer nur für ein bestimmtes Unternehmen Gültigkeit haben, weil die Besonderheiten und spezifischen Merkmale von Unternehmen zu verschieden sind, um einheitliche und für alle Unternehmen gültige Prozesskategorien zu erstellen.

Das folgende Referenzmodell erläutert die grundsätzliche Struktur von Prozessrahmenwerken, es bezieht sich auf einen großen deutschen Elektro- und IT-Konzern.[1] Das Unternehmen besteht aus 16 Unternehmensbereichen mit einem breiten und sehr unterschiedlichen Produkt- und Servicespektrum (u. a. Telekommunikation, Kraftwerkstechnik, Medizintechnik) und ist in 190 Ländern vertreten. Es ist in **vier Geschäftstypen** eingeteilt, die unterschiedliche Merkmale aufweisen:

- Produktgeschäft mit Massenprodukten für den anonymen Markt
- Systemgeschäft mit kundenspezifischen Gesamtlösungen (Produkte und Dienstleistungen)
- Projekt/Lösungsgeschäft mit komplexen kundenspezifischen Systemen
- Dienstleistungsgeschäft für nicht materielle Leistungen, z. B. Consulting

Die **Prozess-Systematik** in diesem Unternehmen umfasst für diese Geschäftsbereiche alle Prozesse, sie sind in verschiedene **Prozesskategorien** eingeteilt:

---

[1] *vgl. Rohloff, Michael: Das Prozessrahmenwerk der Siemens AG: ein Referenzmodell für betriebliche Geschäftsprozesse als Grundlage einer systematischen Bebauung der IuK-Landschaft, in: Wissensmanagement mit Referenzmodellen: Konzepte für die Anwendungssystem- und Organisationsgestaltung, hrsg. von Jörg Becker, Physica-Verlag, Heidelberg 2002, S. 227–235*

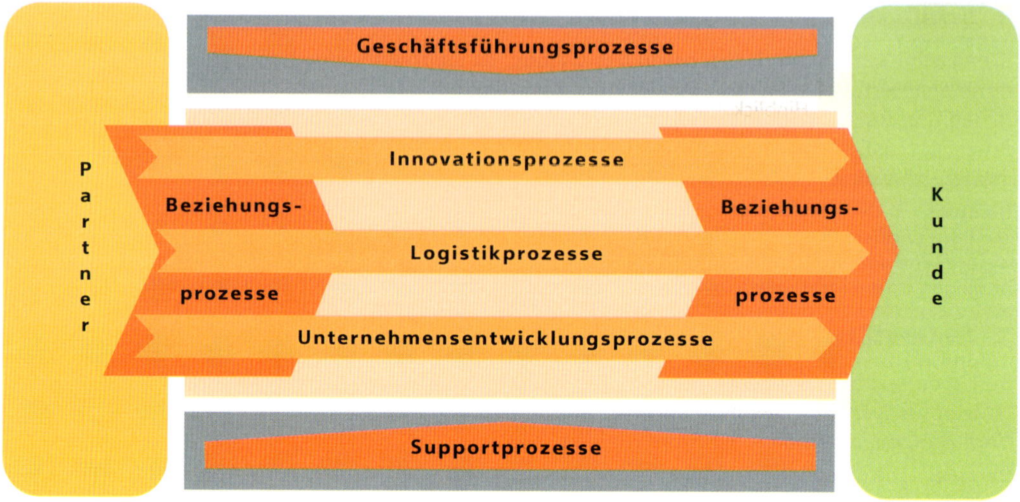

Da Geschäftsprozessorientierung die Ausrichtung der Unternehmensprozesse auf den Kunden voraussetzt, erhöht sich der **Nutzen des Kunden** beim Kauf von Produkten und Dienstleistungen. Der erhöhte Kundennutzen kann über den Verkaufspreis zu Umsatz- oder Gewinnsteigerungen beim Unternehmen führen, sofern dieser zusätzliche Nutzen vom Kunden nachgefragt wird und durch entsprechende Marketingaktivitäten unterstützt wird. Die Kundenbindung erhöht sich durch die Kundennähe der Aktivitäten und die Basis für die Akquisition von Neukunden verbreitert sich. Somit wird die **Wettbewerbsfähigkeit** des Unternehmens gestärkt.

Prozesskategorie	Beschreibung der Prozesse mit Inputs und Outputs
Geschäfts-führungs-prozesse	Sie dienen der strategischen Ausrichtung und Positionierung des Unternehmens am Markt, legen die Rahmenbedingungen für unternehmerisches Handeln fest und steuern Leistungsprozesse: – Strategie- und Geschäftsplanungsprozesse (von der Vision zum Geschäftsplan) – Absatzplanungsprozesse (vom Geschäftsplan zum Absatzplan) – Kooperationsprozesse (vom strategischen Defizit zum Aufbau von Geschäfts-potenzial)
Kunden-beziehungs-prozesse	Sie umfassen die Betreuung der Kunden und potenzieller Marktpartner von der Anbahnung über die Abwicklung und Nachbetreuung von Geschäften und dienen der Information des Marktes und der Imagepflege: – Marketingprozesse (von der Marktbeobachtung zur Marktposition) – Öffentlichkeitsarbeit (von der Unternehmensstrategie zum positiven Image) – Kommunikationsprozesse (vom Geschäftskontakt zur Kundenanfrage) – Akquisitions- und Angebotsprozesse (von der Kundenanfrage zum Auftrag) – Serviceprozesse (von der Kundennachfrage zur Serviceleistung)
Innovations-prozesse	Sie dienen dem Aufbau des Unternehmenspotenzials und der Weiterentwicklung des Leistungsangebotes in Märkten, Produkten und Technologie. – Ideenprozesse (von der Produktidee zum Produktgeschäftsplan) – Produktlebenszyklusprozesse (vom Produktgeschäftsplan zum Produktauslauf)
Logistikprozesse	Sie umfassen alle Aktivitäten der Leistungserstellung und administrativen Abwicklung von der Beschaffung bis zur Distribution der Leistung: – Auftragsmanagementprozesse (vom Auftrag zur koordinierten Auftragsabwicklung) – Beschaffungsprozesse (von der Bestellanforderung zur Bereitstellung von Gütern) – Produktionsprozesse (vom Fertigungsauftrag zum erstellten Produkt) – Lagerprozesse (vom Materialeingang zum Materialausgang) – Lieferprozesse (von der Leistung bis zur Auslieferung)

Prozesskategorie	Beschreibung der Prozesse mit Inputs und Outputs
Unternehmens-entwicklungs-prozesse	Sie umfassen die Aktivitäten zum Aufbau eines marktorientierten Leistungspotenzials und einer optimalen Ressourcenzuordnung im Hinblick auf Mitarbeiter, Organisation und Wissensmanagement: – Personalentwicklungsprozesse (vom Personalbedarf zur Mitarbeiterintegration) – Organisationsentwicklungsprozesse (von der Geschäftsanforderung zur Organisation) – Informations- und Wissensmanagementprozesse (vom Wissen zum Wissensaustausch)
Übergreifende Prozesse	Hierzu gehören Aktivitäten zur Rechnungsstellung und zur Nachkalkulation von Aufträgen: – (Projekt-)Controlling-Prozesse (von der Planung zur Nachkalkulation) – Abrechnungsprozesse (von der Rechnungsstellung zum Zahlungseingang)
Supportprozesse	Sie unterstützen die Leistungsprozesse, tragen aber nicht direkt zur Wertschöpfung bei: – Prozesse im Rechnungs- und Finanzwesen (von der Kostenrechnung zur Bilanzierung) – Prozesse in Berichterstattung und Controlling (von der Leistung zur aufbereiteten Information) – Prozesse in der Personalwirtschaft (vom Betriebseintritt zum Betriebsaustritt) – Grunddatenprozesse (von der Bereitstellung zur Pflege der Daten) – Prozesse bei Informationssystemen und Services (von der IT-Planung zum Betrieb und Service)

Alle grundlegenden Prozesse bestehen aus **Subprozessen (Teilprozessen)**. Der Wertschöpfungsprozess eines Industrieunternehmens ist ein **Sachgüterprozess**. Er kann nur ablaufen, wenn er durch Informationsprozesse zielgerichtet gesteuert wird. Hier liegt die Aufgabe des Prozessmanagements. Das Prozessmanagement ist die zielorientierte Steuerung der Prozesse entlang des Wertschöpfungsprozesses.

Aus der **Prozesslandschaft** ergibt sich das Prozessrahmenwerk, welches 25 Prozesse enthält:

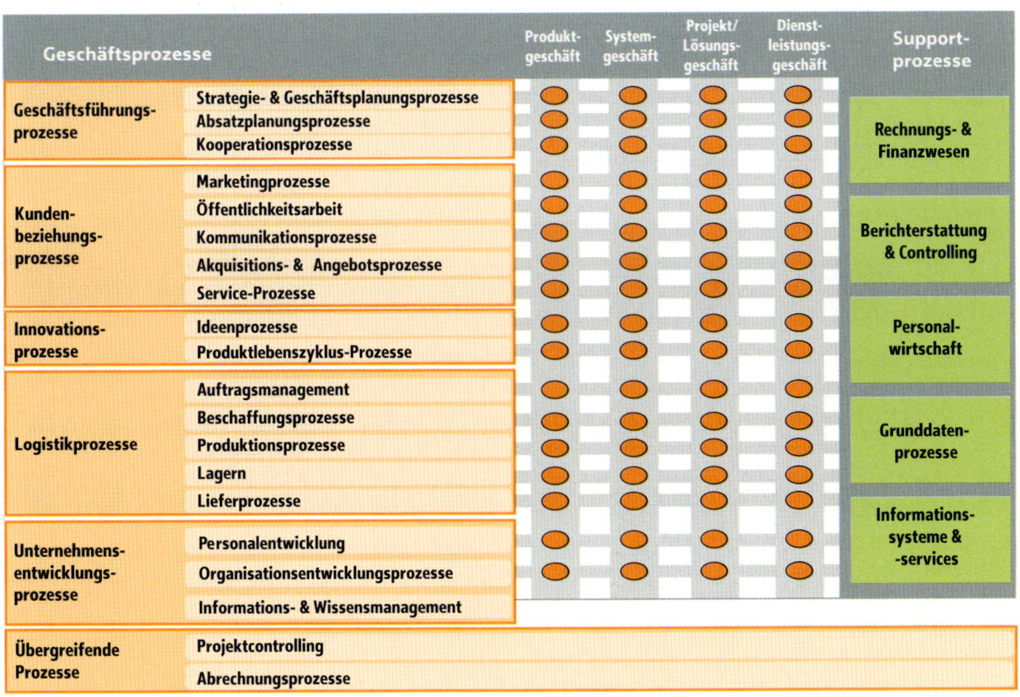

Prozesslandschaften können nicht allgemeingültig formuliert werden, da betriebsspezifische Besonderheiten zu berücksichtigen sind. Prozessrahmenwerke sind langfristig zu nutzende Instrumente. Sie verändern sich im Zeitablauf nur unwesentlich. Jedoch muss beachtet werden, dass sie keinen Selbstzweck erfüllen, sondern den Rahmen für die dynamische Prozessgestaltung bilden.

Alle Prozesse werden einheitlich mit gleichen Vorlagen **(Templates)** in zwei Ebenen beschrieben. Auf der ersten Ebene wird der Prozess im Überblick mit seinen Schnittstellen, seinen Inputs und Outputs aufgezeigt, ferner werden die Erfolgsfaktoren benannt.

Beispiel Akquisitions- und Angebotsprozesse: von der Kundenanfrage zum Auftrag

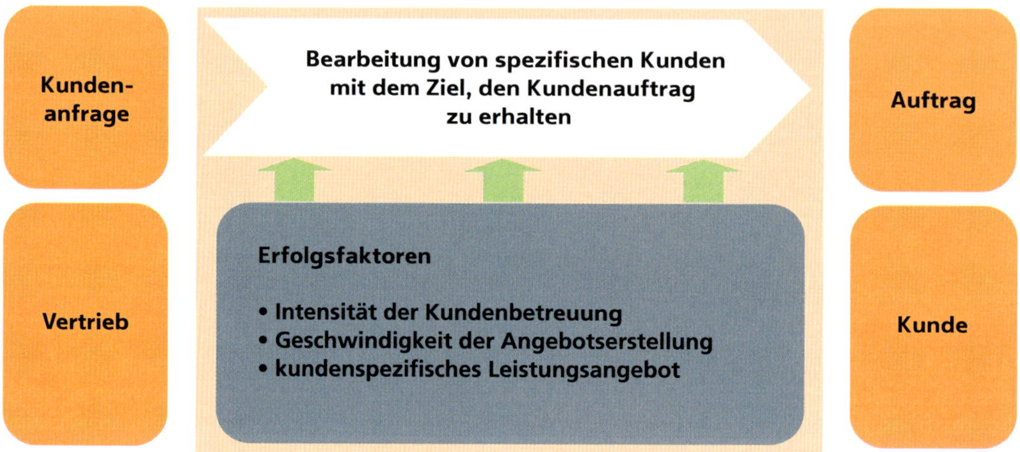

Auf der nächsten Ebene wird der Prozess in seinen wesentlichen **Prozess-Schritten** beschrieben. Für jeden Prozess-Schritt werden Inhalt, Ergebnisse sowie Messgrößen angegeben. Ferner werden die am Prozess-Schritt beteiligten Organisationseinheiten aufgeführt und die verantwortliche Einheit (z. B. Abteilung) benannt.

Beispiel Akquisitions- und Angebotsprozesse

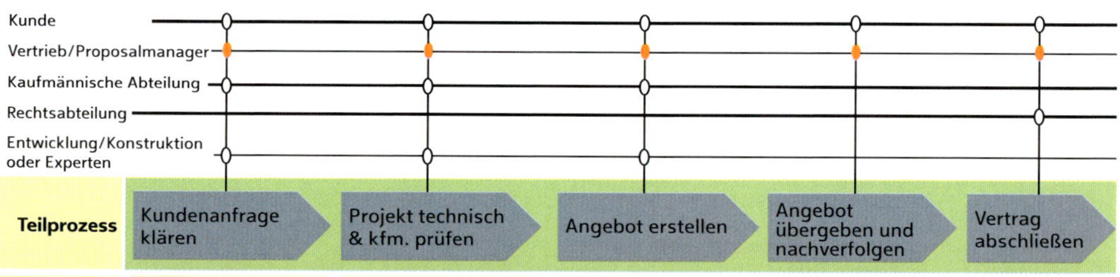

Teilprozess	Kundenanfrage klären	Projekt technisch & kfm. prüfen	Angebot erstellen	Angebot übergeben und nachverfolgen	Vertrag abschließen
Inhalte	Zuständigkeiten klären, Schlüsseldaten des Kunden identifizieren, Anliegen des Kunden verstehen, Geschäftsmöglichkeiten prüfen, Wettbewerber analysieren, Angebotsstrategie definieren, Leistungsträger und mögliche Partner identifizieren	Tender auf techn. Machbarkeit prüfen, „Make or Buy“ entscheiden, Sales-Strategie entwerfen, Lösung skizzieren, Aufwand, Kosten, Preise und Ergebnis schätzen, Vertrags- und Preisstrategie festlegen, Projektplan erstellen, Umfang und Verantwortung festlegen, Risiken analysieren, Bid/No-Bid einholen	Gesamtkonzept entwickeln, Angebotskomponenten entwickeln (Lösung, vertriebliche und kaufm. Komponenten, Projektplan, Alternativen und Optionen), Risiko bewerten, Angebot produzieren, auf Richtigkeit prüfen, Angebot kalkulieren und genehmigen lassen	Angebot präsentieren und übergeben, Angebot verfolgen, Kunden-Feedback in das Angebot einfließen lassen, Vorverhandlungen starten, Zuschlag herbeiführen, Win-Loss-Analyse erstellen	Vorbereitungen für Vertragsverhandlungen treffen, Verhandlungsstrategie festlegen, Vertrag verhandeln, Vertrag genehmigen lassen, Vertrag unterzeichnen
Ergebnis	Entscheidung, ob Anfrage weiterverfolgt wird	Vertriebliche, kommerzielle und technische Evaluierung, Genehmigung der Angebotserstellung	Angebot Kalkulation	Zuschlag, abschlägiges Ergebnis, Win-loss-Analyse	Vertraglich fixierte Win-win-Situation
Messgröße	Qualität der Angebotsklärung	Aufwand der Evaluierung, Qualität und Vollständigkeit der Evaluierung	Aufwand, Qualität und Vollständigkeit des Angebots Erkennbarer Kundennutzen	Zuschlagsquote	Anzahl der nicht durch den Vertrag abgedeckten Change Requests

Dieses Prozessrahmenwerk ist Basis für die Gestaltung und Beschreibung aller Prozesse im Unternehmen. Es liefert die Grundlagen für eine effiziente Ausstattung des Unternehmens mit Informations- und Kommunikations-Technologie.

Prozesskategorien

- Prozesse können hinsichtlich ihrer **Auswirkungen auf den Unternehmenserfolg und des Nutzens für Kunden** eingeteilt werden (**Schlüssel- und Hebelprozesse, unterstützende, opportunistische Prozesse**)
- Prozesse können zur Übersichtlichkeit in **Kategorien** eingeteilt werden. Unternehmen konstruieren für sich eine **Prozesssystematik** bzw. ein **Prozessrahmenwerk**.
- Im Prozessrahmenwerk werden die **betriebsindividuellen Rahmenbedingungen für die Prozessgestaltung** festgeschrieben.
- Folgende **Prozesskategorien** sind üblich:
  - **Geschäftsführungsprozesse** (strategische Ausrichtung und Positionierung des Unternehmens)
  - **Innovationsprozesse** (Aufbau des Unternehmenspotenzials und Weiterentwicklung des Leistungsangebotes)
  - **Kundenbeziehungsprozesse** (Umgang mit Marktpartnern von der Anbahnung bis zur Nachbetreuung von Kontakten)
  - **Logistikprozesse** (Aktivitäten der Leistungserstellung und administrativen Abwicklung von der Beschaffung bis zur Distribution der Leistungen)
  - **Übergreifende Prozesse** (Controlling- und Abrechnungsprozesse)
  - **Unternehmensentwicklungsprozesse** (Aktivitäten zum Aufbau eines marktorientierten Leistungspotenzials, Organisation, Personal- und Wissensmanagement)
  - **Supportprozesse** (nicht wertschöpfende unterstützende Prozesse der Leistungsprozesse)
- In einem Prozessrahmenwerk werden alle betrieblichen Prozesse in einem **einheitlichen Schema** dargestellt.
- Die **Schnittstellen** zwischen Prozessen sind durch Inputs und Outputs deutlich erkennbar.
- Das Prozessrahmenwerk gibt Hilfen für die **Planung und Optimierung der IT-Infrastruktur**.

1 Erläutern Sie Hebel- bzw. Schlüsselprozesse und opportunistische Prozesse mit selbst gewählten Beispielen, nutzen Sie dabei die Übersicht auf S. 74.

2 Beschreiben Sie die Aufgaben eines Prozessrahmenwerkes für die Bürodesign GmbH und erläutern Sie, welche Vorteile sich für das Unternehmen ergeben, wenn es ein solches Rahmenwerk nutzt.

3 Formulieren Sie für die einzelnen Prozesskategorien in der Übersicht auf S. 76 konkrete Beispiele aus der Bürodesign GmbH.

4 Betrachten Sie die Übersicht zur Prozessbeschreibung – Ebene 2 auf S. 78. Machen Sie Vorschläge, mit welchen Messgrößen einzelne Prozessschritte zu beurteilen sind.

5 Führen Sie eine Internet-Recherche durch und erstellen Sie eine Dokumentation zu dem Thema: „Welche Arten von Geschäftsprozessen gibt es?“

6 Nehmen Sie zu folgender Aussage kritisch Stellung: „Wenn sich eine Gesellschaft wandelt, so hat das immer auch Auswirkungen auf die Unternehmen in dieser Gesellschaft. Wenn sich also eine Veränderung von einer Industrie- zu einer Informationsgesellschaft vollzogen hat, dann ist der Wandel von der Funktions- zur Prozessorientierung eine logische Konsequenz.“

7 Erläutern Sie alle Merkmale von Prozessen am Beispiel des Prozesses „Gehaltsabrechnung für Mitarbeiter“. Geben Sie dabei an, in welche Teilprozesse dieser Prozess zerlegt werden kann, welche vor- und nachgelagerten Prozesse gegeben sind und welche Inputs und Outputs erforderlich sind. Konstruieren Sie daraus eine Prozesskette bzw. ein Prozessnetz.

4 Rechtsordnung als Rahmenbedingung für unternehmerische Entscheidungsprozesse

4.1 Rechtliche Grundlagen

4.1.1 Rechtsordnung

Die Bürodesign GmbH plant, ihr dreigeschossiges Verwaltungsgebäude um ein viertes Geschoss zu erweitern. Zu diesem Zweck reicht sie beim zuständigen Bauamt in Köln einen Bauantrag ein. Nach drei Monaten erhält sie eine Ablehnung des Antrags, da die Bebauungsordnung nur eine dreigeschossige Bebauung zulässt. Hiergegen legt die Bürodesign GmbH Widerspruch ein. Auch dieser wird vom Bauamt abgelehnt. Geschäftsführer Stein ist verärgert. Er beauftragt Sven Braun, den Assistenten der Geschäftsleitung, beim Gericht gegen diesen Bescheid Klage einzureichen. Sven Braun geht zum Amtsgericht Köln und will gegen den Bescheid des Bauamtes Klage einlegen. Ein Angestellter des Amtsgericht lehnt die Entgegennahme der Klage jedoch ab.

- Stellen Sie fest, warum das Amtsgericht die Entgegennahme der Klage der Bürodesign GmbH ablehnt.
- Unterscheiden Sie objektives und subjektives Recht und Gewohnheitsrecht.

POL

Das **Recht** soll die Ordnung im Zusammenleben der Menschen auf der Grundlage von Regeln sichern. In der **Rechtsordnung** ist das Verhalten des Staates und der Bürger zueinander geregelt. Diese Rechtsordnung umfasst eine Vielzahl von Regelungen, die so genannten **Rechtsnormen**, die in Gesetzen und Verordnungen niedergelegt sind.

POL

Unter **Rechtsnormen** versteht man **Rechtsquellen**, aus denen sich ein geregeltes Rechtsleben entwickeln soll.

Rechtsnormen können

- ausdrücklich vom Gesetzgeber geschaffen werden (= **Gesetzesrecht oder öffentliches Recht**),
- durch individuelle Vereinbarungen zwischen einzelnen Personen entstehen (= **Privatrecht**),
- sich durch dauernde allgemeine Praxis und Rechtsanschauung entwickeln (= **Gewohnheitsrecht**).

▲ Objektives und subjektives Recht

▲ Objektives Recht:

Das objektive Recht umfasst die Gesamtheit der Gesetze und Verordnungen (Rechtsnormen) der verschiedenen Rechtsgebiete.

Beispiele Steuer-, Arbeits-, Sozialrecht

Das objektive Recht legt allgemeine Rechtsfolgen fest.

Beispiele

- Verkauf von Waren, Rechtsfolge: z. B. Umsatzsteuerschuld
- Diebstahl von Waren, Rechtsfolge: Verurteilung wegen Diebstahls

▲ Subjektives Recht:

Unter dem subjektiven Recht versteht man einen Anspruch, der sich für den Berechtigten aus dem objektiven Recht ergibt. Das objektive Recht bildet den Rahmen für das subjektive Recht, in dem der Einzelne innerhalb des objektiven Rechts seine Interessen individuell ausgestalten kann.

Beispiele

- Käufer und Verkäufer können im Rahmen der geltenden Gesetze die Vertragsbedingungen frei gestalten.
- Der Eigentümer eines Grundstückes kann von seinem Nachbarn verlangen, dass der vorgeschriebene Bauabstand zur Grundstücksgrenze eingehalten wird.

Öffentliches Recht, Privatrecht und Gewohnheitsrecht

In der **Rechtsordnung unterscheidet man** das öffentliche Recht, das Privatrecht und das Gewohnheitsrecht.

Öffentliches Recht:

Es regelt die **Rechtsbeziehungen zwischen dem Staat (Bundesrepublik Deutschland), den öffentlichen Körperschaften (Länder, Gemeinden, Verwaltungsbehörden) und dem einzelnen Bürger**. Zum öffentlichen Recht gehören u.a.

- Staatsrecht (z.B. Grundgesetz)
- Verwaltungsrecht (z.B. Bau-, Gewerbeordnung, Preisangabenverordnung)
- Steuerrecht (z.B. Einkommensteuergesetz)
- Straf- und Prozessrecht (z.B. Strafgesetz)

Das öffentliche Recht wird vom **Grundsatz der Über- und Unterordnung** beherrscht, d.h., die Bundesrepublik Deutschland, die Länder und die Kommunen sind als übergeordnete Institutionen berechtigt, den ihnen untergeordneten Bürgern Steuern aufzuerlegen. Öffentliches Recht ist **zwingendes Recht**. Jeder Bürger muss sich diesem Recht unterwerfen.

Beispiel Ein Unternehmen stellt einen neuen Mitarbeiter ein und vereinbart mit diesem eine Kündigungsfrist von einer Woche. Laut Kündigungsschutzgesetz ist aber eine Kündigungsfrist von 30 Tagen vorgeschrieben. Die Vereinbarung verstößt gegen zwingendes Recht und ist somit ungültig.

Im Interesse der Allgemeinheit werden dem einzelnen Bürger **Verbote** auferlegt.

Beispiele

Art. 12 GG

(1) Alle Deutschen haben das Recht, Beruf, Arbeitsplatz und Ausbildungsstätte frei zu wählen. [...]

(2) Niemand darf zu einer bestimmten Arbeit gezwungen werden [...]

§ 242 StGB

(1) Wer eine fremde bewegliche Sache einem anderen in der Absicht wegnimmt, die Sache sich oder einem Dritten rechtswidrig zuzueignen, wird mit Freiheitsstrafe bis zu fünf Jahren oder mit Geldstrafe bestraft.

§ 99 SchulG (NRW)

(2) Im Übrigen ist Werbung, die nicht schulischen Zwecken dient, in der Schule grundsätzlich unzulässig. [...]

Neben den Verboten muss der einzelne Bürger **Gebote** (Pflichten) beachten.

Beispiele

Art. 12a GG

(1) Männer können vom vollendeten achtzehnten Lebensjahr an zum Dienst in den Streitkräften, im Bundesgrenzschutz oder in einem Zivilschutzverband verpflichtet werden.

§ 1 EStG

(1) Natürliche Personen, die im Inland einen Wohnsitz oder ihren gewöhnlichen Aufenthalt haben, sind unbeschränkt einkommensteuerpflichtig. [...]

§ 43 SchulG

(1) Schülerinnen und Schüler sind verpflichtet, regelmäßig am Unterricht und an den sonstigen verbindlichen Schulveranstaltungen teilzunehmen. Die Meldung zur Teilnahme an einer freiwilligen Unterrichtsveranstaltung verpflichtet zur regelmäßigen Teilnahme für mindestens für ein Schulhalbjahr.

Verstöße gegen Gebote und Verbote lässt der Staat durch seine **Judikative** (Gerichte) verfolgen und ahnden. Streitigkeiten des öffentlichen Rechts werden durch die **Verwaltungsgerichte** entschieden.

▲ Privatrecht:

Es regelt die **Rechtsbeziehungen der Bürger untereinander**, die sich als gleichberechtigte Partner **(Grundsatz der Gleichordnung)** gegenüberstehen.

Privatrecht ist weitgehend **nachgiebiges Recht**, d. h., die Vertragspartner können ihre Rechtsbeziehungen abweichend von den gesetzlichen Regelungen frei gestalten.

Beispiel Wurde zwischen einem Käufer und einem Verkäufer nichts über die Frachtkosten vereinbart, dann hat nach § 448 BGB der Käufer die Kosten zu tragen. Vertraglich kann vereinbart werden, dass der Verkäufer die gesamten Frachtkosten trägt.

Zum Privatrecht gehören u. a.:

- **Bürgerliches Recht:** Es enthält Vorschriften des Bürgerlichen Gesetzbuches (BGB) und regelt die Rechtsbeziehungen der Bürger allgemein, wie Vertrags-, Familien-, Sachen- und Eherecht.

Beispiel

> **§ 433 BGB**
>
> (1) Durch den Kaufvertrag wird der Verkäufer einer Sache verpflichtet, dem Käufer die Sache zu übergeben und das Eigentum an der Sache zu verschaffen. [...]
>
> (2) Der Käufer ist verpflichtet, dem Verkäufer den vereinbarten Kaufpreis zu zahlen und die gekaufte Sache abzunehmen.

- **Handels- und Gesellschaftsrecht:** Es enthält u. a. Vorschriften des Handelsgesetzbuches (HGB), des Gesellschafts-, Wertpapier- und Wettbewerbsrechts.

Beispiel

> **§ 84 HGB**
>
> (1) Handelsvertreter ist, wer als selbstständiger Gewerbetreibender ständig damit betraut ist, für einen anderen Unternehmer Geschäfte zu vermitteln oder in dessen Namen abzuschließen. Selbstständig ist, wer im Wesentlichen frei seine Tätigkeit gestalten und seine Arbeitszeit bestimmen kann.

- **Urheber- und Patentrecht:** Es begründet die Ansprüche an Geisteswerken und aus Erfindungen.

Beispiele

> **§ 2 UrhG, Geschützte Werke**
>
> (1) Zu den geschützten Werken der Literatur, Wissenschaft und Kunst gehören insbesondere:
> 1. Sprachwerke, wie Schriftwerke, Reden und Computerprogramme;
> 2. Werke der Musik; [...]
> 4. Werke der bildenden Künste einschließlich der Werke der Baukunst und der angewandten Kunst und Entwürfe solcher Werke; [...]
> 7. Darstellungen wissenschaftlicher oder technischer Art, wie Zeichnungen, Pläne, Karten, Skizzen, Tabellen und plastische Darstellungen.
>
> **§ 16 PatG**
>
> Das Patent dauert zwanzig Jahre, die mit dem Tag beginnen, der auf die Anmeldung der Erfindung folgt.

Streitigkeiten des Privatrechts werden vor dem **Amts- oder Landgericht** entschieden.

▲ Gewohnheitsrecht:

Jeder Bereich des öffentlichen Rechts und des Privatrechts enthält eine Fülle von Gesetzen. Einige Regeln und Normen sind jedoch nicht in Gesetzen geregelt, sondern durch Gewohnheit zur **Verkehrssitte, zum Brauch,** geworden. In diesen Fällen spricht man von Gewohnheitsrecht.

Beispiele

- Gewohnheitsrecht der Gemeinden über Straßenreinigung oder Streupflicht im Winter bei Eis- oder Schneeglätte;
- Handelsbräuche § 346 HGB „Unter Kaufleuten ist in Ansehung der Bedeutung und Wirkung von Handlungen [...] auf die im Handelsverkehr geltenden Gewohnheiten und Gebräuche Rücksicht zu nehmen", z. B. ein briefliches Angebot an einen Kunden gilt für die Dauer von etwa fünf Tagen (vgl. S. 260).

Rechtsordnung

- Der Staat schafft die Rahmenbedingungen für das Zusammenleben der Menschen durch die **Rechtsordnung**.
- **Subjektives Recht** wird dem Einzelnen zur Durchsetzung oder Vertretung seiner Ansprüche vom **objektiven Recht**, der Rechtsordnung, eingeräumt und garantiert.
- Das **öffentliche Recht** regelt die Rechtsbeziehungen zwischen der öffentlichen Gewalt (Staat, Bund, Länder, Gemeinden) und dem einzelnen Bürger.
- Das **Privatrecht** regelt die Rechtsbeziehungen der einzelnen Bürger untereinander.
- **Gewohnheitsrecht:** Einige Regeln und Normen sind durch Gewohnheit zur Verkehrssitte geworden.

1 Erläutern Sie, wodurch sich öffentliches Recht und Privatrecht unterscheiden.

2 Zählen Sie auf, welche Bereiche zum Privatrecht gehören.

3 Geben Sie jeweils zwei Beispiele für Gebote und Verbote, die den Bürgern vom Staat oder den öffentlichen Körperschaften auferlegt werden können.

4 „Privatrecht ist weitgehend nachgiebiges Recht." Erläutern Sie diese Aussage.

5 Listen Sie alle Gesetze auf, die Sie kennen, und ordnen Sie diese dem öffentlichen Recht und dem Privatrecht zu.

6 Beschaffen Sie sich durch eine Internetrecherche das Grundgesetz und das Bürgerliche Gesetzbuch. Suchen Sie jeweils zehn Artikel bzw. Paragrafen heraus und geben Sie jeweils an, warum und in welchem Zusammenhang diese Sie jetzt oder später in Ihrem Leben betreffen können.

4.1.2 Rechtssubjekte

Der 15-jährige Peter Kurscheid erhält von seinen Eltern im Monat 25,00 € Taschengeld. Im Verkaufsstudio der Bürodesign GmbH schließt er einen Kaufvertrag für einen Schreibtischstuhl über 175,00 € ab. Peter zahlt den Kaufbetrag von seinem gesparten Taschengeld. Als seine Eltern von dem Kaufvertrag erfahren, widerrufen sie bei der Bürodesign GmbH den Vertrag mit der Begründung, dass ihr Sohn noch nicht voll geschäftsfähig sei und folglich auch keine rechtswirksame Willenserklärung abgeben könne.

- Überprüfen Sie, ob die Bürodesign GmbH den Kaufpreis nach Rückgabe des Schreibtischstuhls herausgeben muss.
- Erläutern Sie die verschiedenen Stufen der Geschäftsfähigkeit.

Rechtssubjekte im rechtlichen Sinne sind **Personen**. Das Recht unterscheidet natürliche und juristische Personen.

▲ Natürliche Personen

Alle Menschen sind natürliche Personen im Sinne des § 1 BGB. Sie sind rechtsfähig und – abgesehen von Ausnahmen – mit dem Erreichen bestimmter Altersstufen unbeschränkt oder beschränkt geschäftsfähig.

Rechtsfähigkeit ist die **Fähigkeit von Personen, Träger von Rechten und Pflichten zu sein.**

Beispiele Recht ein Vermögen zu erben, Pflicht Steuern zu zahlen.

Alle **natürlichen Personen** sind mit Vollendung der Geburt bis zum Tod (§ 1 BGB) rechtsfähig.

Geschäftsfähigkeit ist die **Fähigkeit von Personen, Rechtsgeschäfte wirksam abschließen** zu können, somit Rechte zu erwerben und Pflichten einzugehen. Der Gesetzgeber hat wegen der unterschiedlichen Einsichtsfähigkeit in die Rechtsfolgen von Willenserklärungen drei Stufen der Geschäftsfähigkeit vorgesehen.

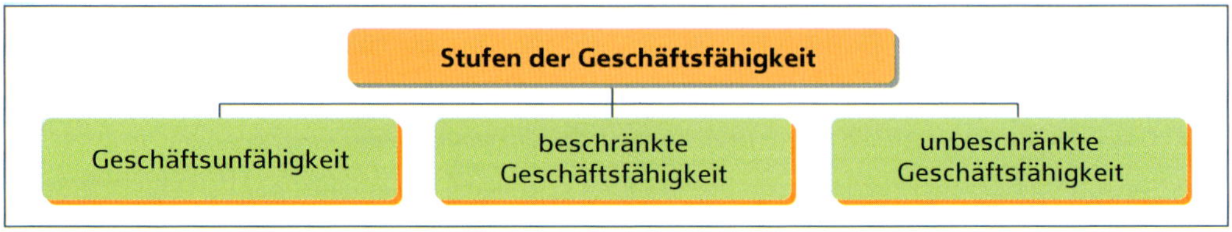

- **Geschäftsunfähig** (§ 104 BGB) sind:
  - alle natürlichen Personen unter sieben Jahren
  - dauernd Geisteskranke

Die Willenserklärungen geschäftsunfähiger Personen sind **unwirksam (nichtig)**, folglich kann ein Geschäftsunfähiger auch keine rechtswirksamen Verpflichtungen eingehen. Für die Geschäftsunfähigen handelt ein gesetzlicher Vertreter (bei Kindern unter sieben Jahren meistens die Eltern, für alle anderen ein Vormund).

Beispiele

- Ein fünfjähriges Mädchen „kauft" eine Tüte Bonbons.
- Der 20-jährige Edmund, der dauerhaft kognitiv beeinträchtigt ist, „kauft" eine DVD.

In beiden Fällen ist kein Vertrag zustande gekommen.

Geschäftsunfähige können im Auftrag des gesetzlichen Vertreters für diesen Geschäfte als Bote wirksam abschließen, er ist in diesem Fall Erfüllungsgehilfe des Auftraggebers.

Beispiel Der sechsjährige Klaus wird von seiner Mutter zum Bäcker geschickt, um 20 Brötchen zu kaufen. Die Mutter gibt Klaus abgezähltes Geld mit. Da Klaus im Auftrag der Mutter als Bote handelt, kommt zwischen der Mutter und dem Bäcker ein Kaufvertrag über 20 Brötchen zustande.

- **Beschränkt geschäftsfähig** sind alle Personen vom vollendeten siebten bis zum vollendeten 18. Lebensjahr (§ 106 BGB).

  Beschränkt Geschäftsfähige können Rechtsgeschäfte mit Einwilligung des gesetzlichen Vertreters abschließen. Ihre Rechtsgeschäfte sind bis zur Zustimmung des gesetzlichen Vertreters **schwebend unwirksam**, d.h., ein von einem beschränkt Geschäftsfähigen abgeschlossener Vertrag wird erst durch die nachträgliche Genehmigung des gesetzlichen Vertreters, die auch stillschweigend erfolgen kann, rechtskräftig. Wenn der gesetzliche Vertreter die ausdrückliche Zustimmung verweigert, ist der Vertrag nichtig.

  Beispiel Die 16-jährige Angelika kauft einen Blu-ray-Player, ohne dass sie ihre Eltern um Erlaubnis gefragt hat. Als die Eltern vom Kauf erfahren, erheben sie keine Einwände. Somit ist der Kaufvertrag durch die stillschweigende Billigung der Eltern zustande gekommen.

  Die **Zustimmung des gesetzlichen Vertreters ist in folgenden Fällen nicht erforderlich:** Der beschränkt Geschäftsfähige

  - **bestreitet den Kauf mit Mitteln, die ihm zu diesem Zweck oder zur freien Verfügung vom gesetzlichen Vertreter überlassen worden sind**, wobei man von einem normalerweise üblichen, dem Alter entsprechenden Betrag auszugehen hat (**Bewirkung der Leistung mit eigenen Mitteln** § 110 BGB),

  Beispiele

  - Die 15-jährige Julia kauft von ihrem Taschengeld die neue DVD einer Hardrockgruppe. Die Eltern sind von diesem Kauf nicht begeistert. Der Kaufvertrag ist zustande gekommen, auch wenn die Eltern nicht einverstanden sind.

- Der 17-jährige Peter kauft von seinem Taschengeld ein gebrauchtes Mofa. Da sich aus dem Kauf des Mofas für Peter eine Reihe von Verpflichtungen ergeben (Versicherung, Kraftstoff usw.), ist die Zustimmung der Eltern für das Zustandekommen des Kaufvertrages erforderlich.
- erlangt durch das Rechtsgeschäft nur **einen rechtlichen Vorteil** (§ 107 BGB),

Beispiel Der 13-jährige Frank erhält von seiner Tante ein Geldgeschenk über 1500,00 €. Die Eltern von Frank lehnen dieses Geschenk der Tante ab, weil sie seit Jahren mit der Tante zerstritten sind. Frank kann das Geld auch gegen den Willen der Eltern annehmen.

- schließt **Geschäfte im Rahmen eines Dienst- oder Arbeitsverhältnisses** ab, die der gesetzliche Vertreter genehmigt hat (§ 113 BGB),

Beispiel Die 17-Jährige Diana Schmitz ist noch Schülerin und schließt mit Einwilligung der Eltern für die Sommerferien einen Arbeitsvertrag über vier Wochen mit der Bürodesign GmbH ab. Diana darf jetzt ohne Zustimmung der gesetzlichen Vertreter Arbeitskleidung kaufen oder ein Gehaltskonto bei einem Geldinstitut eröffnen, da sie zur Erfüllung aller sich aus dem Arbeitsverhältnis ergebenen Verpflichtungen ermächtigt worden ist. Nach dem Gesetz gilt diese Regelung nicht für Ausbildungsverhältnisse.

- **betreibt selbstständig ein Erwerbsgeschäft (§ 112 BGB):** Ermächtigt der gesetzliche Vertreter mit Genehmigung des Familiengerichts einen Minderjährigen zum selbstständigen Betrieb eines Erwerbsgeschäfts, so ist der Minderjährige für solche Rechtsgeschäfte unbeschränkt geschäftsfähig, die der Geschäftsbetrieb mit sich bringt. Ausgenommen sind solche Rechtsgeschäfte, zu denen der Vertreter der Genehmigung des Familiengerichts bedarf.

Beispiel Ein 17-Jähriger betreibt nach Ermächtigung durch seinen gesetzlichen Vertreter ein Computereinzelhandelsgeschäft und kann so z. B. den Einkauf für das Geschäft tätigen.

■ **Unbeschränkt geschäftsfähig** sind alle **natürlichen Personen ab 18 Jahren**, sofern sie nicht zum Personenkreis der Geschäftsunfähigen gehören.

Für volljährige Personen kann vom Familiengericht ein sog. **Betreuer** bestellt werden (§ 1896 BGB). **Voraussetzungen** für die Bestellung des Betreuers sind

- Vorliegen einer psychischen Krankheit oder einer körperlichen, geistigen oder seelischen Behinderung **und**
- Unfähigkeit zur Besorgung eigener Angelegenheiten **und**
- Notwendigkeit einer Betreuung.

Der Betreuer ist gesetzlicher Vertreter des Betreuten.

- Der Betreute ist im Regelfall voll geschäftsfähig, d. h., er ist **ohne Einwilligungsvorbehalt** des Betreuers zur Abgabe rechtswirksamer Willenserklärungen berechtigt.

Beispiel Der 54-jährige Michael Lenz hat einen Schlaganfall erlitten, wodurch er halbseitig gelähmt und dauernd bettlägerig ist. Hieraus ergibt sich die Notwendigkeit der Betreuung. Das Familiengericht bestellt einen Betreuer, der für ihn rechtswirksam Willenserklärungen abschließen kann.

Wenn es für die Abwendung einer erheblichen Gefahr für die Person oder das Vermögen des Betreuten erforderlich ist, kann das Familiengericht anordnen, dass die Willenserklärungen des Betreuten der Einwilligung des Betreuers bedürfen (Einwilligungsvorbehalt). In diesem Fall hat der Betreute den Status eines beschränkt Geschäftsfähigen.

Beispiel Der 35-jährige Dieter ist aufgrund jahrelangen übermäßigen Alkoholkonsums und der sich daraus ergebenden Verwirrtheit nicht mehr in der Lage, mit dem ihm zur Verfügung stehenden Geld umzugehen. Sobald er Bargeld in Händen hält, verschenkt er dieses an zufällig vorbeigehende Passanten. Er erhält vom Familiengericht einen Betreuer und darf Rechtsgeschäfte nur noch mit Einwilligung des Betreuers abschließen.

▲ Juristische Personen

Juristische Personen (§ 21 ff. BGB) werden vom Gesetz wie natürliche Personen behandelt. Sie haben volle Handlungsfreiheit, d. h., sie sind rechts- und unbeschränkt geschäftsfähig. Zu den juristischen Personen zählen die juristischen Personen des öffentlichen Rechts und des Privatrechts.

Juristische Personen

des Privatrechts	des öffentlichen Rechts
Beispiele	**Beispiele**
■ Gesellschaft mit beschränkter Haftung (GmbH, vgl. S. 116)	■ Gemeinden
■ Aktiengesellschaft (AG, vgl. S. 419 f.)	■ Kreise
■ eingetragene Genossenschaften	■ Länder
■ eingetragene Vereine (e. V.)	■ Bundesrepublik Deutschland
	■ Industrie- und Handelskammer
	■ Krankenkassen
	■ Stiftungen

Bei juristischen Personen beginnt die Rechtsfähigkeit mit der Eintragung in das jeweilige Register (z. B.: Handels-, Vereinsregister) und endet mit Löschung in diesem Register.

Juristische Personen sind immer über ihre Organe (z. B. bei der AG durch Vorstand, bei der GmbH durch Geschäftsführer) geschäftsfähig. Sie handeln durch die Organe, die in der Satzung oder in der jeweiligen Rechtsvorschrift festgelegt sind (vgl. S. 116, 119 f.).

Beispiel Bei der Bürodesign GmbH handeln die Geschäftsführer, Frau Friedrich und Herr Stein, für die GmbH.

Rechtssubjekte

- Rechtssubjekte sind natürliche und juristische Personen.
- **Rechtsfähigkeit ist die Fähigkeit, Träger von Rechten und Pflichten zu sein.** Sie beginnt bei natürlichen Personen mit der Geburt und endet mit dem Tod. Bei juristischen Personen beginnt sie mit der Eintragung in ein öffentliches Register und endet mit der Löschung in diesem Register.

Geschäftsfähigkeit

Geschäftsunfähigkeit	Beschränkte Geschäftsfähigkeit	volle Geschäftsfähigkeit
unter 7 Jahren außerdem ■ dauernd Geisteskranke	**7 bis 18 Jahre** außerdem ■ Betreute mit Einwilligungsvorbehalt	**ab 18 Jahre**
Eigene Willenserklärungen **sind nichtig.**	Eigene Willenserklärungen **sind schwebend unwirksam,** bis gesetzlicher Vertreter zustimmt. Bei Ablehnung durch gesetzlichen Vertreter ist das Rechtsgeschäft nichtig (= ungültig).	Eigene Willenserklärungen **sind rechtsverbindlich.**
Ausnahme: ■ Auftreten als Bote des gesetzlichen Vertreters, da Botengänge keine eigenen Willenserklärungen darstellen.	**Ausnahmen:** ■ Beschränkt Geschäftsfähiger hat rechtlichen Vorteil durch das Rechtsgeschäft oder betreibt selbstständig ein Erwerbsgeschäft ■ Kauf einer Leistung mit eigenen Mitteln ■ Abschluss von Rechtsge schäften im Rahmen des Dienst- oder Arbeitsverhältnisses	**Ausnahmen:** ■ dauernd Geisteskranke

1 Die 15-jährige Tina bekommt von ihrem Onkel einen Blu-ray-Player geschenkt. Ihre Eltern verbieten ihr die Annahme des Gerätes, da sie seit Jahren mit dem Onkel zerstritten sind. Begründen Sie, ob Tinas Eltern ihrer Tochter die Annahme des Geschenkes verwehren können.

2 Erläutern Sie, warum unter Umständen auch Erwachsene beschränkt geschäftsfähig oder geschäftsunfähig sein können.

3 Erklären Sie Rechtsfähigkeit an selbstgewählten Beispielen.

4 Der sechsjährige Karl kauft ohne Wissen der Eltern im benachbarten Schreibwarengeschäft von seinem Taschengeld ein Malbuch, das bereits nach kurzer Zeit von Karl bemalt worden ist. Die Eltern sind mit dem Kauf des Malbuches nicht einverstanden und verlangen die Herausgabe des Kaufpreises. Muss der Einzelhändler unter Beachtung der gesetzlichen Bestimmungen das Buch zurücknehmen und den Kaufpreis erstatten? Nehmen Sie zu den folgenden Aussagen Stellung.

a) Nein, denn das Buch ist bereits bemalt worden und daher nicht mehr verkäuflich.
b) Nein, mit sechs Jahren ist der Junge beschränkt geschäftsfähig. Er kann im Rahmen des Taschengeldes ohne Einwilligung der Erziehungsberechtigten rechtswirksam Rechtsgeschäfte abschließen.
c) Nein, denn die Eltern hätten im Rahmen ihrer Sorgfaltspflicht verhindern müssen, dass das Kind alleine das Schreibwarengeschäft aufsucht.
d) Ja, denn es ist kein Kaufvertrag abgeschlossen worden.
e) Ja, denn erst ab sieben Jahren ist man geschäftsfähig.
f) Ja, denn Kinder unter sieben Jahren sind noch nicht rechtsfähig.

5 Die 75-jährige Hermine Bauer hat in ihrem Testament als Alleinerben ihren zehnjährigen Pudel eingesetzt. Begründen Sie, ob man Tieren nach deutschem Recht etwas vererben kann.

6 Erläutern Sie, welche Rechtssubjekte unterschieden werden.

7 Ein 14-jähriger Junge kauft sich von seinem Taschengeld in einer Tierhandlung einen Hundewelpen. Überprüfen Sie, ob ein Kaufvertrag zustande gekommen ist.

8 Diskutieren Sie in der Klasse über folgende These: „Mit 18 Jahren ist man nicht in der Lage, die rechtlichen Folgen von Rechtsgeschäften abzusehen. Daher sollte die volle Geschäftsfähigkeit erst mit 21 Jahren erreicht werden." Verfassen Sie über die Diskussion ein Stundenprotokoll.

9 Aufgrund ständiger Trunk- und Verschwendungssucht hat das Familiengericht für den 45-jährigen Anton Dachziegel einen Betreuer bestellt. Das Familiengericht hat angeordnet, dass die Willenserklärungen des Betreuten der Einwilligung des Betreuers bedürfen. Anton hält in einer Gastwirtschaft zehn Zechkumpane den ganzen Abend frei. Am Ende des Abends präsentiert der Wirt ihm die Rechnung über 455,00 €. Anton hat aber kein Geld.

a) Überprüfen Sie, ob der Wirt vom Betreuten das Geld einklagen kann.
b) Stellen Sie fest, ob der Wirt eine andere Möglichkeit hat, an sein Geld heranzukommen.
c) Nennen Sie weitere beschränkt geschäftsfähige Personen.

10 Erstellen Sie ein digitales Referat zum Thema „Die Rechtssubjekte in der Rechtsordnung". Präsentieren Sie Ihr Referat mithilfe einer geeigneten Präsentationssoftware.

11 Der sechsjährige Peter erhält von seinen Eltern den Auftrag, bei einem Bäcker zehn Brötchen zu holen. Überprüfen Sie, ob Peter mit dem Bäcker einen Vertrag über die Brötchen abschließen kann.

12 In welchen der unten stehenden Fälle

1. kommt trotz beschränkter Geschäftsfähigkeit eines Beteiligten ein Vertrag/Rechtsgeschäft zustande?
2. kommt trotz Geschäftsunfähigkeit eines Beteiligten ein Vertrag/Rechtsgeschäft zustande?
3. kommt trotz Geschäftsunfähigkeit eines Beteiligten ein Vertrag/Rechtsgeschäft nicht zustande?
4. ist die Willenserklärung wegen beschränkter Geschäftsfähigkeit schwebend unwirksam?
5. ist die Willenserklärung wegen Geschäftsunfähigkeit eines Beteiligten unwirksam?

a) Klaus Stein schenkt seiner zehnjährigen Enkelin Petra ohne Rücksprache mit deren Eltern eine Armbanduhr im Wert von 49,00 €. Die Eltern sind damit nicht einverstanden.
b) Der sechsjährige Thomas kauft von seinem Taschengeld ein Spielzeugauto.
c) Die 17-jährige Kathrin Schwarz kündigt ihr Arbeitsverhältnis, das sie mit Zustimmung ihrer Eltern abgeschlossen hatte.
d) Der sechsjährige Peter kauft am Kiosk mit abgezähltem Geld eine Tageszeitung für seine Mutter. Der Verkäufer weiß, dass Peter häufig diese Zeitung für seine Mutter holt.
e) Die 13-jährige Karin kauft ohne Wissen ihrer Eltern von ihrem Taschengeld eine DVD für 20,00 €.

4.1.3 Rechtsobjekte

Die Auszubildende Elke Grau verleiht ihr Lehrbuch „Betriebswirtschaftslehre" an ihren Klassenkameraden Roland Weiß. Nach einer Woche verlangt Elke das Buch von ihrem Klassenkameraden zurück, da sie es selbst zur Vorbereitung auf eine Klassenarbeit benötigt. Roland lehnt die Herausgabe des Buches mit der Begründung ab, er sei noch nicht fertig mit den Aufgaben, die er machen wolle, und außerdem habe Elke bei der Übergabe des Buches keinen Termin für die Rückgabe genannt.

- Erläutern Sie die verschiedenen Rechtsobjekte anhand von Beispielen. Stellen Sie fest, ob Roland das Buch sofort herausgeben muss.
- Erläutern Sie Besitz und Eigentum.

Rechtsobjekte im rechtlichen Sinne sind **Sachen** und **Rechte**.

Sachen und Rechte

Als **Rechtsobjekte** bezeichnet man die Gegenstände des Rechtsverkehrs. Hierbei unterscheidet man körperliche Rechtsobjekte (Sachen) und nichtkörperliche Rechtsobjekte (Rechte). Sachen werden in unbewegliche (Immobilien) und bewegliche (vertretbare und nicht vertretbare Sachen, Mobilien) unterschieden. **Vertretbare Sachen** (vgl. S. 308) sind untereinander austauschbar, **nicht vertretbare Sachen** (vgl. S. 308) können nicht durch andere ersetzt werden.

Beispiel Ein Originalbild von Picasso. Im Vertragsleben spielt diese Unterscheidung eine große Rolle, weil in Fällen der Unmöglichkeit der Leistung die vertretbare Sache durch eine artgleiche ausgetauscht werden kann.

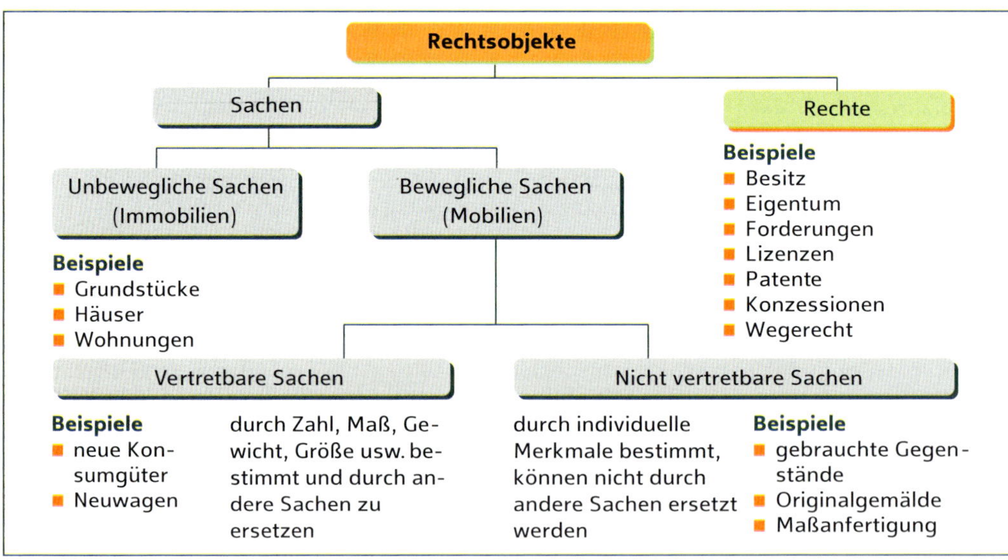

Besitz und Eigentum als Rechte

Zu den nichtkörperlichen Rechtsobjekten zählen die Rechte Besitz und Eigentum. **Besitz ist die tatsächliche Herrschaft über eine Sache (§ 854 BGB).** Jemand benutzt eine Sache, die ihm nicht gehört. **Eigentum ist die rechtliche Herrschaft über eine Sache.** Dem Eigentümer gehört die Sache, er kann damit nach Belieben verfahren (§ 903 BGB).

Beispiele	Besitzer ist der	Eigentümer ist der
Miete eines Autos	Mieter	Vermieter
Leihe eines Buches	Leiher	Verleiher
Pacht eines Grundstückes	Pächter	Verpächter
Kauf einer DVD	Käufer	Käufer

Die **Eigentumsübertragung** ist bei beweglichen und unbeweglichen Sachen unterschiedlich geregelt (vgl. S. 304 f.)

Eigentumsübertragung

bei beweglichen Sachen

z. B. beim Kauf eines Buches (§ 929 BGB)

- durch **Einigung und Übergabe**

bei unbeweglichen Sachen

z. B. Kauf eines Grundstücks (§§ 873, 925 BGB)

- durch **Auflassung** (= Einigung und notarielle Beurkundung des Grundstücksvertrages) **und Eintragung ins Grundbuch**

Beispiel Ein Kunde kauft im Verkaufsstudio der Bürodesign GmbH ein Holzregal. Der Verkäufer übergibt dem Kunden das zerlegte Regal. Im Moment der Übergabe ist das Eigentum an dem Regal von der Bürodesign GmbH auf den Kunden übergegangen.

Im **Ausnahmefall** kann man auch Eigentümer einer Sache werden, die dem Verkäufer nicht gehört. Voraussetzung ist, dass **der Käufer in gutem Glauben gehandelt hat (§ 932 BGB)**. Unter gutgläubig ist zu verstehen, dass man den Verkäufer den Umständen nach für den Eigentümer halten darf.

Beispiel Der Auszubildende Peter Kant hat seit einem halben Jahr ein Surfbrett von einem Bekannten geliehen. Peter bietet seinem Freund Matthias dieses Surfbrett zum Kauf an. Zum Beweis, dass er Eigentümer ist, legt er eine gut gefälschte Kaufquittung vor. Matthias, der nicht wusste, dass das Surfbrett nicht Eigentum von Peter Kant ist, zahlt den gewünschten Kaufpreis und wird Eigentümer des Surfbrettes, da er in gutem Glauben gehandelt hat.

Ein **Dieb kann niemals Eigentümer einer gestohlenen Sache werden**, sondern nur dessen Besitzer. An gestohlenen Sachen kann grundsätzlich kein Eigentum erworben werden, selbst wenn der Käufer die gestohlene Sache in gutem Glauben gekauft hat. Normalerweise kann also nur der Eigentümer einer Sache das Eigentum auf eine andere Person übertragen.

Rechtsobjekte

- Zu den Rechtsobjekten zählen **Sachen** (unbewegliche und bewegliche) und **Rechte**.

Besitz (Wer hat eine Sache?) = tatsächliche

Eigentum (Wem gehört eine Sache?) = rechtliche

Herrschaft über eine Sache

- Die **Eigentumsübertragung** erfolgt bei beweglichen Sachen durch Einigung und Übergabe, bei unbeweglichen Sachen durch Auflassung und Eintragung ins Grundbuch.
- An gestohlenen Sachen kann man **nie** Eigentum erwerben.

1 Erläutern Sie den Unterschied zwischen Besitz und Eigentum.

2 Jörg Lehmann kauft von einem guten Bekannten ein gebrauchtes Fahrrad. Nach zwei Wochen wird Jörg bei einer Polizeikontrolle darauf aufmerksam gemacht, dass das Fahrrad vor zwei Monaten gestohlen wurde. Jörg argumentiert, dass er das Fahrrad in gutem Glauben von seinem Bekannten gekauft hat, er sei damit rechtmäßiger Eigentümer des Fahrrades. Begründen Sie, ob Jörg Recht hat.

3 Erläutern Sie die Eigentumsübertragung bei unbeweglichen Sachen.

4 Die Bürodesign GmbH überlässt einem Kunden für drei Tage probeweise einen Schreibtischstuhl. Nach drei Tagen ruft der Kunde an und teilt der Bürodesign GmbH mit, dass er den Stuhl kaufen wolle, da ihm dieser sehr gut gefalle. Am nächsten Tag kommt der Kunde in das Verkaufsstudio der Bürodesign GmbH und zahlt den geforderten Kaufpreis.
a) Erläutern Sie die Besitz- und Eigentumsverhältnisse am Stuhl bis zum Anruf des Kunden.
b) Beschreiben Sie, wie in diesem Fall die Eigentumsübertragung stattfindet.
c) Erklären Sie, wann der Kunde Eigentümer des Stuhls wird.

5 Stellen Sie in den unten stehenden Fällen fest, welche Person
1. nur Eigentümer, 2. nur Besitzer,
3. Eigentümer und Besitzer, 4. weder Eigentümer noch Besitzer ist.
a) Ein Kfz-Händler verkauft im Kundenauftrag einen Pkw an Wilhelm Straub.
b) Die Hans Krämer OHG mietet für ein Jahr von einem Büromaschinenhersteller vier Fotokopierer.
c) Eine Kundin kauft in einem Textilfachgeschäft ein Halstuch. Auf dem Nachhauseweg verliert sie das Halstuch, ein Spaziergänger findet es.
d) Ein Kunde kauft in einem Radio- und Fernsehgeschäft einen Videorekorder, den der Hersteller dem Einzelhändler zu Vorführzwecken leihweise überlassen hatte.
e) Eine Industriekauffrau schließt mit ihrem Nachbarn einen nicht notariell beurkundeten Kaufvertrag über ein Grundstück ab.

6 Erläutern Sie, welche Rechtsobjekte sich unterscheiden lassen, und nennen Sie jeweils drei Beispiele.

7 „Immer mehr Kinder und Jugendliche geraten durch sog. Bagatelldiebstähle mit dem Gesetz in Konflikt. Der Ruf nach härteren Strafen wird immer lauter." Recherchieren Sie dazu im Internet und verfassen Sie hierzu ein Referat. Präsentieren Sie Ihr Referat mithilfe einer geeigneten Präsentationssoftware.

4.2 Rechtsgeschäfte

4.2.1 Zustandekommen von Rechtsgeschäften und Vertragsarten

Die Bürodesign GmbH benötigt zur Erweiterung ihrer Lagerkapazitäten einen zusätzlichen Lagerraum. Bei Durchsicht der Rubrik „Mietangebote für gewerbliche Lagerräume" im Kölner Stadt-Anzeiger findet Sven Braun eine Anzeige. Aus Sorge, dass ihm ein anderer Mieter zuvorkommen könnte, teilt er dem Vermieter Klaus Lage nach Besichtigung des Lagerraums telefonisch mit, dass die Bürodesign GmbH den Lagerraum zu den vereinbarten Konditionen mieten möchte. Einen Tag später wird der Mietvertrag mit einer Laufzeit von fünf Jahren unterschrieben, wobei eine Miete von 3 500,00 € pro Monat vereinbart wird. Zwei Tage später erhält Herr Braun von einem Immobilienmakler ein wesentlich günstigeres Angebot. Umgehend schreibt er dem Vermieter Lage, dass er kein Interesse mehr an dem Lagerraum habe, da ihm ein wesentlich günstigeres Angebot eines anderen Vermieters vorliege. Der Vermieter besteht aber auf der Einhaltung des Mietvertrages.

- Überprüfen Sie, ob die Bürodesign GmbH vom Mietvertrag zurücktreten kann, um das günstigere Angebot des Immobilienmaklers anzunehmen.
- Stellen Sie fest, welche Verträge Sie bereits in Ihrem Leben abgeschlossen haben.

Willenserklärungen und Rechtsgeschäfte

Rechtsgeschäfte, z. B. Mietverträge, kommen durch Willenserklärungen einer oder mehrerer Personen zustande. Unter einer **Willenserklärung** versteht man die rechtlich wirksame Äußerung einer geschäftsfähigen Person, durch welche bewusst eine Rechtsfolge herbeigeführt werden soll.

Beispiel

Willenserklärungen können schriftlich, mündlich, durch elektronische Medien (Internet) oder durch bloßes schlüssiges Handeln abgegeben werden.

Beispiel Kauf einer Zeitung am Kiosk, ohne dass Käufer und Verkäufer miteinander reden

Arten von Rechtsgeschäften

Man unterscheidet **einseitige und zweiseitige Rechtsgeschäfte**.

Bei den **einseitigen Rechtsgeschäften** ist die Willenserklärung **einer** Person erforderlich.

Beispiele Abfassung eines Testaments, Mahnung, Kündigung eines Arbeitsvertrages

Einseitige Rechtsgeschäfte können empfangsbedürftig oder nicht empfangsbedürftig sein. Zu den **nicht empfangsbedürftigen Rechtsgeschäften** zählen die Aufgabe eines Eigentumsanspruchs und das Testament, d. h., die Willenserklärung einer Person ist hier gültig, ohne dass sie einer anderen Person zugegangen sein muss.

Beispiel Als beim Tennisschläger von Sven Braun mehrere Saiten reißen, lässt er den Schläger in einem Mülleimer auf dem Tennisplatz zurück. Heinz, der dies sieht, nimmt den Tennisschläger an sich und lässt ihn neu bespannen. Später sieht Sven den reparierten Schläger und wirft Heinz vor, er habe sich sein Eigentum angeeignet. Er verlangt den Schläger zurück. Heinz lehnt dieses ab, da Sven in dem Moment seinen Eigentumsanspruch an dem Schläger aufgegeben hat, als er ihn in den Mülleimer geworfen hat.

Zu den **empfangsbedürftigen Rechtsgeschäften** zählen die Kündigung eines Arbeitsvertrages, die Anfechtung (vgl. S. 98) und die Mahnung. Die Willenserklärung wird erst dann wirksam, wenn sie einer anderen Person zugeht.

Beispiel Die Auszubildende Nicole Sams möchte innerhalb der Probezeit ihren Ausbildungsvertrag bei der Bürodesign GmbH kündigen. Sie muss dafür Sorge tragen, dass ihrem Arbeitgeber die Kündigung auch tatsächlich zugeht, da es sich um ein empfangsbedürftiges Rechtsgeschäft handelt. Es empfiehlt sich, die Kündigung per Einschreiben zu versenden.

Zwei- oder mehrseitige Rechtsgeschäfte (= Verträge), bei der die Willenserklärungen zweier oder mehrerer Personen erforderlich sind, werden nur durch **übereinstimmende Willenserklärungen** aller beteiligten Personen rechtswirksam (§ 151 BGB).

Alle Verträge haben gemeinsam, dass sie durch **Antrag und Annahme** zustande kommen. Die zuerst abgegebene Willenserklärung heißt Antrag, wobei sie von jedem Vertragspartner ausgehen kann. Die zustimmende Willenserklärung nennt man Annahme. Die Möglichkeiten des Zustandekommens eines Vertrages werden am Beispiel des Mietvertrages erläutert:

- **Der Vermieter macht den Antrag:**

Der Mietvertrag kommt zustande, wenn die **Annahme des Mietangebotes durch den Mieter** inhaltlich mit dem **Angebot (Antrag) des Vermieters** übereinstimmt.

- **Der Mieter macht den Antrag:**

Der Mietvertrag kommt zustande, wenn der Vermieter **(Annahme)** das Angebot des Mieters **(Antrag)** annimmt.

Im Vertragsrecht gilt der Grundsatz: **Verträge sind einzuhalten.**

Wichtige Verträge im Privatrecht

Folgende **zweiseitigen Rechtsgeschäfte** können unterschieden werden:

Vertragsart	Vertragsgegenstand	Beispiele aus der Praxis	Gesetzliche Regelung §§
– Kaufvertrag	Entgeltliche Veräußerung von Sachen und Rechten	Die Bürodesign GmbH verkauft an die Bürobedarfsgroßhandlung Schneider & Co. OHG 20 Schreibtische.	BGB §§ 433–514
– Mietvertrag	Entgeltliche Überlassung von Sachen zum Gebrauch	Die Bürodesign GmbH mietet Büroräume.	BGB §§ 535–580
– Leihvertrag	Unentgeltliche Überlassung von beweglichen Sachen oder Grundstücken zum Gebrauch; Rückgabe derselben Sachen	Die Bürodesign GmbH überlässt für zwei Wochen einem Großhändler einen Verpackungsbehälter.	BGB §§ 598–605
– Pachtvertrag	Entgeltliche Überlassung von Sachen zum Gebrauch und Fruchtgenuss	Die Bürodesign GmbH pachtet ein Grundstück für die Abstellung des betriebseigenen Fuhrparks. Die sich auf dem Grundstück befindlichen Obstbäume dürfen von der Bürodesign GmbH abgeerntet werden.	BGB §§ 581–597

Vertragsart	Vertragsgegenstand	Beispiele aus der Praxis	Gesetzliche Regelung §§
– Darlehensvertrag	Entgeltliche oder unentgeltliche Überlassung von (vertretbaren, vgl. S. 88) Sachen zum Verbrauch; Rückgabe gleichartiger Sachen	Die Bürodesign GmbH nimmt gegen Zahlung von 6 % Zinsen ein Darlehen für ein Jahr bei der Bank auf. Frau Helma Friedrich „leiht" sich bei ihrer Nachbarin zum Backen vier Eier. Am nächsten Tag bringt sie vier andere Eier zurück.	BGB §§ 607–610
– Reisevertrag	Reiseveranstalter muss dem Reisenden als Leistung eine Reise erbringen	Eine Auszubildende bucht bei einem Reiseveranstalter eine 14-tägige Reise nach Mallorca.	BGB § 651a–k
– Gesellschaftsvertrag	Regelung der Zusammenarbeit von Geschäftsanteilhabern	Herr Stein und Frau Friedrich haben für ihre Zusammenarbeit in der Bürodesign GmbH einen Gesellschaftsvertrag aufgesetzt (vgl. S. 18).	BGB §§ 705–740 AktG § 16 GmbHG § 2 usw.
– Schenkungsvertrag	Unentgeltliche Vermögensübertragung an andere Personen	Frau Friedrich schenkt ihrem Neffen 200,00 €.	BGB §§ 516 ff.
– Arbeitsvertrag	Entgeltliche Leistung von Arbeitnehmern	Die Bürodesign GmbH schließt mit einem neuen Mitarbeiter für die Polsterei einen Arbeitsvertrag ab.	BGB §§ 611–630
– Dienstvertrag	Entgeltliche Leistung von Diensten	Die Bürodesign GmbH nimmt die Leistung eines Rechtsanwalts in Anspruch, um gegen einen Kunden auf Zahlung des Kaufpreises zu klagen.	BGB § 611
– Berufsausbildungsvertrag	Ausbildung in einem anerkannten Ausbildungsberuf	Die Bürodesign GmbH stellt eine Auszubildende für die Ausbildung zur Industriekauffrau ein.	BBiG §§ 10–16
– Werkvertrag	Herstellung eines Werkes gegen Vergütung, zu dem der Besteller das Material liefert	Die Bürodesign GmbH stellt einen Spezialschreibtischstuhl her, zu dem der Käufer den Lederbezugsstoff liefert.	BGB §§ 631–650
– Werklieferungsvertrag[1]	Herstellung eines Werkes gegen Vergütung, zu dem der Hersteller das Material liefert	Die Bürodesign GmbH stellt Schreibtischstühle aus den von ihr beschafften Materialien her.	BGB § 651
– Versicherungsvertrag	Ersatz des Vermögensschadens bzw. Zahlung eines vereinbarten Betrags oder einer Rente nach Eintritt des Versicherungsfalls gegen vorherige Prämienzahlung	Die Bürodesign GmbH versichert das Verwaltungsgebäude gegen Feuer.	§ 1 ff. Gesetz über den Versicherungsvertrag (VVG)
– Überweisungsvertrag	Ausführung eines Banküberweisungsauftrages	Die Bürodesign GmbH lässt eine Rechnung durch Banküberweisung bezahlen.	BGB §§ 675a, 676 a–c
– Verwahrungsvertrag	Aufbewahrung einer beweglichen Sache ggf. gegen Entgelt	Die Bürodesign GmbH beauftragt die Sparkasse KölnBonn mit der Verwahrung von Wertpapieren.	BGB §§ 688–700

[1] Der Begriff „Werklieferungsvertrag" wird im § 651 BGB nicht mehr genannt, wird aber hier weiterverwendet, da sich inhaltlich nichts geändert hat.

Zustandekommen von Rechtsgeschäften und Vertragsarten

- **Rechtsgeschäfte** kommen durch Willenserklärungen zustande.
- **Willenserklärungen** können schriftlich, mündlich und stillschweigend abgegeben werden.

Rechtsgeschäfte

einseitige (Willenserklärung einer Person)

- Kündigung
- Mahnung
- Anfechtung

} **empfangsbedürftig**

- Aufgabe eines Eigentumsanspruchs
- Testament

} **nicht empfangsbedürftig**

zweiseitige (Übereinstimmende Willenserklärung von zwei oder mehr Personen)

alle Verträge
- Kaufvertrag
- Mietvertrag
- Leihvertrag
- Pachtvertrag
- Versicherungsvertrag
- Darlehensvertrag
- Reisevertrag
- Überweisungsvertrag
- Gesellschaftsvertrag
- Schenkungsvertrag
- Arbeitsvertrag
- Dienstvertrag
- Berufsausbildungsvertrag
- Werkvertrag
- Werklieferungsvertrag
- Verwahrungsvertrag

- **Zweiseitige Rechtsgeschäfte** (= **Verträge**) kommen durch übereinstimmende Willenserklärungen von zwei oder mehr Personen zustande **(Antrag und Annahme)**.

1 Beschreiben Sie am Beispiel des Kaufes eines Smartphones, wie ein Vertrag zustande kommt.

2 Erklären Sie a) Kauf-, b) Leih-, c) Miet-, d) Pacht-, e) Darlehensvertrag und erläutern Sie zu jeder Vertragsart, welche Vertragsinhalte berücksichtigt werden sollten.

3 Beurteilen Sie folgende Fälle danach, um welche Vertragsarten es sich handelt:
a) Karin Weber „leiht" sich gegen Zahlung von 1,50 € in einer Mediathek einen Film.
b) Ein Küchenmöbelstudio verarbeitet beim Einbau einer Küche Eichenbalken, die der Kunde gestellt hat.
c) Ein Schneider stellt für eine Kundin ein Hochzeitskleid her und stellt den dazugehörigen Stoff zur Verfügung.
d) Die Auszubildende Doris erwirbt am Kiosk die neueste Ausgabe der Zeitschrift „Mädchen".

4 Auf welche Art können Willenserklärungen abgegeben werden? Geben Sie jeweils ein Beispiel an.

5 Nennen Sie Beispiele für einseitige Rechtsgeschäfte.

6 Begründen Sie, warum das Testament zu den nicht empfangsbedürftigen Rechtsgeschäften zählt.

7 Edmund Klein besucht den Verbrauchermarkt „Preiskauf". Da er nur wenig Zeit hat, stellt er drei leere Pfandflaschen an der Leergutannahme auf dem Boden ab, da ihm die Warteschlange vor der Annahmestelle zu lang ist. Am nächsten Tag erscheint Edmund Klein wieder bei der Leergutannahme und verlangt die Herausgabe des Pfandbetrages. Begründen Sie, ob Edmund Klein einen Rechtsanspruch auf die Herausgabe des Pfandbetrages hat.

8 Beschaffen Sie sich durch eine Internetrecherche Unterlagen über das Mietrecht. Einigen Sie sich auf einheitliche Suchbegriffe. Verfassen Sie über den Inhalt der Unterlagen ein Kurzreferat, insbesondere über die Rechte und Pflichten von Vermieter und Mieter.

9 Als beim Tennisschläger von Bodo Stamm mehrere Saiten reißen, wirft er den Schläger in einen Mülleimer auf dem Tennisplatz. Marc Cremer, der dies sieht, nimmt den Tennisschläger an sich und lässt ihn neu bespannen. Später sieht Bodo den reparierten Schläger und wirft Marc vor, er habe sich sein Eigentum angeeignet. Er verlangt den Schläger zurück. Überprüfen Sie, ob Marc den Tennisschläger herausgeben muss.

4.2.2 Vertragsfreiheit und Form der Rechtsgeschäfte

Nachdem die Verhandlungen zur Anmietung eines Lagerraumes erfolglos verlaufen sind, beschließt die Bürodesign GmbH, eine Lagerhalle auf einem Nachbargrundstück zu bauen.

Geschäftsführer Stein hat sich dazu mit Dieter Schnell, dem Eigentümer eines Nachbargrundstückes, zusammengesetzt, um über den Kauf des Grundstückes zu verhandeln. Nach einer Stunde hat man sich über den Preis geeinigt. Zur Sicherheit lässt sich Herr Stein von Dieter Schnell eine schriftliche Bestätigung über die getroffene Vereinbarung geben. Nach vier Tagen teilt Herr Schnell der Bürodesign GmbH mit, dass er nicht mehr gewillt sei, das Grundstück zu den vereinbarten Konditionen zu verkaufen.

- Begründen Sie, ob Herr Stein auf dem Verkauf des Grundstückes zu den vereinbarten Konditionen bestehen kann.
- Erläutern Sie den Grundsatz der Vertragsfreiheit.

Vertragsfreiheit

In der Bundesrepublik Deutschland gilt der Grundsatz der **Vertragsfreiheit**, d.h., es kann niemand zum Abschluss eines Vertrages gezwungen werden **(Abschlussfreiheit)**. Jeder kann seinen Vertragspartner selbst aussuchen. Ein Kaufmann kann jederzeit den Kaufantrag eines Kunden ablehnen. Außerdem kann der Inhalt der Verträge frei bestimmt werden **(Gestaltungsfreiheit)**, solange dieser nicht gegen bestehende Gesetze verstößt (vgl. S. 97).

In einigen Fällen muss ein Unternehmen kraft Gesetz einen Vertrag mit einem Antragsteller schließen, sobald diese Person einen Antrag an dieses Unternehmen stellt **(Kontrahierungszwang)**. Dieser Abschlusszwang gilt gesetzlich u.a. für die Briefbeförderung der Deutschen Post AG, die Personenbeförderung der Deutschen Bahn AG, die Energieversorgung der Haushalte durch die kommunalen Gas- und Elektrizitätswerke.

Form der Rechtsgeschäfte

Die meisten Rechtsgeschäfte können formlos abgeschlossen werden **(Formfreiheit)**. Bei einigen Rechtsgeschäften besteht der Gesetzgeber auf der Einhaltung bestehender Formvorschriften **(Formzwang)**. Bei Nichtbeachtung dieser Formvorschriften ist das Rechtsgeschäft nichtig (§ 125 BGB), d.h., der Vertrag ist von Anfang an nicht zustande gekommen (vgl. S. 97f.).

Viele Verträge werden heutzutage über das Internet abgeschlossen. Hierbei kann die schriftliche Form durch die **elektronische Form** ersetzt werden, solange sich aus dem Gesetz nicht etwas anderes ergibt.

Beispiel Bürgschaftserklärungen von Nichtkaufleuten dürfen nur schriftlich verfasst werden.

Der **Onlinehandel** wird juristisch als **Fernabsatzvertrag** bezeichnet. Merkmale von Fernabsatzverträgen sind:

- Es handelt sich um Verträge zwischen Unternehmen und Verbrauchern.
- Diese Verträge werden über Fernkommunikationsmittel (z.B. Brief, Telefon, Internet usw.) abgeschlossen.

Soll die elektronische Form statt der üblichen Schriftform verwendet werden, sind einige **Voraussetzungen** zu berücksichtigen.

- Die Vertragsparteien müssen diese Form ausdrücklich vereinbaren.
- Es ist ein entsprechendes Dokument zu erstellen, das beim Adressaten auf einem geeigneten Speichermedium (z.B. Festplatte) gespeichert werden kann.
- Der Aussteller muss seinen Namen mittels einer qualifizierten Signatur hinzufügen, damit er eindeutig identifiziert werden kann (§ 2 Nr. 3 SigG).

Formvorschriften

Schriftform

§ 126 BGB
Bestätigung des Vertrages durch eigenhändige Unterschrift

Beispiele
- Mietverträge über eine längere Dauer als ein Jahr
- Bürgschaften unter Privatpersonen
- Ratenkäufe
- Ausbildungsverträge und ihre Kündigung
- handschriftliche Testamente
- Arbeitsverträge und ihre Kündigung

öffentliche Beglaubigung

§ 129 BGB
Niederschrift der Willenserklärung und notarielle oder behördliche Beglaubigung der Unterschrift (Beglaubigung bestätigt nur die Echtheit der Unterschrift)

Beispiele
- Anträge auf Eintragungen ins
  - Grundbuch
  - Handelsregister
  - Vereinsregister
  - Güterrechtsregister
- maschinenschriftliche Testamente

notarielle Beurkundung

§ 128 BGB
Niederschrift und Beurkundung der Echtheit des Vertragsinhalts und der Unterschrift durch einen Notar (Beurkundung) bestätigt Inhalt der Willenserklärung und Echtheit der Unterschrift

Beispiele
- Haus- und Grundstückskäufe und -verkäufe
- Eintragungen von Hypotheken und Grundschulden ins Grundbuch
- Eheverträge
- Beschlüsse der Hauptversammlung einer AG

Der Gesetzgeber verfolgt mit dem **Formzwang** bei bestimmten Rechtsgeschäften das Ziel, die Vertragspartner vor leichtfertigem und übereiltem Handeln zu bewahren und erhöhte Sicherheit und leichte Beweisbarkeit zu gewährleisten.

Vertragsfreiheit und Form der Rechtsgeschäfte

- Bei der **Gestaltung** gegenseitiger **Vereinbarungen** sind die Vertragspartner **frei (Gestaltungsfreiheit)**.
- Niemand kann zum Abschluss eines Vertrages gezwungen werden **(Abschlussfreiheit)**.
- Jeder kann seinen Vertragspartner selbst aussuchen.
- **Die meisten Rechtsgeschäfte** des täglichen Lebens können **formfrei** abgeschlossen werden (**Formfreiheit**).
- Einige Rechtsgeschäfte müssen **schriftlich abgeschlossen**, einige **öffentlich beglaubigt oder notariell beurkundet** werden.

1 Erläutern Sie den Begriff der Vertragsfreiheit.

2 Die Geschäftsführer Stein und Friedrich besuchen an einem Mittwochabend gegen 20:00 Uhr ein Restaurant. Der Restaurantinhaber erklärt ihnen jedoch, er wolle nach Hause gehen, um im Fernsehen das Endspiel um die Fußballeuropameisterschaft zu sehen. Auf einem Schild im Schaufenster steht aber, dass die Küche bis 23:00 Uhr geöffnet sei. Begründen Sie, ob das Restaurant offen bleiben und Herrn Stein und Frau Friedrich noch eine Mahlzeit zubereiten muss.

3 Im Verkaufsstudio der Bürodesign GmbH erscheint ein ungepflegter Kunde. Frau Grell erklärt dem Kunden, dass sie nicht bereit sei, ihm etwas zu verkaufen. Begründen Sie, ob der Kunde einen rechtlichen Anspruch darauf hat, dass ihm die Bürodesign GmbH etwas verkauft.

4 Erläutern Sie an je einem Beispiel den Unterschied zwischen öffentlicher Beglaubigung und notarieller Beurkundung.

5 Welche Formvorschriften sind in den folgenden Fällen vorgeschrieben?
a) Kauf eines gebrauchten Pkw.
b) Aufstellung eines handgeschriebenen Testaments.
c) Eine Gruppe von 20 Freizeitjoggern beschließt, einen Sportverein zu gründen.
d) Ein Kunde kauft eine Wohnzimmereinrichtung in einem Möbelhaus mit der Vereinbarung einer Ratenzahlung.
e) Die 18-jährige Andrea schließt einen Ausbildungsvertrag mit einem Industriebetrieb ab.
f) Hans Schmitz schließt mit Theodor Körner einen dreijährigen Mietvertrag für eine Appartementwohnung ab.

6 Der 70-jährige Anton Huber möchte ein Testament aufstellen. Geben Sie an, welche Formvorschriften Herr Huber beachten muss.

7 Entwerfen Sie unter Zuhilfenahme des BGB den Vertragstext für
a) einen Mietvertrag, b) einen Ehevertrag, c) ein Testament.

4.2.3 Nichtigkeit und Anfechtbarkeit von Rechtsgeschäften

Die Auszubildende Renate kommt in guter Stimmung an einem heißen Sommerabend in ihr Stammlokal. Sie verspricht demjenigen, ihr neues Auto zu schenken, der ihr am schnellsten ein kaltes Bier bringt. Ihr Freund Klaus bringt ihr sofort ein Bier und verlangt die Herausgabe der Autopapiere und des Schlüssels.

- Begründen Sie, ob Renate ihrem Freund das Auto überlassen muss.
- Erläutern Sie je drei nichtige und anfechtbare Rechtsgeschäfte.

Nichtigkeit von Rechtsgeschäften

Rechtsgeschäfte können von Anfang an nichtig (= ungültig) sein, d. h., das Rechtsgeschäft hat keine Rechtsfolgen. Folgende Gründe können **zur Nichtigkeit** von Rechtsgeschäften **führen:**

- **Geschäfte mit geschäftsunfähigen Personen (§ 105 BGB)**
- **Geschäfte mit beschränkt geschäftsfähigen Personen ohne Zustimmung der Erziehungsberechtigten oder des Betreuers (§ 108 BGB)**
- **Geschäfte, die gegen die guten Sitten verstoßen (§ 138 BGB):**

Beispiel Ein Einzelhändler verlangt von einer Kundin bei einem Ratenvertrag einen Zinssatz von 50 %. In diesem Fall liegt ein Wucherzins vor, der Vertrag ist nichtig. (Ein Wucherzins liegt vor, wenn der dreifache Marktzins überschritten wird.)

- **Geschäfte, die gegen ein gesetzliches Verbot verstoßen (§ 134 BGB)**

Beispiel Ein Kaufmann schließt mit einem Dieb einen Vertrag über gestohlene Waren.

- **Geschäfte, die gegen gesetzliche Formvorschriften verstoßen (§ 125 BGB)**

Beispiel Kaufvertrag über ein Grundstück ohne notarielle Beurkundung

- **Scherzgeschäfte:** Verträge, die im Scherz abgeschlossen werden.

Beispiel Ein Fußballanhänger des 1. FC Köln erklärt scherzhaft in einem Gespräch, er würde jedem Fan 50 000,00 € zahlen, wenn der 1. FC Köln den FC Bayern München schlagen würde. Der 1. FC Köln gewinnt das Fußballspiel 2 : 0. Für jedermann war ersichtlich, dass die Erklärung zum Scherz abgegeben wurde. Somit ist das Rechtsgeschäft nichtig.

Ausnahme: Bei einem Scherzgeschäft muss für jedermann erkennbar sein, dass es sich um einen Scherz handelt.

Beispiel Der 20-jährige Adrian will seiner 17-jährigen Freundin Ursula auf einem Pferdemarkt in Hannover imponieren. Er verspricht seiner Freundin, dass er es schaffen werde, ein bestimmtes Pferd bei einem Händler für 3 000,00 € zu kaufen. Er schafft es tatsächlich in zähen Verhandlungen mit dem

Pferdehändler, den Kaufpreis von 6000,00 € auf 3000,00 € runterzuhandeln und besiegelt den Kaufvertrag mit einem Handschlag. Anschließend erklärt er dem Pferdehändler, dass es sich um einen Scherz gehandelt habe. Der Pferdehändler verlangt die Abnahme des Pferdes und Zahlung der 3000,00 €. Der Pferdehändler konnte nicht ersehen, dass es sich um einen Scherz handelt. Somit ist ein Kaufvertrag zustande gekommen.

- **Scheingeschäfte (§ 117 BGB):** Verträge, die zum Schein abgeschlossen werden.

Beispiel Der Kaufmann Peter Schneller lässt im notariellen Kaufvertrag über ein Grundstück einen geringeren Kaufpreis mit Einwilligung des Verkäufers eintragen, um einen Teil der Grunderwerbsteuer zu sparen. Der Kaufvertrag ist nichtig.

Anfechtbarkeit von Rechtsgeschäften

Rechtsgeschäfte können durch besondere Erklärungen gegenüber dem Vertragspartner nachträglich ungültig werden. Man nennt diese Erklärung Anfechtung. **Anfechtbare Rechtsgeschäfte sind bis zur Anfechtung gültig.** Folgende Gründe können zur Anfechtung von Rechtsgeschäften führen:

- **Anfechtung wegen Irrtum in der Erklärung (§ 119 BGB):**

Beispiel Der Reisende der Bürodesign GmbH, Klaus Barrig, bietet im Verkaufsgespräch einem Kunden irrtümlich einen Artikel für 795,00 € statt des tatsächlichen Preises von 995,00 € an.

- **Anfechtung wegen Irrtum in der Übermittlung (§ 120 BGB):**

Beispiel Herr Barrig bietet einem Kunden telefonisch einen Artikel für 1 999,00 € an. Durch die schlechte Telefonleitung versteht der Kunde aber 999,00 €.

Ausnahme: Bei einem **Motivirrtum (Irrtum im Beweggrund)** liegt kein Grund zur Anfechtung vor.

Beispiel Eine Kundin hat in Anbetracht ihrer bevorstehenden Hochzeit einen Kaufvertrag über ein teures Porzellanservice unterschrieben. Zwei Tage später erscheint die Kundin und erklärt, ihr Verlobter habe die Verlobung gelöst und sie wolle das Porzellanservice nicht mehr haben. Der Kaufvertrag bleibt aber bestehen, da ein Irrtum im Motiv rechtlich unerheblich ist, d. h., für die Verbindlichkeit des Kaufvertrages ist es ohne Bedeutung, aus welchem Grund (= Motiv „Hochzeit") die Kundin das Service bestellt hat.

- **Anfechtung wegen arglistiger Täuschung (§ 123 BGB):**

Beispiel Der Autohändler Franz Foltz bietet einem Kunden einen ausdrücklich unfallfreien Gebrauchtwagen für 6000,00 € an. Der Käufer erwirbt den Wagen, stellt aber nach zwei Monaten fest, dass der Wagen einen Unfall hatte. Der Käufer kann den Kaufvertrag anfechten und sein Geld zurückverlangen.

- **Anfechtung wegen widerrechtlicher Drohung (§ 123 BGB):**

Beispiel Ein Angestellter droht seinem Arbeitgeber mit einer Anzeige beim Ordnungsamt wegen eines Umweltvergehens, falls er seine Forderung nach einer Gehaltserhöhung ablehnt. Auch wenn sich der Arbeitgeber damit einverstanden erklärt, ist er zwar an die Abmachung gebunden, er kann sie aber anfechten.

- **Anfechtung wegen Irrtum in wesentlichen Eigenschaften einer Person oder Sache (§ 119 BGB)**

Beispiel In einem Unternehmen wird ein Sachbearbeiter eingestellt, der gleichzeitig die Funktion des Ausbilders übernehmen soll. Es stellt sich aber später heraus, dass der Sachbearbeiter keinen Ausbildungsschein (AdA-Schein) besitzt.

§ 119 BGB, Anfechtbarkeit wegen Irrtums

(1) Wer bei der Abgabe einer Willenserklärung über deren Inhalt im Irrtum war oder eine Erklärung dieses Inhalts überhaupt nicht abgeben wollte, kann die Erklärung anfechten, wenn anzunehmen ist, dass er sie bei Kenntnis der Sachlage und bei verständiger Würdigung des Falles nicht abgegeben haben würde.

(2) Als Irrtum über den Inhalt der Erklärung gilt auch der Irrtum über solche Eigenschaften der Person oder der Sache, die im Verkehr als wesentlich angesehen werden.

Nichtigkeit und Anfechtbarkeit von Rechtsgeschäften

Nichtigkeit von Rechtsgeschäften

- Vertrag mit Geschäftsunfähigen
- Vertrag mit beschränkt Geschäftsfähigen ohne Zustimmung der Erziehungsberechtigten
- Verstoß gegen die guten Sitten
- Verstoß gegen gesetzliches Verbot
- Verstoß gegen die Formvorschriften
- Scherzgeschäfte
- Scheingeschäfte

↓

Rechtsgeschäfte sind von Anfang an ungültig.

Anfechtbarkeit von Rechtsgeschäften

- wegen Irrtum in der Erklärung
- wegen Irrtum in der Übermittlung
- wegen arglistiger Täuschung
- wegen widerrechtlicher Drohung

↓

Bis zur Anfechtung sind die Rechtsgeschäfte gültig.

1 Erläutern Sie die wesentlichen Unterschiede zwischen Nichtigkeit und Anfechtbarkeit von Rechtsgeschäften.

2 Beschreiben Sie, wovon das Zustandekommen von Verträgen mit beschränkt Geschäftsfähigen abhängt.

3 Der Industriekaufmann Hilbig verkauft an einen guten Bekannten ein Wochenendhaus, ohne dass ein Notar in Anspruch genommen und der Verkauf ins Grundbuch eingetragen wird, da beide Vertragspartner die Notargebühren sparen wollen. Begründen Sie, ob ein rechtswirksamer Vertrag zustande gekommen ist.

4 Beurteilen Sie nachfolgende Fälle danach, ob sie rechtsgültig, anfechtbar oder nichtig sind.
a) Der Auszubildende Peter erwirbt in einem Club eine gebrauchsfähige Pistole mit Patronen, obwohl er keinen Waffenschein besitzt.
b) Die fünfjährige Nicole kauft sich in einer Bäckerei ein Stück Kuchen.
c) Der 19-jährige Hermann erwirbt bei einem Bekannten eine neue Hi-Fi-Anlage, die einen Wert von 3000,00 € hat, für 2000,00 €.
d) Ein Hersteller bietet einem Kunden telefonisch einen Artikel für 59,00 € an. Der Kunde versteht aber 49,00 €.
e) Der 16-jährige Engelbert erwirbt mit seinem Taschengeld eine DVD. Die Eltern sind mit diesem Kauf nicht einverstanden.
f) Eine Verkäuferin verkauft eine Kunststoffjacke mit dem Hinweis, dass die Jacke aus Leder gefertigt sei.

5 Stellen Sie bei nachstehenden Willenserklärungen fest,
1. ob sie von Anfang an wirksam sind,
2. schwebend unwirksam sind, solange die Zustimmung des gesetzlichen Vertreters fehlt,
3. von Anfang an unwirksam sind.

a) Ein sechsjähriger Junge kauft ein Spielzeugauto. Er zahlt den Kaufpreis mit seinem Taschengeld, das ihm seine Eltern zur freien Verfügung gegeben haben.
b) Ein 14-jähriges Mädchen nimmt gegen den Willen ihrer Eltern von ihrer Tante ein Geldgeschenk an.
c) Eine 16-Jährige schließt ohne Wissen ihrer Eltern einen Ausbildungsvertrag ab.
d) Ein 18-Jähriger beantragt bei seiner Bank ein Kleindarlehen zur Anschaffung eines Gebrauchtwagens.
e) Ein elfJähriger kauft von seinem Taschengeld ein gebrauchtes Fahrrad.

6 Erstellen Sie ein Referat zum Thema „Nichtigkeit und Anfechtbarkeit von Verträgen". Formulieren Sie insbesondere verdeutlichende Beispiele und zusammenfassende Thesen und präsentieren Sie Ihre Ergebnisse mithilfe einer geeigneten Software.

7 Sabine will ihr Auto verkaufen. Zu diesem Zweck schreibt sie auf einen Bierdeckel die Vertragsbedingungen inklusive den Verkaufspreis. Sie unterschreibt den Bierdeckel ebenso wie der Käufer. Geben Sie an, ob dieser Vertrag den Formvorschriften entspricht.

4.2.4 Grundzüge von Arbeitsverträgen

Kirsten Schorn, Mitarbeiterin der Beschaffungsabteilung der Bürodesign GmbH, hat nach Feierabend einen Versandhandel für Büromöbel aufgezogen. Als ihr Abteilungsleiter, Herr Kaya, durch Zufall davon erfährt, untersagt er ihr das. Frau Schorn ist empört. In der Abteilung ist sie die beste Einkäuferin und was sie nach Feierabend macht, sei ja wohl ihre Sache! Zu Hause kommen ihr Zweifel.

- Stellen Sie in einer Liste die Rechte und Pflichten der Arbeitnehmer gegenüber.
- Begründen Sie, ob Frau Schorn gegen ihre Rechte als Arbeitnehmerin verstoßen hat.

Arbeitsvertrag ist eine **Form des Dienstvertrages** (§ 611 ff. BGB und § 59 ff. HGB). In ihm verpflichtet sich der Arbeitnehmer zur Leistung der vereinbarten Dienste, der Arbeitgeber zur Zahlung der entsprechenden Vergütung.

POL

Auch für den Arbeitsvertrag gilt der Grundsatz der **Vertragsfreiheit**. Um Benachteiligungen zu vermeiden, ist die Vertragsfreiheit jedoch durch Gesetze (z.B. BGB, HGB, UWG), Verordnungen (z.B. Verordnung über Bildschirmarbeitsplätze), Tarifverträge und Betriebsvereinbarungen eingeschränkt. Diese Regelungen dürfen im Arbeitsvertrag nicht unterschritten werden. Günstigere Vereinbarungen für den Arbeitnehmer sind jedoch zulässig.

Die wesentlichen Vertragsbedingungen eines Arbeitsvertrages (Name und Anschrift der Vertragsparteien, Beginn des Arbeitsverhältnisses, Arbeitsort, Beschreibung der Tätigkeit, Höhe des Arbeitsentgeltes, Arbeitszeit, Urlaub, Kündigungsfristen) sind schriftlich niederzulegen und von beiden Vertragsparteien zu unterschreiben. Bei den meisten Arbeitsverhältnissen gelten die ersten drei Monate nach Beginn des Anstellungsverhältnisses als **Probezeit**. Die Probezeit kann maximal sechs Monate dauern. Bis zum letzten Tag der Probezeit kann beiderseits mit Monatsfrist zum Monatsende schriftlich gekündigt werden.

Vor Beginn eines Arbeits- oder Ausbildungsverhältnisses wird für jeden Mitarbeiter eine **Personalakte** angelegt, in der die persönlichen Daten aufgenommen werden. Im Laufe des Arbeits- oder Ausbildungsverhältnisses wird diese Personalakte weitergeführt und um Angaben ergänzt.

Beispiel Beurteilung vor Abschluss der Probezeit, Zwischen- und Abschlussprüfungsergebnis, Ausbildungsmaßnahmen außerhalb der Ausbildungsstätte, Seminare, Beurteilungen von Vorgesetzten

Mit Abschluss des Arbeitsvertrages übernehmen Arbeitnehmer und Arbeitgeber Rechte und Pflichten.

▲ Rechte des Arbeitnehmers

Der Arbeitnehmer hat das Recht auf **Vergütung** seiner Arbeit. Die Höhe der Vergütung regelt der Tarifvertrag. Die Zahlung der Vergütung muss spätestens am letzten Werktag eines Monats erfolgen.

Beispiel

- Ein Auszubildender im Groß- und Außenhandel in NRW verdient im ersten Ausbildungsjahr zurzeit 690,00 €, im zweiten Ausbildungsjahr 762,00 € und im dritten Ausbildungsjahr 828,00 €.
- Ein Auszubildender im Geltungsbereich des Tarifvertrages der holzverarbeitenden Industrie verdient in der Zweigniederlassung der Bürodesign GmbH im Tarifgebiet Sachsen im ersten Ausbildungsjahr 654,00 €, im zweiten Ausbildungsjahr 691,00 € und im dritten Ausbildungsjahr 729,00 €.

Im **Krankheitsfall** wird das Gehalt vom Arbeitgeber für die Dauer von sechs Wochen fortgezahlt (§ 617 BGB). Danach bekommt er **Krankengeld** (vgl. S. 223) von der Krankenkasse.

Der Arbeitnehmer hat das Recht auf **Fürsorge**. So müssen z. B. die Geschäftsräume und die Arbeitsmittel so beschaffen sein, dass der Angestellte gegen Gefährdungen seiner Gesundheit geschützt ist.

Beispiel Nach Rücksprache mit der zuständigen Berufsgenossenschaft installiert die Bürodesign GmbH in der Lackiererei eine Absauganlage für Lösungsmitteldämpfe.

Der Arbeitnehmer hat Anspruch auf bezahlten **Erholungsurlaub**. Das Bundesurlaubsgesetz garantiert einen Mindesturlaub von 24 Werktagen (§ 3 BUrlG = Bundesurlaubsgesetz). Im Tarifvertrag sind i. d. R. längere Urlaubszeiten vereinbart.

Beispiel Für die Holz und Kunststoff verarbeitende Industrie (zuständige Gewerkschaft IG Metall) ist ein Jahresurlaub von 30 Tagen garantiert. Während des Urlaubs darf der Arbeitnehmer keiner Erwerbstätigkeit nachgehen. Erkrankt er im Urlaub, so werden die durch Attest nachgewiesenen Tage nicht auf den Jahresurlaub angerechnet.

Der Arbeitnehmer hat das Recht auf ein **Zeugnis** (§ 630 BGB). Dabei kann er zwischen dem einfachen und dem qualifizierten Arbeitszeugnis wählen. Das **einfache** Arbeitszeugnis enthält lediglich Angaben über die Person des Arbeitnehmers sowie Art und Dauer der Beschäftigung. Das **qualifizierte** Arbeitszeugnis wird auf Wunsch des Arbeitnehmers ausgestellt und enthält zusätzlich Angaben über Führung und Leistung.

Der Arbeitnehmer hat das Recht auf Einhaltung einer **Kündigungsfrist** (§ 621 f. BGB). Ist im Vertrag keine abweichende Regelung getroffen, gilt die gesetzliche Kündigung von vier Wochen zum Monatsende oder zum 15. eines Monats.

Pflichten des Arbeitnehmers

Der Arbeitnehmer hat die Pflicht, die im Arbeitsvertrag vereinbarten **Dienste zu leisten**.

Der Arbeitgeber kann Inhalt, Ort und Zeit der Arbeitsleistung bestimmen.

§ 106 GewO, Weisungsrecht des Arbeitgebers

Der Arbeitgeber kann Inhalt, Ort und Zeit der Arbeitsleistung nach billigem Ermessen näher bestimmen, soweit diese Arbeitsbedingungen nicht durch den Arbeitsvertrag, Bestimmungen einer Betriebsvereinbarung, eines anwendbaren Tarifvertrages oder gesetzliche Vorschriften festgelegt sind. Dies gilt auch hinsichtlich der Ordnung und des Verhaltens der Arbeitnehmer im Betrieb. Bei der Ausübung des Ermessens hat der Arbeitgeber auch auf Behinderungen des Arbeitnehmers Rücksicht zu nehmen.

Beispiele

- Der Geschäftsführer der Bürodesign GmbH fordert Frau Schorn auf, alle Aufträge der Bodo Lukas KG aus den letzten fünf Jahren herauszusuchen. Auch wenn es sich um eine unangenehme Arbeit handelt, muss Frau Schorn den Anordnungen Folge leisten, da es sich um eine Anweisung im Rahmen ihres Arbeitsvertrages handelt.
- Der Abteilungsleiter der Produktion, Herr Müller, fordert den Gesellen Braun auf, in der Mittagspause sein Auto zu reparieren. Er ist der Meinung, Gesellenjahre seien keine Herrenjahre und er habe als Geselle seiner Chefin sogar im Haushalt helfen müssen. Der Geselle muss den Anordnungen nicht folgen, da sie in keinem Zusammenhang mit dem Arbeitsvertrag stehen.

Der Arbeitnehmer muss über Geschäfts- und Betriebsgeheimnisse Stillschweigen bewahren (**Schweigepflicht**).

Beispiel Jutta Meier ist als Auszubildende in der Beschaffungsabteilung eingesetzt. Die Namen der Lieferanten der Bürodesign GmbH, Einkaufspreise und Konditionen sind Betriebsgeheimnisse und unterliegen der Schweigepflicht. Teilt sie diese einem Konkurrenten mit, muss sie mit einer fristlosen Kündigung rechnen.

Der Arbeitnehmer darf ohne Einwilligung des Arbeitgebers „weder ein Handelsgewerbe betreiben noch in dem Handelszweige des Prinzipals für eigene oder fremde Rechnung Geschäfte machen“ (§ 60 Abs. 1 HGB). Dieser Paragraf beinhaltet zwei Verbote: Der kaufmännische Angestellte darf sich nicht selbstständig machen (**Handelsverbot**) und er darf auf eigene oder fremde Rechnung keine Geschäfte in der Branche des Arbeitgebers abschließen (**Wettbewerbsverbot**). Das Wettbewerbsverbot kann auf die Zeit nach Beendigung des Dienstverhältnisses ausgedehnt werden. In diesem Fall muss der Arbeitgeber dem Arbeitnehmer für die Dauer des Verbots eine Entschädigung zahlen (§ 74 HGB).

Grundzüge von Arbeitsverträgen

- Der Arbeitsvertrag ist eine Form des Dienstvertrages. Aus ihm ergeben sich für den Arbeitnehmer Rechte und Pflichten:

Arbeitsvertrag

Rechte

- Vergütung
- Fürsorge
- Urlaub
- Zeugnis
- Kündigungsfrist

Pflichten

- Dienstleistung
- Weisungen Folge leisten
- Schweigepflicht
- Handelsverbot
- Wettbewerbsverbot

1 Erläutern Sie, durch welche Regelungen die Vertragsfreiheit beim Abschluss eines Arbeitsvertrages eingeschränkt wird.

2 Ein Angestellter der Bürodesign GmbH jobbt während des Urlaubs als Animateur in einem Ferienclub. Als Frau Friedrich davon erfährt, verbietet sie ihm den Ferienjob. Der Angestellte ist der Meinung, was er in seinem Urlaub mache, gehe niemanden etwas an. Beurteilen Sie den Fall.

3 Ein Angestellter der Bürodesign GmbH wird im Urlaub krank. Durch Attest kann er sechs Tage Arbeitsunfähigkeit belegen. Welche Auswirkungen hat dies auf seinen Urlaubsanspruch?

4 Schreiben sie ein qualifiziertes Arbeitszeugnis über Ihren Banknachbarn in seiner Eigenschaft als Schüler. Tragen Sie das Ergebnis vor und begründen Sie die gewählten Formulierungen.

5 Diskutieren Sie das in Aufgabe 4 erstellte Zeugnis mit Ihrem Banknachbarn. Der Rest der Klasse beobachtet die Diskussion und fertigt darüber ein Protokoll an.

6 Erstellen Sie für einen neuen Mitarbeiter der Bürodesign GmbH
a) für die Verwaltung,
b) für die Produktion
einen Musterarbeitsvertrag.

5 Rechtsform der Unternehmung als Rahmenbedingung für unternehmerische Entscheidungsprozesse

5.1 Kaufmannseigenschaften, Firma, Handelsregister

5.1.1 Kaufmannseigenschaften

Jan, ein ehemaliger Freund von Renate Becker, hat die Ausbildung als Kaufmann für Büromanagement aufgegeben, um Fotograf zu werden. Leider hat auch das nicht geklappt, aber nach einigem Hin und Her hat Jan es jetzt geschafft. Er verkauft als selbstständiger Kaufmann Fotoprodukte und Fotobücher. Eine neue Freundin hat er auch. Und dann kommt plötzlich diese Karte:

❀ Ihre Verlobung geben bekannt: ❀

Anna Weber
Steuerfachangestellte

Jan Wolf
Kaufmann

Die Verlobungsfeier findet statt am 2. Mai 20.. um 15:00 Uhr
im Dorfgemeinschaftshaus Winterscheid, Stiftstraße 15, 53809 Winterscheid.

Renate ist sauer! Von wegen Kaufmann, der hat doch die Ausbildung abgebrochen. Wenn alles gut geht, wird sie in einem Jahr Kauffrau sein. Industriekauffrau. In der Mittagspause erzählt sie Herrn Kaya, ihrem Abteilungsleiter, von der Sache. Aber der weiß es natürlich wie immer besser: „Sie sind doch nur eifersüchtig. Und wer Kaufmann ist, regelt das HGB!"

- Stellen Sie fest, ob Jan Kaufmann im Sinne des HGB ist.
- Erläutern Sie die verschiedenen Kaufmannseigenschaften.

Gewerbetreibender (Istkaufmann)

Umgangssprachlich bezeichnet man Menschen als Kaufleute, die eine entsprechende Ausbildung abgeschlossen haben.

Beispiele Kaufmann/Kauffrau für Büromanagement, Diplom-Kauffrau

Wer im juristischen Sinne Kaufmann ist, regelt das HGB.

§ 1 HGB
(1) Kaufmann im Sinne dieses Gesetzbuchs ist, wer ein Handelsgewerbe betreibt.

Ein Handelsgewerbe ist jede auf Dauer angelegte und auf Gewinnerzielung ausgerichtete selbstständige Tätigkeit, die einen in **kaufmännischer Weise eingerichteten Geschäftsbetrieb** erfordert. Eine kaufmännische Einrichtung muss dabei nicht tatsächlich vorhanden, sondern grundsätzlich nur erforderlich sein.

Handelsgewerbe ist nach § 1 Abs. 2 HGB jedes gewerbliche Unternehmen, das einen in kaufmännischer Weise eingerichteten Gewerbebetrieb erfordert, und zwar ohne Rücksicht auf die Eintragung ins Handelsregister. Das Vorliegen eines Handelsgewerbes ist somit unabhängig von der Eintragung in das Handelsregister.

§ 1 HGB
(2) Handelsgewerbe ist jeder Gewerbebetrieb, es sei denn, dass das Unternehmen nach Art oder Umfang einen in kaufmännischer Weise eingerichteten Geschäftsbetrieb nicht erfordert.

Es besteht die **Pflicht zur deklaratorischen Eintragung** (vgl. S. 109) ins Handelsregister. Versäumt ein Gewerbetreibender die Eintragung ins Handelsregister, kann er durch Ordnungsmaßnahmen dazu gezwungen werden.

Der Gewerbetreibende trägt die **Beweislast**, dass sein Unternehmen nicht kaufmännisch ist, d. h., es wird von der Vermutung ausgegangen, dass bei Vorliegen eines Gewerbes ein Handelsgewerbe und damit Kaufmannsstatus vorliegt.

Wissenschaftliche und künstlerische Tätigkeiten, die als freie Berufe ausgeübt werden können, sind eintragungsunfähig, diese Personen gelten somit als **Nichtkaufleute**. Ebenfalls sind die sonstigen freien Berufe (z. B. Ärzte, Rechtsanwälte, Steuerberater) von der Regelung des § 1 HGB ausgenommen, auch sie sind keine Kaufleute.

Ein Nichtkaufmann ist nicht berechtigt, eine Firma zu führen, er kann aber sein Gewerbe mit einer Geschäftsbezeichnung benennen, sofern die Bezeichnung nicht den Anschein eines kaufmännischen Gewerbes erzeugt.

Beispiel Thomas Klein betreibt in Duisburg einen Imbissstand. Er führt hierfür die Geschäftsbezeichnung Speiserestaurant Klein. Diese Geschäftsbezeichnung ist nicht zulässig. Zulässig wäre die Bezeichnung „Speisekajüte Klein" oder „Grillhütte Klein".

Ist die Firma eines Gewerbetreibenden im Handelsregister eingetragen, ohne dass der Gewerbetreibende die Voraussetzungen für die Eintragung erfüllt, so ist der Gewerbetreibende ein sog. **Scheinkaufmann**. Es kann gegenüber demjenigen, der sich auf die Eintragung beruft, nicht geltend gemacht werden, dass das unter der Firma betriebene Gewerbe überhaupt kein Handelsgewerbe sei.

§ 5 HGB
Ist eine Firma im Handelsregister eingetragen, so kann gegenüber demjenigen, welcher sich auf die Eintragung beruft, nicht geltend gemacht werden, dass das unter der Firma betriebene Gewerbe kein Handelsgewerbe sei.

Jeder Gewerbetreibende ist ohne Rücksicht auf die Branche Kaufmann.
Jedes gewerbliche Unternehmen, dessen Betrieb nach Art und Umfang eine kaufmännische Organisation erfordert, ist ein Handelsgewerbe.

Eine **kaufmännische Organisation** ist erforderlich, wenn eine kaufmännische Buchführung geführt werden muss. Dies ist der Fall, wenn **eine der folgenden Größen** in zwei aufeinander folgenden Jahren überschritten wird:

- 60 000,00 € Gewinn pro Jahr oder
- 600 000,00 € Umsatz

Für den Kaufmann nach § 1 HGB gilt das HGB in **vollem Umfang**. Er

- muss Handelsbücher führen,
- muss sich in das **Handelsregister** eintragen lassen (vgl. S. 108 ff.),
- führt eine **Firma** (vgl. S. 106 ff.) und darf **Prokura** erteilen (vgl. S. 43 ff.),
- kann **Personengesellschaften** gründen (vgl. S. 112 ff.) und
- bürgt selbstschuldnerisch.

Bd. 2

Kleingewerbetreibender (Kannkaufmann)

Ein Gewerbetreibender, dessen Betrieb keine kaufmännische Organisation erfordert, ist Kleingewerbetreibender. Für ihn gilt das HGB nur in **beschränktem Umfang**. Er

- ist nur zu eingeschränkter Buchführung verpflichtet,
- braucht sich nicht in das Handelsregister eintragen zu lassen,
- führt keine Firma und
- kann keine Personengesellschaften gründen.

Beispiel Der Großküchenlieferant Hans Sand, der die Bürodesign GmbH beliefert, macht bei einem Eigenkapital von 50 000,00 € einen Umsatz von 200 000,00 € pro Jahr und einen Gewinn von 20 000,00 €. Somit ist er Kleingewerbetreibender.

§ 2 HGB
Ein gewerbliches Unternehmen, dessen Gewerbebetrieb nicht schon nach § 1 Abs. 2 Handelsgewerbe ist, gilt als Handelsgewerbe im Sinne dieses Gesetzbuchs, wenn die Firma des Unternehmens in das Handelsregister eingetragen ist. Der Unternehmer ist berechtigt, aber nicht verpflichtet, die Eintragung nach den für die Eintragung kaufmännischer Firmen geltenden Vorschriften herbeizuführen. Ist die Eintragung erfolgt, so findet eine Löschung der Firma auch auf Antrag des Unternehmers statt, sofern nicht die Voraussetzung des § 1 Abs. 2 eingetreten ist.

Ein in kaufmännischer Weise eingerichteter Geschäftsbetrieb ist i. d. R. erforderlich, wenn eine kaufmännische Buchführung notwendig ist und kaufmännische Mitarbeiter beschäftigt werden. Ist dies nicht der Fall, **kann** sich der Gewerbetreibende freiwillig in das Handelsregister eintragen lassen (**Kannkaufmann** gem. § 2 HGB). Ab dem Zeitpunkt der Eintragung ist der Gewerbetreibende Kaufmann, folglich ist die Wirkung der Eintragung **konstitutiv** (vgl. S. 109).

Beispiele Kiosk, Blumengeschäft, Lottoannahmestelle

▲ Land- und Forstwirtschaft (Kannkaufmann)

§ 3 HGB

(1) Auf den Betrieb der Land- und Forstwirtschaft finden die Vorschriften des § 1 keine Anwendung.

(2) Für ein land- oder forstwirtschaftliches Unternehmen, das nach Art und Umfang einen in kaufmännischer Weise eingerichteten Geschäftsbetrieb erfordert, gilt § 2 mit der Maßgabe, dass nach Eintragung in das Handelsregister eine Löschung der Firma nur nach den allgemeinen Vorschriften stattfindet, welche für die Löschung kaufmännischer Firmen gelten.

(3) Ist mit dem Betrieb der Land- oder Forstwirtschaft ein Unternehmen verbunden, das nur ein Nebengewerbe des land- oder forstwirtschaftlichen Unternehmens darstellt, so finden auf das im Nebengewerbe betriebene Unternehmen die Vorschriften der Absätze 1 und 2 entsprechende Anwendung.

Ein land- und forstwirtschaftliches Unternehmen **kann** demnach den Hauptbetrieb (§ 3 Abs. 2 HGB) oder den Nebenbetrieb (§ 3 Abs. 3 HGB) in das Handelsregister eintragen lassen. Ab dem Zeitpunkt der Eintragung ist der Gewerbetreibende Kaufmann **(Kannkaufmann)**.

Beispiel Landwirt mit einer Mühle, Brennerei oder Molkerei im Nebengewerbe

▲ Handelsgesellschaften (Formkaufmann)

Die **Aktiengesellschaft** (vgl. S. 119 ff.), die **Gesellschaft mit beschränkter Haftung** (vgl. S. 116 ff.) und die eingetragene Genossenschaft sind Kaufmann **kraft Rechtsform (Formkaufmann)**. Sie sind ab der Eintragung in das Handelsregister juristische Person und erwerben damit ohne Rücksicht auf den Gegenstand des Unternehmens die Eigenschaft eines Kaufmanns.

§ 6 HGB
(1) Die in Betreff der Kaufleute gegebenen Vorschriften finden auch auf die Handelsgesellschaften Anwendung.

Beispiel Bürodesign GmbH, Vereinigte Spanplatten AG

Kaufmannseigenschaften

Gewerbe
= auf Dauer angelegt und auf Gewinnerzielung ausgerichtete selbstständige Tätigkeit i. S. d. § 1 HGB

Gewerbetreibender = Istkaufmann	**Kleingewerbetreibender** = Kannkaufmann	**Land- und Forstwirtschaft** = Kannkaufmann	**Handelsgesellschaften** = Formkaufmann
▪ Kaufmann kraft Betätigung ohne Rücksicht auf die Eintragung i. S. d. § 1 HGB	▪ kein Kaufmann ▪ im Falle der Eintragung Kaufmann i. S. d. § 2 HGB	▪ im Regelfall kein Kaufmann ▪ im Falle der Eintragung Kaufmann i. S. d. § 3 HGB	▪ ohne Rücksicht auf den Gegenstand des Unternehmens ▪ Kaufmann i. S. d. § 6 HGB

1 Für den Kaufmann gilt das HGB in vollem Umfang. Erläutern Sie, welche Rechtsfolgen der Status eines Kaufmanns hat. Schlagen Sie dazu im HGB nach (www.gesetze-im-internet.de/hgb/).

2 Erläutern Sie die Rechte und Pflichten
a) des Kaufmanns nach § 1 HGB,
b) des Kleingewerbetreibenden.

3 Die Wirtschaftsauskunftei Müller beschäftigt 35 Mitarbeiter.
a) Überprüfen Sie, ob Herr Müller Kaufmann ist.
b) Stellen Sie fest, ob er Kaufmann kraft Eintragung oder kraft Gesetz ist.
c) Überprüfen Sie, ob er Bücher führen muss.

4 Stellen Sie fest, ob es sich in den unten stehenden Fällen
1. um einen Kaufmann nach § 1 HGB,
2. um einen Kannkaufmann,
3. um einen Formkaufmann,
4. nicht um einen Kaufmann

im Sinne des HGB handelt.
a) Anja Schmitz ist Inhaberin eines nicht im Handelsregister eingetragenen Glas- und Porzellan-Einzelhandelsgeschäftes. Sie betreibt den Betrieb allein.
b) Beim Schulfest des Berufskollegs Köln verkaufen Schüler Pizza.
c) Die Autoreparaturwerkstatt Schmitz GmbH ist in das Handelsregister eingetragen.

5 Sammeln Sie Anzeigen aus der Tageszeitung oder einer Jobbörse im Internet und ordnen Sie die Unternehmen den jeweiligen Kaufmannseigenschaften zu.

6 Prüfen Sie in den folgenden Fällen, ob es sich um einen Istkaufmann, einen Kannkaufmann oder einen Formkaufmann handelt:
a) Farbenwerke Wilhelm Weil AG
b) Heinrich Schulte e. K.
c) Kiosk Martha Metzger
d) Forstbetrieb Schneider
e) Caroline Kurz, Handelsvertreterin
f) Krankenhaus GmbH „Zum guten Hirten“ (200 Betten)

5.1.2 Die Firma

Als Renate Jan anrufen will, um ihm zur Verlobung zu gratulieren, hat sie seine Verlobte Anna Weber am Apparat. Eigentlich will sie sofort auflegen, aber dann gratuliert sie doch. Anna erzählt stolz, dass sie ihre Stelle zum 31.12. kündigen will, um dann für die Firma Jan Wolf, Internationaler Fotopapierhandel, die Buchhaltung zu machen. In der Mittagspause berichtet Renate aufgeregt Herrn Kaya: „Stellen Sie sich vor, die arbeitet jetzt sogar bei Jan in der Firma!“ Aber Kaya lässt sie wieder abblitzen: „Alten Liebschaften soll man nicht nachtrauern und außerdem sollten Sie sich der kaufmännischen Fachsprache bedienen, Frau Becker!“

- Stellen Sie fest, an welcher Stelle Renate sich nicht der kaufmännischen Fachsprache bedient hat.
- Erläutern Sie Firmenarten und -grundsätze.

Begriff der Firma

§ 17 HGB
(1) Die Firma eines Kaufmanns ist der Name, unter dem er seine Geschäfte betreibt und die Unterschrift abgibt.

Die Firma besteht aus dem Firmenkern und dem Firmenzusatz. Der **Firmenkern** beinhaltet den Namen des Unternehmens, den Gegenstand des Unternehmens oder eine Fantasiebezeichnung.

Beispiele Hanckel & Cie. GmbH, Chemische Fabriken KG, Donald Duck OHG, Bürodesign GmbH

Der **Firmenzusatz** kann das Gesellschaftsverhältnis erklären, über Art und Umfang des Geschäftes Auskunft geben oder der Unterscheidung der Person oder des Geschäftes dienen. Er muss der Wahrheit entsprechen.

§ 19 HGB
(1) Die Firma muss [...] enthalten:

1. bei Einzelkaufleuten die Bezeichnung „eingetragener Kaufmann“, „eingetragene Kauffrau“ oder eine allgemein verständliche Abkürzung dieser Bezeichnung, insbesondere „e. K.“, „e. Kfm.“ oder „e. Kfr.“;
2. bei einer offenen Handelsgesellschaft die Bezeichnung „offene Handelsgesellschaft“ oder eine allgemein verständliche Abkürzung dieser Bezeichnung;
3. bei einer Kommanditgesellschaft die Bezeichnung „Kommanditgesellschaft“ oder eine allgemein verständliche Abkürzung dieser Bezeichnung.

(2) Wenn in einer offenen Handelsgesellschaft oder Kommanditgesellschaft keine natürliche Person persönlich haftet, muss die Firma [...] eine Bezeichnung enthalten, welche die Haftungsbeschränkung kennzeichnet.

Beispiele Abels, Wirtz & Co. KG, Sicherheitstechnik, Stammes Stahlrohr GmbH, Bürodesign GmbH

Arten der Firma

- **Personenfirma:** Der Firmenkern besteht aus einem oder mehreren Namen und gegebenenfalls dem Vornamen.

  Beispiele Bodo Lukas KG, Klaus Oswald e. K.
- **Sachfirma:** Der Firmenkern ist aus dem Gegenstand des Unternehmens abgeleitet.

  Beispiele Bürodesign GmbH, Büromöbel GmbH Europa
- **Gemischte Firma:** Die Firma besteht aus Namen und Gegenstand des Unternehmens

  Beispiele Bürobedarfsgroßhandel Schneider & Co. OHG, Stammes Stahlrohr GmbH
- **Fantasiefirma:** Die Firma besteht aus einer Abkürzung oder einem Fantasienamen.

  Beispiele Klassik 2000 GmbH, Utopia AG

Firmengrundsätze

Bei der Wahl der Firma muss der Kaufmann neben den Vorschriften, die sich auf die Unternehmensform beziehen, die **Firmengrundsätze** beachten.

Firmenwahrheit/Firmenklarheit:

Bei einer Sachfirma muss der Gegenstand der Unternehmung den Tatsachen entsprechen **(Firmenwahrheit)**. Firmenzusätze dürfen nicht zu einer Täuschung über die Art oder den Umfang des Geschäfts oder die Verhältnisse des Geschäftsinhabers Anlass geben **(Firmenklarheit)**.

Beispiel Jan Wolf verstößt gegen den Grundsatz der Firmenwahrheit. Die Bezeichnung „Internationaler Fotopapierhandel Wolf e. K." ist eine Täuschung über den Umfang des Geschäftes.

Firmenausschließlichkeit:

Ist eine Firma in das Handelsregister eingetragen, hat sie **das ausschließliche Recht**, im Amtsgerichtsbezirk diese Firma zu führen.

Firmenbeständigkeit:

Bei einem Wechsel in der Person des Inhabers darf die Firma **fortgeführt** werden. Dies kann mit oder ohne einen das Nachfolgeverhältnis andeutenden Zusatz geschehen.

Beispiel Bodo Lukas erwirbt den Büromöbelgroßhandel Theodor Becker e. K. Folgende Firmen sind möglich:

- Bodo Lukas e. Kfm.
- Theodor Becker e. Kfm.
- Theodor Becker e. K., Inhaber Bodo Lukas
- Bodo Lukas, vormals Theodor Becker e. Kfm.
- Theodor Becker Nachfolger e. Kfm.

§ 25 HGB
(1) Wer ein unter Lebenden erworbenes Handelsgeschäft unter der bisherigen Firma mit oder ohne Beifügung eines das Nachfolgeverhältnis andeutenden Zusatzes fortführt, haftet für alle im Betriebe des Geschäfts begründeten Verbindlichkeiten des früheren Inhabers. [...]

Ein **Ausschluss der Haftung des Erwerbers** ist möglich. Er muss jedoch in das Handelsregister eingetragen und veröffentlicht werden. Die Ansprüche der Gläubiger gegen den früheren Inhaber verjähren nach fünf Jahren. Selbstverständlich gehen auch alle Forderungen auf den neuen Inhaber über.

Firmenöffentlichkeit:

Jeder Kaufmann ist verpflichtet, seine Firma am Ort der Niederlassung in das Handelsregister eintragen zu lassen, damit sich jedermann über die Rechtsverhältnisse informieren kann.

Die Firma

Begriff	Arten	Grundsätze
Die Firma eines Kaufmanns ist der **Name, unter dem er sein Handelsgewerbe betreibt** und die Unterschrift abgibt. Einzelkaufleuten, Personengesellschaften und Kapitalgesellschaften ist die freie Wahl einer aussagekräftigen, werbewirksamen Firma gestattet, wenn diese unterscheidungskräftig ist, die Gesellschaftsverhältnisse offenlegt und nicht irreführend ist.	– Personenfirma z. B. Jan Wolf e. K. – Sachfirma z. B. Bürodesign GmbH – Gemischte Firma z. B. Bürobedarf Schneider e. K. – Fantasiefirma z. B. Futura GmbH	– Wahrheit – Ausschließlichkeit – Beständigkeit – Öffentlichkeit

1 Suchen Sie im Internet je drei Beispiele für eine Personen-, Sach-, Fantasiefirma und gemischte Firma heraus und stellen Sie diese vor.

2 Erläutern Sie, warum es wichtig ist, dass man die Firma bei Erwerb eines Handelsgeschäfts fortführen kann.

3 Fritz Müller und Gabi Stein wollen einen Versandhandel für Computerzubehör gründen. Erläutern Sie, welche Überlegungen sie bei der Wahl der Firma anstellen müssen.

4 Der Bürodesign GmbH wird ein alteingesessenes Unternehmen zum Kauf angeboten. Welche Überlegungen sollten bei der Wahl der Firma angestellt werden?

5 Sie haben im Kapitel „Kaufmannseigenschaften" Anzeigen von Unternehmen der Region gesammelt. Ordnen Sie diese jetzt nach den Arten der Firma.

5.1.3 Das Handelsregister

Der „Internationale Fotopapierhandel Jan Wolf e. K." lässt Renate keine Ruhe. Sie möchte zu gern wissen, was sich hinter dieser Firma verbirgt. Deshalb fragt sie in der Mittagspause Frau Geissler, ob es eine Möglichkeit gibt, Informationen über das Unternehmen von Jan Wolf zu bekommen. Frau Geissler hat eine einfache Lösung: „Alle wichtigen Informationen über Kaufleute und Handelsgesellschaften sind im Handelsregister niedergelegt. Und das Handelsregister ist für jedermann im Internet zugänglich!" Sie holt einen Ausdruck des Handelsregisterauszugs der Bürodesign GmbH aus einer Akte und zeigt ihn Renate.

Amtsgericht — **HR B 9842**

Nr. der Eintragung	a) Firma b) Ort der Niederlassung (Sitz der Gesellschaft) c) Gegenstand des Unternehmens (bei juristischen Personen)	Grund- oder Stammkapital €	Vorstand Persönlich haftende Gesellschafter Geschäftsführer Abwickler	Prokura	Rechtsverhältnisse	a) Tag der Eintragung und Unterschrift b) Bemerkung
1	2	3	4	5	6	7
1	a) Bürodesign GmbH b) 50933 Köln (Sitz der Gesellschaft) c) Herstellung und Vertrieb von Büromöbeln	600 000,00	Dipl.-Ing. Helma Friedrich Dipl.-Kfm. Klaus Stein	Kaya, Ali, Köln Müller, Gerd, Bergheim Stam, Bodo, Köln Jäger, Petra, Köln haben Gesamtprokura, jeder in Gemeinschaft mit einem anderen Prokuristen	Gesellschaft mit beschränkter Haftung. Der Gesellschaftsvertrag ist am 1. April .. festgestellt. Die Gesellschaft hat zwei Geschäftsführer. Sie wird durch einen Geschäftsführer in Alleinvertretungsbefugnis vertreten.	a) 1. April ..

„Ein Interessent kann sich über jeden Kaufmann und jede Handelsgesellschaft unter www.unternehmensregister.de informieren!" Renate ist verblüfft. Dann könnte sie sich ja auch eine solche Information über das Unternehmen von Jan Wolf beschaffen!

- Suchen Sie Gründe, die für die Notwendigkeit der Öffentlichkeit des Handelsregisters sprechen.
- Stellen Sie fest, welche Wirkung die Handelsregistereintragung hat.

Das Handelsregister ist ein **amtliches Verzeichnis aller Kaufleute**, das vom Amtsgericht des Bezirks geführt wird. Es soll die Öffentlichkeit über wichtige Sachverhalte und Rechtsverhältnisse der Kaufleute und Handelsgesellschaften unterrichten.

§ 9 HGB
(1) Die Einsichtnahme in das Handelsregister sowie in die zum Handelsregister eingereichten Dokumente ist jedem zu Informationszwecken gestattet. [...]

Das Handelsregister wird online geführt und kann unter **www.handelsregister.de** eingesehen werden.

Der Datenabruf von HR-Auszügen ist kostenpflichtig. Eintragungen in das Handelsregister und deren Änderungen werden zudem durch die Registergerichte unter **www.handelsregisterbekanntmachungen.de** veröffentlicht.

Darüber hinaus gibt es ein elektronisches Unternehmensregister: **www.unternehmensregister.de**. In diesem werden neben den Handelsregistereinträgen weitere wichtige Unternehmensdaten zentral zusammengeführt und veröffentlicht.

Gliederung des Handelsregisters

Das Handelsregister wird in **zwei Abteilungen** geführt, und zwar in: Abteilung A für Einzelkaufleute und Personengesellschaften, Abteilung B für Kapitalgesellschaften.

Die Genossenschaften werden in ein spezielles **Genossenschaftsregister** eingetragen.

Anmeldung in das Handelsregister

Die **Anmeldung** muss elektronisch in notariell beglaubigter Form erfolgen. Die **Unterschriften der Zeichnungsberechtigten** sind beim Handelsregister zu hinterlegen.

Ebenfalls eingetragen wird z. B. die Auflösung der Unternehmung. **Löschungen** im Handelsregister erfolgen, indem Eintragungen unterstrichen werden.

Wirkung der Eintragung

Die **Wirkung** der Eintragung kann rechtsbezeugend **(deklaratorisch)** oder rechtserzeugend **(konstitutiv)** sein.

Deklaratorisch bedeutet, dass die Rechtswirkung schon mit Aufnahme des Handelsgewerbes eingetreten ist. Die Eintragung in das Handelsregister bezeugt diese Tatsache lediglich.

Beispiel Zum Kaufmann wurde die Bodo Lukas KG mit Aufnahme eines Handelsgewerbes. Die Eintragung in das Handelsregister bezeugt diese Tatsache lediglich.

Konstitutiv bedeutet, dass die Rechtswirkung erst mit der Eintragung in das Handelsregister eintritt. So wird der Kleingewerbetreibende erst im Moment der Eintragung Kaufmann i. S. des HGB. Die Eintragung erzeugt die Rechtswirkung.

Beispiel Die Bürodesign GmbH entstand als juristische Person im Moment der Eintragung.

Ist eine Tatsache eingetragen und bekannt gemacht, muss ein Dritter sie gegen sich gelten lassen, auch wenn er sie nicht kannte **(Öffentlichkeitswirkung)**.

Beispiel Helga Kowski ist Prokuristin der Abels, Wirtz & Co. KG. Wegen einer Unterschlagung wird ihr die Prokura entzogen und der Arbeitsvertrag fristlos gekündigt. Die Entziehung der Prokura wird im Handelsregister eingetragen und veröffentlicht. Eine Woche später kauft Frau Kowski im Namen der Abels, Wirtz & Co. KG bei der Auto-Becker GmbH einen Pkw der Oberklasse und verschwindet mit dem Fahrzeug. Da die Prokura von Frau Kowski erloschen war, kann die Auto-Becker GmbH die Forderung nicht gegen die Abels, Wirtz & Co. KG geltend machen.

Jeder Kaufmann sollte das Unternehmensregister sorgfältig lesen. Nur so kann er sicherstellen, dass er jederzeit über Veränderungen, z. B. bei der Haftung eines Kunden, informiert ist.

Das Handelsregister

1 Erläutern Sie den Unterschied zwischen deklaratorischer und konstitutiver Wirkung einer Eintragung in das Handelsregister anhand je eines Beispiels.

2 Welche Rechtsfolgen hat die so genannte Öffentlichkeitswirkung des Handelsregisters? Erläutern Sie den Sachverhalt anhand eines Beispiels.

3 Besuchen Sie das Unternehmensregister im Internet. Stellen Sie fest, auf welche Daten ein Kaufmann durch das Register Zugriff hat. Präsentieren Sie die Ergebnisse in der Klasse.

Beschaffen Sie die öffentlichen Bekanntmachungen des Handelsregisters Ihrer Tageszeitung oder aus dem Unternehmensregister (www.unternehmensregister.de) und erläutern Sie einen Handelsregisterauszug.

4 Prüfen und begründen Sie, ob die nachfolgenden Aussagen den gesetzlichen Vorschriften zum Handelsregister entsprechen:
a) Das Handelsregister ist das Verzeichnis aller Kaufleute eines Amtsgerichtsbezirkes.
b) In das Handelsregister dürfen nur Kaufleute bei Vorliegen eines berechtigten Interesses Einblick nehmen.
c) Die Aktiengesellschaft wird in die Abteilung A (HRA) des Handelsregisters eingetragen.
d) Kapitalgesellschaften werden in die Abteilung B (HRB) des Handelsregisters eingetragen.
e) Eintragungen, die im Handelsregister rot unterstrichen sind, gelten als gelöscht.
f) Bestellung oder Widerruf der Prokura müssen nicht in das Handelsregister eingetragen werden.
g) Die Anmeldung zum Handelsregister kann formlos erfolgen.

5 Stellen Sie im Rahmen einer Internetrecherche fest, ob es Handelsregistereintragungen zu Betrieben aus Ihrer Region gibt, die Büromöbel herstellen und vertreiben. Führen Sie die Ergebnisse Ihrer Recherche mithilfe einer Präsentationssoftware zusammen.

5.2 Rechtsformen der Unternehmung und ihre Entscheidungskriterien

5.2.1 Die Einzelunternehmung

Sabine Freund, Gruppenleiterin Marketing der Bürodesign GmbH, will sich selbstständig machen. Sie plant die Eröffnung einer Boutique für exklusives Bürozubehör. Vor- und Nachteile einer Existenzgründung hat sie abgewogen, und auch die Frage der Firma ist bereits geklärt. Als sich im Zusammenhang mit einer Gründungsberatung bei der Industrie- und Handelskammer die Frage nach der geeigneten Unternehmensform stellt, ist für Frau Freund schnell klar, dass sie alleinige Inhaberin ihres Unternehmens sein will: „Dafür habe ich mich ja selbstständig gemacht!"

- Diskutieren Sie, welche Voraussetzung Frau Freund mitbringen muss, damit die Gründung ihres Unternehmens ein Erfolg wird.
- Erstellen Sie mithilfe einer Präsentationssoftware ein digitales Produkt, in dem Sie die Vor- und Nachteile der Gründung einer Einzelunternehmung gegenüberstellen.

Die Einzelunternehmung wird von **einer Person** betrieben, die das Eigenkapital allein aufbringt.

Die **Firma** der Einzelunternehmung kann Personen-, Sach-, Fantasiefirma oder gemischte Firma sein und muss den Zusatz „eingetragene Kauffrau (e. Kffr.)" oder „eingetragener Kaufmann (e. K.)" tragen.

Die **Gründung** erfolgt formlos. Falls es sich um ein Handelsgewerbe nach § 1 HGB handelt und das Gewerbe in kaufmännischem Umfang betrieben wird, ist eine Eintragung in das Handelsregister erforderlich.

Beispiele Sabine Freund e. K., Bürozubehör-Einzelhandel; August Stark e. K., Befestigungstechnik

§ 18 HGB

(1) Die Firma muss zur Kennzeichnung des Kaufmanns geeignet sein und Unterscheidungskraft besitzen.

(2) Die Firma darf keine Angaben enthalten, die geeignet sind, über geschäftliche Verhältnisse, die für die angesprochenen Verkehrskreise wesentlich sind, irrezuführen. [...]

Da der Einzelunternehmer als alleiniger **Eigenkapitalgeber** fungiert, ist die Eigenkapitalbasis durch das Betriebsvermögen des Unternehmers begrenzt. Eine Erweiterung des Eigenkapitals kann nur durch die Nichtentnahme erzielter Gewinne und Privateinlagen erfolgen.

Beispiel Sabine Freund nimmt auf ihr Einfamilienhaus eine Grundschuld in Höhe von 100 000,00 € auf und finanziert damit die Geschäftsausstattung.

Auch den Möglichkeiten der **Fremdkapitalbeschaffung** sind bei der Einzelunternehmung enge Grenzen gesetzt, da sich die Beschränkung des Haftungskapitals auf das Vermögen **einer** Person nachteilig auf die Kreditwürdigkeit auswirken kann.

Der Einzelunternehmer **haftet** für die Verbindlichkeiten seines Unternehmens allein und unbeschränkt, d. h. mit seinem gesamten Vermögen.

Beispiel Die Einzelunternehmerin Freund hat für die Gründung ihrer Bürozubehör-Einzelhandlung bei der Bank einen Kredit aufgenommen. Sie haftet hierfür mit ihrem gesamten Vermögen, d. h. auch mit ihrem Privatvermögen.

Da der Einzelunternehmer alle Risiken allein übernimmt, steht ihm auch der gesamte **Gewinn** zu, andererseits trägt er auch alle **Verluste** allein.

Der Einzelunternehmer ist alleiniger Inhaber, er hat infolgedessen auch alle Entscheidungsbefugnisse. Er hat das alleinige Recht, im Innenverhältnis die Geschäfte zu führen **(Geschäftsführungsbefugnis)** und das Unternehmen im Außenverhältnis gegenüber Dritten zu vertreten **(Vertretungsbefugnis)**.

Die Einzelunternehmung

Definition	– Gewerbebetrieb, dessen Eigenkapital von einer Person aufgebracht wird
Gründung	– eine Person – Eintragung in das Handelsregister bei Handelsgewerbe mit kaufmännischem Umfang
Firma	– Personen-, Sach-, Fantasiefirma oder gemischte Firma und der Zusatz „eingetragener Kaufmann (e. Kfm., e. K.)" oder „eingetragene Kauffrau (e. Kffr., e. K.)"
Kapitalaufbringung	– durch den Einzelunternehmer
Haftung	– allein und unbeschränkt
Geschäftsführung und Vertretung	– allein durch den Einzelunternehmer
Gewinne und Verluste	– erhält bzw. trägt der Einzelunternehmer

1 Beschreiben Sie die Rechtsform der Einzelunternehmung.

2 Der Einzelunternehmer Eberle e. K. ist zahlungsunfähig. Der Gläubiger Pfeiffer behauptet, Eberle hafte auch mit seinem Privatvermögen. Eberle selbst steht auf dem Standpunkt, Geschäfts- und Privatvermögen hätten nichts miteinander zu tun. Nehmen Sie zu diesen Behauptungen Stellung.

3 Stellen Sie fest, wer sich in Ihrer Klasse einmal selbstständig machen möchte, und diskutieren Sie die damit verbundenen Vor- und Nachteile.

4 August Stark ist Tischlermeister und Großhändler für Befestigungstechnik. Er betreibt sein Unternehmen als Einzelunternehmung. Die Bürodesign GmbH, mit der er seit vielen Jahren in Geschäftsbeziehung steht, bietet ihm einen Auftrag an. Stark soll Aufbau und Montage der Möbel für einen Großauftrag der Bürodesign GmbH übernehmen. Er müsste dazu jedoch zwei Lkw anschaffen und vier weitere Mitarbeiter einstellen. Überlegen Sie, welche Schwierigkeiten sich für Stark im Bereich der Kapitalbeschaffung ergeben.

5 Stellen Sie in einem Kurzreferat die Unternehmensform der Einzelunternehmung vor. Nutzen Sie Tafel, Beamer oder andere Medien zur Veranschaulichung. Sichern Sie die Ergebnisse in der Cloud.

5.2.2 Die offene Handelsgesellschaft (OHG)

Sabine Freunds Bürozubehör-Geschäft ist eröffnet. Das Einkaufszentrum, in dem sie ihr Einzelhandelsgeschäft betreibt, entwickelt sich immer mehr zu einer exklusiven Adresse für Kunden des gehobenen Bedarfs. Da Frau Freund mit ihrem Sortiment genau diese Zielgruppe abdeckt, steigen die Umsätze und sie muss schon bald zwei Verkäufer/-innen einstellen. Auch in der Buchhaltung wird eine Halbtagskraft beschäftigt. Trotzdem wächst ihr die Arbeit langsam über den Kopf. Alles muss sie selbst entscheiden, um alles muss sie sich selber kümmern. Dazu kommt der Ärger mit den Banken. Ein dringend benötigter Kredit für die Erweiterung der Geschäftsräume wurde mit der Begründung abgelehnt, das Eigenkapital sei zu gering und es fehle an Sicherheiten. In dieser Situation wendet sich Frau Freund an den Betriebsberater der IHK. Nach eingehender Beratung schlägt dieser ihr die Gründung einer Personengesellschaft in der Rechtsform einer OHG vor.

- Erarbeiten Sie die Merkmale der OHG.
- Beurteilen Sie, ob die Wahl dieser Unternehmensform die Lösung für Frau Freunds Probleme ist.

§ 105 HGB
(1) Eine Gesellschaft, deren Zweck auf den Betrieb eines Handelsgewerbes unter gemeinschaftlicher Firma gerichtet ist, ist eine offene Handelsgesellschaft, wenn bei keinem der Gesellschafter die Haftung gegenüber den Gesellschaftsgläubigern beschränkt ist.

Die **Gründung** der OHG (§ 105 ff. HGB) ist formfrei, die Schriftform in Form eines Gesellschaftsvertrages ist jedoch üblich. Die Gesellschaft entsteht bei Kaufleuten i. S. von § 1 HGB mit Aufnahme der Tätigkeit, bei Kleingewerbetreibenden und Kannkaufleuten mit Handelsregistereintrag. Die Gesellschaft ist zur Eintragung in das Handelsregister anzumelden.

Die **Firma** der OHG kann Personen-, Sach-, Fantasiefirma oder gemischte Firma sein. Sie muss die Bezeichnung „offene Handelsgesellschaft" oder eine verständliche Abkürzung dieser Bezeichnung (z. B. OHG) enthalten.

Beispiel Becker und Bauer betreiben eine Druckerei in der Rechtsform einer OHG. Folgende Firmen sind möglich: Becker & Bauer OHG, Bauer & Becker OHG, Becker OHG, Bauer OHG, Becker & Co. OHG, Furnierwerke OHG, BEBA OHG.

Ähnlich wie bei der Einzelunternehmung kann die **Eigenkapitalbasis** durch Erhöhung der Kapitaleinlagen der Gesellschafter oder durch die Nichtentnahme von Gewinnen erfolgen. Darüber hinaus besteht die Möglichkeit der Aufnahme neuer Gesellschafter.

Bd. 2

Beispiel Die Becker OHG erzielt einen Jahresüberschuss von 68 800,00 €, die Gesellschafter beschließen, den Gewinn zur Anschaffung eines Hochleistungskopierers zu verwenden.

Die Beschaffung von **Fremdkapital** ist leichter als bei der Einzelunternehmung, da hier mindestens zwei Gesellschafter mit ihrem gesamten Vermögen haften und das Risiko der Gläubiger dadurch auf zwei Schuldner verteilt ist.

Die Gesellschafter der OHG **haften** solidarisch, unbeschränkt und unmittelbar.

- **Unbeschränkt** bedeutet, dass jeder Gesellschafter mit seinem gesamten Vermögen haftet. Es haftet also nicht nur das Gesellschaftsvermögen, sondern jeder Gesellschafter muss auch mit seinem Privatvermögen für die Schulden der OHG einstehen.
- **Unmittelbar** bedeutet, dass sich ein Gläubiger an jeden beliebigen Gesellschafter wenden kann. Der Gesellschafter kann nicht verlangen, dass der Gläubiger zuerst gegen die Gesellschaft auf Zahlung klagt.
- **Solidarisch** (gesamtschuldnerisch) heißt, dass jeder Gesellschafter für die gesamten Schulden der OHG haftet. Er haftet also für die anderen Gesellschafter mit. Im Innenverhältnis hat der Gesellschafter selbstverständlich einen Ausgleichsanspruch.

Ein in eine Einzelunternehmung oder OHG **eintretender Gesellschafter** haftet auch für die Verbindlichkeiten, die bei seinem Eintritt bereits bestehen. **Bei Austritt** haftet der Gesellschafter noch fünf Jahre für die bei seinem Austritt vorhandenen Verbindlichkeiten.

Zur **Geschäftsführung** ist jeder OHG-Gesellschafter allein berechtigt und verpflichtet.

Im Außenverhältnis kann jeder Gesellschafter die OHG wirksam vertreten **(Einzelvertretungsmacht)**.

Beispiel Bauer schafft für die OHG einen repräsentativen Geschäftswagen an. Als Becker davon erfährt, kommt es zum Streit. Er ist mit dem Kauf nicht einverstanden. Trotzdem ist der Kaufvertrag zwischen dem Autohaus und der OHG wirksam zustande gekommen, da jeder Gesellschafter die OHG wirksam vertreten kann.

Es besteht jedoch auch die Möglichkeit, dass ein oder mehrere Gesellschafter nur in Gemeinschaft zur Vertretung der OHG ermächtigt sein sollen **(Gesamtvertretungsmacht)**. Diese Einschränkung ist jedoch nur wirksam, wenn sie in das Handelsregister eingetragen ist.

Beispiel Becker und Bauer vereinbaren Gesamtvertretungsmacht und lassen dies in das Handelsregister eintragen. Beim Kauf eines neuen Kopierers müssen jetzt beide den Kaufvertrag unterschreiben.

Ein Gesellschafter darf ohne Einwilligung seiner Partner weder im Handelszweig seiner Gesellschaft Geschäfte tätigen noch sich an einer anderen Gesellschaft als persönlich haftender Gesellschafter beteiligen **(Wettbewerbsverbot)**.

Beispiel Bauer will sich an einer weiteren Druckerei als Gesellschafter beteiligen. Hierfür ist die Zustimmung seines Gesellschafters Becker erforderlich.

Der **Gewinn** der OHG wird gemäß Gesellschaftsvertrag verteilt. In der Regel bekommen die mitarbeitenden Gesellschafter zunächst ein Arbeitsentgelt (Unternehmerlohn). Danach werden die geleisteten Kapitaleinlagen in einer vereinbarten Höhe verzinst. Der verbleibende Rest kann „nach Köpfen" oder nach einem Schlüssel verteilt werden, der die unterschiedliche Höhe des mithaftenden Privatvermögens berücksichtigt. Wird zur Gewinnverteilung nichts vereinbart, gilt § 121 HGB. Danach steht jedem Gesellschafter zunächst ein Anteil in Höhe von 4 % seiner Kapitaleinlage zu. Der Rest wird nach Köpfen unter die Gesellschafter verteilt.

Beispiel Der Gewinn der Becker OHG beträgt 68 800,00 €. Die Einlage von Becker beläuft sich auf 100 000,00 €, die von Bauer auf 150 000,00 €. Becker hat am 31.12. d. J. 8 100,00 €, Bauer 9 600,00 € entnommen. Die Verteilung soll nach § 121 HGB erfolgen.

Gesellschafter	Kapital am Anfang des Jahres in €	4 % der Kapitaleinlage in €	Rest nach Köpfen in €	Gesamtgewinn in €	Entnahme in €	Gutschrift in €	Kapital am Ende des Jahres in €
Becker	100 000,00	4 000,00	29 400,00	33 400,00	8 100,00	25 300,00	125 300,00
Bauer	150 000,00	6 000,00	29 400,00	35 400,00	9 600,00	25 800,00	175 800,00
Gesamt	250 000,00	10 000,00	58 800,00	68 800,00	17 700,00	51 100,00	301 100,00

Der Gewinn eines Gesellschafters wird seinem Kapitalanteil zugeschrieben. Jeder Gesellschafter ist berechtigt, 4 % seines Kapitalanteils pro Jahr **zu entnehmen**. Dies ist auch dann möglich, wenn die OHG Verluste macht.

Die **Verluste** der OHG werden nach Köpfen verteilt und vom Kapitalkonto der Gesellschafter abgezogen. Vertragliche Abweichungen von dieser Regelung sind möglich.

Beispiel Die Becker OHG macht im folgenden Jahr einen Verlust von 50 600,00 €. Jedem der Gesellschafter werden 25 300,00 € vom Kapitalkonto abgezogen. Der neue Kontostand von Becker beträgt jetzt 100 000,00 €, der von Bauer 150 500,00 €.

Die **Ertragskraft des Unternehmens** wird mithilfe der **Rentabilität** ausgedrückt. Unter Rentabilität wird das prozentuale Verhältnis des Gewinns (positiv) oder des Verlustes (negativ) zum eingesetzten Eigenkapital (Eigenkapitalrentabilität), Gesamtkapital (Unternehmungsrentabilität) oder Umsatz (Umsatzrentabilität) verstanden.

Beispiel

$$\text{Eigenkapitalrentabilität (Unternehmerrentabilität)} = \frac{\text{Gewinn} \cdot 100}{\text{Eigenkapital}}$$

$$\text{Gesamtkapitalrentabilität (Unternehmungsrentabilität)} = \frac{(\text{Jahresüberschuss} + \text{Fremdkapitalzinsen}) \cdot 100}{\text{Gesamtkapital am Jahresanfang}}$$

$$\text{Umsatzrentabilität} = \frac{\text{Gewinn} \cdot 100}{\text{Umsatz}}$$

Eine **Kündigung** des Gesellschaftsvertrages ist mit einer Frist von sechs Monaten zum Ende des Geschäftsjahres möglich.

Die offene Handelsgesellschaft (OHG)

Definition	– Gesellschaft, deren Zweck auf den Betrieb eines gemeinsamen Handelsgewerbes gerichtet ist, wobei alle Gesellschafter unbeschränkt haften
Gründung	– mindestens zwei Personen – Gesellschaftsvertrag ist formfrei – Die Gesellschaft ist zur Eintragung in das Handelsregister anzumelden.
Firma	– Personen-, Sach-, Fantasiefirma oder gemischte Firma mit Zusatz „offene Handelsgesellschaft"
Kapitalaufbringung	– Verbesserte Möglichkeiten der Fremdkapitalaufbringung durch Verbreiterung der Eigenkapitalbasis und Haftung
Haftung	– unbeschränkt, unmittelbar, solidarisch (gesamtschuldnerisch)
Geschäftsführung und Vertretung	– Jeder Gesellschafter ist berechtigt, allein die Geschäfte zu führen und die Gesellschaft im Außenverhältnis zu vertreten.
Gewinnverteilung	– lt. Gesellschaftsvertrag – Wenn nichts geregelt ist, dann gilt das HGB, d. h. 4 % auf das eingesetzte Kapital, Rest nach Köpfen.
Verlustverteilung	– nach Köpfen

1 Roland Rothe plant die Gründung einer Spedition in der Rechtsform einer OHG. Um Chancen und Risiken gegeneinander abzuwägen, bittet Herr Rothe seinen Steuerberater Schmitz um die ausführliche Beantwortung der nachfolgenden Fragen:

a) Wo muss die Gesellschaft eingetragen bzw. angemeldet werden?
b) Wie haften die Gesellschafter?
c) Wie ist die gesetzliche Gewinnverteilung geregelt?
d) Begründen Sie, warum der Gewinn der OHG nach Köpfen und in Form einer Kapitalverzinsung verteilt wird.
e) Roland Rothe betreibt die OHG zusammen mit seinem Compagnon Kotte. Nennen Sie fünf mögliche Firmen.
f) Stellen Sie in einer Tabelle die Rechte und Pflichten der OHG-Gesellschafter gegenüber.

Helfen Sie Herrn Schmitz bei der Erledigung dieses Auftrages.

2 Nach der Eintragung der Rothe-OHG in das Handelsregister kauft Rothe mehrere Pkw.

a) Erläutern Sie, ob Rothe das Geschäft für die Firma wirksam abschließen konnte.
b) Welche Rechtsfolgen hätte es gehabt, wenn Kotte dem Geschäft widersprochen hätte?
c) Begründen Sie, ob Kotte sich an einer anderen OHG als Gesellschafter beteiligen könnte.
d) Kotte bekommt einen Lkw günstig angeboten. Er möchte mit diesem Geschäfte auf eigene Rechnung machen. Ist dies zulässig, wenn Rothe dagegen ist?
e) Aufgrund von Unstimmigkeiten möchte Kotte die Gesellschaft verlassen. Er ist der Meinung, ab dem Tag der Auflösung des Gesellschaftsvertrages habe er mit den Verbindlichkeiten des Unternehmens nichts mehr zu tun. Erläutern Sie die Rechtslage.

3 Entwerfen Sie einen Text, mit dem Sie die Rothe-OHG zum Handelsregister anmelden.

4 Entwerfen Sie einen Formulierungsvorschlag für einen Gesellschaftsvertrag. Orientieren Sie sich dabei am Gesellschaftsvertrag der Bürodesign GmbH und an den gesetzlichen Vorgaben.

5 Stellen Sie in einem Kurzreferat die Unternehmensform der OHG vor. Nutzen Sie Tafel, Beamer oder andere Medien zur Veranschaulichung. Sichern sie die Ergebnisse in der Cloud.

6 Abweichend von der gesetzlichen Regelung vereinbaren die Gesellschafter die folgende Gewinnverteilung: „Die Verzinsung des eingesetzten Kapitals soll jeweils 2 % über dem Basiszinssatz der

Europäischen Zentralbank vom 1. Dezember des jeweiligen Geschäftsjahres liegen. Der Rest wird nach Köpfen verteilt." Überlegen Sie, welche Gründe für diese Formulierung sprechen könnten.

7 A, B und C betreiben eine OHG. A hat 600 000,00 €, B 750 000,00 € und C 1 200 000,00 € in das Unternehmen eingebracht. Alle drei Gesellschafter arbeiten im Betrieb mit. Im letzten Geschäftsjahr wurde ein Gewinn in Höhe von 525 000,00 € erzielt.

a) Ermitteln Sie den Gewinnanteil der Gesellschafter nach § 121 HGB.

b) Erläutern Sie, warum es ungerecht wäre, wenn der Gewinn allein im Verhältnis der Kapitalanteile verteilt würde.

c) Warum wäre es ebenso ungerecht, wenn der Gewinn ausschließlich nach Köpfen verteilt würde?

5.2.3 Die Gesellschaft mit beschränkter Haftung (GmbH)

Ärger bei der Bürodesign GmbH! Seit Frau König, die Abteilungsleiterin des Rechnungswesens, mitgeteilt hat, dass sie zwei zusätzliche Mitarbeiter braucht, hängt der Haussegen schief! Dabei ist Frau König vollkommen im Recht. Durch die rasante Umsatzentwicklung der letzten Jahre ist die Bürodesign GmbH zur „mittelgroßen Kapitalgesellschaft" im Sinne des HGB geworden. Das bedeutet einen erheblich aufwändigeren Jahresabschluss und Lagebericht. Den damit verbundenen Mehraufwand kann Frau König mit den vorhandenen Mitarbeitern nicht schaffen. Als die Verwaltungsleiterin den Fall der Geschäftsleitung vorträgt, macht Herr Stein einen Vorschlag: Wie wäre es, wenn wir die Bereiche Produktion/Beschaffung und Absatz trennen und in jeweils einer eigenen GmbH zusammenfassen? Die alte Bürodesign GmbH könnte als Verwaltungs-GmbH bestehen bleiben.

- Prüfen Sie anhand des Gesellschaftsvertrages der Bürodesign GmbH und des nachfolgenden Sachinhaltes, ob eine solche Umwandlung möglich ist, und machen Sie einen konkreten Vorschlag für die Gliederung des neuen Unternehmens.
- Überlegen Sie, welche weiteren Gründe Herr Stein für seinen Vorschlag haben könnte.

Die GmbH ist eine Handelsgesellschaft mit eigener Rechtspersönlichkeit **(juristische Person)**, deren Gesellschafter mit ihren Geschäftsanteilen am Stammkapital der Gesellschaft beteiligt sind, ohne persönlich zu haften.

Eine Mindestzahl von **Gründern** ist nicht vorgeschrieben (§ 1 GmbHG), d.h., dass auch eine Person allein eine GmbH gründen kann **(Ein-Personen-GmbH)**. Dies kann auch eine juristische Person sein.

Beispiel Die Bürodesign GmbH entschließt sich, die bestehende GmbH in drei unabhängige GmbHs umzuwandeln. Die Bürodesign Verwaltungs-GmbH ist als juristische Person Gründerin der Bürodesign Vertriebs-GmbH und der Bürodesign Produktions-GmbH. Geschäftsführer der Verwaltungs-GmbH sind Frau Friedrich und Herr Stein. Geschäftsführerin der Produktions-GmbH ist Frau Friedrich, Geschäftsführer der Vertriebs-GmbH Herr Stein.

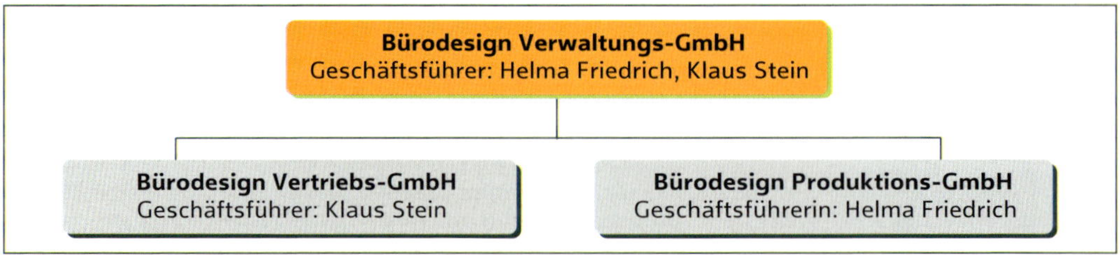

Der Gesellschaftsvertrag **(Satzung)** bedarf der notariellen Form. Als juristische Person entsteht die GmbH erst mit Eintragung in das Handelsregister. Sie ist damit **Formkaufmann** (vgl. S. 105).

Existenzgründer, die wenig Eigenkapital benötigen, können die GmbH gem. Gesetz zur Modernisierung des GmbH-Rechts und Bekämpfung von Missbräuchen (MoMiG) als **haftungsbeschränkte Unternehmergesellschaft** UG (haftungsbeschränkt) eintragen lassen. Diese kann ohne das Mindeststammkapital von 25 000,00 € gegründet werden. Es genügt ein minimales Kapital von 1,00 €. Die Gewinne dieser Einstiegsform der GmbH dürfen nicht voll ausgeschüttet werden. Sie werden einbehalten, bis das Mindestkapital von 25 000,00 € erreicht ist.

§ 11 GmbHG
(2) Ist vor der Eintragung im Namen der Gesellschaft gehandelt worden, so haften die Handelnden persönlich und solidarisch.

Beispiel Jürgen Kruse plant die Gründung einer Polsterei in der Rechtsform einer GmbH. Er lässt von seinem Rechtsanwalt einen Gesellschaftsvertrag aufsetzen und beschafft die erforderlichen Maschinen. Da die hiermit verbundenen Rechtsgeschäfte vor der Eintragung abgeschlossen wurden, haftet Kruse persönlich und solidarisch.

Die **Firma** (§ 4 GmbHG) der GmbH kann Personen-, Sach-, Fantasiefirma oder gemischte Firma sein. Sie muss den Zusatz „Gesellschaft mit beschränkter Haftung" oder eine verständliche Abkürzung dieser Bezeichnung (z. B. GmbH) enthalten.

Beispiel Herr Kruse könnte u. a. folgende Firmen wählen: Kruse GmbH oder Möbelpolsterei GmbH oder Polster-Kruse GmbH.

Anders als bei den Personengesellschaften ist bei der GmbH ein festes Gesellschaftskapital vorgeschrieben. Es wird **Stammkapital** (§ 5 GmbHG) genannt und beträgt mindestens 25 000,00 €. Die Einlage jedes einzelnen Gesellschafters ist der Nennbetrag der **Geschäftsanteile**. Er beträgt mindestens 1,00 €. Das Stammkapital kann in Geld oder Sachwerten aufgebracht werden.

Beispiel Jürgen Kruse bringt als Geschäftsanteil 12 500,00 € in bar und einen Geschäftswagen im Wert von 12 500,00 € ein.

Für unkomplizierte Standardgründungen steht als Anlage zum GmbHG ein **Mustergesellschaftsvertrag** zur Verfügung. Wird dieser verwendet, ist eine notarielle Beurkundung nicht erforderlich. Es sind lediglich die Unterschriften der Gesellschafter zu beglaubigen. Ein **Muster der Handelsregisteranmeldung** steht als Anlage zum GmbHG ebenfalls zur Verfügung.

Die Erweiterung der Eigenkapitalbasis der GmbH ist durch sogenannte **Nachschusszahlungen** der Gesellschafter möglich. Diese müssen jedoch ausdrücklich in der Satzung vorgesehen sein. Darüber hinaus besteht die Möglichkeit der Aufnahme neuer Gesellschafter, die durch ihre Einlagen das Stammkapital der GmbH erhöhen.

Infolge der Beschränkung der Haftung und der damit verbundenen geringen Kreditwürdigkeit der GmbH sind der **Fremdkapitalbeschaffung** enge Grenzen gesetzt. Dies führt dazu, dass in der Praxis Kredite häufig nur durch Sicherung mit Privatvermögen der Gesellschafter vergeben werden.

Eine **Haftung** der Gesellschafter der GmbH ist ausgeschlossen, es haftet ausschließlich die juristische Person.

Beispiel Wird die Kruse GmbH zahlungsunfähig, können sich die Gläubiger ausschließlich an die Gesellschaft wenden. Sie haftet mit ihrem Stammkapital in Höhe von 25 000,00 €. Auf das Privatvermögen von Jürgen Kruse haben die Gläubiger keinen Zugriff.

Die Leitung der GmbH liegt bei den dafür vorgesehenen **Organen**. Es sind dies die Geschäftsführer, die Gesellschafterversammlung und ggf. der Aufsichtsrat.

- Geschäftsführung und Vertretung der Gesellschaft obliegt den **Geschäftsführern** (§ 35 ff. GmbHG). In der Praxis sind dies gerade bei kleinen Unternehmen häufig die Gesellschafter, es können aber selbstverständlich auch dritte Personen sein. Die Art der **Vertretungsbefugnis** ist in das Handelsregister einzutragen und auf den Geschäftsbriefen der GmbH anzugeben.
- Die **Gesellschafterversammlung** wird durch die Geschäftsführer einberufen. Sie beschließt z. B. über

- Jahresabschluss und Gewinnverwendung,
- Bestellung, Entlastung und Abberufung der Geschäftsführer und
- Bestellung von Prokuristen und Handlungsbevollmächtigten. Die Abstimmung erfolgt mit einfacher Mehrheit nach Geschäftsanteilen. Je 1,00 € eines Geschäftsanteils gewähren eine Stimme.

- Der Gesellschaftsvertrag kann die Einrichtung eines **Aufsichtsrates** vorsehen. Seine wesentlichen Aufgaben sind die Überwachung der Geschäftsführer und die Prüfung von Jahresabschluss und Lagebericht. Für GmbHs, die mehr als 500 Arbeitnehmer beschäftigen, ist die Einrichtung eines Aufsichtsrates durch das Betriebsverfassungsgesetz zwingend vorgesehen. Der Aufsichtsrat wird für vier Jahre gewählt. Er besteht aus Vertretern der Arbeitnehmer und der Gesellschafter.

Der **Gewinn** der GmbH wird, wenn die Satzung nichts anderes vorsieht und die Gesellschafterversammlung dies beschließt, im Verhältnis der Geschäftsanteile verteilt. Bei **Verlusten** werden zunächst die Rücklagen aufgezehrt. Ist die Gesellschaft zahlungsunfähig oder ergibt sich bei Aufstellung der Bilanz, dass die Schulden nicht mehr durch das Vermögen der Gesellschaft gedeckt sind **(Überschuldung)**, müssen die Geschäftsführer spätestens nach drei Wochen das Insolvenzverfahren beantragen.

Eine **Pflichtprüfung und die Veröffentlichung** (Publizierung) von Jahresabschluss und Lagebericht sind für große Kapitalgesellschaften vorgeschrieben.

Die **Bedeutung der GmbH** ergibt sich aus folgenden Gründen:

- Das Risiko der Gesellschafter ist auf die Kapitaleinlage beschränkt.
- Sie kann mit wenig Kapital (25 000,00 €) gegründet werden.
- Die Kosten der Gründung sind niedriger als bei der AG.
- Sie ermöglicht als juristische Person die Fortführung der Unternehmung bei Tod oder Ausscheiden eines Gesellschafters.

Die Gesellschaft mit beschränkter Haftung (GmbH)

Definition	– Handelsgesellschaft mit eigener Rechtpersönlichkeit (juristische Person), deren Gesellschafter mit ihren Geschäftsanteilen am Stammkapital der Gesellschaft beteiligt sind, ohne persönlich zu haften
Gründung	– Mindestzahl nicht vorgeschrieben – notarieller Gesellschaftsvertrag erforderlich – Handelsregistereintrag erforderlich
Firma	– Sach-, Personen-, Fantasiefirma oder gemischte Firma mit Zusatz GmbH
Kapitalaufbringung	– Stammkapital mindestens 25 000,00 € – Geschäftsanteil je Gesellschafter mindestens 1,00 € – Fremdkapitalbeschaffung durch Beschränkung der Haftung problematisch
Haftung	– Es haftet die juristische Person mit ihrem gesamten Vermögen.
Organe	– **Geschäftsführer** als Leitungsorgan (Einzel- oder Gesamtgeschäftsführung möglich) – **Gesellschafterversammlung** als beschlussfassendes Organ – gegebenenfalls **Aufsichtsrat** als Kontrollorgan
Gewinnverteilung	– im Verhältnis der Geschäftsanteile
Verlustverteilung	– Aufzehrung von Rücklagen, bei Überschuldung Insolvenzverfahren

1 Erläutern Sie die Unternehmensform der GmbH anhand wesentlicher Merkmale.

2 Stellen Sie Vor- und Nachteile für die Gründung einer GmbH gegenüber.

3 Erläutern Sie die grundsätzlichen Unterschiede zwischen einer OHG und einer GmbH.

4 Die Bürodesign GmbH ist in eine Verwaltungs-GmbH, eine Produktions-GmbH und eine Vertriebs-GmbH aufgegliedert worden.
   a) Fertigen Sie mithilfe geeigneter Software ein Organigramm an und ordnen Sie Mitarbeiter und Abteilungen entsprechend zu. Hängen Sie die Organigramme in der Klasse auf.
   b) Stellen Sie Vor- und Nachteile der Neuordnung gegenüber.

5 Die Bürodesign GmbH will eine Gesellschafterversammlung durchführen. Stellen Sie fest, welche Regelungen hierzu im Gesellschaftsvertrag und in § 48 GmbHG (www.gesetze-im-internet.de/gmbhg/) getroffen sind, und stellen Sie diese anhand eines Kurzreferats in der Klasse vor.

6 Die Kaufleute Wolf und Walter wollen einen kunststoffverarbeitenden Betrieb in der Rechtsform einer GmbH gründen.
   a) Geben Sie an, welches Mindestkapital sie einbringen müssen.
   b) Walter möchte seinen Sohn als Gesellschafter mit einer geringen Einlage beteiligen. Erläutern Sie, ob es hierfür einen Mindestbetrag gibt.
   c) Formulieren Sie einen Gesellschaftsvertrag für die Kaufleute Wolf junior und senior und Walter. Nehmen Sie dabei das GmbH-Gesetz (www.gesetze-im-internet.de/gmbhg/) und den Gesellschaftsvertrag der Bürodesign GmbH (vgl. S. 18) zu Hilfe.
   d) Wolf senior und Walter wollen die Geschäftsführung übernehmen. Sie diskutieren die Vor- und Nachteile der Einzel- und Gesamtgeschäftsführung. Stellen Sie die unterschiedlichen Arten der Geschäftsführung gegenüber.
   e) Nach Unterschrift unter den Gesellschaftsvertrag, aber vor Eintragung in das Handelsregister, kauft Wolf im Namen der GmbH einen repräsentativen Geschäftswagen. Walter junior und senior sind nicht damit einverstanden. Prüfen Sie, ob Walter zur Zahlung herangezogen werden kann.
   f) Wolf und Walter senior werden zu Geschäftsführern bestimmt. Sie haben Einzelvertretungsmacht. Wolf mietet Geschäftsräume, ohne Walter zu fragen. Begründen Sie, ob der Mietvertrag gültig ist.
   g) Erläutern Sie, wie die Ernennung der Geschäftsführer bekannt gemacht werden muss.
   h) Das Stammkapital der GmbH entspricht dem gesetzlichen Mindestkapital. Wolf ist mit 15 000,00 €, Walter senior mit 9 500,00 € und sein Sohn mit dem Rest beteiligt. Erläutern Sie, wie viel Stimmen die drei in der Gesellschafterversammlung haben.

5.2.4 Die Aktiengesellschaft (AG)

Frau Grell, Gruppenleiterin Auftragsbearbeitung, ist ganz aus dem Häuschen. Sie hat den Auftrag bekommen, 40 Geschäftsstellen der Allfinanz Versicherungs-AG neu auszustatten! Als sie in der Konferenz der Gruppen- und Abteilungsleiter darüber berichtet, erkundigt sich die Leiterin des Rechnungswesens nach den Zahlungsbedingungen. „Da musste ich natürlich Zugeständnisse machen, sonst hätte die Konkurrenz das Geschäft gemacht. Die Allfinanz zahlt in drei Raten. Jeweils 1/3 in 30, 60 und 90 Tagen.“ „Und wie ist es mit den Sicherheiten?“, fragt der Geschäftsführer, Herr Stein. „Da brauchen wir uns keine Gedanken zu machen“, antwortet Frau Grell, „die Allfinanz ist eine Aktiengesellschaft, da stehen Tausende von Aktionären für unsere Forderungen gerade!“

- Erarbeiten Sie den nachfolgenden Sachinhalt und überprüfen Sie die Aussage von Frau Grell.
- Stellen Sie in einer Liste die Rechte und Pflichten der Aktionäre zusammen.

Die Aktiengesellschaft ist eine Handelsgesellschaft mit eigener Rechtspersönlichkeit **(juristische Person)**, deren Grundkapital in Aktien zerlegt ist. Eine Haftung der Gesellschafter (Aktionäre) ist ausgeschlossen (§ 1 AktG).

Das **Grundkapital** der Aktiengesellschaft ergibt sich aus dem Nennwert sämtlicher Aktien. Es muss mindestens 50 000,00 € betragen (§ 7 AktG), wobei der Mindestbetrag pro Aktie 1,00 € beträgt.

Die **Aktie** ist eine Urkunde über die Beteiligung an einer AG. Sie wird i. d. R. zum **Nennwert** ausgegeben. Werden die Aktien an der Börse gehandelt und ist die AG erfolgreich, steigt der Wert der Aktie über den Nennwert. Der Börsenpreis einer Aktie wird Kurs oder **Kurswert** genannt.

Die **Firma** der AG kann Personen-, Sach-, Fantasiefirma oder eine gemischte Firma mit dem Zusatz „Aktiengesellschaft (AG)“ sein.

§ 4 AktG
Die Firma der Aktiengesellschaft muss, auch wenn sie nach § 22 des Handelsgesetzbuchs oder nach anderen gesetzlichen Vorschriften fortgeführt wird, die Bezeichnung „Aktiengesellschaft“ oder eine allgemein verständliche Abkürzung dieser Bezeichnung enthalten.

Zur **Gründung** einer Aktiengesellschaft ist eine Person erforderlich, die die Aktien gegen Einlage des Grundkapitals übernimmt (§ 2 AktG). Der Gesellschaftsvertrag, die **Satzung**, muss notariell beurkundet werden. Als Formkaufmann i. S. d. § 6 HGB entsteht die Aktiengesellschaft mit Eintragung in das Handelsregister.

Die im Gesetz vorgeschriebenen **Organe** der Aktiengesellschaft sind der Vorstand, der Aufsichtsrat und die Hauptversammlung:

- Der **Vorstand** ist das Leitungsorgan der Gesellschaft. Er wird vom Aufsichtsrat auf höchstens fünf Jahre bestellt. Eine gleichzeitige Mitgliedschaft in Vorstand und Aufsichtsrat ist nicht zulässig. Der Vorstand kann aus einer oder mehreren Personen bestehen.

  Die **Aufgaben** des Vorstandes sind u. a.:
  - Leitung der Gesellschaft unter eigener Verantwortung,
  - Berichterstattung an den Aufsichtsrat über die beabsichtigte Geschäftspolitik, die Rentabilität der Gesellschaft und den Gang der Geschäfte und
  - Aufstellung von Jahresabschluss und Lagebericht und Vorlage bei den Abschlussprüfern.
- Der **Aufsichtsrat** ist das Kontrollorgan der Aktiengesellschaft. Er überwacht den Vorstand und wird auf vier Jahre durch die Hauptversammlung gewählt.

  Die **Zusammensetzung des Aufsichtsrates** ist von der Zahl der Arbeitnehmer der Gesellschaft abhängig.

  Beispiele
  - Für Unternehmen mit bis zu 2 000 Beschäftigten gilt das **Drittelbeteiligungsgesetz** (DrittelbG) von 2004. Es sieht vor, dass 1/3 der Aufsichtsratsmitglieder von den Arbeitnehmern und 2/3 der Mitglieder von den Anteilseignern gewählt werden.
  - Für Unternehmen, die i. d. R. mehr als 2000 Arbeitnehmer beschäftigen und in der Rechtsform einer GmbH, AG oder KGaA betrieben werden, gilt das **Mitbestimmungsgesetz** von 1976. Hier gilt die „paritätische Mitbestimmung“, die vorsieht, dass Anteilseigner und Arbeitnehmer im Aufsichtsrat zu gleichen Teilen vertreten sind. Die Anteilseigner werden von der Hauptversammlung gewählt, die Arbeitnehmervertreter von der Belegschaft. Ein Teil der Aufsichtsratssitze der Arbeitnehmer ist für die in den Unternehmen vertretenen Gewerkschaften reserviert. Arbeiter, Angestellte und leitende Angestellte sollen entsprechend ihrem Anteil an der Gesamtbelegschaft vertreten sein. Jede Gruppe muss mindestens einen Sitz erhalten (Minderheitenschutz).
    Der Aufsichtsratsvorsitzende und sein Stellvertreter werden vom Aufsichtsrat mit Zwei-Drittel-Mehrheit gewählt. Wird diese Mehrheit für einen Vertreter nicht erreicht, so wählen die Anteilseigner aus ihrer Mitte den Vorsitzenden und die Arbeitnehmer aus ihrer Mitte den Stellvertreter. Der Aufsichtsratsvorsitzende erhält für den Fall der Stimmengleichheit eine zweite Stimme, d. h., dass die Stimmenmehrheit der Anteilseigner in jedem Fall gesichert ist.

  Die **Aufgaben des Aufsichtsrates** sind u. a.:
  - Überwachung der Geschäftsführung des Vorstandes
  - Bestellung und Abberufung des Vorstandes
  - Prüfung von Jahresabschluss und Lagebericht

- Die **Hauptversammlung** ist die Versammlung der Aktionäre (§ 53a AktG). Jedem Aktionär ist auf Verlangen in der Hauptversammlung vom Vorstand Auskunft über Angelegenheiten der Gesellschaft zu geben.

  Die **Aufgaben** der Hauptversammlung sind u. a.:
  - Wahl der Aufsichtsratsmitglieder der Anteilseigner
  - Beschlussfassung über lebenswichtige Fragen der AG und die Verwendung des Jahresüberschusses. Die Hauptversammlung beschließt auch über den Betrag des Bilanzgewinns, der an die Aktionäre ausgeschüttet wird. Dieser Betrag wird als **Dividende** bezeichnet.
  - Entlastung der Mitglieder von Vorstand und Aufsichtsrat
  - Beschluss über die Erhöhung des Grundkapitals

  Bd. 2

  Die **Abstimmung** in der Hauptversammlung erfolgt nach Aktiennennbeträgen, d. h., dass jeder Aktionär pro Aktie eine Stimme hat. Grundsätzlich werden Beschlüsse der Hauptversammlung mit einfacher Mehrheit gefasst. Bei Satzungsänderungen ist jedoch eine Mehrheit von 75 % der abgegebenen Stimmen erforderlich. Ein Aktionär, der über 25 % des Grundkapitals plus eine Stimme verfügt, kann demnach Beschlüsse über entscheidende Fragen der Gesellschaft verhindern = **Sperrminorität**. Nach § 254 Abs. 1 HGB müssen Kapitalgesellschaften (AG, GmbH) einen **Jahresabschluss** erstellen, der aus der **Bilanz**, der **Gewinn- und Verlustrechnung** und dem **Anhang** besteht. Sie haben neben der **Vermögens-** und **Ertragslage** ihre **Finanzlage** darzustellen. Außerdem haben sie den Jahresabschluss durch einen **Lagebericht** zu ergänzen.

- **Gewinnverteilung**

  Der Gewinn der Aktionäre ist die **Dividende**. Sie wird auf Beschluss der Hauptversammlung je Aktie gezahlt.

- **Verlustverteilung**

  Die Verluste treffen die Aktiengesellschaft als juristische Person. Im Fall der Überschuldung muss das **Insolvenzverfahren** eingeleitet werden.

- **Publizitätspflicht**

  Die Vermögens- und Ertragslage von Kapitalgesellschaften ist von großem Interesse insbesondere für
  - Kapitalgeber – Aktionäre, GmbH-Gesellschafter – sowie
  - Gläubiger, denen als Haftungskapital das Gesellschaftsvermögen zur Verfügung steht.

  Zur Information und zum Schutz dieser Personenkreise verpflichtet der Gesetzgeber die Kapitalgesellschaften zur **Veröffentlichung** (Publizierung) des Jahresabschlusses und des Lageberichts im **Unternehmensregister** sowie zur Einreichung beim zuständigen **Handelsregister**. Vorher müssen Jahresabschluss und Lagebericht durch unabhängige Abschlussprüfer geprüft werden. Dabei räumt der Gesetzgeber mittelgroßen und kleinen Kapitalgesellschaften (§ 267 HGB) erhebliche Erleichterungen ein.

Die Aktiengesellschaft (AG)

Definition	– Handelsgesellschaft mit eigener Rechtspersönlichkeit (juristische Person), deren Grundkapital in Aktien zerlegt ist
Gründung	– mindestens eine Person erforderlich – Satzung muss notariell beurkundet werden – Eintragung in das Handelsregister
Firma	– Sach-, Personen-, Fantasiefirma oder gemischte Firma mit Zusatz Aktiengesellschaft
Kapitalaufbringung	– Das Grundkapital in Höhe von mindestens 50 000,00 € ist in Aktien zerlegt.
Haftung	– Es haftet die juristische Person mit ihrem gesamten Vermögen. Eine Haftung der Gesellschafter (Aktionäre) ist ausgeschlossen.

Organe	– **Vorstand** als Leitungsorgan – **Aufsichtsrat** als Kontrollorgan – **Hauptversammlung** als beschlussfassendes Organ
Gewinnverteilung	– Zahlung einer Dividende pro Aktie nach Beschluss der Hauptversammlung
Verlustverteilung	– Aufzehrung von Rücklagen – bei Überschuldung Insolvenzverfahren

1 Erläutern Sie die wesentlichen Merkmale der Rechtsform der Aktiengesellschaft.

2 Überlegen Sie, in welcher Situation die Gründung eines Unternehmens in der Rechtsform einer Aktiengesellschaft sinnvoll sein könnte.

3 Sie haben zum Thema „Kaufmannseigenschaften“ Anzeigen von Unternehmen der Region aus Tageszeitungen und dem Internet gesammelt. Stellen Sie fest, ob ein Zusammenhang zwischen der Unternehmensform und dem Gegenstand des Unternehmens besteht. Bereiten Sie die Ergebnisse, mithilfe geeigneter Software auf und stellen Sie diese in der Klasse vor.

4 Stellen Sie die wesentlichen Merkmale der Personengesellschaften und der Kapitalgesellschaften einander gegenüber. Nutzen Sie dafür eine Präsentationssoftware.

5 Die Vereinigte Möbelwerke AG hat ein Grundkapital vom 100 Mio. €. Sie beschäftigt 2 100 Mitarbeiter. Der Vorstand besteht aus drei Mitgliedern, zum Vorsitzenden wurde Dr. Weber bestellt. Eine Regelung über die Vertretungsmacht wurde nicht getroffen.
   a) Dr. Weber möchte ein dringend erforderliches Grundstück für die AG erwerben. Die anderen Vorstandsmitglieder sind dagegen. Überprüfen Sie, ob Dr. Weber sich durchsetzen kann.
   b) Dr. Weber möchte alle Briefbögen der AG neu drucken lassen, da er der Meinung ist, der Vorstand müsse auf den Briefbögen angegeben werden. Seine Kollegen halten dies für nicht erforderlich. Wie ist die Rechtslage?
   c) Erläutern Sie, wie sich der Aufsichtsrat zusammensetzt.
   d) Der Aktionär Schmitz besitzt 30 Aktien zum Nennwert von 50,00 €, sein Freund Lang 20 Aktien zu 100,00 €. Wie viel Stimmen haben Schmitz und Lang bei der Wahl des Aufsichtsrates?
   e) Der Aktionär Schmitz verlangt zum Tagesordnungspunkt „Rationalisierung“ Auskunft über geplante Entlassungen der AG. Der Vorstand verweigert die Auskunft. Begründen Sie, ob dies zulässig ist.
   f) Zur Frage der Zahlung einer Dividende kommt es zu kontroversen Diskussionen. Fast alle der anwesenden Kleinaktionäre sind dafür. Lediglich Dr. Müller-Lüdenscheid, der Vertreter der Großaktionäre (sie halten 74 % der Anteile), ist dagegen. Erläutern Sie, wie entschieden wird und wann die Kleinaktionäre für und die Großaktionäre gegen die Zahlung einer Dividende sind.
   g) Dr. Müller-Lüdenscheid möchte die Satzung der AG dahingehend ändern lassen, dass der Sitz des Unternehmens nach Liechtenstein verlegt wird. Kann er dies durchsetzen?

▲ Fallstudie: „Gründung einer OHG“

Handlungssituation: Die Einzelunternehmung Fritz Grunwald e. K., Industriestr. 17–21, 40027 Düsseldorf, hat 90 Beschäftigte und stellt Schlösser und Schließanlagen her. Herr Grunwald gründete das Unternehmen im Jahre 1978. Er ist Metallfacharbeiter und begann damals mit acht Mitarbeitern. In den ersten Jahren nach der Gründung stellte Grunwald ausschließlich Schlösser für Haus- und Zimmertüren her. Als sich Grunwald auf dem Markt einen guten Namen gemacht hatte, begann er Ende der 80er-Jahre mit der Produktion von Schließanlagen und Türschlössern für die Autoindustrie. Seit Mitte der 90er-Jahre gehört die Adam Opel AG zum Kundenstamm und weitere Automobilhersteller haben bereits Interesse gezeigt. Da Grunwald für dringende Erweiterungsinvestitionen unbedingt Kapital benötigt, denkt er darüber nach, seine Einzelunternehmung in eine Personengesellschaft umzuwandeln. Sein derzeitiges Eigenkapital beträgt 800 000,00 €.

Arbeitsaufträge

1 Vergleichen Sie OHG und Einzelunternehmung unter dem Aspekt der Finanzierung.

2 Erläutern Sie, welche a) Vorteile, b) Nachteile die Umwandlung in eine OHG für Herrn Grunwald und sein Unternehmen hätte.

3 Herr Grunwald entschließt sich für die Umwandlung in eine OHG und nimmt Frau Rita Holz, Diplomkauffrau, als neue Gesellschafterin zum 1. Januar auf mit einer Einlage von 150 000,00 €, die sie zum 1. August um 50 000,00 € erhöht.
   a) Entwerfen Sie den Text eines Gesellschaftsvertrages für die neue OHG.
   b) Führen Sie für das erste Geschäftsjahr eine Gewinnverteilung durch für einen Gesamtgewinn von 1 250 000,00 € unter Berücksichtigung monatlicher Entnahmen von jeweils 6 000,00 €. Vergleichen Sie dabei die Ergebnisse nach gesetzlicher Regelung mit denen Ihrer vertraglichen Vereinbarung und erläutern Sie, was für bzw. gegen die gesetzliche Regelung spricht.

4 Der Bauunternehmer Rolf Putz hat gegen die Grunwald OHG eine Forderung in Höhe von 210 000,00 €. Erklären Sie anhand dieses Falles die Haftungssituation einer OHG aus der Sicht des Bauunternehmers Putz.

5 Zum Kundenstamm der Grunwald OHG gehört die Adam Opel AG.
   a) Diskutieren Sie mit Ihren Mitschülern, warum für die Adam Opel AG die Rechtsform der AG sinnvoll ist.
   b) Erläutern Sie die Aufgaben des Vorstandes, des Aufsichtsrates und der Hauptversammlung einer AG.
   c) Eine gleichzeitige Mitgliedschaft in Aufsichtsrat und Vorstand eines Unternehmens ist nicht zulässig. Erläutern Sie, warum diese Vorschrift des Aktiengesetzes sinnvoll ist.
   d) Der Vorstand wird auf fünf Jahre bestellt, der Aufsichtsrat für vier Jahre gewählt. Diskutieren Sie, warum die Zeiten der Bestellung bzw. Wahl unterschiedlich lang sind.
   e) Erläutern Sie den Begriff der Sperrminorität.
   f) Jahresabschluss und Lagebericht der Aktiengesellschaft müssen veröffentlicht werden. Erläutern Sie den Sinn dieser Regelung.
   g) Die gesetzlichen Bestimmungen für die Aktiengesellschaft sind wesentlich strenger als für die Personengesellschaften. Diskutieren Sie, warum der Gesetzgeber so verfahren ist.

6 Die Grunwald OHG möchte sich über andere Automobilhersteller erkundigen. Bilden Sie Arbeitsgruppen, die sich z. B. im Internet jeweils über einen anderen Automobilhersteller ausführlich informieren. Stellen Sie Ihre Ergebnisse mithilfe geeigneter Präsentationsmittel vor der Klasse dar.

▲ Fallstudie: „Konstitutive betriebliche Entscheidungen“

Handlungssituation: Die Geschäftsführer der Bürodesign GmbH, Frau Friedrich und Herr Stein, sitzen zu ihrer monatlichen Strategiekonferenz zusammen. Thema ist heute die Umwandlung der Bürodesign GmbH in eine Aktiengesellschaft. „Der Börsengang bringt uns eine Menge Vorteile“, sagt Frau Friedrich, „wir können die Kapitalbasis des Unternehmens verbreitern, die Bonität steigt ...“ „Und wir halsen uns eine Menge Arbeit und Kosten auf“, fährt Herr Stein fort. „Wenn ich allein an die Konsequenzen für die Struktur des Unternehmens und des Rechnungswesens denke!“ „Sie sollten so fair sein und meinen Vorschlag zumindest sorgfältig prüfen, bevor Sie ihn verwerfen“, entgegnet Frau Friedrich.

Arbeitsaufträge

1 Stellen Sie fest, welche Konsequenzen die Umwandlung der Bürodesign GmbH in eine AG für die Struktur des Unternehmens hat.

2 In den §§ 23 bis 53 AktG (www.gesetze-im-internet.de/aktg/) ist die Gründung der Aktiengesellschaft beschrieben. Stellen Sie dar, wie sich die Gründung der Bürodesign AG vollziehen sollte.

3 Erläutern Sie die Folgen der Umwandlung für die Rechnungslegung und Gewinnverwendung (vgl. §§ 150–176 AktG) des Unternehmens.

4 Stellen Sie die Vor- und Nachteile der Umwandlung
   a) für die Eigentümer,
   b) für die Mitarbeiter und
   c) für die Kunden und Lieferanten der Bürodesign AG dar.

5 In der verabschiedeten Unternehmensphilosophie der Bürodesign GmbH heißt es:
„Mitarbeiterinnen und Mitarbeiter werden mit 50 % am Gewinn (nach Steuern) beteiligt.“
Erläutern Sie, welche Möglichkeiten die Umwandlung der Bürodesign GmbH in eine AG hier bieten würde.

6 Abbildung von Geld- und Güterströmen im Rechnungswesen

6.1 Aufgaben und Aufgabenbereiche des Rechnungswesens

Die Bürodesign GmbH kauft regelmäßig Holz, Platten, Leim, Nägel, Schrauben, Maschinen und Werkzeuge ein. Täglich werden diese Güter zur Herstellung von Büromöbeln eingesetzt. Tag für Tag werden diese Möbel verkauft.

Über 100 gewerbliche und kaufmännische Mitarbeiter helfen dabei, die Arbeiten des Einkaufs, der Lagerhaltung, der Produktion, des Vertriebs und der Verwaltung auszuführen. Dafür erhalten sie regelmäßig Löhne und Gehälter.

Eingekaufte Güter müssen bezahlt werden. Für verkaufte Büromöbel werden Einnahmen erzielt. Mehr als 1 000 Belege fallen monatlich an. Bei all diesen Vorgängen fällt es der Geschäftsleitung schwer, die Übersicht zu behalten.

- Erläutern Sie anhand des Schaubildes auf S. 125 die Notwendigkeit des Rechnungswesens für die Bürodesign GmbH.
- Erstellen Sie in diesem Zusammenhang einen Aufgabenkatalog des Rechnungswesens.

Bd. 2

Industriebetriebe kaufen über den **Beschaffungsmarkt Werkstoffe** (Roh-, Hilfs- und Betriebsstoffe) und **Betriebsmittel** (Maschinen, Werkzeuge) ein.

Die Werkstoffe werden im Produktionsprozess durch **menschliche Arbeitsleistung** unter Nutzung der Betriebsmittel zu neuen **Erzeugnissen** be- oder verarbeitet. Die fertigen Erzeugnisse werden auf dem **Absatzmarkt** an die Kunden (Großhandel, Einzelhandel, Großverbraucher) verkauft. Werkstoffe, Betriebsmittel und menschliche Arbeit sind die Produktionsfaktoren der Unternehmung. Die neuen Erzeugnisse sind neben Dienstleistungen, wie Montage und Wartung verkaufter Erzeugnisse, die typischen **Leistungen** der Industrieunternehmung.

Beispiele Die Bürodesign GmbH

- kauft fast täglich Span- und Tischlerplatten, Furniere, Polsterstoffe, Leim, Lack, Hartwachs und Schrauben von verschiedenen Lieferern ein,
- verarbeitet diese auftragsgemäß mithilfe von Maschinen, wie Sägen, Hobelmaschinen, Fräsen, Bohrmaschinen und Pressen,
- verarbeitet diese zu Designermöbeln für Büros, wie Schreibtische, Drehstühle, Regalsysteme, Konferenztische, Stapelstühle,
- und liefert diese an Groß- und Einzelhandelskunden, die überwiegend zum Bürobedarfs- und Einrichtungshandel zählen.

VWL

▲ Güter- und Geldströme

Vom **Beschaffungsmarkt** fließt also ein **Strom von Gütern und Dienstleistungen** in die Industrieunternehmung. **Beim Verkauf strömen Güter und Dienstleistungen** zu den Kunden **am Absatzmarkt**.

Die Beschaffung der für den Produktionsprozess notwendigen Güter und Dienstleistungen führt zu **Ausgaben**. Über die Erlöse aus dem Verkauf der Erzeugnisse (Umsatzerlöse) an die Kunden werden **Einnahmen** erzielt. Damit fließen die für die Beschaffung ausgegebenen finanziellen Mittel wieder in die Unternehmung zurück.

Dem **Güter-** und **Dienstleistungsstrom** steht also ein **Geldstrom** gegenüber:

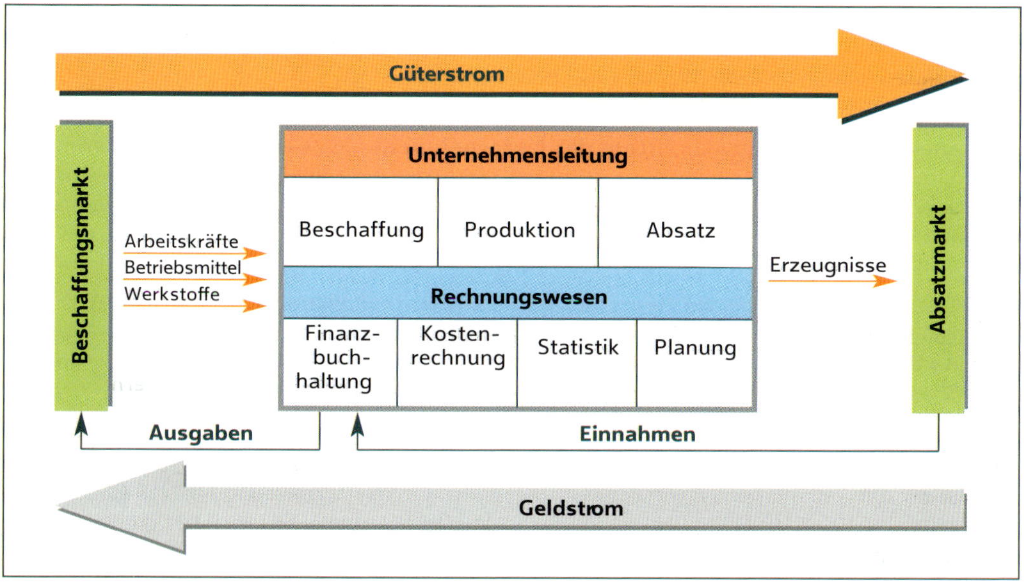

Es ist ein Ziel des Unternehmens, einen Überschuss der Einnahmen gegenüber den Ausgaben zu erzielen. Ist das der Fall, erzielt das Unternehmen einen **positiven Erfolg** (einen **Gewinn**). Es setzt sich jedoch auch dem Risiko aus, einen **negativen Erfolg** (einen **Verlust**) zu erleiden.

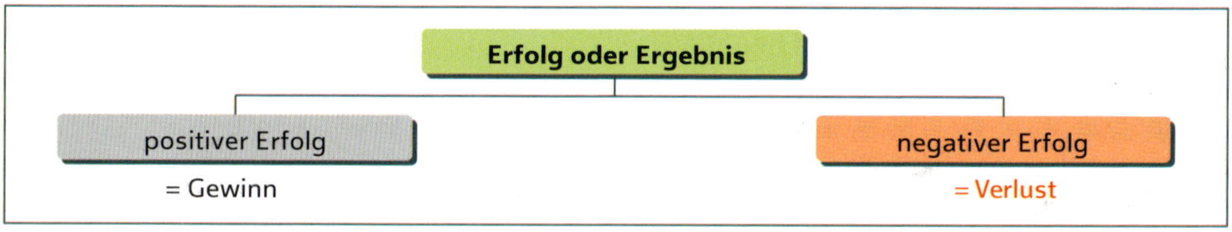

Einzelaufgaben des Rechnungswesens

Geld- und Güterströme verändern fortwährend Zusammensetzung und Höhe der Vermögensteile (z. B. Rohstoffe, Erzeugnisse, Forderungen, Bankguthaben) und der Schulden. Über die Ursachen, die Art und den Umfang der Veränderungen des Vermögens und der Schulden muss die Unternehmungsleitung zuverlässige Informationen (Daten) erhalten, um aufgrund genauer Angaben die erforderlichen Entscheidungen treffen zu können.

Beispiele

- Der Bürodesign GmbH wird von der Furnierwerk GmbH, Grevenbroich, ein großer Posten Tischlerplatten besonders preisgünstig bei sofortiger Zahlung angeboten. Die Unternehmungsleitung erkundigt sich in der Buchhaltung nach dem Bestand an Zahlungsmitteln (Bargeld, Guthaben bei Banken).
- Wegen eines Auftrages über 80000,00 € vom Kunden Klaus Oswald e. K., Dresden, möchte der Abteilungsleiter „Absatz“, Herr Stam, den derzeitigen Kontenstand des Kunden wissen.

Das Rechnungswesen erfüllt für die Unternehmensleitung folgende **Aufgaben**:

- Es ermittelt **Art und Höhe des Vermögens und der Schulden** bei der Gründung der Unternehmung, am Ende jedes Geschäftsjahres und beim Verkauf oder bei der Auflösung der Unternehmung.

- Alle **Veränderungen des Vermögens und der Schulden** hält es im Laufe des Geschäftsjahres fest.

  Beispiele Aufnahme oder Tilgung eines Darlehens, Zahlungen von Kunden zum Ausgleich von Ausgangsrechnungen, Zahlungen an Lieferer zum Ausgleich von Eingangsrechnungen.

- Es erfasst alle Daten, um den **Erfolg des Unternehmens**, den Gewinn oder den Verlust, zu ermitteln.

  Beispiel Im Monat Oktober wurden Büromöbel für 590 000,00 € verkauft, dafür entstanden im selben Monat Ausgaben für Materialeinkäufe, Löhne, Gehälter, Miete, Büromaterial u. a. von 535 000,00 €. Der Erfolg, in diesem Fall ein Gewinn, beträgt 55 000,00 €.

- Es liefert Aufzeichnungen zur **Berechnung der Preise** (Kalkulation).

  Beispiel Ausgaben für Werkstoffe, Löhne, Gehälter, Büromaterial usw. sollen über die Verkaufspreise der Erzeugnisse wieder hereingeholt werden. Deshalb müssen diese Ausgaben vollständig festgehalten und bei der Preisberechnung (Kalkulation) berücksichtigt werden.

- Über die Beobachtung und den Vergleich fortlaufend erfasster Daten stellt es notwendige **Unterlagen für unternehmerische Entscheidungen** bereit.

  Beispiel Die Verkaufszahlen von den einzelnen Erzeugnissen (Umsatz und Absatz) werden festgehalten. Je nach Entwicklung lösen sie unternehmerische Entscheidungen aus: Werbemaßnahmen, Herausnahme aus dem Produktionsprogramm u. a.

Festlegung der Soll-Werte für die kommende Rechnungsperiode → Ermittlung der erreichten Ist-Werte am Ende der Rechnungsperiode → Ermittlung und Analyse der Abweichungen

- Es ist **Informationsstelle für Gläubiger**.

  Beispiel Kreditinstitute überprüfen anhand von Unterlagen des Rechnungswesens die Kreditwürdigkeit.

- Es sammelt und ermittelt die **Angaben für Steuererklärungen** (z. B. für die Einkommensteuererklärung).

- Im Streitfalle mit den Behörden oder mit Geschäftspartnern stellt es **Beweismittel** bereit.

  Beispiel Belege werden aufbewahrt, um gegenüber der Finanzverwaltung Ausgaben und Einnahmen nachzuweisen, um entstandene und getilgte Schulden und Forderungen nachzuweisen.

Das Rechnungswesen ist somit zugleich **Informations-, Kontroll- und Steuerungssystem** für alle betrieblichen Funktions- und Verantwortungsbereiche, vor allem für das Absatz- und Beschaffungsmarketing.

Aufgaben des betrieblichen Rechnungswesens

Kontrollsystem	Informationssystem	Steuerungssystem
– überwacht die Erfassung von Einnahmen und Ausgaben – kontrolliert die Einhaltung von Plänen durch Soll-Ist-Vergleich	stellt Daten bereit über – Einnahmen, Ausgaben – Gewinne, Verluste – Veränderungen der Güter- und Geldmittelbestände	– liefert Planungsdaten für künftige Entscheidungen
↑	↑	↑
erfasst die betriebliche Realität	wertet Informationen aus	setzt Informationen um

▲ Aufgabenbereiche des Rechnungswesens

Wegen der vielfältigen Aufgaben ist das Rechnungswesen der meisten Betriebe in folgende Bereiche gegliedert:

Finanzbuchhaltung (Fibu)	Kosten- und Leistungsrechnung (KLR)	Statistik	Planung
– erfasst die **Geldströme** zwischen dem Unternehmen und der Außenwelt (z. B. Ausgaben an Lieferer und Einnahmen von Kunden) – ermittelt den **Erfolg** (Gewinn oder Verlust) der Unternehmung, indem sie Aufwendungen und Erträge gegenüberstellt – ermittelt Bestände und **Veränderungen** von **Vermögen** und **eingesetztem Kapital**	– ermittelt den Erfolg aus der Produktion und dem Verkauf von Erzeugnissen – stellt dazu die Kosten zur Erstellung und zum Vertrieb der Erzeugnisse und die Umsatzerlöse für die abgesetzten Erzeugnisse gegenüber – kontrolliert die Wirtschaftlichkeit des Unternehmens	– sammelt betriebliche und außerbetriebliche Daten – stellt diese in Tabellen oder Diagrammen anschaulich dar (z. B. Umsätze einzelner Produkte, Kosten einzelner Abteilungen) – ist Basis für die Entscheidungsvorbereitung	– wertet innerbetriebliche Daten der Fibu, KLR und Statistik und außerbetriebliche Daten (z. B. Preisentwicklung, Vergleichszahlen der Verbände und IHK) aus – stellt Daten für Einzelpläne (Absatzplan, Beschaffungsplan, Produktionsplan, Finanzplan) zur Verfügung

Das Rechnungswesen ist vergleichbar mit einer **Datenbank**, in der Daten von allen Funktionsbereichen gesammelt und von allen Bereichen für die unterschiedlichsten Zwecke abgerufen werden.

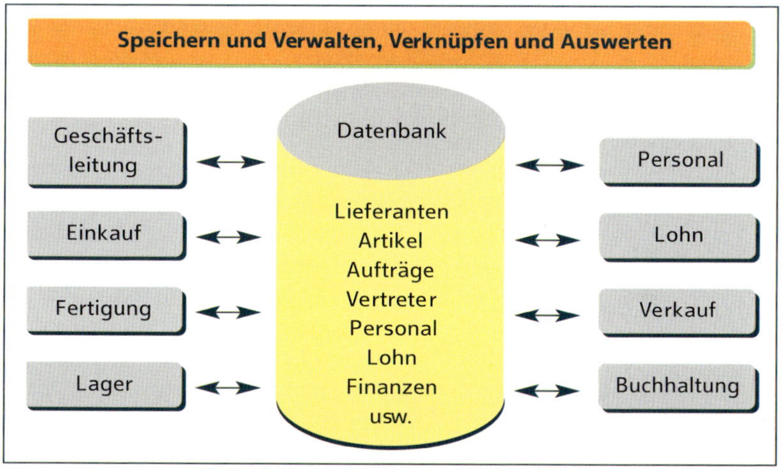

Aufgaben und Aufgabenbereiche des Rechnungswesens

- Das Rechnungswesen
  - erfasst die Güter- und Geldströme zwischen dem Unternehmen und dem Beschaffungs- und Absatzmarkt,
  - ermittelt regelmäßig den Stand an Vermögen und Schulden und erfasst laufend deren Veränderungen,
  - stellt den Erfolg (Gewinn und Verlust) des Geschäftsjahres fest,
  - stellt Daten für die Preisberechnung und für zahlreiche betriebliche Entscheidungen bereit.
- Das Rechnungswesen ist Informations-, Kontroll- und Steuerungssystem.
- Das Rechnungswesen ist in die Aufgabenbereiche Finanzbuchhaltung, Kosten- und Leistungsrechnung, Statistik und Planung gegliedert.

1 Erläutern Sie anhand des Schaubildes S. 125 die Aufgabenbereiche der Industrieunternehmung.

2 Ordnen Sie den betrieblichen Produktionsfaktoren die folgenden Wirtschaftsgüter einer Büromöbelfabrik zu.
a) Fahrzeuge
b) Leistungen der Unternehmensleitung
c) Computer in der Abteilung Beschaffung
d) Grundstücke und Gebäude
e) Leistungen des Lagerpersonals
f) Regale in den Verwaltungsräumen
g) Bürotische in der Verwaltungsabteilung
h) Gabelstapler im Materiallager
i) Leim, Lacke
j) Leistungen der Möbelschreiner in der Fertigung
k) Holz

3 Nennen Sie die wesentlichen Aufgaben der Finanzbuchhaltung.

4 Erläutern Sie den Güter- und den Geldstrom zwischen Industrieunternehmung und Beschaffungs- und Absatzmarkt.

5 Begründen Sie, warum sich
a) die Deutsche Bank und die Stadtsparkasse Köln,
b) das Finanzamt Köln-West am Geschäftssitz der Bürodesign GmbH für die Buchführung der Bürodesign GmbH interessieren.

6 Erläutern Sie die Bedeutung des betrieblichen Rechnungswesens als Informations-, Kontroll- und Steuerungssystem.

7 Grenzen Sie die Aufgaben der Geschäfts- oder Finanzbuchhaltung von denen der Kosten- und Leistungsrechnung ab.

8 „Was hast du mit den 400,00 € gemacht, die ich dir erst vorige Woche gegeben habe?", reagiert Herr Klein auf die Bitte seiner Frau um Haushaltsgeld. „Du weißt doch, dass ich wirklich nur das Notwendigste für den Haushalt kaufe", antwortet Frau Klein.

Ähnliche Gespräche haben Sie sicher auch schon in Ihrer Familie miterlebt.
a) Erarbeiten Sie in Gruppen ein Haushaltsbuch zur übersichtlichen Aufzeichnung aller Einnahmen und Ausgaben und vergleichen Sie die Ergebnisse.
b) Begründen Sie jeweils den Aufbau.
c) Stellen Sie einen Katalog von Gründen zusammen, die für ein solches Haushaltsbuch sprechen.

9 Die Industrieunternehmung hat Beziehungen zum Beschaffungs- und Absatzmarkt. Erläutern Sie je zwei Tätigkeiten, die
a) sich auf den Beschaffungsmarkt beziehen,
b) im Unternehmen mit eingekauften Rohstoffen durchzuführen sind,
c) sich auf den Absatzmarkt beziehen.

10 Nennen Sie die Abteilungen der Bürodesign GmbH mithilfe des Organigramms auf S. 11.

11 Frau Friedrich erkundigt sich regelmäßig nach dem Absatz und Umsatz einzelner Produkte. Erläutern Sie die Arbeiten der Buchführung, damit sie diese Informationen jederzeit geben kann.

6.2 Inventur, Inventar, Bilanz

6.2.1 Inventur

Silvia Land, Auszubildende der Bürodesign GmbH, ist seit einer Woche in der Abteilung Rechnungswesen, als sie ein Gespräch zwischen Herrn Stein und Frau König mithört:

„Karl Weil e. K. – Sie wissen schon, Frau König, der Hersteller von Kleinmöbeln neben uns – will aus Altersgründen zum 31. Dezember seinen Betrieb aufgeben. Er hat uns ein Angebot gemacht."

„Wir suchen doch seit Langem nach Möglichkeiten der Erweiterung unserer Fertigungshalle, das wäre doch ideal", antwortet Frau König. „Aber der Kaufpreis entspricht nicht ganz unseren Vorstellungen." „Aber, da sind doch sicher Maschinen und Vorräte. Bitten Sie doch Herrn Weil, uns ein

Inventar aufzustellen, damit wir nicht die Katze im Sack kaufen."

- Überprüfen Sie, welche Arbeiten damit für Herrn Weil verbunden sind.
- Erstellen Sie zu den Arten der Inventur eine Übersicht.

Gesetzliche Grundlagen der Inventur

§ 240 HGB

(1) Jeder Kaufmann hat zu Beginn seines Handelsgewerbes seine Grundstücke, seine Forderungen und Schulden, den Betrag seines baren Geldes sowie seine sonstigen Vermögensgegenstände genau zu verzeichnen und dabei den Wert der einzelnen Vermögensgegenstände und Schulden anzugeben.

(2) Er hat [...] für den Schluss eines jeden Geschäftsjahrs ein solches Inventar aufzustellen. [...]

Der **Unternehmer** muss beim **Beginn des Betriebes, für den Schluss jedes Geschäftsjahres** und beim Verkauf ein **genaues Verzeichnis** (Inventar) seiner Wirtschaftsgüter aufstellen. Sie müssen in **Art** und **Menge** sowie **Wert vollständig** aufgeführt werden.

Beispiel Herr Weil muss Mengen und Werte der vorhandenen Werkstoffe, wie Spanplatten, Tischlerplatten, Scharniere, Schlösser, Leim, Lacke, sein Bargeld, sein Guthaben (Forderungen) gegenüber einzelnen Kunden, jede Maschine und deren Wert, seine Schulden gegenüber Lieferern und Banken feststellen und in einem Verzeichnis darstellen.

Dazu muss der Geschäftsmann sein Bargeld und seine Materialien zählen, noch nicht bezahlte Rechnungen zusammenstellen. Dieses Aufnehmen aller Wirtschaftsgüter nach Art, Menge und Wert wird als **Inventur** bezeichnet.

Arten der Inventur

Körperliche Inventur:

Um die gesetzliche Verpflichtung zu erfüllen, sind die **Vermögensgegenstände** (Werkstoffe, Bargeld) **„körperlich" aufzunehmen**. Zu einem bestimmten Zeitpunkt sind also alle Vermögensgegenstände, die im Unternehmen vorzufinden sind (lat.: invenire = finden, vorfinden), zu **zählen**, zu **messen**, zu **wiegen** oder zu **schätzen** und schließlich zu **bewerten**.

Beispiel In der Karl Weil e. K. Möbelfabrik werden am Aufnahmestichtag 86 Tischlerplatten 3 x 200 x 200 cm gezählt und mit den Anschaffungskosten von 60,00 € je Stück bewertet. Damit ergibt sich ein Inventurbestand von 5 160,00 €.

Buchinventur:

Wird der mengen- und wertmäßige Bestand der Wirtschaftsgüter nur anhand von schriftlichen Unterlagen oder Daten in der Datenbank ermittelt, liegt eine Buchinventur vor. Sie ersetzt die körperliche Inventur, wenn auch aufgrund von Aufzeichnungen eine ordnungsmäßige buchmäßige Erfassung sichergestellt ist.

Beispiele

Wirtschaftsgüter	Buchinventur aufgrund von
– Grundstücke und Gebäude	– Grundbuchauszügen und anhand der Anlagendatei
– Maschinen und Fuhrpark	– Verzeichnis der Maschinen und Fahrzeuge
– Forderungen	– noch nicht bezahlten Ausgangsrechnungen
– Verbindlichkeiten	– noch nicht beglichenen Eingangsrechnungen
– Darlehensforderungen und -schulden	– Kontenauszügen der Gläubiger
– Bankguthaben	– entsprechenden Tagesauszügen der Banken

Stichtagsinventur und zeitnahe Inventur:

Der Gesetzgeber fordert die Inventur **für** den Schluss des Geschäftsjahres. Die Finanzverwaltung legte den Gesetzestext früher recht eng aus und verlangte den Ablauf der Bestandsaufnahme **genau am Schluss des Geschäftsjahres**, z. B. genau zum Stichtag 31. Dezember. Eine solche Inventur wird als **Stichtagsinventur** bezeichnet.

Das Aufnahmeverfahren lässt sich in zahlreichen Fällen wegen des Arbeitsumfangs **am Schluss des Geschäftsjahres** aufgrund beispielsweise großer Lagerbestände **nicht durchführen**.

Beispiel Industrieunternehmen haben nicht selten zwischen 40 000 und 120 000 verschiedene Werkstoffe auf Lager.

Deshalb müssen die **Bestände nur zeitnah**, d. h. in der Regel innerhalb einer Frist von zehn Tagen vor und zehn Tagen nach dem Stichtag, **aufgenommen** werden: **zeitnahe Inventur**. Dabei muss sichergestellt werden, dass die **Bestandsveränderungen** zwischen dem Bilanzstichtag und dem früher oder später liegenden Aufnahmetag anhand von Belegen ordnungsmäßig **mengen- und wertmäßig berücksichtigt werden**.

Beispiele

Web

Fortschreibung				**Rückrechnung**			
Produkt: **Bürotische T5**	Menge	Einzelwert	Gesamtwert	Produkt: **Stühle S5**	Menge	Einzelwert	Gesamtwert
Bestand am 21.12. **(Aufnahmetag)**	25	220,00	5 500,00	Bestand am 09.01. **(Aufnahmetag)**	280	120,00	33 600,00
+ Zugang am 23.12.	260	220,00	57 200,00	+ Abgang am 03.01.	200	120,00	24 000,00
	285		62 700,00		480		57 600,00
– Abgang am 28.12.	190	220,00	41 800,00	– Zugang am 07.01.	400	120,00	48 000,00
= Bestand am 31.12. **(Bilanzstichtag)**	95	220,00	20 900,00	= Bestand am 31.12. **(Bilanzstichtag)**	80	120,00	9 600,00

Ablaufplanung der Inventur

Damit die Inventurarbeiten zügig ablaufen, sind **Inventuranweisungen** auszuarbeiten, in denen für alle Bereiche der Unternehmung Aufnahmevorschriften enthalten sind.

Ein zusätzlicher **Ablaufplan** enthält Angaben darüber,

- wer die Inventur an den verschiedenen Orten im Unternehmen durchzuführen hat,
- wo im Unternehmen die Bestände zu erfassen sind und
- wann die Bestandsaufnahme an den verschiedenen Orten abzulaufen hat.

Beispiel Auszug aus einem Inventurablaufplan in der Bürodesign GmbH:

Name	Pers.-Nr.	Ort	Gang	Fächer	Aufnahmetag
Kluge, Martha Land, Silvia	085 096	Werkstofflager Werkstofflager	01–14	1–26	04.01.20..
König, Ferdinand Blümel, Franz	017 086	Werkstofflager Werkstofflager	15–30	27–50	04.01.20..
...	...	...	...	...	...

Damit die Inventur den Grundsätzen ordnungsmäßiger Buchführung entsprechen kann, sollten die **Inventurlisten** zur Aufzeichnung der aufgenommenen Bestände die folgenden Angaben enthalten:

- genaue Mengen nach Zahl, Maßen, Volumen (z. B. Liter) und Gewichten

- fachgerechte (handelsübliche) Bezeichnungen der Gegenstände nach Art und Größe
- übersichtliche Gruppierungen der aufgenommenen Wirtschaftsgüter nach Standorten, Lagerstellen oder Abteilungen
- den Wert je Einheit und den Gesamtwert des jeweiligen Postens
- das Datum der Bestandsaufnahme und die Unterschrift der mit der Inventur beauftragten Person

Beispiel

Aufnahmeliste Bürodesign GmbH				**Bewertung**	
Abteilung: **Wertstofflager**		Lagerort: **Gang 12**		Stichtag: **31.12.**	Fach:
Waren-Nr.	Gegenstand	Festgestellte Menge		Wert je Einheit €	Inventurwert €
	Handelsübliche Bezeichnung	Anzahl	Einheit (St., kg, m, l)		
1	**Tischlerplatten**	**86**	**St. à 3 x 200 x 200 cm**	**60,00**	**5 160,00**
2					
3					
4					

Aufnahme-Datum: **31.12.**	Aufgenommen: *S. Land*	Berechnet: *König*	Geprüft: *Braun*

Bei EDV-gesteuerter Lagerhaltung können die Inventurlisten bereits mit den Soll-Beständen ausgedruckt werden. Durch Eintragung der Ist-Bestände laut Inventur werden die Abweichungen sofort erkannt.

Inventur

Inventur

Zeitpunkte
- Beginn oder Übernahme des Betriebes
- Zum Schluss jedes Geschäftsjahres
- Auflösung oder Veräußerung des Betriebes

Gegenstand
- Erfassung aller Vermögensteile und Schulden nach Art, Menge, Einzelwert und Gesamtwert gleichartiger Vermögensteile und Schulden

Verfahren
- **nach der Art der Bestandsaufnahme**
  - körperliche Inventur
  - Buchinventur
- **nach dem Zeitpunkt der Bestandsaufnahme**
  - Stichtagsinventur
  - zeitnahe Inventur

1 Machen Sie Inventur in Ihrem Klassenraum. Erfassen Sie die Ergebnisse in einer Inventurliste (vgl. oben), die Sie in der Klasse aushängen. Versuchen Sie, die Gegenstände zu bewerten, und zeigen Sie die dabei auftretenden Probleme auf.

2 a) Geben Sie den Zeitraum zur Durchführung einer zeitnahen Inventur an, wenn das Geschäftsjahr vom 1. Januar bis zum 31. Dezember dauert.

b) Berechnen Sie den Inventurbestand zum 31. Dezember 20.. im Wege der Rückrechnung für die Rohstoffart Tischlerplatten S 4 aufgrund folgender Angaben:

Bestand bei der Aufnahme am 09.01.	180 Stück	à 75,00 €
Einkäufe von Tischlerplatten am 05.01.	150 Stück	à 75,00 €
Abgang von Tischlerplatten in die Fertigung am 03.01.	160 Stück	
Abgang von Tischlerplatten in die Fertigung am 07.01	70 Stück	

3 Führen Sie nach dem Muster S. 131 eine Inventurliste des Holzlagers der Bürodesign GmbH, deren Geschäftsjahr mit dem Kalenderjahr übereinstimmt.
1. Aufnahmedatum: 21. Dezember 20..
2. Lagerort: Holzlager
3. Handelsübliche Bezeichnung: Eiche massiv
4. Einstandspreis mit Fracht und Bezugskosten 2000,00 €/m^3
5. Beschaffenheit: keine Mängel
6. Menge/Anzahl: 15 m^3
7. Aufgenommen durch: Karl Fischer

a) Tragen Sie diese Daten in die Inventurliste ein und berechnen Sie den **Inventurwert**.
b) Nennen Sie die Art der Inventur, um die es sich handelt.
c) Ermitteln Sie den Bestand, der sich ergibt, wenn noch folgende Vorgänge zu berücksichtigen sind:

22.12.: Eingangsrechnung über Eichenholzlieferung:	12 m^3 zu 2000,00 €/m^3
22.12.: Materialentnahmeschein:	18 m^3 zu 2000,00 €/m^3
28.12.: Materialentnahmeschein:	5 m^3 zu 2000,00 €/m^3

4 Erläutern Sie die Aufgaben der Inventur und verschiedene Inventurarten.

5 Erläutern Sie die Begriffe „Inventuranweisungen“ und „Inventurablaufplanung“.

6 Es gibt nach der Art der Inventurdurchführung die „Buchinventur“ und die „körperliche Inventur“. Nennen Sie die jeweils zweckmäßige Inventurart für folgende Wirtschaftsgüter: Kassenbestand, Bankguthaben, Forderungen a. LL.[1], Fertige Erzeugnisse, Verbindlichkeiten a. LL.[1].

7 Stellen Sie in Gruppen jeweils Probleme der Inventurplanung, -durchführung und -auswertung und Möglichkeiten der Lösung zusammen.

6.2.2 Inventar

Frau König hat nach der Inventur der Firma Karl Weil e. K. alle Aufnahmelisten eingesammelt. In vielen Fällen enthalten sie nur handelsübliche Artikel- und Mengenangaben. Überhaupt sind die Vermögensteile und Schulden noch nicht geordnet. Silvia Land wird aufgefordert, sich Gedanken zu machen, wie das Inventar gegliedert und wie die einzelnen Vermögensteile zu bewerten sind.

- Machen Sie einen Vorschlag zur Gliederung und Bewertung der Vermögensteile und Schulden.
- Erläutern Sie, wie das Eigenkapital und der Erfolg eines Unternehmens ermittelt werden können.

Gliederung des Inventars

Aufgrund der durchgeführten Inventur ist der Unternehmer in der Lage, ein Bestandsverzeichnis (Inventar) anzulegen, in dem **Vermögensteile** und **Schulden** der Unternehmung zum Abschlussstichtag nach Art, Menge und Wert aufgezeichnet sind. Zieht der Unternehmer vom Gesamtwert der Vermögensteile die Summe der betrieblichen Schulden ab, erhält er sein **Reinvermögen** (Eigenkapital).

Daraus ergibt sich folgende Gliederung des Inventars (Bestandsverzeichnis):
A. Vermögen
B. Schulden
C. Errechnung des Reinvermögens (Eigenkapital)

Vermögen:

Der Gesetzgeber fordert vom kaufmännischen Unternehmen die Gliederung des Vermögens in **Anlage-** und **Umlaufvermögen** (§ 247 Abs. 1 HGB).

---
[1] *a. LL. = aus Lieferungen und Leistungen*

- **Anlagevermögen:** Zum **Anlagevermögen** rechnen die Vermögensgegenstände, die am Abschlussstichtag dazu bestimmt sind, dauernd dem Geschäftsbetrieb zu dienen (§ 247 HGB). Das Anlagevermögen bildet die **Grundlage der Betriebstätigkeit**; mit seiner Hilfe können die eigentlichen Aufgaben des Betriebes, wie Einkauf, Lagerung, Produktion und Verkauf, erst durchgeführt werden.

Das Anlagevermögen wird gegliedert in:

Anlagevermögen		
Immaterielle Vermögensgegenstände	**Sachanlagen**	**Finanzanlagen**
– Lizenzen (Rechte zur Nutzung einer Erfindung) – Geschützte Marken – Software-Lizenzen	– Grundstücke und Gebäude – Maschinen – Lagereinrichtung – Fuhrpark – Büroeinrichtung	– Beteiligungen an anderen Unternehmen – Darlehensforderungen gegenüber anderen Unternehmen

- **Umlaufvermögen:** Zum **Umlaufvermögen** rechnen die Vermögensteile, die am Abschlussstichtag dazu bestimmt sind,
  - **verbraucht** (Roh-, Hilfs- und Betriebsstoffe),
  - **veräußert** (fertige Erzeugnisse, Handelswaren) oder
  - nur **einmalig genutzt** (Bargeld, Bankguthaben, Forderungen) zu werden.

Das Umlaufvermögen bildet den eigentlichen **Gewinnträger**. Es kann gegliedert werden in:

Umlaufvermögen		
Vorräte	**Forderungen**	**Liquide Mittel**
– Roh-, Hilfs- und Betriebsstoffe – Unfertige Erzeugnisse – Fertige Erzeugnisse – Handelswaren	– Forderungen aus Lieferungen und Leistungen	– Kassenbestand (Bargeld) – Bankguthaben

Rohstoffe sind alle die Stoffe, die **unmittelbar in das** herzustellende **Erzeugnis eingehen** und dessen **Hauptbestandteile** darstellen.

Auch die **Hilfsstoffe** gehen unmittelbar in das zu erstellende Erzeugnis ein, jedoch bilden sie nicht die **Grundstoffe** des Erzeugnisses, sondern **ergänzen, verbinden, verschönern** die Rohstoffe.

Betriebsstoffe werden **nur mittelbar** für die Herstellung der Erzeugnisse gebraucht, sodass sie **keine Bestandteile der Erzeugnisse** darstellen. Sie sind erforderlich zur allgemeinen Aufrechterhaltung des Fertigungsganges und zur Durchführung der Arbeiten in der Verwaltung und im Absatz der Unternehmung.

Beispiele

Materialart	Büromöbelproduktion
Rohstoffe	Holz, Holz- und Kunststoffplatten, Stahlrohre, Profilleisten
Hilfsstoffe	Leim, Lacke, Spachtelmasse
Betriebsstoffe	Folien, Kartons, Schmier- und Treibstoffe, Schmirgelpapier, Verbrauchswerkzeuge

Zu den **unfertigen Erzeugnissen** sind alle die Erzeugnisse oder Erzeugnisbestandteile zu rechnen, die sich noch auf Zwischenstufen der Fertigung befinden und **noch kein absatzreifes Erzeugnis** darstellen.

Beispiel Schreibtische ohne Schlösser, unlackiert

Fertige Erzeugnisse sind folglich absatzreife Erzeugnisse.

Bei den **Handelswaren** handelt es sich um Handelsartikel, die von fremden Unternehmen bezogen und ohne weitere oder wesentliche Veränderung veräußert werden.

Beispiele Zusatzschlüssel, Möbelpolitur

Im Gegensatz zum Anlagevermögen wird das **Umlaufvermögen** durch die betrieblichen Tätigkeiten **ständig verändert und umgewandelt**:

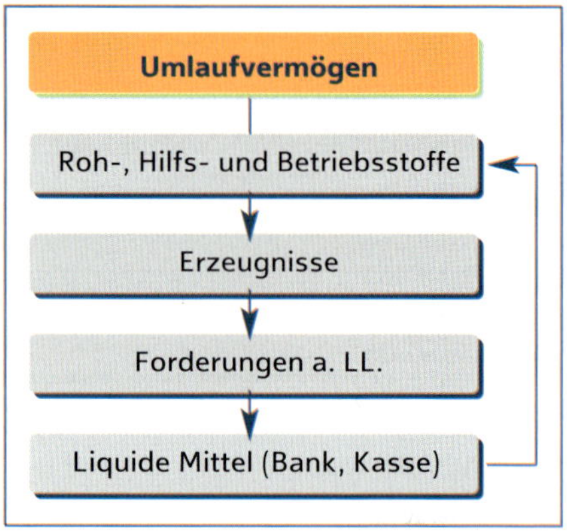

Beispiel **Inventar der Kleinmöbelfabrik Karl Weil e. K.**
Köln, 31. Dezember 20..

Art, Menge, Einzelwert	€	€
A. Vermögen		
I. Anlagevermögen		
1. Grundstücke mit Bauten, Stolberger Str. 190 (Anlage 1)[1]		270 000,00
2. Maschinen (Anlage 2)		145 600,00
3. Betriebs- und Geschäftsausstattung (Anlage 3)		17 310,00
II. Umlaufvermögen		
1. Roh-, Hilfs- und Betriebsstoffe		
Rohstoffe (Anlage 4)	29 200,00	
Hilfsstoffe (Anlage 5)	18 400,00	
Betriebsstoffe (Anlage 6)	8 700,00	56 300,00
2. Unfertige Erzeugnisse (Anlage 7)		22 500,00
3. Fertige Erzeugnisse		
45 Beistelltische BT 5 zu 140,00 € je St.	6 300,00	
18 Drehstühle S 17 zu 485,00 € je St.	8 730,00	
45 Zeitungsständer SC 14 zu 225,00 € je St.	10 125,00	
Sonstige Erzeugnisse (Anlage 8)	12 360,00	37 515,00
4. Forderungen aus Lieferungen und Leistungen (Anlage 9)		53 516,00
5. Bankguthaben		
Sparkasse KölnBonn lt. Kontoauszug (Anlage 10)	12 600,00	
Commerzbank Köln lt. Kontoauszug (Anlage 11)	37 020,00	49 620,00
6. Kassenbestand		439,00
Summe des Vermögens		652 800,00
B. Schulden		
I. Langfristige Schulden		
1. Hypothek der Sparkasse KölnBonn lt. Kontoauszug und Darlehensvertrag (Anlage 12)		177 000,00
2. Darlehen der Commerzbank Köln lt. Kontoauszug und Darlehensvertrag (Anlage 13)		53 200,00
II. Kurzfristige Schulden		
1. Verbindlichkeiten aus Lieferungen und Leistungen (Anlage 14)		44 280,00
2. Sonstige Verbindlichkeiten (Anlage 15)		25 520,00
Summe der Schulden		300 000,00
C. Errechnen des Reinvermögens (Eigenkapital)		
Summe des Vermögens		652 800,00
– Summe der Schulden		300 000,00
Reinvermögen (Eigenkapital)		352 800,00

[1] *Wegen ihres Umfangs sind die Anlagen hier nicht aufgenommen.*

Anordnung der Vermögensteile:

Müssen die Gegenstände des Vermögens in einer geordneten Reihenfolge aufgelistet werden, dann ordnet man sie nach **zunehmender Flüssigkeit** (Liquidität) oder **abnehmender Kapitalbindung**:

A. Anlagevermögen
B. Umlaufvermögen
- Vorräte (Roh-, Hilfs- und Betriebsstoffe, Erzeugnisse)
- Forderungen
- Liquide Mittel

zunehmende Liquidität

Schulden:

Die verschiedenen Verbindlichkeiten werden nach ihrer Fälligkeit oder Restlaufzeit geordnet:

Schulden	Fälligkeit	Restlaufzeit von ...
Darlehensschulden mit einer Restlaufzeit von zehn Jahren	– langfristig	– mehr als fünf Jahren
Verbindlichkeiten gegenüber Banken	– mittelfristig	– einem bis fünf Jahren
Verbindlichkeiten a. LL., sonstige Verbindlichkeiten (z. B. Steuerschulden)	– kurzfristig	– bis zu einem Jahr

Errechnung des Reinvermögens (Eigenkapital):

Die Differenz zwischen Vermögenswerten und Schulden ergibt das Reinvermögen (Eigenkapital).

	Beispiel
Summe der Vermögensteile	652 800,00
– Summe der Schulden	– 300 000,00
= **Reinvermögen (Eigenkapital)**	= 352 800,00

Das Reinvermögen zeigt den Wert der Vermögensteile, die mit eigenen Mitteln (**Eigenkapital**) und nicht mit fremden Mitteln (**Schulden** oder **Fremdkapital**) beschafft worden sind.

Inventare mit allen zu ihrem Verständnis erforderlichen Unterlagen dürfen auch auf **Bildträgern** (Mikrokopien) oder auf **anderen Datenträgern** (z. B. Magnetplatte, USB-Stick, DVD) angefertigt bzw. aufbewahrt werden, wenn sie bei Bedarf innerhalb angemessener Frist lesbar gemacht werden können (§§ 239 HGB, 147 Abs. 2 AO).

Erfolgsermittlung durch Eigenkapitalvergleich

Das Inventar gibt dem Kaufmann einen Überblick über den **Stand seines Vermögens und seiner Schulden zu einem bestimmten Stichtag**. Nun lassen sich bereits erste Erkenntnisse zur Entwicklung des Geschäftsjahres ableiten. Von besonderem Interesse sind die **Eigenkapitalquote** und der **Erfolg**.

$$\textbf{Eigenkapitalquote} = \frac{\text{Eigenkapital} \cdot 100}{\text{Gesamtkapital}} = \frac{352\,800 \cdot 100}{652\,800} = \underline{54{,}04\ \%}$$

Durch Vergleich der Inventare zweier aufeinander folgender Jahre wird die Entwicklung der Bestände an Vermögen und Schulden erkennbar. Die Veränderung des Eigenkapitalbestands, der sich erhöht oder vermindert haben kann, verdeutlicht, mit welchem **Erfolg** ein Unternehmen gearbeitet hat.

Beispiel

Eigenkapitalmehrung (positiver Erfolg) **Gewinn**	Erfolg	Eigenkapitalminderung (negativer Erfolg) **Verlust**
352 800,00 € 270 000,00 €	31.12.02 – Eigenkapital – 31.12.01 31.12.01 – Eigenkapital – 31.12.00	270 000,00 € 288 000,00 €
82 800,00 €		−18 000,00 €

▲ Bewertung der Vermögensteile und der Schulden

Bd. 2

Für alle Vermögensteile und Schulden sind im Inventar Werte (in Euro) anzugeben. Damit alle Unternehmen bei der Bewertung einheitlich verfahren, hat der Gesetzgeber zahlreiche Vorschriften zur Bewertung erlassen.

Inventar

- Verzeichnis aller Vermögensteile (Art, Menge, Einzelwerte) und Schulden
- Errechnung des Reinvermögens

A. Vermögen	**Ordnung nach zunehmender Liquidität oder abnehmenden Kapitalbindungsfristen**
I. Anlagevermögen	– Vermögensgegenstände, die dazu bestimmt sind, dauernd dem Geschäftsbetrieb zu dienen – Grundlage der Betriebs- und Absatzbereitschaft
II. Umlaufvermögen	– Vermögensgegenstände, die verbraucht, veräußert und nur einmalig genutzt werden – Gewinnträger des Unternehmens
B. Schulden	**Ordnung nach abnehmenden Restlaufzeiten oder abnehmenden Kapitalüberlassungsfristen**

1. Verbindlichkeiten gegenüber Kreditinstituten (Darlehensschulden)
2. Verbindlichkeiten aus Lieferungen und Leistungen
	– Fremdkapital
	– Es ist nach **Restlaufzeiten** zu gliedern:
	  – langfristige Schulden mit mehr als fünf Jahren
	  – mittelfristige von einem bis fünf Jahre
	  – kurzfristige bis zu einem Jahr

C. Errechnung des Reinvermögens	
Vermögen – Schulden = Reinvermögen	– Gegenüberstellung von Vermögen und Schulden – Die Differenz ist das Reinvermögen, das dem Betrieb nach Abzug aller Schulden verbleibt (Betriebsvermögen).

1 Der Lebensmittelfabrikant Felix Roth e. K., Köln, machte für den 31. Dezember 20.. Inventur.

Dabei stellte er folgende Werte fest:	€	€
Gebäude		45 000,00
Fuhrpark lt. Verzeichnis		60 000,00
Geschäftsausstattung lt. Verzeichnis		12 000,00
Rohstoffe lt. Verzeichnis		75 000,00

	€	€
Forderungen		
Alois Hausmann e. K., Köln	2100,00	
Ludwig Sommer e. K., Siegburg	1950,00	
Peter Dick e. K., Euskirchen	3270,00	
Guthaben bei der		
Handelsbank Köln	3185,00	
Sparkasse KölnBonn	7430,00	
Postbank Köln	2865,00	
Bargeld		2487,00
Verbindlichkeiten gegenüber der Bank für Handel und Gewerbe	18000,00	
Verbindlichkeiten a.LL.		
Schmitz & Co. KG, Aachen	4600,00	
König AG, Stuttgart	3200,00	
Werner Linde e. K., Hamburg	5100,00	

Stellen Sie das Inventar auf.

2 Entscheiden Sie, welche der folgenden Begriffe unten stehende Satzteile zu einer richtigen Aussage ergänzen.

(1) das Anlagevermögen
(2) das Umlaufvermögen
(3) das Vermögen
(4) die Schulden
(5) das Reinvermögen

Aussagen:

a) Grundlage der Betriebsbereitschaft bildet ...
b) Eigentlicher Gewinnträger der Unternehmung ist ...
c) ... ist der dem Unternehmer verbleibende Teil des Vermögens, nachdem ... abgezogen wurden.
d) Kapital, das der Unternehmung nur befristet überlassen wurde, bezeichnet man als ... der Unternehmung.
e) ... ist dazu bestimmt, dem Unternehmen dauernd zu dienen.
f) ... können als Fremdkapitel bezeichnet werden.
g) ... wird nach zunehmender Liquidität geordnet.

3 Entscheiden Sie, welche der folgenden Aussagen auf das Inventar zutreffen.

a) Es ist die Aufnahme aller Vermögens- und Schuldenteile durch Zählen, Messen, Wiegen oder Schätzen.
b) Es ist das Verzeichnis der Erzeugnisbestände zum Inventurstichtag.
c) Reinvermögen = Vermögen – Schulden
d) Es ist zehn Jahre aufzubewahren.
e) Die Erzeugnisse werden mit ihren Verkaufspreisen bewertet.

4 Ordnen Sie die unten angegebenen Posten eines Fleischkonservenherstellers in einer Tabelle mit folgender Gliederung:

Anlage-vermögen	Umlauf-vermögen	Eigen-kapital	Langfristige Schulden	Kurzfristige Schulden

Posten:

1. Vorräte an Fleischkonserven
2. EDV-Anlage
3. Verbindlichkeiten gegenüber einem Lieferer
4. Bankguthaben
5. Darlehen mit zehnjähriger Laufzeit
6. Transportbänder im Lager
7. Geschäftshaus
8. Guthaben bei einem Kunden
9. Abfüllanlage
10. Vorräte an Gewürzen
11. Kassenbestand
12. Regale in den Lagerräumen
13. Gabelstapler
14. Reinvermögen
15. Vorräte an Frischfleisch
16. Geschäfts-Pkw
17. Geschäftsparkplatz
18. PC

5 a) Erläutern Sie den Zusammenhang von Inventur und Inventar.
b) Erklären Sie die Begriffe „körperliche" und „buchmäßige" Bestandsaufnahme.

c) Grenzen Sie Anlage- und Umlaufvermögen gegeneinander ab.
d) Erklären Sie die Begriffe Rohstoffe, bezogene Fertigteile, Hilfsstoffe, Betriebsstoffe und fertige Erzeugnisse. Ordnen Sie typische Wirtschaftsgüter einer Möbelfabrik diesen Begriffen zu.

6 Der Textilfabrikant Martin Huber e. K., Stuttgart, stellte zum 31. Dezember des Vorjahres und 31. Dezember des Abrechnungsjahres folgende Werte fest:

	Vorjahr €	Abrechnungsjahr €
Roh-, Hilfs- und Betriebsstoffe lt. Verzeichnis	15 000,00	21 000,00
Maschinen lt. Verzeichnis	60 000,00	59 000,00
Darlehensschulden bei der Neckar-Bank	70 000,00	60 000,00
Guthaben bei der Stadtsparkasse, Stuttgart	6 740,00	15 280,00
Forderungen a. LL. lt. Saldenliste		
Wilhelm Bauer e. K., Stuttgart	4 000,00	3 500,00
Alois Michels e. K., Ludwigshafen	2 800,00	5 000,00
Klaus Lohmar e. K., Mannheim	3 100,00	3 800,00
Geschäftsausstattung	18 000,00	16 200,00
Verbindlichkeiten a. LL. lt. Saldenliste		
V. Missel & Co. KG, Heidenheim	6 000,00	8 000,00
P. Schulze e. K., Berlin	8 000,00	4 000,00
F. Schmitz e. K., Krefeld	3 300,00	2 600,00
H. Meyer e. K., Augsburg	3 400,00	3 700,00
Fuhrpark lt. Verzeichnis	40 000,00	30 000,00
Bargeld	2 100,00	2 900,00
Unfertige Erzeugnisse lt. Verzeichnis	5 000,00	12 000,00
Fertige Erzeugnisse lt. Verzeichnis	65 000,00	68 000,00

a) Stellen Sie die Inventare zu den beiden Zeitpunkten auf.
b) Vergleichen Sie die Inventare der beiden Jahre miteinander.
c) Erklären Sie, worauf die Veränderungen des Anlage- und Umlaufvermögens und der Schulden zurückzuführen sind.
d) Berechnen Sie, um welchen Betrag sich das Eigenkapital verändert hat.

6.2.3 Vom Inventar zur Bilanz

Schon am 15. Januar kann Frau König Herrn Stein das gewünschte Inventar überreichen. Es umfasst 84 Seiten. Nach kurzem Blättern im Inventar sagt Herr Stein: „Das ist zwar ein schönes Paket Arbeit, aber im Moment fehlt mir die Zeit, alles durchzulesen. Bitte erstellen Sie mir eine Übersicht über die Struktur des Vermögens und der Schulden in Form einer Bilanz.

- Erarbeiten Sie mithilfe nachstehenden Textes den Unterschied zwischen der Bilanz und dem Inventar.

▲ Bilanz

Eine bessere Übersicht als das Inventar vermittelt die **Bilanz**. Nach § 242 HGB ist sie regelmäßig neben dem Inventar zu erstellen.

§ 242 HGB

(1) Der Kaufmann hat zu Beginn seines Handelsgewerbes und für den Schluss eines jeden Geschäftsjahrs einen das Verhältnis seines Vermögens und seiner Schulden darstellenden Abschluss (Eröffnungsbilanz, Bilanz) aufzustellen. [...]

In der Bilanz wird

- auf jede **mengenmäßige Darstellung des Vermögens und der Schulden verzichtet**.
- Sie enthält lediglich die **Gesamtwerte gleichartiger Posten** (z. B. den Gesamtwert der Rohstoffe).

- **Vermögen und Kapital werden in einem Konto gegenübergestellt.**

Beispiel **Gegenüberstellung in T-Kontenform von Vermögen und Kapital in der Bilanz zum Inventar** (S. 134)

Aktiva — **Bilanz der Kleinmöbelfabrik Karl Weil e. K. zum 31. Dezember 20..** — **Passiva**

Aktiva		Passiva	
I. Anlagevermögen		**I. Eigenkapital**	352 800,00
1. Grundstück mit Bauten	270 000,00	**II. Schulden**	
2. Maschinen	145 600,00	**1. Langfristige**	
3. Betriebs- und Geschäftsausstattung	17 310,00	Hypothekenschulden	177 000,00
II. Umlaufvermögen		Darlehensschulden	53 200,00
1. Roh-, Hilfs- und Betriebsstoffe	56 300,00	**2. Kurzfristige**	
2. Unfertige Erzeugnisse	22 500,00	Verbindlichkeiten a. LL.	44 280,00
3. Fertige Erzeugnisse	37 515,00	Sonstige Verbindlichkeiten	25 520,00
4. Forderungen a. LL.	53 516,00		
5. Bankguthaben	49 620,00		
6. Kassenbestand	439,00		
	652 800,00		652 800,00

Köln, den 10. Januar 20..

Karl Weil

Die Bilanz einer Unternehmung zeigt in übersichtlicher Form, woher das Kapital stammt bzw. wie das Vermögen finanziert wurde (Eigen- und Fremdkapital) und wie es angelegt oder investiert wurde (Anlage- und Umlaufvermögen):

Vermögen oder Aktiva	Kapital oder Passiva
Diese Seite erfasst **die Form des Vermögens,** d. h. die Mittelverwendung **(Investierung).**	Diese Seite erfasst **die Quellen des Kapitals,** d. h. die Mittelherkunft **(Finanzierung).**
Anlagevermögen	Eigenkapital
+ Umlaufvermögen	+ Schulden (Fremdkapital)
= Vermögen der Unternehmung	= Kapital der Unternehmung

Die Summe des Vermögens ist gleich der Summe des Kapitals (**Bilanzgleichung**).

Bilanzgleichung

Vermögen (Aktiva) = Kapital (Passiva)

Anlagevermögen + Umlaufvermögen = Eigenkapital + Schulden (Fremdkapital)

Informationen aus der Bilanz

- Arbeitet das Unternehmen überwiegend mit eigenen oder fremden Mitteln (**Passivseite**)?
- Wurde das Kapital überwiegend im Anlagevermögen oder im Umlaufvermögen angelegt (**Aktivseite**)?
- Verfügt das Unternehmen über genügend flüssige Mittel, um die kurzfristigen Verbindlichkeiten auszugleichen?

Diese Bilanzdarstellung entspricht den **Mindestgliederungsvorschriften** des § 247 HGB. In Kapitalgesellschaften (AG und GmbH) sind die ausführlichen Gliederungsangaben des § 266 HGB zu beachten.

Der **Jahresabschluss** – dazu gehört neben der **Bilanz** auch die **Gewinn- und Verlustrechnung** (vgl. S. 170 ff.) – ist unter Angabe des Datums vom Kaufmann zu **unterzeichnen** (§ 245 HGB).

▲ Inventar und Bilanz, ein Vergleich

Das Inventar und die Bilanz sind Übersichten über das Vermögen und das Kapital einer Unternehmung. Sie unterscheiden sich nur in der Art der Darstellung. Die Unterschiede zeigt folgende Übersicht:

Inventar	→ Das Inventar ist die Grundlage zur Aufstellung der Bilanz. →	Bilanz
■ ausführlich, aber unübersichtlich ■ Angabe der Mengen, Einzel- und Gesamtwerte ■ Vermögen, Schulden und Reinvermögen untereinander (Staffelform)		■ kurz, aber übersichtlich ■ nur Angabe der Gesamtwerte ■ Vermögen und Kapital in Kontenform nebeneinander ■ vom Inhaber zu unterschreiben

Vom Inventar zur Bilanz

Bilanz

Aktiva (Vermögen)		Passiva (Kapital)
■ I. Anlagevermögen ■ II. Umlaufvermögen	← **Gegenüberstellung in T-Kontenform** →	■ I. Eigenkapital ■ II. Schulden
Mittelverwendung = **Investition**	← **Aussagen** →	Mittelherkunft = **Finanzierung**
Liquidierbarkeit oder **Kapitalbindungsfrist**	← **Ordnungskriterien** →	**Fälligkeit** oder **Kapitalüberlassungsfrist**

■ Inventare und Bilanzen müssen **zehn Jahre** aufbewahrt werden (§ 257 Abs. 1 HGB).

1 Stellen Sie nach folgenden Angaben die Bilanz der Fa. Karl Monz e. K., Stuttgart, zum 31. Dezember 20.. auf.

2 Tag der Fertigstellung: 15. Januar 20..

	1	*2*
	€	€
Geschäftsausstattung	6 000,00	18 000,00
Rohstoffe	7 000,00	32 000,00
Forderungen a. LL.	1 800,00	5 500,00
Bankguthaben	2 000,00	4 400,00
Kassenbestand	800,00	1 600,00
Verbindlichkeiten gegenüber Banken	–	3 000,00
Verbindlichkeiten a. LL.	2 100,00	6 400,00

3 Der Kaufmann Hans Lewen e. K., Mainz, machte am 31. Dezember 20.. (Aufgabe 3) und am

4 31. Dezember des folgenden Jahres (Aufgabe 4) Inventur.

	3	4
	€	€
Betriebs- und Geschäftsausstattung lt. Verzeichnis	8 500,00	7 650,00
Rohstoffe lt. Verzeichnis	19 360,00	17 920,00
Forderungen a. LL.		
Herbert Berg e. K., Wiesbaden	1 850,00	1 970,00
Fritz Maas e. K., Bingen	2 370,00	–
Kurt Schorn e. K., Mainz	3 640,00	3 640,00
Hermann Feld e. K., Mainz	–	1 760,00
Bankguthaben	6 060,00	6 230,00
Kassenbestand	750,00	810,00
Verbindlichkeiten a. LL.		
Karl Huber OHG, Stuttgart	2 670,00	1 720,00
Ernst Klein e. K., Berlin	3 620,00	2 100,00
F. Merz OHG, Frankfurt	4 100,00	530,00

a) Stellen Sie Inventar und Bilanz für beide Zeitpunkte auf. Tag der Fertigstellung:
Aufgabe 3 – 15. Februar 20..
Aufgabe 4 – 28. Februar des folgenden Jahres

b) Ermitteln Sie den Erfolg durch Eigenkapitalvergleich.

5 Aus dem Inventar zum 31. Dezember von zwei aufeinander folgenden Jahren der Möbelfabrik

6 Franz Klein e. K., Siegburg, gehen nachstehende Gesamtwerte hervor.

	5	6
	€	€
Bankguthaben	570 000,00	434 280,00
Darlehensschulden, Restlaufzeit 4 Jahre	500 000,00	720 000,00
Forderungen a. LL.	900 000,00	253 800,00
Maschinen	150 000,00	600 000,00
Rohstoffe	1 600 000,00	1 126 220,00
Verbindlichkeiten a. LL.	1 170 000,00	1 080 000,00
Betriebs- und Geschäftsausstattung	60 000,00	141 000,00
Kasse	7 000,00	42 300,00
Grundstücke mit Gebäuden	1 670 000,00	338 400,00
Hypothekenschulden, Restlaufzeit 8 Jahre	600 000,00	–
Fuhrpark	700 000,00	564 000,00
Eigenkapital	?	1 700 000,00

Stellen Sie jeweils eine ordnungsgemäße Bilanz zum 31. Dezember 20.. auf. Tag der Fertigstellung:
Aufgabe 5 – 14. Januar 20..
Aufgabe 6 – 15. Februar des folgenden Jahres

7 Die Bilanz einer Unternehmung weist am Ende des Geschäftsjahres folgende Werte aus:

Anlagevermögen	4 800 000,00 €	Eigenkapital	5 600 000,00 €
Umlaufvermögen	3 200 000,00 €	Schulden	2 400 000,00 €

Berechnen Sie, wie viel Prozent der Bilanzsumme die folgenden Positionen betragen:
a) das Anlagevermögen,
b) das Umlaufvermögen,
c) das Eigenkapital,
d) das Fremdkapital (Schulden).

8 Untersuchen Sie folgende Aussagen über die Bilanz und stellen Sie eventuelle Fehler heraus:
a) Die Aktivseite der Bilanz gibt Auskunft über die Verwendung des Kapitals.
b) Die Passivseite wird nach zunehmender Fälligkeit der Kapitalien geordnet.
c) Zum Anlagevermögen zählen beispielsweise Grundstücke, Gebäude, Fuhrpark, Forderungen a. LL., Geschäftsausstattung.
d) Das Anlagevermögen ist das Haftungskapital der Unternehmung.
e) Das Umlaufvermögen ist stärkeren Veränderungen unterworfen als das Anlagevermögen.
f) Das Eigenkapital in der Bilanz stimmt wertmäßig mit dem Reinvermögen im Inventar zum Schluss des Geschäftsjahres überein.
g) Die Bilanz ist eine Gegenüberstellung von Vermögen und Schulden in Kontenform.
h) Die Bilanz wird Jahr für Jahr zu Beginn des Geschäftsjahres aufgestellt.

9 Prüfen Sie die nachstehenden Aussagen über das Inventar und über die Bilanz auf ihre Richtigkeit:

a) Das Inventar enthält Mengen- und Wertangaben, die Bilanz dagegen nur Wertangaben.
b) Inventar und Bilanz einer Unternehmung können wertmäßig voneinander abweichen.
c) Die Bilanz ist eine kurz gefasste Gegenüberstellung von Kapitalquellen und Kapitalverwendung.
d) Die Bilanz eines Geschäftsjahres ergibt die Grundlage für die Buchführung des folgenden Geschäftsjahres.
e) Inventar und Bilanz können nur von einem leitenden Angestellten oder vom Inhaber unterschrieben werden.

10 Stellen Sie formale und inhaltliche Unterschiede von Inventar und Bilanz gegenüber.

11 Kreditgebern reicht oft die Bilanz zur Einsicht in die Vermögens- und Kapitallage aus.
a) Stellen Sie hierfür Gründe zusammen.
b) Erläutern Sie, welche Informationen diese der Bilanz entnehmen können.

12 Erläutern Sie den Zusammenhang von Inventar und Bilanz.

13 Begründen Sie, warum die Fristen der Kapitalüberlassung den Fristen der Kapitalbindung entsprechen sollen.

6.3 Buchungen auf Bestandskonten

6.3.1 Auswirkungen von Wertveränderungen auf die Bilanz

Am ersten Tag nach den Weihnachtsferien zeigt Frau König der Auszubildenden Silvia Land eine verkürzte Bilanz. „Jetzt müssen wir die Auswirkungen aller Geschäftsfälle auf diese Bilanz genau verfolgen und festhalten. Sie sollen sich das heute einmal am Beispiel dieser verkürzten Bilanz und folgender Geschäftsfälle klarmachen."

Aktiva — Bilanz zum Beginn des Geschäftsjahres — Passiva

Aktiva		Passiva	
I. Anlagevermögen		**I. Eigenkapital**	90 000,00
Geschäftsausstattung	60 000,00	**II. Schulden**	
II. Umlaufvermögen		Darlehen	40 000,00
Bank	80 000,00	Verbindlichkeiten a. LL.	20 000,00
Kasse	10 000,00		
	150 000,00		150 000,00

Geschäftsfälle: €

1. ***Kassenbeleg/Quittung:*** Einkauf von zwei Druckern 2 000,00
2. ***Vertragskopie:*** Eine kurzfristige Verbindlichkeit wird in eine langfristige Darlehensschuld umgewandelt........ 10 000,00
3. ***Eingangsrechnung:*** Kauf von zwei Personal Computern auf Ziel 5 000,00
4. ***Bankauszug:*** Ausgleich einer fälligen Liefererrechnung 8 000,00

- Erläutern Sie die Auswirkungen der einzelnen Geschäftsfälle auf die Bilanz.

Die Bilanz ist eine Aufstellung des Vermögens und der Schulden zu einem bestimmten Zeitpunkt. Durch die Geschäftstätigkeit werden die Vermögens- und Kapitalbestände aber laufend verändert. Damit ändern sich die Bestände einzelner Positionen. Alle Änderungen werden durch **Belege**[1] angezeigt und nachgewiesen. Folgende vier Wertbewegungen in der Bilanz sind zu unterscheiden:

[1] *AR = Ausgangsrechnung, BA = Bankauszug, ER = Eingangsrechnung, KB = Kassenbeleg/Quittung, PBA = Postbankauszug*

Aktivtausch

Der Geschäftsfall betrifft nur die Aktivseite der Bilanz. Die Bilanzsumme bleibt unverändert. Es werden flüssige Mittel in weniger liquide umgewandelt oder umgekehrt.

Beispiel **Geschäftsfall 1:** Kassenbeleg/Quittung: Einkauf von zwei Druckern 2000,00 €

Geschäftsausstattung: + 2000,00 €
Kasse: – 2000,00 €

Aktiva		Bilanz	Passiva
I. Anlagevermögen		**I. Eigenkapital**	90000,00
Geschäftsausstattung	62000,00	**II. Schulden**	
II. Umlaufvermögen		Darlehen	40000,00
Bank	80000,00	Verbindlichkeiten a. LL.	20000,00
Kasse	8000,00		
	150000,00		150000,00

Passivtausch

Der Geschäftsfall betrifft nur die Passivseite der Bilanz. Die Bilanzsumme bleibt unverändert. Inhaltlich werden kurzfristige in längerfristige Verbindlichkeiten umgewandelt oder umgekehrt.

Beispiel **Geschäftsfall 2:** Vertragskopie: Eine kurzfristige Verbindlichkeit wird in eine längerfristige Darlehensschuld umgewandelt 10000,00 €

Verbindlichkeiten a. LL.: – 10000,00 €
Darlehensschulden: + 10000,00 €

Aktiva		Bilanz	Passiva
I. Anlagevermögen		**I. Eigenkapital**	90000,00
Geschäftsausstattung	62000,00	**II. Schulden**	
II. Umlaufvermögen		Darlehen	50000,00
Bank	80000,00	Verbindlichkeiten a. LL.	10000,00
Kasse	8000,00		
	150000,00		150000,00

Aktiv-Passiv-Mehrung (Bilanzverlängerung)

Der Geschäftsfall betrifft Aktiv- und Passivseite der Bilanz. Ein Posten der Aktiv- und ein Posten der Passivseite vermehren sich um den gleichen Betrag. Die Bilanzsummen nehmen um den gleichen Betrag zu. Die Bilanzgleichung bleibt erhalten. Inhaltlich zeigt die Passivseite eine Mehrung des Kapitals und die Herkunft dieses Kapitals an. Die Veränderung auf der Aktivseite zeigt die Verwendung des neuen Kapitals an.

Beispiel **Geschäftsfall 3:** Kauf von zwei PC auf Ziel 5000,00 €

Geschäftsausstattung: + 5000,00 €
Verbindlichkeiten a. LL.: + 5000,00 €

Aktiva		Bilanz	Passiva
I. Anlagevermögen		**I. Eigenkapital**	90000,00
Geschäftsausstattung	67000,00	**II. Schulden**	
II. Umlaufvermögen		Darlehen	50000,00
Bank	80000,00	Verbindlichkeiten a. LL.	15000,00
Kasse	8000,00		
	155000,00		155000,00

▲ Aktiv-Passiv-Minderung (Bilanzverkürzung)

Ein Posten der Aktiv- und ein Posten der Passivseite werden um den gleichen Betrag vermindert. Die Bilanzsummen verringern sich um den gleichen Betrag. Die Gleichung der Bilanz bleibt erhalten. Inhaltlich wurde befristet überlassenes Kapital zurückgezahlt. Die Änderung auf der Passivseite zeigt, welches Kapital zurückgezahlt wurde, die Änderung auf der Aktivseite zeigt, mit welchen Mitteln die Tilgung erfolgte.

Beispiel **Geschäftsfall 4:** BA: Ausgleich einer Liefererrechnung 8 000,00 €

Verbindlichkeiten a. LL.: – 8 000,00 €
Bank: – 8 000,00 €

Aktiva	Bilanz		Passiva
I. Anlagevermögen		**I. Eigenkapital**	90 000,00
Geschäftsausstattung	67 000,00	**II. Schulden**	
II. Umlaufvermögen		Darlehen	50 000,00
Bank	72 000,00	Verbindlichkeiten a. LL.	7 000,00
Kasse	8 000,00		
	147 000,00		147 000,00

Auswirkungen von Werteveränderungen auf die Bilanz

Arten der Bilanzveränderungen

Aktivtausch	Passivtausch	Aktiv-Passiv-Mehrung	Aktiv-Passiv-Minderung
■ Umschichtung auf der Aktivseite der Bilanz ■ Liquide Mittel werden in weniger liquide umgewandelt oder umgekehrt.	■ Umschichtung auf der Passivseite der Bilanz ■ Kurzfristige Kapitalien werden in langfristige umgewandelt oder umgekehrt.	■ Der Unternehmung wird neues Kapital zugeführt (Passivmehrung). ■ Seine Verwendung wird auf der Aktivseite sichtbar (Aktivmehrung).	■ Es wird von der Unternehmung Kapital zurückgezahlt (Passivminderung). ■ Hierfür verwendete Mittel zeigt die Aktivseite (Aktivminderung).

1 **Bestände laut Inventur:**

	€		€
Maschinen	400 000,00	Kasse	15 000,00
Geschäftsausstattung	100 000,00	Eigenkapital	450 000,00
Forderungen a. LL.	35 000,00	Darlehensschuld	210 000,00
Bank	200 000,00	Verbindlichkeiten a. LL.	90 000,00

Geschäftsfälle:

	€
1. **Quittungsdurchschlag:** Kunde bezahlte fällige Ausgangsrechnung bar	2 000,00
2. **Bankauszug:** Kauf einer Werkzeugmaschine für die Fertigung	50 000,00
3. **Vertragskopie:** Lieferer stundet Rechnungsbetrag auf 6 Jahre	20 000,00
4. **Ausgangsrechnung:** Zielverkauf eines gebrauchten Großrechners	5 000,00
5. **Bankauszug:** Überweisung der Tilgungsrate für unser Darlehen	10 000,00

Stellen Sie bei jedem Geschäftsfall die Auswirkungen auf die Bilanz fest. Kennzeichnen Sie die Wertveränderungen mit dem zutreffenden Begriff und erläutern Sie nach jedem Geschäftsfall die veränderte Bilanzstruktur.

2 Bestände laut Inventur:

	€		€
Grundstück mit Gebäude	300 000,00	Kasse	10 000,00
Fuhrpark	50 000,00	Eigenkapital	120 000,00
Forderungen a. LL.	38 000,00	Verbindlichkeiten a. LL.	250 000,00
Bankschuld	28 000,00		

Geschäftsfälle:

	€
1. **Bankauszug, Kaufvertrag:** Grundstückskauf gegen Bankkredit	10 000,00
2. **Bankauszug:** Bareinzahlung auf das Bankkonto	1 000,00
3. **Bankauszug:** Banküberweisung einer fälligen Liefererrechnung	20 000,00
4. **Eingangsrechnung:** Zielkauf eines Pkw	30 000,00
5. **Bankauszug:** Kunde zahlt fällige AR mit Banküberweisung	8 000,00

Stellen Sie bei jedem Geschäftsfall die Auswirkungen auf die Bilanz fest. Kennzeichnen Sie die Wertveränderungen mit dem zutreffenden Begriff und erläutern Sie nach jedem Geschäftsfall die veränderte Bilanzstruktur.

3 Beantworten Sie zu den Geschäftsfällen folgende Fragen:

a) Welche Posten der Bilanz werden berührt?
b) Handelt es sich um Posten der Aktiv- oder Passivseite der Bilanz?
c) Wie wirkt sich der Geschäftsfall auf die Posten aus?
d) Um welche der vier Bilanzveränderungen handelt es sich?

Geschäftsfälle:

	€
1. **Eingangsrechnung/Quittung:** Barkauf einer digitalen Kommunikationsanlage	1 000,00
2. **Vertragskopie:** Umwandlung einer Verbindlichkeit in ein Darlehen	6 000,00
3. **Eingangsrechnung:** Zielkauf eines Gabelstaplers für das Lager	15 000,00
4. **Quittungsdurchschlag:** Kunde bezahlte fällige Ausgangsrechnung bar	2 000,00
5. **Bankauszug:** Barabhebung vom Bankkonto	5 000,00
6. **Ausgangsrechnung/Quittung:** Barverkauf gebrauchter Büromöbel	3 000,00
7. **Bankauszug:** Tilgungsrate für unsere Darlehensschuld	10 000,00
8. **Vertragskopie:** Umwandlung einer Forderung a. LL. in eine Darlehensforderung	20 000,00
9. **Bankauszug:** Bareinzahlung auf das Bankkonto	8 000,00
10. **Eingangsrechnung:** Einkauf einer Bohrmaschine für die Fertigung auf Ziel	12 000,00

4 Untersuchen Sie, welche der unten stehenden Auswirkungen durch die Geschäftsfälle 1 bis 4 hervorgerufen werden:

Geschäftsfälle:

	€
1. **Eingangsrechnung/Bankauszug:** Kauf von zwei Personal Computern gegen Banküberweisung	6 000,00
2. **Bankauszug:** Tilgungsrate einer Darlehensschuld	5 000,00
3. **Bankauszug:** Ein Kunde begleicht eine fällige Rechnung	9 200,00
4. **Eingangsrechnung:** Zielkauf eines Lkw	85 000,00

Auswirkungen:

a) Der Unternehmung wird neues Fremdkapital zugeführt.
b) Dieser Geschäftsfall ruft einen Aktivtausch hervor.
c) Die Bilanzsumme wird vergrößert.
d) Er ruft eine Aktiv-Passiv-Minderung hervor.
e) Die Bilanzsumme wird verkleinert.
f) Es handelt sich um eine Aktiv-Passiv-Mehrung.
g) Schulden der Unternehmung werden getilgt.
h) Es findet ein Tausch innerhalb des Umlaufvermögens statt.

5 Erläutern Sie, welche Bilanzveränderungen folgende Geschäftsfälle hervorrufen:

	€
1. Ausgleich einer Liefererrechnung durch Banküberweisung	92 000,00
2. Einkauf eines Gabelstaplers auf Rechnung mit drei Monaten Zahlungsziel	17 200,00
3. Aufnahme eines Darlehens, das auf Bankkonto gutgeschrieben wird	70 000,00
4. Banküberweisung eines Kunden zum Ausgleich einer fälligen Rechnung	24 300,00
5. Verkauf eines gebrauchten Pkw an einen Mitarbeiter	4 600,00
Barzahlung	1 600,00
Zahlungsziel 3 Monate	3 000,00

6 Zwecks Betriebsvergleich sind die vereinfachten Bilanzen zweier Betriebe zu analysieren:

Aktiva	Bilanz Betrieb I in T€		Passiva
I. Anlagevermögen	**4800,00**	**I. Eigenkapital**	**8400,00**
II. Umlaufvermögen		**II. Schulden**	
1. Vorräte	4000,00	1. Langfristige Bankschulden	3600,00
2. Forderungen a. LL.	2000,00	2. Verb. a. LL.	2400,00
3. Liquide Mittel	3600,00		
	14400,00		14400,00

Aktiva	Bilanz Betrieb II in T€		Passiva
I. Anlagevermögen	**8400,00**	**I. Eigenkapital**	**4800,00**
II. Umlaufvermögen		**II. Schulden**	
1. Vorräte	3000,00	1. Langfristige Bankschulden	3600,00
2. Forderungen a. LL.	600,00	2. Verb. a. LL.	6000,00
3. Liquide Mittel	2400,00		
	14400,00		14400,00

a) Ermitteln Sie den prozentualen Anteil der einzelnen Bilanzpositionen an der Bilanzsumme.
b) Stellen Sie wesentliche Unterscheidungsmerkmale der beiden Betriebe heraus.
c) Beurteilen sie beide Betriebe in einem Vergleich.

7 Halten Sie je ein Referat zu folgenden Themen:
a) Inventur, Inventar und Bilanz, Unterschiede und Zusammenhang
b) Entwickeln Sie ein Schema zur Bilanz und erläutern Sie dieses vor der Klasse.
c) Mögliche Wertbewegungen in der Bilanz, inhaltliche Änderungen, erläutert an selbst gewählten Beispielen
d) Anlagevermögen, Umlaufvermögen, Eigenkapital, Schulden, Strukturelemente der Bilanz und ihre inhaltliche Bedeutung

6.3.2 Aufgliederung der Bilanz in Bestandskonten

Silvia Land hat Frau König die Auswirkungen der vier Geschäftsfälle ausführlich erläutert. Frau König scheint sehr zufrieden zu sein: „Das ist die eigentliche Aufgabe des Informationssystems ‚Buchführung'. Es zeigt der Unternehmensleitung zu jeder Zeit den Stand und die Veränderungen von Vermögen und Kapital."

„Heißt das, dass Sie und Frau Kluge Tag für Tag hunderte von Bilanzen erstellen?" „Nein, das wäre sehr zeitraubend, unübersichtlich und wenig aussagekräftig, zumal Herr Stein regelmäßig wissen will, wie viele Forderungen durch Verkäufe entstanden sind und welche Forderungen von den Kunden ausgeglichen wurden. Bei den Verbindlichkeiten taucht das gleiche Problem auf. Vielleicht sehen Sie Frau Kluge eine Weile zu, die jeden Tag einen Berg von Belegen bucht." „Ja, gerne", sagt Silvia. Bis zum Mittag hält sie es aus. Frau Kluge gibt Zahlen ein und lässt Buchungsprotokolle ausdrucken. „Aber ehrlich gesagt, ich habe nichts verstanden", gesteht sie Frau König beim Mittagessen. „Ja, das ist ein komplexer Bereich. Und deshalb haben wir uns zusammen mit Ihrem Lehrer von der Berufsschule überlegt, ein Modell von diesem Informationssystem zu entwickeln. Damit wird es viel anschaulicher und Sie verstehen unser Fibu-Programm sicher bald."

- Versuchen Sie, einen Vorschlag zu entwickeln, wie man die Veränderungen der Bilanzpositionen Kasse, Forderungen und Verbindlichkeiten übersichtlich erfassen kann.

Konto

Das **Konto** (ital. conto = Rechnung) **ist eine zweiseitige Rechnung in T- oder Reihenform** (siehe S. 243 f.) zur getrennten und übersichtlichen Aufzeichnung von Geschäftsfällen. Das Führen eines Kontos, d. h. das Eintragen der Veränderungen, nennt man **„buchen"**.

Beispiel Buchung der Bareinnahmen und Barausgaben auf dem Kassenkonto in T-Form:

Einnahmen	Kasse		Ausgaben
Anfangsbestand	860,00	04.01. Mietzahlung	460,00
03.01. Zahlung von Fa. Klein	1 250,00	05.01. Zahlung an Fa. Sauer	780,00
07.01. Barabhebung	900,00	31.01. Gehaltszahlung	850,00
		Endbestand (= Saldo)	920,00
	3 010,00		3 010,00

Auflösung der Bilanz in Konten

Um eine genaue Übersicht über Art, Ursache und Höhe der Veränderungen der Bilanzposten zu erzielen, wird für jeden Bilanzposten ein **Konto** eingerichtet. Den Seiten der Bilanz entsprechend werden **Aktiv- und Passivkonten** unterschieden. Ihre Seiten tragen die Bezeichnung **„Soll" (links) und „Haben" (rechts)**. Aus der Bilanz am Anfang eines Abrechnungszeitraumes, der Eröffnungsbilanz, übernehmen die Konten die Anfangsbestände **(AB)**. Deshalb werden die Aktiv- und Passivkonten auch als **Bestandskonten** bezeichnet.

Aktiva	Eröffnungsbilanz		Passiva
I. Anlagevermögen		**I. Eigenkapital**	70 000,00
Betriebs- und Geschäftsausstattung	30 000,00	**II. Schulden**	
II. Umlaufvermögen		Darlehen	40 000,00
Bank	90 000,00	Verbindlichkeiten a. LL.	20 000,00
Kasse	10 000,00		
	130 000,00		130 000,00

Aktivkonten

Soll	Betriebs- und Geschäftsausstattung		Haben
AB	30 000,00		

Soll	Bank		Haben
AB	90 000,00		

Soll	Kasse		Haben
AB	10 000,00		

Passivkonten

Soll	Eigenkapital		Haben
		AB	70 000,00

Soll	Darlehen		Haben
		AB	40 000,00

Soll	Verbindlichkeiten a. LL.		Haben
		AB	20 000,00

Die **Aktivkonten** werden durch Auflösung der Aktiv- oder Vermögensseite der Bilanz gebildet. Bei ihnen wird der **Anfangsbestand auf der Soll-Seite** gebucht, weil er in der Bilanz auch auf der linken Seite steht.

Die **Passivkonten** werden durch Auflösung der Passiv- oder Kapitalseite der Bilanz gebildet. Bei ihnen wird der **Anfangsbestand auf der Haben-Seite** gebucht, weil er in der Bilanz auch auf der rechten Seite steht.

Erfassung von Wertveränderungen auf Bestandskonten

Jeder Geschäftsfall ruft Veränderungen auf mindestens zwei Konten hervor.

Vor jeder Buchung sind folgende Überlegungen anzustellen:

- **Welche Konten** werden berührt?
- Um welche **Kontenart** handelt es sich (Aktiv- oder Passivkonto)?
- Wie **wirkt** sich der Geschäftsfall **auf den Bestand** der Konten aus?
- Auf welcher **Kontenseite** wird gebucht?

Es muss genau überlegt werden, ob es sich um ein Aktiv- oder Passivkonto handelt, da auf beiden Kontenarten unterschiedlich gebucht wird:

- Bei **Aktivkonten** werden **Mehrungen** auf der Soll-Seite gebucht: Sie stehen unter dem **Anfangsbestand. Minderungen** werden auf der Haben-Seite gebucht.
- Bei **Passivkonten** ist es folglich umgekehrt: **Mehrungen** stehen auf der **Haben-Seite, Minderungen** auf der **Soll-Seite**.

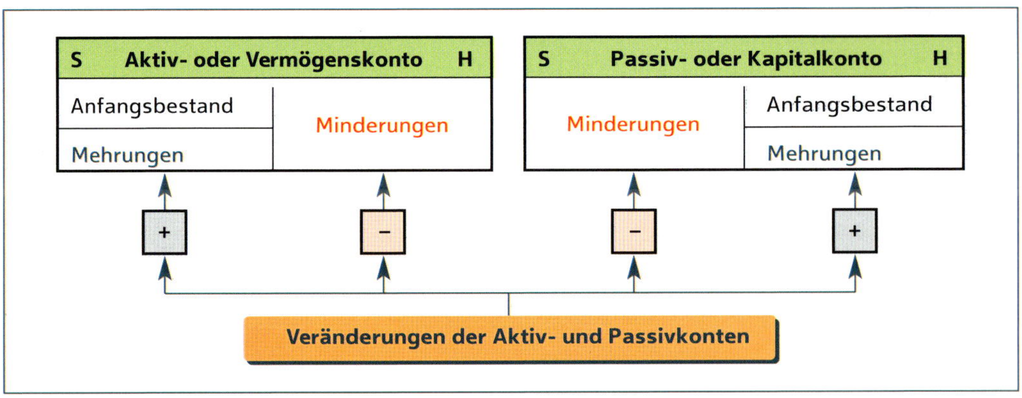

Beispiel 1 **Kassenbeleg:** Barkauf eines Monitors für die Buchhaltung 900,00 €

Auswirkung	Buchung	
Mehrung der Geschäftsausstattung	Betriebs- und Geschäftsausstattung (Aktivkonto): Soll	900,00
Minderung des Kassenbestands	Kasse (Aktivkonto): Haben.	900,00

Beispiel 2 **Vertrag:** Umwandlung einer Verbindlichkeit in ein Darlehen 5 000,00 €

Auswirkung	Buchung	
Minderung der Verbindlichkeiten	Verbindlichkeiten a. LL. (Passivkonto): Soll	5 000,00
Mehrung der Darlehensschulden	Darlehensschulden (Passivkonto): Haben	5 000,00

Beispiel 3 **Eingangsrechnung:** Zielkauf einer Maschine für die Metallwerkstatt 1 200,00 €

Auswirkung	Buchung	
Mehrung der Betriebsausstattung	Betriebs- und Geschäftsausstattung (Aktivkonto): Soll	1 200,00
Mehrung der Verbindlichkeiten	Verbindlichkeiten a. LL. (Passivkonto): Haben	1 200,00

Beispiel 4 **Bankauszug:** Banküberweisung einer fälligen Eingangsrechnung 7 000,00 €

Auswirkung	Buchung	
Minderung der Verbindlichkeiten	Verbindlichkeiten a. LL. (Passivkonto): Soll	7 000,00
Minderung des Bankguthabens	Bank (Aktivkonto): Haben.	7 000,00

Damit die Ursachen der Veränderung der Anfangsbestände erkennbar sind, wird bei der Buchung in den Konten vor die Beträge das **Gegenkonto geschrieben**.

Beispiel Aus dem Konto Geschäftsausstattung geht durch Angabe des Gegenkontos „Kasse“ hervor, dass der Monitor bar bezahlt wurde. Auf dem Konto Kasse wird durch die Angabe des Gegenkontos „Betriebs- und Geschäftsausstattung“ erkennbar, wofür die Ausgabe entstand.

Eröffnungsbilanz

Aktiva		Passiva	
I. Anlagevermögen		**I. Eigenkapital**	70 000,00
Betriebs- und Geschäftsausstattung	30 000,00	**II. Schulden**	
II. Umlaufvermögen		Darlehen	40 000,00
Bank	90 000,00	Verbindlichkeiten a. LL.	20 000,00
Kasse	10 000,00		
	130 000,00		130 000,00

Aktivkonten: + (Soll) / − (Haben)

Passivkonten: − (Soll) / + (Haben)

Soll	Betriebs- und Geschäftsausstattung		Haben
AB	30 000,00		
(1) Kasse	900,00		
(3) Verb.	1 200,00		

Soll	Eigenkapital		Haben
		AB	70 000,00

Soll	Bank		Haben
AB	90 000,00	(4) Verb.	7 000,00

Soll	Darlehensschuld		Haben
		AB	40 000,00
		(2) Verb.	5 000,00

Soll	Kasse		Haben
AB	10 000,00	(1) BuG	900,00

Soll	Verbindlichkeiten a. LL.		Haben
(2) Darl.	5 000,00	AB	20 000,00
(4) Bank	7 000,00	(3) BuG	1 200,00

Aufgliederung der Bilanz in Bestandskonten

Bestandskonten

Aktivkonten	Passivkonten
▪ Sie werden durch Auflösung der Aktivseite der Bilanz gebildet. ▪ Der Anfangsbestand wird im Soll eingetragen. ▪ Mehrungen werden im Soll unter dem Anfangsbestand, Minderungen im Haben gebucht.	▪ Sie werden durch Auflösung der Passivseite der Bilanz gebildet. ▪ Der Anfangsbestand wird im Haben eingetragen. ▪ Mehrungen werden im Haben unter dem Anfangsbestand, Minderungen im Soll gebucht.

S Aktivkonten	H
Anfangsbestand Mehrungen	Minderungen

S Passivkonten	H
Minderungen	Anfangsbestand Mehrungen

1 Stellen Sie die Bilanz auf. Richten Sie die Bestandskonten ein und übernehmen Sie die Anfangsbestände. Buchen Sie die Geschäftsfälle auf den Konten bei Angabe der Nummer des Geschäftsfalles und des Gegenkontos.

Anfangsbestände:	€		€
Maschinen	330 000,00	Eigenkapital	250 000,00
Forderungen a. LL.	15 000,00	Darlehensschulden	190 000,00
Bank	125 000,00	Verbindlichkeiten a. LL.	40 000,00
Kasse	10 000,00		

Geschäftsfälle:	€
1. **Bankauszug:** Kunde bezahlt fällige Ausgangsrechnung durch Banküberweisung	5 000,00
2. **Eingangsrechnung:** Zielkauf einer Maschine	20 000,00
3. **Bankauszug:** Banküberweisung an Lieferer für fällige Eingangsrechnung	17 000,00
4. **Bankauszug:** Bareinzahlung auf das Bankkonto	4 000,00
5. **Ausgangsrechnung:** Zielverkauf einer gebrauchten Maschine	8 000,00
6. **Bankauszug:** Zahlung einer Tilgungsrate der Darlehensschuld	2 000,00

2 Stellen Sie die Bilanz auf. Richten Sie die Bestandskonten ein und übernehmen Sie die Anfangsbestände. Buchen Sie die Geschäftsfälle auf den Konten bei Angabe der Nummer des Geschäftsfalles und des Gegenkontos.

Anfangsbestände:	€		€
Grundstücke mit Gebäude	400 000,00	Kasse	15 000,00
Geschäftsausstattung	70 000,00	Eigenkapital	450 000,00
Fuhrpark	30 000,00	Darlehensschuld	210 000,00
Forderungen a. LL.	75 000,00	Verbindlichkeiten a. LL.	80 000,00
Bank	150 000,00		

Geschäftsfälle:	€
1. **Eingangsrechnung:** Zielkauf eines Großrechners	12 000,00
2. **Bankauszug:** Banküberweisung der Tilgungsrate für die Darlehensschuld	30 000,00
3. **Bankauszug:** Kunde bezahlte fällige AR mit Banküberweisung	15 000,00
4. **Ausgangsrechnung:** Zielverkauf eines gebrauchten Pkw	10 000,00
5. **Bankauszug:** Unser Unternehmen zahlte auf das Bankkonto bar ein	8 000,00

6.	**Vertrag:** Lieferer stundet eine fällige ER auf 6 Jahre	20000,00
7.	**Vertrag, Bankauszug:** Kauf einer Lagerhalle gegen Banküberweisung	80000,00
8.	**Eingangsrechnung:** Zielkauf eines Pkw	40000,00
9.	**Bankauszug:** Banküberweisung an Lieferer für fällige ER	4000,00
10.	**Ausgangsrechnung/Quittung:** Barverkauf eines gebrauchten PC	1000,00

3 Erläutern Sie zu folgenden Buchungen den Geschäftsfall:

			€				€
1.	Bank	Soll	600,00	5.	Geschäftsausstattung	Soll	900,00
	Forderungen	Haben	600,00		Kasse	Haben	900,00
2.	Geschäftsausstattung	Soll	900,00	6.	Verbindlichkeiten a. LL.	Soll	750,00
	Verbindlichkeiten a. LL.	Haben	900,00		Bank	Haben	750,00
3.	Kasse	Soll	1500,00	7.	Kasse	Soll	450,00
	Bank	Haben	1500,00		Forderungen a. LL.	Haben	450,00
4.	Darlehensschulden	Soll	2000,00	8.	Bank	Soll	1200,00
	Bank	Haben	2000,00		Kasse	Haben	1200,00

4 Buchen Sie folgende Geschäftsfälle, indem Sie
a) zu jedem Geschäftsfall die entsprechenden Konten einrichten,
b) auf dem ersten Konto die Soll-Buchung, auf dem zweiten die Haben-Buchung vornehmen und das jeweilige Gegenkonto angeben.

		€
1.	Kunde bezahlt fällige Ausgangsrechnung bar	800,00
2.	Banküberweisung durch einen Kunden	430,00
3.	Banküberweisung an einen Lieferer	1940,00
4.	Bareinzahlung auf das Bankkonto	1200,00
5.	Kauf einer Büromaschine gegen Banküberweisung	3600,00
6.	Kauf einer Maschine auf Ziel	1500,00
7.	Rückzahlung eines Darlehens durch Banküberweisung	3000,00
8.	Banküberweisung durch den Kunden	640,00
9.	Verkauf eines gebrauchten Pkw bar	1500,00
10.	Barabhebung vom Bankkonto	2000,00

6.3.3 Buchungssatz

Frau König möchte Frau Land möglichst schnell in die Buchungsarbeiten einbeziehen, insbesondere in den Umgang mit PC und Fibu-Programm. Damit keine Buchungsfehler gemacht werden, gibt sie ihr auf den Belegen an, wie zu buchen ist.

- Erarbeiten Sie am Beispiel eines Geschäftsfalles, welche Informationen Silvia Land bei ihrem jetzigen Kenntnisstand braucht, um die Buchungen einzugeben.

Einfacher Buchungssatz

Ein Buchhalter erteilt mithilfe eines **Buchungsstempels** auf den Belegen Anweisungen, wie die Geschäftsfälle zu buchen sind. Für diese Anweisungen hat sich eine feste Form herausgebildet, der **Buchungssatz**.

Der Buchungssatz ist eine kurze Anweisung für die Durchführung der Buchung aufgrund des Beleges. Er gibt die Konten an, auf denen gebucht werden muss. Er nennt zuerst das Konto, bei dem im Soll, dann das Konto, bei dem in Haben gebucht wird.

Soll-Buchung	vor	Haben-Buchung

Beispiel Banküberweisung der Bürodesign GmbH zum Ausgleich der ER Nr. 706 vom 5. Mai 20.. über 9280,00 € lt. BA 107/1

SEPA-Girokonto IBAN:DE11370501980085313948 **Kontoauszug** 107
BIC:COLSDE33XXX **Blatt** 1
Sparkasse KölnBonn UST-ID DE110260423

Datum	Erläuterungen		Betrag
Kontostand in € am 09.06.20.., Auszug Nr. 106			94 300,00+
10.06.	Überweisung ABELS,WIRTZ & CO. KG, SOLINGEN, KD-NR 928454 RG-NR. 706, v. 10.05.20..	Wert: 10.06.20..	9 280,00-

Konto	Soll	Haben
Verb.	9 280,00	
Bank		9 280,00
Gebucht: S. 97/45 Feld		

Kontostand in € am 11.06.20.., 10:30 Uhr 85 020,00+

Ihr Dispositionskredit 80 000,00 €

BÜRODESIGN GMBH

Die **ausführliche Buchungsanweisung** aufgrund dieses Beleges müsste lauten: Im Konto Verbindlichkeiten a. LL. sind auf der Soll-Seite 9280,00 € und im Konto Bank sind auf der Haben-Seite 9280,00 € zu buchen.

Der **Buchungssatz** fasst das zusammen, indem er die betroffenen Konten in der Reihenfolge **„erst Soll, dann Haben"** nennt und durch das Wort **„an"** verbindet.

Verbindlichkeiten a. LL.	9280,00	an Bank	9280,00

Der Buchungssatz wird im Buchungsstempel auf dem Beleg eingetragen **(= Vorkontierung)**.

- Im **Buchungsstempel** wird die Vorkontierung eingetragen. Diese ist die Grundlage der späteren Buchung auf den Konten.
- Der **Buchungsvermerk** ist der Beweis, dass die Buchung ausgeführt worden ist.
- Der Buchungsvermerk verhindert Doppelbuchungen und zeigt durch Angabe der Seite und Zeilen im Grundbuch an, **wo gebucht wurde**.

▲ Zusammengesetzter Buchungssatz

Beim einfachen Buchungssatz ruft der zugrunde liegende Geschäftsfall nur auf zwei Konten Wertveränderungen hervor. Beim zusammengesetzten Buchungssatz werden mehr als zwei Konten berührt.

Beispiel 1 Ausgleich einer Liefererrechnung	€	€
durch Banküberweisung	1 100,00	
und bar	400,00	1 500,00
Buchungssatz:	**Soll**	**Haben**
Verbindlichkeiten a. LL.	1 500,00	
an Bank		1 100,00
an Kasse		400,00

Buchung:

S	Bank (Ba)		H
AB	4000,00	Vb	1100,00

S	Verbindlichkeiten a. LL. (Vb)		H
Ba, Ka	1500,00	AB	8000,00

S	Kasse (Ka)		H
AB	2500,00	Vb	400,00

Soll-Buchung auf dem Konto Verbindlichkeiten a. LL. = **Haben-Buchung** auf den Konten Bank und Kasse

Beispiel 2

	€
Ein Kunde begleicht eine Rechnung über	650,00
durch Banküberweisung	450,00
und Barzahlung	200,00

Buchungssatz:	**Soll**	**Haben**
Bank	450,00	
Kasse	200,00	
an Forderungen a. LL.		650,00

Soll-Buchung auf den Konten Bank und Kasse = **Haben-Buchung** auf dem Konto Forderungen a. LL.

- Der Buchungssatz ruft die Konten an, die durch einen Geschäftsfall berührt werden.
- Zuerst werden die Konten angerufen, auf denen im **Soll**, dann die Konten, auf denen im **Haben** gebucht wird.

Nach der Buchung werden die Belege abgelegt und aufbewahrt. Häufig müssen Belege für Prüfungen und Vergleiche aus der Registratur hervorgeholt werden. Eine Ordnung nach Belegart und Belegnummer schließt zeitraubendes Suchen aus. Alle Belege müssen daher aufbewahrt werden (vgl. S. 235ff.).

Buchungssatz

- Der Buchungssatz ist eine kurz gefasste Anweisung, wie ein Geschäftsfall zu buchen ist.
- Er nennt Konten, auf denen zu buchen ist, und zwar zuerst das Konto, auf dem die Soll-Buchung, dann das Konto, auf dem die Haben-Buchung erfolgt.
- Einfache Buchungssätze rufen nur je ein Konto im Soll und im Haben an.
- Zusammengesetzte Buchungssätze rufen mehrere Konten im Soll und/oder im Haben an.

1 Bilden Sie die Buchungssätze zu folgenden Geschäftsfällen:

		€
1.	Bareinzahlung auf das Bankkonto	1300,00
2.	Barabhebung vom Bankkonto	600,00
3.	Ein Kunde begleicht eine Rechnung durch Banküberweisung	350,00
4.	Kauf eines Druckers bar	760,00
5.	Zieleinkauf eines Drehstuhls	830,00
6.	Tilgung einer Darlehensschuld durch Banküberweisung	900,00
7.	Ausgleich einer Liefererrechnung durch Banküberweisung	850,00
8.	Einkauf eines Pkw gegen Banküberweisung	20000,00
9.	Aufnahme eines Darlehens bar	1500,00
10.	Zahlung an einen Lieferer durch Banküberweisung	950,00

11. Bareinzahlung auf unser Bankkonto 800,00
12. Verkauf eines gebrauchten Pkw bar 450,00
13. Kauf eines Baugrundstücks gegen Banküberweisung 5 500,00

2 Beschreiben Sie die Geschäftsfälle, die folgenden Buchungssätzen zugrunde liegen.

1.	Fuhrpark	an Verbindl. a. LL.
2.	Kasse	an Bank
3.	Bank	an Forderungen a. LL.
4.	Verbindl. a. LL.	an Bank
5.	Darlehen	an Bank
6.	Bank	an Kasse
7.	Maschinen	an Bank
8.	Geschäftsausst.	an Kasse
9.	Bank	an Unbebaute Grundst.
10.	Kasse	an Darlehen

3 Bilden Sie die Geschäftsfälle zu den Buchungen im Kassenkonto:

Soll		Kasse	Haben
AB	3 000,00	(1) Darlehen	500,00
(3) Forderungen a. LL.	250,00	(2) Verbindlichkeiten a. LL.	300,00
(5) Bank	310,00	(4) Geschäftsausstattung	270,00
(6) Geschäftsausstattung	1 160,00	(7) Bank	1 000,00
		SB	2 650,00
	4 720,00		4 720,00

4 Folgender Beleg ist vorzukontieren:

a) Bilden Sie die Buchungssätze für beide Geschäftsfälle.

b) Buchen Sie alle Vorgänge des Beleges einschließlich „alter" und „neuer" Saldo unter Berücksichtigung der Gegenbuchungen im Bankkonto.

SEPA-Girokonto IBAN:DE11370501980085313948 BIC:COLSDE33XXX **Kontoauszug** 130 **Blatt** 1
Sparkasse KölnBonn UST-ID DE110260423

Datum	Erläuterungen		Betrag
	Kontostand in € am 09.08.20.., Auszug Nr. 129		104 600,00+
10.08.	Überweisung KLASSIK 2000 GmbH, HAMM, KD-NR 24012 RG-NR. 11710, v. 10.07.20..	Wert: 10.08.20..	9 744,00+
10.08.	Überweisung VEREINIGTE SPANPLATTEN AG, AUGSBURG, KD-NR 53427 RG-NR. 3720, v. 02.08.20..	Wert: 10.08.20..	28 652,00-
	Kontostand in € am 11.08.20.., 10:30 Uhr		85 692,00+
	Ihr Dispositionskredit 80 000,00 €		

BÜRODESIGN GMBH

6.3.4 Buchung von Geschäftsfällen im Grundbuch und im Hauptbuch

Herr Stein hat einen Betriebsprüfer des Finanzamtes im Unternehmen. Dieser will wissen, ob alle Belege gebucht sind und ob für alle Buchungen Belege vorliegen. In der Buchhaltung sind die Belege in Aktenordnern abgeheftet (Registratur).

- Geben Sie Gründe an, weshalb die Finanzverwaltung für alle Buchungen Belege verlangt.
- Erläutern Sie, wie Buchungen und Belege miteinander verknüpft werden können, damit einerseits vom Beleg auf die Buchung, andererseits von der Buchung auf den Beleg geschlossen werden kann.

Sind die Belege vorkontiert, kann gebucht werden. **Nach der Ordnung** der Buchungen sind **Grundbuch** und **Hauptbuch** zu unterscheiden.

Grundbuch

Im **Grundbuch**, auch **Journal** genannt, werden alle Buchungssätze in **zeitlicher Reihenfolge** festgehalten. Daneben werden zur besseren Kontrolle Buchungsdatum, Eingangs- bzw. Ausstellungsdatum des Beleges, Belegnummer, Buchungstext u. a. festgehalten.

Beispiel

Bürodesign GmbH Köln

Grundbuch					Seite 014
Lfd. Nr.	Buchungs-datum	Beleg	Buchungstext	Soll	Haben
00342	15.04.20..	BA 107	Verbindlichkeiten a. LL. an Bank	9 280,00	9 280,00

Da in diesem Buch alle Geschäftsfälle fortlaufend und lückenlos gebucht werden, bildet es die **Grundlage bei Prüfungen durch die Behörden** (z. B. Finanzamt). Gleichzeitig liefert das Grundbuch alle **Unterlagen für die Buchung der Geschäftsfälle auf den Konten**.

Hauptbuch

Die chronologische Aufzeichnung im Grundbuch vermittelt keinen Überblick über die Veränderungen der einzelnen Vermögens- und Kapitalposten. Daher werden alle Geschäftsfälle auf den Konten gebucht. **Die Konten befinden sich im Hauptbuch**[1].

Beispiel

Bürodesign GmbH Köln

Hauptbuch

S	Bank		H	S	Verbindlichkeiten a. LL.		H
AB	28 000,00	Vb	9 280,00	Ba	9 280,00	AB	34 500,00

Die **Eintragung des Gegenkontos** lässt auf den zugrunde liegenden Geschäftsfall und damit **auf die Ursache der Änderung** schließen.

Beispiel Aus dem Konto „Bank" geht durch die Angabe des Gegenkontos „Verbindlichkeiten a. LL." hervor, dass Warenschulden beglichen worden sind. Das Konto „Verbindlichkeiten a. LL." zeigt durch die Gegenbuchung Bank, dass die Verbindlichkeiten über Bank beglichen wurden.

Die **Angabe der Belegnummer** und des Datums vor der Gegenbuchung ermöglichen ein schnelles Wiederfinden des Beleges, der der Buchung zugrunde liegt.

An die Stelle **gebundener Bücher** können **Loseblattsammlungen** in Form ausgedruckter oder auf **Datenträgern** (Magnetbänder und -platten) gespeicherter Journale und Konten treten (§ 239 HGB).

---

[1] *Für unser Erklärungsmodell benutzen wir T-Kontenblätter, die im Handel erhältlich sind.*

Buchung von Geschäftsfällen im Grundbuch und im Hauptbuch

- Im Grundbuch werden alle Geschäftsfälle in Form von Buchungssätzen in zeitlicher Reihenfolge (chronologisch) eingetragen.
- Im Hauptbuch werden alle Geschäftsfälle nach sachlichen Gesichtspunkten, also welches Konto jeweils berührt wird, verteilt.
- Die Ursache jeder Buchung wird durch die Angabe des Gegenkontos und der Belegnummer zum Ausdruck gebracht.
- Folgendes Schaubild zeigt die Zusammenhänge:

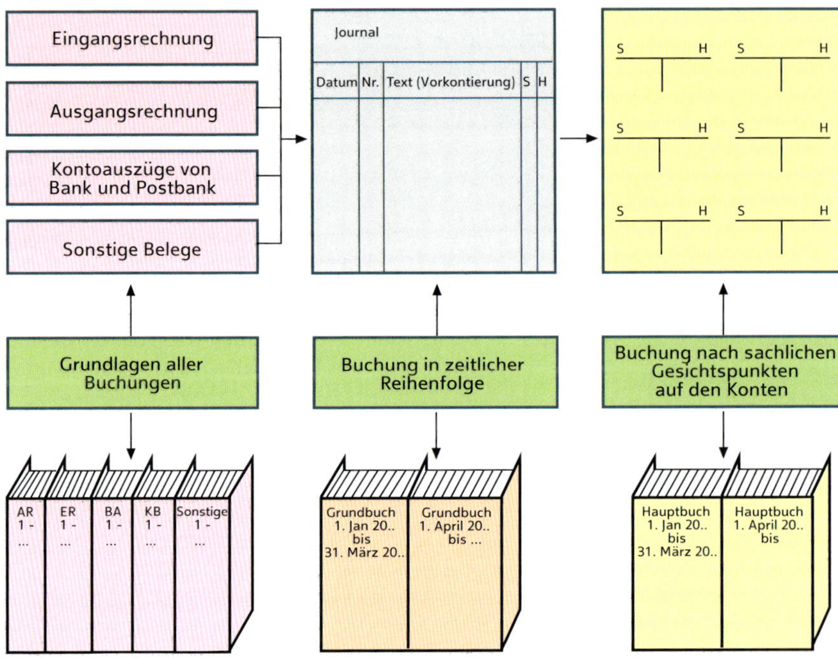

1 Tragen Sie zu folgenden Geschäftsfällen die Buchungssätze ins Grundbuch ein:

	€	€
1. Einkauf eines Aktenschrankes		
bar	200,00	
auf Ziel	750,00	950,00
2. Ausgleich einer Liefererrechnung		
bar	180,00	
durch Banküberweisung	1 020,00	1 200,00
3. Rechnungsausgleich des Kunden		
bar	80,00	
durch Banküberweisung	700,00	780,00
4. Tilgung einer Darlehensschuld		
durch Banküberweisung	800,00	
bar	200,00	1 000,00
5. Einkauf eines Personal Computers		
Baranzahlung	200,00	
Rest 30 Tage Ziel	2 000,00	2 200,00

2 Welche Geschäftsfälle liegen folgenden Buchungssätzen im Grundbuch zugrunde?

Lfd. Nr.	Buchungs-datum	Beleg	Buchungstext	Soll €	Haben €
001	02.01.	BA 1, KB 1	Darlehen	2000,00	
			an Bank		1500,00
			an Kasse		500,00
002	03.01.	KB 2, BA 2	Kasse	200,00	
			Bank	900,00	
			an Forderungen a. LL.		1100,00
003	04.01.	ER 1, BA 3	Fuhrpark	40000,00	
			an Verbindlichkeiten a. LL.		30000,00
			an Bank		10000,00
004	05.01.	BA 4, KB 3	Verbindlichkeiten a. LL.	1280,00	
			an Bank		900,00
			an Kasse		380,00
005	07.01.	ER 2, BA 5	Geschäftsausstattung	800,00	
			an Kasse		300,00
			an Bank		500,00
006	08.01.	Kaufvertrag, KB 4, BA 6	Unbebaute Grundstücke	70000,00	
			an Kasse		10000,00
			an Bank		45000,00
			an Verbindlichkeiten a. LL.		15000,00

3 Erstellen Sie ein Grundbuch und tragen Sie die Buchungssätze zu folgenden Geschäftsfällen ein:

		€
1.	Kauf einer Maschine	
	bar	8500,00
	gegen Banküberweisung	32200,00
	auf Ziel	43000,00
2.	Kunden gleichen Rechnungen aus	
	bar	740,00
	durch Banküberweisung	820,00
3.	Ausgleich von Liefererrechnungen	
	durch Banküberweisung	1900,00
	bar	1300,00
4.	Kauf eines Kombiwagens für den Betrieb	
	gegen Banküberweisung	14400,00
	bar	3740,00
5.	Tilgung einer Darlehensschuld	
	durch Banküberweisung	2000,00
	bar	1000,00
6.	Verkauf einer gebrauchten Maschine	
	gegen Barzahlung	200,00
	gegen Banküberweisung	500,00
	auf Ziel	1300,00
7.	Kunden zahlen zum Ausgleich von Rechnungen	
	bar	950,00
	durch Banküberweisung	1150,00
8.	Kauf von Regalen für das Lager	
	gegen Barzahlung	1200,00
	gegen Banküberweisung	3800,00
9.	Kauf eines Lkw	120000,00
	Anzahlung durch Banküberweisung	20000,00
	Rest: 30 Tage Ziel	100000,00

6.3.5 Abschluss der Bestandskonten

Am Ende des Geschäftsjahres möchte Frau Friedrich den Stand der einzelnen Bestandskonten wissen und eine Aufstellung über Vermögen und Kapital in Kontenform haben.

- Ermitteln Sie die Schlussbestände der Konten.
- Erläutern Sie dabei die Einzelschritte des Kontenabschlusses.
- Begründen Sie die Notwendigkeit des Kontenabschlusses in regelmäßigen Abständen aus der Sicht der Unternehmensleitung.

Zur Ermittlung der vorhandenen Bestände (in der Praxis monatlich, quartalsmäßig, jährlich) werden die Konten abgeschlossen. Dabei wird der **Saldo = Schlussbestand (SB)** auf jedem Konto errechnet. Die so festgestellten Schlussbestände **(Soll-Bestände)** müssen mit den durch Inventur (vgl. S. 128 ff.) ermittelten Beständen **(Ist-Bestände)** der Bilanz am Ende des Jahres **(= Schlussbilanz)** übereinstimmen.

Daher muss vor dem Kontenabschluss ein Abgleich der Soll-Bestände mit den Ist-Beständen laut Inventur erfolgen.

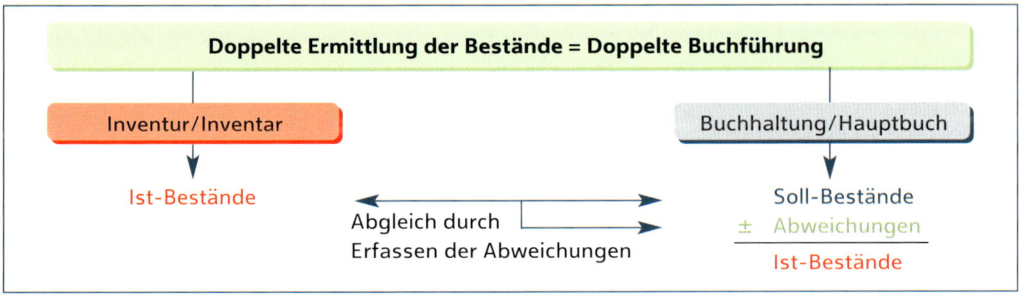

In den Konten werden die Schlussbestände folgendermaßen berechnet:

(1) Addition der wertmäßig größeren Seite
(2) Übertragung der Summe auf die wertmäßig kleinere Seite
(3) Subtraktion der wertmäßig kleineren Seite
(4) Eintragung der Differenz (Schlussbestand, Saldo) auf der wertmäßig kleineren Seite

Beispiele

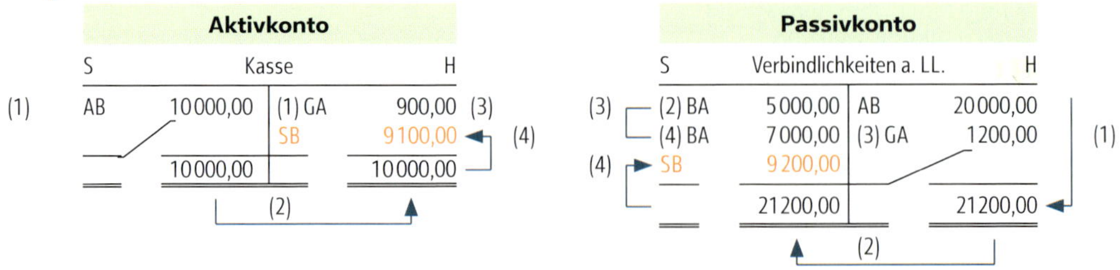

Aktivkonto		**Berechnung des Schlussbestandes**	**Passivkonto**	
+ Soll-Zahlen	10000,00 €	Anfangsbestand + Mehrungen	+ Haben-Zahlen	21 200,00 €
– Haben-Zahlen	900,00 €	– Minderungen	– Soll-Zahlen	12000,00 €
= Soll-Saldo	**9100,00 €**	**= Schlussbestand (Saldo)**	**= Haben-Saldo**	**9200,00 €**

Web

Beispiel (vgl. S. 149)

Eröffnungsbilanz

Aktiva		Passiva	
I. Anlagevermögen		**I. Eigenkapital**	70000,00
Betriebs- und Geschäftsausstattung	30000,00	**II. Schulden**	
II. Umlaufvermögen		Darlehen	40000,00
Bank	90000,00	Verbindlichkeiten a. LL.	20000,00
Kasse	10000,00		
	130000,00		130000,00

S Betriebs- und Geschäftsausstattung H

S		H	
AB	30000,00	SB	32100,00
(1) Ka	900,00		
(3) Verb.	1200,00		
	32100,00		32100,00

S Eigenkapital H

S		H	
SB	70000,00	AB	70000,00

S Bank H

S		H	
AB	90000,00	(4) Vb	7000,00
		SB	83000,00
	90000,00		90000,00

S Darlehensschuld H

S		H	
SB	45000,00	AB	40000,00
		(2) Vb	5000,00
	45000,00		45000,00

S Kasse H

S		H	
AB	10000,00	(1) GA	900,00
		SB	9100,00
	10000,00		10000,00

S Verbindlichkeiten a. LL. H

S		H	
(2) Da	5000,00	AB	20000,00
(4) Ba	7000,00	(3) GA	1200,00
SB	9200,00		
	21200,00		21200,00

Schlussbilanz

Aktiva		Passiva	
I. Anlagevermögen		**I. Eigenkapital**	70000,00
Betriebs- und Geschäftsausstattung	32100,00	**II. Schulden**	
II. Umlaufvermögen		Darlehen	45000,00
Bank	83000,00	Verbindlichkeiten a. LL.	9200,00
Kasse	9100,00		
	124200,00		124200,00

- Der **Schlussbestand** wird immer **auf der wertmäßig kleineren Seite** des Kontos **eingetragen**: der **Soll-Saldo des Aktivkontos im Haben**, der **Haben-Saldo des Passivkontos** im Soll. Dadurch weisen die beiden Seiten jedes Kontos am Ende des Rechnungszeitraumes die gleiche Summe aus (Waage, ähnlich der Bilanz).
- Die Summen der Aktiv- und Passivseite der Schlussbilanz müssen gleich sein, da bei jedem Geschäftsfall der gleiche Betrag im Soll und im Haben gebucht wurde.
- **Lösungsweg von der Eröffnungs- zur Schlussbilanz:**
  1. Übernahme der Schlussbilanz des Vorjahres als Eröffnungsbilanz
  2. Einrichtung von Konten für die Bilanzposten
  3. Übertragung der Anfangsbestände aus der Bilanz auf die Konten
  4. Buchung der Geschäftsfälle im Grundbuch
  5. Buchung in den Konten des Hauptbuches
  6. Abschluss der Konten und Aufstellung der Schlussbilanz

Abschluss der Bestandskonten

Buchung auf Bestandskonten

Buchung auf Aktivkonten

Soll	Haben
Anfangsbestand	Minderungen
Mehrungen	Endbestand

Berechnung des Endbestandes

Soll-Zahlen (AB + Zugänge)
– Haben-Zahlen (Abgänge)

Soll-Saldo (Endbestand)

Buchungsregeln

- Der **Anfangsbestand** steht auf derselben Seite wie in der Bilanz:
  - auf Aktivkonten links (Soll)
  - auf Passivkonten rechts (Haben)
- **Mehrungen** stehen unter dem Anfangsbestand.
- **Minderungen** stehen auf der gegenüberliegenden Seite.
- Der **Endbestand** bildet die Differenz (Saldo) zwischen wertmäßig kleinerer und größerer Seite.

Buchung auf Passivkonten

Soll	Haben
Minderungen	Anfangsbestand
Endbestand	Mehrungen

Berechnung des Endbestandes

Haben-Zahlen (AB + Zugänge)
– Soll-Zahlen (Abgänge)

Haben-Saldo (Endbestand)

- Alle Geschäftsfälle wurden im Grundbuch in zeitlicher Reihenfolge erfasst.
- Im Hauptbuch wurden alle Geschäftsfälle nach sachlichen Gesichtspunkten auf die Konten verteilt.
- Die Ursache jeder Buchung wird durch die Angabe des Gegenkontos und der Belegnummer verdeutlicht.

1 Eröffnen Sie die Bestandskonten; tragen Sie die Buchungssätze zu den Geschäftsfällen im Grundbuch ein.
Buchen Sie die Geschäftsfälle auf den Konten und stellen Sie die Schlussbilanz auf.

Anfangsbestände:	€		€
Grundstücke mit Gebäuden	150 000,00	Kasse	5 000,00
Fuhrpark	40 000,00	Eigenkapital	270 000,00
Geschäftsausstattung	24 000,00	Darlehensschuld	120 000,00
Forderungen a. LL.	36 000,00	Verbindlichkeiten a. LL.	15 000,00
Bank	150 000,00		

Geschäftsfälle:	€
1. **Eingangsrechnung:** Zielkauf eines Pkw	20 000,00
2. **Ausgangsrechnung:** Zielverkauf eines gebrauchten PC	1 400,00
3. **Bankauszug:** Banküberweisung an einen Lieferer	5 000,00
4. **Kassenbeleg:** Bareinzahlung auf das Bankkonto	1 000,00
5. **Bankauszug:** Banküberweisung von einem Kunden	7 400,00
6. **Bankauszug:** Verkauf eines gebrauchten Pkw gegen Banküberweisung	8 000,00
7. **Bankauszug:** Banküberweisung der Tilgungsrate für das Darlehen	20 000,00
8. **Kassenbeleg:** Kunde bezahlt fällige Rechnung bar	2 400,00
9. **Kassenbeleg:** Barkauf eines Büroregals	900,00
10. **Kassenbeleg:** Barabhebung vom Bankkonto	1 400,00

2 Stellen Sie die Eröffnungsbilanz auf. Richten Sie die Bestandskonten ein und übernehmen Sie die Anfangsbestände. Buchen Sie die Geschäftsfälle im Grundbuch und auf den Konten bei Angabe der Nummer des Geschäftsfalles und des Gegenkontos.

Anfangsbestände:	€		€
Maschinen	350 000,00	Eigenkapital	304 000,00
Forderungen a. LL.	115 000,00	Darlehensschuld	280 000,00
Bank	155 000,00	Verbindlichkeiten a. LL.	46 000,00
Kasse	10 000,00		

Geschäftsfälle:	€
1. **Bankauszug:** Kunde bezahlt fällige Ausgangsrechnung durch Banküberweisung	15 000,00
2. **Eingangsrechnung:** Zielkauf einer Maschine	50 000,00
3. **Bankauszug:** Banküberweisung an Lieferer für fällige Eingangsrechnung	27 000,00
4. **Bankauszug:** Bareinzahlung auf das Bankkonto	4 000,00
5. **Ausgangsrechnung:** Barverkauf einer gebrauchten Maschine	6 000,00
6. **Kassenbeleg:** Barzahlung einer Tilgungsrate für die Darlehensschuld	3 000,00

3 Stellen Sie die Eröffnungsbilanz auf. Richten Sie die Bestandskonten ein und übernehmen Sie die Anfangsbestände. Buchen Sie die Geschäftsfälle auf den Konten bei Angabe der Nummern des Geschäftsfalles und des Gegenkontos.

Anfangsbestände:	€		€
Grundstücke mit Gebäuden	500 000,00	Kasse	15 000,00
Geschäftsausstattung	80 000,00	Eigenkapital	690 000,00
Fuhrpark	130 000,00	Darlehensschuld	300 000,00
Forderungen a. LL.	175 000,00	Verbindlichkeiten a. LL.	180 000,00
Bank	270 000,00		

Geschäftsfälle:	€
1. **Eingangsrechnung:** Zielkauf eines Personal Computers	10 000,00
2. **Bankauszug:** Banküberweisung der Tilgungsrate für die Darlehensschuld	30 000,00
3. **Bankauszug:** Kunde bezahlte fällige AR mit Banküberweisung	12 000,00
4. **Ausgangsrechnung:** Zielverkauf eines gebrauchten Pkw	16 000,00
5. **Bankauszug:** Unser Unternehmen zahlte auf das Bankkonto bar ein	6 000,00
6. **Vertrag:** Lieferer stundet eine fällige ER auf 6 Jahre	40 000,00
7. **Vertrag, Bankauszug:** Kauf einer Lagerhalle gegen Banküberweisung	180 000,00
8. **Eingangsrechnung:** Zielkauf eines Pkw	46 000,00
9. **Bankauszug:** Banküberweisung an Lieferer für fällige ER	24 000,00
10. **Ausgangsrechnung:** Barverkauf eines gebrauchten PC	1 000,00

6.3.6 Eröffnungsbilanzkonto und Schlussbilanzkonto

Die Abteilungsleiterin Rechnungswesen der Bürodesign GmbH, Frau König, eröffnet die Bestandskonten zu Beginn des Geschäftsjahres. Bisher übernahm sie die Eröffnungsbestände aus der Bilanz zum Schluss des letzten Geschäftsjahres und übertrug sie auf die Konten.

A	Bilanz		P
I. Anlagevermögen		**I. Eigenkapital**	70 000,00
Geschäftsausstattung	30 000,00	**II. Schulden**	
II. Umlaufvermögen		Darlehen	40 000,00
Bank	90 000,00	Verbindlichkeiten a. LL.	20 000,00
Kasse	10 000,00		
	130 000,00		130 000,00

Dabei ist ihr ein Übertragungsfehler unterlaufen. Um solche Fehler künftig zu vermeiden, verlangt der Geschäftsführer, Herr Stein, eine Gegenbuchung der Eröffnungsbuchungen auf einem Eröffnungsbilanzkonto.

- Erläutern Sie, warum Herr Stein die Gegenbuchung auf einem besonderen Konto verlangt.
- Begründen Sie, warum Herr Stein die Abschlusswerte der Schlussbilanz für die Eröffnung der Konten im neuen Jahr benötigt.

▲ Eröffnungsbilanz und Eröffnungsbilanzkonto

Die Bilanz am Ende eines Jahres ist identisch mit der Eröffnungsbilanz des neuen Geschäftsjahres (**Grundsatz der Bilanzgleichheit, Bilanzidentität,** vgl. § 252 Abs. 1 HGB). Um die Geschäftsfälle des neuen Jahres zu buchen, werden Konten für die einzelnen Bilanzposten eingerichtet.

Die Anfangsbestände wurden bisher in folgender Weise vorgetragen:

- von der **Aktivseite der Eröffnungsbilanz** auf die **Soll-Seite der Aktivkonten**,
- von der **Passivseite der Eröffnungsbilanz** auf die **Haben-Seite der Passivkonten** (vgl. S. 146 f.).

Die Anfangsbestände wurden also in den Konten auf der gleichen Seite eingetragen, auf der sie in der Bilanz stehen. Ein Grundsatz der doppelten Buchführung wird dadurch durchbrochen. Dieser verlangt, dass jeder Buchung im Soll eine Buchung im Haben entspricht.

Soll ständig nach diesem Grundsatz verfahren werden, muss ein Konto im Hauptbuch eingerichtet werden, das bei der Buchung der Anfangsbestände der Konten die Gegenbuchung aufnimmt. Diese Aufgabe übernimmt das **Eröffnungsbilanzkonto (EBK)**. Die Buchungen zur Eröffnung der Bestandskonten heißen **Eröffnungsbuchungen**.

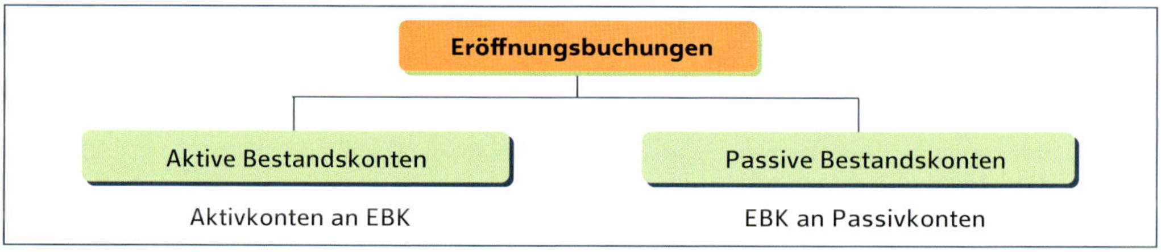

Beispiel Eröffnung der Konten Kasse und Verbindlichkeiten a. LL. lt. Beispiel S. 147

Grundbuch

Datum	Vorgang	€	Buchungssatz	Soll	Haben
	A. Eröffnungsbuchungen				
01.01.	Eröffnung des Kontos Kasse	10000,00	Kasse	10000,00	
			an EBK		10000,00
01.01.	Eröffnung des Kontos Verbindlichkeiten a. LL.	20000,00	EBK	20000,00	
			an Verbindl. a. LL.		20000,00

Hauptbuch

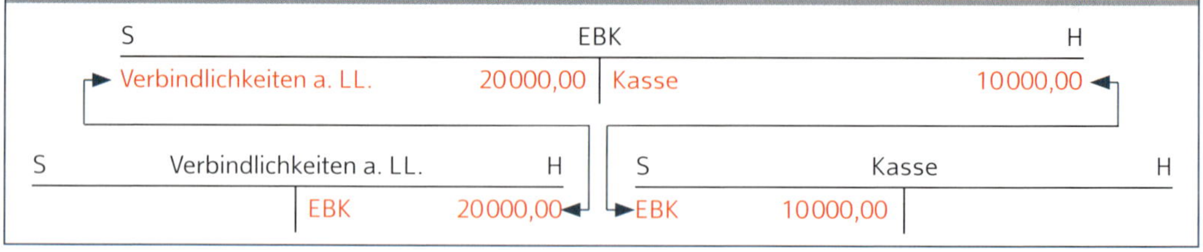

▲ Schlussbilanz und Schlussbilanzkonto

Am **Ende des Geschäftsjahres** werden die Konten abgeschlossen. Der Endbestand wird errechnet und auf der kleineren Seite eines jeden Kontos zum Ausgleich eingetragen. Zur Aufnahme der Gegenbuchung ist wiederum ein Konto erforderlich: **das Schlussbilanzkonto (SBK)**. Es ist ein Hilfskonto zur Sammlung aller Endbestände der Bestandskonten. Hierzu werden **Abschlussbuchungen** gebildet.

Abschlussbuchungen

Aktive Bestandskonten	Passive Bestandskonten
SBK an Aktivkonten	Passivkonten an SBK an Passivkonten

Vorgeschrieben ist die Aufstellung der Bilanz aus dem Inventarverzeichnis (Schlussbilanz). Die durch Inventur ermittelten Bestände **(Ist-Bestände)** müssen mit den auf den Konten errechneten Beständen **(Soll-Bestände)** übereinstimmen (vgl. S. 158).

Beispiel Darstellung des Buchungsablaufs von der Eröffnung bis zum Abschluss:

Arbeitsanweisungen vom EBK zum SBK

1. Stellen Sie die Eröffnungsbilanz auf.
2. Tragen Sie die Eröffnungsbuchungen und Geschäftsfälle mit Buchungssätzen im Grundbuch ein.
3. Buchen Sie die Eröffnungsbuchungen und die Geschäftsfälle auf den Konten im Hauptbuch.
4. Schließen Sie die Konten über das Schlussbilanzkonto ab. Die Abschlussbuchungen sind auch im Grundbuch einzutragen.
5. Stellen Sie die Schlussbilanz auf. Die Bestände im SBK stimmen mit den Beständen laut Inventur überein.

Inventar- und Bilanzbuch

Inventar

↓

Aktiva	Bilanz = Eröffnungsbilanz		Passiva
I. Anlagevermögen		**I. Eigenkapital**	70000,00
Betriebs- und Geschäftsausstattung (BuG)	30000,00	**II. Schulden**	
II. Umlaufvermögen		Darlehen	40000,00
Bank	90000,00	Verbindlichkeiten a. LL.	20000,00
Kasse	10000,00		
	130000,00		130000,00

Grundbuch mit Eröffnungs- und Abschlussbuchungen:

Grundbuch

Datum	Vorgang	€	Buchungssatz	Soll	Haben
	A. Eröffnungsbuchungen				
01.12.	Konto BuG	30000,00	BuG	30000,00	
			an EBK		30000,00
01.12.	Konto Bank	90000,00	Bank	90000,00	
			an EBK		90000,00
01.12.	Konto Kasse	10000,00	Kasse	10000,00	
			an EBK		10000,00
01.12.	Konto Eigenkapital	70000,00	EBK	70000,00	
			an Eigenkapital		70000,00
01.12.	Konto Darlehensschuld	40000,00	EBK	40000,00	
			an Darlehensschuld		40000,00
01.12.	Konto		EBK	20000,00	
	Verbindlichkeiten a. LL.	20000,00	an Verbindlichk. a. LL.		20000,00

	B. Laufende Buchungen				
01.12.	**Kassenbeleg:** Schreibtischkauf, bar	900,00	BuG an Verbindlichk. a. LL.	900,00	 900,00
02.12.	**Vertrag:** Umwandlung einer Warenverbindlichkeit in ein Darlehen	5 000,00	Verbindlichk. a. LL. an Darlehensschuld	5 000,00	 5 000,00
03.12.	**ER:** Zieleinkauf eines Aktenschrankes	1 200,00	BuG an Verbindlichk. a. LL.	1 200,00	 1 200,00
04.12.	**BA:** Banküberweisung einer fälligen ER	7 000,00	Verbindlichk. a. LL. an Bank	7 000,00	 7 000,00
	C. Abschlussbuchungen				
31.12.	Konto BuG	32 100,00	SBK an BuG	32 100,00	 32 100,00
31.12.	Konto Bank	83 000,00	SBK an Bank	83 000,00	 83 000,00
31.12.	Konto Kasse	9 100,00	SBK an Kasse	9 100,00	 9 100,00
31.12.	Konto Eigenkapital	70 000,00	Eigenkapital an SBK	70 000,00	 70 000,00
31.12.	Konto Darlehensschuld	45 000,00	Darlehensschuld an SBK	45 000,00	 45 000,00
31.12.	Konto Verbindlichkeiten a. LL.	9 200,00	Verbindlichk. a. LL. an SBK	9 200,00	 9 200,00

Hauptbuch

S Eröffnungsbilanzkonto H

S			H
Eigenkapital	70 000,00	Betriebs- u. Geschäftsausst.	30 000,00
Darlehensschuld	40 000,00	Bank	90 000,00
Verbindlichkeiten a. LL.	20 000,00	Kasse	10 000,00
	130 000,00		130 000,00

S Betriebs- und Geschäftsausstattung H

S			H
EBK	30 000,00	SBK	32 100,00
(1) Ka	900,00		
(3) Vb	1 200,00		
	32 100,00		32 100,00

S Eigenkapital H

S			H
SBK	70 000,00	EBK	70 000,00

S Bank H

S			H
EBK	90 000,00	(4) Vb	7 000,00
		SBK	83 000,00
	90 000,00		90 000,00

S Darlehensschuld H

S			H
SBK	45 000,00	EBK	40 000,00
		(2) Vb	5 000,00
	45 000,00		45 000,00

Hauptbuch

S Kasse H

S		H	
EBK	10 000,00	(1) GA	900,00
		SBK	9100,00
	10 000,00		10 000,00

S Verbindlichkeiten a. LL. H

S		H	
(2) Da	5 000,00	EBK	20 000,00
(4) Ba	7 000,00	(3) GA	1 200,00
SBK	9200,00		
	21 200,00		21 200,00

S Schlussbilanzkonto H

S		H	
Betriebs- u. Geschäftsausst.	32 100,00	Eigenkapital	70 000,00
Bank	83 000,00	Darlehen	45 000,00
Kasse	9 100,00	Verbindlichkeiten a. LL.	9 200,00
	124 200,00		124 200,00

Inventar- und Bilanzbuch

Inventar
↓
Bilanz = Schlussbilanz

Aktiva		Passiva	
I. Anlagevermögen		**I. Eigenkapital**	70 000,00
Betriebs- und Geschäftsausstattung (BuG)	32 100,00	**II. Schulden**	
II. Umlaufvermögen		Darlehen	45 000,00
Bank	83 000,00	Verbindlichkeiten a. LL.	9 200,00
Kasse	9 100,00		
	124 200,00		124 200,00

Eröffnungsbilanzkonto und Schlussbilanzkonto

- Das **Eröffnungsbilanzkonto** ist das Gegenkonto für die Eröffnungsbuchungen in den **Bestandskonten**.
- Das **Schlussbilanzkonto** ist ein **Hilfskonto zur Sammlung der Endbestände** von den einzelnen Konten in der Reihenfolge ihres Abschlusses.
- Es ist das **Gegenkonto für die Abschlussbuchungen** in den Konten.
- Die Einrichtung von EBK und SBK ist nicht vorgeschrieben.

1 Stellen Sie die Eröffnungsbilanz auf. Tragen Sie die Eröffnungsbuchungen und die Vorgänge im Grundbuch ein. Buchen Sie die Geschäftsfälle auf den Konten im Hauptbuch. Führen Sie den Abschluss der Konten im Grund- und Hauptbuch durch.

Anfangsbestände:	€		€
Maschinen	320 000,00	Kasse	7 000,00
Geschäftsausstattung	80 000,00	Eigenkapital	300 000,00
Forderungen a. LL.	45 000,00	Darlehensschuld	200 000,00
Bank	105 000,00	Verbindlichkeiten a. LL.	57 000,00

Geschäftsfälle:	€
1. **Ausgangsrechnung:** Zielverkauf einer gebrauchten Maschine	13 000,00
2. **Vertrag:** Umwandlung einer Liefererverbindlichkeit in ein Darlehen	30 000,00

3.	**Eingangsrechnung:** Zielkauf eines Personal Computers für das Lager	2800,00
4.	**Bankauszug:** Banküberweisung an Lieferer für fällige Eingangsrechnung	7000,00
5.	**Kassenbeleg:** Kunde bezahlt fällige Ausgangsrechnung bar	1500,00
6.	**Kassenbeleg:** Bareinzahlung auf das Bankkonto	5000,00
7.	**Eingangsrechnung:** Zielkauf einer Maschine	43000,00
8.	**Bankauszug:** Banküberweisung vom Kunden für fällige Ausgangsrechnung	6500,00
9.	**Bankauszug:** Banküberweisung der Tilgungsrate für das Darlehen	30000,00
10.	**Bankauszug:** Verkauf eines gebrauchten Regals	1000,00

2 Stellen Sie die Eröffnungsbilanz auf. Tragen Sie die Eröffnungsbuchungen und die Vorgänge im Grundbuch ein. Buchen Sie die Geschäftsfälle auf den Konten im Hauptbuch. Führen Sie den Abschluss der Konten im Grund- und Hauptbuch durch.

Anfangsbestände:	€		€
Grundstücke mit Gebäude	420000,00	Bank	19000,00
Maschinen	340000,00	Kasse	3200,00
Fuhrpark	25000,00	Eigenkapital	325000,00
Geschäftsausstattung	65000,00	Darlehensschulden	400000,00
Forderungen a. LL.	22800,00	Verbindlichkeiten a. LL.	200000,00
Darlehensforderung	30000,00		

Geschäftsfälle:			€
1.	**Bankauszug, Vertrag:** Aufnahme eines Darlehens bei der Bank		70000,00
2.	**Bankauszug, Vertrag:** Verkauf eines Grundstücks gegen Banküberweisung		80000,00
3.	**Bankauszug:** Kunde bezahlte fällige Ausgangsrechnung durch Banküberweisung		5700,00
4.	**Bankauszug:** Banküberweisung der Tilgungsrate des Darlehensnehmers		10000,00
5.	**Bankauszug:** Banküberweisung an Lieferer für fällige ER		22800,00
6.	**Ausgangsrechnung:** Zielverkauf eines gebrauchten Pkw		12200,00
7.	**Kassenbeleg:** Bareinkauf eines Schreibtisches		950,00
8.	**Ausgangsrechnung, Bankauszug:** Verkauf einer gebrauchten Maschine gegen		
	a) Zahlung mit Banküberweisung	5000,00	
	b) Zielgewährung von 30 Tagen	15000,00	20000,00
9.	**Eingangsrechnung, Bankauszug, Kassenbeleg:** Kauf eines Pkw gegen		
	a) Zahlung mit Banküberweisung	3800,00	
	b) Barzahlung	1950,00	
	c) Zielgewährung von 60 Tagen	25000,00	30750,00
10.	**Bankauszug, Kassenbeleg:** Zahlungen vom Kunden für fällige AR		
	a) durch Banküberweisung	14300,00	
	b) bar	1000,00	15300,00
11.	**Vertrag:** Lieferer stundete fällige Eingangsrechnungen auf 8 Jahre		28000,00
12.	**Bankauszug:** Banküberweisung wegen Tilgung eines Darlehens		98000,00
13.	**Eingangsrechnung, Bankauszug, Kassenbeleg:** Kauf eines Personal Computers gegen		
	a) Barzahlung	1000,00	
	b) Banküberweisung	4000,00	
	c) Zielgewährung von 90 Tagen	5000,00	10000,00

3 a) Nach welchen Gesichtspunkten werden die Posten in den beiden Bilanzseiten geordnet?
b) Stellen Sie folgende Begriffe gegenüber:
- Anlage- und Umlaufvermögen
- Eigen- und Fremdkapital (Schulden)

c) Beschreiben Sie ein Konto.
d) Erklären Sie, warum die Bilanz in Konten aufgelöst wird.
e) Erklären Sie, warum die beiden Seiten der Schlussbilanz übereinstimmen müssen.
f) Erläutern Sie die Inhalte des Inventar- und Bilanzbuches, des Grundbuches und des Hauptbuches.
g) Erläutern Sie die Buchungsregeln für aktive und passive Bestandskonten.
h) Erläutern Sie den grundsätzlichen Aufbau eines Buchungssatzes.

4 Entscheiden Sie, welche der folgenden Aussagen zutreffen
1. nur auf die Aktivkonten,
2. nur auf die Passivkonten,
3. auf alle Bestandskonten,
4. weder auf Aktiv- noch auf Passivkonten.

Aussagen:

a) Der Anfangsbestand steht im Soll.
b) Die Minderungen stehen im Soll.
c) Die Mehrungen stehen unter dem Anfangsbestand.
d) Der Anfangsbestand steht im Haben, die Zugänge stehen im Soll.
e) Der Saldo steht auf der wertmäßig kleineren Seite.
f) Sie stellen Art, Ursache und Höhe der Vermögensänderung dar.
g) Sie stehen im Hauptbuch.

5 Stellen Sie Schaubilder mit folgenden Titeln in einem Schema gegenüber:

a) Inhalte eines Aktiv- und eines Passivkontos
b) Die Buchungsarbeiten während eines Geschäftsjahres
c) Die Inhalte von Bilanz-, Grund- und Hauptbuch

6 a) Bilden Sie zu den Geschäftsfällen, die aus folgendem Kontoauszug der Bürodesign GmbH hervorgehen, die Buchungssätze.

SEPA-Girokonto IBAN:DE11370501980085313948 **Kontoauszug** 109
BIC:COLSDE33XXX **Blatt** 1
Sparkasse KölnBonn UST-ID DE110260423

Datum	Erläuterungen		Betrag
	Kontostand in € am 14.06.20.., Auszug Nr. 108		377 638,20+
10.06.	Überweisung STAMMES STAHLROHR GMBH, ESSEN, KD-NR 736521 RG-NR. 2386, v. 01.06.20..	Wert: 14.06.20..	23 320,00-
14.06.	Überweisung BUEROBEDARFSGROSSHANDEL SCHNEIDER & CO. OHG, ISERLOHN KD-NR 24009 RG-NR. 13205, v. 03.06.20..	Wert: 14.06.20..	10 264,00+
	Kontostand in € am 15.06.20.., 10:30 Uhr		364 582,20+
	Ihr Dispositionskredit 80 000,00 €		

BÜRODESIGN GMBH

b) Führen Sie das Bankkonto im Hauptbuch der Bürodesign GmbH, sodass Saldovortrag, Geschäftsfälle und Saldo daraus hervorgehen.

6.4 Buchungen auf Erfolgskonten

Silvia Land: „Tag für Tag kommen Lkw mit Span-, Tischlerplatten, Scharnieren, Schlössern, Stahlrohren, die sofort in die Produktion gebracht werden, täglich verkaufen wir Büromöbel. Solche Fälle habe ich bisher aber noch nicht gebucht. Überhaupt – ich hätte mal gerne gewusst, ob sich das Ganze auch lohnt."

Frau König: „Das ist richtig, Silvia, aber ich denke, dass das Buchen auf Bestandskonten dafür die Voraussetzung ist."

- Erläutern Sie die Auswirkungen des Rohstoffverbrauchs einerseits und des Verkaufs von fertigen Erzeugnissen andererseits auf die Bilanz.
- Zeigen Sie Buchungsmöglichkeiten dieser Vorgänge auf.
- Machen Sie einen Vorschlag, wie der Erfolg einer Unternehmung ermittelt werden kann.

Veränderungen des Eigenkapitals durch Aufwendungen und Erträge

Die bisher gebuchten Geschäftsfälle veränderten Bestände der Bilanz. Eine Bilanzposition wurde nicht berührt, das **Eigenkapital**. Dieses wird jedoch durch die eigentliche Unternehmenstätigkeit (Produktion und Absatz von Erzeugnissen) laufend verändert.

Mit dieser Tätigkeit will das Unternehmen das eingesetzte Kapital vermehren, also Gewinn erzielen. Das Unternehmen setzt sich aber dadurch auch dem Risiko aus, durch Verluste das Eigenkapital zu verlieren.

Minderungen des Eigenkapitals durch Aufwendungen:

Um die Erzeugnisse zu produzieren, muss das Unternehmen **Werkstoffe**, menschliche **Arbeitsleistung** und **Betriebsmittel** einsetzen **(= Verzehr von Produktionsfaktoren)**. Alle Ausgaben für die eingesetzten Produktionsfaktoren wie

- **Ausgaben für Werkstoffe** (Materialeinkäufe),
- **Mietzahlungen für Betriebsmittel,**
- **Lohn- und Gehaltszahlungen für die Arbeitsleistungen**

mindern letztlich das Vermögen und zugleich das Eigenkapital. Solche **Werteverzehre an Produktionsfaktoren** werden als **Aufwendungen** bezeichnet.

Beim Eingang der Roh-, Hilfs- und Betriebsstoffe wird unterstellt, dass sie unmittelbar zur Herstellung von Erzeugnissen eingesetzt und verzehrt werden, also das Lager nicht berühren. Sie werden daher sofort beim Eingang als Materialverbrauch oder Materialaufwand erfasst.

Mehrungen des Eigenkapitals durch Erträge:

Die **Ergebnisse des Produktionsprozesses sind fertige Erzeugnisse** (verkaufsreife Büromöbel). Sie werden auf dem Absatzmarkt verkauft. Die dadurch erzielten **Umsatzerlöse** sollen den eingesetzten Werteverzehr an Produktionsfaktoren ersetzen und darüber hinaus dem Unternehmen einen **Gewinn** bringen. Damit dieses Ziel erreicht wird, müssen die Umsatzerlöse größer als der gesamte Einsatz an Produktionsfaktoren sein. Durch die Umsatzerlöse des Industriebetriebs wird ein Wertezuwachs des Vermögens (liquide Mittel, Forderungen) erzielt, der gleichzeitig eine Mehrung des Eigenkapitals darstellt. Diese Eigenkapitalmehrungen werden als **Erträge** bezeichnet.

Beispiel **Herstellung und Absatz von 2000 Bürotischen:**

Bewerteter Verzehr (in €) von Produktionsfaktoren	Personaleinsatz	→	Löhne, Gehälter	325000,00 €
	Nutzung von Anlagen	→	Mieten	90000,00 €
	Materialeinsatz	→	Rohstoffaufwand	75000,00 €
		→	Hilfsstoffaufwand	10000,00 €
	Gesamteinsatz der Rechnungsperiode = Aufwand			500000,00 €
Bewerteter Zuwachs (in €) an Vermögen	Verkauf der Erzeugnisse	→	Umsatzerlöse	600000,00 €
	Gesamtzuwachs der Rechnungsperiode = Ertrag			600000,00 €
Differenz von Wertezuwachs und Werteverzehr in €	**Aufwand < Ertrag = Gewinn**			100000,00 €

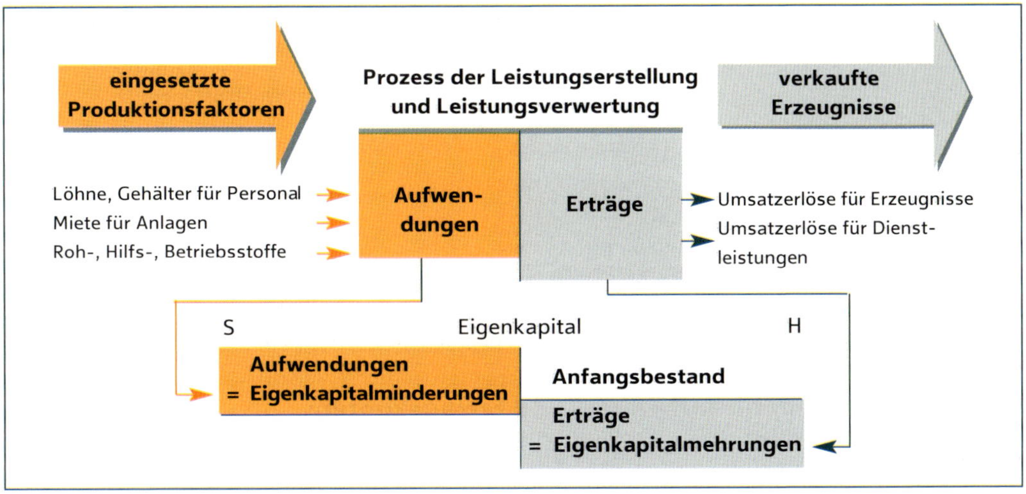

Buchungen der Aufwendungen und Erträge auf Unterkonten des Eigenkapitals

Buchungen der Aufwendungen und Erträge:

Eine **unmittelbare Buchung** der Aufwendungen und Erträge **auf dem Eigenkapitalkonto** hat **Nachteile**:

- Das Eigenkapitalkonto wird **unübersichtlich**.
- Aus den Buchungen geht nicht hervor, **wodurch** das **Eigenkapital verändert** wurde.
- Die **Höhe einzelner Aufwendungen und Erträge** ist nur mit zusätzlichem Arbeitsaufwand zu ermitteln.

Daher werden die Aufwendungen und Erträge auf **Unterkonten des Eigenkapitalkontos** gebucht, den **Aufwands- und Ertragskonten**. Weil die Aufwendungen und Erträge den Erfolg eines Unternehmens bestimmen, werden die Aufwands- und Ertragskonten als Erfolgskonten bezeichnet. Durch die getrennte Erfassung der einzelnen Erfolgsarten werden dem Unternehmer Ursachen und Höhe der Eigenkapitalveränderungen verdeutlicht.

Beispiele Durch die Einrichtung eines Aufwandskontos „Aufwendungen für Rohstoffe“, „Löhne“, „Fremdinstandsetzungen“ verschafft sich der Unternehmer einen genauen Überblick über die genannten Aufwandsarten und deren Höhe. Durch Vergleich von Jahr zu Jahr stellt er so die Entwicklung dieser Aufwandsarten fest.

Die Erfolgskonten sind also ein bedeutendes Informations- und Kontrollinstrument über die einzelnen Aufwands- und Ertragsarten. Daher empfiehlt sich für jede Aufwands- und Ertragsart ein besonderes Unterkonto.

Soll	**Eigenkapital** Haben
Eigenkapitalminderungen	Anfangsbestand Eigenkapitalmehrungen
↓	↓
Werteverzehr durch den Einsatz von Produktionsfaktoren (Aufwand)	**Wertezuwachs** durch erbrachte Leistungen für den Absatzmarkt (Ertrag)

Aufwandsarten	Ertragsarten
– Aufwendungen für Roh-, Hilfs- und Betriebsstoffe – Energie (Strom, Heizung, Benzin) – Fremdinstandsetzung (Reparatur an Maschinen, Fahrzeugen, Gebäuden) – Löhne (Facharbeiter, Lkw-Fahrer) – Gehälter (Büroangestellte, Reisende) – Aufwendungen für Kommunikation (Büromaterial, Postwertzeichen, Telefon, Werbung) – Versicherungsbeiträge – Betriebliche Steuern – Zinsaufwendungen	– Umsatzerlöse für eigene Erzeugnisse – Umsatzerlöse für Dienstleistungen – Mieterträge – Zinserträge – Provisionserträge – (z. B. für vermittelte Verkäufe)

Buchungsregeln für Aufwands- und Ertragskonten:

Für die Buchungen

- der Aufwendungen als Eigenkapitalminderungen auf den Aufwandskonten und
- für die Buchungen der Erträge als Eigenkapitalmehrungen auf den Ertragskonten gelten die **Buchungsregeln für passive Bestandskonten**:

Aufwendungen sind auf Aufwandskonten als Eigenkapitalminderungen **im Soll, Erträge** auf Ertragskonten als Mehrungen des Eigenkapitals **im Haben** zu buchen.

Beispiel

1. Banküberweisung der Löhne für Facharbeiter .... 325 000,00 €
2. Verkauf von fertigen Erzeugnissen auf Ziel .... 450 000,00 €

Aufwandskonto

S	Löhne	H
1. Ba	325 000,00	

↓

Minderung des Eigenkapitals

Ertragskonto

S	Umsatzerlöse	H
	2. Ford.	450 000,00

↓

Mehrung des Eigenkapitals

Abschluss der Erfolgskonten über das Gewinn- und Verlustkonto:

Am Ende des Geschäftsjahres werden die Konten abgeschlossen. Aufwendungen und Erträge werden gesammelt und gegenübergestellt, um den **Erfolg** (Gewinn oder Verlust) festzustellen.

Positives Ergebnis: Aufwendungen < Erträge ➔ **Gewinn** der Unternehmung

Negatives Ergebnis: Aufwendungen > Erträge ➔ **Verlust** der Unternehmung

Aufwendungen und Erträge werden auf dem **Gewinn- und Verlustkonto** (GuV) gegenübergestellt (§ 242 HGB).

Abschlussbuchungen:	GuV	an Aufwandskonten
	Ertragskonten	an GuV

Der Gewinn oder der Verlust wird auf das Eigenkapitalkonto übertragen.

	Beispiel 1	Beispiel 2
Eigenkapital Anfangsbestand	500 000,00	700 000,00
Aufwendungen des Geschäftsjahres	500 000,00	720 000,00
Erträge des Geschäftsjahres	600 000,00	670 000,00

Beispiel 1

S GuV (bei Gewinn) H

Aufwendungen	Erträge
500 000,00	600 000,00
Gewinn 100 000,00	

Eigenkapitalmehrung

S Eigenkapital H

	Anfangsbestand 500 000,00
	Gewinn 100 000,00

Abschlussbuchungssatz:
GuV an Eigenkapital 100 000,00

Beispiel 2

S GuV (bei Verlust) H

Aufwendungen	Erträge
720 000,00	670 000,00
	Verlust 50 000,00

Eigenkapitalminderung

S Eigenkapital H

Verlust 50 000,00	Anfangsbestand 700 000,00

Abschlussbuchungssatz:
Eigenkapital an GuV 50 000,00

Beispiel

Aktiva — Bilanz einer Industrieunternehmung zum 31. Dezember 20.. — Passiva

Aktiva		Passiva	
I. Anlagevermögen		**I. Eigenkapital**	600 000,00
Geschäftsausstattung	200 000,00	**II. Schulden**	
II. Umlaufvermögen		Verbindlichkeiten a. LL.	150 000,00
Forderungen a. LL.	50 000,00		
Bank	500 000,00		
	750 000,00		750 000,00

Die Industrieunternehmung produzierte in der Rechnungsperiode 2 000 Bürotische.

			€
1.	**BA:**	Banküberweisung der Löhne für Facharbeiter	325 000,00
2.	**BA:**	Banküberweisung der Miete für gemietete Anlagen	20 000,00
3.	**BA, ER:**	Einkauf von Rohstoffen gegen Banküberweisung	50 000,00
4.	**ER:**	Einkauf von Hilfsstoffen auf Ziel	15 000,00
5.	**AR:**	Verkauf von fertigen Erzeugnissen auf Ziel: 1 500 Bürotische à 300,00 €	450 000,00
6.	**ER:**	Einkauf von Rohstoffen auf Ziel	90 000,00
7.	**AR, BA:**	Verkauf von fertigen Erzeugnissen gegen Banküberweisung: 500 Bürotische à 300,00 €	150 000,00

Buchung der Fälle 1 bis 4 und 6 auf Aufwandskonten:

		€
1.	Löhne an Bank	325 000,00
2.	Miete an Bank	20 000,00
3.	Rohstoffaufwand an Bank	50 000,00
4.	Hilfsstoffaufwand an Verbindlichkeiten a. LL.	15 000,00
6.	Rohstoffaufwand an Verbindlichkeiten a. LL.	90 000,00

Buchung der Fälle 5 und 7 auf dem Ertragskonto:

		€
5.	Forderungen a. LL. an Umsatzerlöse	450 000,00
7.	Bank an Umsatzerlöse	150 000,00

Bestandskonten

Aktive Bestandskonten

S	Geschäftsausstattung		H
EBK	200 000,00	SBK	200 000,00

S	Forderungen a. LL.		H
EBK	50 000,00	SBK	500 000,00
5. UE	450 000,00		
	500 000,00		500 000,00

S	Bank		H
EBK	500 000,00	1. Löhne	325 000,00
7. UE	150 000,00	2. Miete	20 000,00
		3. Ro.-A.	50 000,00
		SBK	255 000,00
	650 000,00		650 000,00

Passive Bestandskonten

S	Eigenkapital		H
SBK	700 000,00	EBK	600 000,00
		GuV	100 000,00
	700 000,00		700 000,00

S	Verbindlichkeiten a. LL.		H
SBK	255 000,00	EBK	150 000,00
		4. Hi.-A.	15 000,00
		6. Ro.-A.	90 000,00
	255 000,00		255 000,00

Erfolgskonten

Aufwandskonten

S	Löhne		H
1. Ba	325 000,00	GuV	325 000,00

S	Miete		H
2. Ba	20 000,00	GuV	20 000,00

S	Rohstoffaufwand		H
3. Ba	50 000,00	GuV	140 000,00
6. Vb	90 000,00		
	140 000,00		140 000,00

S	Hilfsstoffaufwand		H
4. Vb	15 000,00	GuV	15 000,00

Ertragskonto

S	Umsatzerlöse		H
GuV	600 000,00	5. Fo	450 000,00
		7. Ba	150 000,00
	600 000,00		600 000,00

Soll	Gewinn und Verlust		Haben
Löhne	325 000,00	Umsatzerlöse	600 000,00
Miete	20 000,00		
Rohstoffaufwand	140 000,00		
Hilfsstoffaufwand	15 000,00		
Eigenkapital	100 000,00		
	600 000,00		600 000,00

Aktiva	Bilanz einer Industrieunternehmung zum 31. Dezember 20..		Passiva
I. Anlagevermögen		**I. Eigenkapital**	700 000,00
Geschäftsausstattung	200 000,00	**II. Schulden**	
II. Umlaufvermögen		Verbindlichkeiten a. LL.	255 000,00
Forderungen a. LL.	500 000,00		
Bank	255 000,00		
	955 000,00		955 000,00

Abschlussbuchungen für die Aufwandskonten:

	€
GuV an Löhne	325 000,00
GuV an Mieten	20 000,00
GuV an Rohstoffaufwand	140 000,00
GuV an Hilfsstoffaufwand	15 000,00
GuV an Eigenkapital (Gewinn)	100 000,00

Abschlussbuchung für das Ertragskonto:

	€
Umsatzerlöse an GuV	600 000,00

Abschlussbuchungen aktive Bestandskonten:

	€
SBK an Geschäftsausstattung	200 000,00
SBK an Forderungen a. LL.	500 000,00
SBK an Bank	255 000,00

Abschlussbuchungen passive Bestandskonten:

	€
Eigenkapital an SBK	700 000,00
Verbindlichkeiten a. LL. an SBK	255 000,00

Die **Buchung** der Aufwendungen und Erträge **auf** den **Erfolgskonten** hat **Vorteile**:

- Aufwendungen und Erträge werden getrennt nach Aufwands- und Ertragsarten gebucht.
- Es wird ersichtlich, **welche Aufwendungen** und **Erträge den Erfolg** des Unternehmens besonders **bestimmen** (Aufwands- und Ertragskonten).

Beispiel

S Gewinn und Verlust H

	€	%		€	%
Löhne	325 000,00	54,2	Umsatzerlöse	600 000,00	100,0
Miete	20 000,00	3,3			
Rohstoffaufwand	140 000,00	23,3			
Hilfsstoffaufwand	15 000,00	2,5			
Gewinn	100 000,00	16,7			
	600 000,00	100,0		600 000,00	100,0

- Der Unternehmer kann die Entwicklung der Aufwendungen und Erträge feststellen, indem er die Werte der **Erfolgskonten mehrerer Jahre** miteinander vergleicht **(Zeitvergleich)**.
- Durch Vergleich der betrieblichen **Aufwendungen mit denen anderer Betriebe** können die Ursachen zu hoher Aufwendungen entdeckt werden **(Betriebsvergleich)**.
- Aufgrund der gewonnenen Erkenntnisse können **Maßnahmen zur Kostensenkung oder Ertragssteigerung** getroffen werden (Rationalisierung, Planung).

Buchungen auf Erfolgskonten

- Jedes Industrieunternehmen produziert und verkauft Erzeugnisse.
- Der dabei eingesetzte Werteverzehr wird als Aufwand bezeichnet, der das Eigenkapital der Unternehmung mindert.
- Über die Umsatzerlöse versucht die Industrieunternehmung diesen Werteverzehr und einen Gewinn hereinzuholen und das eingesetzte Eigenkapital zu vermehren.
- Damit die Unternehmensleitung die Ursachen der Eigenkapitalveränderungen erkennt, werden Aufwendungen und Erträge artmäßig getrennt auf Unterkonten des Eigenkapitalkontos gebucht (Ertragskonten).
- Aufwandskonten erfassen die Eigenkapitalminderungen, Ertragskonten die Eigenkapitalmehrungen durch die Unternehmenstätigkeit.
- Zur Ermittlung des Erfolges (Gewinn und Verlust) werden die Aufwands- und Ertragskonten über das GuV-Konto abgeschlossen.

- Der **Saldo** (Gewinn und Verlust) wird auf das **Eigenkapitalkonto** übertragen.

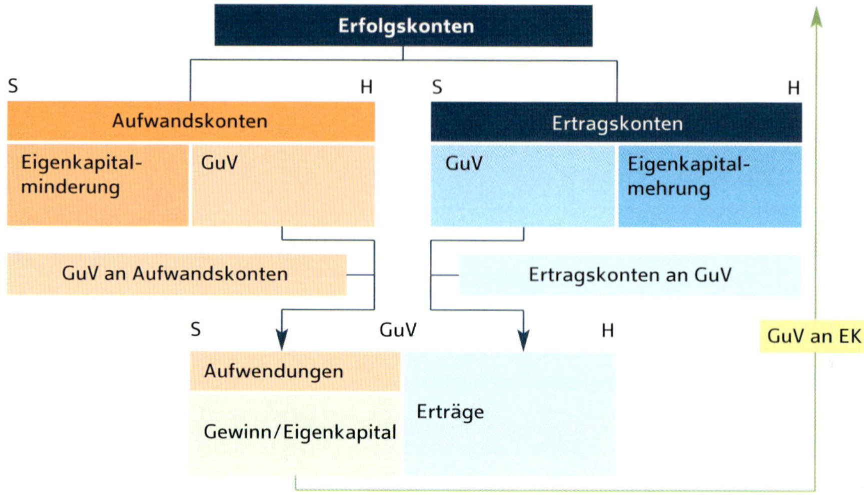

- Die Bezeichnung **„Gewinn- und Verlustkonto"** erklärt sich, weil ein Haben-Saldo **(Gewinn)** zum Ausgleich **im Soll** und ein Soll-Saldo **(Verlust) im Haben** eingetragen wird.
- Die **Gewinn- und Verlustrechnung** bildet **zusammen mit** der **Bilanz** den **Jahresabschluss**, der vom Kaufmann unter Angabe des Datums zu unterzeichnen ist (§ 245 HGB).

Bd. 2

1 **Konten:** EBK, Maschinen, Fuhrpark, Geschäftsausstattung, Forderungen, Bank, Kasse, Eigenkapital, Darlehensschulden, Verbindlichkeiten, Umsatzerlöse, Aufwendungen für Rohstoffe, Aufwendungen für Hilfsstoffe, Aufwendungen für Energie, Löhne, Gehälter, Mieten, Postentgelte/Telekommunikation, Werbung, Gewerbesteuer, GuV, SBK.

Anfangsbestände:	€		€
Maschinen	300 000,00	Kasse	5 400,00
Fuhrpark	45 000,00	Eigenkapital	430 780,00
Geschäftsausstattung	55 000,00	Darlehensschulden	150 000,00
Forderungen a. LL.	30 000,00	Verbindlichkeiten a. LL.	34 620,00
Bank	180 000,00		

Geschäftsfälle:		€
1.	**BA:** Banküberweisung der Miete für gemietete Gebäude	25 000,00
2.	**ER:** Zieleinkauf von Rohstoffen	151 200,00
3.	**ER, KB:** Bareinkauf eines Schreibtisches	940,00
4.	**BA, Vertrag:** Darlehensaufnahme bei der Bank	200 000,00
5.	**BA:** Lohnzahlung durch Banküberweisung	252 000,00
6.	**BA:** Banküberweisung der Gewerbesteuer	8 400,00
7.	**AR, BA:** Verkäufe von fertigen Erzeugnissen gegen Banküberweisung	545 000,00
8.	**BA:** Banküberweisung der Gehälter	42 000,00
9.	**ER:** Zieleinkauf von Hilfsstoffen	33 600,00
10.	**KB, BA:** Barabhebung von der Bank	17 600,00
11.	**BA:** Abbuchung der betrieblichen Telefonrechnung	2 060,00
12.	**BA:** Banküberweisung für den Strom- und Gasverbrauch	16 800,00
13.	**AR:** Verkäufe von fertigen Erzeugnissen auf Ziel	394 000,00
14.	**BA:** Banküberweisung für Werbemaßnahmen	140 000,00
15.	**BA:** Einkauf von Rohstoffen gegen Zahlung mit Banküberweisung	168 940,00
16.	**KB:** Verkäufe von fertigen Erzeugnissen gegen Barzahlung	6 000,00

a) Richten Sie die Konten ein.
b) Eröffnen Sie die Bestandskonten.
c) Buchen Sie die Geschäftsfälle im Grund- und Hauptbuch.
d) Führen Sie den Abschluss durch.

e) Berechnen Sie
   ea) den Herstellungsaufwand für ein Erzeugnis, wenn die Produktion 7 000 Einheiten umfasste.
   eb) den Verkaufspreis je Einheit, wenn 7 000 Einheiten verkauft wurden.
   ec) den Gewinn je Einheit in Euro und in Prozent vom Herstellungsaufwand je Einheit.

2 **Konten:** EBK, Maschinen, Forderungen, Bank, Kasse, Eigenkapital, Verbindlichkeiten, Umsatzerlöse, Aufwendungen für Rohstoffe, Aufwendungen für Energie, Löhne, Gehälter, Mieten, Gewerbesteuer, GuV, SBK.

Anfangsbestände:	€		€
Maschinen	250 000,00	Kasse	5 000,00
Forderungen a. LL.	50 000,00	Eigenkapital	500 000,00
Bank	320 000,00	Verbindlichkeiten a. LL.	125 000,00

Geschäftsfälle: €

1. **ER:** Zieleinkauf von Rohstoffen ... 75 000,00
2. **BA:** Banküberweisung von Kunden für fällige AR ... 15 000,00
3. **BA:** Banküberweisung der Löhne an Facharbeiter ... 175 000,00
4. **AR:** Zielverkäufe von fertigen Erzeugnissen ... 325 000,00
5. **BA:** Banküberweisung für fällige AR von Kunden ... 300 000,00
6. **BA:** Gehaltszahlungen durch Banküberweisung an Angestellte ... 150 000,00
7. **BA:** Banküberweisung der Miete für gemietete Gebäude ... 50 000,00
8. **AR, BA:** Verkäufe von fertigen Erzeugnissen gegen Banküberweisung ... 295 000,00
9. **BA:** Banküberweisung der Gewerbesteuer ... 30 000,00
10. **AR, KB:** Verkäufe von fertigen Erzeugnissen gegen Barzahlung ... 5 000,00
11. **BA:** Banküberweisung für den Strom- und Gasverbrauch ... 20 000,00
12. **BA:** Banküberweisung an Lieferer für fällige ER ... 82 000,00

Führen Sie die Finanzbuchhaltung zur Ermittlung des Jahresabschlusses durch.

3 Eine Industrieunternehmung ermittelte vor dem Abschluss der Erfolgskonten folgende

4 Salden:

Konten	Aufgabe 3		Aufgabe 4	
	Soll €	Haben €	Soll €	Haben €
Maschinen	230 000,00		980 000,00	
Geschäftsausstattung	25 000,00		340 000,00	
Forderungen a. LL.	35 000,00		180 000,00	
Bank	146 000,00		457 200,00	
Kasse	6 400,00		12 000,00	
Eigenkapital		105 000,00		1 248 000,00
Darlehensschuld		240 000,00		409 000,00
Verbindlichkeiten a. LL.		76 400,00		125 000,00
Aufwand für Rohstoffe	44 800,00		216 000,00	
Aufwand für Hilfsstoffe	19 600,00		115 200,00	
Aufwand für Energie	7 000,00		43 200,00	
Löhne	49 000,00		252 000,00	
Gehälter	7 000,00		36 000,00	
Steuern	1 400,00		7 200,00	
Büromaterial	11 200,00		50 400,00	
Umsatzerlöse		161 000,00		907 200,00

a) Berechnen Sie den Unternehmungsgewinn.
b) Geben Sie den Endbestand des Eigenkapitals an.
c) Berechnen Sie die gesamten Aufwendungen des Geschäftsjahres.

5 Eine Möbelfabrik erstellte und verkaufte im Geschäftsjahr 2 000 Eichentruhen. Sie verwendete dazu folgende Materialien: **Rohstoffe:** Eiche; **Hilfsstoffe:** Beize, Lack, Schrauben; **Betriebsstoffe:** Maschinenöl.

Konten der Möbelfabrik: EBK, Maschinen, Geschäftsausstattung, Forderungen, Bank, Kasse, Eigenkapital, Darlehensschulden, Verbindlichkeiten, Umsatzerlöse, Aufwendungen für Rohstoffe, Aufwendungen für Hilfsstoffe, Aufwendungen für Betriebsstoffe, Aufwendungen für Energie, Löhne, Mieten, Werbung, Gewerbesteuer, GuV, SBK.

Anfangsbestände:	€		€
Maschinen	450 000,00	Kasse	13 000,00
Geschäftsausstattung	152 000,00	Eigenkapital	932 570,00
Forderungen a. LL.	126 000,00	Darlehensschulden	350 000,00
Bank	820 000,00	Verbindlichkeiten a. LL.	278 430,00

Geschäftsfälle:	€	€
1. **ER:** Zielkauf einer Holzfräse für die Fertigungsstelle		30 000,00
2. **AR, KB:** Barverkauf eines gebrauchten Aktenschranks		750,00
3. **ER:** Zieleinkäufe von		
a) Eichenholz	330 000,00	
b) Beize	12 000,00	342 000,00
4. **BA:** Banküberweisungen für		
a) Lohnzahlungen an Arbeiter	429 600,00	
b) Gewerbesteuer an die Stadtkasse	31 600,00	
c) Mieten für gemietete Betriebsgebäude an Vermieter	221 200,00	
d) Tilgungsrate einer Darlehensschuld	35 000,00	71 7400,00
5. **KB, BA:** Zahlungen von Kunden für fällige Ausgangsrechnungen		
a) bar	6 000,00	
b) mit Banküberweisung	84 000,00	90 000,00
6. **KB:** Einkauf von Maschinenöl bar		400,00
7. **ER, BA:** Banklastschriften für		
a) Einkauf von Schrauben mit Girocard	1 300,00	
b) Banküberweisung an Lieferer für fällige ER	35 300,00	36 600,00
8. **ER:** Zieleinkauf von Lack		9 600,00
9. **AR, KB, BA:** Verkäufe von Eichentruhen		
a) bar	1 920,00	
b) gegen Banküberweisung	520 000,00	
c) mit Zielgewährung von 30 Tagen	800 000,00	1 321 920,00
10. **BA:** Banküberweisungen für		
a) Strom- und Gasverbrauch	125 100,00	
b) Werbemaßnahmen „Aktion Eichentruhen“	63 200,00	188 300,00

Führen Sie die Finanzbuchhaltung zur Ermittlung des Jahresabschlusses durch.

6 Entscheiden Sie, durch welche der unten stehenden Geschäftsfälle
(1) ein Aktiv-Tausch,
(2) ein Passiv-Tausch,
(3) eine Aktiv-Passiv-Mehrung,
(4) eine Aktiv-Passiv-Minderung
hervorgerufen wird.

a) Rohstoffeinkauf auf Ziel
b) Zahlung von Gehältern durch Banküberweisung
c) Banküberweisung an einen Lieferer zum Ausgleich einer fälligen Rechnung
d) Banküberweisung eines Kunden zum Ausgleich einer fälligen Rechnung
e) Unsere Hausbank belastet uns mit Darlehenszinsen
f) Hilfsstoffeinkauf bar
g) Verkauf von fertigen Erzeugnissen auf Ziel
h) Bareinkauf von Büromaterial
i) Kauf von Heizöl für die Heizungsanlage auf Ziel

7 Entscheiden Sie, welche der folgenden Aussagen zutreffen
(1) nur auf Aktivkonten,
(2) nur auf Passivkonten,
(3) auf alle Bestandskonten,
(4) nur auf Aufwandskonten,
(5) nur auf Ertragskonten,
(6) auf alle Erfolgskonten,

Aussagen:
a) Sie haben keinen Anfangsbestand.
b) Der Saldo steht im Haben und wird auf das GuV-Konto übertragen.
c) Auf diesen Konten werden Eigenkapitalmehrungen gebucht.

d) Der Anfangsbestand steht im Haben.
e) Es sind Unterkonten des Eigenkapitals.
f) Auf diesen Konten werden Eigenkapitalminderungen gebucht.
g) Der Saldo wird auf der Soll-Seite des SBK eingetragen.
h) Sie erteilen Auskunft über die Vermögensänderungen.
i) Sie haben einen Endbestand.
j) Ihre Salden werden im Haben des GuV-Kontos gesammelt.

8 Das Vermögen einer Industrieunternehmung beträgt am Ende des Geschäftsjahres 7 200 T€, die Schulden 3 700 T€. Im Laufe des Jahres sind 9 000 T€ Aufwendungen und 9 150 T€ Erträge entstanden. Berechnen Sie,
a) wie viel T€ das Eigenkapital am Ende des Geschäftsjahres beträgt.
b) wie viel T€ das Eigenkapital am Anfang des Geschäftsjahres beträgt.

9 a) Entwickeln Sie eine Übersicht über Bestands- und Erfolgskonten, deren Inhalte und Abschluss.
b) Stellen Sie Ihre Übersicht in der Klasse vor.
c) Erläutern Sie die Buchführung als Informationssystem am Beispiel
ca) eines aktiven und eines passiven Bestandskontos,
cb) des SBK,
cc) eines Aufwands- und eines Ertragskontos,
cd) des GuV-Kontos
und stellen Sie die Informationen in einem Schaubild dar.

6.5 Bestandsveränderungen

6.5.1 Materialbestandsveränderungen

Die Bürodesign GmbH hatte zu Beginn des Geschäftsjahres für die Herstellung des Bürotisches Xama 2000 210 Holzplatten auf Lager. Im Laufe des Jahres kaufte sie weitere 2 500 Holzplatten à 85,00 € ein. Silvia Land erfasste diesen Einkauf auf dem Konto Rohstoffaufwand. Sie unterstellte dabei, dass die Rohstoffe auch im Abrechnungsjahr verbraucht und somit zu Aufwand wurden. „Da stimmt doch etwas mit unserem Bestandskonto nicht“, stellt sie fest, als sie bei der Inventur zum 31. Dezember 20.. am Lager 480 Stück zählt.

- Geben Sie Gründe an, warum sich zum Jahresende mehr Holzplatten auf Lager befinden als zu Beginn des Geschäftsjahres, und machen Sie Vorschläge für die Berichtigung des Lagerbestandes in der Buchhaltung.

▲ Materialbestandsmehrungen

Bisher wurde bei der Buchung von Rohstoffeinkäufen **unterstellt** (vgl. S. 168), dass alle eingekauften Rohstoffe in demselben Geschäftsjahr verbraucht wurden. Daher wurden die eingekauften Rohstoffe als Aufwand auf dem Konto „Rohstoffaufwand“ gebucht. Es ist jedoch in der Praxis die Regel, dass nicht alle eingekauften Rohstoffe im selben Geschäftsjahr verbraucht werden.

Dieser Sachverhalt ist eingetreten, wenn der Rohstoffbestand lt. Inventur am Ende des Geschäftsjahres größer als am Anfang des Geschäftsjahres ist.

Der tatsächliche Rohstoffeinsatz ist also kleiner als der gebuchte Rohstoffaufwand. Es entstand zusätzliches Vermögen in Form eines Lagerbestandes an Rohstoffen. Der im Laufe des Geschäftsjahres beim Eingang gebuchte Rohstoffaufwand muss daher vor dem Abschluss der Konten um diesen Lagerbestandszugang berichtigt werden.

Die **Bestandsmehrung** wird auf dem **Bestandskonto „Rohstoffe“** zur Anpassung des Soll-Bestandes an den Ist-Bestand als Zugang erfasst. Die Gegenbuchung nimmt das Konto „Rohstoffaufwand“ im Haben auf. Der hier zu hoch angesetzte Rohstoffaufwand wird dadurch korrigiert.

Mit dieser Buchung wird der Abschluss des Bestandskontos „Rohstoffe“ und des Erfolgskontos „Rohstoffaufwand“ vorbereitet. Diese Buchung wird als **vorbereitende Abschlussbuchung** oder **Umbuchung** bezeichnet.

Durch folgende Gegenüberstellung wird der Unterschied von Umbuchung und Abschlussbuchung verdeutlicht.

Umbuchung	Abschlussbuchung
– Bei einer Bestandsmehrung werden die Eintragungen in den Konten Rohstoffbestand und Rohstoffaufwendungen berichtigt. – Diese beiden Konten müssen also noch für den Abschluss vorbereitet werden.	– Nach der Erfassung der Bestandsmehrung werden die Konten Rohstoffbestand und Rohstoffaufwand abgeschlossen, d. h., die Salden werden auf ein Sammelkonto (GuV oder SBK) übertragen. – Abschlussbuchungen müssen somit das GuV-Konto oder das SBK anrufen.

Beispiel Rohstoffbestandsmehrung

1. Anfangsbestand	210 Holzplatten à 85,00 =	17 850,00 €
2. Einkäufe auf Ziel	2 500 Holzplatten à 85,00 =	212 500,00 €
3. Endbestand lt. Inventur	480 Holzplatten à 85,00 =	40 800,00 €

Anfangsbestand		Endbestand		Bestandsmehrung
210 Stück zu 85,00 €	<	480 Stück zu 85,00 €	→	270 Stück zu 85,00 €
17 850,00 €		40 800,00 €		22 950,00 €

Umbuchung:

Rohstoffe 22 950,00 an Rohstoffaufwand 22 950,00

S	Rohstoffe		H
(1) EBK	17 850,00	SBK	40 800,00
(3) Ro.-A.	22 950,00		
	40 800,00		40 800,00

S	Rohstoffaufwand		H
(2) Vb	212 500,00	(3) Ro	22 950,00
		GuV	189 550,00
	212 500,00		212 500,00

S	SBK		H
Ro	40 800,00		

S	GuV		H
Ro.-A.	189 550,00		

- Auf dem Konto Rohstoffe wird nach Erfassung der Bestandsmehrung der Bestand laut Inventur (Ist-Bestand) ausgewiesen.
- Rohstoffbestand = Soll-Bestand + Bestandsmehrung
- Auf dem Konto Rohstoffaufwand ergibt sich der Rohstoffaufwand (Verbrauch in der Fertigung) erst nach Ausbuchung des Lagerzugangs.
- Rohstoffaufwand = Rohstoffeinkäufe – Bestandsmehrung

▲ Materialbestandsminderung

Neben den Materialeinkäufen einer Rechnungsperiode können Bestände aus dem Vorjahr während der laufenden Rechnungsperiode in der Fertigung eingesetzt werden. Es ist also denkbar, dass der Materialeinsatz einer Rechnungsperiode größer ist als der Wert der Materialeinkäufe. Dieser Sachverhalt ist eingetreten, wenn der Materialbestand laut Inventur am Ende des Geschäftsjahres kleiner ist als am Anfang des Geschäftsjahres. Die **Materialbestandsminderung** stellt eine Vermögens- und

Eigenkapitalminderung dar, die als zusätzlicher Aufwand auf dem entsprechenden Aufwandskonto – z.B. Rohstoffaufwand – erfasst wird. Materialbestand und Materialaufwand sind also zu berichtigen.

Beispiel Rohstoffbestandsminderung (Fortsetzung des Beispiels S. 178)

1. Anfangsbestand	480 Holzplatten à 85,00 =	40 800,00 €
2. Einkäufe auf Ziel	2 500 Holzplatten à 85,00 =	212 500,00 €
3. Endbestand lt. Inventur	120 Holzplatten à 85,00 =	10 200,00 €

Anfangsbestand		Endbestand		Bestandsminderung
480 Stück zu 85,00 €	>	120 Stück zu 85,00 €	→	360 Stück zu 85,00 €
40 800,00 €		10 200,00 €		30 600,00 €

Umbuchung:

Rohstoffaufwand	30 600,00	an	Rohstoffe	30 600,00

S Rohstoffe H

S			H
(1) EBK	40 800,00	(3) Ro.-A.	30 600,00
		SBK	10 200,00
	40 800,00		40 800,00

S Rohstoffaufwand H

S			H
(2) Vb	212 500,00	GuV	243 100,00
Ro.	30 600,00		
	243 100,00		243 100,00

S SBK H

S			H
Ro	10 200,00		

S GuV H

S			H
Ro.-A.	243 100,00		

- Auf dem Konto Rohstoffe wird nach Erfassung der Bestandsminderung der Bestand lt. Inventur (Ist-Bestand) ausgewiesen.
- Rohstoffbestand = Soll-Bestand – Bestandsminderung
- Auf dem Konto Rohstoffaufwand ergibt sich der Rohstoffaufwand (Verbrauch in der Fertigung) erst nach Ausbuchung der Bestandsminderung.
- Rohstoffaufwand = Rohstoffeinkäufe + Bestandsminderung

Bestandskonto: Rohstoffe	
Rohstoffanfangsbestand	Rohstoffbestands-minderung
Rohstoffbestands-mehrung	Rohstoffendbestand (SBK)

Erfolgskonto: Aufwendungen für Rohstoffe	
Rohstoffeinkäufe	Rohstoffbestands-mehrung
Rohstoffbestands-minderung	Rohstoffeinsatz (GuV)

Materialbestandsveränderungen

Materialbestandsveränderungen

Materialbestandsmehrung		
Materialanfangs-bestand	<	Materialend-bestand
Materialeinkäufe	>	Materialverbrauch

Materialbestandsminderung		
Materialanfangs-bestand	>	Materialend-bestand
Materialeinkäufe	<	Materialverbrauch

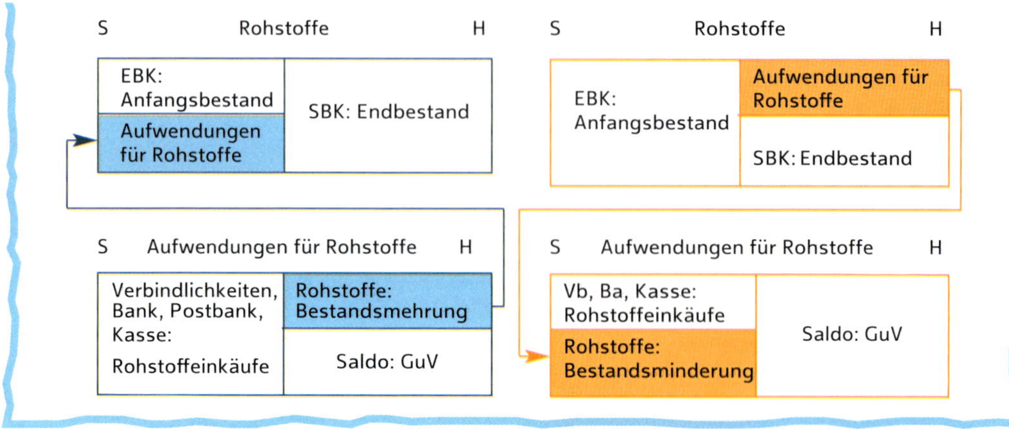

1 **Konten einer Industrieunternehmung:** EBK, Maschinen, Rohstoffe, Hilfsstoffe, Forderungen, Bank, Kasse, Eigenkapital, Verbindlichkeiten, Umsatzerlöse, Aufwendungen für Rohstoffe, Aufwendungen für Hilfsstoffe, Löhne, GuV, SBK.

Anfangsbestände:	€		€
Maschinen	300 000,00	Kasse	5 000,00
Forderungen a. LL.	51 300,00	Eigenkapital	729 000,00
Bank	543 700,00	Verbindlichkeiten a. LL.	171 000,00

Das Industrieunternehmen fertigte im Geschäftsjahr 6 800 Einheiten eines Erzeugnisses.

Geschäftsfälle:	€	€
1. **ER:** Zieleinkäufe von Rohstoffen		305 200,00
2. **AR, BA:** Verkäufe von fertigen Erzeugnissen		
a) gegen Zielgewährung von 30 Tagen	400 000,00	
b) gegen sofortige Zahlung durch Banküberweisung	69 200,00	469 200,00
3. **ER, BA:** Banklastschriften		
a) Hilfsstoffeinkauf gegen Zahlung mit Banküberweisung	52 800,00	
b) Lohnzahlungen an Facharbeiter	204 000,00	256 800,00
4. **AR, KB:** Verkauf einer gebrauchten Maschine bar		7 000,00

Abschlussangaben:

Endbestände lt. Inventur:

Rohstoffe	38 000,00
Hilfsstoffe	14 000,00

a) Buchen Sie die Geschäftsfälle und führen Sie den Abschluss durch.

b) Berechnen Sie
- ba) den Herstellungsaufwand und den Verkaufspreis für ein Erzeugnis,
- bb) den Erfolg je Einheit in Euro und in Prozent vom Herstellungsaufwand.

2 **Konten einer Industrieunternehmung:** EBK, Maschinen, Rohstoffe, Hilfsstoffe, Forderungen, Bank, Kasse, Eigenkapital, Verbindlichkeiten, Umsatzerlöse, Aufwendungen für Rohstoffe, Aufwendungen für Hilfsstoffe, Energie, Fremdinstandsetzung, Löhne, Gehälter, Mieten, Werbung, Gewerbesteuer, GuV, SBK.

Anfangsbestände:	€		€
Maschinen	270 000,00	Kasse	2 000,00
Forderungen a. LL.	79 800,00	Eigenkapital	448 700,00
Bank	148 200,00	Verbindlichkeiten a. LL.	51 300,00

Das Industrieunternehmen fertigte im Geschäftsjahr 7 000 Einheiten eines Erzeugnisses.

Geschäftsfälle:	€	€
1. **ER:** Materialeinkäufe auf Ziel		
a) Rohstoffe	205 000,00	
b) Hilfsstoffe	64 600,00	269 600,00

2. **BA:** Banküberweisungen an		
a) Vermieter für gemietete Betriebsanlagen	120 000,00	
b) Stadtkasse für fällige Gewerbesteuer	8 400,00	128 400,00
3. **BA, KB:** Kunden bezahlen fällige Rechnungen		
a) durch Banküberweisungen	70 680,00	
b) bar	5 700,00	76 380,00
4. **ER, BA:** Kauf von Rohstoffen gegen Banküberweisung		11 200,00
5. **AR, BA:** Verkäufe von fertigen Erzeugnissen		
a) auf Ziel	545 000,00	
b) gegen Banküberweisung	350 000,00	895 000,00
6. **BA:** Banküberweisungen für		
a) Lohnzahlung an Facharbeiter	252 000,00	
b) Strom- und Gasverbrauch	16 800,00	
c) fällige Liefererrechnung	21 300,00	290 100,00
7. **BA:** Banküberweisung von Kunden		456 000,00
8. **BA:** Banküberweisung an Werbeagentur für Werbeaktion		30 000,00
9. **BA:** Banklastschriften		
a) Gehaltszahlung an Angestellte	160 000,00	
b) Zahlung einer Reparatur an Lkw mit Girocard	2 000,00	162 000,00
10. **AR, BA, KB:** Verkäufe von fertigen Erzeugnissen		
a) gegen Banküberweisung	40 000,00	
b) bar	10 000,00	50 000,00

Abschlussangaben:

Endbestände lt. Inventur	€
Rohstoffe	20 000,00
Hilfsstoffe	10 000,00

a) Buchen Sie die Geschäftsfälle und führen Sie den Abschluss durch.
b) Berechnen Sie
  ba) den Herstellungsaufwand und den Verkaufspreis für ein Erzeugnis,
  bb) den Erfolg je Einheit in Euro und in Prozent vom Herstellungsaufwand.

3 **Konten einer Industrieunternehmung:** EBK, Maschinen, Rohstoffe, Hilfsstoffe, Betriebsstoffe, Forderungen, Bank, Kasse, Eigenkapital, Darlehensschulden, Verbindlichkeiten, Umsatzerlöse, Aufwendungen für Rohstoffe, Aufwendungen für Hilfsstoffe, Aufwendungen für Betriebsstoffe, Aufwendungen für Energie, Löhne, Gehälter, Mieten, Gewerbesteuer, GuV, SBK.

Anfangsbestände:	€		€
Maschinen	450 000,00	Eigenkapital	508 800,00
Forderungen a. LL.	45 600,00	Darlehensschulden	180 000,00
Bank	282 400,00	Verbindlichkeiten a. LL.	91 200,00
Kasse	2 000,00		

Das Industrieunternehmen fertigte im Geschäftsjahr 8 500 Einheiten eines Erzeugnisses.

Geschäftsfälle:	€	€
1. **BA:** Banküberweisungen für		
a) Miete einer gemieteten Betriebsanlage	70 000,00	
b) Strom- und Gasverbrauch	15 000,00	
c) Gewerbesteuer	5 000,00	90 000,00
2. **ER:** Materialeinkauf auf Ziel		
a) Rohstoffe	383 600,00	
b) Hilfsstoffe	69 400,00	
c) Betriebsstoffe	30 000,00	483 000,00
3. **AR, BA:** Verkäufe von fertigen Erzeugnissen		
a) gegen Banküberweisung	343 200,00	
b) auf Ziel	490 000,00	833 200,00
4. **BA:** Banküberweisung von Kunden für fällige Rechnung		450 000,00
5. **BA:** Banküberweisungen:		
a) Lohnzahlung an Facharbeiter	120 000,00	
b) Gehaltszahlung an Angestellte	30 000,00	150 000,00
6. **AR, KB:** Verkauf von fertigen Erzeugnissen bar		10 000,00

7. **BA:** Banklastschriften
   a) Abbuchung der Tilgungsrate der Darlehensschuld 20000,00
   b) Einkauf einer Maschine gegen Banküberweisung 115600,00 135600,00

Abschlussangaben:
Endbestände lt. Inventur:
Rohstoffe 34000,00
Hilfsstoffe 7000,00
Betriebsstoffe 2000,00

a) Buchen Sie die Geschäftsfälle und führen Sie den Abschluss durch.
b) Berechnen Sie
   ba) den Herstellungsaufwand und den Verkaufspreis für ein Erzeugnis,
   bb) den Erfolg je Einheit in Euro und in Prozent vom Herstellungsaufwand.

4 Entscheiden Sie, welche der folgenden Aussagen auf die Buchung (1) eines Mehrbestandes an Rohstoffen, (2) eines Minderbestandes an Rohstoffen, (3) eines Mehr- und eines Minderbestandes an Rohstoffen zutreffen.

Aussagen:
a) Aufwendungen werden vermehrt und das Umlaufvermögen wird vermindert.
b) Es handelt sich um eine Aktiv-Passiv-Mehrung.
c) Es wurde mehr eingekauft als verbraucht.
d) Rohstoffeinkauf und Rohstoffverbrauch unterscheiden sich um den gebuchten Betrag.
e) Der Gewinn wird vergrößert.
f) Die Lagerbestände wurden teilweise abgebaut.

6.5.2 Bestandsveränderungen an unfertigen und fertigen Erzeugnissen

Wie im Vorjahr werden auch im Abrechnungsjahr 2000 Bürotische Xama 2000 produziert, obwohl noch ein Lagerbestand von 100 Bürotischen aus dem Vorjahr vorhanden ist. Am Ende des Abrechnungsjahres wurde durch Inventur ein Bestand von 300 Bürotischen festgestellt.

- Überprüfen Sie die Auswirkungen der Bestandsmehrung auf den Erfolg und leiten Sie buchhalterische Konsequenzen ab.
- Stellen Sie fest, welche Konsequenz eine Bestandsminderung der Fertigerzeugnisse auf den Erfolg hat.

Bestandsmehrung

Wurden alle im Geschäftsjahr produzierten Erzeugnisse verkauft, dann stehen im GuV-Konto den Aufwendungen der Produktion die Umsatzerlöse aus dem Verkauf der gesamten Produktion gegenüber.

Beispiel

	S		Gewinn und Verlust	H	
Produktion 2000 St.	Aufw. für Rohst.	140000,00	Umsatzerlöse	600000,00	**Absatz 2000 St.**
	Aufw. für Hi.	15000,00			
	Löhne	325000,00			
	Mieten	20000,00			
Gewinn	Eigenkapital	100000,00			
		600000,00		600000,00	

Wurden jedoch **nicht alle produzierten Erzeugnisse** verkauft, sondern teilweise auf Lager genommen, dann stehen auf dem Gewinn- und Verlustkonto den Aufwendungen der gesamten Produktion nur die Erträge der umgesetzten Erzeugnisse (Umsatzerlöse) gegenüber. Es sind jedoch auch **Erträge durch die auf Lager genommenen Erzeugnisse** entstanden, deren Wert durch die dafür verursachten Aufwendungen bestimmt wird. Dieser Wert wird aus dem Vergleich des Anfangs- und Endbestandes der Erzeugnisse laut Inventur dann ersichtlich, wenn am Ende des Geschäftsjahres der **Bestand an**

Erzeugnissen größer ist **als am Anfang des Geschäftsjahres**. Es liegt eine **Bestandsmehrung** vor, durch die eine Vermögens- und Eigenkapitalmehrung eingetreten ist, die als Ertrag bei der Erfolgsermittlung zu erfassen ist.

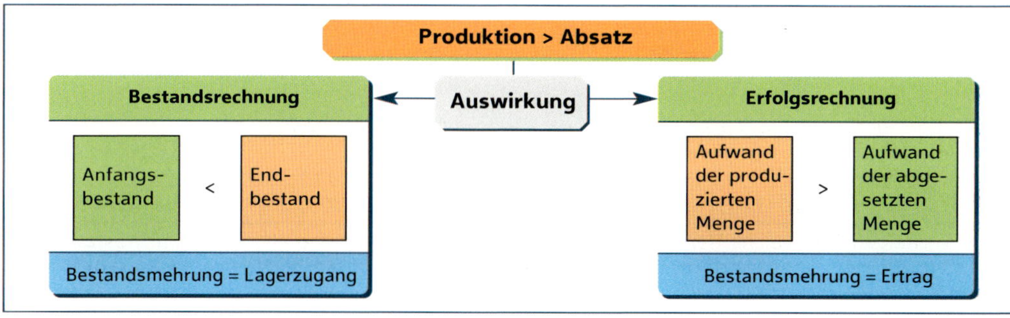

Die **Bestandsmehrung** wird in einer Nebenrechnung ermittelt und dann als **Zugang auf dem Konto „Unfertige Erzeugnisse"** bzw. **„Fertige Erzeugnisse"** erfasst. Damit wird die **Lagerleistung aktiviert**.

Die **Gegenbuchung** (Ertrag durch den **Vermögenszuwachs** in Form von Erzeugnissen) wird auf einem Erfolgskonto, dem Konto **„Bestandsveränderungen"**, durchgeführt.

Buchung bei Bestandsmehrung:

Unfertige Erzeugnisse	an Bestandsveränderungen
Fertige Erzeugnisse	an Bestandsveränderungen

Beispiel Die Bürodesign GmbH hatte zu Beginn des Geschäftsjahres einen Lagerbestand von 100 Bürotischen Xama 2000 à 250,00 €. Im Laufe des Geschäftsjahres wurden weitere 2000 Bürotische produziert. Dabei entstanden folgende Aufwendungen:

	€
Aufwendungen für Rohstoffe	140000,00
Aufwendungen für Hilfsstoffe	15000,00
Löhne	325000,00
Mieten	20000,00

Im selben Zeitraum wurden 1800 „Bürotische Xama 2000" zum Preis von 300,00 € verkauft. Der Lagerbestand wuchs auf 300 Bürotische, wie durch Inventur ermittelt wurde.[1]

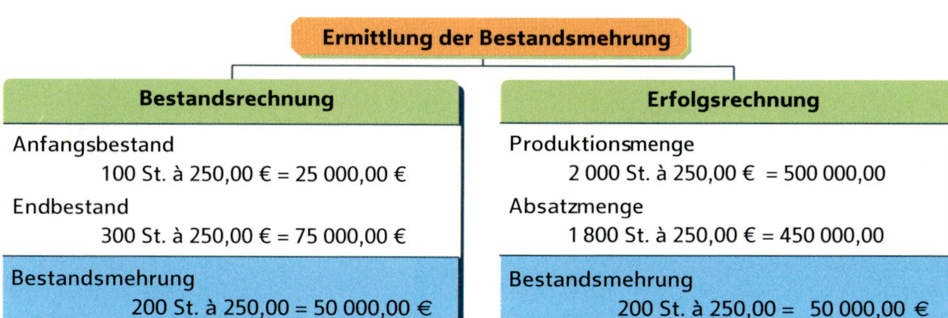

Teile der Jahresproduktion wurden nicht im Jahr der Produktion verkauft.

Dadurch trat eine Mehrung des Lagerbestandes gegenüber dem Jahresanfang ein.

[1] *Lagerbestände werden zu Anschaffungs- oder Herstellungskosten bewertet.*

Umbuchung:

Fertige Erzeugnisse 50000,00 an Bestandsveränderungen 50000,00

S	Fertige Erzeugnisse		H
EBK	25000,00	SBK	75000,00
BVÄ	50000,00		
	75000,00		75000,00

S	SBK		H
Fert. E.	75000,00		

S	BVÄ		H
GuV	50000,00	Fert. E.	50000,00

S	Umsatzerlöse		H
GuV	540000,00	Fo, Ba	540000,00

	S	Gewinn und Verlust		H	
Aufwand für die produzierten 2000 Bürotische	Ro.-A.	140000,00	Umsatzerlöse	540000,00	**Erträge aus dem Absatz von 1800 Bürotischen**
	Hi.-A.	15000,00			
	Löhne	325000,00			
	Mieten	20000,00			
Gewinn aus dem Absatz von 1800 Bürotischen	Eigenkapital	90000,00	BVÄ	50000,00	**Ertrag durch 200 Bürotische Bestandsmehrung**
		590000,00		590000,00	

Aufwand der umgesetzten Erzeugnisse = Aufwand der Rechnungsperiode – Bestandsmehrung
Ertrag der Rechnungsperiode = Umsatzerlöse + Bestandsmehrung an unfertigen und fertigen Erzeugnissen

Bestandsminderung

Der Endbestand ist kleiner als der Anfangsbestand. Der Betrieb hat also **nicht nur alle** im Abrechnungszeitraum **hergestellten Erzeugnisse verkauft**, sondern darüber hinaus noch einen Teil des Lagerbestandes. Den Erlösen für die verkauften Erzeugnisse stehen in diesem Falle nur die Aufwendungen der hergestellten Erzeugnisse gegenüber, nicht aber die in der vergangenen Abrechnungsperiode angefallenen **Aufwendungen für die vom Lager verkauften Erzeugnisse**, die den **Minderbestand** ausmachen.

Um den Erfolg zu ermitteln, muss den Umsatzerlösen neben dem Produktionsaufwand zusätzlich der Minderbestand als Aufwand gegenübergestellt werden.

Buchung bei Bestandsminderungen:
Bestandsveränderungen an Unfertige Erzeugnisse
Bestandsveränderungen an Fertige Erzeugnisse

Beispiel (Fortsetzung des Beispiels S. 183 f.)

Anfangsbestand: 300 Bürotische à 250,00 € . . . 75000,00 €
Produktion im Abrechnungsjahr: . . . 2000 Bürotische

Aufwand der Rechnungsperiode:
Aufwendungen für Rohstoffe . . . 140000,00 €
Aufwendungen für Hilfsstoffe . . . 15000,00 €
Löhne . . . 325000,00 €
Mieten . . . 20000,00 €
Absatz: 2240 Bürotische à 300,00 €
Endbestand lt. Inventur . . . 60 Bürotische

Ermittlung der Bestandsminderung

Bestandsrechnung	Erfolgsrechnung
Anfangsbestand 300 St. à 250,00 = 75000,00 €	Produktionsmenge 2000 St. à 250,00 = 500000,00 €
Endbestand 60 St. à 250,00 = 15000,00 €	Absatzmenge 2240 St. à 250,00 = 560000,00 €
Bestandsminderung 240 St. à 250,00 = 60000,00 €	**Bestandsminderung** 240 St. à 250,00 = 60000,00€

Umbuchung:

Bestandsveränderungen 60000,00 an Fertige Erzeugnisse 60000,00

S	Fertige Erzeugnisse		H
EBK	75000,00	BVÄ	60000,00
		SBK	15000,00
	75000,00		75000,00

S	SBK		H
Fert. Erz.	15000,00		

S	BVÄ		H
Fert. E.	60000,00	GuV	60000,00

S	Umsatzerlöse		H
GuV	672000,00	Fo, Ba	672000,00

S	Gewinn und Verlust		H
Ro.-A.	140000,00	Umsatzerlöse	672000,00
Hi.-A.	15000,00		
Löhne	325000,00		
Mieten	20000,00		
BVÄ	60000,00		
Gewinn	112000,00		
	672000,00		672000,00

Aufwand für die produzierten 2000 Bürotische

Bestandsminderung von 240 Bürotischen

Gewinn aus dem Absatz von 2240 Bürotischen

Erträge aus dem Absatz von 2240 Bürotischen

Aufwand der umgesetzten Erzeugnisse = Aufwand der Rechnungsperiode + Bestandsminderung

Bestandsveränderungen an unfertigen und fertigen Erzeugnissen

- Zur Feststellung des wirklichen Umsatzerfolges dürfen den **Erlösen** eines Rechnungsabschnittes nur die **Aufwendungen der verkauften Erzeugnisse** gegenübergestellt werden.
- Der **Herstellungsaufwand der Erzeugnisse**, die **zusätzlich zum Anfangsbestand auf Lager** genommen werden, muss als **Bestandsmehrung** auf einem Erzeugniskonto und als Ertrag auf dem Bestandsveränderungskonto erfasst werden.
- Der **Herstellungsaufwand der aus dem Lagervorrat früherer Geschäftsjahre stammenden Erzeugnisse**, die zusätzlich in der laufenden Periode verkauft werden (**Bestandsminderung**), muss dem Gesamtaufwand des Geschäftsjahres zugezählt werden.

- Die als zusätzlicher Aufwand zu erfassenden **Bestandsminderungen** und die als zusätzlicher Ertrag zu berücksichtigenden **Bestandsmehrungen** werden auf dem Konto **Bestandsveränderungen** erfasst.

Bestandsveränderungen (BVÄ)

Bestandsmehrung	
Anfangsbestand <	Endbestand
Produktion >	Absatz

S Fertige oder unfertige Erzeugnisse H

Anfangsbestand	Endbestand
Bestands-mehrung	

S BVÄ H

Saldo: GuV	Bestandsmehrung an fertigen und unfertigen Erzeugnissen

Bestandsminderung	
Anfangsbestand >	Endbestand
Produktion <	Absatz

S Fertige oder unfertige Erzeugnisse H

Anfangsbestand	Bestands-minderung
	Endbestand

S BVÄ H

Bestandsminderung an fertigen und unfertigen Erzeugnissen	Saldo: GuV

1 Die Aufwendungen eines Industriebetriebes betrugen im abgelaufenen Jahr 850 000,00 €, die Umsatzerlöse 1 200 000,00 €. Die Bestände laut Inventur haben sich wie folgt verändert:

	Anfangsbestand	Endbestand
Unfertige Erzeugnisse	80 000,00 €	20 000,00 €
Fertige Erzeugnisse	40 000,00 €	50 000,00 €

Berechnen Sie, welcher Erfolg erzielt wurde.

2 Eine Bierbrauerei produzierte im Geschäftsjahr 20.. insgesamt 4 000 hl Bier. An Materialien sind dazu Gerste und Wasser als Rohstoffe sowie Hopfen und Bierhefe als Hilfsstoffe erforderlich. Wasser, das nicht zu Bier verarbeitet wird, ist Betriebsstoff.

Konten: EBK, Rohstoffe, Hilfsstoffe, Fertige Erzeugnisse, Forderungen a. LL., Bank, Kasse, Eigenkapital, Verbindlichkeiten a. LL., Umsatzerlöse, Bestandsveränderungen, Aufwendungen für Rohstoffe, Aufwendungen für Hilfsstoffe, Aufwendungen für Betriebsstoffe, Aufwendungen für Energie, Löhne, Gehälter, Mieten, GuV, SBK.

Anfangsbestände:	€		€
Rohstoffe	28 000,00	Bank	175 000,00
Hilfsstoffe	7 000,00	Kasse	900,00
Fertige Erzeugnisse	2 800,00	Eigenkapital	161 280,00
Forderungen a. LL.	51 300,00	Verbindlichkeiten a. LL.	103 720,00

Geschäftsfälle:	€	€
1. **ER:** Einkauf von Materialien auf Ziel		
a) Gerste	100 280,00	
b) Hopfen	8 000,00	108 280,00
2. **BA:** Banküberweisungen für		
a) Miete der gemieteten Betriebsanlagen	50 400,00	
b) Strom- und Gasverbrauch	19 000,00	
c) Wasserverbrauch	880,00	70 280,00
Davon betreffen 280,00 € unmittelbar die Bierproduktion		

3. **KB, BA:** Zahlungen von Kunden für fällige Rechnungen		
a) bar	9 120,00	
b) durch Banküberweisung	34 200,00	43 320,00
4. **KB, ER:** Kauf von Bierhefe gegen Barzahlung		320,00
5. **BA:** Banklastschriften für		
a) Lohnzahlung an Facharbeiter	75 600,00	
b) Gehälter an Angestellte	28 000,00	103 600,00
6. **AR, KB:** Verkäufe von fertigen Erzeugnissen		
a) auf Ziel: 2 440 hl à 78,40 €	191 296,00	
b) bar: 100 hl à 78,40 €	7 840,00	199 136,00
7. **BA:** Banküberweisung an Lieferer		22 800,00
8. **AR, BA:** Verkauf von 1 300 hl Bier à 78,40 € gegen Banküberweisung		101 920,00

Abschlussangaben:

Endbestände lt. Inventur:	
Rohstoffe	30 280,00
Hilfsstoffe	7 200,00
Fertige Erzeugnisse: 200 hl Pils im Werte von	14 000,00

a) Buchen Sie die Geschäftsfälle und führen Sie den Abschluss durch.
b) Berechnen Sie
   ba) die Summe der Herstellungsaufwendungen für die Fertigung im abgelaufenen Geschäftsjahr,
   bb) die Summe der Herstellungsaufwendungen für die umgesetzten Erzeugnisse,
   bc) den Gewinn je Hektoliter in Euro und in Prozent vom Herstellungsaufwand,
   bd) die im Geschäftsjahr erreichte Eigenkapitalrentabilität.

3 Eine Kaffeegroßrösterei stellte im Geschäftsjahr 90 480 kg Röstkaffee her. Sie setzte folgende Materialien ein:
Rohstoffe: Rohkaffee (Kolumbia-Kaffee und Santos-Kaffee)
Hilfsstoffe: Schellackpulver zum Glasieren des Röstkaffees und Verpackungen mit Werbe- und Firmenaufdruck

Konten: EBK, Maschinen, Rohstoffe, Hilfsstoffe, Fertige Erzeugnisse, Forderungen a. LL., Bank, Kasse, Eigenkapital, Verbindlichkeiten a. LL., Umsatzerlöse, Bestandsveränderungen, Aufwendungen für Rohstoffe, Aufwendungen für Hilfsstoffe, Aufwendungen für Energie, Fremdinstandsetzung, Löhne, Gehälter, Werbung, Gewerbesteuer, GuV, SBK.

Anfangsbestände:	€		€
Maschinen	320 000,00	Bank	470 000,00
Rohstoffe	40 000,00	Kasse	7 438,00
Hilfsstoffe	3 000,00	Eigenkapital	815 400,00
Fertige Erzeugnisse	4 500,00	Verbindlichkeiten a. LL.	84 600,00
Forderungen a. LL.	55 062,00		

Geschäftsfälle:	€	€
1. **KB:** Barausgaben für		
a) die Reparatur einer Maschine	572,00	
b) eine Werbeanzeige in der Tageszeitung	3 000,00	3 572,00
2. **BA:** Kauf einer Röstmaschine gegen Banküberweisung		130 000,00
3. **BA:** Banküberweisung für		
a) Gewerbesteuer	10 000,00	
b) Lohnzahlung an die Facharbeiter	125 541,00	
c) Gehaltszahlung an die Angestellten	16 965,00	152 506,00
4. **ER:** Zieleinkauf von Kolumbia-Kaffee		361 920,00
5. **AR, BA:** Verkauf von 9 000 kg „Ideal“-Kaffee gegen Banküberweisung		94 500,00
6. **ER, BA:** Kauf von Santos-Kaffee gegen Banküberweisung		86 480,00
7. **AR, KB:** Verkäufe von Röstkaffee „Ideal“		
a) 80 000 kg auf Ziel	840 000,00	
b) 1 600 kg bar	16 800,00	856 800,00

8. **ER:** Zieleinkauf von Schellackpulver und Verpackungsmaterial			22 358,00
9. BA: Banküberweisung für Strom- und Gasverbrauch			27 144,00
10. KB, BA: Zahlungen von Kunden			
a) bar		9 576,00	
b) per Banküberweisung		478 800,00	488 376,00

Abschlussangaben:

Endbestände lt. Inventur:	
Rohstoffe	13 380,00
Hilfsstoffe	5 000,00
Fertige Erzeugnisse	3 600,00

a) Buchen Sie die Geschäftsfälle und führen Sie den Abschluss durch.

b) Beantworten Sie folgende Fragen zur Auswertung:
   1. Wie viel Euro beträgt der gesamte Herstellungsaufwand für die produzierte Menge Röst-kaf-fee?
   2. Wie viel Euro musste die Kaffee-Rösterei zur Herstellung von 1 kg „Ideal"-Kaffee aufwenden?
   3. Wie viel Euro beträgt der Herstellungsaufwand für die verkaufte Menge Röstkaffee?
   4. Welche Aussage können Sie zum Verhältnis von Produktion und Absatz in diesem Geschäftsjahr machen?
   5. Aus welchem Grunde unterscheiden sich die Herstellungsaufwendungen der verkauften Menge „Ideal"-Kaffee von den Herstellungsaufwendungen der produzierten Menge „Ideal"-Kaffee?
   6. Wie hoch war der Gewinn, der beim Verkauf jeder Einheit (kg) „Ideal"-Kaffee erzielt wurde (in Euro und in Prozent des Herstellungsaufwandes)?
   7. Wie hat sich das eingesetzte Kapital im Geschäftsjahr verzinst?

4

5

Zusammenstellung der Summen auf den Sachkonten eines Industrieunternehmens	Aufgabe 4		Aufgabe 5	
	Soll €	Haben €	Soll €	Haben €
Fertige Erzeugnisse:				
Anfangsbestand	1 600,00		900,00	
Bank	1 725 400,00	802 800,00	1 424 340,00	841 500,00
Eigenkapital: Anfangsbestand		668 000,00		630 675,00
Verbindlichkeiten a. LL.	425 484,00	482 484,00	445 995,00	525 795,00
Umsatzerlöse für eigene Erzeugnisse		1 002 000,00		714 765,00
Aufwendungen für Rohstoffe	361 260,00		378 675,00	
Aufwendungen für Hilfsstoffe	64 224,00		67 320,00	
Löhne	321 120,00		336 600,00	
Mieten	56 196,00		58 905,00	
Summe	2 955 284,00	2 955 284,00	2 712 735,00	2 712 735,00
Endbestände laut Inventur an fertigen Erzeugnissen	2 800,00		1 500,00	
Produktion im Geschäftsjahr	20 070 Stück			
Absatz im Geschäftsjahr			28 030 Stück	

a) Richten Sie folgende Konten ein: Fertige Erzeugnisse, Bank, Eigenkapital, Verbindlichkeiten a. LL., Umsatzerlöse für eigene Erzeugnisse, Bestandsveränderungen, Aufwendungen für Rohstoffe, Aufwendungen für Hilfsstoffe, Löhne, Mieten, GuV, SBK.

b) Übernehmen Sie die angegebenen Summen auf die Konten mit der Bezeichnung „SU" für Summe.

c) Schließen Sie die Konten ordnungsmäßig ab und ermitteln Sie den Erfolg des Geschäftsjahres.

d) Berechnen Sie
   da) die Eigenkapitalrentabilität bei Aufgabe 4 bzw. die prozentuale Auswirkung des Erfolgs auf den Anfangsbestand des Eigenkapitals bei Aufgabe 5,
   db) den Herstellungsaufwand je Einheit,

dc) die abgesetzte Menge des Geschäftsjahres bei Aufgabe 4 bzw. die produzierte Menge bei Aufgabe 5,
dd) den Verkaufspreis je Einheit,
de) den durchschnittlichen prozentualen Gewinn im Verhältnis zu den Herstellungsaufwendungen des Umsatzes bzw. zum Herstellungsaufwand je Erzeugnis bei Aufgabe 4.

6 Eine Möbelfabrik verkaufte im abzurechnenden Geschäftsjahr 1 322 Schreibtische.
Konten: Unfertige Erzeugnisse, Fertige Erzeugnisse, Bestandsveränderungen, GuV.
Ermitteln Sie aufgrund untenstehender Daten in Euro

a) den Erfolg der Rechnungsperiode,
b) die Herstellungsaufwendungen für die umgesetzten Erzeugnisse,
c) den Verkaufspreis je Einheit,
d) den Gewinn in Euro und in Prozent der Herstellungsaufwendungen je Einheit.

Personalaufwand	249 408,00	**Unfertige Erzeugnisse**	
Aufwand für Rohstoffe	498 816,00	Anfangsbestand	10 800,00
Umsatzerlöse	951 840,00	Endbestand	2 160,00
Aufwand für Hilfsstoffe	33 254,00	**Fertige Erzeugnisse**	
Büromaterial	49 882,00	Anfangsbestand	24 000,00
		Endbestand	70 800,00

6.6 Umsatzsteuersystem und Umsatzsteuerbuchungen

Frau Land soll folgende Rechnungen buchen:

BÜRODESIGN GMBH

Bürodesign GmbH, Stolberger Straße 188, 50933 Köln

Klaus Oswald e. K.
Büromöbelgroßhandel
Magazinstraße 98
01099 Dresden

KOPIE

Anschrift: Stolberger Straße 188, 50933 Köln
Telefon: 0221 668-3550
Telefax: 0221 668-357
E-Mail: info@buerodesign-online.de
Internet: www.buerodesign-online.de

Rechnung

Ihr Auftrag vom

Kunden-Nr.	Rechnungs-Nr.	Rechnungstag
24008	3202	02.06.20..
Bei Zahlung bitte angeben		

Pos.	Artikel-Nr.	Artikelbezeichnung	Menge	Einzelpreis €	Gesamtpreis €
1	010	Schreibtisch „Chef 2000“	16	625,00	10 000,00

Warenwert, netto €	Verpackung €	Fracht €	Entgelt, netto €	USt-%	USt-€	Gesamtbetrag €
10 000,00	–	–	10 000,00	19	1 900,00	11 900,00

Bankverbindungen:
Sparkasse KölnBonn
IBAN: DE11 3705 0198 0085 3139 48 BIC: COLSDE33XXX
Deutsche Bank
IBAN: DE33 3707 0060 0025 2034 88 BIC: DEUTDEDKXXX
Postbank Köln
IBAN: DE13 3701 0050 0324 0665 06 BIC: PBNKDEFFXXX

Steuernummer 223/8425/8844 USt.-IdNr.: DE439556530

Zahlbar bis 02.07.20.. ohne Abzug

Vereinigte Spanplatten AG

Spanplatten · Umleimer

Vereinigte Spanplatten AG, Ulmer Straße 12, 86154 Augsburg

Bürodesign GmbH
Stolberger Str. 188
50933 Köln

Vereinigte Spanplatten AG
Ulmer Straße 12 · 86154 Augsburg
Telefon: 0821 34785
Telefax: 0821 34679
E-Mail: info@vereinigte-spanplatten.de
Internet: www.vereinigte-spanplatten.de

Bei Zahlung bitte Rechnungs-Nr. und Kunden-Nr. angeben!

Rechnung

Ihre Bestellung	vom	Kunden-Nr.	Rechnungs-Nr.	Rechnungsdatum
020578	19.06.20..	53427	1742	19.06.20..

Pos.	Artikel-Nr.	Artikelbezeichnung	Menge	Einzelpreis €	Gesamtpreis €
1	25	Spanplatten, roh 2 000 x 1000	200	30,00	6 000,00

Warenwert, netto €	Verpackung €	Fracht €	Entgelt, netto €	USt-%	USt-€	Bruttoentgelt €
6 000,00	–	–	6 000,00	19	1 140,00	7 140,00

Bankverbindung:
Commerzbank Augsburg · **IBAN:** DE15720400460000127890 · **BIC:** COBADEFF720

Steuernummer: 103/1001/2219 USt.-IdNr.: DE478263910

Lieferung: Ab Werk
Zahlung: 40 Tage Ziel, netto

„Das ist aber komisch“, brummt sie vor sich hin, „das Finanzamt verlangt sowohl auf Ein- als auch auf Verkäufe Umsatzsteuer. Das wird den Gewinn der Bürodesign GmbH ganz schön schmälern.

- Überprüfen Sie die Aussage von Frau Land auf ihre Richtigkeit.
- Bilden Sie die Buchungssätze für beide Rechnungen.

Umsatz und Umsatzsteuer

Der Gesetzgeber erhebt auf die **Umsätze der Unternehmungen** Umsatzsteuer. **Umsätze im Sinne des Umsatzsteuergesetzes sind Lieferungen und sonstige Leistungen.**

Beispiele Verkauf von Büromöbeln, Verkauf von gebrauchten Maschinen, Verkauf von Plänen zur Bürogestaltung, Reparaturen an verkauften Büromöbeln, Vermittlung von Vertragsabschlüssen

Die Höhe des Umsatzes bemisst sich nach dem **vereinbarten Entgelt (= Bemessungsgrundlage)**. Entgelt ist alles, was der Unternehmer als Gegenleistung für seine Lieferungen oder sonstigen Leistungen mit seinem Vertragspartner laut Vertrag vereinbart hat.

Der Regelsteuersatz beträgt zz. 19 % des Umsatzes, also der Bemessungsgrundlage. Für verschiedene Umsätze, z. B. Grundnahrungsmittel (wie Milch, Milcherzeugnisse, Mehl, Brot u. a.), Bücher, Zeitungen, Blumen und Kunstgegenstände, gilt der ermäßigte Satz von 7 %.

Beispiel Die Bürodesign GmbH schuldet dem Finanzamt aufgrund der ausgeführten Lieferung an den Kunden Klaus Oswald e. K., Büromöbelgroßhandel, Dresden, lt. AR 3202 1 900,00 € Umsatzsteuer.

Die **Umsatzsteuer laut Ausgangsrechnung** ist somit eine **Verbindlichkeit gegenüber dem Finanzamt**. Jeder Unternehmer wälzt die abzuführende Umsatzsteuer auf den Kunden ab. Daher schreibt der Gesetzgeber vor, dass die **Umsatzsteuer** offen in der **Ausgangsrechnung** ausgewiesen werden muss.

Vorumsatz und Vorsteuer

Um den Umsatz erbringen zu können, muss eine Industrieunternehmung Lieferungen und Leistungen anderer Unternehmungen in Anspruch nehmen, die für den Lieferer Umsatz sind.

Beispiel Neben Holzplatten kauft die Bürodesign GmbH Leim, Lack, Profilleisten, Anlagegüter (Sägen, Hobel- und Fräsanlagen) ein oder nimmt Dienstleistungen anderer Unternehmungen in Anspruch (Fremdinstandsetzung, Strom, Transport durch Spediteure und Frachtführer, Geschäftsvermittlung durch Handelsvertreter).

Die Eingangsrechnungen weisen daher neben dem vereinbarten Entgelt für die Waren oder Dienstleistungen die Umsatzsteuer aus. Aus der Sicht der beschaffenden Unternehmung wird die **Umsatzsteuer auf Eingangsbelegen** als **Vorsteuer** bezeichnet.

Die Vorsteuer ist **eine Forderung gegenüber dem Finanzamt**, weil sie eine Vorleistung auf die zu zahlende Umsatzsteuer darstellt. Sie kann deshalb bei der Umsatzsteueranmeldung mit der geschuldeten Umsatzsteuer verrechnet werden.

Die **Erstattung der Vorsteuer** ist an **zwei Voraussetzungen** gebunden:

Die Unternehmung muss
- eine Lieferung oder sonstige Leistung empfangen,
- eine Rechnung mit gesondertem Ausweis der Umsatzsteuer erhalten haben.

Mehrwert und Mehrwertsteuer

Der wertmäßige Unterschied zwischen dem Umsatz mit den Kunden und der Summe der Vorumsätze mit den Lieferern stellt den **Mehrwert** oder die **Wertschöpfung** dar, die die Industrieunternehmung zum Wert der verkauften Erzeugnisse oder Dienstleistungen selbst beigetragen hat.

Die Unternehmungen der einzelnen Wirtschaftsstufen erzeugen einen Mehrwert, der mit 19 % besteuert wird. Dies wird dadurch erreicht, dass die einzelnen Unternehmen von der geschuldeten Umsatzsteuer die zu fordernde Vorsteuer abziehen.

Die zu zahlende Restschuld wird als **Umsatzsteuer-Zahllast** bezeichnet.

Umsatz	Ausgangsrechnung Nr. 3202: Büromöbel	10000,00 €	Lieferung an einen Kunden
Vorumsatz	Eingangsrechnung Nr. 1742: Spanplatten	6000,00 €	Lieferung von einem Lieferer
Mehrwert		4000,00 €	Wertschöpfung der Unternehmung

Wirtschaftsstufen	**Umsatz (Entgelt)**	**Vorumsatz**	**Mehrwert**	**Umsatzsteuer = Vb geg. FA**	**Vorsteuer = Fo an FA**	**Zahllast**
I. Säge- und Spanplattenwerk	6000,00	–	6000,00	1140,00	–	1140,00
II. Möbelfabrik	10000,00	6000,00	4000,00	1900,00	1140,00	760,00
III. Möbelgroßhandel	14500,00	10000,00	4500,00	2755,00	1900,00	855,00
IV. Möbeleinzelhandel	20000,00	14500,00	5500,00	3800,00	2755,00	1045,00
Private Haushalte (Konsumenten)	20000,00	←——→	20000,00	19 % des privaten Verbrauchs ←——→		3800,00

Wie die Tabelle zeigt, bekommt der Verbraucher vom letzten Unternehmen der Handelskette die Summe aller Mehrwerte und die gesamte Umsatzsteuer aller Wirtschaftsstufen in Rechnung gestellt. Er trägt also die gesamte Umsatzsteuer. Dies ist vom Gesetzgeber so gewollt, weil die Umsatzsteuer eine Verbrauchsteuer ist.

Beispiel

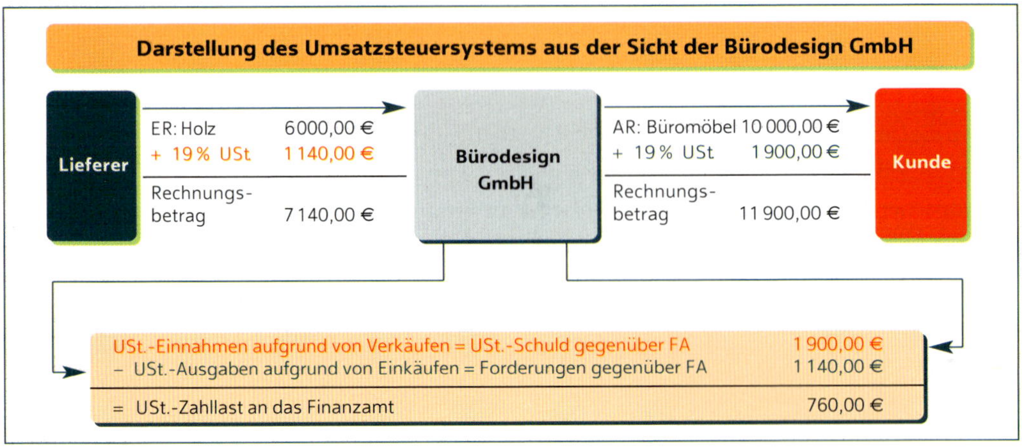

Diese Rechnung und die obige Darstellung zeigen, dass die Umsatzsteuer keine Kosten darstellt und deshalb keinen Einfluss auf den Erfolg der Unternehmung hat. Vorsteuer und Umsatzsteuer sind **durchlaufende Posten**.

Buchungen

Buchung der Umsatzsteuer:

Die Umsatzsteuer laut Ausgangsrechnung stellt eine Verbindlichkeit gegenüber dem Finanzamt dar. Sie wird deshalb auf dem **passiven Bestandskonto „Umsatzsteuer"** gebucht.

Buchung der Ausgangsrechnung S. 189:

Forderungen a. LL.	11 900,00	an	Umsatzerlöse	10 000,00
		an	Umsatzsteuer	1 900,00

Buchung der Vorsteuer:

Die bei Beschaffungsvorgängen zu zahlende Vorsteuer laut Eingangsrechnung ist eine Forderung an das Finanzamt. Sie wird auf dem **aktiven Bestandskonto „2600 Vorsteuer"** gebucht.

Buchung der Eingangsrechnung S. 190:

Aufwendungen für Rohstoffe	6 000,00	an		
Vorsteuer	1 140,00	an	Verbindlichkeiten a. LL.	7 140,00

Ermittlung und Zahlung der Umsatzsteuer-Zahllast

Um die **Umsatzsteuer-Zahllast** zu ermitteln, muss der Saldo des Kontos „2600 Vorsteuer" mit der Umsatzsteuer verrechnet werden. Buchungstechnisch wird diese Verrechnung durch Übertragung **oder Umbuchung** der Vorsteuer auf das Konto **„4800 Umsatzsteuer"** durchgeführt. Die für den vergangenen Monat ermittelte Umsatzsteuer-Zahllast ist jeweils bis zum 10. eines Monats an das Finanzamt zu überweisen.

Umbuchung der Vorsteuer zum Monatsende:

Umsatzsteuer	1 140,00	an	Vorsteuer	1 140,00

Buchung der Banküberweisung der USt.-Zahllast am 10. d. f. Monats:

Umsatzsteuer	760,00	an	Bank	760,00

Darstellung auf Konten:

S	Aufwendungen für Rohstoffe		H
Verb.	6000,00		

S	Umsatzerlöse für Erzeugnisse		H
		Ford.	10000,00

S	Vorsteuer		H
Verb.	1140,00	USt	1140,00 →

S	Umsatzsteuer		H
VSt	1140,00	Ford.	1900,00
Bank	760,00		

S	Verbindlichkeiten a. LL.		H
		Aufw. f. Roh., VSt	7140,00

S	Forderungen a. LL.		H
Ums., USt	11900,00		

Passivierung der Umsatzsteuer-Zahllast:

Wird die Umsatzsteuer-Zahllast für den letzten Monat des Geschäftsjahres ermittelt, dann ist die ermittelte Zahllast über das „8010 Schlussbilanzkonto" abzuschließen **(Passivierung der Zahllast)**.

Darstellung auf Konten:

S	Vorsteuer		H
Verb.	1140,00	USt	1140,00 →

S	Umsatzsteuer		H
VSt	1140,00	Ford.	1900,00
SBK	760,00		

S	SBK		H
		USt	760,00

Umbuchung zur Ermittlung der USt.-Zahllast:

Umsatzsteuer	1140,00	an	Vorsteuer	1140,00

Abschlussbuchung: Passivierung der USt.-Zahllast

Umsatzsteuer	760,00	an	SBK	760,00

Vorsteuerüberhang:

Ein Vorsteuerüberhang entsteht, wenn die Vorsteuer eines Monats größer ist als die Umsatzsteuer. Ursachen für einen Vorsteuerüberhang können sein:

- große Vorratskäufe aufgrund von Sonderangeboten oder wegen erwarteter Preissteigerungen
- Geschäftseröffnung
- Investitionskäufe
- umsatzsteuerfreie Exporte

Im Falle eines Vorsteuerüberhanges besteht ein **Erstattungsanspruch** gegenüber dem Finanzamt. Dieser wird im Rahmen der Umsatzsteuererklärung geltend gemacht. Ergibt sich im letzten Monat des Geschäftsjahres der Vorsteuerüberhang, ist dieser über SBK abzuschließen **(Aktivierung des Vorsteuerüberhangs)**.

Beispiel Stand der Konten Vorsteuer und Umsatzsteuer zum 31.12.:

S	Vorsteuer		H
Su	290000,00	Su	250000,00
		USt	18000,00 ←
		SBK	22000,00
	290000,00		290000,00

S	Umsatzsteuer		H
Su	462000,00	Su	480000,00
VSt	18000,00		
	480000,00		480000,00

Umbuchung: Ermittlung des Vorsteuerüberhangs

Umsatzsteuer	18000,00	an	Vorsteuer	18000,00

Abschlussbuchung: Aktivierung des Vorsteuerüberhangs

SBK	22000,00	an	Vorsteuer	22000,00

Eröffnung des Kontos Vorsteuer im folgenden Jahr:

Vorsteuer	22000,00	an	EBK	22000,00

Buchung der Banküberweisung des Vorsteuerüberhangs durch das Finanzamt:

Bank	22000,00	an	Vorsteuer	22000,00

Besonderheiten des Umsatzsteuerrechts

Steuerfreie Umsätze:

Der Gesetzgeber hat verschiedene steuerbare Umsätze aus **sozialen, kulturellen** oder **wirtschaftlichen Gründen** von der **Umsatzsteuer befreit**.

Beispiele für steuerfreie Umsätze

- Vermietung und Verpachtung von Grundstücken
- Bestimmte Umsätze im Geld- und Kreditverkehr (z.B. Zinsen für Kredite)
- Gewährung von Versicherungsschutz
- Umsätze der Ärzte, Zahnärzte, Heilpraktiker, Krankengymnasten

Umsatzsteuer-Identifikationsnummer:

Unternehmen, die an einem gemeinschaftlichen Handel der EU teilnehmen, erhalten zur Überprüfung der Umsatzsteuerzahlungen neben der Steuernummer vom zuständigen Finanzamt auf Antrag eine **Umsatzsteuer-Identifikationsnummer vom Bundeszentralamt für Steuern – Außenstelle Saarlouis**.

Unternehmen dürfen nur dann umsatzsteuerbefreit an gewerbliche Kunden in anderen EU-Staaten liefern, wenn in der Rechnung die Umsatzsteuer-Identifikationsnummer des Kunden aufgeführt ist. Die USt.-IdNr. dient der Identifikation der Erwerber, dem Nachweis der Steuerbefreiung einer gemeinschaftlichen Lieferung und einem gemeinschaftlichen USt.-Kontrollverfahren.

Umsatzsteuervoranmeldung:

Nach dem Umsatzsteuergesetz müssen Unternehmungen grundsätzlich während des Geschäftsjahres monatlich Umsatzsteuervoranmeldungen abgeben, und zwar jeweils bis zum 10. eines Monats für den Vormonat **(Voranmeldungszeitraum)**. Die Umsatzsteuervoranmeldung ist eine Steuererklärung beim Finanzamt auf amtlich vorgeschriebenem Vordruck. In dieser Steuererklärung hat jedes Unternehmen die zu zahlende Umsatzsteuer für den vorangegangenen Monat zu berechnen. Dabei sind die **Nettoumsätze** und **die hierauf entfallende Umsatzsteuerschuld** darzustellen. Der Umsatzsteuerschuld sind die auf den Voranmeldungszeitraum entfallenden **Vorsteuerbeträge** gegenüberzustellen. Die Differenz von Umsatzsteuerschuld und Vorsteuer ergibt die **Zahllast** oder den **Vorsteuerüberhang**. Die Zahllast ist an das Finanzamt als **Vorauszahlung auf die Umsatzsteuer des Kalenderjahres** zu entrichten.

Der notwendige Vordruck wird von der Finanzverwaltung unter der Internetadresse www.elster.de angeboten. Der ausgefüllte Vordruck wird dem Finanzamt per Internet gesendet. Der Absender erhält dann ein „Übertragungsprotokoll", das die gesendeten Daten enthält. Der Vordruck selbst kann nicht ausgedruckt werden.

▲ Kleinbetragsrechnungen:

Bei Rechnungen, deren Gesamtbetrag **150,00 € nicht übersteigt**, dürfen das Entgelt und der Umsatzsteuerbetrag in **einer Summe** angegeben sein. Es muss nur der **Umsatzsteuersatz** angegeben werden.

J. F. CASPERS e.K.
Florastr. 36, 50733 Köln, Tel. 0221 662196

Fachgeschäft
für Schreibwaren

Bürodesign GmbH
Köln

	Datum: 24.05.20..	€	€	Cent
20	Ordner	2,00	40	00
10	Alleskleber	2,88	28	80
20	Register	1,40	28	00
			96	80

Betrag dankend erhalten
Köln, den 24.Mai.
J. F. CASPERS e. K.

Vielen Dank für Ihren Besuch

Verk.
3 4557-8 In diesem Betrag sind 19 % Umsatzsteuer enthalten.

Steuernummer: 215/8765/2931 USt.-IdNr.: DE806835132

Zum Zwecke der Buchung muss die Umsatzsteuer aus dem Bruttorechnungsbetrag herausgerechnet werden.

$$\textbf{Umsatzsteuerbetrag} = \frac{\text{Bruttorechnungsbetrag} \cdot \text{Umsatzsteuersatz}}{100 + \text{Umsatzsteuersatz}} = \frac{96{,}80 \cdot 19}{119} = 15{,}46\ €$$

Umsatzsteuersystem und Umsatzsteuerbuchungen

Umsatzsteuer – **Vorsteuer** = **Umsatzsteuer-Zahllast**

Umsatzsteuer

- Steuer vom Umsatz laut Ausgangsrechnungen
- Verbindlichkeiten gegenüber dem Finanzamt
- Buchung auf dem **passiven Bestandskonto** 4800 Umsatzsteuer

Vorsteuer

- Steuer vom Umsatz laut Eingangsrechnungen
- Forderung an das Finanzamt
- Buchung auf dem **aktiven Bestandskonto** 2600 Vorsteuer

Umsatzsteuer-Zahllast

- Steuer vom Mehrwert
- **Restschuld** gegenüber dem Finanzamt
- Ermittlung: Umsatzsteuer – Vorsteuer
- **Passivierung der USt.-Zahllast**

- Ist die **Vorsteuer größer** als die **Umsatzsteuer**, entsteht ein **Vorsteuerüberhang**, der zu aktivieren ist.

1 Entscheiden Sie bei den folgenden Geschäftsfällen einer Möbelfabrik, ob es sich um Vorumsätze, Umsätze oder Elemente des Mehrwertes handelt.

1. **ER, KB:** Bareinkauf von Holzschrauben aus Stahl
2. **AR, KB:** Barverkauf von Rolltischen aus Massivkiefer
3. **BA:** Zahlung der Gehälter an die Angestellten
4. **ER:** Honorarforderung des Steuerberaters wegen der Anfertigung der Gewerbesteuererklärung
5. **AR:** Rechnung über Arbeitsleistungen für die Ausstellung einer Verkaufstheke
6. **BA:** Banküberweisung der Gewerbesteuer an die Stadt
7. **ER:** Zieleinkauf einer Tischfräsemaschine für die Fertigung
8. **BA, ER:** Abrechnung des Handelsvertreters über Provisionsansprüche für abgeschlossene Kaufverträge
9. **BA:** Zahlung der Ausbildungsvergütung an die gewerblichen Auszubildenden
10. **ER, KB:** Barzahlung der Fracht an den Frachtführer für die Anlieferung von Holz

2 Bilden Sie zu folgenden Geschäftsfällen eines Metall verarbeitenden Industriebetriebes, der Werkzeuge produziert, die Buchungssätze und ermitteln Sie

a) die Umsatzsteuer,
b) die Vorsteuer,
c) die Umsatzsteuerzahllast.

Geschäftsfälle:	€	€
1. **ER:** Zieleinkauf von Werkzeugstahl zur Herstellung von Bohrern und Sägen. Materialwert, netto	65 000,00	
+ 19 % Umsatzsteuer	12 350,00	77 350,00
2. **ER, BA:** Banküberweisung an eine Werbeagentur für die Durchführung einer Werbeaktion, netto	4 000,00	
+ 19 % Umsatzsteuer	760,00	4 760,00
3. **AR, KB:** Barverkauf von Werkzeugen, netto	520,00	
+ 19 % Umsatzsteuer	98,80	618,80
4. **ER, KB:** Kauf von Diesel für den Lkw einschl. 19 % USt.		202,30
5. **AR:** Zielverkauf von Werkzeugen, netto	130 000,00	
+ 19 % Umsatzsteuer	24 700,00	154 700,00
6. **ER:** Einkauf einer Standbohrmaschine für die Fertigung auf Ziel, netto	25 600,00	
+ 19 % Umsatzsteuer	4 864,00	30 464,00

3 Auf den Konten „Vorsteuer" und „Umsatzsteuer" wurden bis zum Jahresabschluss folgende Werte erfasst:

S	Vorsteuer		H	S	Umsatzsteuer		H
Summe	240 000,00	Summe	200 000,00	Summe	350 000,00	Summe	420 000,00

a) Erläutern Sie die betrieblichen Hintergründe für die Werte auf den beiden Konten.
b) Erläutern Sie, wie Sie einen Vorsteuerüberhang oder eine Zahllast vor Abschluss der Konten feststellen können.
c) Schließen Sie die Konten unter Angabe der erforderlichen Buchungssätze ab.

4 Auf den Konten „Vorsteuer" und „Umsatzsteuer" wurden bis einschließlich Dezember folgende Werte erfasst:

S	Vorsteuer		H	S	Umsatzsteuer		H
Summe	320 000,00	Summe	220 000,00	Summe	560 000,00	Summe	600 000,00

a) Schließen Sie die Konten unter Angabe der erforderlichen Buchungssätze ab.
b) Erläutern Sie zwei betriebliche Gründe, die den Saldo im Dezember verursacht haben.

5 **Kontenplan der Bürodesign GmbH:** Maschinen, Rohstoffe, Hilfsstoffe, Unfertige Erzeugnisse, Fertige Erzeugnisse, Ford. a. LL., Vorsteuer, Bank, Kasse, Eigenkapital, Verb. a. LL., Umsatzsteuer, Umsatzerlöse für Erzeugnisse, Bestandsveränderungen, Aufw. für Rohstoffe, Aufw. für Hilfsstoffe, Energie, Löhne, Gehälter, Mieten, Büromaterial, Gewerbesteuer, EBK, SBK, GuV

Anfangsbestände:

	€		€
Maschinen	400000,00	Bank	449480,00
Rohstoffe	69451,00	Kasse	2731,00
Hilfsstoffe	10418,00	Eigenkapital	918400,00
Unfertige Erzeugnisse	3920,00	Verbindlichkeiten a. LL.	56120,00
Fertige Erzeugnisse	4200,00	Umsatzsteuer	25480,00
Forderungen a. LL.	59800,00		

Geschäftsfälle:

	€	€
1. **ER vom 01.12.:** Zieleinkäufe von Rohstoffen, netto	208000,00	
+ 19 % Umsatzsteuer	39520,00	247520,00
2. **BA vom 10.12.:** Banküberweisungen für		
a) Umsatzsteuer an das Finanzamt	25480,00	
b) Miete für gemietete Gebäude	25354,00	
c) Liefererrechnung für Rohstoffe	56120,00	106954,00
3. **AR, KB vom 12.12.:** Barverkauf von fertigen Erzeugnissen, netto	3600,00	
+ 19 % Umsatzsteuer	684,00	4284,00
4. **ER, KB vom 15.12.:** Bareinkauf von Hilfsstoffen, netto	800,00	
+ 19% Umsatzsteuer	152,00	952,00
5. **AR, BA vom 17.12.:** Verkauf von fertigen Erzeugnissen gegen Banküberweisung, netto	300000,00	
+ 19 % Umsatzsteuer	57000,00	357000,00
6. **BA vom 21.12.:** Banklastschriften		
a) Lohnzahlung an die Facharbeiter	138900,00	
b) Gehaltszahlung an die Angestellten	86947,00	
c) Gewerbesteuer an die Stadt	23000,00	248847,00
7. **ER, KB vom 22.12.:** Barkauf von Büromaterial, netto	900,00	
+ 19 % Umsatzsteuer	171,00	1071,00
8. **AR vom 23.12.:** Zielverkauf von fertigen Erzeugnissen, netto	500000,00	
+ 19% Umsatzsteuer	95000,00	595000,00
9. **ER vom 24.12.:** Zieleinkauf von Hilfsstoffen, netto	46000,00	
+ 19 % Umsatzsteuer	8740,00	54740,00
10. **BA vom 29.12.:**		
Lastschriften		
a) Abbuchung für den betrieblichen Stromverbrauch durch das Energiewerk, netto	20500,00	
+ 19 % Umsatzsteuer	3895,00	
b) Kauf einer Werkzeugmaschine gegen Banküberweisung, netto	72000,00	
+ 19 % Umsatzsteuer	13680,00	110075,00
Gutschriften		
a) Banküberweisungen von Kunden	402500,00	
b) Bareinzahlung aus der Betriebskasse	2916,00	405416,00

Abschlussangaben zum 31.12.:

Endbestände lt. Inventur

a) Rohstoffe	46301,00	c) Unfertige Erzeugnisse	1680,00
b) Hilfsstoffe	5209,00	d) Fertige Erzeugnisse	11200,00

Führen Sie die Finanzbuchhaltung zur Ermittlung des Jahresabschlusses durch.

6 Entscheiden Sie, ob folgende Aussagen zutreffen auf
(1) die Vorsteuer, (2) die Umsatzsteuer, (3) die Zahllast.

Aussagen:

a) Sie wird auf Eingangsrechnungen ausgewiesen.

b) Sie erhöht die Zahllast.

c) Sie vermindert die Zahllast.

d) Sie stellt eine Forderung gegenüber dem Finanzamt dar.

e) Sie wird auf Ausgangsrechnungen ausgewiesen und ist eine Verbindlichkeit gegenüber dem Finanzamt.

f) Sie ist bis zum 10. des folgenden Monats an das Finanzamt abzuführen.

g) Bei einem Überhang ist sie zu aktivieren.

7 Folgende Rechnungen sind in der Bürodesign GmbH vorzukontieren:

BÜRODESIGN GMBH

Bürodesign GmbH, Stolberger Straße 188, 50933 Köln

Büromöbelgroßhandel
Schneider & Co. OHG
Laarstraße 19
58636 Iserlohn

KOPIE

Anschrift: Stolberger Straße 188, 50933 Köln
Telefon: 0221 6683550
Telefax: 0221 668357
E-Mail: info@buerodesign-online.de
Internet: ww.buerodesign-online.de

Ihre Bestellung vom 18.05.20..

Kunden-Nr.	Rechnungs-Nr.	Datum
24009	1549	16.06.20..

Rechnung — **Bei Zahlung bitte angeben**

Artikel-Nr.	Artikelbezeichnung	Menge	Einzelpreis €	Gesamtpreis €
444/1	Stapelstühle, klappbar „Stapler"	20	175,00	3 500,00
444/4	Konferenztisch „Logo"	20	375,00	7 500,00

Warenwert, netto €	Verpackung €	Fracht €	Entgelt, netto €	USt.-%	USt. €	Gesamtbetrag €
11 000,00	–	–	11 000,00	19	2 090,00	13 090,00

***Zahlbar** innerhalb 30 Tagen netto*

Bankverbindungen:
Sparkasse KölnBonn
IBAN: DE11370501980085313948 **BIC:** COLSDE33XXX
Deutsche Bank Köln
IBAN: DE33370700600025203488 **BIC:** DEUTDEDKXXX
Postbank Köln
IBAN: DE13370100500324066506 **BIC:** PBNKDEFFXXX

Steuernummer: 223/8425/8844 **USt.-IdNr.:** DE439556530

Hanckel & Cie. GmbH
Augustastr. 8
40477 Düsseldorf

Hanckel & Cie. GmbH, Augustastr. 8, 40477 Düsseldorf

Bürodesign GmbH
Dieselstraße 10
26607 Aurich

Tel: 0211 345234
Fax: 0211 345100
E-Mail: info@hanckel-online.de
Internet: www.hanckel-online.de

Ihre Bestellung	Unser Zeichen	Kundennummer	Lieferdatum	Rechnungsdatum
14.06.20..	ke-lb	7362	16.06.20..	18.06.20..

Rechnung Nr. *1915*

Artikel-Nr.	Artikelbezeichnung	Menge in St.	Einzelpreis je m	Gesamtpreis €
2846	Ballen à 30 m Velourspolsterstoff Anthrazit	4	40,00	4 800,00
2853	Ballen à 30 m Synthex-Polsterstoff Schwarz	5	30,00	4 500,00

Warenwert, netto €	Verpackung	Fracht	Nettoentgelt €	19 % USt €	Bruttoentgelt €
9 300,00	–	–	9 300,00	1 767,00	11 067,00

Zahlbar innerhalb 30 Tagen netto

Bankverbindungen:
Commerzbank Düsseldorf
IBAN: DE91300400000001340000 **BIC:** COBADEDDXXX

Steuernummer: 133/8808/2134 ***USt.-IdNr.:*** DE178432989

8

BÜRODESIGN GMBH

Bürodesign GmbH, Stolberger Straße 188, 50933 Köln

Büromöbel GmbH Europa
Lahnstraße 168
28119 Bremen

KOPIE

Anschrift: Stolberger Straße 188, 50933 Köln
Telefon: 0221 6683550
Telefax: 0221 668357
E-Mail: info@buerodesign-online.de
Internet: ww.buerodesign-online.de

Ihre Bestellung vom 15.06.20..
Lieferdatum: 18.06.20..

Kunden-Nr.	Rechnungs-Nr.	Datum
24010	1577	19.06.20..

Rechnung — **Bei Zahlung bitte angeben**

Artikel-Nr.	Artikelbezeichnung	Menge	Einzelpreis €	Gesamtpreis €
444/1	Stapelstühle, klappbar „Stapler"	32	175,00	5 600,00
763/62	„Waiter"-Sessel	20	942,50	18 850,00

Warenwert, netto €	Verpackung €	Fracht €	Entgelt, netto €	USt.-%	USt. €	Gesamtbetrag €
24 450,00	–	–	24 450,00	19	4 645,50	29 095,50

***Zahlbar** innerhalb 30 Tagen netto*

Bankverbindungen:
Sparkasse KölnBonn
IBAN: DE113705019800853139488 **BIC:** COLSDE33XXX
Deutsche Bank Köln
IBAN: DE33370700600025203488 **BIC:** DEUTDEDKXXX
Postbank Köln
IBAN: DE13370100500324066506 **BIC:** PBNKDEFFXXX

Steuernummer: 223/8425/8844 **USt.-IdNr.:** DE439556530

Vereinigte Spanplatten AG
Spanplatten · Umleimer

Vereinigte Spanplatten AG, Ulmer Str. 12, 86154 Augsburg

Bürodesign GmbH
Stolberger Straße 188
50933 Köln

Anschrift: Ulmer Str. 12, 86154 Augsburg
Telefon: 0821 34785
Telefax: 0821 34679
E-Mail: info@vereinigte-spanplatten.de
Internet: www.vereinigte-spanplatten.de

Rechnung

Kunden-Nr.	Rechnungs-Nr.	Rechnungsdatum
53427	958	20.06.20..

Bei Zahlung bitte angeben

Artikel-Nr.	Artikelbezeichnung	Menge in St.	Einzelpreis €	Gesamtpreis €
1476	Tischbein Massivholz	4 000	2,10	12 400,00
1822	Spanplatten 2000 x 4000 x 20	2000	21,40	42 800,00

Warenwert, netto €	Verpackung €	Fracht €	Entgelt, netto €	USt.-%	USt. €	Bruttoentgelt
55 200,00	–	–	55 200,00	19	10 488,00	65 688,00

Zahlbar innerhalb 14 Tagen ohne Abzug

Bankverbindungen:
Commerzbank Augsburg
IBAN: DE15720400460000127890 **BIC:** COBADEFF720

Steuernummer: 103/1001/2219 **USt.-IdNr.:** DE478263919

BÜRODESIGN GMBH

Bürodesign GmbH, Stolberger Straße 188, 50933 Köln

Klassik 2000 GmbH
Hagenstraße 130
59076 Hamm

KOPIE

Anschrift: Stolberger Straße 188, 50933 Köln
Telefon: 0221 6683550
Telefax: 0221 668357
E-Mail: info@buerodesign-online.de
Internet: ww.buerodesign-online.de

Ihre Bestellung vom 15.06.20..
Lieferdatum: 20.06.20..

Kunden-Nr.	Rechnungs-Nr.	Datum
24012	1596	21.06.20..

Rechnung — **Bei Zahlung bitte angeben**

Artikel-Nr.	Artikelbezeichnung	Menge	Einzelpreis €	Gesamtpreis €
442/1	Konferenzstuhl „Konzentra"	300	505,00	151 500,00
443/1	Regalsystem	150	545,50	81 825,00

Warenwert, netto €	Verpackung €	Fracht €	Entgelt, netto €	USt.-%	USt.- €	Gesamtbetrag €
233 325,00	–	–	233 325,00	19	44 331,75	277 656,75

***Zahlbar** innerhalb 30 Tagen netto*

Bankverbindungen:
Sparkasse KölnBonn
IBAN: DE11370501980085313948 **BIC:** COLSDE33XXX
Deutsche Bank Köln
IBAN: DE33370700600025203488 **BIC:** DEUTDEDKXXX
Postbank Köln
IBAN: DE13370100500324066506 **BIC:** PBNKDEFFXXX

Steuernummer: 223/8425/8844 **USt.-IdNr.:** DE439556530

MOTOR RABECK GMBH

Bürodesign GmbH
Stolberger Straße 188
50999 Köln

Falderstr. 17
50933 Köln
Tel.: 0221 685943
Fax: 0221 685922
info@motor-rabeck.de
www.motor-rabeck.de

Ihre Nachricht vom	Unser Zeichen	KD NR	Datum
	rb/insp	3872	22.06.20..

Rechnung Nr. *1901*

	€
Kfz-Inspektion Inklusivpreis, netto	875,00
19 % Umsatzsteuer	166,25
	1 041,25

Zahlbar sofort ohne Abzug

Wir wünschen Ihnen eine gute Fahrt und hoffen, dass Sie mit unserer Arbeit zufrieden sind.

Bankverbindung: Kreissparkasse Köln
IBAN: DE22370502990010076765 **BIC:** COKSDE33XXX

Steuer-Nr.: 219/6435/9933 **USt.-IdNr.:** DE987345633

a) Die vier Belege sind vorzukontieren.
b) Errechnen Sie aus den vier Belegen
   ba) die Umsatzsteuerschuld,
   bb) die absetzbare Vorsteuer,
   bc) die Umsatzsteuerzahllast/den Vorsteuerüberhang.

9 Weisen Sie nach, dass die Umsatzsteuer ein durchlaufender Posten ist.

10

Computec GmbH & Co. KG
Hard- und Softwarevertrieb

Bürodesign GmbH
Stolberger Straße 188
50933 Köln

Hard- und Softwarevertrieb
Volksparkstr. 12-20
22525 Hamburg
Tel.: 040 2244669
Fax: 040 2244664
info@computec-online.de
www.computec-online.de

Rechnung

Bei Zahlung bitte Rechnungs- und Kunden-Nr. angeben

Kunden-Nr.	Rechnungs-Nr.	Rechnungsdatum
05839	19230	24.06.20..

Artikel-Nr.	Artikelbezeichnung	Menge	Einzelpreis €	Gesamtpreis €
237064	PC-Interlique	6	2 100,00	12 600,00
	19 % Umsatzsteuer			2 394,00
				14 994,00

***Zahlbar** binnen 14 Tagen ohne Abzug*

Bankverbindungen: **Postbank Hamburg**
IBAN: DE04200100200671190870 **BIC:** PBNKDEFF200

Steuernummer: 2050/308/4172 **USt.-IdNr.:** DE315375976

BÜRODESIGN GMBH

Bürodesign GmbH, Stolberger Straße 188, 50933 Köln

Klassik 2000 GmbH
Hagenstraße 130
59076 Hamm

KOPIE

Anschrift: Stolberger Straße 188, 50933 Köln
Telefon: 0221 6683550
Telefax: 0221 668357
E-Mail: info@buerodesign-online.de
Internet: ww.buerodesign-online.de

Ihre Bestellung vom 20.06.20..
Lieferdatum: 22.06.20..

Kunden-Nr.	Rechnungs-Nr.	Datum
24011	1633	25.06.20..

Rechnung — **Bei Zahlung bitte angeben**

Artikel-Nr.	Artikelbezeichnung	Menge	Einzelpreis €	Gesamtpreis €
270/3	Kombinationsschreibtisch „Modulo"	30	937,50	28 125,00

Warenwert, netto €	Verpackung €	Fracht €	Entgelt, netto €	USt.-%	USt.- €	Gesamtbetrag €
28 125,00	–	–	28 125,00	19	5 343,75	33 468,75

***Zahlbar** innerhalb 30 Tagen netto*

Bankverbindungen:
Sparkasse KölnBonn
IBAN: DE11370501980085313948 **BIC:** COLSDE33XXX
Deutsche Bank Köln
IBAN: DE33370700600025203488 **BIC:** DEUTDEDKXXX
Postbank Köln
IBAN: DE13370100500324066506 **BIC:** PBNKDEFFXXX

Steuernummer: 223/8425/8844 **USt.-IdNr.:** DE439556530

J. F. CASPERS e.K.
Florastr. 36, 50733 Köln, Tel. 0221 662196
JFC
Fachgeschäft für Schreibwaren

Bürodesign GmbH
Köln

	Datum: 25.06.20..	€	€	Ct
10	Ordner	2,00	20	00
12	Alleskleber	2,98	35	76
20	Register	1,40	28	00
			83	76

Betrag dankend erhalten
Köln, den 25. Juni ..
J. F. Caspers

Vielen Dank für Ihren Besuch

Verk. 3	4557-8	In diesem Betrag sind 19 % Umsatzsteuer enthalten

Steuernummer: 215/8765/2931 USt-ID-Nr.: DE806835132

CITY-TANKSTELLE e.K
Inh. Britte Huber
Bahnhofstr. 34
50667 Köln
Tel.: 0221 543463

SUPER BLEIFREI	58,20 €
ZP 5	60 LTR
TOTAL	58,20 €

69022 25.06.20.. 13:53
IM BETRAG SIND 19 % UST ENTHALTEN

SEPA-Girokonto IBAN:DE11370501980085313948 **Kontoauszug** 135
BIC:COLSDE33XXX **Blatt** 1
Sparkasse KölnBonn UST-ID DE110260423

Datum	Erläuterungen		Betrag
	Kontostand in € am 02.07.20.., Auszug Nr. 134		238 124,25+
03.07.	Überweisung COMPUTEC GMBH & CO. KG, HAMBURG, KD-NR. 05839 RG-NR. 19230, v. 24.06.20..	Wert: 03.07.20..	14 994,00-
03.07.	Überweisung KLASSIK 2000 GMBH, HAMM, KD-NR. 24012 RG-NR. 1552, v. 04.06.20..	Wert: 03.07.20..	99 067,50+
	Kontostand in € am 04.07.20.., 10:30 Uhr		322 197,75+

Ihr Dispositionskredit 80 000,00 €

BÜRODESIGN GMBH

a) Bilden Sie die Buchungssätze zur Erfassung der fünf Belege.
b) Errechnen Sie aus den vier ersten Belegen
   ba) die Umsatzsteuerschuld,
   bb) die absetzbare Vorsteuer,
   bc) die Umsatzsteuer-Zahllast.

11 Stellen Sie in einem Schaubild eine Kette von Unternehmungen zusammen und erläutern Sie an den Beziehungen der Unternehmungen
a) Umsatz und Umsatzsteuer,
b) Vorumsatz und Vorsteuer,
c) Mehrwert und Mehrwertsteuer.

6.7 Abschreibungen auf Anlagen

Die Bürodesign GmbH hat am 26. Januar des Geschäftsjahres einen Kombiwagen angeschafft und hierfür folgende Eingangsrechnung erhalten:

KFZ-Handel

KFZ-Handel
Andreas JOOST e. K.
Wodanstr. 15
51107 Köln
Tel.: 0221 785746
Fax: 0221 785748
E-Mail: info@kfz-handel-joost.de
Internet: www.kfz-handel-joost.de

Bürodesign GmbH
Stolberger Straße 188
50933 KÖLN

Betriebs-Nr.: 13246833
Auftrags-Nr.: 00597
Datum: 26.01.20..
Kunden-Nr.: 32788

Rechnung Nr. *00126*

Amtl. Kennz.	Typ/Modell	Fahrzeug-Ident-Nr.	Zulassungstag	Annahmetag	km-Stand	KD-Meister
K-PR-111	443 PH 5	44FA053238	26.01.20..			

	€
443 PH 5 Kombi Condor GKAT 3000	30 000,00
+ 19 % Umsatzsteuer	5 700,00
	35 700,00

Bitte geben Sie bei Zahlung Ihre Kunden- und Rechnungsnummer an. Vielen Dank.

Bankverbindung: Deutsche Bank Köln
IBAN: DE95370700600057461759 **BIC:** DEUTDEDKXXX
Steuer-Nr.: 219/4480/1234 **USt.-IdNr.:** DE458173966

Bei Durchsicht der Bücher zur Vorbereitung des Jahresabschlusses ist Silvia Land, die die Rechnung gebucht hat, erstaunt darüber, dass das Fahrzeug noch mit dem Anschaffungswert von 30 000,00 € auf dem Konto Fuhrpark steht, obwohl das Fahrzeug schon fast ein ganzes Jahr zur Abholung von Werkstoffen von Lieferern und zur Zustellung von Erzeugnissen zu Kunden genutzt wurde. „Das ist wohl nicht mehr mit dem Grundsatz der Bilanzwahrheit zu vereinbaren", denkt sie.

- Erläutern Sie, auf welche Posten der Bilanz sich dieser Kauf ausgewirkt hat.
- Bilden Sie den Buchungssatz.
- Begründen Sie, warum das Fahrzeug keine 30 000,00 € mehr wert ist.
- Suchen Sie nach Möglichkeiten, den wirklichen Wert des Fahrzeugs festzustellen.

▲ Anschaffung von Sachanlagen

Sachanlagen gehören zum **Anlagevermögen**, das dazu bestimmt ist, dem Unternehmen **dauernd**, d. h. langfristig oder mehrmals, zu dienen.

Beispiele Grundstücke, Gebäude, technische Anlagen, Maschinen, Lkw, Pkw, Computer, Schreibtische, Drehstühle, Schränke

Bei der Anschaffung sind diese Anlagegüter auf dem jeweiligen aktiven Bestandskonto mit ihrem Anschaffungswert zu erfassen. Die Umsatzsteuer (Vorsteuer) zählt nicht zu den Anschaffungskosten. Sie wird gegenüber dem Finanzamt als USt.-Forderung geltend gemacht und deshalb auf dem Konto „Vorsteuer" erfasst.

Buchung:

Fuhrpark	30 000,00			
Vorsteuer	5 700,00	an	Verbindlichkeiten a. LL.	35 700,00

Notwendigkeit der Abschreibungen

Gegenstände des Anlagevermögens sind dazu bestimmt, dem Unternehmen **dauernd** zu dienen. Die Nutzung der meisten Anlagegüter ist jedoch zeitlich begrenzt, da sie abgenutzt werden **(abnutzbares Anlagevermögen)**.

Sie unterliegen einem ständigen Werteverfall und müssen von Zeit zu Zeit durch neue Anlagegüter ersetzt werden.

Ursachen des Werteverfalls

technischer Verschleiß	ruhender Verschleiß	technische Überholung	Katastrophenverschleiß
durch den Gebrauch des Anlagegutes (Nutzungsverschleiß)	durch Umwelteinflüsse, Verwitterung, Zersetzung oder natürliche Rostschäden	aufgrund der Weiterentwicklung und Modernisierung von Anlagen	Verkürzung der Lebensdauer oder Untergang der Anlage (durch Feuer, Überschwemmung)

Dieser **Werteverfall** mindert das Anlagevermögen. Weil er **Aufwand** für das Unternehmen darstellt, mindert er auch das Eigenkapital. Der Werteverfall ist jährlich mittels **Abschreibungen** zu erfassen.

Die **buchmäßige Erfassung** der **Wertminderung** des Anlagevermögens wird als Abschreibung bezeichnet. Das Steuerrecht nennt diese Abschreibung **Absetzung für Abnutzung (AfA)**.

Über die Buchung der Abschreibung werden die **Anschaffungskosten** nach und nach als **Aufwand** auf die Jahre der Nutzung **verteilt**. Das **Handelsrecht** nennt diesen Aufwand **planmäßige Abschreibung**.

§ 253 HGB

(3) Bei Vermögensgegenständen des Anlagevermögens, deren Nutzung zeitlich begrenzt ist, sind die Anschaffungs- oder die Herstellungskosten um planmäßige Abschreibungen zu vermindern. Der Plan muss die Anschaffungs- oder Herstellungskosten auf die Geschäftsjahre verteilen, in denen der Vermögensgegenstand voraussichtlich genutzt werden kann. [...]

Abschreibungsplan

Für jeden Gegenstand des abnutzbaren Anlagevermögens sollte ein Abschreibungsplan aufgestellt werden, der alle Daten über das Anlagegut enthält.

Daten des Abschreibungsplanes	Beispiel
Bezeichnung des Anlagegutes:	Kombi Condor GKAT 3000-443 PH 5
Tag der Anschaffung des Anlagegutes:	26. Januar 20..
Höhe der Anschaffungskosten:	30 000,00 €
voraussichtliche Nutzungsdauer:	6 Jahre
Abschreibungsmethode:	lineare Abschreibung

Bereits im Jahre der Anschaffung des Anlagegutes ist die Zeit der betrieblichen Nutzung des Anlagegutes **(Nutzungsdauer)** zu schätzen.

Der Bundesfinanzminister hat im Einvernehmen mit den Finanzverwaltungen der Bundesländer **AfA-Tabellen** für abnutzbare Anlagegüter der einzelnen Wirtschaftszweige herausgegeben, die bei der Festlegung der Nutzungsdauer durch das Unternehmen berücksichtigt werden sollten.

Auszug aus der allgemeinen AfA-Tabelle

Anlagegüter	**Nutzungsdauer in Jahren**
Gebäude	50
Maschinen zur Be- und Verarbeitung	16
Büromaschinen und Organisationsmittel	5
Personal Computer, Workstations; Notebooks und deren Peripheriegeräte (Drucker, Scanner, Bildschirme)	3
Lastkraftwagen	9
Personenkraftwagen und Kombifahrzeuge	6

Alle wesentlichen Daten über das Anlagegut für den Abschreibungsplan ergeben sich in der Regel aus der **Anlagendatei** der Anlagenbuchhaltung, die eine Nebenbuchhaltung (vgl. S. 242 ff.) darstellt.

Anlagendatei				**Bürodesign GmbH**
Gegenstand: Kombi Condor		**Fahrzeug-Nr.:** 45 K 84 300		
Fabrikat: GKAT 3000		**Lieferer:** KFZ-Handel Andreas Joost e. K., Köln		
Nutzungsdauer: 6 Jahre		**Anschaffungskosten:** 30 000,00 €		
Konto: Fuhrpark		**AfA-Satz:** $16^2/_3$ %	**AfA-Methode:** linear	
Datum	Vorgang	Zugang in €	Abgang/AfA in €	Bestand in €
26.01.20..	ER 12	30 000,00		
31.12.20..	Umbuchung 23: AfA		5 000,00	25 000,00

Methoden zur Ermittlung der planmäßigen Abschreibung

Die Darstellung der Vermögenslage (Anlagevermögen) und der Ertragslage (Abschreibung als Aufwand und somit als Einflussgröße des Erfolges) ist von der Abschreibungsmethode abhängig. Für Anlagegüter, die in den Jahren 2009 und 2010 angeschafft werden, muss sich das Unternehmen zwischen der **linearen**, der **geometrisch-degressiven** und der **Abschreibung nach Maßgabe der Leistung** entscheiden.

Lineare Abschreibung:

Bei der linearen Abschreibung werden die Anschaffungskosten gleichmäßig auf die Jahre der Nutzung verteilt (gleich bleibende Abschreibung von Anschaffungswert).

Beispiel Lineare Abschreibung

Anschaffungskosten: 30 000,00 €, Nutzungsdauer: 6 Jahre, Abschreibungssatz: $16^2/_3$ %

Formel		**Berechnung**	
Jahresabschreibungsbetrag	$= \frac{\text{Anschaffungskosten}}{\text{Nutzungsdauer}}$	$\frac{30\,000{,}00}{6}$	= 5 000,00 €
Abschreibungssatz	$= \frac{100}{\text{Nutzungsdauer}}$	$\frac{100}{6}$	= $16^2/_3$ %
Berechnung der AfA mit AfA-Satz:	$\text{Anschaffungskosten} \cdot \frac{\text{Abschreibungssatz}}{100}$	$30\,000{,}00 \cdot \frac{16^2/_3}{100}$	= 5 000,00 €

Web

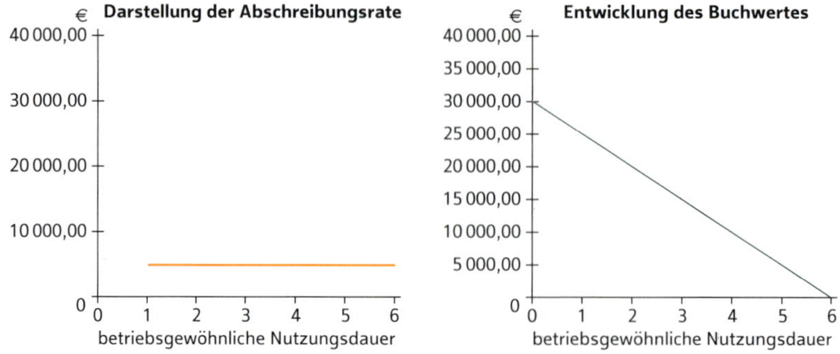

Betriebswirtschaftlich ist diese Methode **bei gleichmäßiger Nutzung** des Anlagegutes während der einzelnen Nutzungsjahre empfehlenswert, da damit auch eine gleichmäßige Abnutzung unterstellt wird.

Geometrisch-degressive Abschreibung[1]:

Web

Bei der geometrisch-degressiven Abschreibung wird der Abschreibungsbetrag durch die Anwendung eines **gleichbleibenden Abschreibungssatzes auf den jeweiligen Rest- oder Buchwert** des Anlagegutes berechnet. Dadurch ergibt sich ein von Jahr zu Jahr fallender Abschreibungsbetrag, der in den ersten Jahren der Nutzung sehr hoch und in den späteren Nutzungsjahren niedrig ausfällt. Bei dieser Methode wird der Endwert Null in der geschätzten Nutzungsdauer nie erreicht.

Da die geometrisch-degressive Abschreibung zu einem verhältnismäßig hohen Restwert nach Ablauf der Nutzungsdauer führt, ist es zulässig, im letzten Nutzungsjahr den Buchwert abzuschreiben.

Abschreibung nach Maßgabe der Leistung:

Bei der Abschreibung nach Leistungseinheiten bei beweglichen Anlagegütern wird die Nutzungsdauer des Wirtschaftsgutes nicht in Jahren ausgedrückt, sondern in Leistungseinheiten, die das Wirtschaftsgut während der Dauer seiner Nutzung erzeugen (leisten) kann (Soll-Kapazität).

Beispiel

Anschaffungskosten des Kombi 30 000,00 €
Voraussichtliche Gesamtleistung 250 000 km

$$\text{Wertminderung je km} = \frac{30\,000}{250\,000} = 0{,}12\ €$$

	km	Wertminderung je km	Abschreibungsbetrag in €
1.	45 000	0,12	5 400,00
2.	28 000	0,12	3 360,00
3.	51 000	0,12	6 120,00
4.	38 000	0,12	4 560,00
5.	55 000	0,12	6 600,00
6.	33 000	0,12	3 960,00

Abschreibungsbetrag = AfA

$$\frac{\text{Anschaffungskosten} \cdot \text{Ist-Leistung im Abschreibungsjahr}}{\text{geschätzte Gesamtleistung}} = \frac{30\,000 \cdot 45\,000}{250\,000} = 5\,400{,}00\ €$$

Betriebswirtschaftlich ist diese Methode bei **schwankender Leistungsabgabe** zweckmäßig. Steuerrechtlich ist sie nur zulässig, wenn diese jährliche Leistungsabgabe nachgewiesen werden kann (z. B. durch Zähler oder Fahrtenbuch).

[1] *Für Anlagegüter, die nach dem 31.12.2010 angeschafft wurden, ist diese Methode nicht erlaubt.*

Vergleich der Abschreibungsmethoden in einer Abschreibungstabelle

Anlagegut: Kombi **Fabrikat:** Condor **Nutzungsdauer:** 6 Jahre	**Lineare AfA 16,67 % der Anschaffungskosten**	**Leistungsabschreibung**
Anschaffungskosten – Abschreibung des 1. NJ	30 000,00 5 000,00	30 000,00 5 400,00
Buchwert nach dem 1. NJ – Abschreibung des 2. NJ	25 000,00 5 000,00	24 600,00 3 360,00
Buchwert nach dem 2. NJ – Abschreibung des 3. NJ	20 000,00 5 000,00	21 240,00 6 120,00
Buchwert nach dem 3. NJ – Abschreibung des 4. NJ	15 000,00 5 000,00	15 120,00 4 560,00
Buchwert nach dem 4. NJ – Abschreibung des 5. NJ	10 000,00 5 000,00	10 560,00 6 600,00
Buchwert nach dem 5. NJ – Abschreibung des 6. NJ	5 000,00 4 999,00	3 960,00 3 959,00
Erinnerungswert	1,00	1,00

Buchwert und Erinnerungswert:

Durch die jährliche Abschreibung wird der Wert der Anlage, der in der Bilanz ausgewiesen wird (Buch- oder Restwert), vermindert. Am Ende der Nutzungsdauer wird der Nullwert erreicht. Befindet sich das Anlagegut nach Ablauf der geschätzten Nutzungsdauer noch im Betriebsvermögen, wird es mit einem Erinnerungswert von 1,00 € im Inventar geführt.

Abschreibungen auf das abnutzbare Anlagevermögen sind Aufwendungen, die im Soll des Aufwandskontos **„Abschreibungen auf Sachanlage“** und im Haben des entsprechenden Anlagekontos als Minderung des Anlagevermögens gebucht werden.

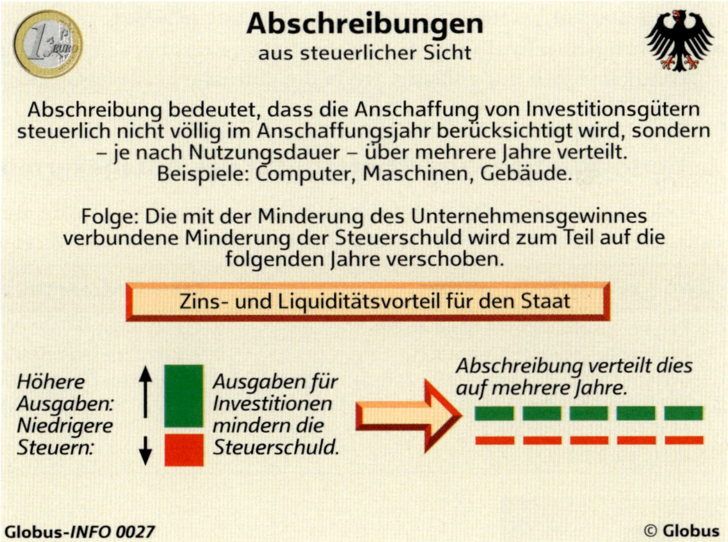

Das Anlagekonto weist dann nach der durchgeführten Abschreibung am Jahresende den Buchwert aus.

Beispiel **Abschlussangabe:** $16\frac{2}{3}$ % lineare Abschreibungen auf Fuhrpark

Buchung:

Abschreibungen auf Sachanlagen 5 000,00 an Fuhrpark 5 000,00

S	Fuhrpark		H
Su	30 000,00	Abschr.	5 000,00
		SBK	25 000,00
	30 000,00		30 000,00

S	Abschreibungen auf Sachanlagen		H
Fuhrpark	5 000,00	GuV	5 000,00

S	SBK		H
Fuhrpark	25 000,00		

S	Gewinn und Verlust		H
Abschr.	5 000,00		

Auswahl der Abschreibungsmethode:

Je nach Anlagegut ergeben sich für die möglichen Abschreibungsmethoden unter betriebswirtschaftlichen Aspekten unterschiedliche Empfehlungen:

- **Lineare Abschreibung:** Sie ist empfehlenswert, wenn bei gleichmäßiger Nutzung auch eine gleichmäßige Abnutzung des Anlagegutes unterstellt wird.
- **Geometrisch-degressive Abschreibung:** Sie wurde zum 01.01.2009 im Rahmen des Konjunkturprogramms für Wirtschaftsgüter, die nach dem 31.12.2008 angeschafft werden, für zwei Jahre zugelassen. Ziel war es, Anreize für neue Investitionen und neue Arbeitsplätze zu schaffen und die schwächelnde rezessive Konjunktur wieder zu beleben.

  Die **geometrisch-degressive Abschreibung** beachtet die höhere Wertminderung aufgrund des technischen Fortschritts in den ersten Nutzungsjahren wesentlich stärker.

  In den ersten Nutzungsjahren werden durch die höheren Abschreibungsbeträge Gewinne verdeckt und vor Versteuerung und Ausschüttung bewahrt.
- **Leistungsabschreibung:** Sie ist empfehlenswert bei schwankender Leistungsabgabe. Steuerrechtlich jedoch nur zulässig, wenn die jährliche Leistungsabgabe nachgewiesen werden kann (z. B. Zähler oder Fahrtenbuch).

Geringwertige Wirtschaftsgüter des Anlagevermögens (GWG)

Es handelt sich um geringwertige **abnutzbare** und **selbstständig nutzbare** Wirtschaftsgüter des Anlagevermögens, für die der Gesetzgeber eine Bewertungs- und Verwaltungsvereinfachung erlaubt.

GWG – selbstständig nutzbar	Keine GWG – nicht selbstständig nutzbar
– Regale, Tische, Stühle, Drehstühle – Beleuchtungskörper (Lampen) – Kisten, Fässer, Flachpaletten zum Transport und zur Lagerung von Waren – Multifunktionsgeräte zum Drucken, Kopieren und Scannen	– Einzelbauteile für Regale – Ersatzreifen und Ersatzteile für Fahrzeuge – Drucker, Maus, Monitor für Personal Computer

Ab 2018 sind **zwei Kategorien** zu unterscheiden, für die ein Wahlrecht genutzt werden kann.

Das Wahlrecht besteht zwischen der 800-Euro-Regel und der Poolabschreibung.

GWG
(anzusetzen sind die Anschaffungs- bzw. Herstellungskosten netto, d. h. ohne Umsatzsteuer)

800-Euro-Regel

bis 800,00 €

Anschaffungen bis 800,00 € netto werden im Anschaffungsjahr in voller Höhe als Aufwand erfasst (Sofortaufwand). Anschaffungen ab 800,01 € netto werden über die Nutzungsdauer abgeschrieben (linear).

Beispiel

Kassenzettel: Barkauf von zwei Heftzangen für 47,60 € einschl. 19 % USt

Buchung

Büromaterial	40,00	
Vorsteuer	7,60	
	an Kasse	47,60

Poolabschreibung

bis 250,00 €

Anschaffungen bis 250,00 € netto werden als Aufwand gebucht (Sofortaufwand).

Beispiel

	€
Kassenquittung:	
Kauf eines Regals, netto	220,00
+ 19 % USt	41,80
	261,80

Buchung bei der Anschaffung

GwG des AV	220,00	
Vorsteuer	41,80	
	an Kasse	261,80

Buchung zum 31.12.

Abschreibungen auf GwG	220,00	
	an GwG	220,00

von 250,01 € bis 1000,00 €

Anschaffungen werden in einem Sammelpool pro Kalenderjahr erfasst und über die Nutzungsdauer von fünf Jahren abgeschrieben. Anschaffungen ab 1000,01 € netto werden über die Nutzungsdauer abgeschrieben (linear).

Beispiel eines Pools im Geschäftsjahr 01

Datum	GWG	AK in €
25.01.	1 Schreibtischstuhl	580,00
28.03.	1 Laptop	998,00
26.06.	1 Schreibtischlampe	253,00
05.09.	1 Regal	776,00
14.11.	1 externe Festpl.	348,00
31.12.	Pool	2 955,00
31.12.	AfA 01: 20 %	591,00
	Buchwert 1	2 364,00

Es ist nicht erlaubt, einen Teil der geringwertigen Wirtschaftsgüter in einen Sammelpool aufzunehmen und einen anderen Teil im Zugangsjahr in voller Höhe abzuschreiben. Es darf je Geschäftsjahr nur eine der beiden Methoden angewendet werden. Nach § 6 Abs. 2a EStG bleiben die Abschreibungen auf einen Jahrespool unverändert, auch wenn während der Nutzungsdauer von fünf Jahren einzelne Wirtschaftsgüter entnommen oder veräußert werden. Außer der Zugangserfassung sind **keine weiteren Aufzeichnungen** und **keine Einzelbewertung** der GWG mehr erforderlich. Mit dieser Vorschrift ist somit eine erhebliche Vereinfachung der jährlichen Inventur verbunden.

Abschreibungen bei Anschaffungen im Laufe des Jahres

Wurde das Anlagegut nach dem 31.12.2003 im Laufe des Jahres angeschafft, gilt für die Bemessung des Abschreibungsbetrages folgende vereinfachende Regelung (§ 7 Abs. 1 EStG). Danach **vermindert** sich im Jahr der Anschaffung oder Herstellung des Wirtschaftsgutes der auf ein Jahr entfallende AfA-Betrag um jeweils ein Zwölftel für jeden vollen Monat, der dem Monat der Anschaffung oder Herstellung vorangeht. Die AfA darf also nur vom Monat der Anschaffung oder Herstellung an vorgenommen werden.

Beispiel Anschaffung eines Pkw am 28.05.20..
Anschaffungswert: 28 200,00 €, betriebsgewöhnliche Nutzungsdauer: 6 Jahre
lineare Abschreibung

AfA-Betrag im Anschaffungsjahr $= \dfrac{AW \cdot (12 - X^*)}{ND \cdot 12} = \dfrac{28\,200 \cdot (12 - 4)}{6 \cdot 12} = 3\,133{,}33$ €

** X = volle Monate vor dem Monat der Anschaffung*

Auch beim Verkauf von Wirtschaftsgütern innerhalb eines Geschäftsjahres muss die Abschreibung zeitanteilig berechnet und berücksichtigt werden, um einen vollständigen Ausweis der Abschreibung in der Gewinn- und Verlustrechnung zu ermöglichen.

▲ Auswirkung der Abschreibung in der Finanzbuchhaltung

Durch die Abschreibung werden die Anschaffungskosten vermindert. Der verbleibende **Restwert in der Bilanz** wird als Buchwert bezeichnet.

In der **GuV-Rechnung** erscheint **die Abschreibung als Aufwand** und somit als Minderung des Gewinnes. Mithilfe der Abschreibung werden somit auch die gewinnabhängigen Steuern, wie z. B. die Körperschaftsteuer in Kapitalgesellschaften (AG und GmbH) oder die Einkommensteuer in Einzelunternehmen und Personengesellschaften (OHG, KG), beeinflusst.

Durch die Verteilung der Anschaffungskosten über die Jahre der Nutzung dient die Abschreibung der richtigen und periodengerechten Erfolgsermittlung.

Im folgenden Schaubild wird verdeutlicht, wie sich die Abschreibungen auswirken:

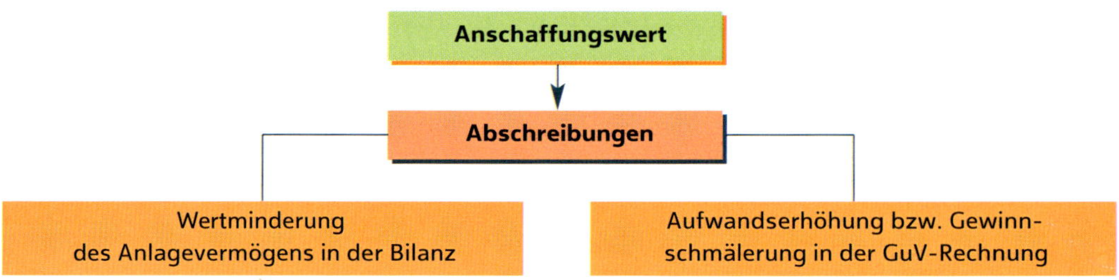

▲ Auswirkung der Abschreibung in der Kalkulation

Abschreibungen werden als Kosten in die Verkaufspreise einkalkuliert (vgl. S. 209, 540 ff.). Über die Umsatzerlöse werden sie dadurch zur Refinanzierung der Anschaffungskosten wieder hereingeholt.

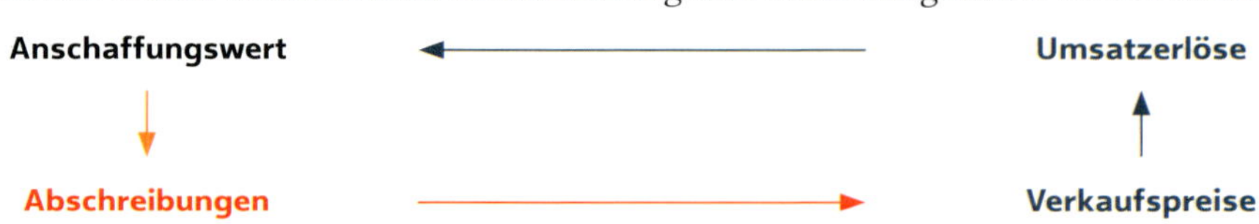

▲ Bedeutung der Abschreibung

Bd. 2

Die Abschreibung ist für das Unternehmen ein bedeutendes Instrument der **Bilanzpolitik** und **Finanzierung**, für den Staat ein wichtiges Instrument der **Wirtschaftspolitik**.

Bedeutung der Abschreibung

- **Instrument der Bilanzpolitik**
  - Bilanz
    - Höhe des Vermögens
    - stille Reserven
    - Kreditwürdigkeit
  - GuV-Rechnung
    - Gewinn/Verlust
    - Besteuerung
    - Ausschüttung
    - Kreditwürdigkeit
- **Instrument der Finanzierung (Ersatz und Erweiterung)**
  - Anschaffungskosten der Betriebsmittel
  - ↓ Kalkulation in die Erzeugnispreise
  - ↓ Forderungen Umsatzerlöse
  - ↓ liquide Mittel (→ zurück zu: Instrument der Finanzierung)
- **Instrument der Wirtschaftspolitik**
  - Erhöhung der AfA-Sätze
    - Aufwandserhöhung
    - Steuerminderung
    - Liquiditätsverbesserung
    - Belebung der Investitionstätigkeit
    - neue Arbeitsplätze
  - Senkung der AfA-Sätze
    - Aufwandsminderung
    - Steuermehrung
    - Liquiditätsverschlechterung
    - nachlassende Investitionstätigkeit

Abschreibungen auf Anlagen

- Anlagegüter werden beim Kauf auf verschiedenen aktiven Bestandskonten erfasst.
- Sie sind dazu bestimmt, dem Unternehmen dauernd (im Sinne von mehrmals) zu dienen.
- Abnutzbare Anlagen erleiden kontinuierlich einen Werteverlust.
- Mithilfe der Abschreibungen werden die Wertminderungen der Sachanlagen erfasst.
- Bei der Buchung der Abschreibung erfolgt die Soll-Buchung auf dem Aufwandskonto „Abschreibungen auf Sachanlagen", die Haben-Buchung auf dem Anlagenkonto.
- Die **Bilanz** weist den berichtigten Wert, den **Buch-** oder **Restwert**, aus.
- Die **Gewinn- und Verlustrechnung** stellt die Abschreibung als **Aufwand** und Minderung des Gewinnes dar.
- Die Höhe des Abschreibungsbetrages ist von der Abschreibungsmethode abhängig.

Abschreibungsmethoden

- **lineare Abschreibung**
  - Abschreibung in gleichbleibenden Jahresbeträgen
  - **Abschreibungsbetrag** $= \frac{\text{Anschaffungswert}}{\text{Nutzungsdauer}}$
  - **AfA-Satz** $= \frac{100}{\text{Nutzungsdauer}}$
  - unterstellt gleichmäßigen Werteverzehr
- **geometrisch-degressive Abschreibung**
  - Buchwertabschreibung bei gleichbleibendem Abschreibungssatz
  - berücksichtigt höhere Wertminderung in den ersten Nutzungsjahren aufgrund der technischen Überholung
- **Abschreibung nach Maßgabe der Leistung**
  - Leistungsabgabe muss nachgewiesen werden über Zählwerk, Fahrtenbuch
  - **Abschreibungsbetrag:** $\frac{\text{AK} \cdot \text{Jahresleistung}}{\text{Gesamtleistung}}$
  - Abschreibungsrate verhält sich proportional zur Leistungsabgabe

- Die Abschreibung ist ein bedeutendes Instrument der Bilanzpolitik, der Finanzierung und der Wirtschaftspolitik.

GWG des Anlagevermögens

- **800-Euro-Regel**
  - **Anschaffungs- oder Herstellungskosten** bis 800,00 € Nettowert
    - Sie **können** bei der Anschaffung sofort als Aufwand gebucht werden.
- **Poolabschreibung**
  - **Anschaffungs- oder Herstellungskosten** bis 250,00 € Nettowert
    - Sie **können** sofort als Aufwand erfasst werden.
  - **Anschaffungs- oder Herstellungskosten** von 250,01 € bis 1000,00 € Nettowert
    - Sie **können** pro Jahr auf einem Sammelkonto (Pool) erfasst und dann über fünf Jahre abgeschrieben werden.

1 Berechnen Sie den Abschreibungsbetrag und den Abschreibungssatz einer Maschine für das zweite Jahr der Nutzungsdauer bei linearer Abschreibung und stellen Sie den verbleibenden Buchwert fest.
Anschaffungskosten 43680,00 €, betriebsgewöhnliche Nutzungsdauer sieben Jahre.

2 Über eine Maschine liegen folgende Informationen vor:

Anschaffungskosten	600000,00 €
betriebsgewöhnliche Nutzungsdauer	12 Jahre

Stellen Sie einen Abschreibungsplan für die ersten drei Nutzungsjahre nach der linearen Abschreibung auf.

3 Nach der Anlagendatei besitzt ein Industriebetrieb folgende Anlagen:

Anlagegüter lt. Anlagendatei	Anschaffungsjahr	Anschaffungskosten in €	betriebsgewöhnliche Nutzungsdauer in Jahren
1 Lastkraftwagen	Jan. 2017	180000,00	9
1 Elektrolastwagen	Jan. 2016	60000,00	5
1 Bürocomputer	Jan. 2018	2000,00	5
1 Panzerschrank	Jan. 2015	14000,00	10

Berechnen Sie bei gleichmäßiger Abschreibung vom Anschaffungswert die Buchwerte dieser Anlagen zum Geschäftsjahresende 31. Dezember 2018.

4 Am Anfang des Geschäftsjahres wurde ein Lkw für 99000,00 € eingekauft. Die betriebsgewöhnliche Nutzungsdauer wird auf neun Jahre geschätzt.
a) Ermitteln Sie bei linearer Abschreibung
   aa) den Abschreibungssatz,
   ab) den Abschreibungsbetrag,
   ac) den Buchwert nach dem ersten Jahr.
b) Bilden Sie die Buchungssätze zum 31. Dezember
   ba) zur Erfassung der Abschreibung,
   bb) zum Abschluss des Kontos „Abschreibungen auf Sachanlagen“,
   bc) zum Abschluss des Kontos „Fuhrpark“.

5 Entscheiden Sie, welche der folgenden Aussagen auf die lineare Abschreibung zutreffen.
a) Der Abschreibungsbetrag wird jährlich mithilfe eines festen Prozentsatzes vom Anschaffungswert berechnet.
b) Der Abschreibungsbetrag wird jährlich mithilfe eines festen Prozentsatzes vom Buchwert berechnet.

c) Am Ende der geschätzten Nutzungsdauer wird der Nullwert immer erreicht.
d) Es wird eine gleich bleibende Abnutzung unterstellt.
e) Die Wertminderung des Anlagegutes wird gleichmäßig auf die Jahre der Nutzung verteilt.

6 Die Buchwerte von vier Anlagegegenständen zeigen nach linearer Abschreibung folgende Entwicklung im Laufe der Nutzungsjahre:

Anlagegut	Anschaffungswert in €	Buchwert nach dem 1. Jahr	Buchwert nach dem 2. Jahr
A	69000,00	64687,50	60375,00
B	176000,00	154000,00	132000,00
C	42900,00	40040,00	37180,00
D	125500,00	100400,00	75300,00

Ermitteln Sie für die vier Anlagegegenstände
a) die Abschreibungssätze,
b) die betriebsgewöhnliche Nutzungsdauer,
c) die Buchwerte zum Ende des dritten Nutzungsjahres.

7 Vor Durchführung der Abschreibung weisen die Positionen des Sachanlagevermögens folgende Anschaffungskosten in Euro aus:

Gebäude 870000,00
Geschäftsausstattung 120000,00
Lager- und Transporteinrichtungen 270000,00
Fuhrpark 420000,00

Die Abschreibungssätze für die lineare Abschreibung betragen für:

Gebäude .... 2 %
Geschäftsausstattung .... 10 %
Lager- u. Transporteinrichtungen . $8^1/_3$ %
Fuhrpark .... 10 %

Bilden Sie die Buchungssätze mit Beträgen
a) zur Erfassung der Abschreibung,
b) zum Abschluss des Kontos Abschreibungen,
c) zum Abschluss der Anlagekonten.

8 Skizzieren Sie in einem Diagramm die Entwicklung von Buchwert und Abschreibungsbetrag bei einer linearen Abschreibung und bei einer geometrisch-degressiven Abschreibung.

9

Gegenstand	Anschaffungstag	Anschaffungswert	Nutzungsdauer
1. Maschine	3. Februar	80000,00 €	8 Jahre
2. Lkw	5. Juli	120000,00 €	10 Jahre
3. Locher	9. Dezember	38,00 €	10 Jahre
4. Kopierer	5. August	780,00 €	5 Jahre

a) Bilden Sie die Buchungssätze bei der Anschaffung (Banküberweisung bzw. Girocard).
b) Berechnen Sie, mit welchem Betrag die einzelnen Gegenstände am Jahresende zu bilanzieren sind (es wird grundsätzlich linear abgeschrieben).
c) Bilden Sie die Buchungssätze am Jahresende zur Erfassung der Abschreibung.

10 Kauf einer Maschine gegen Banküberweisung einschl. 19 % USt. .... 546210,00 €
Die betriebsgewöhnliche Nutzungsdauer wird auf 16 Jahre festgelegt. Die Leistungsabgabe wird auf 102000 Arbeitsvorgänge geschätzt.

a) Bilden Sie den Buchungssatz beim Kauf der Maschine.
b) Stellen Sie einen Abschreibungsplan für die ersten drei Abschreibungsjahre bei linearer Abschreibung und bei Abschreibung nach Leistungseinheiten auf.
Die Leistungsabgabe wird im ersten Jahr auf 8568, im zweiten Jahr auf 9588, im dritten Jahr auf 4386 Arbeitsvorgänge geschätzt.
c) Vergleichen Sie die Abschreibungsbeträge und treffen Sie eine begründete Entscheidung für eine bestimmte Abschreibungsmethode in folgenden Fällen:
   ca) Das Unternehmen beabsichtigt, mithilfe der Abschreibung den technischen Verschleiß möglichst genau zu erfassen.
   cb) Das Unternehmen ist bemüht, die Aufwandsstruktur für Zwecke der Kalkulation aus Wettbewerbsgründen weitgehend konstant zu gestalten.

11 Ein Industrieunternehmen gibt folgende Daten zu einer Produktionsanlage bekannt:

Anschaffungskosten	285 600,00 €
betriebsgewöhnliche Nutzungsdauer	12 Jahre
Gesamtleistung in Vorgängen	204 000
Leistungsabgabe im 1. Jahr	10 608
angenommener Gewinn vor AfA	200 000,00 €
angenommener Einkommensteuersatz	30 %

Berechnen Sie
a) den linearen AfA-Betrag,
b) den linearen AfA-Satz,
c) die AfA nach Leistungseinheiten im ersten Jahr,
d) die Einkommensteuerersparnis im ersten Jahr, falls als AfA die lineare Abschreibung statt der Abschreibung nach Leistungseinheiten angesetzt würde.

12 Berechnen Sie die Abschreibungssätze für die lineare Abschreibung beim Vorliegen einer Nutzungsdauer von 5, 6, 8, 10, 12, 16 und 20 Jahren.

13 Erläutern Sie die Auswirkung der linearen Abschreibung bzw. der geometrisch-degressiven Abschreibung in der Bilanz und im GuV-Konto.

14 Berechnen Sie die Abschreibung nach Maßgabe der Leistung und den Buchwert für das erste Nutzungsjahr:

Anlagegut	Lkw
betriebsgewöhnliche Nutzungsdauer	8 Jahre
geschätzte Gesamtleistung	480 000 km
Anschaffungskosten	168 000,00 €
Leistungsabgabe im 1. Nutzungsjahr laut Zähler	64 800 km

15 Ein Lkw mit einem Anschaffungswert von 160 000,00 € wird nach Maßgabe der Leistung abgeschrieben. Es wird von einer Gesamtleistung während der Nutzungsdauer von 400 000 km ausgegangen.
a) Berechnen Sie, mit welchem Wert der Lkw am Ende des dritten Nutzungsjahres zu erfassen ist, wenn er im 1. Jahr 50 000 km, im 2. Jahr 62 000 km und im dritten Jahr 54 000 km fuhr.
b) Erläutern Sie, welchen Vorteil und welchen Nachteil diese Abschreibungsmethode hat.

16 Für die Maschinen A und B liegen Ihnen	**16**	**17**
17 folgende Informationen vor:	Maschine A	Maschine B
Anschaffungskosten	306 000,00 €	107 100,00 €
betriebsgewöhnliche Nutzungsdauer	16 Jahre	20 Jahre
geschätzte Gesamtkapazität in Arbeitsvorgängen	204 000 Vorgänge	306 000 Vorgänge
geschätzte Leistungsabgabe im 1. Nutzungsjahr	12 920 Vorgänge	12 112 Vorgänge
geschätzte Leistungsabgabe im 2. Nutzungsjahr	12 240 Vorgänge	22 950 Vorgänge
geschätzte Leistungsabgabe im 3. Nutzungsjahr	10 880 Vorgänge	15 300 Vorgänge

Stellen Sie einen Abschreibungsplan für die ersten drei Nutzungsjahre nach der linearen sowie der Abschreibung nach Leistungseinheiten für beide Maschinen auf (vgl. AfA-Tabelle S. 205).

18 Bearbeiten Sie folgende Geschäftsfälle einer Industrieunternehmung:

	€	€
1. ER: Kauf einer Maschine für den Kundendienst		
Listenpreis, netto	31 809,14	
– 12,5 % Messerabatt	3 976,14	27 833,00
+ 19 % USt.	5 288,27	33 121,27
2. KB: Barzahlung der Fracht für das Anlagegut einschl. 19 % USt.		198,73
Die betriebsgewöhnliche Nutzungsdauer des Anlagegutes beträgt		20 Jahre

a) Geben Sie die Buchungssätze für die obigen Geschäftsfälle an.
b) Berechnen Sie die Anschaffungskosten der Maschine.
c) Berechnen Sie
 ca) die lineare Abschreibungsrate,
 cb) den linearen Abschreibungssatz.
d) Geben Sie den Buchungssatz an
 da) für die Abschreibung zum Ende des ersten Nutzungsjahres,
 db) für die Buchung des Buchwertes des Anlagegutes nach dem ersten Nutzungsjahr.

19 Die Buchwerte von vier Anlagegegenständen zeigen folgende Entwicklung im Laufe der Nutzungsjahre:

Anlagegut	Anschaffungswert	Buchwert nach dem 1. Jahr	Buchwert nach dem 2. Jahr	Buchwert nach dem 3. Jahr	Buchwert nach dem 4. Jahr	Buchwert nach dem 5. Jahr
A	176000,00	165000,00	154000,00	143000,00	132000,00	121000,00

Ermitteln Sie
a) die angewandte Abschreibungsmethode,
b) den AfA-Satz,
c) die betriebsgewöhnliche Nutzungsdauer,
d) den Buchwert zum Ende des sechsten Jahres.

20 Für eine EDV-Anlage mit einem Anschaffungswert von 80000,00 € und einer betriebsgewöhnlichen Nutzungsdauer von acht Jahren ist die Abschreibungsmethode festzulegen. Diskutieren Sie die Methoden unter folgenden Gesichtspunkten:
a) Darstellung der Ertragslage
b) Darstellung der Vermögenslage

Treffen Sie eine begründete Entscheidung, wenn mit einer schwankenden Ertragslage und einer schwankenden Auslastung der Anlage zu rechnen ist.

21 Erläutern Sie, welche der folgenden Aussagen
(1) auf die lineare Abschreibung und (2) auf die Abschreibung nach Maßgabe der Leistung zutreffen.

Aussagen
a) Die Abschreibungsbeträge werden von Jahr zu Jahr kleiner.
b) Die Abschreibungsbeträge werden immer vom Anschaffungswert berechnet.
c) Bei ihr wird von Jahr zu Jahr eine gleichmäßige Abnutzung unterstellt.
d) Die Abschreibungsbeträge sind von Jahr zu Jahr gleich.
e) Der Abschreibungssatz beträgt: $\frac{100}{\text{Nutzungsdauer}}$
f) Der Abschreibungsbetrag ergibt sich aus der Rechnung: $\frac{\text{Anschaffungskosten} \cdot \text{Jahresleistung}}{\text{Gesamtleistung}}$

22

Gegenstand	Anschaffungspreis	Anschaffungsnebenkosten	Nutzungsdauer
1. PC	980,00	–	3
2. Locher	40,00	–	10
3. Kleintransporter	31000,00	1000,00	8
4. Scanner-Kasse	11500,00	500,00	6

a) Berechnen Sie, mit welchem Betrag die einzelnen Gegenstände am Jahresende zu bilanzieren sind, wenn grundsätzlich die lineare Abschreibung gewählt wurde.
b) Erläutern Sie am Beispiel des „PCs“ und des „Lochers“ die Bewertung geringwertiger Wirtschaftsgüter des Anlagevermögens.
c) Bilden Sie die Buchungssätze am Jahresende zur Erfassung der Abschreibung.

23 Erläutern Sie folgende Aussage an einem Beispiel: **„Die Abschreibung dient der Verteilung der Anschaffungskosten auf die Jahre der Nutzung der Anlage.“**

24 Erläutern Sie folgende Aussage an einem Beispiel: **„Die Abschreibung dient der Erfassung der Wertminderung und der Refinanzierung der Anschaffungskosten.“**

25 Erläutern Sie anhand des Schaubildes auf S. 209 die Bedeutung der Abschreibung als
a) Instrument der Bilanzpolitik,
b) Instrument der Finanzierung,
c) Instrument der Wirtschaftspolitik.

6.8 Ermittlung und Buchung des Arbeitsentgeltes

Nun arbeitet Frau Blum schon fast einen Monat als Sachbearbeiterin für Messen in der Bürodesign GmbH. In den nächsten Tagen erwartet sie die erste Gehaltszahlung auf ihrem Bankkonto. Im Arbeitsvertrag hatte sie nach etwas längerer Verhandlung für das erste Dienstjahr einem angebotenen Bruttomonatsgehalt von 3 008,00 € zugestimmt, nachdem ihr Frau Friedrich gesagt hat: „Sie liegen damit schon 10 % über Tarifvertrag. Im Übrigen kosten Sie mich jeden Monat ca. 5 100,00 €."

Silvia Land, die seit einem Monat in der Lohnbuchhaltung ist und das Gespräch mit Frau Friedrich mitbekommen hat, meint: „Das versteht doch keiner. Was verdient sie denn jetzt wirklich?"

- Stellen Sie Argumente für die unterschiedliche Auffassung beider Verhandlungspartner zur Höhe des Arbeitsentgelts gegenüber.
- Ermitteln Sie das Gehalt gemäß Tarifvertrag.
- Begründen Sie, weshalb Frau Friedrich einem Gehalt über Tarifvertrag zugestimmt hat.
- Erläutern Sie die Behauptungen von Frau Friedrich, dass Frau Blum den Betrieb ca. 5 100,00 € kostet.
- Führen Sie die Gehaltsabrechnung durch. Frau Blum ist ledig (Steuerklasse I), evangelisch und hat keine Kinder.

Arbeitsentgelt

Die Arbeitnehmer stellen dem Unternehmen ihre Arbeitskraft zur Verfügung. Als Vergütung dafür (Arbeitsentgelt) erhalten die **Arbeiter Löhne**, die **Angestellten Gehälter**.

Löhne und **Gehälter** sind für den Arbeitnehmer **Einkommen**, für das Unternehmen (Arbeitgeber) **Aufwand**.

Die Höhe des Einkommens bestimmt das Maß der **Bedürfnisbefriedigung** und damit den **Lebensstandard** der Gehaltsempfänger. Die Forderung nach steigendem Einkommen hat hier und in der **Kaufkraftentwertung** ihre Wurzeln.

Im Großhandelsbetrieb zählen die Gehälter zu den bedeutendsten **Aufwendungen**. Die Höhe der Gehälter beeinflusst somit

- die **Höhe der Selbstkosten** und **Verkaufspreise**,
- die **Wettbewerbsfähigkeit** und
- die **Höhe des Gewinns**.

Mit diesem Argument werden die Gewerkschaften zur Mäßigung ihrer Forderungen von den Arbeitgeberverbänden aufgerufen.

Grundlage für die Bemessung sind die in Tarifverträgen festgelegten Gehälter. Von Mitgliedern des Tarifverbandes dürfen die tariflichen Gehälter nicht unterschritten, wohl überschritten werden.

Beispiel Laut Tarifvertrag beträgt das Gehalt für Frau Blum 2 734,55 €. Die Primus GmbH zahlt ihr 10 % mehr, also 3 008,00 €.

Nichtmitglieder sind nicht tarifgebunden. Sie unterschreiten die Tarifgehälter nicht selten um 25 % bis 30 %.

Steuerpflichtiger oder steuerfreier Arbeitslohn

Steuerpflichtige Einkünfte

Mit dem Bezug von Lohn bzw. Gehalt wird der Arbeitnehmer **lohnsteuerpflichtig**. Gegenstand des Lohnsteuerabzugs ist der **Arbeitslohn**. Dazu zählen grundsätzlich alle Einnahmen, die dem Arbeitnehmer aus seinem Dienstverhältnis zufließen.

Es ist gleichgültig,

- ob es sich um einmalige oder regelmäßige Einnahmen oder
- ob es sich um Geld-, Sachbezüge oder geldwerte Vorteile handelt.

Laufende und einmalige Geldzahlungen	Sachbezüge und andere geldwerte Vorteile
– Löhne und Gehälter zuzüglich etwaiger Zulagen und Zuschläge, VwL, Überstunden, Zuschläge für Nacht-, Sonn- und Feiertagsarbeit – Provisionen – 13. Monatsgehalt – Einmalige Abfindungen und Entschädigungen – Urlaubsgeld, Weihnachtsgeld – Erfindervergütung	– verbilligte oder freie Wohnung – verbilligte oder freie Verpflegung – kostenlose oder verbilligte Überlassung von Waren – kostenlose oder verbilligte Überlassung von Kraftfahrzeugen für Privatzwecke – Fahrkostenzuschüsse

Steuerfreie Einkünfte:

Für bestimmte Einkünfte, die der Arbeitnehmer aus besonderen Anlässen erhält, hat der Gesetzgeber bis zu einer Höchstgrenze Steuerfreiheit vorgesehen.

Beispiel Leistungen nach dem Mutterschutzgesetz, Arbeitslosengeld I, Insolvenzgeld, Kurzarbeitergeld sind steuerfrei, unterliegen jedoch dem Progressionsvorbehalt.

Vom Brutto- zum Nettoentgelt

Lohnsteuer

Die Lohnsteuer ist eine **besondere Erhebungsform** der **Einkommensteuer**. Sie wird bei **Einkünften** aus **nicht selbstständiger Arbeit** vom steuerpflichtigen Arbeitsentgelt erhoben.

Der Arbeitgeber ist durch Gesetz (vgl. § 38 Abs. 3 EStG) verpflichtet, folgende Abzüge vom **steuerpflichtigen Bruttogehalt** einzubehalten und an das **Finanzamt** abzuführen.

- Lohnsteuer
- Solidaritätszuschlag
- Kirchensteuer

→ **Finanzamt**

Der Arbeitnehmer ist Schuldner der Lohnsteuer. Der Arbeitgeber haftet für deren Einbehaltung und Abführung.

Höhe der Lohnsteuer: Die einbehaltene Lohnsteuer richtet sich nach

- der **Höhe des Arbeitslohnes**,
- der **Steuerklasse** (Familienstand, Kinder des Arbeitnehmers, Zahl der Arbeitsverträge),
- dem **Einkommensteuertarif**,
- den **Tabellenfreibeträgen**,
- möglichen **persönlichen Freibeträgen** lt. Lohnsteuerkarte.

Lohnsteuerklassen: Die Lohnsteuerklassen, denen die Arbeitnehmer zugeordnet werden, spiegeln die gesellschaftspolitische Zielsetzung wider (Förderung von Ehe und Familie). Die Zuordnung der Arbeitnehmer ist von deren Familienstand (ledig, verheiratet), **Kinderfreibeträgen** und der **Zahl der Arbeitsverträge** abhängig.

Klasse	Zuordnungskriterien
I	Arbeitnehmer, die ledig sind, oder Verheiratete, die verwitwet oder geschieden sind.
II	Die in der Steuerklasse I genannten Personen, wenn ihnen der Entlastungsfreibetrag für Alleinerziehende zusteht.
III	Verheiratete Arbeitnehmer, wenn der Ehegatte keinen Arbeitslohn bezieht oder wenn der Ehegatte in die Steuerklasse V eingestuft ist.
IV	Verheiratete Arbeitnehmer, wenn beide Ehegatten Arbeitslohn beziehen.
V	Verheiratete Arbeitnehmer; wenn der Ehegatte ebenfalls Arbeitslohn bezieht und die Einstufung des einen Ehegatten in die Steuerklasse III auf Antrag beider Ehegatten erfolgt.
VI	Arbeitnehmer, die gleichzeitig Arbeitslohn von mehreren Arbeitgebern beziehen; Eintragung auf der zweiten oder jeder weiteren Steuerkarte

Durch das System der Steuerklassen wird erreicht, dass unterschiedliche Einkommensteuertarife (Grund- und Splittingtarif) sowie verschiedene Frei- und Pauschbeträge bei der Lohnsteuerberechnung berücksichtigt werden können.

Berufstätige **Ehepaare** werden grundsätzlich gemeinsam besteuert. Der Arbeitgeber kann jedoch die Lohnsteuer jeweils nur von dem Lohn berechnen, den einer der Ehegatten bei ihm verdient. Damit Ehegatten mit ihren Steuerabzügen aber dem Betrag, den sie aufgrund ihres gemeinsamen Einkommens im Jahr zu zahlen haben, möglichst nahe kommen, können sie zwischen zwei **Steuerklassenkombinationen** wählen: die **Kombination IV/IV** bei gleich hohem Arbeitslohn, die **Steuerklassenkombination III/V** bei erheblich höherem Lohn eines Ehegatten.

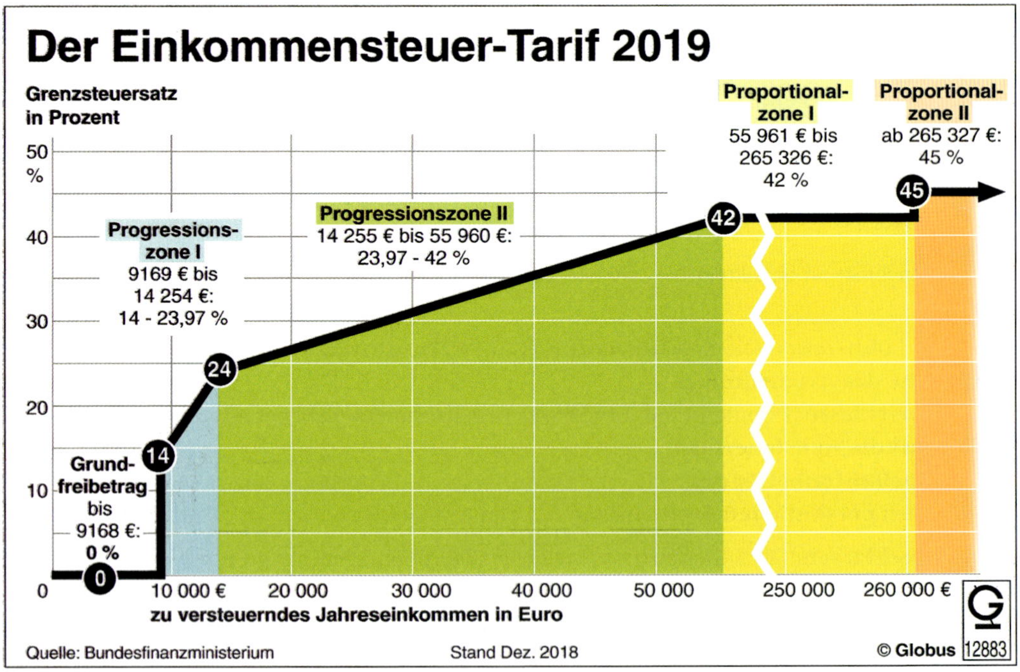

Steuerersparnis für Ehepaare: Ehepartner, die gemeinsam zur Einkommensteuer veranlagt werden, behandelt das Finanzamt steuerlich wie eine Person. Dazu werden die zu versteuernden Jahreseinkommen der beiden Ehepartner addiert. Die Summe wird durch zwei geteilt und erst dann jeweils versteuert. Dieses Verfahren wird **Ehegattensplitting** genannt.

Das führt normalerweise zu einer geringeren Steuerbelastung, als wenn beide Partner einzeln besteuert werden. Je größer der Einkommensunterschied zwischen beiden Ehepartnern ist, desto größer ist die Steuerersparnis.

Persönliche Lohnsteuerfreibeträge lt. elektronischer Lohnsteuerbescheinigung: Mögliche Freibeträge (z. B. erhöhte Sonderausgaben, Werbungskosten und außergewöhnliche Belastungen) werden auf Antrag des Arbeitnehmers **vom Finanzamt** auf der Lohnsteuerbescheinigung als **persönlicher Freibetrag eingetragen**. Außerdem können, wenn der Arbeitnehmer eine Einkommensteuer-Veranlagung beantragt, Werbungskosten, Sonderausgaben und außergewöhnliche Belastungen geltend gemacht werden.

Beispiel Frau Lapp, Mitarbeiterin im Rechnungswesen der Bürodesign GmbH, die ein Bruttogehalt von 2 147,00 € erhält, hat sich auf Antrag einen Jahressteuerfreibetrag wegen erhöhter Werbungskosten von 2 400,00 € pro Jahr in die Steuerkarte eintragen lassen. In diesem Fall wird die Lohnsteuer von 1 947,00 € ermittelt (2 147,00 € – 2 400,00 € : 12).

Werbungskosten	Sonderausgaben	Außergewöhnliche Belastungen
= Aufwendungen des Arbeitnehmers zum Erwerb, zur Sicherung und Erhaltung des Arbeitslohnes	= bestimmte im Gesetz aufgeführte Aufwendungen	= vergleichsweise erhöhte Belastungen, denen sich der Steuerpflichtige aus rechtlichen und sittlichen Gründen nicht entziehen kann
– verkehrsmittelabhängige Entfernungspauschale zwischen Wohnung und Arbeitsstätte – Berufskleidung – Kosten für Arbeitszimmer, das Mittelpunkt der beruflichen Tätigkeit sein muss – Fachbücher, Fachzeitschriften – Beiträge zu Berufsverbänden und Gewerkschaften – Fortbildungskosten im ausgeübten Beruf – beruflich veranlasste Umzugskosten	**Vorsorgeaufwendungen** – Beiträge zur Kranken-, Renten-, Arbeitslosen- und Pflegeversicherung – Unfall- und Lebensversicherung – Bausparbeiträge **übrige Sonderausgaben** – Unterhaltsleistungen an den geschiedenen oder dauernd getrennt lebenden Ehegatten – Kosten der eigenen Berufsausbildung – Kirchensteuer – Steuerberatungskosten – Spenden	– Beerdigungskosten – außergewöhnliche Krankheitskosten – Kuren – Sonderbedarf bei Berufsausbildung – Aufwendungen für eine Haushaltshilfe – Aufwendungen für Heim- und Pflegeunterbringung – Pauschalbeträge für behinderte Menschen – Kinderbetreuungskosten

Die elektronische Lohnsteuerkarte: Der Arbeitgeber benötigt vom Arbeitnehmer bestimmte Informationen, um die Lohnsteuer zu berechnen und an das Finanzamt abführen zu können: Steuerklasse, Kinder, Freibeträge, Religionszugehörigkeit.

Diese Informationen (**E**lektronische **L**ohn**St**euer**A**bzugs**M**erkmale – **ELStAM**) werden in einer Datenbank der Finanzverwaltung hinterlegt und den Arbeitgebern elektronisch bereitgestellt.

Für die Pflege der Lohnsteuerabzugsmerkmale (z. B. Kinder, Steuerklassenwechsel, andere Freibeträge) sind die Finanzämter zuständig. **Für melderechtliche Änderungen**, wie z. B. Heirat, Geburt eines Kindes, Kirchenein- oder -austritt, sind die **Meldebehörden** zuständig.

Das Verfahren wird vereinfacht mit folgender Skizze des Bundesministeriums der Finanzen dargestellt:

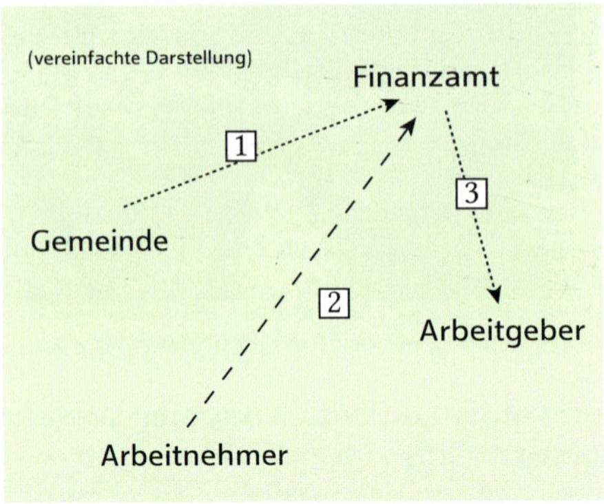

Legende

① *Für den Lohnsteuerabzug wichtige melderechtliche Änderungen erhält das Finanzamt von der Meldebehörde auf elektronischem Wege.*

② *Die Arbeitnehmer beantragen antragsgebundene Einträge und Freibeträge beim Finanzamt und schicken diesem ihre Steuererklärung auf elektronischem Wege.*

③ *Auf elektronischem Wege rufen die Arbeitgeber alle für den Lohnsteuerabzug wichtigen Besteuerungsmerkmale vom Finanzamt ab, und zwar mithilfe der dazu nötigen Identifikationsdaten:*

- *Steuernummer der lohnsteuerlichen Betriebsstätte des Arbeitgebers*
- *Identifikationsnummer des Arbeitnehmers*
- *Geburtsdatum des Arbeitnehmers*

Bei Beginn einer neuen Beschäftigung müssen Arbeitnehmer und Arbeitnehmerinnen ihrem **Arbeitgeber** einmalig ihr **Geburtsdatum**, ihre **Identifikationsnummer** (IdNr.) und die Auskunft erteilen, ob es sich um das **Haupt-** oder **Nebenbeschäftigungsverhältnis** handelt.

Elektronische Lohnsteuerbescheinigung: Bei Beendigung des Dienstverhältnisses oder am Ende des Kalenderjahres hat der Arbeitgeber die Lohnkonten abzuschließen und dem Arbeitnehmer gemäß Steuerdaten-Übermittlungsverordnung spätestens bis zum 28. Februar des Folgejahres eine elektronische Lohnsteuerbescheinigung zu übermitteln bzw. der Finanzverwaltung bereitzuhalten.

Solidaritätszuschlag:

Seit dem 31. Dezember 1994 wird ein Solidaritätszuschlag erhoben. Er beträgt zurzeit 5,5 % der Lohnsteuer (2019). Er wird unter Berücksichtigung von Kinderfreibeträgen in der Lohnsteuertabelle getrennt ausgewiesen. Am 10. des auf die Lohnzahlung folgenden Monats ist er zusammen mit der Lohn- und Kirchensteuer an das Finanzamt abzuführen.

Kirchensteuer:

Neben der Lohnsteuer muss der Arbeitgeber bei der Lohn- und Gehaltsabrechnung an Mitarbeiter, die einer steuererhebenden Religionsgemeinschaft angehören, Kirchensteuer abziehen und an das Finanzamt abführen. Die **Kirchensteuer** ist **nicht** in allen Bundesländern **gleich hoch**. Sie beträgt in Bayern und Baden-Württemberg 8 % und in den übrigen Bundesländern **9 % der Lohnsteuer**. Ein eventueller Kinderfreibetrag ist in die Lohnsteuertabelle eingearbeitet.

Kindergeld:

Seit 1. Juli 2019 beträgt das Kindergeld monatlich

- für das erste und zweite Kind je 204,00 €,
- für das dritte Kind 210,00 €,
- für jedes weitere Kind 235,00 €.

Arbeitnehmer erhalten das Kindergeld monatlich von den Familienkassen der Arbeitsämter als Steuervergütung ausbezahlt. Auf die Höhe der Lohnsteuer hat die bescheinigte Zahl der Kinderfreibeträge keinen Einfluss.

Ermittlung der Lohnsteuer, des Solidaritätszuschlags und der Kirchensteuer aus Lohnsteuertabellen

Lohnsteuertabellen dienen der schnellen Durchführung des Lohnsteuerabzugs. In ihnen werden die Abzüge für die einzelnen Steuerklassen unter Berücksichtigung der Tabellenfreibeträge ausgewiesen. Aus der Lohnsteuertabelle können häufig auch der Solidaritätszuschlag, die Kirchensteuer, die Krankenversicherung, die Rentenversicherung, die Arbeitslosenversicherung und die Pflegeversicherung entnommen werden.

Arbeit mit der Lohnsteuertabelle	
1.	**Ermitteln Sie zuerst das steuerpflichtige Bruttogehalt:**
	Grundgehalt (lt. Arbeits- oder Tarifvertrag)
+	Zuschläge (z. B. Überstunden)
+	Sonstige Beträge (z. B. Arbeitgeberanteil zur vermögenswirksamen Leistung, Job Ticket)
=	Sozialversicherungspflichtiges Bruttogehalt: Berechnungsgrundlage für die Sozialversicherungsbeiträge vom AN und AG
–	Steuerfreibetrag
=	Steuerpflichtiges Bruttogehalt: Berechnungsgrundlage der Lohnsteuer, des SolZ und der KiSt
2.	**Ermittlung der Lohnsteuer**
	Stimmt der Tabellenwert nicht mit dem steuerpflichtigen Bruttogehalt überein, ist die Lohnsteuer vom nächsthöheren Tabellenwert zu wählen. Achten Sie dabei auf die Steuerklasse und ob Sie sich im Teil der Tabelle ohne Kinderfreibeträge oder mit Kinderfreibeträgen befinden.
3.	**Ermittlung des Solidaritätszuschlags und der Kirchensteuer**
	Lesen Sie den SolZ und die KiSt unter der Zahl der Kinderfreibeträge des Arbeitnehmers ab. Der Kinderfreibetrag sowie der Freibetrag für Betreuungs-, Erziehungs- und Ausbildungsbedarf werden nur bei der Ermittlung des Solidaritätszuschlags und der Kirchensteuer steuermindernd berücksichtigt. Sie betragen zusammen 7620,00 € (2019) pro Kind und sind in der Tabelle eingearbeitet. (Geschiedenen bzw. dauernd getrennt lebenden Ehepartnern steht bei einem Kind jeweils der halbe Freibetrag zu.)

Lohnabzugstabellen (Stand 2019):

Abzüge an Lohnsteuer, Solidaritätszuschlag (SolZ) und Kirchensteuer (8%, 9%) in den Steuerklassen

Lohn/ Gehalt bis €*	I – VI		ohne Kinderfreibeträge			I, II, III, IV		mit Zahl der Kinderfreibeträge . . . 0,5			1			1,5			2			2,5			3		
		LSt	SolZ	8%	9%		LSt	SolZ	8%	9%	SolZ	8%	9%	SolZ	8%	9%	SolZ	8%	9%	SolZ	8%	9%	SolZ	8%	9%
1 847,99	I,IV	148,83	8,18	11,90	13,39	I	148,83	—	5,68	6,39	—	0,78	0,87	—	—	—	—	—	—	—	—	—	—	—	—
	II	109,16	5,63	8,73	9,82	II	109,16	—	2,98	3,35	—	—	—	—	—	—	—	—	—	—	—	—	—	—	—
	III	—	—	—	—	III	—	—	—	—	—	—	—	—	—	—	—	—	—	—	—	—	—	—	—
	V	367,08	20,18	29,36	33,03	IV	148,83	5,63	8,73	9,82	—	5,68	6,39	—	2,99	3,36	—	0,78	0,87	—	—	—	—	—	—
	VI	401,—	22,05	32,08	36,09																				
1 850,99	I,IV	149,50	8,22	11,96	13,45	I	149,50	—	5,72	6,44	—	0,80	0,90	—	—	—	—	—	—	—	—	—	—	—	—
	II	109,75	5,75	8,78	9,87	II	109,75	—	3,02	3,40	—	—	—	—	—	—	—	—	—	—	—	—	—	—	—
	III	—	—	—	—	III	—	—	—	—	—	—	—	—	—	—	—	—	—	—	—	—	—	—	—
	V	368,08	20,24	29,44	33,12	IV	149,50	5,76	8,78	9,88	—	5,72	6,44	—	3,02	3,40	—	0,80	0,90	—	—	—	—	—	—
	VI	402,—	22,11	32,16	36,18																				
1 922,99	I,IV	165,—	9,07	13,20	14,85	I	165,—	0,96	6,86	7,72	—	1,60	1,80	—	—	—	—	—	—	—	—	—	—	—	—
	II	124,66	6,85	9,97	11,21	II	124,66	—	3,99	4,49	—	—	—	—	—	—	—	—	—	—	—	—	—	—	—
	III	—	—	—	—	III	—	—	—	—	—	—	—	—	—	—	—	—	—	—	—	—	—	—	—
	V	393,—	21,61	31,44	35,37	IV	165,—	6,86	9,98	11,22	0,96	6,86	7,72	—	4,—	4,50	—	1,60	1,80	—	—	—	—	—	—
	VI	422,66	23,24	33,81	38,03																				
1 925,99	I,IV	165,66	9,11	13,25	14,90	I	165,66	1,10	6,92	7,78	—	1,63	1,83	—	—	—	—	—	—	—	—	—	—	—	—
	II	125,33	6,89	10,02	11,27	II	125,33	—	4,04	4,54	—	—	—	—	—	—	—	—	—	—	—	—	—	—	—
	III	—	—	—	—	III	—	—	—	—	—	—	—	—	—	—	—	—	—	—	—	—	—	—	—
	V	393,66	21,65	31,49	35,42	IV	165,66	6,89	10,03	11,28	1,10	6,92	7,78	—	4,04	4,54	—	1,63	1,83	—	—	—	—	—	—
	VI	423,50	23,29	33,88	38,11																				
1 928,99	I,IV	166,25	9,14	13,30	14,96	I	166,25	1,21	6,96	7,83	—	1,66	1,87	—	—	—	—	—	—	—	—	—	—	—	—
	II	126,—	6,93	10,08	11,34	II	126,—	—	4,08	4,59	—	—	—	—	—	—	—	—	—	—	—	—	—	—	—
	III	—	—	—	—	III	—	—	—	—	—	—	—	—	—	—	—	—	—	—	—	—	—	—	—
	V	394,66	21,70	31,57	35,51	IV	166,25	6,93	10,08	11,34	1,21	6,96	7,83	—	4,08	4,59	—	1,66	1,87	—	—	—	—	—	—
	VI	424,50	23,34	33,96	38,20																				
1 931,99	I,IV	166,91	9,18	13,35	15,02	I	166,91	1,33	7,01	7,88	—	1,70	1,91	—	—	—	—	—	—	—	—	—	—	—	—
	II	126,58	6,96	10,12	11,39	II	126,58	—	4,12	4,63	—	—	—	—	—	—	—	—	—	—	—	—	—	—	—
	III	—	—	—	—	III	—	—	—	—	—	—	—	—	—	—	—	—	—	—	—	—	—	—	—
	V	395,50	21,75	31,64	35,59	IV	166,91	6,96	10,13	11,39	1,33	7,01	7,88	—	4,12	4,64	—	1,70	1,91	—	—	—	—	—	—
	VI	425,16	23,38	34,01	38,26																				
2 015,99	I,IV	185,25	10,18	14,82	16,67	I	185,25	4,76	8,38	9,43	—	2,72	3,06	—	—	—	—	—	—	—	—	—	—	—	—
	II	144,33	7,93	11,54	12,98	II	144,33	—	5,34	6,01	—	0,56	0,63	—	—	—	—	—	—	—	—	—	—	—	—
	III	2,33	—	0,18	0,20	III	2,33	—	—	—	—	—	—	—	—	—	—	—	—	—	—	—	—	—	—
	V	419,83	23,09	33,58	37,78	IV	185,25	7,93	11,54	12,98	4,76	8,38	9,43	—	5,35	6,02	—	2,72	3,06	—	0,56	0,63	—	—	—
	VI	449,83	24,74	35,98	40,48																				
2 018,99	I,IV	185,91	10,22	14,87	16,73	I	185,91	4,90	8,44	9,49	—	2,76	3,10	—	—	—	—	—	—	—	—	—	—	—	—
	II	145,—	7,97	11,60	13,05	II	145,—	—	5,39	6,06	—	0,58	0,65	—	—	—	—	—	—	—	—	—	—	—	—
	III	2,66	—	0,21	0,23	III	2,66	—	—	—	—	—	—	—	—	—	—	—	—	—	—	—	—	—	—
	V	420,66	23,13	33,65	37,85	IV	185,91	7,97	11,60	13,05	4,90	8,44	9,49	—	5,40	6,07	—	2,76	3,10	—	0,59	0,66	—	—	—
	VI	451,—	24,80	36,08	40,59																				
2 021,99	I,IV	186,58	10,26	14,92	16,79	I	186,58	5,01	8,48	9,54	—	2,79	3,14	—	—	—	—	—	—	—	—	—	—	—	—
	II	145,58	8,—	11,64	13,10	II	145,58	—	5,44	6,12	—	0,62	0,69	—	—	—	—	—	—	—	—	—	—	—	—
	III	3,—	—	0,24	0,27	III	3,—	—	—	—	—	—	—	—	—	—	—	—	—	—	—	—	—	—	—
	V	421,66	23,19	33,73	37,94	IV	186,58	8,01	11,65	13,10	5,01	8,48	9,54	—	5,44	6,12	—	2,79	3,14	—	0,62	0,69	—	—	—
	VI	451,66	24,84	36,13	40,64																				
2 117,99	I,IV	207,83	11,43	16,62	18,70	I	207,83	6,93	10,08	11,34	—	4,08	4,59	—	—	—	—	—	—	—	—	—	—	—	—
	II	166,16	9,13	13,29	14,95	II	166,16	1,20	6,96	7,83	—	1,66	1,86	—	—	—	—	—	—	—	—	—	—	—	—
	III	15,16	—	1,21	1,36	III	15,16	—	—	—	—	—	—	—	—	—	—	—	—	—	—	—	—	—	—
	V	449,66	24,73	35,97	40,46	IV	207,83	9,14	13,30	14,96	6,93	10,08	11,34	1,21	6,96	7,83	—	4,08	4,59	—	1,66	1,87	—	—	—
	VI	480,66	26,43	38,45	43,25																				
2 120,99	I,IV	208,50	11,46	16,68	18,76	I	208,50	6,96	10,13	11,39	—	4,12	4,64	—	—	—	—	—	—	—	—	—	—	—	—
	II	166,83	9,17	13,34	15,01	II	166,83	1,31	7,—	7,88	—	1,70	1,91	—	—	—	—	—	—	—	—	—	—	—	—
	III	15,50	—	1,24	1,39	III	15,50	—	—	—	—	—	—	—	—	—	—	—	—	—	—	—	—	—	—
	V	450,50	24,77	36,04	40,54	IV	208,50	9,18	13,35	15,02	6,96	10,13	11,39	1,33	7,01	7,88	—	4,12	4,64	—	1,70	1,91	—	—	—
	VI	481,66	26,49	38,53	43,34																				
2 228,99	I,IV	232,83	12,80	18,62	20,95	I	232,83	8,22	11,96	13,45	—	5,72	6,43	—	0,80	0,90	—	—	—	—	—	—	—	—	—
	II	190,41	10,47	15,23	17,13	II	190,41	5,73	8,77	9,86	—	3,02	3,39	—	—	—	—	—	—	—	—	—	—	—	—
	III	31,33	—	2,50	2,81	III	31,33	—	—	—	—	—	—	—	—	—	—	—	—	—	—	—	—	—	—
	V	483,16	26,57	38,65	43,48	IV	232,83	10,47	15,24	17,14	8,22	11,96	13,45	5,75	8,78	9,87	—	5,72	6,43	—	3,02	3,40	—	0,80	0,90
2 231,99	I,IV	233,50	12,84	18,68	21,01	I	233,50	8,25	12,—	13,50	—	5,76	6,48	—	0,84	0,94	—	—	—	—	—	—	—	—	—
	II	191,08	10,50	15,28	17,19	II	191,08	5,86	8,82	9,92	—	3,06	3,44	—	—	—	—	—	—	—	—	—	—	—	—
	III	31,83	—	2,54	2,86	III	31,83	—	—	—	—	—	—	—	—	—	—	—	—	—	—	—	—	—	—
	V	484,—	26,62	38,72	43,56	IV	233,50	10,51	15,29	17,20	8,25	12,—	13,50	5,88	8,83	9,93	—	5,76	6,48	—	3,06	3,44	—	0,84	0,94
	VI	[illegible]	[illegible]	[illegible]	[illegible]																				
3 008,99	I,IV	421,16	23,16	33,69	37,90	I	421,16	17,98	26,16	29,43	13,09	19,05	21,43	8,49	12,36	13,90	—	6,09	6,85	—	1,06	1,19	—	—	—
	II	373,41	20,53	29,87	33,60	II	373,41	15,50	22,55	25,37	10,76	15,65	17,60	6,30	9,16	10,31	—	3,33	3,74	—	—	—	—	—	—
	III	176,33	2,86	14,10	15,86	III	176,33	—	8,30	9,34	—	3,45	3,88	—	—	—	—	—	—	—	—	—	—	—	—
	V	742,75	40,85	59,42	66,84	IV	421,16	20,54	29,88	33,61	17,98	26,16	29,43	15,51	22,56	25,38	13,09	19,05	21,43	10,76	15,66	17,61	8,49	12,36	13,90
	VI	779,—	42,84	62,32	70,11																				
3 167,99	I,IV	462,33	25,42	36,98	41,60	I	462,33	20,13	29,28	32,94	15,12	21,99	24,74	10,39	15,12	17,01	5,48	8,67	9,75	—	2,94	3,31	—	—	—
	II	413,41	22,73	33,07	37,20	II	413,41	17,58	25,58	28,77	12,71	18,50	20,81	8,14	11,84	13,32	—	5,62	6,32	—	0,74	0,83	—	—	—
	III	208,66	9,33	16,69	18,77	III	208,66	—	10,64	11,97	—	5,38	6,05	—	1,08	1,21	—	—	—	—	—	—	—	—	—
	V	798,83	43,93	63,90	71,89	IV	462,33	22,74	33,08	37,21	20,13	29,28	32,94	17,59	25,58	28,78	15,12	21,99	24,74	12,72	18,50	20,81	10,39	15,12	17,01
	VI	835,08	45,92	66,80	75,15																				
3 170,99	I,IV	463,08	25,46	37,04	41,67	I	463,08	20,17	29,34	33,—	15,16	22,05	24,80	10,43	15,18	17,07	5,61	8,72	9,81	—	2,98	3,35	—	—	—
	II	414,16	22,77	33,13	37,27	II	414,16	17,62	25,64	28,84	12,75	18,55	20,87	8,17	11,89	13,37	—	5,66	6,37	—	0,76	0,86	—	—	—
	III	209,33	9,46	16,74	18,83	III	209,33	—	10,68	12,01	—	5,41	6,08	—	1,10	1,24	—	—	—	—	—	—	—	—	—
	V	799,83	43,99	63,98	71,98	IV	463,08	22,78	33,14	37,28	20,17	29,34	33,—	17,62	25,64	28,84	15,16	22,05	24,80	12,76	18,56	20,88	10,43	15,18	17,07
	VI	[illegible]	[illegible]	[illegible]	[illegible]																				
3 260,99	I,IV	486,83	26,77	38,94	43,81	I	486,83	21,40	31,14	35,03	16,32	23,74	26,71	11,53	16,77	18,86	7,03	10,22	11,50	—	4,20	4,72	—	—	—
	II	437,25	24,04	34,98	39,35	II	437,25	18,82	27,38	30,80	13,89	20,20	22,73	9,24	13,44	15,12	1,55	7,10	7,98	—	1,76	1,98	—	—	—
	III	227,83	12,53	18,22	20,50	III	227,83	—	12,08	13,59	—	6,58	7,40	—	2,04	2,29	—	—	—	—	—	—	—	—	—
	V	831,58	45,73	66,52	74,84	IV	486,83	24,05	34,98	39,35	21,40	31,14	35,03	18,82	27,38	30,80	16,32	23,74	26,71	13,89	20,20	22,73	11,53	16,77	18,86
	VI	867,83	47,73	69,42	78,10																				
4 466,99	I,IV	833,—	45,81	66,64	74,97	I	833,—	39,52	57,49	64,67	33,53	48,77	54,86	27,82	40,46	45,52	22,39	32,58	36,65	17,26	25,11	28,25	12,41	18,06	20,31
	II	775,08	42,62	62,—	69,75	II	775,08	36,48	53,07	59,70	30,63	44,56	50,13	25,07	36,46	41,02	19,79	28,78	32,38	14,79	21,52	24,21	10,09	14,68	16,52
	III	491,16	27,01	39,29	44,20	III	491,16	22,31	32,45	36,50	17,76	25,84	29,07	13,35	19,42	21,85	0,63	13,21	14,86	—	7,54	8,48	—	2,82	3,17
	V	1 256,83	69,12	100,54	113,11	IV	833,—	42,63	62,01	69,76	39,52	57,49	64,67	36,49	53,08	59,71	33,53	48,77	54,86	30,63	44,56	50,13	27,82	40,46	45,52
	VI	1 293,08	71,11	103,44	116,37																				
4 472,99	I,IV	834,83	45,91	66,78	75,13	I	834,83	39,62	57,63	64,83	33,62	48,90	55,01	27,90	40,59	45,66	22,48	32,70	36,78	17,34	25,22	28,37	12,48	18,16	20,43
	II	776,91	42,73	62,15	69,92	II	776,91	36,58	53,21	59,86	30,72	44,69	50,27	25,15	36,58	41,15	19,87	28,90	32,51	14,87	21,64	24,34	10,17	14,79	16,64
	III	492,50	27,08	39,40	44,32	III	492,50	22,38	32,56	36,63	17,82	25,93	29,17	13,42	19,52	21,96	0,86	13,30	14,96	—	7,62	8,57	—	2,89	3,25
	V	1 258,91	69,24	100,71	113,30	IV	834,83	42,73	62,16	69,93	39,62	57,63	64,83	36,58	53,22	59,87	33,62	48,90	55,01	30,73	44,70	50,28	27,90	40,59	45,66
	VI	1 295,16	71,23	103,61	116,56																				

Quelle: Stollfuß Tabellen, Gesamtabzug 2019, Monat, Allgemeine Tabelle, 107. Auflage, Stollfuß Medien GmbH & Co. KG, Bonn 2019; T 24, 25, 27, 29, 31, 47, 50, 52, 77.

Beiträge zu den Sozialversicherungen (Stand: Januar 2019)

monatliches **Arbeitsentgelt*** neue und alte Länder in €		Kranken-versicherung**	Renten-versicherung	Arbeitslosen-versicherung	Pflege-versicherung außer Sachsen	Pflege-versicherung Sachsen
1 850,–	AG	143,38	172,05	23,13	28,21	18,96
	AN ohne Kind	143,38	172,05	23,13	32,84	42,09
	AN mit Kind	143,38	172,05	23,13	28,21	37,46
1 860,–	AG	144,15	172,98	23,25	28,37	19,07
	AN ohne Kind	144,15	172,98	23,25	33,02	42,32
	AN mit Kind	144,15	172,98	23,25	28,37	37,67
1 940,–	AG	150,35	180,42	24,25	29,59	19,89
	AN ohne Kind	150,35	180,42	24,25	34,44	44,14
	AN mit Kind	150,35	180,42	24,25	29,59	39,29
2 020,–	AG	156,55	187,86	25,25	30,81	20,71
	AN ohne Kind	156,55	187,86	25,25	35,86	45,96
	AN mit Kind	156,55	187,86	25,25	30,81	40,91
2 030,–	AG	157,33	188,79	25,38	30,96	20,81
	AN ohne Kind	157,33	188,79	25,38	36,04	46,19
	AN mit Kind	157,33	188,79	25,38	30,96	41,11
2 120,–	AG	164,30	197,16	26,50	32,33	21,73
	AN ohne Kind	164,30	197,16	26,50	37,63	48,23
	AN mit Kind	164,30	197,16	26,50	32,33	42,93
2 130,–	AG	165,08	198,09	26,63	32,48	21,83
	AN ohne Kind	165,08	198,09	26,63	37,81	48,46
	AN mit Kind	165,08	198,09	26,63	32,48	43,13
2 230,–	AG	172,83	207,39	27,88	34,01	22,86
	AN ohne Kind	172,83	207,39	27,88	39,59	50,74
	AN mit Kind	172,83	207,39	27,88	34,01	45,16
2 240,–	AG	173,60	208,32	28,—	34,16	22,96
	AN ohne Kind	173,60	208,32	28,—	39,76	50,96
	AN mit Kind	173,60	208,32	28,—	34,16	45,36
3 010,–	AG	233,28	279,93	37,63	45,90	30,85
	AN ohne Kind	233,28	279,93	37,63	53,43	68,48
	AN mit Kind	233,28	279,93	37,63	45,90	60,95
3 170,–	AG	245,68	294,81	39,63	48,34	32,49
	AN ohne Kind	245,68	294,81	39,63	56,27	72,12
	AN mit Kind	245,68	294,81	39,63	48,34	64,19
3 180,–	AG	246,45	295,74	39,75	48,50	32,60
	AN ohne Kind	246,45	295,74	39,75	56,45	72,35
	AN mit Kind	246,45	295,74	39,75	48,50	64,40
3 270,–	AG	253,43	304,11	40,88	49,87	33,52
	AN ohne Kind	253,43	304,11	40,88	58,05	74,40
	AN mit Kind	253,43	304,11	40,88	49,87	66,22
4 470,–	AG	346,43	415,71	55,88	68,17	45,82
	AN ohne Kind	346,43	415,71	55,88	79,35	101,70
	AN mit Kind	346,43	415,71	55,88	68,17	90,52
4 480,–	AG	347,20	416,64	56,—	68,32	45,92
	AN ohne Kind	347,20	416,64	56,—	79,52	101,92
	AN mit Kind	347,20	416,64	56,—	68,32	90,72
6 700,–**	AG	351,66	623,10	83,75	69,20	
	AN ohne Kind	351,66	623,10	83,75	80,54	
	AN mit Kind	351,66	623,10	83,75	69,20	

Quelle: Stollfuß Tabellen, Gesamtabzug 2019, Monat, Allgemeine Tabelle, 107. Auflage, Stollfuß Medien GmbH & Co. KG, Bonn 2019, SV 11, 12, 13, 16, 17, 22, 31.

**** *Beitragsbemessungsgrenze der Renten- und Arbeitslosenversicherung in den alten Ländern (West).*

Sozialversicherung:

In der Sozialversicherung sind alle Arbeiter und Angestellten pflichtversichert.

Die **Beitragssätze** und die **Beitragsbemessungsgrenzen** zu den **Sozialversicherungen** gehen aus folgender Übersicht hervor:

Beitragssätze und Beitragsbemessungsgrenzen (Stand 2019)				
Sozialversicherung	Beitragssatz	AN-Anteil	AG-Anteil	Beitragsbemessungsgrenze
Krankenversicherung (KV)	allgemeiner Satz: 14,6 %	7,3 % + 0,45 %[1]	7,3 % + 0,45 %	4537,50 €/Monat
Rentenversicherung (RV)	18,6 %	9,3 %	9,3 %	6700,00 (6150,00) €/Monat[2]
Arbeitslosenversicherung (AL)	2,5 %	1,25 %	1,25 %	6700,00 (6150,00) €/Monat[2]
Pflegeversicherung (PV)[3]	3,05 %	1,525 % + 0,25 %	1,525 %	4537,50 €/Monat

Beispiel (vgl. S. 214): Gehalt 3008,00 €, Krankenversicherung
Beiträge lt. Tabelle (vgl. S. 221)
AN-Anteil: 233,28 €
AG-Anteil: 233,28 €

In die **Pflegeversicherung** zahlen kinderlose Mitglieder nach Vollendung des 23. Lebensjahres zusätzlich zum halben Beitragssatz 0,25 %.

Beispiel (vgl. Beispiel oben): Gehalt 3008,00 €, Pflegeversicherung
Beiträge lt. Tabelle (vgl. S. 221)
AN-Anteil (ohne Kinder): 53,43 €
AG-Anteil: 45,90 €

Zur Berechnung der Beiträge zur Sozialversicherung legt **der Gesetzgeber jährlich Beitragsbemessungsgrenzen fest**. Die Beitragsbemessungsgrenzen erhöhen sich entsprechend der Lohn- und Gehaltsentwicklung von Jahr zu Jahr. Oberhalb dieser Grenzen werden Löhne und Gehälter nicht mit Beiträgen belastet.

Beispiel Frau Primus erhält als Geschäftsführerin der Primus GmbH ein Gehalt von 5412,00 €. Die Beitragsbemessungsgrenze zur Krankenversicherung beträgt 4537,50 € (2019). Die Beiträge zu ihrer Krankenversicherung werden auf der Basis von 4537,50 € berechnet, das Einkommen oberhalb der Grenze bleibt beitragsfrei.

Die Versicherungsleistungen der Sozialversicherungen werden grundsätzlich aus den Beitragseinnahmen des jeweiligen Versicherungsjahres im **Umlageverfahren** finanziert. Eine Kapitalbildung wie bei den Individualversicherungen findet hier nicht statt.

Für die Rentenversicherung bedeutet dies, dass die im Beruf stehenden Arbeitnehmer mit ihren Beiträgen die Renten der jeweiligen Rentnergeneration zahlen. Diese Vereinbarung wird auch als **Generationenvertrag** bezeichnet. Probleme bei dieser Art der Finanzierung ergeben sich, wenn die Zahl der Rentner gegenüber den Beitragszahlern überproportional steigt.

---

1 *Der Zusatzbeitrag beträgt für das Jahr 2019 durchschnittlich 0,9 % (je nach Finanzlage der Krankenkasse) und ist je zur Hälfte vom Arbeitnehmer und vom Arbeitgeber zu tragen. Der Zusatzbeitrag soll den Fehlbetrag zwischen den voraussichtlichen Einnahmen und Ausgaben der Krankenkasse decken.*

2 *Die Werte in Klammern gelten für die neuen Bundesländer einschl. Ostberlin.*

3 *Zuschlag zur PV nur für kinderlose Mitglieder nach Vollendung des 23. Lebensjahres. Der Arbeitnehmeranteil beträgt somit für diese Zielgruppe:* $\frac{3{,}05}{2} + 0{,}25 = 1{,}775\ \%$.

Krankenversicherung

Aufgabe	– Übernahme von Risiken, die aufgrund von Krankheiten entstehen
Träger	– AOK, Ersatzkassen, Betriebs- und Innungskrankenkassen
Versicherungspflicht	– Arbeiter und Angestellte, wenn ihr regelmäßiges Arbeitsentgelt die Jahresarbeitsentgeltgrenze nicht übersteigt (2019: 60 750,00 € im Jahr) – Auszubildende, Arbeitslose, wenn sie Leistungen von der Bundesanstalt für Arbeit beziehen, Rentner
Leistungen	– Vorsorgeuntersuchungen – ärztliche und zahnärztliche Beratung, Untersuchung und Behandlung – verordnungsfähige Arznei- und Verbandmittel – Heil- und Hilfsmittel – Krankenhausbehandlung – Krankengeld (ab der 7. Woche 70 % des Bruttoentgelts)
Beitrag	– Allgemeiner Satz: 14,6 %, AG und AN zahlen je die Hälfte (7,3 %). Arbeitnehmer und Arbeitgeber zahlen auch je die Hälfte (0,45 %) des Zusatzbeitrages von durchschnittlich insgesamt 0,9 % (2019). Die Höhe des Zusatzbeitrages hängt von der Finanzlage der jeweiligen Krankenkasse ab.
Beitragsbemessungsgrenze	– 4 537,50 €/monatlich (2019)

Rentenversicherung

Aufgabe	– Zahlung von Renten im Alter (Altersruhegeld) ab 65 Jahre, flexibles Altersruhegeld ab 63 Jahre. Zwischen 2012 und 2029 steigt das gesetzliche Renteneintrittsalter von 65 auf 67 Jahre. – Erhalt, Verbesserung und Wiederherstellung der Erwerbsfähigkeit – Renten für Hinterbliebene
Träger	– Alterssicherung Deutsche Rentenversicherung
Versicherungspflicht	– alle gegen Entgelt beschäftigten Arbeiter, Angestellte, Auszubildende – Wehr- und Ersatzdienstleistende – Selbstständige auf Antrag
Leistungen	– Altersruhegeld, Witwen-, Waisenrente – Berufs- und Erwerbsunfähigkeitsrente – Maßnahmen der Rehabilitation
Beitrag	– 18,6 % (2019) – Arbeitgeber und Arbeitnehmer zahlen je die Hälfte.
Beitragsbemessungsgrenze	– 6 700,00 € (6 150,00 €)[1]/monatlich (2019)

Durch jährliche Rentenanpassungsgesetze wird die Rente der allgemeinen Entwicklung der Nettolöhne angepasst. Durch diese **Dynamisierung der Rente** wird sichergestellt, dass die Rentenempfänger an der Erhöhung des Lebensstandards teilnehmen.

[1] *Die Werte in Klammern gelten für die neuen Bundesländer einschließlich Ostberlin.*

Arbeitslosenversicherung

Aufgabe	– Erreichung und Erhalt eines hohen Beschäftigungsgrades – Hilfe bei Arbeitslosigkeit
Träger	– Bundesagentur für Arbeit, Nürnberg, und Arbeitsämter
Versicherungspflicht	– alle gegen Entgelt beschäftigten Arbeitnehmer, Auszubildende, Wehr- und Ersatzdienstleistende
Leistungen	– Förderung der beruflichen Bildung durch Aus- und Fortbildung, Umschulung – Förderung der Arbeitsaufnahme – berufliche Rehabilitation – Kurzarbeitergeld – Arbeitslosengeld I (60 % ohne Kind, 67 % mit Kind des durchschnittlichen Nettoentgelts) und Arbeitslosengeld II (Hartz IV): für einen alleinstehenden Erwachsenen 424,00 € (2019) + tatsächliche Kosten für Wohnung und Heizung, soweit angemessen – Berufsberatung und Arbeitsvermittlung
Beitrag	– 2,5 % (2019) – Arbeitgeber und Arbeitnehmer zahlen je die Hälfte.
Beitragsbemessungsgrenze	– 6 700,00 € (6 150,00 €)[1]/monatlich (2019)

Pflegeversicherung

Aufgabe	– soziale Absicherung des Risikos der Pflegebedürftigkeit
Träger	– Pflegekassen bei den gesetzlichen Krankenkasse
Versicherungspflicht	– alle pflichtversicherten und freiwillig versicherten Mitglieder der gesetzlichen Krankenkassen – Privat Versicherte müssen eine private Pflegeversicherung abschließen.
Leistungen	– seit 2017 nach fünf Pflegegraden je nach Pflege- und Hilfsbedürftigkeit gestaffelt, häusliche und stationäre Pflege, Pflegegeld, Sachleistungen
Beitrag	– 3,05 %, Arbeitgeber und Arbeitnehmer zahlen je die Hälfte. Kinderlose nach dem 23. Lebensjahr zahlen einen Zuschlag von 0,25 % (2019).
Beitragsbemessungsgrenze	– 4 537,50 €/monatlich (2019)

Unfallversicherung

Aufgabe	– Übernahme von Risiken, die aufgrund von Arbeitsunfällen, Wegeunfällen oder Berufskrankheiten entstehen – Erlass und Überwachung von Unfallverhütungsvorschriften
Träger	– Berufsgenossenschaften
Versicherungspflicht	– alle Beschäftigten
Leistungen	– Heilbehandlung nach einem Unfall – Maßnahmen der Rehabilitation – Übergangsgeld während der Rehabilitation – Verletztenrente und Hinterbliebenenrente – Berufsberatung und Arbeitsvermittlung
Beitrag	– Die Beitragshöhe ist abhängig von der Gefahrenklasse. – Der Arbeitgeber zahlt allein.

[1] *Die Werte in Klammern gelten für die neuen Bundesländer einschließlich Ostberlin.*

Ermittlung der Beiträge von Arbeitgeber und Arbeitnehmer zu den Sozialversicherungen aus Lohnabzugstabellen:

Lohnabzugstabellen werden von den verschiedenen Krankenversicherungsträgern herausgegeben. Sie dienen der beschleunigten Ermittlung der Sozialversicherungsbeiträge.

Krankenversicherung: Unter den in der Abzugstabelle angegebenen Beitragssätzen wird der Beitrag, der vom Arbeitnehmer für die Krankenkasse einzubehalten ist, getrennt ausgewiesen vom Beitrag, der vom Arbeitgeber zusätzlich zum Gehalt aufzubringen und zusammen mit dem Arbeitnehmeranteil an die Krankenkasse abzuführen ist.

Pflegeversicherung: Gleiches gilt auch für die Pflegeversicherung, die in der oberen Zeile für Arbeitgeber (PV-AG), in der mittleren Zeile für Arbeitnehmer (PV-AN) ohne Kinder und in der unteren Zeile für Arbeitnehmer mit Kindern ausgewiesen ist.

Zu beachten sind außerdem unterschiedliche Beiträge für Arbeitnehmer mit und ohne Kinder.

Renten- und Arbeitslosenversicherung: Die angegebenen Werte sind vom Arbeitgeber **und** vom Arbeitnehmer zu tragen.

Nettoentgelte

Nach Abzug der Lohnsteuer, des Solidaritätszuschlags, der Kirchensteuer und des Sozialversicherungsbeitrages des Arbeitnehmers vom sozialversicherungspflichtigen Bruttogehalt erhält man das Nettogehalt.

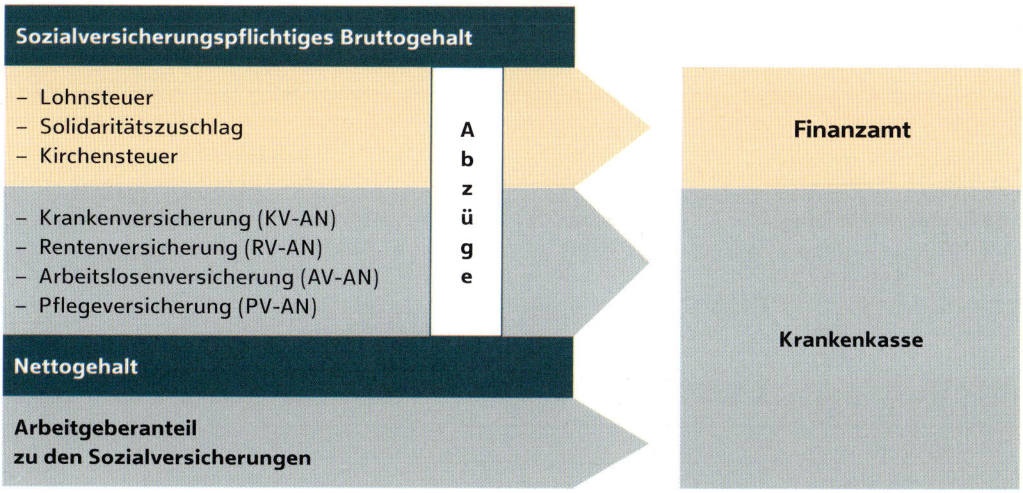

Vom Nettoentgelt zum Auszahlungsbetrag: Das Nettoentgelt steht dem Arbeitnehmer zu. Allerdings muss der Auszahlungsbetrag nicht mit dem Nettoentgelt übereinstimmen. Ursachen hierfür können Lohn- und Gehaltsvorschüsse, einbehaltene vermögenswirksame Sparraten und sonstige vom Arbeitnehmer veranlasste Verrechnungen sein.

Entgeltliste

Die Beträge der einzelnen Lohn- und Gehaltskonten aufgrund der Verdienstabrechnungen werden in einer Entgeltliste zusammengestellt. Sie ist als verkürzter Buchungsbeleg **Sammelbeleg** für die zusammengefasste Buchung aller Entgelte.

Beispiel Auszug einer Entgeltliste der Bürodesign GmbH:

Gehaltsliste								**Bürodesign GmbH Monat: April 2019**
Name Vorname Steuerklasse	Beier Elmar IV,1	Blum Julia I,0	Jäger Karl I,0	Müller Udo III,2	... ...	Zimmer Doris IV,1	Summe	Arbeitgeberanteil zur SV
Bruttoverdienst	3165,00	3008,00	2120,00	2227,00	...	2230,00	94500,00	
Lohnsteuer	462,33	421,16	208,50	31,33	...	233,50	14175,00	
SolZ	15,12	23,16	11,46	0,00	...	8,25	760,00	
Kirchensteuer	24,74	37,90	18,76	0,00	...	13,50	1125,00	
KV (AN-Anteil)	245,68	233,28	164,30	172,83	...	172,83	7323,75	7323,75
RV (AN-Anteil)	294,81	279,93	197,16	207,39	...	207,39	8788,50	8788,50
ALV (AN-Anteil)	39,63	37,63	26,50	27,88	...	27,88	1181,25	1181,25
PV (AN-Anteil)	48,34	53,43	37,63	34,01	...	34,01	1606,50	1441,13
Nettogehalt	2034,35	1921,51	1455,69	1753,56	...	1532,64	59540,00	
KV-AG	245,68	233,28	164,30	172,83	...	172,83	7323,75	
PV-AG	48,34	45,90	32,33	34,01	...	34,01	1441,13	

▲ Verdienstabrechnung

Für jeden einzelnen Mitarbeiter wird für jede Auszahlung eine Verdienstabrechnung oder Verdienstbescheinigung erstellt. Aus ihr gehen alle Daten hervor, die der Lohn- und Gehaltsabrechnung zugrunde liegen.

Beispiel Verdienstabrechnung der Angestellten Julia Blum in der Bürodesign GmbH. Die Angestellte, Julia Blum, rk (römisch-katholisch), ledig, kinderlos, erhält ein Bruttogehalt von 3008,00 €.

					Bürodesign GmbH
Name: **Straße:**	*Julia Blum* *Lutherstraße 11*	**PLZ/Ort:** *51063 Köln*			**Verdienstabrechnung** **für Monat:** *April* **Jahr:** *2019*
Personalnummer: *III 1 80-1*	**Abteilung:** *Verkaufs- und Marketingabteilung*	**Kostenstelle:** *III*	**Geburtsdatum** *12.06.1972*	**Eintrittsdatum** *01.09.2004*	**Sozialversicherungsnummer** *53 120642 M 283*
Lohnsteuerklasse: *I,0*	**Kinderfreibetrag:**	**Steuerfreibetrag pro Monat:**	**Konfession:** *rk*	**Bankverbindung:** *Kreissparkasse Köln*	**IBAN** DE03 3705 0299 1216 6534 18

Bruttogehalt:		€ ***3008,00***
Gesetzliche Abzüge		
Lohnsteuer:	€ ***421,16***	
Solidaritätszuschlag:	€ ***23,16***	
Kirchensteuer:	€ ***37,90***	
Krankenversicherung (Arbeitnehmeranteil) 7,3 % + 0,45 %	€ ***233,28***	
Rentenversicherung (Arbeitnehmeranteil) 9,3 %	€ ***279,93***	
Arbeitslosenversicherung (Arbeitnehmeranteil) 1,25 %	€ ***37,63***	
Pflegeversicherung (Arbeitnehmeranteil) 1,525 % + 0,25 %	€ ***53,43***	
Summe gesetzliche Abzüge:		€ ***1086,49***
Nettogehalt:		€ ***1921,51***

Sonstige Abzüge:		
Sparrate vwL:	€ ***40,00***	
Personalkauf April:	€ ***92,82***	
Gewerkschaftsbeitrag:	€ ***20,00***	
Summe sonstige Abzüge:		€ ***152,82***
Auszahlungsbetrag:		€ ***1768,69***

Arbeitgeberanteil (Betriebsanteil) zur Sozialversicherung:		€	€
Krankenversicherung	(AG-Anteil) 7,3 % + 0,45 %	233,28	
Rentenversicherung	(AG-Anteil) 9,3 %	279,93	
Arbeitslosenversicherung	(AG-Anteil) 1,25 %	37,63	
Pflegeversicherung	(AG-Anteil) 1,525 %	45,90	596,74

DV-gestützte Lohn- und Gehaltsabrechnung

Wegen vielfältiger Wiederholeffekte bietet sich gerade im Bereich der Lohn- und Gehaltsabrechnung die Unterstützung durch die elektronische Datenverarbeitung an. Dies gilt sowohl für die Lohn- und Gehaltsabrechnung als auch für die gesamte Personalverwaltung und den Zahlungsverkehr im Zusammenhang mit der Lohn- und Gehaltszahlung sowie für die Abrechnungen mit den Krankenkassen bzw. den Sozialversicherungsträgern und dem Finanzamt.

Mittlerweile sind vielfältige Lohn- und Gehaltsprogramme entwickelt worden, die diese Arbeiten erleichtern. Voraussetzung für ihre Anwendung sind eine Speicherung der **Stammdaten** und eine gute Vorbereitung der regelmäßig benötigten variablen Daten **(Bewegungsdaten)**.

Stammdaten		**Bewegungsdaten**
– Personalnummer – Name – Vorname – Straße – Postleitzahl – Wohnort – Familienstand	– Geburtsdatum – Steuerklasse – Bankverbindung (Kontonummer, Bankleitzahl, Kontoinhaber) – Art der Krankenkasse usw.	– Arbeitstage – Arbeitsstunden – Krankentage – Urlaubstage usw.

Der Einsatz eines Lohn- und Gehaltsabrechnungsprogramms hat in jedem Fall die Vorteile größerer Schnelligkeit und Genauigkeit. Insbesondere können Stammdaten für vielfältige Verwendungszwecke abgerufen werden.

Beispiel Gehaltsabrechnung mithilfe eines Tabellenkalkulationsprogramms

Gehaltsliste	**(Formeln)**						
Familienname	Berg	Braun	Buderbach	Erb	Holl		Arbeitgeber-
Vorname	Sabine	Erika	Gerd	Sigrid	Helmut		anteil zur
Familienstand	verh.	verh.	ledig	ledig	verh.		Sozialver-
Steuerklasse:	III,0	IV,0	I,0	I,0	III,0	Summe	sicherung
Bruttoverdienst:	3006	1925	3170	4465	2229	=SUM(B6:F6)	
Lohnsteuer:	176.33	165.66	463.08	833.00	31.83	=SUM(B7:F7)	
SolZ	=B7*5.5%	=C7*5.5%	=D7*5.5%	=E7*5.5%	=F7*5.5%	=SUM(B8:F8)	
Kirchensteuer:	=B7*9%	=C7*9%	=D7*9%	=E7*9%	=F7*9%	=SUM(B9:F9)	
KV (AN-Anteil):	=B6*(7.3+0.45)%	=C6*(7.3+0.45)%	=D6*(7.3+0.45)%	=E6*(7.3+0.45)%	=F6*(7.3+0.45)%	=SUM(B10:F10)	=G6*(7.3+0.45)%
RV (AN-Anteil):	=B6*9.3%	=C6*9.3%	=D6*9.3%	=E6*9.3%	=F6*9.3%	=SUM(B11:F11)	=G11
ALV (AN-Anteil):	=B6*1.25%	=C6*1.25%	=D6*1.25%	=E6*1.25%	=F6*1.25%	=SUM(B12:F12)	=G12
PV (AN-Anteil):	=B6*(1.525+0.25)%	=C6*(1.525+0.25)%	=D6*(1.525+0.25)%	=E6*(1.525+0.25)%	=F6*(1.525+0.25)%	=SUM(B13:F13)	=G6*1.525%
SV (AN-Anteil)	=SUM(B10:B13)	=SUM(C10:C13)	=SUM(D10:D13)	=SUM(E10:E13)	=SUM(F10:F13)	=SUM(B14:F14)	=SUM(H10:H13)
Nettogehalt	=B6-B7-B8-B9-B14	=C6-C7-C8-C9-C14	=D6-D7-D8-D9-D14	=E6-E7-E8-E9-E14	=F6-F7-F8-F9-F14	=SUM(B15:F15)	

Gehaltsliste	**(Ausrechnung)**						
Familienname	Berg	Braun	Buderbach	Erb	Holl		Arbeitgeber-
Vorname	Sabine	Erika	Gerd	Sigrid	Helmut		anteil zur
Familienstand	verh.	verh.	ledig	ledig	verh.		Sozialver-
Steuerklasse:	III,0	IV,0	I,0	I,0	III,0	Summe	sicherung
Bruttoverdienst:	3 006,00	1 925,00	3 170,00	4 465,00	2 229,00	14 795,00	
Lohnsteuer:	176,33	165,66	463,08	833,00	31,83	1 669,90	
SolZ	2,86	9,11	25,46	45,81	0,00	83,24	
Kirchensteuer:	15,86	14,90	41,67	74,97	2,86	150,26	
KV (AN-Anteil):	233,28	149,58	245,68	346,43	172,83	1 147,80	1 147,80
RV (AN-Anteil):	279,93	179,49	294,81	415,71	207,39	1 377,33	1 377,33
ALV (AN-Anteil):	37,63	24,13	39,63	55,88	27,88	185,15	185,15
PV (AN-Anteil):	53,43	34,26	56,27	79,35	39,59	262,90	226,01
SV (AN-Anteil)	604,27	387,46	636,39	897,37	447,69	2 973,18	2 936,29
Nettogehalt	2 206,68	1 347,87	2 003,40	2 613,85	1 746,62	9 918,42	

▲ Buchung der Arbeitsentgelte

Lohn, Gehalt sowie die vom Unternehmer zu übernehmenden **Arbeitgeberanteile zur Sozialversicherung** des Arbeitnehmers sind als **Gesamtentgelt für die Nutzung der menschlichen Arbeitskraft** im betrieblichen Leistungsprozess **Aufwendungen**. Die vom Unternehmer einbehaltenen **Lohn- und Kirchensteuern sowie die Sozialversicherungsbeiträge** stellen eine Schuld der Unternehmung gegenüber dem Finanzamt bzw. der Krankenkasse dar. Die **Auszahlung** des nach Einbehaltung der Abzüge verbleibenden **Nettolohnes oder Nettogehalts** führt je nach Art der Auszahlung zu einer Minderung des **Bankguthabens bzw. des Kassenbestandes**.

Der Arbeitgeber hat für jeden Arbeitnehmer ein **Lohn- oder Gehaltskonto** zu führen. **Bei jeder Lohnabrechnung** sind im Lohnkonto u. a. aufzuzeichnen: Tag der Lohnzahlung und der Lohnzahlungszeitraum, der Bruttoarbeitslohn sowie eventuelle steuerfreie Bezüge, die einzelnen Abzüge und der Auszahlungsbetrag.

Lohn- und Gehaltslisten als Sammelbelege: Die Beträge der einzelnen Lohn- und Gehaltskonten werden in einer Lohn- und Gehaltsliste zusammengestellt. Sie ist **Sammelbeleg** für die zusammengefasste Buchung aller Löhne bzw. Gehälter.

Die Arbeitgeber müssen der Krankenkasse (Einzugsstelle) die Gesamtsozialversicherungsbeiträge von Arbeitnehmer und Arbeitgeber für jeden Entgeltabrechnungszeitraum spätestens am drittletzten Bankarbeitstag des Entgeltmonats (Fälligkeit) in Form eines Beitragsnachweises angezeigt und überwiesen haben. Die Sozialversicherungsbeiträge sind also schon vor der Entgeltzahlung an die Mitarbeiter vom Arbeitgeber an die zuständige Krankenkasse abzuführen.

Allerdings ist eine exakte Berechnung der Sozialversicherungsbeiträge zu diesem Zeitpunkt nur möglich, wenn es sich ausschließlich um fixe Entgelte (Monatsgehälter) handelt und keine Veränderung in der Belegschaft eingetreten ist.

Enthalten die Entgelte variable Bestandteile (leistungsabhängige Entgelte, Überstunden u. Ä.), kann nur die voraussichtliche Höhe der Beitragsschuld angezeigt werden, weil die tatsächliche Beitragsschuld erst mit der Entgeltabrechnung ermittelt wird.

Eine Abweichung zwischen der angezeigten und der tatsächlichen Beitragsschuld ist dann in das Beitragssoll des Folgemonats einzurechnen.

Beispiel 1 Darstellung am Zeitstrahl
(3. letzter Bankarbeitstag)

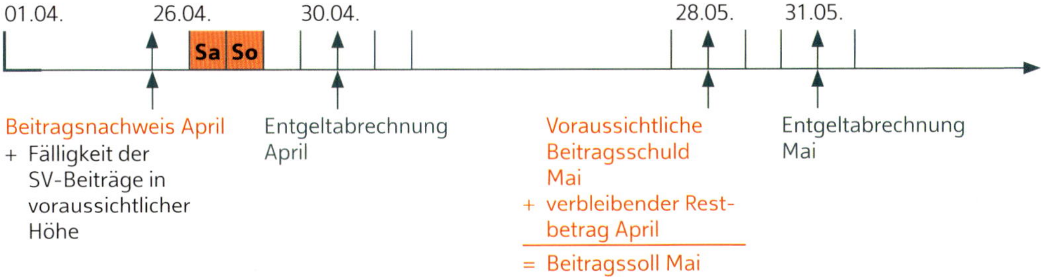

Beispiel 2 (siehe Gehaltsliste S. 226)

Buchungen:

1. **26.04.: Beitragsnachweis April und Banküberweisung der Sozialversicherungsbeiträge an die zuständige Krankenkasse: 38 000,00 €**

SV-Beitragsvorauszahlung	38 000,00	an	Bank	38 000,00

2. **30.04.: Auszahlung der Gehälter durch die Bank**

Gehälter	94 500,00	an	Verbindlichkeiten gegenüber Finanzbehörden	16 060,00
		an	Verbindlichkeiten gegenüber Sozialversicherungsträgern	18 900,00
		an	Bank	59 540,00

3. **30.04.: Betriebsanteil zur Sozialversicherung**

Arbeitgeberanteil zur Sozialversicherung	18 734,63	an	Verbindlichkeiten gegenüber Sozialversicherungsträgern	18 734,63

4. **10.05.: Banküberweisung der LSt, des Solidaritätszuschlags und der KiSt an das Finanzamt**

Verbindlichkeiten gegenüber Finanzbehörden	16 060,00	an	Bank	16 060,00

S Gehälter H

S		H	
(2) Verb. Fin., Verb. SV Bank	94 500,00		

S Verbindlichkeiten gegenüber Finanzbehörden H

S		H	
(4) Bank	16 060,00	(2) Verb. Fin.	16 060,00

S Arbeitgeberanteil zur Sozialversicherung H

S		H	
(3) Verb. SV	18 734,63		

S Verbindlichkeiten gegenüber Sozialversicherungsträgern H

S		H	
Beitr. vor.	38 000,00	(2) Gehälter	18 900,00
		(3) AG-Anteil	18 734,63

S SV-Beitragsvorauszahlung H

S		H	
(1) Bank	38 000,00	Verb. SV	38 000,00

S Bank H

S		H	
		(1) Verb. SV	38 000,00
		(2) Gehälter	59 540,00
		(4) Verb. Fin.	16 060,00

Durch Gegenüberstellung der Beitragsschuld lt. Gehaltsabrechnung und der Beitragsvorauszahlung auf dem Konto mit dem jeweils größeren Saldo (Bestand) ergibt sich eine verbleibende Restschuld für den folgenden Monat bzw. ein Überhang der Beitragsvorauszahlung:

	€
Beitragsschuld lt. Gehaltsabrechnung	37634,63
SV-Beitragsvorauszahlung	38000,00
Verbleibende Forderung, um die das Beitragssoll des Folgemonats gekürzt wird	365,37

Die einbehaltenen Steuern werden regelmäßig bis zum zehnten Tag nach Ablauf eines jeden Anmeldezeitraumes abgeführt. Die Konten Verbindlichkeiten gegenüber Finanzbehörden und Verbindlichkeiten gegenüber Sozialversicherungsträgern haben den Charakter von **Durchgangskonten**. Die hier gebuchten einbehaltenen Abzüge werden auch als **durchlaufende Posten** bezeichnet.

§ 41a EStG

(1) Der Arbeitgeber hat spätestens am zehnten Tag nach Ablauf eines jeden Lohnsteuer-Anmeldungszeitraums

1. dem Finanzamt, in dessen Bezirk sich die Betriebsstätte [...] befindet [...], eine Steuererklärung einzureichen, [...]
2. die im Lohnsteuer-Anmeldungszeitraum insgesamt einbehaltene [...] Lohnsteuer [...] abzuführen. [...]

Wurden bis zum Bilanzstichtag noch nicht alle einbehaltenen Abzüge abgeführt, sind die Salden der passiven Bestandskonten Verbindlichkeiten gegenüber Finanzbehörden und Verbindlichkeiten gegenüber Sozialversicherungsträgern über das Schlussbilanzkonto abzuschließen und auf der Passivseite der Bilanz aufzuführen (Passivierung).

War die SV-Beitragsvorauszahlung größer als die Beitragsschuld gemäß Gehaltsabrechnung, lautet die **Umbuchung**:

Verbindlichkeiten gegenüber Sozialversicherungsträgern	an	SV-Beitragsvorauszahlung

Der Saldo des Kontos SV-Beitragsvorauszahlung wird dann zum Jahresende als Forderung **aktiviert**:

SBK	an	SV-Beitragsvorauszahlung

Ermittlung und Buchung des Arbeitsentgeltes

- **Arbeitsentgelte und Lohnnebenkosten**
  - Löhne und Gehälter sind für den **Arbeitgeber Aufwand**, für den **Arbeitnehmer Einkommen**.
  - Grundlage für die Bestimmung der Arbeitsentgelte bilden **Tarifverträge**.
- **Vom Grund- zum Bruttoentgelt, vom Brutto- zum Nettoentgelt und Buchung der Arbeitsentgelte**
  - Das steuerpflichtige Bruttoentgelt setzt sich aus dem Grundbetrag und möglichen Zuschlägen zusammen.
  - Vom Bruttoentgelt behält der Arbeitgeber ein:
    - Lohnsteuer, Solidaritätszuschlag und Kirchensteuer für das Finanzamt,
    - die Beiträge des Arbeitnehmers zur Kranken-, Renten-, Arbeitslosen- und Pflegeversicherung für die Krankenkasse.
  - Die Höhe der Lohnsteuer ist abhängig vom Arbeitsentgelt, der Steuerklasse, dem Einkommensteuertarif, den Tabellenfreibeträgen und eventuellen persönlichen Freibeträgen lt. elektronischer Lohnsteuerkarte.
  - Die einbehaltenen Abzüge werden anhand von Lohnabzugstabellen ermittelt.
  - Die Sätze der **Sozialversicherungsbeiträge** werden von Jahr zu Jahr vom Gesetzgeber neu festgelegt. Von diesen Sätzen tragen **Arbeitnehmer** und **Arbeitgeber** je die **Hälfte**. Kinderlose Versicherte nach Vollendung des 23. Lebensjahres zahlen einen Zusatzbeitrag zur **Pflegeversicherung** von 0,25 % (2019).
  - Die Unfallversicherungsprämie trägt der Arbeitgeber allein.

- Nach Abzug weiterer Abzüge vom Nettogehalt, wie Vorschüsse, vermögenswirksame Leistungen, Gewerkschaftsbeiträge, Personalkäufe u. a., erhält man den Auszahlungsbetrag.
- Für jeden Mitarbeiter wird eine Verdienstabrechnung erstellt, aus der das Bruttoentgelt, die gesetzlichen Abzüge, das Nettoentgelt, sonstige Abzüge und der Auszahlungsbetrag hervorgehen.

■ **Buchung der Löhne und Gehälter**

- Grundlage für die Buchungen der Arbeitsentgelte bilden die Entgeltlisten als Sammelbelege.

Buchungen der Lohn- und Gehaltszahlungen sowie der Abführung der Abzüge

Löhne und Gehälter

■ Auszahlung durch Banküberweisung

Buchung:
Löhne
Gehälter
an Verbindlichkeiten gegenüber Finanzbehörden
an Verbindlichkeiten gegenüber Sozialversicherungsträgern
an Bank

■ Arbeitgeberanteil zur Sozialversicherung

Buchung:
Arbeitgeberanteil zur Sozialversicherung
an Verbindlichkeiten gegenüber Sozialversicherungsträgern

Passivierung der einbehaltenen Abzüge

■ Einbehaltene Lohnsteuer, Solidaritätszuschlag und Kirchensteuer

Buchung:
Verbindlichkeiten gegenüber Finanzbehörden
an SBK

■ Einbehaltene Sozialversicherungsbeiträge

Buchung:
Verbindlichkeiten gegenüber Sozialversicherungsträgern
an SBK

Banküberweisung der einbehaltenen Abzüge

■ der Lohn- und Kirchensteuer und des Solidaritätszuschlages an das Finanzamt

Buchung:
Verbindlichkeiten gegenüber Finanzbehörden
an Bank

■ der voraussichtlichen Sozialversicherungsbeiträge von Arbeitnehmer und Arbeitgeber an die Krankenkasse

Buchung:
SV-Beitragsvorauszahlung
an Bank

- SV-Beitragsvorauszahlungen werden spätestens am drittletzten Bankarbeitstag jeden Monats überwiesen und auf dem aktiven Bestandskonto SV-Beitragsvorauszahlungen gebucht.
- Grundlagen für die Buchungen sind Eintragungen in den Lohn- und Gehaltslisten.
- Nach der Entgeltabrechnung werden SV-Beitragsvorauszahlung und tatsächliche Beitragsschuld gegenübergestellt.
- Eine Differenz wird in die Berechnung des Beitragssolls des Folgemonats einbezogen.

1 a) Erklären Sie
   aa) gesetzliche,
   ab) tarifliche,
   ac) freiwillige Lohnnebenkosten.
b) Geben Sie jeweils drei Beispiele dazu an.

2 Grenzen Sie Grundgehalt, Bruttogehalt, steuerpflichtiges Gehalt, Nettogehalt, Auszahlungsbetrag gegeneinander ab.

3 Für den Monat März liegt folgende Lohn- und Gehaltsliste vor:

		Löhne	Gehälter	gesamt
Bruttoentgelt		400 000,00	50 000,00	450 000,00
Lohnsteuer		60 000,00	8 000,00	68 000,00
Solidaritätszuschlag		3 300,00	440,00	3 740,00
Kirchensteuer ev		3 400,00	300,00	3 700,00
Kirchensteuer rk		2 000,00	400,00	2 400,00
Krankenversicherung	– AN-Anteil	31 000,00	3 900,00	34 900,00
Rentenversicherung	– AN-Anteil	37 200,00	4 650,00	41 850,00
Arbeitslosenversicherung	– AN-Anteil	5 000,00	625,00	5 625,00
Pflegeversicherung	– AN-Anteil	6 600,00	835,00	7 435,00
Arbeitgeberanteil zur SV		79 300,00	9 912,00	89 212,00

Ermitteln Sie folgende Werte:
a) die Nettolöhne
b) die Nettogehälter
c) Überweisung an das Finanzamt
d) Überweisungsbetrag an die Krankenkasse
e) Personalkosten für Arbeiter und Angestellte im März

4 Stellen Sie mithilfe der Lohnabzugstabelle S. 220 f. die Lohn- bzw. Gehaltsabrechnung für folgende Arbeitnehmer im April auf:

a)	Name:	H. Stohlmann, Monteur
	Familienstand:	vh., 2 Kinder, Alleinverdiener
	Lohn:	2 230,00 €
b)	Name:	O. Sieker, Lagerfacharbeiter
	Familienstand:	vh., 1 Kind, Ehefrau verdient etwa gleich viel
	Lohn:	1 850,00 €
	Sonstiges:	spart nach 480-Euro-Gesetz monatlich 40,00 €, Arbeitgeber gibt keinen Zuschuss
c)	Name:	W. Balzar, Abteilungsleiterin
	Familienstand:	vh., keine Kinder, Alleinverdienerin
	Gehalt:	3 265,00 €
	Sonstiges:	Steuerfreibetrag: 100,00 €
d)	Name:	D. Walter, Buchhalter
	Familienstand:	vh., 1 Kind, Alleinverdiener
	Gehalt:	3 170,00 €
e)	Name:	M. Hoppe, Büroangestellte
	Familienstand:	led., 1 Kind
	Gehalt:	1 928,00 €
f)	Name:	M. Beckmann, Fräser
	Familienstand:	led., elektronische Steuerkarte liegt nicht vor
	Lohn:	2 020,00 €
g)	Name:	M. Rose, Bürokaufmann
	Familienstand:	vh., keine Kinder, Ehefrau verdient mehr
	Lohn:	2 116,50 €

5 Erläutern Sie den Aufbau des Einkommensteuertarifs in der Bundesrepublik Deutschland (vgl. S. 216). Stellen Sie insbesondere sozialpolitische Argumente für die unterschiedliche Besteuerung in den drei Zonen heraus.

6 Der Angestellte Karl Müller ist verheiratet, katholisch und hat ein Kind. Seine Ehefrau ist nicht berufstätig. Er erhält ein Monatsgehalt von 2 230,00 €.
a) Stellen Sie unter Verwendung der Lohnabzugstabellen S. 220 f. die Gehaltsabrechnung auf.
b) Bilden Sie die Buchungssätze
 ba) bei Banküberweisung der voraussichtlichen Sozialversicherungsbeiträge an die Krankenkasse 890,00 €,
 bb) bei Gehaltszahlung durch Banküberweisung,
 bc) bei Banküberweisung der einbehaltenen Lohn- und Kirchensteuer und des Solidaritätszuschlages an das Finanzamt.

7 Eine Industrieunternehmung beschäftigt in der Finanzbuchhaltung folgende Angestellten:

Name	Familienstand	Steuer-klasse	Konfession KiSt-S. 9 %	Bruttogehalt €
Müller, Mark	verh., 1 Kind	IV/1,0	evang.	1846,50
Nolden, Karl	ledig	I	röm.-kath.	2019,50
Oder, Olga	verh.	V	röm.-kath.	1930,00
Pade, Paul	verh., 2 Kinder	III/2,0	evang.	3165,00
Quast, Rudolf	ledig	I	röm.-kath.	2229,00

a) Erstellen Sie mithilfe der Lohnabzugstabellen S. 220f. nach dem Beispiel auf S. 226 eine Gehaltsliste für den Monat Mai.
b) Geben Sie den gesamten Personalaufwand an, der für die Abteilung Finanzbuchhaltung anfällt.
c) Bilden Sie die Buchungssätze
  ca) bei Banküberweisung der voraussichtlichen Sozialversicherungsbeiträge an die Krankenkasse, 4500,00 €,
  cb) bei Gehaltszahlung durch Banküberweisung,
  cc) bei Banküberweisung der einbehaltenen Lohn- und Kirchensteuer und des Solidaritätszuschlages an das Finanzamt.
d) Nennen Sie die spätesten Termine für die Zahlungen an das Finanzamt und die Krankenkasse.

8 Der Angestellte Karl Adam, Steuerklasse III/3, röm.-kath. (9 %), erhält ein Monatsgehalt von 2227,00 €.
a) Stellen Sie unter Verwendung der Lohnabzugstabellen S. 220f. die Gehaltsabrechnung auf.
b) Geben Sie die Buchungssätze an für die Gehaltszahlung durch Banküberweisung und für den Arbeitgeberanteil.

9 Die Lohnliste der Maschinenbau Manz GmbH weist für den Monat September folgende Summen aus:

Familienname, Vorn.	Familienstand	St.-Kl.	Bruttolohn	Lohnsteuer, SolZ	Kirch.-steuer	Sozialvers.	Gesamtabzüge	Nettogehalt	Sonst. Abz.	Auszahl.	Arbeitgeber-Anteil
			84200,00	12630,00	980,00	16755,00	30365,00	53835,00	–	53835,00	16692,65

a) Ermitteln Sie die gesamten Personalaufwendungen.
b) Bilden Sie die Buchungssätze
  ba) bei Banküberweisung der voraussichtlichen Sozialversicherungsbeiträge, 33500,00 €,
  bb) bei Lohnzahlung durch Banküberweisung,
  bc) für den Betriebsanteil zur Sozialversicherung,
  bd) bei Banküberweisung der einbehaltenen Lohn- und Kirchensteuer.

10 **BA vom 27.04.:** Banküberweisung der voraussichtlichen Sozialversicherungsbeiträge 850,00 €
BA vom 30.04.: Banküberweisung des Lohns an den Lagerarbeiter Unkel .... ? €
Der Lagerarbeiter Unkel, rk. (9 %), LSt-Kl. III/1, arbeitete im Monat April 148 Stunden im Zeitlohn. Er erhält einen Stundenlohn von 14,31 €.
BA vom 10.05.: Banküberweisung der LSt, des SolZ und der KiSt. .... ? €
a) Stellen Sie unter Verwendung der Lohnabzugstabellen (S. 220f.) die Lohnabrechnung auf.
b) Bilden Sie die Buchungssätze für die Lohnzahlung und die Zahlungen an das Finanzamt und die Krankenkasse.

11 Zum Ende des Geschäftsjahres stehen den Umsatzerlösen von 10 Mio. € an Aufwendungen 8 Mio. € einschließlich 2 Mio. € Personalaufwendungen gegenüber. Untersuchen Sie die Auswirkungen einer Erhöhung der Personalaufwendungen von durchschnittlich 10 % zum Beginn des Geschäftsjahres bei unveränderten restlichen Aufwendungen:
a) auf den Gewinn (in Euro und in Prozent),
b) auf den Umsatz (in Prozent), wenn der bisherige Gewinnzuschlag auch weiterhin erreicht werden sollte.

12 Konten: Rohstoffe, Unfertige Erzeugnisse, Fertige Erzeugnisse, Forderungen a. LL., Vorsteuer, SV-Beitragsvorauszahlungen, Bank, Kasse, Eigenkapital, Verbindlichkeiten a. LL., Umsatzsteuer, Verbindlichkeiten gegenüber Finanzbehörden, Verbindlichkeiten gegenüber Sozialversicherungsträgern, Umsatzerlöse für eigene Erzeugnisse, Bestandsveränderungen, Aufwendungen für Rohstoffe/Fertigungsmaterial, Löhne, Gehälter, Arbeitgeberanteil zur Sozialversicherung, Mieten/Pachten, Eröffnungsbilanzkonto, GuV, Schlussbilanzkonto.

Anfangsbestände:	€		€
Rohstoffe	50 000,00	Verbindlichkeiten a. LL.	105 950,00
Unfertige Erzeugnisse	15 000,00	Umsatzsteuer	39 580,00
Fertige Erzeugnisse	20 000,00	Sonstige Verbindlichkeiten gegenüber Finanzbehörde	19 500,00
Forderungen a. LL.	48 300,00		
Bank	265 000,00	Sonstige Verbindlichkeiten gegenüber Sozialversicherungen	2 500,00
Kasse	2 300,00		
Eigenkapital	233 070,00		

Geschäftsfälle:	€	€
1. **ER vom 21.12.:** Zieleinkauf von Rohstoffen, netto		156 400,00
+ 19 % Umsatzsteuer		29 716,00
2. **AR vom 23.12.:** Zielverkäufe von fertigen Erzeugnissen, netto		427 500,00
+ 19 % Umsatzsteuer		81 225,00
3. **BA vom 27.12.:** Voraussichtliche SV-Beiträge	49 000,00	
4. **BA vom 28.12.:** Banküberweisung der Gehälter		28 536,00
Bruttogehälter	48 000,00	
LSt, SolZ, KiSt	9 600,00	
Sozialversicherung	9 864,00	
Arbeitgeberanteil zur Sozialversicherung		9 276,00
5. **BA vom 29.12.:** Banküberweisung der Löhne		47 587,50
Bruttolöhne	75 000,00	
LSt, SolZ, KiSt	12 000,00	
Sozialversicherung	15 412,50	
Arbeitgeberanteil zur Sozialversicherung		14 493,75
6. **BA vom 29.12.:** Überweisungen an		
a) Finanzamt: Umsatzsteuer des Vormonats	39 580,00	
b) Finanzamt wegen einbehaltener Lohnsteuer, SolZ und KiSt	21 600,00	
c) Vermieter für gemietete Betriebsanlagen	60 000,00	121 180,00
7. **BA vom 30.12.:** Banküberweisung von Kunden für fällige Rechnungen		48 300,00

Abschlussangaben zum 31.12.:

1. Endbestände lt. Inventur:
   a) Rohstoffe 35 000,00
   b) Unfertige Erzeugnisse 23 000,00
   c) Fertige Erzeugnisse 17 000,00
2. Die Salden der übrigen Bestandskonten stimmen mit den Inventurwerten überein. Führen Sie die Finanzbuchhaltung zur Ermittlung des Jahresabschlusses durch. (Die angegebenen Belegdaten dienen zur Eingabe der Buchungen bei Durchführung einer Software-gestützten Finanzbuchführung.)

13 Zur Erstellung der Gehaltsabrechnung für einen Angestellten erhalten Sie folgende Informationen:

1. Bruttogehalt .... 3 165,00 €
2. Lohnsteuerklasse .... III, 2
3. Konfession .... ev

a) Erstellen Sie unter Verwendung der Lohnsteuer- und Sozialversicherungstabelle (S. 220 f.) die Gehaltsabrechnung. Die Gehaltszahlung erfolgt per Banküberweisung.

b) Geben Sie die Buchungssätze an für
   ba) die Banküberweisung der voraussichtlichen SV-Beitragszahlungen, 1 260,00 €,
   bb) die Gehaltszahlung,
   bc) den Arbeitgeberanteil zur Sozialversicherung,
   bd) die Banküberweisung der einbehaltenen Lohn- und Kirchensteuer und des SolZ.

c) Beantworten Sie folgende Fragen:
   ca) Wie hoch sind die Personalaufwendungen für den Angestellten?
   cb) Wann und an wen ist die Lohn- und Kirchensteuer zu zahlen?
   cc) Wann und an wen sind die Sozialversicherungsbeiträge zu zahlen?

6.9 Organisation der Buchführung

6.9.1 Grundsätze ordnungsmäßiger Buchführung (GoB)

Die ganze Abteilung steht kopf. Der Betriebsprüfer des Finanzamtes Köln-West, der seit Tagen im Hause ist, verlangt bei mehreren Buchungen die Vorlage der Belege. Sogar Vorgänge, die bereits Jahre zurückliegen, will er nachgewiesen haben. Umgekehrt will er bei einigen Belegen wissen, ob sie gebucht sind. Bei Belegen in Englisch und Französisch macht er die Bemerkung: „Wo sind wir denn hier?" Silvia Land meint an Frau König gewandt: „Sind die vom Finanzamt immer so und muss man sich das bieten lassen?"

- Stellen Sie Gründe zusammen, weshalb der Betriebsprüfer Belege für die einzelnen Buchungen verlangt.
- Stellen Sie die wesentlichen Grundsätze einer ordnungsmäßigen Buchführung zusammen.

Interessenten an einer ordnungsmäßigen Buchführung

An einer ordnungsmäßigen Buchführung sind der **Unternehmer** selbst, **Gläubiger** und der **Staat** interessiert.

- Dem **Unternehmer** liefert sie Informationen über das Ergebnis seiner Entscheidungen in der Vergangenheit und Grundlagen für künftige Entscheidungen.
- Die Buchführung dient dem **Gläubigerschutz**. Nach einheitlichen Grundsätzen festgestellte Ergebnisse sind vergleichbar.
- Gewinn und Umsatz sind wichtige Besteuerungsgegenstände. Im Sinne gerechter **Steuererhebung** ist der **Staat** somit an einer einheitlichen Feststellung dieser Besteuerungsgrößen interessiert.

Oberster Grundsatz einer ordnungsmäßigen Buchführung

Die **Grundsätze ordnungsmäßiger Buchführung** sind eine **Zusammenfassung von Kriterien** zur Beurteilung der Frage, ob die Buchführung nach Form und Inhalt den Anforderungen entspricht, die ein **gewissenhafter Kaufmann** im Allgemeinen als ordnungsgemäß bezeichnen würde. Einige Gesetzesvorschriften, die zu den Grundsätzen ordnungsmäßiger Buchführung rechnen, sind im HGB enthalten. Andere Grundsätze ergeben sich aufgrund der Erfahrungen der kaufmännischen Praxis und der Entscheidungen der Gerichte. Sie sind jedoch **nicht zusammengefasst gesetzlich festgelegt** worden.

Für die Ordnungsmäßigkeit der Buchführung gilt folgender **grundlegender Beurteilungsmaßstab:** Die Buchführung muss so gestaltet und geordnet sein, dass **sowohl** der **Unternehmer** als auch ein **sachverständiger Dritter** sich ohne große Schwierigkeiten und in angemessener Zeit einen Überblick über die Geschäftsfälle und über die Vermögenslage des Unternehmens verschaffen können (vgl. § 238 Abs. 1 HGB).

Dazu sind die in § 257 Abs. 1 HGB genannten Unterlagen aufzubewahren und bei Anforderung der Finanzverwaltung vorzulegen:

§ 257 HGB

(1) Jeder Kaufmann ist verpflichtet, die folgenden Unterlagen geordnet aufzubewahren:

1. Handelsbücher, Inventare, Eröffnungsbilanzen, Jahresabschlüsse, [...]
2. die empfangenen Handelsbriefe,
3. Wiedergaben der abgesandten Handelsbriefe,
4. Belege für Buchungen in den von ihm nach § 238 Abs. 1 zu führenden Büchern (Buchungsbelege).

(4) Die im Absatz 1 Nr. 1 und 4 aufgeführten Unterlagen sind zehn Jahre, die sonstigen in Absatz 1 aufgeführten Unterlagen sechs Jahre aufzubewahren.

Weitere Grundsätze

Weitere **wichtige Grundsätze**, die bei der Führung der Handelsbücher und bei der Aufstellung des Jahresabschlusses beachtet werden müssen, zeigt die folgende Übersicht:

Grundsätze	Erklärung
– Die Buchführung muss **wahr** und **vollständig** sein.	Alle Geschäftsfälle müssen erfasst werden. Die Beleginhalte und Buchungen müssen die tatsächlichen Vorgänge widerspiegeln.
– Buchungen müssen **zeitnah** durchgeführt werden.	Kasseneinnahmen und -ausgaben sollen täglich aufgeschrieben werden. Kreditgeschäfte eines Monats sollten bis zum Ablauf des folgenden Monats grundbuchmäßig erfasst werden. Die dazu vorliegenden Belege sollten fortlaufend nummeriert werden.
– **Sprache** und **Schriftzeichen**	Die Bücher können in jeder lebenden Sprache, die ins Deutsche übertragen werden kann, geführt werden. Die Verwendung von Abkürzungen, Ziffern, Buchstaben oder Symbolen ist statthaft, wenn deren Bedeutung festgelegt worden ist.
– **Änderungen, Berichtigungen**	Änderungen und Berichtigungen sind so durchzuführen, dass der ursprüngliche Inhalt und die späteren Änderungen erkennbar bleiben. Das gilt auch für die computerunterstützte Buchführung. Das Radieren geschriebener bzw. das Löschen oder Überschreiben aufgezeichneter Daten ist daher nicht zulässig.
– **Aufbewahrung** von Buchungsbelegen und Handelsbüchern	**10 Jahre:** Handelsbücher (z. B. Grund- und Hauptbuch), Jahresabschlüsse (Bilanz, Gewinn- und Verlustrechnung, Anhang), Arbeits- und Organisationsunterlagen zur Buchführung (Programme, Ablaufpläne) und Buchungsbelege (ER, AR-Kopien, Kontoauszüge der Banken, Quittungen). **6 Jahre:** Empfangene Geschäftsbriefe und Wiedergaben abgesandter Geschäftsbriefe und sonstige Unterlagen (z. B. Verträge), soweit sie für die Nachvollziehbarkeit von Belegen und für die Besteuerung von Bedeutung sind.

Weist eine Buchhaltung **schwerwiegende Mängel** auf, kann vom Finanzamt eine Schätzung des Ergebnisses vorgenommen werden.

Beispiele für schwerwiegende Mängel

- Geschäftsfälle wurden nicht oder falsch gebucht.
- Ein Teil der Lagerbestände wurde nicht ins Inventar aufgenommen.

Werden solche Tatbestände vorsätzlich oder grob fahrlässig herbeigeführt, kann der Tatbestand der Steuergefährdung oder gar der Steuerhinterziehung vorliegen. Für beide sieht der Gesetzgeber Geldbußen oder Haftstrafen vor.

Grundsätze ordnungsmäßiger Buchführung (GoB)

- Die Buchführung muss so gestaltet und geordnet sein, dass sich ein sachverständiger Dritter in angemessener Zeit einen Einblick in die **tatsächliche** Vermögenslage verschaffen kann.
- Deshalb gelten folgende **Grundsätze**:
  - Wahrheit und Vollständigkeit
  - Zeitnähe
  - lebende Sprache
    Erklärung von
    - Symbolen
    - Abkürzungen
  - Änderungen und Berichtigungen müssen erkennbar bleiben
  - Aufbewahrung
    - der Handelsbücher
    - der Buchungsbelege
    - der Handelsbriefe und sonstigen Unterlagen

1 Erläutern Sie die folgenden Grundsätze einer ordnungsmäßigen Buchführung:
a) Wahrheit
b) Vollständigkeit
c) Zeitnähe
d) Belegzwang
e) Aufbewahrungspflicht
f) Klarheit

2 Begründen Sie die Verpflichtung zur ordnungsmäßigen Buchführung aus der Sicht
a) des Unternehmers, b) des Gläubigers, c) des Staates.

3 Stellen Sie einen Katalog von Forderungen zusammen, den Sie an eine ordnungsmäßige Buchführung stellen.

4 Bestimmen Sie die Aufbewahrungsfrist folgender Unterlagen:
a) Grundbücher
b) Kopien abgesandter Handelsbriefe
c) Eingangsrechnungen
d) Hauptbücher
e) Bilanzen
f) Empfangene Handelsbriefe
g) Inventare
h) Arbeitsanweisungen zur Inventur
i) Mietverträge

6.9.2 Kontenrahmen und Kontenplan

Von Zeit zu Zeit vergleicht die Geschäftsführung der Bürodesign GmbH ihren Betrieb mit anderen Betrieben. Der Betriebsvergleich hilft ihr, die Wirtschaftlichkeit des eigenen Betriebes besser zu beurteilen. Vom Landesverband der Büromöbelindustrie erhält sie Vergleichszahlen über den Anteil einzelner Vermögenspositionen am Gesamtvermögen und einzelner Kapitalpositionen am Gesamtkapital.

Vergleiche dieser Art setzen aber voraus, dass die Buchhaltung der Bürodesign GmbH die Konteninhalte so festlegt wie die Vergleichsbetriebe.

- Stellen Sie die Anforderungen an die Buchführung der Bürodesign GmbH für eine Vergleichbarkeit mit anderen Betrieben der Branche zusammen.

Kontenrahmen

Ein wichtiges Ordnungsmittel zur Herbeiführung der **Ordnungsmäßigkeit der Buchführung** ist der Kontenrahmen mit der **Gliederung der Konten und der Abgrenzung der Konteninhalte**. Er gibt den Unternehmen eine **Übersicht sämtlicher Konten**, die in der Finanzbuchhaltung dieser Unternehmen notwendig sein könnten.

Aufbau des Kontenrahmens:

Der Kontenrahmen ist nach dem **Zehnersystem** (Dezimalklassensystem, dekadisches System) aufgebaut. Jedes Konto (z.B. Betriebs- und Geschäftsausstattung) ist durch eine Ziffernfolge (z.B. 08) gekennzeichnet. Aufgrund der 10 Ziffern von 0 bis 9 wurden 10 **Kontenklassen** eingerichtet. Jede Kontenklasse wird in 10 **Kontengruppen** eingeteilt. Jede Kontengruppe kann wiederum 10 **Kontenarten** aufnehmen. Im Bedarfsfalle können die Kontenarten jeweils in 10 **Kontenunterarten** aufgeteilt werden.

Beispiel

Kontennummer			Stellenwert	Bedeutung	Konteninhalt (Beispiele)
6			**ein**stellig	Konten**klasse**	Betriebliche Aufwendungen
6	8		**zwei**stellig	Konten**gruppe**	Aufwendungen für Kommunikation
6	8	1	**drei**stellig	Konten**art**	Zeitungen und Fachliteratur

Für EDV-Zwecke übliche Kontenrahmen sehen eine gleich bleibende Länge der Kontennummern vor. Durch Auffüllen der leeren Stellen mit Nullen wird die konstante Länge der Kontennummern erreicht.

Der Kontenrahmen sieht zwei Rechnungskreise – **Zweikreissystem** – vor, zwischen denen ein ständiger Datenaustausch besteht. Der **Rechnungskreis I** umfasst mit den Kontenklassen 0 bis 8 die **Finanzbuchhaltung**. Der **Rechnungskreis II**, die **Kosten- und Leistungsrechnung**, kann kontenmäßig oder statistisch in Tabellen (Abgrenzungsrechnung, Betriebsabrechnung, Kostenträgerblatt) durchgeführt werden.

Inhaltlich sind die Konten den Kontenklassen nach dem **Abschlussgliederungsprinzip** zugeordnet:

- Die **Kontenklassen 0 bis 4** enthalten die **Bestandskonten**. Sie sind über das Schlussbilanzkonto abzuschließen.
- Die **Kontenklassen 5 bis 7** beinhalten die **Erfolgskonten**. Sie sind über das Gewinn- und Verlustkonto abzuschließen.
- Die **Kontenklasse 8 schließt** den nach dem Abschlussgliederungsprinzip geordneten Rechnungskreis I mit den zur **Eröffnung** und zum **Abschluss** notwendigen Konten.
- Die **Kontenklasse 9** kann für eine buchhalterische Ausgestaltung der **Kosten- und Leistungsrechnung** (Betriebsbuchhaltung) – **Rechnungskreis II** – genutzt werden.

Aufbau des Kontenrahmens

Rechnungskreis I – Finanzbuchhaltung –											Rechnungskreis II
Kontenbereich	Bestandskonten					Erfolgskonten					
				passive		Ertragskonten	Aufwandskonten				
Klasse	0	1	2	3	4	5	6	7	8		9
	Immaterielle Vermögensgegenstände u. Sachanlagen	Finanzanlagen	Umlaufvermögen und aktive Rechnungsabgrenzung	Eigenkapital und Rückstellungen	Verbindlichkeiten u. passive Rechnungsabgrenzung	Erträge	Betriebliche Aufwendungen	Weitere Aufwendungen	Ergebnisrechnung	Datenaustausch ⇄	Kosten- und Leistungsrechnung KLR

S 8010 Schlussbilanzkonto H

aktive Bestandskonten	passive Bestandskonten

S 8020 Gewinn- und Verlustkonto H

Aufwandskonten	Ertragskonten

Abschluss der Bestandskonten	
aktive (Kl. 0, 1, 2)	passive (Kl. 3, 4)
8010 Schlussbilanzkonto an Kontenklassen 0, 1, 2	Kontenklasse 3, 4 an 8010 SBK

Abschluss: Erfolgskonten (Kl. 5–7)	
Aufwand (Kl. 6, 7)	Erträge (Kl. 5)
8020 GuV an Kl. 6, 7	Kontenkl. 5 an 8020 GuV

Aufbau und Gliederung der **Bilanz gemäß § 266 HGB** und der **Gewinn- und Verlustrechnung gemäß § 275 HGB** für Kapitalgesellschaften bestimmen Inhalte, Reihenfolge und Unterteilung einzelner Kontenklassen.

Bestandskonten:

Bd. 2

Die Kontenklassen 0, 1 und 2 enthalten die aktiven Bestandskonten, die Kontenklassen 3 und 4 die passiven. Diese Konten der Klassen 0 bis 4 werden über das SBK abgeschlossen. Die Inhalte der SBK werden dann für die Bilanzerstellung nach § 266 HGB abgerufen.

Erfolgskonten:

Die **Reihenfolge der Erfolgskonten** der Kontenklassen 5, 6 und 7 richtet sich weitgehend nach dem **Aufbau der Gewinn- und Verlustrechnung in Staffelform** gemäß § 275 HGB bei Kapitalgesellschaften. Die Gewinn- und Verlustrechnung in Staffelform ist nur für Kapitalgesellschaften zwecks Veröffentlichung des Jahresabschlusses zwingend vorgeschrieben.

Bd. 2

Kontenplan

Jedes Unternehmen stellt sich bei Beachtung der Besonderheiten seiner **Branche**, seiner **Rechtsform**, seiner **Informationsbedürfnisse** sowie der Größe und Struktur des Unternehmens seinen individuellen Kontenplan auf. Er wird in Anlehnung an den Kontenrahmen, dessen Anwendung nicht verbindlich vorgeschrieben wird, erstellt. Der Kontenplan enthält nur die **Konten, die in der Finanzbuchhaltung** dieser Unternehmung tatsächlich **erforderlich** sind. Andererseits kann aufgrund des dekadischen Gliederungssystems eine tiefere Gliederung einzelner Kontengruppen vorgenommen werden, wenn ein entsprechendes Informationsbedürfnis gegeben ist.

Beispiel

Kontenplan (Auszug) der Bürodesign GmbH, Stolberger Straße 188, 50933 Köln	
05	Grundstücke und Gebäude
050	Unbebaute Grundstücke
0501	Grundstück: Brahestraße 30–32, 04347 Leipzig
0502	Grundstück: Rosenweg 18, 53225 Bonn
051	Bebaute Grundstücke
0511	Grundstück: Stolberger Straße 188, 50933 Köln
0512	Grundstück: Schloßstraße 28, 04347 Leipzig
053	Betriebsgebäude
0531	Verwaltungsgebäude: Stolberger Straße 188, 50933 Köln
0532	Lagerhalle I: Stolberger Straße 188, 50933 Köln
0533	Lagerhalle II: Stolberger Straße 188, 50933 Köln
0534	Vertriebsniederlassung: Brahestraße 30–32, 04347 Leipzig

Sach- und Personenkonten

Aus den Konten des Hauptbuches, den so genannten **Sachkonten**, kann der Unternehmer beispielsweise nicht ersehen, wie hoch seine Schulden gegenüber einzelnen Lieferern **(Kreditoren)** oder seine Forderungen gegenüber einzelnen Kunden **(Debitoren)** sind. Daher werden in der sogenannten **Kontokorrentbuchhaltung** die Hauptbuchkonten 2400 Forderungen a. LL. durch **Personenkonten** für die einzelnen Kunden (Debitorenkonten) und 4400 Verbindlichkeiten a. LL. durch Personenkonten für die einzelnen Lieferer **(Kreditorenkonten)** erläutert (vgl. 243f.).

Beispiel Die Geschäftsleitung will wissen, ob, wie weit und wann der Kunde Klaus Oswald e. K. die AR 520 aufgrund einer Warenlieferung beglichen hat.

Die für die Vermögensgegenstände und Schulden eingerichteten Sachkonten und die für die Kunden und Lieferer eingerichteten Personenkonten bilden gemeinsam die Konten des Kontenplans einer Unternehmung.

Kontenrahmen und Kontenplan

- Der Kontenrahmen **unterstützt** die **Übersichtlichkeit** und **Einheitlichkeit** der Finanzbuchhaltung.
- Der Kontenrahmen ist aufgeteilt in die beiden selbstständigen **Rechnungskreise Finanzbuchhaltung** sowie **Kosten- und Leistungsrechnung**.

- Der Konterahmen ist nach dem **Dezimalklassifikationssystem** aufgebaut. Er enthält Konten**klassen**, Konten**gruppen** und Konten**arten**.
- Die Anordnung sowie die Bezeichnung der Konten orientieren sich am **Abschlussgliederungsprinzip**, sodass sich ohne großen Aufwand aufgrund des Kontenrahmens aus den Konten die Angaben für die Bilanz, die Gewinn- und Verlustrechnung sowie den Anhang ergeben.
- Die **Bestandskonten** der **Kontenklassen 0 bis 4** sind über das Konto **8010 Schlussbilanzkonto**, die **Erfolgskonten** der **Kontenklassen 5 bis 7** über das Konto **8020 Gewinn und Verlust** abzuschließen.
- **Grundlage** zur Aufstellung des **Kontenplans** ist der **Kontenrahmen**.
- Der Kontenplan enthält die Konten, die ein bestimmtes Unternehmen aufgrund seiner **Rechtsform**, seines **Informationsbedürfnisses**, seiner **Branche** sowie seiner **Größe** und **Struktur** benötigt.
- Mithilfe des Kontenplans werden die **Eröffnungsvorgänge**, die täglich anfallenden **Geschäftsfälle** und die **Abschlussvorgänge** kontiert.
- Die **Kontokorrentkonten** dienen der näheren **Erläuterung der Hauptbuchkonten „2400 Forderungen a. LL."** und **„4400 Verbindlichkeiten a. LL."**.

1 a) Erstellen Sie folgendes Einteilungsschema:

Kl. 0 und 1 Anlagevermögen	Kl. 2 Umlaufvermögen	Kl. 3 Eigenkapital	Kl. 4 Schulden	Kl. 5 Erträge	Kl. 6 und 7 Aufwendungen	Kl. 8 Eröffnung und Abschluss

b) Ordnen Sie folgende Kontenbezeichnungen den Kontenklassen des Einteilungsschemas zu: Umsatzerlöse für Erzeugnisse, EBK, Unbebaute Grundstücke, Energie, Fuhrpark, Rohstoffaufwand, Forderungen a. LL., Verbindlichkeiten a. LL., SBK, Maschinen, GuV-Konto, Eigenkapital, Geschäftsausstattung, Löhne, Gehälter, Bebaute Grundstücke, Büromaterial, Langfristige Verbindlichkeiten gegenüber Kreditinstituten, Sonstige Finanzanlagen/Darlehensforderungen, Kasse, Bankguthaben, Rohstoffe, Erzeugnisse, Bestandsveränderungen, Vorsteuer, Umsatzsteuer, Abschreibungen.

2 Geben Sie die EDV-gerechten Kontennummern für folgende Kontenarten an: Mieten/Pachten, Umsatzerlöse für Erzeugnisse, EBK, Eigenkapital, Maschinen, Sonstige Finanzanlagen (Darlehensforderungen), Energie, Rohstoffaufwand, GuV-Konto, Vorsteuer, Bankguthaben, Unbebaute Grundstücke, Darlehensschuld gegenüber der Bank, Gehälter, Gewerbesteuer, Mieterträge, Fuhrpark, Postentgelte/Telekommunikation, Forderungen a. LL., Büromaterial, SBK, Fremdinstandhaltung, Verbindlichkeiten a. LL., Provisionserträge, Kasse, Rohstoffe, Erzeugnisse, Bestandsveränderungen, Umsatzsteuer, Abschreibungen.

3 Bilden Sie unter Verwendung der Kontennummern die Buchungssätze zu den nachstehenden Geschäftsfällen eines Industrieunternehmens:

	€
1. **ER, BA:** Einkauf von Rohstoffen gegen Zahlung durch Banküberweisung....	27 360,00
+ 19 % Umsatzsteuer	
2. **AR, BA:** Verkauf von Erzeugnissen gegen Zahlung durch Banküberweisung .	34 200,00
+ 19 % Umsatzsteuer	
3. **BA:** Banküberweisung der Gehälter an die Angestellten	80 000,00
4. **KB:** Barzahlung des Beitrages zur Industrie- und Handelskammer	500,00
5. **BA:** Banküberweisung der Tilgungsrate für ein Bankdarlehen	10 000,00
6. **AR, KB:** Barverkauf von Erzeugnissen	570,00
+ 19 % Umsatzsteuer	
7. **BA:** Banküberweisung der Gewerbesteuer an die Stadt...........	4 000,00
8. **BA:** Abbuchung der Kfz-Versicherung für den betrieblichen Pkw ...	600,00

9. **Abschlussbuchungen:**

a) Abschluss des Kontos Forderungen a. LL.	95 000,00
b) Abschluss des Kontos Aufwendungen für Rohstoffe	310 000,00
c) Abschluss des Kontos Vorsteuer	4 200,00
d) Abschluss des Kontos Umsatzsteuer (Zahllast)	21 300,00
e) Abschluss des Kontos Umsatzerlöse für Erzeugnisse	650 000,00
f) Abschluss des Kontos Abschreibungen	48 000,00
g) Verlust des Geschäftsjahres	75 000,00
h) Abschluss des Kontos Eigenkapital	420 000,00

4 a) Geben Sie mithilfe des Kontenrahmens zu folgenden Buchungssätzen die Kontenbezeichnung an.

	€			€
1. 2800 an 2880	6 000,00	8. 6160	900,00	
2. 4400 an 2850	7 980,00	2600	171,00 an 4400	1 071,00
3. 7700 an 2800	5 000,00	9. 6800	1 100,00	
4. 6900 an 2800	1 200,00	2600	209,00 an 4400	1 309,00
5. 6200 an 2800	11 000,00	10. 6050	3 800,00	
6. 2800 an 2400	2 052,00	2600	722,00 an 2800	4 522,00
7. 6000 32 000,00		11. 5200	an 2200	14 200,00
2600 6 080,00 an 4400	38 080,00			

b) Nennen Sie den Geschäftsfall, der den einzelnen Buchungssätzen zugrunde liegt.

5 Kontenplan einer Industrieunternehmung: 0510, 0800, 1600, 2200, 2400, 2600, 2800, 2880, 3000, 4250, 4400, 4800, 5000, 5200, 5400, 5710, 6000, 6050, 6160, 6200, 6500, 6710, 6800, 6870, 6920, 7510, 7700, 8000, 8010, 8020.

Anfangsbestände:

	€		€
0510 Grundstück mit Gebäude	470 000,00	2800 Bank	340 000,00
0800 Betriebs- und Geschäftsausstattung	230 000,00	2880 Kasse	6 200,00
1600 Darlehensforderung	40 000,00	3000 Eigenkapital	900 000,00
2200 Fertige Erzeugnisse	60 000,00	4250 Darlehensschulden	234 800,00
2400 Forderung a. LL.	79 800,00	4400 Verbindlichkeiten a. LL.	91 200,00

Geschäftsfälle:

	€	€
1. **BA vom 01.12.:** Lastschriften		
a) Abbuchung vom Energiewerk: Strom- und Gasverbrauch einschließl. 19 % USt.	51 170,00	
b) Zahlung der Erhaltungsreparaturen am Gebäude durch Banküberweisung einschließl. 19 % USt.	17 850,00	69 020,00
2. **BA vom 02.12.:** Verkäufe von Erzeugnissen gegen Banküberweisung einschl. 19 % USt.		76 874,00
3. **ER vom 03.12.:** Zieleinkauf von Rohstoffen		420 000,00
+ 19 % USt.		
4. **KB vom 10.12.:** Kassenausgaben		
a) Barkauf von Büromaterialien einschließl. 19 % USt.	678,30	
b) Beitrag zur Industrie- und Handelskammer	430,00	1 108,30
5. **AR vom 11.12.:** Verkäufe von Erzeugnissen		
a) gegen Banküberweisung	380 000,00	
b) auf Ziel	520 000,00	900 000,00
+ 19 % USt.		171 000,00
6. **BA vom 14.12.:** Gutschriften		
a) Mieter zahlten Mieten durch Banküberweisung	27 400,00	
b) Kunden bezahlten fällige AR durch Banküberweisungen	502 900,00	530 300,00
7. **BA vom 15.12.:** Banküberweisungen		
a) an den Darlehensgeber wegen Zinsen	28 000,00	
b) an die Stadtkasse wegen Gewerbesteuer	23 000,00	51 000,00

8. **BA vom 24.12.:** Lastschriften		
a) Lohnzahlungen an Arbeitskräfte	170 000,00	
b) Leasingzahlungen an Vermieter der gemieteten Lkw	30 000,00	
c) Banküberweisung an Werbeagentur wegen einer Aktion einschließl. 19 % USt.	14 280,00	214 280,00
9. **KB vom 28.12.:** Darlehensnehmer zahlte die Zinsen bar		2 000,00
10. **BA vom 29.12.:** Gutschriften		
a) Darlehensnehmer überwies Tilgungsrate	5 000,00	
b) Verkauf eines Grundstücks gegen Banküberweisung	20 000,00	25 000,00
11. **BA vom 30.12.:** Lastschriften		
a) Banküberweisung an Lieferer für fällige ER	396 320,00	
b) Kauf eines Personal Computers gegen Banküberweisung einschließl. 19 % USt.	8 330,00	404 650,00

Abschlussangaben:

Endbestand an Erzeugnissen lt. Inventur	45 000,00
Abschreibungen auf Gebäude	6 000,00
Abschreibungen auf Betriebs- u. Geschäftsausstattung	37 500,00

Führen Sie die Finanzbuchhaltung zur Ermittlung des Jahresabschlusses durch.

Um die Bearbeitung der Aufgabe mit einer computerunterstützten Finanzbuchhaltung durchzuführen, wurde zu jedem Geschäftsfall jeweils das Datum angegeben. Bei manueller Buchführung sind diese Daten nicht von Bedeutung.

6 Nennen Sie die Geschäftsfälle, die den Buchungen auf folgendem Bankkonto zugrunde liegen.

S — 2800 Bank — H

S		H	
1. 8000	69 000,00	3. 4400	12 880,00
2. 2400	30 360,00	4. 6700	3 400,00
6. 2880	19 665,00	5. 0860, 2600	1 487,50
9. 5000, 4800	49 980,00	7. 6800, 2600	333,20
10. 0840, 4800	4 165,00	8. 6300	14 200,00
		11. 8010	140 869,30
	173 170,00		173 170,00

7 a) Erstellen Sie einen Kontenrahmen mit den bisher bekannten Konten nach dem Abschlussgliederungsprinzip.

b) Kennzeichnen Sie
ba) aktive Bestandskonten,
bb) passive Bestandskonten,
bc) Aufwandskonten und
bd) Ertragskonten
mit unterschiedlichen Farbrastern.

c) Erklären Sie, warum die Industrieverbände in Deutschland ihren Mitgliedern einen einheitlichen Kontenrahmen empfehlen.

d) Begründen Sie an Beispielen mögliche Abweichungen des Kontenplans der Bürodesign GmbH vom Schulkontenrahmen im Anhang dieses Lehrbuches.

6.9.3 Bücher der Buchführung

Aufgrund größerer Aufträge der Kunden Schneider & Co. OHG, Iserlohn, und Klaus Oswald e. K., Dresden, bittet Herr Stein Frau König um eine Aufstellung über bisherige Umsätze, Zahlungen und offene Posten dieser Kunden. Ebenfalls möchte er eine Übersicht über Umsätze einzelner Artikel haben.

Frau König bittet Frau Land, Grundbuch und Hauptbuch hierfür auszuwerten. Silvia Land ist sehr enttäuscht über den Informationswert der beiden Bücher.

- Sammeln Sie Gründe, warum Silvia Land enttäuscht über die Aussagekraft der beiden Bücher ist.

Buchführungsbücher sind Geschäftsbücher, in denen die Geschäftsfälle erfasst werden. Gebundene Bücher können durch eine fortlaufend nummerierte **Loseblattsammlung** oder die **geordnete Ablage von Belegen** ersetzt werden. Die Bücher und die sonst erforderlichen Aufzeichnungen können auf Datenträgern geführt werden, sofern sichergestellt ist, dass die Daten während der Dauer der Aufbewahrungsfrist verfügbar sind und jederzeit innerhalb angemessener Frist lesbar gemacht werden können.

Grundbuch

In **Grundbüchern**, auch Journale oder Primanota genannt, werden alle **Geschäftsfälle** anhand der Belege in **zeitlicher Reihenfolge** (siehe S. 155ff.) eingetragen.

Grundbücher können nach Sachgebieten oder Abteilungen gegliedert und somit arbeitsteilig geführt werden: Kassenbuch, Eingangsrechnungen, Ausgangsrechnungen, Bank- und Postbankauszüge. Grundbücher erfassen anhand der Belege **alle Geschäftsfälle in zeitlicher Reihenfolge**.

Hauptbuch

Im Hauptbuch werden die **Geschäftsfälle** nach ihrer **Auswirkung** auf einzelne Vermögens- oder Kapitalposten (= sachliche Gliederung) **gegliedert** und auf den entsprechenden Sachkonten gebucht (siehe S. 155ff.). Im **Hauptbuch** werden für die Bilanzposten **Bestandskonten** und für die Erfolgsquellen **Erfolgskonten** eingerichtet.

Auf diesen **Sachkonten** werden anhand von Belegen alle Wertveränderungen ordnungsgemäß festgehalten.

Nebenbücher

Die Übersicht, die das Hauptbuch über die Vermögens- und Kapitalveränderungen vermittelt, genügt bei einigen Posten nicht. Aus den Konten des Hauptbuches ist nicht ersichtlich, wie hoch die Schulden gegenüber einzelnen Lieferern oder die Forderungen gegenüber einzelnen Kunden sind. Aus dem Konto Umsatzerlöse für Erzeugnisse geht nicht hervor, mit welchen Artikeln die Umsätze erreicht wurden.

Daher werden verschiedene **Nebenbücher** – meistens in Dateiform – geführt, in denen die **Buchungen einzelner Hauptbuchkonten** näher **erläutert** werden:

- Kunden- oder Debitorenbuchhaltung
- Lieferer- oder Kreditorenbuchhaltung
- Lagerbuchhaltung

In den Nebenbüchern werden **keine Buchungen mit Gegenbuchungen** vorgenommen, sondern lediglich Übertragungen. Der Inhalt der Eintragungen in den Nebenbüchern muss jedoch mit dem Inhalt der Buchungen auf den entsprechenden Sachkonten übereinstimmen.

Kontokorrentbuch:

Kundenforderungen und **Liefererschulden** werden im **Hauptbuch** auf den **Sachkonten „2400 Forderungen a. LL."** und **„4400 Verbindlichkeiten a. LL."** mit den entsprechenden Gegenbuchungen erfasst.

Aus dem Konto „2400 Forderungen a. LL." kann der Unternehmer nicht ersehen, wie hoch seine Forderungen gegenüber einzelnen Kunden sind.

Aus dem Konto „4400 Verbindlichkeiten a. LL." geht nicht hervor, wie hoch die Schulden gegenüber einzelnen Lieferern sind.

Daher wird für jeden einzelnen Kunden und Lieferer im **Kontokorrentbuch** ein eigenes Konto (Datei) geführt.

Beispiel Konto des Kunden Klassik 2000 GmbH:
D 24012 Klassik 2000 GmbH, Hagenstraße 130, 59075 Hamm

Datum	Beleg	Text	Soll	Haben
02.01.		Saldovortrag: AR 7531 10 350,00	10 350,00	
10.01.	BA 009	Überprüfung AR 7531		10 350,00
16.03.	AR 8428	Zielverkauf von Erzeugnissen	35 650,00	
30.03.	BA 092	Überweisung AR 8428		35 650,00
18.12.	AR 32375	Zielverkauf	69 000,00	
31.12.		Saldo: AR 32375		69 000,00
			115 000,00	115 000,00

Kontokorrentbuch

Kundenkonten = Debitorenkonten
Forderungen aufgrund von Warenverkäufen und Kundenzahlungen werden für jeden einzelnen Kunden erfasst.

Liefererkonten = Kreditorenkonten
Verbindlichkeiten aufgrund von Wareneinkäufen und Zahlungen an Lieferer werden für jeden einzelnen Lieferer erfasst.

Lagerbuchhaltung:

Das Lagerbuch enthält für **jede Werkstoffart** ein **eigenes Konto**. Die einzelnen Konten dienen insbesondere der **mengenmäßigen Kontrolle** der Lagerbestände und werden daher zumeist nur für mengenmäßige Bestandsveränderungen geführt. Im Rahmen einer **permanenten Inventur** wird durch körperliche Inventur mindestens einmal während des Geschäftsjahres der laut Lagerdatei ausgewiesene **Soll-Bestand** überprüft. Der dann durch Inventur festgestellte **Ist-Bestand** wird in die Lagerdatei als Bestand übernommen. Durch jeden Kauf und Verkauf ändert sich der Bestand. Deshalb muss der Bestand unter Berücksichtigung der weiteren **Zugänge** und **Abgänge** bis zum Jahresabschluss fortgeschrieben werden. In das Inventar kann der zu diesem Stichtag ausgewiesene Bestand als Ist-Bestand laut permanenter Inventur übernommen werden.

Bücher der Buchführung

Bücher der Buchführung

Grundbuch
Erfassung aller Geschäftsfälle in **zeitlicher Reihenfolge** anhand von Belägen

Hauptbuch
Sachliche Gliederung der Geschäftsfälle auf **Sachkonten**
- Bestandskonten
- Erfolgskonten

Nebenbücher
Erläuterung einzelner Sachkonten durch **dateimäßige Aufgliederung der Inhalte**
- Kontokorrentkonten
  - Debitorenkonten
  - Kreditorenkonten
- Lagerdatei, Lagerbuchhaltung

1 Ordnen Sie folgende Begriffe 1 bis 6 nebenstehenden Erklärungen a) bis f) zu.

	Begriffe	Erklärungen
1	Hauptbuch	a) Wertbewegung in einer Unternehmung, die buchhalterisch erfasst wird.
2	Journal (Grundbuch)	b) Kürzeste Anweisung für die Durchführung einer Buchung aufgrund eines Beleges.
3	Kontenrahmen	c) Erfassung der Geschäftsfälle in zeitlicher Reihenfolge.
4	Kontenplan	d) Teil der Buchhaltung, in dem die Geschäftsfälle sachlich geordnet erfasst werden.
5	Buchungssatz	e) Systematische Gliederung der Konten, die in der Buchhaltung einer bestimmten Unternehmung geführt werden.
6	Geschäftsfall	f) Systematische Ordnung aller Konten, die in den Betrieben eines bestimmten Wirtschaftszweiges möglich sind.

2 Buchführung als Spiel
Die vierten Buchstaben der 21 Wörter, deren Definitionen oder Synonyme unten angegeben sind, ergeben in der Reihenfolge von oben nach unten einen Grundsatz der ordnungsmäßigen Buchführung:

1. Eintragung des Buchungssatzes im Buchungsstempel
2. Verzeichnis aller Vermögensteile und Schulden
3. Passiva
4. Betriebsvermögen des Unternehmers
5. Bestandsaufnahme
6. Verpflichtungen aus Zielkäufen
7. Vorbereitungsbuchung zum Abschluss
8. Bestandsaufnahme an einem bestimmten Tag
9. Entwertungsstrich
10. Fremdkapital
11. Journal
12. Beleg für Verkäufe
13. Unterkonten des Eigenkapitalkontos
14. kürzeste Form einer Buchungsanweisung
15. dekadisches System
16. Mittelverwendung
17. Saldo der Bestandskonten
18. Buchungsunterlage
19. Differenz zwischen Aufwand und Ertrag
20. Gründer und Leiter eines Betriebes
21. Abfluss von Geldmitteln bei Anschaffungen

3 Die dritten Buchstaben der zwölf Wörter, deren Definition oder Synonyme unten angegeben sind, ergeben in der Reihenfolge von oben nach unten den Titel eines Romans von Gustav Freytag:

1. Abbau des Lagerbestandes
2. Rückbuchung
3. Mehrung der Bilanzsumme durch einen Geschäftsfall
4. Grundlage der Betriebsbereitschaft
5. Buch der Konten einer Unternehmung
6. zweiseitige Rechnung in der Buchführung
7. Saldo der Bestandskonten
8. wichtiger Grundsatz einer ordnungsmäßigen Buchführung
9. Form des Inventars
10. Kundenkonten
11. der Unternehmung befristet überlassenes Kapital
12. Kontenzusammenstellung für die Buchhaltung eines Unternehmens

4 Führen Sie das Konto des Kunden Werner Bange e. K., Am Wingert 32, 50999 Köln:

		€
25.09.:	Saldovortrag	47 140,00
30.09.:	BA 189: Überweisung	47 140,00
14.10.:	AR 407	38 290,00
27.10.:	AR 462	41 225,00
03.11.:	BA 190: Überweisung	79 515,00
12.11.:	AR 481	21 114,00
24.11.:	AR 579:	51 945,00
27.11.:	BA 191: Überweisung	70 000,00

Ermitteln Sie den Saldo zum 31.11.

5 Führen Sie das Konto des Lieferers Udo Lingen e. K., Am Hang 4, 4289 Essen:

		€
01.01.:	Saldovortrag	14 110,00
15.10.:	ER 2111	56 870,00
18.10.:	Rücksendung (Falschlieferung), R2	12 430,00
30.10.:	Banküberweisung, BA 730	57 000,00
17.11.:	ER 2888	49 840,00
20.11.:	BA 731: Überweisung	49 840,00
20.12.:	ER 2989	86 810,00
29.12.:	Gutschrift, Mängelrüge, G 25	8 490,00

Ermitteln Sie den Saldo zum 31.12.

Wiederholungsaufgaben zu „Unternehmen als komplexes wirtschaftliches und soziales System“

1 Die Konten 2000 Rohstoffe, 6000 Aufwand für Rohstoffe und 5000 Umsatzerlöse für eigene Erzeugnisse sind unter Berücksichtigung eines Endbestandes lt. Inventur von 600 000,00 € abzuschließen.

S	2000 Rohstoffe	H
700 000,00		

S	5000 Umsatzerlöse für eigene Erzeugnisse	H
		46 200 000,00

S	6000 Aufwand für Rohstoffe	H
25 900 000,00		

S	6100–7700 Verschiedene Aufwendungen	H
18 000 000,00		

a) Ermitteln Sie in Euro
  aa) den Materialverbrauch,
  ab) den Erfolg.
b) Bilden Sie die Buchungssätze
  ba) zur Erfassung der Materialbestandsveränderungen,
  bb) zum Abschluss des Kontos „Aufwand für Rohstoffe“,
  bc) zum Abschluss des Kontos „Umsatzerlöse für eigene Erzeugnisse“,
  bd) zum Abschluss des Kontos „GuV“,
  be) zum Abschluss des Kontos „Rohstoffe“.

2 Eine Industrieunternehmung legt am Ende des Geschäftsjahres folgende Werte vor:

Konten	Soll €	Haben €
Anlagevermögen	750 000,00	
Eigenkapital		800 000,00
Forderungen, liquide Mittel	240 000,00	
Verbindlichkeiten		250 000,00
Mieterträge		30 000,00
Aufwand für Rohstoffe	1 560 000,00	
Rohstoffbestand	200 000,00	
Personalkosten	740 000,00	
verschiedene Aufwendungen	260 000,00	
Umsatzerlöse für eigene Erzeugnisse		2 670 000,00

Rohstoffendbestand lt. Inventur: 260 000,00 €
Ermitteln Sie jeweils in T€
a) den Materialeinsatz/Aufwand für Rohstoffe,
b) den Erfolg,
c) das Eigenkapital am Jahresende,
d) die Bilanzsumme.

3 Ein Büromöbelhersteller ermittelte für einen Drehstuhl folgende Umsatz- und Absatzzahlen.

	Umsatz in €	Absatz in Stück
Vorjahr	6 370 000,00	9 100
Berichtsjahr	6 401 850,00	9 555

a) Um wie viel Prozent ist der Umsatz gegenüber dem Vorjahr gestiegen?
b) Um wie viel Prozent ist der Absatz gegenüber dem Vorjahr gestiegen?
c) Um wie viel Prozent veränderte sich der Stückpreis gegenüber dem Vorjahr?

4 Der Buchwert eines Anlagegutes zeigt folgende Entwicklung:

Anschaffungswert .... 495 000,00 €
Buchwert nach dem 1. Jahr .... 462 000,00 €
Buchwert nach dem 2. Jahr .... 429 000,00 €
Buchwert nach dem 3. Jahr .... 396 000,00 €

Ermitteln Sie
a) den Abschreibungssatz,
b) den Abschreibungsbetrag nach dem vierten Jahr,
c) den Buchwert nach dem vierten Jahr.

5 Für betriebliche Zwecke wird der Inventurbestand eines Hilfsstoffes nach dem Verfahren des gleitenden Durchschnitts bewertet.

Ermitteln Sie aus unten stehenden Eintragungen in der Lagerdatei zum 31.03.
a) den mengenmäßigen Bestand in Stück,
b) den wertmäßigen Bestand in Euro zum gewogenen Durchschnittspreis,
c) zum gleitenden Durchschnittswert in Euro.

Datum	Einstandspreis/ Stück in €	Zugang in Stück	Abgang in Stück	Bestand in Stück
01.01.	4,25			300
15.01.	4,75	200		
13.02.			300	
17.03.	4,75	400		
21.03.			500	
27.03.	4,95	200		

6 a) Bilden Sie den Buchungssatz zum nachstehenden Beleg für die Bürodesign GmbH.

Laubmann Nachfolger KG

Laubmann Nachfolger KG, Merianstr. 17, 50765 Köln

Bürodesign GmbH
Stolberger Straße 188
50933 Köln

Bürobedarf
Laubmann Nachfolger KG
Merianstr. 17
50765 Köln
Tel.: 0221 33124
Fax: 0221 33120
info@laubmann-buerobedarf.de
www.laubmann-buerobedarf.de

Kundennummer	Rechnungs-Nr.	Verkäufer/in-Nr.	Datum
58700	4557-8	3	24.05.20..

Artikelbezeichnung	Menge in Pack	Einzelpreis €	Gesamtpreis €
Kopierpapier (500 Blatt)	70	2,21	154,70

Betrag erhalten
Köln, den 24. Mai 20..

In diesem Betrag sind 19 % Umsatzsteuer enthalten

Bankverbindung
Deutsche Bank Köln
IBAN: DE1337070060000823542211 · **BIC:** DEUTDEDKXXX
Steuer-Nr.: 217/7766/2375 **USt.-IdNr.:** DE490870602

7 Paul Schneider und Rolf Nettekoven wollen eine Lampenfabrik für Designerlampen gründen. Beide wollen aktiv im Unternehmen mitarbeiten. Paul Schneider will in das zu gründende Unternehmen 150 000,00 € Bargeld einbringen. Rolf Nettekoven bringt einen Lieferwagen im Wert von 30 000,00 € und ein ihm gehörendes Lagerhaus im Wert von 250 000,00 € in das Unternehmen ein. Sie sollen bei der Planung des zu gründenden Unternehmens mitwirken.

a) Welche persönlichen Voraussetzungen sollten Schneider und Nettekoven erfüllen, damit ihre Existenzgründung Aussicht auf Erfolg hat?
b) Fertigen Sie eine Liste der Sachverhalte an, über die sich die Partner vor Gründung des Unternehmens einigen sollten.
c) Machen Sie einen Vorschlag für eine geeignete Unternehmensform und begründen Sie Ihre Entscheidung.
d) Angenommen, die beiden Partner gründen eine OHG, welche Grundsätze müssen bei der Firmierung beachtet werden?
e) Erstellen Sie eine Liste der Institutionen, bei denen die OHG angemeldet werden muss.
f) Schneider und Nettekoven diskutieren über die Regelung der Gewinnverteilung. Die gesetzliche Regelung kommt für sie nicht infrage, da die Kapitalverzinsung nicht dem Marktzins entspricht. Machen Sie Vorschläge für eine entsprechende Vertragsklausel, die nicht laufend geändert werden muss.
g) Erläutern Sie die Regelung der Haftung bei der OHG.
h) Am Ende des ersten Geschäftsjahres wird ein Reingewinn in Höhe von 124 000,00 € ausgewiesen. Verteilen Sie den Gewinn
   ha) nach der im HGB vorgesehenen Regel,
   hb) nach der von Ihnen vorgeschlagenen Regel.
i) Bilden Sie den Buchungssatz für den Fall, dass beide den Gewinn Ihrem Eigenkapitalkonto gutschreiben lassen.
j) Schneider und Nettekoven planen die Gründung von Verkaufsstellen in verschiedenen Städten. Um das Risiko zu beschränken, wollen Sie die OHG in eine GmbH umwandeln. Stellen Sie Vor- und Nachteile der Personen- und Kapitalgesellschaften gegenüber.
k) Formulieren Sie einen Gesellschaftsvertrag. Nehmen Sie den Vertrag der Bürodesign GmbH als Vorlage.
l) Erläutern Sie, ab wann die GmbH als juristische Person besteht.
m) In der Gesellschafterversammlung kommt es zum Streit über die Einstellung eines Prokuristen. Schneider ist dafür, Nettekoven dagegen. Begründen sie, wie in diesem Fall entschieden wird.

8 Stellen Sie in einer Matrix Personen- und Kapitalgesellschaften anhand geeigneter Kriterien gegenüber.

Bilden Sie mehrere Gruppen in der Klasse. Wählen Sie aus dem Kurszettel der Tageszeitung je Gruppe eine Aktiengesellschaft aus, die in Ihrer Region ansässig ist.

a) Verfolgen Sie den Kurswert der Aktien und stellen Sie diesen grafisch dar.
b) Versuchen Sie, eine Begründung für das Steigen bzw. Fallen der Aktien zu finden.
c) Schreiben Sie das Unternehmen an und bitten Sie um einen Geschäftsbericht.
d) Werten Sie den Geschäftsbericht aus und stellen Sie die zentralen Aussagen auf Folien dar. Präsentieren Sie die Ergebnisse der Klasse.
e) Prüfen Sie die Möglichkeit einer Betriebsbesichtigung in „Ihrer“ Aktiengesellschaft.

9 Zur Durchführung einer zweitägigen Weiterbildungsmaßnahme für fünf Mitarbeiter des Bereichs Vertrieb/Marketing erhält die Bürodesign GmbH von einer Unternehmensberatung aus Hannover folgendes Angebot:

- externe Durchführung des Seminars in den Räumen der Unternehmensberatung, 650,00 € pro Seminarteilnehmer
- interne Durchführung des Seminars in den Räumen der Bürodesigne GmbH, 750,00 € Honorar pro Tag zuzüglich 250,00 € Spesen insgesamt für den Dozenten

a) Ermitteln Sie die Gesamtkosten für die Maßnahme bei externer Durchführung. Es sind zusätzlich Reisekosten in Höhe von 200,00 € je Teilnehmer zu berücksichtigen.
b) Ermitteln Sie die Gesamtkosten für die Maßnahme bei interner Durchführung in den Räumen der Bürodesign GmbH. Es sind zusätzlich kalkulatorische Raumkosten in Höhe von 100,00 € pro Tag zu berücksichtigen.
c) Erläutern Sie, welche Aufgaben für die Personalabteilung bei interner Durchführung entstehen.
d) Stellen Sie dar, welche Gesichtspunkte unabhängig von den Kosten für eine externe Durchführung des Seminars sprechen.

10 Die Bürodesign GmbH plant, zur Deckung eines kurzfristigen Personalmehrbedarfs Mitarbeiter bei einem Personalleasing-Unternehmen zu beschaffen. Stellen Sie für die entscheidende Sitzung jeweils drei Vor- und Nachteile aus der Sicht der Bürodesign GmbH zusammen. Für die Marketing-Abteilung der Bürodesign GmbH soll ein neuer Mitarbeiter eingestellt werden. Der Leiter der Abteilung Personalbeschaffung und -einsatz, Herr Krämer, plant, die Stelle betriebsintern auszuschreiben und zusätzlich eine private Arbeitsvermittlung zu beauftragen. Der Betriebsrat spricht sich gegen die Einschaltung der privaten Arbeitsvermittlung aus.

a) Stellen Sie Argumente für und gegen die Inanspruchnahme der privaten Arbeitsvermittlung zusammen.
b) Erläutern Sie, ob der Betriebsrat aufgrund seiner Rechte gem. BetrVG Einfluss auf die Entscheidung nehmen kann.

Nicole Esser, die Leiterin der Abteilung Controlling der Bürodesign GmbH, stellt ein leichtes Ansteigen der Personalfluktuation im Unternehmen fest.

c) Erläutern Sie zwei innerbetriebliche Quellen, aus denen Sie Informationen über die Gründe der Fluktuation gewinnen können.
d) Stellen Sie in einer Liste mögliche Gründe für die Personalfluktuation zusammen.

11 Die Büromöbelfabrik Wolf & Sohn OHG sucht einen Außendienstmitarbeiter für den Verkauf.

a) Erläutern Sie die grundsätzlichen Möglichkeiten der Personalbeschaffung.
b) Der Personalchef macht sich Gedanken über die Anforderungen, die an einen guten Außendienstmitarbeiter zu stellen sind.
   ba) Erläutern Sie die Anforderungen an einen Außendienstmitarbeiter aus der Sicht der Büromöbelfabrik.
   bb) Erläutern Sie die Anforderungen aus der Sicht der Kunden.
   bc) Formulieren Sie die Stellenbeschreibung für die Funktion des Außendienstmitarbeiters.
c) Die Personalabteilung entschließt sich, eine Stellenanzeige zu veröffentlichen.
   ca) Überprüfen Sie, welche Inhalte bei der Gestaltung berücksichtigt werden sollten.
   cb) Formulieren Sie den Text der Stellenanzeige.
   cc) Wählen Sie einen geeigneten Anzeigenträger aus und erläutern Sie, welche Überlegungen bei der Wahl des Anzeigentermins zu beachten sind.
d) Erläutern Sie, welche Grundsätze ein Bewerber bei der Abfassung eines Bewerbungsschreibens beachten sollte.
e) Nennen Sie Anlagen, die einer Bewerbung beiliegen sollten.
f) Schreiben Sie eine Bewerbung auf die Stellenanzeige:
g) Aufgrund starker Umsatzrückgänge soll der Außendienst verkleinert werden. Die Personalabteilung plant, einen Außendienstmitarbeiter zu entlassen, der seit fünf Jahren im Unternehmen beschäftigt ist. Die entscheidende Konferenz findet am 15. Februar statt. Zu welchem Termin kann der Mitarbeiter im Rahmen der gesetzlichen Kündigung entlassen werden?
h) Schreiben Sie die Kündigung der Büromöbelfabrik Wolf & Sohn OHG.

12 Auf die Stellenanzeige der Büromöbelfabrik Wolf KG für einen Außendienstmitarbeiter im Verkauf bewerben sich u. a. Caroline Prangenberg und Christian Gebauer. Die Bewerber legen folgende Zeugnisse vor:

Zeugnis

Herr Christian Gebauer, geb. 19. März 1972 in Essen, war vom 1. Oktober 20.. bis zum 31. März d. n. J. als Sachbearbeiter in unserer Exportabteilung tätig.

Herr Gebauer verlässt uns auf eigenen Wunsch.

Köln, den 31. März 20..

Zeugnis

Frau Caroline Prangenberg, geb. 24. November 1970, war vom 1. Dezember 1990 bis zum 31.12.2006 in unserem Unternehmen als Verkaufssachbearbeiterin tätig. Während dieser Zeit hatte Frau Prangenberg Gelegenheit, alle Tätigkeiten dieses Bereichs kennen zu lernen. Frau Prangenberg hat sich stets bemüht, die ihr übertragenen Aufgaben zu unserer Zufriedenheit zu erledigen. Die organisatorischen Aufgaben hat sie immer mit großem Fleiß und Interesse erledigt.

Frau Prangenberg trug durch ihre umgängliche Art und ihre Geselligkeit zur Verbesserung des Betriebsklimas bei.

Frau Prangenberg scheidet am 31.12.2006 aus unserem Unternehmen aus. Wir wünschen ihr für ihre weitere berufliche Laufbahn viel Erfolg.

Köln, den 31.12.2006

a) Erläutern Sie, um welche Arten von Arbeitszeugnissen es sich handelt.
b) Führen Sie eine Analyse des Zeugnisses von Frau Prangenberg durch.
c) Erarbeiten Sie einen Gesprächsleitfaden für das Gespräch mit Frau Prangenberg. Begründen Sie den Gesprächsleitfaden vor dem Hintergrund der Zeugnisformulierungen.
d) Erarbeiten Sie einen Fragebogen, den Sie Christian Gebauer zuschicken, um seine Eignung für die ausgeschriebene Stelle feststellen zu können.

13 Das Ehepaar Merten kauft im Orientteppichgeschäft M. Schneider einen echten Perserteppich für 7000,00 €. Es nimmt den Teppich sofort gegen Zahlung mit der Girocard mit.
a) Erläutern Sie, in welchem Moment das Ehepaar Merten das Eigentum an dem Teppich erworben hat.
b) Nach einer Woche erscheint die Kriminalpolizei beim Ehepaar Merten und verlangt die Herausgabe des Teppichs, da dieser gestohlen worden sei. Erläutern Sie die Rechtslage.
c) Beschreiben Sie, ob sich die Sachlage geändert hat, wenn der Teppich beim Ehepaar Merten bereits zwei Jahre im Wohnzimmer gelegen hätte. Der Teppich ist vor fünf Jahren gestohlen worden.

14 Das HGB kennt Kaufleute und Kleingewerbetreibende.
a) Stellen Sie mithilfe des Lehrbuches und des HGB die unterschiedlichen Kaufmannseigenschaften zusammen.
b) Erläutern Sie, anhand welcher Merkmale Kaufleute und Kleingewerbetreibende unterschieden werden.
c) Stellen Sie dar, welche Vorteile der Status des Kaufmanns nach HGB mit sich bringt.
d) Stellen Sie den Vorteilen die Nachteile gegenüber, die der Status des Kaufmanns nach HGB mit sich bringt.

15 Der Landwirt Alois Schindler verkauft ein Grundstück an die Klaus Siebert GmbH für 200000,00 €. Im notariellen Vertrag geben beide Vertragspartner als Kaufpreis nur 120000,00 € an, um Grunderwerbsteuern zu sparen. Der Eigentumsübergang wird im Grundbuch eingetragen.
a) Begründen Sie, ob ein Kaufvertrag über das Grundstück zustande gekommen ist.
b) Geben Sie an, wer Eigentümer des Grundstücks ist.
c) Erläutern Sie die Formvorschriften beim Kauf und Verkauf von Grundstücken und Gebäuden.
d) Die GmbH überweist nach Vertragsabschluss nur 120000,00 € an den Landwirt. Sie weigert sich, die mündlich vereinbarten weiteren 80000,00 € zu zahlen. Begründen Sie, ob die GmbH die 80000,00 € noch zahlen muss.
e) Führen Sie einige Beispiele für die Nichtigkeit von Verträgen an.

16 Prüfen Sie, in welchem Fall der Beginn der Rechtsfähigkeit richtig dargestellt ist.
1. Die Rechtsfähigkeit einer GmbH beginnt mit der Eintragung im Handelsregister.
2. Die Rechtsfähigkeit einer natürlichen Person beginnt mit der Vollendung des siebten Lebensjahres.
3. Die Rechtsfähigkeit einer juristischen Person beginnt mit der Aufnahme der Geschäftsfähigkeit.
4. Die Rechtsfähigkeit einer natürlichen Person beginnt mit der Vollendung des 18. Lebensjahres.
5. Die Rechtsfähigkeit einer juristischen Person beginnt mit der Veröffentlichung der ersten Jahresbilanz.

17 Prüfen Sie, welches Rechtsgeschäft **nichtig** ist.
1. Die 16-jährige Sabine kauft eine DVD für 16,00 € von ihrer Ausbildungsvergütung.
2. Die 19-jährige Petra kauft sich ohne Einwilligung der Eltern ein sehr teures Kleid in zwei Monatsraten.
3. Der 18-jährige Klaus kündigt seinen Berufsausbildungsvertrag schriftlich.
4. Die zehnjährige Claudia bekommt von ihrer Tante 100,00 € zum Geburtstag geschenkt.
5. Der zehnjährige Hans kauft von seinem sechsjährigen Freund ein Spielzeugauto. Den Kaufpreis von 5,00 € entrichtet er von seinem Taschengeld.

18 In welchem Fall handelt eine natürliche Person als Organ einer „juristischen Person“?
1. Ein Abteilungsleiter der Maxikauf GmbH kauft privat ein Auto.
2. Ein GmbH-Geschäftsführer unterschreibt für die GmbH einen Vertrag.
3. Ein Vollstreckungsbeamter pfändet Orientteppiche einer GmbH.
4. Ein Richter gibt das Urteil seiner Kammer in einem Wirtschaftsstrafverfahren bekannt.
5. Ein Rechtsanwalt lehnt die Vertretung einer GmbH in einer Wirtschaftsstrafsache ab.

Kursthema: Abwicklung eines Kundenauftrags

1 Der Kundenauftrag als Geschäftsprozess des Unternehmens
2 Bearbeitung einer Kundenanfrage und Erstellung eines Angebotes
3 Beschaffungsentscheidungen zur Ausführung des Kundenauftrages
4 Bestellentscheidung
5 Kaufvertrag
6 Wareneingang
7 Lagerung und Auslieferung der Erzeugnisse
8 Zahlungsabwicklung
9 Internetgestützte Beschaffungssysteme im Überblick
10 Beschaffungscontrolling

1 Der Kundenauftrag als Geschäftsprozess des Unternehmens

Die Gruppenleiterin „Auftragsbearbeitung“, Frau Grell, nimmt allmorgendlich neue Kundenaufträge entgegen. Heute findet sie u. a. Aufträge über Handelswaren von Stammkunden und einige Aufträge von Kunden, die bisher noch nicht bei der Bürodesign GmbH eingekauft haben. Bei den Neukunden handelt es sich in einem Fall um einen Auftrag in Höhe von 46 800,00 €, in fünf Fällen um Fälle zwischen 100,00 und 500,00 €.

- Erläutern Sie die Probleme, die sich für die Bürodesign GmbH im Bezug auf den Neukunden ergeben können, und zeigen Sie Lösungsmöglichkeiten auf.
- Stellen Sie Arbeitsschritte für die Auftragsbearbeitung von Stammkunden zusammen, wenn die bestellte Ware vorrätig ist.

Kundenauftrag am Beispiel von Handelswaren

Vor der eigentlichen Bearbeitung eines Kundenauftrages erfolgt zuerst eine Überprüfung der **Kreditwürdigkeit** des Kunden, eine Überprüfung der **eigenen Lieferfähigkeit** und der **Lieferwilligkeit** (Wirtschaftlichkeitsprüfung).

Überprüfung der Kreditwürdigkeit:

Industrieunternehmen verkaufen Waren vielfach gegen Rechnung mit einem Zahlungsziel bis zu drei Monaten. Damit gehen sie ein hohes Kreditrisiko ein. Um dieses auszuschließen oder möglichst einzugrenzen, überprüfen sie vor jeder Auftragsannahme die Kreditwürdigkeit **(Bonität oder Güte)** der Kunden.

Neukunden:

Bd. 2

Bestehen noch keine Geschäftsbeziehungen mit dem Auftraggeber, werden bei größeren Aufträgen gewerbliche Auskunfteien oder Kreditschutzorganisationen eingeschaltet. **Auskunfteien** bieten gegen Entgelt Informationen über Ruf, Sachziel, Vermögens- und Schuldenlage, Liquidität, Zahlungsverhalten, Geschäftsführung an. Heute kann diese Auskunft auf schnellstem Wege aus Datenbanken der Auskunfteien (z. B. Creditreform, Schimmelpfeng, Bürgel) über das Internet entgeltpflichtig eingeholt werden. Aufgrund der Informationen wird ein **Kreditlimit** festgelegt, das grundsätzlich nicht oder nur nach besonderer Rücksprache mit der Abteilungs- oder Geschäftsleitung überschritten werden darf.

Beispiel Die Bürodesign GmbH hat einen Auftrag von einem Neukunden Bürofachhandel Klaus Fischer e. K. aus Bottrop erhalten. Da der Auftrag einen hohen Wert über 48 000,00 € hat, fragt die Bürodesign GmbH bei der Auskunftei Creditreform nach, ob über den Kunden Fischer Einträge über Zahlungsschwierigkeiten vorliegen. Nachdem diese Anfrage von der Auskunftei verneint wurde, wird der Auftrag weiter bearbeitet.

Stammkunden:

Mit Stammkunden bestehen bereits Geschäftsbeziehungen. Dennoch ist auch hier immer Vorsicht geboten und bei jedem neuen Auftrag zu überprüfen, ob der Kunde die letzten Rechnungen pünktlich beglichen hat. Diese Informationen kann der Sachbearbeiter der **Kundendatei**, die regelmäßig (täglich, wöchentlich) über das Warenwirtschaftssystem (WWS) erstellt wird, oder der **Debitorendatei** entnehmen.

Grundlage für die Erstellung der Kundendatei ist die **Debitorendatei** (vgl. S. 253). Besonders wichtig sind regelmäßige Informationen über die erzielten Umsätze und das Zahlungsverhalten des Kunden (Skontoausnutzung, Zielausnutzung oder -überschreitung, Mahnungen).

Beispiel Erfassung der Daten des Neukunden Klaus Fischer e. K. Bürobedarf

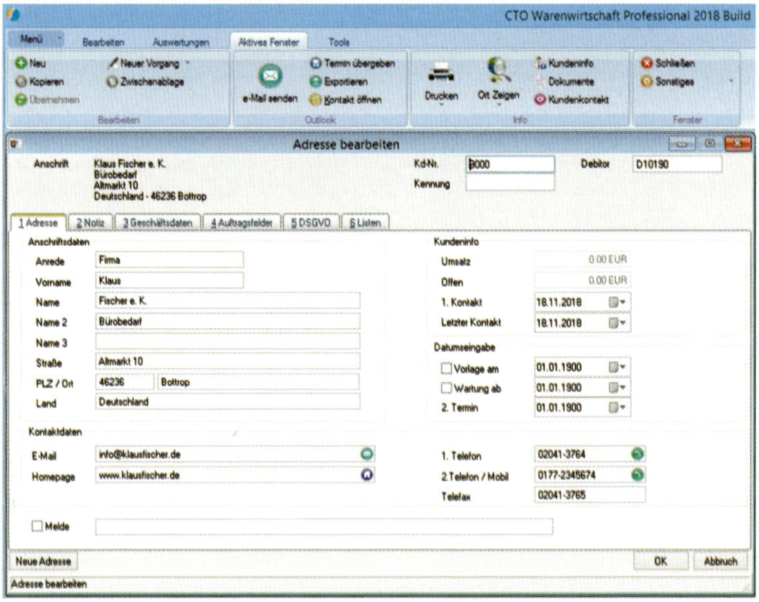

▲ Überprüfung der Lieferfähigkeit:

Ist die Bonitätsprüfung positiv ausgefallen, hat der Sachbearbeiter die eigene Lieferfähigkeit zu überprüfen. Diese ist dann gegeben, wenn die bestellten Waren vorrätig sind und innerhalb der vorgesehenen Lieferzeit geliefert oder innerhalb der vorgesehenen Zeit produziert werden können.

▲ Lagervorrat:

Die notwendigen Informationen über den Lagervorrat erhält der Sachbearbeiter über Bildschirm, wenn er mithilfe eines Warenwirtschaftssystems (WWS) direkten Zugriff zum Lager hat. Er erfährt, ob die Produkte überhaupt im Produktionsprogramm geführt werden und ob sie in der gewünschten Menge vorhanden sind. In diesem Fall sind die vom Kunden bestellten Produkte im Lager zu reservieren. Außerdem ist festzustellen, ob eventuell Produktreservierungen für andere Kunden vorliegen.

Der verfügbare Lagerbestand wird folgendermaßen errechnet:

	Tatsächlicher Lagerbestand (Buchbestand)
–	**Reservierungen für bereits vorhandene Kundenaufträge**
–	**Sicherheitsreserve für unvorhersehbare Ereignisse (z. B. Lieferungsverzug)**
=	**Verfügbarer Lagerbestand**

▲ Lieferzeit (vgl. S. 313):

Es ist zu prüfen, ob die Produkte bis zum gewünschten Liefertermin produziert, zusammengestellt, verpackt und zugestellt werden können.

▲ Überprüfung der Lieferwilligkeit (Auftragsannahme):

Neben der Kreditwürdigkeit spielt für die Lieferwilligkeit die Größe des Auftrags eine große Rolle. Es ist sicherzustellen, dass der Auftrag letztlich Gewinn bringt. Die Umsatzerlöse sollten größer sein als die Kosten (Anschaffungspreis der Materialien + Handlungskosten), die der Auftrag mit sich bringt.

Beispiel Überprüfung der Lieferfähigkeit des Artikels Schreibtischlampe Luna

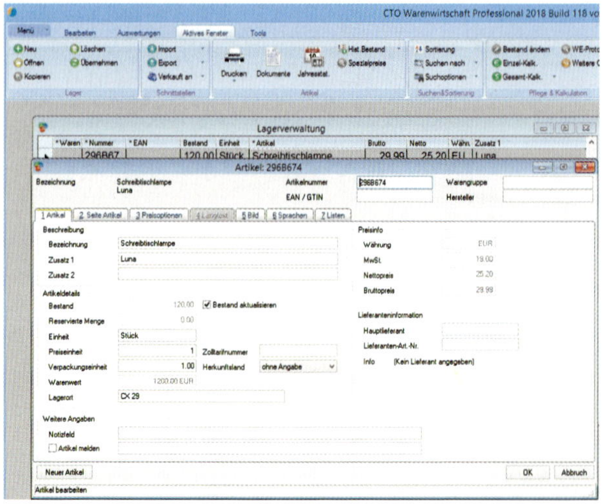

Die Wirtschaftlichkeit ist insbesondere bei größeren Aufträgen zu überprüfen, wenn der Kunde besondere Nachlässe fordert.

Beispiel In der Bürodesign GmbH wird bei Neukunden grundsätzlich überprüft,

- ob die Einzelbestellmengen je Artikel die Verpackungseinheiten oder Mindestabnahmemengen unterschreiten,
- ob der Auftragswert die für die Auftragsabwicklung kalkulierten Kosten deckt,
- ob die Auftragsabwicklung eine veränderte Logistik hervorruft (Sortiment, Lieferer, Tourenplanung u. a.).

Auftragsbearbeitung und Auftragserfassung

Sind alle Vorprüfungen positiv ausgefallen, wird der Auftrag abgewickelt. Alle Arbeiten im Verkauf, im Lager und im Versand werden von informationswirtschaftlichen Vorgängen begleitet bzw. ausgelöst, wie folgende Skizzierung der Arbeitsschritte bei DV-gestützter Auftragsbearbeitung zeigt:

Auftragserfassung:

Eingabe der Daten zum Auftrag in die Bildschirmmaske des WWS.

- **Auftragsnummer:** Sie wird im WWS automatisch vergeben oder fortlaufend eingegeben. Mit der Auftragsnummer wird ein unverwechselbarer Code festgelegt. Alle informationswirtschaftlichen Vorgänge, die mit der Bearbeitung dieses Auftrags zusammenhängen, nehmen diese Auftragsnummer als Bezugsgröße auf.
- **Kundennummer:** Mit ihr werden automatisch Name, Anschrift und eventuell eingeräumte Sonderkonditionen aus der Kundendatei abgerufen. Bei DV-gestützter Auftragsbearbeitung werden mit der Eingabe der Kundennummer die Kundenstammdaten mit dem Auftrag verknüpft.
- **Datum:** Tag der Auftragsbearbeitung
- **Artikelnummer** und **Artikelbezeichnung:** Letztere wird im WWS automatisch mit der Eingabe der Artikelnummer aus der Waren- oder Artikeldatei abgerufen.
- **Menge** lt. Auftrag
- **Einzelpreis, Rabatt**

  Rechenoperationen (Menge · Einzelpreis – Rabatt, Umsatzsteuer und Gesamtwert des Auftrags) werden durch das Programm durchgeführt.
- eventuell **Liefertermin**

- Ist der Auftrag eines **Neukunden** zu bearbeiten, muss zuerst die Stammdatei des Kunden angelegt werden: Kundennummer, Kundenname, Anschrift, Kreditlimit.

Die **Stammdaten**, wie Kundennummer, Artikelnummer usw., können über einen Matchcode **(= Schlüsselbegriff)** gesucht werden, da sie bereits im Programm vorhanden sind und über bestimmte Tastenkombinationen abgerufen werden können. Berechnungen wie „Menge · Listeneinkaufspreis – Rabatt, Umsatzsteuer und Gesamtauftragswert" werden vom Programm durchgeführt. Die meisten Softwareprogramme zur Auftragsbearbeitung führen gleichzeitig eine **Lagerbestandsrechnung** durch. Falls der **Lagerbestand zu niedrig** wird, erfolgt automatisch eine Abfrage, ob der Artikel in die **Bestellvorschlagsliste** übernommen werden soll. So kann täglich festgestellt werden, welche Artikel nachbestellt werden müssen **(Bedarfsmeldeschein)**. Ferner kann der voraussichtliche Liefertermin beim Lieferer z. B. telefonisch erfragt werden.

Beispiel

Buerodesign GmbH	Bestellvorschlagsliste			Datum: 20..-09-12
Nummer	Artikelbezeichnung Zusatz	Lieferer	Bestand Bestell- vorschlag	bereits bestellt am
811/12	Regalsystem Domebro	5621	20 30	0.000
812/13	Schreibtischlampe Luna	5621	10 190	0.000
814/11	Papierkorb Sonja	5621	0.000 60	0.000
444/1	Stapelstuhl Stapler	5569	0.000 30	0.000

Abschließend erhält der Kunde bei Annahme des Auftrages eine **Auftragsbestätigung** (vgl. S. 300) mit dem voraussichtlichen Liefertermin, die von der DV-gestützten Warenwirtschaftssystemsoftware automatisch ausgedruckt wird.

Bestandskorrektur:

Im WWS wird der Lagerbestand automatisch korrigiert und die bestellte Menge für den Auftrag reserviert.

Lieferschein, Auftragsbestätigung, Ausgangsrechnung (vgl. S. 324):

Sie werden aufgrund der eingegebenen Daten automatisch durch das Programm erstellt. Alle drei haben jeweils besondere informationswirtschaftliche Bedeutung.

- **Lieferschein:** Er wird an das Lager geleitet oder bei Vernetzung vom Rechner im Lager ausgedruckt. Je nach WWS werden dazu für jede Warenposition und -einheit Klebeetiketten für die Kommissionierung ausgedruckt.
- **Auftragsbestätigung** (vgl. S. 301): Sie wird dem Kunden zugeschickt.
- **Ausgangsrechnung:** Sie wird an die **Finanzbuchhaltung** weitergeleitet. Nach Überprüfung wird das Original dem Kunden zugeschickt, die Kopie (Durchschrift) wird in der Haupt- und Nebenbuchhaltung (Debitorenbuchhaltung) erfasst. Die Fälligkeitsüberwachung wird über das Finanzbuchhaltungs-Programm oder das WWS geleistet.

Kommissionierung:

Unter Kommissionierung versteht man, dass die vom Kunden bestellten Erzeugnisse im Lager zu einer Lieferung (**Kommission = Auftrag**) zusammengestellt werden. Es handelt sich somit um eine der Hauptaufgaben des Unternehmens, nämlich die Zerlegung von großen Erzeugnissen in abnehmergerechte kleinere Mengen.

Das Kommissionieren ist für ein Unternehmen insofern von großer Bedeutung, als falsche Produktzusammenstellungen sich unmittelbar auf die **Kundenzufriedenheit** auswirken. Ferner entstehen dem Unternehmen durch das Kommissionieren hohe Kosten, da es einen erheblichen Personal- und Sachmitteleinsatz erfordert.

Mithilfe des Lieferscheins wird die Ware lt. Auftrag im Lager zusammengestellt. Dabei erhält jede Lieferscheinposition und -einheit eine Klebeetikette (Ausgangskontrolle).

In der Lagerdatei wird der Warenabgang vermerkt. Nach der Kommissionierung wird die Ware versandfertig gemacht.

Beispiel Kommissionierung bei der Bürodesign GmbH

Versand (Vorbereitung – Durchführung):

Nach dem Kommissionieren wird die Ware versandfertig gemacht. Je nach Waren- und Versandart muss sie witterungs-, stoß- und druckfest verpackt werden. Für die jeweilige Versandart sind Warenbegleit- (Lieferschein) bzw. Versandpapiere (z. B. Frachtbrief) vorzubereiten (vgl. S. 361).

Auf dem Lieferschein bestätigt der Kunde durch Unterschrift den Empfang der Ware. Eine Durchschrift, der Empfangsschein, kommt an das Industrieunternehmen zurück. Im Einzelnen werden die Vorbereitungen zum Versand davon beeinflusst,

- ob die Ware von dem Kunden abgeholt wird,
- ob sie mit eigenen Fahrzeugen gesondert oder im Rahmen einer Tourenplanung ausgeliefert (**Werksverkehr**, vgl. S. 360) oder
- ob Dritte mit der Transportbesorgung (**Spediteure**) und dem Transport (**Frachtführer**/vgl. S. 357) beauftragt werden.

Beispiel Prozess „Kundenauftrag“ am Beispiel von Handelswaren bei der Bürodesign GmbH

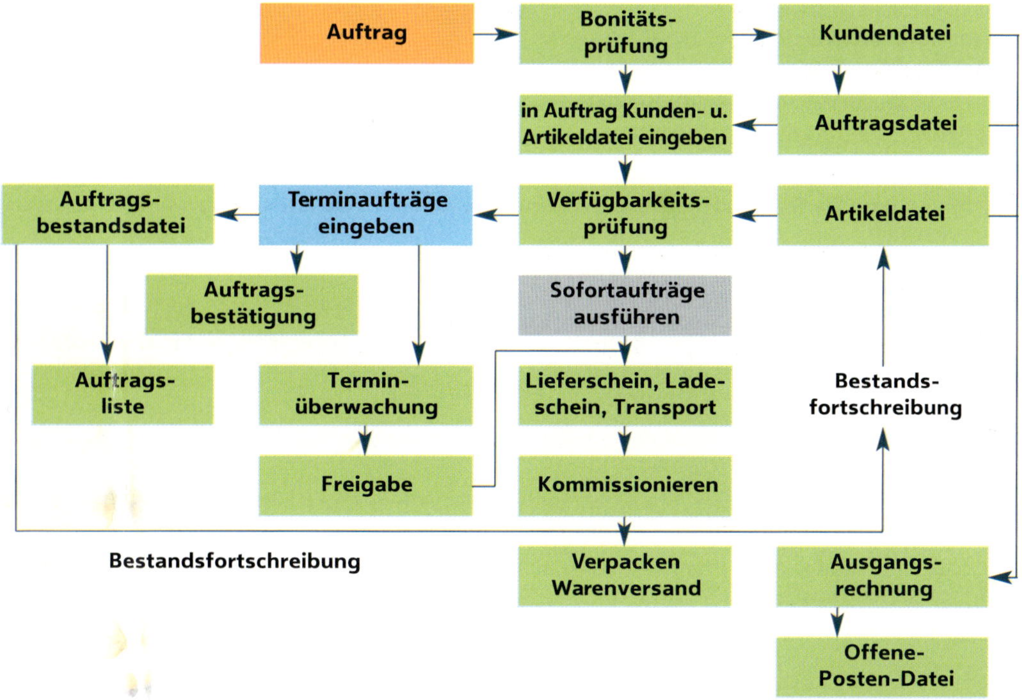

Der Kundenauftrag als Geschäftsprozess des Unternehmens

- Vor der Bearbeitung des Kundenauftrags sind die **Kreditwürdigkeit** des Kunden, die **Lieferfähigkeit** und die **Lieferwilligkeit** zu überprüfen.
- **Überprüfung der Kreditwürdigkeit** zur Verringerung des Kreditrisikos, zur Feststellung der Liquidität und des Zahlungsverhaltens
  - bei Neukunden mithilfe von gewerblichen Auskunfteien,
  - bei Stammkunden über Debitorendatei oder Kundenliste.
- **Überprüfung der Lieferfähigkeit**
  - Feststellung, ob die bestellte Ware vorrätig ist,
  - Feststellung, ob die bestellte Ware in der vom Kunden gewünschten Lieferzeit bereitgestellt werden kann.
- **Überprüfung der Lieferwilligkeit**
  - Auftragswert und Kosten des Auftrages werden gegenübergestellt, um das wirtschaftliche Interesse am Auftrag auszuloten.
- **Bearbeitung des Auftrags**
  - Auftragseingabe: Auftragsnummer, Kundennummer, Datum, Artikel, Menge, Einzelpreis, Rabatt
  - Bei Neukunden Eingabe von Kundenstammdaten
  - Bestandskorrektur
  - Ausdruck von Lieferschein, Auftragsbestätigung, Ausgangsrechnung
  - Kommissionierung der Ware
  - Verpackung und Versand der Ware
  - Ist der Artikel nicht vorrätig, wird er in einer **Bestellvorschlagsliste** berücksichtigt.
  - **Bei nicht vorrätiger Ware** muss vor der weiteren Auftragsbearbeitung die entsprechende Ware beim Lieferer beschafft werden.

1 Erstellen Sie eine Checkliste zur Auftragsbearbeitung
a) bei Neukunden,
b) bei Stammkunden.
Präsentieren Sie diese Checkliste in einem Referat mittels Kopie oder Beamer mit PC.

2 Ein Neukunde hat einen Auftrag im Gesamtwert von 50 000,00 €, ein anderer Neukunde einen Auftrag in Höhe von 350,00 € erteilt.
a) Erläutern Sie drei Bedingungen, von denen die Annahme der Aufträge von Neukunden abhängt.
b) Erläutern Sie Notwendigkeit und den Gegenstand der Kreditwürdigkeitsprüfungen von Neukunden.

3 Nachdem Sie sich für die Annahme eines Auftrags entschieden haben, sind folgende Arbeiten zu erledigen:
a) Anlage der Kundenstammdaten eines Neukunden
b) Erfassung des Auftrags
c) Kommissionierung des Auftrags
Erläutern Sie die jeweiligen Arbeiten.

4 Erläutern Sie, was man unter einem Kreditlimit versteht und welche Bedeutung seine Festlegung bei der Auftragsbearbeitung hat.

5 Erklären Sie, was man unter „offene Posten" versteht, wie sie entstehen und warum ihre regelmäßige Kontrolle für das Industrieunternehmen notwendig ist.

6 Geben Sie Gründe an, die für den Einsatz eines Warenwirtschaftsprogramms in einem Unternehmen sprechen.

7 Erläutern Sie, von welchen Gesichtspunkten die Annahme eines Auftrages abhängt.

8 Erklären Sie den Unterschied zwischen dem tatsächlichen und dem verfügbaren Lagerbestand.

2 Bearbeitung einer Kundenanfrage und Erstellung eines Angebotes

Die Bürodesign GmbH erhält eine Anfrage der Klassik 2000 GmbH zu Schreibtischen. Frau Grell, die zuständige Gruppenleiterin, bietet der Klassik 2000 GmbH per E-Mail den Schreibtisch Stardesign zu einem Listenverkaufspreis von 400,00 € netto an. In das Angebot schreibt sie hinein: „Lieferung, solange der Vorrat reicht." Die Klassik 2000 GmbH bestellt daraufhin nach vier Tagen 20 Schreibtische zum angegebenen Preis. Nach Erhalt der Bestellung stellt Frau Grell fest, dass nur noch zwei Schreibtische Stardesign auf Lager liegen und in den nächsten zwei Monaten aufgrund von Lieferschwierigkeiten eines Materiallieferers keine neuen Schreibtische produziert werden können. Daher lässt sie der Klassik 2000 GmbH folgende Nachricht zukommen. „Leider müssen wir Ihnen mitteilen, dass unser gesamter Bestand bis auf zwei Schreibtische verkauft ist. Daher können wir Ihnen momentan keine Schreibtische Stardesign liefern." Herr Dohrmann, der zuständige Einkaufsleiter der Klassik 2000 GmbH, ruft darauf empört bei der Bürodesign GmbH an und verlangt die Lieferung der 20 bestellten Schreibtische.

- Stellen Sie fest, welche rechtliche Bedeutung ein Angebot für den Anbietenden hat.
- Begründen Sie, ob die Klassik 2000 GmbH Anspruch auf Lieferung hat.

▲ Die Anfrage

Bd. 2

Bevor ein Kunde einen Kaufvertrag mit einem Lieferer abschließt, informiert er sich über **Preis, Qualität, Mengeneinheiten usw.** eines oder mehrerer Artikel. Diese Anfrage ist für Kunden und Lieferer unverbindlich, d.h. ohne rechtliche Wirkung.

Die Anfrage ist **formfrei**. Sie kann schriftlich, mündlich, telefonisch oder fernschriftlich (Telefax, Internet) erfolgen. Käufer und Verkäufer sind nicht verpflichtet, aufgrund einer Anfrage einen Kaufvertrag abzuschließen.

Mit der Anfrage können

- neue Geschäftsbeziehungen angebahnt oder
- bekannte Lieferer zur Abgabe eines Angebotes aufgefordert werden.

Allgemeine Anfrage:

Wenn ein Kunde in seiner Anfrage nur um einen Katalog, eine Preisliste, ein Warenmuster oder um einen Vertreterbesuch bittet, so spricht man von einer allgemeinen Anfrage.

Bestimmte Anfrage:

Ein Kunde will vom Verkäufer konkrete Angaben über bestimmte Waren und Konditionen (Liefer- und Zahlungsbedingungen, vgl. S. 314).

> **BÜRODESIGN GMBH**
>
> Bürodesign GmbH · Stolberger Str. 188, 50933 Köln
>
> Architekturbüro
> Wolfgang Kühr
> Hagenstraße 117
> 51147 Köln
>
> **Anschrift:** Stolberger Straße 188, 50933 Köln
> **Telefon:** 0221 668-3550
> **Telefax:** 0221 668-357
> **E-Mail:** info@buerodesign-online.de
> **Internet:** www.buerodesign-online.de
>
> | Ihr Zeichen, Ihre Nachricht vom | Unser Zeichen, unsere Nachricht vom | Telefon, Name | Datum |
> |---|---|---|---|
> | kü-ka 17.11.20.. | fr-et 01.10.20.. | -43, Freund | 20.11.20.. |
>
> Angebot zu Ihrer Anfrage vom 17.11.
>
> Sehr geehrter Herr Kühr,
> wir möchten uns für Ihr Interesse an unseren Büromöbeln bedanken.
>
> Anbei übersenden wir Ihnen einen Katalog, der unsere Büromöbel enthält. Ferner haben wir Ihnen eine Preisliste unserer Produkte beigefügt.
>
> Unsere Produkte werden bis zu einem Umkreis von 200 km frei Haus geliefert (Transport bis zum 3. Stock einschließlich).
>
> Unsere Marketingleiterin, Frau Freund, wird sich mit Ihnen in den nächsten Tagen telefonisch in Verbindung setzen, um mit Ihnen einen Termin für den Besuch unseres Außendienstmitarbeiters zu vereinbaren.
>
> Wir hoffen, dass Ihnen unser Angebot zusagen wird.
>
> Mit freundlichen Grüßen
> Bürodesign GmbH
> *Freund*
> i. A.
> Freund
> Gruppenleiterin Marketing
>
> Anlagen
> 1 Katalog
> 1 Preisliste

Das Angebot

Ein Angebot ist eine an eine **bestimmte Person gerichtete Willenserklärung**, mit der der Anbietende zu erkennen gibt, dass er bestimmte Waren zu bestimmten Bedingungen liefern will. Das Angebot unterliegt ebenso wie die Anfrage **keinen Formvorschriften**. Es kann mündlich, schriftlich, telefonisch oder fernschriftlich abgegeben werden. Zur Vermeidung von Irrtümern sollte immer die Schriftform gewählt werden.

Durch den **elektronischen Datenaustausch (EDI = Electronic Data Interchange)** von Computer zu Computer können Anfragen, Angebote, Bestellungen, Lieferscheine, Rechnungen zwischen Kunden, Lieferanten, Geldinstituten usw. über Onlinenetze schnell und rationell abgewickelt werden (vgl. S. 375). Zunehmende Bedeutung für Angebote gewinnt das Internet.

Ein **Angebot** ist nur dann **rechtsverbindlich**, wenn es **an eine bestimmte Person gerichtet ist**. Das **Ausstellen von Waren** in Schaufenstern, Automaten, Verkaufsräumen, ebenso das Anpreisen von Waren in Prospekten, Katalogen, Postwurfsendungen, im Internet und Anzeigen in Zeitungen sind im rechtlichen Sinne kein Angebot, sondern eine an die Allgemeinheit gerichtete Anpreisung. Diese beinhalten lediglich die **Aufforderung an den Kunden, selbst einen Antrag an den Verkäufer zu richten**. Unbestellt zugesandte Waren gilt dagegen als Angebot im Rechtssinn, Schweigen gilt hierbei bei Kaufleuten mit Geschäftsbeziehungen als Annahme des Angebots, ohne Geschäftsbeziehungen oder Privatleuten als Ablehnung des Angebotes (§ 146 f. BGB).

Bindung an das Angebot

Grundsätzlich sind alle Angebote verbindlich. Will der Verkäufer die Bindung des Angebots einschränken oder ausschließen, so nimmt er in sein Angebot sogenannte **Freizeichnungsklauseln** auf:

Freizeichnungsklauseln	verbindlich	unverbindlich
– solange Vorrat reicht	Preis, Lieferzeit	Menge
– freibleibend	–	alles
– ohne Gewähr, ohne Obligo	–	alles
– Preise freibleibend	Lieferzeit, Menge	Preis
– Lieferzeit freibleibend	Preis, Menge	Lieferzeit

Beinhaltet ein **schriftliches Angebot** keine Freizeichnungsklauseln, so ist der Anbietende so lange an sein Angebot gebunden, **wie er unter verkehrsüblichen Umständen mit einer Antwort rechnen kann**, d.h., der Kunde muss auf dem gleichen oder einem schnelleren Weg antworten. Zu berücksichtigen sind hierbei die Beförderungsdauer des Angebots, eine angemessene Überlegungsfrist des Kunden und die Beförderungsdauer der Bestellung.

Beispiel Die Bürodesign GmbH erhält von der Vereinigte Spanplatten AG ein briefliches Angebot. Man geht davon aus, dass ein Brief bis zur Bürodesign GmbH auf dem Postweg drei Tage unterwegs ist. Zusätzlich hat die Bürodesign GmbH einen Tag Bedenkzeit, drei Tage benötigt die briefliche Antwort der Bürodesign GmbH. Somit hat ein briefliches Angebot eine Gültigkeitsdauer von etwa sieben Tagen.

Bei einem **mündlichen Angebot** ist der Anbietende **während des Verkaufsgesprächs** an sein Angebot gebunden. Nach Beendigung des Gesprächs ist das mündliche Angebot erloschen. Angebote während eines Telefongespräches gelten ebenfalls nur für die Dauer des Gesprächs.

Wenn ein Kunde ein Angebot abändert, kommt kein Kaufvertrag zustande. Es handelt sich um einen neuen Antrag des Kunden.

Beispiel Statt zu 3,00 €/Stück bestellt der Kunde zu 2,80 €/Stück.

Der Lieferer ist nicht mehr an sein Angebot gebunden, wenn

- das Angebot vom Lieferer rechtzeitig widerrufen wurde; der Widerruf muss aber spätestens gleichzeitig mit dem Angebot beim Kunden eintreffen,

  Beispiel Ein Angebot wurde brieflich an den Kunden gesandt; nach einem Tag will der Verkäufer aufgrund eines Irrtums widerrufen, es empfiehlt sich ein Widerruf per Telefon, E-Mail oder Telefax, damit der Widerruf spätestens mit dem Brief eintrifft.
- zu spät vom Kunden bestellt wurde,

  Beispiel Kunde bestellt nach brieflichem Angebot ohne Fristsetzung erst nach drei Wochen.
- der Kunde das Angebot ablehnt.

Alle angegebenen Angebote sind für den jeweiligen Anbieter verbindlich, wenn sie nicht ausdrücklich als unverbindlich abgegeben werden. Somit muss ein Anbieter bei ordnungsgemäßer Bestellung die im Angebot angebotenen Erzeugnisse liefern. Daher sollte ein Anbieter in seinen Angeboten zu folgenden Punkten immer Stellung beziehen.

- Art und Güte der Erzeugnisse
- Produktmenge
- Lieferzeit
- Zahlungsbedingungen
- Erfüllungsort
- Gerichtsstand
- Verpackungskosten
- Eigentumsübertragung
- Beförderungsbedingungen

Die Bestellung

In einer Bestellung (vgl. S. 300) erklärt der Käufer, dass er eine Ware zu bestimmten Bedingungen (Produkteigenschaften, Preis usw.) kaufen will. Die Bestellung ist eine rechtswirksame Willenserklärung, an die der Käufer gebunden ist.

Bearbeitung einer Kundenanfrage und Erstellung eines Angebots

- Durch eine **Anfrage** kann sich ein Kunde Informationsmaterial über bestimmte Waren beschaffen.
- Bei der **unbestimmten Anfrage** bittet der Kunde um einen Katalog, einen Vertreterbesuch, eine Preisliste oder ein Muster.
- Bei der **bestimmten Anfrage** will der Kunde konkrete Informationen zu bestimmten Artikeln, z.B. Menge, Preise, Liefer- und Zahlungsbedingungen, Lieferzeit usw.
- Jede **Anfrage** ist **formfrei und rechtlich unverbindlich**.
- Ein **Angebot** ist eine verbindliche Willenserklärung, Waren zu den angegebenen Bedingungen zu verkaufen. Anpreisungen sind rechtlich unverbindlich.

	Angebot	Anpreisung
Zielgruppe	eine bestimmte Person	die Allgemeinheit
Form	schriftlich mündlich	Katalog Postwurfsendung Prospekte Schaufenster
Rechtliche Bedeutung	Antrag	Aufforderung zur Abgabe eines Angebotes
Rechtsfolge	verbindlich	unverbindlich

- **Mündliche und telefonische Angebote** sind verbindlich, solange das Gespräch dauert (= Angebote unter Anwesenden).
- **Schriftliche Angebote** sind so lange verbindlich, wie der Anbieter unter verkehrsüblichen Umständen mit einer Antwort rechnen kann (= Angebote unter Abwesenden).
- Durch **Freizeichnungsklauseln** werden Angebote ganz oder teilweise unverbindlich.
- **Bestellung:** verbindliche Willenserklärung des Käufers.

1 Beschreiben Sie mögliche Vor- und Nachteile einer telefonischen Anfrage.

2 Die Bürodesign GmbH erhält von einem Kunden eine schriftliche Anfrage bezüglich der Neueinrichtung eines Büroraumes für zehn Angestellte. Der Kunde äußert in seinem Schreiben konkrete Vorstellungen über die Anzahl der erforderlichen Schreibtische, Drehstühle usw. Außerdem bittet er um einen Vertreterbesuch.
a) Um welche Art der Anfrage handelt es sich?
b) Geben Sie an, ob die Anfrage für den Kunden eine rechtliche Bedeutung hat.
c) Welche Inhaltspunkte sollte das Antwortschreiben der Bürodesign GmbH haben?
d) Schreiben Sie für die Bürodesign GmbH das Angebot an den Kunden.

3 Erläutern Sie an einem Beispiel, wie sich die allgemeine und die bestimmte Anfrage von einem Angebot im rechtlichen Sinne unterscheiden.

4 Beschreiben Sie anhand von Beispielen, wie lange ein Lieferer an sein schriftliches Angebot gebunden ist.

5 Erläutern Sie, welche Möglichkeiten ein Lieferer hat, um die Bindung an ein Angebot einzuschränken oder auszuschließen.

6 Bis zu welchem Zeitpunkt kann ein schriftliches Angebot widerrufen werden?

7 Erläutern Sie folgende Freizeichnungsklauseln:
a) solange Vorrat reicht,
b) Preis freibleibend,
c) ohne Obligo,
d) freibleibend.

8 Im § 362 HGB steht Folgendes: „(1) Geht einem Kaufmanne, dessen Gewerbebetrieb die Besorgung von Geschäften für andere mit sich bringt, ein Antrag über die Besorgung solcher Geschäfte von jemand zu, mit dem er in Geschäftsverbindung steht, so ist er verpflichtet, unverzüglich zu antworten; sein Schweigen gilt als Annahme des Antrags. [...]“
a) Erläutern Sie die rechtliche Bedeutung dieses Paragrafen.
b) Bilden Sie ein Beispiel, um die Konsequenz diese Paragrafen zu verdeutlichen.
c) Überprüfen Sie, ob dieser Paragraf auch für Sie als Privatmann Bedeutung hat.

9 Überprüfen Sie, welche der folgenden Aussagen falsch sind.
a) Das verbindliche Angebot ist an eine bestimmte Person gerichtet.
b) Angebote in Zeitungen sind keine verbindlichen Willenserklärungen.
c) Schaufensterauslagen sind verbindliche Angebote.
d) Unverlangte Angebote sind bei Privatpersonen nicht verbindlich.
e) Angebote sind empfangsbedürftige Willenserklärungen.

3 Beschaffungsentscheidungen zur Ausführung des Kundenauftrages

3.1 Beschaffungsobjekte und Beschaffungsmarktforschung

Die Bürodesign GmbH stellt verstärkt eine Kundennachfrage nach ökologisch produzierten Büromöbeln fest. Zu diesem Zweck findet eine Konferenz aller Abteilungsleiter mit der Geschäftsleitung statt.

„Für unseren neuen Arbeitssessel ‚ergo-design-natur' dürfen wir nur ausgesuchte Materialien verwenden. Es dürfen keine umweltschädlichen Stoffe vorkommen, sonst wirkt unsere Werbung unglaubwürdig. Herr Kaya, besorgen Sie doch bitte eine Aufstellung geeigneter Lieferer. Stellen Sie fest, was das ganze Material kostet, ich muss wissen, wie hoch die Kosten für unseren neuen ‚ergo-design-natur' sind." Herr Kaya überlegt kurz und antwortet dann: „Herr Stein, eine geeignete Biefererliste kann ich innerhalb von 30 Minuten besorgen, ich brauche bloß über meinen Computer eine Marktrecherche zu starten. Nur wird uns das nicht viel nutzen, zuerst brauche ich von der Produktion möglichst genaue Stücklisten mit exakten Beschreibungen des benötigten Materials und dann brauche ich mindestens eine Woche Zeit, um alle Daten auszuwerten. Selbst dann sind die genauen Kosten noch nicht feststellbar, denn wir wissen ja nicht, ob einige Werkstücke nicht sogar günstiger von uns selbst hergestellt werden können." „Ich brauche die Zahlen sofort! Wir müssen endlich den Verkaufspreis für unser neues Produkt festlegen, damit wir unsere Gewinnplanung durchführen können!", entgegnet Herr Stein. Herr Kaya lächelt: „Das kenne ich, aber sauberes Beschaffungsmarketing braucht Zeit und wir wollen doch nichts übers Knie brechen, Sie wissen doch selbst, was eine alte Kaufmannsweisheit sagt: Im Einkauf liegt der halbe Gewinn!"

- Erläutern Sie die Kaufmannsweisheit, die Herr Kaya formuliert.
- Erläutern Sie die Informationsquellen der Beschaffungsmarktforschung.
- Beschreiben Sie, welche Beschaffungsobjekte in welchem Industrieunternehmen anfallen.

Beschaffungsobjekte

Zum Beschaffungsmarketing gehören im weitesten Sinne alle Tätigkeiten, die sich auf die Beschaffung und termingerechte Bereitstellung der betrieblichen Produktionsfaktoren beziehen. Hierzu gehört eine genaue Kenntnis der einzelnen Teilmärkte, die durch **Beschaffungsmarktforschung** erreicht werden kann.

Arbeitskräfte:

Für alle Abteilungen des Unternehmens müssen entsprechend ausgebildete Mitarbeiter auf dem Arbeitsmarkt beschafft werden. Hierzu gehört auch die eigene Ausbildung von Nachwuchskräften. Diese Maßnahmen gehören zum **Personalbeschaffungsmarketing**.

Beispiel Facharbeiter für die Produktion, Fach- und Hilfskräfte für die kaufmännische Verwaltung, Mitarbeiter im Verkauf, Führungskräfte usw.

Bd. 2

Finanzmittel:

Zur Beschaffung von Maschinen, Fahrzeugen, Büroausstattung usw. sowie zum Kauf von Grundstücken für Produktions-, Lager- und Verwaltungsgebäuden und zu deren Erhaltung werden finanzielle Mittel benötigt, die auf dem Kapitalmarkt beschafft werden müssen. Hiermit beschäftigt sich das **Finanzmittelbeschaffungsmarketing**.

Beispiel Kredite, Darlehen, Hypotheken

Dienstleistungen:

Jedes Unternehmen benötigt Dienstleistungen von anderen Betrieben, um seine Ziele zu erreichen. Eine optimale Versorgung mit Dienstleistungen erfüllt das **Dienstleistungsbeschaffungsmarketing**.

Beispiel Versicherungen, Transportleistungen (Spediteure), Steuerberatung (Steuerberater, Wirtschaftsprüfer), Rechtsberatung (Rechtsanwälte, Notare), Gebäudereinigung, Beratung bei Werbemaßnahmen (Werbeagenturen), Geldanlage (Banken), Unternehmensberater usw.

Betriebsmittel:

Betriebsmittel werden zur Produktion von Erzeugnissen benötigt. Ihre Beschaffung ist Aufgabe des **Güterbeschaffungsmarketings**.

- **Maschinen:** Maschinen und maschinelle Anlagen sind die Basis eines jeden Industriebetriebes. Ohne sie ist das Sachziel des Betriebes (Herstellung von Gütern) nicht erfüllbar. Hierzu gehören auch Computeranlagen, die zur Produktionsvorbereitung und -steuerung sowie für die Abwicklung von kaufmännischen Arbeiten (Rechnungswesen, Lohn- und Gehaltsabrechnung) benötigt werden.

  Beispiel Universal- und Spezialmaschinen, Werkzeuge, Computersysteme (PC, Monitore, Drucker)

- **Fuhrpark:** Der Fuhrpark eines Betriebes umfasst alle Fahrzeuge für den Personen- und Güterverkehr.

  Beispiel Lkw, Pkw, Gabelstapler und Hubwagen für den innerbetrieblichen Transport

- **Werkstoffe:** Werkstoffe (Materialien) gehen in das produzierte Erzeugnis ein. Sie werden be- oder verarbeitet.

  Beispiel Für die Herstellung eines Bürotisches werden benötigt: Rohstoffe (Holz, Stahlrohre), Hilfsstoffe (Schrauben, Nägel, Leim, Lacke), Betriebsstoffe (Schmieröl, Energie).

- **Fertigteile:** Fertigteile werden ebenfalls Bestandteil eines Erzeugnisses, sie werden jedoch unverändert eingebaut bzw. montiert.

  Beispiel Schlösser für Schreibtische, Scharniere für Türen, Rollen für Stühle

Handelswaren:

Handelswaren sind für Industriebetriebe Güter, die unverändert weiterveräußert werden und nicht Bestandteile von selbst produzierten Erzeugnissen sind.

Beispiel Ein Büromöbelhersteller vertreibt neben seinen selbst produzierten Möbeln zusätzlich Schreibtischauflagen, Schreibtischlampen, Kalender, Kugelschreiber usw. Diese Artikel sind für das Unternehmen Handelswaren.

Informationen:

Aktuelle und schnell verfügbare Informationen sind für Unternehmen ein wichtiger Wettbewerbsfaktor. Sie sind Basis für alle Entscheidungen in einem Unternehmen. Informationen, die nicht intern vorliegen, z. B. durch Aufzeichnungen des Rechnungswesens, müssen kostengünstig und kurzfristig beschaffbar sein, um auf Veränderungen der Marktsituationen rechtzeitig reagieren zu können. Das **Informationsbeschaffungsmarketing** nimmt deshalb in Unternehmen eine zunehmend wichtige Stellung ein. Folgende Arten von Informationen lassen sich unterscheiden:

- **Informationen über das Beschaffungsmaterial:** Hierzu zählen
  - die Materialzusammensetzung,
  - die Erfüllung gängiger Qualitätsanforderungen (Gütezeichen, ISO-Normen usw.),
  - das Produktionsverfahren, nach dem es hergestellt wird,
  - das Vorhandensein von Substitutionsmaterialien (Ersatzmaterialien),
  - chemische und physikalische Eigenschaften des Materials,
  - ökologische Gesichtspunkte (z. B. Recyclingfähigkeit) des Materials.

- **Informationen über den Beschaffungsmarkt:** Hierzu zählen
  - die verfügbaren Angebotsmengen,
  - die angebotenen Qualitäten der einzelnen Anbieter,
  - die Preisentwicklung der Materialien,
  - die Nachfragemengen nach diesem Material,
  - die geografische Verteilung des Angebots (Inland, Ausland).
- **Informationen über Lieferer:** Hierzu zählen
  - allgemeine Unternehmensdaten (Standort, Unternehmensgröße, Produktionskapazität, Termintreue),
  - Lieferkonditionen (Lieferungs- und Zahlungsbedingungen, Garantie, Kulanz, Service),
  - Beschaffungspreise und Qualität der Materialien.
- **Informationen über die Preise der Materialien:** Hierzu zählen die Feststellung des momentanen Preises verschiedener Lieferer und die Vorhersage zukünftiger Preise.

Güterbeschaffung

Das Beschaffungsmarketing im engeren Sinne bezieht sich auf die **Güterbeschaffung**. Diese ist meist in einer Abteilung (z.B. Beschaffung, Einkauf) zusammengefasst, die nach **Beschaffungsobjekten** in Arbeitsgruppen untergliedert ist. Der Vorteil besteht darin, dass die Mitarbeiter sich in den einzelnen Arbeitsgruppen auf bestimmte Beschaffungsobjekte spezialisieren können. Sie haben einerseits fundierte Kenntnisse in ihrem Materialbereich und andererseits spezialisierte Marktkenntnisse.

Grundlage des Güterbeschaffungsmarketings ist der **Absatzplan** eines Unternehmens. Hierin wird festgelegt, wie viel und welche Produkte in den Planperioden (Monat, Quartal, Jahr) herzustellen sind. Er basiert auf den Entscheidungen des Absatzmarketings.

Beispiel Absatzplan für das 2. Quartal 20.. der Bürodesign GmbH, Produktgruppe: Arbeiten am Schreibtisch

Produkt	Geplanter Absatz in Stück	Auf Lager (Stück)	Zu produzieren (Stück)
Schreibtisch „Chef 2000“	250	20	230
Schreibtisch „Stardesign“	350	50	300
usw.			

Aus dem Absatzplan lässt sich ableiten, welche Materialien (Art und Menge) beschafft werden müssen, um das Absatzziel zu erreichen. Für jedes Produkt ist aus der Stückliste zu entnehmen, aus welchen Einzelteilen es besteht. Die hierzu erforderlichen Roh-, Hilfs-, Betriebsstoffe und Fertigteile sind in einem **Beschaffungsplan** zu erfassen.

Beispiel Wenn im 2. Quartal 300 Schreibtische des Modells „Stardesign“ zu produzieren sind, müssen hierzu die erforderlichen Roh-, Hilfs- und Betriebsstoffe rechtzeitig beschafft werden.

Beschaffungsplan für das 2. Quartal, Produkt: Schreibtisch „Stardesign“

Beschaffungsgut	für 1 Produkt	für 300 Produkte
Stahlrohr	3,20 m	960 m
Tischlerplatte	etwa 1,8 m^2	540 m^2
Furnier	etwa 1,8 m^2	540 m^2
Schrauben gemäß Stückliste	36 Stück	10800 Stück

Aus den Beschaffungsplänen für einzelne Produkte bzw. Produktgruppen ist der gesamte Bedarf an Materialien abzuleiten, der für die jeweilige Planungsperiode entsteht.

Insgesamt sind folgende Fragen zu klären, damit **wirtschaftlich vertretbare und absatzorientierte** Beschaffungsentscheidungen getroffen werden können, um die betrieblichen Ziele zu erreichen:

Fragen	Entscheidungskriterien
– Welche Güter sind zu beschaffen?	Hierbei sind Qualität, Ausführung, Größe, Farbe usw. eines Produktes zu berücksichtigen.
– Welche Menge soll von jedem Gut beschafft werden?	Hierzu muss der geplante Absatz bekannt sein. Die verfügbare Lagerkapazität muss berücksichtigt werden. Es wird auch geklärt, wie oft (nach-)bestellt werden soll (Bestellrhythmus).
– Wann sollen die zu beschaffenden Güter zur Verfügung stehen?	Entscheidend ist, wann die Güter in der Produktion benötigt werden. Hiervon hängt ab, wann bestellt wird. Zu beachten sind die Lagerfähigkeit der Güter, die Liefer- und Transportzeiten sowie Preisentwicklungen auf dem Beschaffungsmarkt.
– Zu welchen Konditionen soll (kann) beschafft werden?	Hier sind die Liefer- und Zahlungsbedingungen zu prüfen und zu vergleichen.
– Zu welchem Preis soll (kann) beschafft werden?	Nicht immer ist der Lieferer mit dem niedrigsten Preis auch der günstigste. Alle übrigen Gesichtspunkte (Konditionen, Zuverlässigkeit, Liefertermin usw.) müssen in die Entscheidung einbezogen werden.
– Bei welchem Lieferer soll beschafft werden?	Hier sind u. a. Preise, Konditionen und Image der Lieferer zu vergleichen.

▲ Bezugsquellenermittlung

Die Materialbeschaffung beginnt damit, den Beschaffungsmarkt für das erforderliche Material zu erkunden, mögliche Lieferer auszuwählen und Kontakte mit ihnen aufzunehmen. Hierzu werden Angebote eingeholt, geprüft und miteinander verglichen, um den günstigsten Lieferer zu ermitteln **(Angebotsvergleich)**. Alle Entscheidungen des Güterbeschaffungsmarketings stützen sich auf Informationen, die im Rahmen der Beschaffungsmarktforschung (vgl. S. 263) gewonnen werden müssen. Hierbei werden Daten des Beschaffungsmarktes erhoben und ausgewertet.

Beispiele

- Erfassen von Preisentwicklungen bei verschiedenen Roh-, Hilfs-, Betriebsstoffen und Handelswaren
- Beobachtung des Marktes, um Produktneuheiten zu erkennen
- Erfassen und Bewerten des Marktverhaltens von Lieferern

Alle Entscheidungen des Güterbeschaffungsmarketings stützen sich auf Informationen, die im Rahmen der **Beschaffungsmarktforschung** gewonnen werden müssen. Hierbei werden Daten des Beschaffungsmarktes erhoben und ausgewertet.

Wie im Rahmen der Absatzmarktforschung werden **interne und externe Informationsquellen genutzt**.

▲ Interne Quellen:

Informationen über eigene Lieferer werden meist computergestützt gesammelt und ausgewertet. In einer **Liefererdatei** bzw. **Angebotsdatei** werden Name, Anschrift, Liefersortiment, Preise und Konditionen von Lieferern erfasst. Diese Bezugsquelleninformationen können bei Bedarf zur Entscheidungsfindung herangezogen werden.

Beispiel Bei der Bürodesign GmbH ist der Stammlieferer für Schleifpapier ausgefallen. Kurzfristig muss bei einem anderen Lieferer bestellt werden, damit die Produktion und der Verkauf nicht verzögert werden. Frau Schorn, Gruppenleiterin für Zubehörbeschaffung, tippt in ihren Computer das Suchwort „Schleifpapier" ein und erhält auf ihrem Monitor eine Aufstellung aller entsprechenden Lieferer. Per Telefon, E-Mail oder Fax kann sie nun kurzfristig anfragen, ob und zu welchen Bedingungen geliefert werden kann.

Eine weitere Möglichkeit der Nutzung interner Quellen bietet das **Intranet**. Ein Intranet verbindet die Computer eines Betriebes oder aller Filialen eines Unternehmens. Die Kommunikation zwischen den Unternehmen wird dadurch erheblich schneller, die Unternehmen werden flexibler, eine breitere

Datenbasis steht zur Verfügung und es entstehen Zeit- und Kostenersparnisse. In Verbindung mit der Internettechnologie sind die angeschlossenen Computer selbstverständlich auch von außen ansprechbar.

Externe Quellen:

Sie müssen genutzt werden, wenn der Informationsbedarf nicht durch interne Quellen gedeckt werden kann, z. B. bei der Suche nach Bezugsquellen für Produkte, die bisher noch nicht im Produktionsprozess benötigt wurden.

Beispiele

- Auswerten von Anzeigen in Fachzeitschriften, Onlinedatenbanken
- Besuch von Messen und Ausstellungen
- Gespräche mit Handelsvertretern oder Reisenden
- Informationen von Banken, Geschäftsfreunden, Fachverbänden, Industrie- und Handelskammern
- Bezugsquellennachweise, Branchenadressbücher, Messekataloge
- Internet

Eine besondere Stellung bei externen Informationsquellen nehmen **Datenbanken** ein. Zunehmend lösen sie herkömmliche Printmedien wie Adressbücher ab. Ein Interessent für bestimmte Lieferer oder Produkte kann am eigenen Computer mit Datenleitungen (Telefon) auf diese Datensammlungen direkt zugreifen **(Onlinerecherche)**. Er kann diese Datenrecherche aber auch bei Banken oder speziellen Datenbankbetreibern (Informationsbroker) gegen Honorar in Auftrag geben **(Offlinerecherche)**.

Beschaffungsobjekte und Beschaffungsmarktforschung

- **Beschaffungsmarketing** im weiteren Sinne umfasst die Versorgung eines Betriebes mit allen erforderlichen **Gütern und Dienstleistungen**.
  - Arbeitskräfte
  - Finanzmittel
  - Dienstleistungen
  - Betriebsmittel (Maschinen, Werkstoffe, Fertigteile)
  - Handelswaren
  - Informationen
- Beschaffungsmarketing im engeren Sinne umfasst die Güterbeschaffung. Sie bezieht sich auf die **Beschaffungsobjekte** Betriebsmittel.
  - Maschinen
  - Werkstoffe (Roh-, Hilfs- und Betriebsstoffe) und Handelswaren
  - Fuhrpark
  - Fertigteile
- **Grundlage** des Beschaffungsmarketings ist der **Absatzplan**. Hieraus ergibt sich der Bedarf an Gütern.
- Bezüglich der Beschaffungsgüter sind Entscheidungen zu fällen über:
  - Art und Bezeichnung der Beschaffungsobjekte
  - Bestellzeitpunkt
  - Beschaffungspreis
  - Menge
  - Liefer- und Zahlungskonditionen
  - Lieferquelle
- Die Beschaffungsmarktforschung bedient sich **interner** (Liefer-, Angebotsdatei) und **externer Informationsquellen** (Fachzeitschriften, Messen, Datenbanken).

1 Sie möchten sich eine neue Hi-Fi-Anlage kaufen. Das Geld (1 000,00 €) hierfür haben Sie in einer Lotterie gewonnen. Führen Sie eine Beschaffungsmarktforschung für dieses Produkt durch. Arbeiten Sie in Ihrer Klasse in Gruppen.

a) Erstellen Sie eine digitale Liste aller Bezugsquellen, z. B. Fachgeschäfte, Warenhäuser, Versandhandel, Gebrauchtwarenmarkt usw.

b) Erfassen Sie die Preise aller Lieferer für ein bestimmtes Gerät.

c) Erfassen Sie die Liefer-, Zahlungs- und Garantiekonditionen aller Lieferer.

d) Entscheiden Sie sich für einen Lieferer und begründen Sie Ihre Entscheidung.

e) Präsentieren Sie mithilfe einer geeigneten Präsentationssoftware Ihre Gruppenarbeitsergebnisse.

2 a) Die Bürodesign GmbH möchte für ihre Produkte nur noch schadstofffreie bzw. -arme Lacke verwenden. Ermitteln Sie einige konkrete Anbieter von Möbellacken unter: www.werliefertwas.de.
b) Prüfen Sie, ob diese Anbieter auch schadstoffarme Lacke anbieten.

3 Erläutern Sie, weshalb der Absatzplan eines Unternehmens Grundlage des Beschaffungsmarketings ist.

4 Ein Unternehmen möchte seine Entscheidungsbasis für das Beschaffungsmarketing verbessern und eine Liefer- und Angebotsdatei aufbauen. Erstellen Sie hierzu eine Liste aller benötigten Datenfelder.

5 Beschreiben Sie die Vorzüge von externen Datenbanken bei der Beschaffungsmarktforschung.

3.2 Planung des Beschaffungsvorgangs

3.2.1 Bedarfsermittlung

Folgender Auszug aus einem Protokoll der Bürodesign GmbH liegt vor: „Nach der Auszeichnung der Bürodesign GmbH für den Stapelstuhl ‚Stapler' als Öko-Stuhl des Jahres 2018 hat die Geschäftsleitung beschlossen, die Produktgruppe ‚Konferenzen und Schulung' um stapelbare Systemtische zu erweitern, wobei insbesondere auch bei diesen Tischen auf die vollständige Recyclingfähigkeit zu achten ist. Herr Stam, der Abteilungsleiter Absatz, und Herr Kaya, der Abteilungsleiter Beschaffung, werden damit beauftragt, den Bedarf an Materialien für diese Systemtische zu ermitteln."

- Überprüfen Sie, wie die Abteilungsleiter den Bedarf an Materialien ermitteln können.
- Erläutern Sie die Bedeutung der ABC-Analyse.
- Erläutern Sie bei der verbrauchsorientierten Bedarfsermittlung die Methoden der Durchschnittswerte und der Trendberechnung.

Informationsbedarf

In Industrieunternehmen spielt die Beschaffung von Materialien insbesondere in materialintensiven Betrieben eine große Rolle. Infolgedessen sollte der Materialbedarf an Werkstoffen und Handelswaren, der für einen bestimmten Termin und eine bestimmte Periode benötigt wird, möglichst genau ermittelt werden, um ein vorgegebenes Fertigungsprogramm oder bestimmte Aufträge erledigen zu können. Hierzu benötigt die Beschaffungsabteilung für ihre **Planungen Informationen über die zu beschaffenden Materialien (Bedarfsinformationen)** und **über die möglichen Lieferer (Angebotsinformationen)**.

Bedarfsplanung und Angebotsinformationen

Die Bedarfsplanung legt die für die Fertigung benötigten Materialien nach Art, Qualität, Menge und Zeitraum fest. Die Menge an Material, die zu einem bestimmten Zeitpunkt oder für eine bestimmte Periode benötigt wird, wird **Bedarf** genannt. Der Bedarf an Materialien hängt vom Fertigungsprogramm des Industriebetriebes ab. Die genaue Bedarfsermittlung ist aus folgenden Gründen erforderlich:

- Wird eine **zu geringe Materialmenge** beschafft, können die Produktion gestört sowie Absatzmöglichkeiten und die Erfüllung der Absatztermine beeinträchtigt werden.
- Wird eine **zu große Materialmenge** beschafft, wäre die Kapitalbindung (Zins- und Lagerkosten) unnötig hoch.

Bedarfsinformationen		
Informationen über die Materialien werden benötigt für ...	**Fragen**	**Erläuterungen**
Bedarfsplanung	Was und wie viel wird benötigt?	Hierbei sind Qualität, Ausführung, Größe, Farbe, Einsatzmengen der Materialien in einer Periode zu berücksichtigen.
Mengenplanung	Welche Menge soll von jedem Material beschafft werden?	Hierzu muss der geplante Absatz bekannt sein. Die verfügbare Lagerkapazität muss berücksichtigt werden. Es wird auch geklärt, in welcher Abfolge (nach-)bestellt werden soll.
Zeitplanung	Wann sollen die zu beschaffenden Materialien zur Verfügung stehen?	Entscheidend ist, wann die Materialien in der Produktion benötigt werden. Hiervon hängt ab, wann bestellt wird. Zu beachten sind die Lagerfähigkeit der Materialien, die Liefer- und Transportzeiten sowie Preisentwicklungen auf dem Beschaffungsmarkt.
Preisplanung	Zu welchem Preis soll (kann) beschafft werden?	Nicht immer ist der Lieferer mit dem niedrigsten Preis auch der günstigste. Alle übrigen Gesichtspunkte (Lieferkonditionen, Zuverlässigkeit, Liefertermin usw.) müssen in die Entscheidung einbezogen werden.

Angebotsinformationen		
Informationen über die Lieferer werden benötigt für ...	**Fragen**	**Erläuterungen**
Ermittlung der Bezugsquellen	Bei welchen Lieferern kann beschafft werden?	Im Rahmen der Beschaffungsmarktforschung sind geeignete Lieferer ausfindig zu machen.
Auswahl der Lieferer	Bei welchem Lieferer soll beschafft werden?	Hier sind u. a. Preise, Konditionen, Zuverlässigkeit der Lieferer zu vergleichen.

Klassifizierung der Materialien nach Wertigkeit:

Es ist aufgrund der Vielzahl der Materialien nicht zweckmäßig, den Bedarf aller Materialien genau zu ermitteln. Daher sind Schwerpunkte zu setzen und die Aktivitäten auf die Materialien zu konzentrieren, die einen hohen Anteil am Gesamtlagerwert haben oder deren Verbrauch bestimmten Schwankungen unterliegt.

Ein **Verfahren, Schwerpunkte der zu beschaffenden Materialien** zu erkennen, ist die **ABC-Analyse**. Hier werden die Materialien hinsichtlich ihres Wertanteils am Gesamtbeschaffungswert in drei Gruppen (A-, B-, C-Gruppe) eingeteilt.

- Die Materialien der **A-Gruppe** haben einen Anteil von etwa 65% bis 80% des Gesamtwertes.
- Die Materialien der **B-Gruppe** haben einen Anteil von etwa 15% bis 20% des Gesamtwertes.
- Die Materialien der **C-Gruppe** haben einen Anteil von etwa 5% bis 10% des Gesamtwertes.

Hierdurch wird eine **Grundlage für eine wirtschaftliche Unterscheidung von Materialien** gelegt. Nur diejenigen Materialien, die einen hohen Wertanteil haben, also die A-Materialien, rechtfertigen genaue und aufwändige Planungs- und Organisationsarbeiten, weil bereits eine geringfügige prozentuale

Verbesserung, z. B. ein geringerer Bezugs-/Einstandspreis, ein wirtschaftlicher Erfolg sein kann. Bei den B-Materialien muss im Einzelfall entschieden werden, ob ein hoher Auswertungsaufwand gerechtfertigt ist. Bei den C-Materialien sind einfache und kostengünstige Kontrollen ausreichend.

Mithilfe einer Tabellenkalkulationssoftware kann eine ABC-Analyse erfolgen. Aus der Materialdatei werden die erforderlichen Daten übernommen (Bezugs-/Einstandspreis und Beschaffungsmenge). Der Beschaffungswert jedes Materials wird bestimmt, anschließend wird die Tabelle nach dem Beschaffungswert absteigend sortiert, um die Ränge zu ermitteln.

Beispiel Die Bürodesign GmbH benötigt für die Herstellung des Stapelstuhls „Stapler" zehn verschiedene Materialien. Von allen Materialien sind der Bezugs-/Einstandspreis je Stück/Einheit und die Beschaffungsmenge bekannt. Daraus lässt sich der Beschaffungswert berechnen. Diese Beschaffungswerte werden in eine Rangfolge gebracht. Das Material mit dem höchsten Beschaffungswert erhält die Rangziffer 1 usw. Danach können die Werte kumuliert werden, d. h., die einzelnen Beschaffungswerte werden addiert.

Artikel-Nr.	Material-bezeichnung	Bezugs-/Einstands-preis in €	Beschaf-fungs-menge in Stück	Beschaffungswert		Kumulierte Werte		Rang	Gruppe
				in €	in %	in €	in %		
500	Sitzschale	5,00	4000	20000,00	29,35	20000,00	29,35	1	A
610	Gleiter	2,20	6000	13200,00	19,37	33200,00	48,72	2	A
212	Hinterfuß	4,00	3000	12000,00	17,61	45200,00	66,33	3	A
211	Vorderfuß	4,00	3000	12000,00	17,61	57200,00	83,94	4	A
750	Bezug	5,00	620	3100,00	4,55	60300,00	88,49	5	B
310	Hinterzarge	3,00	1000	3000,00	4,40	63300,00	92,89	6	B
305	Vorderzarge	3,00	1000	3000,00	4,40	66300,00	97,29	7	B
701	Polstervlies	3,00	330	990,00	1,45	67290,00	98,74	8	C
300	Rücken	5,00	150	750,00	1,10	68040,00	99,84	9	C
612	Stopfen	0,40	280	112,00	0,16	68152,00	100,00	10	C
	Summen			68152,00	100,00				

Aus dieser Tabelle kann z. B. abgeleitet werden, dass die vier Materialien mit dem höchsten Beschaffungswert bereits 83,94 % des gesamten Beschaffungswertes ausmachen, dies sind eindeutig A-Materialien. Die B-Materialien sind die Materialien mit den Rängen 5 bis 7, sie vereinigen 13,35 % des Beschaffungswertes auf sich. Die C-Materialien mit den Rängen 8 bis 10 sind lediglich mit 2,71 % vertreten.

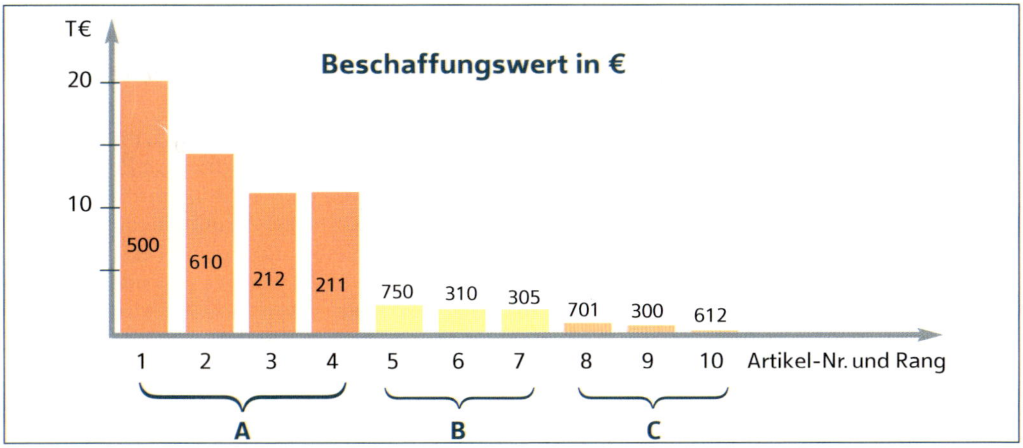

Auswerten einer ABC-Analyse:

Wenn bekannt ist, welche Materialien den höchsten, zweithöchsten usw. Anteil am gesamten Bestellwert haben, so können die Aktivitäten des Beschaffungsmarketings sich hierauf konzentrieren. Hieraus lassen sich die nachfolgenden Grundsätze ableiten:

A-Materialien	B-Materialien	C-Materialien
– besonders intensive Marktanalysen bei der Beschaffung – eingehende Untersuchungen von Preisen und Konditionen – genaue Bestellmengenplanung (optimale Bestellmenge) – geringe Lagerbestände – sorgfältige Lagerkostenkontrolle – strenge Lagerkontrollen	– Hier ist im Einzelfall zu entscheiden, welche Maßnahmen im Beschaffungsmarketing und in der Lagerorganisation zu treffen sind. Meist wird ein Mittelweg zwischen A-Materialien und B-Materialien beschritten.	– einfache und kostengünstige Verfahren der Marktanalyse – höhere Bestände zur Vermeidung von Bestellkosten – einfache Bestandskontrollen – verbrauchsabhängige Beschaffung in Intervallen

Eine ABC-Analyse hilft, Schwächen des Beschaffungsmarketings und der Lagerwirtschaft aufzudecken.

Beispiel Bei der Bürodesign GmbH gehören Spanplatten aufgrund einer ABC-Analyse hinsichtlich des Beschaffungswertes zu der A-Gruppe. Um Lagerkosten zu sparen, wurden in Gesprächen mit den Lieferern die Lieferbedingungen verändert. Künftig werden nur noch kleinere Mengen, jedoch mit häufigeren Lieferterminen geliefert.

Verfahren der Materialbedarfsermittlung

In der Praxis werden die Methoden der Materialbedarfsermittlung und -planung in die auftragsorientierte und die verbrauchsorientierte Bedarfsermittlung unterschieden.

- Bei der **auftragsorientierten (programmorientierten) Bedarfsermittlung** geht man von geplanten und tatsächlichen Aufträgen aus, für die die notwendigen Materialbedarfsmengen ermittelt werden müssen. Typisch für das programmgebundene Verfahren ist die relativ genaue Bestimmung des Materialbedarfs nach den Mengen und Terminen aufgrund konkreter Kundenaufträge oder Produktionspläne. Hierzu müssen folgende Informationen vorliegen:
  - das geplante Produktionsprogramm, aus dem der Primärbedarf an Erzeugnissen zu ersehen ist
  - Informationen über die mengenmäßige Zusammensetzung der Produkte (Stückliste)
  - die Beschaffungszeiten der Materialien und die Durchlaufzeiten für ihre Verarbeitung
  - die verfügbaren Lagerbestände

Die programmorientierte Bedarfsermittlung wird für A-Materialien und teilweise auch für B-Materialien verwendet.

- **Bruttobedarfsrechnung:** Um den Bruttobedarf an Materialien zu ermitteln, wird zuerst der Bedarf an Fertigerzeugnissen und Handelswaren aufgrund kurz- oder langfristiger Produktionspläne festgelegt **(Primärbedarf)**. Danach wird von der Fertigungsvorbereitung der Bruttobedarf an Materialien **(Sekundärbedarf)** zur Fertigung des Primärbedarfs ermittelt und anschließend der Bruttobedarf an Hilfs-, Betriebsstoffen und Verschleißwerkzeugen **(Tertiärbedarf)**. Als Hilfsmittel hierzu werden die Stücklisten der zu erstellenden Produkte herangezogen. Die Stückliste wird in Baugruppen und die darin enthaltenen Teile zerlegt. Alle Stücklisten sind im Produktionsplanungssystem gespeichert, wobei jede Stückliste die einzelnen Baugruppen und die Teile eines Produktes aufführt. Liegen keine Stücklisten vor, wird der Bedarf aufgrund der zu erwartenden Verbrauchsdaten geschätzt. Die vorhandenen Bestell- und Lagerbestände der Materialien sind bei dieser Vorgehensweise noch nicht berücksichtigt.

EDV

Beispiel Auszug der Stückliste der Bürodesign GmbH für den Konferenzstuhl „Konzentra"

Pos.	Menge	Einheit	Benennung	Pos.	Menge	Einheit	Benennung
1	1	Stck.	Fußkreuz	5	1	Stck.	Sitzschale
2	1	Stck.	Gasfeder	6	1	Stck.	Lager
3	4	Stck.	Gleiter	7	4	Stck.	Schrauben M8
4	2	Stck.	Schutzrohr				

Primärbedarf: 2000 Konferenzstühle, somit ergibt sich zur Herstellung der 2000 Konferenzstühle folgender

Bruttobedarf (Sekundärbedarf): 2000 Fußkreuze, 2000 Gasfedern, 8000 Gleiter, 4000 Schutzrohre, 2000 Sitzschalen, 2000 Lager, 8000 Schrauben M8

- **Nettobedarfsrechnung:** Um den Nettobedarf an Materialien zu ermitteln, werden vom Bruttobedarf die verfügbaren Lagerbestände (tatsächlicher Lagerbestand abzüglich dem Mindestbestand) und Bestellrückstände (= Zugang aus bestehenden offenen Bestellungen) an Materialien abgezogen und die Reservierungen für andere Aufträge und der Zusatzbedarf an Materialien addiert. Als Hilfsmittel hierzu werden die Bestandsdateien der Materialien herangezogen.

  Beispiel Unter Berücksichtigung der verfügbaren Bestände ergibt sich für den Konferenzstuhl „Konzentra" folgende Nettobedarfsrechnung:

Web

	Fußkreuz	Gasfeder	Gleiter	Schutzrohr	Sitzschale	Lager	Schrauben M8
Bruttobedarf	2000	2000	8000	4000	2000	2000	8000
– verfügbare Lagerbestände	1000	500	6000	3000	2500	300	10000
+ Reservierung für andere Aufträge	0	100	100	0	200	0	2000
+ Zusatzbedarf	0	10	0	0	0	20	0
– Bestellrückstände	0	1000	2000	500	0	1500	0
= Nettobedarf	1000	610	100	500	0	220	0

- Bei der **verbrauchsorientierten Bedarfsermittlung** bezieht man sich auf die Verbrauchsmengen der Vergangenheit. Dieses Verfahren ist mit Unsicherheit behaftet, da sich die Vergangenheitswerte nicht immer auf die Zukunft übertragen lassen. Dieses Verfahren eignet sich daher insbesondere für geringwertige C-Materialien sowie für Betriebs- und Hilfsstoffe. Folgende Methoden der verbrauchsorientierten Bedarfsermittlung lassen sich unterscheiden:

Methode	Erläuterungen	Beispiele
Methode der Durchschnittswerte	Aus Vergangenheitswerten wird der durchschnittliche Monatsverbrauch ermittelt und für die kommenden Perioden hochgerechnet.	Der Materialbedarf der Bürodesign GmbH für den Rohstoff „Gasfeder" betrug im letzten Jahr je Quartal 2000, 3000, 2400 und 3200 Stück. Der Durchschnittsverbrauch betrug somit 2650 Stück. Bei einer geplanten Absatzsteigerung von 4 % wird der Materialbedarf pro Quartal auf 2756 Stück festgelegt.

Die Berechnung des Nettobedarfs erfordert eine lückenlose Lagerbestandsführung durch das **PPS-System (Produktionsplanung und -steuerung)**, in dem alle Lagerbewegungen erfasst werden. Das PPS-System enthält eine Datenbank, in die alle berechtigten Mitarbeiter alle Daten über Fertigungsaufträge und Erzeugnisse eingeben. Alle diese Daten werden durch das PPS-System verwaltet, ausgewertet und verarbeitet.

Methode	Erläuterungen	Beispiele
Trendberechnungen	Bei einem in der Tendenz, von Schwankungen abgesehen, steigenden oder fallenden Bedarf wird ein trendkorrigierter gewogener Durchschnitt errechnet. Die einzelnen Perioden werden in der Form gewichtet, dass entsprechend dem Trend den jüngeren Perioden ein größeres Gewicht beigemessen wird als den älteren Perioden.	Der Materialbedarf der Bürodesign GmbH für das bezogene Fertigteil „Fußkreuz" betrug in den letzten Monaten: Juli 3000 (6 %) Oktober 6000 (18 %) August 5000 (9 %) November 7000 (25 %) September 4000 (12 %) Dezember 8500 (30 %) Nun wird die Summe des gewichteten Materialbedarfs der sechs Monate durch die Summe der Gewichtungen dividiert. Für den Monat Januar ergibt sich folgender Vorhersagewert (V): $V = \frac{(3000 \cdot 6) + (5000 \cdot 9) + (4000 \cdot 12) + (6000 \cdot 18) + (7000 \cdot 25) + (8500 \cdot 30)}{6 + 9 + 12 + 18 + 25 + 30}$ V = 6490 Stück

Bedarfsermittlung

- Die Beschaffungsabteilung benötigt für ihre Planungen **Informationen** über die zu beschaffenden Materialien und über mögliche Lieferer.
- Die **Bedarfsplanung** legt die für die Fertigung benötigten Materialien nach Art, Qualität, Menge und Zeitraum fest.
- Die Menge an Material, die zu einem bestimmten Zeitpunkt oder für eine bestimmte Periode benötigt wird, nennt man **Bedarf**.
- Liegen noch keine Aufträge oder Produktionspläne vor, ist die **Bedarfsermittlung Aufgabe der Verkaufsabteilung**.
- Mithilfe der **ABC-Analyse** werden die wertmäßig wichtigsten Materialgruppen ermittelt. Die **ABC-Analyse** ist ein Verfahren, um Schwerpunkte bei der Beschaffung von Materialien zu bilden. Analysiert werden z. B. Verbrauchsmengen, Verbrauchswerte usw. Hierbei werden die Materialien in A-, B- und C-Gruppen eingeteilt.
  - A-Gruppe: Anteil = 70–80 %, Materialien mit besonders hohem Kontrollbedarf
  - B-Gruppe: Anteil = 15–20 %, Materialien mit mittlerem Kontrollbedarf
  - C-Gruppe: Anteil = 5–10 %, Materialien mit geringem Kontrollbedarf
- **Auftrags-(Programm-)orientierte Bedarfsermittlung:** Liegen bereits konkrete Kundenaufträge oder Produktionspläne vor, kann der Materialbedarf (insbesondere A- und B-Materialien) mithilfe von **Bedarfsrechnungen (Brutto- und Nettobedarfsrechnung)** ermittelt werden. Während bei der Bruttobedarfsrechnung der für die Produktion notwendige Bruttobedarf an Materialien mithilfe von Stücklisten ermittelt wird, werden bei **der Nettobedarfsrechnung** die Lagerbestände, Reservierungen für andere Aufträge und Bestellrückstände an Materialien berücksichtigt, um den Bedarf für die Beschaffung zu ermitteln.
- **Verbrauchsorientierte Bedarfsermittlung:** Der Bedarf an Materialien (insbesondere C-Materialien) wird aufgrund der Verbrauchsmengen der Vergangenheit ermittelt. **Methoden:** Methode der Durchschnittswerte, Trendberechnungen.

1 Erläutern Sie, welche Informationen ein Industriebetrieb zur Ermittlung seines Bedarfes an Materialien benötigt.

2 Ermitteln Sie anhand der Stückliste auf S. 271 den Nettobedarf an Materialien für die Herstellung von 5000 Konferenzstühlen „Konzentra" unter der Bedingung, dass alle Angaben von S. 271 wie angegeben gelten.

3 Die ABC-Analyse soll in der Bürodesign GmbH als Entscheidungshilfe für die Bedarfsermittlung eingesetzt werden. Es liegende folgende Informationen vor:

Material	Jahresbedarf in Stück	Wert je Stück in €
Gasfeder	24000	9,00
Gleiter	11000	2,20
Schutzrohr	14000	9,00
Fußkreuz	1500	15,80
Schrauben M8	52000	0,20

Material	Jahresbedarf in Stück	Wert je Stück in €
Polstervlies	3500	3,00
Sitzschale	20000	5,00
Eichenplatte	9000	70,00
Messing-scharnier	5500	3,00
Buchenplatte	6000	59,00

a) Begründen Sie die Notwendigkeit einer ABC-Analyse bei der Beschaffung von Materialien.
b) Erstellen Sie anhand obiger Angaben eine ABC-Analyse und werten Sie diese tabellarisch und grafisch aus.
c) Entscheiden und begründen Sie für jedes Material, ob eine genaue Bedarfsermittlung oder eine weniger genaue Bedarfsermittlung/Schätzung erforderlich ist.

4 Nachfolgende Erzeugnisstruktur der Bürodesign GmbH für den Stapelstuhl „Stapler" liegt vor:

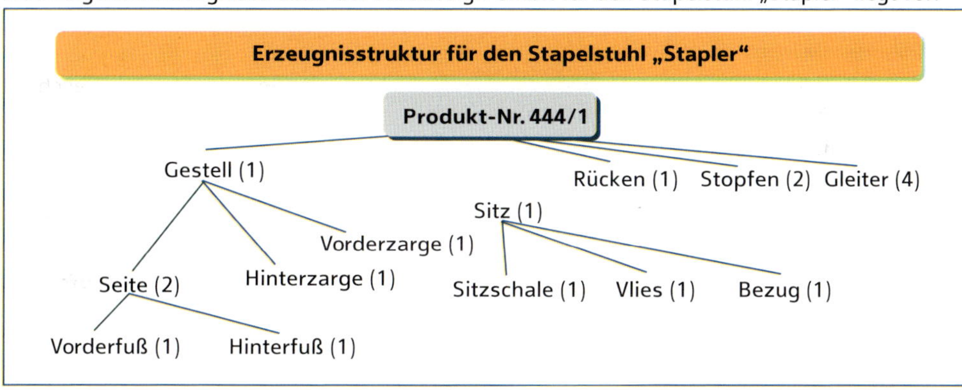

Ermitteln Sie den Bruttobedarf für die Herstellung von 2000 Stapelstühlen.

5 Unterscheiden Sie im Rahmen der Beschaffung von Materialien Primär-, Sekundär- und Tertiärbedarf.

6 Die Bürodesign GmbH plant den Verbrauch von Schrauben M6. Als Berechnungsgrundlage werden die letzten sechs Monate herangezogen. Folgende Daten liegen vor:

Juli	6000	September	8000	November	8800
August	7000	Oktober	6800	Dezember	9000

a) Berechnen Sie für den Monat Januar den voraussichtlichen Bedarf an Schrauben M6 mithilfe der Methode der Durchschnittswerte.
b) Ermitteln Sie den Materialbedarf an Schrauben M6 für Januar mithilfe des trendkorrigierten gewogenen Durchschnitts, wenn folgende Gewichtung zugrunde gelegt wird: Juli 6 %, August 8 %, September 15 %, Oktober 18 %, November 23 %, Dezember 30 %.

7 Die Bürodesign GmbH hat folgenden Bedarf für eine Baugruppe: 1. Woche 500 Stück, 2. Woche 600 Stück, 3. Woche 800 Stück.
Der verfügbare Lagerbestand beträgt am Anfang der 1. Woche 1 600 Stück, der reservierte Lagerbestand 400 Stück und der Mindestlagerbestand 200 Stück. Aus Sicherheitsgründen soll ein Zusatzbedarf von 2 % berücksichtigt werden. Aus offenen Bestellungen sind in der 1. Woche 200 Stück zu erwarten. Aus Fertigungsaufträgen ist in der 3. Woche ein Zugang (Rückgabe) von 300 Stück zu berücksichtigen.
a) Berechnen Sie
   aa) den verfügbaren Lagerbestand am Ende der 1. Woche,
   ab) den Nettobedarf für die Baugruppe am Ende der 3. Woche.
b) Erläutern Sie Primär-, Sekundär-, Tertiär- und Zusatzbedarf.

3.2.2 Entscheidungen über die geplante Bestellung

3.2.2.1 Mengen-, Zeit- und Preisplanung

Herr Stam, der Leiter der Absatzabteilung der Bürodesign GmbH, hat seinen Bericht für die Absatzprognose der neu entwickelten stapelbaren Systemtische der Geschäftsleitung vorgelegt. Er schätzt einen Absatz dieser Tische in Höhe von 20000 Stück im nächsten Geschäftsjahr. Herr Kaya, der Leiter der Beschaffungsabteilung, soll die notwendigen Materialien hierfür beschaffen. Seit Tagen grübelt Herr Kaya über einem Problem. Pro Tag unterschreibt er durchschnittlich 25 Bestellungen. Bei jeder Bestellung muss er kostbare Zeit opfern, um die Bestellmengen und Preise zu kontrollieren. Für jede Prüfung braucht er etwa 3 Minuten. Die Auszubildende Silvia Land schlägt ihm vor: „Herr Kaya, fast jede Woche bestellen wir Kleinteile wie Schrauben, Gasfedern usw. Wir könnten doch einfach mal den Bedarf für ein Jahr bestellen und auf Lager nehmen, dann hätten Sie auch mehr Zeit für wichtigere Dinge. Wir müssten dann höchstens noch 200 Bestellungen pro Jahr für alle Materialien bearbeiten."

- Erläutern Sie den Zusammenhang zwischen Bestellmenge und Lagerkosten und machen Sie Vorschläge zur Ermittlung der optimalen Bestellmenge.
- Erläutern Sie das Bestellpunkt- und das Bestellrhythmusverfahren.
- Überprüfen Sie, welche Bedeutung die Festlegung von Preisobergrenzen bei der Beschaffung von Materialien hat.

Die Planung der Beschaffung von Materialien muss sich am festzustellenden **Bedarf der Fertigungsplanung** orientieren. Hierbei sind drei Leitfragen zu berücksichtigen:

- Welche Menge ist zu beschaffen **(Mengenplanung)**?
- Wann ist diese Menge zu beschaffen **(Zeitplanung)**?
- Zu welchem Preis ist diese Menge zu beschaffen **(Preisplanung)**?

▲ Mengenplanung

Die Mengenplanung für die zu beschaffenden Materialien ist vom Produktionsplan und vom Absatzplan abhängig. Aus Produktions- und Absatzplan ist die Menge der zu beschaffenden Materialien ersichtlich. Diese Gesamtmenge eines zu einem bestimmten Zeitpunkt oder innerhalb einer bestimmten Periode zu beschaffenden Materials ist die Bedarfsmenge, die bei einem Lieferer bestellt werden muss **(Bestellmenge)**.

Bei jeder Bestellung muss entschieden werden, wie viel und wie oft bestellt werden soll. Je **größer die Bestellmengen** sind, desto mehr Kapital wird gebunden und desto höhere Lagerkosten werden verursacht. Andererseits ermöglichen große Bestellungen das Ausnutzen von Preis- und Kostenvorteilen.

Beispiele

- Bei größeren Bestellmengen sind oft Mengenrabatte zu erhalten.
- Größere Bestellmengen verringern Transportkosten, da nicht so häufig angeliefert werden muss (ökologischer Aspekt).

Kleinere Bestellmengen binden wenig Kapital und führen zu niedrigen Lagerkosten. Sie verursachen aber höhere Beschaffungskosten.

▲ Beschaffungskosten:

Unter Bestellkosten oder Beschaffungskosten werden alle **Sach- und Personalkosten** verstanden, die durch eine Bestellung oder Beschaffung von Gütern verursacht werden. Hierzu zählen Kosten für Anfragen, Angebotsvergleiche, Vertragsverhandlungen usw. Diese Kosten können nicht immer einem einzelnen Produkt zugerechnet werden. Hier sind Erfahrungs- und Schätzwerte die Basis.

Beispiel Bei der Vereinigte Spanplatten AG, einem Zulieferer der Bürodesign GmbH, sind zwei Einkäufer beschäftigt. Sie bearbeiten in einem Jahr 3000 Bestellungen. Die beiden Mitarbeiter verursachen jährlich 70000,00 € Personalkosten. An Sachkosten (Büromiete, -material usw.) entstehen weitere 6000,00 €. Die 3000 Bestellungen kosten daher in einem Jahr 76000,00 €. Somit verursacht eine Bestellung durchschnittliche Kosten von etwa 25,33 €.

Diese Berechnung ist sehr grob und kann das Prinzip der **Kostenermittlung für Bestellungen** nur oberflächlich erklären, denn der Arbeitsaufwand bei der Materialprüfung im Lager und in der Produktion muss ebenfalls berücksichtigt werden. Ferner entstehen im Rechnungswesen bei jeder Bestellung Arbeiten (Buchung der Verbindlichkeiten, Veranlassen der Bezahlung usw.), die ebenfalls Kosten verursachen, jedoch nicht von dem Bestellwert abhängig sind **(bestellfixe Kosten)**.

Beispiel Das Schreiben einer Bestellung, die Buchung einer Verbindlichkeit, die Überweisung des Rechnungsbetrages an den Lieferer kosten im Durchschnitt immer gleich viel, egal ob eine Bestellung über 15000,00 € oder 1,50 € ausgeführt wird.

Optimale Bestellmenge (Mengendisposition):

Beschaffungskosten und Lagerkosten entwickeln sich gegenläufig. Je häufiger nachbestellt wird, desto geringer sind der Lagerbestand und die Lagerkosten. Je seltener nachbestellt wird, desto geringer sind die Beschaffungskosten. Die Bestellmenge, bei der die Summe beider Kostenarten (Beschaffungskosten und Lagerkosten) am geringsten ist (Minimum der Kosten), heißt **optimale Bestellmenge**. Hieraus lässt sich die **optimale Bestellhäufigkeit** ableiten.

Einige **Informationen** für die Ermittlung der optimalen Bestellmenge sind in ihrer Vorhersage allerdings **unsicher**:

- In der Regel liegt kein gleichbleibender Lagerabsatz vor.
- Lagerkosten sind nicht nur von der Menge, sondern auch vom Wert abhängig.

  Beispiel Versicherungskosten für die Materialien
- Rabatte und Transportkosten müssen einbezogen werden, können aber nicht immer vorhergesagt werden.
- Kostenansätze und Verkaufsmengen ändern sich im Zeitablauf.

Beispiel Bei der Bürodesign GmbH werden in der Produktion pro Jahr etwa 120000 Messing-Scharniere verbraucht. Je Scharnier entstehen an Lagerkosten etwa 0,04 €. Jede Bestellung verursacht 75,00 € Kosten. Die Einkäuferin, Frau Michels, könnte einerseits den gesamten Jahresbedarf auf einmal bestellen und auf Lager nehmen. Sie könnte auch kleinere Mengen bestellen (im Extremfall täglich). Um die Summe beider Kosten bei unterschiedlichen Bestellhäufigkeiten zu bestimmen, erstellt sie eine Tabelle. Sie berechnet für jede Anzahl von Bestellungen die Bestellkosten, die Lagerkosten und die Summe der Kosten. Bei den durchschnittlichen Lagerkosten berücksichtigt sie, dass durchschnittlich nur die Hälfte der Bestellmenge auf Lager liegt. Um Zeit zu sparen, bedient sie sich der Hilfe eines Computers und einer Tabellenkalkulationssoftware.

Optimale Bestellmenge und -häufigkeit

Kosten für eine Bestellung in €:	75,00	Jahresbedarf in Stück:	120000
Lagerkosten je Stück in €:	0,04		

Anzahl der Bestellungen	Bestellmenge in Stück	Ø Lagerbestand in Stück	Ø Lagerkosten in €	Bestellkosten in €	Gesamtkosten in €
1	120000	60000	2400,00	75,00	2475,00
2	60000	30000	1200,00	150,00	1350,00
3	40000	20000	800,00	225,00	1025,00
4	30000	15000	600,00	300,00	900,00
5	24000	12000	480,00	375,00	855,00
6	20000	10000	400,00	450,00	850,00
7	17143	8572	342,86	525,00	867,86
8	15000	7500	300,00	600,00	900,00
9	13333	6667	266,67	675,00	941,67
10	12000	6000	240,00	750,00	990,00
11	10909	5455	218,18	825,00	1043,18
12	10000	5000	200,00	900,00	1100,00

Web

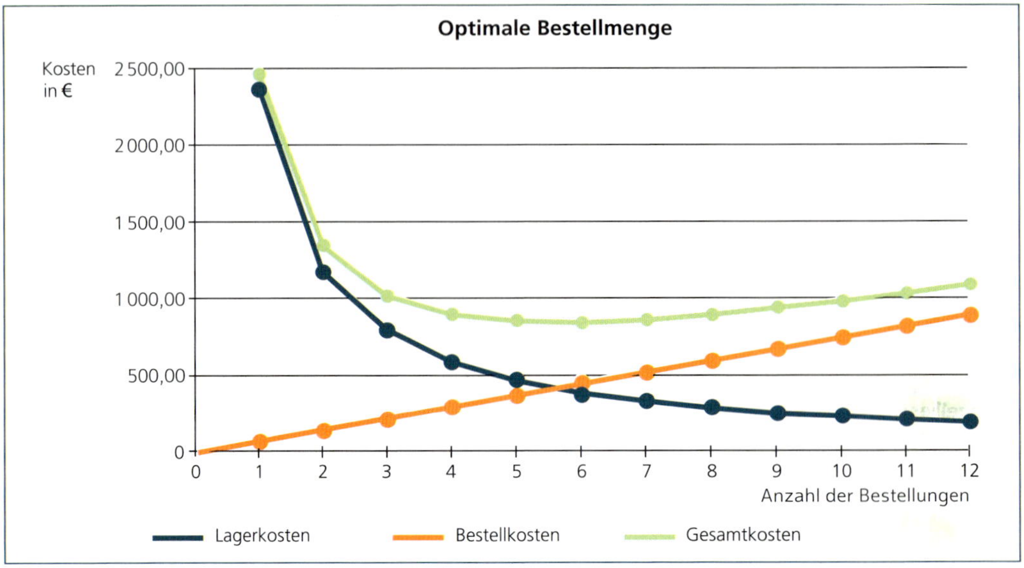

Das Minimum der Gesamtkosten ergibt sich bei sechs Bestellungen pro Jahr, d. h., Frau Michels sollte alle zwei Monate 20 000 Scharniere bestellen.

In der Praxis kann die optimale Bestellmenge aus folgenden Gründen häufig nicht verwirklicht werden:

- Der Lieferer schreibt Mindestabnahmemengen vor.

  Beispiel Schlösser für Schränke und Schreibtische werden nur bei einer Mindestabnahme von 3 000 Stück geliefert.

- Die Materialien werden nur in festen Verpackungseinheiten geliefert.

  Beispiel Leim wird in 30-kg-Fässern geliefert.

- Die Materialien sind nur beschränkt lagerfähig.

  Beispiel Lebensmittel für die Betriebskantine.

- Die Materialien unterliegen starken Preisschwankungen.

  Beispiel Furnierhölzer werden eingekauft und gelagert, wenn der Marktpreis niedrig ist.

Häufig ist es nicht wirtschaftlich, für jedes Beschaffungsgut die optimale Bestellmenge zu berechnen, selbst wenn Computerhilfe in Anspruch genommen werden kann. Der Arbeitsaufwand steht oft in keinem wirtschaftlichen Verhältnis zur möglichen Kosteneinsparung.

Beispiel In der Produktion wird bei der Bürodesign GmbH Schleifpapier verwendet. Dieses Verbrauchsmaterial ist preiswert und wird je nach Bedarf unter Ausnutzung von Mengenrabatt eingekauft. Der Aufwand, die optimale Bestellmenge zu ermitteln, würde den Kostenvorteil des Mengenrabattes aufzehren.

Zeitplanung

Bestellzeitpunkt:

Der Zeitpunkt für die Bestellung hängt von vielen Faktoren ab. Grundlage für die Entscheidung über den Bestellzeitpunkt ist der Termin, zu dem das Material in der Fertigung zur Verfügung stehen muss. Von diesem Termin muss rückwärts gerechnet werden. Zu berücksichtigen sind:

- **Bestelldauer innerhalb des Unternehmen** (vom Feststellen des Bedarfs in der Fertigung oder dem Lager bis zur Bedarfsmeldung in der Beschaffungsabteilung, Zeit für Angebotseinholung und -auswertung, Schreiben und Versand der Bestellung)

- **Bearbeitung der Bestellung beim Lieferer** (Zeit für Beförderung der Bestellung, Auftragsprüfung und -planung, ggf. Produktion, Verpacken)
- **Materialannahme und -prüfung** (beim Besteller)
- **Zeit für den innerbetrieblichen Transport des Materials bis zur Fertigung**

Ferner ist bei der Festlegung des Bestellzeitpunktes die Lagerfähigkeit der Materialien zu berücksichtigen. Außerdem muss beim Eintreffen der Materialien genügend freie Lagerkapazität vorhanden sein.

Beschaffungsstrategien:

Es lassen sich folgende Beschaffungsstrategien von Materialien unterscheiden:

Beschaffungsstrategien	Merkmale	Vorteile
Einzelbeschaffung nach einem Kundenauftrag	Materialien werden erst zum Zeitpunkt der Verwendung beschafft. Die Notwendigkeit der Beschaffung erfolgt durch die Fertigung oder den Absatz. Die Lagerung hat keine oder nur eine geringe Bedeutung.	– Lagerkosten werden minimiert. – Das Unternehmen hat eine bessere Übersicht sowie Kontrolle über die vorhandenen Materialien. – Die Beschaffung ist flexibel. – Es befinden sich weniger Materialien auf Lager.
Vorratsbeschaffung	Es besteht keine Übereinstimmung zwischen den Beschaffungsmengen und den Verbrauchsmengen. Die beschafften Materialien werden erst einmal auf das Lager genommen.	– Preisvorteile können ausgenutzt werden. – Die Transportkosten verringern sich. – Für die Fertigung sind immer genügend Materialien vorrätig. – Bestellkosten vermindern sich, da nicht so oft bestellt wird.
Fertigungssynchrone Beschaffung	Die Beschaffung der Materialien erfolgt im gleichen Rhythmus wie die Fertigung. Dies erfordert eine ständige Lieferbereitschaft des Lieferers.	– Lagerkosten verringern sich. – Beschaffung ist flexibel. – Kapitalbindungskosten verringern sich.

Bestellverfahren bei Vorratsbeschaffung:

Wenn die Beschaffung der Materialien zeitlich vor dem Bedarf erfolgt, liegt eine **Vorratsbeschaffung** (verbrauchsorientierte Disposition) vor. Für die Festlegung des Bestellzeitpunktes stehen zwei Verfahren zur Verfügung:

- **Bestellpunktverfahren:** Bei diesem Verfahren werden die Materialien aufgrund einer **vorgegebenen Meldemenge** bestellt, d. h., der Lagerbestand wird automatisch nach jeder Entnahme überprüft und bei Erreichung eines festgelegten **Meldebestandes** gibt das Lager eine Bedarfsmeldung an den Einkauf. Durch den Einsatz der elektronischen Datenverarbeitung (EDV) wird der Bestellvorgang automatisch bei Erreichen des Meldebestandes ausgelöst. Der **Mindestbestand (eiserner Bestand, eiserne Reserve)** wird aus Sicherheitsgründen für die einzelnen Materialien festgelegt und soll möglichst nie angegriffen werden. Er soll die Produktionsbereitschaft sichern, wenn durch unvorhergesehene Ereignisse der Vorrat nicht ausreicht, um die Produktion fortzuführen. Somit gilt für die Ermittlung des Meldebestandes folgende Formel:

Meldebestand = (Tagesverbrauch · Beschaffungs- oder Lieferzeit) + Mindestbestand

Beispiel Von dem Material Gasfeder werden in der Bürodesign GmbH täglich 200 Stück verbraucht. Die Beschaffungszeit beträgt acht Tage, der Mindestbestand 1 000 Stück. Der Höchstbestand beträgt 3 500 Stück. Wie viel Stück beträgt der Meldebestand?

Lösung:
Meldebestand = (Tagesverbrauch · Beschaffungszeit) + Mindestbestand
Meldebestand = (200 · 8) + 1 000 Meldebestand = 2 600 Stück

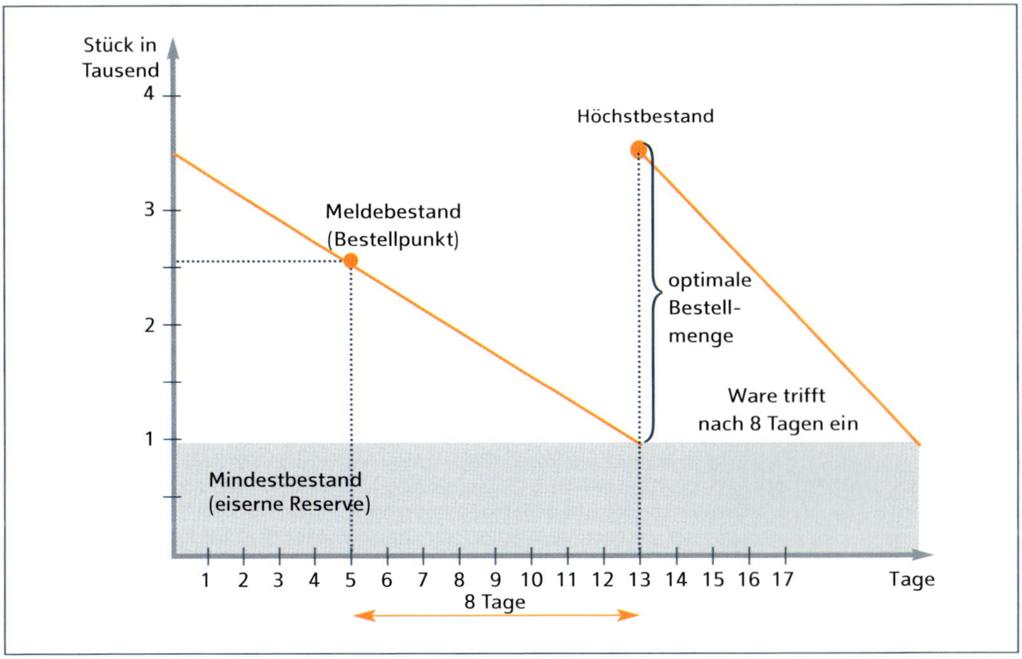

Der Meldebestand setzt sich aus dem Bedarf in der Beschaffungszeit und dem Mindestbestand (eiserne Reserve) zusammen. Wird der Meldebestand von 2600 Stück erreicht, wird das Material bestellt. Das Material trifft nach acht Tagen mit Erreichen des Mindestbestandes ein. An diesem Tag wird durch die Lieferung der Höchstbestand des Materials erreicht.

Der Bestellpunkt	
wird erhöht, wenn	**wird herabgesetzt, wenn**
– der Bedarf steigt, – die Beschaffungszeit sich verlängert.	– der Bedarf sinkt, – die Beschaffungszeit sich verkürzt.

Neben den genannten Gründen können weitere Gründe für den Zeitpunkt der Bestellung von Bedeutung sein:

- Kurzfristige Preiserhöhungen werden erwartet.
- Bestimmte Sondertermine müssen berücksichtigt werden.

Beispiel Messetermine, Erntezeitpunkte bei Obst, Gemüse, Wein

Vorteile	**Nachteile**
– Niedrigere Mindestbestände sind aufgrund ständiger Bestandskontrolle möglich. – Somit können niedrigere Lagerkosten erreicht werden.	– Rabatte können unter Umständen wegen zu geringer Bestellung nicht ausgenutzt werden. – Es werden nur die Materialien mit Lagerbewegungen erfasst.

- **Bestellrhythmusverfahren:** Bei diesem Verfahren (Bestellung zu bestimmten, vorher festgelegten Terminen) wiederholen sich die festen Liefertermine periodisch. Die periodische Festlegung der Termine kann mithilfe der vorher zu ermittelnden optimalen Bestellmenge vorgenommen werden. Dieses Verfahren ist dann besonders geeignet, wenn ein gleich bleibender Bedarf vorliegt.

Beispiel Für ein Material der Bürodesign GmbH beträgt der Jahresbedarf 120 000 Stück, der Mindestbestand 5 000 Stück und die optimale Bestellmenge 30 000 Stück. Somit ergeben sich pro Jahr vier Bestellungen (120 000 : 30 000 = 4). Somit beträgt der zeitliche Abstand zwischen den Bestellungen für dieses Material drei Monate.

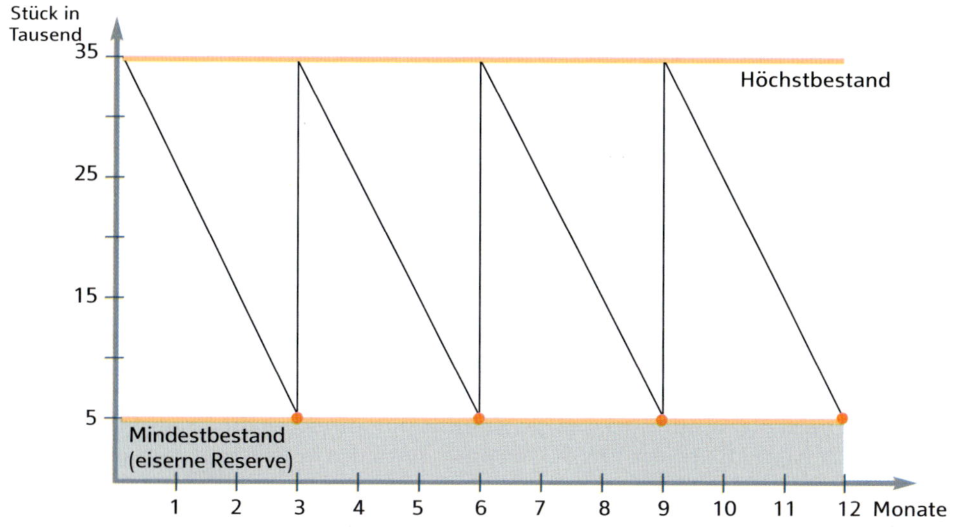

Vorteile	Nachteile
– Vereinfachung des Bestell- und Bestandsüberwachungssystems	– Bei rückläufigem Bedarf entstehen Überbestände. – Bei steigendem Bedarf reichen die Vorratsmengen nicht aus. Folge: Produktions- und Absatzstörungen.

Fertigungssynchrone Beschaffung („Just-in-time-Lieferung", vgl. S. 284):

Just in time (gerade zur rechten Zeit) bedeutet, dass alle Materialien genau zu dem Zeitpunkt bereitgestellt werden sollen, an dem der Bedarf in der Produktion danach besteht. Die einzelnen Materialien werden erst dann geliefert, wenn sie in der Produktion benötigt werden. Somit liegen zwischen der Lieferung und dem Einbau der Materialien nur wenige Stunden. Dieses erfordert aber, genaue Lieferzeitpunkte mit dem Lieferer zu vereinbaren, die exakt eingehalten werden müssen. Somit können Materialien täglich oder sogar mehrmals täglich angeliefert werden. Für den Fall eines Lieferungsverzuges werden in der Regel hohe Konventionalstrafen vereinbart.

Der Käufer wälzt bei diesem Verfahren das Lagerrisiko (Zins-, Lagerkosten) auf den Lieferer ab. Die fertigungssynchrone Beschaffung setzt eine starke Marktstellung des Käufers und eine relative Abhängigkeit des Lieferers voraus.

Voraussetzungen der Just-in-time-Belieferung: Um die Just-in-time-Belieferung einführen zu können, sind folgende **Voraussetzungen** erforderlich:

- ständige Produktions- und Lieferbereitschaft der beteiligten Lieferanten,
- eine genaue Abstimmung der Produktions- und Lieferpläne zwischen Lieferer, Spediteur (Frachtführer) und Abnehmer,
- der Einsatz moderner Kommunikationstechniken, die den überbetrieblichen Datenaustausch mittels Internet ermöglichen,

- der permanente Informationsaustausch zwischen allen am Just-in-time-Konzept beteiligten Betrieben,
- DV-gestützte Auftragsbearbeitung und Lagerorganisation,
- feste Kooperationsverträge zwischen allen Beteiligten, in denen die Mengen, die Termine, aber auch die Konventionalstrafen bei Vertragsbruch enthalten sind,
- ein flexibles Transportsystem, das einen ununterbrochenen Materialfluss ermöglicht.

Organisation der Leistungserstellung in der Bürodesign GmbH nach Einführung des JiT-Systems

Ablaufrichtung (ausgehend vom Absatz)

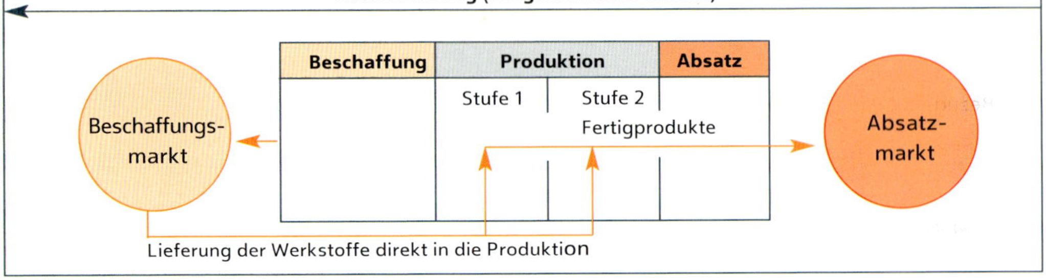

Die Lagerhaltung ist hier überflüssig, weil die **Anlieferung direkt in die Produktion** erfolgt. Es wird sehr viel Zeit gespart und der Weg des Materials durch den Betrieb wird erheblich verkürzt.

Folgen der Just-in-time-Belieferung: Durch die Einführung der JiT-Belieferung werden die **betriebswirtschaftlichen Kosten der Lagerhaltung** für ein Industrieunternehmen durch die Reduzierung der Lagerbestände und der Lagerdauer von Materialien deutlich reduziert, somit entfallen Kapitalbindungskosten und innerbetriebliche Transportwege werden minimiert. Ferner entfällt das Lagerrisiko des Verderbs und Schwunds.

Dem stehen als wesentliche **Nachteile** im Falle eines Lieferungsverzuges **Produktions- und Absatzstörungen**, eine starke Zunahme der Fahrten und Leerfahrten (rollende Lager) und eine damit verbundene **Belastung der Umwelt** durch Schadstoffemissionen, Energieverbrauch, Lärmbelästigung und Landschaftsverbrauch durch Straßenbau und damit eine **Zunahme der volkswirtschaftlichen Kosten** gegenüber. Die Einrichtung von Güterverkehrszentren und die Verlagerung der Transporte auf Schienen- und Wasserwege können diese Nachteile zum Teil ausgleichen.

▲ Preisplanung

Materialien und Handelswaren sollten **so preisgünstig wie möglich** eingekauft werden (Bezugskalkulation, vgl. S. 281). Folglich hat die Beschaffungsabteilung die Aufgabe,

- den günstigsten Einkaufszeitpunkt zu ermitteln,
- die optimale Bestellmenge festzulegen,
- Skonto auszunutzen und
- auf günstige Lieferungs- und Zahlungsbedingungen zu achten.

Insbesondere beim Vorliegen von Einkaufsbudgets sind für das Beschaffungsmaterial **Preisobergrenzen** festzulegen. Diese Preisobergrenzen dienen als Orientierungshilfe für den Preiswiderstand in den Verhandlungen mit den Lieferern. Die Einkaufsabteilung ist daran gebunden und versucht, die gewünschten Preise bei den Lieferern durchzusetzen. Der für den Einkauf entscheidende Preis ist der **Bezugs- oder Einstandspreis**. Er wird durch die Bezugskalkulation ermittelt.

In der **Bezugskalkulation** (vgl. S. 281) geht man vom **Listeneinkaufspreis** (= Preis, den der Lieferer lt. Preisliste verlangt) aus. Bei der Bezugskalkulation werden die einzelnen Mengen- und Wertabzüge (Rabatt, Skonto) stufenweise berechnet.

Web

Beispiel Die Bürodesign GmbH ermittelt für das Material Fußkreuz für den Konferenzstuhl „Stapler" folgenden Bezugs-/Einstandspreis:

Rechenweg:				Erläuterungen:
Listeneinkaufspreis		100 %	20,00 €	Ausgangspunkt der Bezugskalkulation
– Liefererrabatt		20 %	– 4,00 €	Preisabschlag, z. B. Mengenrabatt
= Zieleinkaufspreis	100 %	80 %	16,00 €	
– Skonto	2 %		– 0,32 €	Nachlass für vorzeitige Zahlung
Bareinkaufspreis	98 %	100 %	15,68 €	
+ Bezugskosten			+ 0,12 €	z. B. Verpackungs-, Transportkosten
= Bezugs-/Einstandspreis			15,80 €	Preis beinhaltet alle Kosten des Materials bis zum Eingang im Betrieb.

Der Bezugs-/Einstandspreis beträgt 15,80 €.

Mengen-, Zeit- und Preisplanung

- **Größere Bestellmengen** binden viel Kapital und verursachen hohe Lagerkosten, kleinere Bestellmengen verursachen höhere Beschaffungskosten. Beschaffungs- und Lagerkosten entwickeln sich gegenläufig.
- Die **optimale Bestellmenge** liegt dort, wo die Summe aus Beschaffungs- und Lagerkosten (Gesamtkosten) ein Minimum ergibt.
- Die **optimale Bestellhäufigkeit** liegt bei diesem Minimum der Gesamtkosten.
- Der **Bestellzeitpunkt** hängt davon ab, wann die bestellten Materialien in der Produktion benötigt werden. Zu beachten sind:
  - Bestelldauer im Betrieb (= Zeit von der Bedarfsfeststellung bis zur Bestellung)
  - Bearbeitungs- und Produktionszeit beim Lieferer
  - Lieferzeit und die Zeit für die Materialprüfung bei der Anlieferung
  - Zeit für den innerbetrieblichen Transport
- Der Bestand, bei dessen Erreichen das Lager meldet, dass bestellt werden muss, wird **Meldebestand** genannt. **Meldebestand = Mindestbestand + (Beschaffungszeit * Tagesverbrauch).**
- Wird die Bestellung bei Erreichen des Meldebestandes ausgelöst, spricht man vom **Bestellpunktverfahren (Vorratsbeschaffung)**.
- Wird die Bestellung in bestimmten Zeitabständen (d. h. unabhängig vom aktuellen Bestand) ausgelöst, spricht man vom **Bestellrhythmusverfahren (Vorratsbeschaffung)**.
- Bei der **fertigungssynchronen Beschaffung (Just-in-Time-Belieferung)** erfolgt der Eingang der Materialien zum Zeitpunkt des Bedarfs.
- Ursache des Ausbaus der Just-in-time-Belieferung ist die Notwendigkeit der Reduzierung der Lagerkosten durch den zunehmenden **Kostendruck** in Industrieunternehmen.
- **Voraussetzungen** der Just-in-time-Belieferung sind:
  ständige Produktions- und Lieferbereitschaft der beteiligten Betriebe, genaue Abstimmung der Produktions- und Lieferpläne, Einsatz moderner Kommunikationstechniken, permanenter Informationsaustausch, DV-gestützte Auftragsbearbeitung und Lagerorganisation, feste Kooperationsverträge zwischen allen Beteiligten, flexibles Transportsystem.
- **Folgen der Just-in-time-Belieferung** sind eine Verlagerung der Lager auf die Straße und die damit verbundenen ökologischen Belastungen.
- Materialien sind unter Beachtung von **Preisobergrenzen** zu einem möglichst preisgünstigen Bezugs-/Einstandspreis einzukaufen.

1 Erläutern Sie die Aussage: „Beschaffungskosten und Lagerkosten entwickeln sich gegenläufig".

Web

2 Von einem Material werden jährlich 10000 Stück benötigt. Je Stück fallen 0,25 € Lagerkosten an, jede Bestellung verursacht 50,00 € Beschaffungskosten. Bestimmen Sie die optimale Bestellmenge und die optimale Bestellhäufigkeit. Erstellen Sie hierzu eine digitale Tabelle und berechnen Sie die einzelnen Kosten für 1, 2, 3, ... 12 Bestellungen.

3 Erstellen Sie mithilfe eines Tabellenkalkulationsprogramms eine Entscheidungshilfe für die Ermittlung der optimalen Bestellmenge (vgl. Aufgabe 2).

Web

4 Der Listeneinkaufspreis eines Artikels beträgt 60,00 €. Der Lieferer gewährt bei Abnahme ab 200 Stück 20 % Rabatt und 2 % Skonto. Die Bezugskosten betragen je Stück 0,30 €. Ermitteln Sie den Bezugs-/Einstandspreis je Stück und insgesamt, wenn von diesem Artikel 1 000 Stück bestellt werden.

5 In der Bürodesign GmbH beträgt der Tagesverbrauch für einen Artikel 140 Stück, die Beschaffungszeit beträgt 14 Werktage und der Mindestbestand 420 Stück.
a) Ermitteln Sie den Meldebestand.
b) Begründen Sie die Notwendigkeit eines Mindestbestandes.
c) Stellen Sie den Zusammenhang mithilfe einer Grafiksoftware grafisch dar.
d) Erläutern Sie die Vor- und Nachteile des Bestellpunktverfahrens.
e) Begründen Sie die Veränderung des Meldebestandes, wenn
   ea) der Tagesverbrauch sich auf 200 Stück erhöht,
   eb) die Beschaffungszeit sich bei einem Tagesverbrauch von 140 Stück auf 7 Tage verkürzt.

6 Unterscheiden Sie Bestellpunkt-, Bestellrhythmusverfahren und fertigungssynchrone Beschaffung (Just-in-time-Belieferung) und stellen Sie deren Unterschiede in einer Übersicht dar.

3.2.2.2 Strategien des Beschaffungsmarketings

Bertram Klein ist in der Schlosserei der Bürodesign GmbH als Monteur beschäftigt. Sein Bruder arbeitet in einem großen Stahlwerk als Gießer, er hat im letzten Monat für einen Verbesserungsvorschlag 3000,00 € erhalten. Bertram könnte ebenfalls eine kleine Finanzspritze gebrauchen und überlegt, ob er für die Bürodesgin GmbH auch einen Verbesserungsvorschlag austüfteln könnte. Dabei fällt ihm ein, dass er vor drei Wochen auf einem Materialzettel gelesen hat, dass ein Schubladengriff für die Schreibtische 3,80 € je Stück kostet. Dieser Betrag kam ihm enorm hoch vor. Er geht zu seinem Chef, Herrn Wilke, und erklärt ihm: „Hören Sie mal, Herr Wilke, ich glaube, wir könnten eine ganze Menge Geld sparen, wenn wir die Schubladengriffe selbst herstellen würden, wir besorgen uns verchromtes Stahlrohr und biegen es so, wie wir es brauchen." Herr Wilke meint: „Dass muss erst einmal genau durchgerechnet werden, denn unsere eigene Arbeitszeit muss ja auch berücksichtigt werden. Außerdem ist das eine Frage der Kapazitätsauslastung." Bertram Klein ist erstaunt, er lässt sich aber nicht von seiner Idee abbringen.

- Stellen Sie fest, welche Informationen benötigt werden, um auszurechnen, ob die Herstellung der Schubladengriffe günstiger ist als der Bezug von Fertigteilen.
- Erläutern Sie, welche Bedeutung das Streuen oder Bündeln von Aufträgen an Lieferer hat.

Strategien im Beschaffungsmarketing umfassen mittelfristige Entscheidungen der Güterbereitstellung. Zwar wird durch den Absatzplan vorgegeben, welche Produkte in welcher Menge zu welchem Zeitpunkt benötigt werden, jedoch können grundsätzliche Vorentscheidungen getroffen werden. Diese werden als **beschaffungsstrategische Entscheidungen** bezeichnet.

Eigenfertigung oder Fremdbezug (Make-or-Buy)

Für viele Bauteile eines Produktes muss überlegt werden, ob sie von einem Lieferer beschafft oder in eigener Produktion hergestellt werden. Diesen **Make-or-buy-Entscheidungen** (engl. herstellen oder kaufen) gehen eine ganze Reihe von Überlegungen und Berechnungen voraus.

Insbesondere die Bereiche **Beschaffung** und **Produktion** müssen hierbei eng zusammenarbeiten. Ob ein Betrieb bestimmte Teile oder Produkte fremdbezieht, hängt von folgenden Fragen ab:

- Sind **Produktionskapazitäten** für die Eigenfertigung frei?
- Ist die Produktion technisch in der Lage, das Produkt zu fertigen?
- Ist das benötigte Teil auf dem Markt in der erforderlichen **Qualität, Zeit, Ausführung, Menge** beschaffbar? Diese Fragestellung gilt ebenfalls für Maschinen und Werkzeuge.

  Beispiel Bei der Bürostuhlproduktion der Bürodesign GmbH werden Metallplatten benötigt, auf denen die Sitzflächen befestigt werden. Diese Bauteile sind auf dem Markt nicht als Fertigteil lieferbar, sie werden in der Produktion gefertigt.
- Sind genügend Arbeitskräfte vorhanden?
- Ist Eigenfertigung oder Fremdbezug **kostengünstiger**?

  Die ersten beiden Fragen können durch die Fertigungsbedarfsplanung beantwortet werden; die letzten beiden müssen in Zusammenarbeit mit den Bereichen Absatz, Lager und Rechnungswesen beantwortet werden.

  Beispiel Ein Werkstück kann auf dem Markt für 5,00 € beschafft werden. Wenn das Teil selbst hergestellt wird, sind je Stück 0,80 € Materialkosten, 2,60 € Löhne und je Jahr zusätzliche fixe Maschinenkosten (Abschreibung, Energie, Wartung) in Höhe von 8 000,00 € aufzuwenden. Wenn mit x die Anzahl der Teile bezeichnet wird, ergeben sich folgende Kostenstrukturen:

Gesamtkosten des Fremdbezuges:
$K_{(Fremdb.)}$ = Einkaufpreis · x $K_{(Fremdb.)}$ = variable Kosten · x $K_{(Fremdb.)} = 5 \cdot x$

Gesamtkosten der Eigenfertigung:
$K_{(Eigenf.)}$ = (Materialkosten je Stück + Lohnkosten je Stück) · x + fixe Kosten
$K_{(Eigenf.)}$ = variable Kosten · x + fixe Kosten $K_{(Eigenf.)} = 3{,}4 \cdot x + 8000$

Die jeweiligen Stückkosten ergeben sich, wenn die Gesamtkosten durch die Menge x dividiert werden. Beim Fremdbezug sind sie konstant 5,00 €, bei der Eigenfertigung sinken sie mit zunehmender Menge x.

Stückkosten des Fremdbezuges:
$k_{(Fremdb.)} = K_{(Fremdb.)} : x$

Stückkosten der Eigenfertigung:
$k_{(Eigenf.)} = K_{(Eigenf.)} : x$

Der Kostenvergleich kann tabellarisch oder grafisch erstellt werden.

Kostenvergleich Eigenfertigung und Fremdbezug:

Einkaufspreis je Stück: 5,00 € **Lohnkosten je Stück:** 2,60 € **variable Kosten** 3,40 €
Materialkosten je Stück: 0,80 € **Fixe Kosten:** 8 000,00 €

Menge in Stück	K (Eig.) in €	k (Eig.) in €	K (Fre.) in €	k (Fre.) in €
0	8 000,00	–	0,00	–
1 000	11 400,00	11,40	5 000,00	5,00
2000	14 800,00	7,40	10 000,00	5,00
3000	18 200,00	6,07	15 000,00	5,00
4000	21 600,00	5,40	20 000,00	5,00
5000	25 000,00	5,00	25 000,00	5,00
6000	28 400,00	4,73	30 000,00	5,00
7000	31 800,00	4,54	35 000,00	5,00
8000	35 200,00	4,40	40 000,00	5,00
9000	38 600,00	4,29	45 000,00	5,00
10000	42 000,00	4,20	50 000,00	5,00

Web

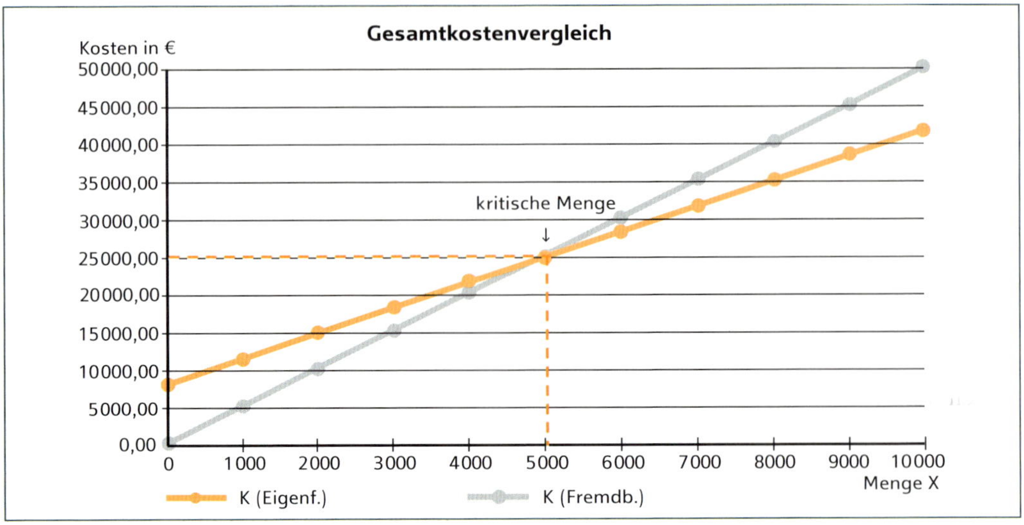

Aus der Tabelle und den Grafiken ist ersichtlich, dass bei einer Produktionsmenge von 5000 Stück die Kosten beider Alternativen gleich hoch sind. Bei einer geringeren Menge ist die Eigenfertigung teurer, bei einer höheren Menge ist sie kostengünstiger.

▲ Just-in-time-Belieferung (produktionssynchrone Anlieferung)

Um Lagerkosten zu minimieren, erfolgt eine bedarfsgerechte Anlieferung der Güter durch den Lieferer. Es wird nur die Menge geliefert, die für die jeweilige Produktion benötigt wird. Der Vorteil ist, dass **weder Eingangslager noch Zwischenlager** eingerichtet werden müssen. Die Lieferer werden also verpflichtet, im Rhythmus der Produktion (fertigungs- oder produktionssynchron) die benötigten Materialien anzuliefern (vgl. S. 279).

Beispiel Bei der Produktion von Schreibtischen und Büroschränken wird eine bestimmte Menge an Spanplatten benötigt. Da kein Lager vorhanden ist, kommt der Lieferer der Spanplatten mehrmals am Tag und liefert nur die Mengen, die für die jeweilige Produktion erforderlich sind.

Mit Just-in-time sind auch einige **Risiken** verbunden.

- **Termin- und Kostenrisiko** (Liefertermine werden nicht eingehalten, steigende Bestell- und Transportkosten)
- **Auslastungs- und Qualitätsrisiko** (Kapazitätsauslastung durch Nachfrageschwankungen, Folgeschäden durch Lieferung schadhafter Teile)
- **Umweltrisiko** (durch steigendes Verkehrsaufkommen Umweltschäden)

▲ Streuen oder Bündeln von Aufträgen

Eine strategische Entscheidung bei der Beschaffung besteht darin, die **Anzahl der Lieferer** für ein bestimmtes Produkt zu bestimmen. Werden Aufträge gestreut, so ist die Anzahl der Lieferer groß.

Beispiele

- Die Bürodesign GmbH beschränkt sich bei dem Einkauf von Spanplatten auf vier Zulieferer, obwohl auf dem Markt die Wahl zwischen 52 Lieferern besteht **(Bündelung)**, weil dadurch eine gleich bleibende Qualität gewährleistet ist. Dennoch können Lieferschwierigkeiten bei einem Lieferer durch Bestellungen bei einem anderen ausgeglichen werden.
- Beim Einkauf von Stoffen für die Bespannung von Stühlen wird bei jeder neuen Produktentwicklung der Markt neu analysiert und dann der gesamte Bedarf bei einem Hersteller geordert und eingelagert **(Bündelung)**. Dadurch ist sichergestellt, dass keine Farb-, Web- oder Qualitätsunterschiede durch Nachbestellungen auftreten.

- Bei Beschlägen werden jeweils nur kleine Mengen bei 16 verschiedenen Lieferern geordert (**Streuung**), weil Beschläge leicht austauschbar sind.

Vorteile bei Bündelung von Aufträgen	Nachteile bei Bündelung von Aufträgen
– Mengenrabatte durch hohe Abnahmemengen – Sonderkonditionen durch lange Zusammenarbeit mit einem Lieferer – Kostengünstige Herstellung durch hohe Stückzahlen	– Starke Bindung an Lieferer – Kostendiktat durch Lieferer – Abhängigkeit des Abnehmers vom Lieferer

Eine extreme Form der Auftragsbündelung liegt vor, wenn die benötigten Materialien oder Produkte bei nur einem Lieferer **(Single-Sourcing)** bestellt werden. Bei dieser Konzentration kann es zwar einerseits zu einer enormen Abhängigkeit des Abnehmers vom Lieferer kommen, andererseits kann darin die Chance zu einer fruchtbaren Kooperation von Unternehmen liegen, die sich in geringeren Kosten, verbessertem Qualitätsstandard, geringeren Kosten bei der Eingangsprüfung usw. niederschlagen können.

Strategien des Beschaffungsmarketings

- **Eigenfertigung oder Fremdbezug:** Die Entscheidung hierüber hängt von folgenden Faktoren ab:
  - freie eigene Produktionskapazitäten
  - Kostenvorteile beim Vergleich beider Alternativen
  - Beschaffbarkeit der Güter auf dem Markt in erforderlicher Qualität und Menge
- Bei der **Just-in-time-Belieferung** werden die Materialien produktionssynchron angeliefert, dadurch entfallen Vorrats- und Zwischenlager.
- **Streuen oder Bündeln von Aufträgen** (Bestimmen der Anzahl der Lieferer)
  - Streuen: Beschaffung bei möglichst vielen Lieferern
  - Bündeln: Beschaffung bei möglichst wenig Lieferern

1 Ermitteln Sie mithilfe einer geeigneten Software grafisch und rechnerisch, ob für folgenden Sachverhalt Eigenfertigung oder Fremdbezug günstiger ist: Bezug-/Einstandspreis bei Fremdbezug 42,00 €, Materialkosten je Stück 8,50 €, Fertigungskosten je Stück 18,00 €, anteilige fixe Kosten 25 000,00 €. Benötigt wird eine Menge von 5 000 Stück. Web

2 Erläutern Sie, weshalb neben dem Kostenvergleich weitere Faktoren untersucht werden müssen, wenn eine Entscheidung über Eigenfertigung oder Fremdbezug getroffen wird.

3 In der Beschaffungsabteilung der Bürodesign GmbH ist ein Grundsatzstreit entstanden. Einige Sachbearbeiter vertreten die Meinung, dass Bestellungen aus Sicherheitsgründen stets bei möglichst vielen Lieferern zu tätigen sind. Andere sind der Meinung, dass es sinnvoller wäre, mit möglichst wenigen, am besten mit nur einem Lieferer zusammenzuarbeiten. Sammeln Sie Argumente für beide Standpunkte und stellen Sie diese mithilfe einer geeigneten Präsentationssoftware der Klasse vor.

4 „Bei der Just-in-time-Belieferung wird das Lager auf die Autobahn verlegt." Diskutieren Sie diese Aussage und bewerten Sie das Konzept von Just-in-time unter ökologischen Gesichtspunkten.

5 Erstellen Sie mithilfe einer geeigneten Tabellenkalkulationssoftware eine Entscheidungshilfe für Eigenfertigung oder Fremdbezug. Aus den Werten für variable und fixe Kosten bei der Eigenfertigung und dem Bezugs-/Einstandspreis eines Gutes bei Fremdbestellung ist eine Tabelle und eine Grafik abzuleiten. Aus Tabelle und Grafik muss erkennbar sein, ab welcher Verbrauchsmenge Eigenfertigung oder Fremdbezug kostengünstiger ist. Web

6 Die Bürodesign GmbH steht vor der Überlegung, ob sie den neu in das Produktprogramm aufzunehmenden Gleitcontainer „designer" in eigener Regie herstellen oder sich für eines der zwei vorliegenden Angebote entscheiden soll.

	Bürodesign GmbH	Angebot 1	Angebot 2
Kosten	Blech 2 m 17,50 35,00 Kleinteile 16,00 € Arbeitszeit 3 · 30,00 90,00 € Rollen 14,00 € **Kosten (insgesamt) 155,00 €**	Container Lieferung ab Werk Listeneinkaufspreis 142,00 € + Bezugskosten 12,00 € **Bezugs-/Einstandspreis 154,00 €**	Container Lieferung frei Haus Listeneinkaufspreis 150,00 € **Bezugs-/Einstandspreis 150,00 €**

Die absetzbare Menge beläuft sich derzeit pro Monat auf 500 Container. Für die Monate Februar und März liegen allerdings Aufträge in folgenden Größenordnungen vor: Februar 600 Stück, März 751 Stück. Verhandlungen mit dem Blechlieferanten führten zu folgender Rabattstaffelung: Abnahme von Blech bis 1 000 m 17,50 € je m frei Haus; ab 1 001 bis 1 499 m 14,00 € frei Haus und darüber 12,00 € frei Haus. Bei Verhandlungen mit den beiden Fremdanbietern ergaben sich folgende Ergebnisse: Anbieter 1 sichert bei Abnahmen über 750 Stück eine Lieferung frei Haus zu; Anbieter 2 reduziert seinen Preis bei Abnahmemengen, die 750 Stück übersteigen, auf 148,00 €; Lieferung ebenfalls frei Haus. Die fixen Kosten der Bürodesign GmbH betragen pro Monat 200 000,00 €.

a) Ermitteln Sie jeweils die günstigste Alternative für die Monate Januar, Februar und März mit einer Tabellenkalkulationssoftware.
b) Führen Sie Gründe an, die – unabhängig von der Kostensituation – für eine Aufrechterhaltung der Eigenfertigung sprechen.
c) Erläutern Sie, welche Rolle die fixen Kosten bei der Make-or-buy-Entscheidung spielen.
d) Stellen Sie die Vorteile dar, die sich für die Bürodesign GmbH mit dem Fremdbezug verbinden.

4 Bestellentscheidung

4.1 Angebotsvergleich und Lieferantenbeurteilung

„Wir haben schon seit 25 Jahren bei der Schraubenfabrik Schuster & Söhne OHG eingekauft. Selbst wenn Sie meinen, wir könnten ein paar Cent sparen, wir können doch nicht einfach den Lieferer wechseln!", sagt Herr Miebach, Gruppenleiter der Materialbeschaffung für Metall, zu Herrn Bader, einem Sachbearbeiter in der Materialbeschaffung. „Okay, Herr Miebach, wegen ein paar Cent würde ich ja auch nicht wechseln wollen, aber die Preise bei der Schraubenfabrik Schuster & Söhne OHG sind in den letzten Jahren enorm gestiegen. Außerdem hatten wir mehrfach Reklamationen und Lieferzeitüberschreitungen." „Na gut", sagt Herr Miebach, „dann erstellen Sie mir bitte eine komplette Liste aller Beschaffungskriterien, damit wir die Leistungsfähigkeit der Metallwerke Bauer & Söhne OHG einmal messen können." „Mist", denkt sich Herr Bader, „ich wollte eigentlich nur Geld sparen und jetzt halst der Chef mir gleich wieder Arbeit für eine halbe Woche auf. Was soll eigentlich alles in die Kriterienliste aufgenommen werden und wie soll dieses messbar gemacht werden?"

- Erstellen Sie eine Liste von Entscheidungskriterien für die Auswahl von Lieferern.
- Erläutern Sie, wie diese Entscheidungskriterien bei einer Beschaffungsentscheidung entsprechend ihrer Bedeutung berücksichtigt werden können.

Angebotsvergleich und Lieferantenauswahl

Entscheidungskriterien:

Bei der Auswahl der Lieferer sind Kriterien festzulegen, nach denen die einzelnen Lieferer zu beurteilen sind. Die Informationen hierzu entstammen eigenen Erfahrungen und Recherchen sowie Auskünften der Lieferer selbst. Alle erhobenen Informationen über Lieferer sollten in einer betriebsinternen Liefererdatenbank gespeichert und aktualisiert werden, damit sie für spätere Beschaffungsentscheidungen zur Verfügung stehen.

- **Listeneinkaufs- bzw. Katalogpreis** des Materials. Er wird meist je Einheit des Materials angegeben (Stück, kg, Meter, Dutzend usw.).

  Beispiel Ein Karton Holzschrauben 12 mm, verzinkt, (20000 Stück), Listenpreis 845,00 €
- **Bezugskosten:**
  - Kosten des **Transportes vom Lieferer zum Abnehmer**

    Beispiele Bahn- oder Postfracht, Entgelt für Speditionen, private Beförderungsdienste, Porto
  - **Transportversicherung:** Häufig werden bei Transporten von Materialien Versicherungen gegen Diebstahl, Bruch, Beschädigung usw. abgeschlossen.
  - **Verpackung:** Für den Transport der Materialien werden z. T. besondere Verpackungen zum Schutz gegen äußere Einwirkungen benötigt.
  - **Zölle:** Sie fallen bei Importen an.
- **Preisnachlässe** (vgl. S. 313):
  - **Mengenrabatte:** Bei Bestellungen ab einer bestimmten Menge oder ab einem bestimmten Wert gewähren Lieferer Rabatte.
  - **Skonto:** Dies ist ein Nachlass auf den Rechnungsbetrag für vorzeitige Bezahlung.
- **Bezugs-/Einstandspreis**

Die aufgezählten Kriterien fließen in einen **Bezugspreisvergleich (Angebotsvergleich)** ein.

Beispiel Für Schrauben liegen der Bürodesign GmbH Angebote von vier Lieferern vor, Schuster & Söhne OHG, Metall AG, Schraub-GmbH, Tools Ltd. Manchester.

Kalkulationsschema	Schuster & Söhne OHG		Metall AG		Schraub-GmbH		Tools Ltd.	
	%	€	%	€	%	€	%	€
Listeneinkaufspreis je 20000 Stück		876,00		798,00		845,00		920,00
– Rabatt	5,00	43,80	7,50	59,85	10,00	84,50	6,00	55,20
= Zieleinkaufspreis		832,20		738,15		760,50		864,80
– Skonto	2,00	16,64	2,50	18,45	2,00	15,21	0,00	0,00
= Bareinkaufspreis		815,56		719,70		745,29		864,80
+ Bezugskosten je 20000 Stück		56,00		110,00		92,00		95,00
= Bezugs-/Einstandspreis		871,56		829,70		837,29		959,80

Web

Den niedrigsten Bezugs-/Einstandspreis für 20000 Schrauben bietet die Metall AG mit 829,70 €.

- **Mindestbestellmengen:** Manche Lieferer fordern die Abnahme von Mindestbestellmengen bzw. Mengen in bestimmten Einheiten.

  Beispiele Abnahme mindestens 2000 Stück; Abnahme nur in Einheiten zu 100 kg
- **Zahlungsbedingungen** (vgl. S. 314)

  Beispiele Zielkauf, Ratenkauf, Hilfen bei der Finanzierung
- **Lieferfristen, Bestellfristen**

  Beispiel Lieferung sofort; Lieferung drei Monate nach Auftragseingang; Bestellungen nur zum Monatsende möglich

- **Qualität und Ausstattung des Produkts:** Hierbei geht es um die Beurteilung des Lieferers, bestimmte vorgegebene Qualitätsstandards einzuhalten, bzw. um Möglichkeiten, seine Produkte mit bestimmten Ausstattungsmerkmalen zu liefern.

  Beispiel Die Bürodesign GmbH benötigt Umleimer ohne Lösungsmittel, massives Eichenholz mit einer Mindeststärke von 8 cm usw.

- **Zuverlässigkeit des Lieferers:** Hier sind die Anzahl und Art der bisherigen Reklamationen beim Lieferer zu berücksichtigen und sein Verhalten beim Abwickeln der Reklamationen zu beurteilen.
- **Lieferbedingungen** (vgl. S. 314)

  Beispiele Lieferung in Teilmengen, Lieferung auf Abruf

- **Service des Lieferers**

  Beispiele Ersatzteilgarantie, Beratungen, Installationen, Handbücher, Rücknahme von Verpackungsmaterial

- **Flexibilität des Lieferers:** Die Fähigkeit eines Lieferers, flexibel auf die Wünsche seiner Kunden einzugehen, ist ein entscheidendes Auswahlkriterium. Hier ist zu beurteilen, ob er bereit ist, Sonderausstattungen für Produkte zu liefern, Sonderkonditionen zu bieten bzw. auf spezielle Bedürfnisse seiner Kunden einzugehen.

  Beispiel Spanplatten werden in genormten Stärken produziert, z. B. 19 mm. Die Bürodesign GmbH benötigt jedoch Spanplatten, die von der Norm abweichen, nämlich 20 mm. Nur die Vereinigte Spanplatten AG war in der Lage, diese Produkte zu liefern.

Gewichtung der Kriterien:

Sämtliche Entscheidungskriterien müssen für jeden Lieferer erfasst und in eine Übersicht gebracht werden.

Beispiel Die Bürodesign GmbH hat für Schrauben folgende Übersicht erstellt:

Kriterien	Schuster & Söhne OHG	Metall AG	Schraub-GmbH	Tools Ltd.
Bezugs-/Einstandspreis (€)	871,56	829,70	837,29	959,80
Zahlungsbedingungen	30 Tage Ziel	60 Tage Ziel	20 Tage Ziel	12 Tage Ziel
Lieferfristen	20 Tage	10 Tage	3 Tage	30 Tage
Qualität	befriedigend	gut	gut	sehr gut
Zuverlässigkeit	befriedigend	sehr gut	gut	befriedigend
Service	gut	befriedigend	gut	gut
Mindestabnahmemenge (Stück)	20000 p. a.	keine	keine	50000
Übernahme Lieferrisiko	Besteller	Lieferer	Lieferer	Besteller
Verpackungsentsorgung	Besteller	Lieferer	Lieferer	Besteller

Aus dieser Aufstellung ist noch keine endgültige Beschaffungsentscheidung ableitbar, da die Kriterien für eine Auswahlentscheidung nicht gleich wichtig sind.

Die einzelnen **Bewertungskriterien** sind gemäß ihrer Bedeutung im Einzelfall zu **gewichten**. So kann es in einigen Fällen sein, dass der Bezugs-/Einstandspreis im Vergleich zu der Qualität weniger wichtig ist, in anderen Fällen kann der Bezugs-/Einstandspreis das wichtigste Kriterium sein. Der Lieferer erhält also Noten, die man mit der Gewichtungszahl multipliziert. Eine Gewichtung kann dadurch erfolgen, dass jedem Kriterium ein bestimmter prozentualer Anteil (Gewichtungszahl) an der Gesamtbedeutung zugeordnet wird. Dieser Anteil gibt die Punktzahl an, die je Kriterium auf die einzelnen Lieferer zu verteilen ist. Durch diese Punktvergabe können die Leistungen der Lieferer gemessen und verglichen werden. Den Zuschlag erhält der Lieferer mit der höchsten gewichteten Notensumme.

Beispiel

Kriterien	Bedeutung in Prozent	Schuster & Söhne OHG	Metall AG	Schraub-GmbH	Tools Ltd.
Bezugs-/Einstandspreis	20	2	10	8	0
Zahlungsbedingungen	10	3	6	1	0
Lieferfristen	10	2	3	5	0
Qualität	25	3	6	6	10
Zuverlässigkeit	10	1	6	2	1
Service	5	1,5	0,5	1,5	1,5
Mindestabnahmemenge	5	1	2	2	0
Übernahme Lieferrisiko	5	0	2,5	2,5	0
Verpackungsentsorgung	10	0	5	5	0
Summe	**100**	**13,5**	**41**	**33**	**12,5**

Die höchste Punktzahl erreicht der Lieferer Metall AG, die niedrigste Schuster & Söhne OHG. Folglich ist die Metall AG als Lieferer auszuwählen.

Angebotsvergleich und Lieferantenbeurteilung

- **Untersuchungsobjekte** der Beschaffungsmarktforschung:
  - Beschaffungsmaterial
  - Beschaffungsmarkt
  - Lieferer
  - Preise der Materialien
- Der **Beschaffungs-** oder **Bezugs-/Einstandspreis** eines Produktes ergibt sich durch folgendes Schema:

	Listeneinkaufspreis
–	Rabatt
=	Zieleinkaufspreis
–	Skonto
=	Bareinkaufspreis
+	Bezugskosten
=	Bezugs-/Einstandspreis

- Bei der **Auswahl von Lieferern** sind folgende **Kriterien** zu untersuchen:
  - Listeneinkaufspreis
  - Preisnachlässe
  - Zahlungsbedingungen
  - Lieferbedingungen
  - Flexibilität des Lieferers
  - Bezugskosten
  - Mindestbestellmengen
  - Qualität, Ausstattung des Produkts
  - Zuverlässigkeit des Lieferers
- Eine **Bewertung der Lieferer** erfolgt über ein Schema, in dem alle Beschaffungskriterien aufgelistet und in ihrer Bedeutung gewichtet sind. Bei jedem Lieferer und jedem Kriterium werden entsprechende Punkte vergeben.

1 Bestimmen Sie den Bezugs-/Einstandspreis für eine Gasfeder aus folgendem Angebot: Listeneinkaufspreis 8,00 €, Rabatt 10 %, Skonto 2 %, Bezugskosten 5 % vom Zieleinkaufspreis.

2 Innerhalb der Materialwirtschaft hat die Beschaffungsabteilung in der Bürodesign GmbH einen hohen Stellenwert.
a) Erläutern Sie das Ziel der Beschaffungsmarktforschung.
b) Nennen Sie je zwei Informationsquellen der direkten und indirekten Informationsgewinnung.
c) Erläutern Sie drei Inhaltspunkte, die ein Marktforschungsbericht enthalten sollte.
d) Erläutern Sie einen Grund, der die Bürodesign GmbH veranlassen könnte, die Beschaffungsmarktforschung selbst durchzuführen.

3 Führen Sie einen Bezugspreisvergleich durch:

Lieferer	A	B	C	D
Listenpreis je 100 Stück in €	76,00	98,00	85,00	92,00
– Rabatt in %	15	22	18	25
– Skonto in %	2	2,5	2	0
+ Bezugskosten je 100 Stück in €	10,00	12,00	15,90	8,50

Web

4 a) Diskutieren Sie die Gewichtung der einzelnen Beschaffungskriterien in der Tabelle auf S. 288 f.
b) Können diese Gewichtungen für allgemein verbindlich erklärt werden? Begründen Sie Ihre Antwort.
c) Finden Sie weitere Kriterien für die Auswahl von Lieferern.

5 Erläutern Sie, weshalb die Frage der Verpackungsentsorgung für die Auswahl von Lieferern bedeutend ist, lesen Sie dazu auch den Abschnitt 4.2 in diesem Buch.

EDV

6 Erstellen Sie mithilfe einer Tabellenkalkulationssoftware ein Berechnungsschema für Bezugs-/Einstandspreise.

7 Die Vereinigte Spanplatten AG hat der Bürodesign GmbH angekündigt, ab dem 1. Januar die Preise für Spanplatten um 12 % zu erhöhen. In Verhandlungen ist es der Bürodesign GmbH aber gelungen, den Rabatt von bisher 9 % auf 13 % zu erhöhen.
a) Ermitteln Sie die tatsächliche Preissteigerung in Prozent.
Aufgrund der Preiserhöhung holt die Bürodesign GmbH Angebote von anderen Lieferern ein.
b) Nennen Sie außer dem Bezugs-/Einstandspreis weitere Kriterien, sich für das Angebot eines bestimmten Lieferers zu entscheiden.

▲ Fallstudie: „Angebotsvergleich“

Handlungssituation: Die Möbelfabrik Franz Roth e. K., Industriestr. 130, 90441 Nürnberg, erhielt auf ihre Anfrage ein Angebot (vgl. S. 291) über Tischlerplatten von der Furnierholz GmbH, Sebastianstr. 9, 78098 Triberg. Für Schrank- und Schreibtischschließanlagen liegen je ein Angebot der Abels, Wirtz & Co. KG sowie der Möbelschließanlagen GmbH vor.

Abels, Wirtz & Co. KG, Industriestr. 124, 42653 Solingen	
Listeneinkaufspreis	93,50 €/St.
Mindestabnahmemenge	100 St.
Mengenrabatt ab 2000 St.	8 %
Lieferungsbedingungen	
– unverzüglich – frei Werk Nürnberg	
Zahlungsbedingungen	
binnen 14 Tagen abzüglich 3 % Skonto	
binnen 30 Tagen netto Kasse	

Möbelschließanlagen GmbH, Industrieweg 18, 72766 Reutlingen	
Listeneinkaufspreis	87,45 €/St.
Nur in Kartons à 20 Stück	
Lieferungsbedingungen	
– binnen 3 Wochen – ab Werk Reutlingen	
– Fracht für 100 St.:	45,00 €
– Rollgeld für 100 St.	7,50 €
– Transportversicherung 5 ‰ vom Zieleinkaufspreis	

Furnierholz GmbH, Sebastianstr. 9, 78098 Triberg

Möbelfabrik Franz Roth e. K.
Industriestr. 130
90441 Nürnberg

Tel.: 07722 56781
Fax: 07722 56788
Steuernummer: 822/5310/4903
USt.-IdNr.: DE738132807

Ihr Zeichen	Ihre Nachricht vom	Unser Zeichen	Unsere Nachricht vom	Telefon, Name	Datum
we-re	10.02.20..	gu-st		716, Grüner	12.02.20..

Angebot

Sehr geehrte Damen und Herren,

wir danken Ihnen für Ihre Anfrage.

Gern unterbreiten wir Ihnen ein Angebot über die gewünschten Tischlerplatten 6-schichtig, unter Hochdruck geleimt, von größter Belastbarkeit. Wir bieten:

ab	10 Stück Abnahme	240,00 € je Stück
ab	50 Stück Abnahme	10 % Mengenrabatt
ab	200 Stück Abnahme	15 % Mengenrabatt

Die Preise zuzüglich 19 % Umsatzsteuer gelten ab Werk Triberg. Die Lieferung erfolgt auf Wunsch per Lkw durch unsere Spedition an Ihr Lager in Nürnberg gegen ein Frachtentgelt von 10,00 € je Platte + 19 % Umsatzsteuer.

Unsere Rechnungen sind 30 Tage nach Rechnungsdatum netto Kasse oder binnen 8 Tagen abzüglich 2,5 % Skonto zu begleichen.

Erfüllungsort und Gerichtsstand ist Triberg.

Wir würden uns freuen, Ihren Auftrag zu erhalten. Für den Fall der Auftragserteilung sichern wir Ihnen eine gewissenhafte Ausführung Ihrer Bestellung zu.

Mit freundlichen Grüßen

Furnierholz GmbH
Gez. Gustel Grüner
ppa *Grüner*

Arbeitsaufträge

1 Stellen Sie dar, in welchen Punkten das Angebot der Furnierholz GmbH
a) von gesetzlichen Regelungen abweicht,
b) mit gesetzlichen Regelungen übereinstimmt.

2 Begründen Sie, warum die Furnierholz GmbH bei größeren Absatzmengen eine Rabattstaffel anbieten kann.

3 Berechnen Sie den Bezugs-/Einstandspreis einer Platte bei einer Jahresabnahme von 6000 Stück unter Berücksichtigung einer werksseitigen Lieferung und bei einer Zahlung unter Abzug von Skonto. Ermitteln Sie, welchem Effektivzinssatz der Skontosatz des Lieferers entspricht.

4 In der Bestellung soll versucht werden, unter Hinweis auf die Jahresabnahme Bedingungen durchzusetzen, die geeignet sind, Bestell- und Lagerkosten zu minimieren. Erläutern Sie entsprechende Möglichkeiten.

5 Angenommen, die Furnierholz GmbH teilt Ihnen nach einer Woche mit, dass das vorliegende Angebot einen Fehler enthalte. Der Preis betrage nicht 240,00 €, sondern 340,00 €. Erläutern Sie die Rechtslage.

6 Vergleichen Sie die beiden Angebote über Schrank- und Schreibtischschließanlagen und
a) treffen Sie eine Entscheidung aufgrund der ermittelten Bezugs-/Einstandspreise,
b) erläutern Sie andere Argumente, durch die Ihre rechnerisch begründete Entscheidung beeinflusst werden könnte.

7 Begründen Sie aus der Sicht des Lieferers die Mindestabnahmemengen.

4.2 Ökologische Aspekte der Bestellung

In der Bürodesign GmbH findet eine erneute Besprechung der Geschäftsleitung mit den Abteilungsleitern statt. Herr Stein erklärt den Anwesenden: „Wie Sie bereits wissen, wurde unser Stapelstuhl ‚Stapler' von der Fachpresse als der ‚Öko-Stuhl' des Jahres 2018 bezeichnet, da er aus wenigen, ökologisch unbedenklichen, sortenreinen und gekennzeichneten Werkstoffen, die zu 95 % recycelt werden können, besteht. Zudem haben wir bei diesem Stuhl auf geschweißte oder geklebte Verbindungen gänzlich verzichtet. Seit der Produkteinführung im Jahre 2000 rückte Stapler mit einem Produktionsanteil von 15 % auf Platz zwei im Bürodesign-Programm. Lassen Sie uns auf diesem Wege weitermachen und überprüfen, ob wir auch unsere anderen Produkte durch den Einsatz umweltverträglicherer Materialien verbessern können. Somit tragen wir dem gestiegenen Umweltbewusstsein Rechnung, was uns letztendlich über die erhöhte Akzeptanz bei den Kunden zugutekommt."

- Erläutern Sie die Bedeutung und Einsatzmöglichkeiten der verschiedenen Materialien in einem Industriebetrieb.
- Begründen Sie, warum der Einsatz umweltverträglicher Materialien für Industriebetriebe von Vorteil sein kann.

▲ Kreislaufstrategie bei der Beschaffung von Materialien

▲ Durchlaufstrategie:

Die traditionelle Beschaffungspolitik eines Unternehmens betrachtete Beschaffungsobjekte ausschließlich als Input für den Produktionsprozess. Dabei wurde nicht daran gedacht, welche ökologischen Folgen die Beschaffung eines Gutes haben kann. Bei der Auswahl von Roh-, Hilfs- und Betriebsstoffen und der Entscheidung für Lieferer wurden allein produktionstechnische und wirtschaftliche Aspekte zugrunde gelegt. Die Auswahl von Betriebsmitteln und von Lieferanten berücksichtigte selten die Umweltverträglichkeit der Güter, ihrer Verpackung und ihrer Transportwege.

Beispiele

- Vor 30 Jahren bestellte die Bürodesign GmbH Produkte, ohne zu berücksichtigen, wie die Verpackungen zu entsorgen waren. Styropor und Kunststofffolien wurden mit den anderen Abfällen durch die städtische Müllabfuhr auf der Mülldeponie entsorgt. Dort lagern diese z. T. nicht abbaufähigen Materialien noch heute und belasten durch Gifte das Grundwasser und den Boden.
- Die Anlieferung der Rohstoffe erfolgt meist mit Lkw. Quer durch Deutschland fahren Lieferer, belasten die Luft durch Abgase und tragen zum Waldsterben bei. Ferner verbrauchen sie große Mengen an Treibstoff. Umweltverträgliche Anlieferungen, z. B. durch Bahnfracht, sind auch bei der Bürodesign GmbH erst seit Kurzem ein wichtiges Auswahlkriterium für Lieferer.

Diese **„Durchlaufstrategie"** ist unter ökologischen Maßstäben nicht vertretbar.

In der Bundesrepublik Deutschland fielen im Jahr 2016 220,5 Kilogramm Verpackungsmaterial an. Ein Vierteljahrhundert davor waren es laut Bundesumweltamt noch 152,3 Kilogramm gewesen.

Unternehmen können durch gezielte Maßnahmen im Beschaffungsmarketing dazu beitragen, dass das Aufkommen von Müll reduziert wird und dass unvermeidbarer Müll entweder verwertet oder umweltverträglich entsorgt wird.

▲ Kreislaufstrategie:

Bereits bei der Beschaffung von Gütern muss über deren **ökologische Bedeutung** nachgedacht werden. Statt einer „Durchlaufstrategie" wird eine „Kreislaufstrategie" verfolgt.

§ 1 KrWG

Zweck des Gesetzes ist es, die Kreislaufwirtschaft zur Schonung der natürlichen Ressourcen zu fördern und den Schutz von Mensch und Umwelt bei der Erzeugung und Bewirtschaftung von Abfällen sicherzustellen.

§ 2 KrWG

(1) Die Vorschriften dieses Gesetzes gelten für

1. die Vermeidung von Abfällen sowie 2. die Verwertung von Abfällen, 3. die Beseitigung von Abfällen und 4. die sonstigen Maßnahmen der Abfallbewirtschaftung.

§ 7 KrWG

(2) Die Erzeuger oder Besitzer von Abfällen sind zur Verwertung ihrer Abfälle verpflichtet. Die Verwertung von Abfällen hat Vorrang vor deren Beseitigung. Der Vorrang entfällt, wenn die Beseitigung der Abfälle den Schutz von Mensch und Umwelt nach Maßgabe des § 6 Absatz 2 Satz 2 und 3 am besten gewährleistet. Der Vorrang gilt nicht für Abfälle, die unmittelbar und üblicherweise durch Maßnahmen der Forschung und Entwicklung anfallen.

Das **Kreislaufwirtschaftsgesetz** von 1994 legt hierzu Rahmenbedingungen und Ziele für einen Übergang von der Abfall- bzw. Durchlaufwirtschaft zu einer Kreislaufwirtschaft fest. Kern des Gesetzes sind verursachergerechte Pflichten zur Vermeidung, Verwertung und Beseitigung von Abfällen (§§ 5, 11 KrWG). Die Wirtschaft soll lernen, künftig „vom Abfall her zu denken". Dies bedeutet, dass POL VWL

- Produkte nach ihrem Gebrauch **wieder verwendbar** sind,
- nach einer Aufbereitung einem weiteren Produktionsprozess zugeführt werden können **(Recycling)** oder
- zur Energieerzeugung verwendbar sind **(thermische Verwertung)**.

Dadurch entsteht ein **Kreislauf der Stoffe** und ein sparsamer Verbrauch von Ressourcen.

Beispiel Die Bürodesign GmbH verpflichtet sich, gebrauchte Büromöbel von ihren Kunden zurückzunehmen. Bei der Produktion wurde bereits darauf geachtet, dass ausschließlich recyclingfähiges Material verwendet wurde. Das Holz wird weiterverarbeitet, indem es als Rohstoff für die Herstellung von Spanplatten verwendet wird. Hierüber hat die Bürodesign GmbH mit ihrem Hauptlieferer für Spanplatten einen entsprechenden Vertrag abgeschlossen. Metalle, wie Schlösser, Beschläge, Schrauben und Scharniere, werden demontiert, sortiert und an Metallverwertungsbetriebe verkauft, die es einschmelzen und so eine Weiterverwendung ermöglichen.

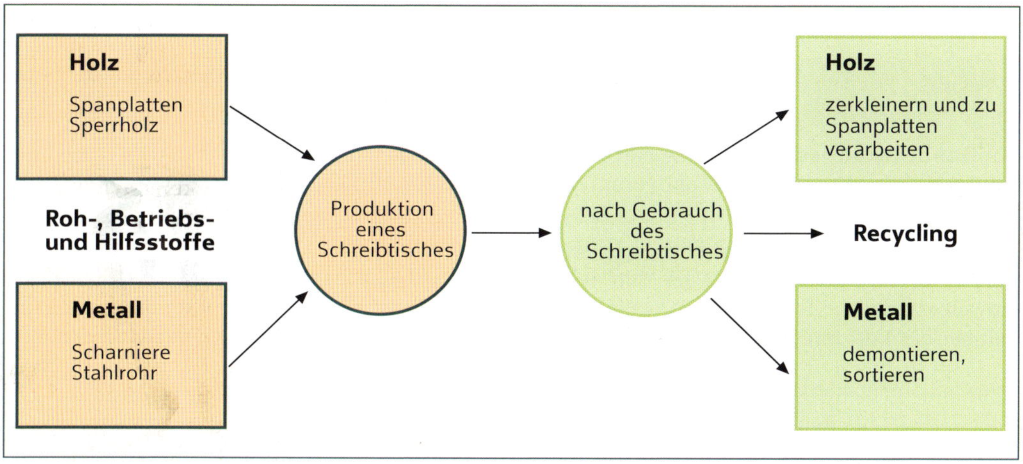

Nicht nur die Roh-, Hilfs- und Betriebsstoffe müssen ökologisch vertretbar sein, auch deren Verpackung muss bei konsequenter Anwendung der Kreislaufstrategie recyclingfähig oder wieder verwendbar sein. Hierzu hat der Gesetzgeber durch Erlass des **Verpackungsgesetzes (VerpackG)** weitere Rahmenbedingungen geschaffen. Danach müssen Handel und Hersteller Verpackungen zurücknehmen und dem Recyclingprozess zuführen.

Beispiel Die Bürodesign GmbH hat als Bewertungskriterium für Lieferer den Aspekt der Verpackung in die Bewertungsliste aufgenommen. Bevorzugt werden Lieferer, die mehrfach verwendbare Verpackungen einsetzen, z. B. kleine Container. Verpackungsmaterial wie Holzwolle, Pappe usw. erhält den Vorzug gegenüber Kunststofffolien und Styropor. Auch die Entsorgung von Verpackungsmaterial wird berücksichtigt.

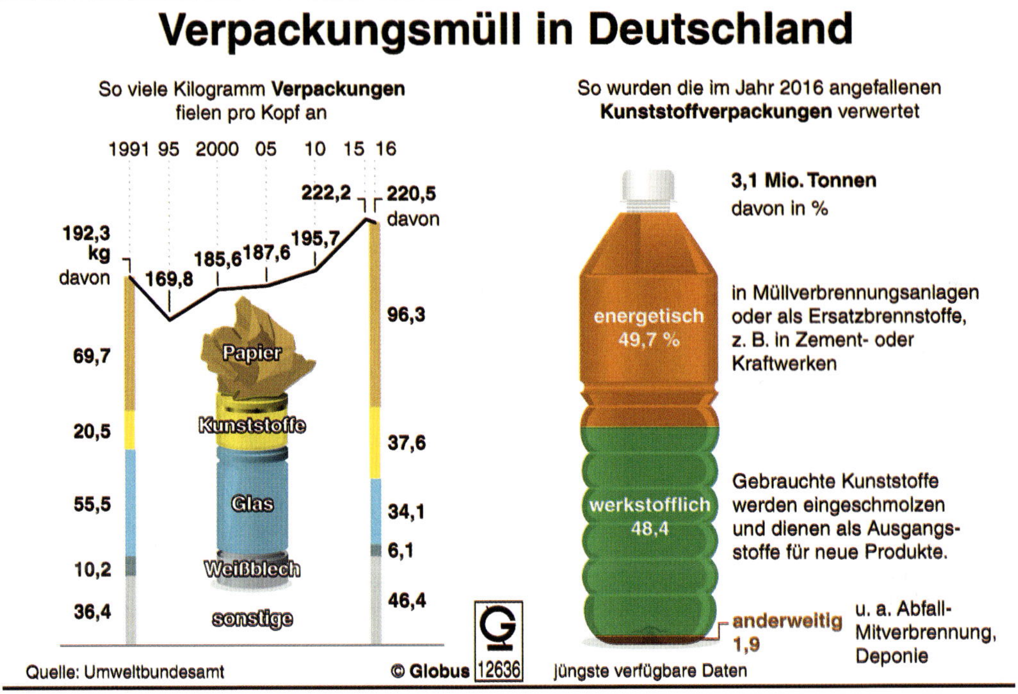

Ein weiteres Gesetz zur Umweltvorsorge ist das Gesetz über die Umweltverträglichkeitsprüfung (UVPG):

§ 2 UVPG
(1) Schutzgüter im Sinne dieses Gesetzes sind
1. Menschen, insbesondere die menschliche Gesundheit,
2. Tiere, Pflanzen und die biologische Vielfalt,
3. Fläche, Boden, Wasser, Luft, Klima und Landschaft,
4. kulturelles Erbe und sonstige Sachgüter sowie
5. die Wechselwirkung zwischen den vorgenannten Schutzgütern.

Das **Bundes-Immissionsschutzgesetz (BImSchG)** liefert Rechtsgrundlagen über die Vermeidung von Umweltbelastungen durch Luftverunreinigungen durch Abgase, Lärmbelästigung und Abwasserbelastung.

Ökologische Aspekte im betrieblichen Leistungsprozess umfassen auch die Bewertung der **Transportmittel** für die Anlieferung der Materialien und die Auslieferung von fertigen Erzeugnissen. Die umweltverträgliche Bahnfracht ist bei langen Anfahrtswegen dem Lkw-Transport vorzuziehen. Im Rahmen des **Totalen Qualitätsmanagements (TQM, Total Quality Management)** unterziehen sich Unternehmen zunehmend auf freiwilliger Basis einer **Umweltbetriebsprüfung (Öko-Audit)**. Wird diese EU-Umwelt-Audit-Verordnung erfüllt, erhält das Unternehmen ein **Zertifikat** über die erfolgreiche Teilnahme.

Bei Beschaffung und Einsatz von **Maschinen und Fahrzeugen** sind ebenfalls ökologische Aspekte zu berücksichtigen. Maschinen in der Produktion benötigen zum Betrieb meist elektrische Energie, Fahrzeuge benötigen Treibstoff. Durch gezielte Beschaffung **Energie sparender und abgasarmer Maschinen und Fahrzeuge** kann ein wesentlicher Beitrag zum Umweltschutz erbracht werden.

Beispiel Die Bürodesign GmbH rüstet ihren gesamten Bestand an Computern auf Strom sparende Geräte um. Bildschirme und sonstige Peripheriegeräte schalten sich automatisch aus, wenn sie mehr als 15 Minuten nicht benutzt wurden. Alle Beleuchtungseinrichtungen werden mit Energie sparenden Glühlampen ausgestattet. Diese Maßnahme erspart jährlich Stromkosten in Höhe von 2000,00 € und entlastet gleichzeitig das örtliche Elektrizitätswerk.

Ein zusätzlicher Beitrag zur Umweltschonung ist die Nutzung **alternativer Energiequellen**. Sie entlasten die traditionelle Energieerzeugung (Kohle, Erdgas) und vermindern Umweltbelastungen.

Beispiel Sonne (Solartechnik), Wind (Windräder zur Erzeugung von Strom), Wasser (Gezeitenkraftwerk), Biogasanlagen

Verträglichkeit von Ökologie und Ökonomie

VWL

Die Beachtung von ökologischen Aspekten kann in Industriebetrieben auch **wirtschaftliche Ziele** unterstützen. Es können Kosten eingespart werden, insbesondere durch

- den Einsatz von wiederverwendbaren Verpackungen bei Anlieferung,
- das Recycling von Abfallstoffen,
- die Rückführung von Materialien in den Produktionsprozess,
- die konsequente Vermeidung von Müll,
- den Einsatz von Energie sparenden Maschinen und Fahrzeugen.

Umweltverträglichkeit verschiedener Materialien

Gefahrstoffe:

Zu den Gefahrstoffen zählen alle Stoffe und Gegenstände, von denen bei Unfällen oder bei unsachgemäßer Behandlung Gefahren für Menschen, Tiere, Sachen und Umwelt ausgehen können, da sie z. B. explosiv, leicht entzündbar, giftig, radioaktiv, ätzend, Krebs erregend usw. sind.

Beispiele Farben, Klebstoffe, Reinigungs-, Löse-, Schädlingsbekämpfungsmittel, Asbest, Benzol

Der Umgang mit Gefahrstoffen unterliegt strengen nationalen und internationalen Regelungen und behördlicher Überwachung. Verstöße gegen diese Vorschriften werden streng geahndet.

Beispiel Nach der Gefahrgutverordnung – Straße müssen Transportfahrzeuge durch Warntafeln gekennzeichnet sein. Der Fahrzeugführer muss für den Fall eines Unfalles schriftliche Weisungen mitführen, wie im Falle eines Unfalles verfahren werden soll.

Sparsamer und umweltbewusster Umgang mit Werkstoffen:

In der betrieblichen Praxis lassen sich folgende ökologische Ziele definieren:

- Verbrauchsreduzierung von Material und Energie
- Materialkreislauf durch Recycling
- Reduzierung der Emissionen
- Vermeiden von Abfall

Beim **Recycling** sind je nach Art der Rückführung in den Materialkreislauf vier Strategien zu unterscheiden, wobei eine Verwendung vorliegt, wenn die Gestalt des Werkstoffes weitgehend beibehalten wird, und eine Verwertung, wenn die ursprüngliche Gestalt des Werkstoffes aufgelöst wird. Die Möglichkeiten der Wiederverwendung und Wiederverwertung sind jedoch begrenzt, da einerseits recycelte Materialien je nach Recyclinghäufigkeit an Qualität verlieren und andererseits bestimmte Produkte nicht recycelbar sind.

Beispiele

- Altpapier oder Kunststoffe
- In der Bürodesign GmbH müssen jedes Jahr 200 kg ausgebrannte Leuchtstoffröhren als Sondermüll entsorgt werden. Aus technischen Gründen ist dieses Problem vorerst nicht zu lösen.

Recyclingstrategie	Bedeutung	Beispiele in der Bürodesign GmbH
Wiederverwendung	Verwendung eines gebrauchten Teils für den gleichen Verwendungszweck	Transportkartons für alle Produkte werden nach der Auslieferung wieder verwendet.
Weiterverwendung	Nutzung eines gebrauchten Teils für einen anderen als seinen ursprünglichen Verwendungszweck	Textilreste werden als Putzlappen verwendet; Senfglas in der Kantine wird als Trinkglas weiterverwendet.
Wiederverwertung	Aufgelöster Werkstoff wird als fast gleichwertiger Werkstoff ohne weitere Verarbeitung wieder in der Produktion eingesetzt.	Textilreste, die beim Zuschnitt der Polsterbezüge anfallen, werden je nach Qualität zerfasert und zu neuen Garnen versponnen.
Weiterverwertung	Einsatz von Altmaterial für Verwendungszwecke mit geringem Qualitätsanspruch	Stahlrohrreste werden nach dem Einschmelzen zu Baustahl weiterverarbeitet; nicht sortenreine Plastikfolien werden granuliert, eingeschmolzen und zu Gartenstühlen umgeformt.

▲ Abfall- und Entsorgungswirtschaft

Immer mehr Industriebetriebe werden sich ihrer ökologischen Verantwortung bewusst und unterstützen unternehmensübergreifende Entsorgungskonzepte für Produkte und deren Materialien (vgl. S. 267 f.), da die Umweltverantwortung des Herstellers nicht mit dem erfolgreichen Verkauf seines Produktes endet. Die Materialentsorgung wird notwendig, wenn Materialien nicht oder nicht mehr in vollem Umfang in ein Erzeugnis eingehen, wobei das verbleibende Material zu entsorgen ist.

Die **Materialentsorgung** hat zwei wesentliche Aufgaben:

Abfallvermeidung: Abfälle sollen während und nach dem betrieblichen Leistungsprozess erst gar nicht entstehen, wodurch eine Entsorgung vermieden wird.	**Abfallverminderung:** Abfälle können nicht immer vermieden werden. Es sollte dann aber versucht werden, möglichst wenig oder möglichst nur solche Abfälle zu akzeptieren, die im Wirtschaftskreislauf erhalten bleiben und einer erneuten Wiederverarbeitung (Recycling) zugeführt werden können.
Beispiele in der Bürodesign GmbH – **Abfall- und schadstoffarmes Verbrauchsverhalten:** Durch die Installation einer automatischen Lackieranlage reduzierte sich das Aufkommen an Lackschlamm um rund 50 %. – **Abfallarme Produktgestaltung:** Kennzeichen des Stapelstuhls „Stapler" sind wenige Materialien, sortenrein und recyclingfähig, leicht lösbare Verbindungen.	**Beispiele in der Bürodesign GmbH** – **Verlängerung der Lebensdauer eines Produkts und Instandsetzung für den Kunden:** Beschädigte oder abgenutzte Stühle und Tische werden in der Kundendienstwerkstatt wieder aufgearbeitet. – **Rücknahme ausgedienter Produkte:** Alle Produkte können nach ihrem Gebrauch zurückgegeben werden, sie werden verwertet und sachgerecht entsorgt.

▲ Umweltcontrolling

Im neuen Jahrtausend werden nur Unternehmen überleben, die zwei Voraussetzungen haben: **ökologische Kriterien und die Zustimmung der Menschen**. Somit ist es notwendig, in modernen Industriebetrieben ein umfassendes **Öko-Controlling** zu implementieren. Hierdurch sollen durch alternative Werkstoffe, den wirtschaftlichen Einsatz von Energien und die Optimierung der Herstellverfahren sowohl die Produkte als auch die Produktion kontinuierlich umweltverträglicher gestaltet werden. Um erfolgreich zu sein, ist es erforderlich, neben den Aufgaben im Bereich von Technik und Logistik die Mitarbeiter im Unternehmen für dieses Vorhaben zu gewinnen.

Beispiel Bei der Bürodesign GmbH wurde folgender Stufenplan zur Umsetzung eines Öko-Controllings aufgebaut:

Phase	Maßnahmen	Beispiele bei der Bürodesign GmbH
I	– Interne Organisation und Information zum Öko-Controlling-System – Begleitung bei der Verwirklichung bereits begonnener ökologischer Maßnahmen	– ausschließliche Verwendung von Mehrwegverpackungssystemen – Folien werden zu Ballen gepresst und zu neuen Folien recycelt.
II	– Erfassung der umweltrelevanten Belange in Arbeitskreisen – konzeptionelle Einbindung der ökologischen Maßnahmen im gesamten Unternehmen	– Aufbereitung der Informationen zur Schwachstellenanalyse – Vorbereitung materialbezogener Lieferantenabfragen
III	– Weiterentwicklung des Umweltkonzeptes	– Informationsveranstaltung „Forum Umwelt“ – Projektierung des Umstellens in der Produktion auf Wasserlacke
IV	– Einleitung von Verbesserungsmaßnahmen und organisatorische Voraussetzungen	– Finden von Alternativen für Materialien, Produktionsverfahren, Produkte, Logistik – Umwelt-Hearing
V	– Durchsetzung der ökologischen Verbesserungsmaßnahmen – Verwirklichung organisatorischer Maßnahmen – Einführung eines Umwelt-Informationssystems – kontinuierliche Schulungsmaßnahmen – vierteljährliche Informationsworkshops zu den Zwischenergebnissen – kritische Würdigung der Projektergebnisse und ihre Optimierung – Weiterentwicklung des Umweltprogramms	– Erstellung einer Stoff- und Energiebilanz – Einstufen der Materialien nach A/B/C-Materialien – (A = besonders relevantes ökologisches Problem, B = ökologisches Problem besteht, C = kein ökologisches Problem) – Erstellung eines Öko-Kontenrahmens – Erstellung eines Materialkatalogs

Bei der **ökologischen Betriebsbilanz** erhalten alle Zulieferteile eine so genannte **„Öko-Nummer“** zugeteilt, die – ergänzend zur Artikelnummer im Produktions-, Planungs- und Steuerungssystem (PPS) – die Identifizierung der Komponenten unter ökologischen Kriterien erst ermöglicht. Beim **Öko-Kontenrahmen** erfolgt eine detaillierte Auflistung aller Materialien und Rückstände beim In- und Output in bzw. aus der Produktion. **Bd. 2**

Beispiel Ökologische Betriebsbilanz und Öko-Kontenrahmen der Bürodesign GmbH

Betriebsbilanz der Bürodesign GmbH

Erfassung aller Stoff- und Energieflüsse durch Input-Output-Analyse

Input
- Werkstoffe
- Hilfsstoffe
- Betriebsstoffe
- Energie

Produktion
Innerbetriebliche Prozesse bei der Herstellung

Output
- Produkte
- Abfall
- Abwasser
- Abluft
- Lärm

Weitere Daten, z. B. Transportleistung, Flächennutzung usw.

Öko-Kontenrahmen der Bürodesign GmbH

Input	
1	**Werkstoffe (kg)**
1.1	**Rohstoffe**
1.1.1	Eisenmetalle
1.1.1.1	Stahlrohrgestelle
1.1.1.2	Stahlrohrgestell, Zubehör usw.
1.1.2	NE-Metalle
1.1.2.1	Zink-Druckguss
1.1.2.2	Alu-Strangpressprofile
1.1.2.3	Alu-Gussteile
1.1.3	Kunststoffe
1.1.3.1	PA
1.1.3.2	PA und GF usw.
1.1.4	Gummi
1.1.4.1	Naturkautschuk
1.1.4.2	Butadien-Kautschuk
1.1.4.3	Styrol-Butadien-Kautschuk
1.1.5	Holz
1.1.5.1	Massivholzteile
1.1.5.2	Sperrholzplatten
1.1.5.3	Span- und Tischlerplatten usw.
1.1.6	Glas und Stein
1.1.6.1	Glasplatten
1.1.6.2	Marmorteile
1.1.6.3	Kunststeine
1.1.7	Bezugsmaterialien
1.1.7.1	Bezugsmaterialien Dralon
1.1.7.2	Bezugsmaterialien Wolle usw.
1.1.8	Diverses
1.1.8.1	Polster-Zubehör
1.1.8.2	Gurte
1.2	**Hilfsstoffe (kg)**
1.2.1	Lacke
1.2.2	Grund
1.2.3	Härter
1.2.4	Decklacke
1.2.5	Beizen
1.2.6	Sonstige Beschichtungsmittel
1.2.7	Spraylacke
1.2.8	Epoxy-Poly-Pulverlacke
1.2.9	Lösemittel
1.2.10	Kleber
1.2.11	Sonstiges
1.2.12	Produktverpackungen
1.2.13	Transportverpackung

Output	
3	**Produkte**
3.1	**Selbst erstellte Produkte**
3.1.1	Stühle
3.1.2	Tische usw.
3.2	**Ersatzteile (kg)**
3.3	**Handelswaren**
3.4	**Sekundärprodukte**
4	**Emissionen**
4.1	**Abfälle**
4.1.1	Entsorgung
4.1.1.1	Siedlungsabfälle
4.1.1.1.1	Mischhausmüll
4.1.1.1.2	Baustellenabfälle
4.1.1.2	Sonderabfall
4.1.1.2.1	Leuchtstoffröhren
4.1.1.2.2	Behältnisse verschmutzt
4.1.1.2.3	Flugasche, Stäube
4.1.1.2.4	Lackschlamm
4.1.1.2.5	Pulverabfall
4.1.1.2.6	Batterien
4.1.1.2.7	Ölfilter
4.1.2	Weiterverarbeitung
4.1.2.1	Altstoffhandel
4.1.2.1.1	Altglas
4.1.2.1.2	Lederreste
4.1.2.1.3	Metallschrott
4.1.2.1.4	Altöl
4.1.2.1.5	Papier und Pappe
4.1.2.1.6	Stoffreste
4.1.2.1.7	PVC
4.1.2.1.8	PE-Folien
4.1.2.1.9	PU-Schäume
4.1.2.1.10	PP
4.1.2.1.11	Ölhaltige Putzlappen
4.1.2.1.12	Organische Abfälle
4.1.2.2	Herstellerrücknahme (kg)
4.1.2.2.1	Verdünnung
4.1.2.2.2	Aluminiumreste
4.1.2.2.3	Patronen von Kopierern/Druckern
4.1.3	Thermische Verwertung
4.1.3.1	extern
4.1.3.1.1	Holzreste, Späne
4.1.3.1.2	Stäube aus der Produktion

Ökologische Aspekte der Bestellung

- Bei der Entsorgung von Rückständen sind die **Prinzipien „Vermeiden geht vor Verwerten" und „Verwerten geht vor Entsorgen" sowie die bessere Nutzung der Energie** zu berücksichtigen.
- **Recycling** bedeutet Rückführung stofflicher und energetischer Rückstände in den Produktionsprozess durch Verwendung und Verwertung von Rückständen.
- Statt einer Strategie des **Materialdurchlaufs** sollte die Strategie des **Materialkreislaufs** beschritten werden. Hierbei ist zu beachten:
  - Recyclingfähigkeit (Wiederverwendbarkeit) von Material
  - Vermeidung umweltschädlicher Abfallstoffe
  - Umweltgerechte Entsorgung von Verpackung und Materialresten
  - Einsatz umweltschonender Transportmittel bei der Beschaffung
  - Beschaffung von Energie sparenden und abgasarmen Maschinen und Fahrzeugen
- **Gesetzliche Maßnahmen:** Kreislaufwirtschaftsgesetz, Verpackungsgesetz, Bundes-Immissionsschutzgesetz, Gesetz über die Umweltverträglichkeitsprüfung
- **Ökologische Ziele können wirtschaftliche Ziele unterstützen**, u. a. durch Kosteneinsparung.
- **Gefahrstoffe** sind Güter, von denen beim Lagern, Verpacken, Laden und Transportieren Gefahren für Menschen, Tiere, Sachen und Umwelt ausgehen können.
- **Sparsamer und umweltbewusster Umgang mit Materialien** lässt sich durch **Recycling** erreichen, d. h. Rückführung stofflicher und energetischer Rückstände in den Produktionsprozess durch Verwendung und Verwertung von Werkstoffen.
- Die **Materialentsorgung** umfasst neben der Entsorgung von Abfällen alle Möglichkeiten des Recyclings, wobei die **Abfallvermeidung und Abfallverminderung** die beiden wesentlichen Ziele der Entsorgung in einem Industriebetrieb sein sollten.
- **Umwelt-Controlling:** Alle relevanten Informationen zur ökologischen Situation eines Unternehmens werden gesammelt. Hieraus werden Verbesserungen abgeleitet, die dem Umweltschutz dienen und die Akzeptanz des Unternehmens in der Öffentlichkeit erhöhen sollen.
- **Betriebsbilanz:** Erfassung aller Stoff- und Energieflüsse durch Input-Output-Analyse.
- **Öko-Kontenrahmen:** Auflistung aller Materialien und Rückstände beim In- und Output und aus der Produktion.

1 Erklären Sie den Begriff Gefahrstoff und untersuchen Sie, welche Gefahrstoffe bei der Bürodesign GmbH möglicherweise eingesetzt werden.

2 Beschreiben Sie einige Möglichkeiten, wie ein sparsamer und umweltbewusster Umgang mit Werkstoffen in einem Industriebetrieb erreicht werden kann.

3 Unterscheiden Sie anhand von Beispielen vier Recyclingstrategien.

4 Führen Sie Gründe für die Notwendigkeit der Grundsätze „Vermeiden geht vor Verwerten" und „Verwerten geht vor Entsorgung" auf.

5 Beschreiben Sie die Strategie des Materialkreislaufs und erläutern Sie, weshalb ökologische Gesichtspunkte bei der Materialbeschaffung besonders wichtig sind.

6 Finden Sie heraus, was mit dem Begriff Ökologie beschrieben wird und was man unter „Öko-Bilanz" und „Öko-Audit" versteht. Nutzen Sie hierzu Lexika, Internet usw.

7 Erläutern Sie die fünf Stufen des Öko-Controllings der Bürodesign GmbH (vgl. S. 297).

8 Bearbeiten Sie in Ihrer Klasse gruppenweise als **Projekt** das Thema „Ökologische Aspekte in der Schule". Präsentieren Sie Ihre Ergebnisse als digitale Präsentation oder Lernplakat in einer Ausstellung in der Schule.

Gruppe 1 „Materialien und Produkte“: Erstellen Sie eine Liste aller Materialien und Produkte, die von Ihren Mitschülern für die Schule benötigt werden (Hefte, Schreibmaterial, Schultasche usw.). Bewerten Sie alle Materialien nach ökologischen Gesichtspunkten (Recyclingfähigkeit, Verpackung, Möglichkeiten zur Einsparung und Entsorgung usw.). Geben Sie zu allen Produkten Alternativen an, die umweltverträglicher als die bisher verwendeten sind.

Gruppe 2 „Anfahrtswege“: Untersuchen Sie die Anfahrtswege Ihrer Mitschüler und Lehrer zur Schule. Bewerten Sie sie unter ökologischen Aspekten. Überlegen Sie sich Alternativen, wie Anfahrten zur Schule durch Veränderung der Gewohnheiten unter ökologischen Gesichtspunkten verbessert werden können.

Gruppe 3 „Müll“: Untersuchen Sie das Müllaufkommen in Ihrer Schule unter folgenden Leitfragen: Wer verursacht Müll (Schüler, Lehrer, Verwaltung, Reinigungskräfte)? Welche Arten und Mengen an Müll „produziert“ Ihre Schule in einem Jahr? Welche Möglichkeiten der Müllvermeidung und -verwertung können genutzt werden?

Gruppe 4: „Energie“: Untersuchen Sie, welche Energie Ihre Schule pro Jahr verbraucht. Berücksichtigen Sie Heizung, Licht, Wasserverbrauch usw. und führen Sie Möglichkeiten an, Energie einzusparen.

9 Erläutern Sie die ökologische Betriebsbilanz und den Öko-Kontenrahmen der Bürodesign GmbH (vgl. S. 297 f.).

4.3 Bestellung und Auftragsbestätigung

Die Bürodesign GmbH bestellt aufgrund eines Angebotes vom 1. April mit nachfolgendem Schreiben bei der Fa. Hanckel & Cie. GmbH Klebstoffe, Leime, Farben und Lasuren.

Nach einer Woche erhält die Bürodesign GmbH eine briefliche Antwort von der Hanckel & Cie. GmbH, in der diese erklärt, sie könne die bestellten Waren nur noch zu einem um 10 % höheren Preis liefern, da die Zulieferer die Preise erhöht hätten.

- Erläutern Sie, ob die Bürodesign GmbH auf eine Lieferung zu den alten Preisen bestehen kann.
- Führen Sie Beispiele an, in denen die Auftragsbestätigung für das Zustandekommen eines Kaufvertrages erforderlich ist.

BÜRODESIGN GMBH

Bürodesign GmbH, Stolberger Straße 188, 50933 Köln

Hanckel & Cie. GmbH
Augustastraße 8
40477 Düsseldorf

KOPIE

Anschrift: Stolberger Straße 188, 50933 Köln
Telefon: 0221 6683550
Telefax: 0221 668357
E-Mail: info@buerodesign-online.de
Internet: www.buerodesign-online.de

Ihr Zeichen, Ihre Nachricht vom	Unser Zeichen, unsere Nachricht vom	Telefon, Name	Datum
lü-gi 01.04.20..	ka-wu 19.03.20..	619, Herr Kaya	20.04.20.

Bestellung

Sehr geehrte Damen und Herren,

aufgrund Ihres Angebotes vom 1. April 20.. bestellen wir hiermit

600	l	DDS-Lack, matt	zu 4,50 € / l
300	l	Holzschutzlasur, nussbaum	zu 3,20 € / l
250	l	Dekorwachs, farblos	zu 3,00 € / l
200	kg	Holzleim	zu 2,60 € / kg
180	kg	Kunststoffkleber	zu 2,90 € / kg

einschließlich Verpackung, abzüglich 20 % Rabatt.

Die Lieferung soll bis zum 20. Mai 20.. unfrei erfolgen.

Unsere Zahlung wird innerhalb von 40 Tagen netto oder innerhalb von 12 Tagen unter Abzug von 2 % Skonto ab Rechnungserhalt geleistet.

Wir erwarten Ihre termingerechte Lieferung.

Mit freundlichen Grüßen

Bürodesign GmbH

i. A. Kaya

Kaya
Abteilungsleiter Beschaffung

Amtsgericht Köln, HRB 9842

Geschäftsführer: Dipl.-Ingenieurin Helma Friedrich, Dipl.-Kfm. Klaus Stein

Bankverbindungen:
Sparkasse KölnBonn · IBAN: DE33370700600025203488 · BIC: DEUTDEDKXXX
Deutsche Bank · IBAN: DE11370501980085313948 · BIC: COLSDE33XXX
Postbank Köln · IBAN: DE13370100500324066506 · BIC: DEUTDEDKXXX

Steuernummer: 223/8425/8844 **USt-IdNr.:** DE439556530

Bestellung

Die Bestellung ist eine **Willenserklärung des Käufers, eine bestimmte Ware zu den im Angebot angegebenen Bedingungen zu kaufen** (vgl. S. 260). Die Bestellung kann durch den Käufer schriftlich, fernschriftlich, mündlich oder telefonisch abgegeben werden, sie ist an keine Formvorschriften gebunden und für den Bestellenden immer verbindlich.

Die Bestellung soll folgende Angaben enthalten:

- Art und Güte (Qualität und Beschaffenheit) der Waren
- Menge
- Preisnachlässe
- Lieferungs- und Zahlungsbedingungen
- Lieferzeit

Wird in der Bestellung auf ein ausführliches Angebot Bezug genommen, ist die Wiederholung aller Angaben nicht erforderlich, es reicht dann die genaue Angabe der Ware (z. B. Artikelnummer), der Bestellmenge und des Preises der Ware.

Ein Besteller kann eine **Bestellung widerrufen**, wenn er dem Lieferer eine entsprechende Nachricht vor oder spätestens zusammen mit der Bestellung zukommen lässt.

Beispiel Die Bürodesign GmbH hat irrtümlich in ihrer brieflichen Bestellung 100 Stück statt 10 Stück angegeben. Nach einem Tag bemerkt ein Mitarbeiter der Bürodesign GmbH den Irrtum und ruft den Lieferer sofort an, um die Bestellung zu widerrufen. In der Regel dauert die Zustellung eines Briefes ca. zwei bis drei Tage, somit hat die Bürodesign GmbH rechtzeitig vor Eintreffen der Bestellung widerrufen.

Auftragsbestätigung (Bestellungsannahme)

Ein Lieferer kann die Bestellung des Käufers mündlich, fernmündlich, schriftlich oder fernschriftlich bestätigen. Die **Auftragsbestätigung (Bestellungsannahme)** ist eine Willenserklärung des Lieferers, mit der er sich bereit erklärt, die bestellte Ware zu den angegebenen Bedingungen zu liefern.

Die Auftragsbestätigung kann für das **Zustandekommen eines Kaufvertrages** in folgenden Fällen **erforderlich** sein (§§ 145, 150 BGB):

- **Der Bestellung ist kein Angebot vorausgegangen.**

Beispiel Die Bürodesign GmbH bestellt bei einem Lieferer 130 m² Furnierholz zu 20,00 €/m², ohne dass ein Angebot vorlag. Der Kaufvertrag kommt mit der Bestellungsannahme zustande.

Bei sofortiger Lieferung kann auf eine Bestellungsannahme verzichtet werden, in diesem Fall gilt die Lieferung als Annahme der Bestellung.

- **Die Bestellung weicht vom Angebot ab.**

Beispiel Die Bürodesign GmbH bestellt 300 Liter Farblasur zu 5,00 €/l, das Angebot des Lieferers lautete über 6,00 €/l. Erst durch eine Bestellungsannahme über 5,00 €/l kommt der Kaufvertrag zustande.

- **Das Angebot des Lieferers ist freibleibend.**

Beispiel Die Bürodesign GmbH bestellt aufgrund eines Angebotes des Lieferers, in dem die Klausel „Preise freibleibend" vermerkt war. Erst durch die Bestellungsannahme kommt der Kaufvertrag zustande.

- **Die Bindungsfrist an das Angebot ist abgelaufen.**

Beispiel Die Bürodesign GmbH bestellt bei der Stammes Stahlrohr GmbH aufgrund eines Telefaxangebotes nach einer Woche einen Sonderposten Alurohre. Erst durch die Bestellungsannahme kommt der Kaufvertrag zustande.

Electronic Commerce

Der elektronische Handel über das **Internet (Electronic Commerce)** verzeichnet in den letzten Jahren ein enormes Wachstum. Die Expansion in diesem neuen Absatzkanal wurde durch die Schaffung eines weltweiten Netzes (World Wide Web/WWW) ermöglicht. Somit können Angebote, Bestellungen und Auftragsbestätigungen in kürzester Zeit weltweit versandt und bearbeitet werden (vgl. S. 385).

Bestellung und Auftragsbestätigung

- Die Bestellung ist die **Willenserklärung des Käufers, bestimmte Waren zu bestimmten Bedingungen zu kaufen**.
- Die Bestellung ist an **keine Formvorschrift** gebunden und kann **schriftlich, fernschriftlich, mündlich oder telefonisch** erteilt werden.
- Die Bestellung sollte möglichst alle Bedingungen eines Angebotes enthalten, **mindestens jedoch Warenart, Menge, Preis**.
- Der **Widerruf der Bestellung** muss **spätestens gleichzeitig mit der Bestellung** beim Lieferer eintreffen.
- Die **Bestellungsannahme (Auftragsbestätigung) ist in folgenden Fällen erforderlich**, damit ein **Kaufvertrag zustande kommt**: Abweichende Bestellung, Bestellung ohne vorliegendes Angebot oder aufgrund eines freibleibenden Angebots, abgelaufene Bindungsfrist an das Angebot.
- **E-Commerce:** digitaler Handel über das Internet.

1 In welchen der nachfolgenden Fälle ist eine Bestellungsannahme (Auftragsbestätigung) für das Zustandekommen des Kaufvertrages erforderlich?
   a) Der Lieferer macht dem Großhändler ein telefonisches Angebot. Der Großhändler bestellt einen Tag später schriftlich zu den telefonisch vereinbarten Bedingungen.
   b) Der Lieferer macht dem Großhändler ein freibleibendes Angebot per Brief. Der Großhändler bestellt zu den angegebenen Bedingungen per Telefax.
   c) Der Lieferer bietet dem Großhändler einen Artikel zu 6,80 €/Stück an. Der Großhändler bestellt termingerecht zu 6,60 €/Stück.
   d) Ein Großhändler bestellt aufgrund eines brieflichen Angebotes des Lieferers sofort nach Erhalt des Briefes telefonisch zu den angegebenen Bedingungen.

2 Die Bürodesign GmbH hat irrtümlich eine falsche Bestellung per Brief aufgegeben. Erläutern Sie, wie die Bürodesign GmbH sich verhalten soll, um die falsche Bestellung zu widerrufen.

3 Welche Angaben sollte eine Bestellung beinhalten, wenn
   a) der Besteller aufgrund eines ausführlichen Angebotes,
   b) ohne Vorliegen eines Angebotes bestellt?

4 Erläutern Sie, welche rechtliche Bedeutung eine Bestellung hat.

5 Die Bürodesign GmbH erhält von einem Lieferer ein Angebot über Messingbeschläge per Fax. Vom zuständigen Einkäufer werden 1 000 Beschläge in Übereinstimmung mit den Angebotsbedingungen bestellt. Die Bestellung erfolgt per Brief. Überprüfen Sie, ob der Lieferer an sein Angebot gebunden ist.

6 Stellen Sie fest, in welchen Fällen ein Kaufvertrag zustande kommt.
   a) Der Lieferer unterbreitet schriftlich ein Angebot, der Kunde bestellt unverzüglich ohne Änderungen.
   b) Der Lieferer macht ein freibleibendes Angebot, der Kunde bestellt unverzüglich telefonisch.
   c) Der Lieferer sendet unbestellte Ware, die der vorherigen Lieferung entspricht. Der Kunde schweigt.
   d) Der Kunde bestellt ohne vorheriges Angebot, der Lieferer nimmt die Bestellung mit den erhöhten aktuellen Preisen an.
   e) Der Lieferer unterbreitet dem Kunden telefonisch ein Angebot. Dieser bestellt eine Woche später ohne Änderung, nachdem er noch andere Angebote eingeholt hatte.

5 Kaufvertrag

5.1 Abschluss und Erfüllung des Kaufvertrages

Die Bürodesign GmbH bietet Endverbrauchern in ihrem Verkaufsstudio Büromöbel an. Die Kundin Gisela Klein will einen Drehstuhl im Werte von 130,00 € kaufen. Da Frau Klein nicht genügend Bargeld bei sich hat, zahlt sie 50,00 € an und verspricht, am nächsten Tag die restlichen 80,00 € zu bringen. Der Drehstuhl bleibt solange im Verkaufsraum der Bürodesign GmbH. Am nächsten Tag erscheint Frau Klein im Geschäft und verlangt ihr Geld zurück, da sie einen ähnlichen Drehstuhl in einem anderen Geschäft für 110,00 € gesehen hat.

- Stellen Sie fest, welche Pflichten die Kundin übernommen hat.
- Erläutern Sie anhand von selbst gewählten Beispielen, wie ein Kaufvertrag zustande kommt.
- Überprüfen Sie, ob die Kundin Klein ihr Geld zurückverlangen kann (Begründung).

▲ Zustandekommen des Kaufvertrages

Der Kaufvertrag (§ 433 ff. BGB) des Verkäufers mit dem Käufer kommt durch **zwei übereinstimmende Willenserklärungen** zustande. Dabei kann die Initiative zum Abschluss des Kaufvertrages (Antrag) sowohl vom Verkäufer als auch vom Käufer ausgehen. Die Zustimmung zum Kaufvertrag erfolgt durch die **Annahme** des Käufers bzw. des Verkäufers. Folgende Möglichkeiten des Zustandekommens eines Kaufvertrages sind denkbar:

- **Der Verkäufer macht den Antrag:**

Der Kaufvertrag kommt zustande, wenn die **Bestellung (Annahme) des Käufers** inhaltlich mit dem **Angebot (Antrag) des Verkäufers** übereinstimmt.

- **Der Käufer macht den Antrag:**

Der Kaufvertrag kommt zustande, wenn der Verkäufer **(Annahme)** die Bestellung des Käufers **(Antrag)** annimmt.

Verpflichtungs- und Erfüllungsgeschäft

Aus dem Kaufvertrag entstehen für die Vertragsparteien Pflichten und Rechte. Mit dem Vertragsabschluss **(Verpflichtungsgeschäft)** verpflichten sich die Vertragsparteien, den Vertrag zu erfüllen **(Erfüllungsgeschäft)**. Die Pflichten des Verkäufers entsprechen den Rechten des Käufers und umgekehrt.

Pflichten des Verkäufers	Pflichten des Käufers
– Übergabe und Übereignung der mangelfreien Ware zur rechten Zeit und am rechten Ort – Annahme des Kaufpreises	– Annahme der ordnungsgemäß gelieferten Ware – rechtzeitige Zahlung des vereinbarten Kaufpreises

Die Vertragspartner können den Kaufvertrag erfüllen, indem sie ihren jeweiligen Verpflichtungen nachkommen. Zeitlich können zwischen dem Abschluss (Verpflichtungsgeschäft) und der Erfüllung (Erfüllungsgeschäft) des Kaufvertrages oft mehrere Wochen oder Monate liegen.

Beispiel Die Bürodesign GmbH bestellt bei der Stammes Stahlrohr GmbH 300 m verchromte, rechteckige Stahlrohre, die erst in acht Wochen produziert worden. Nach acht Wochen liefert die Stammes Stahlrohr GmbH die bestellten Stahlrohre, die Bürodesign GmbH zahlt bei Lieferung. Die **Verpflichtung** beider Vertragspartner entstand beim Abschluss des Kaufvertrages, der Vertrag wurde von der Stammes Stahlrohr GmbH durch die rechtzeitige und mangelfreie Lieferung und die Annahme des Kaufpreises und von der Bürodesign GmbH durch die Annahme der bestellten Stahlrohre und rechtzeitige Bezahlung **erfüllt**.

Verpflichtungs- und Erfüllungsgeschäft fallen bei den so genannten Handkäufen des täglichen Lebens **(Handkauf, Zug-um-Zug-Geschäft** = die Warenübergabe findet z. B. im Geschäft des Einzelhändlers statt) zeitlich zusammen, d. h., der Verkäufer übergibt dem Kunden sofort bei Vertragsabschluss die Ware, der Käufer bezahlt sofort.

Besitz- und Eigentumsübertragung beim Kaufvertrag

Der Verkäufer ist aus dem Kaufvertrag heraus verpflichtet, dem Käufer den Besitz und das Eigentum an der Kaufsache zu verschaffen.

- Der Besitz (vgl. S. 89) über bewegliche Sachen wird durch Übergabe, bei unbeweglichen Sachen durch Gebrauchsüberlassung verschafft (§ 854 BGB).
- Die **Eigentumsübertragung an beweglichen Sachen** (vgl. S. 89) erfolgt durch Einigung und Übergabe der Sachen vom Verkäufer an den Käufer (§ 929 BGB). Befindet sich bei beweglichen Sachen der Gegenstand bereits beim Käufer, genügt es für die Eigentumsübertragung, dass sich der Verkäufer und der Käufer darüber einig sind, dass das Eigentum übergehen soll.

  Beispiel Die Bürodesign GmbH hat einem Arzt für dessen Praxis die Empfangstheke „Intro“ für zwei Wochen auf Probe zur Verfügung gestellt. Der Arzt ist von der Empfangstheke begeistert und will sie behalten. Für den Eigentumsübergang genügt die Einigung zwischen den Vertragspartnern.
- Für den Fall, dass der Verkäufer im Besitz des Gegenstandes bleiben soll, müssen sich Käufer und Verkäufer darüber einigen, dass das Eigentum auf den Käufer übergeht, der Verkäufer aber in unmittelbaren Besitz der Sache bleibt (**Besitzkonstitut**, § 930 BGB).

  Beispiel Klaus Stein kauft sich bei einem Pferdezüchter in Daun ein Reitpferd. Dieses soll aber in den Stallungen des Züchters zur dortigen Pflege bleiben. Herr Stein ist mittelbarer Besitzer und Eigentümer des Pferdes, der Pferdezüchter ist unmittelbarer Besitzer des Pferdes.
- Befindet sich der Verkäufer nicht im Besitz der zu veräußernden Sache, sondern ein Dritter, muss der Verkäufer den Herausgabeanspruch an den Käufer abtreten (§ 931 BGB).

  Beispiel Klaus Stein hat sein Wohnmobil an seinen Freund Uwe Menne für vier Wochen verliehen. Während dieser Zeit verkauft Herr Stein sein Wohnmobil an Frauke Hesse. Frau Hesse hat nach dem Ablauf der im Leihvertrag festgelegten Zeit einen Herausgabeanspruch auf das Wohnmobil.

- Bei **unbeweglichen Sachen (Immobilien**, vgl. S. 89) erfolgt die Eigentumsübertragung durch Auflassung und Eintragung im Grundbuch (§ 873 Abs. 1 BGB). Durch den Vertragsabschluss erklärt der Verkäufer, dass sein Eigentum auf den Erwerber übergehen soll **(Auflassung)**. Da Grundstücke, Häuser usw. nicht wie eine bewegliche Sache „übergeben" werden können, tritt anstelle der körperlichen Übergabe die Eintragung ins Grundbuch. Somit kann jedermann ersehen, wie die Eigentumsverhältnisse bei einem Grundstück, Haus usw. sind.
- Die **Eigentumsübertragung an Rechten** erfolgt durch Einigung und Abtretung des Forderungsrechtes.

  Beispiel Die Bürodesign GmbH hat einem Partnerunternehmen in Polen gegen die Zahlung eines Lizenzentgeltes das Recht abgetreten, alle Produkte der Produktgruppe „Konferenzen und Schulung" nachzubauen und zu vertreiben.

Kauf unter Eigentumsvorbehalt

In der kaufmännischen Praxis **sichert der Lieferant** einer Ware, der seinen Abnehmern ein Zahlungsziel gewährt, **seine Forderung durch einen Eigentumsvorbehalt ab** (§ 448 BGB).

Durch die Vereinbarung des Eigentumsvorbehalts im Kaufvertrag **bleibt der Verkäufer bis zur vollständigen Bezahlung** des Kaufpreises **Eigentümer** der Ware (vgl. AGB der Bürodesign GmbH S. 320). Der **Käufer** wird zunächst nur Besitzer. Der Eigentumsvorbehalt muss ausdrücklich im Kaufvertrag vereinbart werden, es genügt nicht, dass er bei der Lieferung auf dem Lieferschein vermerkt wird. Der Eigentumsvorbehalt kann sowohl beim einseitigen als auch beim zweiseitigen Handelskauf (vgl. S. 303) vereinbart werden.

Einfacher Eigentumsvorbehalt:

Im Kaufvertrag wird folgende Klausel aufgenommen: **„Die Ware bleibt bis zur vollständigen Bezahlung mein/unser Eigentum".** Man spricht in diesem Fall vom einfachen Eigentumsvorbehalt. Bei Lieferung unter Eigentumsvorbehalt (vgl. S. 314) hat der Verkäufer das **Recht**, bei nicht rechtzeitiger Bezahlung oder bei Nichtzahlung **vom Kaufvertrag zurückzutreten und die Herausgabe der Ware zu verlangen**.

Der **Eigentumsvorbehalt erlischt** in dem Moment, in dem der Käufer den Kaufpreis vollständig bezahlt hat.

Der einfache Eigentumsvorbehalt hat für den Verkäufer **folgende Vorteile**:

- Herausgabe der Ware, falls der Käufer seinen Zahlungsverpflichtungen nicht nachkommt,
- sollte der Käufer ein Insolvenzverfahren anmelden, kann der Verkäufer die Ware aus der Insolvenzmasse aussondern lassen, d. h., die Ware wird dem Verkäufer zurückgegeben,
- sollte die Ware beim Käufer durch einen Gerichtsvollzieher gepfändet werden, kann der Verkäufer die Freigabe der Ware verlangen (Drittwiderspruchsklage gegen den pfändenden Gläubiger), d. h., der Verkäufer erhält seine Waren zurück.

Der einfache Eigentumsvorbehalt hat **folgende Nachteile**:

- **Die Ware kann an einen gutgläubigen Dritten weiterverkauft werden (§ 932 BGB).**

  Beispiel Ein Büromöbeleinzelhändler verkauft unter Eigentumsvorbehalt gelieferte Waren an seine Kunden weiter. Der Kunde wird Eigentümer der Ware, da er die Waren gutgläubig erworben hat.
- **Die Ware kann verarbeitet, verbraucht, vernichtet oder mit einer unbeweglichen Sache fest verbunden werden (§§ 946, 950 BGB).**

  Beispiele

  - Eine Kfz-Werkstatt schweißt an den Pkw eines Kunden den vom Hersteller unter Eigentumsvorbehalt gelieferten Kotflügel an. Der Kunde wird Eigentümer des Kotflügels **(Verarbeitung)**.

- Ein Gemüsegroßhändler beliefert die Kantine eines Betriebes mit Gemüse und Kartoffeln unter Eigentumsvorbehalt. Nach einer Woche ist die gesamte Lieferung verbraucht (**Verbrauch**).
- Ein Unternehmen hat von einem Kfz-Händler einen Pkw unter Eigentumsvorbehalt gekauft. Nach vier Tagen wird der Pkw durch Verschulden eines Mitarbeiters des Unternehmens bei einem Unfall zerstört (**Vernichtung**). Um sich vor diesem Fall zu schützen, verlangt der Verkäufer vom Käufer den Abschluss einer Vollkaskoversicherung. Im Schadensfall erhält der Verkäufer Ersatz von der Versicherung.
- Ein Baustoffhändler liefert einem Privatmann, der ein Haus baut, Steine. Die Steine werden in der Außenwand des Rohbaus vermauert (**Verbindung mit einer unbeweglichen Sache**).

In diesen Fällen erlischt der einfache Eigentumsvorbehalt.

Verlängerter Eigentumsvorbehalt:

Um sich vor den genannten Nachteilen zu schützen, vereinbart der Lieferer mit seinen Kunden den **verlängerten Eigentumsvorbehalt**, d.h., die beim Weiterverkauf entstehenden Forderungen werden an den Lieferer abgetreten, bei Verarbeitung erwirbt der Lieferer Miteigentum an der hergestellten Sache.

Beispiel Die Klassik 2000 GmbH verkauft von der Bürodesign GmbH unter Eigentumsvorbehalt gelieferte Ware an ihre Kunden weiter. Die Klassik 2000 GmbH hat ihre Kaufpreisforderung gegen ihre Kunden im Voraus an die Bürodesign GmbH abgetreten.

Erweiterter Eigentumsvorbehalt:

Eine dritte Form des Eigentumsvorbehalts stellt der **erweiterte Eigentumsvorbehalt** dar. Er liegt dann vor, wenn der Lieferer nicht nur die Forderung aus einer Warenlieferung absichert, sondern **wenn sämtliche Lieferungen an einen Käufer durch den Eigentumsvorbehalt gesichert werden**. Das Eigentum geht erst mit der Begleichung aller Forderungen des Verkäufers an den Käufer über.

Beispiel Die Bürodesign GmbH hat der Büromöbel GmbH Europa im Laufe des letzten Jahres sieben unterschiedliche Warenlieferungen zukommen lassen. Das Eigentum aller Lieferungen geht erst dann auf die Büromöbel GmbH Europa über, wenn alle sieben Lieferungen vollständig bezahlt sind.

Unterscheidung der Kaufverträge nach der rechtlichen Stellung der Vertragspartner

Bürgerlicher Kauf (§ 433 ff. BGB):

Wenn zwei Privatpersonen einen Kaufvertrag abschließen, spricht man von einem bürgerlichen Kauf. Es gilt das BGB.

Beispiel Die Auszubildende Elke Grau verkauft ihrer Freundin Nicole ein gebrauchtes Smartphone.

Handelskauf:

Wenn ein Vertragspartner Kaufmann und das Geschäft für ihn ein Handelsgeschäft ist, liegt ein **einseitiger Handelskauf** vor. Für den Kaufmann gilt zusätzlich zum BGB auch das HGB (§ 343 ff.). Für den Privatmann gelten nur die Bestimmungen des BGB.

Beispiel Die Auszubildende Elke Grau verkauft an einen Briefmarkeneinzelhändler die Briefmarkensammlung ihres Großvaters.

Wenn beide Vertragspartner Kaufleute sind und im Rahmen ihres Handelsgewerbes Kaufverträge abschließen, liegt ein **zweiseitiger Handelskauf** vor. Es gelten die Bestimmungen des BGB und des HGB.

Beispiel Die Bürodesign GmbH bestellt bei der Hanckel & Cie. GmbH, Düsseldorf, 200 kg Klebstoffe.

Verbrauchsgüterkauf

Ein Verbrauchsgüterkauf liegt vor, wenn ein **Verbraucher von einem Unternehmer** eine bewegliche Sache kauft (§ 474 Abs. 1 BGB). Durch die Paragrafen 374ff. BGB erfolgt eine rechtliche Besserstellung des Verbrauchers, diese Rechtsvorschriften ergänzen die grundsätzlich für alle Kaufverträge geltenden Bestimmungen des BGB. Diese Sonderregelungen betreffen vor allem den Gefahrenübergang, die Beweislastumkehr, die Garantieerklärungen und unzulässige Einschränkungen von Rechten zu Lasten des Verbrauchers. Diese Regelungen gelten nicht für gebrauchte Sachen, die in einer öffentlichen Versteigerung verkauft werden, an der der Verbraucher persönlich teilnehmen kann.

Beispiel Die Auszubildende Elke Grau kauft im Verkaufsstudio der Bürodesign GmbH einen Bürostuhl.

Gefahrenübergang:

Handelt es sich um einen Verbrauchsgüterkauf, tritt der Gefahrenübergang erst ein, wenn ein Verbraucher die Kaufsache erhalten hat (§ 446 BGB). Kauft eine Privatperson bei einem Unternehmer eine Ware, die innerhalb der ersten sechs Monate einen Mangel aufweist, so wird vermutet, dass dieser Mangel bereits bei der Übergabe vorhanden war. Den Gegenbeweis muss der Verkäufer erbringen.

Beispiel Ein Kunde hat im Abels Bau- und Hobbymarkt ein Dachfenster erworben. Vier Monate nach dem Kauf und dem Einbau des Dachfensters zeigt sich, dass bei Regen Wasser eintritt. Es erweist sich, dass die Dichtungen im Rahmen porös sind. In diesem Fall muss der Händler beweisen, dass der Schaden durch unsachgemäße Nutzung entstanden ist, was schwierig sein dürfte, da die Vermutung naheliegt, dass von Anfang an eine fehlerhafte Verarbeitung der Dichtungen vorlag.

Diese Beweislast gilt auch beim Verbrauchsgüterkauf gebrauchter Sachen. Die Vermutung eines bei der Übergabe bereits vorhandenen Sachmangels gilt nicht, wenn die Sache z. B. Schäden aufweist, die offensichtlich durch unsachgemäße Verwendung oder Gewalteinwirkung verursacht worden sind.

Garantieerklärungen:

Bei einer Beschaffenheits- und/oder Haltbarkeitsgarantie übernimmt der Verkäufer oder der Hersteller die Garantie für die zugesicherte Beschaffenheit der Sache **(Beschaffenheitsgarantie)** oder dafür, dass die Sache für eine bestimmte Dauer eine bestimmte Beschaffenheit behält **(Haltbarkeitsgarantie)**. Die Garantie sieht meistens nur vor, dass der Kunde die Beseitigung des Mangels verlangen, jedoch nicht vom Vertrag zurücktreten kann. Ist der Verkäufer nicht in der Lage, den Mangel zu beseitigen, hat der Käufer per Gesetz ein Rücktrittsrecht.

Beispiele

- Der Mars Elektrofachmarkt e.K. gewährt seinen Kunden beim Kauf eines Elektrorasierers eine Haltbarkeitsgarantie von fünf Jahren.
- Die Abels Bau- und Hobbymarkt GmbH bezeichnet einen Teil ihrer Fliesen als garantiert frostsicher. Der Hersteller der Fliesen garantiert die Frostsicherheit aufgrund einer Garantieurkunde (Beschaffenheitsgarantie).

Hinsichtlich der **Garantieerklärung** sind folgende **verbraucherschützende Vorschriften** zu beachten (§ 477 BGB):

- einfache und verständliche Abfassung der Garantieerklärung
- Hinweis auf die gesetzlichen Rechte der Verbraucher (vgl. S. 328) und deren uneingeschränkte Geltung
- Mindestinhalte der Garantieerklärungen sind Dauer und räumlicher Geltungsbereich des Garantieschutzes, Name und Anschrift des Garantiegebers.
- Recht des Verbrauchers auf Aushändigung der Garantieerklärung
- Wirksamkeit der Garantieerklärung auch bei Nichteinhaltung der obigen Vorschriften

Wird eine Garantie angeboten, hat der Käufer innerhalb der zweijährigen gesetzlichen Sachmängelhaftungspflicht das Wahlrecht, ob er bei Auftreten eines Mangels seine Rechte aus der Garantie oder aus der gesetzlichen Sachmängelhaftung in Anspruch nimmt.

Abweichende Vereinbarungen:

Ein Haftungsausschluss der Vorschriften zum Verbrauchsgüterkauf in den allgemeinen Geschäftsbedingungen ist nicht möglich. Somit sind abweichende Vereinbarungen, die vor der Mitteilung eines Mangels getroffen werden und das Recht des Verbrauchers auf Nacherfüllung, das Rücktrittsrecht, die Beweislastumkehr sowie das Recht auf Minderung einschränken, ohne rechtliche Bedeutung.

Unterscheidung der Kaufverträge nach dem Kaufgegenstand

Stückkauf:

Die Kaufgegenstände sind **nicht vertretbare Sachen**. Die Ware kann bei Verlust oder Zerstörung nicht durch eine andere Ware ersetzt werden, da sie entweder ein Einzelstück ist oder durch Gebrauch bestimmte Eigenschaften bekommen hat. Es handelt sich bei der Ware um ein Unikat.

Beispiel Kunstwerke, Sonderanfertigung eines Schreibtisches, gebrauchte Gegenstände

Gattungskauf:

Die Kaufgegenstände sind **vertretbare Sachen**, die nach allgemeinen Gattungsmerkmalen bestimmbar sind (z. B. Größe, Farbe, Zahl, Gewicht usw.). Von der Ware sind noch weitere gleichartige Stücke vorhanden, die untereinander austauschbar sind.

Beispiele Schreibtische, Bürotische, Spanplatten, Farben, Bürodrehstühle

Unterscheidung nach dem Zeitpunkt der Zahlung

Kauf gegen Anzahlung (vgl. S. 314):

Vor der Warenlieferung muss der Käufer eine Anzahlung leisten. Der Verkäufer verlangt insbesondere dann eine Anzahlung, wenn

- er für einen Kunden Sonderanfertigungen herstellen muss,
- der Kunde eine größere Bestellung tätigt,
- der Kunde sich Ware zurücklegen lässt.

Barkauf (vgl. S. 314):

Der Käufer muss die Ware sofort bei der Übergabe der Ware bezahlen (Zug-um-Zug-Geschäft).

Zielkauf (vgl. S. 314):

Der Verkäufer räumt seinen Kunden ein Zahlungsziel ein. Er prüft deshalb die Kreditwürdigkeit des Kunden und sichert den Zahlungseingang durch einen Eigentumsvorbehalt ab.

Abzahlungskauf (Ratenkauf vgl. S. 314):

Durch den Ratenkauf ermöglicht der Verkäufer im Einzelhandel seinen Kunden, ihren Zahlungsverpflichtungen in Teilbeträgen (Raten) nachzukommen.

Beispiel Zahlung in sechs Monatsraten zu je 250,00 €

Der Käufer wird i. d. R. erst dann Eigentümer der Ware, wenn er sie vollständig bezahlt hat. Die Paragrafen 355, 492 ff. BGB beinhalten einige wichtige Regelungen, die ein Verkäufer beachten muss:

- Teilzahlungsgeschäfte **müssen schriftlich** abgeschlossen werden.
- Der Käufer kann **innerhalb von zwei Wochen** nach Vertragsabschluss den Kaufvertrag **schriftlich widerrufen**.
- Der Kunde muss auf dieses **Widerspruchsrecht** im Kaufvertrag **hingewiesen werden** und den Hinweis getrennt vom Kaufvertrag unterschreiben.

- Der Kaufvertrag muss den Barzahlungspreis, den Teilzahlungspreis einschließlich aller Nebenkosten, den Betrag und die Zahl und Höhe der Teilzahlungen, Fälligkeit der Zahlungen, den effektiven Jahreszins in einem Prozentsatz und den Hinweis auf das gesetzliche Widerrufsrecht enthalten.

Beim Ratenkauf wird meistens zusätzlich vereinbart, dass die Weiterveräußerung der Ware nicht gestattet ist, solange der Käufer die Ware nicht vollständig bezahlt hat. Verkauft der Käufer die Ware trotzdem weiter, macht er sich der Unterschlagung (§ 246 StGB) schuldig.

Abschluss und Erfüllung des Kaufvertrages

- Der **Kaufvertrag** besteht aus einem **Verpflichtungs- und einem Erfüllungsgeschäft**.
- Der **Verkäufer verpflichtet sich**,
  - die Waren rechtzeitig und mangelfrei zu liefern und
  - dem Käufer das Eigentum an der Ware zu verschaffen.
- Der **Käufer verpflichtet sich**,
  - die ordnungsgemäß gelieferte Ware anzunehmen und
  - den Kaufpreis rechtzeitig zu zahlen.
- Beide **Vertragspartner** müssen ihre **Pflichten erfüllen**.
- Nach dem **Kaufgegenstand** unterscheidet man den Stück- und den Gattungskauf.
- Nach dem **Zeitpunkt der Zahlung** unterscheidet man den Kauf gegen Anzahlung, Barkauf, Zielkauf, Ratenkauf.
- **Nach der rechtlichen Stellung der Vertragspartner** unterscheidet man bürgerlichen Kauf, einseitigen Handelskauf und zweiseitigen Handelskauf.
- Der **Besitz** wird bei beweglichen Sachen durch Einigung und Übergabe, bei unbeweglichen Sachen durch Gebrauchsüberlassung übertragen.
- Die **Eigentumsübertragung** an beweglichen Sachen erfolgt durch Einigung und Übergabe der Sachen an den Käufer, bei unbeweglichen Sachen durch Auflassung und Eintragung im Grundbuch.
- Beim **Kauf unter Eigentumsvorbehalt** bleibt der Verkäufer bis zur vollständigen Bezahlung durch den Käufer Eigentümer der Ware.
  - Beim **verlängerten Eigentumsvorbehalt** werden die beim Weiterverkauf entstehenden Forderungen vom Käufer an den Lieferer abgetreten.
  - Beim **erweiterten Eigentumsvorbehalt** geht das Eigentum an den Waren erst mit der Begleichung aller Forderungen des Verkäufers an den Käufer über.
- Beim **Verbrauchsgüterkauf** (Verbraucher kauft bei einem Unternehmer eine bewegliche Sache) gelten besondere gesetzliche Regelungen.
  - **Beweisumkehrlast:** Verbraucher muss nach Auftreten eines Mangels nach sechs Monaten nachweisen, dass die Ware zum Zeitpunkt der Übergabe mangelfrei war.
  - **Garantie:** Der Käufer hat neben den Rechten aus der gesetzlichen Sachmängelhaftungspflicht die Rechte, die in der Garantieerklärung aufgeführt sind.

1 Erläutern Sie die Unterschiede zwischen einem Verpflichtungs- und Erfüllungsgeschäft.

2 Erklären Sie anhand von drei Beispielen, wie Verpflichtungs- und Erfüllungsgeschäft zeitlich auseinanderfallen können.

3 Stellen Sie bei den nachfolgenden Sachverhalten fest, ob sie einen einseitigen Handelskauf, einen zweiseitigen Handelskauf oder einen bürgerlichen Kauf darstellen.
a) Ein Großhändler kauft bei der Bürobedarfs GmbH Büromaterialien.
b) Die Kantinenleiterin eines Industriebetriebes kauft bei einem Großhändler 100 Zentner Kartoffeln.

c) Der Geschäftsführer der Bürodesign GmbH kauft für seinen Sohn in einem Sportfachgeschäft ein Paar Skier.
d) Ein Angestellter der Bürodesign GmbH verkauft einer Arbeitskollegin ein gebrauchtes Motorrad.
e) Eine Büroangestellte kauft für ihren Ehemann in einem Münzgeschäft zwei Silbermünzen als Geburtstagsgeschenk.

4 Welche der nachfolgenden Maßnahmen
1. führen zum Abschluss des Kaufvertrages,
2. gehören zur Erfüllung des Kaufvertrages?

a) fristgemäße Bezahlung
b) Bestellung
c) Auftragsbestätigung
d) Eigentumsübertragung
e) fristgemäße Annahme
f) ordnungsgemäße Lieferung der Ware

5 Entwickeln Sie für die Bürodesign GmbH einen Musterkaufvertrag für Büromöbel.

6 Geben Sie Beispiele für die Fälle an, in denen der einfache Eigentumsvorbehalt erlischt.

7 Begründen Sie, welche der folgenden Aussagen zum Eigentumsvorbehalt falsch sind.
a) Der Eigentumsvorbehalt ist eine Vereinbarung zwischen Käufer und Verkäufer, nach der der Verkäufer bis zu vollständigen Bezahlung Eigentümer der Ware bleibt.
b) Solange der Eigentumsvorbehalt besteht, darf der Käufer die unter Eigentumsvorbehalt gelieferte Ware nicht verarbeiten.
c) Der Eigentumsvorbehalt erlischt, wenn die Ware von einem gutgläubigen Dritten erworben wird.
d) Wird eine unter Eigentumsvorbehalt gelieferte Ware gepfändet, kann der Verkäufer die Freigabe verlangen.
e) Der Käufer darf die unter Eigentumsvorbehalt gelieferte Ware frühestens nach einer Teilzahlung verarbeiten.
f) Wird eine Sache unter Eigentumsvorbehalt geliefert, so genügt es, wenn dieses auf dem Lieferschein vermerkt ist.

8 Stellen Sie die Besonderheiten des Verbrauchsgüterkaufs in einem Kurzreferat vor.

5.2 Inhalt des Kaufvertrages

Die Bürodesign GmbH hat mit der Abels, Wirtz & Co. KG einen Kaufvertrag über die Lieferung von 1 200 Schlössern abgeschlossen. Der Lieferer verspricht, die bestellte Ware am nächsten Tag zu liefern, ohne dass dieses schriftlich festgehalten wird. Da der für die Auslieferung zuständige Fahrer erkrankt, soll die Ware erst eine Woche später ausgeliefert werden.

- Stellen Sie fest, ob die Bürodesign GmbH die sofortige Lieferung der Ware verlangen kann.
- Erläutern Sie die gesetzliche Regelung der Lieferzeit, der Verpackungskosten und der Zahlungs- und Lieferungsbedingungen.

Es gibt keine gesetzlichen Vorschriften über die **Inhalte des Kaufvertrages**. Dieser sollte jedoch alle wesentlichen Bestimmungen enthalten, die zur reibungslosen Erfüllung des Kaufvertrages erforderlich sind.

Inhalte des Kaufvertrages

Angaben über die Ware
- Art, Güte (Qualität und Beschaffenheit)
- Menge
- Preis

Sonstige Angaben
- Verpackungskosten
- Zahlungsbedingungen
- Beförderungsbedingungen

Um nicht alle Inhaltspunkte immer wieder neu auszuhandeln müssen, verwenden die Lieferer oft vorgedruckte „allgemeine Geschäftsbedingungen" (AGB, vgl. S. 319). Wenn weder in den AGB noch im Kaufvertrag Regelungen zu bestimmten Einzelheiten getroffen worden sind, gelten die Bestimmungen des BGB und HGB.

Art der Ware

Die **Art der Ware** wird durch **handelsübliche Bezeichnungen** festgelegt.

Beispiel Arbeitssessel ergo-design-natur, Herrenfahrrad Farvel Sprinter, Weißwein Müller Thurgau Knurrberg, Hi-Fi-Receiver Sany 2001, Schreibtisch Eldorado Eiche massiv.

- **Spezifikationskauf (Bestimmungskauf):** Bei Vertragsabschluss legen Lieferer und Käufer nur die Menge und die Warenart der Gattungsware fest. Der Käufer kann **innerhalb einer festgelegten Frist die zu liefernden Waren nach Farbe, Form oder Maß bestimmen.** Versäumt der Käufer eine Bestimmung der Ware innerhalb der Frist, kann der Verkäufer dem Käufer eine Nachfrist setzen und nach Ablauf dieser Frist die genaue Bestimmung der Ware selbst vornehmen. Für den Käufer hat der Bestimmungskauf den **Vorteil**, dass er zukünftige Entwicklungen (z. B. Mode, Nachfrageveränderungen) abwarten kann.

  Beispiel Die Bürodesign GmbH behält sich bei der Bestellung von textilen Bezugsstoffen für Bürostühle vor, die Farben und Muster zu einem späteren Zeitpunkt zu bestimmen.

Güte der Ware

Gesetzliche Regelung: Sind **im Angebot des Lieferers keine Angaben** über die Güte der Ware gemacht worden, so ist bei Lieferung die **Ware in mittlerer Güte** zu liefern (§ 243 BGB).

Die **Güte (Qualität und Beschaffenheit) einer Ware wird bestimmt durch**

Muster und Proben:

Beispiel Stoffbezüge, Tapeten, Papier (Muster), Wein, Waschmittel (Proben)

Güteklassen zur Angabe von Warenqualitäten:

Sie geben Auskunft über die **Handelsklassen** (I. Wahl, II. Wahl, DIN-Normen, Auslese), über **Typen** (Weizenmehl Type 405) und **Standards** (Faserlänge von Baumwolle).

Marken, Kennzeichen, Prüfzeichen und Umweltzeichen:

- **Marken** werden vom Hersteller verwendet, um sich von anderen Herstellern abzuheben.

  Beispiele

- **Kennzeichen und Prüfzeichen** in Form von Wort und Bildzeichen werden von verschiedenen Herstellern gleichartiger Erzeugnisse als Garantie für eine bestimmte Mindestqualität verwendet. Sie werden von Verbänden und Organisationen vergeben.

- Das **Umweltzeichen** „Der Blaue Engel" kennzeichnet Produkte und Dienstleistungen, die in einem besonders hohen Maße umwelt- oder gesundheitsfreundlich sind.

  Beispiele

Herkunft der Ware:

Sie ist durch das Anbaugebiet oder Herstellungsland gekennzeichnet.

Beispiel Kaffee aus Nicaragua, Wein von der Mosel, Baumwolle aus Ägypten, Holz aus Finnland

Jahrgang der Ware:

Beispiel Antiquitäten, Whiskey, Wein, Käse

Zusammensetzung der Ware:

Beispiel Fettanteile in Käse und Wurst, Silbergehalt bei Essbestecken

Sonderformen des Kaufvertrages:

Je nach Vereinbarung im Kaufvertrag werden **spezielle Arten des Kaufs** unterschieden:

- **Ramschkauf (Kauf in Bausch und Bogen oder Kauf en bloc):** Der Käufer kauft einen bestimmten Warenposten zu einem Pauschalbetrag, **ohne dass für die einzelnen Waren eine bestimmte Qualität zugesichert wird**.

  Beispiel Aus einem Insolvenzverfahren wird der gesamte Holzbestand eines Sägewerks von der Bürodesign GmbH ersteigert.
- **Kauf auf Probe (§ 454 BGB):** Der Käufer hat ein Rückgaberecht innerhalb einer vereinbarten Frist. Überschreitet der Käufer diese Frist, muss er den Kaufvertrag erfüllen.

  Beispiel Die Bürodesign GmbH darf 14 Tage lang einen Verpackungsautomaten eines Herstellers testen. Bei Nichtgefallen kann sie die Maschine innerhalb der Frist zurückgeben.
- **Kauf nach Probe (Muster):** Der Käufer kann die Ware anhand eines Musters oder einer Probe begutachten. Die Probe oder das Muster ist kostenlos. Wenn dem Käufer die Probe oder das Muster gefällt, bestellt der Käufer. Die dann vom Verkäufer gelieferte Ware muss mit dem Muster oder der Probe übereinstimmen, da die Eigenschaften durch die Probe oder das Muster zugesichert sind.

  Beispiel Die Bürodesign GmbH erhält von ihrem Textilhersteller Bezugsstoffe geliefert, die den von dem Reisenden vorgelegten Mustern entsprechen sollen.
- **Kauf zur Probe:** Der Käufer kauft eine kleine Menge, um die Ware zu testen. Sagt die Ware dem Käufer zu, wird er eine größere Menge kaufen. Der Käufer muss die Probe bezahlen.

  Beispiel Die Bürodesign GmbH kauft bei einem Lackhersteller eine kleine Menge schadstofffreie Holzlasur für die Fertigung, um sie auszuprobieren.

Menge der Ware

Gesetzliche Regelung: Enthält das Angebot keine Mengenangabe, die sich auf einen bestimmten Preis bezieht, dann gilt es für jede handelsübliche Menge.

Die Menge einer Ware wird in **gesetzlichen Maßeinheiten** (m, m^2, l, hl, kg), **in Stückzahlen oder in handelsüblichen Mengeneinheiten** (Stück, Dutzend, Sack, Fass, Kiste, Karton, Ballen, Ries) angegeben.

Preis der Ware

Der Preis einer Ware bezieht sich entweder **auf eine handelsübliche Mengeneinheit oder eine bestimmte Gesamtmenge**. Von entscheidender Bedeutung für die Beurteilung der Vorteilhaftigkeit eines Angebotspreises ist die Berücksichtigung der Preisnachlässe. Folgende **Preisnachlässe** (Rabatte) können unterschieden werden:

Mengenrabatt	Bei **Abnahme von großen Mengen** einer Ware erhält der Käufer einen prozentualen Nachlass auf den Listeneinkaufspreis, der Käufer soll damit zum Kauf größerer Mengen veranlasst werden.
Naturalrabatt	Dieser Rabatt ist eine Sonderform des Mengenrabattes. Er wird **in Form von Waren** gewährt; man unterscheidet zwei Arten von Naturalrabatten: – **Draufgabe:** Der Käufer erhält statt zehn Stück eines Artikels ein zusätzliches Stück ohne Berechnung. – **Dreingabe:** Der Käufer erhält zehn Stück eines Artikels, es werden ihm aber nur neun in Rechnung gestellt.
Treuerabatt	Dieser Rabatt wird von Lieferern **bei bestimmten Anlässen für langjährige Kunden** gewährt, damit sollen Stammkunden an einen Lieferer gebunden werden.
Einführungsrabatt	Dieser Rabatt wird insbesondere Einzelhändlern von Herstellern gewährt, um die Einführung eines neuen Produktes zu unterstützen.
Wiederverkäuferrabatt	Hersteller gewähren Händlern (= Wiederverkäufern) einen Preisnachlass, da diese die Absatzfunktion übernehmen.
Bonus	Er stellt einen **nachträglich gewährten Rabatt** dar, bei dem dem Käufer nach einer bestimmten Periode (z. B. Quartal, Halbjahr, Jahr) **bei Erreichen eines bestimmten Mindestumsatzes** ein Nachlass auf den Gesamtbetrag gewährt wird.

Lieferzeit

Gesetzliche Regelung:

Ist im Kaufvertrag keine Regelung über den Zeitpunkt der Lieferung vereinbart worden, so **kann der Käufer sofortige Lieferung** verlangen und der Verkäufer muss sofort liefern (§ 271 BGB). Diese Regelung wird als **Tages- oder Sofortkauf** bezeichnet.

Vertragliche Regelung:

Wenn der Käufer eine Ware verlangt, die nicht vorrätig ist, muss eine vertragliche Regelung über die Lieferzeit vereinbart werden. Hierbei hat der Käufer zwei Möglichkeiten:

- **Terminkauf** (vgl. S. 321): **Lieferung innerhalb einer bestimmten Frist** (z.B. Lieferung innerhalb von 90 Tagen) oder zu einem bestimmten Zeitpunkt (Termin)

  Beispiel Lieferung am 15. März 20.., Lieferung bis 30. Juni 20..
- **Fixkauf** (vgl. S. 333): **Lieferung zu einem kalendermäßig festgelegten Zeitpunkt,** wobei die Klauseln „fest“, „fix“, „genau“, „exakt“ angegeben werden müssen (§ 361 BGB, § 376 HGB).

  Beispiel Lieferung am 15. März 20.. fix
- **Kauf auf Abruf:** Bei diesem Kauf wird der Zeitpunkt der Lieferung bei Abschluss des Kaufvertrages nicht festgelegt, er ist in das Ermessen des Käufers gestellt. Bei Bedarf ruft der Käufer die Ware ab, die als Ganzes oder in Teilmengen geliefert werden kann. Hieraus ergeben sich für den Käufer folgende **Vorteile**:
  - geringere Lagerkosten,
  - Lieferung frischer Waren,
  - Ausnutzung von Rabatt durch den Kauf einer großen Menge.

  Beispiel Die Bürodesign GmbH hat mit der Stammes Stahlrohr GmbH einen Kaufvertrag über 12 Tonnen fünfeckige lackierte Stahlrohre abgeschlossen. Durch die große Bestellung konnte ein

Mengenrabatt von 20 % in Anspruch genommen werden. Da die Lagerkapazität bei der Bürodesign GmbH momentan erschöpft ist, wird mit der Stammes Stahlrohr GmbH vereinbart, dass die Stahlrohre in Teilmengen abgerufen werden können.

Verpackungskosten

Gesetzliche Regelung: Ist über die Berechnung der Verpackungskosten zwischen dem Verkäufer und dem Käufer nichts vereinbart worden, **trägt der Käufer die Kosten der Versandverpackung** (§ 448 BGB, § 380 HGB). Das **Gewicht der Versandverpackung** wird als **Tara** (= Verpackungsgewicht) bezeichnet. Die Kosten der **Verkaufsverpackung** trägt der Verkäufer. **Vertraglich** kann vereinbart werden, dass der Verkäufer die Verpackungskosten trägt.

Zahlungsbedingungen

Gesetzliche Regelung:

Geldschulden sind Bringschulden (§ 270 f. BGB), d. h., der Käufer ist verpflichtet, den Kaufpreis auf seine Kosten an den Verkäufer zu schicken. Folglich muss der Käufer die Kosten der Zahlung (z. B. Überweisungsentgelte) tragen. Nach einem Urteil des Europäischen Gerichtshofs hat die Zahlung des Schuldners so zu erfolgen, dass sie spätestens am Fälligkeitstag auf dem Konto des Gläubigers erfolgen wird. Ferner sieht die gesetzliche Regelung die **sofortige Bezahlung der Ware bei Lieferung** vor (§ 433 ff. BGB).

Beispiel Klauseln für sofortige Zahlung: Ware gegen Geld, Zug um Zug, netto Kasse, gegen bar, sofort

§ 270 BGB

(1) Geld hat der Schuldner im Zweifel auf seine Gefahr und seine Kosten dem Gläubiger an dessen Wohnsitz zu übermitteln.

Vertragliche Regelung:

Folgende **vertraglichen Zahlungsbedingungen** können vereinbart werden:

SPRA

- **Vorauszahlung:** Der Lieferer verlangt bei neuen oder schlecht zahlenden Kunden einen Teil des Rechnungsbetrages oder den gesamten Rechnungsbetrag im Voraus.

  Beispiele Klauseln: Zahlung im Voraus, Lieferung gegen Vorkasse, Zahlung bei Vertragsabschluss/Bestellung
- **Zahlung mit Zahlungsziel** (Ziel- oder Kreditkauf): Der Lieferer gewährt dem Käufer einen kurzfristigen Kredit.

  Beispiele Zahlung innerhalb von 10 Tagen mit 3 % Skonto oder in 40 Tagen netto Kasse, Zahlung in einem Monat
- **Ratenkauf:** Der Käufer bezahlt die Waren in mehreren vertraglich festgelegten Teilbeträgen (vgl. S. 308).
- **Eigentumsvorbehalt:** In der kaufmännischen Praxis sichert der Lieferant **seine Forderung durch einen Eigentumsvorbehalt ab** (vgl. S. 305).

Durch die Vereinbarung des Eigentumsvorbehalts im Kaufvertrag **bleibt der Verkäufer bis zur vollständigen Bezahlung** des Kaufpreises **Eigentümer** der Ware. Der Käufer wird zunächst nur Besitzer. Der Verkäufer schreibt in den Kaufvertrag folgende Klausel, um den Eigentumsvorbehalt zu vereinbaren: **„Die Ware bleibt bis zur vollständigen Bezahlung mein/unser Eigentum.“** Ist der Eigentumsvorbehalt vereinbart worden, hat der Verkäufer das **Recht**, bei nicht rechtzeitiger Bezahlung oder bei Nichtzahlung **vom Kaufvertrag zurückzutreten und die Herausgabe der Ware zu verlangen**.

Der **Eigentumsvorbehalt erlischt** in dem Moment, in dem der Käufer den Kaufpreis vollständig bezahlt hat.

Beispiel AGB der Bürodesign GmbH (vgl. S. 320)

Beförderungsbedingungen

Gesetzliche Regelung:

Warenschulden sind Holschulden (§ 447 Abs. 1 BGB), danach trägt der **Käufer beim Versendungskauf alle entstehenden Beförderungskosten ab der Versandstation. Die Kosten bis zur Versandstation** (z. B. Bahnhof oder Poststelle des Verkäufers) und die Wiege- und Messkosten bei der Verladung trägt der Verkäufer. Diese Regelung gilt immer, wenn es sich um einen **Versendungskauf** handelt, d. h., Käufer und Verkäufer haben ihren Geschäftssitz an unterschiedlichen Orten.

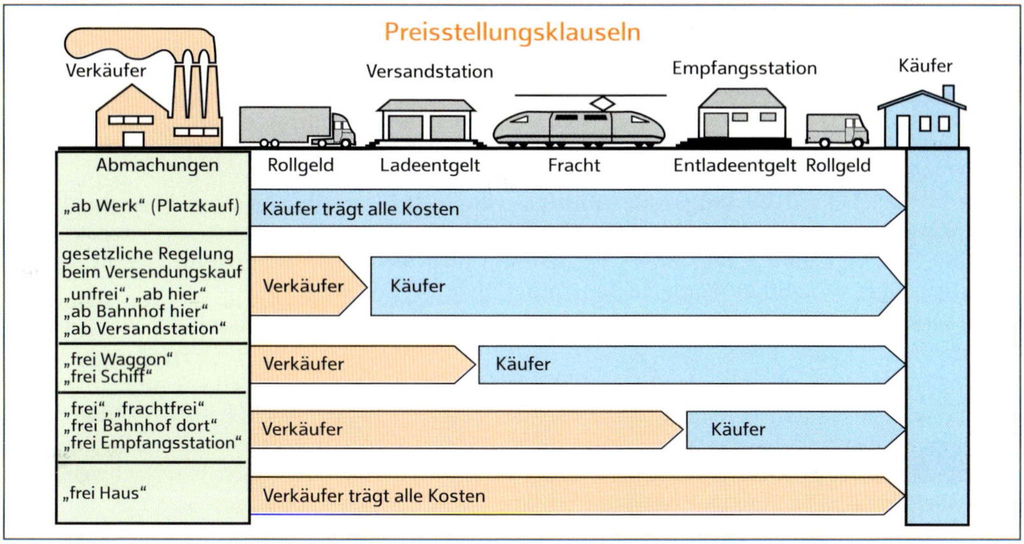

Vertragliche Regelung:

Je nach Versandart können unterschiedliche Versandkosten anfallen:

Beim Platzkauf (Käufer und Verkäufer wohnen am selben Ort) trägt der Käufer alle Kosten.

Die Vertragspartner können die gesetzliche Regelung durch vertragliche Regelungen abändern, diese müssen aber im Kaufvertrag vereinbart werden.

Der Verkäufer hat i. d. R. die anteiligen Beförderungskosten, die er übernimmt, in seinen Verkaufspreisen einkalkuliert, sodass der Käufer über den Listeneinkaufspreis die vom Verkäufer übernommenen Beförderungskosten tragen muss.

Erfüllungsort

Es ist der Ort, an dem die Vertragspartner ihre Leistungen zu erfüllen haben (§ 269 BGB).

Gesetzliche Regelung:

- Der **Erfüllungsort für die Warenlieferung** ist der **Wohn- oder Geschäftssitz des Verkäufers**. Die Gefahr, dass Ware durch Beschädigung, Verderb, Verlust oder Vernichtung beeinträchtigt wird, geht am Erfüllungsort auf den Käufer über. Somit bestimmt der Erfüllungsort den **Gefahrenübergang**.

  Beispiel Bei der Auslieferung einer Ladung Spanplatten an die Bürodesign GmbH verunglückt der Lkw des Spediteurs ohne Verschulden des Lkw-Fahrers, wobei die Spanplatten zerstört werden. Es war keine vom Gesetz abweichende vertragliche Regelung getroffen worden, d. h., der Erfüllungsort ist der Geschäftssitz des Verkäufers. Obwohl die Ware aufgrund des Unfalles nicht geliefert wird, kann der Lieferer von der Bürodesign GmbH trotzdem die Zahlung des Kaufpreises verlangen. Das Transportrisiko kann jedoch durch eine Transportversicherung abgedeckt werden.

Liegt bei der Warenlieferung an den Käufer bei Beschädigung oder Verlust einer Ware ein Verschulden des Verkäufers oder eines Frachtführers vor, so hat der Schuldige den Schaden zu tragen **(Verschuldensprinzip)**. Ein Verschulden liegt vor, wenn der Verkäufer oder sein Erfüllungsgehilfe vorsätzlich oder fahrlässig handelt.

Beispiel Eine Warenlieferung wird wegen mangelhafter Verpackung beschädigt.

Neben den genannten gesetzlichen Regelungen gelten für den Gefahrenübergang folgende Bestimmungen:

- **Der Käufer holt die Ware ab:** Mit der Übergabe der Ware an den Käufer oder seinen Erfüllungsgehilfen geht die Gefahr auf den Käufer über.

  Beispiel In den allgemeinen Geschäftsbedingungen der Bürodesign GmbH steht: „VII. Gefahrübergang: Die Gefahr, trotz Verlustes oder Beschädigung den Preis zahlen zu müssen, geht mit der Übergabe auf den Käufer über." (vgl. S. 320)
- **Die Ware wird auf Verlangen des Käufers versandt** (Versendungskauf, Schickschuld): Die Gefahr geht mit der Auslieferung an den Frachtführer auf den Käufer über. Beim Platzkauf, d. h., Käufer und Verkäufer haben ihren Geschäftssitz am selben Wohnort, geht die Gefahr mit der Übergabe der verkauften Waren an den Käufer über (§ 446 f. BGB).
- Bei **Lieferung mit werkseigenem Lkw** (Werksverkehr) geht die Gefahr mit der Übergabe der Ware an den Käufer über.
- Der **Erfüllungsort für die Zahlung** ist der **Wohnsitz des Käufers**, da der Käufer an diesem Ort das Geld bereitzustellen bzw. zugunsten des Gläubigers aufzugeben hat. Da Geldschulden Bringschulden sind, hat der Käufer auf seine Gefahr und Kosten das Geld an den Wohn- oder Geschäftssitz des Verkäufers zu schicken. Der Erfüllungsort dient nur noch dem Nachweis, dass das Geld rechtzeitig bereitgestellt wurde.

  Beispiel Der Käufer lässt dem Lieferer das Geld durch die Bank überweisen, dem Lieferer geht das Geld aber nicht zu. Der Lieferer kann weiterhin auf Zahlung bestehen, der Käufer kann aber die Bank haftbar machen.

Vertragliche Regelung:

Im Kaufvertrag kann zwischen dem Käufer und dem Verkäufer ein vom Gesetz abweichender Erfüllungsort vereinbart werden. Dieser kann der Ort des Käufers, des Verkäufers oder ein anderer Ort sein.

Gilt für den Kauf ein **natürlicher Erfüllungsort** (z. B. Lieferung von Heizöl), geschieht die Erfüllung der Verpflichtung durch Übergabe der an diesen Ort gebrachten Waren an den Kunden **(Bringschuld)**. Der Verkäufer trägt dabei Gefahr und Kosten bis zur Übergabe am Erfüllungsort.

Beispiel Die Bürodesign GmbH hat in ihren AGB folgende Regelung getroffen: „12. Erfüllungsort/ Gerichtsstand: Der Erfüllungsort und der Gerichtsstand ist in jedem Fall Köln."

Gerichtsstand

Gesetzliche Regelung (§ 12 ZPO):

Bei Streitigkeiten zwischen dem Käufer und dem Verkäufer ist das Gericht zuständig, in dessen Bereich der Erfüllungsort liegt. Da der Erfüllungsort der Wohn- oder Geschäftssitz des Schuldners ist, befindet sich **der Gerichtsstand grundsätzlich an dem für den Wohn- bzw. Geschäftssitz des für den jeweiligen Schuldner zuständigen Amts- bzw. Landgerichts** (Amtsgericht bis zu 5 000,00 € Streitwert, Landgericht bei über 5 000,00 € Streitwert).

- Der Sitz des Verkäufers ist der Gerichtsstand für Streitigkeiten aus der Lieferung (Warenschuld)
- Der Sitz des Käufers ist der Gerichtsstand für Streitigkeiten um die Bezahlung (Geldschuld).

Beispiel Die Bodo Lukas KG, Fachgeschäft für Büroeinrichtungen in Karlsruhe, erhält von der Bürodesign GmbH, Köln, eine Warenlieferung. Der gesetzliche Gerichtsstand für Streitigkeiten aus der Lieferung ist Köln, für die Streitigkeiten um die Zahlung Karlsruhe.

▲ Vertragliche Regelung:

Abweichungen von der gesetzlichen Regelung sind **nur beim zweiseitigen Handelskauf möglich**. In der Praxis wird meistens der Geschäftssitz des Lieferers als Gerichtsstand für beide Vertragspartner vereinbart.

Beispiel In den allgemeinen Geschäftsbedingungen der Bürodesign GmbH steht: „XI. Erfüllungsort und Gerichtsstand: Erfüllungsort und Gerichtsstand ist in jedem Fall Köln."

Inhalt des Kaufvertrages

- Es gibt **keine konkreten gesetzlichen Vorschriften über den Inhalt** eines Kaufvertrages.
- Ist im Kaufvertrag eine bestimmte Einzelheit nicht angegeben, dann gelten die **Vorschriften des BGB oder HGB**.
- Enthält der Kaufvertrag keine Angaben über die Güte der Ware, muss der Verkäufer **Waren mittlerer Güte liefern**.
- Die **Art einer Ware** wird durch handelsübliche Bezeichnungen bestimmt.
- Die **Güte einer Ware** wird bestimmt durch Muster und Proben, Güteklassen, Marken und Güte-/ Sicherheitszeichen, Herkunft, Zusammensetzung und Jahrgang der Ware.
- Die **Menge der Ware** wird in gesetzlichen Maßeinheiten, in Stückzahlen oder in handelsüblichen Bezeichnungen angegeben.
- Der **Preis der Ware** bezieht sich auf eine handelsübliche Mengeneinheit oder eine bestimmte Gesamtmenge.
- Zu den **Preisnachlässen**, die ein Lieferer seinem Kunden gewähren kann, zählen der Mengen-, Natural-, Treue-, Einführungs-, Wiederverkäuferrabatt und Bonus.
- **Spezielle Arten des Kaufs:** Kauf auf Probe, Kauf nach Probe, Kauf zur Probe, Bestimmungs-, Ramschkauf.
- Enthält ein Kaufvertrag **keine Aussage zur Lieferzeit**, dann muss der Verkäufer sofort liefern.
- Vertraglich kann im Kaufvertrag ein **Terminkauf** (Lieferung innerhalb einer bestimmten Frist oder zu einem bestimmten Zeitpunkt) oder ein **Fixkauf** (Lieferung zu einem kalendermäßig festgelegten Zeitpunkt mit Klausel fix, fest) vereinbart werden.
- Beim **Kauf auf Abruf** wird die Ware auf Anweisung des Käufers ganz oder in Teilmengen später geliefert.
- Beim **Kauf unter Eigentumsvorbehalt** bleibt der Verkäufer bis zur vollständigen Bezahlung durch den Käufer Eigentümer der Ware.
- Wenn im Kaufvertrag **keine Regelung über die Verpackung** getroffen wurde, muss der **Käufer** die Kosten der Verpackung tragen.
- **Geldschulden sind Bringschulden,** d. h., der Käufer muss auf seine Kosten das Geld unverzüglich an den Verkäufer schicken.
- **Warenschulden sind Holschulden,** d. h., der Käufer trägt alle entstehenden Beförderungskosten ab der Versandstation (Klauseln: unfrei, ab hier, ab Bahnhof hier) = gesetzliche Regelung.
- **Erfüllungsort** ist der Ort, an dem die Vertragspartner ihre Pflichten erfüllen.
- **Gerichtsstand** ist der Ort, an dem bei Streitigkeiten aus dem Kaufvertrag verhandelt wird.

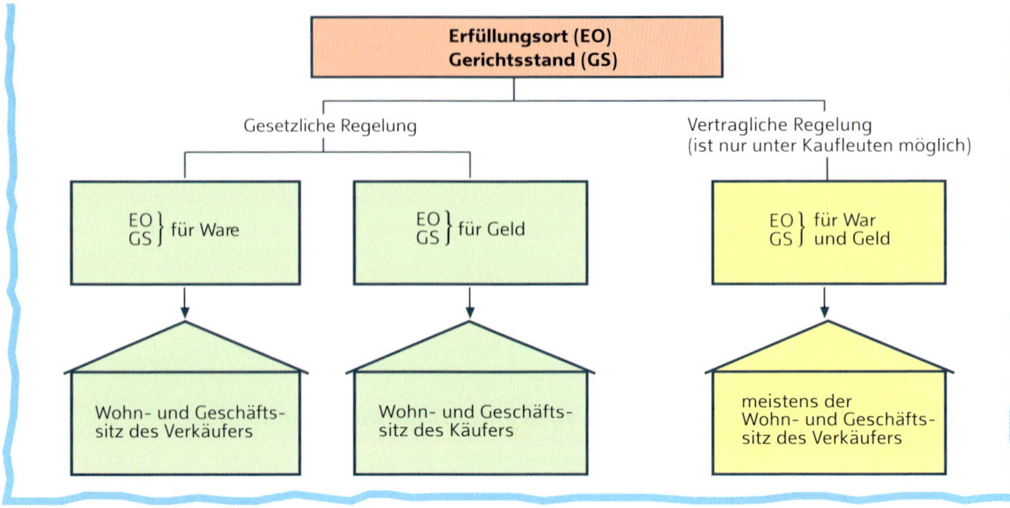

1 Der Lieferer kann aus unterschiedlichen Gründen seinen Kunden Nachlässe (Rabatte) gewähren. Unterscheiden Sie die verschiedenen Rabattarten.

2 Erläutern Sie an Beispielen den Unterschied zwischen Güte-/Sicherheitszeichen und Marken.

3 Erklären Sie anhand von Beispielen den Kauf auf, Kauf zur und Kauf nach Probe.

4 Beschreiben Sie den Bestimmungskauf.

5 Suchen Sie in Prospekten und Katalogen nach Angaben, die zu Produkten hinsichtlich der Art und Güte gemacht werden. Vergleichen Sie diese miteinander.

6 Erläutern Sie, worin der Unterschied zwischen einem Fix- und einem Terminkauf besteht.

7 Erklären Sie die Aussage: „Geldschulden sind Bringschulden“.

8 Erläutern Sie die Klausel: „Zug um Zug“.

9 Die Lieferungsbedingung lautet „frachtfrei“. Die Fracht beträgt 40,00 €, das Rollgeld für die An- und Abfuhr je 10,00 €. Wie viel Euro muss der Käufer für den Transport bezahlen?

10 Erläutern Sie die Klausel: „Warenschulden sind Holschulden“.

11 Die Lieferung einer Ware an einen Kunden erfolgt durch die Deutsche Bahn AG. An Kosten entstehen:

Hausfracht (Rollgeld) am Ort des Käufers	10,00 €	Entladekosten	10,00 €
Hausfracht (Rollgeld) am Ort des Lieferers	10,00 €	Verladekosten	10,00 €
Fracht	180,00 €		

Welchen Kostenanteil hat der Käufer bei Vereinbarung nachfolgender Lieferungsbedingungen jeweils zu übernehmen?

a) frei Waggon b) frachtfrei c) ab Bahnhof hier d) ab hier e) frei Bahnhof dort

12 Erläutern Sie, welche Bedeutung der Erfüllungsort hat.

13 Geben Sie an, was man unter Gerichtsstand versteht und wo sich der Gerichtsstand
a) für Warenschulden,
b) für Geldschulden befindet.

14 Begründen Sie, warum ein Lieferer bei einem Zielverkauf meistens einen Kauf unter Eigentumsvorbehalt vereinbart.

15 Erläutern Sie die Vorteile eines Käufers aus dem
a) Kauf auf Abruf,
b) Spezifikationskauf.

16 Besorgen Sie sich von verschiedenen Unternehmen Unterlagen, aus denen Liefer-, Zahlungsbedingungen, Gerichtsstand und Erfüllungsort zu entnehmen sind, und vergleichen Sie diese miteinander.

17 Die Bürodesign GmbH überlegt, welche Konditionen sie in folgenden Situationen mit nachfolgenden Kunden vereinbaren soll:

a) Die Otto Schmal & Söhne KG, ein neuer, unbekannter Kunde, bestellt Waren für 92 000,00 €.
b) Die Klassik 2000 GmbH tätigt eine Bestellung über 345 000,00 €.
c) Der Büromöbelgroßhandel Klaus Oswald e. K. hat in diesem Geschäftsjahr noch vier offene Posten. Der Kunde tätigt eine neue Bestellung über 46 000,00 €.
d) Ein neuer Kunde tätigt eine Bestellung über 345,00 €.

Begründen Sie unter Zuhilfenahme der AGB der Bürodesign GmbH, welche Vereinbarungen die Bürodesign GmbH mit diesen Kunden treffen soll.

5.3 Allgemeine Geschäftsbedingungen

Der selbstständige Elektromeister Udo Müller schließt schriftlich mit der Bürodesign GmbH einen Vertrag über drei Schreibtische, drei Schreibtischstühle und zehn Aktenregale ab. Mündlich verspricht die Gruppenleiterin des Verkaufsstudios, Frau Schmitz, dass die vollständige Büroeinrichtung in 14 Tagen geliefert wird. Tatsächlich kann die Büroeinrichtung wegen des Ausfalls einer Langlochbohrmaschine erst in sechs Wochen geliefert werden. Als der Kunde Müller nach Ablauf von vier Wochen vom Vertrag zurücktreten will, weist Frau Schmitz auf die allgemeinen Geschäftsbedingungen (AGB) hin, in denen u. a. zu lesen ist: „VI 2. ... Vom Verkäufer nicht zu vertretende Störungen im Geschäftsbetrieb ... verlängern die Lieferzeit entsprechend. 3. ... Zum Rücktritt ist der Käufer nur berechtigt, wenn er in diesen Fällen nach Ablauf der vereinbarten Lieferfrist die Lieferung schriftlich anmahnt und diese dann innerhalb von sechs Wochen nach Eingang des Mahnschreibens des Käufers beim Verkäufer nicht an den Käufer erfolgt." Der Kunde Müller war auf die AGB ausdrücklich hingewiesen worden und hatte sie mit dem Kaufvertrag zusammen unterschrieben.

- Geben Sie an, ob Elektromeister Müller vom Kaufvertrag zurücktreten kann.
- Erläutern Sie Klauseln, die nur bei einseitigen Handelsgeschäften gelten.

Im Geschäftsleben werden täglich eine Vielzahl von Verträgen abgeschlossen. Zur Vereinfachung bedient man sich **vorgedruckter Vertragsformulare**. Die in diesen vorgedruckten Verträgen aufgeführten Bedingungen, das sogenannte **„Kleingedruckte"**, bezeichnet man als **allgemeine Geschäftsbedingungen (AGB)**.

Die Bestimmungen der AGB können vom BGB abweichen. Hieraus ergibt sich ein **Interessenkonflikt** zwischen den **Interessen des Verkäufers** (Zeit-, Kostenersparnis und Besserstellung, als es das BGB vorsieht) und den **Interessen des Käufers**. Um zu verhindern, dass der Käufer unangemessen benachteiligt wird, hat der Gesetzgeber im BGB die Gestaltung rechtsgeschäftlicher Schuldverhältnisse durch allgemeine Geschäftsbedingungen geregelt (§ 305 ff. BGB). Die meisten Bestimmungen zu den AGB im BGB gelten für einseitige Handelsgeschäfte, einige auch für zweiseitige Handelsgeschäfte:

Wirksamkeit von Klauseln bei ein- und zweiseitigen Handelsgeschäften

Überraschende und mehrdeutige Klauseln (§ 305c BGB):

Enthalten die AGB überraschende oder mehrdeutige Klauseln, mit denen der Käufer nicht zu rechnen braucht, sind diese unwirksam.

Beispiel In den AGB der „Bürogeräte GmbH" ist eine Klausel enthalten, dass der Käufer eines Kopiergerätes in den ersten zwei Jahren verpflichtet ist, das Kopierpapier bei der Bürogeräte GmbH zu kaufen. Diese Klausel ist so überraschend, dass sie nicht Bestandteil des Vertrages wird.

Vorrang der Individualabrede (§ 305b BGB):

Persönliche Absprachen zwischen dem Verkäufer und dem Käufer (Individualabreden) haben Vorrang vor den AGB.

Beispiel Als Liefertermin für eine Spezialmaschine wurde zwischen dem Verkäufer und dem Käufer schriftlich der 1. Oktober vereinbart. In den AGB steht jedoch, dass Liefertermine grundsätzlich unverbindlich sind. Als Liefertermin gilt trotzdem der 1. Oktober, da persönliche Absprachen Vorrang vor den AGB haben.

Allgemeine Geschäftsbedingungen der Bürodesign GmbH, Köln

I. Vertragsschluss

1. Der Käufer ist zwei Wochen an die Bestellung gebunden.
2. Mit Ablauf dieser Frist kommt der Vertrag zustande, wenn der Verkäufer das Vertragsangebot nicht vorher schriftlich abgelehnt hat.

II. Preise

1. Die Preise sind Festpreise ausschließlich Mehrwertsteuer.
2. Besondere über die vertraglich einbezogenen und im Kaufpreis enthaltenen Leistungen hinausgehende, zusätzlich vereinbarte Arbeiten, wie z. B. Dekorations- oder Montagearbeiten, werden zusätzlich in Rechnung gestellt und sind spätestens bei Abnahme zu bezahlen.
3. Bei Zahlungsverzug ist der Verkäufer berechtigt, 10 % Verzugszinsen zu berechnen.

III. Änderungsvorbehalt

1. Serienmäßig hergestellte Büromöbel werden nach Muster verkauft.
2. Es besteht kein Anspruch auf Lieferung der Ausstellungsstücke, es sei denn, dass bei Vertragsabschluss eine anderweitige Vereinbarung erfolgt ist.
3. Handelsübliche Farb- und Maserungsabweichungen bei Holzoberflächen bleiben vorbehalten.
4. Ebenso bleiben handelsübliche Abweichungen bei Textilien (z. B. Möbel- und Dekorationsstoffen) vorbehalten hinsichtlich geringfügiger Abweichungen in der Ausführung gegenüber Stoffmustern, insbesondere im Farbton.

IV. Montage

Hat der Verkäufer hinsichtlich der Montage aufzuhängender Einrichtungsgegenstände Bedenken wegen der Eignung der Wände, so hat er dies dem Käufer unverzüglich mitzuteilen.

V. Lieferfrist

1. Falls der Verkäufer die vereinbarte Lieferfrist nicht einhalten kann, hat der Käufer eine angemessene Nachlieferfrist – beginnend vom Tage des Eingangs der schriftlichen Inverzugsetzung durch den Käufer, oder im Fall kalendermäßig bestimmter Lieferfrist mit deren Ablauf – zu gewähren.
2. Vom Verkäufer nicht zu vertretende Störungen im Geschäftsbetrieb, insbesondere Arbeitsausstände und Aussperrungen sowie Fälle höherer Gewalt, die auf einem unvorhersehbaren und unverschuldeten Ereignis beruhen und zu schwerwiegenden Betriebsstörungen sowohl beim Verkäufer als auch bei dessen Lieferanten führen, verlängern die Lieferzeit entsprechend.
3. Zum Rücktritt ist der Käufer nur berechtigt, wenn er in diesen Fällen nach Ablauf der vereinbarten Lieferfrist die Lieferung schriftlich anmahnt und diese dann innerhalb von sechs Wochen nach Eingang des Mahnschreibens des Käufers beim Verkäufer nicht an den Käufer erfolgt. Im Falle kalendermäßig bestimmter Lieferfrist beginnt mit deren Ablauf die Sechs-Wochen-Frist.

VI. Eigentumsvorbehalt

Die Ware bleibt bis zur vollständigen Erfüllung aller Verbindlichkeiten aus diesem Vertragsverhältnis Eigentum des Verkäufers.

VII. Gefahrübergang

Die Gefahr, trotz Verlustes oder Beschädigung den Preis zahlen zu müssen, geht mit der Übergabe auf den Käufer über.

VIII. Annahmeverzug

1. Wenn der Käufer nach einer ihm gesetzten angemessenen Nachfrist die Abnahme verweigert oder vorher ausdrücklich erklärt, nicht abnehmen zu wollen, kann der Verkäufer vom Vertrag zurücktreten oder Schadenersatz statt der Leistung verlangen.
2. (1) Soweit der Abnahmeverzug länger als einen Monat dauert, hat der Käufer die anfallenden Lagerkosten zu zahlen.
   (2) Der Verkäufer kann sich zur Lagerung auch einer Spedition bedienen.
3. Als Schadenersatz statt der Leistung bei Abnahmeverzug kann der Verkäufer 25 % des Bestellpreises ohne Abzüge fordern, sofern der Käufer nicht nachweist, dass ein Schaden überhaupt nicht oder nicht in Höhe der Pauschale entstanden ist.

IX. Rücktritt

1. Der Verkäufer braucht nicht zu liefern, wenn der Hersteller die Produktion der bestellten Ware eingestellt hat oder höhere Gewalt vorliegt, sofern diese Umstände erst nach Vertragsschluss eingetreten sind; über diese Umstände hat der Verkäufer den Käufer unverzüglich zu benachrichtigen.
2. Ein Rücktrittsrecht wird dem Verkäufer zugestanden, wenn der Käufer über die seine Kreditwürdigkeit bedingenden Tatsachen unrichtige Angaben gemacht hat oder seine Zahlungen einstellt oder über sein Vermögen ein Insolvenzverfahren beantragt wurde, es sei denn, der Käufer leistet unverzüglich Vorauskasse. Für die Warenrücknahme gilt Ziffer XI.

X. Sachmängelhaftung

1. Als Sachmängelhaftungsrecht kann der Käufer grundsätzlich zunächst nur Nacherfüllung verlangen.

2. Der Verkäufer kann statt nachzubessern eine Ersatzsache liefern.
3. Der Käufer kann Rückgängigmachung des Vertrages oder Herabsetzung des Preises (Minderung) verlangen, wenn die Nachbesserung fehlschlägt oder der Verkäufer die Ersatzlieferung verweigert oder nicht innerhalb angemessener Frist erbringt.
4. (1) Sachmängelhaftungsansprüche verjähren nach zwei Jahren ab Übergabe.
(2) Sachmängelhaftungsansprüche wegen offensichtlicher Mängel erlöschen, wenn sie der Käufer nicht binnen zwei Wochen seit Übergabe rügt.

XI. Erfüllungsort und Gerichtsstand

Erfüllungsort und Gerichtsstand ist in jedem Fall Köln.

XII. Vertragsänderungen

Zusätzliche oder abweichende Vereinbarungen bedürfen der schriftlichen Form.

Rechtsfolgen bei Nichteinbeziehung und Unwirksamkeit der AGB (§ 306 BGB):

Sind einzelne Teile der AGB unwirksam, so bleibt der Vertrag bestehen. Der Inhalt des Vertrages richtet sich dann nach den gesetzlichen Vorschriften. Diese sind meistens die Bestimmungen des BGB.

Inhaltskontrolle und Klauselverbote (§ 307 f. BGB):

Bestimmungen in den AGB sind unwirksam, wenn sie den Vertragspartner entgegen dem Gebot von Treu und Glauben unangemessen benachteiligen.

Beispiel Ein Möbelhersteller liefert eine Ledergarnitur nicht wie vereinbart in Schwarz, sondern in Braun. In den AGB steht: „Modelländerungen vorbehalten". Der Kunde muss aber nur Änderungen hinnehmen, die technisch unvermeidbar oder völlig belanglos sind, so können z. B. Lederbezüge nicht immer in völlig gleichem Farbton hergestellt werden.

Wirksamkeit von Klauseln bei einseitigen Handelsgeschäften

Einbeziehung in den Vertrag (§ 305 BGB):

Die AGB werden nur dann Bestandteil des Vertrages, wenn der Käufer

- vor Vertragsabschluss ausdrücklich auf die AGB hingewiesen wird, dieses kann durch einen deutlich sichtbaren Aushang am Orte des Vertragsabschlusses (Geschäftsräume des Unternehmens) oder durch einen persönlichen Hinweis des Verkäufers geschehen,
- vom Inhalt der AGB Kenntnis nehmen kann,
- sein Einverständnis zu den AGB gegeben hat.

Beispiel Die Bürodesign GmbH verkauft einem Kunden im Verkaufsstudio einen Schreibtisch „Chef 2000". Der Verkäufer hatte den Kunden nicht auf die AGB hingewiesen. Diese sind auf der Rückseite des Lieferscheins aufgedruckt. Bringt der Kunde den Schreibtisch aufgrund eines Materialfehlers zurück, dann gelten die Bestimmungen des BGB.

Verbotene und damit unwirksame Klauseln in Kaufverträgen bei einseitigen Handelsgeschäften sind:

- nachträgliche kurzfristige Preiserhöhung (binnen vier Monaten nach Vertragsabschluss),
- Verkürzung der gesetzlichen Sachmängelhaftungsfristen (vgl. S. 327),
- Rücktrittsvorbehalte des Verkäufers (Der Verkäufer behält sich vor, die versprochene Leistung zu ändern oder von ihr abzuweichen.),
- Ausschluss der Haftung des Verkäufers bei grobem Verschulden,
- unangemessen lange Lieferfristen,
- Ausschluss von Reklamationsrechten (Der Lieferer darf die gesetzlichen Sachmängelhaftungsrechte des Käufers nicht ausschließen. Der Käufer muss mindestens ein Recht auf Nachbesserung oder Ersatzlieferung behalten, vgl. S. 328.),
- Beschneidung von Kundenrechten bei verspäteter Lieferung.

Wer gegenüber seinem Vertragspartner seine AGB durchsetzen kann, ist in der Regel im Vorteil. Er kann den Vertrag zu seinem Vorteil regeln. Endverbrauchern ist normalerweise eine Änderung oder Ablehnung der AGB nicht möglich.

Allgemeine Geschäftsbedingungen

- In den AGB legt ein Kaufmann die **grundsätzliche Ausgestaltung der Verträge** für seine Lieferungen fest.
- Durch § 305 ff. des BGB zu den AGB wird ein Käufer vor unseriösen AGB geschützt.
- Grundsätzlich **haben Individualabreden (persönliche Absprachen) Vorrang** vor den AGB.
- Klauseln, die den Käufer entgegen dem **Grundsatz von Treu und Glauben** unangemessen benachteiligen, sind unwirksam.
- Wenn AGB unwirksam werden, richtet sich der Inhalt des Vertrages nach den **gesetzlichen Vorschriften** des BGB.

1 Begründen Sie, warum Unternehmen ihre Geschäftsbedingungen bereits vorformuliert haben.

2 Erläutern Sie, unter welchen Voraussetzungen bei einseitigen Handelsgeschäften die allgemeinen Geschäftsbedingungen Bestandteil des Vertrages werden.

3 Erklären Sie, warum persönliche Absprachen (Individualabreden) Vorrang vor den allgemeinen Geschäftsbedingungen haben.

4 Entscheiden und begründen Sie in den folgenden Fällen, ob das BGB verletzt wurde.
a) Beim Kauf einer Hi-Fi-Anlage verkürzt der Verkäufer in den AGB die Sachmängelhaftungsfrist auf einen Monat.
b) Zwei Wochen nach Vertragsabschluss teilt der Verkäufer dem Kunden mit, dass die bestellte Ware sich aufgrund einer Preiserhöhung um 20 % verteuert.
c) In den AGB steht: Die Lieferfrist beträgt mindestens sechs Wochen. Der Verkäufer hat dem Kunden schriftlich zugesichert: Lieferung in drei Wochen. Welche Lieferfrist ist für den Verkäufer verbindlich?
d) In den AGB steht: Die gelieferten Waren bleiben bis zur vollständigen Bezahlung des Kaufpreises Eigentum des Verkäufers.
e) Im Kaufvertrag über eine Gartenmöbelgarnitur behält sich der Verkäufer vor, dass er statt der bestellten Buchenholzgarnitur Kunststoffmöbel liefern kann.

5 Begründen Sie, welche der nachfolgenden Aussagen nicht auf die Paragrafen zu den allgemeinen Geschäftsbedingungen im BGB (§ 305 ff.) zutreffen.
a) Die Paragrafen zu den AGB im BGB schützen den Einzelhändler vor überzogenen Ansprüchen der Kunden.
b) Bei Abschlüssen von Kaufverträgen zwischen einem Einzelhändler und dem Endverbraucher ist das BGB nicht zu beachten, da es nur bei einem zweiseitigen Handelskauf Anwendung findet.
c) Eine Regelung aus den allgemeinen Geschäftsbedingungen eines Einzelhändlers, die nach dem BGB nicht zulässig ist, fällt ersatzlos weg. Es gelten dann die gesetzlichen Bestimmungen.
d) Nach dem BGB sind die allgemeinen Geschäftsbedingungen eines Einzelhändlers auch dann wirksam, wenn der Kunde bei Vertragsabschluss nicht ausdrücklich auf sie hingewiesen worden ist.

6 Der Textileinzelhändler Arnold Heister hat mit der Bürodesign GmbH am 1. Juni 20.. einen Kaufvertrag über die Lieferung zweier Verkaufstheken abgeschlossen.
a) Die Lieferung sollte in sechs Wochen erfolgen. Geliefert wird aber erst am 15. Oktober 20... Aus dem Rechnungsbeleg geht hervor, dass der Preis inzwischen um 10 % gestiegen ist. Kann die Bürodesign GmbH einen um 10 % höheren Preis verlangen?
b) Nachdem die Verkaufstheken aufgestellt worden sind, stellt Arnold Heister fest, dass der Farbton geringfügig heller als beim Ausstellungsstück ist. Muss Arnold Heister die geringfügige Farbabweichung akzeptieren?

7 Stellen Sie eine Materialsammlung mit den AGB von einigen Unternehmen zusammen. Vergleichen Sie diese AGB mit denen der Bürodesign GmbH.

8 Welche der folgenden Aussagen zu den unten stehenden allgemeinen Geschäftsbedingungen ist zutreffend?

① Die Klausel Nr. 1 ist unwirksam, denn nach BGB ist für die Nachfristsetzung eine Zeit von 14 Tagen vorgesehen.
② Die Klausel Nr. 2 ist unwirksam, denn laut BGB handelt es sich um eine überraschende Klausel.
③ Die Klausel Nr. 3 ist unwirksam, denn die Preise müssen für Endverbraucher netto ausgewiesen werden.
④ Die Klausel Nr. 4 ist unwirksam, da durch sie die Sachmängelhaftungsrechte des Kunden eingeschränkt werden.

Allgemeine Geschäftsbedingungen

1. Der Verkäufer verpflichtet sich, den vereinbarten Liefertermin einzuhalten. Wird der vereinbarte Liefertermin überschritten, hat der Käufer das Recht, schriftlich eine Nachfrist zu setzen.
2. Die Lieferung erfolgt grundsätzlich auf Kosten und Gefahr des Käufers.
3. Alle Preise sind Bruttopreise. Die Rechnungserstellung erfolgt in Euro. Das Zahlungsziel beträgt 14 Tage. Wird bei Lieferung gezahlt, können 3% Skonto abgezogen werden.
4. Festgestellte Mängel müssen sofort gerügt werden. Der Verkäufer verpflichtet sich, die berechtigten Mängel nachzubessern. Darüber hinausgehende Forderungen können nicht gestellt werden, auch dann nicht, wenn die Nachbesserung erfolglos bleibt.

9 Welche der folgenden Aussagen über § 305ff. BGB zu den AGB ist richtig?
1. Die Paragrafen zu den AGB im BGB schützen den Einzelhändler vor überzogenen Wünschen der Kunden.
2. Die Paragrafen zu den AGB im BGB ermöglichen es dem Einzelhändler, in seinen allgemeinen Geschäftsbedingungen bei Sonderangeboten das gesetzliche Reklamationsrecht des Kunden auszuschließen.
3. Nach den Paragrafen zu den AGB im BGB sind die allgemeinen Geschäftsbedingungen eines Einzelhändlers auch dann wirksam, wenn der Kunde bei Vertragsabschluss nicht ausdrücklich auf sie hingewiesen worden ist.
4. Eine Bestimmung aus den allgemeinen Geschäftsbedingungen, die nach dem BGB nicht zulässig ist, fällt ersatzlos weg. Es gelten dann die gesetzlichen Regelungen.

6 Wareneingang

6.1 Wareneingangskontrolle

Der Auszubildende Torsten Menne wird in der Bürodesign GmbH seit einer Woche in der Warenannahme im Lager eingesetzt. Kurz vor Ladenschluss kommt ein Frachtführer des Lieferers Abels, Wirtz & Co. KG und liefert 20 Kartons mit Schließanlagen. Damit Torsten rechtzeitig nach Hause kommt, lässt er die 20 Kartons in einer Ecke des Lagers stehen. Am nächsten Tag hat er die Warenlieferung schon vergessen. Zwei Tage später sieht Herr Holtermüller, der Gruppenleiter Lager, die Kartons. Er fordert Torsten auf, die Waren unverzüglich auszupacken und zu überprüfen. Bei der Überprüfung der Waren stellt sich heraus, dass in drei Kartons mehrere Schließanlagen beschädigt sind und sich in einem Karton nicht bestellte Waren befinden. Herr Holtermüller ist wütend auf Torsten: „Einem zukünftigen Industriekaufmann darf so etwas nicht passieren." Tors-ten entschuldigt sich damit, dass er wegen Arbeitsbelastung noch nicht dazu gekommen sei, die Kartons zu prüfen. Außerdem könnten die festgestellten Mängel jetzt auch noch gerügt werden.

- Stellen Sie fest, innerhalb welcher Frist eingehende Waren geprüft werden müssen.
- Erstellen Sie einen Ablaufplan aller Aufgaben bei der Warenannahme.
- Erläutern Sie die Aufgaben eines Wareneingangsbuches.

Bestellte Waren werden dem Unternehmen meist durch die Deutsche Post AG, die Deutsche Bahn AG, Paketzustelldienste oder Speditionen zugestellt. Damit das Unternehmen nicht seine **Rechte aus Reklamationen** (Mängelrüge oder Schlechtleistung, vgl. S. 326) beim Lieferer verliert, müssen bei der Warenannahme **Prüfungen** vorgenommen werden.

Äußere Prüfung der Warensendung

In Anwesenheit des Frachtführers muss vom Käufer **sofort**, d.h. ohne jede Verzögerung, geprüft werden, ob

- die Anschriften des Absenders und des Empfängers auf dem Lieferschein zutreffend sind,
- die Waren bestellt waren (Vergleich von Lieferschein und Bestellung),
- die Verpackung Beschädigungen aufweist und
- die Anzahl und das Gewicht der Versandstücke (Colli) mit dem **Lieferschein und der Bestellung** übereinstimmen.

Falls sich bei der sofortigen Prüfung Beanstandungen ergeben, erstellt der Käufer eine Tatbestandsaufnahme (Schadensprotokoll) in Gegenwart des Frachtführers. Hierin werden die Mängel schriftlich erfasst und vom Frachtführer durch seine Unterschrift bestätigt. Der Käufer erklärt, dass er die Waren nur „unter Vorbehalt" annimmt, d.h., er behält sich weitere rechtliche Schritte gegen den Lieferer vor (vgl. S. 328). Der Empfang der Ware wird auf den **Warenbegleitpapieren** bestätigt.

Absender
Abels, Wirtz & Co. KG
Industriestraße 124
42653 Solingen

Empfänger
Bürodesign GmbH
Stolberger Str. 188
50933 Köln

Ihre Bestellung vom: 20.01.20..
Ihre Bestell-Nr./-Abtlg.: 1760
Versandart: Spedition
Frei/Unfrei: Unfrei
Gepackt am: 22.01.20.. von: Wolf
Kontrolle: Müller

Lieferschein Nr. 486 Datum 23.01.20..

100	Schlösser und Schlüssel	S 4704
30	Schließanlagen	A 5421
20	Ersatzschlüssel	E 0210

Waren angenommen
Mehmet Aydin

Vermerke des Absenders (bitte nicht durchschreiben)

Die gelieferte Ware bleibt bis zur vollständigen Bezahlung Eigentum des Lieferanten.

Bürodesign GmbH

Schadensprotokoll

Wareneingang:

Lieferer:
Abels, Wirtz & Co. KG
Industriestraße 124
42653 Solingen

Fehlermeldung

Ware	Best.-Nr.	gelieferte Anzahl	fehlerhafte Anzahl	Beanstandung
Schlösser mit Schlüssel	S 4704	97	3	3 Stück wurden zu wenig geliefert
Schließanlagen	A 5421	30	3	Kartons sind eingedrückt
Ersatzschlüssel	E 0210	20	20	Statt E 0210 wurde E 0220 geliefert

erstellt: *Menne* Unterschrift Frachtführer: *Schneeder* Datum: 23.01.20..
geprüft: *Bonnet*

Beispiel Bei der Warenannahme in der Bürodesign GmbH werden beschädigte oder fehlende Kartons sofort beim Frachtführer reklamiert. Durch die Überprüfung der Lieferanschrift wird vermieden, dass Irrläufer (Empfänger ist z. B. eine andere Filiale) angenommen werden.

Innere (inhaltliche) Prüfung der Warensendung

Bei der Überprüfung des Inhaltes der Sendung geht es darum, festzustellen, ob Artikel, Mengen, Art und Güte der Warensendung in Ordnung sind. Hierzu ist es erforderlich, verpackte Waren auszupacken. Die Prüfung kann bei umfangreichen Lieferungen **auch stichprobenartig** erfolgen. Sie ist **unverzüglich** vorzunehmen, d. h., der Käufer darf die Warenprüfung nicht schuldhaft verzögern, sondern er muss die Ware zum nächstmöglichen Zeitpunkt auf mögliche Mängel prüfen, sonst verliert er seine Rechte aus der Mängelrüge (vgl. S. 326).

Beispiel Bei der Bürodesign GmbH wird eine Lieferung von 40 Kartons Farben und Lacke am Dienstag um 17:15 Uhr angeliefert. Die sofortige Warenprüfung in Gegenwart des Frachtführers ergibt keine Beanstandungen. Aufgrund eines Versehens eines Mitarbeiters werden die Waren erst vier Tage später ausgepackt und im Einzelnen geprüft. Die Prüfung der Ware wurde von der Bürodesign GmbH mit schuldhafter Verzögerung durchgeführt, sie handelte somit nicht unverzüglich.

Wareneingangsbuch

In vielen Unternehmen wird ein digitales **Wareneingangsbuch** geführt. Hierin werden alle Wareneingänge mit Datum, Lieferer, Transporteur, Warenart, -menge usw. festgehalten. Außerdem wird die Einkaufsabteilung über den Wareneingang informiert, die dann die Begleichung der Rechnung (betriebliches Rechnungswesen) einleitet. Wurde die Ware ordnungsgemäß ohne Mängel geliefert, so ist sie nach einem **Lagerplan** im Lager einzuräumen.

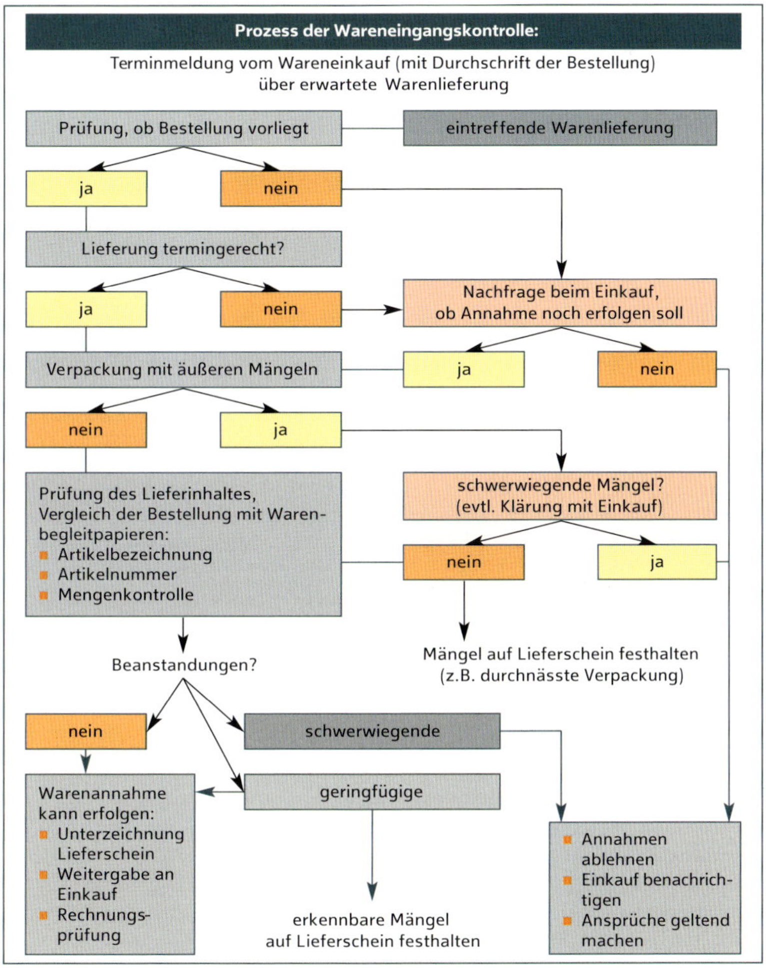

Wareneingangskontrolle

- Bei der Warenannahme muss die gelieferte Ware geprüft werden, damit das Unternehmen nicht die **Rechte aus Reklamationen (Mängelrüge)** beim Lieferer verliert. Es wird geprüft:

  sofort in Anwesenheit des Transporteurs
  - Berechtigung der Lieferung
  - Zustand der Verpackung
  - Zahl der Versandstücke
- Bei Beanstandungen: **Tatbestandsaufnahme** (Schadensprotokoll) **unverzüglich**
  - Art
  - Qualität
  - Beschaffenheit der Ware
- Bei Beanstandungen: **Mängelrüge**
  - Wareneingangsbuch: Erfassung aller Wareneingänge mit Datum, Warenart, Lieferer usw.

1 Die Bürodesign GmbH erhält per Lkw eine Lieferung mit 20 Tonnen Ware, verpackt in 2 500 Kartons. Reicht es aus, wenn bei der Warenannahme stichprobenartig die Verpackung untersucht wird? Begründen Sie Ihre Antwort.

2 Begründen Sie, weshalb bei Warenlieferung auf Verpackungsschäden geachtet werden muss.

3 Erklären Sie den Begriff „unverzüglich“ anhand eines Beispiels.

4 Erläutern Sie, welche Kontrollen beim Wareneingang in Anwesenheit des Transporteurs durchgeführt werden müssen.

5 Erläutern Sie, wie sich ein Unternehmen verhalten soll, das bei der Warenannahme Beanstandungen hat.

6.2 Schlechtleistung

Die Bürodesign GmbH erhält von der Vereinigte Spanplatten AG in Augsburg am Nachmittag des 9. August eine Warenlieferung. Infolge Arbeitsüberlastung der Warenannahme wird die Warensendung erst am nächsten Tag überprüft. Dabei stellt sich heraus, dass statt der bestellten 400 Furnierplatten in Eiche Furnierplatten in Esche geliefert worden sind. Ferner sind von 100 bestellten Schreibtischplatten zehn zerkratzt, sodass sie nicht ohne Weiteres verwendet werden können. Herr Sommer, der Gruppenleiter Holz, ruft sofort nach Entdeckung der Mängel beim Hersteller an und rügt die fehlerhafte Lieferung. Die Vereinigte Spanplatten AG lehnt die Rücknahme der falsch bzw. fehlerhaft gelieferten Waren mit der Begründung ab, die Bürodesign GmbH hätte die Lieferung unverzüglich nach Erhalt am Tag der Warenannahme überprüfen müssen.

- Stellen Sie fest, welche Mängelarten im vorliegenden Fall vorliegen.
- Prüfen Sie, ob die Bürodesign GmbH einen Anspruch gegen die Vereinigte Spanplatten AG geltend machen kann.

▲ Prüfungs- und Rügepflicht des Käufers (Sachmängelhaftungsfristen)

Der Verkäufer ist verpflichtet, die bestellte Ware mangelfrei zu liefern. Die eingegangene Ware muss vom Käufer beim zweiseitigen Handelskauf **unverzüglich (ohne schuldhafte Verzögerung)** auf Mängel untersucht werden. Bei Feststellung von Mängeln muss der Käufer dem Lieferer **eine Mängelrüge** (§ 433 ff. BGB) zukommen lassen. Für die Mängelrüge gibt es keine **bestimmte Formvorschrift**. Aus **Beweissicherungsgründen** ist die Schriftform sinnvoll. In der Mängelrüge sollten die festgestellten Mängel so genau wie möglich beschrieben werden.

Beim **zweiseitigen Handelskauf** müssen vom Käufer **offene Mängel unverzüglich, versteckte Mängel unverzüglich nach Entdeckung, spätestens vor Ablauf von zwei Jahren** gerügt werden (§ 377 HGB). **Arglistig verschwiegene Mängel** müssen **unverzüglich nach Entdeckung innerhalb von drei Jahren** gerügt werden, wobei die Frist der Verjährung am Ende des Jahres beginnt, in dem der Mangel entdeckt wurde. Kommt der Käufer seinen Rügepflichten nicht termingerecht nach, **verliert er alle Rechte** aus der mangelhaften Warenlieferung gegen den Lieferer. Der Käufer ist verpflichtet, die mangelhafte Ware auf Kosten des Lieferers sorgfältig aufzubewahren.

Beim **einseitigen Handelskauf** hat der Käufer bei Neuwaren bei offenen und versteckten Mängeln **zwei Jahre Zeit**, seine Mängelrüge zu erteilen. Bei Gebrauchtwaren beläuft sich die Sachmängelhaftungsfrist zwischen einem Kaufmann und einem Privatmann auf ein Jahr. Eine Warenlieferung kann Sach- oder Rechtsmängel aufweisen:

Sachmängel

- **Mangel in der Menge (Quantitätsmangel):** Es wird zu viel oder zu wenig Ware geliefert.

  Beispiel Statt der bestellten 1 000 Scharniere liefert die Abels, Wirtz & Co. KG 900 Scharniere (**Zuweniglieferung**).

- **Mangel in der Art (Falschlieferung):** Es wird eine andere Ware als die bestellte geliefert.

  Beispiel Statt Messingschlösser werden verchromte Schlösser geliefert, statt Furnierplatten in Eiche werden Furnierplatten in Esche geliefert.

- **Mangel durch fehlerhafte Ware, Montagefehler oder mangelhafte Montageanleitungen:** Die Ware kann möglicherweise zwar verwendet werden, ihr fehlt aber eine bestimmte oder zugesicherte Eigenschaft, die vertraglich vereinbart war. Hierzu zählen auch fehlerhafte Bedienungsanleitungen (IKEA-Klausel) oder wenn die vereinbarte Montage vom Verkäufer unsachgemäß ausgeführt wurde (Montagefehler).

  Beispiele
  - Gelieferte Schlösser haben einen defekten Schließzylinder.
  - Die von der Stammes Stahlrohr GmbH gelieferten Stahlbleche haben nicht die vereinbarte erforderliche Festigkeit, somit entsprechen sie nicht der vereinbarten Beschaffenheit.
  - Der Verkäufer liefert ein Holzregal, das beim Kunden aufgebaut wird. Der Monteur bohrt zusätzliche Löcher in das Regal mit dem Ergebnis, dass das Regal schief steht.

- **Mangel durch falsche Werbeversprechungen oder durch falsche Kennzeichnungen:** Es fehlen der Ware Eigenschaften, die in einer Werbeaussage oder durch Kennzeichnung versprochen wurden.

  Beispiel Die Bürodesign GmbH kauft aufgrund einer Werbebroschüre eines Autoherstellers einen Geschäftswagen, der laut Prospekt nur 5 Liter Kraftstoff pro 100 km verbrauchen soll. In Wirklichkeit braucht der Pkw aber 8 Liter.

Rechtsmangel

Die zu verkaufende Sache ist durch Rechte anderer belastet.

Beispiel Auf dem Flohmarkt verkauft ein Händler fabrikneue Bürostühle, die gestohlen worden sind.

Erkennbarkeit der Mängel

Hinsichtlich der **Erkennbarkeit der Mängel** kann folgende Einteilung vorgenommen werden:

- **Offener Mangel:** Er ist bei der Prüfung der Ware sofort erkennbar.

  Beispiel Ein Schreibtisch hat einen Kratzer.

- **Versteckter Mangel:** Er ist nicht gleich erkennbar, sondern zeigt sich erst später.

  Beispiel Angeblich rostfreie Schrauben rosten nach zwei Monaten; erst nach längerer Laufzeit einer Maschine zeigt sich an dieser ein Mangel.

- **Arglistig verschwiegener Mangel:** Er ist dem Verkäufer bekannt, wird aber bewusst von ihm verschwiegen.

  Beispiel Verkauf eines ausdrücklich unfallfreien Pkw, der aber bereits einen Unfall hatte.

BÜRODESIGN GMBH

Bürodesign GmbH, Stolberger Str. 188, 50933 Köln

Vereinigte Spanplatten AG
Ulmer Straße 12
86154 Augsburg

KOPIE

Anschrift: Stolberger Str. 188, 50933 Köln
Telefon: 0221 668-3550
Telefax: 0221 668-357
E-Mail: info@buerodesign-online.de
Internet: www.buerodesign-online.de

Ihr Zeichen, Ihre Nachricht vom	Unser Zeichen, unsere Nachricht vom	Telefon, Name	Datum
bi-so 11.07.20..	ka-so 11.07.20..	43, Kaya	10.08.20..

Schlechtleistung

Sehr geehrte Damen und Herren,

wir haben Ihre Lieferung fristgerecht am 9. August 20.. erhalten.

Bei der unverzüglichen Überprüfung der Sendung stellten wir allerdings folgende Mängel fest:

1. Statt der in Eiche furnierten Spanplatten lieferten Sie uns kunststoffbeschichtete Spanplatten.
2. 10 Schreibtischplatten Eiche massiv weisen erhebliche Kratzer auf der Oberfläche auf und sind nur bei einer Überarbeitung verwendbar.

Zur Regelung dieser Mängel machen wir Ihnen folgenden Vorschlag:

1. Liefern Sie uns bitte umgehend die bestellten Eichefurnierplatten. Für die falsch gelieferten kunststoffbeschichteten Platten haben wir keine Verwendung, deshalb werden wir sie Ihrem Auslieferungsfahrer bei der nächsten Lieferung mitgeben.
2. Für die 10 zerkratzten Schreibtischplatten verlangen wir einen Nachlass in Höhe von 40 % auf den Zieleinkaufspreis.

Trotz dieser mangelhaften Lieferung hoffen wir weiterhin auf gute und korrekte Geschäftsbedingungen.

Mit freundlichen Grüßen

Bürodesign GmbH

i.A. Kaya

Kaya
Abteilungsleiter Beschaffung

Rechte des Käufers aus der Schlechtleistung (gesetzliche Sachmängelhaftungsansprüche)

Der Käufer kann **aus der Mängelrüge zuerst nur das Recht auf Nacherfüllung** geltend machen.

Wahlweise **Ersatzlieferung oder Nachbesserung (= Nacherfüllung § 439 BGB):** Der Kaufvertrag bleibt bestehen, der Käufer besteht auf der Lieferung mangelfreier Ware. Das Recht der Ersatzlieferung ist nur beim Gattungskauf (vertretbare Ware) möglich. Der Käufer wird dieses Recht wählen, wenn der Kauf besonders günstig oder der Verkäufer bisher besonders zuverlässig war. Eine Nachbesserung gilt nach dem erfolglosen zweiten Versuch als fehlgeschlagen.

Gelingt die Nacherfüllung nicht, d. h., ist der Käufer anschließend nicht im Besitz einer mangelfreien Ware, hat der Käufer wahlweise **folgende Rechte**, wobei dem Verkäufer vorher eine angemessene Frist zur Leistung oder Nacherfüllung einzuräumen ist:

- **Minderung des Kaufpreises = Preisnachlass (§ 441 BGB):** Der Kaufvertrag bleibt bestehen. Der Verkäufer mindert den ursprünglichen Verkaufspreis um einen angemessenen Betrag. Allerdings ist eine Vereinbarung zwischen Verkäufer und Käufer über die Minderung erforderlich. Der Käufer wird dieses Recht in Anspruch nehmen, wenn die Gebrauchsfähigkeit der Ware nicht wesentlich beeinträchtigt ist.
- **Rücktritt vom Kaufvertrag (§ 440 BGB):** Der Kaufvertrag wird aufgelöst, d. h., der Käufer tritt vom Kaufvertrag zurück und bekommt sein Geld zurück. Der Käufer wird insbesondere dann vom Vertrag zurücktreten, wenn er die gleiche Ware bei einem anderem Lieferer preiswerter beschaffen kann.
- **Schadenersatz statt der Leistung (§ 440 BGB):** Anspruch auf Schadenersatz besteht nur, wenn auch ein Schaden nachgewiesen werden kann und ein Verschulden des Verkäufers vorliegt. Statt Schadenersatz kann auch hier der Käufer den Ersatz vergeblicher Aufwendungen verlangen (vgl. S. 333).

Der Unternehmer, der eine neu hergestellte mangelhafte Sache von einem Verbraucher zurücknehmen oder eine Preisminderung gewähren musste, kann die Rechte gegen seinen eigenen Lieferer geltend machen (**Unternehmerrückgriff**, § 437 BGB). Er muss aber eine Nachfrist setzen. Zudem kann er den Ersatz der Aufwendungen für eine Nichterfüllung verlangen (§ 478 BGB). Gleiches gilt auch für andere Lieferer in der Lieferkette.

Der Verkäufer haftet ebenfalls dafür, wenn eine Ware nicht hält, was die Werbung verspricht, die Ware gilt dann als mangelhaft. Zudem haftet der Verkäufer für Angaben des Herstellers und für falsche Montage- und Gebrauchsanleitungen.

Bei **unerheblichen Mängeln** hat der Käufer nur das Recht auf Nacherfüllung oder Minderung, nicht jedoch auf Rücktritt oder Schadenersatz statt der Leistung. Der Verkäufer kann ebenfalls Nachbesserung und/oder Neulieferung verweigern, wenn unverhältnismäßig hohe Kosten anfallen würden.

Ein **Käufer hat keine Ansprüche** gegen den Lieferer, wenn

- der Käufer beim Abschluss des Kaufvertrages von dem Mangel gewusst hat,
- die Ware auf einer öffentlichen Versteigerung oder
- in Bausch und Bogen (Ramschkauf, §§ 422, 454 BGB) gekauft wurde (vgl. S. 312).

- Schlechtleistung

Pflichten des Käufers	**zweiseitiger Handelskauf**	**einseitiger Handelskauf und bürgerlicher Kauf**
■ Prüfpflicht	unverzüglich	keine gesetzliche Regelung
■ Rügepflicht Feststellung von		
– offenen,	unverzüglich	innerhalb von zwei Jahren
– versteckten,	unverzüglich nach Entdeckung innerhalb von zwei Jahren	innerhalb von zwei Jahren
– arglistig verschwiegenen Mängeln	unverzüglich nach Entdeckung innerhalb von drei Jahren	innerhalb von drei Jahren nach Entdeckung
■ Mängelarten	■ Sachmängel – Mangel in der Menge (Quantitätsmangel) – Mangel in der Art (Falschlieferung) – Mangel durch fehlerhafte Ware, Montagefehler oder mangelhafte Bedienungsanleitungen – Mangel durch falsche Werbeversprechungen und falsche Kennzeichnungen ■ Rechtsmängel (Sache ist durch Rechte anderer belastet)	

Rechte des Käufes

Kaufvertrag bleibt bestehen	Kaufvertrag wird aufgelöst
■ Wahlweise Ersatzlieferung oder Nachbesserung. Gelingt die Nacherfüllung nicht, hat der Käufer wahlweise folgende Rechte: 1. Minderung (Preisnachlass) oder	2. Rücktritt vom Kaufvertrag oder/und 3. Schadenersatz statt der Leistung oder Ersatz vergeblicher Aufwendungen

1 Bei der Überprüfung eingehender Lieferungen stellt die Bürodesign GmbH folgende Mängel an der Ware fest:

1. 2000 Stahlrohre wurden statt in der Länge von 55 cm in der Länge von 45 cm geliefert.
2. 50 m Bezugsstoffe für Bürostühle weisen Verschmutzungen auf.
3. Statt 10 m Bezugsstoff wurden 12 m geliefert.
4. Statt mit Holzfurnier beschichtete Spanplatten wurden kunststoffbeschichtete geliefert.
5. 20 Schlösser für Schubladen haben defekte Schließzylinder.

a) Geben Sie an, welche Mängelarten vorliegen.
b) Erläutern Sie, welche Rechte die Bürodesign GmbH in Anspruch nehmen sollte.

2 Wählen Sie drei Produkte aus der Produktliste der Bürodesign GmbH aus und erläutern Sie anhand dieser Produkte offene, versteckte und arglistig verschwiegene Mängel.

3 Nennen Sie die Prüf- und Rügefristen beim ein- und zweiseitigen Handelskauf bei
a) offenen Mängeln, b) versteckten Mängeln, c) arglistig verschwiegenen Mängeln.

4 Erläutern Sie an einem Beispiel den Unterschied zwischen Garantie und Kulanz.

5 Führen Sie den Schriftverkehr nachfolgender Unternehmen anhand folgender Daten:
a) Am 15. August 20.. trifft beim „Warenhaus Höllermann AG", Euskirchener Str. 46, 28327 Bremen, eine Sendung Lederwaren ein, die am 17. Juli 20.. bei der Lederwarenfabrik Hans Röllgen OHG, Waldstr. 115, 66953 Pirmasens, bestellt worden war.
Bei der unverzüglichen Überprüfung durch die Warenannahme wurden folgende Mängel festgestellt:
1. Ein Lederkoffer Marke „Universum" EAN/GTIN-Nr. 4039600001489 weist Kratzer am Oberleder auf.
2. Eine Damenhandtasche Marke „Midnight Lady" EAN/GTIN-Nr. 4039600184356 hat defekte Verschlüsse.
3. Eine Herrenhandtasche Marke „Casanova" EAN/GTIN-Nr. 4039601356423 ist fehlerhaft vernäht worden.
Der Lederkoffer kann noch verkauft werden; die Damenhandtasche und die Herrenhandtasche sind unverkäuflich.

b) Am 26. März 20.. trifft eine Sendung der Hanckel & Cie. GmbH bei der Bürodesign GmbH ein. Herr Kaya, Abteilungsleiter Beschaffung, erhält von Herrn Schorn, dem Gruppenleiter Zubehör, der die Warensendung unverzüglich überprüfte, folgende Meldung:

Fehlermeldung Sachbearbeiterin: Schorn					Datum: 26.03.20..
Teilenummer:	Benennung	gelieferte Stücke	Stückpreis in €	fehlerhafte Stücke	Beanstandung
L 302	Holzlack Eiche 10 l seidenmatt	40	48,00	8	Statt seidenmatt wurde glänzend geliefert.
K 122	Holzkleber 10 l „Puttex"	30	28,00	2	Eimer waren nicht mehr luftdicht verschlossen, Leim ist angetrocknet. Leim ist nur noch teilweise verwendbar.
W 380	Holzlasur Mahagoni 10 l	20	44,00	10	Statt 20 wurden nur 10 geliefert.

Folgende Sachmängelhaftungsansprüche werden geltend gemacht:
1. Holzlack Eiche: Ersatzlieferung
2. Holzkleber: Minderung des Kaufpreises
3. Holzlasur: Nachlieferung

6 Ein Kunde kauft an einem Freitag in einem Elektrofachmarkt eine Kaffeemaschine mit Zeitschaltuhr. Der Einzelhändler weist ihn auf die Garantie von drei Jahren hin. Am Wochenende will der Kunde das Gerät benutzen und stellt dabei fest, dass die Zeitschaltuhr defekt ist. Aufgebracht reklamiert er das Gerät am folgenden Montag.
a) Nennen Sie die Sachmängelhaftungsansprüche, die der Kunde unter Beachtung der gesetzlichen Bestimmungen geltend machen kann.
b) Welche Lösung schlagen Sie dem Kunden in der oben geschilderten Situation vor? Begründen Sie Ihre Entscheidung.

6.3 Nicht-rechtzeitig-Lieferung

Die Bürodesign GmbH hat am 20. Januar bei der Abels, Wirtz & Co. KG 1 000 Messingbeschläge bestellt. Als Lieferfrist wurde vier Wochen nach dem Eingang der Bestellung vereinbart. Am 28. Februar stellt die Bürodesign GmbH fest, dass die bestellten Messingbeschläge noch nicht eingetroffen sind. Bei einer telefonischen Rückfrage bei der Abels, Wirtz & Co. KG erfährt Herr Miebach, dass die Messingbeschläge aufgrund einer produktionsbedingten Störung erst in drei Wochen geliefert werden können. Herr Miebach besteht auf der sofortigen Lieferung und teilt dieses dem Lieferer telefonisch und schriftlich mit.

- Überprüfen Sie, ob die Bürodesign GmbH einen Anspruch auf sofortige Lieferung der bestellten Messingbeschläge hat.
- Erläutern Sie die Rechte des Käufers aus der Nicht-rechtzeitig-Lieferung und aus der Schlechtleistung.

▲ Voraussetzungen der Nicht-rechtzeitig-Lieferung (Lieferungsverzug)

Der Lieferer hat sich im Kaufvertrag dazu verpflichtet, bestellte Waren termingerecht zu liefern. **Sind folgende Voraussetzungen** gegeben, befindet sich der Lieferer im Lieferungsverzug (§ 280 ff., § 286 BGB; § 376 HGB):

- **Fälligkeit der Lieferung**
  - Ist der Liefertermin **kalendermäßig nicht genau festgelegt**, muss die Lieferung beim Verkäufer durch den Käufer **angemahnt** werden (§ 286 BGB).

    Beispiele Lieferung ab Mitte Februar, Lieferung ab Anfang August, Lieferung frühestens 20. März

    Erst durch die Mahnung des Käufers mit kalendermäßiger Bestimmung des Lieferungsverzuges gerät der Lieferer in Verzug.
  - Ist der Liefertermin **kalendermäßig genau vereinbart** worden (= **Terminkauf**), so ist **keine Mahnung** des Käufers erforderlich (§ 284 Abs. 1 BGB).

    Beispiele Lieferung am 12. Juni 20.., Lieferung zwischen dem 5. und 8. Januar 20.., Lieferung 30. März 20.. fix

  Eine **Mahnung ist auch nicht erforderlich**
  - bei **Selbstinverzugsetzung**, d. h., der Verkäufer erklärt ausdrücklich, dass er nicht liefern kann oder nicht liefern will, oder
  - bei einem **Zweckkauf**, d. h., der Käufer hat kein Interesse mehr an der Lieferung, da der Zweck des Kaufs durch die verspätete Lieferung weggefallen ist, oder

    Beispiel Lieferung von Weihnachtsartikeln nach Weihnachten
  - bei **eilbedürftigen Pflichten**.

    Beispiel Reparatur bei Wasserrohrbruch
- **Verschulden des Lieferers:** Ein Verschulden des Lieferers liegt vor, wenn der Lieferer oder sein Erfüllungsgehilfe **vorsätzlich oder fahrlässig** gehandelt haben (§§ 276, 285 BGB).

  Beispiel Die Abels, Wirtz & Co. KG hat eine Bestellung der Bürodesign GmbH erhalten. Der Sachbearbeiter der Abels, Wirtz & Co. KG vergisst die Bestellung und dadurch versäumt der Lieferer den vereinbarten Liefertermin (Fahrlässigkeit).

Ist die Ursache für die verspätete Lieferung auf höhere Gewalt zurückzuführen, gerät der Lieferer nicht in Lieferungsverzug.

Beispiele Brand, Sturm, Krieg, Erdbeben, Hochwasser, Streik

BÜRODESIGN GMBH

Bürodesign GmbH, Stolberger Straße 188, 50933 Köln

Einschreiben
Abels, Wirtz & Co. KG
Metallwarenfabrik
Industriestraße 124
42653 Solingen

KOPIE

Anschrift: Stolberger Straße 188
50933 Köln
Telefon: 02 21 6 68 -35 50
Telefax: 02 21 6 68 -35 7
E-Mail: info@buerodesign-online.de
Internet: www.buerodesign-online.de

Ihr Zeichen, Ihre Nachricht vom	Unser Zeichen, unsere Nachricht vom	Telefon, Name	Datum
pa-do 23.01.20..	mi-ha 20.01.20..	35 71 Herr Miebach	28.02.20..

Nicht-rechtzeitig-Lieferung

Sehr geehrte Damen und Herren,

am 20. Januar 20.. haben wir bei Ihnen 1 000 Messingbeschläge bestellt. In Ihrer Auftragsbestätigung vom 23. Januar 20.. hatten Sie uns eine Lieferung für den 22. Februar 20.. zugesagt. Leider haben wir bisher keine Lieferung von Ihnen erhalten.

Wir benötigen diese Beschläge dringend für die Herstellung von bereits bestellten Schreibtischen. Daher fordern wir Sie auf, uns die Beschläge bis zum 7. März 20.. zu liefern.

Sollten Sie unserer Forderung nicht nachkommen, sehen wir uns gezwungen, den Auftrag an ein anderes Unternehmen zu vergeben. Einen möglicherweise höheren Einkaufspreis werden wir Ihnen bei Vornahme des Deckungskaufs in Rechnung stellen.

Wir hoffen, dass Sie Ihrer Lieferverpflichtung nachkommen werden.

Mit freundlichen Grüßen

i. A. Miebach

Rechte des Käufers bei der Nicht-rechtzeitig-Lieferung

Aus dem Lieferungsverzug ergeben sich für den Käufer unterschiedliche Rechte. Welches Recht der Käufer in Anspruch nehmen kann, hängt davon ab, ob er dem Lieferer eine **angemessene Nachfrist** setzt oder nicht. Eine Nachfrist ist dann angemessen, wenn der Lieferer die Möglichkeit hat, die Lieferung nachzuholen, ohne die Ware selbst beschaffen oder anfertigen zu müssen.

Ohne Nachfristsetzung hat der Käufer das Recht,

- **die Lieferung zu verlangen oder**
- **die Lieferung und Schadenersatz wegen verspäteter Lieferung (= Verzögerungsschaden) zu verlangen (§ 286 BGB).**

Beispiel Durch die verspätete Lieferung der Abels, Wirtz & Co. KG hat die Bürodesign GmbH einen Produktionsausfall bei der Produktgruppe „Konferenzen und Schulung". Dadurch wird einem Kunden der Bürodesign GmbH, der Bodo Lukas KG, eine Lieferung mit sechs Wochen Verspätung zugestellt. Es wird eine Konventionalstrafe in Höhe von 10 000,00 € fällig. Die Bürodesign GmbH verlangt vom Lieferer neben der bestellten Ware Schadenersatz wegen verspäteter Lieferung.

Nach Ablauf einer Nachfristsetzung (§ 280f. BGB) hat der Käufer das Recht,

- **die Lieferung abzulehnen und vom Vertrag zurücktreten (§ 326 Abs. 1 BGB)**

  Beispiel Die gleiche Ware ist bei einem anderen Lieferer inzwischen günstiger beschaffbar.

- und/oder **Schadenersatz statt der Leistung zu verlangen (§§ 286 Abs. 2, 325, 326 BGB).**

Die **Nachfristsetzung** entfällt beim Selbstinverzugsetzen des Lieferers (vgl. S. 331), Zweckkauf (vgl. S. 331), Fixkauf (beim zweiseitigen Handelskauf).

Anstelle des Schadenersatzes statt der Leistung kann der Käufer den **Ersatz vergeblicher Aufwendungen** nach § 284 BGB verlangen: Hierzu zählen solche Aufwendungen, die der Käufer im Vertrauen darauf, die Kaufsache tatsächlich zu erhalten, gemacht hatte.

Beispiel Ein Käufer hat für die Finanzierung des beim Lieferer bestellten Kaufgegenstandes einen Kredit bei seiner Bank aufgenommen. Da er den bestellten Gegenstand vom Lieferer nicht erhält, sind die entstandenen Finanzierungskosten vergeblich gewesen. Der Käufer kann vom Verkäufer den Ersatz seiner vergeblichen Aufwendungen verlangen.

Beim **Fixkauf (§ 361 BGB, § 343 HGB)** gerät der Lieferer automatisch mit Überschreiten des Liefertermins in Verzug.

Der Käufer hat beim **Fixkauf ohne Nachfristsetzung die Rechte**,

- sofort vom Vertrag zurückzutreten oder
- auf der Lieferung zu bestehen (der Käufer muss dieses aber dem Lieferer unverzüglich mitteilen) oder
- Schadenersatz statt der Leistung zu verlangen (Verschulden des Verkäufers ist aber erforderlich).

Schadensermittlung

Im Falle des Schadenersatzes (§ 249 BGB) bereitet die Ermittlung des Schadens oft Schwierigkeiten. Verlangt ein Käufer von seinem Lieferer Schadenersatz statt der Leistung, muss er dem Lieferer den Schaden durch eine **Schadensberechnung** nachweisen. Hierbei werden zwei Formen der Schadensberechnung unterschieden:

Tatsächlicher (konkreter) Schaden:

Der Käufer nimmt für die nicht gelieferte Ware einen anderweitigen Einkauf **(Deckungskauf)** vor, d. h., er kauft die Ware bei einem anderen Lieferer. Hierbei kann sich der Schaden aus dem Mehrpreis für die beim Deckungskauf gekauften Waren ergeben.

Angenommener (abstrakter) Schaden:

Der zu ersetzende Schaden umfasst auch den **entgangenen Gewinn**, der unter normalen Umständen erwartet werden konnte. Er lässt sich nicht ohne Weiteres ermitteln, so z. B. kann ein Käufer nur schwer beweisen, wie viel Gewinn ihm entgeht, wenn er die bestellten, aber nicht gelieferten Waren termingerecht erhalten hätte, da er nicht nachweisen kann, wie viel er tatsächlich verkauft hätte. Um diese Problematik der Schadensermittlung zu vermeiden, werden zwischen dem Käufer und dem Lieferer **Konventionalstrafen (Vertragsstrafen)** vereinbart, die der Lieferer im Verzugsfall zahlen muss, selbst wenn der Schaden geringer ist (§§ 249, 252, 339 BGB).

Beispiel Die Bürodesign GmbH hat die bestellten Messingbeschläge trotz Nachfristsetzung von der Abels, Wirtz & Co. KG nicht termingerecht erhalten. Aufgrund dessen verzögert sich die Herstellung von 50 Schreibtischen „Chef 2000“. Ein Schaden könnte darin bestehen, dass einige Kunden der Bürodesign GmbH aufgrund der Lieferverzögerung vom Kaufvertrag zurücktreten. Dieser Schaden und der damit entgangene Gewinn können aber nur schwer konkret nachgewiesen werden, deswegen vereinbart die Bürodesign GmbH mit dem Lieferer eine Konventionalstrafe.

Nicht-rechtzeitig-Lieferung

- **Voraussetzungen der Nicht-rechtzeitig-Lieferung** sind
  - **Fälligkeit der Lieferung** (Liefertermin ist kalendermäßig bestimmt = Terminkauf),
  - **Mahnung** (Liefertermin ist kalendermäßig nicht genau bestimmt),
  - **Verschulden des Lieferers** durch Vorsatz oder Fahrlässigkeit. Bei höherer Gewalt trifft den Lieferer kein Verschulden.

Rechte des Käufers

ohne Nachfristsetzung	nach Ablauf der Nachfrist
▪ Lieferung oder ▪ Lieferung und Schadenersatz	▪ Rücktritt vom Kaufvertrag und/oder ▪ Schadenersatz statt der Leistung oder Ersatz vergeblicher Aufwendungen

- Beim **Fixkauf** braucht keine Nachfrist gesetzt zu werden

1 Als Liefertermin wurde in einem Kaufvertrag über Gattungsware der 14. Juni 20.. vereinbart. Die Lieferung trifft aber zu diesem Termin nicht ein.
a) Erläutern Sie, wann der Lieferungsverzug eingetreten ist.
b) Welche Rechte kann der Käufer in Anspruch nehmen?

2 Erläutern Sie a) Selbstinverzugsetzung, b) Zweckkauf.

3 Geben Sie an, wann der Verkäufer bei folgenden Lieferterminen in Verzug gerät.
a) bis 10. Januar 20..
b) 13. Juni 20.. fix
c) lieferbar ab Mai
d) am 16. Dezember 20..
e) im Laufe des Dezembers
f) heute in drei Wochen

4 Ein Süßwarenhersteller hat bei einem Lieferer 50 Tonnen Kakaopulver bestellt. Als Liefertermin wurde ab Mitte Juni zugesagt. Durch ein Versehen beim Kakaolieferer ist die Bestellung abhanden gekommen, es erfolgt keine Lieferung bis zum 28. Juni 20.. .
a) Prüfen Sie, ob sich der Lieferer im Verzug befindet.
b) Welches Recht wird der Süßwarenhersteller bei einem Lieferungsverzug geltend machen, wenn
- die Preise inzwischen gefallen sind,
- die Preise inzwischen gestiegen sind,
- nachweisbar ein Schaden entstanden ist?

5 Schriftverkehr: Schreiben Sie anhand nachfolgender Angaben jeweils einen Brief:
a) Der Elektrogroßhändler Rudolf Meis e.K., Magdeburger Str. 16, 19063 Schwerin, hatte am 10. Februar 20.. beim Hi-Fi-Hersteller Schwarz KG, Wiesbadener Str. 16–20, 70372 Stuttgart, 30 Hi-Fi-Kompaktanlagen „Vision 2000" bestellt. Der Hi-Fi-Hersteller schickte am 16. Februar 20.. eine Auftragsbestätigung. Als Liefertermin wurde Mitte März vereinbart. Am 29. März 20.. ist die Ware noch nicht beim Großhändler eingetroffen.
b) Die Bürodesign GmbH hat am 26. März 20.. bei der Stammes Stahlrohr GmbH 500 laufende Meter verzinkte Stahlrohre bestellt. Die Lieferung ist bis zum 15. Mai 20.. zugesagt. Am 20. Mai 20.. ist die Lieferung immer noch nicht eingetroffen. Ein anderer Lieferer bietet die gleichen Stahlrohre zu einem günstigeren Preis an.

6 Ein Lieferer befindet sich in Lieferungsverzug. Welches Recht machen Sie geltend, wenn die Ware bei einem anderen Lieferer sofort preiswerter bezogen werden kann?
1. Sie treten vom Vertrag zurück.
2. Sie bestehen auf Lieferung und Schadenersatz für den entgangenen Gewinn.
3. Sie bestehen auf Lieferung zu dem von anderer Stelle angebotenen Preis.
4. Sie lehnen die Lieferung ab und fordern Schadenersatz für den entgangenen Gewinn.
5. Sie bestehen auf Lieferung und setzen eine weitere Nachfrist.

7 Erläutern Sie die Rechte des Käufers beim Fixkauf.

6.4 Buchungen im Beschaffungsbereich

6.4.1 Sofortrabatte und Anschaffungsnebenkosten

Für eine Furnierlieferung erhielt die Bürodesign GmbH folgende Rechnung von der Furnierwerk GmbH, Grevenbroich. Frau König gibt den Beleg an Frau Land weiter.

FURNIER WERK GMBH

Furnierwerk GmbH, Grenzstraße 16, 41515 Grevenbroich

Bürodesign GmbH
Stolberger Straße 188
50933 Köln

Anschrift:
Grenzstraße 16
41515 Grevenbroich
Tel.: 02181 56781
Fax: 02181 56788
E-Mail: info@furnierwerk.de
Internet: www.furnierwerk.de

Bei Zahlung bitte Rechnungs- und Kunden-Nr. angeben

Rechnung

Kunden-Nr.	Rechnungs-Nr.	Datum	Blatt
840443	20471	30.06.20..	1

Pos.	Artikel-Nr.	Artikelbezeichnung	Menge	Einzelpreis €	Gesamtpreis €
1	039	Furnier Buche, Bögen 200 x 50	320	62,50	20 000,00
		– 8 % Mengenrabatt			1 600,00

Warenwert, netto €	Verpackung	Fracht €	Entgelt netto €	USt %	USt- €	Gesamtbetrag €
18 400,00		600,00	19 000,00	19	3 610,00	22 610,00

Bankverbindung: Raiffeisenbank Grevenbroich
IBAN: DE72370693060047162896 BIC: GENODED1GRB
Steuernummer: 114/6854/1011 USt-IdNr.: DE148886610

„Das ist fast wie in der Schule", sagt Silvia Land lächelnd und macht sich an die Arbeit – doch kaum hat sie begonnen, fragt sie Frau König: „Wie buche ich denn den Rabatt und die Fracht?"

- Erläutern Sie die Auswirkung von Rabatt und Fracht auf die Anschaffungskosten und machen Sie Vorschläge für die Buchung der Fracht.

Roh-, Hilfs- und Betriebsstoffe werden beim Einkauf mit ihren Anschaffungskosten (Bezugs- oder Einstandspreisen) erfasst.

§ 255 HGB

(1) Anschaffungskosten sind die Aufwendungen, die geleistet werden, um einen Vermögensgegenstand zu erwerben und ihn in einen betriebsbereiten Zustand zu versetzen, soweit sie dem Vermögensgegenstand einzeln zugeordnet werden können. Zu den Anschaffungskosten gehören auch die Nebenkosten sowie die nachträglichen Anschaffungskosten. Anschaffungspreisminderungen [...] sind abzusetzen.

Es ist also zu beachten, dass

- **Sofortrabatte,** die bereits auf der Eingangsrechnung ausgewiesen sind, nicht gesondert gebucht werden,
- **Bezugskosten** als Anschaffungsnebenkosten zu den Anschaffungskosten zählen,
- **Vorsteuer** lt. Eingangsrechnung kein Bestandteil der Anschaffungskosten ist.

Beispiel (siehe Beleg S. 335)

	Eingangsrechnung: Zieleinkauf von Rohstoffen	
Listenpreis	Gesamtpreis, netto	20000,00
– Sofortrabatt	– Mengenrabatt 8 %	1600,00
		18400,00
+ Anschaffungsnebenkosten	+ Fracht	600,00
= Anschaffungskosten		19000,00
	+ 19 % Umsatzsteuer	3610,00
	Rechnungsbetrag, brutto	22610,00

▲ Buchung der Anschaffungsnebenkosten

Damit der Unternehmer genaue Informationen über die Zusammensetzung der Bezugs-/Einstandspreise (Preis der Stoffe, Bezugskosten) bekommt, empfiehlt sich eine getrennte **Erfassung der Anschaffungsnebenkosten** auf besonderen **Bezugskostenkonten**, Unterkonten der jeweiligen Aufwandskonten.

Beispiel

Buchung (siehe Beleg S. 335):

6000 Aufwendungen für Rohstoffe	18400,00
6001 Bezugskosten	600,00
2600 Vorsteuer	3610,00
an 4400 Verbindlichkeiten a. LL.	22610,00

S — 6000 Aufw. für Rohstoffe — H

S		H	
4400 Vb	18400,00		
6001	600,00		

S — 6001 Bezugskosten — H

S		H	
4400 Vb	600,00	6000	600,00

Zum Abschluss des Geschäftsjahres wird das Konto „6001 Bezugskosten“ über das übergeordnete Konto „6000 Aufwendungen für Rohstoffe“ abgeschlossen.

Buchungssatz:

6000 Aufwendungen für Rohstoffe 600,00 an 6001 Bezugskosten 600,00

Diese Information benötigt die Unternehmensleitung, um beispielsweise die Frachtkosten zu mindern, z. B. durch Abholung der Werkstoffe beim Lieferer.

Beispiel Der Bürodesign GmbH werden von der Vereinigte Spanplatten AG, Augsburg, Spanplatten 200 x 200 x 2 cm zu folgenden Bedingungen angeboten:
1 000 Stück zu je 28,00 €, ab Werk, Frachtkosten bei Zustellung mit werkseigenem Lkw 2,00 € je Stück. Im Rahmen ihrer Beschaffungspolitik kann die Bürodesign GmbH versuchen, die Frachtkosten zu senken, beispielsweise durch Auswahl eines Spediteurs, durch Selbstabholung u. a.

Hochwertige **Spezial- oder Mehrwegverpackung** (Kühlsteigen, Kisten, Gas- oder Säurebehälter) werden häufig vom Lieferer zur Verfügung gestellt und dem Kunden mit den Selbstkosten belastet. Solche **Verpackungskosten** werden als **Anschaffungsnebenkosten** ebenfalls auf dem Unterkonto „Bezugskosten“ gebucht.

▲ Abschluss der Bezugskostenkonten

Da die **Bezugskosten Bestandteil der Anschaffungskosten** der beschafften Materialien sind, **müssen** die **Bezugskostenkonten** beim Abschluss der Finanzbuchhaltung im Rahmen der vorbereitenden Abschlussbuchungen **über** die **entsprechenden Materialaufwandskonten abgeschlossen werden**.

Vorbereitende Abschlussbuchungen:

6000 Aufwendungen für Rohstoffe	an 6001 Bezugskosten für Rohstoffe
6020 Aufwendungen für Hilfsstoffe	an 6021 Bezugskosten für Hilfsstoffe
6030 Aufwendungen für Betriebsstoffe	an 6031 Bezugskosten für Betriebsstoffe

Sofortrabatte und Anschaffungsnebenkosten

- Alle Vermögensgegenstände sind bei ihrer Beschaffung mit den Anschaffungskosten (Bezugs- oder Einstandspreis) zu erfassen.
- Anschaffungskosten sind alle Aufwendungen, die beim Erwerb entstehen.

Anschaffungskosten

Anschaffungspreisminderungen

- Sofortrabatte, die bei Rechnungserteilung abgezogen werden:
  - Mengenrabatt
  - Wiederverkäuferrabatt
  - Sonderrabatte
- werden nicht gesondert gebucht

Anschaffungsnebenkosten

- Bezugskosten bei der Beschaffung von Waren
  - Verpackungskosten
  - Rollgeld
  - Fracht
  - Versicherungskosten
- Bestandteile der Anschaffungskosten

keine Anschaffungskosten

- absetzbare Vorsteuer, die als Forderung gegenüber dem Finanzamt mit der Umsatzsteuer (Verbindlichkeit) verrechnet wird

- Die Anschaffungsnebenkosten werden zur besseren Übersicht über die Bezugskosten auf besonderen Unterkonten der Materialaufwandskonten erfasst.

1 ER 507:

	€
Rohstoffe, Listenpreis	165000,00
– 33 1/3 % Wiederverkäuferrabatt	55000,00
....	110000,00
– 4 % Sonderrabatt	4400,00
....	105600,00
+ 19 % Umsatzsteuer	20064,00
....	125664,00

Buchen Sie diese Eingangsrechnung und begründen Sie Ihre Lösung.

2 Geben Sie die Buchungssätze für folgende Geschäftsfälle eines Herstellers von Damenoberbekleidung an.

	€	€
1. **ER:** Zieleinkauf von Mantelstoffen, netto	40000,00	
– Mengenrabatt 6 %	2400,00	37600,00
+ 19 % Umsatzsteuer		7144,00
....		44744,00
2. **ER, BA:** Kauf von Nähseide gegen Banküberweisung, netto	8000,00	
– Mengenrabatt 4 %	320,00	7680,00
+ 19 % Umsatzsteuer		1459,20
....		9139,20
3. **ER, KB:** Barkauf von Reinigungsmaterial für die Lagerräume, netto	700,00	
– Firmenrabatt (Treuerabatt) 5 %	35,00	665,00
+ 19 % Umsatzsteuer		126,35
....		791,35

4. **BA:** Ausgleich der fälligen ER (Fall 1)?

3 Geben Sie die Buchungssätze für folgende Geschäftsfälle eines Herstellers von Teigwaren und Fertiggerichten an (Rohstoff: Hartweizengrieß, Fleisch; Hilfsstoffe: Hühnereier, Salz, Pflanzenöl).

	€	€
1. **ER:** Zieleinkauf von Hartweizengrieß, netto	48 000,00	
– 4 % Mengenrabatt	1 920,00	46 080,00
+ Fracht		373,92
+ Transportversicherung		46,08
		46 500,00
+ 7 % Umsatzsteuer		3 255,00
		49 755,00
2. **ER, KB:** Rollgeld für die Anlieferung (Fall 1) wurde bar bezahlt		
Rollgeld, brutto einschließlich 19 % USt		204,68
3. **ER, BA:** Kauf von Hühnereiern der Gewichtsklasse A gegen Zahlung mit Banküberweisung, netto	2 500,00	
+ 7 % Umsatzsteuer	175,00	2 675,00
4. **KB:** Barzahlung der Fracht für die Anlieferung der Eier (Fall 3), netto	70,00	
+ 19 % Umsatzsteuer	13,30	83,30
5. **ER, BA:** Kauf von Öl für Heizungsanlagen des Betriebes Listenpreis, netto	4 000,00	
– 5 % Mengenrabatt	200,00	3 800,00
+ Fracht		100,00
		3 900,00
+ 19 % Umsatzsteuer		741,00
		4 641,00
6. **ER:** Zieleinkauf von Pflanzenöl für die Fertiggerichtproduktion, netto	5 000,00	
– 8 % Mengenrabatt	400,00	4 600,00
+ Fracht		300,00
		4 900,00
+ 7 % Umsatzsteuer		343,00
		5 243,00
7. **Brief des Lieferers** (Fall 6): Lastschrift für Verpackung (Fässer), netto	700,00	
+ 19 % Umsatzsteuer	133,00	833,00
8. **KB:** Barkauf von Versandkartons für Teigwaren, netto	1 500,00	
+ Fracht	90,00	1 590,00
+ 19 % Umsatzsteuer		302,10
		1 892,10

4 Die Textilfabrik Georg Klein e. K. erhält eine Ab-Werk-Lieferung von 12 000 m Kleiderstoff zum Listenpreis von 32,00 € je m. Der Stofffabrikant Franz Berg gewährt 25 % Wiederverkäuferrabatt. Für die Zustellung berechnet er 480,00 € Fracht.

a) Ermitteln Sie den Rechnungsbetrag unter Berücksichtigung von 19 % Umsatzsteuer.
b) Ermitteln Sie die Anschaffungskosten je Meter des Stoffes.
c) Bilden Sie den Buchungssatz zur Erfassung dieser Sendung.

5

	€	€
ER 208: Rohstoffe, Listenpreis	150 000,00	
– 10 % Mengenrabatt	15 000,00	135 000,00
+ Fracht		1 800,00
		136 800,00
+ 19 % Umsatzsteuer		25 992,00
		162 792,00

Bilden Sie den Buchungssatz.

6 Im Zusammenhang mit dem Einkauf von 2000 Motorblöcken sind folgende Belege eines Lkw-Herstellers zu buchen:

	€	€
a) **ER 510:**		
2000 Motorblöcke zum Listenpreis von je 240,00 €		480 000,00
– 10 % Rabatt		48 000,00
		432 000,00
+ Transportverpackung		12 000,00
		444 000,00
+ 19 % Umsatzsteuer		84 360,00
		528 360,00
b) **ER 511** des Spediteurs Rolf Klein für Anlieferung der 2000 Motorblöcke (Fall a)		
Fracht	18 600,00	
Transportversicherung	260,00	18 860,00
+ 19 % Umsatzsteuer		3 583,40
		22 443,40

1. Bilden Sie die Buchungssätze.
2. Ermitteln Sie die Anschaffungskosten der Motorblöcke insgesamt und je Motorblock.

7 Erläutern Sie die Bedeutung des Kontos 6001 Bezugskosten im Rahmen des Informations-, Kontroll- und Steuerungssystems der Finanzbuchhaltung.

8 Bilden Sie den Buchungssatz zu folgendem Geschäftsfall.

	€	€
ER 17: Einkauf von Rohstoffen	67 000,00	
+ Verpackung	820,00	
+ Fracht	280,00	68 100,00
+ 19 % Umsatzsteuer		12 939,00
		81 039,00

6.4.2 Gutschriften von Lieferern für Rücksendungen und Nachlässe

Ein Lkw der Spedition Müller GmbH, Köln-Porz, liefert am 4. Juli 20.. Schlösser und Schließanlagen der Firma Abels, Wirtz & Co. KG, Solingen, an. Die in Gitterboxen und Kartons verpackten Werkstoffe werden von einem Lageristen der Bürodesign GmbH noch in Anwesenheit des Lkw-Fahrers auf äußere Beschädigungen überprüft und dann angenommen.

Am selben Tag geht die Rechnung der Firma Abels, Wirtz & Co. GmbH, Solingen, ein:

Abels, Wirtz & Co. KG

Abels, Wirtz & Co. KG, Industriestraße 124, 42653 Solingen

Bürodesign GmbH
Stolberger Straße 188
50933 Köln

Schlösser und Schlüssel für Möbel
Industriestraße 124
42653 Solingen
Telefon: 0212 72114
Telefax: 0212 72119
E-Mail: info@abels-wirtz.de
Internet: www.abels-wirtz.de

RECHNUN G /AUFTRAGSBESTÄTIGUNG

Bei Zahlung/Rücksendung/Gutschrift unbedingt angeben

Kundennummer	Rechnungs-Nr.	Datum
928454	240095	03.07.20..

Pos.	Artikel-Nr.	Artikelbezeichnung	Menge	Einzelpreis €	Gesamtpreis €
1	S 4704	Schlösser mit Schlüsseln	3 200	12,50	40 00,00
2	A 5421	Schließanlagen	300	120,00	36 000,00
3	E 0210	Ersatzschlüssel	264	2,50	660,00
					76 660,00
		+ Verpackung (16 Gitterboxen)			640,00
		+ Fracht			560,00
		Warenwert einschl. Verpackung und Fracht			77 860,00
		19 % Umsatzsteuer			14 793,40
		Rechnungsbetrag			92 653,40

Bankverbindung: Stadtsparkasse Solingen
IBAN: DE80342500000123452234 **BIC:** SOLSDE33XXX
Steuernummer: 128/1512/1987 **USt-IdNr.:** DE184655348

Bei näherer Prüfung der Sendung und der Eingangsrechnung wird festgestellt, dass 224 Schlösser zu viel geliefert wurden (Pos. 1 der ER). Nach telefonischer Vereinbarung mit Herrn Lüngen, dem zuständigen Ansprechpartner in der Abels, Wirtz & Co. KG, werden die falsch gelieferten Schlösser und die Gitterboxen zurückgesandt.

Nach der Rücksendung erhält die Bürodesign GmbH folgende Gutschrift:

- Erläutern Sie die buchhalterische Auswirkung der Rücksendung von Werkstoffen und Gitterboxen.

Abels, Wirtz & Co. KG

Abels, Wirtz & Co. KG, Industriestraße 124, 42653 Solingen

Bürodesign GmbH
Stolberger Straße 188
50933 Köln

Schlösser und Schlüssel für Möbel
Industriestraße 124
42653 Solingen
Telefon: 0212 72114
Telefax: 0212 72119
E-Mail: info@abels-wirtz.de
Internet: www.abels-wirtz.de

GUTSCHRIFT

Ihre Beanstandung vom:	05.07.20..
Unsere Lieferung vom:	01.07.20..
Unsere Rechnung Nr.:	240095
vom:	03.07.20..

Begründung der Gutschrift	Menge	Einzelpreis €	Gesamtpreis €
Rücksendung			
Schlösser mit Schlüsseln	224	12,50	2 800,00
Gitterboxen	16	40,00	640,00
Wert der Gutschrift, netto			3 440,00
+ 19 % Umsatzsteuer			653,60
Wert der Gutschrift			4 093,60

Um gleichlautende Buchung wird gebeten.
Solingen, den 09.07.20..

Bankverbindung: Stadtsparkasse Solingen
IBAN: DE80342500000123452234 **BIC:** SOLSDE33XXX
Steuernummer: 128/1512/1987 **USt-IdNr.:** DE184655348

Rücksendungen von Materialien und Leihverpackungen

Rücksendungen von Materialien:

Die Rücksendung von Materialien wegen Falschlieferung oder mangelhafter Lieferung bewirkt eine **Gutschriftanzeige des Lieferers**, die mit eventuellen Zahlungsansprüchen des Lieferers (Verbindlichkeiten a. LL.) verrechnet werden kann. Die zurückgesandten falschen oder mangelhaften Materialien werden unmittelbar auf dem Materialaufwandskonto gutgeschrieben, da sich der laut Eingangsrechnung ursprünglich erfasste Aufwand für Materialien verringert. Es handelt sich um eine **Korrektur- oder Stornobuchung**. Sie führt **umsatzsteuerrechtlich** gleichzeitig zu einer **Minderung des Vorsteueranspruchs** gegenüber dem Finanzamt. Die **Vorsteuer** ist entsprechend zu **berichtigen**.

Rücksendung von Verpackung:

Der Lieferer belastet im Allgemeinen den Käufer mit dem Verpackungsmaterial für die gelieferten Materialien. Die **Rücksendung von Verpackung**, die der Lieferer in Rechnung gestellt hat, führt ebenfalls zu einer **Korrektur-** oder **Stornobuchung**. Die Gutschrift für das zurückgesandte Verpackungsmaterial erfolgt **unmittelbar auf dem Materialaufwandskonto bzw. auf dem speziellen Unterkonto „Bezugskosten“**. Die ursprünglich gebuchte Vorsteuer ist entsprechend zu korrigieren.

Beispiel

ER: Zieleinkauf von Schlössern mit Schlüsseln, Schließanlagen und Ersatzschlüsseln,

netto,	76 660,00
Verpackung	640,00
Fracht	560,00
	77 860,00
+ 19 % Umsatzsteuer	14 793,40
	92 653,40

Buchung der Eingangsrechnung:

6000 Aufwendungen für Rohstoffe	76 660,00
6001 Bezugskosten	1 200,00
2600 Vorsteuer	14 793,40
an 4400 Verbindlichkeiten a. LL.	92 653,40

Gutschrift der Fa. Abels, Wirtz & Co. KG

Schlösser mit Schlüsseln, netto	2800,00
16 Gitterboxen, netto	640,00
	3440,00
+ 19 % Umsatzsteuer	653,60
	4093,60

Buchung der Rücksendung:

4400 Verbindlichkeiten a. LL.		4093,60
an	6000 Aufwendungen für Rohstoffe	2800,00
an	6001 Bezugskosten	640,00
an	2600 Vorsteuer	653,60

S	6000 Aufwendungen für Rohstoffe		H
4400	76660,00	4400	2800,00

S	6001 Bezugskosten		H
4400	1200,00	4400	640,00

S	2600 Vorsteuer		H
4400	14793,40	4400	653,60

S	4400 Verbindlichkeiten a. LL.		H
6000, 6001, 2600	4093,60	6000, 6001, 2600	92653,40

Gutschriften durch Lieferer

Minderungen:

Wegen eines **Mangels** an den **Materialien**, den der Lieferer zu vertreten hat, kann das Unternehmen als Kunde das **Recht auf Minderung** oder Herabsetzung des Kaufpreises verlangen. Dieser Rechtsanspruch ist dann sinnvoll, wenn die Materialien trotz des Mangels noch verarbeitet werden können.

Beispiel

Schreiben des Rohstofflieferers:

Minderung:	
20 % vom Warenwert	209,60
+ 19 %	39,82
	249,42

Buchung der Minderung:

4400 Verbindlichkeiten a. LL.		249,42
an	6002 Nachlässe	209,60
an	2600 Vorsteuer	39,82

Boni:

Der **nachträglich gewährte Preisnachlass**, auch **Bonus** oder **Umsatzrückvergütung** genannt, soll den Kunden stärker an den Lieferer binden und ihn zu höheren Einkäufen innerhalb eines Zeitraums veranlassen.

Beispiel Die Vereinigte Spanplatten AG, die ihren Kunden bei Umsätzen über 150000,00 € 5 % Bonus gewährt, erteilt der Bürodesign GmbH folgende Gutschrift:

Bonus: Lieferungen 1999	
5 % von netto 171000,00	8550,00
+ 19 % Umsatzsteuer	1624,50
	10174,50

Buchung:

4400 Verbindlichkeiten a. LL.		10174,50
an	6002 Nachlässe	8550,00
an	2600 Vorsteuer	1624,50

Buchung der Nachlässe:

Beide Vorgänge führen zu **Liefergutschriften**, die

- die **Verbindlichkeiten a. LL.** gegenüber dem Lieferer **vermindern**,
- die **Anschaffungskosten** der eingekauften Materialien **nachträglich mindern** und
- folglich eine **Korrektur der Vorsteuer** notwendig machen.

Die **Anschaffungskostenminderungen** durch nachträgliche **Preisnachlässe und Boni** (Wertkorrekturen) werden im Unterschied zu Rücksendungen (Mengen- und Wertkorrekturen) auf den Unterkonten **„6002, 6022, 6032 Nachlässe“** gebucht.

Abschluss des Unterkontos „Nachlässe“:

Zum **Jahresabschluss** ist das **Unterkonto „6002, 6022, 6032 Nachlässe“** im Rahmen der vorbereitenden Abschlussbuchungen **über** das Materialaufwandskonto **(6000, 6020, 6030) abzuschließen**.

S — 6000 Aufwendungen für Rohstoffe — H

S		H	
4400	180000,00	6002	8759,60

S — 6002 Nachlässe — H

S		H	
6000	8759,60	4400	209,60
		4400	8550,00
	8759,60		8759,60

S — 2600 Vorsteuer — H

S		H	
4400	34200,00	4400	39,82
		4400	1624,50

S — 4400 Verbindlichkeiten a. LL. — H

S		H	
6002 2600	249,42	6000 2600	214200,00
6002 2600	10174,50		

Gutschriften von Lieferern für Rücksendungen und Nachlässe

Rücksendungen	Nachlässe/Gutschriften
■ Wert- und Mengenkorrekturen: Materialien Minderung der ursprünglich gebuchten – Materialieneingänge – Vorsteuer – Verbindlichkeiten ■ Leihverpackungen Minderung der ursprünglich gebuchten – Bezugskosten – Vorsteuer – Verbindlichkeiten	■ Wertkorrekturen: Minderungen – nachträgliche Herabsetzung des Kaufpreises wegen festgestellter Mängel – getrennte Erfassung auf dem Unterkonto 6002 (6022, 6032) Nachlässe ■ Boni – nachträglich gewährter Rabatt aufgrund bestimmter Umsätze – getrennte Erfassung der Wertkorrektur auf dem Unterkonto 6002 (6022, 6032) Nachlässe

1 Geben Sie die Buchungssätze für die folgenden Geschäftsfälle eines Industrieunternehmens an.

	€	€
1. **ER:** Zieleinkauf von Rohstoffen, netto	53000,00	
– Mengenrabatt	4240,00	48760,00
+ Fracht		1291,24
+ Transportversicherung		48,76
+ Verpackungsmaterial (Leihemballagen)		900,00
		51000,00
+ 19 % Umsatzsteuer		9690,00
		60690,00

2. **ER, BA:** Einkauf von Betriebsstoffen (Heizöl) gegen sofortige Zahlung durch Banküberweisung, netto	18 000,00	
– Firmenrabatt (Treuerabatt) 5 %	900,00	17 100,00
+ 19 % Umsatzsteuer		3 249,00
		20 349,00
3. **Schreiben des Rohstofflieferers** (Fall 1)		
Gutschrift für zurückgesandte Rohstoffe, netto	2 400,00	
+ 19 % Umsatzsteuer	456,00	2 856,00
4. **ER, KB:** Barzahlung der Fracht für die Rücksendung von Verpackungsmaterial an den Rohstofflieferer (vgl. Fall 1)		
Fracht einschließlich 19 % Umsatzsteuer		64,26
5. **ER:** Zieleinkauf von Betriebsstoffen	3 700,00	
+ 19 % Umsatzsteuer	703,00	4 403,00
6. **Schreiben des Rohstofflieferers** (vgl. Fälle 1 und 4)		
Gutschrift für die zurückgesandte Verpackung, netto	765,00	
+ 19 % Umsatzsteuer	145,35	910,35
7. **Schreiben des Betriebsstofflieferers** (Fall 5): Lastschrift		
Fracht	70,00	
Transportversicherung	10,50	80,50
+ 19 % USt.		15,30
		95,80
8. **Schreiben des Betriebsstofflieferers** (Fall 5) Gutschrift für		
fehlerhafte Betriebsstoffe		880,60
Umsatzsteueranteil		140,60
9. **Schreiben des Rohstofflieferers:** Bonusgutschrift von 6 ‰		
vom Halbjahresumsatz von brutto 404 600,00 €		2 427,60
Umsatzsteueranteil		387,60

a) Erklären Sie, warum Gutschriftanzeigen der Materiallieferer für Materialrücksendungen anders gebucht werden als Gutschriftanzeigen für Preisherabsetzungen wegen mangelhafter Lieferung.

b) Erklären Sie, warum in den Gutschriftanzeigen auch die Umsatzsteuer ausgewiesen ist.

c) Erläutern Sie, was man unter den Anschaffungsnebenkosten und den Anschaffungskostenminderungen versteht.

d) Begründen Sie, warum die Umsatzsteuer nicht zu den Anschaffungskosten eines Wirtschaftsgutes zählt.

e) Erklären Sie, warum eine Bestandsminderung der Rohstoffe in der Kontenklasse 6 zu erfassen ist.

2 Ein Industrieunternehmen ermittelt gegen Ende des Geschäftsjahres (01.01.–31.12.) auf den Konten der Finanzbuchhaltung folgende Summen:

	Soll €	Haben €
2000 Rohstoffe	160 000,00	
2600 Vorsteuer	89 876,00	24 800,00
2800 Bank	958 000,00	570 576,00
2880 Kasse	65 000,00	57 200,00
3000 Eigenkapital		334 700,00
4400 Verbindlichkeiten a. LL.	238 000,00	308 680,00
4800 Umsatzsteuer	75 700,00	148 220,00
5000 Umsatzerlöse für Erzeugnisse		1 280 000,00
6000 Aufwendungen für Rohstoffe	460 000,00	
6001 Bezugskosten	25 500,00	
6002 Nachlässe		21 200,00
6300 Gehälter	519 300,00	
6700 Mieten	154 000,00	
	2 745 376,00	
		2 745 376,00

Geschäftsfälle:	€	€
1. **ER vom 14.12.:** Zieleinkauf von Rohstoffen, netto	25 000,00	
– 4 % Mengenrabatt	1 000,00	24 000,00
+ Leihverpackung		800,00
		24 800,00
+ 19 % Umsatzsteuer		4 712,00
		29 512,00
2. **ER, KB vom 15.12.:** Barzahlung der Fracht (Fall 1), einschließlich 19 % Umsatzsteuer		297,50
3. **Brief eines Rohstofflieferers vom 17.12.:** Gutschrift für anerkannte Mängelrüge, netto	2 000,00	
+ 19 % Umsatzsteuer	380,00	2 380,00
4. **KB vom 19.12.:** Barzahlung der Fracht für Rücksendung des Verpackungsmaterials (Fall 1), einschließlich 19 % Umsatzsteuer		29,75
5. **Brief eines Rohstofflieferers vom 31.12.:** Gutschrift für Rücksendung des Verpackungsmaterials (Fall 1), netto	800,00	
+ 19 % Umsatzsteuer	152,00	952,00
6. **Brief eines Rohstofflieferers vom 31.12.:** Gutschrift des Bonus für bezogene Rohstoffe: 4 % von Jahresumsatz von netto 180 000,00 €	7 200,00	
+ 19 % Umsatzsteuer	1 368,00	8 568,00
Abschlussangabe zum 31.12.:		
Rohstoffbestand lt. Inventur		166 200,00

a) Buchen Sie die Geschäftsfälle auf den Konten lt. Summenbilanz.

b) Führen Sie die Umbuchungen zum Geschäftsjahresende durch.

c) Führen Sie den Abschluss der Finanzbuchhaltung durch.

3 Die Konten 2000, 2600, 2880, 6000, 6001, 6002 weisen folgende Beträge aus:

2000 Rohstoffe	180 000,00	
2600 Vorsteuer	186 850,00	147 500,00
2880 Kasse	127 725,00	120 000,00
4400 Verbindlichkeiten a. LL.	1 414 500,00	1 437 500,00
6000 Aufwendungen für Rohstoffe	1 250 000,00	
6001 Bezugskosten	2 600,00	
6002 Nachlässe		1 200,00

Vor dem Abschluss sind noch folgende Geschäftsfälle zu berücksichtigen:

1. Rohstoffeinkauf auf Ziel, ER 164, netto	80 000,00	
– 25 % Rabatt	20 000,00	60 000,00
+ 19 % Umsatzsteuer		11 400,00
		71 400,00
2. Barzahlung der Eingangsfracht (Fall 1), netto	1 500,00	
+ 19 % Umsatzsteuer	285,00	1 785,00
3. Rücksendung von Rohstoffen an einen Rohstofflieferer wegen Falschlieferung, netto	8 000,00	
+ 19 % Umsatzsteuer	1 520,00	9 520,00
4. Rücksendung von Leihemballagen an einen Rohstofflieferer, netto	1 000,00	
+ 19 % Umsatzsteuer	190,00	1 190,00
5. Gutschrift des Rohstofflieferers (Fall 1) wegen Minderung brutto einschl. 19 % USt.		1 785,00

Ermitteln Sie

a) die Aufwendungen für Rohstoffe: Rohstoffendbestand lt. Inventur, 200 000,00

b) die abzugsfähige Vorsteuer.

7 Lagerung und Auslieferung der Erzeugnisse

7.1 Aufgaben der Materiallagerung und Lagerarten

Klaus Stein, Geschäftsführer der Bürodesign GmbH, hat sich mit Frau Jäger, der Abteilungsleiterin Verwaltung, und Frau Friedrich, der Geschäftsführerin für den gewerblichen Bereich, zu einer Besprechung zusammengesetzt. Thema ist der Neubau einer Lagerhalle für Werkstoffe in der Produktion und für Fertigerzeugnisse, da der vorhandene Lagerraum sich als zu klein erwiesen hat. Frau Friedrich plädiert dafür, kein neues Lager zu bauen, sondern die Materialien in kürzeren Abständen und in kleineren Mengen zu bestellen und die Vorräte an Fertigerzeugnissen zu senken. Somit wäre kein Neubau erforderlich. „Wir brauchen ein größeres Lager. Was machen Sie denn, wenn ein Lieferer uns ein günstiges Angebot macht und wir können aufgrund fehlenden Lagerraums keine Materialien bestellen?", erwidert Frau Jäger. „Oder stellen Sie sich vor, einer unserer Kunden benötigt dringend ein bestimmtes Produkt und wir können nicht liefern. Wenn wir dieses Produkt aber vorrätig hätten, dann ..." „Moment mal", fährt Klaus Stein dazwischen, „statt dass wir uns Gedanken über den Bau der neuen Lagerhalle machen, streiten wir uns um Dinge, die wir längst entschieden haben."

- Erläutern Sie die Aufgaben der Lagerhaltung.
- Beschreiben Sie die verschiedenen Lagerarten.

Funktionen der Materiallagerung

Die Lagerhaltung ist eine wesentliche Aufgabe eines Industrieunternehmens. Das Hauptziel der Lagerhaltung besteht darin, Unregelmäßigkeiten bei der Beschaffung, der Produktion und im Absatzbereich auszugleichen. In den meisten Industrieunternehmen können folgende Grundfunktionen der Lagerhaltung unterschieden werden:

- **Bereitstellungsfunktion:** Das Lager soll eine reibungslose Durchführung der Fertigung und des Absatzes sicherstellen. Es sollte immer eine ausreichende Menge in der richtigen Zeit und am rechten Ort in der richtigen Güte zur Verfügung stehen.
- **Sicherungsfunktion:** Durch die Vorratshaltung sollen Lieferschwierigkeiten auf der Beschaffungsseite, durch die Störungen in der Produktion auftreten können, und Nachfrageschwankungen auf der Absatzseite ausgeglichen werden.

Beispiel Die Bürodesign GmbH hat für die Produktgruppe „Arbeiten am Schreibtisch" einen Vorrat im Lager, der der durchschnittlichen Produktion von einer Woche entspricht. Somit können auch unvorhergesehene Lieferungsausfälle ausgeglichen werden.

- **Ausgleichsfunktion:** Häufig gewähren Lieferer einem Industrieunternehmen Mengenrabatte, wenn größere Mengen Materialien bestellt werden. Zwischen der Beschaffung und der anschließenden Verwendung der Materialien in der Produktion vergeht Zeit, die durch die Lagerung der Materialien überbrückt wird.
- **Veredelungsfunktion:** Hierunter versteht man die gewollten Qualitätsveränderungen der gelagerten Materialien. In diesem Fall ist die Lagerung bereits ein Teil des Fertigungsprozesses.

Beispiele

- Die Bürodesign GmbH lagert Holz zum Trocknen in einem speziellen Trockenraum.
- Südfrüchte reifen nach, Kaffee wird geröstet.
- Käse, Whiskey benötigen eine Reifelagerung.

- **Umweltschutzfunktion:** Durch die Rücknahme von Mehrwegverpackungen, von Kartons und Folien und die Wiederverwertung von gebrauchten Produkten und deren Lagerung kommt ein Industrieunternehmen seiner Verpflichtung zum Umweltschutz nach.

Beispiel Das Bürodesign-Mehrweg-Verpackungssystem beinhaltet, dass die Produkte auf dem Weg zum Kunden mit Kartons und Staubfolien ausgeliefert wird. Die Folien werden nach der Rücknahme zu Ballen gepresst und zu neuen Folien recycelt. Mit den mehrfach verwendeten Kartons wird gleichermaßen verfahren (vgl. S. 296 f.).

Lagerarten

Die Lager können entsprechend den betrieblichen Funktionsbereichen in Beschaffungs-, Fertigungs- und Absatzlager eingeteilt werden.

Beispiel Lager bei der Bürodesign GmbH

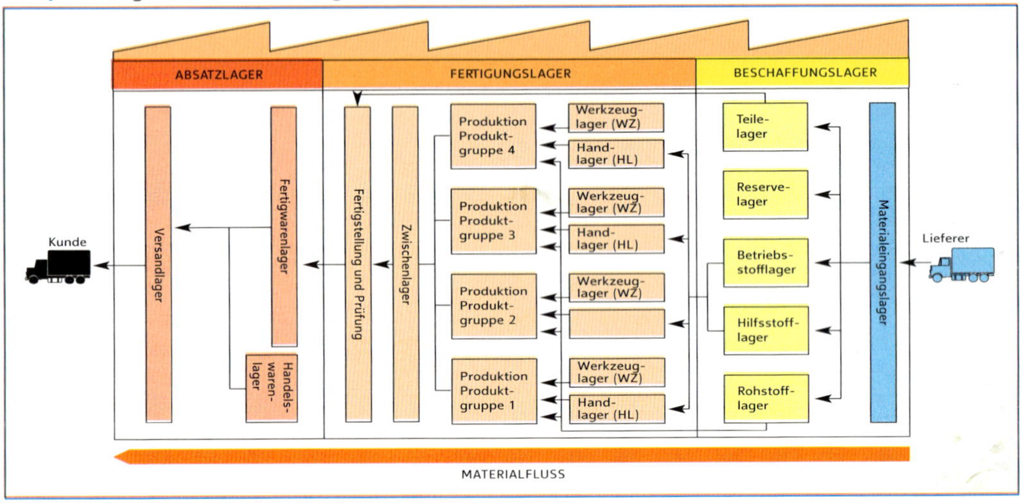

Beschaffungslager:

Hierzu zählt man das Materialeingangs-, Rohstoff-, Hilfsstoff-, Betriebsstoff-, Teile- und Reservelager. Alle Materialien kommen nach der Anlieferung zunächst in das **Materialeingangslager**. Dort verbleiben sie, bis die Eingangsprüfung erfolgt ist. Danach erfolgt die Übernahme des Materials auf die entsprechenden Lagertypen. Im **Teilelager** werden alle Fertigteile, die von Fremdunternehmen bezogen worden sind, untergebracht.

Beispiel Die Bürodesign GmbH bezieht für den Konferenzstuhl „Konzentra" Fußgestelle von der Stammes Stahlrohr GmbH. Diese werden im Fertigteilelager untergebracht.

Werkzeuge und sonstige Vorrichtungen, die momentan nicht in der Produktion benötigt werden, warten im **Reservelager** auf ihren Einsatz.

Beispiel Die Bürodesign GmbH bewahrt für alle ihre Produkte die Prototypen (Modelle) im Reservelager auf.

Fertigungslager:

Hierzu zählt man das Hand-, Werkzeug- und Zwischenlager. Das **Handlager** befindet sich in unmittelbarer Nähe der Arbeitsplätze in der Produktion. Hier werden die andauernd benötigten Kleinmaterialien bereitgehalten.

Beispiel Schrauben, Nägel, Sesselrollen, Lack, Beize

Alle Werkzeuge und sonstigen Vorrichtungen, die zur ablaufenden Werkstückbearbeitung erforderlich sind, befinden sich im **Werkzeuglager**, das diesem Arbeitsplatz zugeordnet ist. Im Zwischenlager werden halb fertige Erzeugnisse zwischen zwei Bearbeitungsstufen aufgenommen. Das **Zwischenlager** übernimmt somit eine Ausgleichsfunktion zwischen den einzelnen Fertigungsstufen.

Beispiel In der Produktgruppe „Konferenzen und Schulung" wird das Regalsystem Wikinger nach dem Zuschnitt vor dem Lackieren im Zwischenlager aufbewahrt.

▲ Absatzlager:

Hierzu zählt man Fertigwaren-, Versand- und Handelswarenlager. Das **Fertigwarenlager** übernimmt vor allem für Serienprodukte eine Ausgleichsfunktion (Puffer) zwischen einer kontinuierlich arbeitenden Fertigung und einem schwankenden Produktverkauf. Die Fertigerzeugnisse werden bis zu ihrem Verkauf dort aufbewahrt.

Beispiel Die Bürodesign GmbH hat für alle drei Produktgruppen im Fertigwarenlager einen Lagerraum vorgesehen.

Im **Versandlager** werden alle Produkte, die auftragsbezogen hergestellt wurden, und alle von den Kunden bestellten Produkte zum Versand bereitgestellt. Sobald alle Auftragsbestandteile im Versandlager eingetroffen sind, wird der Kundenauftrag kommissioniert (= zusammengestellt), verpackt und der Versandabteilung übergeben. Ein **Handelswarenlager** wird von solchen Industrieunternehmen eingerichtet, die neben ihren eigenproduzierten Produkten noch Waren anderer Hersteller vertreiben.

Beispiel Die Bürodesign GmbH vertreibt von einem anderen Hersteller Metallpapierkörbe für das Büro.

Beispiel *Absatzlager der Bürodesign GmbH*

Aufgaben der Materiallagerung und Lagerarten

- **Aufgaben der Lagerhaltung:** Bereitstellungs-, Sicherungs-, Ausgleichs-, Veredelungs- und Umweltschutzfunktion
- Lager lassen sich in **Beschaffungslager** (Materialeingangs-, Rohstoff-, Hilfsstoff-, Betriebsstoff-, Teilelager), **Fertigungslager** (Hand-, Werkzeug-, Zwischenlager) und **Absatzlager** (Fertigwaren-, Versand-, Handelswarenlager) unterteilen.

1 Erläutern Sie die Aufgaben der Lagerhaltung in einer Schreinerei, Winzerei und in einem Stoßdämpferhersteller für die Automobilindustrie.

2 Beschreiben Sie die Unterschiede zwischen einem Hand-, Werkzeug- und einem Zwischenlager.

3 Überprüfen Sie, welche Lagerarten sich in den einzelnen Funktionsbereichen unterscheiden lassen.

7.2 Lagerkennziffern

Die Auszubildende Silvia Land liest einen Ausdruck des Lagerbestandsführungsprogramms der Bürodesign GmbH, den Herr Holtermüller, der Gruppenleiter Lager, über die Lagerbestände der Produktgruppe „Konferenzen und Schulung" abgerufen hat. Hierin ist u.a. folgende Aufstellung enthalten:

Produktgruppe 2: Konferenzen und Schulung				
Produkt-nummer	**Produktbezeichnung**	**Meldebestand in Stück**	**Höchstbestand in Stück**	**Prozentualer Anteil an der Lagerfläche**
444/4	Logo Konferenztisch	5	50	3
444/1	Stapler Stapelstuhl	10	50	2
442/1	Konzentra Konferenzstuhl	5	30	1
...	...	...	...	...
443/1	Regalsystem Wikinger	8	50	2

Silvia Land überlegt, warum die Bürodesign GmbH Höchstbestände für jedes einzelne Produkt festlegt und warum der prozentuale Anteil eines Produktes an der Lagerfläche ausgewiesen wird.

- Erläutern Sie die Bedeutung der materialbezogenen Festlegung von Melde- und Höchstbestand in einem Industrieunternehmen.
- Begründen Sie, warum eine laufende materialbezogene Kontrolle der Lagerbestände erforderlich ist.
- Erläutern Sie Lagerbestands- und Lagerbewegungsdaten und zeigen Sie die Konsequenzen auf, wenn die Umschlagshäufigkeit eines Materials sinkt.

Bei der Steuerung der Lagerhaltung besteht ein permanenter **Zielkonflikt** zwischen der von den Kunden erwarteten hohen Lieferbereitschaft von Fertigerzeugnissen, der von der Fertigung erwarteten Vorratshaltung benötigter Werkstoffe einerseits und den vom Unternehmen angestrebten niedrigen Lagerkosten andererseits. Je größer die zu lagernde Materialmenge ist, desto höher sind die Lagerkosten und umgekehrt. Folglich versucht jedes Unternehmen die Menge der zu lagernden Materialen (Werkstoffe, Fertigerzeugnisse) zu minimieren. Durch die möglichst optimale Nutzung des vorhandenen Lagerraums (z.B. Hochregallager) und den Einsatz einer modernen Lagertechnik (Belüftung, Heizung, Kühlanlagen, die auf das jeweilige Lagergut exakt abgestimmt ist, können die Lagerkosten minimiert werden. Ebenso können die Transportwege innerhalb des Lagers durch eine durchdachte Lagerorganisation vermindert werden. Die Zugriffszeiten auf die Materialien können durch geeignete Förderhilfsmittel (z.B. Paletten, Körbe, Hubwagen) erhöht werden.

▲ Lagerkosten und Lagerrisiken (vgl. S. 349)

Jedes Lager verursacht Kosten. Einige Kosten, z.B. Miete für den Lagerraum, sind bezogen auf einen bestimmten Zeitraum von der Menge und dem Wert der gelagerten Materialien unabhängig. Man bezeichnet sie als **fixe Kosten**, sie sind über einen bestimmten Zeitraum unveränderlich. Die Kosten der Lagervorräte sind vom Industrieunternehmen beeinflussbar, denn es kann entscheiden, wie viel Materialien es auf Lager hält. Solche Kosten heißen **variable Kosten**. Fixe und variable Lagerkosten müssen in die Preiskalkulation des Industrieunternehmens einfließen. Über den Verkaufspreis der einzelnen Produkte, d.h. über den Umsatz, müssen diese Kosten erwirtschaftet werden.

- **Sachkosten des Lagers:**
  - **Reparaturen, Instandhaltung** der Lagereinrichtung (Regale, Ständer usw.), der Hilfsmittel (Hubwagen, Gabelstapler, Lagersteuerungsanlage usw.)
  - **Wartung** (Transportmittel, Heizung, Klimaanlage, Sprinkleranlage, Kühltruhen usw.)
  - **Energiekosten** (Heizung, Beleuchtung, Kühlung usw.)

- **Versicherungsprämien** (für das Lagergebäude, die Lagereinrichtung und den Materialbestand)
- **Reinigungskosten**
- **Miete** (für Räume und Geräte)
- **Kosten der Materialpflege** (Abdeckhüllen, Staubsicherungen usw.)
- **Kosten der Lagerverwaltung** und **-organisation** (Lagerdatei, Kommissionierscheine usw.)

- **Personalkosten:** Alle Mitarbeiter des Lagers, anteilig die Mitarbeiter des Verkaufs oder der Fertigung, die nur zeitweise mit Lagerarbeiten beschäftigt sind, verursachen Personalkosten. Es müssen hierbei sämtliche Arbeiten berücksichtigt werden, angefangen von der Materialannahme, Materialprüfung usw. bis zur Bereitstellung der Materialien für die Fertigung und der Fertigerzeugnisse für den Kunden.
- **Kosten des Lagerrisikos:** Jede Lagerhaltung birgt auch Risiken, die durch keine Versicherung abzudecken sind. Das Industrieunternehmen muss darauf achten, diese Risiken möglichst gering zu halten. Risiken wie **Schwund, Diebstahl, Verderb** können auch bei sorgfältigster Arbeit nicht immer vermieden werden. Die so entstandenen Kosten sind meist nicht exakt planbar, hier können aber Erfahrungswerte und Schätzungen helfen, um diese Kosten bei der Kalkulation zu berücksichtigen. **Allgemeine Risiken** wie z. B. **Modeänderungen, Modellwechsel, technische Veränderungen sind allgemeines Unternehmerwagnis**, das nicht über die Handlungskosten kalkuliert wird, sondern über den Gewinn abgegolten wird.
- **Kosten der Kapitalbindung:** Die Lagerausstattung und die gelagerten Materialien binden Kapital, d. h., die finanziellen Mittel, die hierfür aufgewendet werden, stehen für andere betriebliche Zwecke nicht zur Verfügung. Die Kosten der Kapitalbindung sind die Zinsen für das Kapital.
  - **Kosten der gelagerten Materialien:** Verzinsung des eingesetzten Kapitals (vgl. S. 352)

    Beispiel Die Bürodesign GmbH lagert im Durchschnitt im Rohstofflager pro Jahr für 230 000,00 € Materialien. Würde die Bürodesign GmbH die dadurch gebundenen Mittel für 6 % Zinsen pro Jahr bei einer Bank anlegen, so erhielte sie hierfür 13 800,00 € Zinsen.
  - **Kosten der Lagereinrichtung:** Verzinsung des eingesetzten Kapitals, Abschreibung

    Beispiel Die Bürodesign GmbH kauft einen Gabelstapler für 18 000,00 € für ihr Lager. Bei einem Zinssatz von 8 % entstehen 1 440,00 € Kapitalbindungskosten. Der Gabelstapler hat eine geschätzte Lebensdauer von sechs Jahren, über diesen Zeitraum sind die Anschaffungskosten zu verteilen, es entstehen somit jährlich Abschreibungen in Höhe von 3 000,00 € bei linearer Abschreibung.
  - **Kosten der Lagerräume:** Baukosten für ein neues Lager, Erweiterungsbauten usw.

  Die exakte Ermittlung der Lagerkosten ist nur mit einem gut funktionierenden betrieblichen Rechnungswesen möglich. Die Verkaufspreise der einzelnen Produkte müssen so kalkuliert werden, dass diese Kosten langfristig gedeckt sind.

Lagerbestandskennziffern

Die Lagervorräte in einem Industrieunternehmen müssen systematisch kontrolliert werden. Um die Lagerkosten zu senken, ist es notwendig

- die **Lagerbestände so klein wie möglich zu halten**, das führt zu geringeren Kapital-, Sach- und Personalkosten und zu einem geringeren Lagerrisiko,
- die **Lagerbestände der Werkstoffe möglichst schnell zu Fertigerzeugnissen zu verarbeiten zu verkaufen**, damit gebundenes Kapital freigesetzt wird.

Die Kontrolle des Lagerbestandes kann durch **Stichtagsinventur** erfolgen oder durch **permanente Inventur** mit **Fortschreibung in Listen**, Büchern usw. Sehr häufig werden auch Computerprogramme eingesetzt, um die Lagerbestände zu überwachen.

Die Lagerkontrolle hat die Aufgabe, für jeden einzelnen Artikel laufend den aktuellen Bestand festzustellen, um Nachbestellungen rechtzeitig durchzuführen, die Verkaufsbereitschaft zu gewährleisten und Überbestände zu erkennen. Für Materialien, die zu hohe Bestände aufweisen, müssen Maßnahmen ergriffen werden, um die Vorräte zu senken. Zur Bestandsüberwachung werden im Lagerwesen sogenannte **Lagerkennziffern(-zahlen)** verwendet. Diese Zahlen ermöglichen für alle Materialien genaue Aussagen über eine wirtschaftliche Vorratshaltung.

In einem Industrieunternehmen sollte für jeden einzelnen Artikel und für jede Produktgruppe mithilfe der Daten des Lagerbestandsführungsprogramms die Wirtschaftlichkeit der Vorratshaltung laufend kontrolliert werden. Mithilfe der Lagerkennzahlen können **material- oder produktgruppenbezogene Aussagen zur Wirtschaftlichkeit** eines Materials oder einer Produktgruppe gemacht werden.

▲ Höchstbestand:

Jedes Lager hat eine begrenzte Lagerkapazität, die nicht beliebig veränderbar ist. Somit kann in einem Lager nur eine begrenzte Anzahl von Materialien gelagert werden **(technischer Höchstbestand)**. Ebenso beschränkt das Kapital, das zur Vorratshaltung zur Verfügung steht, die Menge der Lagergüter **(wirtschaftlicher Höchstbestand)**.

▲ Mindestbestand (vgl. S. 278)

▲ Meldebestand (vgl. S. 278)

▲ Durchschnittlicher Lagerbestand:

Während eines Jahres ergeben sich für die Materialien meist täglich oder stündlich verschiedene Lagerbestände durch Verkauf, Verbrauch und Einkauf (Lagerab- und -zugänge). Zur Übersicht und zur leichteren Kontrolle werden deshalb Mittelwerte (Durchschnittswerte) berechnet. Der durchschnittliche Lagerbestand (DLB) eines Materials gibt an, wie hoch im Durchschnitt der Vorratsbestand in Stück oder in Euro in einem bestimmten Zeitraum ist. Die Kenntnis des durchschnittlichen Lagerbestandes kann z.B. beim Abschluss einer Versicherung der Materialien gegen Feuer, Diebstahl usw. von Bedeutung sein. Da die Lagerbestände aufgrund ständiger Ein- und Auslagerungen schwanken, ist es sinnvoll, beim Abschluss einer Versicherung den durchschnittlichen Lagerwert anzusetzen.

Beispiel In der Produktgruppe „Konferenzen und Schulung" soll der DLB für den Stapelstuhl „Stapler" ermittelt werden. Elke Grau ist mit dieser Aufgabe betraut. Der Jahresanfangsbestand an Stapelstühlen beträgt 38 Stück, der Jahresendbestand (lt. Inventur) beträgt 60 Stück.

$$\text{DLB} = \frac{38 + 60}{2} = \frac{98}{2} = \underline{\underline{49 \text{ Stück}}}$$

Durchschnittlicher Lagerbestand bei Jahresinventur $= \dfrac{\text{Anfangsbestand + Endbestand}}{2}$

Der durchschnittliche Lagerbestand kann auch als Wertkennziffer in Euro ausgerechnet werden, indem die Mengen mit ihren Bezugs-/Einstandspreisen oder Herstellungskosten multipliziert werden. Die Genauigkeit der Kennziffer „DLB" hängt davon ab, wie viele Bestände in die Berechnung eingehen.

Beispiel Elke Grau möchte den DLB genauer berechnen. Sie nimmt zusätzlich zu dem Jahresanfangsbestand noch vier Quartalsbestände (Vierteljahreswerte) in ihre Berechnung auf.

Jahresanfangsbestand:	38 Stück	Bestand am Ende des 3. Quartals:	220 Stück
Bestand am Ende des 1. Quartals:	146 Stück	Bestand am Ende des 4. Quartals:	60 Stück
Bestand am Ende des 2. Quartals:	190 Stück	(Jahresendbestand)	

$$\text{DLB} = \frac{38 + 146 + 190 + 220 + 60}{5} = \frac{654}{5} = 130{,}8 \approx \underline{\underline{131 \text{ Stück}}}$$

Durchschnittlicher Lagerbestand mit Quartalsendbeständen $= \dfrac{\text{Jahresanfangsbestand + 4 Quartalsendbestände}}{5}$

Die gleiche Berechnung kann ebenfalls mit Euro-Beträgen gemacht werden. Einen noch genaueren DLB erhält man, wenn zusätzlich zu dem Jahresanfangsbestand noch die zwölf Monatsinventurwerte hinzugenommen werden. So stehen 13 Werte zur Verfügung.

Beispiel Elke Grau ermittelt den DLB aufgrund der Monatsbestände. Jahresanfangsbestand: 38 Stück

Monatsendbestände:

Januar:	50	April:	80	Juli:	140	Oktober:	160
Februar:	162	Mai:	250	August:	20	November:	109
März:	146	Juni	190	September:	220	Dezember:	60

$$\text{DLB} = \frac{38 + 50 + 162 + 146 + 80 + 250 + 190 + 140 + 20 + 220 + 160 + 109 + 60}{13} = \frac{1\,625}{13} = \underline{\underline{125 \text{ Stück}}}$$

Durchschnittlich befanden sich also 125 Stapelstühle auf Lager. Wenn jeder Stapelstuhl durchschnittlich Herstellkosten von 130,00 € hat, so waren durchschnittlich 16 250,00 € Kapital gebunden.

$$\textbf{Durchschnittlicher Lagerbestand mit Monatsendbeständen} = \frac{\text{Jahresanfangsbestand} + 12 \text{ Monatsbestände}}{13}$$

Durch den Einsatz digitaler Lagerbestandsführungsprogramme ist es möglich, zu jedem beliebigen Zeitpunkt den aktuellen Lagerbestand zu ermitteln. Diese genauen Zahlenwerte ermöglichen ein gezieltes Steuern der Bestände, um Lagerkosten zu senken.

Lagerbewegungskennziffern

Es ist wichtig, den Lagerbestand so gering wie möglich zu halten, damit nicht zu viel Kapital durch lagernde Materialien gebunden wird und die Lagerkosten möglichst gering gehalten werden. Lagerbewegungen und Lagerkosten werden mit verschiedenen Kennziffern kontrolliert.

Umschlagshäufigkeit:

Die Umschlagshäufigkeit gibt an, wie oft der durchschnittliche Lagerbestand während eines Geschäftsjahres verkauft oder verbraucht wurde.

Beispiel Die Finanzbuchhaltung der Bürodesign GmbH meldet für das vergangene Geschäftsjahr einen Materialverbrauch von 18 900 000,00 €. Der durchschnittliche Lagerbestand betrug 1 050 000,00 €. Hieraus kann abgeleitet werden, dass in einem Jahr der Lagerbestand 18-mal umgeschlagen wurde.

$$\text{Umschlagshäufigkeit (UH)} = \frac{18\,900\,000}{1\,050\,000} = \underline{\underline{18}}$$

In einem vergleichbaren Industrieunternehmen betrug der Materialverbrauch ebenfalls 18 900 000,00 €. Der durchschnittliche Lagerbestand betrug aber 1 150 000,00 €, er wurde nur 16,4-mal umgeschlagen.

$$\text{Umschlagshäufigkeit (UH)} = \frac{18\,900\,000}{1\,150\,000} = \underline{\underline{16{,}4}}$$

Bei der Bürodesign GmbH waren im Durchschnitt nur 1 050 000,00 € Kapital gebunden, beim zweiten Industrieunternehmen 1 150 000,00 €, obwohl beide wertmäßig gleich viel verbraucht haben. Der Bürodesign GmbH standen also regelmäßig 100 000,00 € mehr zur Verfügung. Die Kennziffern „18" bzw. „16,4" geben also an, wie häufig ein durchschnittlicher Lagerbestand (DLB) umgeschlagen wurde.

Hieraus lässt sich folgende Formel ableiten:

$$\textbf{Umschlagshäufigkeit (Umsatz)} = \frac{\text{Materialverbrauch}}{\text{DLB zu Bezugs-/Einstandspreisen}}$$

Durchschnittliche Lagerdauer:

Wenn die Umschlagshäufigkeit eines Materials bekannt ist, so kann daraus ihre durchschnittliche Lagerdauer berechnet werden. Hieraus erkennt man den Zeitraum vom Eintreffen der Materialien im

Lager bis zur Weiterverarbeitung bzw. zum Verkauf an den Kunden, also wie lange die Ware durchschnittlich gelagert wurde.

Beispiel Der Lagerbestand hat bei der Bürodesign GmbH eine Umschlagshäufigkeit von 18. Das kaufmännische Jahr zählt 360 Tage, 360 : 18 = 20. Das bedeutet, dass die Materialien durchschnittlich 20 Tage auf Lager waren.

Hieraus lässt sich folgende Formel ableiten:

$$\textbf{Durchschnittliche Lagerdauer} = \frac{\text{360 (Tage)}}{\text{Umschlagshäufigkeit}}$$

Mithilfe der Umschlagshäufigkeit und der durchschnittlichen Lagerdauer können Aussagen zur **Wirtschaftlichkeit eines Artikels, einer Werkstoff- oder einer Produktgruppe** gemacht werden. Je höher die Umschlagshäufigkeit oder je geringer die durchschnittliche Lagerdauer eines Artikels, einer Werkstoff- oder einer Produktgruppe, desto niedriger ist der Kapitaleinsatz im Lager. Zudem gilt, je höher die Umschlagshäufigkeit oder je geringer die durchschnittliche Lagerdauer eines Artikels, einer Werkstoff- oder einer Produktgruppe, desto niedriger ist der Kostenanteil je Artikel, einer Werkstoff- oder je Produktgruppe.

Lagerzinssatz:

In Lagervorräte investiertes Kapital verursacht Kosten. In der Kalkulation des Verkaufspreises eines Produkts sind diese Kapitalkosten zu berücksichtigen. Es ist sinnvoll, diese Kosten mit einem Prozentsatz in die Preiskalkulation einzubeziehen. Die Zinskosten sind abhängig von der durchschnittlichen Lagerdauer und von dem Zinssatz, der für ein angelegtes Kapital von einer Bank gezahlt würde. Somit ergibt sich:

$$\textbf{Lagerzinssatz} = \frac{\text{Jahreszinssatz} \cdot \text{durchschnittliche Lagerdauer}}{360} \quad \text{oder} \quad \frac{\text{Jahreszinssatz}}{\text{Umschlagshäufigkeit}}$$

Beispiel Die Bürodesign GmbH hat für ihren Lagerbestand eine durchschnittliche Lagerdauer von 20 Tagen errechnet. Für Geldanlagen wird der Bürodesign GmbH von der Deutschen Bank in Köln ein Zinssatz von 8 % geboten.

$$\text{Lagerzinssatz} = \frac{8 \cdot \text{20 Tage}}{\text{360 Tage}} = \underline{\underline{0{,}44}}$$

Der Lagerzinssatz beträgt somit 0,44 %.

Lagerzinsen:

Der Wert des durchschnittlichen Lagerbestandes ist als Kapital gebunden. Für diesen Betrag müssen somit Zinsen (Kapitalbindungskosten) berechnet werden. Hierzu wird der Lagerzinssatz verwendet.

$$\textbf{Lagerzinsen} = \frac{\text{Lagerzinssatz} \cdot \text{durchschnittlicher Lagerbestand}}{100}$$

Beispiel Die Bürodesign GmbH hat einen durchschnittlichen Lagerbestand von 1 050 000,00 €. In der Bürodesign GmbH wird ein Lagerzinssatz von 0,44 % ermittelt.

$$\text{Lagerzinsen} = \frac{0{,}44 \cdot 1\,050\,000{,}00}{100} = \underline{\underline{4\,620{,}00\ €}}$$

Für diesen Lagerbestand fallen 4 620,00 € Lagerzinsen an.

Auswertung der Lagerkennziffern

Die Erhöhung der Umschlagshäufigkeit hat eine Verkürzung der Lagerdauer zur Folge. Dadurch vermindern sich die Kosten für die Materialpflege sowie das Risiko der Veralterung und des Verderbs. Die Lagerkosten werden aber wesentlich vom Lagerumschlag beeinflusst. Je höher die Umschlagshäufigkeit für einen Artikel, ein Material oder eine Produktgruppe, desto niedriger ist der Kostenanteil, der auf den einzelnen Artikel, das Material oder die Produktgruppe entfällt. Durch eine Erhöhung der Umschlagshäufigkeit werden Lagerzinsen gespart, der Kapitalbedarf wird verringert, die Wirtschaftlichkeit wird erhöht. Die Lagerumschlagshäufigkeit kann durch folgende **Maßnahmen** erhöht werden:

- Durch die Verringerung der Bestellmengen und des Mindestbestandes, durch Just-in-time-Lieferungen (vgl. S. 279) oder durch den Kauf auf Abruf (vgl. S. 313) kann im Beschaffungsbereich die Voraussetzung für eine Erhöhung der Umschlagshäufigkeit erreicht werden.
- Durch verstärkte Werbung zur Absatzsteigerung oder Sonderverkaufsaktionen für Produkte mit geringer Umschlagshäufigkeit kann der Produktumschlag im **Absatzbereich** erhöht werden.

Die Lagerkennziffern sind für jeden Industriebetrieb von besonderer Bedeutung, da sie im Zeitvergleich die Entwicklungstendenzen eines Artikels, einer Material- oder Produktgruppe und des gesamten Betriebes aufzeigen. Zudem können im Betriebsvergleich interessante Erkenntnisse gewonnen werden, wenn die betrieblichen Lagerkennzahlen mit denen der Branche verglichen werden. Die Branchenkennzahlen können über Verbände oder das Internet abgerufen werden.

Lagerkennziffern

- Jede Lagerhaltung birgt **Risiken**, wie Modeänderungen, technischer Fortschritt, Modelländerungen oder Verderb in sich.
- **Lagerkosten**
  - **Sachkosten:** Alle Kosten zum Betrieb des Lagers, insbesondere Mieten, Energie, Reparaturen usw.
  - **Personalkosten:** Kosten der Mitarbeiter, die Lagerarbeiten erledigen
  - **Kosten des Lagerrisikos:** Kosten durch Verderb, Diebstahl, Schwund
  - **Kosten der Kapitalbindung:** Zinsen für das eingesetzte Kapital
    - gelagerte Materialien
    - Anschaffung der Lagereinrichtung
    - Anschaffung oder Herstellung (Bau) der Lagerräume
- **Lagerbestandskennziffern**
  - Lagerbestandsdaten werden benötigt, um eine wirtschaftliche Lagerführung zu sichern.
  - **Mindestbestand:** Reserve, um Verkaufs und Produktionsbereitschaft zu sichern
  - **Höchstbestand:** Technischer HB = absolute Obergrenze, Lager ist vollständig gefüllt. Wirtschaftlicher HB = Bestand, bis zu dem ein Material unter wirtschaftlichen Gesichtspunkten höchstens gelagert wird.
  - **Meldebestand:** Bestand, bei dem die Materialien nachbestellt werden müssen, um die Lieferzeit zu überbrücken. MB = (Tagesverbrauch · Lieferzeit) + Mindestbestand
  - **Durchschnittlicher Lagerbestand:**

$$\text{> DLB bei Jahresinventur} = \frac{\text{Jahresanfangsbestand + Jahresendbestand}}{2}$$

$$\text{> DLB mit Quartalsendbeständen} = \frac{\text{Jahresanfangsbestand + 4 Quartalsendbestände}}{5}$$

$$\text{> DLB mit Monatsendbeständen} = \frac{\text{Jahresanfangsbestand + 12 Monatsbestände}}{13}$$

- **Lagerbewegungskennziffern, Lagerzinssatz, Lagerzinsen:** Im Lagerwesen werden folgende Kennziffern zur Kontrolle der Lagerbestände und der Kapitalbindung eingesetzt:

$$\text{– Umschlagshäufigkeit} = \frac{\text{Materialverbrauch}}{\text{DLB zu Einstandspreisen}} \text{ oder } \frac{\text{Jahresabsatz (Stück)}}{\text{DLB in Stück}}$$

$$\text{– Durchschnittliche Lagerdauer} = \frac{\text{360 (Tage)}}{\text{Umschlagshäufigkeit}}$$

$$\text{– Lagerzinssatz} = \frac{\text{Jahreszinssatz} \cdot \text{durchschnittliche Lagerdauer}}{360} \text{ oder } \frac{\text{Jahreszinssatz}}{\text{Umschlagshäufigkeit}}$$

$$\text{– Lagerzinsen} = \frac{\text{Lagerzinssatz} \cdot \text{durchschnittlicher Lagerbestand}}{100}$$

- **Auswertung der Lagerkennzahlen**
  - Mithilfe der Lagerkennziffern wird die Beurteilung der Wirtschaftlichkeit des Lagers ermöglicht. Zudem sind die Lagerkennziffern die Grundlage für Betriebsvergleiche mit Durchschnittszahlen der Branche.
  - Je höher die Umschlagshäufigkeit oder je geringer die durchschnittliche Lagerdauer eines Artikels, einer Werkstoff- oder einer Produktgruppe, desto niedriger ist der Kapitaleinsatz im Lager.
  - Je höher die Umschlagshäufigkeit oder je geringer die durchschnittliche Lagerdauer eines Artikels, einer Werkstoff- oder einer Produktgruppe, desto niedriger ist der Kostenanteil je Artikel, je Werkstoff oder je Produktgruppe.

1 Erläutern Sie, welchen Zweck ein Mindestbestand (eiserne Reserve) in einem Industriebetrieb hat.

2 Von einem Material werden im Durchschnitt täglich 15 Stück verbraucht. Die Lieferzeit beträgt sechs Tage, der Mindestbestand beträgt 85 Stück. Wie hoch ist der Meldebestand?

EDV

Web

3 In einem Industriebetrieb werden für ein Produkt folgende Bestände aufgrund permanenter Inventur ausgewiesen:

Anfangsbestand 1. Januar:	200		
Endbestand 31. Januar:	185	Endbestand 31. Juli:	275
Endbestand 28. Februar:	270	Endbestand 31. August:	281
Endbestand 31. März:	315	Endbestand 30. September:	265
Endbestand 30. April:	295	Endbestand 31. Oktober:	295
Endbestand 31. Mai:	290	Endbestand 30. November:	310
Endbestand 30. Juni:	315	Endbestand 31. Dezember:	240

a) Berechnen Sie den durchschnittlichen Lagerbestand nur mit dem Anfangs- und Endbestand.
b) Berechnen Sie den durchschnittlichen Lagerbestand mit den Quartals- und Monatsbeständen.
c) Weshalb ergeben sich Unterschiede für den durchschnittlichen Lagerbestand?

4 In einem Industrieunternehmen liegen folgende Angaben vor: Materialeinsatz: 600 000,00 €, durchschnittlicher Lagerbestand 50 000,00 €. Berechnen Sie die Umschlagshäufigkeit und die durchschnittliche Lagerdauer.

5 Ein Rohstoff hat bei einem Stoßdämpferhersteller eine Umschlagshäufigkeit von 6. Berechnen Sie die durchschnittliche Lagerdauer und erläutern Sie ihre Bedeutung.

6 Das Rohstoffkonto eines Industriebetriebes weist folgende Werte aus: Anfangsbestand 200 000,00 €, Endbestand 280 000,00 €. Auf dem Konto Rohstoffaufwendungen wurden Zugänge in Höhe von 1 280 000,00 € gebucht. Berechnen Sie
a) den Rohstoffeinsatz,
b) den durchschnittlichen Lagerbestand,
c) die Umschlagshäufigkeit,
d) die durchschnittliche Lagerdauer.

7 Ein Material liegt durchschnittlich 40 Tage auf Lager. Ermitteln Sie die Umschlagshäufigkeit.

8 In einem Industrieunternehmen betrug der Rohstoffeinsatz 3 200 000,00 €, der durchschnittliche Lagerbestand 310 000,00 €, es wird mit einem Marktzins von 5 % gerechnet.
a) Berechnen Sie den Lagerzinssatz.
b) Berechnen Sie die Lagerzinsen.
c) Erläutern Sie, welche Auswirkungen eine Erhöhung der Umschlagshäufigkeit hätte.

9 Berechnen Sie den Lagerzinssatz, wenn mit einem Jahreszinssatz von 5 % gearbeitet wird und die durchschnittliche Lagerdauer eines Produktes 45 Tage beträgt.

10 Eine Produktgruppe verursachte in einem Jahr 12 000,00 € Lagerzinsen, der Lagerzinssatz beträgt 1,2 %. Wie hoch war der durchschnittliche Lagerbestand?

11 Die Bürodesign GmbH erhält von der Hanckel & Cie. GmbH ein Sonderangebot des Materials Holzkaltleim, wobei allerdings eine Mindestmenge abzunehmen ist, die den Bedarf der Bürodesign GmbH für ca. zehn Monate decken würde. Entscheiden und begründen Sie, ob es sinnvoll ist, dieses Angebot anzunehmen.

12 Wie hoch sind die Lagerzinsen, wenn für ein Material, dessen durchschnittlicher Lagerbestand 200 000,00 € beträgt, ein Lagerzinssatz von 1,14 % besteht?

13 Die Bürodesign GmbH hat sich in der Branche den Ruf erworben, stets auch bei unerwartet hohen Aufträgen lieferbereit zu sein. Als Folge für die Bürodesign GmbH ergibt sich bei vielen Produkten ein hoher Mindestbestand.
a) Erläutern Sie, welcher Zielkonflikt sich daraus für die Bürodesign GmbH ergibt.
b) Beschreiben Sie die Konsequenzen, die sich für die Bürodesign GmbH aus einer Verringerung des Mindestbestandes ergeben können.
c) Machen Sie begründete Vorschläge anhand der Produktliste der Bürodesign GmbH, für welche Produkte ein hoher oder ein geringer Mindestbestand erforderlich sein könnte.

14 Von einem Bauteil werden täglich 120 Stück verbraucht. Die Lieferzeit beträgt 28 Tage. Berechnen Sie den Meldebestand bei einem Mindestbestand von 960 Stück.

7.3 Ökonomische und ökologische Kriterien für Verpackung und Transport

Renate Becker ist aufgeregt. Sie sitzt in der Abteilung „Auftragsbearbeitung“. Am Telefon hat sie Herrn Lustig, den Einkäufer der Klassik 2000 GmbH aus Hamm. Dieser bestellt 500 Schreibtische „Stardesign“ mit Holzplatte. Endlich kann sie auch einmal einen großen Auftrag für die Bürodesign GmbH an Land ziehen. Nach Beendigung des Telefongesprächs geht sie stolz zu Herrn Stam und berichtet diesem von der entgegengenommenen Bestellung. „Sehr schön“, sagt Herr Stam, „aber jetzt kümmern Sie sich auch um die geeignete Verpackung und das geeignete Transportmittel. Unser eigener Fuhrpark ist momentan nicht in der Lage, die bestellten Waren auszuliefern.“ In diesem Moment stürmt Herr Dohm, der Gruppenleiter des Außendienstes, in das Büro: „Wir müssen umgehend dem Kunden Schneider & Co. OHG in Iserlohn 400 Rollen für den Arbeitssessel ‚ergo-design-natur‘ zukommen lassen. Sie sind bei der Auslieferung vergessen worden.“ „Kein Problem“, sagt Herr Stam, „Frau Becker, kümmern Sie sich doch bitte um die geeignete Beförderungsmöglichkeit für die 400 Rollen.“ „Das hat man davon, dass man sich für das Unternehmen einsetzt. Nichts als Arbeit“, denkt Renate ärgerlich.

- Überprüfen Sie, welche Anforderungen und Aufgaben die Verpackung hat.
- Suchen Sie für Renate Becker geeignete Verkehrsträger für die Auslieferung der Schreibtische und der Rollen aus.

▲ Ökonomische und ökologische Kriterien für die Verpackung

Die Bedeutung der Verpackung hat sich in den letzten Jahrzehnten sowohl für die Unternehmen als auch für den Verbraucher wesentlich geändert. Heute trägt jeder Verbraucher pro Jahr etwa 9000 Verpackungen nach Hause. Dadurch ergeben sich für den einzelnen Haushalt **Entsorgungsprobleme**. Gemeinden und Städten fällt es immer schwerer, diese Müllflut geordnet zu deponieren und zu entsorgen. Für die Umwelt ergeben sich aus überflüssigen und nutzlosen Verpackungen Gefahren, da Rohstoffe und Energie verschwendet werden und große Müllprobleme entstehen.

▲ Verpackung, Packung und Umverpackung:

Unter **Verpackung (Versand-, Transportverpackung)** versteht man die Umhüllung der Ware aus Gründen der Hygiene und Zweckmäßigkeit, um die Waren auf dem Transport vom Erzeuger zum Groß- und Einzelhändler zu schützen. Die wesentliche Aufgabe der Verpackung besteht darin, die Ware vor äußeren Einflüssen wie Feuchtigkeit, Druck, Stoß, schädlichen Temperaturen usw. zu schützen. Man unterscheidet die **Einwegverpackung**, die nur einmalig verwendet wird, und die **Dauerverpackung (Mehrwegverpackung)**, die mehrmalig verwendet werden kann.

Erfüllt die Verpackung über ihre Zweckmäßigkeit hinaus einen zusätzlichen verkaufsfördernden Zusatznutzen, der vom Hersteller oder Einzelhändler als Verkaufsanreiz zur Umsatzsteigerung genutzt wird, dann nennt man die Verpackung **Packung** oder **Verkaufsverpackung**. Packung ist somit die Umhüllung einer Ware zum Zwecke des Verkaufs und der Werbung. Die Packung und ihre Aufmachung bieten die Ware in einprägsamer Form durch Text, Bild, Farbe zum Kauf an. Die Packung erfüllt somit die Aufgabe eines Werbemittels und Werbeträgers.

Beispiele Zigaretten, Schokolade, Reis, Nudeln, Kaffee, Tee, Getränke, Spülmittel

Mit der zunehmenden Verbreitung der Verkaufsform Selbstbedienung im Handel haben Packungen an Bedeutung gewonnen. Ohne Packungen wären viele Waren im Handel nicht in Selbstbedienung verkaufsfähig.

Neben den Begriffen der Verpackung und Packung gibt es im Verpackungsgesetz (vgl. S. 293) den Begriff der **Umverpackung**. Hierunter versteht man Blister, Folien, Kartonagen oder ähnliche Umhüllungen, die als **zusätzliche Verpackung** um bereits vorhandene Verkaufsverpackungen dienen.

Hauptmerkmal der Umverpackung ist die zusätzliche Verpackung um eine bereits vorhandene Packung.

Anforderungen und Aufgaben der Packung:

Viele Waren können ohne Packungen nicht verkauft werden. Die Packung von Waren erfüllt somit wichtige Aufgaben (Schutz der Ware vor äußeren Einflüssen, Werbemittel usw.).

Zweckmäßigkeit: Eine zweckmäßige Packung sollte **kundenfreundlich, umweltfreundlich** und **kostengünstig** sein. Die Kundenfreundlichkeit von Packungen wird dadurch erreicht, dass keine überflüssigen Packungen verwendet werden.

Beispiele Mogelverpackungen täuschen dem Kunden mehr Inhalt vor. Einwegflaschen und Getränkedosen aus wertvollem Weißblech vermehren die Müllberge, eine Mehrwegflasche erspart 50 Einwegflaschen. Kosmetika werden häufig sehr aufwändig verpackt.

Ferner will ein Kunde durch Packungen über die Ware informiert werden, z. B. über Gewicht, Inhalt, Herkunftsland usw.

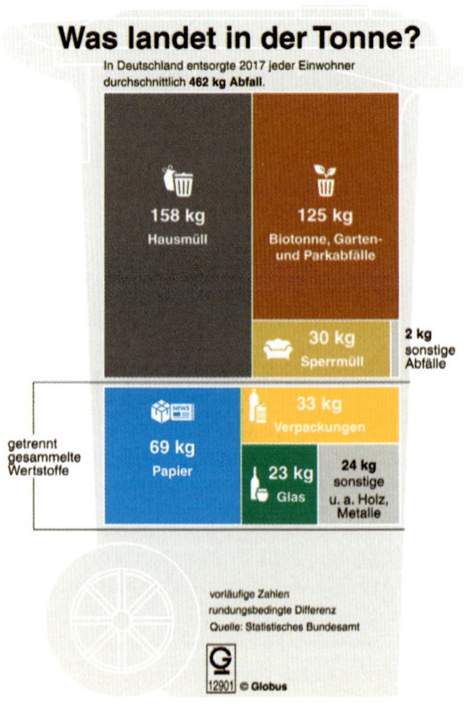

Kosten: Die Kosten der Packung sind i.d.R. im Listenverkaufspreis des Unternehmens enthalten. Durch den sparsameren Umgang mit Verpackungs- und Packungsmaterial können Kosten eingespart und somit dem Kunden niedrige Listenverkaufspreise angeboten werden.

Werbewirksamkeit: Die Packung eines Artikels kann zur Werbung eingesetzt werden, um die Aufmerksamkeit des Kunden zu erregen.

Beispiel Die Bürodesign GmbH benutzt für das Verpacken von Bürostühlen mit dem Unternehmensemblem bedruckte Pappe.

Umweltgesichtspunkte (vgl. S. 292ff.): Aufgrund der immer mehr zunehmenden Müllberge und der damit verbundenen Entsorgungsprobleme spielt die Umweltverträglichkeit von Verpackungen eine bedeutende Rolle. Das Verpackungsmaterial sollte den Erfordernissen des Umweltschutzes entsprechen und sollte daher möglichst

- **wiederverwendbar** sein,

  Beispiele Mehrwegflaschen, Kartons aus Altpappe, Papiertüten oder Jutetaschen statt Plastiktüten, Paletten, faltbare Kleinbehälter (Collicos)
- aus **Materialien** bestehen, die durch **die Natur abgebaut werden** können,

  Beispiele Papier, Materialien aus Naturstoffen
- **recycelbar** (= in den Produktionsprozess rückführbar, **Recycling = Wiederverwendung bereits genutzter Rohstoffe**) sein,

  Beispiele Glas, Metalle, Pappe, Kunststoffe
- **umweltfreundlich hergestellt** worden sein.

  Beispiele keine Verwendung knapper Rohstoffe; Kauf von Produkten, die keine oder nur geringe Verschmutzung von Luft, Gewässern oder Böden verursachen

Ein Industriebetrieb hat verschiedene Möglichkeiten, die Menge anfallender Verpackungsmaterialien zu senken bzw. einer Wiederverwertung zuzuführen:

- Aufstellung von Müllbehältern, um recyclingfähige Materialien einer Wiederverwertung zuzuführen

  Beispiele Müllbehälter für Papier, Glas, Metalle
- Einführung umweltfreundlicher Verpackungsmaterialien

  Beispiel Pappe statt Plastik
- Rückgabe der von Lieferanten gelieferten Verpackungen

  Beispiele Paletten, Folien, Kisten

Ökonomische und ökologische Kriterien für den Transport

Träger der Güterbeförderung:

Die heutige arbeitsteilige Wirtschaft funktioniert nur noch durch eine Vielzahl geeigneter Transportmöglichkeiten. Die Träger der Güterbeförderung haben die Aufgabe, die räumliche Distanz zwischen den Wirtschaftsstufen zu überbrücken und Güter zu verteilen. Große Unternehmen unterhalten meistens eigene Versandabteilungen. Je nach **Verkehrsweg** kann man eine Land-, Wasser- und Luftbeförderung unterscheiden. Bei den **Verkehrsträgern** kann unterschieden werden in

- Eisenbahnverkehr,
- Güterkraftverkehr,
- Binnen- und Seeschifffahrt,
- Luftfahrt.

Zu den Trägern der Güterbeförderung zählt man Frachtführer, Spediteure und Lagerhalter.

Frachtführer (§ 425 ff. HGB): Unternehmen versenden ihre Güter oft nicht mit eigenen Transportmitteln, sondern beauftragen damit Frachtführer. Frachtführer ist, wer gewerbsmäßig die Beförderung von Gütern zu Lande, auf Binnengewässern und in der Luft übernimmt (§ 425 HGB).

Beispiele Deutsche Bahn AG, Unternehmen des Lkw-Güterverkehrs und der Binnenschifffahrt, Deutsche Lufthansa

Der Hochseehandel zählt nicht zu den Frachtführern. Für ihn gibt es besondere Vorschriften im HGB (§ 484 ff.). Die Reeder sind die Schiffseigentümer und werden Verfrachter, die Auftraggeber Befrachter genannt. Frachtführer sind **selbstständige Kaufleute, die in eigenem Namen und für fremde Rechnung** handeln. Zwischen dem **Frachtführer** und dem Auftraggeber wird ein Frachtvertrag abgeschlossen, meist in Form eines **Frachtbriefes**, aus dem sich die Rechte und Pflichten des Frachtführers ergeben. Der Frachtbrief ist ein Begleitpapier für die Sendung vom Absender bis zum Empfänger. Im Frachtbrief sind folgende Angaben enthalten:

- Ort und Tag der Ausstellung
- Name und Adresse des Frachtführers
- Name des Absenders und des Empfängers und Ort der Ablieferung
- Bezeichnung des Gutes nach Menge und Art
- Höhe des Frachtentgeltes

Der Frachtvertrag ist mit der Übergabe der Waren und des Frachtbriefes erfüllt.

Spediteur (§ 453 ff. HGB): Der Spediteur ist ein Kaufmann, der **gewerbsmäßig Güterversendungen durch Frachtführer für Rechnung des Versenders, aber in eigenem Namen besorgt**. Der Spediteur ist Vermittler des Güterverkehrs zwischen dem Versender und dem Frachtführer. Fast alle Spediteure sind auch Frachtführer, da sie den Transport i. d. R. selbst durchführen. Zwischen dem Spediteur und seinem Auftraggeber (Versender) wird ein **Speditionsvertrag** geschlossen. Falls der Spediteur nicht selbst Frachtführer ist, schließt er in eigenem Namen **Frachtverträge** mit dem Frachtführer ab. Für seine Tätigkeit hat der Spediteur Anspruch auf Provision und Ersatz seiner Aufwendungen.

Beispiel Die Bürodesign GmbH hat einen Großauftrag von einem Importeur in Istanbul (Türkei) erhalten und beauftragt den in Köln ansässigen Spediteur Knut Schnell mit der Beförderung der Waren **(Speditionsvertrag)**. Der Spediteur beauftragt den Frachtführer Tedex GmbH, Düsseldorf, der sich auf Transporte in den Nahen Osten spezialisiert hat, mit der Beförderung der Waren zum Importeur nach Istanbul **(Frachtvertrag)**.

Lagerhalter (§ 467 ff. HGB): Sie übernehmen **gewerbsmäßig die Lagerung und Aufbewahrung von Gütern für andere**. Das Lagerhaltungsgeschäft (vgl. S. 345 f.) wird oft zusammen mit dem Speditions- und Frachtführergeschäft betrieben. Zwischen dem Auftraggeber und dem Lagerhalter wird ein **Lagervertrag** geschlossen. Für die eingelagerten Waren wird ein Lagerschein ausgestellt.

Versandarten:

Hat ein Unternehmen keine eigene Versandabteilung oder liegen die zu beliefernden Kunden außerhalb des Umkreises der firmeneigenen Zustellung (Werksverkehr), kann er sich der Dienste von Frachtführern bedienen.

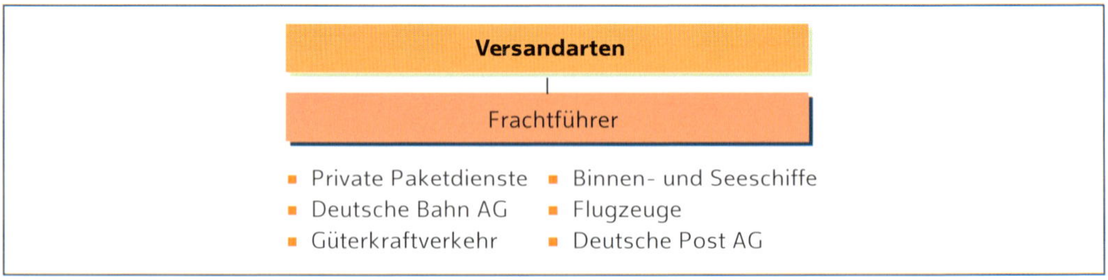

Warenzustellung durch die Deutsche Post AG: Die Deutsche Post (DP) muss alle Sendungen befördern, die ihren Beförderungsbestimmungen entsprechen (**Kontrahierungszwang**, vgl. S. 95). Die Angebote der DP für die Warenzustellung sind sehr vielfältig. Die DP unterhält eine Reihe von Tochterunternehmen für die verschiedenen Sendungsarten, z. B. Deutsche Post Brief, Deutsche Post Paket DHL, Deutsche Post Euro Express.

Warenzustellung durch private Express-, Kurier- und Paketdienste: Insbesondere Großversender des Handels (z. B. Versandhäuser) nutzen aus Kostengründen die Dienste privater Express-, Kurier- und Pakettransportunternehmen. Während die DP keine Sendungen, die den Zulassungsbestimmungen entsprechen, ablehnen darf, können private Express-, Kurier- und Paketdienste Warensendungen ablehnen, z. B., wenn diese für sie nicht gewinnbringend sind. Die privaten Express-, Kurier- und Paketdienste kommen nach Vereinbarung an jedem Werktag zur festgelegten Zeit mit ihren Fahrzeugen beim jeweiligen Unternehmen vorbei, um versandfertige Pakete abzuholen und den jeweiligen Empfängern zuzustellen.

Private Express-, Kurier- und Paketdienste haben folgende **Vorteile**:

- Beförderung von Paketen über 20 kg
- Transport von Haus zu Haus
- höhere Haftung als bei der DP
- oft kostengünstiger und schneller als die Deutsche Post AG

Warenzustellung durch Werkverkehr und Unternehmen des gewerblichen Güterkraftverkehrs: Für die Warenzustellung kann ein Unternehmen auf eigene Fahrzeuge und Mitarbeiter (firmeneigener Werkverkehr) und auf die Dienste gewerbsmäßiger Unternehmer des Güterverkehrs (firmenfremde Zustellung) zurückgreifen.

- **Werkverkehr:** Mittlere und große Unternehmen unterhalten oft eine **eigene Versandabteilung** mit Fuhrpark. In manchen Branchen ist es üblich, dass die betriebseigenen Fahrzeuge nach einem genau festgelegten Fahrplan bestimmte Routen abfahren, um die Waren den Kunden „frei Haus" zu liefern. Hierdurch erhöhen sich die Handlungskosten des Betriebes, sie sind daher bei der Kalkulation des Listenverkaufspreises zu berücksichtigen.

  Die Ware wird dem Kunden mit einem **Lieferschein** ausgehändigt. Der Kunde muss auf einer Kopie des Lieferscheins mit seiner Unterschrift bescheinigen, dass ihm die Ware ordnungsgemäß zugestellt wurde. Der **Verkäufer haftet für Verlust und Beschädigung der Ware bis zur Übergabe an den Kunden**.

  Bei firmeneigener Warenzustellung ergeben sich **folgende Vor- und Nachteile für den Verkäufer**:

Vorteile	Nachteile
– Kunden können schnell und flexibel beliefert werden. – Fahrzeuge können für speziellen Bedarf ausgerüstet werden – Verbesserung des Firmenimages durch geschultes Personal (z. B. bei Aufstellung, Installation, Montage) – zusätzliche Werbewirkung durch Einsatz eigener, mit Firmenwerbung versehener Fahrzeuge	– erhöhte Handlungskosten für Kosten des Fuhrparks, Personals usw. – höheres Risiko durch Haftung für Verlust und Beschädigung der Ware bis zur Warenübergabe – bei Lieferung auf Lieferschein erhöhtes Forderungsausfallrisiko

- **Gewerblicher Güterkraftverkehr:** Wenn ein Unternehmen die Ware nicht selbst zustellen kann oder will, kann es dem Kunden die Ware durch die Dienste von Fuhrunternehmen des Güterverkehrs zukommen lassen. Der gewerbliche Güterkraftverkehr ist die geschäftsmäßige oder entgeltliche Beförderung von Gütern mit Kraftfahrzeugen ab einem Gesamtgewicht von 3,5 Tonnen. Er ist erlaubnispflichtig. Die Erlaubnis wird von der jeweiligen Erlaubnisbehörde eines Bundeslandes für fünf Jahre erteilt.

  Versandarten: Im Güterkraftverkehr unterscheidet man:

Stückgut	Ladungsgut
Es handelt sich um in Kisten, Säcken, Paketen usw. verpackte Güter. Sie werden beim Güterkraftverkehrsunternehmen aufgegeben oder durch einen Frachtführer gegen zusätzliches Rollgeld abgeholt.	Beladung eines vorher bestellten Lkw oder von Containern mit einem Mindestfrachtberechnungsgewicht von 5 t.

Warenzustellung durch die Deutsche Bahn AG: Die Deutsche Bahn AG (DB) nimmt alle Güter zur Beförderung an, wenn sie den Beförderungsbedingungen entsprechen und die Beförderung mit den regelmäßigen Beförderungsmitteln möglich ist.

Der Versender schließt mit der DB einen **Frachtvertrag**, indem er einen **Frachtbrief** ausfüllt und der DB übergibt.

Der **Bahnfrachtbrief** (Warenbegleitpapier) besteht aus:

- Empfangsblatt (für den Bestimmungsbahnhof)
- Frachtbrief (für den Empfänger, begleitet die Sendung)
- Versandblatt (bleibt beim Versandbahnhof)
- Der Auftraggeber erhält eine Quittung des Auftrages als Fax (Auftragsquittung zu Auftrags-Nr.). Für nationale Schienentransporte gibt es keine beförderungsbegleitenden Transportdokumente mehr.

Am Versandbahnhof wird der Frachtvertrag dadurch abgeschlossen, dass auf dem Frachtbrief der Tagesstempel aufgedruckt wird. Der abgestempelte Frachtbrief ist ein Beweismittel für den Inhalt des Frachtvertrages. Der Frachtbrief ist aber kein Warenwertpapier.

Die DB bietet unterschiedliche Versandarten an. Sie können nach dem Umfang der Warensendung und nach der Schnelligkeit der Beförderung unterschieden werden.

Optimale Güterbeförderung:

Aus den verschiedenen Versandarten ist es oft schwierig, ein geeignetes Transportmittel auszuwählen. Hierzu bieten Transportunternehmen **ausgereifte, computerunterstützte Logistiklösungen** als Dienstleistung an. Sie stellen außerdem Kunden- bzw. Logistikberater (Transportberater) zur Verfügung, die nach individuellen Lösungen suchen. Die optimale Auswahl der Güterbeförderung hängt von einer Reihe von **Kriterien** ab:

Art der Güter und deren Eigenschaften (Gewicht, Sperrigkeit, Verderb):

- Im **Kleingüterverkehr bis 20 kg** bieten sich die Deutsche Post AG und private Express-, Kurier- und Paketdienste (bis 30 kg) an. Die Deutsche Post lehnt die Beförderung besonders sperriger Waren ab.
- Im **Stückgutverkehr bis 20 kg** stehen der gewerbliche Güterkraftverkehr, Flugzeug- und Schiffsunternehmen zur Verfügung.
- Für **Massengüter** eignen sich besonders die Deutsche Bahn AG und Schiffsunternehmen.
- **Leicht verderbliche Waren** sollten je nach Entfernung mit Flugzeugen oder dem gewerblichen Güterverkehr transportiert werden.

Transportkosten: Der Transport mit dem Flugzeug ist am teuersten, mit dem Schiff und der Bahn im Massengutverkehr am preisgünstigsten. Für kleine und leichte Warensendungen sind die Deutsche Post AG und private Paketdienste am preiswertesten.

Schnelligkeit der Beförderung: Die schnellste Beförderung dürfte auf längeren Strecken der Transport mit dem Flugzeug sein. Der wesentliche Vorteil des gewerblichen Güterkraftverkehrs dürfte die große Beweglichkeit sein, da fast alle Orte und Städte problemlos erreicht werden können. Die langsamste Beförderung erfolgt mit Schiffen (Charterung oder Stückgut).

Verpackung und Sicherheit der Beförderung: Die Transportgefahren für die Güter können durch den Einsatz verschiedener Behälter gemindert werden:

- **Collicobehälter:** zusammenklappbare Alubehälter
- **Kleincontainer:** bahneigene Lademittel mit einem Fassungsvermögen bis 3 m^3
- **Mittel- und Großcontainer:** teils private und teils bahneigene Lademittel ab 4 m^3

Ferner ermöglichen diese Transportbehälter einen kombinierten Güterverkehr, d.h. die Beförderung von Gütern mit verschiedenen Transportmitteln (Lkw, Bahn, Schiff, Flugzeug), ohne dass der Transportbehälter ausgeladen oder gewechselt werden muss. Die Deutsche Post AG bietet für wertvolle Warensendungen besondere Versendungsarten an. Flugzeuggesellschaften sind besonders für hochwertige, hoch empfindliche und eilbedürftige Güter geeignet.

Haftungsumfang: Frachtführer haften i.d.R. für die ordnungsgemäße Beförderung einer Warensendung. Allerdings ist die Haftung oft eingeschränkt.

Beispiel Die Deutsche Bahn AG haftet höchstens mit 8,33 Sonderziehungsrechten (SZR)[1] je kg Bruttogewicht, der Lkw-Fernverkehr ebenfalls mit höchstens 8,33 SZR je kg Bruttogewicht.

§ 431 HGB (4) Die [...] genannte Rechnungseinheit ist das **Sonderziehungsrecht des Internationalen Währungsfonds**. Der Betrag wird in Euro entsprechend dem Wert des Euro gegenüber dem Sonderziehungsrecht am Tag der Übernahme des Gutes zur Beförderung oder an dem von den Parteien vereinbarten Tag umgerechnet. Der Wert des Euro gegenüber dem Sonderziehungsrecht wird nach der Berechnungsmethode ermittelt, die der Internationale Währungsfonds an dem betreffenden Tag für seine Operationen und Transaktionen anwendet.

Durch den Abschluss einer Transportversicherung oder die Vereinbarung einer besonderen Versendungsart (Deutsche Post AG) kann ein Versender vollen Schadenersatz erlangen.

Umweltgesichtspunkte: Aufgrund der zunehmenden Verkehrsdichte auf den Straßen und der damit verbundenen Umweltbelastungen entstehen durch Transporte des Güterkraftverkehrs verstärkt Probleme. Ähnliches trifft für den Transport mit Flugzeugen auf Kurzstrecken zu (zudem ergeben sich Einschränkungen durch das Nachtflugverbot an bestimmten Flughäfen).

Durch langfristige Maßnahmen kann der **Güterverkehr umweltverträglicher organisiert** werden:

- technische Verbesserung der Fahrzeuge und der Infrastruktur (geringer Kraftstoffverbrauch von Fahrzeugen, Ausbau der Schienen- und Wasserwege),
- Vermeidung von Fahrten durch Bündelung und bessere Tourenplanung,
- Verlagerung von Transporten auf Schienen- und Wasserwege,
- Nutzung von Fahrzeugen mit umweltfreundlichen Antriebssystemen, z.B. Wasserstoff, Gas.

Ökonomische und ökologische Kriterien für Verpackung und Transport

- Kriterien für die Verpackung

Verpackung	Packung	Umverpackung
Umhüllung der Ware zum Schutz auf dem Transport	Umhüllung der Ware zum Zwecke des Verkaufs	Zusätzliche Verpackung um eine bereits vorhandene Verpackung

- **Verpackungen und Packungen** sollen die Waren schützen und transportierbar machen, werbewirksam sein, die Ware verkaufsfähig machen, zum Kauf anregen, die Verwendung erleichtern und umweltfreundlich sein.
- **Packungsmaterial** sollte
  - wiederverwendbar sein,
  - aus durch die Natur abbaubaren Stoffen bestehen,
  - recycelbar sein,
  - umweltfreundlich hergestellt sein.

[1] *1 SZR entspricht zurzeit ca. 1,2385 €.*

Kriterien für den Transport

- **Frachtführer** sind selbstständige Kaufleute, die die Beförderung von Gütern durchführen.
- **Spediteure** sind Kaufleute, die auf Rechnung des Versenders, aber in eigenem Namen, die Güterversendung durch Frachtführer vermitteln.
- **Lagerhalter** sind selbstständige Kaufleute, die gewerbsmäßig die Lagerung und Aufbewahrung von Gütern übernehmen.

Versandarten (Frachtführer)

– Private Paketdienste	– Deutsche Bahn AG	– Flugzeuge
– Güterkraftverkehr	– Binnen- und Seeschiffe	– Deutsche Post AG

- Die **Deutsche Post AG** befördert alle Sendungen, die ihren Beförderungsbedingungen entsprechen.
- **Private Express-, Kurier- und Paketdienste** unterliegen keiner Beförderungspflicht. Entgelthöhe und Berechnung sind denen der Deutschen Post AG angeglichen.
- Die Warenzustellung kann auch durch Unternehmen des **gewerblichen Güterkraftverkehrs** erfolgen.

Versandarten

Stückgut	Ladungsgut

- Die **Deutsche Bahn AG** befördert alle Güter, wenn diese den Beförderungsbedingungen entsprechen.

Versandarten der Deutsche Bahn AG

Komplettladung (DB Logistics)	Teilladung (DB CargoLine)

- Beim Güterversand mit **Schiffen** werden die Charterung und das Stückgut unterschieden.
- Der Güterversand mit **Flugzeugen** ist geeignet für eilige, empfindliche und wertvolle Ware.

1 Unterscheiden Sie Transport-, Verkaufs- und Umverpackungen an einem Beispiel.

2 Städten und Gemeinden fällt es immer schwerer, die Müllflut, zu der auch Verpackungen beitragen, geordnet zu deponieren und zu entsorgen.
a) Geben Sie Artikel aus Ihrem Ausbildungsbetrieb an, die zu aufwändig verpackt sind.
b) Machen Sie Vorschläge zur Vermeidung dieser Müllflut.

3 Stellen Sie dar, welche Gefahren sich für die Umwelt aus einer zu aufwändigen Nutzung von Packungen ergeben.

4 Um welche der folgenden Verpackungsarten handelt es sich bei den unten stehenden Beispielen?
1. Transportverpackung
2. Verkaufsverpackung
3. Umverpackung

a) Weißblechdose für Ananasscheiben
b) Pappschachtel für eine Tube Schuhcreme
c) 1,5-Liter-PET-Flasche für Limonade
d) Schrumpffolie für eine Europalette
e) Plastiktüte, an der Kasse zu erwerben

5 Die Bürodesign GmbH sendet einem Kunden durch einen betriebseigenen Lkw 20 Kombinationsschreibtische „Modulo“ zu.
a) Auf welche Weise kann sich der Auslieferungsfahrer die ordnungsgemäße Anlieferung der Ware beim Kunden bestätigen lassen?
b) Ein Schreibtisch wurde auf dem Transport zum Kunden beschädigt. Wer trägt den Schaden?
c) Erläutern Sie, welche Möglichkeiten die Bürodesign GmbH zur Beförderung der Waren zum Kunden hätte, wenn aus innerbetrieblichen Gründen kein betriebseigener Lkw zur Verfügung stünde.

6 Unterscheiden Sie
a) Frachtführer,
b) Spediteur,
c) Lagerhalter.

7 Stellen Sie Vor- und Nachteile dar, die sich aus der firmeneigenen Zustellung von Waren für Unternehmen ergeben.

8 Welche Gesichtspunkte sollten bei der Auswahl eines Frachtführers berücksichtigt werden?

9 Welches Warenbegleitpapier erhält ein Unternehmen bei Anlieferung einer Sendung an den Kunden durch den bahnamtlichen Spediteur?
a) Lieferschein
b) Frachtbrief
c) Rechnungskopie
d) Bestellungskopie

10 Welche Vorteile bieten sich für Unternehmen durch die Nutzung privater Paketdienste?

8 Zahlungsabwicklung

8.1 Zahlungsverkehr

Die Bürodesign GmbH erhält täglich eine Vielzahl von Eingangsrechnungen von Lieferern, Spediteuren, der Telekom usw. Einige Rechnungen sind sofort fällig, andere haben ein Zahlungsziel von einigen Tagen. Die Auszubildende Elke Grau findet bei Durchsicht der Belege zwei Mahnungen von Lieferern, in denen zum offenstehenden Rechnungsbetrag noch Verzugszinsen verlangt werden. Sie fragt ihre Abteilungsleiterin Frau Jäger: „Wie kann es dazu kommen, dass diese Rechnungen nicht bezahlt wurden?" Frau Jäger antwortet leicht errötend: „Es ist einfach vergessen worden. Das kann ja schließlich jedem mal passieren!" Elke ist erstaunt und meint: „Es muss doch möglich sein, Eingangsrechnungen termingerecht zu bezahlen. Sie benutzen doch Computer!"

- Geben Sie an, wie die Bürodesign GmbH den Gläubigern in Zukunft die Rechnungsbeträge termingerecht und bequem zukommen lassen kann.
- Beschreiben Sie die verschiedenen Möglichkeiten der Zahlungsvereinfachung bei der bargeldlosen Zahlung.
- Erklären Sie die Abwicklung eines Kreditkartengeschäfts.
- Beschreiben Sie die verschiedenen Electronic-Banking-Systeme.

Geldzahlungen werden entweder mit **Bargeld** (Banknoten, Münzen = gesetzliches Zahlungsmittel), **Buch- oder Giralgeld** (= alle Guthaben oder Kredite bei Geldinstituten, über die jederzeit frei verfügt werden kann) oder **Geldersatzmitteln** (Girocard, Kreditkarte) vorgenommen. VWL

Barzahlung

Kennzeichen der Bar(geld)zahlung ist, dass **sowohl der Schuldner als auch der Gläubiger Bargeld in die Hand bekommen**. Im Alltagsleben ist bei Kaufverträgen im Handel und bei Geschäften unter Nichtkaufleuten die sofortige Barzahlung üblich. Meistens handelt es sich hier nur um geringe Beträge, für die es viel zu umständlich und zeitraubend wäre, wenn der Verkäufer dem Käufer ein Zahlungsziel einräumen würde. Folglich erhält der Käufer die Waren gegen **sofortige Zahlung (Zug-um-Zug-Geschäft)**.

Ist der Schuldner nicht in der Lage, einem Gläubiger einen bestimmten Betrag selbst zu übermitteln, kann er dies durch einen **Boten** besorgen lassen.

Als Beweis für die Zahlung erhält der Schuldner eine **Quittung**. Als Quittung gelten der **Kassenzettel, Kassenbon einer Computerkasse oder besondere Quittungsvordrucke**. Liegt der Kaufpreis über 150,00 €, so ist ein Kaufmann aus umsatzsteuerrechtlichen Gründen verpflichtet, die Umsatzsteuer gesondert auszuweisen.

Der Gläubiger ist auf Verlangen des Schuldners zur Ausstellung der Quittung verpflichtet. Mit der Quittung bestätigt der Gläubiger dem Schuldner, dass er den geforderten Betrag erhalten hat.

Quittung
Nur gültig in Verbindung mit dem Kassenbon.

BÜRODESIGN GMBH
Steuernummer: 223/8425/8844
USt-IdNr.: DE4395565380

Abt.	Stück	Arbeitsbezeichnung	Einzelpreis €	Ct	Gesamtpreis €	Ct
53	2	Bürostühle	145	00	290	00

Gesamt-Betrag dankend erhalten	Hinweis zu MwSt.				
		Gesamtbetrag einschließlich MwSt. 19 %		290	00
in bar	Gesamtbetrag x 15,9 = 19 %	Bei Kauf über 150,00 €	MwSt. 19 %	46	30
X per Girocard	x 6,54 = 7 %		Netto-Warenwert	243	70

Name und Anschrift des Käufers
Hannelore Fach, Eisenstraße 16, 50852 Köln

Ort	Datum	Kassen-Nr.	Unterschrift des Verkäufers
Köln	13. Juli 20..	2	Schmitz

Die wesentlichen **Vorteile bei der Barzahlung** sind für den Empfänger:

- Er hat sofort Bargeld.
- Es entstehen keine Mahnkosten.
- Er hat kein Risiko (Forderungsfall).

Die wesentlichen **Nachteile bei der Barzahlung** sind für den Zahler:

- Kosten und Zeitverlust, da Zahler zum Empfänger fahren muss,
- Risiko, da Geld verloren oder gestohlen werden kann.

▲ Bargeldlose Zahlung

Der bargeldlose Zahlungsverkehr setzt voraus, dass **Schuldner und Gläubiger über ein Konto bei einem Geldinstitut verfügen**. Der Schuldner kann von seinem Konto einen Betrag abbuchen lassen, der dann dem Gläubiger auf seinem Konto gutgeschrieben wird.

Das SEPA-Verfahren

Durch das **SEPA-Verfahren** (Single European Payments Area), das 2008 in der EU eingeführt wurde, startet in der EU ein einheitliches europäisches Überweisungsverfahren. Statt Kontonummer und Bankleitzahl werden die internationale Kontonummer (International Bank Account Number = **IBAN**) und der einheitliche Bankcode (Bank Identifier Code = **BIC**) verwendet.

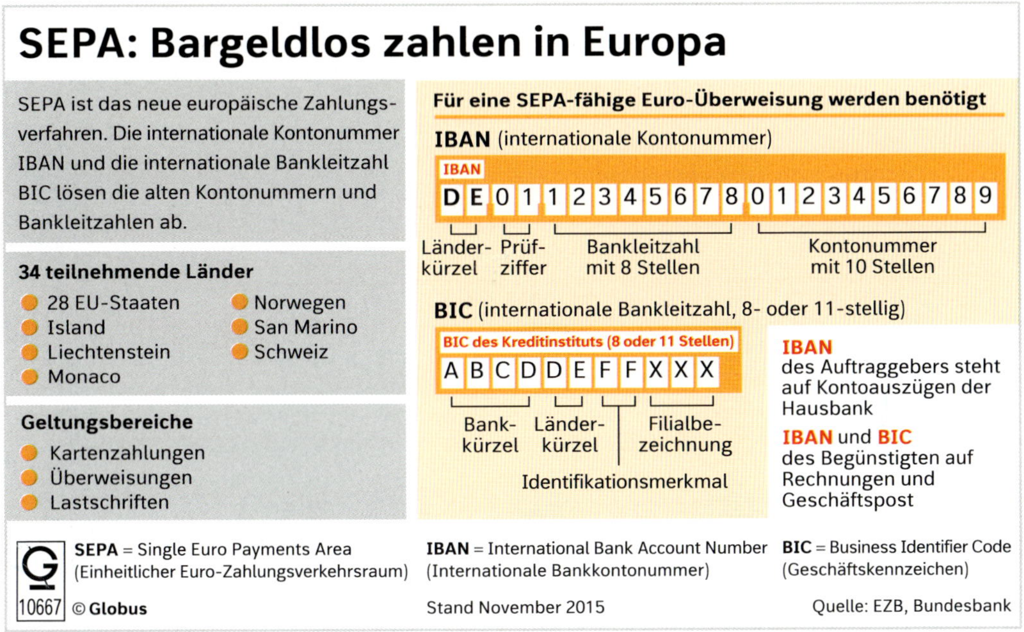

Überweisung

Mit einer Banküberweisung **kann ein Schuldner von seinem Konto einen Geldbetrag auf ein anderes Konto bei jedem Geldinstitut überweisen lassen**. Der Auftrag wird dem Geldinstitut durch das Ausfüllen und die Abgabe eines Überweisungsvordrucks erteilt. Dieses ist ein **ein- oder zweiteiliger Vordrucksatz**, den jeder Kontoinhaber von seinem Geldinstitut erhält.

Ein Schuldner kann eine Überweisung auch mit dem kombinierten Formblatt **„Zahlschein/Überweisung"** (vgl. S. 68) tätigen. Diese Vordrucke werden oft zusammen mit Rechnungen versandt, wobei bereits alle Angaben des Gläubigers (Name, IBAN, bezogene Bank, BIC, Überweisungsbetrag, Verwendungszweck) aufgedruckt sind. Für den Schuldner ergibt sich dadurch eine Arbeitserleichterung.

Vorteile für den Zahler und Zahlungsempfänger **bei der bargeldlosen Zahlung** sind:

- gefahrloses Übersenden von Geld an den Empfänger, selbst wenn große Entfernungen zurückzulegen sind
- kein Verlust durch Verzählen
- bequemer und schneller Zahlungsausgleich

SEPA-Überweisung PBNKDEFF

Postbank

Für Überweisungen in Deutschland, in andere EU-/EWR-Staaten und in die Schweiz in Euro.

-MUSTER-

Angaben zum Zahlungsempfänger: Name, Vorname/Firma (max. 27 Stellen, bei maschineller Beschriftung max. 35 Stellen)
FURNIERWERK GMBH, GREVENBROICH

IBAN
DE72 3706 9306 0047 1628 96

BIC des Kreditinstituts/Zahlungsdienstleisters (8 oder 11 Stellen) ◀ Kann bei Zahlungen innerhalb EU/EWR entfallen.
GENODED1GRB

A B*) C

Betrag: Euro, Cent
23000,00

Kunden-Referenznummer - Verwendungszweck, ggf. Name und Anschrift des Zahlers - (nur für Zahlungsempfänger)
RECHNUNG NR. 4368/95

noch Verwendungszweck (insgesamt max. 2 Zeilen à 27 Stellen, bei maschineller Beschriftung max. 2 Zeilen à 35 Stellen)
VOM 23. APRIL ..

Angaben zum Kontoinhaber: Name, Vorname/Firma, Ort (max. 27 Stellen, keine Straßen- oder Postfachangaben)
BUERODESIGN GMBH, KOELN

IBAN
DE13 3701 0050 0324 0665 06

Datum
27. April 20..

Unterschrift(en)
A. König

924 123 200 02.16 *) Nähere Erläuterungen siehe Hinweisblatt!

I

Der Kontoinhaber wird über Zahlungsvorgänge und den Kontostand durch einen **Kontoauszug** unterrichtet, den der Kontoinhaber bei einem Kreditinstitut mit der Kundenkarte maschinell erstellen oder sich zuschicken lassen kann.

In der Regel darf ein Kontoinhaber sein Konto bis zu einem bestimmten Betrag überziehen (= **Dispositionskredit** bei privaten Kunden, **Kontokorrentkredit** bei gewerblichen Kunden), wobei die Höhe des Überziehungskredites mit dem Kreditinstitut vereinbart werden muss.

Auf dem Kontoauszug werden alle Zahlungseingänge (Zahlungen gehen zugunsten des Kontoinhabers ein = +) eingetragen und alle Zahlungsausgänge (Zahlungsaufträge werden zulasten des Kontos ausgeführt = –). Zudem sind der alte und der neue Kontostand und der Tag des Auszugsdatums vermerkt. Wenn ein Konto ein Guthaben aufweist, liegt ein Guthaben (+) vor. Ist das Konto überzogen, liegt eine Überziehung des Kontos (–) vor.

SEPA-Girokonto IBAN: DE11 3705 0198 0085 3139 48 **Kontoauszug 211**
BIC: COLSDE33XXX **Blatt 1**
Sparkasse KölnBonn UST-ID DE110260423

Datum	Erläuterungen		Betrag
Kontostand in € am 13.05.20.., Auszug Nr. 210			154 930,00 +
17.10.	Überweisung STAMMES STAHLROHR GMBH, ESSEN KD-NR 736521	Wert: 17.10.20.. RG-NR. 10253, V. 07.10.20.. ABZGL. 3 % SKONTO	6 868,09 –
Kontostand in € am 17.10.20.., 12:30 Uhr			148 061,91 +

Ihr Dispositionskredit 200 000,00 €

Bürodesign GmbH

Zahlungsvereinfachungen:

Im Rahmen der bargeldlosen Zahlung können einige Zahlungsvereinfachungen, die dem Schuldner Arbeitserleichterungen bringen oder die den Überweisungsvorgang beschleunigen, genutzt werden.

Dauerauftrag

Mit einem Dauerauftrag beauftragt ein Kontoinhaber sein Kreditinstitut, **regelmäßig zu einem bestimmten Zeitpunkt einen gleich bleibenden Betrag zulasten seines Kontos** auf das Konto des Gläubigers zu überweisen.

Beispiel Miete, Versicherungsbeiträge, Tilgungsraten bei Darlehen, Ratenzahlungen

Nach der Auftragserteilung durch den Kontoinhaber stellt das Geldinstitut regelmäßig die Buchungsbelege aus. Ein Dauerauftrag behält seine Gültigkeit bis zum schriftlichen Widerruf durch den Kontoinhaber.

Lastschriftverfahren

Bei regelmäßig wiederkehrenden Zahlungen in gleicher oder unterschiedlicher Höhe kann ein Kontoinhaber den Gläubiger ermächtigen, bis auf Widerruf **zu unterschiedlichen Terminen Beträge von seinem Konto abbuchen zu lassen.**

Beispiel Telefon-, Strom-, Wasserrechnung, Grundsteuer

Dazu kann der Kontoinhaber dem Gläubiger eine **Einzugsermächtigung (= Einzugsermächtigungsverfahren)** erteilen.

Bei diesem Verfahren **ermächtigt der Kontoinhaber** den Gläubiger, **seine Forderung vom Konto des Kontoinhabers einzuziehen**. Sollte der Gläubiger das Konto des Kontoinhabers ungerechtfertigt belasten, dann kann der Kontoinhaber der Kontobelastung innerhalb von acht Wochen widersprechen. Der belastete Betrag wird dann wieder gutgeschrieben.

Beispiel Die Bürodesign GmbH hat der Stadt Köln eine Einzugsermächtigung für die Grundsteuerabgaben erteilt. Aufgrund eines Fehlers in der Rechnungsabteilung der Stadt Köln wird das Konto der Bürodesign GmbH statt mit 245,16 € mit 2 451,60 € belastet. Die Bürodesign GmbH kann bei ihrem Geldinstitut der Lastschrift widersprechen, der Betrag wird ihrem Konto wieder gutgeschrieben.

Für eine Einzugsermächtigung muss der Kontoinhaber ein sog. **Mandat** erteilen, in dem er schriftlich den Zahlungsempfänger des Geldes berechtigt und seiner Bank den Auftrag erteilt, den Anspruch einzulösen. Der Empfänger des Geldes muss dem Zahlungspflichtigen zudem mit einer 14-Tagesfrist vorher mitteilen, welchen Betrag er einziehen will, damit der Kontoinhaber sein Konto rechtzeitig auffüllen kann. Zudem muss der Zahlungsempfänger die Bank des Zahlungspflichtigen fünf Tage vor dem Einzug informieren. Jeder Zahlungsempfänger benötigt eine EU-weite Kennung, die sog. SEPA-Gläubigeridentifikation. Diese kann über die Website der Deutschen Bundesbank beantragt werden.

Eilüberweisung

Ist eine Überweisung besonders dringlich, so kann ein Schuldner sie als Eilüberweisung übermitteln lassen. Hierbei wird der Überweisungsvorgang sofort nach Auftragserteilung telefonisch oder online ausgeführt. Dafür erheben die Geldinstitute ein besonderes Entgelt.

Beispiel Ein Sachbearbeiter der Bürodesign GmbH hat vergessen, termingerecht die Zinsen für ein Darlehen an die Commerzbank zu überweisen. Um mögliche Verzugszinsen möglichst gering zu halten, wird eine Eilüberweisung bei der Deutschen Bank, Köln, in Auftrag gegeben.

Kartenzahlungssysteme und Electronic-Banking-Systeme:

Der Begriff **„Plastikgeld"** stammt daher, dass der Käufer bei der Bezahlung statt Bargeld eine kleine **Kunststoffkarte** vorlegt, auf der bestimmte Daten eingetragen sind, z. B. Name, IBAN, BIC, Kunden-Nummer usw. Diese Daten können entweder direkt lesbar sein, d. h., sie sind in einer normalen Schrift auf der Karte aufgetragen, oder sie sind nur mithilfe bestimmter Lesegeräte zu erkennen. Die Karten haben entweder auf ihrer Rückseite einen **Magnetstreifen** oder einen **Chip**, in dem alle wesentlichen Daten gespeichert sind.

Kreditkarten

Kreditkarten werden von Kreditkartenorganisationen Personen mit einem bestimmten Mindestjahreseinkommen oder Unternehmen gegen Zahlung eines Jahresentgelts oder kostenlos angeboten. Häufig ist in diesem Betrag auch eine Versicherungsleistung, z. B. eine Unfallversicherung, eingeschlossen. Sie können in allen Vertragsunternehmen, z. B. Hotels, Restaurants, Reisebüros, Mietwagenunternehmen usw., von den Kunden benutzt werden. Der Kunde ist somit stets zahlungsfähig, ohne ständig Bargeld mit sich führen zu müssen. Kreditkarten gelten meist im Inland und im Ausland. Die bedeutendsten Kreditkartenorganisationen sind „American Express", „Diners Club International" und „VISA". Marktführer in Deutschland ist die „Mastercard", die von Banken und Sparkassen ausgegeben wird.

Kreditkarten können von ihren Inhabern wie Bargeld benutzt werden. Bei den meisten Geldinstituten kann man sich gegen Vorlage der Kreditkarte und Eingabe einer persönlichen Geheimzahl (PIN) Bargeld auszahlen lassen. Bei Verlust oder Diebstahl der Kreditkarte ist die herausgebende Organisation sofort zu benachrichtigen, sie sperrt die Karte dann international. Der Inhaber haftet meist nur für einen bestimmten Betrag.

Die **Abwicklung eines Kreditkartengeschäfts** vollzieht sich folgendermaßen:

- Der Kreditkarteninhaber legt dem Vertragsunternehmen seine Kreditkarte vor und unterschreibt einen Leistungsbeleg.
- Das Unternehmen setzt sich elektronisch mit der Kreditkartenorganisation in Verbindung, die dann feststellt, ob die Karte gesperrt ist und sich die Zahlung im Verfügungsrahmen des Kunden bewegt. Wenn alles in Ordnung ist, wird die Zahlung genehmigt (Autorisierung der Zahlung).
- Das Vertragsunternehmen sendet den unterschriebenen Leistungsbeleg an die Kreditkartenorganisation zur Abrechnung.
- Die Kreditkartenorganisation überweist nach etwa einem Monat dem Vertragsunternehmen aufgrund des Leistungsbelegs einen Betrag, der um die Umsatzprovision (etwa 1 % bis 1,5 %) verringert ist.
- Die Kreditkartenorganisation schickt dem Karteninhaber monatlich eine genaue Sammelrechnung über die fälligen Zahlungen und belastet im Wege des Lastschrifteinzugsverfahrens das Konto des Kreditkarteninhabers.

Kundenkarten

Kundenkarten werden von einigen Einzel- und Großhändlern an kreditwürdige Kunden kostenlos ausgegeben. Der Kunde muss hierzu auf einem Antragformular einige persönliche Angaben machen. Mit der Kundenkarte sollen die Kunden an das Unternehmen gebunden werden. Um Kunden zu veranlassen, sich die Kundenkarten zu besorgen, erhalten Kunden z. B. einen Bonus von 1 % bis 3 % auf alle getätigten Einkäufe nach Ablauf eines bestimmten Zeitraums oder Prämien in Höhe der gesammelten umsatzabhängigen Punkte. Einige Kundenkarten mit Kreditfunktion können beim jeweiligen Unternehmen wie Kreditkarten verwendet werden.

Beispiele ADAC-Karte, BahnCard, Metrokarte, Edeka-Card, Payback-Karte (ohne Kreditfunktion)

Ablauf eines Einkaufs bei einer Kundenkarte mit Kreditfunktion: Statt Bargeld zur Begleichung seiner Rechnung anzunehmen, erfasst das Verkaufs- oder Kassenpersonal lediglich die Daten der Kundenkarte (entweder handschriftlich oder maschinell) und händigt dem Käufer die Ware aus. Die Kaufbeträge werden dem Kundenkonto belastet. Der Händler bucht dann in bestimmten Zeitabständen den summierten Betrag vom Girokonto des Kunden ab. Jeder Kunde hat also bei dem Händler ein eigenes Kundenkonto.

Electronic-Banking-Systeme

- **Electronic Cash (Point-of-Sale-Banking):**

Bei diesem System handelt es sich um eine Form des **Electronic Banking**. Die Geldinstitute haben ein einfaches und sicheres Zahlungsverfahren eingeführt, das allen Beteiligten spürbare Vorteile bringen soll. Kern dieses Systems ist die **Girocard (Bankcard, Maestro-Card**; je nach Kreditinstitut gibt es unterschiedliche Bezeichnungen). Fast jeder Haushalt verfügt in Deutschland über diese Karte.

Eine Girocard enthält verschiedene Daten, einige davon sind sichtbar (Vorderseite), z. B. Name des Kunden, IBAN- und Karten-Nr. Andere Daten sind nicht direkt lesbar. Sie sind codiert auf dem Magnetstreifen (Rückseite) oder auf einem Chip gespeichert und können nur von einem Lesegerät erfasst werden.

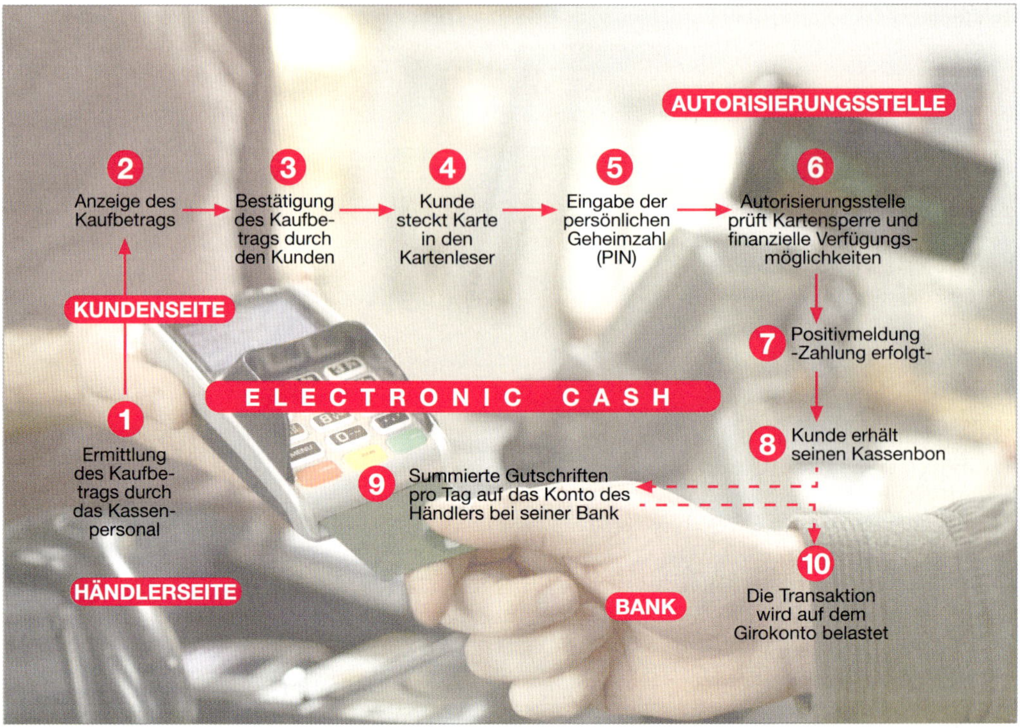

Damit die Girocard nicht von Unbefugten benutzt werden kann, wird jedem Girocard-Besitzer von seiner Bank eine persönliche Geheimzahl mitgeteilt. Sie gilt als „**P**ersönliche **I**dentifikations**n**ummer", daher wird sie auch häufig nur **PIN** genannt. Die PIN ist **nicht** auf dem Magnetstreifen oder Chip gespeichert, sondern wird jedes Mal neu aus einer komplizierten verschlüsselten Kombination aus IBAN, BIC und Karten-Nr. berechnet und mit der Eingabe des Kunden verglichen.

Die Grundidee des Electronic Cash besteht darin, am **POS (Point of Sale = Verkaufsort)**, also direkt beim Zahlungsempfänger (Gläubiger) ein Gerät aufzustellen, das die Daten einer Girocard lesen und verarbeiten kann. Für Gläubiger und Karteninhaber sieht ein Zahlungsvorgang so aus, als ob durch Einschieben der Girocard in den Kartenleser der Kaufbetrag vom Bankkonto des Karteninhabers direkt auf das Girokonto des Gläubigers umgebucht wird. In Wirklichkeit zieht der Gläubiger seine Forderungen aus den Electronic-Cash-Umsätzen beleglos im Lastschrifteinzugsverfahren über sein Kreditinstitut ein. Die Zahlungen sind durch das Karten ausgebende Kreditinstitut garantiert.

Im Rahmen des Elektronic Banking können mit einer Girocard und der Eingabe einer persönlichen Geheimzahl (PIN) an Geldautomaten Barbeträge im Inland und weltweit auch im Ausland **(Maestro)** außerhalb der Schalteröffnungszeiten abgehoben werden (vgl. S. 71). Mithilfe des **Maestro-Service** der Geldinstitute ist es bei Reisen möglich, mit der Girocard mit persönlicher Geheimzahl auch im Ausland an elektronischen Kassen von Tankstellen, Einzel- und Großhandelsbetrieben, Hotels und Restaurants zu zahlen.

- **Chipkarte:**

Chipkarten (Smartcards, „intelligente Karten“) sind Geldkarten mit einem eingebauten Mikrochip. So kann der Chip auf der Geldkarte als wesentliche Information ein bestimmtes **Guthaben** des Karteninhabers enthalten. Der Schuldner steckt die Karte in das Lesegerät, die Karte wird vom Kartenleser gelesen und geprüft, der Rechnungsbetrag wird angezeigt und vom Kunden über die Tastatur bestätigt. Der zu zahlende Betrag wird erfasst und dem Gläubiger später von der Bank gutgeschrieben. Im gleichen Moment wird auf dem Mikrochip das Guthaben des Karteninhabers um den Rechnungsbetrag verringert **(elektronisches Portemonnaie = Geldbörsenfunktion)**. Ist das Guthaben verbraucht, kann der Karteninhaber von seinem Girokonto einen neuen Betrag bis 200,00 € auf die Chipkarte umbuchen lassen. Dieser Umbuchungsvorgang kann auch nach Eingabe der persönlichen Geheimzahl an Geldautomaten vorgenommen werden. Mithilfe von Chipkarten können z. B. auch öffentliche Telefone oder Fahrkartenautomaten benutzt werden.

Beispiel für Chipkarte

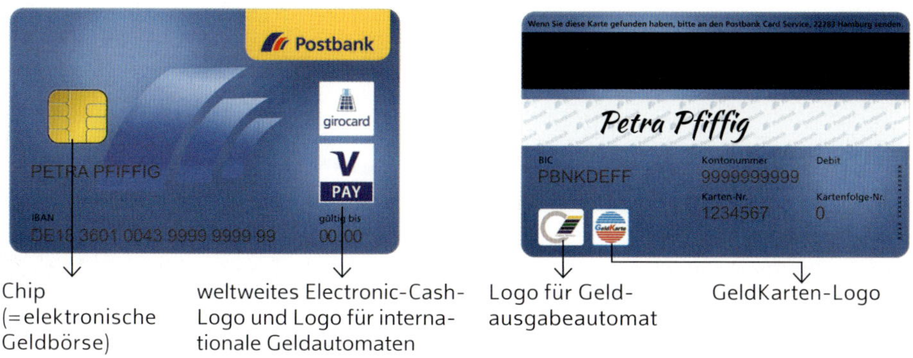

Die Karte hat folgende Vorteile:

- Sie bietet ein hohes Maß an **Sicherheit**, da Informationen nur von berechtigten Nutzern gelesen und verändert werden können und somit Betrugsdelikte deutlich verringert werden. Das Risiko bei Missbrauch ist auf das auf der Karte vorhandene Guthaben beschränkt.
- Während beim girocard-System die erfassten Daten während des Verkaufsvorgangs an eine Autorisierungszentrale übermittelt werden, wodurch die Zahlung unter Umständen einen Augenblick dauert, ist bei Zahlungen mit der GeldKarte-Funktion dieser Aufwand nicht erforderlich, da das Guthaben direkt von der GeldKarte, der elektronischen Geldbörse auf dem Chip, abgebucht wird.
- Zudem entfällt die bei Vorlage von Kreditkarten bei jedem Zahlungsvorgang notwendige teure Leitungsverbindung zu den Bankrechnern, die bisher hergestellt wird, um den Kontostand festzustellen.
- Chipkarten gewinnen zunehmend auch als **Mitgliedsausweise** an Bedeutung, z. B. bei Krankenkassen, Sportvereinen.
- Viele Karten mit GeldKarte-Funktion tragen zusätzlich die girogo-Funktion zum kontaktlosen Bezahlen von Beträgen bis 25,00 € aus der elektronischen Geldbörse. Zum Auslösen der Transaktion genügt es, die Karte sehr nah an das Bezahlterminal heranzuführen. Hierfür ist weder die Eingabe einer PIN noch eine Unterschrift notwendig. Die Akzeptanzstellen, an denen die Karte kontaktlos eingesetzt werden kann, erkennt man an dem **„girocard kontaktlos-Logo“**.

Onlinebanking („Elektronic Banking")

Unter **Onlinebanking** (Telebanking) versteht man die elektronische Kontoführung durch Nutzung von Onlinediensten. Der Kontoinhaber kann über das Internet mithilfe eines PCs, Tablets oder Smartphones Kontoinformationen abrufen, z. B. Umsätze, Salden, oder Zahlungsaufträge erteilen.

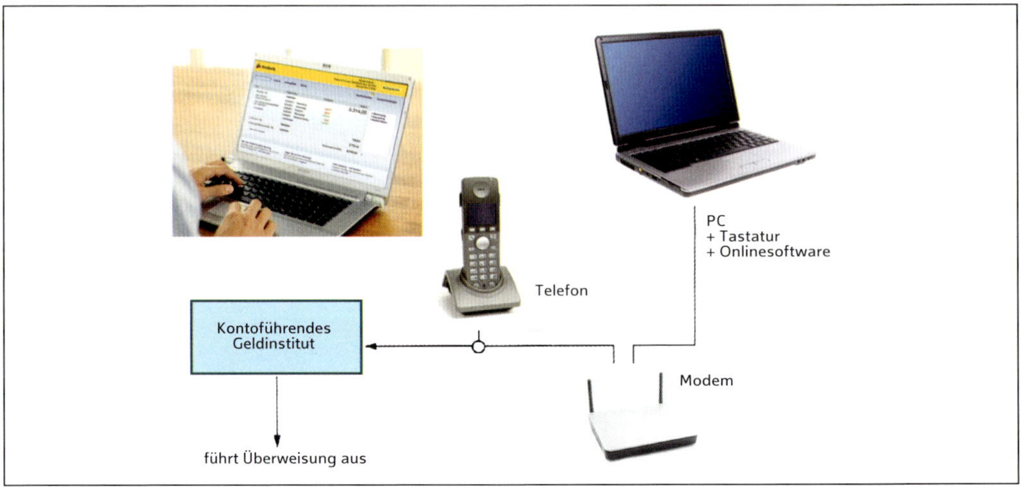

Ablauf des Onlinebankings:

- Der Kunde akzeptiert einmalig die Nutzungsbedingungen des Onlinedienstes des Geldinstitutes.
- Der Kunde stellt die Verbindung zur Website seines Kreditinstitutes über ein persönliches Passwort her.
- Der Kunde gibt seine **persönliche Geheimzahl (PIN = persönliche Identifikationsnummer)** ein, welche ihm den Onlinezugriff auf sein Bankkonto ermöglicht.
- Der Kunde benötigt für jede Transaktion (Abfrage Kontostand, Veranlassung einer Überweisung) oder Änderung seiner Kontoeinstellungen (Überweisungslimit) eine **Transaktionsnummer (TAN)**, welche er von seinem Geldinstitut als TAN-Liste (TAN, iTAN), SMS (mTAN) oder auf einem anderen vereinbarten Weg erhält. Diese Transaktionsnummern werden der Reihenfolge nach verbraucht. Die TAN-Liste aus Papier gilt seit einigen Jahren als unsicher, da Kriminelle das System leicht überlisten können. Der sicherste Standard beim Onlinebanking ist das **HBCI-Homebanking**, bei dem der Kontoinhaber ein Lesegerät (Chip-TAN-Generator) für eine gesonderte HBCI-Karte benötigt, um Kontobewegungen zu veranlassen. Erforderlich ist auch seine elektronische Unterschrift.
- Der Kunde beendet die Onlineverbindung, seine Aufträge werden vom Geldinstitut bearbeitet.

Sicherheitstipps für das Onlinebezahlen:

- Vor der Bestellung sollte man sich über die Seriosität des Händlers informieren. Überprüfen Sie, ob eine E-Mail-, Kontaktadresse und Telefonnummer angegeben sind.
- Wenn möglich, Bestellung per Rechnung bezahlen, so kann man die Waren bei der Lieferung kontrollieren.
- Vor Pishing (Abgreifen der Daten) schützen, indem IBAN oder Passwörter verschlüsselt übertragen werden.
- Nicht in Internetcafés oder in öffentlichen Netzwerken einkaufen oder bezahlen.
- Regelmäßige Kontrolle der Kontoauszüge, damit bei Unregelmäßigkeiten oder falschen Buchungen rechtzeitig reagiert werden kann.
- Codes wie PIN, TAN und Passwörter sicher aufbewahren, nicht auf dem Rechner speichern.

Telefon-Service (Telefon-Banking)

Eine weitere neue Entwicklung des Zahlungsverkehrs stellt der Telefon-Service der Geldinstitute dar. Mit einer persönlichen Telefon-Geheimzahl (Passwort) hat jeder Kontoinhaber zu jeder Zeit und von jedem Ort aus Zugriff auf sein Konto. Der Kontoinhaber kann

- seinen Kontostand abfragen,
- Überweisungen veranlassen,
- zusätzliche schriftliche Kontoauszüge anfordern,
- Daueraufträge einrichten, ändern, löschen,
- Zahlungsvordrucke bestellen.

Einkauf mit dem Smartphone (Mobile-Payment-Verfahren)

Um mit dem Smartphone bezahlen zu können, muss der Kunde sich zuerst die jeweilige Unternehmens-App mit Pay-Funktion auf sein Smartphone herunterladen. Dann muss er sich für die neuen Funktionen registrieren lassen. Dazu gehört, dass er seine Kontodaten übermitteln muss, da vom Bankkonto des Kunden das Geld anschließend per Lastschrift abgebucht wird. Der Kunde wählt dann eine vierstellige Geheimzahl aus (PIN). An der Kasse tippt er die PIN in sein Smartphone und bekommt dann einen Barcode auf sein Display, den er an einen Scanner hält. Damit ist der Zahlvorgang abgeschlossen. Den Kassenzettel erhält der Kunde in digitaler Form auf sein Smartphone aufgespielt. Aus Sicherheitsgründen ist der ausgegebene Barcode nur fünf Minuten lang gültig und der Maximalbetrag pro Kunde auf einen bestimmten Euro-Betrag pro Woche beschränkt.

Vorteile des kontaktlosen Bezahlens:

- Umsatzsteigerung möglich durch schnellere Kassenabwicklung
- weniger Aufwand für Bargeldhaltung dank reduziertem Bargeldbestand
- intuitiv für Kunde und Kassenpersonal, da die Karte nicht mehr in das Kartenterminal gesteckt werden muss
- hygienischer, denn Bargeld bzw. Karte wechseln nicht die Hände

Internetkauf und Onlinebezahldienste (E-Payment-Verfahren)

Werden Waren im Internet gekauft, können verschiedene Onlinebezahldienste in Anspruch genommen werden (PayPal, Skrill, Giropay u. a.).

Beispiel Bei PayPal muss der Nutzer sich mit seinen Daten anmelden und mit seiner gewünschten Zahlungsart (Kreditkarte oder Bankverbindung) registrieren. Über den Bezahlbutton kommt man in die Log-in-Seite und bestätigt den Kauf. Dann bekommt der Händler die Bestätigung und er kann das vom Kunden gewünschte Produkt verschicken. PayPal bietet zudem einen Käuferschutz. Innerhalb von 45 Tagen kann sich der Käufer beschweren und das Geld fließt bei einer berechtigten Reklamation zurück.

Zahlungsverkehr

- Kennzeichen der Bar(geld)zahlung ist, dass **sowohl der Schuldner als auch der Gläubiger Bargeld in Händen haben**.
- Bei **persönlicher sofortiger Zahlung (Zug-um-Zug-Geschäft)** erhält ein Kunde die Ware nur gegen sofortige Zahlung. Der Kunde (Zahler) erhält über die Zahlung eine **Quittung**.
- Voraussetzung für den bargeldlosen Zahlungsverkehr ist, dass **sowohl der Schuldner als auch der Gläubiger ein Konto haben**.

- Bei der Banküberweisung findet eine **Umbuchung vom Konto des Schuldners auf das Konto des Gläubigers statt**.

Sonderformen der Überweisung

Dauerauftrag
- wird bei regelmäßig wiederkehrenden Zahlungen in gleicher Höhe genutzt

Lastschriftverfahren als Einzugsermächtigung
- Schriftliche **Vollmacht** des Kontoinhabers **an den Gläubiger**, Kontoinhaber muss Empfänger ein **Mandat** und seiner Bank einen Auftrag erteilen, den Anspruch einzulösen. Gläubiger muss Kontoinhaber 14 Tage und der Bank des Zahlungspflichtigen 5 Tage vorher mitteilen, welchen Betrag er einziehen will.

Eilüberweisung
- bei besonders dringlichen Überweisungen

- Beim **beleglosen Zahlungsverkehr** werden unbare Zahlungen über das Internet weitergeleitet (= **belegloser Datenträgeraustausch**).
- **Kreditkarten:** Kreditkartenunternehmen geben gegen Entgelt Karten aus, mit denen Kunden bei allen Vertragsunternehmen (Hotels, Handelsbetriebe, Restaurants usw.) bargeldlos bezahlen können.
- **Kundenkarten:** Einzel- und Großhändler geben an bestimmte Kunden Karten aus, mit denen diese bei ihnen bargeldlos und auf Kredit einkaufen können.

Electronic-Banking-Systeme

Electronic Cash | **Onlinebanking** | **Telefon-Banking**

- **Electronic Cash:** Bei einem Zahlungsempfänger befindet sich ein Gerät, das die Daten einer Girocard lesen kann. Hierdurch wird die Kontendeckung beim Kunden überprüft und eine Zahlung vom Konto des Kunden auf das Konto des Gläubigers eingeleitet.
- **Onlinebanking:** digitale Kontoführung
- **Telefon-Banking:** Abwicklung des Zahlungsverkehrs mithilfe des Telefons/Smartphones

1 Beschreiben Sie die wesentlichen Unterschiede zwischen der Bargeldzahlung und der bargeldlosen Zahlung.

2 In welchen Fällen würden Sie einen Dauerauftrag oder eine Einzugsermächtigung vornehmen? Geben Sie jeweils drei Beispiele an.

3 Erläutern Sie, welche Vorteile der bargeldlose Zahlungsverkehr für den Schuldner und den Gläubiger hat.

4 Die Bürodesign GmbH tätigt in ihrem Verkaufsstudio täglich etwa 25 Verkäufe gegen Kreditkarte.
a) Geben Sie an, welche Nachteile die Bürodesign GmbH aus dieser Zahlungsart hat.
b) Erläutern Sie die wesentlichen Merkmale dieser Zahlungsart.

5 Besorgen Sie sich Vordrucke zum Zahlungsverkehr (Materialsammlung) und erstellen Sie daraus eine Übersicht.

6 Begründen Sie, welchen Kunden Sie eine Kundenkarte verweigern würden.

7 Stellen Sie listenförmig Vor- und Nachteile von Kreditkarten für deren Benutzer zusammen.

8 Beurteilen Sie Electronic Cash im Vergleich zu Einkäufen mit Kundenkarten und Kreditkarten aus der Sicht eines Kunden.

9 Erkundigen Sie sich bei einem Industriebetrieb, ob Ihre Klasse bei diesem Unternehmen eine Betriebserkundung zum Thema „Zahlungsverkehr" machen kann. Fertigen Sie schriftliche Berichte nach der Betriebserkundung zum Thema „Zahlungsverkehr" an.

10 In welchen der unten stehenden Fälle wird als Zahlungsmöglichkeit
1. die Kreditkarte,
2. das Lastschriftverfahren,
3. der Dauerauftrag,
4. die Nachnahme genutzt?

a) Ein Unternehmen beauftragt sein Kreditinstitut, bis auf Weiteres zum Monatsersten 7 000,00 € Miete an seinen Vermieter zu überweisen.

b) Eine Telefongesellschaft hat die Erlaubnis eines Unternehmens, monatlich von dessen Geschäftskonto den Betrag der Telefonkosten einzuziehen.

11 Stellen Sie die Vor- und Nachteile der verschiedenen Zahlungssysteme in einem Referat mit geeigneten Visualisierungsmöglichkeiten gegenüber.

12 a) Erläutern Sie den Ablauf eines Zahlungsvorganges mithilfe von Chipkarten.

b) Geben Sie an, welche Vorteile sich für Chipkarteninhaber aus der Nutzung einer Chipkarte ergeben.

8.2 Buchung der Zahlungsabwicklung unter Abzug von Skonto

23. August 20..: Frau König nimmt die Rechnung der Stammes Stahlrohr GmbH vom 14. August 20.. aus der Terminmappe:

Sie überlegt, ob die Rechnung heute beglichen werden soll. Auch Frau Land wird in dieses Problem einbezogen. Nach kurzem Nachdenken meint diese: „Wir haben doch bis zum 14. September 20.. Zeit."

- Überprüfen Sie, ob Frau Land mit ihrer Aussage Recht hat.
- Bilden Sie den Buchungssatz für obige Rechnung.

Stammes Stahlrohr GmbH

Stammes Stahlrohr GmbH, Neptunstr. 46, 45277 Essen

Bürodesign GmbH
Stolberger Straße 188
50933 Köln

Neptunstraße 46
45277 Essen
Telefon: 0201 89451
Telefax: 0201 75689
E-Mail: info@stammes-stahlrohr.de
Internet: www.stammes-stahlrohr.de

RECHNUNG/AUFTRAGSBESTÄTIGUNG

Kundennummer	Rechnungs-Nr.	Datum
736521	03853	14.08.20..

Bei Zahlung/Rücksendung/Gutschrift unbedingt angeben

Pos.	Artikel-Nr.	Artikelbezeichnung	Menge	Einzelpreis €	Gesamtpreis €
1	R 805	Stahlrohr, grundiert 30 x 30 x 1 000 mm	1 200	36,00	43 200,00
2	R 838	Stahlrohr, verchromt 35 x 35 x 1 000 mm	80	85,00	6 800,00
				Warenwert einschl. Verpackung und Fracht	50 000,00
				19 % Umsatzsteuer	9 500,00
				Rechnungsbetrag	59 500,00

Zahlbar: innerhalb von 8 Tagen abzüglich 3 % Skonto, binnen 30 Tagen, netto

Bankverbindung: SEB Essen
IBAN: DE46360101110000758493 BIC: ESSEDE5F390
Steuernummer: 112/7065/1921 USt-IdNr.: DE284563429

Vorzeitige Zahlung mit Skontoabzug

Der Lieferer kann sofortige Zahlung verlangen, falls über den Zahlungszeitpunkt keine vertragliche Vereinbarung vorliegt. Wird für die Zahlung ein **bestimmtes Ziel** – z.B. zahlbar innerhalb 60 Tagen ab Rechnungsdatum – vereinbart, dann **gewährt** der **Lieferer einen Kredit**, den er sich **verzinsen** lässt und in seiner Kalkulation berücksichtigt hat.

Will der Lieferer **vorzeitige Zahlung** erreichen, gewährt er als **Verzicht auf den Kredit** einen **Nachlass auf den Rechnungsbetrag**, der als **Skonto** bezeichnet wird – z.B. 3 % Skonto bei Zahlung innerhalb von 8 Tagen.

Um wirtschaftlich begründet zwischen den Möglichkeiten der **Skontoausnutzung** und der **Kreditinanspruchnahme** entscheiden zu können, wird der **Skontosatz** unter Verwendung der Zinsformel in einen **Zinssatz** umgerechnet.

Beispiel

ER vom 14.08. d. J.:	€	**Buchungssatz:**	
Rohstoffe, netto	50 000,00	6000 Aufwendungen für Rohstoffe	50 000,00
+ 19 % Umsatzsteuer	9 500,00	2600 Vorsteuer	9 500,00
	59 500,00	an 4400 Verbindlichkeiten a. LL.	59 500,00
vereinbarte Zahlungsbedingung:		„Zahlbar innerhalb von 10 Tagen mit 3 % Skonto"	
	oder	„Zahlung innerhalb von 30 Tagen netto Kasse"	

Umrechnung des Skontosatzes in einen Zinssatz für den gewährten Kredit

Beispiel

K =	57 715,00 €	oder 97 % des Rechnungsbetrages
Z =	1 785,00 €	oder 3 % des Rechnungsbetrages
t =	20 Tage	Der Skonto von 3 % wird für die vorzeitige Zahlung gewährt, also dafür, dass der Zeitraum von 20 Tagen nicht in Anspruch genommen wird.
P =	x	p = Zinssatz p. a., der dem Skontosatz, auf 20 Tage bezogen, entspricht.

Umstellung der Zinsformel	Berechnung von p mit absoluten Werten	Berechnung von p mit relativen Werten
$P = \frac{Z \cdot 100 \cdot 360}{K \cdot t}$	$P = \frac{1785 \cdot 100 \cdot 360}{57715 \cdot 20}$ $p = \underline{\underline{55{,}67\ \%}}$	$P = \frac{3 \cdot 100 \cdot 360}{97 \cdot 20}$ $p = \underline{\underline{55{,}67\ \%}}$

Buchungen beim Ausgleich von Liefererrechnungen mit Skontoabzug

Der Skontoabzug war bei vorzeitiger Zahlung vereinbart. Daher wird mit der Überweisung des Bareinkaufspreises (Überweisungsbetrag) die **gesamte Schuld** auf dem Konto „44 Verbindlichkeiten a. LL." (Rechnungsbetrag, brutto) **getilgt**.

Die **Anschaffungskosten der Rohstoffe** werden durch den **Skontoabzug** gemindert.

> **§ 255 HGB** (1) Anschaffungskosten sind Aufwendungen, die geleistet werden, um den Vermögensgegenstand zu erwerben [...] Anschaffungspreisminderungen [...] sind abzusetzen.

Die nachträglichen Minderungen der Anschaffungskosten eingekaufter Rohstoffe **beim Skontoabzug auf Eingangsrechnungen** werden auf dem Unterkonto **„6002 Nachlässe"** gebucht.

SEPA-Girokonto IBAN:DE11370501980085313948 **Kontoauszug** 152
BIC:COLSDE33XXX **Blatt** 1
Sparkasse KölnBonn UST-ID DE110260423

Datum	Erläuterungen		Betrag
	Kontostand in € am 23.08.20.., Auszug Nr. 151		189 904,00+
24.08.	Überweisung STAMMES STAHLROHR GMBH, ESSEN, KD-NR 736521 RG-NR. 03853, v. 14.08.20.. ABZUEGL. 3% SKONTO	Wert: 24.08.20..	57 715,00-
	Kontostand in € am 25.08.20.., 10:30 Uhr		132 189,00+

Ihr Dispositionskredit 80 000,00 €

BÜRODESIGN GMBH

	Bankauszug: Überweisung an Rohstofflieferer	€
Zieleinkaufspreis, brutto	Rechnungsbetrag, brutto	59 500,00
– Liefererskonto	– 3% Skonto	1 785,00
Bareinkaufspreis, brutto	Überweisungsbetrag	57 715,00

Umsatzsteuerrechtlich bewirkt der Skontoabzug eine Änderung der ursprünglich gebuchten Vorsteuer; denn das Finanzamt erstattet letztlich nur die tatsächlich bezahlte Vorsteuer. Die Herausrechnung des Vorsteuerbetrages aus dem Skontobetrag kann wie folgt durchgeführt werden:

$$\frac{\text{Liefererskonto} \cdot \text{USt.-Satz}}{100 + \text{Umsatzsteuersatz}} = \text{VSt.-Anteil} \qquad \frac{1\,785 \cdot 19}{119} = 285{,}00\ €$$

Durch Skontoabzug werden Anschaffungskosten und Vorsteuer korrigiert.

Auswirkung des Liefererskontos	**auf die Anschaffungskosten**	**auf die Vorsteuer**	**insgesamt**
Rechnungsbetrag lt. ER	50 000,00 €	9 500,00 €	59 500,00 €
– 3 % Skonto	1 500,00 €	285,00 €	1 785,00 €
= Überweisungsbetrag	48 500,00 €	9 215,00 €	57 715,00 €

Beispiel (Fortsetzung des Beispiels S. 378 und oben)

ER: Rohstoffe netto	50 000,00	**Buchungssatz:**	
+ 19 % Umsatzsteuer	9 500,00	6000 Aufwendungen für Rohstoffe	50 000,00
	59500,00	2600 Vorsteuer	9 500,00
		an 4400 Verbindl. a. LL.	59 500,00
BA: Banküberweisung an Rohstofflieferer nach Abzug von 3 % Skonto	57 715,00	**Buchungssatz:**	
		4400 Verbindlichkeiten a. LL.	59 500,00
		an 6002 Nachlässe	1 500,00
		an 2600 Vorsteuer	285,00
		an 2800 Bank	57 715,00
vorbereitende Abschlussbuchung: Das Konto „Nachlässe“ ist zum Jahresabschluss über das Konto „Aufwendungen für Rohstoffe“ abzuschließen.		6002 Nachlässe	1 500,00
		an 6000 Aufw. für Rohstoffe	1 500,00

S	6000 Aufwendungen für Rohstoffe		H
4400 Vb	50 000,00	6002 Nachl.	1 500,00

S	6002 Nachlässe		H
6000 Ro.-A	1 500,00	4400 Vb	1 500,00

S	2600 Vorsteuer		H
4400 Vb	9 500,00	4400 Vb	285,00

S	2800 Bank		H
8000 EBK	90 000,00	4400 Vb	57 715,00

S	4400 Verbindlichkeiten a. LL.		H
6002 Nachl., 2600 VSt, 2800 Ba	59 500,00	6000 Roh.-A, 2600 VSt.	59 500,00

Buchung der Zahlungsabwicklung unter Abzug von Skonto

- Liefererskonti:

Begriff	Auswirkungen	Buchung
– vorzeitiger Ausgleich von Eingangsrechnungen – Verzicht auf den Liefererkredit	– Minderung der Anschaffungskosten – nachträgliche Minderung des Entgelts lt. ER – Korrektur der Vorsteuer im Haben	– **Rechnungsausgleich** 4400 Verbindl. a. LL. an 6002 (6022, 6032) Nachlässe an 2600 Vorsteuer an 2800 Bank – **Abschluss des Unterkontos** 6002 (6022, 6032) Nachlässe an 6000 Aufwendungen für Rohstoffe

1 Folgende Eingangsrechnungen verschiedener Rohstofflieferer sollen unter Abzug von Skonto durch Banküberweisung ausgeglichen werden:

	Rechnungsbeträge einschließlich 19 % USt. in €	Skontosatz
1.	38 080,00	1 %
2.	54 740,00	3 %
3.	103 530,00	2 %
4.	64 260,00	1,5 %

a) Ermitteln Sie jeweils den Skonto- und Überweisungsbetrag und bilden Sie den Buchungssatz zur Erfassung des Rechnungsausgleichs.

b) Ermitteln Sie den Zinssatz der jeweiligen Liefererkredite, wenn die Zahlungsbedingung lautet: binnen 8 Tagen abzüglich Skonto, binnen 30 Tagen netto Kasse.

2 In der Industrieunternehmung Thomas Linde e. K. werden verschiedene Eingangsrechnungen von Rohstofflieferern nach Abzug von Skonto durch Banküberweisung beglichen. Diese Zahlungen sind aufgrund der Information aus den Bankkontenauszügen und der Lastschriftzettel zu buchen:

	Überweisungsbeträge lt. Bankkontenauszüge	Skontosatz lt. Lastschriftzettel
a)	30 321,20	2 %
b)	39 477,06	3 %
c)	98 157,15	2,5 %
d)	52 307,64	1 %

Zu den Fällen a)–d) sind Rechnungs- und Skontobeträge zu ermitteln und die Buchungssätze zu bilden.

3 Die Möbelfabrik Karl Krämer e. K. hat folgende Eingangsrechnung für Holz vorliegen:

ER vom 01.10.: – Zieleinkauf von Rohstoffen, netto	30 000,00 €	
+ 19 % USt	5 700,00 €	35 700,00 €

Die Zahlungsbedingung des Lieferers lautet:
„Zahlbar innerhalb von 14 Tagen mit 2 % Skonto oder 30 Tage Ziel"

a) Geben Sie den Buchungssatz für die Eingangsrechnung vom 1. Oktober 20.. an.
b) Berechnen Sie den Skonto- und Überweisungsbetrag, falls bis zum 15. Oktober 20.. mit Skontoabzug gezahlt würde.
c) Bilden Sie den Buchungssatz beim Ausgleich der Eingangsrechnung durch Banküberweisung nach Abzug von Skonto.

4 Die Impex GmbH ermittelte gegen Ende des Geschäftsjahres (1. Januar–31. Dezember) alle Salden auf den Sach- und Personenkonten. Dadurch ergab sich folgende Saldenbilanz der Konten der Finanzbuchhaltung:

			Soll	Haben
Saldenbilanz			€	€
2000	Rohstoffe		85 000,00	
2020	Hilfsstoffe		34 000,00	
2100	Unfertige Erzeugnisse		40 000,00	
2200	Fertige Erzeugnisse		70 000,00	
2600	Vorsteuer		69 262,40	
2800	Bank		587 737,60	
2880	Kasse		4 000,00	
3000	Eigenkapital			447 200,00
4400	Verbindlichkeiten a. LL.			80 500,00
44001	Lieferer Exakta GmbH, Ulm, ER 100	34 500,00		
44001	Lieferer Udo Ulf OHG, Koblenz, ER 90	46 000,00		
4800	Umsatzsteuer			140 000,00
5000	Umsatzerlöse für eigene Erzeugnisse			1 150 000,00
5200	Bestandsveränderungen			
6000	Aufwendungen für Rohstoffe		134 000,00	
6001	Bezugskosten für Rohstoffe		4 200,00	
6002	Nachlässe für Rohstoffe			
6020	Aufwendungen für Hilfsstoffe		73 000,00	
6021	Bezugskosten für Hilfsstoffe		3 500,00	
6022	Nachlässe für Hilfsstoffe			
6200	Löhne		350 000,00	
6300	Gehälter		280 000,00	
6700	Mieten		83 000,00	
			1 817 700,00	1 817 700,00

Geschäftsfälle:	€	€
1. **ER 108 vom 16.12.:** Zieleinkauf von Rohstoffen beim Lieferer		
Exakta GmbH, netto	38 000,00	
– 6 % Mengenrabatt	2 280,00	35 720,00
+ 19 % Umsatzsteuer		6 786,80
		42 506,80
2. **Gutschrift ER 90 vom 17.12.:** Gutschrift des Lieferers Fa. Ulf OHG wegen anerkannter Mängel		
bei Hilfsstoffen, netto	3 200,00	
+ 19 % Umsatzsteuer	608,00	3 808,00
3. **BA vom 20.12.:** Banküberweisung für ER 100 an die Exakta GmbH nach Abzug von 3 % Skonto (Rohstoffe)		
Überweisungsbetrag		34 629,00
4. **Gutschrift ER 108 vom 23.12.:** Gutschrift des Lieferers Exakta GmbH wegen der Rücksendung von Rohstoffen		
(Fall 1), netto	4 000,00	
+ 19 % Umsatzsteuer	760,00	4 760,00

5. **ER 91 vom 24.12.:** Zieleinkauf beim Lieferer Fa. Ulf OHG		
Hilfsstoffe, Listenpreis	6 000,00	
– 5 % Rabatt	300,00	5 700,00
+ Fracht.		200,00
. . . .		5 900,00
+ 19 % Umsatzsteuer.		1 121,00
. . . .		7 021,00
6. **BA vom 27.12.:** Banküberweisung für ER 90 an Fa. Ulf OHG		
Rechnungsbetrag brutto.	47 600,00	
– Gutschrift vom 17.12. (Fall 2)	3 808,00	43 792,00
– 2 % Skonto.		875,84
. . . .		42 916,16
7. **Gutschrift des Lieferers Exakta GmbH vom 30.12.:**		
Bonus für bezogene Rohstoffe, netto	1 200,00	
+ 19 % Umsatzsteuer.	228,00	1 428,00

Abschlussangaben zum 31.12.:

Endbestände lt. Inventur	€
I) Rohstoffe	50 284,00
II) Hilfsstoffe.	41 000,00
III) Unfertige Erzeugnisse	22 000,00
IV) Fertige Erzeugnisse.	75 000,00

a) Richten Sie die oben genannten Konten mit den entsprechenden Salden ein. Sie können in die Spalte für die Gegenkonteneintragung den Text „SA“ für „Saldenbilanz“ eintragen. Bei manueller Buchhaltung sind die Personenkonten nicht einzurichten. Bei computerunterstützter Buchführung könnten die Saldenvorträge mit dem Datum 14. Dezember 20.. auf die Sachkonten und die beiden Kreditorenkonten übernommen werden.
b) Buchen Sie die Geschäftsfälle und führen Sie alle erforderlichen vorbereitenden Abschlussbuchungen durch.
c) Führen Sie den Abschluss der Finanzbuchhaltung durch.

5 Ein Industrieunternehmen hat folgende Eingangsrechnung einer Hilfsstoffsendung vorliegen:
ER vom 05.07. über 89 250,00 €
Die Zahlungsbedingung des Lieferers lautet:
„Zahlbar innerhalb von 14 Tagen mit 3 % Skonto oder 30 Tagen Ziel“
a) Berechnen Sie den Skonto- und Überweisungsbetrag, falls bis zum 19. Juli 20.. mit Skontoabzug gezahlt würde.
b) Geben Sie den Buchungssatz an bei Banküberweisung an den Lieferer nach Abzug von Skonto.

6 Erstellen Sie eine allgemeine Übersicht über das Konto 6000 Rohstoffaufwand und seine Unterkonten. Die beste Übersicht findet einen Platz im Klassenraum.

7 Im Zusammenhang mit dem Einkauf von 40 Eimern Lacke sind in der Bürodesign GmbH folgende Belege vorzukontieren und auszuwerten:

Hanckel & Cie. GmbH
Augustastr. 8
40477 Düsseldorf

Hanckel & Cie. GmbH, Augustastr. 8, 40477 Düsseldorf

Bürodesign GmbH
Dieselstraße 10
26607 Aurich

Tel: 0211 345234
Fax: 0211 345100
E-Mail: info@hanckel-online.de
Internet: www.hanckel-online.de

Ihre Bestellung	Unser Zeichen	Kundennummer	Lieferdatum	Rechnungsdatum
14.08.20..	ke-lb	7362	16.08.20..	18.08.20..

RECHNUNG Nr. 2608

Artikel-Nr.	Artikelbezeichnung	Menge in St.	Einzelpreis je m	Gesamtpreis €
8040	Klarsichtlack 10-kg-Eimer	40	142,50	5 700,00

Warenwert, netto €	Verpackung	Fracht	Nettoentgelt €	19 % USt €	Bruttoentgelt €
5 700,00	-	72,00	5 772,00	1 096,68	6 868,68

Bankverbindung: Commerzbank Düsseldorf
IBAN: DE91300400000001340000 BIC: COBADEDDXX
Steuernummer: 133/8808/2134 USt-IdNr.: DE178432989

SEPA-Girokonto IBAN:DE11370501980085313948 Kontoauszug 170
BIC:COLSDE33XXX Blatt 1
Sparkasse KölnBonn UST-ID DE110260423

Datum	Erläuterungen		Betrag
	Kontostand in € am 25.08.20.., Auszug Nr. 169		195 604,00+
25.08.	Überweisung HANCKEL & CIE. GMBH, DUESSEL- DORF KD-NR. 7362 RG-NR. 2.608, v. 18.08.20.. ABZUEGL. 2% SKONTO	Wert: 25.08.20..	6 731,31-
	Kontostand in € am 26.08.20.., 10:30 Uhr		188 872,69+

Ihr Dispositionskredit 50 000,00 €
BÜRODESIGN GMBH

a) Geben Sie an, wie die Buchung lautet
aa) der Rechnung der Hanckel & Cie. GmbH,
ab) des Kontoauszugs der Bürodesign GmbH.
b) Ermitteln Sie aus beiden Belegen
ba) den Anschaffungswert für 1 kg Klarsichtlack,
bb) die absetzbare Vorsteuer,
bc) den Effektivzinssatz, der dem Skontosatz entspricht.

8 Folgende Belege der Bürodesign GmbH sind vorzukontieren und auszuwerten:

Hanckel & Cie. GmbH
Augustastr. 8
40477 Düsseldorf

Hanckel & Cie. GmbH, Augustastr. 8, 40477 Düsseldorf

Bürodesign GmbH
Dieselstraße 10
26607 Aurich

Tel: 0211 345234
Fax: 0211 345100
E-Mail: info@hanckel-online.de
Internet: www.hanckel-online.de

Ihre Bestellung	Unser Zeichen	Kundennummer	Lieferdatum	Rechnungsdatum
14.09.20..	ke-lb	7362	15.09.20..	17.09.20..

RECHNUNG Nr. 2608

Artikel-Nr.	Artikelbezeichnung	Menge in St.	Einzelpreis je m	Gesamtpreis €
4070	Polsterstoff Velours Anthrazit 180 cm breit, Ballen à 30 m - 5 % Rabatt	1.200	38,00	45 600,00 2 280,00
	Rollcontainer	2	240,00	

Warenwert, netto €	Verpackung	Fracht	Nettoentgelt €	19 % USt €	Bruttoentgelt €
43 320,00	480,00	–	43 800,00	8 322,00	52 122,00

Bankverbindung: Commerzbank Düsseldorf
IBAN: DE91300400000001340000 BIC: COBADEDDXX
Steuernummer: 133/8808/2134 USt-IdNr.: DE178432989

Hanckel & Cie. GmbH
Augustastr. 8
40477 Düsseldorf

Hanckel & Cie. GmbH, Augustastr. 8, 40477 Düsseldorf

Bürodesign GmbH
Stolberger Straße 188
50933 Köln

Tel: 0211 345234
Fax: 0211 345100
E-Mail: info@hanckel-online.de
Internet: www.hanckel-online.de

GUTSCHRIFT 306	
Ihre Beanstandung vom:	
Unsere Lieferung vom:	16.09.20..
Unsere Rechnung vom:	17.09.20..
Nr.:	3311

Begründung der Gutschrift	Menge	Einzelpreis €	Gesamtpreis €
Rücksendung Rollcontainer lt. Rg-Nr. 3311, netto + 19 % Umsatzsteuer	2	240,00	480,00 91,20 571,20

Um gleichlautende Buchung wird gebeten
Düsseldorf, den 21.09.20..

Bankverbindung: Stadtsparkasse Solingen
IBAN: DE80342500000123452234 BIC: SOLSDE33XXX
Steuernummer: 128/1512/1987 USt-IdNr.: DE184655348

SEPA-Girokonto IBAN:DE11370501980085313948 **Kontoauszug** 138
BIC:COLSDE33XXX **Blatt** 1
Sparkasse KölnBonn UST-ID DE110260423

Datum	Erläuterungen		Betrag
	Kontostand in € am 27.09.20.., Auszug Nr. 137		333 838,90+
27.09.	Überweisung HANCKEL & CIE., DUESSELDORF, KD-NR. 7362, RG-NR. 2.608, v. 18.08.20.. ABZGL. GUTSCHRIFT 306 UND 3 % SKONTO	Wert: 27.09.20..	50 004,28-
	Kontostand in € am 28.09.20.., 10:30 Uhr		283 834,62+

Ihr Dispositionskredit 50 000,00 €

BÜRODESIGN GMBH

a) Bilden Sie die Buchungssätze zur Erfassung der einzelnen Belege.
b) Berechnen Sie
   ba) den Bezugs-/Einstandspreis je Meter Polsterstoff Velours,
   bb) die absetzbare Vorsteuer aufgrund der drei Belege,
   bc) den Effektivzinssatz, der dem Skontosatz entspricht.
c) Erläutern Sie die Lieferungs- und Zahlungsbedingungen der Hanckel & Cie. GmbH.
d) Erläutern Sie die Eingaben, die die drei Belege
   da) in die Lagerdatei,
   db) in die Kreditorendatei hervorrufen.

9 Ein Industrieunternehmen hat folgende Eingangsrechnung nach einer Betriebsstofflieferung erhalten:
ER vom 10.08. über 73 780,00 €
Die Zahlungsbedingung des Lieferers lautet:
„Zahlbar innerhalb von 10 Tagen mit 2 % Skonto oder 30 Tage Ziel“
a) Bilden Sie die Buchungssätze
   aa) zur Erfassung der Eingangsrechnung,
   ab) zur Erfassung der Banküberweisung an den Lieferer nach Abzug von Skonto.
b) Berechnen Sie, welchem Zinssatz der angegebene Skontosatz entspricht.

9 Internetgestützte Beschaffungssysteme im Überblick

Silvia Land nimmt an einer Besprechung aller Abteilungsleiter mit der Geschäftsleitung teil. Herr Stein teilt zu Beginn der Sitzung einen Artikel aus einer Managementzeitung aus:

Mit Supply Chain Management (SCM) die Beschaffungsprozesse optimieren – Lieferketten im Griff

Das Weingartener Großhandelsunternehmen Engel liefert regelmäßig Schrauben an die Büromöbelfabrik Kurt Weller KG. Jetzt beschlossen beide Betriebe, ihre Geschäftsbeziehungen künftig über das Internet zu organisieren – SCM macht's möglich.

Die Idee

Supply Chain Management, kurz SCM – nur ein Modewort? Keinesfalls! SCM schafft kreatives Rationalisierungspotenzial, was nichts anderes bedeutet, als dass im Unternehmen jene Zeiten, Tätigkeiten und Prozesse, die an sich nicht wertschöpfend sind, wertschöpfend gemacht werden.

Überlegungen wie diese führten dazu, dass Engel und Weller beschlossen, das Pilotprojekt SCM gemeinsam in Angriff zu nehmen.

Die Umsetzung

Zunächst analysierte Weller seinen Lieferantenstamm unter SCM-signifikanten Kriterien. Daraufhin schlug das Unternehmen seinem Schraubenlieferanten Engel ein gemeinsames SCM-Projekt vor. Parallel dazu wurden die Belange der Finanzbuchhaltung, der Logistik und der Informatik beider Unternehmen abgeglichen. Ein gemeinsames Projektteam aus Einkauf, Produktionsplanung, Informatik und Logistik erarbeitete diese Ziele:

- Vertrauen
- Win-win-Situation
- benutzerdefinierter Zugriff des Lieferanten auf den Kundenrechner (forecast)
- belegloser Geschäftsverkehr
- abgestimmtes Qualitätsmanagement
- vereinfachtes Fakturaverfahren
- optimierte Materialstammdaten
- optimierte Anliefertermine

Das Resultat

Nach weniger als einem Jahr wurden diese Zielvorgaben in die Tat umgesetzt. Engel hat nun einen benutzerdefinierten Zugang auf das Produktionsplanungssystem von Weller und somit auch Zugriff auf Daten mit einem langfristigen Planungshorizont, um die eigene Vormaterialbeschaffung effizient gestalten zu können.

Alle Daten, die mit dem Geschäftsprozess zusammenhängen – Bestelldaten, Auftragserfassung, Faktura usw. –, werden nur noch einmal beim jeweiligen Geschäftspartner erfasst und stehen anschließend elektronisch auf einer gemeinsamen Plattform zur Verfügung.

Rechnungserstellung und -prüfung wurden automatisiert und konzentriert, weil nun alle Wareneingänge elektronisch auf einer Sammelrechnung erfasst werden und die zugehörige Rechnung am Monatsende gegengebucht wird.

Durch gemeinsam abgestimmte Qualitätssicherungsmaßnahmen ist doppelter Prüfungsaufwand jetzt ausgeschlossen. Die Ware wird ausschließlich auf Ident geprüft.

Sämtliche Materialstämme wurden auf Losgrößen, Gebindeeinheiten und Anlieferhäufigkeit geprüft und auf die gemeinsamen Bedürfnisse abgestimmt. Sicherheitsabstände liegen nun bei den meisten Materialien nur noch an einem Ort vor. Gleichzeitig wurde eine Glättung des Transportbedarfs erreicht.

Weitere Vorteile, die SCM für beide Unternehmen gebracht hat, sind etwa die um mehr als 30 % reduzierten Lagerbestände ohne Beeinträchtigung der Versorgungssicherheit sowie deutliche Zeitersparnisse bei der Wiederbeschaffung.

Für wen bringt SCM Kostenvorteile?

Zunächst für den Kunden, um ihn durch günstigere Bedingungen an den Lieferanten zu binden. Gleichwohl auch erkennbare Vorteile für die Lieferanten, die ihre Bestände gegen null reduzieren. So wird aus Bestandsmanagement Bewegungsmanagement. Mit den Informationen fließen auch Dinge wie Rohmaterialien, Halb- und Fertigwaren. Neu daran ist, dass der Fluss von Informationen und Materialien keine innerbetrieblichen Grenzen mehr kennt.

- Alle Prozesse der Versorgungskette werden unter Einbeziehung sämtlicher Partner analysiert, einem gemeinsam definierten Ziel untergeordnet und gestaltet.
- Entsprechend der Intensität der Einbindung bedarf es der organisatorischen Neuausrichtung aller an der Supply Chain beteiligten Unternehmen.
- Die Fähigkeiten sämtlicher Mitarbeiter sind zu erweitern, besonders, was die Kooperations- und Kommunikationsfähigkeit anbetrifft.
- Die Leistungsfähigkeit des SCM muss laufend gemessen, analysiert und gegebenenfalls korrigiert werden.
- Management und Mitarbeiter müssen sich den neuen Abläufen unterwerfen und wie verschworene Kooperationspartner handeln.

Herr Stein beginnt seinen Vortrag mit den Worten: „Wir müssen die Zeichen der Zeit erkennen und unsere Beziehungen zu unseren Lieferanten und Kunden neu überdenken. Im Rahmen der zunehmenden Globalisierung sollten wir uns mit der Optimierung der Beschaffungsprozesse auseinandersetzen."

- Erläutern Sie die Vorteile einer Partnerschaft mit den Lieferanten.
- Überprüfen Sie, welche Akteure im E-Commerce zu finden sind.
- Beschreiben Sie die verschiedenen Geschäftsmodelle des E-Commerce.
- Bearbeiten Sie den Zeitungsartikel und stellen Sie die wesentlichen Elemente und Ziele des Supply Chain Management in einer geeigneten Form vor.

Electronic Commerce (E-Commerce, E-Business) ermöglicht es Unternehmen und deren Kunden, viele Geschäftsprozesse umfassend und digital über private und öffentliche Netze **(Internet)** abzuwickeln. Hierbei beinhaltet der E-Commerce die digitale Beschaffung von Materialien bis zur elektronischen Bezahlung dieser Materialien. Somit beschleunigt der E-Commerce die Abwicklung von Geschäftsprozessen, er gestaltet die Abwicklung von Geschäftsprozessen effizienter, wodurch sich eine Senkung der Kosten für alle Beteiligten ergibt. Ferner können alle Beteiligten auf Marktveränderungen schneller und flexibler reagieren.

Virtuelle Märkte

Die rasante Entwicklung und Verbreitung des Internets hat in den letzten Jahren zu vollkommen neuen Ausprägungen von Märkten geführt. Das Schlagwort **„Die Konkurrenz ist nur einen Mausklick entfernt!"** kennzeichnet die neue Struktur. Unternehmen unterhalten eine Internetpräsenz und sind so mit ihrem Angebot weltweit verfügbar. **E-Commerce** (Electronic-Commerce, E-Business) ist heute für Unternehmen ein entscheidender Wettbewerbsfaktor. Hierunter versteht man den elektronischen Austausch (Kommunikation) und die elektronische Abwicklung von Geschäftstransaktionen.

Internet als Basis von E-Commerce:

„E-Commerce ist jede Art von elektronischem Handel, bei dem die Beteiligten auf elektronischem Weg miteinander kommunizieren und nicht in direktem physischen Kontakt stehen. E-Business ist die Abwicklung der administrativen und betriebswirtschaftlichen Geschäftsprozesse unter Benutzung der elektronischen Kommunikationsmedien. E-Business ist weiter gefasst als E-Commerce."

Quelle: www.fh-deggendorf.de/doku/fh/meile/nmedien/k4/P9.htm

„E-Commerce ist ein Konzept zur Nutzung von bestimmten Informations- und Kommunikationstechnologien zur elektronischen Integration und Verzahnung unterschiedlicher Wertschöpfungsketten oder unternehmensübergreifender Geschäftsprozesse und zum Management von Geschäftsbeziehungen."

Quelle: Webagency: Was ist e-Commerce?, unter: www.webagency.de/infopool/e-commerce-knowhow/ak981021.htm, Stand: 25.04.2014

Die Dienste des **Internets** (E-Mail, File Transfer Protocol, Internet Relay Chat, Newsgroups, Net-Planung, WWW) sind die wesentliche **Kommunikationsplattform** des E-Commerce.

E-Commerce bzw. E-Business kann einerseits sämtliche **Geschäftsprozesse** innerhalb eines Unternehmens und seiner Beziehungen zur Umwelt (Kunden, Lieferer, Banken, Spediteure usw.) tief greifend beeinflussen und andererseits völlig neue **Geschäftsmodelle** hervorbringen.

Akteure im E-Commerce:

Die Beteiligten im E-Commerce können Unternehmen (Business), Endverbraucher (Customer) oder staatliche Einrichtungen (Government) sein. Da die Initiative zum E-Commerce von jedem Beteiligten ausgehen kann, können neun Klassen unterschieden werden.

Akteure	Business	Customer	Government
Business	**B to B, B2B** Alle Transaktionen zwischen Unternehmen, z. B. Beschaffung, Zahlungsabwicklung, Kooperationen, Marktplätze	**B to C, B2C** Alle Vertriebsaktivitäten mit Endverbrauchern als Zielgruppe, z. B. Teleshopping, Tele-Service, Homebanking, Reisen buchen	**B to G, B2G** Aktivitäten zwischen Unternehmen und staatlichen Einrichtungen, z. B. Umsatzsteuervoranmeldung, Nachfrage nach Gewerbeflächen
Customer	**C to B, C2B** Aktivitäten, die vom Endverbraucher ausgehen und sich an Unternehmen richten, z. B. Powershopping (Einkaufsgemeinschaften), elektronische Bewerbungen	**C to C, C2C** Transaktionen zwischen Privatleuten, z. B. Gebrauchtwarenbörsen, Kleinanzeigenmärkte, Gelegenheitsarbeiten	**C to G, C2G** Aktivitäten zwischen Privatleuten und staatlichen Einrichtungen, z. B. Anfragen, Steuererklärungen
Government	**G to B, G2B** Aktivitäten staatlicher Einrichtungen, die sich an Unternehmen richten, z. B. Steuerabwicklung, Angebote für Standorte, Vermittlung von Arbeitskräften	**G to C, G2C** Aktivitäten staatlicher Einrichtungen, die sich an Privatleute richten, z. B. Abrechnung von Gebühren, Bürgerinformationen	**G to G, G2G** Abwicklung von Prozessen zwischen staatlichen Einrichtungen, z. B. Kommunikation, gemeinsame Verarbeitung von Daten

Beispiele für Einsatzbereiche des E-Commerce:
- Informationen über Preise, Lagerbestände, Lieferzeiten, Konditionen
- Direktvertrieb (Internet als Distributionsschiene)
- Onlinesupport für Kunden und Geschäftspartner
- Abwicklung von Bestellungen und Zahlungsvorgängen

E-Commerce-Geschäftsmodelle:

Die **E-Commerce-Geschäftsmodelle** zeigen eine breite Vielfalt auf. Sie entwickeln sich ständig weiter und es entstehen z. T. völlig neue Modelle.

Beispiele für Geschäftsmodelle

E-Shop	Digitaler Handel mit allen Aspekten der Werbung, Produktdemonstration (Onlinekataloge), Bestellung, Auftragsbestätigung, Rechnungsstellung, Versandüberwachung und Bezahlung, B2B oder B2C
E-Mall	Virtueller Zusammenschluss unabhängiger E-Shops zu einem elektronischen Marktplatz, B2B oder B2C
E-Procurement	Digitales Beschaffungssystem für Unternehmen mit elektronischen Ausschreibungen (auch von Behörden) sowie Ausschreibungskooperationen, elektronischen Verhandlungen und Vertragsabschlüssen, B2B, G2B, B2G
E-Auction	Virtuelle Auktionen im WWW, bietet Käufern günstige Einkaufsmöglichkeiten und Verkäufern zusätzlichen Vertriebskanal (z. B. für Überbestände), B2B, B2C, C2C
Powershopping	Produkte werden im WWW mit einem Startpreis angeboten, je mehr Interessenten sich finden, desto günstiger wird der Endpreis. Hier können sich auch Einkaufsgemeinschaften bilden, um Rabatte zu erzielen.
Information Broking	Qualifizierte Recherchedienste, z. B. für Marktforschungsdaten, Informationen über Branchen, Geschäftspartner usw.
Advertising Models	Sonderwerbeformen im Internet (Banner-, Link-Tausch) sowie Onlinemarktforschung
Virtual Community	Spezielle Interessengruppen werden angesprochen (z. B. Heimwerker, Senioren, Schüler usw.). Sie bilden eine „Onlinegemeinde". Die Community ist gleichzeitig Kommunikations- und Einkaufsplattform.

Rechtliche Aspekte des E-Commerce:

Grundsätzlich gelten im E-Commerce die gleichen rechtlichen Bestimmungen (z.B. Kaufvertragsrecht) wie im nicht elektronischen Geschäftsleben auch. Probleme treten jedoch auf, wenn ausländische Geschäftspartner miteinander agieren. Hier sind vertragliche Regelungen erforderlich. Speziell für Privatkunden gilt seit dem Jahr 2002 in Deutschland § 312b BGB (Fernabsatzverträge). Dieses Gesetz sichert dem Verbraucher diverse Rechte zu, z.B. Rückgabe von Waren binnen zwei Wochen, Widerrufsrecht, Informations- und Aufklärungspflicht für Anbieter.

Elektronische Dokumente mit **digitaler Signatur** gelten seit dem 1. Januar 2000 als rechtlich vollwertige Alternative zu Papier und Briefpost. Damit ist es erlaubt, Dokumente per E-Mail zu verschicken, für die Gesetz oder Vertrag die Schriftform verlangen. Bisher stellte die digitale Signatur nur sicher, dass die elektronische Post vor Gericht als Beweis anerkannt wurde. In bestimmten Streitfällen ging dagegen nichts ohne Papier, Unterschrift und Briefpost. Das **Signaturgesetz** (SigG) regelt die Grundlagen für elektronische Unterschriften. Damit sollen elektronische Dokumente mit gleicher Rechtswirkung wie solche aus Papier verschickt werden können. Dies erleichtert den Abschluss von Verträgen auf digitalem Weg und den Handel über das Internet.

Elektronische Marktplätze im Beschaffungsprozess

Unter **Electronic Procurement (E-Procurement = digitaler Einkauf)** versteht man die Beschaffung aller Arten von Materialien über das Internet. Dies kann
- über geschlossene Netze zwischen Lieferanten und Kunden,
- in Form von offenen Versteigerungen (Auktionen) auf Internet-Marktplätzen geschehen.

Geschlossene Netze zwischen Lieferanten und Kunden:

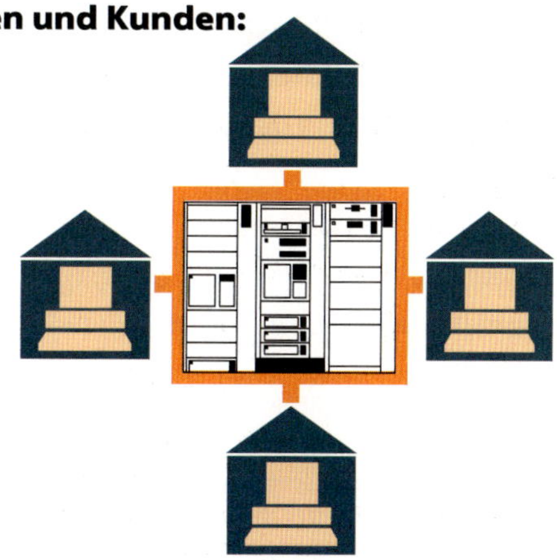

- **Digitales Bestellwesen:** Produktionsplanungssysteme (PPS) haben für Nachbestellungen in ihren Programmen **automatische Bestellsysteme** eingearbeitet. Sobald der Meldebestand eines Materials unterschritten wird, veranlasst das Programm aufgrund vorgegebener Dispositionsanweisungen und bestehender Onlineverbindungen automatisch die Bestellung beim entsprechenden Lieferer. Da bestimmte Materialien starken saisonalen Schwankungen unterliegen können, werden automatische Bestellsysteme im Rahmen der Produktionsplanungssysteme relativ selten angewandt.

  Beispiel Die Bürodesign GmbH hat für das Material „Polstervlies" in ihrem PPS ein automatisches Bestellsystem eingearbeitet. Sobald der Meldebestand für das Material unterschritten ist, wird vom PPS automatisch ein Bestellvorschlag ausgedruckt, der dem entsprechenden Lieferer nach Überprüfung durch den zuständigen Einkäufer per E-Mail oder Fax zugesandt wird.

- Die meisten Produktionsplanungsprogramme bieten **Bestellvorschlagssysteme** an. Bei diesen Programmen wird bei Unterschreitung des Meldebestandes eines Materials nicht automatisch eine Bestellung ausgelöst, sondern die Bestellung wird in einer **Bestellvorschlagsliste** erfasst, die jeden Tag ausgewertet werden kann. Nach Überprüfung durch den Einkaufssachbearbeiter erfolgt die Bestellung beim entsprechenden Lieferer.

Produktionsplanungssysteme bieten die Möglichkeit, **automatische Bestellvorschläge** unter Angabe des Materials, der Mengen, Lieferer usw. zu erstellen. Das Programm greift dabei auf alle verfügbaren Daten der Material-, Lager- und Liefererdatei zurück.

Beispiel Automatischer Bestellvorschlag bei der Bürodesign GmbH

Errechneter Bestellvorschlag				Mindestbestand: 20 Höchstbestand: 500		
Bestellvorschlag-Nr. 125						Datum 20.09.20..
Material-Nr. Bestell-Nr.	Material-bezeichnung	Lieferer-Nr. Lieferer	Bestell-menge	Rabatt	Listen-einkaufs-preis	Bestell-wert
159B574 100201	Fußkreuz	0126 Stammes Stahlrohr GmbH	300	20 %	15,80 €	4740,00 €

Elektronischer Einkauf über das Internet:

Unternehmen gehen immer mehr dazu über, das Internet zur papierlosen Abwicklung von Geschäftsprozessen zu nutzen. Hierbei gliedern sich der Einkauf und der Verkauf über das Internet in das E-Procurement mit den Bereichen Business to Business (B2B) und E-Commerce (B2C), den Geschäftsverkehr zwischen den Unternehmern und den Verbrauchern.

Beispiel **Möglichkeiten des E-Business bei der Bürodesign GmbH**

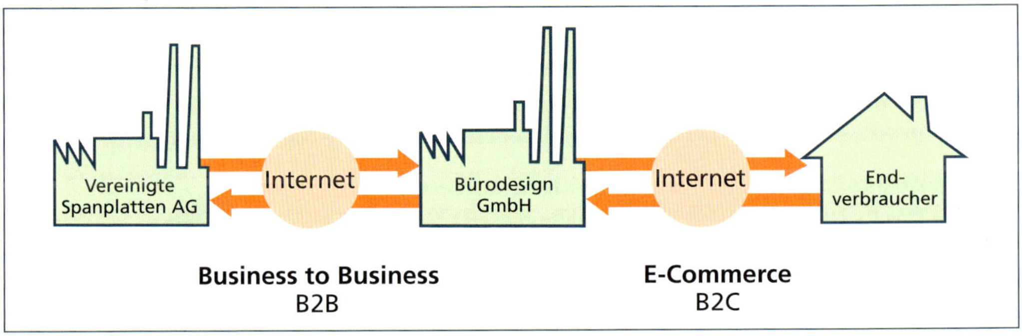

Um eine kostengünstige Beschaffung von Werkstoffen (Roh-, Hilfs-, Betriebsstoffen, Handelswaren) zu erreichen, vereinbaren Unternehmen mit ihren Mitbewerbern, im Internet einen **gemeinsamen Handelsplatz** einzurichten und zu nutzen.

Beispiele:

- In der Automobilindustrie in Deutschland entstand über eine solche Vereinbarung ein digitaler Megamarktplatz für die Zulieferbetriebe der Automobilhersteller.
- Die Bürodesign GmbH hat mit ihren Lieferern für Spanplatten, Sperrholz, Furnierholz eine Vereinbarung getroffen, bei Bedarf über das Internet eine Ausschreibung zu machen, an der alle betroffenen Lieferer teilnehmen können.

Bestimmte Softwareunternehmen bieten hierzu entsprechende Portale an, die von den Unternehmen genutzt werden können. Diese Marktplätze im Internet **(Onlinemarktplätze)** verschaffen den Unternehmen die Möglichkeit, wegen der schnellen Reaktionsmöglichkeit kurzfristige Bestellungen vorzunehmen, da eine weitgehende Preistransparenz vorliegt. Somit erübrigen sich viele Arbeitsschritte, die beim bisherigen Beschaffungsvorgang erforderlich waren. Die Einkaufsdisponenten werden somit in die Lage versetzt, Angebote unmittelbar miteinander vergleichbar zu machen. Ferner können sich die Einkäufer zusammenschließen **(Powershopping)**, um bessere Konditionen (z. B. Rabatte) zu erlangen. Eine andere Möglichkeit besteht darin, Auktionen durchzuführen, in denen die Lieferbetriebe mit ihren Angeboten in Konkurrenz treten. Hierbei schreiben Unternehmen auf Webseiten ihren Bedarf aus und laden ausgewählte Lieferanten zu **Onlineauktionen** ein. Die Bieter schalten sich dann zu einem festgelegten Zeitpunkt im Netz zusammen und können sich von einem gegebenen Preis aus online abwärts unterbieten. Der günstigste Anbieter bekommt den Zuschlag (**reverse auction** = umgekehrte Versteigerung). Es ist dabei aber zu beachten, dass eine unmissverständliche Beschreibung der auszuschreibenden Materialien und die genaue Festlegung der Lieferungs- und Zahlungsbedingungen erfolgen, um später keine unangenehmen Überraschungen zu erleben.

Durch die Beschaffung über die Internetplattform kommt es normalerweise zu einer nachhaltigen Kostenminimierung. Die sich daraus ergebenden Bezugspreisvorteile bei der Beschaffung können dazu führen, dass die Produkte und Dienstleistungen preiswerter werden. Dies führt zu einer verstärkten internationalen Wettbewerbsfähigkeit dieser Unternehmen.

Supply Chain Management

Lieferkettenmanagement (Supply Chain Management) ist der Schlüssel für Wettbewerbsvorteile gegenüber Konkurrenten. Alle am Wertschöpfungsprozess Beteiligten werden in den Geschäftsprozess integriert, die Teilprozesse unternehmensübergreifend miteinander verzahnt. Ausgehend vom eigenen Unternehmen werden Kunden, Lieferanten und andere externe Partner in eine logistische Prozesskette (Supply Chain) einbezogen. Zum Lieferkettenmanagement in der Industrie zählen

- Beschaffung von geeigneten Materialien,
- Vorratsmanagement,
- Lagerhaltung,
- Kundendienst,
- Auftragsbearbeitung,
- Produktion.

Aufgrund der weltweit verschärften Wettbewerbsbedingungen zwischen den Herstellern erlangt die Gestaltung der Material- und Informationseinflüsse innerhalb der Unternehmung und zwischen der Unternehmung und ihren Lieferanten eine immer stärkere Bedeutung. Infolgedessen muss die gesamte unternehmensinterne und unternehmensübergreifende Wertschöpfungskette bezüglich der Faktoren Qualität, Zeit und Kosten optimiert werden (**Supply Chain Management = SCM**, Supply Chain = Lieferkette, logistische Kette oder Wertschöpfungskette). Das SCM zielt auf eine langfristige (strategische), mittelfristige (taktische) und kurzfristige (operative) Verbesserung von Effektivität und Effizienz industrieller **Wertschöpfungsketten** ab. Um dieses zu erreichen, wird mithilfe spezieller Software zwischen dem betreffenden Unternehmen und den Lieferanten und Logistikdienstleistern eng zusammengearbeitet. Gerade in Zeiten, in denen ergänzende Wertschöpfungsprozesse zunehmend in andere Unternehmen ausgelagert werden **(Outsourcing)**, ist es umso wichtiger, eng mit den Lieferanten zusammenzuarbeiten.

Beispiel Supply Chain Management bei der Bürodesign GmbH

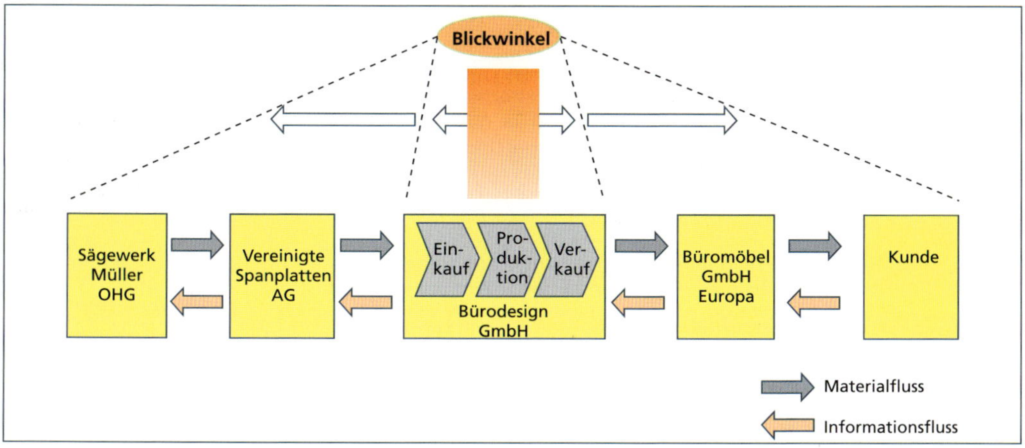

Mithilfe einer speziellen **SCM-Software** sollen folgende Ziele erreicht werden:

Ziele	Wird erreicht durch ...
Kostensenkung im Beschaffungs-, Produktions- und Distributionsbereich	– Verringerung von Lagerbeständen – Beschleunigung von Durchlaufzeiten – schnellere Verfügbarkeit von wichtigen Daten
Zeitersparnis	– flexiblere Reaktionen auf veränderte Rahmenbedingungen
Kundenorientierung	– genauere Prognose von Entwicklungen – Kundenwünsche können direkt an Lieferanten oder Logistikdienstleister weitergegeben werden
Optimierung von unternehmensübergreifenden Planungs- und Steuerungsprozessen	– enge Kooperation mit Geschäftspartnern

Internetgestützte Beschaffungssysteme im Überblick

- **Virtuelle Märkte, E-Commerce, E-Business:** Abwicklung von geschäftlichen Transaktionen über Internetdienste
- **Akteure im E-Commerce:** Business, Customer, Government (B2B, B2C, B2G, C2B, C2B, C2G, G2B, G2C, G2G)
- **E-Commerce-Geschäftsmodelle:** E-Shop, E-Mail, E-Procurement, E-Auction, Powershopping, Information Broking, Advertising Models, Virtual Community
- **Rechtliche Aspekte des E-Commerce:** gleiche Rechtslage wie bei konventionellen Geschäften, Probleme der Abstimmung mit Auslandsrecht, Schutzrecht für Verbraucher: § 312b BGB Fernabsatzverträge
  - **E-Procurement (elektronischer Einkauf):** Beschaffung von Materialien über das Internet
  - **Geschlossene Netze zwischen Lieferanten und Kunden:** In einigen Produktionsplanungsprogrammen sind je nach Branche und Zusammenarbeit mit dem Lieferanten automatische Bestellsysteme, in anderen sind Bestellvorschlagssysteme eingearbeitet.
  - **Digitaler Einkauf über das Internet:** Unternehmen vereinbaren mit ihren Lieferanten einen gemeinsamen Handelsplatz im Internet (Onlinemarktplätze).
  - Einkäufer verschiedener Unternehmen können sich zusammenschließen (Powershopping).
  - **Onlineauktionen:** Bieter schalten sich zu einem festgelegten Zeitpunkt zusammen und können von einem gegebenen Preis aus online abwärts bieten.
  - **Supply Chain Management:** SCM zielt auf die Optimierung der unternehmensübergreifenden logistischen Wertschöpfungskette. Zur Erschließung von Rationalisierungspotenzialen dieser Wertschöpfungskette bei gleichberechtigten Unternehmen bedarf es Softwarelösungen.

1 a) Führen Sie eine Bestandsaufnahme (Internetrecherche) für die Internetpräsenz von Unternehmen der Büromöbelindustrie durch. Untersuchen Sie dabei insbesondere, welche Zielgruppen (Verbraucher, Unternehmen) in den Websites angesprochen werden, welche Interaktionsmöglichkeiten gegeben sind und welche Geschäftsmodelle des E-Commerce praktiziert werden.
b) Entwerfen Sie für die Bürodesign GmbH die Struktur einer Internetpräsenz (Homepage mit Unterseiten).

2 Erläutern Sie, welche rechtlichen Bestimmungen im Rahmen des E-Commerce zu beachten sind, und beschreiben Sie die grundsätzlichen Intentionen des § 312b BGB zum Fernabsatz.

3 Erläutern Sie die Beschaffung von Waren über das Internet, wenn geschlossene Netze zwischen den Lieferanten und Kunden bestehen.

4 Beschreiben Sie den Einkauf über das Internet.

5 Erläutern Sie
a) Powershopping,
b) Onlineauktionen,
c) Supply Chain Management,
d) Wertschöpfungskette.

6 Stellen Sie die wesentlichen Aussagen der nachfolgenden Abbildung in einem Kurzvortrag vor.

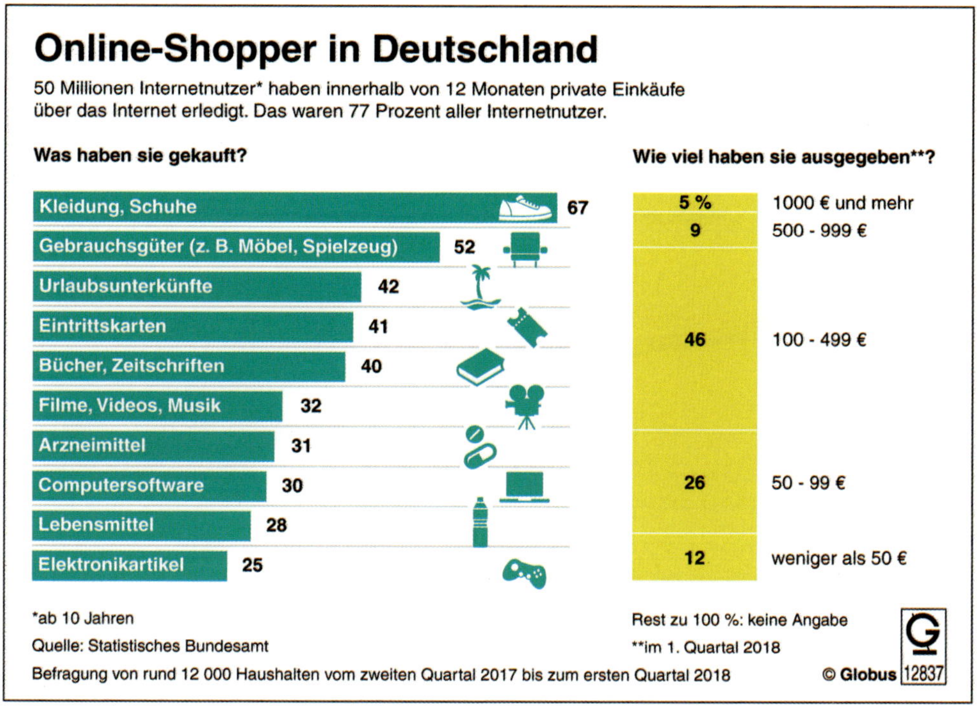

7 Erläutern Sie die wesentlichen Aussagen der nachfolgenden Abbildung.

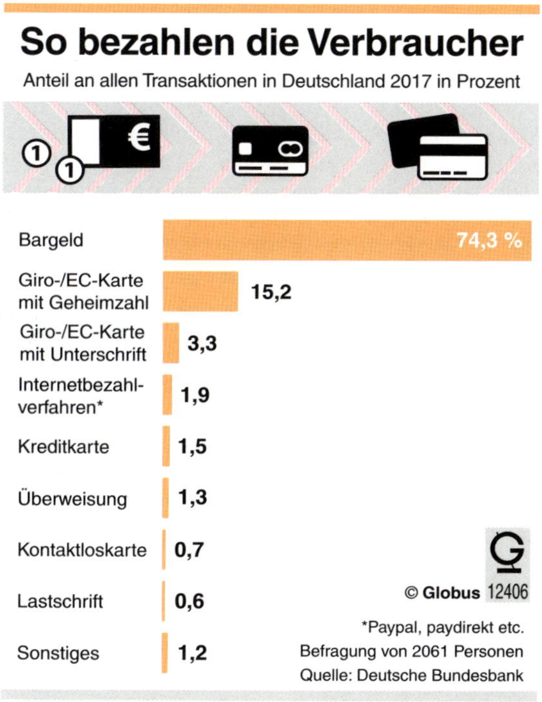

10 Beschaffungscontrolling

Die Geschäftsleitung der Bürodesign GmbH betrachtet seit Längerem einen Umsatzrückgang bei der Produktgruppe „Warten und Empfang". Nach dem ersten Quartal im neuen Geschäftsjahr meldet Herr Braun, zuständig für Controlling, eine besorgniserregende Abweichung der tatsächlichen Umsätze von den Umsatzerwartungen. Mit diesen Zahlen begibt sich Herr Braun zu Frau Friedrich: „Frau Friedrich, haben Sie schon die neuesten Umsatzzahlen der Produktgruppe „Warten und Empfang" gelesen?"

Umsatzentwicklung Produktgruppe Warten und Empfang (in Mio. €)

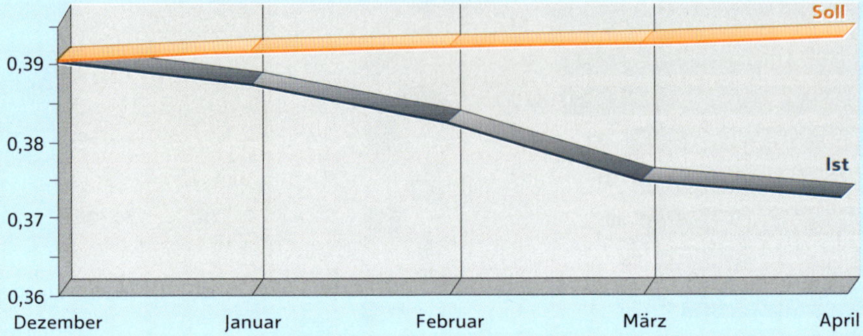

Frau Friedrich betrachtet die entsprechenden Übersichten aus der Controlling-Abteilung: „Ich denke, wir müssen hier sofort handeln. Daher werde ich eine Hausmitteilung an unsere Abteilungsleiter verfassen, damit wir gemeinsam einen Maßnahmenkatalog entwickeln können. Zu diesem Zweck muss Herr Braun uns allerdings noch weitere Zahlen aufbereiten." Folgende Tagesordnung soll den „roten Faden" der Veranstaltung mit den Abteilungsleitern legen:

„Controlling im Einkauf" oder „Wie können wir effizienter arbeiten?"

1. „Was können wir im Einkauf ‚controllieren'?"
2. Zielfestlegung, Tagesgestaltung
3. Teamarbeit zu verschiedenen Bereichen: Entwicklung von Controlling-Instrumenten
4. Präsentation der Teamarbeiten
5. Gemeinsame Festlegung eines Controlling-Instrumentariums für den Einkauf

In der Besprechung der Geschäftsleitung mit den Abteilungsleitern beklagt Herr Braun (KLR/Controlling) die hohen Lagerbestände und die lange Lagerdauer verschiedener Materialien und mehrerer Produkte der Produktgruppe „Warten und Empfang". Häufig seien in jüngster Zeit Bestände in Sonderaktionen erheblich unter den kalkulierten Verkaufspreisen abgegeben worden. Er empfiehlt, eine Reihe von Produkten aus dem Produktprogramm zu streichen oder zumindest den Lagerbestand zu senken.

- Entwickeln Sie Vorschläge, welche zusätzlichen Daten oder Übersichten für das Treffen der Geschäftsleitung mit den Abteilungsleitern sinnvoll wären.
- Erarbeiten Sie einen möglichen Vorschlag für ein sinnvolles Beschaffungscontrolling für die Bürodesign GmbH.
- Erarbeiten Sie Gründe für das Herausnehmen von Produkten aus dem Produktionsprogramm und für den Abbau der Lagerbestände.
- Erarbeiten Sie Maßnahmen zur Wirtschaftlichkeit der Lagerhaltung.

Aufgaben des Controllings

Eine erfolgsorientierte Unternehmungssteuerung braucht für **künftige Planungen** und **Entscheidungen** regelmäßig **Informationen** über die Ergebnisse früherer Prozesse und Entscheidungen und

Informationen für künftige Vorhaben. Diese Aufgabe der Bereitstellung von Informationen, die für die Planung und Kontrolle notwendig sind, übernimmt der Controller. Er erarbeitet Daten, Methoden, Modelle zur Kontrolle, analysiert die Kontrollergebnisse kritisch und erarbeitet **Veränderungsvorschläge** und **Planungsvorgaben** für künftige Entscheidungen der Unternehmensleitung. Insofern übernimmt der Controller wichtige Assistenz- und Beraterfunktionen der Unternehmensleitung bei der **Steuerung** der Unternehmung.

Kurz- und **mittelfristig** muss das Controlling **(operatives Controlling)** sich auf Maßnahmen konzentrieren,

- die die Lebensfähigkeit des Unternehmens sichern, die ihrerseits abhängig ist von der **Liquidität** und der **Verschuldung**,
- die eine ausreichende **Verzinsung des eingesetzten Kapitals** (Eigenkapital-, Gesamtkapitalrentabilität, vgl. S. 496) bewirken,
- die ein günstiges **Verhältnis von Leistungen zu Kosten** (Wirtschaftlichkeit) ermöglichen.

Bd. 2

Langfristig muss Controlling auf alternative Strategien gerichtet sein, die durch Veränderungen auf den Märkten notwendig werden **(strategisches Controlling)**. Solche Änderungen können durch politische Bedingungen (z. B. wirtschaftliche Beziehungen, Bündnisse, ökologische Rahmenbedingungen) und durch wirtschaftliche Entwicklungen und Änderungen (z. B. Änderung des Kundenverhaltens, Marktsättigung, technische Entwicklung, Trends) begründet sein. Aufgabe des Controllings ist es dabei, rechtzeitig solche Änderungen und Entwicklungen und daraus entwachsende Chancen und Risiken zu erkennen und eventuell geeignete Pläne zu entwickeln und Maßnahmen zur Kursänderung einzuleiten.

▲ Zielsetzung und Planung:

Darunter versteht man die Festlegung eines Ziels für einen bestimmten Zeitraum, in der Regel für ein bis drei Jahre im operativen Controlling, fünf Jahre im strategischen Controlling.

Beispiel Die Bürodesign GmbH legt für das nächste Geschäftsjahr folgendes Ziel fest: Gewinnsteigerung um 5 %.

Diese wenig konkretisierte Zielsetzung muss durch **Teilpläne (Budgets)** untermauert werden (vgl. S. 30).

Beispiel Die Bürodesign GmbH erstellt für jede Produktgruppe Absatz-, Umsatz-, Produktions-, Kostenpläne.

Die Einzelpläne werden mit den betroffenen Personengruppen besprochen. Sie lösen Aktivitäten aus. Mit den Ergebnissen der Planung wird der Kurs für einen bestimmten Zeitraum festgelegt. Planung ist also zukunftsorientiert. Mit den Plan- und Soll-Vorgaben werden Maßstäbe oder Messgrößen geschaffen, die der Beurteilung des tatsächlich Erreichten dienen.

▲ Beschaffung und Aufbereitung von Informationen:

Controllinginformationen können durch Sammlung und Auswertung betriebsinterner und betriebsexterner Daten (vgl. S. 265) gewonnen werden. Die Gewinnung betriebsinterner Daten setzt die Ausgestaltung eines betrieblichen Informationssystems voraus, das die Daten aus den einzelnen Funktionsbereichen der Unternehmung sammelt und verantwortlichen Personen zuordnet. Wichtigste Teile dieses innerbetrieblichen Informationssystems sind die **Kosten- und Leistungsrechnung**, die Finanzbuchführung und die Statistik. Von außen können Informationen von Verbänden, Instituten, Industrie- und Handelskammern, der Handwerkskammer abgerufen, aus veröffentlichten Jahresabschlüssen u. a. entnommen und aufbereitet werden.

Beschaffung und Aufbereitung von Controllinginformationen

Interne Informationen

- Kosten- und Leistungsrechnung
- Kostenartenrechnung
- Kostenstellenrechnung
- Kostenträgerrechnung
- Finanzbuchhaltung
  - Bilanz
  - GuV-Rechnung
  - Anhang
  - Lagebericht
- Statistik
  - Tabellen
  - Grafiken
  - Kennzahlen
- Betriebliches Berichtswesen

Externe Informationen

- Branchenkennzahlen der Verbände
- Informationen der Handelskammern
- Informationen und Berichte von Wirtschaftsinstituten
- Veröffentlichte Jahresabschlüsse

Analyse:

Die Analyse basiert auf regelmäßigen Vergleichen erreichter Ergebnisse mit den Planvorgaben. Sie ist also vergangenheitsorientiert und basiert auf Soll-Ist-Vergleichen.

Beispiele Erreichte Umsätze, Absatzzahlen, Kosten werden mit den Soll-Werten laut Umsatz-, Absatz- und Kostenplan verglichen.

Bei **Abweichungen** muss sich die Arbeit des Controllers darauf konzentrieren,

- die Ursachen für die Abweichungen herauszufinden,
- Maßnahmen zur Abstellung einer negativen Entwicklung zu suchen und durchzusetzen,
- die Auswirkungen ergriffener Maßnahmen zu beobachten.

Steuerung:

Aus den Abweichungsanalysen müssen Korrektur- und Steuerungsmaßnahmen abgeleitet werden, die die bisherige Entwicklung verstärken oder korrigieren können. Dabei muss sich der Controller natürlich Prioritäten setzen und sich auf die offensichtlichsten Hindernisse konzentrieren **(Engpassorientierung)**.

Bei jeder Bestellung muss entschieden werden, bei wem soll was wie viel und wie oft bestellt werden. Neben der reinen Mengenplanung sind sowohl Sicherheits- als auch Kostengesichtspunkte zu berücksichtigen.

ABC-Analyse von Lieferern und Materialien

Aufgrund der Erkenntnis, dass in den meisten Fällen eine relativ kleine Anzahl von Materialien den Hauptteil des Materialeinsatzes repräsentiert, kann abgeleitet werden, dass diese Materialien auch bei einer relativ geringen Anzahl von Lieferern bezogen werden. Für die Analyse von Materialien kann die ABC-Analyse (vgl. S. 268 ff.) ein Instrument zur Ermittlung von Materialien sein, denen bei der Beschaffung besondere Aufmerksamkeit geschenkt werden muss. Sie klassifiziert die Beschaffungsobjekte eines Unternehmens nach deren mengen- und wertmäßiger Struktur. Die Mengen und Werte der in die ABC-Analyse einbezogenen Güter stehen dabei erfahrungsgemäß in folgendem Verhältnis:

A-Güter	geringer Mengenanteil (ca. 10 %), hoher Wertanteil (ca. 70 %)
B-Güter	Mittelstellung bei Menge (ca. 20 %) und Wert (ca. 25 %)
C-Güter	hoher Mengenanteil (ca. 70 %), geringer Wertanteil (ca. 5 %)

Mit der ABC-Analyse ist es möglich, das Wesentliche vom Unwesentlichen zu trennen, eine Beschaffungsstrategie zu entwickeln und Schwächen aufzudecken.

Beispiel Die Bürodesign GmbH hat für ihren Einkauf folgende Beschaffungsrichtlinien formuliert:

- **A-Güter:** Umsatzstarke Materialien, die bedarfsgesteuert geliefert werden (JIT-Belieferung), kleine Bestellmengen und Sicherheitsbestände, hohe Bestellhäufigkeit, permanente Inventur;
- **B-Güter:** situative Disposition;
- **C-Güter:** großzügige Festlegung der Bestellmengen und Sicherheitsbestände.

Durch die Erkenntnis der ABC-Analyse der Materialien können auch die **Liefererstrukturen** im Hinblick auf die Senkung von Beschaffungskosten untersucht werden.

Die ABC-Analyse klassifiziert die Lieferer der Unternehmung nach der mengen- und wertmäßigen Struktur. Erfahrungsgemäß entsteht dadurch folgende Liefererstruktur:

A-Lieferer	Mengenmäßig wenige Lieferer haben einen hohen Umsatzanteil (ca. 75 % des Gesamtumsatzes, ca. 15 % Mengenanteil)
B-Lieferer	Nehmen sowohl mengen- als auch wertmäßig eine Mittelstellung ein (ca. 20 % des Gesamtumsatzes, ca. 35 % Mengenanteil)
C-Lieferer	Mengenmäßig viele Lieferer haben einen geringen Umsatzanteil (ca. 5 % des Gesamtumsatzes, ca. 50 % Mengenanteil)

Beispiel Die Bürodesign GmbH hat den jährlichen Umsatz ihrer Lieferer ermittelt und nach dem jeweiligen Anteil geordnet.

Lieferer	**Mengenanteil**		**Umsatzanteil**	
	in Einheiten	**in %**	**in €**	**in %**
1 Vereinigte Spanplatten AG	1	1,7 %	2279872,00	64 %
2 Stammes Stahlrohr GmbH	1	1,7 %	284984,00	8 %
3 Abels, Wirtz & Co. KG	1	1,7 %	178115,00	5 %
4 Furnierwerk GmbH	1	1,7 %	106869,00	3 %
5 Hanckel & Cie. GmbH	1	1,7 %	249361,00	7 %
6 Wollux GmbH	1	1,7 %	142492,00	4 %
7 Farbenwerke Wilhelm Weil AG	1	1,7 %	71246,00	2 %
8 Wellpappe GmbH	1	1,7 %	106869,00	3 %
9 Sonstige Lieferer	50	86,4 %	142492,00	4 %
Gesamt	58	100 %	3562300,00	100 %

Lieferer	**Umsatzanteil**	**Mengenanteil**
A-Lieferer (1, 2, 5)	79 %	5,1 %
B-Lieferer (3, 4, 6, 7, 8)	17 %	8,5 %
C-Lieferer (9)	4 %	86,4 %

Den A-Lieferern kann nun besondere Aufmerksamkeit geschenkt werden durch

- intensive telefonische und persönliche Verhandlungen,
- gemeinsame Marktanalyse und -beobachtung,
- individuell genau festgelegte Bestellmengen, -zeitpunkte und Sicherheitsbestände,
- Just-in-time-Belieferung,
- exakte Bedarfsberechnungen,
- genaue Überwachung der Bestellmengen und -zeitpunkte.

Optimale Bestellmenge (vgl. S. 275 f.)

Weitere Kennziffern aus dem Beschaffungsbereich

Kennziffern	Einflussgrößen	Verbesserungsmaßnahmen
Lieferermahnquote $= \frac{\sum \text{Liefermahnungen} \cdot 100}{\sum \text{Bestellungen}}$	– Zuverlässigkeit – zu enge Liefertermine	– Bestellzeitpunkt vorziehen – andere Bezugsquellen
Termintreue $= \frac{\sum \text{termingerechte Lieferungen} \cdot 100}{\sum \text{der Lieferungen}}$	– Zuverlässigkeit – Liefertermine	– Bestellzeitpunkt vorziehen – andere Bezugsquellen
Quote der Fehllieferungen/ Beanstandungen $= \frac{\sum \text{Fehllieferungen/Beanstandungen} \cdot 100}{\sum \text{Lieferungen}}$	– Zuverlässigkeit – Beziehungen zu Lieferern	– Reklamationsstatistiken – neue Lieferer – Konventionalstrafen – neue Beschaffungsstrategien – Qualitätsrichtlinien
Ø Bestellvolumen $= \frac{\sum \text{Einkäufe}}{\sum \text{Bestellungen}}$	– optimale Bestellmenge – Liefererkonditionen	– Bündelung von Bestellungen
Bezugskosten pro Anlieferung $= \frac{\sum \text{Bezugskosten}}{\text{Anzahl der Anlieferungen}}$	– Entfernung der Lieferer – Transportsystem – Auslastung der Fahrzeuge	– andere Lieferer – Selbstabholer – Verpackungsnormen
Beschaffungskosten je Bestellung $= \frac{\sum \text{Einkaufskosten}}{\sum \text{Bestellungen}}$	– Bestellhäufigkeit – Teilevielfalt	– Bündelung von Bestellungen – Bestellung von Fertigteilen

Operatives Controlling durch Kennziffern aus dem Lagerbereich

Lagerkosten und Lagerrisiko (vgl. S. 348 f.):

Der Industriebetrieb kauft Materialien ein, die normalerweise nach kurzer **Lagerdauer** in die Produktion gehen und als Fertigerzeugnisse wieder verkauft werden.

Materialien, die den Industriebetrieb nicht bald verlassen, können wegen begrenzter Haltbarkeit verderben (z.B. Lebensmittel, Chemieprodukte) oder zu **Lagerhütern** werden (Materialien, die von der Mode, wie z.B. Textilien, Lederwaren, oder von der wirtschaftlichen und technischen Entwicklung, wie z.B. Fahrzeuge, Maschinen, Messgeräte, Computer, abhängig sind).

Je länger die Materialien und Fertigerzeugnisse gelagert werden müssen, desto größer ist das **Risiko** des Verderbs und der Überalterung, umso höher sind die durch die Lagerhaltung verursachten **Kosten** (Pflege-, Lagerraum-, Energie-, Verwaltungskosten, Abschreibungen, Lagerzinsen), umso stärker wird der Gewinn geschmälert.

Je schneller sich der **Umschlag** der gelagerten Materialien und Fertigerzeugnisse vollzieht, desto geringer sind die Lagerkosten und desto geringer ist der Kapitalbedarf zur Bereitstellung des Materialien- und Fertigerzeugnissevorrats für die Verwirklichung eines bestimmten Umsatzes.

Es liegt nahe, dass zur Absenkung der Lagerkosten und des Lagerrisikos die Maßnahmen des Controllers auf die Ermittlung der Kosten, die Verringerung des Materialien- und Fertigerzeugnissebestands und die Beschleunigung des Umschlags gerichtet sein müssen.

Andererseits muss darauf geachtet werden, dass keine Fehlmengen auftreten, damit Produktions- und Liefertermine nicht gefährdet und die Lieferfähigkeit nicht infrage gestellt werden.

Lagerfunktion und Logistik:

Die Lagerfunktion kann nicht isoliert betrachtet und beurteilt werden. Das Lager ist eine Zwischenstation der Materialien und Fertigprodukte zwischen Beschaffungs- und Absatzmarkt. Daraus ergibt sich als Konsequenz, dass zahlreiche Daten als Einflussfaktoren in die Beurteilung der Lagerhaltung einzubeziehen sind.

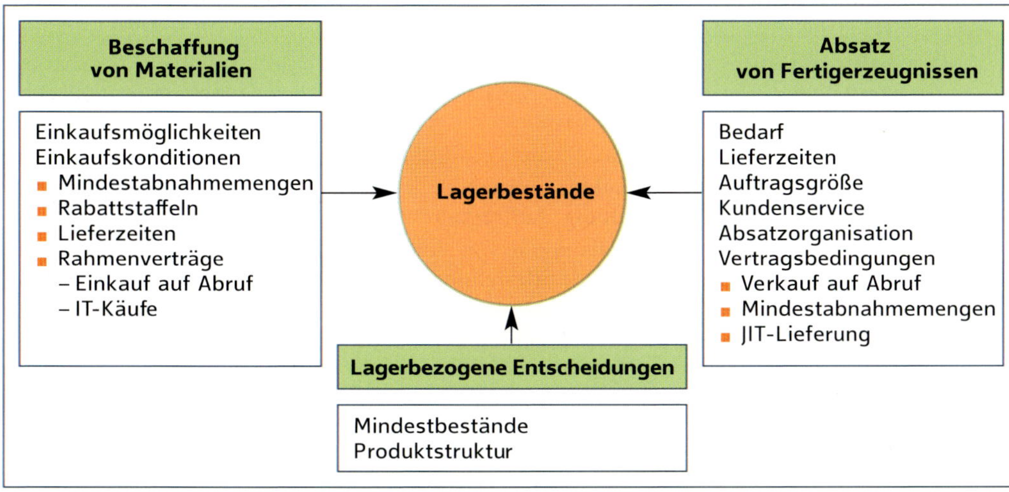

Der Controller hat somit zusätzlich die Aufgabe, die Lagerhaltung in folgende **Logistikkette** einzubetten und innerhalb dieser zu beurteilen.

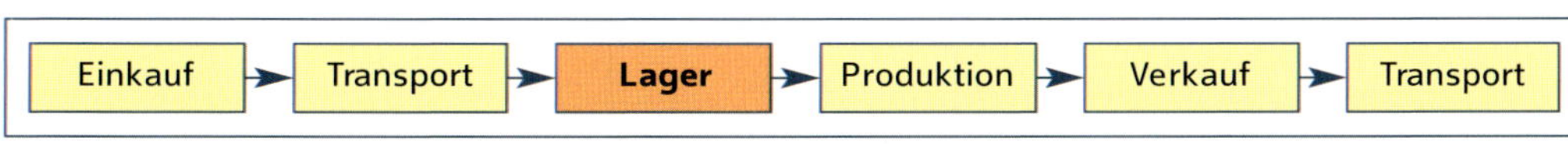

In diesem Zusammenhang wird deutlich, dass die Schwierigkeit für die richtige Bestandsbemessung letztlich in der Sicherungsfunktion des Lagers zum Absatzmarkt und in der Ausgleichsfunktion des Lagers zum Beschaffungsmarkt hin begründet ist.

- **Sicherungsfunktion des Lagers zum Absatzmarkt:** In den meisten Fällen kaufen Industriebetriebe ihre Materialien nicht erst dann ein, wenn Kundenaufträge vorliegen, sondern für einen mehr oder weniger anonymen Markt. Dadurch entsteht das Problem der Vorhersage des Bedarfs und der künftigen Absatzentwicklung. Industriebetriebe versuchen trotz dieser Unsicherheit die Produktionsbereitschaft durch Sicherheitsbestände abzudecken, deren Bemessung bei Materialien mit Nachfrageschwankungen aufgrund saisonaler, technischer, modischer und konjunktureller Einflüsse zusätzlich erschwert wird.
- **Ausgleichsfunktion zum Beschaffungsmarkt:** Ein zweites Problem der Bestandsbemessung resultiert daraus, dass die meisten Materialien nicht mit der gleichen Geschwindigkeit oder im gleichen Rhythmus beschafft wie die daraus hergestellten Fertigerzeugnisse abgesetzt werden können. Der Lagerbestand übernimmt in diesem Falle die Funktion des Ausgleichs.

Einflussgrößen des Lagerbestands:

Der Warenbestand insgesamt und im Einzelfall jedes Artikels hängt von einer Vielzahl von Einflussfaktoren ab, von denen die wichtigsten hier kurz erläutert werden.

- **Produktionsprogramm:** Durch die Programmbreite wird die Anzahl von Produktgruppen, durch die Programmtiefe die Anzahl unterschiedlicher Artikel und Sorten bestimmt.
- **Lieferbedingungen:** In Verbindung mit den jeweiligen Liefermöglichkeiten und -bedingungen, insbesondere der Lieferzeit, werden der Bestellpunkt und die Häufigkeit der Bestellungen

festgelegt und damit über die Höhe der Lagerbestände bestimmt. Der Bestellpunkt ist seinerseits abhängig von der Lieferzeit, dem künftigen Bedarf und dem Sicherheitsbestand.

- **Qualität der Absatzplanung:** Bleibt der Absatz hinter den Planvorgaben zurück, wirken sich die festgelegten Beschaffungsentscheidungen in einer Erhöhung der Lagerbestände aus. Das Lagerrisiko erhöht sich.
- **Lieferbereitschaft (Servicegrad):** Industrieunternehmen **müssen** sich eine **absolute Lieferbereitschaft** mit Sicherheitsbeständen (Mindestbestände, eiserne Bestände – vgl. S. 277 ff.) erkaufen.
- **Auftragsabwicklungs- und Informationssystem:** Jeder Materialfluss von der Beschaffung von Lieferern über die Produktion bis zum Absatz an Kunden wird von einem Informationssystem begleitet. Dieses erteilt Auskunft darüber,
  - wo welche Mengen welches Produktes zur Verfügung stehen (Bestandsinformationssystem),
  - wo welche Mengen welches Produktes zurzeit oder in einer bestimmten Frist benötigt werden (Produktionsplanung, Absatzplanung, Auftragsabwicklung),
  - welche Mengen welches Materials wann von den Lieferern der Industrieunternehmung bezogen werden können (Planung des Bestellpunkts und der optimalen Bestellmengen im Rahmen der Einkaufsplanung) und
  - wann welche Mengen eines Fertigerzeugnisses von der Industrieunternehmung produziert werden.

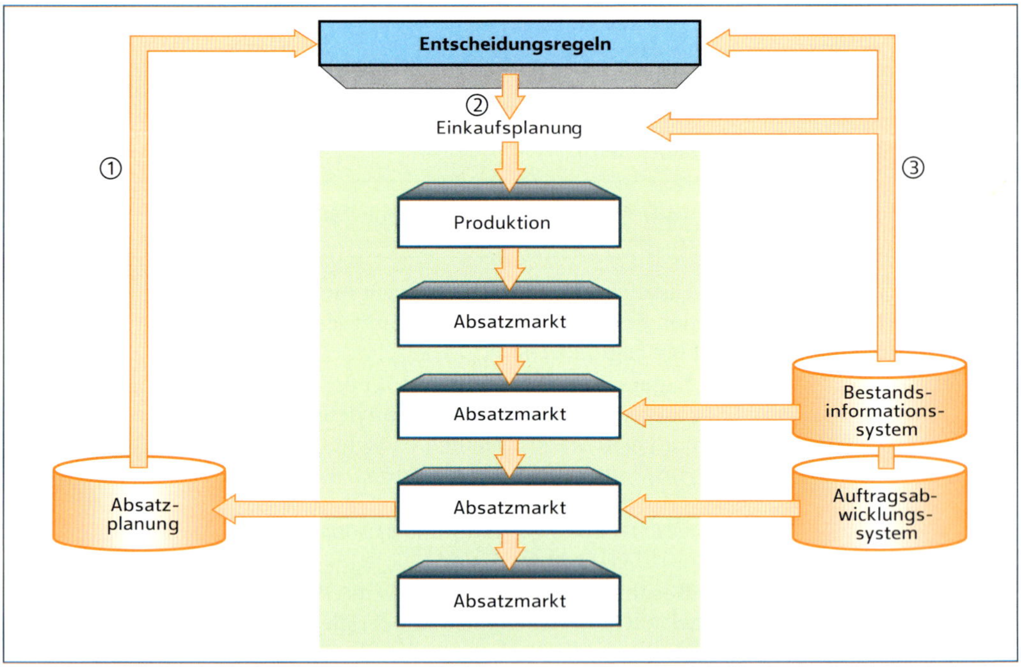

In diese Überlegungen sind Zeiten der Belegerstellung, Belegübermittlung, Zeiten zur Transportdisposition, Zeiten für den Transport und schließlich Zeiten der Materialüberprüfung und der Produktion einzubeziehen.

Schwachstellenanalyse der Lagerhaltung mithilfe von Kennzahlen:

Dazu gilt es, ein Informationssystem aufzubauen, aus dem täglich artikelgenaue Daten zum Bestand und zum Umschlag abgerufen werden können, um wirtschaftlich interessante oder uninteressante Materialien und Fertigerzeugnisse herauszufinden. Der Controller wertet diese Daten in Lagerkennziffern und hinsichtlich der Lagerkosten (vgl. S. 348f.) aus, erforscht Einflussgrößen des Bestandes, Ursachen von Veränderungen und arbeitet vor allem an Verbesserungen und Vorgaben für künftige Entscheidungen zum Lagerbestand, zur Umschlagshäufigkeit und zur Lagerdauer.

- **Lagerhaltungskosten:** Die Lagerhaltungskosten, wie Raumkosten, Personalkosten, kalkulatorische Abschreibungen, Zinsen und Wagnisse (Schwund, Verderb, Diebstahl) sind abhängig von Lagermengen und Lagerwerten, die ihrerseits von Bestellmengen und -häufigkeit abhängen. Aber auch Lagerorganisation, Art des Lagerguts (Speziallager), Regal- und Lagertransportsystem wirken sich kostenmäßig aus. Die Höhe dieser Kosten wird als Prozentsatz des durchschnittlichen Lagerbestandes gemessen und als Lagerhaltungskostensatz bezeichnet:

$$\textbf{Lagerhaltungskostensatz} = \frac{\text{Lagerhaltungskosten} \cdot 100}{\text{Ø Lagerbestand}}$$

In den deutschen Industrieunternehmen liegt dieser Satz zwischen 20% und 30%.

Beispiel Der durchschnittliche Lagerbestand der Bürodesign GmbH betrug im letzten Geschäftsjahr 130000,00 €. Die Lagerhaltungskosten betrugen 37 050,00 €. Der Lagerhaltungskostensatz ist zu berechnen.

$$\textbf{Lagerhaltungskostensatz} = \frac{37050 \cdot 100}{130000} = \underline{\underline{28{,}5\ \%}}$$

Dieser Prozentsatz ist vergleichbar mit anderen der gleichen Branche.

- **Lagerkennziffern:** Hier wird auf folgende Lagerkennziffern zurückgegriffen (vgl. S. 349ff.):

Kennziffern	Einflussgrößen	Verbesserungsmaßnahmen
Lagerumschlagshäufigkeit (vgl. S. 351 ff.) $= \frac{\Sigma \text{ Materialverbrauch}}{\text{Ø Materialbestand}}$	– Bestellvolumen – Mindestbestände – Lieferzeiten – Teilevielfalt	– Rahmenverträge – Kauf auf Abruf, JIT – andere Lieferer – Standardisierung – Fremdbauteile
Lagerdauer (vgl. S. 351 f.) $= \frac{360}{\text{Umschlagshäufigkeit}}$	– Bestellvolumen – Aktualität der Materialien – Absatz bestimmter Erzeugnisse	– optimale Bestellmenge – Eliminieren von Lagerhütern
Kapitalbindungskosten (Lagerzinsen, vgl. S. 352f.) $= \frac{\text{Ø Materialbestand} \cdot \text{Lagerdauer} \cdot \text{Lagerzinssatz}}{100}$	– Lagerdauer – Lagermengen – Teilevielfalt	– Verhandlung der Lieferzeiten – Lagermengen verkleinern – Fremdbauteile
Lagerhaltungskostensatz $= \frac{\text{Lagerhaltungskostensatz} \cdot 100}{\text{Ø Lagerbestand}}$	– Lagerorganisation – Art des Lagergutes – Lagertransportsystem – Lagerbestand	– Wechsel vom Festplatz- zum Freiplatzsystem – Software-gestützte Lagersteuerung – Absenkung der Lagerbestände

- **Lagerreichweite und Lagerfüllgrad:**

Weitere Kennziffern im Lagerbereich sind die Lagerreichweite und der Lagerfüllgrad.

- **Lagerreichweite:**

Mit dieser Kennziffer wird ausgedrückt, wie lange der durchschnittliche Lagerbestand bei einem durchschnittlichen Verbrauch ausreicht.

$$\textbf{Lagerreichweite} = \frac{\text{Ø Lagerbestand}}{\text{Materialverbrauch pro Tag}}$$

Beispiel Die Bürodesign GmbH hat beim Material Sitzschale einen durchschnittlichen Lagerbestand von 5000 Stück und einen durchschnittlichen Absatz pro Tag von 500 Stück.

$$\text{Lagerreichweite} = \frac{5000}{500} = \underline{\underline{10\ \text{Tage}}}$$

Die Bürodesign GmbH hat beim Material Sitzschale eine Lagerreichweite von 10 Tagen.

– **Lagerfüllgrad (Flächennutzungsgrad):**

Die Nutzung der vorhandenen Lagerkapazität wird durch den Lagerfüllgrad gemessen.

$$\textbf{Lagerfüllgrad} = \frac{\text{genutzter Teil des Lagerraums}}{\text{verfügbarer Lagerraum}}$$

Beispiel Die Bürodesign GmbH hat einen Lagerraum mit einer Fläche von 3000 m^2. Davon werden im Durchschnitt 2700 m^2 regelmäßig genutzt.

$$\text{Lagerreichweite} = \frac{2700}{3000} = \underline{\underline{0{,}9 = 90\ \%}}$$

Die Bürodesign GmbH hat einen Lagerfüllgrad von 90 %.

Informationen zur Ermittlung der Lagerkennziffern und der Kennziffern aus dem Beschaffungsbereich werden der Lager- und Kundendatei entnommen. Aus den Kennziffern an sich lassen sich keine Rückschlüsse zur Entwicklung der Lagerhaltung ableiten. Erst durch den Vergleich mit anderen Lagern, anderen Betrieben eines Konzerns oder mit früheren Rechnungsperioden können negative oder positive Entwicklungstendenzen erkannt werden.

Weitere Kennziffern aus dem Beschaffungsbereich:

Kennziffern	Einflussgrößen	Verbesserungsmaßnahmen
Liefermahnquote $= \frac{\Sigma \text{ Liefermahnungen} \cdot 100}{\Sigma \text{ Bestellungen}}$	– Zuverlässigkeit – zu enge Liefertermine	– Bestellzeitpunkt vorziehen – andere Bezugsquellen
Termintreue $= \frac{\Sigma \text{ termingerechte Lieferungen} \cdot 100}{\Sigma \text{ der Lieferungen}}$	– Zuverlässigkeit – Liefertermine	– Bestellzeitpunkt vorziehen – andere Bezugsquellen
Quote der Fehllieferungen/ Beanstandungen $= \frac{\Sigma \text{ Fehllieferungen/Beanstandungen} \cdot 100}{\Sigma \text{ Lieferungen}}$	– Zuverlässigkeit – Beziehungen zu Lieferern	– Reklamationsstatistiken – neue Lieferer – Konventionalstrafen – neue Beschaffungsstrategien – Qualitätsrichtlinien
Bestellvolumen $= \frac{\Sigma \text{ Einkäufe}}{\Sigma \text{ Bestellungen}}$	– optimale Bestellmenge – Liefererkonditionen	– Bündeln von Bestellungen
Bezugskosten pro Anlieferung $= \frac{\Sigma \text{ Bezugskosten}}{\Sigma \text{ Anzahl der Anlieferungen}}$	– kilometermäßige Entfernung der Lieferer – Transportsystem – Auslastung der Fahrzeuge	– andere Lieferer – Selbstabholer – Verpackungsnormen
Beschaffungskosten je Bestellung $= \frac{\Sigma \text{ Einkaufskosten}}{\Sigma \text{ Bestellungen}}$	– Bestellhäufigkeit – Teilevielfalt	– Bündelung von Bestellungen – Bestellung von Fertigteilen

Beschaffungscontrolling

- **Controlling**
  - **Controlling** ist ein Prozess der Informationsgewinnung, -speicherung, -verarbeitung und -übertragung.
  - Es stellt **Kontroll-** und **Planungsinformationen** zur Verfügung.
- **Beschaffungscontrolling**
  - Die **ABC-Analyse** ist ein Verfahren zur Schwerpunktbildung durch Einteilung in A-, B- und C-Güter, Kunden oder Lieferer. Mit der ABC-Analyse ist es möglich, Beschaffungsstrategien zu entwickeln und Kosten zu senken.
  - Optimale Bestellmenge
- **Lagercontrolling**
  - **Lagerkosten und -risiko**
    - Lagerraumkosten
    - Kosten des Lagerguts
    - Kosten der Lagerverwaltung
    - Risiko des Verderbs, der Überalterung, der technischen Überholung
  - **Einflussgrößen des Lagerbestandes**
    - Sortiment
    - Lieferbedingungen
    - Absatzplanung
    - Lieferbereitschaft (Servicegrad)
    - Abwicklungs- und Informationssystem
  - **Lagerfunktion und Logistik**
    - Sicherungsfunktion zum Absatzmarkt
    - Ausgleichsfunktion zum Beschaffungsmarkt
    - In lagerbezogene Maßnahmen sind Entscheidungen zur Beschaffung und zum Absatz einzubeziehen.
  - **Schwachstellenanalyse**
    - Lagerkennzahlen
    - Lagerkosten
- **Lagerreichweite** = $\frac{\text{Ø Lagerbestand}}{\text{Ø Absatz (Verbrauch) pro Tag}}$
- **Lagerfüllgrad** = $\frac{\text{Genutzter Teil des Lagerraums}}{\text{verfügbarer Lagerraum}}$

1 Beschreiben Sie das Verfahren der ABC-Analyse von Materialien und erläutern Sie, welche wirtschaftlichen Aussagen sich aus den Ergebnissen dieser Analyse ableiten lassen.

2 Erstellen Sie aus den folgenden Angaben mithilfe eines Tabellenkalkulationsprogramms eine ABC-Analyse und werten Sie diese aus.

Material	Bestellmenge in Stück	Bezugs-/Einstandspreis in €
1	2400	9,00
2	1100	12,00
3	140	18,00
4	150	122,00
5	5200	0,20
6	350	16,00
7	2000	61,00
8	900	90,00
9	550	4,00
10	600	59,00

3 Um ein Sonderangebot eines Verpackungsherstellers ausnutzen zu können, hat der Lebensmittelhersteller Klein OHG 80000 Verpackungseinheiten je 1,48 € bestellt. Mit dieser Bestellmenge kann er seinen Halbjahresbedarf decken. Als die Lieferung eintrifft, stellt die Klein OHG fest, dass sie zur Unterbringung der Verpackungen ein Fremdlager anmieten muss.

Zum rechtzeitigen Ausgleich der Liefererrechnung muss die Klein OHG einen kurzfristigen Bankkredit aufnehmen. Wegen begrenzter Haltbarkeit muss die Klein oHG schließlich einen Teil der Konserven unter Bezugs-/Einstandspreis verkaufen.
a) Erläutern Sie Kosten und Risiken, die mit der Lagerhaltung verbunden sind.
b) Zeigen Sie anhand dieses Falles auf, wie Kosten und Risiken hätten verringert werden können.

4 In den letzten Jahren versuchen Industrieunternehmen zunehmend, die Lagerhaltung einzuschränken.
a) Erläutern Sie dafür drei wirtschaftliche Gründe.
b) Zeigen Sie mögliche Gefahren auf.
c) Erläutern Sie Maßnahmen, die Gefahren ganz oder teilweise auszuschließen.

5 Nennen Sie Kostenarten des Lagers, die
a) durch das Personal,
b) durch die Materialien,
c) durch die Lagereinrichtung
verursacht werden, und zeigen Sie jeweils Möglichkeiten ihrer Senkung auf.

6 Die Buchhaltung ermittelte folgende Daten für die vier Quartale (Werte in T€):

	1. Quartal	2. Quartal	3. Quartal	4. Quartal
Rohstoffe Anfangsbestand	400	450	380	420
Rohstoffe Endbestand	450	380	420	350
Rohstoffzugänge	800	680	750	720
Fertigerzeugnisverkauf (Umsatzerlöse)	1 350	1 350	1 278	1 422

a) Ermitteln Sie
1. den Materialeinsatz des 4. Quartals,
2. den Materialeinsatz des Jahres,
3. den Kalkulationszuschlagssatz,
4. den durchschnittlichen Lagerbestand,
5. die Umschlagshäufigkeit des Rohstofflagers im Geschäftsjahr,
6. die durchschnittliche Lagerdauer.
b) Erläutern Sie, was die einzelnen Ergebnisse aussagen.
c) Der Controller wünscht sich solche Informationen über jedes einzelne Produkt bzw. Material. Begründen Sie diese Forderung.

7 Die Bürodesign GmbH hat aufgrund eines Sonderangebotes der Farbenwerke Wilhelm Weil AG 1 000 Eimer à 10 kg RAL-Lack, farblos, lösungsmittelfrei, zu 7,50 €/kg bestellt. Mit dieser Bestellmenge kann die Bürodesign GmbH ihren Jahresbedarf decken.
a) Erläutern Sie Vorteile und Nachteile für die Bürodesign GmbH bei der Wahrnehmung von Sonderangeboten.
b) Nennen Sie drei weitere Gründe, die zum Kauf größerer Werkstoffmengen veranlassen könnten.
c) Nennen Sie zwei Gründe für Sonderangebote aus der Sicht des Zulieferers (Herstellers).
d) Zeigen Sie drei Möglichkeiten auf, die Risiken beim Einkauf größerer Mengen weitgehend ausschalten.

8 Controller und Einkaufsleiter haben für alle Werkstoffteile optimale Bestellmengen und den Meldebestand festgelegt und im Software-gestützten Lagerwirtschaftssystem gespeichert.
a) Erläutern Sie mögliche Vor- und Nachteile dieser Bestellmengenfestlegung.
b) Entwickeln Sie Vorschläge für folgende Abweichungen:
1. Wahrnehmung von Sonderangeboten mit festgelegten Abnahmemengen, die über der optimalen Bestellmenge liegen,
2. der Bestellzeitpunkt deckt sich nicht mit der in Angeboten vorgegebenen Lieferzeit.

9 Das Lagercontrolling ermittelt bei einem Materialteil eine rückläufige Umschlagshäufigkeit von 8 im letzten Jahr auf 2 im Abrechnungsjahr.
a) Erläutern Sie vier Ursachen für diese Entwicklung.
b) Bereiten Sie drei Vorschläge zur Verwertung noch vorhandener Vorräte vor.

Wiederholungsaufgaben zu „Abwicklung eines Kundenauftrags“

1 Die Bürodesign GmbH deckt ihren Bedarf an Farben, Lacken und Beize bisher ausschließlich bei der Hanckel & Cie. GmbH (Single-Sourcing).

a) Erläutern Sie je einen Vorteil und einen Nachteil dieser Beschaffungspolitik.

b) Unterbreiten Sie unter Berücksichtigung des folgenden Faxauszuges und Auszuges aus einem Geschäftsbericht einen auch rechnerisch begründeten Vorschlag für Preisverhandlungen der Bürodesign GmbH mit der Hanckel & Cie. GmbH.

Auszug aus einem Fax der Hanckel & Cie. GmbH:

> ... Die mit dem Tarifabschluss von 3 % verbundenen höheren Kosten können wir durch Rationalisierungsmaßnahmen nicht mehr auffangen. Leider sind wir daher gezwungen, unsere Preise ab dem 1. August 20.. um 2,5 % zu erhöhen ...

Auszug aus dem Geschäftsbericht der Hanckel & Cie. GmbH:

> ... Die Belegschaftszahl unseres Unternehmens nahm bei gleich bleibender Produktion um 126 oder 3,5 % ab. Damit verringerte sich der Anteil der Personalaufwendungen von 26,8 % auf 24,5 % am Gesamtaufwand ...

c) Die Bürodesign GmbH plant, ihren Jahresbedarf an Farben, Lacken und Beize neu auszuschreiben. Nennen Sie drei Informationsquellen, mit denen sie andere geeignete Lieferer finden kann.

2 Ein Industrieunternehmen führt die Optimierung der Bestellmenge im Näherungsverfahren durch. Zur Ermittlung liegen folgende Daten vor:

Gesamtbedarf	1200 Stück; Verpackungseinheit jeweils 100 Stück	
Listenpreis	20,00 €/Stück	Bestellkosten 150,00 €/Bestellung
Rabattstaffel	ab 400 Stück je Bestellung = 1 %	Lagerhaltungskostensatz 50 % vom
	ab 600 Stück je Bestellung = 1,5 %	durchschnittlichen Lagerwert
	ab 1200 Stück je Bestellung = 2,5 %	

Es wird ein kontinuierlicher Lagerabgang unterstellt. Eine eiserne Reserve (Mindestbestand) ist nicht vorgesehen.

a) Vervollständigen Sie die folgende Tabelle und kennzeichnen Sie die optimale Bestellmenge.

1 Bestellungen (Anzahl)	2 Menge je Bestellvorgang (Stück)	3 Bezugs-/Einstandspreis des Gesamtbedarfs (€)	4 Bestellkosten (€)	5 Durchschnittlicher Lagerbestand		6 Lagerhaltungskosten (€)	7 Gesamtkosten (€)
				Menge (Stück)	Wert (€)		
12							
6							
3							
2							
1							

b) Erläutern Sie zwei Gründe, die ein Unternehmen veranlassen können, von der optimalen Bestellmenge abzuweichen.

3 Die Einkaufsabteilung der Stammes Stahlrohr GmbH, ein Lieferer der Bürodesign GmbH, benutzt für die Auswahl von Lieferern die folgende Entscheidungsbewertungstabelle:

Entscheidungskriterien	Gewichtung	Mögliche Lieferer			
		A	B	C	D
Qualität des Materials					
Fertigungstechnische Anforderungen					
...					

a) Nennen Sie sechs weitere Entscheidungskriterien für die Auswahl von Lieferern.
b) Erläutern Sie an einem Beispiel Ihrer Wahl, warum ein bestimmtes Entscheidungskriterium bei zwei verschiedenen Materialien eine unterschiedliche Gewichtung erfahren kann.
c) Erläutern Sie zwei Gründe, warum die Beschaffungsabteilung trotz einer hohen Bewertung eines ausländischen Lieferers im Einzelfall ihren Bedarf bei einem inländischen Lieferer deckt.

4 Die Lagerwirtschaft eines Industrieunternehmens weist folgende Zahlen aus:

Materialgruppe	Gesamtmenge (Stück)	Gesamtwert (€)
I	2100	1800000,00
II	900	9600000,00
III	3000	60000,00

a) Führen Sie eine ABC-Analyse durch und stellen Sie das Ergebnis in einer Tabelle dar.
b) Erläutern Sie zwei Gründe, künftige Rationalisierungsmaßnahmen auf die A-Materialien zu konzentrieren.
c) Beschreiben Sie zwei entsprechende Rationalisierungsmaßnahmen.

5 Die Lagerdatei der Vereinigte Spanplatten AG enthält folgende Angaben:
- Sicherheitsbestand (eiserne Reserve) 200 Stück
- täglicher Materialverbrauch 50 Stück
- jeweilige Bestellmenge (Anlieferung erfolgt jeweils bei Erreichen des Sicherheitsbestandes) 800 Stück
- Anfangsbestand 1000 Stück

a) Stellen Sie den Lagerbestandsverlauf in einem Koordinatensystem grafisch dar.
b) Ermitteln Sie den Meldebestand bei einer Wiederbeschaffungszeit von sechs Tagen.
c) Ermitteln Sie den durchschnittlichen Lagerbestand.
d) Erläutern Sie die Folgen, wenn der tägliche Materialverbrauch auf 70 Stück steigt.

6 Die Vereinigte Spanplatten AG hat in der Rechnungsperiode II (April bis Juni) folgende Lagerdaten in T€ ausgewiesen:

Anfangsbestand Rohstoffe	1500	Rohstoffzugänge	3500
Endbestand Rohstoffe 30.04.:	2300	31.05.:	1800
30.06.:	2400		

Ermitteln Sie nachfolgende Lagerkennziffern und erläutern Sie Ihre Ergebnisse für die II. Rechnungsperiode
a) den durchschnittlichen Lagerbestand,
b) den Rohstoffeinsatz,
c) die Umschlagshäufigkeit,
d) die durchschnittliche Lagerdauer.

7 Erstellen Sie ein Referat zum Thema: „Die Beschaffung einer sachgerechten Verpackung für ein neues Produkt – technische, ökologische und wirtschaftliche Gesichtspunkte“. Setzen Sie beim Vortrag Ihres Referates geeignete digitale Medien zur Unterstützung ein.

8 Die Geschäftsführung des Warenhauses „CENRAL“ beschließt, Kundenkarten auszugeben.
a) Erläutern Sie, was sich die Geschäftsführung davon verspricht.
b) Beschreiben Sie, wie die durch die Benutzung der Kundenkarten gewonnenen Daten für Marketingentscheidungen genutzt werden können.

9 Erstellen Sie eine Übersicht, aus der die verschiedenen Möglichkeiten der Zahlungsarten zu erkennen sind. Fügen Sie zu jedem Beispiel einen Zahlungsvordruck bei. Hängen Sie die Übersichten in der Klasse aus.

10 Erläutern Sie nachfolgenden Kontoauszug.

SEPA-Girokonto IBAN:DE11370501980085313948 **Kontoauszug** 89
BIC:COLSDE33XXX **Blatt** 1
Sparkasse KölnBonn UST-ID DE122661493

Datum	Erläuterungen		Betrag
Kontostand in € am 07.06.20.., Auszug Nr. 88			117 672,61+
11.06.	Stammes Stahlrohr GmbH, Essen KD-NR. M-0126, RG-NR.04111 v. 02.06.20..	Wert: 11.06.20..	40 070,68-
16.06.	Hanckel & Cie. GmbH, Düsseldorf KD-NR. 7362, RG-NR.3421 v. 01.06.20..	Wert: 16.06.20..	33 731,07-
16.06.	Barabhebung	Wert: 16.06.20..	9 649,14-
16.06.	Lastschrift Telekom Deutschland GmbH RG-NR. 94361248917654 v. 10.06.20..	Wert: 16.06.20..	159,52-
16.06.	Büromöbel GmbH Europa, Bremen KD-NR. L-5641, RG-NR.04134 v. 03.06.20..	Wert: 16.06.20..	23 200,00+
Kontostand in € am 17.06.20.., 10:57 Uhr			57 262,00+

Ihr Dispositionskredit 80 000,00 €

BÜRODESIGN GMBH

11 Die Autex GmbH, Hersteller von Autozubehör, hat neben vielen anderen Zahlungen laufend die Miete für die Geschäftsräume und die Telefonrechnung zu bezahlen.
a) Begründen Sie, welche Zahlungsart der Industriebetrieb für die beiden Vorgänge benutzen sollte.
b) Die Autex GmbH hat dem Stromversorgungsunternehmen eine Einzugsermächtigung erteilt. Versehentlich wurden vom Konto der Autex GmbH 2 388,00 € statt 388,00 € abgebucht. Beschreiben Sie, wie sich die Autex GmbH verhalten sollte.

12 Silvia Land ist Auszubildende bei der Bürodesign GmbH. Im Berufsschulunterricht wird das Thema „Electronic Cash“ behandelt. Silvia hat das Thema zu Hause gut vorbereitet und hält vor der Klasse ein Kurzreferat.
a) Beschreiben Sie den Ablauf einer Zahlung durch „Electronic Cash“.
b) Beschreiben Sie, wie ein Gläubiger bei „Electronic Cash“ sein Geld erhält.
c) Erläutern Sie die Chipkarte als Instrument der bargeldlosen Zahlung.

13 Die Fruchtex Bauer & Co. KG, Birkenstraße 26–36, 14469 Potsdam, liefert aufgrund der Bestellung des Großhändlers Karl Schneider e. K., 08525 Plauen, Händelstraße 16, eine Ladung Obstkonserven. Als Liefertermin war vereinbart worden: „Lieferung in der Woche vom 15. August bis 19. August 20..“. Bei der Ankunft des Spediteurs am 17. August 20.. ist das Großhandelsgeschäft aufgrund eines Betriebsausflugs geschlossen. Der Spediteur lagert die Waren bei einer Spedition ein.
a) Beurteilen Sie den vorliegenden Fall.
b) Der Großhändler erfährt telefonisch von der Lagerung der bestellten Waren bei der Spedition. Er will die Waren annehmen, lehnt es aber ab, die entstandenen Lagerkosten in Höhe von 280,00 € zu bezahlen. Wie ist die Rechtslage?
c) Schreiben Sie für den Lieferer einen Brief an den Großhändler, in dem Sie diesen zur Abnahme der Warenlieferung auffordern.

14 Die Bürodesign GmbH hat am 3. März 20.. entsprechend einem Angebot bei der Fensterbau-GmbH, Dahlienstraße 148–152, 44289 Dortmund, Metallfensterrahmen für ihr Verwaltungsgebäude bestellt. Die Fensterbau-GmbH hatte sich vertraglich verpflichtet, die Fenster zwischen dem 1. Juni und 10. Juni 20.. zu liefern. Für die verspätete Lieferung wurde eine Konventionalstrafe über 15 000,00 € vereinbart. Am 20. Juni 20.. sind die Fenster immer noch nicht geliefert.
a) Verfassen Sie einen Brief für die Bürodesign GmbH und setzen Sie der Fensterbau-GmbH eine Nachfrist.
b) Begründen Sie, ob sich die Fensterbau-GmbH im Lieferungsverzug befindet.
c) Geben Sie an, welche Rechte der Bürodesign GmbH gesetzlich zustehen.

15 Die Bürodesign GmbH sendet einem Großhändler, mit dem sie seit Langem gute Geschäftsbeziehungen pflegt, unaufgefordert einen günstigen Posten Erzeugnisse zu. Der Großhändler reagiert nicht auf diese Erzeugnislieferung.

a) Beurteilen Sie, ob ein Kaufvertrag zustande gekommen ist.

b) Ändert sich die Sachlage, wenn bisher keine Geschäftsbeziehungen zwischen der Bürodesign GmbH und dem Großhändler bestanden haben?

▲ Fallstudie: „Einkaufen von Materialien und ihre Buchung"

Handlungssituation: Die Textilfabrik Eva Stein e. K., Tannenstr. 68, 47805 Krefeld, ist ein Unternehmen mit 180 Beschäftigten und stellt Kinderbekleidung gehobener Qualität her. Frau Stein ist von Beruf Schneiderin. Sie legte ihre Meisterprüfung im Jahre 1978 ab und gründete ein Jahr später ihr Unternehmen. Sie begann mit fünf Mitarbeitern. Zunächst stellte das Unternehmen nur Kinderhosen her. Bald stieg die Nachfrage nach Kinderhosen der Marke STEIN stark an. Um den guten Ruf der Marke zu nutzen, dehnte Frau Stein ihre Produktion auf weitere Bereiche der Kinderbekleidung aus, z. B. Pullover, Unterwäsche, Bademoden, Anoraks und Mäntel. Einen großen Teil ihrer Produktion hat Frau Stein mittlerweile ins Ausland verlagert. Die Verwaltung ist jedoch in Krefeld geblieben.

Die Büros des Unternehmens sind gerade renoviert worden und sollen jetzt mit neuen Bürosesseln ausgestattet werden. Es wurde ein Bedarf von 90 Stück ermittelt. Das folgende Angebot soll wahrgenommen werden:

> ... Wir bieten Ihnen an:
> Bürosessel „Topmaster" 250,00 €/Stück zzgl. USt.
>
> Es gilt folgende Mengenrabattstaffelung:
>
> | | |
> |---|---|
> | Bei Abnahme von mehr als 100 Stück | 10 % |
> | Bei Abnahme von mehr als 200 Stück | 12 % |
> | Bei Abnahme von mehr als 500 Stück | 14 % Abschlag vom Warenwert |
>
> Bei Anlieferung durch eine von uns beauftragte Spedition berechnen wir pro Stück 3,10 € netto Transportkosten. Die Lieferzeit beträgt vier Wochen.
>
> Eine Rechnungsbegleichung erbitten wir innerhalb von 30 Tagen ab Rechnungsdatum oder innerhalb von 14 Tagen mit 3 % Skonto vom Warenwert.

Arbeitsaufträge

1 a) Berechnen Sie den Bezugs-/Einstandspreis für die benötigten 90 Bürosessel.

b) Berechnen Sie, ob sich die Skontoausnutzung lohnt, wenn dazu ein Kredit zu 13 % aufgenommen werden muss.

c) Berechnen Sie, ab welcher Menge sich die Bestellung von 101 Bürosesseln empfiehlt.

d) Erläutern Sie andere Aspekte, die bei der Wahl dieses Anbieters eine Rolle gespielt haben könnten.

e) Begründen Sie, ob nach Auftragserteilung eine Auftragsbestätigung notwendig ist.

2 Die Weberei AG liefert Stein am 10. April Cordstoff im Wert von 45 000,00 € netto auf Ziel, zahlbar innerhalb von 30 Tagen.

a) Geben Sie an, wie Stein diesen Einkauf bucht.

b) Bei der sofortigen Überprüfung der Lieferung stellt ein Mitarbeiter fest, dass ein Teil des Stoffes die falsche Farbe aufweist.
Nennen Sie zwei Rechte, die Stein nun in Anspruch nehmen könnte.

c) Erläutern Sie, unter welchen Bedingungen Stein diese Rechte jeweils beanspruchen sollte.

3 Vor drei Monaten lieferte Stein 200 Stück Kinderanoraks im Gesamtnettowert von 12 000,00 € auf Ziel an einen guten Kunden in Bonn, die Kinderboutique „Kiddies".

a) Geben Sie an, wie Stein diesen Verkauf bucht.

b) Vorige Woche beanstandete die Boutique, dass 13 Anoraks Webfehler aufwiesen.

Erläutern Sie die rechtliche Situation und wie sich Stein unter betriebswirtschaftlichen Gesichtspunkten verhalten soll.

4 Mit Schreiben vom 25. September hat Stein per Post ein Angebot der Max Wolf OHG, 47850 Duisburg, erhalten, in dem es um die neuen Stoffe für die Sommerkollektion geht. Da die Abteilungsleiterin bis Ende Oktober in Urlaub ist, rät ein Mitarbeiter, der das Angebot am 28. September gelesen hat, mit einer möglichen Bestellung zu warten, bis die Abteilungsleiterin wieder da sei. Nehmen Sie dazu Stellung.

5 Stein bestellt am 05.11. bei Paulus & Co. KG 100 000 Stück Reißverschlüsse, lieferbar bis Ende November. Am 04.12. ist die Lieferung noch nicht eingetroffen.
a) Begründen Sie, ob sich die Paulus & Co. KG im Verzug befindet.
b) Begründen Sie, ob Stein nun diese Lieferung sofort ablehnen kann.
c) Überprüfen Sie, was Stein veranlassen könnte, dieses Recht in Anspruch zu nehmen.

6 Für ihren Stand auf der internationalen Kindermodemesse „Inter-Kid“ in München vom 1. bis 6. März hat Stein bei der Modellbau AG in Neuss 25 Schaufensterpuppen mit dem ausdrücklichen Hinweis „lieferbar am 25. Februar fest“ bestellt. Am 26. Februar, zwei Tage vor Beginn der Modemesse, sind die Schaufensterpuppen immer noch nicht eingetroffen.
a) Erläutern Sie, welche Rechte Stein in Anspruch nehmen kann.
b) Machen Sie einen begründeten Vorschlag, wie sich Stein nun verhalten sollte.
c) Erläutern Sie am Beispiel des vorliegenden Falles das Problem der Schadensermittlung.

7 Die Textilfabrik Eva Stein e. K. ist nicht das einzige Unternehmen der deutschen Textilindustrie, das seine Produktion ins Ausland verlagert hat.
a) Erläutern Sie Gründe, die Stein veranlasst haben könnten, Teile der Produktion ins Ausland zu verlagern. Gehen Sie dabei auch allgemein auf Vor- und Nachteile des Standorts Deutschland ein.
b) Informieren Sie sich umfassend über die Entwicklung der deutschen Textilindustrie in den vergangenen 50 Jahren und präsentieren Sie Ihre Ergebnisse vor der Klasse.

▲ Fallstudie: „Beschaffung von Materialien“

Handlungssituation: Karl Genau gründete in den 70er-Jahren in Süddeutschland eine Möbelfabrik und beschäftigt derzeit rund 100 Mitarbeiter. Im Laufe der Jahre hat sich das Unternehmen spezialisieren müssen, um kostengünstiger produzieren zu können. Heute umfasst das Produktprogramm exklusive Büromöbel in kleinen Serien und Kleinmöbel (Kommoden, Schuhschränke usw.), die in großen Serien, z. B. für Möbelhäuser wie Porta und Airport, hergestellt werden. Im Augenblick stagniert der Absatzmarkt und der harte Wettbewerb auf dem Möbelmarkt zwingt zu ständiger Kosteneinsparung.

Arbeitsaufträge

1 Karl Genau hat seit einigen Jahren das erfolgreiche Bürosystem „Office“ im Programm, das wegen seiner interessanten Verbindung von Holz und Edelstahl bei den Kunden großen Anklang findet. Der Jahresbedarf an Edelstahl VR 19/4 liegt bei 9 600 kg. Der konstante Bezugs-/Einstandspreis ist 9,00 € pro kg. Die Kosten pro Bestellung betragen 150,00 €, der Lagerhaltungskostensatz 16 %.
a) Füllen Sie die folgende Tabelle aus.

Bestellhäufigkeit	Bestellmenge in kg	durchschnittl. Lagerbestand in kg	Bestellkosten in €	Lagerhaltungskosten in €	Gesamtkosten in €
2					
4					
6					
8					
10					

Web

b) Stellen Sie anhand der Zahlen den Kostenkonflikt grafisch dar und erläutern Sie den Konflikt.
c) Leiten Sie anhand des Beispiels eine Formel für die optimale Bestellmenge ab.
d) Erläutern Sie Gründe, warum die betriebliche Praxis u. U. von der optimalen Bestellmenge abweicht.
e) Beschreiben Sie, wie ein Lagerhaltungskostensatz ermittelt wird.
f) Der Lieferant erhöht den Bezugs-/Einstandspreis für VR 19/4 Edelstahl um 20 %. Begründen Sie, welchen Einfluss das auf die optimale Bestellmenge hat.

2 Karl Genau verarbeitet pro Werktag rund 150 qm Buchen-Bretter. Der eiserne Bestand reicht für eine Woche (= 5 Werktage). Die Lieferzeit beträgt fünf Werktage. Es werden bei jeder Bestellung 1650 m^2 geliefert, da diese Menge als optimale Bestellmenge ermittelt wurde.

a) Ermitteln Sie den eisernen Bestand, den Meldebestand und den Höchstbestand.

b) Erläutern Sie, warum ein eiserner Bestand gehalten wird.

c) Stellen Sie dar, welche Konsequenzen es für Karl Genau hätte, wenn sich die Lieferzeit des Zulieferer grundsätzlich auf drei Werktage verkürzen würde.

3 Die verschiedenen Holzarten für die einzelnen Möbelserien werden nach der Anlieferung zunächst gelagert. Laut einer Veröffentlichung des Bundesverbandes der deutschen Möbelindustrie liegt die durchschnittliche Lagerdauer der Branche für Rohstoffe bei 20 Tagen. Für die Lagerhaltung der Nussbaum-Bretter (Nettopreis pro m^2: 60,00 €) liegen für das erste Halbjahr dieses Jahres folgende Zahlen vor (Angaben in m^2):

Datum	Eingang	Ausgang	Bestand
01.01.			500
15.01.		200	
15.02.		200	
18.02.	800		
22.02.		150	
28.03.		250	
15.04.	500		
18.04.		150	
04.05.		50	
11.05.	350		
15.06.		50	
19.06.		150	
21.06.	400		
30.06.		350	

Beurteilen Sie die vorliegende Situation mithilfe entsprechender Lagerkennziffern und stellen Sie mögliche Konsequenzen und deren Auswirkungen dar.

4 Bettina, die jüngste Tochter von Karl Genau, hat voriges Jahr ihr BWL-Studium an der Universität Köln erfolgreich beendet und arbeitet bereits im väterlichen Unternehmen mit. Sie hat schon mehrfach vorgeschlagen, auf Just-in-time-Belieferung umzustellen und ökologische Aspekte stärker zu berücksichtigen.

a) Erläutern Sie, welche Konsequenzen eine Umstellung auf „Just-in-time" hat.

b) Stellen Sie dar, welche Folge „Just-in-time" für die Buchhaltung hat.

c) Begründen Sie, ob „Just-in-time" für die Möbelfabrik Karl Genau geeignet ist.

d) Erläutern Sie die ökologischen Auswirkungen einer Just-in-time-Belieferung.

e) Stellen Sie an konkreten Beispielen dar, wie sich die Kreislaufstrategie in der Möbelfabrik Karl Genau umsetzen lässt.

5 Bettina Genau hat auch vorgeschlagen, verstärkt mit ABC-Analysen zu arbeiten. Soeben hat sie die Großserienfertigung von Schuhschränken näher untersucht. Es liegen folgende Zahlen vor:

Material (Artikel Nr.)	Wert (€)	Anteil %	Kumuliert
1	835 000,00	24,3	24,3
2	671 600,00	19,6	43,9
3	586 400,00	17,1	61,0
4	490 000,00	14,3	75,3
5	289 000,00	8,4	83,7
6	210 000,00	6,1	89,8
7	166 900,00	4,9	94,7
8	80 000,00	2,3	97,0
9	52 800,00	1,5	98,5
10	50 000,00	1,5	100,0

Erläutern Sie diese ABC-Analyse und die Konsequenzen für Karl Genau.

12.1

Kursthema: Prozess der Leistungserstellung und Kosten- und Leistungsrechnung

1 Planung des Produktionsprozesses
2 Menschliche Arbeit im Produktionsprozess
3 Produktionscontrolling
4 Aktuelle Veränderungen des Produktionsprozesses
5 Industrielle Kosten- und Leistungsrechnung als Vollkostenrechnung
6 Kosten- und Leistungsrechnung als Teilkostenrechnung

1 Planung des Produktionsprozesses

1.1 Produktion als Kernprozess eines Industrieunternehmens

1.1.1 Kernaufgaben und fertigungstechnische Grundprozesse

Herr Kempf, zuständig für Konstruktion und Design, bezieht gelegentlich Anregungen und Entwürfe von dem Düsseldorfer Unternehmen Modern Design & Art GmbH. Da bei der Modern Design & Art GmbH keine Fertigung stattfindet, wurden ihre Auszubildenden zu einer Betriebsbesichtigung bei der Bürodesign GmbH eingeladen. Nach der Betriebsbesichtigung findet im Schulungsraum eine gemeinsame Besprechung mit den Auszubildenden der Bürodesign GmbH statt.

Silvia Land, Auszubildende zur Industriekauffrau, bewegt hierbei die Frage, warum die Modern Design & Art GmbH nur Bürokaufleute ausbildet und keine Industriekaufleute. Während der Besprechung muss sie gleichzeitig feststellen, dass ihr Butterbrot angeschimmelt ist.

„Na ja", meint sie, „kein Wunder, sicherlich stammt das Brot von einer Brotfabrik und wurde von meiner Mutter im Supermarkt gekauft." Ihre Freundin Renan Ötzürk widerspricht: „Ob Bäcker oder Brotfabrik, beide müssen die gleichen Verfahren wie Mischen, Kneten, Rühren, Gären und Erhitzen anwenden. Die Qualität hängt doch lediglich davon ab, welche Zutaten sie verwenden und wie gut oder schlecht die Verfahren durchgeführt werden."

- Stellen Sie fest, worin sich grundsätzlich ein Industrieunternehmen von einem Dienstleistungsunternehmen unterscheidet.
- Erläutern Sie den Unterschied zwischen einem Handwerksbetrieb und einem Industrieunternehmen.
- Beschreiben Sie die einzelnen Wirtschaftsbereiche, in denen Industrieunternehmen tätig sind.
- Erklären Sie den Unterschied zwischen Investitionsgütern und Konsumgütern.
- Überprüfen Sie, ob Silvia oder Renan Recht hat.
- Nehmen Sie eine Einteilung von einzelnen Verfahren unter naturwissenschaftlichen Gesichtspunkten vor.

Die **Erstellung von Leistungen** kann sowohl die Bereitstellung von Sachgütern wie die Durchführung von Dienstleistungen oder den Erwerb von Rechten umfassen. In allen Fällen wird ein bestimmtes Input wie Arbeitskräfte, Werkzeuge, Material, Maschinen oder die verfügbare Informationskapazität eingesetzt, um ein bestimmtes Sachziel oder Output zu erreichen. Es wird etwas erbracht bzw. **produziert**.

Überwiegt bei der Wertschöpfung ein Output, das keinen bestimmten Stoffgehalt aufweist, d.h., handelt es sich um immaterielle Güter, und findet kein technischer Umformungsprozess statt, so spricht man im weitesten Sinne von **Dienstleistungsunternehmen**.

Hierzu zählen Banken, Versicherungen, Werbeagenturen, Leasingunternehmen, Unternehmensberatungen, Anlagenplanung, Versandträger und viele andere Unternehmen.

In der Literatur unterscheidet man deshalb die Begriffe Produktion und Fertigung. Im engeren Sinne versteht man unter **Fertigung** die Herstellung von Sachgütern. Sie bildet die **Kernaufgabe** von Industrieunternehmen.

Input Produktionsmittel → Throughput Transformation → Output Produkte

Der Schwerpunkt liegt in dem Transformationsprozess, d.h., durch technische Umformung wird aus etwas Vorhandenem etwas Andersartiges geschaffen. Diese Aufgabe teilt die Industrieunternehmung mit dem **Handwerk**. Die Unterschiede können sich auf die Betriebsgröße, den Betriebsmitteleinsatz, die angewandten Verfahren oder die Ausbringungsmenge beziehen. Allerdings fallen auch in einem Industrieunternehmen viele innerbetriebliche Dienstleistungen an wie der Entwurf und die Entwicklung von Produkten, Transport und Lagerung zwischen Arbeitsplatz und Arbeitsplatz, Verpackung und Versand von Produkten.

Kernaufgaben einer Industrieunternehmung

Gewinnung von Urprodukten oder Grundstoffen:

Urprodukte wie Wasser, Holz, Kohle, Erdöl oder Kies werden von den Unternehmen der Natur entnommen. Nicht immer können diese Unternehmen als Industriebetriebe bezeichnet werden, vor allem wenn keine weitere Bearbeitung vorgenommen wird. Dies wird jedoch in den meisten Fällen der Fall sein, wenn diese Urprodukte in ihrem Urzustand nicht verwendungsfähig sind, sondern gereinigt, zerkleinert oder gesiebt werden müssen. Vielfach werden Urprodukte zu Grundstoffen verarbeitet. So entsteht durch den Einsatz von Kohle und Erzen Eisen, aus Bauxit wird Aluminium hergestellt.

Beispiele Holz dient als Werkstoff für Furniere. Das kanadische Unternehmen Halifax Ltd. liefert nach dem Abholzen abgelagerte Esche- und Birkenstämme an die Furnierwerke GmbH in Grevenbroich, einen Zulieferer der Bürodesign GmbH.
Ohne Chips läuft kein Computer, kein Handy, kein Fernseher. Grundstoff für die elektronischen Schaltkreise ist das chemische Element Silizium. Quarzsand besteht zu 46 % aus Silizium. Durch ein mehrstufiges Reinigungsverfahren erhält man Rohsilizium mit einem Reinigungsgrad von 99 %.

Aufbereitung von Urprodukten und Grundstoffen zu Zwischenerzeugnissen:

Grundstoffe werden zu einem Zwischenprodukt für einen bestimmten Verwendungsbereich aufbereitet. Walzwerke fertigen aus Rohstahl Bleche für die Automobilindustrie.

Zementwerke liefern Zement an die Bauindustrie. Auf der Basis von Silizium bauen Chiphersteller Chips und Prozessoren für die Elektronikindustrie.

Beispiele Die Furnierwerke GmbH fertigt aus den Esche- und Birkenstämmen Furniere für die Möbelindustrie. Hochreines, kristallines Silizium dient bei der Herstellung von Chips als Träger (Wafer) für Schaltkreise und Schaltelemente. Schicht für Schicht werden je nach gewünschter Verwendung die notwendigen Strukturen aufgebracht.

Verarbeitung von Materialien zu Endprodukten:

VWL

Zwischenprodukte werden so umgestaltet oder eingesetzt, dass ein verwendungsfähiges Endprodukt entsteht. Diese Endprodukte können Investitionsgüter oder Konsumgüter beinhalten. **Investitionsgüter** dienen der Produktion in anderen Wirtschaftsbereichen wie Maschinen, Werkzeuge oder Transportanlagen. **Konsumgüter** sind zur Verwendung in privaten Haushalten bestimmt wie Lebensmittel, Bekleidung, Möbel oder Automobile.

Beispiele Furniere aus Esche und Birke werden von der Bürodesign GmbH bei der Oberflächengestaltung von Schreibtischen eingesetzt. Diese Schreibtische sind vornehmlich für die Büroeinrichtung in anderen Wirtschaftsbereichen gedacht und stellen somit Investitionsgüter dar.
Dient ein Chip als Bauelement im Smartphone oder im elektronischen Portmonee und werden diese privat genutzt, so gelten sie als Konsumgüter.

Nicht der Wert, das Material oder der Konstruktionsaufbau, sondern die Verwendung entscheidet somit über die Frage, ob ein Investitionsgut oder ein Konsumgut vorliegt.

Beispiel Strom für die Backstube des Bäckers (= Investitionsgut) oder Strom für einen privaten Haushalt (= Konsumgut)

Fertigungstechnische Grundprozesse

Biologische Verfahren:

Biologische Verfahren finden in erster Linie Anwendung bei der Herstellung von Lebensmitteln, manchmal auch bei der Herstellung von Medikamenten. Man schafft die notwendigen äußeren Bedingungen und dann erfolgt die Transformation über natürliche Stoffwechselprozesse.

Beispiel Erhitzt man die Biermaische auf 70 °C, so werden die vorhandenen Enzyme aktiv und bewirken die Umwandlung von Stärke in Zucker. Durch den Zusatz von Hefe entsteht aus Zucker Alkohol.

Der Vorteil biologischer Verfahren liegt vor allem in den meist geringen Gefahren für Gesundheit und Umwelt. Auch der Energieeinsatz ist in der Regel gering.

Beispiel Natürliche Konservierung kann durch Zuckern, Salzen, Trocknen, Gefrieren, Erhitzen, Räuchern oder den Zusatz von Alkohol erfolgen. Leider hat jedoch der Einsatz von synthetischen Konservierungsstoffen immer mehr zugenommen. Beliebt ist zum Beispiel die Verwendung von Benzoesäure. Es besteht keine Abbaumöglichkeit für diese Substanz im normalen Zellstoffwechsel. Benzoesäure muss über die Leber entgiftet werden.

Die Nachteile biologischer Verfahren bestehen häufig in dem hohen zeitlichen Aufwand und in der Begrenzung erzielbarer Eigenschaften. Viele natürliche Stoffwechselprozesse sind, vor allem wenn der Einsatz von Bakterien erfolgt, nur beschränkt beeinflussbar.

Beispiel Während die Gerbung von Rohhäuten mit synthetischen Mitteln nur Stunden dauert, erfordert die Gerbung mit vegetabilen (pflanzlichen) Mitteln unter Umständen Tage und Monate (als Grubengerbung). Vegetabil gegerbtes Leder ist gleichzeitig sehr lichtempfindlich und dunkelt unter Sonneneinwirkung nach. Im Unterschied zu Zuckern und Salzen beeinflusst Benzoesäure als Konservierungsmittel nicht den Geschmack von Lebensmitteln.

Eine strittige Rolle spielt in unserer Zeit der Einsatz von Gentechniken bei der Produktion von Nutzpflanzen und in der Massentierhaltung. Die Befürworter loben die höhere Widerstandsfähigkeit der Pflanzen gegenüber Schädlingen. Auch sollen beachtliche Erfolge bei der Züchtung und Krankheitsbekämpfung erzielt worden sein. Die Ernteerträge lassen sich somit erheblich steigern.

Die Kritiker bemängeln fehlende Erfahrungen bezogen auf die Auswirkungen für die übrige Umwelt und die menschliche Gesundheit.

Bionik:

Nicht zu verwechseln mit den biologischen Verfahren ist die Bionik (Biologie + Technik). Die Bionik erforscht Verfahren und Konstruktionsformen der Natur. Fliegen wie ein Vogel, Bauen wie die Insekten, Schwimmen wie ein Delfin, Reinigen wie eine Lotuspflanze beinhalten Beispiele für die Ansatzpunkte der Bionik. Die Devise lautet „Lernen von der Natur“. Mehrere Universitäten, z. B. Bremen und Bocholt, haben die Bedeutung der Bionik erkannt und in den letzten Jahren hierfür Master-Studiengänge eingerichtet.

Chemische Verfahren:

Bei den chemischen Verfahren wird eine Reaktion geschaffen, die dazu führt, dass Einsatzstoffe

- entweder in ihre Elemente zerlegt werden
- oder mehrere chemische Elemente zu einer chemischen Verbindung vereinigt werden.

Beispiel Setzt man Chlorkalk dem Kontakt mit Wasser aus, so wird das gasförmige Chlor frei, dessen stark desinfizierende Wirkung zur Entkeimung von Trinkwasser oder zur Reinigung von Sanitärobjekten genutzt werden kann.

Bei der **chemisch-analytischen** Fertigung handelt es sich um eine **Kuppelproduktion**, da durch den Spaltungsvorgang zumindest zwei Stoffe freigesetzt werden.

Beispiel Bei der Hydrierung von Rohöl fallen als Ausgangsstoffe Schweröl, Heizöl (Diesel), Benzin und Flüssiggas an.

Bei der **chemisch-synthetischen** Produktion werden zwei oder mehrere Einsatzstoffe zu einem neuen Ausgangsstoff verbunden. Der Ausgangsstoff muss eine stabile Verbindung darstellen, damit seine Verwendung möglich ist. Auf diese Weise wurden im vergangenen Jahrhundert Kunststoffe und Kunstfasern entwickelt. Grundstoffe für synthetische Fasern sind z. B. Kohle, Erdöl, Kalk und Wasser.

Physikalische Verfahren:

Einen großen Anteil an der Stoffumformung haben physikalische Verfahren. Hierbei werden Naturgesetze wie Schwerkraft, Zentrifugalkraft oder unterschiedliche spezifische Gewichte einzelner Stoffe dazu benutzt, eine Stoffumwandlung zu erreichen. Im Einzelnen unterscheidet man:

- **Mechanische Verfahren:** Stoffe werden durch Sägen, Schneiden, Stanzen, Zerspanen oder Fräsen voneinander getrennt oder in eine bestimmte Form gebracht. Umgekehrt können verschiedene Materialien durch Druck und Rühren miteinander verbunden werden.

  Beispiel Bei der Bürodesign GmbH werden die Aluprofile für die Tisch- und Stuhlgestelle mechanisch auf Länge geschnitten und gebogen. Die Polsterteile werden ausgestanzt und mithilfe von Steppmaschinen vernäht. Die Furniere werden unter Druck auf die Spanplatten gepresst und ergeben dann einbaufertige Tischplatten, die mit dem Gestell verschraubt werden.

- **Kalorische Verfahren:** Kalorische Verfahren nutzen Gesetzmäßigkeiten der Wärmelehre. Die Bearbeitung von Stoffen erfolgt in der Regel durch Erhitzen oder Kühlen. Vielfach wird hierbei der Aggregatzustand verändert. Feste Stoffe werden durch Erhitzen zu flüssigen Stoffen, flüssige Stoffe werden durch Gefrieren zu festen Stoffen. Zu den kalorischen Verfahren zählen Schmelzen, Verdampfen, Kondensieren oder Kristallisieren. Vielfach ist die Veränderung des Aggregatzustandes nur eine Zwischenstufe, um den Bearbeitungsprozess zu erleichtern.

  Beispiel Bei der Bürodesign GmbH werden Granulate in einer Extrusionsanlage erhitzt und über eine Form zu Sitzschalen für Staplerstühle geformt. In gleicher Weise werden die Schutzverkleidungen für das Fußkreuz aus PVC-Granulaten gespritzt.

Häufig stehen kalorische Verfahren in Konkurrenz zu mechanischen Verfahren. Der Vorteil kalorischer Verfahren besteht in der Regel in der Material- und Zeitersparnis. Der Stoffeinsatz entspricht dem Stoffanteil beim Output, während bei mechanischen Verfahren oft ein erheblicher Verschnitt anfallen kann. Nachteilig ist bei kalorischen Verfahren in vielen Fällen der hohe Energieaufwand.

- **Elektrotechnische Verfahren:** Heute spielt die Elektrizität bei fast allen Verfahren eine entscheidende Rolle. Seit der Entwicklung des Generators durch Werner von Siemens ist es möglich, mechanisch-rotatorische Energie in elektrische Energie umzuwandeln. Elektrische Energie wird wiederum als Antrieb benutzt, um Rotationsbewegungen bei Maschinen und Fahrzeugen durchzuführen, d. h., um mechanische Verfahren zu nutzen.

Beispiel Die Bürodesign GmbH verwendet ausschließlich Gabelstapler mit einem elektrischen Antrieb für den innerbetrieblichen Transport. Zum Schutz für Mensch und Umwelt wurde bewusst auf Fahrzeuge mit einem Dieselantrieb verzichtet.

Elektrische Energie dient auch bei der Anwendung kalorischer Verfahren, indem Schmelzprozesse vielfach nicht mit festen, flüssigen oder gasförmigen Brennstoffen, sondern mithilfe der Elektrizität durchgeführt werden. Nicht nur bei der Energiegewinnung und Antriebstechnik, sondern auch im Bereich der Informations- und Kommunikationstechnik ist die Anwendung elektrotechnischer Verfahren nicht mehr wegzudenken. Elektrische Impulse eines Senders vermitteln schnell, umfangreich und verlustarm analog oder digital Informationen an einen oder mehrere Empfänger.

Durch die Entwicklung in der Mikroelektronik wie die Herstellung leistungsfähiger Prozessoren und die Verbesserung von Mess- und Sensortechniken ist es heute möglich, komplexe Arbeitsabläufe zu automatisieren. Die Arbeitsabläufe werden durch die Maschine selbsttätig gesteuert, durchgeführt, kontrolliert und korrigiert.

Beispiel Die Bürodesign GmbH verfügt über eine vollautomatische Lackieranlage. Sensoren erfassen die Umrisse des jeweiligen Lackiergutes und helfen bei der Vermeidung von Farbverlusten. Prozessoren steuern den Spritzauftrag und sorgen für eine gleichmäßige Deckschicht. Digitale Temperaturmesser informieren über die Umgebungstemperatur der Anlage und ermöglichen ihre optimale Einstellung.

Kernaufgaben und fertigungstechnische Grundprozesse

Kernaufgabe der Industrieunternehmung ist die Bereitstellung von Sachgütern durch

Gewinnung aus der Natur (z.B. Bauxit) → Veredelung zu Werkstoffen (z.B. Aluminium/Alu-Profile) → Verarbeitung zu Endprodukten (z. B. Tisch- und Stuhlgestelle)

als Investitionsgüter für Unternehmen

als Konsumgüter für die Haushalte

Hierbei verwendet man:

Biologische Verfahren
Man lässt die Natur wirken.

z.B. Biogas
(durch den Einsatz von Bakterien)

Chemische Verfahren
Man veranlasst Reaktionen, die trennen oder verbinden.

z.B. Flüssiggas
(durch Hydrierung von Erdöl)

Physikalische Verfahren
Man nutzt anwendbare Naturgesetze bei der Fertigung.

z.B. Erdgas
(als Ergebnis von Bohrungen und Druck)

1 Brot ist ein Grundnahrungsmittel in unserer Gesellschaft.
a) Ermitteln Sie im Einzelnen den Input für verschiedene Brotsorten.
b) Stellen Sie fest, welche Verfahren angewandt werden, und nehmen Sie eine Klassifizierung vor.
c) Beschreiben Sie die Unterschiede zwischen einer Bäckerei und einer Brotfabrik.

2 Durch die Fortschritte in der Automatisierung verfügt heute fast jeder Supermarkt über einen Backautomaten.
Teilweise wird diese Entwicklung begrüßt, aber auch bedauert.
a) Klären Sie die technischen Voraussetzungen für die Entwicklung vom holzgefeuerten Steinofen zum Backautomaten.
b) Stellen Sie fest, worin die Vorteile, aber auch die Nachteile dieser Entwicklung bestehen.

3 Die Begriffe „analog“ und „digital“ tauchen häufig bei der Beschreibung von elektrotechnischen Produkten auf.
Erklären Sie den Unterschied mithilfe eines selbst gewählten Beispiels.

4 Die Bürodesign GmbH ist wie viele andere Unternehmen einem erheblichen Konkurrenzdruck ausgesetzt. Die Geschäftsleitung erwägt daher die Anschaffung einer Anlage, die automatisch Aluprofile auf die notwendige Länge zuschneidet und in die gewünschte Form biegt. Hierdurch könnte der Einsatzbedarf von Arbeitskräften reduziert werden, weil die Abläufe Zuschneiden, Transport, Lagern und Biegen durch einen einzigen Prozess ersetzt werden.
Nehmen Sie mithilfe der unten stehenden Daten einen Kostenvergleich vor

	bisherige mechanische Fertigung	**geplante automatisierte Fertigung**
Jährlicher Kapazitätsbedarf	1 600 Betriebsstunden	1 600 Betriebsstunden
Anschaffungskosten	80 000,00 €	140 000,00 €
Jährliche Wartung und Energie	6 000,00 €	9 600,00 €
Jährliche kalkulatorische Zinsen	4 %	4 %
Nutzungsdauer	10 Jahre	10 Jahre
Abschreibung	linear	linear

Personalbedarf	3 Mitarbeiter	2 Mitarbeiter
Mtl. Lohn je Mitarbeiter	3 200,00 €	3 200,00 €
Lohnzusatzkosten	75 %	75 %

1.1.2 Produktion als Faktorkombination

„Ich bin seit 30 Jahren in der Gewerkschaft!", verkündet Heinz Müller, Abteilungsleiter Produktion bei der Bürodesign GmbH, stolz und wendet sich an Silvia Land, „früher, da ging's noch rund: „Alle Räder stehen still, wenn mein starker Arm es will!", reimt er. „Starker Spruch", entgegnet Silvia, „und was soll das?" „Das bedeutet, dass ohne uns nichts lief. Wenn der Arbeiter gestreikt hat, stand die ganze Produktion still; nichts ging mehr. Die Chefs waren dann ganz schön nervös." „Ja", sagt Silvia, „das kann ich mir gut vorstellen. Damals ging das bestimmt einfach." „Heute auch", erwidert Herr Müller, „um etwas herzustellen, braucht man immer drei Dinge: Material, Maschinen und uns, die Arbeiter. Wenn eines fehlt, zum Beispiel die Arbeitskraft ..." „Dann wird sie durch Maschinen ersetzt", ergänzt Silvia.

- Erläutern Sie das Problem des Ersatzes menschlicher Arbeitskraft durch Maschinen.

▲ Die betrieblichen Produktionsfaktoren (Input und Output)

Die betriebliche Leistungserstellung ist nur möglich, wenn menschliche **Arbeitskraft (Arbeit), Maschinen (Betriebsmittel)** und **Materialien (Werkstoffe)** zielgerichtet miteinander kombiniert werden.

Beispiel In der Bürodesign GmbH wird ein Büroschrank in Sonderanfertigung produziert. Hierzu holt sich der Schreiner zunächst das entsprechende **Material (= Werkstoffe)** aus dem Lager. Laut Stückliste gehören dazu: zwei Tischlerplatten, aus denen die beiden Seitenteile, die Rückwand, Ober- und Unterteil des Schrankes, aber auch die Regalböden und die Türen entstehen, sowie Scharniere, Schrauben und Türgriffe. Dann benötigt der Schreiner noch bestimmte **Maschinen (= Betriebsmittel)**, die ihm seine Arbeit erleichtern. Eine Bandsäge, eine Hobelmaschine, ein Akkuschrauber und eine Bohrmaschine gehören dazu. Nachdem alles bereitsteht, fängt er an, die notwendigen Arbeitsschritte nacheinander **auszuführen**. Die Reihenfolge der einzelnen Arbeiten ist von der Produktionsleitung in einem Arbeitsplan genau festgelegt worden, ebenso, wann er welche Maschine einsetzen muss. Auch die Produktionszeit von zwei Stunden je Schrank wurde von der **Produktionsleitung (= dispositiver Faktor)** ermittelt und festgesetzt.

Das Einsatzverhältnis von ausführender Arbeit, Betriebsmitteln und Material ist in einem ganz bestimmten Verhältnis zueinander festzulegen. So stehen die Anzahl und die Art der einzusetzenden Maschinen, die Menge und Qualität des benötigten Materials sowie die Art und Reihenfolge der auszuführenden Arbeiten fest. Die Planung, Steuerung und Kontrolle dieser Kombination erfolgen durch die Geschäftsleitung. Daher wird ihre Arbeit auch als **dispositiver Produktionsfaktor** (= Verfügen, Anordnen und Planen) bezeichnet. Zu dem dispositiven Faktor zählt das notwendige Wissen, das häufig als ein eigenständiger Faktor betrachtet wird.

Die **Menge der Produktionsfaktoren**, die bei einer Produktion eingesetzt werden, wird **Input** (= Einsatz, Verbrauch) genannt.

Das **Ergebnis des Einsatzes** der Produktionsfaktoren ist die Menge der produzierten Güter. Sie wird als Ausbringungsmenge oder **Output** (= Mengen, Ausstoß) bezeichnet.

Durch Verkauf der erzeugten Güter oder Dienstleistungen entstehen **Umsatzerlöse**, die dem Betrieb liquide Mittel zuführen. Diese werden benötigt, um weiter produzieren zu können.

Dispositiver Faktor

plant, steuert und kontrolliert die Kombination der Produktionsfaktoren

Betriebsmittel

- Grundstücke und Gebäude
- Maschinen und technische Anlagen
- Betriebs- und Geschäftsausstattung

Arbeit (ausführende Arbeit)

- eigenes Personal
- Dienstleister

Werkstoffe

- Roh-, Hilfs- und Betriebsstoffe
- bezogene Fremdteile

Die Ausbringungsmenge hängt von den Mengen der eingesetzten Produktionsfaktoren ab. Je mehr Faktormengen der einzelnen **Faktoren** (= $r_1, r_2 \dots r_n$) eingesetzt werden, desto höher ist die **Ausbringungsmenge** (m). Zwischen dem Output und dem Input besteht ein funktionaler Zusammenhang, der sich mathematisch mit der Formel

$$m = f(r_1, r_2, \dots r_n)$$

darstellen lässt. Eine solche Funktion heißt **Produktionsfunktion**.

Beispiel Für die Herstellung einer Stellwand „Integra“ werden im Wesentlichen folgende Faktoreinsatzmengen benötigt: Material 3 qm Tischlerplatte (r_1), Betriebsmittel 2 Std. Nutzungsdauer (r_2) und Arbeit 2 Std. (r_3). Mathematisch ausgedrückt heißt dies:

$$m = (r_1, r_2, r_3) \qquad I = (3\text{ qm}, 2\text{ Std.}, 2\text{ Std.})$$

Sollen 25 Stellwände produziert werden, müssen jetzt 75 qm Tischlerplatten eingesetzt, die Maschinen 50 Std. genutzt und 50 Arbeitsstunden aufgewendet werden. Somit ergibt sich:

$$m = (r_1, r_2, r_3) \qquad 25 = (75\text{ qm}, 50\text{ Std.}, 50\text{ Std.})$$

▲ Kombination der betrieblichen Produktionsfaktoren

Die Ausbringungsmenge sagt lediglich etwas über die hergestellten Stückzahlen aus; die Geschäftsleitung interessiert sich jedoch vorrangig für die **Kosten der Produktion**. Diese ergeben sich, wenn man die Mengen der eingesetzten Produktionsfaktoren mit ihren Preisen bewertet.

Beispiel Produktionskosten für die Container-Serie „Volumen“

Kosten	Menge	Einzelpreis in €	Kosten in €	%-Anteil
Kosten des Faktors Material:				
– Spanplatte	5 m²	12,50	62,50	
– Scharniere	4 Stück	1,25	5,00	
– Schloss	1 Stück	8,50	8,50	
– Handgriffe	2 Stück	2,50	5,00	
– Kleinteile	1 Stück	4,00	4,00	
insgesamt			85,00	34,0
Kosten des Faktors Betriebsmittel:				
– Pendelkreissäge	0,25	8,00	2,00	
– Hobelbank	2	6,50	13,00	
insgesamt			15,00	6,0
Kosten des Faktors Arbeit:				
– Facharbeiter	2	75,00	150,00	60,0
Kosten der Produktion für einen Schrank:			**250,00**	**100,0**

Web

Aus den Produktionskosten lassen sich die **Kostenanteile** der einzelnen Produktionsfaktoren an den **Gesamtkosten** ermitteln.

Beispiel Die Kosten des Faktors Arbeit betragen 60 % an den Gesamtkosten. Hierdurch wird deutlich, dass der Verkaufspreis der Container-Serie „Volumen" wesentlich von dem Preis für den Produktionsfaktor Arbeit abhängt. Wenn sich durch Tarifverhandlungen Lohnerhöhungen von 5 % ergeben, hat dies zur Folge, dass sich die Kosten der Produktion um 3 % erhöhen.

Kostenanteile für die Container-Serie „Volumen"

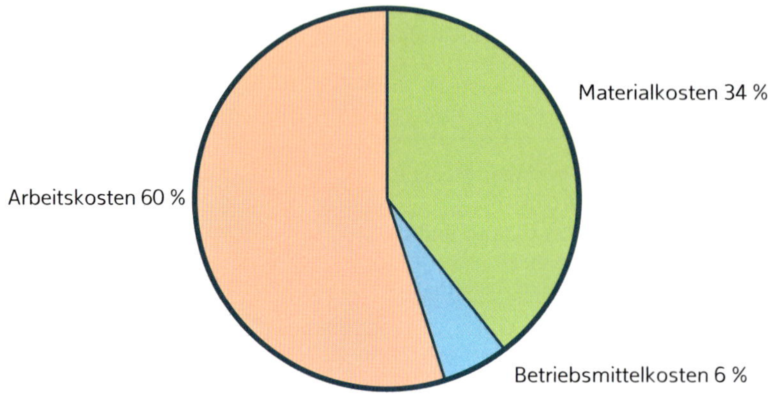

Jeder Betrieb wird bestrebt sein, die einzelnen Faktoren so zu kombinieren, dass sich die vorgegebene Produktionsmenge mit den geringsten Kosten erzielen lässt.

▲ Substitutionale Produktionsfaktoren:

Die Möglichkeit einer Faktorkombination zu geringstmöglichen Kosten hängt davon ab, inwieweit sich die einzelnen Produktionsfaktoren gegenseitig ersetzen (= substituieren) lassen.

Lässt sich ein Produktionsfaktor durch einen anderen austauschen, so handelt es sich um substitutionale Produktionsfaktoren.

Beispiel Die geplante Produktionsmenge von 200 Konferenzstühlen „Konzentra" lässt sich aufgrund von Kostenanalysen in der Produktion durch alle unten dargestellten Kombinationen zwischen Arbeit (in Mengeneinheiten) und Betriebsmittel (in Form von Maschinen) erzielen. Dabei wird unterstellt, dass Betriebsmittel und Arbeit beliebig teilbar und austauschbar sind. Es werden lediglich die Mengenstrukturen verglichen, die Kosten für die jeweilige Menge von Betriebsmitteln und Arbeit, die eingesetzt werden, bleiben zunächst unberücksichtigt.

Die Geschäftsleitung geht bei der Kombination D davon aus, dass bei einem Einsatz von zwei Einheiten Betriebsmittel zwölf Einheiten des Faktors Arbeit erforderlich sind. Der Anteil des Produktionsfaktors Arbeit überwiegt. Kombination A zeigt, dass ein großer Teil der Arbeit von Maschinen erledigt werden kann. Der Einsatz des Faktors Betriebsmittel beträgt zwölf Einheiten. Dadurch geht der menschliche Arbeitseinsatz auf zwei Einheiten zurück.

Kombinationen	Faktoreinsatz in Mengeneinheiten		Ergebnis in Mengeneinheiten
	Betriebsmittel	Arbeit	
A	12	2	200
B	6	4	200
C	4	6	200
D	2	12	200

Substitutionale Produktionsfaktoren

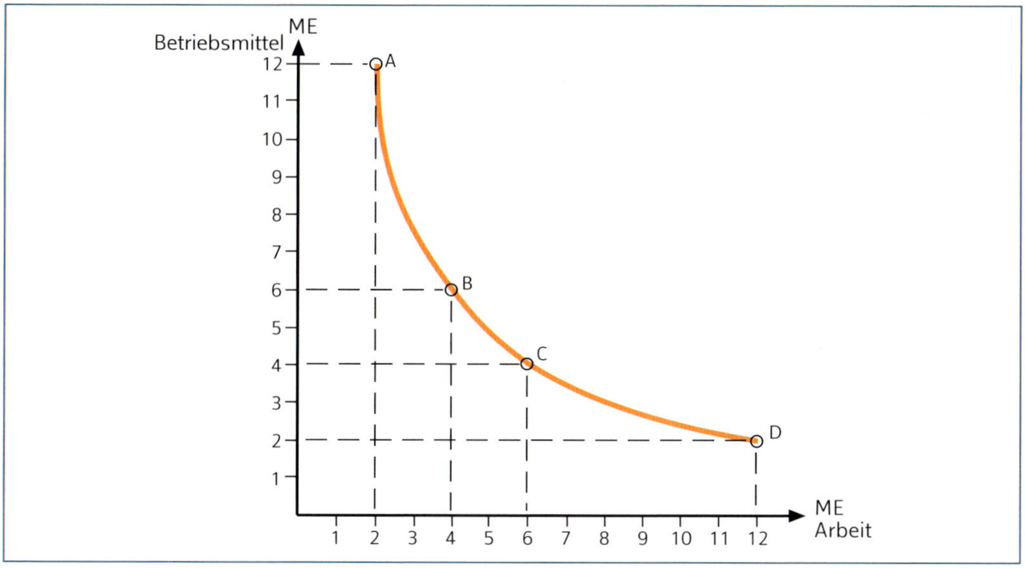

Die einzelnen Punkte A, B, C und D sind miteinander verbunden. Die dadurch entstandene Kurve, die sogenannte Isoquante (= iso – gleich, quantum – Menge), zeigt alle Möglichkeiten der Substitution der Produktionsfaktoren. Dabei ist die Produktion der 200 Stühle nicht nur an den vier Punkten A, B, C und D, sondern an jedem Punkt der Isoquante möglich.

Die Minimalkostenkombination:

Nachdem die technisch möglichen Faktorkombinationen ermittelt wurden, interessiert den Betrieb, welche dieser Kombinationen die günstigste ist.

Beispiel Für das eben gewählte Beispiel des Bürostuhls „Konzentra" ergeben sich folgende Kosten: für den Einsatz einer Einheit des Produktionsfaktors Arbeit 3 000,00 € und für den Einsatz einer Einheit des Produktionsfaktors Betriebsmittel 2 000,00 €. Die Geschäftsführung hat drei verschiedene Kostenansätze für die Produktion der 200 Stühle ermittelt:

Kostenansatz 18 000,00 €				**Kostenansatz 24 000,00 €**				**Kostenansatz 30 000,00 €**			
Betriebsmittel in ME	Arbeit in ME	Betriebsmittel in €	Arbeit in €	Betriebsmittel in ME	Arbeit in ME	Betriebsmittel in €	Arbeit in €	Betriebsmittel in ME	Arbeit in ME	Betriebsmittel in €	Arbeit in €
9	0	18 000,00	0,00	12	0	24 000,00	0,00	15	0	30 000,00	
6	2	12 000,00	6 000,00	9	2	18 000,00	6 000,00	12	2	24 000,00	6 000,00
3	4	6 000,00	12 000,00	6	4	12 000,00	12 000,00	9	4	18 000,00	12 000,00
0	6	0,00	18 000,00	3	6	6 000,00	18 000,00	6	6	12 000,00	18 000,00
				0	8	0,00	24 000,00	3	8	6 000,00	24 000,00
								0	10	0,00	30 000,00

ME = Mengeneinheiten

Um jetzt die wirtschaftlichste Kombination der beiden ausgewählten Produktionsfaktoren zu erhalten, gibt es zwei Lösungsmöglichkeiten: eine grafische und eine rechnerische Lösung.

- Die **grafische Lösung** besteht darin, in das für die substitutionalen Produktionsfaktoren erstellte Koordinatensystem die aus der Tabelle ermittelten Iso-Kostenlinien einzuzeichnen. Diese Iso-Kostenlinien zeigen alle Kombinationsmöglichkeiten mit gleichen Kosten an.

Iso-Kostenlinien

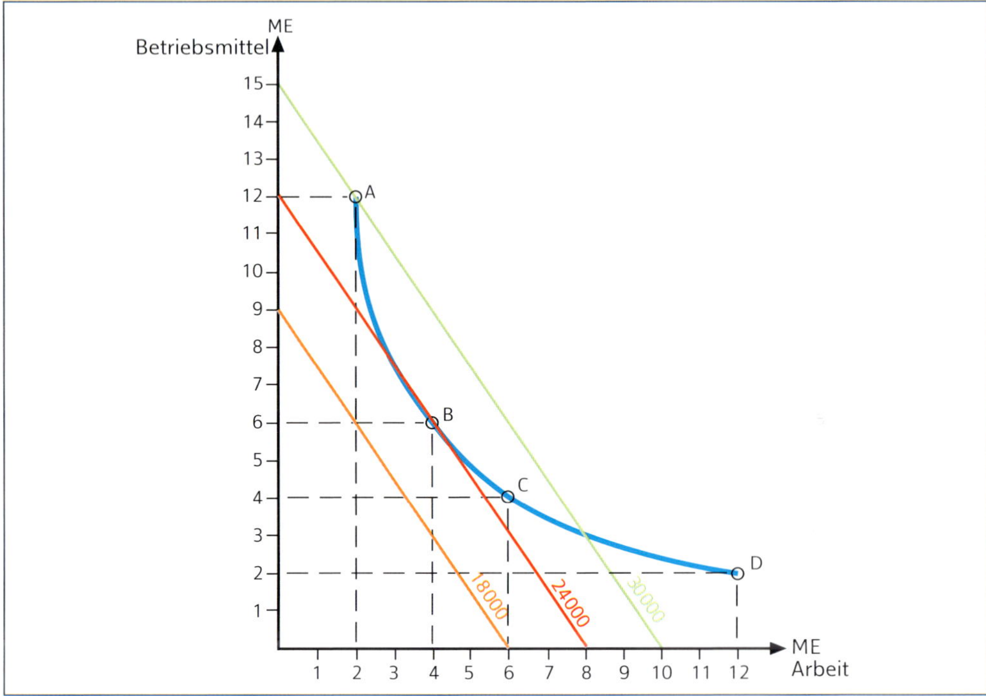

Die mittlere Iso-Kostenlinie zeigt alle denkbaren Kombinationen, die Kosten von 24 000,00 € verursachen.

Dort, wo die **Isokostengerade die Isoquante berührt**, liegt die kostengünstigste Kombination, die **Minimalkostenkombination**.

- Die **rechnerische Lösung** besteht darin, die in der Isoquantendarstellung gefundenen Kombinationen mit den Faktorkosten zu multiplizieren.

Kombination	Betriebsmittel in ME		Preis je Einheit in €		Arbeit in ME		Preis je Einheit in €	Gesamtkosten in €
A	12	•	3 000,00	+	2	•	2 000,00	40 000,00
B	4	•	3 000,00	+	6	•	2 000,00	24 000,00
C	6	•	3 000,00	+	4	•	2 000,00	26 000,00
D	2	•	3 000,00	+	12	•	2 000,00	30 000,00

Als Minimalkostenkombination ergibt sich die Kombinationsmöglichkeit B.

Die Minimalkostenkombination ändert sich immer, wenn sich die Kosten für die entsprechenden Produktionsfaktoren ändern. Dabei wird der Betrieb versuchen, den teurer gewordenen Faktor durch einen preiswerteren zu ersetzen, um die Kostenminimierung beizubehalten.

Beispiel Nach dem letzten Tarifabschluss erhöhen sich in der Bürodesign GmbH die Stundenlöhne für alle Mitarbeiter der Produktion um 1,20 €. Gleichzeitig steigen die Beiträge zur Sozialversicherung um 1,5 %. In dieser Situation überlegt die Geschäftsleitung, ob es nicht kostengünstiger ist, die derzeit von acht Mitarbeitern durchgeführten Arbeiten in der Sägerei künftig durch eine neu zu beschaffende vollautomatische Plattenformatsägemaschine erledigen zu lassen. Die Bürodesign GmbH kann im vorliegenden Fall den Faktor Arbeit durch den Faktor Betriebsmittel ersetzen.

▲ Limitationale Produktionsfaktoren:

Hier stellt sich das Problem der Minimalkostenkombination nicht, da der verminderte Einsatz eines Produktionsfaktors nicht durch den Mehreinsatz eines anderen ausgeglichen werden kann. Durch technische oder gesetzliche Vorgaben ist ein derartiger Austausch ausgeschlossen.

Beispiele

- Ein Facharbeiter in der Schreinerei der Bürodesign GmbH führt auf Wunsch eines Kunden Intarsienarbeiten an einem Schreibtisch aus. In diesem Fall ist es aus technischen Gründen nicht möglich, die Arbeit durch Maschinen zu substituieren.
- In der Finanzbuchhaltung werden Geschäftsfälle am Computer gebucht. Die Werte werden von einer Sachbearbeiterin in einen Rechner eingegeben. Der Einsatz einer weiteren Arbeitskraft führt zu keiner Beschleunigung der Arbeit, weil nur ein PC vorhanden ist.

Der **Austausch von Produktionsfaktoren** findet durch technische Umstände seine Begrenzung. In diesen Fällen spricht man von **limitationalen Produktionsfaktoren**.

Soll die Ausbringungsmenge erhöht werden, so müssen die Einsatzmengen aller Faktoren in einem bestimmten Verhältnis zur Ausbringungsmenge geändert werden.

Beispiel Das Aufbringen eines Furniers auf eine Schreibtischplatte durch die automatische Furnierpresse, die von einem Arbeiter bedient wird, dauert zehn Minuten. Diese Arbeit lässt sich nicht beschleunigen, da das Furnier heiß aufgepresst wird und der Pressvorgang eine bestimmte Zeit dauert. Sollen jetzt fünf Platten furniert werden, so dauert dies 50 Minuten, bei drei Platten werden 30 Minuten benötigt. Die folgende Grafik zeigt den Zusammenhang von Input- und Outputveränderungen.

Limitationale Produktionsfaktoren

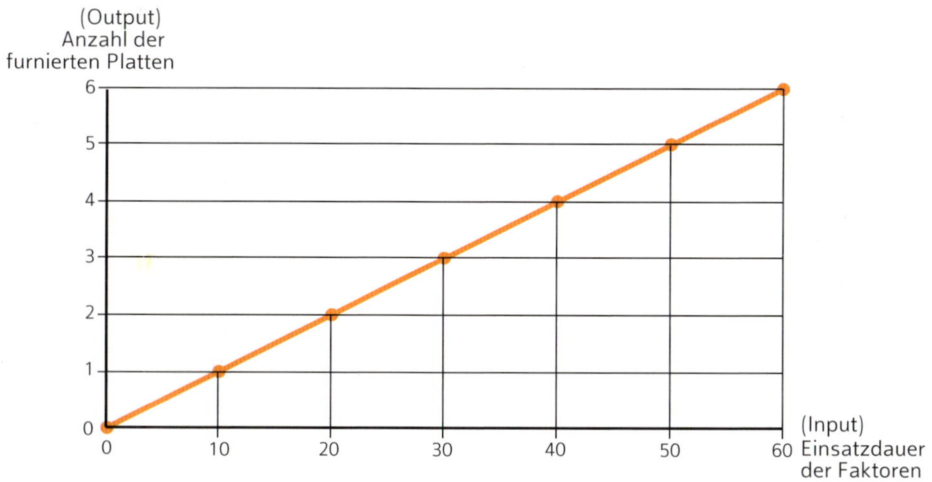

Weil die Einsatzmengen aller Produktionsfaktoren in einem festen Verhältnis zur Ausbringungsmenge steigen, ergibt sich ein linearer Kurvenverlauf. Bei der kostenmäßigen Betrachtung der limitationalen Produktionsfaktoren ergibt sich ein entsprechender **linearer Kostenverlauf**.

Produktion als Faktorkombination

- Die betriebliche Leistungserstellung erfolgt durch die Kombination der drei Produktionsfaktoren Arbeit, Betriebsmittel und Werkstoffe.
- Zuständig für die Planung, Durchführung und Kontrolle dieser Kombination ist die Geschäftsleitung.

- Der Input bezeichnet die bei der Produktion eingesetzte Menge an Produktionsfaktoren.
  - Produktionsfaktoren, die durch einen anderen ersetzt werden können, ohne dass sich die Ausbringungsmenge ändert, heißen substitutionale Produktionsfaktoren.
  - Die kostengünstigste Kombination der substitutionalen Produktionsfaktoren wird durch die Minimalkostenkombination dargestellt.
  - Wenn Produktionsfaktoren nur in einem bestimmten Verhältnis zueinander eingesetzt werden können, spricht man von limitationalen Produktionsfaktoren.
- Der Output ist die Ausbringungsmenge, die als Ergebnis der Faktorkombination entsteht.

1 In der Schreinerei der Bürodesign GmbH sollen 20 massive Tischplatten gehobelt werden. Die Länge der Tischplatten beträgt 1,50 m. Jede Oberfläche wird viermal gehobelt. Die Vorschubgeschwindigkeit der Hobelbank beträgt 6 m in der Minute. Für die Einstellung der Hobelbank sind 15 Minuten erforderlich und 10 Minuten für die Reinigung.
a) Überprüfen Sie, um welche Produktionsfunktion es sich hier handelt.
b) Erstellen Sie eine Verbrauchsfunktion.
c) Stellen Sie fest, wie sich der Verbrauch an Betriebsmittel- und Arbeitsleistungen entwickelt, wenn nicht 20, sondern 30 Tischplatten gehobelt werden.

2 Eine Substitution findet nicht nur zwischen den einzelnen Produktionsfaktoren statt, sondern auch häufig innerhalb eines Faktors. Steigen die Stahlpreise, so kann es sinnvoll sein, den Werkstoff Stahl durch einen Kunststoff zu ersetzen.

Werkstoff	Werkzeugkosten in €	Übrige Kosten/Stück in €
Metall	500,00	10,00
Kunststoff	10000,00	0,50

Ermitteln Sie die Stückzahl, bei der die Herstellkosten der beiden Werkstoffe gleich sind.

▲ Fallstudie: „Faktorkombinationen“

Handlungssituation: Die Schaffhäuser AG in Köln, ein auf Holzbearbeitungsmaschinen spezialisiertes Unternehmen, hat nach Jahren schwach ausgelasteter Kapazitäten infolge unerwarteter Auslandsnachfrage die Kapazitätsgrenze in der Produktion erreicht. Um die Chancen, die die neu hinzugekommenen Exportmärkte bieten, im tatsächlich möglichen Umfang nutzen zu können, wird in der Unternehmensleitung zunächst über eine Anpassung durch Einführung einer dritten Schicht nachgedacht. In der Ausgangssituation stellt sich die Entwicklung der Kosten als folgende lineare Funktion dar:

$$K = 38000{,}00\ € \cdot x + 4000000{,}00\ €$$

Gehen Sie jeweils von folgenden Annahmen aus:
- die Fertigungslöhne sind variabel, ihr Anteil an den gesamten variablen Kosten beträgt 40 %; dies sind 15 200,00 €;
- die tariflichen Nachtzuschläge für die dritte Schicht betragen 50 %;
- die Produktionskapazität beträgt in der Normalarbeitszeit 120 Stück; durch die dritte Schicht kann eine max. Ausdehnung auf bis zu 180 Stück erreicht werden;
- pro Hobelbank kann ein Verkaufspreis von 80 000,00 € erzielt werden.

Arbeitsaufträge

1 Berichten Sie über die notwendigen Produktionsfaktoren und überprüfen Sie, welche technisch möglichen Faktorkombinationen infrage kommen.

2 Ermitteln Sie jeweils für die Ausgangssituation und die Situation nach der zeitlichen Anpassung den Break-even-Point und die Stückkosten; begründen Sie deren Veränderungen.

3 Beurteilen Sie die mögliche Maßnahme auch unter arbeitsmarktpolitischen Gesichtspunkten, indem Sie Vor- und Nachteile aus der Sicht der Geschäftsleitung und der Beschäftigten erörtern.

4 Die gute Auftragslage wird durch eine ebenfalls rege Bestelltätigkeit der inländischen Holz verarbeitenden Industrie weiter verbessert. Die Unternehmensleitung erwägt deshalb anstelle der zeitlichen Anpassung eine Betriebsgrößenvariation und diskutiert zwei Alternativen:

I.: Erweiterung des Anlagenbestandes mit technisch gleichartigen Maschinen; es entstehen zusätzliche fixe Kosten in Höhe von 2 Mio. € bei unveränderten variablen Stückkosten;

II.: Erweiterung durch Einführung eines neuen, technisch fortgeschrittenen Fertigungsverfahrens unter Einsatz von Robotern und CNC-Maschinen mit einer Gesamtkapazität von bis zu 400 Stück. Die fixen Kosten steigen auf 10 Mio. € und die variablen Stückkosten halbieren sich. Ermitteln Sie die Produktionsmenge, ab der sich die neue Produktionstechnik gegenüber der alten unter Kostengesichtspunkten als vorteilhaft erweisen würde.

1.2 Planung des Produktionsprogramms

1.2.1 Fertigungsprogrammplanung

Herr Müller, der für die Produktion bei der Bürodesign GmbH zuständig ist, übte bei der letzten Abteilungsleiterbesprechung erhebliche Kritik an dem aktuellen Fertigungsprogramm. Nach seiner Ansicht ist das derzeitige Programm zu breit und zu tief. Gleichzeitig müsse der Anteil der konkreten Kundenaufträge zugunsten von Lageraufträgen reduziert werden, weil diese nur 20 % des Umsatzes ausmachen, jedoch 80 % des Arbeitsaufwandes der Fertigung verursachen.

- Erläutern Sie den Begriff Fertigungsprogramm.
- Ermitteln Sie Orientierungspunkte für die Planung des Fertigungsprogramms.
- Beschreiben Sie die Vor- und Nachteile eines breiten Fertigungsprogramms und einer großen Fertigungstiefe.

▲ Zusammensetzung des Fertigungsprogramms

Ausgangspunkt ist zunächst der **Primärbedarf**. Der Primärbedarf beinhaltet die Produkte und ihre Mengen, die in einer bestimmten Rechnungsperiode für den Absatzmarkt gefertigt oder beschafft werden müssen.

Das **Fertigungsprogramm** kann umfassen

- Fertigerzeugnisse,
- verkaufsfähige Baugruppen als Zubehörteile für den Verkauf an Geschäftsfreunde,
- Einzelteile und Baugruppen für den Kundendienst,
- Handelswaren,
- Werkzeuge und Werkzeugmaschinen für den Eigenbedarf.

Aus dem Primärbedarf und dem Eigenbedarf ergibt sich das **Fertigungsprogramm**, d.h. die zu produzierenden Erzeugnisse nach Art und Menge für bestimmte Fertigungsperioden.

Beispiel Fertigungsprogramm der Bürodesign GmbH

Produktgruppe „Arbeiten am Schreibtisch“	April Einheiten	Mai Einheiten	Juni Einheiten
Xama 2000	30	40	38
Stardesign	25	30	32
Chef 2000	16	18	23

Auftragsbezogene Fertigung:

In der Regel steht der Primärbedarf für eine bestimmte Fertigungsperiode fest. Selbst im Rahmen der Großserienfertigung hat das Produkt meist schon einen Käufer.

Gründe für eine auftragsbezogene Fertigung sind
- individuelle Kundenwünsche,
- mangelnde Lagerfähigkeit der Produkte,
- eine hohe Kapitalbindung im Produkt,
- schnelle technische oder modische Veränderungen
- und damit eine Verkürzung des Produktlebensalters.

Soweit konkrete Kundenaufträge vorliegen, die in naher Zukunft ausgeführt werden müssen, spricht man auch von dem **Auftragspolster** der Unternehmung.

Das Auftragspolster ergibt sich aus
- Auftragseingängen im Rahmen von Messen,
- Auftragseingängen aus der Tätigkeit der Außendienstmitarbeiter und Handelsvertreter,
- dem Zuschlag bei öffentlichen Ausschreibungen,
- Rahmenverträgen mit Großhändlern.

Eine auftragsbezogene Fertigung erfordert
- einen schnellen Rückgriff auf die notwendigen Werkstoffe,
- kurze Durchlaufzeiten oder
- die Einwilligung in längere Lieferzeiten durch den Kunden,
- flexible Arbeitszeiten bei der Belegschaft.

Die Probleme der Auftragsfertigung bestehen vor allen Dingen in einer optimalen Maschinenbelegung bzw. Kapazitätsauslastung und in der Auftragsterminierung.

Produktion für den anonymen Markt:

Handelt es sich um weitgehend homogene Produkte, an die keine differenzierten Kundenwünsche gestellt werden und die keinen kurzfristigen Veränderungen unterworfen sind, so kann eine Produktion auf Lager, d.h. für den anonymen Markt, zweckmäßig sein. Auf diese Weise können Zeiten ausgefüllt werden, in denen eine Auftragslücke besteht. Gleichzeitig senkt man durch eine größere Fertigungsmenge die Herstellkosten.

Beispiel Stapler, klappbar, Kunststoff auf Stahlrohr

In manchen Fällen ist man gezwungen, auf Lager, d.h. für den anonymen Markt, zu produzieren, und zwar dann, wenn die Rohstoffe nur zu einem bestimmten Zeitpunkt beschaffbar sind.

Beispiel Eine Zuckerfabrik, die aus den von September bis November angelieferten Zuckerrüben Zucker herstellt. Der ernteabhängige Beschaffungsschwerpunkt erfordert eine Produktion auf Lager.

Auch Absatzschwerpunkte können zu einer Produktion auf Lager zwingen.

Beispiel Ein Unternehmen, das Feuerwerkskörper herstellt und dessen Absatz zu 80 % im Dezember liegt, muss einen großen Teil der Produktion vorverlegen, damit es im Dezember die große Nachfrage unverzüglich erfüllen kann.

Erfolgt eine Produktion für den anonymen Markt, d. h. auf Lager, so bilden Absatzprognosen die Grundlage für die Einschätzung des Primärbedarfs.

Bd. 2

Absatzprognosen beinhalten Aussagen über die zukünftige Entwicklung von Marktgegebenheiten wie Käuferverhalten, Konkurrenzsituation, Produktentwicklung, Preisentwicklung u. a. Absatzprognosen können sich ergeben, indem von dem Absatz vergangener Perioden auf den Absatz der kommenden Perioden geschlossen wird. Die gewonnenen Ergebnisse werden in vielen Branchen abgerundet und ergänzt durch

- gezielte Kundenbefragungen,
- Vorbestellungen,
- Messeergebnisse,
- Ergebnisse auf Testmärkten,
- die Entwicklung auf vor- oder nachgelagerten Märkten.

Fertigungsprogrammbreite

Unter der Fertigungsprogrammbreite versteht man die Anzahl der verschiedenen Produkte und ihre Ausführungen, die ein Unternehmen im eigenen Hause herstellt.

Marketing und Absatz ordnen die Anzahl der Varianten gesondert der Programmtiefe zu.

Beispiele **aus der Bürodesign GmbH**

Produkte	Regale	Stühle	Tische
Ausführungen	– Container-Serie Volumen – Regalsystem Wikinger – Regalsystem Arno	– Drehstuhl – Drehsessel – Stapelstuhl	– Büro-/Schreibtische – Konferenztische – Ablagetische

Unter dem Gesichtspunkt der Fertigungsprogrammbreite kann man die folgenden Unternehmungen unterscheiden:

- Einproduktunternehmungen ohne Produktdifferenzierung

Beispiel Kraftwerke

- Einproduktunternehmungen mit Produktdifferenzierung

Beispiel Zuckerfabrik

- Mehrproduktunternehmungen mit Produktdifferenzierung

Beispiel Büromöbelfabrik, z. B. Bürodesign GmbH

Die Unternehmungen können somit ein enges oder breites Fertigungsprogramm aufweisen.

- **Ein enges Fertigungsprogramm**
  - bietet Spezialisierungsvorteile, z. B. sinnvolle Möglichkeiten der Automatisierung,
  - verringert den Rüstaufwand bzw. die Loswechselkosten,
  - vermeidet Konkurrenz im eigenen Hause zwischen eigenen Produkten, verhindert somit Kannibalisierungseffekte,
  - vereinfacht die Arbeitsvorbereitung,
  - erleichtert die Kostenerfassung und -zuordnung,
  - reduziert die notwendigen Materialbestände.
- **Ein breites Fertigungsprogramm**
  - bietet die Möglichkeit, unterschiedlichen Kundenbedürfnissen gerecht zu werden,
  - streut das Risiko bei einem Nachfrageausfall,
  - erleichtert Kapazitätsanpassungen bei saisonalen Nachfrageschwankungen,

  Beispiele Spannungspräparate gegen Kopfschmerzen im Sommer und Grippepräparate im Winter

  - führt unter Umständen zu erheblichen Zusatzgewinnen durch einen lukrativen Nachmarkt,

Beispiele Druckerpatronen für die gefertigten Drucker, Kontrastflüssigkeit für Katheder

- senkt die anteiligen Vertriebskosten, wenn das Programm die gleiche Zielgruppe anspricht,

Beispiele Waschmaschinen, Trockner, Staubsauger über den Handel für den Privathaushalt

- fördert die bessere Ausnutzung des auf dem Markt geschaffenen Imagepotenzials.

Beispiele Neben Bekleidung von Boss nun auch Parfum von Boss

▲ Einflussgrößen auf das Fertigungsprogramm

Was ein Unternehmen in welchen Mengen in einer bestimmten Fertigungsperiode, z.B. in der 22. bis 25. KW, herstellt, darüber entscheiden **konkret**:

Kunden	Kapazitätsbelastung	Kosten/Erlöse/Gewinn
– vorhandene Kundenaufträge – Größe des Auftrages – Bonität des Kunden – Dringlichkeit von Aufträgen	– Ähnlichkeit von Aufträgen – Materialengpässe – Maschinenengpässe – Umstellaufwand	– Durchlaufzeit angelaufener Aufträge – Deckungsbeitrag

▲ Fertigungstiefe

Die **Fertigungstiefe** beinhaltet die Anzahl der Fertigungsstufen, die ein Produkt im eigenen Unternehmen durchläuft.

Sie bestimmt damit das Verhältnis zwischen **Eigenfertigung und Fremdbezug** von Teilen und Baugruppen. Hiervon zu unterscheiden ist die Programm- oder Sortimentstiefe, von der Absatz und Marketing sprechen, wenn es sich um die Anzahl der Varianten eines Produktes handelt.

Beispiel Fertigung gepolsterter Armlehnen aus Holz

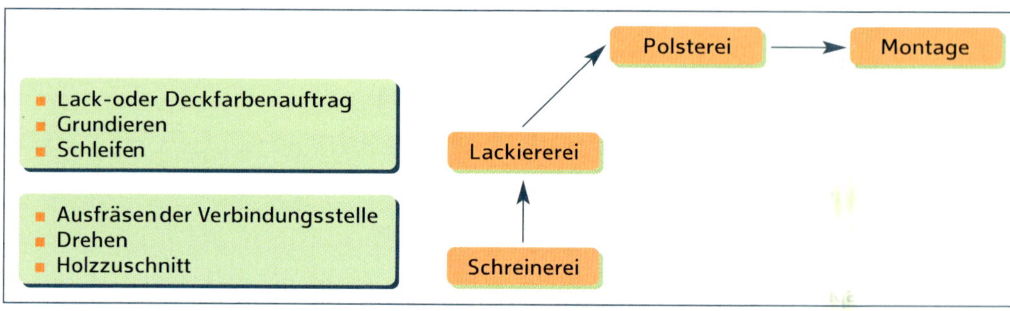

▲ Die Wahl der Fertigungstiefe:

Sie ist zunächst eine strategische Grundentscheidung.

Beispiel Verzichtet das Unternehmen auf eine eigene Schreinerei und Lackiererei, so kann später im Rahmen eines Kapazitätsabgleichs keine Arbeitskräfteversetzung zwischen diesen Fertigungsstellen vorgenommen werden. Für die Arbeitsvorbereitung entfällt die Entscheidung zwischen Fremdbezug und Eigenfertigung bei den notwendigen Armlehnen.

Die strategische Grundentscheidung kann lauten:

Wir machen nur das, was wir am besten können.	**Was wir selber machen können, machen wir auch selbst.**
Durch eine „schlanke" Produktion möchte man mit einem geringen Investitionsaufwand eine hohe Produktivität und Flexibilität erreichen.	Diese Entscheidung beinhaltet ein Streben nach Unabhängigkeit, Sicherheit und Qualitätsautonomie.

Einflussgrößen auf die Entscheidung zwischen Eigenfertigung und Fremdbezug:

Fremdbezug	Eigenfertigung
– weil selbst technisch nicht machbar **Beispiel** Furnierholz (Esche und Buche aus den USA)	– weil geeignete Kapazitätsbedingungen vorhanden sind **Beispiel** Herstellung der Sitzschalen aus Sperrholz in der eigenen Schreinerei
– weil der Investitionsaufwand für die Eigenfertigung zu hoch ist **Beispiel** Spanplatten für Tischplatten	– weil die Qualität gewährleistet sein muss **Beispiel** Herstellung der Stuhl- und Tischgestelle durch die eigene Schlosserei, damit keine Schweißnasen das Design beeinträchtigen
– weil zeitweiser und/oder geringer Bedarf vorhanden ist **Beispiel** Leisten für Stellwände	– weil das Teil in großen Mengen in fast allen Produkten vorkommt **Beispiel** Fußgleiter

Die kritische Menge:

Sie ist die Menge, bei der die Kosten der Eigenfertigung sich mit den Kosten des Fremdbezuges decken. Ab der nächsten Einheit lohnt sich rein rechnerisch die Eigenfertigung. Die Kosten des Fremdbezuges ergeben sich aus dem zu zahlenden Preis und der Menge, die beschafft werden muss. Diese Kosten sind grundsätzlich variabel. Besteht kein Bedarf an einem bestimmten Teil, so entstehen auch keine Kosten. Die Kosten der Eigenfertigung enthalten zunächst fixe Kosten für die Bereitstellung der notwendigen Maschinen oder die Gewinnung des notwendigen Know-hows. Hinzu kommen variable Kosten, d.h. Kosten, die von der Bedarfsmenge abhängig sind, wie der Materialaufwand und die Löhne der beschäftigten Arbeitnehmer. Entscheidet man sich für die Eigenfertigung, so ist der Fixkostenanteil bei kleinen Mengen sehr hoch, sodass die gesamten Stückkosten i.d.R. die Kosten des Fremdbezuges übersteigen. Bei großen Mengen kann die Eigenfertigung kostengünstiger sein, weil im Preis des Zulieferers Verwaltungs- und Vertriebskosten sowie Gewinne einkalkuliert sind.

Kosten des Fremdbezuges ↓ **Einstandspreis • Menge** = **fixe Kosten + (variable Stückkosten • Menge)** ↓ **Kosten der Eigenfertigung**

Beispiel Kostenvergleich zwischen Eigenfertigung und Fremdbezug für Fußrollen.
Einkaufspreis je Rolle: 5,00 €, variable Stückkosten bei Eigenfertigung: 3,40 €, fixe Kosten bei Eigenfertigung: 8 000,00 €

Menge in Stück	Gesamtkosten bei Eigenfertigung in €	Stückkosten bei Eigenfertigung in €	Gesamtkosten bei Fremdbezug in €	Stückkosten bei Fremdbezug in €
0	8 000,00		0,00	
1 000	11 400,00	11,40	5 000,00	5,00
2 000	14 800,00	7,40	10 000,00	5,00
3 000	18 200,00	6,07	15 000,00	5,00
4 000	21 600,00	5,40	20 000,00	5,00
5 000	**25 000,00**	**5,00**	**25 000,00**	**5,00**
6 000	28 400,00	4,73	30 000,00	5,00

Aus der Tabelle kann man erkennen, dass bei einer Bedarfsmenge von 5 000 Stück die Kosten des Fremdbezuges den Kosten der Eigenfertigung entsprechen. Bei einer geringeren Menge ist der Fremdbezug günstiger, bei einer größeren Menge lohnt sich die Eigenfertigung.

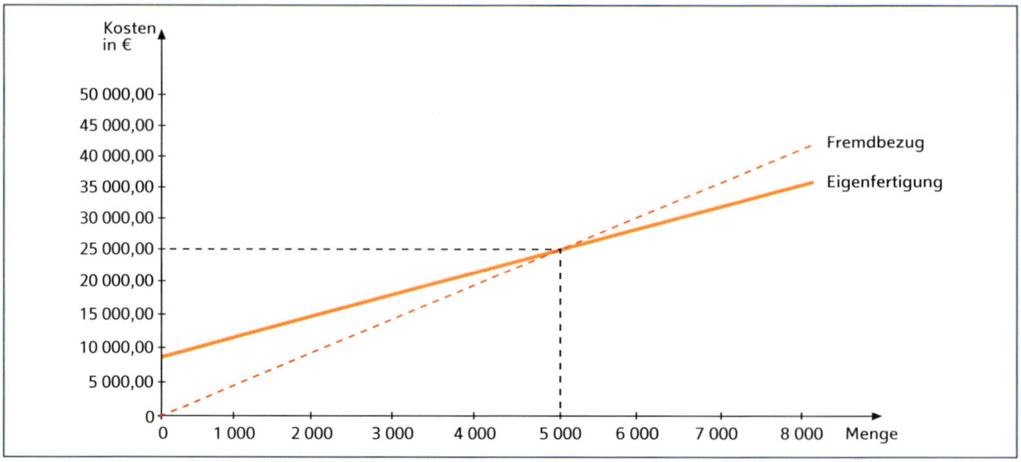

Argumente für und gegen Fremdbezug:

Die Verwendung bezogener Teile ...

- verkürzt die Durchlaufzeit eines Auftrages,
- erhöht die Produktivität, indem in der gleichen Zeit mehr Enderzeugnisse hergestellt werden können,
- verringert Investitionsaufwendungen für die Teilefertigung,
- erleichtert Kapazitätsanpassungen, indem das Beschäftigungsrisiko auf die Zulieferer abgewälzt werden kann,
- erhöht die Abhängigkeit,
- beschränkt die Möglichkeiten der eigenen Qualitätssicherung,
- bedeutet unter Umständen einen Verzicht auf Zusatzgewinne, die durch eine Teilefertigung erwirtschaftet werden können.

Fertigungsprogrammplanung

Fertigungsprogramm

Erzeugnisse, die das Unternehmen in einer bestimmten Zeiteinheit für sich und den Absatz fertigen möchte

für sich
- Werkzeuge
- Spezialmaschinen
- Betriebsstoffe

für den Absatz
- Fertigerzeugnisse
- Baugruppen und Einzelteile für den Kundendienst

Fertigungsprogrammbreite

Anzahl der verschiedenen Produkte und ihre Ausführungen, die ein Unternehmen im eigenen Hause herstellt

Entscheidungen
- Art der Erzeugnisse
- Ausführungen der Erzeugnisse

Orientierung
- vorhandene Kundenaufträge
- Absatzerwartungen/Lageraufträge

Fertigungstiefe

Anzahl der Fertigungsstufen, die ein Produkt im eigenen Unternehmen durchläuft

Eigenfertigung

- keine geeigneten Zulieferer
- Unabhängigkeit
- Qualitätssicherung
- evtl. geringere Herstellkosten, bedingt durch einen großen Bedarf

Fremdbezug

- mangelnde Eignung der vorhandenen Kapazitäten
- Einschränkung der Fixkostenbelastung und des Beschäftigungsrisikos
- zu hohe Herstellkosten, bedingt durch kleine Auftragseinheiten

Kritische Menge

Die Kosten der Eigenfertigung entsprechen den Kosten des Fremdbezuges
Preis · Menge = zusätzliche fixe Kosten + (variable Stückkosten · Menge)

1 Jährlich findet bei der Bürodesign GmbH ein Arbeitsessen mit den wichtigsten Geschäftspartnern statt, um den gegenseitigen Gedankenaustausch zu pflegen. Die letzte Sitzung ergab, dass bei den Geschäftspartnern eine gewisse Unzufriedenheit in Bezug auf die Sortimentspolitik der Bürodesign GmbH besteht. Beurteilen Sie die folgenden Forderungen aus Sicht der Bürodesign GmbH.
a) Einige wünschen sich eine größere Differenzierung bezogen auf Breite und Tiefe des Sortiments.
b) Andere möchten ihren Kunden durch unterschiedliche Preissegmente entgegenkommen.

2 Die Sanus GmbH ist ein mittelständisches Unternehmen und fertigt vorwiegend Produkte für die Medizintechnik und Automobilindustrie an. Dem Unternehmen liegt eine Kundenanfrage zur Lieferung von Infusionsflaschen vor. Bisher werden diese Flaschen zur Abrundung des Produktsortiments von einem Lieferanten für 1,72 € pro Stück fremdbezogen. Die Behälter für Scheibenwischwasser werden dagegen ausschließlich eigengefertigt.
Die Geschäftsführung prüft, ob mittelfristig die Eigenfertigung der Infusionsflaschen durch die Anschaffung einer passenden Fertigungsanlage zum Preis von 480 000,00 € sinnvoll ist. Die Nutzungsdauer beträgt 5 Jahre, der Kalkulationszinssatz beträgt 6 %, die sonstigen Fixkosten 120 000,00 € pro Jahr. Die variablen Kosten werden mit 1,35 € pro Stück kalkuliert. Der Vertrieb rechnet mit einer jährlichen Absatzmenge von 850 000 Stück.
a) Beurteilen Sie die Zweckmäßigkeit des Produktionsprogramms der Sanus GmbH.
b) Bestimmen Sie auf der Grundlage der Absatzmenge, ob die Eigenfertigung der Infusionsflaschen für das Unternehmen vorteilhaft ist.

3 Suchen Sie nach mehreren Kriterien, die im vorangehenden Fall neben dem Kostenaspekt für die Entscheidung zur Eigenfertigung oder Fremdfertigung relevant sein können.

1.2.2 Produktplanung

Auf der Suche nach einer Marktlücke schlägt Herr Kempf, der als Gruppenleiter für die Bereiche Konstruktion und Design zuständig ist, im Rahmen einer Mitarbeiterbesprechung die Herstellung eines speziellen Chefsessels vor, der mit integrierten Elektronikelementen ausgestattet sein soll, z. B. mit einer Freisprechanlage, einem elektronischen Terminplaner und einem komfortablen Rückenmassagegerät.

„Das gibt es doch alles schon", widerspricht ihm Frau Friedrich. „Na gut", meint Herr Kempf, „dann verzichten wir doch auf die lästigen Hebel und bauen endlich einen intelligenten Stuhl, der sich auf die individuelle Statur und das Gewicht des Benutzers automatisch einstellt, die natürliche Haltung in allen Sitzpositionen unterstützen kann und über Umgebungslichtsensoren die Peripheriebeleuchtung optimal abstimmt." Herr Stam vom Vertrieb: „Hört sich toll an, Dinge kommunizieren mit Dingen wie ein Kühlschrank, der die fehlende Milch eigenständig bestellt, nennt man wohl Internet der Dinge. Doch wer sind die Käufer?" Auch Frau König, Gruppenleiterin für den Bereich Rechnungswesen, äußert ihre Bedenken.

- Sammeln Sie Argumente, die für und gegen diese Idee sprechen.
- Stellen Sie fest, welche Kundenbedürfnisse bei der Gestaltung eines Produktkonzeptes zu beachten sind.
- Erläutern Sie aus wirtschaftlicher und aus ökologischer Sicht verschiedene Möglichkeiten der Produktgestaltung.
- Begründen Sie die Notwendigkeit einer Produktdokumentation und veranschaulichen Sie verschiedene Verfahren.

Marktdaten als Planungs- und Entscheidungsgrundlage

Bd. 2

Um das Risiko von Fehlentscheidungen zu verringern, muss der Einführung eines neuen Produktes eine intensive **Marktforschung** vorangehen. Hier ist zunächst zu klären, ob überhaupt ein Bedarf für ein neues und das geplante Produkt besteht. Viele Märkte weisen einen hohen Sättigungsgrad auf. Der Bedarf nimmt hier sogar ab.

Ausgangspunkt ist das geschätzte **Marktpotenzial**. Dies ist der maximal mögliche Absatz auf einem Markt für eine bestimmte Absatzperiode. Das Marktpotenzial lässt sich häufig aufgrund demografischer Entwicklungen oder durch einen Trend auf vor- oder nachgelagerten Märkten bestimmen.

Beispiele

- Die sinkende Geburtenrate reduziert das Marktpotenzial, d.h. die möglichen Absatzmengen im Bereich der Spielwaren, Kinderbekleidung oder Kindermöbel.
- Die steigende Anzahl von Rentnern erhöht den Bedarf an Seniorenreisen oder Seniorenwohnungen.
- Durch die Zunahme der Unternehmensgründungen steigt der Bedarf an Chefsesseln.

Bd. 2

Mit dem Marktpotenzial muss das **Marktvolumen** verglichen werden. Unter dem Marktvolumen versteht man die gesamte Absatzmenge der Branche in einer Absatzperiode. Stimmen Marktpotenzial und Marktvolumen überein, so besteht eine **Marktsättigung** oder ein **Marktdurchdringungsgrad** von 100 %. Ein neues Produkt hat nur dann eine Chance, wenn es alte Produkte verdrängen kann.

Beispiel

Unternehmensgründungen (Marktpotenzial)		Absatz Chef-Drehsessel (Marktvolumen)	Marktdurchdringung
Jahr x	531 000	318 600	60 %
Jahr y	528 000	369 600	70 %
Jahr Z	550 000	412 500	75 %

Soll durch eine **Produktidee** ein neuer Markt erschlossen werden, so muss dieser Markt fassbar sein, damit man die Bedürfnisse der Käufer klar festlegen und voraussichtliche Absatzmengen einschätzen kann und zweckmäßige Marketinginstrumente wie eine zielgerichtete Werbung einsetzbar sind.

Häufig benutzt man **demografische** Merkmale wie Alter, Geschlechtszugehörigkeit, Bildung, Beruf oder Einkommen für die Festlegung der potenziellen Käufer. In zunehmendem Maße wird jedoch das Kaufverhalten als Kriterium für die Abgrenzung von Märkten benutzt. Man spricht hier von sogenannten **psychografischen** Kriterien wie konservativ oder progressiv, korrekt oder sportlich, funktionell oder verspielt. Hier ist es sehr schwer, den Bedarf für ein neues Produkt einzuschätzen.

Beispiel Zunehmend werden Unternehmen auch von Frauen gegründet. Deshalb soll ein Schreibtisch für die junge sportlich-modische Unternehmerin entworfen und eingeführt werden. Jung und Unternehmerin sind Kriterien, die man zunächst demografisch, d.h. in Zahlen, eingrenzen kann. Sportliche und modische Aspekte beim Kaufverhalten kann man jedoch zahlenmäßig nicht berechnen. Zudem können sich auch ältere Unternehmerinnen jung fühlen und ein entsprechendes Kaufverhalten zeigen.

Manche Unternehmen suchen bei der Produktgestaltung nach einer **Marktnische**, d.h. nach einem Markt, der zwar klein ist, aber augenscheinlich Wachstumspotenzial aufweist. Hier muss die Frage geklärt werden, ob ausreichende Absatzzahlen realisiert werden können, damit die fixen Kosten für die Produktentwicklung und Markteinführung gedeckt werden können. Allerdings ergibt sich hier meist der Vorteil einer monopolistischen Konkurrenzsituation. Dies bedeutet, dass man weitgehend Alleinanbieter ist und eine relativ autonome Preispolitik betreiben kann.

Beispiel Entwicklung eines speziellen Büroschreibtisches für Körperbehinderte

Bisweilen bieten konkrete Anlässe einen Beweggrund für einen „Schnellschuss" bei der Produktinnovation. Der Bedarf ist erkennbar, die Kaufargumente sind vermittelbar und damit die Marktchancen offensichtlich. Die Marktbeständigkeit ist jedoch kurz oder ungewiss, d.h., die Produktlebensdauer kann nicht eingeschätzt werden. Dies erschwert den Einsatz einer geeigneten Preisstrategie. Ist der Preis zu hoch, so findet das Produkt nur wenige Abnehmer, ist der Preis zu niedrig, so werden durch eine kurze Produktlebensdauer die fixen Kosten nicht gedeckt.

Beispiel Spezielle Brillen für die Betrachtung einer Sonnenfinsternis

Häufig haben gerade junge Unternehmer hervorragende Produktideen, die jedoch nicht verwirklicht werden können, weil ihnen der Markteintritt nicht möglich ist. Dies kann durch eigene Unzulänglichkeiten bedingt sein, indem das notwendige Kapital fehlt, Risikokapital nicht beschaffbar oder ein Vertriebsnetz für das Produkt nicht vorhanden ist. Vielfach ist der Markt aber schon geschlossen, indem bestimmte Unternehmen sich den Markt teilen und Außenseitern keine Chance lassen. Dies ist erst recht der Fall, wenn **öffentliche Monopole** den Markt beherrschen. VWL

Beispiele

- Entwicklung eines neuen Betriebssystems, obwohl Microsoft weitgehend den Markt beherrscht
- Genehmigung zur Einrichtung eines privaten Wasserversorgungsunternehmens in der Gemeinde

Manchmal sind neuen Produktideen bei der Verwirklichung keine funktionellen Grenzen gesetzt, d.h., die technische Machbarkeit ist gegeben. Die Realisierung scheitert jedoch an dem ungünstigen Verhältnis zwischen den Kosten und dem erzielbaren Preis. Dies gilt vor allem für solche Fälle, bei denen ein altes Produkt durch ein neues Erzeugnis ersetzt werden soll. Für diese alten Produkte besitzen die Käufer bestimmte Preisvorstellungen. Wenn nun die neuen Produkte erheblich über dem Preis der alten Produkte liegen und die zusätzlichen Produktvorteile nicht ins Auge stechen, dann sind die vorhandenen Kaufhemmnisse nur sehr schwer zu überwinden.

Beispiel Entwicklung von Wasserbetten mit Massagevorrichtungen

Bd. 2

Produktentwicklung

Quellen für eine Produktentwicklung:

Nicht alle neuen Produkte sind wirklich neu. Häufig wird das Know-how anderer Unternehmen durch den Erwerb von Lizenzrechten übernommen oder durch eine Unternehmensbeteiligung erworben. Dies stellt man besonders bei elektronischen Geräten fest, die vielfach zu 90 % baugleich sind. Eine Begründung für die Baugleichheit liegt auch darin, dass bei der Entwicklung und Konstruktion von Produkten bestehende Normen, Sicherheitsvorschriften und gesetzliche Auflagen eingehalten werden müssen.

Beispiel Ein Drehstuhl muss nach den gesetzlichen Vorschriften fünf Rollen aufweisen. Diese Vorschrift ist auch bei der Entwicklung neuer Produkte nicht zu umgehen.

Nimmt man die schöpferische Qualität der Produktidee als Maßstab oder den Innovationsgrad, den ein neues Produkt aufweist, so kann man folgende Unterscheidungen machen:

- **Me-too-Produkte:** Dies sind reine Nachahmungen. Das Produkt unterscheidet sich von bisherigen Produkten nicht in der Produktsubstanz, sondern nur im Produktäußeren und ggf. im Preis. Das Produkt ist **nur ein neues Produkt für das Unternehmen**, jedoch nicht für den Markt. Anlass für die Produkteinführung sind häufig abgelaufene Patente der Konkurrenz, sodass das Produkt ohne

Rücksicht auf hohe Entwicklungskosten hergestellt werden kann und deshalb auch sehr preiswert angeboten wird. Gleichzeitig geht man davon aus, dass der Markt noch nicht ausgeschöpft ist.

Beispiele das x-te Grippepräparat, die x-te Zahnbürste, der x-te Drehstuhl mit einer Gasfedertechnik

- **Adaptive (intelligente) Nachahmungen:** Das Produkt knüpft an Trendbewegungen in anderen Produktbereichen an und soll vorherrschende Kaufmotive ansprechen. Solche vorherrschenden Kaufmotive können das Streben nach Schlankheit, Gesundheit, Natürlichkeit, Energieeinsparung oder Sicherheit sein.

  Beispiele Biokost, Biohäuser, Biomöbel oder Cola-Light, Schoko-Light, Konfitüre-Light

- **Quasi-neue Produkte:** Dies sind neuartige Produkte, die aber an bestehende Produkte anknüpfen und häufig neue Verwendungsmöglichkeiten erschließen. Im Unterschied zu Me-too-Produkten bieten sie zusätzliche oder andersartige Leistungsvorteile im Vergleich zu den bestehenden Produkten. Manchmal werden die Unternehmen auch zu solchen Innovationen gezwungen, wenn der Gesetzgeber bestimmte Materialien verbietet oder bestimmte Konstruktionen vorschreibt.

  Beispiele Energiesparlampen, Solarduschen, HD-Taschenlampen

- **Echte Innovationen:** Hier handelt es sich um originäre Produkte, die es bisher so nicht gab. Anlass für die Produktenwicklung sind neue Ideen, der technische Fortschritt oder Kundenbedürfnisse, die bisher nicht vorlagen.

  Beispiele iPad von Apple, Lasermessgeräte, elektronische Sterilisatoren für Babyartikel

Bereiche der Produktentwicklung:

- **Produktkonzept:** Gute Produktideen scheitern häufig an einem schlechten Produktkonzept. Dies bedeutet, dass die Leistungen, die Wirkungen und Auslobung des Produktes zueinander passen und eine glaubwürdige **Einheit** bilden müssen.

  Beispiel Zu einem guten Menü gehören ein passender Wein und eine ansprechende Tischdekoration.

Durch ein neues Produkt sollen Bedürfnisse befriedigt werden, die bestehende Produkte nicht erfüllen können. Das Ziel müssen nicht immer **Leistungsvorteile** sein, es können auch **Preisvorteile** gegenüber bestehenden Produkten sein. Ausgangspunkt für die Entwicklung ist jedoch zunächst die Funktionalität des Produktes, d.h., es muss den **Grundnutzen** stiften, den der Käufer von ihm erwartet, und soll eine bestmögliche Eignung für den vorgesehenen Verwendungszweck aufweisen.

Beispiele für den Grundnutzen

Artikelbezeichnung	Grundnutzen
Hocker →	Sitzmöglichkeit für eine Person
Stuhl →	Sitzmöglichkeit für eine Person mit Rückenlehne
Sessel →	Sitzmöglichkeit für eine Person mit Rücken- und Armlehnen
Bank →	Sitzmöglichkeit für mehrere Personen

- **Die Festlegung der funktionalen Eigenschaften:** Die funktionalen oder leistungsbezogenen Eigenschaften eines Produktes ergeben den messbaren Grund- und Zusatznutzen des hergestellten Erzeugnisses. Sie bilden die objektiven Leistungsvorteile oder auch Nachteile des neuen Erzeugnisses im Vergleich zu den vorhandenen Erzeugnissen. Für den Verkäufer bieten sie eine Grundlage für sachliche Verkaufsargumente.

  Beispiele So haben das verwendete Material, der Konstruktionsaufbau und die Art der Verstrebung eines Stuhles einen Einfluss auf

  - den Grad der Eignung für den vorgesehenen Verwendungszweck (Kinderstuhl, Küchenstuhl, Wohnzimmerstuhl, Stapelstuhl für öffentliche Veranstaltungen),
  - das Gewicht, die Pflegebedingungen und Lebensdauer,
  - die Standfestigkeit und Tragfähigkeit,
  - die Einreiß- und Abriebfestigkeit der Polsterung.

Bei der Entwicklung eines neuen Produktes muss das **Produktprofil** festgelegt werden. Die Festlegung des Produktprofils beinhaltet die Ist-Fähigkeiten bzw. Leistungen, die das hergestellte Produkt für den Verwender und auf dem Markt erbringen soll. Aus einem Katalog möglicher Leistungen und Anforderungen werden die gewünschten und machbaren Leistungen herausgefiltert und ihr Ausprägungsgrad bei der Entwicklung des neuen Produktes festgelegt. Das absolut Machbare scheitert vielfach an konkurrierenden Leistungsmerkmalen und an den Kosten.

Beispiel Soll die Sitzfläche eines Stuhles besonders kratzfest bzw. abriebfest sein, so muss sie mit einem Kunststofflack überzogen werden, dies erhöht wiederum den späteren Entsorgungsaufwand. In ähnlicher Weise können das gewünschte leichte Gewicht und die notwendige Standfestigkeit miteinander konkurrieren.

- **Festlegung der ästhetischen Eigenschaften:** Bei fast allen Produkten sind nicht nur die funktionalen Eigenschaften von Bedeutung, sie sollen auch eine gewisse Wirkung auf die Sinne ausüben und damit den Kaufanreiz erhöhen. Hierbei spielt das Auge eine große Rolle, aber auch der Geruchs- und Tastsinn.

  Beispiel Nicht nur eine andersartige Technik, sondern auch ein spezifischer Geruch kennzeichnen einen Neuwagen. In eigenen Versuchsabteilungen werden Duftbausteine zu einer Geruchskomposition zusammengestellt, die der Neuwagen ausstrahlen soll.

Über die Anmutung des neuen Produktes auf den Käufer entscheiden die ästhetischen Eigenschaften. Sie sind i. d. R. nicht messbar und unterliegen der subjektiven Wertschätzung. Dennoch besitzen sie bei weitgehend homogenen Produkten eine große Bedeutung.

Beispiel Ein Stuhl muss nicht nur leicht, sicher, strapazierfähig und bequem, sondern auch schön sein. Was für den Einzelnen schön ist, ergibt sich aus den Wirkungen von Formen und Farben. Solche Eindrücke können sein:

Formwirkungen	Farbwirkungen
robust – zierlich	warm – kalt
streng – verspielt	dezent – auffallend
schlank – bauchig	konservativ – progressiv
schlicht – verziert	harmonisch – extravagant

- **Festlegung der symbolischen Eigenschaften:** Die symbolischen Eigenschaften personifizieren meist das Produkt, d. h., dem Produkt werden menschliche Eigenschaften zugeordnet, wie besonders sportlich, zuverlässig, männlich, gediegen oder naturverbunden. Herkunft und Produktname spielen hier eine große Rolle. Mit dem Namen wird i. d. R. eine ganz bestimmte Zielgruppe angesprochen:

  Beispiel

Produkt	Produktname
Kinderstuhl	„Bambi" aus finnischem Kiefernholz
Seniorenstuhl	„Bismarck" aus deutscher Eiche
Küchenstuhl	„Claudia" aus französischem Eibenholz

Konstruktionsaufbau

Möglichkeiten für den Konstruktionsaufbau:

Die Art der Ausführung und die räumliche Anordnung von Teilen und Baugruppen zu einem Produkt nennt man **Konstruktion**. Konstruktiv kann man Produkte so gestalten, dass sie lange halten und Reparaturen möglich sind. Man nennt solche Konstruktionen **Langzeitkonstruktionen**. Das Gegenteil beinhalten **Wegwerfkonstruktionen**. Verliert das Produkt durch den Gebrauch oder einen Mangel seine Leistungsfähigkeit, so muss man es wegwerfen.

Beispiele für Produktkonstruktionen

Wegwerfkonstruktionen	Langzeitkonstruktionen
■ Gartenstuhl oder Gartenbank aus PP (Polypropylen) gespritzt ■ Stapelstühle für öffentliche Veranstaltungen	■ Küchentisch aus Holz, verzapft und verschraubt ■ Chefsessel aus Leder und unterschiedlichen Baugruppen

Argumente für die Wahl der Konstruktionsart:

Wegwerfkonstruktionen	Langzeitkonstruktionen
– kostengünstig in der Herstellung – hygienisch bezogen auf Verwendung und Pflege – größere Nachfrage und Wiederholkäufe durch die kurze Produktlebensdauer	– längere Produktlebensdauer durch Reparaturmöglichkeiten – umweltfreundlich durch Müllvermeidung – größeres Produktimage für den Käufer – Zusatzgewinne durch Ersatzteilgeschäfte

Neben der geplanten Lebensdauer eines Produktes spielt bei der Konstruktion die Bauweise eine wichtige Rolle: Hier unterscheidet man zwischen Komplettbauweise und Baugruppenbauweise.

Bei der **Komplettbauweise** besteht das Teil oder Erzeugnis aus einem zusammenhängenden Baukörper.

Beispiel Man kann das Fußgestell eines Sessels in einem Arbeitsgang mithilfe einer Rohrbiegemaschine formen. Das Fußgestell kann aber auch aus Einzelteilen hergestellt werden, die miteinander verzapft, verschweißt, gelötet, verschraubt oder vernietet werden.

Bei Einweg- oder Wegwerfkonstruktionen wird häufig das gesamte Produkt in Komplettbauweise hergestellt.

Beispiele Einweggeschirr, Einwegspritzen oder Gartenstühle

Bei der **Baugruppenbauweise** lassen sich die Teile austauschen.

Beispiele die Sitzschale eines Stuhles oder die Gleiter bei einem Drehstuhl

Die Austauschbarkeit von Teilen oder Baugruppen ist dann besonders sinnvoll, wenn sie verschleißgefährdet und damit reparaturanfällig sind.

Werden einzelne Funktionen des Produktes von trennbaren, damit auswechselbaren und andersartigen Baugruppen oder Teilen erfüllt, so handelt es sich um eine Baukastenbauweise.

Durch eine Vereinheitlichung der Passflächen ist es möglich, zur Erfüllung einer bestimmten Funktion zwischen einzelnen Baugruppen zu wählen. Auf diese Weise kann man auf der Basis einer beschränkten Anzahl von Baugruppen eine Vielzahl von verschiedenen Produktausführungen anbieten. Um spezifische Kundenwünsche zu erfüllen und Kosten zu sparen, wird die Baukastenbauweise zunehmend auf verwandte oder ergänzende Produkte übertragen.

Beispiel Soll ein Konferenzraum eingerichtet werden, so wünscht der Kunde Tische, Stühle und Rednerpult in einem ähnlichen Design.

Geplante Obsoleszenz:

Viele Geräte haben eine kürzere Produktlebensdauer als früher. Dies zeigt sich in dem zunehmenden Anfall an Elektronikschrott, der inzwischen weit über eine Million Tonnen jährlich in Deutschland erreicht hat. Fachleute sehen die Ursache darin, dass bestimmte Hersteller durch konstruktive Maßnahmen

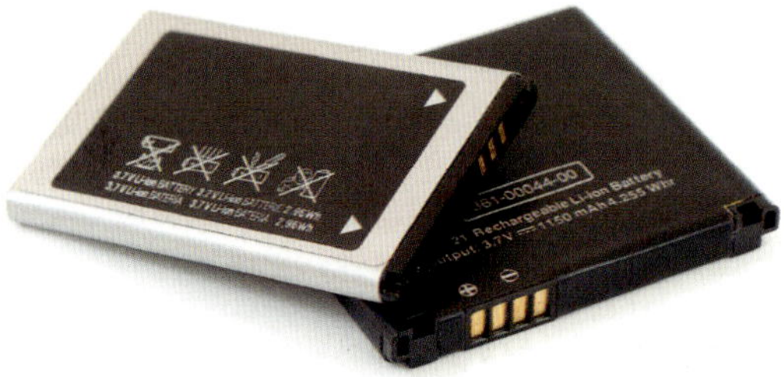

ein vorzeitiges Altern oder den Ausfall von Geräten bewusst in Kauf nehmen oder sogar planen. Man bezeichnet dieses Verhalten als **geplante Obsoleszenz**. Die Instandsetzung solcher Geräte ist technisch nicht machbar oder wirtschaftlich nicht vertretbar.

Beispiele Akkus, die fest verklebt und somit nicht austauschbar sind wie bei einer elektrischen Zahnbürste oder früher beim iPhone 5 von Apple; minderwertige Elektrolytkondensatoren (Elkos), die die Lebensdauer eines Fernsehers halbieren; Zahnräder aus Kunststoff statt aus Metall, die einem schnellen Abrieb unterliegen und z. B. einen Küchenmixer nach kurzer Zeit unbrauchbar machen.

Nachahmung der Natur durch die Adaptronic:

Die Adaptronic ist eine noch sehr junge Wissenschaft und vornehmlich im Maschinenbau beheimatet. Ähnlich wie die Bionic (vgl. S. 411) nimmt sie die Natur als Vorbild bei der Produktgestaltung. Zum Beispiel passt ein Vogel seine Flügel ständig den Strömungsverhältnissen an. Dies überträgt man auf Maschinen, indem die bisherige passive oder statische Struktur sich mithilfe geeigneter Aktor-, Sensor- und Regelelemente aktiv an die jeweilige Betriebsbedingung anpasst. Solche Maschinensysteme arbeiten in der Regel effizienter, ökonomischer und mit einer höheren Lebensdauer.

Beispiele Kängurus als Vorbild für Lauf- und Sprunggeräte, die Nachahmung von Katzenpfoten bei Reifenprofilen oder der Haihaut bei Schwimmanzügen, der Grashalm als Vorbild für den Aufbau von Windkraftanlagen

Möglichkeiten der Produktdokumentation

Stücklisten:

Unter einer **Stückliste** versteht man die Aufzeichnung der Rohstoffe, Teile und Baugruppen eines bestimmten Erzeugnisses. Sie enthält Angaben über die Art oder Beschaffenheit und die notwendige Menge des Einsatzmaterials. Stücklisten werden aus der Struktur, d. h. dem Aufbau eines Erzeugnisses, abgeleitet.

Beispiel

Mögliche Erzeugnisstruktur für einen neuen Stapelstuhl der Bürodesign GmbH, bei dem der Rücken aus einer Polypropylen-Schale und der Sitz textilgepolstert ist.

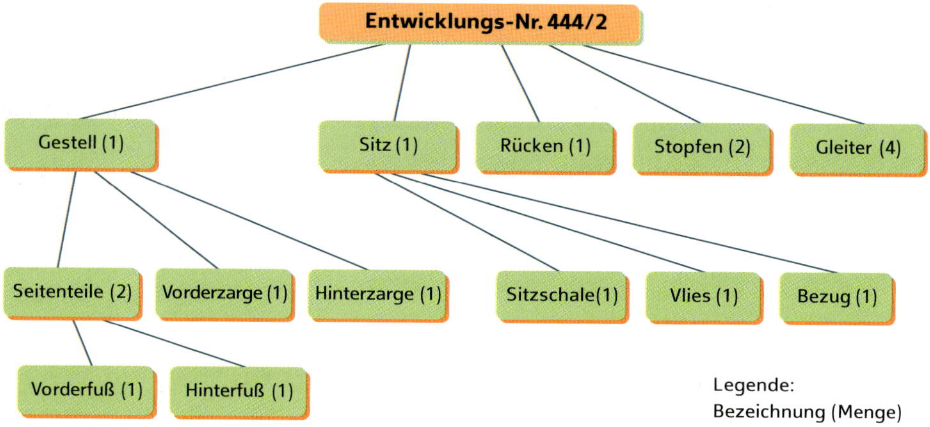

- **Mengenübersichtsstückliste:** Die Mengenübersichtsstückliste enthält nur die Teile und Baugruppen des Erzeugnisses mit den entsprechenden Mengenangaben. Sie zeigt nicht die Zusammensetzung der Baugruppen. So können die Einzelteile der auf Lager befindlichen Baugruppen bei der **Nettobedarfsplanung** nicht berücksichtigt werden. Die Mengenübersichtsstückliste eignet sich daher nur für einfache Erzeugnisse, die aus Einzelteilen bestehen. In der Regel wird diese Stückliste für die Kalkulation der Materialkosten ausreichen.

Beispiel Stapelstuhl

Bezeichnung	Anzahl
Gestell	1
Sitz	1
Seitenteile	2
Rücken	1
Stopfen	2
Gleiter	4
Vorderzarge	1
Hinterzarge	1
Sitzschale	1
Vlies	1
Bezug	1
Vorderfuß	2
Hinterfuß	2

- **Strukturstückliste:** Die Strukturstückliste enthält den Bedarf an Baugruppen und Einzelteilen in den einzelnen Fertigungsstufen. Hier wird die Zusammensetzung der Baugruppen durch eine Einrückung der untergeordneten Baugruppen ersichtlich; dies erlaubt eine klare Berechnung des Nettobedarfs von Einzelteilen, auch wenn sich ganze Baugruppen auf dem Lager befinden. Liegt der Zeitpunkt für eine bestimmte Fertigungsstufe fest, so kann man unter Berücksichtigung der Vorlaufverschiebung für die Beschaffungszeit eines notwendigen Kaufteiles den Bestellzeitpunkt für dieses Teil exakt ermitteln.

Beispiel Stapelstuhl – Entwicklungs-Nr. 444/2

Fertigungsstufe	Materialnummer	Materialbezeichnung	Menge
1	200	Gestell	1
2	210	Seite	2
3	211	Vorderfuß	1
3	212	Hinterfuß	1
2	305	Vorderzarge	1
2	310	Hinterzarge	1
1	400	Sitz	1
2	500	Sitzschale	1
2	701	Polstervlies	1
2	750	Stoffbezug	1
1	300	Rücken	1
1	612	Stopfen	2
1	610	Gleiter	4

- **Baugruppenstückliste:** Die Baugruppenstückliste enthält alle Teile und Untergruppen einer Baugruppe, z. B. eines Stuhlgestells oder eines Lagers bei einem Drehsessel. Neben Informationen über Art und Menge der Einzelteile enthält sie auch Angaben über die Fertigungsstufe, auf der die Baugruppenmontage erfolgt. Wegen ihrer guten Überschaubarkeit dient die Baugruppenstückliste vor allem als Arbeitsunterlage in der Fertigung.

Konstruktionszeichnungen:

Eine Aufgabe der Konstruktionsabteilung besteht nicht nur in der Entwicklung des Produktes, sondern auch in der **Produktdokumentation**, d. h. in der Darstellung des Produktes. Die Darstellung eines Erzeugnisses kann **bildlich, gegenständlich** oder **beschreibend** erfolgen.

Die bildliche Darstellung des Erzeugnisses erfolgt in der Regel mithilfe von Konstruktionszeichnungen. Im Unterschied zu einer Skizze, die durchaus einer Konstruktionszeichnung vorangehen kann, werden bei einer Konstruktionszeichnung bestimmte Normen für die Darstellung eingehalten. Diese Normen legen z.B. klare Richtlinien fest für die Benutzung bestimmter Schriftarten und Linienarten oder die Darstellung verschiedener Projektionen bzw. Ansichten des Erzeugnisses.

Durch die genormte Konstruktionssprache ist es allen Beteiligten möglich, mithilfe einer Konstruktionszeichnung den Aufbau des Produktes, die Verbindung zwischen Einzelteilen und Baugruppen, die Abmessungen der einzelnen Elemente und die notwendigen Funktionsanforderungen zu erkennen.

Beispiel So enthält eine Konstruktionszeichnung für einen Bürodrehstuhl nicht nur die Außenmaße der einzelnen Teile, wie Sitzfläche und Rückenlehne oder die Art der Gleiter- oder Rollenausführung, sondern auch die Verstellbereiche für die Höheneinstellung des Sitzes und der Rückenlehne. Der Konstruktionszeichnung sind auch Aussagen über die Belastbarkeit des Stuhles zu entnehmen.

Konstruktionszeichnungen sind von Bedeutung für

- die Angebotserstellung, vor allem bei einer Einzelanfertigung,
- die Durchführung der Fertigung,
- statische Berechnungen,
- die Anwendung von Prüfverfahren,
- die Patent- und Gebrauchsmusteranmeldung.

▲ Muster:

Unter einem Muster versteht man die **gegenständliche** Darstellung eines Erzeugnisses. Häufig sind Skizzen oder Zeichnungen nicht aussagefähig genug, vor allem wenn die Anmutung, d.h. die ästhetischen Eigenschaften eines Erzeugnisses beurteilt werden sollen.

Beispiele Besteck, Textilien, Schuhe, Porzellan

Dient ein Muster gleichzeitig zur Erprobung der Produkteigenschaften, so bezeichnet man diese Erzeugnisausführung als **Prototyp**.

▲ Arbeitsanweisungen:

Bei manchen Produkten lässt sich die Zusammensetzung des Erzeugnisses weder bildlich noch gegenständlich darstellen. Dies ist vor allem in der chemischen Industrie der Fall. Hier bilden Arbeitsanweisungen eine **beschreibende Ergänzung** zu den **Rezepturen**, die die Zusammensetzung des Erzeugnisses angeben. Diese Arbeitsanweisungen beschreiben, in welcher Reihenfolge die einzelnen Rohstoffe zugegeben werden müssen und welche Einwirkgrößen bei den einzelnen Prozessen einzuhalten sind wie Temperaturen oder Rührgeschwindigkeiten.

Beispiele Herstellung von Farben, Kunststoffen oder Arzneimitteln

Produktplanung

Quellen für Produktideen

- abgelaufene Patente
- Lizenzrechte
- Beteiligungen
- Tendenz in anderen Produktbereichen
- Verbesserungsvorschläge von Kunden
- Forschungsergebnisse
- eigene Ideensuche und -versuche (Brainstorming)

↓

wirtschaftliche Voraussetzungen für die Realisierung einer Produktidee

- ausreichender Bedarf (unausgeschöpftes Marktpotenzial)
- Chance für einen Markteintritt
- Möglichkeiten zur Markterfassung
- eine gewisse Marktbeständigkeit
- kostendeckende und gewinnbringende Preise
- geeignete und sichere Beschaffungsquellen für die notwendigen Materialien

↓

Anforderungen an die Produktgestaltung

technische Anforderungen

- Optimale Eignung für den vorgesehenen Verwendungszweck
  - Materialeignung
  - Konstruktionseignung
  - bestmöglicher Sicherheitsstandard
- Einhaltung bestehender Normen
- Einhaltung gesetzlicher Vorschriften
- Möglichkeit der Einbeziehung vorhandener Anlagen in die Fertigung

ökologische Anforderungen

- Verzicht auf knappe und nicht reproduzierbare Rohstoffe
- Vermeidung einer Gesundheits- und Umweltbelastung
- Energiesparende Herstellung und Verwendung
- Langlebigkeit
- Recyclingfähigkeit

Mögliche Anforderungen an das Produktkonzept – Einheit von Produkt, Verpackung, Name –

sachliche Ansprüche

- Haltbarkeit
- Pflegeleichtigkeit
- Reparierbarkeit

ästhetische Ansprüche

- ansprechende Farben
- weiche Formen
- angenehmer Geruch

symbolische Ansprüche

- Überlegenheit
- Hochwertigkeit
- Sportlichkeit

Erzeugnisdarstellung

Konstruktionszeichnungen Stücklisten | **Muster Modelle** | **Beschreibungen Formeln**

1 Für die Einführung eines neuen Produktes sind Neuinvestitionen notwendig. Die Unternehmensleitung stimmt der notwendigen Investition nur zu, wenn eine Amortisationszeit von vier Jahren für die zusätzlichen Investitionen eingehalten werden kann.

Zusätzliche Anlageinvestition:	2 200 000,00 €
Geplante Nutzungsdauer:	8 Jahre
Abschreibung:	linear
Erwarteter Zusatzgewinn pro Jahr:	300 000,00 €

Berechnen Sie anhand der vorangegangenen Daten die Amortisationszeit und stellen Sie fest, ob die von der Unternehmensleitung vorgegebene Bedingung erfüllt ist.

2 Der Bürodesign GmbH wurde von einem Importeur sehr preisgünstig ein Klavier angeboten, das bei festlichen Anlässen im Konferenzraum eingesetzt werden könnte. Das Gehäuse besteht aus Palisander, die Tastatur wurde aus echtem Elfenbein gearbeitet. Frau Friedrich, die Geschäftsführerin, hat das Angebot jedoch aus ökologischen Gründen strikt abgelehnt.
Suchen Sie nach einer Begründung für die Haltung der Geschäftsführerin.

3 Erstellen Sie in Gruppenarbeit ein Pflichtenheft für die Gestaltung eines neuen Produktes, und zwar für einen Gebrauchsartikel, z. B. einen Kinderstuhl, und einen Verbrauchsartikel, z. B. eine neue Grapefruit-Konfitüre.

a) Berücksichtigen Sie bei Ihren Überlegungen
   aa) technische,
   ab) wirtschaftliche,
   ac) ökologische Gesichtspunkte.

b) Beschreiben Sie hierbei die unterschiedliche Bedeutung der Verkaufsverpackung.

4 Ein Geschäftsfreund der Bürodesign GmbH, und zwar die Zanti GmbH, sucht einen zusätzlichen Gesellschafter, weil das vorhandene Eigenkapital aufgestockt werden soll, damit die Kapazität erhöht werden kann. Hierzu lockt die Zanti GmbH mit folgenden Zahlen:
In den alten und neuen Bundesländern existieren ca. 43,2 Mio. Haushalte. Nach einer Kundenbefragung deckte bisher ein Glas „süßer Brotaufstrich“ den Bedarf von ca. 24 Tagen pro Haushalt. Es wurden nach einem Branchenbericht in der vergangenen Absatzperiode etwa 576 Mio. Gläser abgesetzt. Durch den Trend zur vegetarischen Ernährung hat der Verzehr von Fleisch und Wurst in den letzten Jahren um 30 % abgenommen. Die Nachfrage verlagerte sich je zur Hälfte auf Käse und süße Brotaufstriche.
Den Markt teilen sich die Großhersteller X, Y und Z (Zanti) im Verhältnis 2 : 2 : 6.
a) Berechnen Sie das alte und das neue Marktpotenzial. Gehen Sie hierbei von 360 Tagen aus.
b) Ermitteln Sie den bisherigen Marktdurchdringungsgrad.
c) Berechnen Sie das bisherige spezielle Marktvolumen der Zanti GmbH.
d) Suchen Sie nach einer Begründung dafür, dass die Zanti GmbH ihren Marktanteil halten möchte.

5 Das Produkt Nr. 1503 besteht aus Kaufteilen (K) und Fertigungsteilen (F).
Es hat die folgende Erzeugnisstruktur. Erstellen Sie für das Produkt
a) eine Mengenübersichtsstückliste,
b) eine Strukturstückliste.

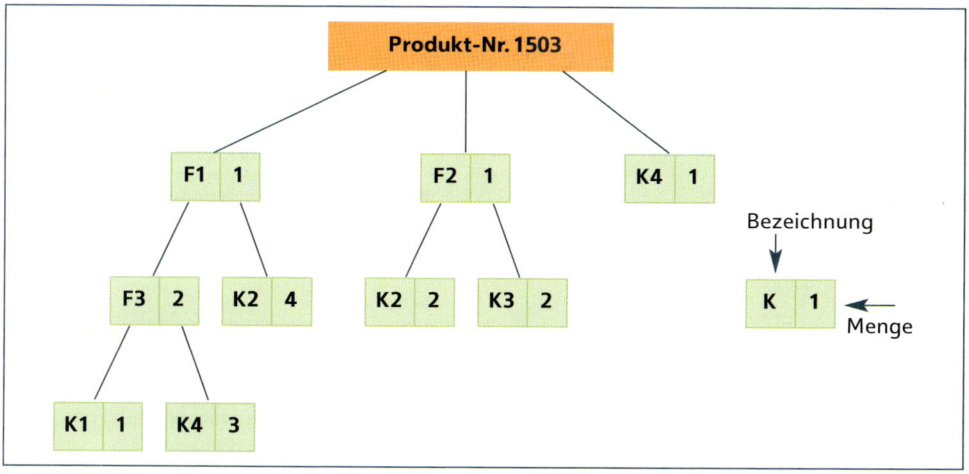

1.2.3 Fertigungsablaufplanung

Herr Stam, als Abteilungsleiter zuständig für den Absatz der Bürodesign GmbH, hatte es in den letzten Monaten nicht immer leicht. Die Absatzprognosen der Außendienstmitarbeiter hinkten hinter den tatsächlichen Absatzergebnissen hinterher, d. h., sie waren zu niedrig oder zu hoch. Kundenaufträge wurden verschoben oder gar nicht erst angenommen. Die Probleme pflanzten sich bis in den Produktionsbereich fort. Um dem Vertrieb entgegenzukommen, wurde mancher Auftrag begonnen, jedoch bedingt durch Fehlteile zwischengelagert, was wiederum zu unwirtschaftlichen Liegezeiten führte.

- Stellen Sie fest, welche Planungsarbeiten der Ausführung eines Auftrages vorangehen müssen.
- Beschreiben Sie die Inhalte eines Arbeitsplanes.
- Erklären und bewerten Sie die verschiedenen Möglichkeiten der Terminierung.
- Erläutern Sie mögliche Hilfsmittel für eine exakte Terminplanung und ihre zweckmäßige Anwendung.
- Untersuchen Sie kritisch einzelne Möglichkeiten der Mobilisierung von Kapazitätsreserven.

Arbeitsplanung

Aufgaben der Arbeitsplanung:

Die Aufgabe der Arbeitsplanung besteht darin, die zur Fertigung eines Teiles, einer Baugruppe oder Enderzeugnisses notwendigen Arbeitsvorgänge zu ermitteln. Gleichfalls stellt die Arbeitsplanung fest, welche Vorgänge schrittweise hintereinander erfolgen müssen und welche Arbeitsvorgänge parallel geschaltet werden können. Die Ergebnisse der Arbeitsplanung werden in Arbeitsplänen festgehalten.

Beispiel Arbeitsvorgänge für die Herstellung eines Fußgestells aus Alu-Rohr für einen Staplerstuhl

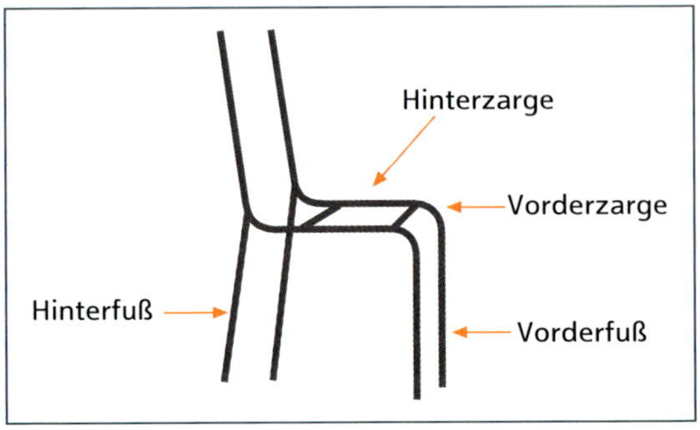

Teile	Vorgänge				
Vorderfuß	Sägen →	Biegen →	Abkanten →	Bohren ↘	Löten
Vorderzarge	Sägen →			→	Löten
Hinterzarge	Sägen →			→	Löten
Hinterfuß	Sägen →	Biegen →	Abkanten ↗		Löten

Die Arbeitsplanung beschränkt sich nicht nur auf die Auflistung der für ein Erzeugnis notwendigen Arbeitsvorgänge, sie legt auch fest, welche Fertigungsverfahren für eine bestimmte Fertigungsmenge zu wählen sind, welche Alternativen bei einem Maschinenengpass einen technischen und wirtschaftlichen Ausweg bieten und mit welchen Zeiten bei den einzelnen Vorgängen zu rechnen ist.

Beispiel Für die Herstellung der Seitenteile des Staplers gibt es zwei Alternativen. Vorderfuß und Rückenlehnenbefestigung bilden eine Einheit, oder Hinterfuß und Rückenlehnenbefestigung bilden eine Einheit. Für die Verbindung von Vorderfuß und Hinterfuß gibt es wiederum zwei Alternativen. Sie kann durch Schweißen oder Löten erfolgen.

Alternative A für die Herstellung des Seitenteils

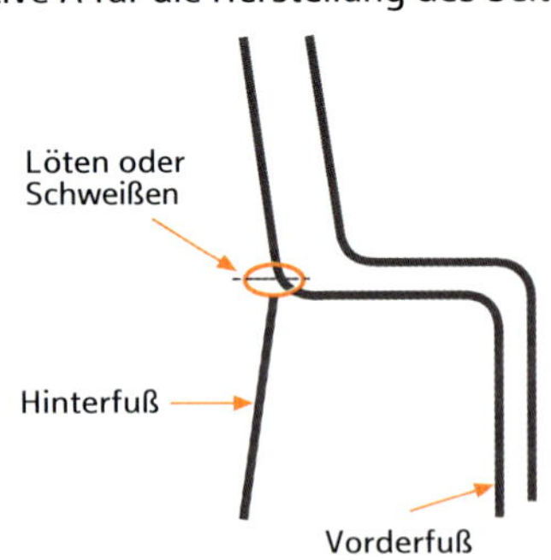

Alternative B für die Herstellung des Seitenteils

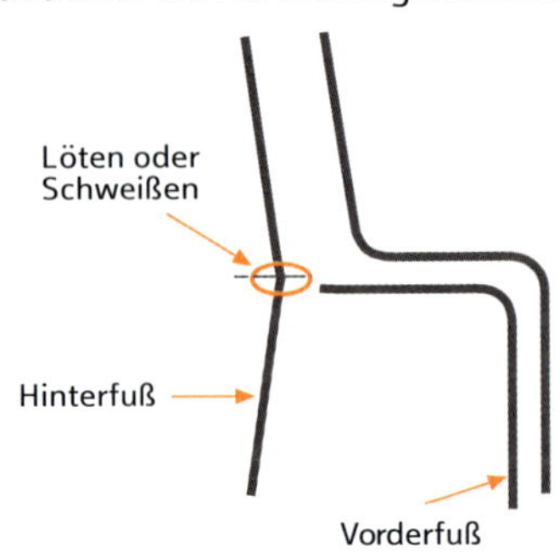

Für die Herstellung von Vorderfuß und Hinterfuß können wiederum mehrere Alternativen infrage kommen. Die Entscheidung für eine bestimmte Alternative hängt i. d. R. von der Losgröße ab.

Fertigungsalternative A für die Herstellung des Vorderfußes

Fertigungsverfahren bis Losgröße 100	maschinell Sägen	→	maschinell Biegen	→	Abkanten	→	Schweißen
Fertigungsalternative:	Stanzen						manuell Löten

Fertigungsalternative B für die Herstellung des Vorderfußes

Fertigungsverfahren ab Losgröße 101	CNC-gesteuert in einem Arbeitsgang auf Länge schneiden und biegen	→	Abkanten	→	Schweißen
Fertigungsalternative:					maschinell Löten

Kostenstelle	328	Arbeitsgangnummer	00193
Maschinenfaktor	2,5 €/Min.	Rüstzeit	ca. 15 Min.
Standort	Metallbau	Losgröße	< 25
Maschinen-Nr.	L/ 501	Status	aktiv (betriebsbereit)
Arbeitsgang	maschinell Löten	Fertigungsalternativen	A = Kostenstelle 329 B = Kostenstelle 340

Aufbau und mögliche Inhalte eines Arbeitsplanes:

Arbeitspläne beschreiben den einzelnen Arbeitsschritt, das notwendige Material, das zweckmäßige Betriebsmittel, die geeigneten Werkzeuge und die Soll-Zeit für die Durchführung des Arbeitsvorganges. Arbeitspläne müssen **Outputdaten** enthalten, d. h. Angaben über die zu fertigende Menge oder Stückzahl. Des Weiteren müssen Arbeitspläne **Inputdaten** enthalten, d. h. Angaben über das verwendende Material, den Materialverbrauch und eventuell über die Arbeitswerte, womit wiederum Angaben über den notwendigen Eignungsgrad des Arbeitnehmers und damit die zu vertretenden Lohnkosten für den Arbeitsschritt zu verstehen sind. Gleichzeitig enthalten die Arbeitspläne **Ablaufdaten**, d. h. Informationen darüber, welcher Arbeitsgang an welchem Maschinenplatz, mit welchen Werkzeugen und in welcher Zeit durchzuführen ist.

Beispiel Für den „Konzentra“-Stuhl sind 100 Polsterbezüge aus Textil auszustanzen.

Outputdaten	
Artikelnummer/Teilenummer:	205/3//055
Artikelbezeichnung:	Sitzbezug M5
Fertigungsgrößen/Einheiten:	100 Stück
Inputdaten	
Materialnummer:	750
Materialbezeichnung:	Stoff Alina
Materialbedarf/-verbrauch:	0,389 m^2
Ablaufdaten	
Tätigkeitsnummer:	8220
Arbeitsgangbezeichnung:	Zuschnitt
Kostenstelle/Maschinenplatz:	045 01
Werkzeuge:	Stanzmesser -SM 153
Rüstzeit und Ausführungszeit:	24/100 Min.
Varianten bzw. Alternativen für den Ablauf:	mit MS-Schere ausschneiden

Arbeitspläne bilden die Basis für die Erstellung notwendiger Arbeitsbelege wie Materialentnahmescheine, Lohnscheine, Termin- und Prüfkarten. Sie erleichtern der Fertigungssteuerung die Auftragsterminierung und Maschinenbelegung. Die Kalkulation ermittelt aufgrund der Arbeitspläne die Belastung des Erzeugnisses mit Material-, Maschinen- und Lohnkosten.

Terminplanung

Hilfsmittel für die Terminplanung:

INFO

Aus den angegebenen Zeiten in den Arbeitsplänen ergibt sich die voraussichtliche Durchlaufzeit für die Fertigung eines Erzeugnisses oder eines bestimmten Fertigungsauftrages. Unter Berücksichtigung zugesagter Liefertermine und Vermeidung einer unwirtschaftlichen Kapitalbindung wird man im Rahmen einer Termingrobplanung den Zeitraum für die Auftragsfreigabe und die Liegezeit nach Auftragsfertigstellung festlegen. Die Berechnung der Anfangs- und Endtermine kann unter Verwendung der **Netzplantechnik** erfolgen. Hierbei werden für jeden Vorgang im Rahmen eines Auftrages die frühesten Anfangs- und Endtermine, die Bearbeitungszeit und die Pufferzeit berechnet. Die Pufferzeit ergibt sich aus der Differenz zwischen den frühesten und spätesten Anfangs- oder Endterminen.

Beispiel 500 Stapelstühle sollen von der Bürodesign GmbH für eine Festspielhalle gefertigt werden.

Vorgangsliste

Vorgangsnummer	Vorgangsbezeichnung	Zeitaufwand in Tagen	Vorgänger	Nachfolger
1	Auftragsplanung	2	-	2, 3, 5, 6, 8
2	Seitenteile biegen, bohren, löten	6	1	4
3	Zargen stanzen	3	1	4
4	Fußgestell schweißen	9	2,3	9
5	Sitzschale pressen	4	1	7
6	Polsterbezug herstellen	6	1	7
7	Sitz polstern	6	5,6	9
8	Rückenlehne schäumen	6	1	9
9	Montage	3	4, 7, 8	10
10	Verpackung	1	9	–

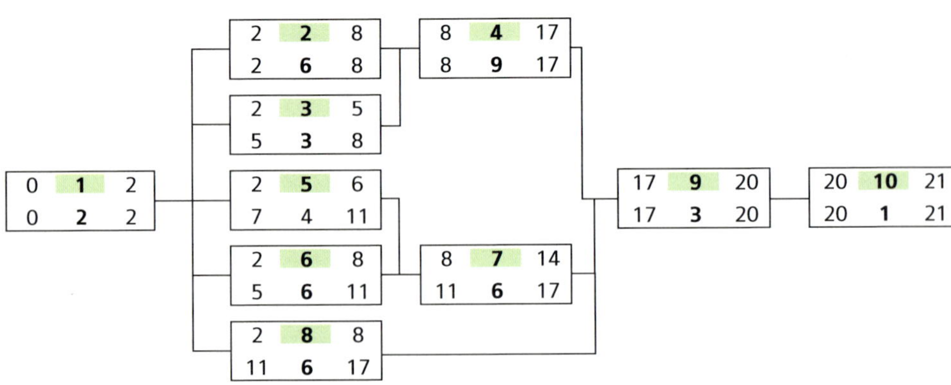

Legende

frühester Anfangszeitpunkt	Vorgangsnummer	frühester Endzeitpunkt
spätester Anfangszeitpunkt	Vorgangsdauer	spätester Endzeitpunkt

Betrachtet man die Vorgänge 1, 2, 4, 9 und 10, so stellt man fest, dass deren früheste und späteste Zeitpunkte gleich sind. Zeitreserven sind somit nicht vorhanden. Dies bedeutet, dass die Verzögerung eines Vorganges zu einer Verzögerung des gesamten Fertigungsauftrages führt. Die Verbindung dieser Vorgänge bzw. Knoten wird deshalb als **kritischer Weg** bezeichnet.

Vorgänge, die nicht auf dem kritischen Weg liegen, haben eine Zeitreserve bzw. Pufferzeit. Verlängert sich hier ein Vorgang, so muss dies nicht zu einer Verlängerung der gesamten Durchlaufzeit führen.

Der **Gesamtpuffer** beinhaltet die Zeitspanne zwischen frühester und spätester Lage eines Vorganges. Der **freie Puffer** umfasst die Zeitspanne, um die ein Vorgang gegenüber seiner frühesten Lage verschoben werden kann, ohne die früheste Lage anderer Vorgänge zu beeinflussen. So beträgt der Gesamtpuffer des 5. Vorganges fünf Tage; der freie Puffer nur zwei Tage.

Für die Terminplanung kann auch ein **Balkendiagramm** benutzt werden. Die einzelnen Vorgänge werden unter einer Zeitachse in Balkenform dargestellt. Für einfache Erzeugnisse wird diese Form der Terminplanung sicherlich genügen. Handelt es sich um ein Erzeugnis, das aus unterschiedlichen Baugruppen besteht, so ist ein Netzplan vorzuziehen, weil hier die Abhängigkeiten und Zeitreserven besser erkannt werden können.

Beispiel Bezogen auf das vorangehende Beispiel ergibt sich mithilfe eines Balkendiagramms die folgende Darstellung:

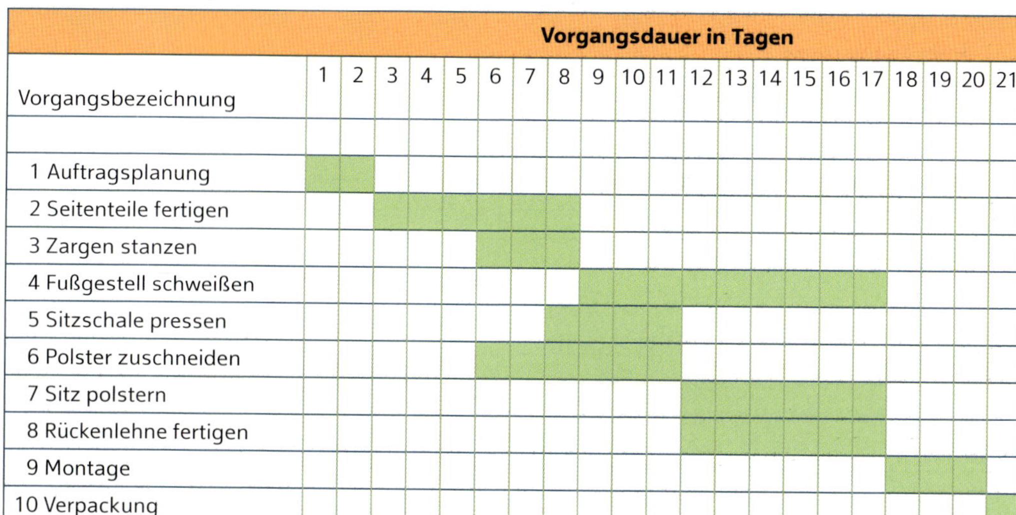

Möglichkeiten der Auftragsterminierung:

- **Vorwärtsterminierung:** Bei der Vorwärtsterminierung wird mit der Fertigung aller Teile zum Starttermin begonnen. Dies hat zur Folge, dass viele Teile zwischengelagert werden müssen, bevor man mit der Montage der Baugruppen und des Endproduktes beginnt. Hierdurch erhöht sich die Kapitalbindung. Zeitverzögerungen können jedoch eher aufgefangen werden.

  Beispiel Bei der Bürodesign GmbH besteht der Konferenztisch „Logo" aus zwei Baugruppen (B1 und B2) sowie einem Einzelteil (T10). Die Baugruppe B1 besteht aus vier Einzelteilen (T1, T2, T3, T4) und die Baugruppe B2 aus drei Einzelteilen (T6, T7, T8). Bis zum Ende des 170. Fabrikkalendertages sollen 50 Konferenztische gefertigt werden. Die von der Arbeitsvorbereitung ermittelte Durchlaufzeit beträgt mindestens acht Tage. Man beginnt mit der Fertigung aller Einzelteile am 163. Fabrikkalendertag.

Fabrikkalendertage

	163	164	165	166	167	168	169	170	171	172
	Ebene 2			Ebene 1			Ebene 0			
T1				B1						
T2										
T3										
T4										
T6				B2						
T7										
T8										
T10										
Montage										
Kontrolle										

- **Rückwärtsterminierung:** Bei der Rückwärtsterminierung haben die Teile und Baugruppen den gleichen Endtermin. Es entfallen eine ganze Reihe von Liegezeiten. Dies reduziert die Kapitalbindungskosten. Treten Störungen auf, so ist jedoch die Gefahr größer, dass Liefertermine nicht eingehalten werden können.

  Beispiel Bei einer Rückwärtsterminierung werden die Teile und Baugruppen des Konferenztisches „Logo" unter Beachtung der notwendigen Vorlaufverschiebung erst gefertigt, wenn sie für die Teilemontage und Endmontage gebraucht werden. Hieraus ergeben sich sehr unterschiedliche Anfangstermine.

Fabrikkalendertage

163	164	165	166	167	168	169	170	171	172
Ebene 2			Ebene 1			Ebene 0			
		T1	B1						
	T2								
T3									
	T4								
		T6		B2					
			T7						
		T8							
			T10						
Montage									
Kontrolle									

Kapazitätsplanung

Aufgaben der Kapazitätsplanung:

Die Aufgabe der Kapazitätsplanung besteht darin, die vorhandene Kapazität mit der Kapazitätsnachfrage der kommenden Fertigungsperioden in Einklang zu bringen.

Das vorrangige Ziel der Kapazitätsplanung ist eine **optimale Maschinenbelegung** unter Berücksichtigung der Terminvorgaben des Fertigungsprogramms.

- **Berechnung der Kapazitätsnachfrage:** Die Kapazitätsnachfrage ergibt sich aus dem Primärbedarf (vgl. S. 422) und dem Eigenbedarf für eine bestimmte Fertigungsperiode sowie den Arbeitsplänen (vgl. S. 440) für die einzelnen Produkte bzw. Aufträge.

  Beispiel Die folgenden Fertigungsaufträge sollen in der 12. Kalenderwoche bei der Bürodesign GmbH durchgeführt werden. Aufgrund der vorhandenen Arbeitspläne nehmen die erforderlichen Schweißarbeiten 133,3 Stunden in Anspruch.

Fertigungsauftrag	Menge in Stück	Rüstzeit in Minuten	Zeit je Einheit in Minuten	Ausführungszeit in Minuten	Auftragszeit in Min.	in Std.
Stardesign	180	20	15	2700	2720	
Xama 2000	150	20	20	3000	3020	
Logo	200	20	10	2000	2020	
Kapazitätsnachfrage					7760 =	133,3 Std.

Möglichkeiten der Kapazitätsabstimmung:

Kapazitätsangebot und Kapazitätsnachfrage stimmen selten überein. Deshalb ist man in der Arbeitsvorbereitung gezwungen, eine Kapazitätsabstimmung durch einen Kapazitätsabgleich und/oder eine Kapazitätsanpassung vorzunehmen.

Leistungsfähige SAP-Programme, die alle wesentlichen Daten und Kennziffern über die vorhandenen Maschinen und Arbeitsplätze enthalten, verarbeiten und ständig aktualisieren, sind hierbei eine wesentliche Hilfe.

- **Kapazitätsabgleich:** Die Abstimmung zwischen dem Kapazitätsangebot und der Kapazitätsnachfrage erfolgt durch Umschichtungen im Rahmen der vorhandenen Kapazitäten. So können Mehr- oder Minderbedarf durch eine **zeitliche Umschichtung**, d. h. ein Verschieben oder Vorziehen von Fertigungsaufträgen, abgebaut werden. Voraussetzung hierfür ist, dass der Fertigungsvorgang nicht auf dem kritischen Weg liegt (vgl. S. 441) und somit eine Zeitverzögerung die Durchlaufzeit des Gesamtvorganges nicht beeinträchtigt.

  Mehr- oder Minderbedarf werden häufig auch durch **personelle Umsetzungen** ausgeglichen.

  Beispiel Ein Arbeitnehmer arbeitet morgens im Metallbau und nachmittags in der Polsterei. Besteht eine flexible Wochenarbeitszeit, z. B. eine 30- bis 40-Stunden-Woche, so kann diese dem Kapazitätsbedarf angepasst werden.

  Mehr- oder Minderbedarf können auch durch ein Ausweichen auf andere Betriebsmittel abgeglichen werden. Voraussetzung für diesen **technologischen Abgleich** ist, dass die Produktkalkulation die Kosten des höherwertigeren Verfahrens zulässt.

  Beispiel Dies ist der Fall, wenn bei einer Kapazitätslücke im Bereich Schweißen ein Teil der Gestelle nicht geschweißt, sondern gelötet wird.

- **Kapazitätsspielräume:** Mehr- oder Minderbedarf können auch durch eine Ausnutzung von vorhandenen Kapazitätsspielräumen abgedeckt werden. Die Grenzen für die Normalkapazität werden durch eine Beseitigung einzelner Engpässe verschoben.

  Beispiel Der Mehrbedarf für den Ablauf Schweißen wird durch Überstunden, Sonderschichten, Personalleasing oder einer Fremdvergabe ausgeglichen. Besteht die Möglichkeit einer Variation der Produktionsgeschwindigkeit, so könnte man auch eine intensitätsmäßige Anpassung vornehmen. Dies ist jedoch sehr selten möglich, weil moderne Anlagen wie NC- und CNC-Maschinen optimal eingestellt sind und keine Veränderungen zulassen.

- **Kapazitätsanpassung:** Besteht eine kontinuierliche Lücke zwischen dem Kapazitätsangebot und der Kapazitätsnachfrage, so sollte eine Kapazitätsanpassung vorgenommen werden, d. h., die Kapazität wird durch die Anschaffung neuer Betriebsmittel und die Einstellung von neuem Personal erweitert oder durch die Stilllegung von Maschinen und Entlassung von Personal abgebaut. Wird die Kapazität erweitert, so steigen die fixen Kosten in der Regel sprunghaft an, weil die meisten

Maschinensysteme nur begrenzt teilbar sind. Ähnliches gilt für einen zeitlich flexiblen Personaleinsatz, dem durch den Kündigungsschutz Grenzen gesetzt sind. Es entstehen Leerkosten und somit eine zusätzliche Belastung der Stückkosten. Diese Umstände begründen die Zurückhaltung der Unternehmen vor einer maschinellen und personellen Kapazitätserweiterung.

Fertigungsablaufplanung

Tätigkeiten, die der Vorbereitung des Fertigungsprozesses dienen

Arbeitsplanung

- Zerlegung von Fertigungsaufträgen in einzelne Arbeitsvorgänge und Fertigungsschritte
- Ermittlung der notwendigen technischen Abfolge und möglicher Parallelität von Arbeitsschritten
- Ermittlung des Zeitbedarfs für die einzelnen Arbeitsvorgänge
- Festlegung technisch machbarer und kostengünstiger Fertigungsverfahren

Ziel: kostengünstige Fertigung

Terminplanung

- Festlegung frühester und spätester Anfangs- und Endtermine für die Fertigung von Einzelteilen, Baugruppen und die Endmontage
- Ermittlung des kritischen Weges, auf dem keine Zeitverzögerungen auftreten dürfen
- Feststellung von Kapazitätsreserven aufgrund freier Puffer an einzelnen Maschinenplätzen

Ziel: Termineinhaltung

Kapazitätsplanung

Kapazitätsangebot

- Anlagenkapazität
- Personalkapazität
- Kapazitätsspielraum

Kapazitätsnachfrage

- Primärbedarf
- technologischer Bedarf aufgrund von Arbeitsplänen
- Möglichkeiten zeitlicher Umschichtung

Ziel: optimale Maschinenbelegung

1 In einem Betrieb mit zwei identischen Maschinen fallen Fixkosten in Höhe von 6 000,00 € an. Die Kapazität der Maschinen beträgt jeweils 490 Stück, bei Zuschaltung der zweiten Maschine sind sprungfixe Kosten in Höhe von 700,00 € zu berücksichtigen. Die variablen Stückkosten während der regulären Arbeitszeit betragen 20,00 €, der Überstundenzuschlag beläuft sich auf 5,00 € je Stück. Durch eine Erhöhung der Betriebstemperatur um 20 Grad könnte man auch die Durchlaufzeit innerhalb einer 8-Stunden-Schicht um 12,5 % senken. Allerdings steigen die Energiekosten pro Schicht um 200,00 € an.

- Bei Zuschaltung der zweiten Maschine fallen folgende Kosten an:
  $K_1(x) = 6\,000{,}00 + 700{,}00 + 20{,}00 \cdot x$
- Bei Nutzung von Überstunden betragen die Kosten hingegen:
  $K_2(x) = 6\,000{,}00 + 20{,}00 \cdot x + 5{,}00 \cdot (x - 490{,}00)$

a) Beschreiben Sie die vorgegebenen Anpassungsmöglichkeiten an die Kapazitätsnachfrage.

b) Überprüfen Sie, ob eine Stückzahl von 550 durch eine Erhöhung der Betriebstemperatur machbar ist.

c) Stellen Sie die kritische Menge fest, bis zu der sich Überstunden lohnen und ab welcher Stückzahl die Zuschaltung einer 2. Maschine sinnvoll wird.

2 Ermitteln Sie in dem folgenden Netzplan für jeden Vorgang
a) die frühesten Anfangs- und Endzeiten,
b) die spätesten Anfangs- und Endzeiten,
c) den Gesamtpuffer und freien Puffer,
d) den kritischem Weg.

3 Errechnen Sie die Anzahl der Zeiteinheiten, um die sich der Auftrag verzögert, wenn sich
a) Vorgang 4 um zwei Zeiteinheiten,
b) Vorgang 6 um zwei Zeiteinheiten verzögert.

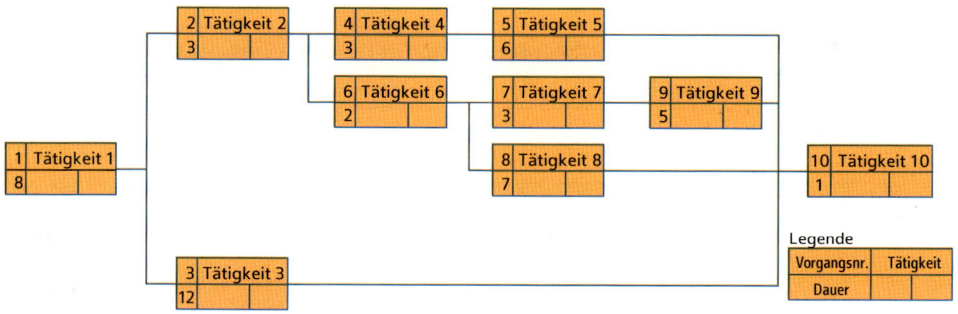

1.2.4 Steuerung des Fertigungsprozesses

Ihr Leistungskurs wurde von der Bürodesign GmbH zu einer Betriebsführung eingeladen. An einen sonst üblichen Leerlauf gewöhnt, konnte man mit Erstaunen feststellen, dass fast alle Maschinen und Arbeitsplätze mit Aufträgen belegt waren. Herr Messerschmidt, der für die Fertigungssteuerung zuständig ist, erklärte den Teilnehmern, dass dies nicht selbstverständlich sei:

Bei der Fertigungssteuerung gleiche kein Tag dem anderen. Keine andere Stelle im Betrieb müsse täglich mehr Probleme lösen und improvisieren als die Fertigungssteuerung.

- Stellen Sie fest, nach welchen Gesichtspunkten eine Maschinenbelegung vorgenommen werden kann.
- Suchen Sie eine Antwort auf die Frage, woher der einzelne Arbeitnehmer weiß, was er zu tun hat und wie er es zu tun hat.
- Begründen Sie die Notwendigkeit einer ständigen Arbeitsfortschrittskontrolle und erläutern Sie verschiedene Möglichkeiten für ihre Durchführung.

Die Fertigungsplanung legt lediglich den Rahmen für die Durchführung der Fertigung fest. Die **Aufgabe der Fertigungssteuerung** besteht darin, die konkret vorhandenen Betriebsaufträge zu realisieren. Die Fertigungssteuerung legt im Detail und unter Berücksichtigung der tatsächlich vorhandenen Einzelkapazitäten den Fertigungsablauf für einen Fabrikkalendertag oder mehrere Schichten fest. Ausgangspunkte sind die Vorgaben der Fertigungsplanung, Eckpunkte sind die betrieblichen Verfügbarkeiten.

Auftragsneustrukturierung

Häufig ist die Fertigungssteuerung gezwungen, die geplanten Aufträge neu zu strukturieren. Ein Arbeitsrückstand bei aktiven Aufträgen, d.h. von Aufträgen, die sich bereits in der Bearbeitung befinden, kann z.B. dazu führen, dass ein neuer Auftrag für die Fertigung nur freigegeben werden kann, wenn die von der Fertigungsplanung gewünschte Losgröße verringert wird. Kleinere Lose erfordern wiederum andere Verfahren, damit die anteiligen Rüstkosten vertretbar sind.

Beispiel Laut Fertigungsplan sind bei der Bürodesign GmbH die Fußgestelle für das Modell „Konzentra" bei einer Losgröße bis 100 Einheiten manuell zu löten. Erst ab 101 Einheiten lohnt sich der höhere Rüstaufwand für ein maschinelles Löten. Obwohl ein Fertigungsauftrag 200 Einheiten umfasst, muss ein manuelles Löten vorgenommen werden, weil die maschinelle Lötanlage bedingt durch einen Arbeitsrückstand bei einem vorhergehenden Auftrag noch belegt ist.

Die Kapazitätsüberlastung eines Maschinenplatzes kann dazu führen, dass ein anderes Fertigungsverfahren gewählt werden muss, auch wenn dies höhere Kosten verursacht.

Beispiel In der Abteilung Metallbau der Bürodesign GmbH fehlen am 51. Fabrikkalendertag zwei Arbeitnehmer. Laut Fertigungsplan sind die Seitenteile für den Konferenzstuhl „Konzentra“ maschinell zu biegen. Der Engpass im Metallbau veranlasst den verantwortlichen Meister dazu, die Seitenteile CNC-gesteuert biegen zu lassen, damit die Montage der Stühle am nächsten Tag fristgerecht erfolgen kann.

	Fertigungsplanung	Fertigungssteuerung
Fabrikkalendertag:	51	51
Fertigungsauftrag:	00/51/204	00/51/204
Produkt:	Modell „Konzentra“	Modell „Konzentra“
Fertigungsgröße:	200 netto	200 netto
Verfahren:	Seitenteile maschinell biegen	Seitenteile CNC-gesteuert biegen
	Gestelle maschinell löten	Seitenteile manuell löten Zargen schweißen
	Sitzschalen lackieren	Sitzschalen lackieren
	Rückenlehnen beizen	Rückenlehnen beizen
	Fertigungsplanung	**Fertigungssteuerung**
Fabrikkalendertag:	52	52
Fertigungsauftrag:	00/52/204	00/52/204
Produkt:	Modell „Konzentra“	Modell „Konzentra“
Fertigungsgröße:	200 netto	200 netto
Verfahren:	Montage	Montage
	Kontrolle	Kontrolle
	Verpackung	Verpackung

Materialbereitstellung

Die Materialausgabe kann nach zwei Prinzipien erfolgen:

- **Holsystem:** Die anfordernde Verbrauchsabteilung holt das Material selbst am Lager ab. Normalerweise gilt der Grundsatz: Keine Materialausgabe ohne Beleg! Zur Beschleunigung des Materialflusses verzichten manche Unternehmen auf einen Entnahmebeleg, vor allem dann, wenn die Diebstahlgefahr gering ist. Die Praktiker sprechen in dem Fall von einem offenen Lager. Probleme ergeben sich jedoch dadurch, dass die Bestandskontrolle nicht gewährleistet ist und der Verbrauch für ein Erzeugnis bzw. einen Kostenträger nicht durch eine Skontration, sondern nur retrograd ermittelt werden kann. In diesem Fall kann man also nur über die erzeugte Menge oder eine Inventur auf den Materialverbrauch schließen.

  Die Vorteile des Holsystems liegen darin, dass selten eine irrtümliche Materialausgabe erfolgt, weil der Abholende sein Material kennt oder bei fehlendem Material durch die Materialkenntnis des Abholenden schnell eine Alternative gefunden werden kann. Manchmal können auf diese Weise auch längere Produktionsstockungen vermieden werden, z. B. bei einem Werkzeugbruch, weil der Arbeitnehmer nicht an seiner Maschine warten muss, bis ihm das Material gebracht wird.
- **Bringsystem:** Das Lager bringt die angeforderten Materialien mit Fahrzeugen oder durch einen Boten zu den Betriebsabteilungen bzw. Maschinenplätzen. Auf diese Weise werden die vorhandenen Fördermittel optimal genutzt. Die Arbeitnehmer verlieren keine Zeit durch den Weg zum Lager oder durch Wartezeiten an der Materialausgabe. Die Rüstzeiten verringern sich und damit

der Aufwand an Fertigungslöhnen für Facharbeiter, die i.d.R. höher liegen als die Hilfslöhne für angelernte Lagerarbeiter.

Im betrieblichen Alltag findet man beide Systeme. Schwere und großvolumige Materialien, die ständig und planbar an einem bestimmten Arbeitsplatz gebraucht werden, lässt man bringen. Werkzeuge, Verschleißteile oder einmaliges Sondermaterial werden von dem Arbeitnehmer geholt.

Maschinenbelegung und Termindisposition

Bei der Vornahme der Maschinenbelegung besteht häufig die Situation, dass mehrere Fertigungsaufträge in dem gleichen Zeitraum erledigt werden sollen und die vorhandene Kapazität dies nicht zulässt. Es entsteht eine Warteschlange vor einem Betriebsmittel. Für diese Fälle müssen Anweisungen oder Vereinbarungen bestehen, die eine Antwort darauf geben, in welcher Reihenfolge die Aufträge auszuführen sind. Solche Anweisungen bezeichnet man als Prioritätsregeln. Durch Prioritätsregeln soll eine gewisse Willkür bei der Maschinenbelegung bzw. Reihenfolgeplanung vermieden werden.

Die folgenden Gesichtspunkte beeinflussen die Aufstellung von Prioritäten und damit von Regeln für die Maschinenbelegung, wobei meist nicht nur ein Kriterium, sondern meist mehrere über die Maschinenbelegung entscheiden.

- **Relativer Deckungsbeitrag:** Der Deckungsbeitrag beinhaltet die Differenz zwischen dem Verkaufspreis und den variablen Kosten. Der relative Deckungsbeitrag berücksichtigt zusätzlich die Kapazitätsbeanspruchung durch das Produkt und damit seine Fertigungszeit.

  Beispiel Für die Aufträge FA1, FA2, FA3 und FA4 soll eine Reihenfolgeplanung nach dem relativen Deckungsbeitrag erfolgen. Danach ergibt sich die Reihenfolge FA3, FA2, FA1 und FA4.

Auftrag	Auftrag in Stück	Verkaufspreis €/Stück	variable Kosten €/Stück	Kapazitätsbeanspruchung in Stunden	Deckungsbeitrag	
					absolut in €	relativ in €
FA1	60	156,00	100,00	0,8	56,00	70,00
FA2	80	138,00	108,00	0,4	30,00	75,00
FA3	100	122,00	98,00	0,3	24,00	80,00
FA4	20	180,00	140,00	0,8	40,00	50,00

- **Verspätungsregel:** Es wird zuerst der Betriebsauftrag gefertigt, der den größten Terminverzug hat. Auf diese Weise versucht man, die Einhaltung von Lieferterminen sicherzustellen und Konventionalstrafen zu vermeiden. Gute Kunden sollen gleichzeitig nicht verärgert werden.
- **FIFO-Regel:** Diese Regel beinhaltet, dass die Aufträge in der Reihenfolge eingeplant werden, wie sie angenommen wurden (first in first out). Der Planungsaufwand ist hier relativ gering. Besitzt die Unternehmung wenige Kunden und sind dies Kunden, die miteinander in einem ständigen Kontakt stehen, so wird auf diese Weise eine zeitliche Benachteiligung und damit eine Kundenverärgerung verhindert.
- **Rüstzeitregel:** Die Betriebsaufträge werden so hintereinander eingeplant, dass der Umstellungsaufwand an den Maschinen minimiert wird. Auf diese Weise wird die Gesamtdurchlaufzeit der Fertigungsaufträge reduziert. Dieses Verfahren ist dann sinnvoll, wenn in den Aufträgen viel Kapital gebunden ist, kurze Lieferfristen erreicht werden sollen und relativ konstante Umrüstzeiten gegeben sind.

Auftragsfreigabe

Ergibt die Verfügbarkeitsüberprüfung, dass die zur Durchführung der notwendigen Arbeitsvorgänge benötigten Werkzeuge und das erforderliche Material für den Auftrag vorhanden sind, so kann der Auftrag freigegeben werden. Gleichzeitig müssen die notwendigen Belege, wie Materialentnahmescheine, Lohnscheine, Arbeitspläne, Arbeitsanweisungen, Arbeitszeichnungen, Prüf- und Terminkarten, vorliegen. Bei der Verwendung von SAP-Programmen wird von der Fertigungsplanung i.d.R. ein Zeitraum für die Fertigungsfreigabe vorgegeben. Dieser Zeitpuffer berücksichtigt den zugesagten Liefertermin, die Durchlaufzeit des Auftrages und eine Sicherheitszeit. Der Fertigungssteuerung und den teilautonomen Arbeitsgruppen in der Produktion wird dann überlassen, wann sie innerhalb dieses Zeitpuffers mit dem Auftrag beginnen. Die Terminierung erfolgt in vielen Betrieben mithilfe eines Fabrik- oder Werkskalenders. Er stellt eine fortlaufende Nummerierung der Arbeitstage dar. Dadurch besteht die Möglichkeit, gleich große Planungszeiträume zu bilden, ohne eine aufwendige Umrechnung der Samstage, Sonntage und Feiertage vornehmen zu müssen.

Beispiel Von einer Hotelkette wurde eine Kombination aus 50 Konferenztischen nach dem Modell „Logo" bei der Bürodesign GmbH bestellt, die spätestens am 73. Fabrikkalendertag versandfertig sein muss. Die Plandaten der Arbeitsvorbereitung ergeben für den Auftrag eine Durchlaufzeit von 12 Tagen. Um eine unwirtschaftliche Kapitalbindung zu vermeiden, soll der Auftrag nicht vor dem 51. Fabrikkalendertag begonnen werden. Gleichzeitig ist jedoch eine Sicherheitszeit von mindestens zwei Tagen einzuplanen. Dies bedeutet, dass die Fertigungssteuerung einen Zeitpuffer von acht Tagen für die Auftragsfreigabe besitzt. Unter Berücksichtigung der aktuellen Kapazitätsbelastung erfolgt die tatsächliche Auftragsfreigabe am 58. Fabrikkalendertag.

Fabrikkalendertage

51	52	53	54	55	56	57	58	59	60	61	62	63	64	65	66	67	68	69	70	71	72	73	74	75

Zeitpuffer für die Auftragsfreigabe — Durchlaufzeit des Auftrages 12 Tage — Sicherheitszeit — tatsächlicher Liefertermin

Mit der Auftragsfreigabe übernimmt die Fertigungssteuerung die Verantwortung für die Durchführung des Fertigungsauftrages.

▲ Auftragsveranlassung

Steht nun endgültig fest,

- was,
- in welcher Menge,
- an welchen Maschinenplätzen,
- wann gefertigt werden soll,

so werden die Fertigungsdaten in die erforderlichen Belege eingetragen und diese den betroffenen Fertigungsstellen ausgehändigt.

Je nach Auftrag können sehr unterschiedliche Belege notwendig sein, z.B. Materialentnahmescheine, Werkzeugentnahmescheine, Zeichnungen, Prüfkarten u.a. Einer der wichtigsten Belege ist allerdings der **Lohnschein**:

Beispiele

Lohnschein-Nr.:	75559/01	Fertigungsmenge:	10
Produkt-Nr.:	020/6974	Fertigungstermin:	05–04
Produkt-Bezeich.:	4320 Gestell	Kostenstelle:	330
	Traverse verschweißt	Rüstzeit:	10,0 Min.
Arbeitsgangnummer:	8512	Ausführungszeit:	35,0 Min.
Arbeitsgangbezeichnung:	Schweißen Traverse	Geldakkord:	13,50 €
Arbeitsfolge:	01.		

Lohnschein-Nr.:	75559/02	Fertigungsmenge:	10
Produkt-Nr.:	020/6974	Fertigungstermin:	05–04
Produkt-Bezeichnung:	4320 Gestell	Kostenstelle:	330
	Traverse verschweißt	Rüstzeit:	5,0 Min.
Arbeitsgangnummer:	8512	Ausführungszeit:	75,0 Min.
Arbeitsgangbezeichnung:	Schweißen Gestell	Geldakkord:	22,50 €
Arbeitsfolge:	02.		

Der Lohnschein gibt dem Arbeitnehmer Auskunft darüber, welche Zeit ihm für den Fertigungsauftrag gutgeschrieben wird bzw. was ihm der Fertigungsauftrag einbringt. Die Lohnscheine bilden damit eine Grundlage für die Berechnung seines Bruttolohns. Da sich die Lohnscheine den einzelnen Produkten bzw. Fertigungsaufträgen zuordnen lassen, bieten sie auch eine wesentliche Hilfe für die Auswertung der Lohnkosten, die bei einem bestimmten Auftrag angefallen sind. Hat der Arbeitnehmer den vorgesehenen Arbeitsgang beendet, schiebt er den Lohnschein mit dem maschinenlesbaren Balkencode in den Scanner an seinem Arbeitsplatz. Dies signalisiert der Fertigungssteuerung, dass der Arbeitsvorgang beendet ist und der Maschinenplatz mit einem neuen Auftrag belegt werden kann.

Arbeitsfortschrittskontrolle

Eine sehr wichtige Aufgabe der Fertigungssteuerung besteht in der Arbeitsfortschrittskontrolle bzw. Auftragsüberwachung. Die ausgegebenen Belege beinhalten Soll-Werte, die im Fertigungsablauf unterschritten oder überschritten werden können. Die Soll-Werte gründen auf Erfahrungen in der Vergangenheit oder sie sind Ergebnisse vorgenommener Messungen einzelner Arbeitsgänge, nicht selten auch von Auswertungen vorgegebener Maschinenkennziffern.

Beispiel Beim Schweißen der Traversen – vergleiche Lohnschein-Nr. 75559/01 – ergaben sich die folgenden Abweichungen:

	Soll-Werte	**Ist-Werte**	**Abweichungen**	**Ursachen für Abweichungen**
Produkt-Nr.:	020/6974	020/6974		
Produkt-Bezeichnung:	4320 Gestell	4320 Gestell		
Arbeitsgangnummer:	8512	8512		
Arbeitsgangbezeichnung:	Schweißen Traverse	Schweißen Traverse		
Fertigungsmenge:	10	8	2	fehlende Traversen
Fertigungstermin:	05-04	05-04		
Rüstzeit:	10,0 Min.	20,0 Min.	10,0 Min.	fehlende Elektroden
Ausführungszeit:	35,0 Min.	40,0 Min.	5,0 Min.	Gasflasche leer, Schweißnasen durch eine ungeschickte Handbewegung

Die Ist-Werte können erheblich von den Soll-Werten abweichen, und zwar bedingt durch:

- unvollständige Fertigungsunterlagen,
- fehlendes Material,
- Mängel in der Materialeignung,
- Steuerungsfehler,
- Arbeitsfehler,
- falsch berechnete Vorgabezeiten.
- Werkzeugbruch,
- Energieausfall,

Damit man in der Fertigungssteuerung auf Abweichungen reagieren kann, sind rechtzeitige Rückmeldungen durch die einzelnen Maschinenplätze notwendig. Dies kann über Bildschirmgeräte, Terminkarten, spezielle Rückmeldekarten oder über die Abgabe der Lohnscheine mit den tatsächlichen Fertigungsdaten geschehen. In der Regel besitzt die Fertigungssteuerung ein Reservoir von Alternativen, um die aufgetretenen Störungen zu beseitigen.

Beispiele

	Alternativen
– geeignetes Substitutionsmaterial:	statt Stahl Aluminium
– alternative Fertigungsverfahren:	statt Schweißen Löten
– alternative Maschinenplätze:	Wechsel von einer CNC-gesteuerten zu einer manuell gesteuerten Maschine
– Arbeitskraftreserven:	durch flexible Wochenarbeitszeiten, Arbeitskraftversetzungen

Aufgaben der Fertigungssteuerung

Sie sorgt für die reibungslose Durchführung von konkreten Fertigungsaufträgen.

Die Durchführung erfolgt auf der Basis des Ist-Zustandes der vorhandenen Kapazitäten und ihrer Belegung zum Zeitpunkt der Freigabe eines Auftrages.

Auftragsneustrukturierung

Die Fertigungsplanung erfolgt aufgrund von Normalwerten, die Durchführung aufgrund von Ist-Werten. Dies bedingt unter Umständen notwendige Abweichungen von Plandaten wie kleinere oder größere Lose oder den Zugriff auf B- oder C-Alternativen bei der Auswahl von Maschinenplätzen.

Auftragsfreigabe

Es erfolgt die endgültige Entscheidung im Rahmen der Termindisposition und Maschinenbelegung für einen konkreten Fertigungsauftrag.

Auftragsveranlassung

Mit der Ausgabe der notwendigen Belege wie Arbeitszeichnungen, Materialentnahmescheine, Werkzeugentnahmescheine, Lohnscheine u. a. beginnt die Fertigung.

Arbeitsfortschrittskontrolle

Die Fertigungssteuerung vergleicht die Soll-Vorgaben mit den Rückmeldungen aus den einzelnen Maschinenplätzen.

↓

Auftragssicherung

Die Fertigungsteuerung beseitigt Störungen und sorgt für die mengenmäßige und terminliche Absicherung des Fertigungsauftrages.

1 Im Monat Februar sollen an 21 Arbeitstagen 735 Staplerstühle gefertigt werden. Die Fertigung erfolgt im Einschichtbetrieb durch eine autonome vierköpfige Arbeitsgruppe im Rahmen einer Fünftagewoche und 37,5 Stunden pro Woche. Die Fertigungslohneinzelkosten pro Stuhl wurden mit 30,00 € kalkuliert. Die Lohnkosten pro Stunde und Arbeitnehmer betragen 40,00 €. Am Montag, 21. Februar, stellt der Leiter der Fertigungssteuerung vor Beginn der Schicht fest, dass bisher 455 Stühle gefertigt wurden. Der Auftrag muss am Mittwoch, den 1. März, ausgeliefert werden.

a) Beurteilen Sie den Arbeitsfortschritt mithilfe des folgenden Ausschnittes aus einem Kalenderblatt.

b) Unterbreiten Sie verschiedene Alternativen, die dazu dienen können, Terminverzögerungen aufzufangen, und äußern Sie zu jeder von Ihnen aufgezeigten Möglichkeit einen kritischen Aspekt.

Februar					
Woche	5	6	7	8	9
Mo		7	14	21	28
Di	1	8	15	22	29
Mi	2	9	16	23	
Do	3	10	17	24	
Fr	4	11	18	25	
Sa	5	12	19	26	
So	6	13	20	27	

c) Überprüfen Sie die Kostensituation bezogen auf die Richtigkeit der Lohnkostenvorkalkulation.

2 Drei Fertigungsaufträge sollen auf zwei Maschinenplätzen – und zwar in der technisch bedingten Abfolge M-I, M-II – bearbeitet werden:

a) Ermitteln Sie die Maschinenbelegung mit einer möglichst kurzen Durchlaufzeit, und geben Sie den hierzu notwendigen Zeitbedarf an.

Zeitbedarf in Std. auf der Maschine		
Erzeugnis	M-I	M-II
Fertigungsauftrag A	4	7
Fertigungsauftrag B	9	2
Fertigungsauftrag C	5	8

b) Erläutern Sie drei weitere Gesichtspunkte für die Maschinenbelegung.

3 Durch eine Materialverknappung bei der Beschaffung von Alurohrprofilen besteht inzwischen eine Lieferzeit von 17 Wochen. Im Lager befinden sich nur 5000 m dieses Profils. Kurzfristig liegen drei Anfragen von Kunden vor. Teillieferungen sind nicht möglich.

a) Treffen Sie eine Entscheidung darüber, welche Aufträge Sie annehmen und fertigen werden.

Produkt.-Nr.	Planbedarf pro Stuhl an Alurohrprofil	angefragte Einheiten	Erlös in € pro Einheit	variable Kosten in €
301 02 Sitz-Holz-Lack	140 cm	1800	102,00	60,00
301 04 Sitz-Polster-Textil	210 cm	1200	112,00	70,00
301 06 Sitz-Polster-Leder	280 cm	800	150,00	80,00

b) Ermitteln Sie für Ihre Entscheidung den Gesamtdeckungsbeitrag.

4 Die Bürodesign GmbH fertigt auf vier Maschinenplätzen unterschiedliche Bauteile. Das Tagesprogramm besteht unter anderem aus drei Aufträgen, die in der Früh- und Spätschicht erledigt werden sollen:

- Auftrag 1 (100 Tischzargen) beansprucht die Maschinen in der Reihenfolge 1, 2, 3, 4.
- Auftrag 2 (50 Tischplatten) erfordert die Reihenfolge 1, 3, 2, 4.
- Auftrag 3 (30 Regalelemente) durchläuft die Maschinenplätze in der Reihenfolge 2, 4, 1, 3.

Die Bearbeitungszeiten in Stunden sind der folgenden Tabelle zu entnehmen:

Aufträge	Maschinenplätze und Bearbeitungszeiten in Stunden			
	Hobel = M1	Sägen = M2	Furnierpresse = M3	Bohrer = M4
Auftrag A1	3	1	2	2
Auftrag A2	1	3	1	2
Auftrag A3	1	1	1	3

a) Suchen Sie eine Antwort auf die Frage, was in welcher Reihenfolge gefertigt werden soll. Erläutern Sie hierzu drei typische Ziele und ihre Zweckmäßigkeit.

b) Sollen mehrere Aufträge in dem gleichen Zeitraum erledigt werden und lässt die vorhandene Kapazität dies nicht zu, so müssen Anweisungen bestehen, die eine Antwort darauf geben, in welcher Reihenfolge die Aufträge auszuführen sind. Stellen Sie fest, wie man solche Anweisungen bezeichnet, und begründen Sie ihre Notwendigkeit.

1.3 Planung der fertigungstechnischen Rahmenbedingungen

1.3.1 Fertigungsverfahren nach dem Grad der Mechanisierung und Automatisierung

Silvia Land befindet sich im ersten Ausbildungsjahr zur Industriekauffrau bei der Bürodesign GmbH. Bei einem Besuch in der Lackiererei konnte sie feststellen, dass einzelne Sitzflächen aus Holz immer noch manuell, d. h. mit einem Pinsel, lackiert werden. Dies erscheint ihr nicht sehr zeitgemäß und veranlasst sie zu bestimmten Fragen an Herrn Müller, der für die Produktion zuständig ist.

- Suchen Sie nach einer eigenen Begründung für die Notwendigkeit von Handarbeit.
- Beschreiben Sie einzelne Bereiche, in denen die Automatisierung zweckmäßig ist, auch wenn die Kosten unter Umständen dagegen sprechen.
- Untersuchen Sie das Verhältnis zwischen den fixen und variablen Kosten beim Einsatz von manuellen, maschinellen und automatisierten Verfahren.

▲ Handarbeit

Handarbeit oder manuelle Fertigung liegt dann vor, wenn der Mensch die Energie für die Durchführung des Arbeitsablaufes liefert, den Arbeitsschritt steuert und kontrolliert. Die Gründe für Handarbeit können technischer, wirtschaftlicher oder ästhetischer Art sein. Technische Gründe zwingen zur Handarbeit, wenn der Fertigungsablauf nicht programmierbar ist. Das zu bearbeitende Werkstück und die Bewegungsabläufe ändern sich mit jedem Fertigungsauftrag.

Beispiele Das Nachschleifen von Armlehnen aus Holz, die Ausbesserung eines eingerissenen Polsters

Bestehen mehrere Fertigungsalternativen, z. B. die Möglichkeit einer manuellen und maschinellen Auspolsterung von Sitzflächen, so entscheiden meist die Losgröße und der Rüstaufwand über die Wahl des Verfahrens. Bei geringen Stückzahlen wählt man die manuelle Fertigung, um den hohen Rüstaufwand, der bei einer maschinellen Fertigung entsteht, zu umgehen. Ästhetische Gründe oder Imagegründe liegen dann vor, wenn sich durch die Handarbeit eine gewisse Individualität des Produktes ergibt.

Beispiele Das Bemalen einer Glasur bei Porzellan oder die Anfertigung von handgeschmiedetem Schmuck

VWL

▲ Mechanisierung

Erfolgt die Durchführung des Arbeitsvorganges durch motorisierte Maschinen, wobei der Mensch die Reihenfolge und Größe der notwendigen Bewegungen steuert und das Arbeitsergebnis kontrolliert, so spricht man von Mechanisierung.

Beispiele Die Polsterteile werden nicht mit einer Schere ausgeschnitten, sondern mithilfe einer pneumatisch arbeitenden Stanze ausgestanzt. Die Einzelteile werden nicht mit einer Handnadel vernäht, sondern mithilfe einer elektrisch angetriebenen Nähmaschine zusammengesteppt.

Die Maschinen liefern die notwendige Energie und entlasten damit den Menschen von schwerer körperlicher Arbeit. In vielen Fällen arbeiten die Maschinen auch genauer, vor allem gleichmäßiger als der Mensch.

Beispiel Der Lackauftrag mithilfe einer Handspritzpistole statt mit einem Lackierpinsel

Durch den Einsatz von Maschinen werden die Abläufe beschleunigt, was wiederum die Fertigungsdauer verkürzt und damit die Produktivität und Fertigungskapazität des Betriebes erhöht.

Allerdings steigt auch die Fixkostenbelastung durch den zusätzlichen Kapitalbedarf für die Anschaffung der notwendigen Maschinen und die Anpassungsfähigkeit an Verfahrens- oder Materialänderungen nimmt ab.

Beispiel So kann man eine Steppstichmaschine nicht ohne Weiteres auf einen Kettenstich umrüsten oder zum Vernähen von Leder statt bisher von Textilien einsetzen.

Automatisierung

Übernehmen die Maschinen nicht nur die Durchführung des Arbeitsschrittes, sondern auch Steuerungs- und Kontrollaufgaben, so erreicht die Fertigung die ersten Stufen der Automatisierung. Die Automatisierung kann einen Maschinenplatz, eine Maschinenstraße oder sogar den gesamten Fertigungsvorgang umfassen.

Bei der Automatisierung eines Maschinenplatzes kommen NC-Maschinen (Numerical Control) und CNC-Maschinen (Computerized Numerical Control) zum Einsatz. Bei **NC-Maschinen** wird nach Eingabe eines materiellen Datenträgers ein einmal gestartetes Steuerungsprogramm ohne die Möglichkeit der Änderung abgearbeitet. **CNC-Maschinen** verfügen über einen Rechner, über den direkt an der Maschine Einfluss auf das Steuerungsprogramm genommen werden kann.

Beispiel Bei der Bürodesign GmbH fertigt die CNC-gesteuerte Biegemaschine komplette Seitenteile für das Fußgestell aus Stahl oder Aluminium. Über ein Steuerungsprogramm misst die Maschine die notwendige Materiallänge ab, stanzt den Rohling, legt den Winkel für die Biegungen fest, biegt die einzelnen Winkel mit einer dem Material angemessenen Kraft und entsorgt das fertige Seitenteil aus der Maschine.

Durch **DNC-Systeme** (Direct Numerical Control) werden mehrere Bearbeitungsmaschinen miteinander verkettet und gesteuert. Über einen Zentralrechner kann auf die einzelnen Rechner an den Maschinenplätzen Einfluss genommen werden.

Beispiel

CNC-Biegemaschine →	Transportroboter →	CNC-gesteuerte Bohrmaschine →	Transportroboter →	CNC-gesteuerte Lötanlage →
Biegen der Seitenteile	Transport zum Ständerbohrer	Bohrungen für Sitz u. Rücken	Transport zur Lötanlage	Löten der Seiten und Zargen zum Gestell

Fehlen automatische Transportsysteme, d.h., arbeiten mehrere numerisch gesteuerte Maschinen unverkettet zusammen, so spricht man von **Fertigungszellen**. Der Schwerpunkt liegt in der Automatisierung der Hardware, indem z.B. die Maschine selbsttätig einen Werkzeugwechsel vornimmt, wenn ein neuer Arbeitsvorgang ansteht.

Sind die einzelnen Bearbeitungsmaschinen durch automatische Transport- und Speichersysteme miteinander verbunden, reagieren sie auf einen gegenseitigen Informationsaustausch, so bildet die Software, d.h. die Kommunikation zwischen den Maschinen, den Schwerpunkt der Automation. Man spricht dann auch von einem flexiblen Fertigungssystem, abgekürzt **FFS-Fertigung**.

Die Automatisierung ist dann zweckmäßig, wenn sich Arbeitsvorgänge bedingt durch große Stückzahlen, in denen ein Produkt hergestellt wird, ständig wiederholen. Die Automatisierung kann auch sinnvoll sein, wenn Abläufe eine hohe Präzision erfordern oder mit großen Gefahren für den Arbeitnehmer verbunden sind.

Beispiele Schweißroboter, die die Schweißpunkte beim Zusammenbau einer Karosserie setzen, Handhabungsroboter in der Lackiererei oder in einem Atomkraftwerk

Nicht nur die Qualität der Verarbeitung wird erhöht, sondern auch Ausschuss und Verschnitt werden reduziert.

Beispiel So entlastet eine sensorgesteuerte Spritzanlage den Arbeitnehmer nicht nur von gefährlichen Dämpfen der flüchtigen Lösungsmittel, sie erfasst auch exakt die Umrisse des Werkstückes, sodass kein Tropfen Farbe verschwendet wird. Gleichzeitig garantiert sie einen gleichmäßigen Auftrag der Deckschicht.

Die Automatisierung von Fertigungsanlagen bedingt allerdings einen hohen Kapitalbedarf und mit der Kapitalbindung eine enorme Fixkostenbelastung der Fertigung. Mehr denn je besteht der Zwang zur Massenproduktion, damit die fixen Stückkosten sinken. Die Anpassungsfähigkeit an wesentliche Produktveränderungen oder völlig neue Produkte wird erschwert. Gleichzeitig steigt die Gefahr, dass Störungen den Fertigungsablauf beeinträchtigen.

Beispiel Störungen in der Frequenzstabilität der elektrischen Energie von 1 % können ein ganzes Fertigungssystem beeinträchtigen oder stilllegen.

Fertigungsverfahren nach dem Grad der Mechanisierung und Automatisierung

Handarbeit

- wenn der Fertigungsablauf nicht programmierbar ist
- wenn aus ästhetischen Gründen hierdurch die Wertigkeit des Produktes steigt
- wenn andere Verfahren aus Kostengründen ausscheiden

Mechanisierung

- um den Menschen vom Energieeinsatz zu entlasten
- um durch kürzere Bearbeitungszeiten die Produktivität zu erhöhen
- um bei Verfahrens- und Produktveränderungen relativ flexibel zu sein

Automatisierung

- um eine größere Präzision zu erreichen
- um den Arbeitnehmer von gefährlichen Arbeiten frei zu halten
- um den Arbeitnehmer von gängigen und sich ständig wiederholenden Grundverfahren abzulösen

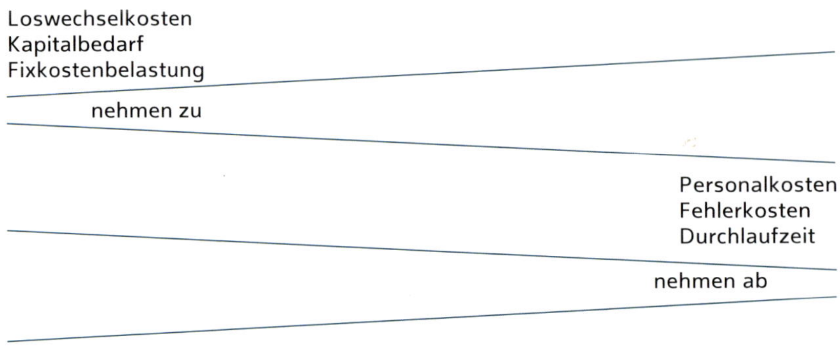

1 Ein bestimmtes Produkt kann sowohl manuell als auch maschinell gefertigt werden. Bei der manuellen Fertigung betragen die Kosten für die Ausstattung des Arbeitsplatzes 500,00 € für einen bestimmten Zeitraum. Der Stundenlohn beträgt zurzeit 20,00 €. Die Fertigungszeit für ein Stück beträgt 60 Minuten. Bei der maschinellen Fertigung betragen die Kosten für einen Arbeitsplatz 5 000,00 €. Die Fertigungszeit für ein Stück beträgt 15 Minuten. Ermitteln Sie, ab welcher Stückzahl bei gleichem Stundenlohn kostengünstiger gefertigt werden kann.

2 Der Absatz eines Geschäftsfreundes der Bürodesign GmbH, und zwar der Mira GmbH, die Rollstühle herstellt, ist im letzten Jahr von 10 000 auf 8 000 Stück zurückgegangen. Betriebliche Situation:

Durchschnittspreis	500,00	€/Stück
Variable Stückkosten	317,08	€/Stück
Fixkosten	1 500 000,00	€/Jahr

a) Ermitteln Sie
   aa) den Gewinn/Verlust bei einem Absatz von 8 000 Stück,
   ab) den Absatz zur Erreichung des Break-even-Points.

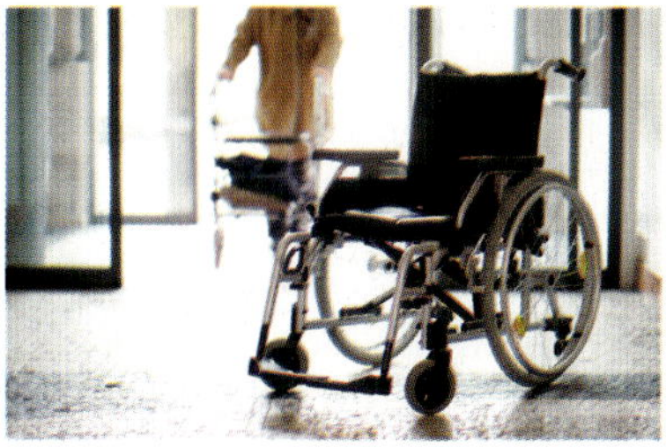

Rationalisierungsinvestitionen könnten die Produktivität erhöhen und die variablen Stückkosten um ca. 25 % senken. Eine Erhöhung der Fixkosten und eine Personalfreisetzung wären allerdings nicht zu umgehen.
Eine gleichzeitige Preissenkung um 10 % würde nach einer Marktanalyse eine Absatzerhöhung um 2000 Stück bewirken.
Betriebliche Situation nach evtl. Rationalisierung:

Variable Stückkosten	234,95 €/Stück
Erhöhung der Fixkosten um	500000,00 €/Jahr

b) Ermitteln Sie
   ba) den Gewinn/Verlust bei einem Absatz von 10000 Stück,
   bb) den Absatz zur Erreichung des Break-even-Points.
c) Erläutern Sie unabhängig von Ihrer rechnerischen Lösung mehrere Gesichtspunkte, die eventuell die Entscheidung über die Rationalisierungsinvestition negativ beeinflussen.

3 Der Einsatz automatisierter Fertigungssysteme, vor allem von Handhabungsrobotern, nimmt immer mehr zu. Die notwendige Software ist hierbei erheblich teurer als die Hardware.
a) Erstellen Sie einen Katalog von Argumenten für die Automatisierung von Fertigungsabläufen.
b) Finden Sie eine Begründung für die hohen Kosten bei der Erstellung der notwendigen Software.

4 Durch eine weitgehende Automatisierung der Fertigung ergeben sich erhebliche Veränderungen, bezogen auf den quantitativen und qualitativen Personalbedarf sowie die Gestaltung der Arbeitszeit. Stellen Sie die möglichen Auswirkungen auf die Personalstruktur und die Arbeitszeitgestaltung dar.

1.3.2 Fertigungsverfahren nach der Häufigkeit der Prozesswiederholung

Frau Grell, die als Gruppenleiterin für die Auftragsbearbeitung zuständig ist, erhielt den Anruf eines Kunden, der nach einem Zahnarztstuhl fragte, weil er seine Praxis neu einrichten möchte. Eine Rückfrage bei Herrn Stam, dem Verkaufsleiter der Bürodesign GmbH, ergibt, dass ein solcher Stuhl bisher vom Unternehmen nicht hergestellt und angeboten wurde. Zahnarztstühle seien Spezialanfertigungen und kein Serienprodukt. Der Stückpreis bewege sich bei etwa 50000,00 €. Durch den begrenzten Kundenkreis sei die Fertigung eines solchen Produktes für die Bürodesign GmbH uninteressant.

- Suchen Sie nach einer Begründung für den hohen Preis von Spezialanfertigungen.
- Klären Sie die Unterschiede zwischen den verschiedenen Fertigungsverfahren.
- Verfassen Sie eine Übersicht über die Vor- und Nachteile der einzelnen Fertigungsverfahren.

Nach der Anzahl der in einem Fertigungsvorgang hergestellten Erzeugnisse und ihrer Gleichartigkeit unterscheidet man verschiedene Fertigungsverfahren. Man nennt sie auch Fertigungstypen.

Einzelfertigung

Von einem Erzeugnis wird nur eine Einheit hergestellt – die Stückzahl bzw. Losgröße ist 1. Das Erzeugnis beinhaltet ein individuelles, nicht vertretbares Produkt.

Beispiele Schiffe, Großtransformatoren, Generatoren, Spezialwaggons, Brücken oder Aufzüge

Die Fertigung erfolgt aufgrund von Kundenaufträgen. Bei der Fertigung werden vorwiegend Facharbeiter und Universalmaschinen eingesetzt. Die Erzeugnisse werden in Werkbankfertigung, Werkstättenfertigung oder im Rahmen einer Baustellenfertigung (vgl. S. 460ff.) hergestellt.

Einzelfertigung ...	Einzelfertigung ...
– erfordert in der Regel einen verhältnismäßig geringen Kapitalbedarf für die Betriebsmittelausstattung, – ist auf die Berücksichtigung von Sonderwünschen eingestellt, daher sehr flexibel, – unterliegt einem begrenzten Wettbewerbsdruck, weil häufig nur für eine bestimmte Marktnische produziert wird, in der wenige Anbieter existieren und wegen der speziellen Kundenwünsche ein enger Kundenkontakt notwendig ist.	– bedingt allerdings häufig lange Durchlaufzeiten, hierdurch ergibt sich eine geringere Produktivität, – verursacht hohe Personalkosten durch den Einsatz von Facharbeitern, – erschwert eine gleichmäßige Kapazitätsauslastung, weil die Anschlussaufträge nicht immer auf den Fertigstellungstermin des aktuellen Auftrages folgen.

Besteht das Produkt aus verschiedenen Baugruppen und Einzelteilen, die auch in anderen ähnlichen Produkten eingesetzt werden, so können viele Schwierigkeiten im Rahmen der Einzelfertigung gemildert werden.

Bei einem Auftragstief werden solche Teile und Baugruppen, die mehr oder weniger in allen Erzeugnissen vorkommen – man nennt sie auch **Gleichteile,** in größerer Stückzahl auf Lager produziert. Hierdurch verbessert man die gleichmäßige Kapazitätsauslastung. Gleichzeitig werden die Stückkosten dieser Teile und Baugruppen gesenkt. Kommt ein neuer Auftrag, so müssen nur noch die notwendigen Varianten gefertigt werden, wodurch sich auch die Durchlaufzeit des angenommenen Auftrages erheblich verkürzt.

▲ Serienfertigung

Ein Produkt wird in einer begrenzten Auflage in mehreren Ausführungen hergestellt, die Losgröße liegt bei 2 bis n. Die Ausführungstypen unterscheiden sich **wesentlich** voneinander, d.h., zwischen ihnen besteht ein **loser Verwandtschaftsgrad**.

Beispiele

- Bodenstaubsauger, Handstaubsauger, Industriestaubsauger
- Küchenstühle, Esszimmerstühle, Konferenzstühle, Dreh- und Besucherstühle

Die Fertigung der verschiedenen Ausführungstypen erfolgt meist zeitlich parallel auf verschiedenen Maschinenstraßen oder nach einem erheblichen Rüstaufwand nacheinander auf dem gleichen Maschinensystem.

Serienfertigung ...	Serienfertigung ...

– führt zur Kostendegression, wenn
  – die Nutzung der gleichen Produktionsanlagen und des gleichen Vertriebsnetzes möglich ist,
  – ein großer Teil der Baugruppen in den verschiedenen Ausführungen identisch ist,
– erlaubt die Befriedigung unterschiedlicher Kundenwünsche.
	– erhöht den Kapitalbedarf für den Bau zusätzlicher Maschinenstraßen,
	– bedingt erhebliche Umstellungskosten für den Anlauf einer neuen Serie,
	– schafft unter Umständen Konkurrenz im eigenen Hause und damit die Gefahr von Kannibalisierungseffekten.

▲ Sortenfertigung

Ein Produkt wird in einer begrenzten Auflage in mehreren Ausführungen hergestellt, die Losgröße ist 2 bis n. Zwischen den einzelnen Ausführungen besteht **ein enger Verwandtschaftsgrad**. Die Verwandtschaft der einzelnen Ausführungen ist durch den **gleichen Ausgangsrohstoff** und/oder **das gleiche Verfahren** bedingt.

Die Fertigung der einzelnen Ausführungen erfolgt meist zeitlich nacheinander auf dem gleichen Maschinensystem.

Beispiel Die Bürodesign GmbH bezieht von der Sektfabrik Brüderlein GmbH für Weihnachtspräsente an ihre Kunden Sekt und hat die Auswahl zwischen folgenden Sektsorten:

Sekt

nach dem Verfahren
- Flaschengärung
- Fassgärung
- Tankgärung

nach dem Ausgangsrohstoff
- weißer Sekt
- roter Sekt
- Rosésekt

nach der Behandlung/Dosage an Zucker
- extratrocken
- sehrtrocken
- trocken
- halbtrocken
- süß

Sortenfertigung ...	Sortenfertigung ...
– führt zur Kostendegression durch die Nutzung der gleichen Produktionsanlagen, – erlaubt die Befriedigung unterschiedlicher Kundenwünsche.	– bedingt Sortenwechselkosten, d. h. zusätzliche Rüstkosten, – schafft ähnlich wie die Serienfertigung unter Umständen eine Konkurrenz zwischen den einzelnen Produkten im eigenen Hause, – erhöht die Lagerbestände bei den Fertigerzeugnissen, vor allem bei Chargenfertigung.

Beispiele
- Wikinger-Regalsystem in Eiche, Birke oder Esche
- „Konzentra“-Konferenzstühle in Leder oder Textil

▲ Partie- und Chargenfertigung

Von der **gewollten** und **planbaren** Sortenfertigung ist die zwangsweise entstehende Sortenfertigung zu unterscheiden.

Bei manchen Erzeugnissen erzielt man nur gleiche Produkteigenschaften, wenn der eingesetzte Rohstoff aus derselben Lieferung stammt. Unter einer **„Partie“** versteht man eine in sich einheitliche Lieferung eines ganz bestimmten Rohmaterials.

Beispiele
- Baumwolle, Ernte 2019 aus Ägypten, für die Herstellung von Textilien
- Weine, Jahrgang 2019 aus der Charente, für die Herstellung von Sekt oder eines Aperitifs
- Ziegenfelle aus Marokko für die Fertigung von Polsterleder
- Ton von der Tongrube x und der Erdschicht y für die Herstellung von Fliesen

Da die Liefermengen i. d. R. begrenzt sind und somit das Einsatzmaterial einen Engpass darstellt, bleiben zwei mögliche Entscheidungen:

- Man **limitiert** die **Fertigungsmenge**.

  Beispiel Hochlandkaffee ausschließlich aus Kenia
- Man **mischt** das **Einsatzmaterial** mit anderen Materialien.

  Beispiele Kaffeemischungen, Teemischungen, Tabakmischungen, Mischgewebe, Stahllegierungen

Unter dem Begriff **„Charge“** versteht man das Beschickungsgut für einen bestimmten Herstellungsprozess. In manchen Fällen lässt sich der Herstellungsvorgang nicht in gleicher Weise oder unter gleichen Bedingungen wiederholen. Gleiche Produkteigenschaften besitzen deshalb nur die Erzeugnisse, die von der gleichen Beschickung/Charge stammen.

Beispiele Der Brennstoff Torf führt – im Gegensatz zu Gas – je nach Temperatur zu unterschiedlichen Farben der hergestellten Klinker. Ähnliches gilt für Teppichboden, Tapeten oder Fliesen.

Probleme der Partie-/Chargenfertigung sind

- Verärgerung von Kunden bei Abweichungen trotz eindeutiger Hinweise in den Lieferbedingungen,
- hohe Lagerbestände, die nach jeder neuen Charge für Nachkäufe gebildet werden müssen,
- hohe Abschreibungen für unverkäufliche Restbestände.

▲ Massenfertigung

Ein Produkt wird in großen Mengen ohne zeitliche Begrenzung hergestellt – die Losgröße ist theoretisch unendlich. Die Fertigung erfolgt in einem stets gleichbleibenden Fertigungsprozess.

Beispiele Zündhölzer, Mineralwasser, Papiertaschentücher

Neben der einfachen Massenfertigung findet man auch eine **mehrfache** oder **simultane** Massenfertigung, indem verschiedene Ausführungen eines Produktes auf eigenständigen Maschinenstraßen hergestellt werden.

Beispiele Briefpapier und Kopierpapier, Coca Cola und Fanta

Typisch für die Massenfertigung ist, dass die Produktion „auf Lager" erfolgt, d.h. für den anonymen Markt. Die Arbeitszerlegung und der Mechanisierungsgrad sind sehr hoch. Fließfertigung und automatisierte Fertigung bestimmen den Fertigungsablauf (vgl. S. 462).

Massenfertigung ...	Massenfertigung ...
– ermöglicht durch die großen Stückzahlen eine Arbeitszerlegung und Automatisierung und damit kurze Durchlaufzeiten und eine hohe Produktivität, – bringt eine enorme Kostendegression durch die Verteilung der fixen Kosten auf die hohen Stückzahlen, – garantiert durch weitgehende Automatisierung eine gleichbleibende Produktqualität.	– ist meist sehr unflexibel bei Nachfrageschwankungen und einem Nachfragewechsel bedingt durch das enge Produktprogramm und spezialisierte Produktionseinrichtungen, – untersteht dem Druck der fixen Kosten durch den großen Kapitaleinsatz; bei einem Nachfragerückgang erhöhen sich die fixen Stückkosten.

▲ Kuppelproduktion

Durch den Materialeinsatz fallen zwangsläufig manchmal neben dem Hauptprodukt andere Produkte an. Die Nebenprodukte stammen von dem gleichen Herstellungsprozess.

Beispiele

Materialeinsatz	Hauptprodukte	Nebenprodukte
Steinkohle	Koks	Gas, Teer
Rohöl	Benzin, Schweröl, Heizöl (Diesel)	Flüssiggas

Bei der Kuppelproduktion kann man starre und lenkbare Mengenverhältnisse feststellen.

Beispiele Starr ist z. B. das Mengenverhältnis bei der Elektrolyse von Wasser. Bei der Hydrierung von Erdöl lassen sich jedoch durch einen unterschiedlichen Druck die Mengenverhältnisse in gewissen Grenzen lenken bzw. verändern. Durch unterschiedliche Temperaturen und unterschiedliche Reaktionszeiten sind auch die Mengenverhältnisse bei der Kohleentgasung variierbar.

Probleme der Kuppelproduktion sind

- die Erhaltung der Produktqualität bei lenkbaren Mengenverhältnissen,
- die Optimierung des Absatzes entsprechend den Produktionsbedingungen,
- die Kostenverteilung auf Haupt- und Nebenprodukte.

Viele Nebenprodukte wurden früher als Abfall behandelt und keiner oder einer Sonderentsorgung zugeführt. Gas wurde einfach abgefackelt oder Verschnitt wanderte in den Müllcontainer. Die zunehmenden Kosten für die Sonderentsorgung und das gestiegene Umweltbewusstsein förderten eine Weiterverwendung.

Beispiele

- Das im Abgas von Kraftwerken enthaltene Schwefeldioxid wird mithilfe von Kalk zu Rückstandsgips gebunden, der im Baubereich zu Platten und Fertigbauteilen eingesetzt wird.
- Aus organischen Abfällen wird in zunehmendem Maße Biogas gewonnen, das bis 70 % aus dem hochwertigen Energieträger Methan besteht. Lederreste werden zu Lederfaserpappen verarbeitet, Holzreste und Kartonnageabfall zu Spanplatten.

Fertigungsverfahren nach der Häufigkeit der Prozesswiederholung

Erzeugnisse werden in unterschiedlicher Stückzahl produziert und angeboten.

- **Einzelfertigung**: Stückzahl = 1
- **Serienfertigung**: Stückzahl 2 bis n in mehreren Ausführungen mit geringer Ähnlichkeit
- **Sortenfertigung**: Stückzahl 2 bis n in mehreren Ausführungen mit großer Ähnlichkeit
  - geplante Sortenfertigung
  - zwangsläufige Sortenfertigung = Partie- und Chargenfertigung
- **Massenfertigung**: Stückzahl unbegrenzt

1 Erläutern Sie die möglichen Vorteile der Einzelfertigung.

2 Suchen Sie nach Möglichkeiten zur Verringerung der Durchlaufzeit bei der Einzelfertigung.

3 Beschreiben Sie das Dilemma der Produktkonkurrenz bei der Serien- und Sortenfertigung.

4 Erläutern Sie die Probleme der Partie- und Chargenfertigung.

5 Die Schuhfabrik Cara GmbH, ansässig im Rheinland, fertigt hochwertige Damenschuhe, die weitgehend die gleichen Produktionsanlagen durchlaufen. Das Sortiment umfasst eine Vielzahl von Artikeln, die sich wesentlich durch ihre Machart, den Schuhschnitt und die Bodengruppe sowie unwesentlich durch Größe, Weite, Farbe unterscheiden. Ein Problem war bisher stets die Festlegung der Losgröße. Entweder war sie zu groß oder zu klein. Daher entschied sich die Betriebsleitung für eine konstante Größe von jeweils 120 Paar.

a) Klassifizieren Sie die Art der Herstellung.
b) Stellen Sie fest, welche Probleme durch eine zu kleine, aber auch zu große Losgröße auftreten können.
c) Suchen Sie nach Argumenten, die für eine feste Losgröße sprechen.

Web

1.3.3 Fertigungsverfahren nach der Anordnung der Betriebsmittel

Da die Geschäftsführung der Bürodesign GmbH mit der Produktivität der bisherigen Fertigung unzufrieden ist, wurde eine Unternehmensberatung beauftragt, den Fertigungsfluss zu untersuchen. Die Mitarbeiter dieser Unternehmensberatung stellten fest, dass bei der Durchlaufzeit von Aufträgen im Durchschnitt 10 % auf die Bearbeitungszeiten entfallen, 90 % durch Transport-, Liege- und Rüstzeiten beansprucht werden sowie durch einen gelegentlichen Material- und Informationsstau bedingt sind.

Das Ergebnis dieser Analyse berechtigt zu der Frage, ob die bisherigen Organisationsformen der Fertigung noch zweckmäßig sind.

- Stellen Sie fest, wie die Fertigung von Erzeugnissen organisiert werden kann.
- Vergleichen Sie die einzelnen Organisationstypen unter Berücksichtigung der Gesichtspunkte Flexibilität, Produktivität, Kapitalbedarf und Aufwand an Arbeitsvorbereitung.

INFO

Der Ablauf der Fertigung kann nach verschiedenen Gesichtspunkten organisiert werden. Ähnlich wie bei der Aufbauorganisation einer Unternehmung kann man hier die Kriterien **Verrichtung, Objekt,** aber auch **Raum** und **Zeit** unterscheiden.

Je nachdem, wie einzelne Teilvorgänge zu einem komplexen Gesamtvorgang zusammengefasst werden, spricht man von einem bestimmten Organisationstyp der Fertigung. So folgt die Werkstättenfertigung als Organisationstyp dem Prinzip der Verrichtungszentralisation, während die Fließbandfertigung eine Objektzentralisation beinhaltet. Die verschiedenen Organisationstypen schließen nicht einander aus, sondern ergänzen sich. Welcher Organisationstyp angewandt wird, ist häufig eine Frage des technischen Verfahrens, der Losgröße, der Variantenvielfalt, der gewünschten Verantwortlichkeit und Flexibilität.

▲ Einzelarbeitsplätze

Erfolgt die Durchführung der Fertigung an Einzelarbeitsplätzen – man spricht dann auch von **Werkbankfertigung**, so wird das Erzeugnis, die Baugruppe oder das Einzelteil komplett an einem Arbeitsplatz durch einen bestimmten verantwortlichen Arbeitnehmer hergestellt oder zumindest zusammengebaut.

Beispiele Montage eines Schaltschrankes, die Bearbeitung von Edelsteinen, die Herstellung von Mustern und Modellen

Für die Durchführung der Fertigung zählen die Alleinverantwortlichkeit für das Produkt, handwerkliches Können, Geschicklichkeit und unter Umständen sogar zusätzliche eigene Ideen zur Lösung nicht planbarer Fertigungsprobleme. Der Bedarf an maschinellen Hilfsmitteln ist meist beschränkt, es überwiegt die Handarbeit.

Beispiel Bei der Endkontrolle wird festgestellt, dass der Zwickrand bei einer Polstergarnitur teilweise lose ist und nachgeklammert werden muss. Um den Fertigungsfluss nicht zu belasten, verzichtet man auf eine Rückführung in die Polsterei. Die Beseitigung des Fehlers erfolgt an einem Einzelarbeitsplatz bzw. in einer gesonderten Werkstatt durch einen besonders qualifizierten Arbeitnehmer.

▲ Werkstättenfertigung

Arbeits- und Maschinenplätze mit **gleichartigen Verrichtungen** werden räumlich in sogenannten Werkstätten zusammengefasst. Meistens tragen die Werkstätten den Namen des Grundverfahrens, das in ihnen ausgeübt wird, oder den Namen eines handwerklichen Grundberufes.

Beispiele
- für das Grundverfahren: Dreherei, Stanzerei, Polsterei, Zuschneiderei, Lackiererei
- für den handwerklichen Grundberuf: Schlosserei, Schreinerei

Das zu bearbeitende Produkt wandert je nach Bearbeitungsgrad von Werkstatt zu Werkstatt, mal eine Werkstatt überspringend, mal eine andere wiederholend. An den einzelnen Arbeitsplätzen überwiegt der Einsatz von Universalmaschinen und qualifizierten Fachkräften. Der Transport erfolgt manuell oder durch Gabelstapler und Kräne.

Beispiel Die Rahmenteile für den Ablagetisch „Stand" werden im Metallbau (1) zugeschnitten, in der Schweißwerkstatt miteinander verschweißt (2), in der Lackiererei wird der Rahmen verzinkt und lackiert (3), im Metallbau werden die Befestigungsbohrungen für die Füße vorgenommen (4), dann wandert der Rahmen zur Montage (5).

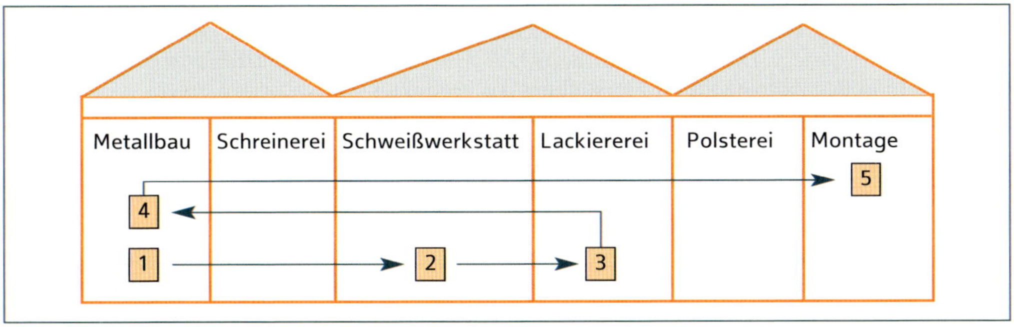

Obwohl die Werkstättenfertigung eine der ältesten Organisationsformen darstellt, findet man sie in fast allen industriellen Bereichen der Fertigung. Auch der fertigungstechnisch ausgereifte Automobilbau wendet in der Vorfertigung von Karosserien noch die Werkstättenfertigung an, indem die Karosserieteile in gesonderten Werkstätten ausgestanzt und in ihre Form gepresst werden.

Die Vorteile der Werkstättenfertigung liegen:	Die Nachteile der Werkstättenfertigung sind:
– in der großen Anpassungsfähigkeit bei Programmänderungen, – in den Ausweichmöglichkeiten bei Störungen oder Überlastung eines Maschinensystems, – in der leichten und übersichtlichen Abteilungsbildung, in dem Wir-Gefühl der Werkstättenmitarbeiter, bedingt durch ähnliche Ausbildung, Arbeit am gleichem Material, Anwendung gleicher Verfahren, – in der relativ geringen Fixkostenbelastung durch den Einsatz von Universalmaschinen.	– Durch Liegezeiten, Transportzeiten und Umrüstung erhöht sich die Durchlaufzeit, – höhere Durchlaufzeiten begrenzen die Produktivität, – die unterschiedliche Eignung der Maschinen und Verfahrensdauer erschwert eine gleichmäßige Auslastung der Werkstätten und Maschinenplätze, – die unterschiedliche Belegung der Maschinen durch einzelne Produkte erschwert die Arbeitsvorbereitung und Kostenerfassung für die einzelnen Kostenträger.

▲ Reihenfertigung

Die Maschinenplätze sind nach der für das Erzeugnis notwendigen Arbeitsfolge angeordnet, d.h., die Fertigung erfolgt nach dem **Objektprinzip**, es fehlt jedoch die genaue zeitliche Abstimmung zwischen den einzelnen Arbeitsvorgängen. Man bezeichnet diese Art der Fertigung auch als **Straßenfertigung** oder **Linienfertigung**. INFO

Je nach Produkt können einzelne Arbeitsplätze gewechselt oder sogar übersprungen werden.

Durch die Anordnung der Maschinenplätze nach dem Produktionsablauf verringern sich die Transportwege und verkürzt sich die Durchlaufzeit. Durch Spezialmaschinen für die Durchführung bestimmter – häufig auftretender Arbeitsschritte – wird dieser Effekt noch verstärkt.

Diese Form der Fertigung erlaubt die Herstellung größerer Serien eines Erzeugnisses in kurzer Zeit, ohne dass die notwendige Reaktionsfähigkeit auf Produktveränderungen verlorengeht.

Beispiel Schuhe, Textilien, Kleinmöbel, Baugruppen als Gleichteile für unterschiedliche Produkte

Da eine zeitliche Abstimmung zwischen den einzelnen Arbeitsplätzen fehlt, ergeben sich bei der Reihenfertigung Leerzeiten und Liegezeiten. Leerzeiten entstehen an Arbeitsplätzen mit einer Ausführungszeit, die niedriger als die durchschnittliche Bearbeitungsdauer ist. Warte- oder Liegezeiten sind die Folge einer Ausführungszeit, die über der durchschnittlichen Bearbeitungsdauer liegt.

Fließfertigung

Die Fließfertigung ist durch zwei Prinzipien gekennzeichnet:

- **Objektprinzip:** Der für ein Produkt notwendige Arbeitsprozess wird bis in die kleinsten Arbeitsschritte zerlegt. Die hierfür erforderlichen Arbeitsplätze richten sich ausschließlich nach der technischen Abfolge für die Herstellung des Produktes.
- **Flussprinzip:** Das Fertigungssystem ist mit einem Flussbett zu vergleichen, in dem das Wasser – in diesem Fall die Produkte – nur in eine Richtung den Fertigungsprozess durchlaufen kann und dies in einer bestimmten Zeit, wenn nicht ein Fertigungsstau entstehen soll.

In der chemischen Industrie ist die Abfolge durch die notwendigen chemischen Reaktionen und ihre Zeiten weitgehend vorgegeben. In anderen Industriezweigen, vor allem im Fahrzeugbau, wird der Arbeitsfluss durch Transportbänder und die Vorgabe von Taktzeiten für die Durchführung einzelner Arbeitsschritte bei der Planung der Fertigung strukturiert und optimiert. Man bezeichnet diese Art der Fertigung deshalb auch als **organisierte Fließfertigung** oder **Fließbandfertigung**.

Durch den Wegfall von Liegezeiten und die Nutzung von Transportzeiten für die Durchführung von Arbeitsschritten, die häufig mithilfe von Spezialwerkzeugen und Spezialmaschinen ohne Rüstaufwand ausgeführt werden, ergibt sich im Vergleich zur Reihenfertigung eine weitere Verkürzung der Durchlaufzeit und somit wiederum eine Steigerung der Produktivität. Allerdings wächst der Kapitalbedarf für Bereitstellung der notwendigen Maschinen, die hierfür anfallenden Abschreibungen erhöhen die Fixkostenbelastung, wodurch sich die Mengenabhängigkeit verstärkt. Der Break-even-Point wird i. d. R. erst bei größeren Stückzahlen erreicht. Durch den Einsatz von Spezialmaschinen und den starren Fertigungsablauf wird die Reaktion auf Kundenwünsche und Marktveränderungen erschwert.

Beispiel Wegen der großen Stückzahl werden bei der Bürodesign GmbH die Tischplatten in Fließbandfertigung hergestellt. Hierbei werden die Tischplatten jeweils in 24 Sekunden aus Spanplatten ausgestanzt; dann werden die Kanten in der gleichen Zeit abgerundet; der Kleber wird aufgetragen; das Furnier wird aufgepresst, lackiert und anschließend wird der Lack UV-gehärtet. Der gesamte Arbeitsvorgang dauert nur 144 Sekunden.

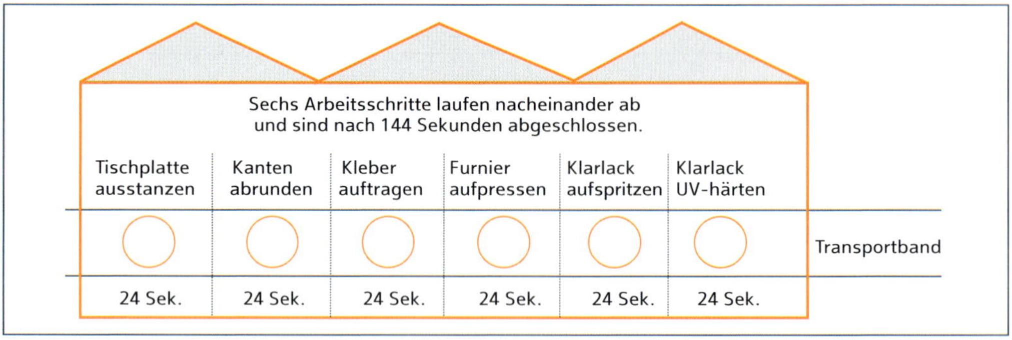

Gruppenfertigung

Um die Nachteile der Werkstättenfertigung und der Fließbandfertigung auszugleichen, wenden viele Unternehmen die Gruppenfertigung an. Einzelne Arbeitsvorgänge werden von mehr oder weniger autonomen Arbeitsgruppen komplett durchgeführt.

Beispiele Herstellung des Fußgestells, der Polstersitze oder die Montage der Stühle, Sessel und Tische

Die Arbeitsgruppe verfügt über die notwendigen, häufig sehr unterschiedlichen Maschinenplätze, organisiert eigenständig den Materialabruf, die Maschinenbelegung und das Arbeitstempo. Die Gruppenmitglieder wechseln nach Bedarf oder gegenseitiger Abstimmung ihre Arbeitsplätze. Der Gruppenleiter oder die Gruppe als Team übernehmen somit für den Fertigungsauftrag die notwendigen Planungs-, Steuerungs- und Kontrollaufgaben. Durch die Eigenverantwortlichkeit der Gruppe steigen die Arbeitsmotivation und Produktqualität. Der Arbeitsplatzwechsel innerhalb der Gruppe verhindert Arbeitsmonotonie und fördert die Eignung für unterschiedliche Arbeitsverfahren sowie die Aufgeschlossenheit zur Lösung von Fertigungsproblemen, die sich aus neuen, ungewohnten Fertigungsaufträgen ergeben können. Dies eröffnet die Chance für eine wirtschaftliche Fertigung sehr unterschiedlicher Produkte, selbst in kleinen Stückzahlen.

▲ Modulare Fertigung

Die modulare Fertigung geht noch einen Schritt weiter. Die Produktion erfolgt durch autonome Fertigungsinseln, die nicht nur im Innenverhältnis autonom sind, sondern auch nach außen selbstständig agieren und reagieren. Zwischen den einzelnen Bearbeitungsstationen besteht ein wechselseitiger Informationsfluss. Die logistische Verkettung erfolgt über **fahrerlose Transportsysteme**, die flexibel auf Wünsche und Veränderungen reagieren. Die Materialbereitstellung zu und zwischen den Bearbeitungsstationen erfolgt je nach Bedarf just in time. Das Fließband hat als Taktgeber ausgedient.

Gründe für die Abkehr von der Fließbandfertigung:

- Leerlaufzeiten durch den starren Fertigungsprozess,
- eine enorme Zunahme der Ausstattungsvarianten,
- Verkürzung der Produktlebensdauer und kleinere Lose,
- Vermeidung von Produktionsstopp bei Bandumstellungen,
- Kostendruck durch die Globalisierung und Zwang zur Produktivitätssteigerung.

▲ Baustellenfertigung

Durch den zunehmenden Konkurrenzkampf sind viele Unternehmen gezwungen, ihren Kunden umfangreiche Serviceleistungen anzubieten. Es genügt nicht, dass ein Erzeugnis im eigenen Hause gefertigt wird. Die Kunden fordern auch, dass das Produkt vor Ort aufgestellt, installiert und in Betriebsbereitschaft gebracht wird. Gleichzeitig steigen die Gewährleistungsansprüche, die in allen Ländern der EU bereits einen Zeitraum von zwei Jahren umfassen. In der Baubranche beträgt dieser Zeitraum laut VOB (Verdingungsordnung für das Baugewerbe) schon seit Langem fünf Jahre. Dies führt häufig zu umfangreichen Reparaturen, die nur am aufgestellten Produkt vorgenommen werden können. In manchen Fällen fordern die Kunden die Nachrüstung eines Produktes auf den neuesten Stand der Technik, die wiederum nur vor Ort, d.h. beim Kunden, durchgeführt werden kann. In allen Fällen handelt es sich um einen **standortgebundenen Fertigungsablauf**, den man als Baustellenfertigung bezeichnet.

Beispiel Aufstellung einer Windkraftanlage in der Eifel

Die Baustellenfertigung weist viele Ähnlichkeiten mit der Gruppenfertigung auf. Auch hier sind meist bestimmte Arbeitsgruppen für den gesamten Fertigungsablauf verantwortlich. Sie steuern den Fertigungsablauf, lösen auftretende Probleme selbst und übernehmen sogar die Fertigungskontrolle.

Die Probleme der Baustellenfertigung zeigen sich vor allem
- in dem hohen Rüstaufwand, der sich durch die Einrichtung und den Abbau der Baustelle ergibt,
- in dem Zeitdruck und der notwendigen Koordinierung mit anderen beteiligten Arbeitspartnern,
- in der notwendigen Abschirmung der Umgebung bei der Vornahme von Arbeitsabläufen,
- in der Beschränkung des Maschineneinsatzes, bedingt durch die räumlichen Verhältnisse,
- in der häufigen Abhängigkeit von Witterungsverhältnissen.

Fertigungsverfahren nach der Anordnung der Betriebsmittel

Orientierungsprinzipien für die Organisation der Fertigung

verrichtungsorientiert

Maschinen-/Arbeitsplätze mit gleichen Verrichtungen sind räumlich zusammengefasst.

↓ **Werkstättenfertigung**

Das zu bearbeitende Produkt wandert von Werkstatt zu Werkstatt nach individuellen Fertigungsplänen.

↓

räumlich orientiert

Maschinen-/Arbeitsplätze mit unterschiedlichen Verrichtungen sind räumlich zusammengefasst oder an einen bestimmten Standort gebunden.

↓ **Werkbankfertigung**

Ein Arbeitnehmer ist für die Fertigung verantwortlich.

↓ **Gruppen- oder Inselfertigung**

Mehrere Arbeitnehmer sind für die Fertigung verantwortlich.

↓ **Modulare Fertigung**

Produktion und Logistik arbeiten Hand in Hand.

↓ **Baustellenfertigung**

Die Fertigung ist an einen bestimmten Standort gebunden.

objektorientiert

Maschinen-/Arbeitsplätze richten sich nach Abfolge der Arbeitsschritte für ein ganz bestimmtes Produkt.

↓ **Reihenfertigung**

Die Fertigungsschritte unterliegen keiner zeitlichen Bindung.

↓ **Fließbandfertigung**

Die einzelnen Arbeitsschritte erfolgen in einer bestimmten Taktzeit.

1 Suchen Sie nach einer Begründung dafür, dass selbst Großbetriebe, z. B. im Automobilbau, nicht auf die Werkstättenfertigung verzichten.

2 Bei der Produktgestaltung und im Bereich Design nimmt das Angebot an Einzelarbeitsplätzen zu, indem Unternehmen sogenannte Telearbeitsplätze einrichten.

Beschreiben Sie einen möglichen Telearbeitsplatz.
b) Untersuchen Sie die Vor- und Nachteile aus der Sicht des Arbeitgebers und des Arbeitnehmers.

3 Die Bürodesign GmbH produzierte bisher den Schreibtisch „Extravagant" unter den folgenden Bedingungen:

– Jahreskapazität	9600	Stück
– derzeitige Monatsproduktion, die voll abgesetzt wird	760	Stück
– Fertigungsmaterial	950,00	€/Stück
– Fertigungslöhne	450,00	€/Stück
– variable Gemeinkosten	375,00	€/Stück
– fixe Gesamtkosten	130 000,00	€
– Verkaufspreis	2 100,00	€

Die Fertigung des Schreibtisches erfolgt in Werkstättenfertigung, wobei der Einsatz von Universalmaschinen überwiegt. Um wettbewerbsfähig zu bleiben, stellt die Geschäftsführung Überlegungen an, den Fertigungsprozess teilweise oder ganz nach dem Verrichtungsprinzip zu organisieren. Bei ihrer Entscheidung steht die Unternehmensleitung vor folgender Kostensituation:

	variable Stückkosten proportional	**fixe Gesamtkosten pro Monat**
Entscheidung A Reihenfertigung	1 250,00 €	235 000,00 €
Entscheidung B Fließbandfertigung	850,00 €	796 000,00 €

a) Berechnen Sie den derzeitigen Beschäftigungsgrad des Unternehmens.
b) Ermitteln Sie die Gewinnschwelle unter Berücksichtigung der bisherigen Bedingungen.
c) Stellen Sie fest, ab welcher Menge sich der Übergang vom derzeitigen Verfahren zur Reihenfertigung lohnt.
d) Überprüfen Sie, ob sich unter den vorhandenen Bedingungen – derzeitige Monatsproduktion 760 Stück – der Übergang zur Fließbandfertigung lohnt.
e) Stellen Sie die positiven und negativen Auswirkungen einander gegenüber, mit denen bei einem Übergang von der Werkstättenfertigung zur Fließbandfertigung zu rechnen ist.

4 Für die Herstellung der Fußgestelle durchlaufen die Aufträge A bis D die Lötanlage und Lackiererei als einheitliches Los.
a) Stellen Sie fest, welcher Organisationstyp der Fertigung hier zu finden ist.
b) Beschreiben Sie drei Merkmale des gewählten Organisationstyps der Fertigung.
c) Führen Sie zwei Vorteile und zwei Nachteile dieses Organisationstyps der Fertigung an.
d) Berechnen Sie den Zeitbedarf, auf den man bei überlappender Fertigung, d.h. sofortiger Weitergabe eines erledigten Auftrages, die Durchlaufzeit reduzieren könnte.

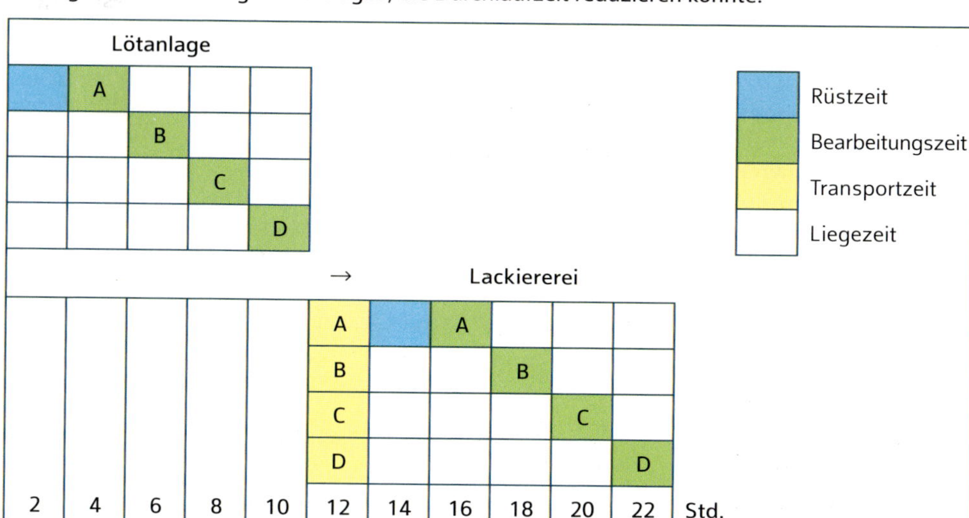

2 Menschliche Arbeit im Produktionsprozess

2.1 Bedeutung des Produktionsfaktors Arbeit

Bei seinem letzten Bericht an die Geschäftsleitung musste Herr Müller feststellen, dass die Nacharbeit bei der Fertigung der Kombinationsschreibtische im Rahmen des Produktprogramms „Modulo" im vergangenen Quartal erheblich zugenommen hat. Die Ursachenanalyse zeigte, dass 90 % der Fehler auf menschliches Versagen zurückzuführen sind.

- Erläutern Sie den Beitrag der menschlichen Arbeit bei der Kombination der Produktionsfaktoren.
- Beschreiben Sie die Stärken und Schwächen des Menschen als Produktionsfaktor.
- Bestimmen Sie die Einflussgrößen auf die Quantität und Qualität der menschlichen Arbeit.
- Suchen Sie nach Möglichkeiten zur Steigerung der Arbeitsmotivation.

▲ Der Mensch als dispositiver Faktor

Die Kombination der Produktionsfaktoren erfordert Planung, Steuerung und Kontrolle. Diese Tätigkeiten fasst man auch unter dem Begriff **dispositiver Faktor** zusammen. Im Einzelnen beinhalten diese Tätigkeiten die Ideenfindung, Entwicklung und Formgebung bei neuen Produkten, die Bedarfsermittlung und Beschaffung der notwendigen Materialien, die Festlegung von zweckmäßigen Fertigungsverfahren, die Wahl geeigneter Betriebsmittel, eine markt- und kostengerechte Preisgestaltung, die Erschließung des Absatzmarktes und Suche nach neuen Abnehmern für das Produkt. Bei diesen Aufgaben kann der Mensch durch eine Vielzahl von Hilfsmitteln unterstützt und entlastet werden, ersetzbar ist er jedoch nicht. Besonders unverzichtbar ist die Leistung des Menschen im **schöpferischen** Bereich, d.h. bei der Ideenfindung für neue Produkte oder bei der Anwendung neuer Fertigungsverfahren.

Beispiel Die Bürodesign GmbH erwägt eine Ergänzung des Absatzprogramms. Der Bürotisch „Xama 2000" soll nicht nur in Esche, Birke und Kiefer angeboten werden, sondern auch in einer pflegeleichten und abriebfesten Kunststoffmaserung in einem holzähnlichen Design gefertigt werden. Der ästhetische Eindruck der neuen Oberfläche kann nur von Menschen beurteilt werden, unter anderem, ob die Oberfläche nüchtern oder verspielt, kalt oder warm wirkt.

Zum dispositiven Faktor zählen vor allem die Führungskräfte bzw. Manager des Unternehmens. Ihre Arbeit ist nicht nur von entscheidender Bedeutung für eine produktive Leistungserstellung, sondern sie sichert auch langfristig die Existenz und das Wachstum der Unternehmung. Durch die Internationalisierung der Märkte und die immer komplexer werdenden Vorgänge innerhalb und außerhalb des Unternehmens müssen sie über einen breiten Bildungshorizont verfügen, der Sprachkenntnisse, Auslandsaufenthalte und die Bereitschaft zu einem europa- und weltweiten Einsatz einschließt. Von einem **guten Manager** werden erwartet:

- **Ideenreichtum:** Der Manager soll nicht ein Verwalter des vorhandenen betrieblichen Potenzials sein – nach dem Motto „wir arbeiten wie gehabt", sondern das Motto verfolgen, „nichts ist so gut, dass es nicht noch besser sein könnte". Hierzu formuliert er neue Ziele und zeigt er neue Wege auf.
- **Planungs- und Koordinierungsfähigkeit:** Er soll Ziele in Teilziele zerlegen und die Teilaufgaben planen und koordinieren können.
- **Risikobereitschaft:** Er soll Chancen für das Unternehmen schnell erkennen und konsequent umsetzen können.
- **Entscheidungsfähigkeit:** Er soll seinen Entscheidungsspielraum kennen und den Mut zu Fehlentscheidungen besitzen.

- **Überzeugungskraft:** Er soll übergeordnete Unternehmensziele den Mitarbeitern erfolgreich vermitteln können.
- **Verantwortungsbewusstsein:** Das Image einer Firma ist so wichtig wie das Produkt und kann durch umweltschädliche Produkte, Steuerhinterziehung, Schmiergeldzahlungen oder Industriespionage sehr schnell einen unheilbaren Makel erfahren.

Der Mensch als ausführender Faktor

Die Fertigung von Produkten bedingt in der Regel die Ausführung einer Vielzahl von Arbeitsvorgängen und Abläufen wie Verarbeiten, Transportieren, Überprüfen, Nacharbeiten oder Einlagern. Soweit diese Tätigkeiten von Menschen vorgenommen werden, spricht man von dem **ausführenden Faktor**.

Als ausführender Faktor wird der Mensch in zunehmendem Maße durch automatisierte Maschinensysteme ersetzt. Ultraschall, Röntgenstrahlen oder die Sensortechnik machen den Einsatz der menschlichen Sinne überflüssig, arbeiten häufig genauer, gleichmäßiger und manchmal sogar wirkungsvoller als der Mensch.

Beispiele Infrarotgeräte erlauben bei Nacht eine weitaus bessere Sicht als das menschliche Auge. Durch Röntgenstrahlen sind selbst kleine, für das Auge nicht mehr wahrnehmbare Haarrisse bei den Schweißstellen der von der Bürodesign GmbH gefertigten Fuß- oder Tischgestelle zu erkennen.

Die hohe Flexibilität des Menschen und seine schnelle Reaktion auf Sinneswahrnehmungen bieten jedoch vielfach einen Kostenvorteil für die menschliche Arbeit im Vergleich zum Einsatz von Maschinen.

Beispiele Nach der Endmontage sollen die Polsterstoffe der Konzentrastühle bei der Bürodesign GmbH im Hinblick auf vorhandene Webfehler untersucht werden. Um eventuelle Farbunterschiede zwischen einzelnen Fäden, Fadenrisse oder eine unterschiedliche Fadenstärke zu erkennen, müsste eine Maschine zunächst über die notwendigen technischen Sinne wie Sensoren, Reflektoren, Ultraschall und Röntgenstrahlen verfügen. Mess- und Steuerungstechniken müssen die aufgenommenen Ist-Werte mit den eingegebenen Soll-Werten vergleichen, mögliche Abweichungen als akzeptabel oder nicht akzeptabel beurteilen. Besteht bei dem nächsten Stuhl der Polsterstoff aus einem anderen Material, einem anderen Gewebe und weist er auch eine andere Farbgebung auf, so muss die Maschine so programmiert sein, dass sie sich sofort auf die Veränderung einstellen kann. Hierzu wäre ein enormer Aufwand für die Bereitstellung der notwendigen Hardware und Software notwendig. Gleichzeitig ist zu bedenken, dass die Folgekosten bzw. laufenden Aufwendungen für die Sicherung des Systems häufig noch einmal das Drei- bis Vierfache der Anschaffungskosten ausmachen. Diese Aufwendungen lohnen sich nicht, sodass der Mensch bei diesen Tätigkeiten den wirtschaftlicheren Produktionsfaktor darstellt.
So erfolgt auch bei der Bürodesign GmbH das Nachschleifen von Unebenheiten auf den Tischplatten manuell durch einen erfahrenen Arbeitnehmer, der über ein hohes Augenmaß verfügen muss und den Druck auf das Schleifpapier allmählich verringert, bis die Unebenheit beseitigt ist.

Stärken und Schwächen des Menschen als Produktionsfaktor

Der Roboter kann nur die Tätigkeiten ausführen, für die er vorher programmiert wurde. Menschen können situationsgerecht entscheiden und gegebenenfalls improvisieren. Der Mensch sammelt und speichert Erfahrungswerte, die Grundlage für seine weiteren Tätigkeiten sind.

Beispiel Bei der Wartung und Reparatur von Maschinen erleichtern elektronische Messgeräte die Fehlersuche. Sie finden aber nur solche Fehler, auf die sie programmiert sind, wie mangelnder Druck, eine zu geringe Maschinengeschwindigkeit oder zu hoher Energieverbrauch. Ein erfahrener Monteur kann die Fehlersuche erweitern, indem er verschiedene Eindrücke kombiniert und zum Beispiel aus dem unrunden Lauf der Maschine und dem ungewöhnlichen Geräusch auf einen Lagerschaden schließt.

Die Stärken des Menschen bergen gleichzeitig seine Schwächen. Sinnestäuschungen, Abnahme der Konzentration und Ermüdung sind häufige Ursachen für Qualitätsfehler. Gleichzeitig sind dem Menschen enge **physische** und **psychische** Grenzen bei seiner Arbeit gesetzt. Körperbau und Körpermaße beschränken den Greif- und Sehraum des Menschen sowie die Belastung der Körperkräfte. Einseitige

Muskelbelastungen, mangelnde Beleuchtung, Lärm am Arbeitsplatz oder ein schlechtes Raumklima können die Arbeitsergebnisse erheblich beeinträchtigen. Der Mensch ist kein Roboter. Auch die geistig-seelische Verfassung und Belastbarkeit beeinflussen das Arbeitsverhalten. Ein unangemessenes Arbeitstempo oder die Bewältigung ständig neuer Aufgaben erzeugen Angst, Angst führt zu Stress, Stress wiederum bedingt unweigerlich vermeidbare Arbeitsfehler.

Einflussgrößen auf die Quantität und Qualität von Arbeitsergebnissen

Zwei grundlegende Voraussetzungen bestimmen Quantität und Qualität von Arbeitsergebnissen, nämlich die **Arbeitseignung** und **Arbeitsbereitschaft** bzw. Arbeitsmotivation. Die Arbeitseignung wird vielfach durch den Umfang der Ausbildung und Weiterbildung bestimmt. Häufig spielt auch die erworbene Berufserfahrung eine große Rolle. Handelt es sich um ausführende Tätigkeiten, so können die körperliche Belastbarkeit oder die Geschicklichkeit von wesentlicher Bedeutung sein. Stimmen die Anforderungen einer Tätigkeit nicht mit der Eignung des Arbeitnehmers überein, so ist er über- oder unterfordert. Hieraus ergeben sich sowohl betriebliche wie persönliche Auswirkungen. Quantität und Qualität der Arbeitsleistung entsprechen nicht dem gewünschten Ergebnis. Ist der Arbeitnehmer unterfordert, so wird er unzufrieden. Die Folge ist häufig eine innere Kündigung, die sich in einer hohen Fehlquote äußert. Überforderungen führen zu Stresssituationen, die eine Ursache für viele Erkrankungen sein können.

Beispiele Bei der Bürodesign GmbH erfolgt das Ausstanzen der einzelnen Lederteile für die Auspolsterung der Arbeitssessel und Konferenzstühle durch einen Mitarbeiter, der als Polsterer ausgebildet ist und eine langjährige Berufserfahrung aufweist. Mit geübtem Auge erkennt er die besseren und schlechteren Teile bei den einzelnen Lederfellen, entsprechend stanzt er die Teile aus, d. h. die besseren für den Sitz und die schlechteren für die Rückenlehne, und trotzdem hält er den Verschnitt in Grenzen. Das Vernähen erfolgt vorwiegend durch Mitarbeiterinnen, weil sie eine größere Geschicklichkeit und Ausdauer als ihre männlichen Kollegen aufweisen.

Problematischer als die Arbeitseignung ist vielfach die Arbeitsbereitschaft. Sie hängt von einer Vielzahl betrieblicher und außerbetrieblicher Faktoren ab. Die betrieblichen Faktoren beinhalten eine ergonomische Gestaltung der Arbeitsplätze, d.h., inwieweit die Arbeitsbedingungen den körperlichen und geistig-seelischen Ansprüchen der Arbeitnehmer gerecht werden, die Zufriedenheit mit der Entlohnung, den Führungsstil von Vorgesetzten, das Klima im Arbeitsteam und die Anerkennung der geleisteten Arbeit durch Mitarbeiter und Vorgesetzte.

Beispiel Bei der Bürodesign GmbH wurde der reine Stundenlohn durch einen Prämienlohn ersetzt. Die Mitarbeiter werden monatlich von dem Gruppenleiter beurteilt. Je nach Beurteilung erhalten sie neben dem Stundenlohn eine zusätzliche Prämie für Mehrleistung, die Bereitschaft zu einem flexiblen Einsatz in unterschiedlichen Arbeitsgebieten und eine konstante Anwesenheit am Arbeitsplatz.

Die außerbetrieblichen Faktoren beziehen sich vor allem auf die geistig-seelische Verfassung des Mitarbeiters. Solche Faktoren sind das Wetter, die Jahreszeit, der Wochentag, Tiefen und Höhen im persönlichen Tagesrhythmus, Krankheiten oder Ereignisse im familiären Bereich.

Beispiel Der Montag ist für Frau Grell, die in der Auftragsbearbeitung bei der Bürodesign GmbH beschäftigt ist, der schlimmste Arbeitstag. Sie selbst beginnt sehr missmutig ihre Arbeit. Kunden, die wegen einer Reklamation anrufen, sind unverhältnismäßig verärgert und verkünden sehr lautstark und ungehalten ihre Beschwerden. Hingegen ist der Freitag der angenehmste Arbeitstag. Frau Grell freut sich auf das bevorstehende Wochenende. Auch die Kunden reagieren nicht so ungehalten und sind verständnisvoller, wenn Schwierigkeiten bei der Auftragsabwicklung aufgetreten sind.

Möglichkeiten zur Steigerung der Arbeitsproduktivität

Da die Lohnkosten in vielen Bereichen einen erheblichen Anteil an den Gesamtkosten ausmachen, besteht für die Unternehmen die Forderung, das Leistungsvermögen der Mitarbeiter möglichst voll auszuschöpfen. Ansatzpunkte hierfür sind die Verbesserung der Arbeitseignung und die Förderung der Arbeitsmotivation.

▲ Möglichkeiten zur Förderung der Arbeitseignung:

- die richtige Frau/der richtige Mann am richtigen Platz
- Erweiterung des Arbeitshorizontes durch „Jobrotation“ innerhalb des Unternehmens
- Junior-Senior-Teams
- Schulung der Mitarbeiter

▲ Möglichkeiten zur Förderung der Arbeitsmotivation:

- Mitarbeitergespräche, Mitarbeiterbeurteilungen
- Anerkennung außergewöhnlicher Leistungen
- Delegation von Verantwortung, Aussicht auf Beförderungen

Bedeutung des Produktionsfaktors Arbeit

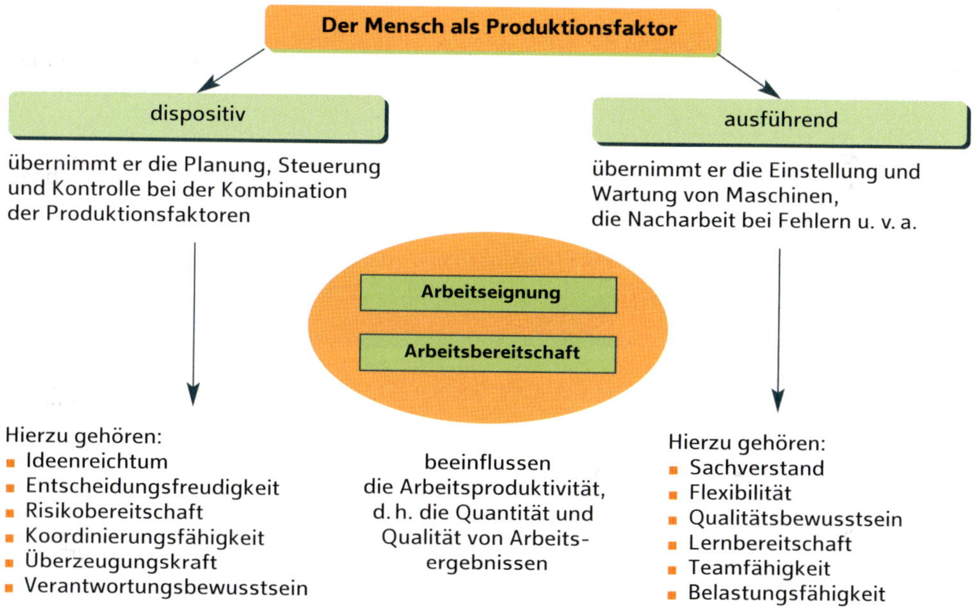

1 Eine Fülle von Gesetzen beschreibt, regelt und begrenzt den Einsatz des Produktionsfaktors Arbeit. Bilden Sie vier Gruppen, die die wichtigsten Rechtsvorschriften in den folgenden Bereichen sammeln und darstellen:
a) Arbeitsverträge b) Ausbildung c) Arbeitnehmerschutz d) Mitbestimmung

2 Die Abgas-Manipulationen bei Fahrzeugen des VW-Konzerns haben im Jahr 2015 weltweit Aufsehen erregt. Viele VW-Führungskräfte in der Motoren-Entwicklung sollen von den Manipulationen gewusst haben.
a) Machen Sie sich mithilfe des Internets kundig.
b) Berichten Sie über die möglichen Auswirkungen für den VW-Konzern.

3 Der amerikanische Psychologe Maslow hat die menschlichen Bedürfnisse in einer Bedürfnispyramide dargestellt. Die Befriedigung dieser Bedürfnisse ist von wesentlicher Bedeutung für die Motivation der Mitarbeiter und damit für eine Steigerung der Arbeitsproduktivität.
a) Erstellen Sie ein Referat, in dem Sie die wichtigsten Inhalte der Bedürfnispyramide von Maslow darstellen.
b) Suchen Sie nach Möglichkeiten für die Unternehmensführung, um die von Maslow aufgezeigten Bedürfnisse zu befriedigen.

4 Die Produktivität gilt häufig als Maßstab dafür, ob richtig oder falsch, effizient oder unproduktiv gehandelt wurde. Unterziehen Sie diese Anschauung einer kritischen Bewertung.

5 Die Verpackung der Konferenzstühle erfolgte bisher bei der Bürodesign GmbH manuell durch zehn Arbeitnehmer. Die Geschäftsleitung erwägt die Anschaffung einer Verpackungsmaschine, wodurch sich der notwendige Personalbedarf auf drei Mitarbeiter reduzieren würde. Die Unternehmung rechnet nach Abzug aller begrenzenden Faktoren wie Sonn- und Feiertage, Werksferien etc. mit 240 Arbeitstagen im Jahr.

Verfahren	Zahl der Arbeitnehmer	monatliche Lohnkosten in €	monatliche Maschinenkosten in €	tägliche Verpackungskapazität in 7,5 Stunden in Einheiten/Konferenzstühle
manuell	10	54 000,00	–	900
maschinell	3	16 800,00	26 400,00	1 080

a) Ermitteln Sie die Arbeitsproduktivität pro Mitarbeiter und pro Stunde bei der manuellen Verpackung.
b) Berechnen Sie die Steigerung der Arbeitsproduktivität in Prozent, die sich durch die Anschaffung der Verpackungsmaschine ergeben würde.
c) Stellen Sie fest, ob die Anschaffung der Verpackungsmaschine wirtschaftlich vertretbar ist.

6 Konflikte im fachlichen und/oder menschlichen Bereich des Betriebsalltages führen oft zu einer erheblichen Minderung der Arbeitsleistung/Arbeitsproduktivität.
a) Suchen sie nach typischen Ursachen für solche Konflikte.
b) Erläutern Sie die möglichen Probleme/Auswirkungen, die sich hieraus für den Arbeitnehmer und Arbeitgeber ergeben können.
c) Suchen Sie nach Wegen, um Konflikte zu lösen und zu entschärfen.

7 Erläutern Sie in einem Kurzreferat die Stärken und Schwächen des Menschen als Produktionsfaktor.

8 In einer regionalen Tageszeitung ist die folgende Stellenanzeige zu finden: „Referent/-in Human Resources für ein anspruchsvolles und vielseitiges Aufgabengebiet von einer dynamisch wachsenden Produktionsunternehmung mit einer flachen Hierarchie und weltweit 1 100 Mitarbeitern gesucht."
a) Erläutern Sie die Aussage „flache Hierarchie" und interpretieren Sie die von ihr ausgehenden positiven Signale für eine/-n potenzielle/-n Bewerber/-in.
b) Verfassen Sie mithilfe des Internets eine Beschreibung der möglichen Inhalte des zu erwartenden Aufgabengebietes.

2.2 Arbeitsentgelt

Elke Grau trifft erneut Frau Nohl, um ihr einiges über Arbeitsbewertung zu erzählen; schließlich hat sie sich jetzt kundig gemacht. „Da sind Sie ja schon wieder!", stöhnt Frau Nohl, als sie Elke erblickt. „Ja", entgegnet Elke, „und ich wollte Ihnen einmal ... " „Nein, nein", ruft Frau Nohl, „doch nicht schon wieder. Ich habe nicht ständig Zeit für Sie. Sie kriegen immer dasselbe Geld, ob Sie nun rumstehen oder arbeiten!" „Aber Frau Nohl, hören Sie doch mal. Sie haben da eine völlig falsche ... " „Haben Sie mich denn immer noch nicht verstanden?", entgegnet Frau Nohl. „Ich bin auf Akkord. Ich verdiene hier mein Geld, und wenn Sie mich stören, schaffe ich meine Tagesleistung nicht."

Elke wollte Frau Nohl doch nur einige Informationen geben. Dass sie Frau Nohl am Geldverdienen gehindert haben soll, versteht sie nicht. „Tja", erklärt ihr Herr Müller, den sie fragt, „das ist klar. Frau Nohl wird nach Leistung bezahlt und nicht wie Sie nach Anwesenheit."

- Erläutern Sie, weshalb Frau Nohl durch ein kurzes Gespräch am Arbeitsplatz mit Lohneinbußen rechnen muss.

Lohn und Gehalt sind das Entgelt für den Produktionsfaktor Arbeit. Der Schwierigkeitsgrad der Arbeit wird durch die Arbeitsbewertung ermittelt. Hierbei soll versucht werden, eine möglichst „gerechte" Grundlage für die Lohnermittlung zu finden. Ein weiterer Schritt hierzu ist die Erfassung der **tatsächlichen Leistungsfähigkeit** eines Arbeitnehmers.

Leistungsgrad

Ausgangspunkt ist (wie bei der **Ermittlung der Kapazität) die Normalleistung**. Setzt man die tatsächliche Leistung ins Verhältnis zur Normalleistung, so ergibt sich der **Leistungsgrad**.

$$\textbf{Leistungsgrad} = \frac{\text{Ist-Leistung}}{\text{Normal-Leistung}} \cdot 100$$

Beispiel Frau Nohl benötigt zum Polstern eines normalen Bürostuhls 20 Minuten. In einer Stunde kann sie also drei Stühle, an einem normalen Arbeitstag von acht Stunden 24 Stühle aufpolstern. Die Normalleistung beträgt also 24 Stühle pro Tag. Diese Leistung wird gleich 100 % gesetzt. Schafft Frau Nohl nur 18 Stühle, weil sie sich in ein neues Verfahren einarbeiten muss, so ist ihr Leistungsgrad niedriger. Der Leistungsgrad berechnet sich wie folgt:

$$\textbf{Leistungsgrad} = \frac{\text{18 Stühle}}{\text{24 Stühle}} \cdot 100 = \underline{\underline{75\ \%}}$$

Der Leistungsgrad von Frau Nohl beträgt 75 %.

Natürlich lassen sich solche Leistungszahlen nur dann problemlos ermitteln, wenn die Arbeitsgänge gleichwertig sind und sich ständig wiederholen. Je ungleichförmiger und kreativer die Arbeiten sind, umso weniger funktioniert diese Form der Leistungsmessung. Dann müssen andere Maßstäbe für die Beurteilung der Leistungsfähigkeit herangezogen werden (z. B. Gewinn oder Umsatz eines Unternehmens). Je nach der Art und Weise der Leistungsbemessung kann man verschiedene Formen der Entlohnung unterscheiden.

Formen der Entlohnung

Die wesentlichen Formen des Arbeitsentgelts sind **Lohn** und **Gehalt**. Von Gehalt spricht man bei der Entlohnung von Angestellten. Bei ihnen unterstellt man, dass die geistige Beanspruchung überwiegt. Oftmals besteht es aus einem Grundgehalt und den Zulagen. Die Zulagen können leistungsbezogen sein, z. B. Provisionen bei Außendienstmitarbeitern, oder werden unabhängig von der Leistung gezahlt (z. B. Weihnachts- oder Urlaubsgeld).

Der **Lohn** ist das Entgelt für die von einem **gewerblichen Mitarbeiter** geleistete Arbeit. Meist überwiegt die körperliche Beanspruchung. Der Lohn kann nach unterschiedlichen Grundlagen berechnet werden. Entsprechend gibt es den Zeitlohn sowie die Leistungslohnarten Akkord- und Prämienlohn.

Zeitlohn:

Beim **Zeitlohn** ist ausschließlich die **Dauer der Anwesenheit für und im Betrieb** der Maßstab für die Entlohnung. Bei der Bemessung wird von einer bestimmten Normalleistung ausgegangen, die in einer bestimmten Zeit erbracht werden kann.

Der **Arbeitnehmer** kann beim Zeitlohn von einem **festen Einkommen** ausgehen, wenn er die festgelegten Stunden ableistet. Für den Betrieb handelt sich beim Zeitlohn um **fixe Kosten**, die auf das Stück bezogen veränderlich sind. Bei einer höheren Produktionsstückzahl als der Normalleistung **sinken deshalb die Lohnstückkosten**.

Weitere Vor- und Nachteile des Zeitlohns sind:

Vorteile	Nachteile
– die einfache Abrechnung – die gesundheitliche Schonung des Arbeitnehmers durch geringeren Leistungsdruck – dem Mitarbeiter bleibt Zeit für eine gründliche und gewissenhafte Bearbeitung	– es besteht kein Leistungsanreiz für höhere Stückzahlen – dadurch sind stärkere Arbeitskontrollen notwendig – Zeitvorgaben werden immer voll ausgenutzt, Leerlaufzeiten werden nicht überbrückt

Akkordlohn:

Beim **Akkordlohn** gibt es einen **direkten Zusammenhang** zwischen Leistung und Entgelt. Dies bedeutet: Je höher die Arbeitsleistung, desto höher das Entgelt.

- **Voraussetzungen:**
  - Die **Arbeitsgänge** müssen sich in kleinste Einzelaufgaben **zerlegen** lassen.
  - Die **Arbeitsgänge** müssen sich regelmäßig **wiederholen**.
  - Die **Arbeitnehmer** müssen die Produktionsmenge durch ihre **Arbeitsleistung beeinflussen** können.

  Der Arbeitnehmer kann hier durch Steigerung seiner Arbeitsleistung den Verdienst erhöhen. Allerdings ist es auch denkbar, dass er seine Normalleistung aus verschiedenen Gründen (familiäre und gesundheitliche Probleme) nicht erbringt.
- Aus den oben genannten Gründen besteht der Akkordlohn aus **zwei Bestandteilen**:
  - **Garantierter Mindestlohn:** Er entspricht dem Zeitlohn, hält sich an tarifliche Vereinbarungen und legt eine Normalleistung und einen Leistungsgrad von 100 % zugrunde.
  - **Akkordzuschlag:** Dies ist ein prozentualer Zuschlag, der etwa 15 % bis 25 % des Mindestlohnes ausmacht. Der Arbeitnehmer kann davon ausgehen, dass der Mindestlohn – unabhängig von seiner Leistung – **immer gezahlt** wird. Aus dem garantierten **Mindestlohn** und dem **Akkordzuschlag** wird der **Akkordrichtsatz** ermittelt.
- **Berechnung:** Der Akkordlohn tritt als **Geldakkord** oder **Zeitakkord** auf.
  - Beim **Geldakkord** wird ein **fester Geldbetrag pro Mengeneinheit** (Stück, kg usw.) festgelegt. Dieser wird als **Stückgeldakkord** bezeichnet.
  - Beim **Zeitakkord** gibt man eine **feste Zeit** vor **(Vorgabezeit)**, in der eine **Mengeneinheit** produziert werden muss. Der Arbeitnehmer wird mit einem Preis pro Minute, dem sogenannten **Minutenfaktor** entlohnt. Dieser errechnet sich aus dem Akkordrichtsatz dividiert durch 60.

Beispiel Die Polsterin Nohl arbeitet 38 Stunden pro Woche (152 Stunden pro Monat) in der Polsterei der Bürodesign GmbH. Sie bringt es auf eine Normalleistung von 12 Stück je Stunde. Ihr Stundenlohn ist mit 15,00 €, der Akkordzuschlag mit 20 % vereinbart. Bei Normalleistung errechnet sich der jeweilige Monatslohn:

... nach Geldakkord	... nach Zeitakkord
1. Ermittlung des Akkordrichtsatzes Grundlohn 15,00 € + Akkordzuschlag 20 % 3,00 € = Akkordrichtsatz 18,00 €	**1. Ermittlung des Zeitakkordsatzes** $\frac{\text{60 Minuten}}{\text{Normalleistung}}$ = Zeitakkordsatz (Vorgabezeit) $\frac{\text{60 Minuten}}{\text{12 Stück je Stunde}}$ = 5 Minuten je Stück
2. Ermittlung des Geldakkords je Stück $\frac{\text{Akkordrichtsatz}}{\text{Leistung/Stunde}}$ = Geldakkord je Stück $\frac{\text{18,00 €}}{\text{12 St./Std.}}$ = 1,50 € je Stück	**2. Ermittlung des Minutenfaktors** $\frac{\text{Akkordrichtsatz}}{\text{60 Minuten}}$ = Minutenfaktor $\frac{\text{18,00 €}}{\text{60 Minuten}}$ = 0,30 € pro Minute (Vorgabezeit · Minutenfaktor = Geldakkord je Stück)

3. Ermittlung der Monatsleistung und des Monatslohnes bei Normalleistung	**3. Ermittlung der Monatsleistung und des Monatslohnes bei Normalleistung**
Ist-Leistung · Geldakkord je Stück	Ist-Leistung · Vorgabezeit/St. · Minutenfaktor
1 824 Stück · 1,50 € Die Normalleistung beträgt pro Stunde 12 Stück, pro Woche sind das (12 · 38) 456 Stück und pro Monat 1 824 Stück. Bei einer Monatsarbeitszeit von 152 Stunden und einer Leistung von 1 824 Stück je Monat erhält Frau Nohl einen Lohn von **2 736,00 €**.	1 824 Stück · 5 Min/Stück · 0,30 € Der Monatslohn beträgt **2 736,00 €.**

Wenn in beiden Fällen Normalleistung unterstellt wird, so ergibt sich immer der gleiche Monatslohn. Der Anreiz für Frau Nohl liegt jetzt darin, z. B. beim Geldakkord die Stückzahl pro Stunde durch schnelleres Arbeiten zu erhöhen. Dadurch steigt die Leistung und damit auch der Lohn.

Gelingt es Frau Nohl, die stündliche Leistung um 1 Stück auf 13 Stück im Durchschnitt zu erhöhen, so erhöht sich ihr Monatslohn nach **Geldakkord** auf 2 964,00 €, bei vereinbartem Zeitakkord ebenfalls auf 2 964,00 €.

Wenn Frau Nohl beispielsweise aus gesundheitlichen Gründen nur 8 Stück pro Stunde schafft, so stünden ihr rein rechnerisch 1 824,00 € Monatslohn zu (132 Std. · 8 Stück/Stunde · 1,50 €.). Sie erhält aber trotzdem den garantierten Mindestlohn in Höhe von 2 280,00 € (152 Stunden · 15,00 €).

Der Geldakkord hat gegenüber dem Zeitakkord den Nachteil, dass alle Stückakkordsätze bei jeder Änderung der Tariflöhne neu berechnet werden müssen. Beim Zeitakkord muss jeweils nur der Minutenfaktor je Lohngruppe neu berechnet werden, da die Zeitvorgaben unverändert bleiben.

Mit dem Akkordlohn sind eine Reihe von **Vor- und Nachteilen** für Arbeitgeber und Arbeitnehmer verbunden:

Vorteile	**Nachteile**
– Er bietet einen Anreiz zur Leistungssteigerung und Einkommensverbesserung. – Der Betrieb zahlt den Akkordzuschlag nur, wenn die geforderte Leistung erbracht wird. – Die Lohnkosten je Stück sind festgelegt, eine zuverlässige Kalkulation ist möglich. – Er ermöglicht die Ausnutzung der Maschinenkapazitäten und eine damit verbundene Kostendegression. – Arbeitskontrollen entfallen.	– Es kann wegen Leistungsdruck zu gesundheitlichen Schäden und hohen Krankheitsständen bei den Arbeitnehmern kommen. – Durch die erhöhte Geschwindigkeit kann es zu Qualitätsminderungen kommen. – Dadurch werden verstärkte Qualitätskontrollen notwendig. – Es kommt zu einem erhöhten Verschleiß von Maschinen und Anlagen, dies verursacht zusätzliche Kosten.

Gruppenakkord als Sonderform des Akkordlohnes: Eine besondere Form des Akkords stellt der Gruppenakkord dar. Hier werden Vorgabezeit und Minutenfaktor für eine **Gruppe von Arbeitskräften** festgelegt. Die Anteile des Einzelnen werden nach festgelegten Verteilungsschlüsseln ermittelt.

▲ Prämienlohn:

Durch die fortschreitende Automatisierung der Fertigungsprozesse und die Zunahme von Teamarbeit in Form von Gruppenfertigung verliert der Akkordlohn immer mehr an Bedeutung. Der einzelne Arbeitnehmer kann das mengenmäßige Ergebnis durch den zunehmendem Anteil an NC-/DNC-/CNC-gesteuerten Maschinen nur noch geringfügig beeinflussen. Bei der Gruppenfertigung besteht der Grundsatz „einer für alle und alle für einen“, sodass auch hier der Akkordlohn wenig hilfreich ist. So gewinnt der Prämienlohn immer mehr an Bedeutung.

Unter dem Begriff Prämienlohn versteht die Literatur einen Zusatzlohn zum Grundlohn für **quantitative oder qualitative Mehrleistung**, wobei der Zusatzlohn planmäßig erfolgt und durch eine Mehrleistung ersparte Aufwendungen nur teilweise an den Arbeitnehmer weitergegeben werden.

Die Praxis (REFA) fasst den Begriff weiter und bezeichnet als Prämienlohn ein Lohnsystem, das zu einem Grundlohn **besondere Leistungen und/oder Anforderungen** planmäßig berücksichtigt. Der Arbeitnehmer muss Einfluss auf den Grad der Leistungs- oder Anforderungserfüllung haben.

Beispiele So beinhalten Schmutz- oder Gefahrenzulagen keinen Prämienlohn, wohl aber Pünktlichkeitsprämien, Anwesenheitsprämien oder Unfallverhütungsprämien.

Die **Anwendung des Prämienlohnes** ist vor allem berechtigt, wenn keine Akkordfähigkeit vorliegt, d.h.

- bei einem hohen Anteil unbeeinflussbarer Zeit zur Durchführung eines Arbeitsprozesses bedingt durch Automatisierung,
- bei Unmöglichkeit der Ermittlung exakter Vorgabezeiten, d.h., wenn die Auftragszeiten nur geschätzt werden können,
- wenn eine bestehende Grundlohnform (Zeitlohn oder Akkordlohn) sich als zweckmäßig erwiesen hat, jedoch gewisse Nachteile wie zu hoher Ausschuss oder Verschnitt oder eine Abnahme der Leistung zu verzeichnen sind,
- wenn eine Leistungssteigerung erwünscht und möglich ist, sich jedoch in einem begrenzten Rahmen bewegen soll.

Beispiele **für verschiedene Arten von Prämien**

Ersparnisprämien: Durch weniger Verschnitt wird eine bessere Materialausbeute erreicht.

Qualitätsprämien: Nacharbeit und Ausschuss unterschreiten die normale Fehlerquote.

Nutzungsprämien: Ein Arbeitnehmer reduziert Reparatur- und Ausfallzeiten an Maschinen.

Zeitersparnisprämien: Die Normalzeit für eine Aufgabe wurde erheblich unterschritten.

Stückprämien: Ein Arbeitnehmer arbeitet im Zeitlohn. Er erhält eine Prämie, weil er eine erheblich größere Stückzahl gefertigt hat.

Erfolgsbeteiligung:

Bei vielen Unternehmen findet der Prämienlohn eine Ergänzung durch die Beteiligung der Arbeitnehmer am Erfolg der Unternehmung. Schwankungen in der Auftragslage bedingen nicht nur eine **Flexibilisierung der Fertigung**, sondern auch eine gewisse **Flexibilität bei der Entlohnung**. Der Flächentarif wird zunehmend durch Haus- oder Firmentarife abgelöst. Bedingt eine schlechte Auftragslage niedrige Lohnabschlüsse, so kommt man den Arbeitnehmern durch eine Gewinnbeteiligung entgegen. Erfolgt die Gewinnbeteiligung durch die Ausgabe von Belegschaftsaktien, so bleibt das Geld in der Unternehmung und erhöht damit die betriebliche Liquidität.

Je nach Ausgestaltung der Gewinnbeteiligung können unterschiedliche Ziele erreicht werden wie

- Förderung der Mitverantwortung für Betriebsabläufe, Materialverbrauch, Termintreue,
- Förderung der Leistungsbereitschaft für Überstunden, Sonderschichten,
- eine Verringerung der Fluktuationsrate durch eine Verbesserung der Betriebsbindung.

Bei der **Berechnung der Gewinnbeteiligung** findet man sehr viele Modelle, z.B.:

- **nach Köpfen:** Jeder Arbeitnehmer erhält den gleichen Betrag.
- **nach Betriebszugehörigkeit:** Der Gewinnanteil des einzelnen Arbeitnehmers richtet sich nach dem Verhältnis der Jahre seiner Betriebszugehörigkeit zur Summe der addierten Betriebszugehörigkeit aller Arbeitnehmer.
- **nach der Lohnsumme:** Die Jahreslohnsumme des einzelnen Arbeitnehmers wird mit der Gesamtlohnsumme des Betriebes verglichen. Entsprechend erfolgt sein Anteil am Gewinn.
- **nach der Kosteneinsparung:** Die einzelnen Arbeitsplätze (Kostenstellen) erhalten ein Budget (Plankosten). Unterschreiten die Kosten die vorgegebenen Plankosten, so erfolgt eine Gewinnbeteiligung im Verhältnis zur gesamten Kosteneinsparung des Betriebes.

Arbeitsentgelt als Kostenfaktor

Aus der Sicht des Betriebes stellen alle Formen des Arbeitsentgeltes Personalkosten dar. Neben den Bruttolöhnen und -gehältern umfassen die Personalkosten noch:

- die gesetzlichen Sozialversicherungsbeiträge
- sonstige Personalzusatzkosten

Diese über die Bruttolöhne und -gehälter hinausgehenden Kostenanteile werden Personalzusatzkosten genannt. Bruttolöhne und Personalzusatzkosten ergeben zusammen die Personalkosten des Betriebes.

Bruttolöhne Bruttogehälter + **Personalzusatzkosten** = **Personalkosten**

Einen Überblick über Arten und Höhe der Personalzusatzkosten vermittelt die folgende Abbildung.

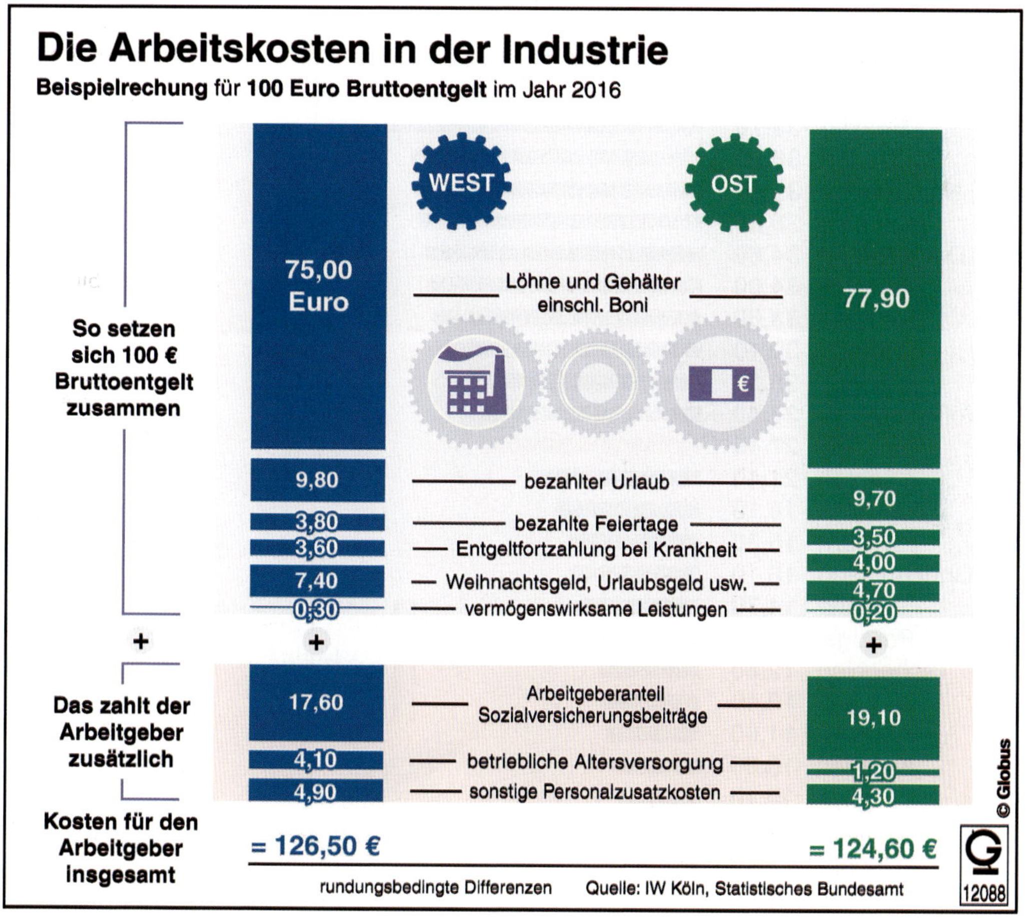

Beispiel Aus der Grafik lässt sich ableiten, dass die Bürodesign GmbH für je 75,00 € Tarifgehalt zusätzlich 51,50 € für Personalnebenkosten kalkulieren muss. Die Personalnebenkosten erhöhen demnach die Lohnstückkosten erheblich. Dies ist auch mit ein Grund dafür, dass die Lohnstückkosten in Deutschland zu den höchsten weltweit gehören. Zu den gesetzlichen Personalzusatzkosten zählen der Arbeitgeberanteil zur Sozialversicherung, die Lohnfortzahlung bei Krankheit, bezahlte Feiertage, Mutterschutz u. a. Zu den tariflichen und betrieblichen Personalzusatzkosten gehören Urlaubsgeld, 13. Monatsgehalt, betriebliche Altersversorgung, Vermögensbildung u. a.

Natürlich ist die gute Absicherung für die Arbeitnehmer sehr beruhigend **(soziales Netz)**. Andererseits sind durch die hohen Lohnstückkosten Arbeitskräfte in Deutschland im Verhältnis zu anderen Ländern teuer. Entsprechend hoch sind dann auch die Preise, zu denen die Betriebe ihre Produkte verkaufen müssen.

Dies ist einer der Gründe für die Diskussion über den **Produktionsstandort Deutschland**, in der viele Betriebe für eine Verlagerung der Produktion ins Ausland plädieren, weil insbesondere die Personalkosten in Deutschland zu hoch sind. Auf der anderen Seite bewirken die Tarifabschlüsse seit den letzten Jahren nur noch minimale Anstiege im Bereich der Personalkosten.

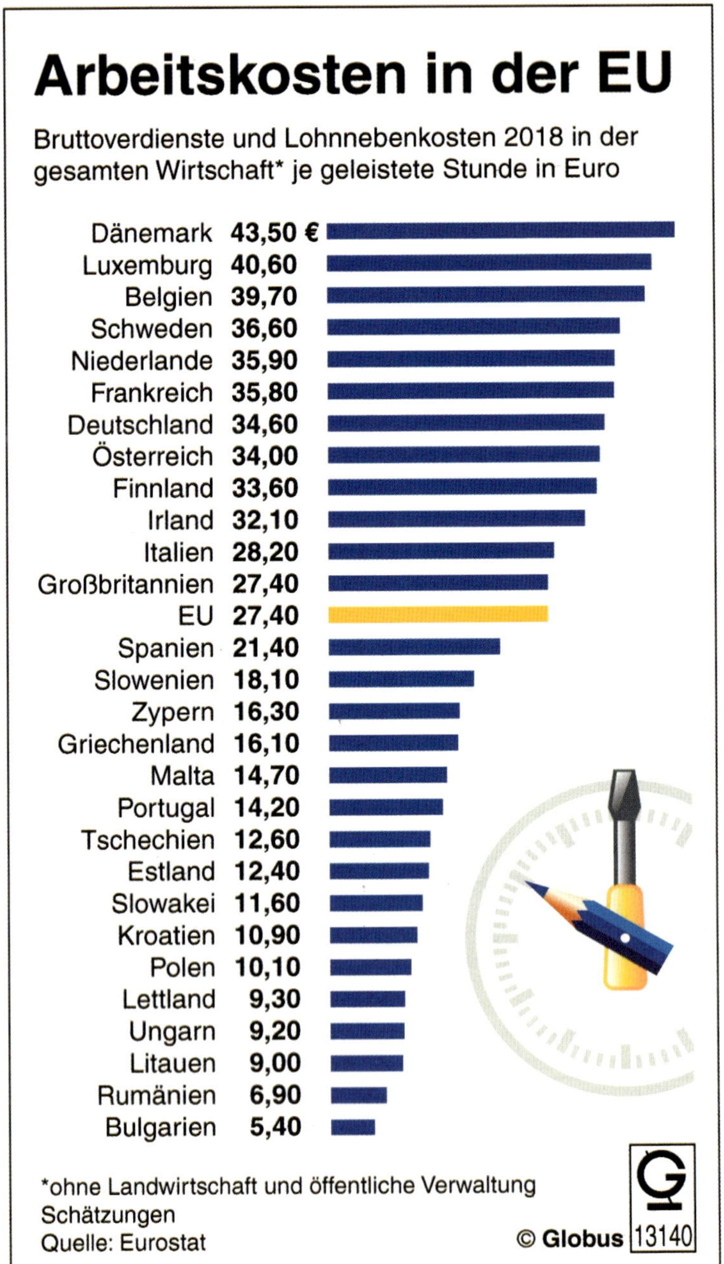

Arbeitsentgelt

- Lohn und Gehalt sind das Entgelt für den Produktionsfaktor Arbeit.
- Gehalt erhalten die Angestellten, Lohn die gewerblichen Mitarbeiter.
- Zeit und Menge bilden den Rahmen für die Entlohnung.

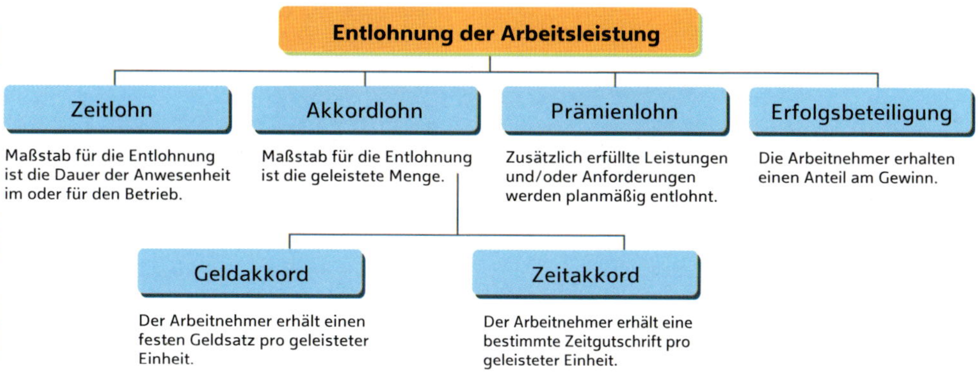

- Alle Entgeltsformen sind für den Betrieb Bestandteil der **Personalkosten**. Neben den Bruttolöhnen und Gehältern gehören zu den Personalkosten auch die **Personalzusatzkosten**.

1 Stellen Sie dar, wodurch sich Zeit- und Leistungslohn aus der Sicht des Arbeitnehmers und des Betriebes voneinander unterscheiden.

2 Erläutern Sie den Begriff Prämienlohn und erklären Sie, warum sich dieser bei bestimmten Fertigungsverfahren anbietet.

3 Stellen Sie einen Zusammenhang zwischen den Entlohnungsformen und der Leistungsbereitschaft eines Arbeiters her.

4 Der tarifliche Mindestlohn entspricht nicht dem gesetzlichen Mindestlohn.
a) Klären Sie mithilfe des Internets den Unterschied.
b) Stellen Sie fest, wer keinen Anspruch auf den gesetzlichen Mindestlohn besitzt.
c) Suchen Sie nach Argumenten, die für und gegen den gesetzlichen Mindestlohn sprechen.

5 Einem Mitarbeiter der Bürodesign GmbH sind im Zeitakkord für die Montage der Türelemente 15 Minuten vorgegeben. Der Minutenfaktor beträgt 0,29 € pro Minute.
a) Ermitteln Sie den Akkordrichtsatz für diese Arbeit ausgedrückt in Euro pro Stunde.
b) Errechnen Sie, wie viel er pro Stunde verdient, wenn er durchschnittlich fünf Stück je Stunde montiert.
c) Bestimmen Sie den Geldfaktor je Stück, wenn er im Geldakkord arbeitet.

6 Die Bürodesign GmbH erhält einen Brief von einem Kunden, in dem es unter anderem heißt: „... bin ich über den von Ihnen berechneten Stundensatz für die Monteurstunden in Höhe von 62,50 € geradezu entsetzt. Dies vor allem, weil Ihr Monteur mir erzählte, dass er 18,00 € pro Stunde verdiene. Bitte erklären Sie mir diesen erheblichen Unterschied."
Führen Sie Gründe an, die den hohen Stundensatz für die Monteurstunden erklären.

7 Schauen Sie sich die beiden Stellenanzeigen genau an:

SCHMITZ

GmbH & Co. KG · Bauunternehmung

Unsere junge Mannschaft benötigt dringend Verstärkung.

Sind Sie:

Maurerpolier?
Maurermeister?
Maurer?

Wir würden Sie gerne als Neuzugang begrüßen.

Rufen Sie uns an, Tel. 0221 171717, oder schauen Sie doch einfach mal rein.

Spaß am Umgang mit Zahlen

Damit können Sie in unserem unkomplizierten Team „ohne Ärmelschoner" nach Herzenslust schalten und walten. Mit Ihren fundierten buchhalterischen Allround-Kenntnissen und einem gut entwickelten Ordnungssinn werden Sie sich bei uns wohl fühlen als

Buchhalter/-in

Es erwarten Sie vielseitige Aufgaben bis hin zur Mitwirkung bei der EDV-gestützten Erstellung von Monats- und Jahresabschlüssen.

Zusätzliche Abwechslung bringt Ihnen unser bauorientiertes Lohnbüro.

Das Gehalt stimmt, über sonstige Sozialleistungen reden wir gerne mit Ihnen. Rufen Sie uns an: Tel. 069 753720

a) Geben Sie an, welche Entgeltformen sich für die oben angegebenen Mitarbeiter eignen.
b) Geben Sie Gründe an, weshalb gewerbliche Mitarbeiter häufiger im Leistungslohn und kaufmännische Mitarbeiter meist im Zeitlohn entlohnt werden.
c) Erläutern Sie zur Stellenanzeige „Buchhalter/-in" die erwarteten Kompetenzen.
d) „Das Gehalt stimmt, über sonstige Sozialleistungen reden wir gerne mit Ihnen." Begründen Sie, worauf Sie gerne als Bewerber im Vorstellungsgespräch eingehen würden.

8 Der Facharbeiter Marc Borutta erhält bei der Bürodesign GmbH einen Grundlohn von 15,00 € und einen Akkordzuschlag von 20 % je Stunde. Er arbeitet in der Montageabteilung am Zusammenbau von Sesseln. Durch Zeitstudien wurden folgende Normalleistungen ermittelt:

- Arbeitssessel ergo-design-natur 3,0 Stück/Stunde
- Waiter Sessel 4,8 Stück/Stunde
- Konzentra Konferenzstuhl 1,5 Stück/Stunde

Durch Lohnscheine weist der Facharbeiter Marc Borutta in der vierten Kalenderwoche folgende Arbeiten nach:

- 25 montierte Arbeitssessel
- 56 montierte Waiter Sessel
- 20 montierte Konferenzstühle

Ferner kann Herr Borutta noch sechs Arbeitsstunden für Werkzeugherrichtung und Maschinenwartung nachweisen, für die er ebenfalls den Akkordrichtsatz als Zeitlohn erhält.

a) Berechnen Sie den Bruttolohn.
b) Berechnen Sie den durchschnittlichen Stundenverdienst, wenn er in der vierten Kalenderwoche 36 Stunden gearbeitet hat.
c) Berechnen Sie den Leistungs- und Zeitgrad bezogen auf die beeinflussbare Arbeitszeit.

9 Bei der Bürodesign GmbH wird u. a. der Vorderfuß „25 x 15/1,5 954 LG“ produziert. Für die Fertigung liegt der folgende Arbeitsplan vor:

Arbeitsplan Nr.: 5-18.01.02-16			Datum: 10.09.20..		Blatt 1 von 1
Benennung: Vorderfuß 25 x 15/1,5 954 LG			Zeichnungs-Nr. 20.01..02-08.3		Stück: 200
Kosten-stelle	Arb.-folge	Arbeitsvorgang	Zeitvorgabe in Minuten		Bemerkung
			Rüstzeit tr	Zeit je Einheit te	
302	1	Sägen auf Länge	15,00	12,00	Sicherheitshinweise beachten
305	2	Biegen	12,00	4,00	
307	3	Abkanten	10,00	5,00	
322	4	Bohren 2 x 7 mm	25,00	14,00	
323	5	Bohren für Stapelstopf	25,00	18,00	
323	6	Bohren Rücken	22,00	12,00	
321	7	Bohren Versenken N. Z.	6,00	10,00	
321	8	Aufbohren 8,5 F. Sitz	5,00	15,00	
506	9	Prüfen			

a) Berechnen Sie die Auftragszeit in Stunden für die Fertigung von 200 Einheiten.
b) Bestimmen Sie, nach welcher Form die Mitarbeiter der Arbeitsfolgen 1 bis 8 entlohnt werden, und suchen Sie hierfür nach einer Begründung.
c) Machen Sie einen begründeten Vorschlag für die Entlohnung von Arbeitsgang 9.

10 Nennen Sie Bezugsgrößen für die Bemessung von Prämien und erläutern Sie diese.

▲ Fallstudie: „Menschliche Arbeit im Produktionsprozess“

Handlungssituation: Herr Kaya , Leiter der Beschaffung und Qualitätsbeauftragter bei der Bürodesign GmbH, hat im vergangenen Jahr zwei neue Automatikpistolen, Typ A25F Flowmax, bestellt. Sie garantieren eine ausgezeichnete Finish-Qualität und eine gleichmäßigere Lackschicht. Gleichzeitig erreicht man eine erhebliche Materialersparnis im Vergleich zu den bisher eingesetzten Pistolen, und zwar durch die präzise Strahlbreite entsprechend dem Winkel der gewählten Düse. Durch die UV-Trocknung und Härtung der aufgetragenen Lackschicht ist es möglich, die Lackstärke von 50 auf 40 µ zu senken. Zudem wurde die Materialstärke der Regale von 20 auf 16 mm reduziert. Gleichzeitig kann der Personalbestand der Lackiererei durch eine kürzere Durchlaufzeit von drei auf zwei Mitarbeiter gesenkt werden. Bezogen auf Personaleinsatz und Entlohnung stehen nun wichtige Entscheidungen an.

Arbeitsaufträge

1 Berechnen Sie die Steigerung der Material- und Arbeitsproduktivität.

2 Die neuen Abläufe leisten einen wesentlichen Beitrag zum Umweltschutz.
Belegen Sie diese Aussage mit zwei Argumenten.

3 Unterbreiten Sie einen begründeten Vorschlag für die Lösung des Personalproblems.
Zurzeit arbeiten in der Lackiererei:
- Peter Abel: 54 Jahre alt, Meister, verheiratet, 26 Jahre Betriebszugehörigkeit. Herr Abel betreut auch einen Teil der Auszubildenden.
- Paul Bertram: 40 Jahre alt, Blechschlosser, verheiratet, 1 Kind, 10 Jahre Betriebszugehörigkeit. Aufgrund guter Zeugnisse wurde er vor 10 Jahren wegen des großen Arbeitsanfalls eingestellt und an seinem jetzigen Arbeitsplatz eingearbeitet.
- Franz Cernek: 35 Jahre, Lackierer, verheiratet, 4 Kinder, 14 Jahre Betriebszugehörigkeit.

4 Bisher bildeten Abel, Bertram und Cernek eine Arbeitsgruppe in der Lackiererei. Ihre Stundensätze und Arbeitszeiten sind unterschiedlich. Sie erhielten zum Beispiel in der vergangenen Arbeitswoche eine Prämie von 268,50 €.

	Stundensatz	Arbeitszeit
Abel	18,00 €	40 Std.
Bertram	17,00 €	30 Std.
Cernek	16,00 €	35 Std.

a) Berechnen Sie den Lohn für jeden Facharbeiter unter Berücksichtigung der unterschiedlichen Stundensätze und Arbeitszeiten.
b) Beschreiben Sie wesentliche Merkmale der Gruppenfertigung und heben Sie ihre Vorteile hervor.
c) Stellen Sie fest, welche Vorteile der Prämienlohn im Vergleich zum Akkordlohn und Zeitlohn bietet.

5 Die Durchführung der neuen Arbeitsabläufe soll in Zukunft nur noch im Akkord abgegolten werden. Zur Berechnung dienen die folgenden Daten:
Der tariflich garantierte Mindestlohn liegt bei 15,00 €/Arbeitsstunde.
Der Akkordzuschlag beträgt 12 %.
Bei einer Zeitaufnahme ergeben sich für die Lackierung eines Regalelements folgende Messungen:

	Sekunden		Sekunden
1. Messung:	88	4. Messung:	102
2. Messung:	104	5. Messung:	98
3. Messung:	108	6. Messung:	100

Bei der Festlegung der Vorgabezeit je Stück entscheidet sich die Arbeitsvorbereitung für den Mittelwert aus allen sechs Messungen. Dieser entspricht einem Leistungsgrad von 110 %. Berechnen Sie

a) den Akkordrichtsatz,
b) den Minutenfaktor,
c) die Vorgabezeit je Stück,
d) den Bruttolohn, wenn an einem Arbeitstag durch einen Mitarbeiter in acht Arbeitsstunden 317 Stück bearbeitet werden,
e) den Leistungsgrad des Mitarbeiters.

6 Die Arbeitnehmer der Bürodesign GmbH werden schon seit einigen Jahren am Gewinn beteiligt.

Auf die Kostenstelle 312, Lackiererei, fiel ein Gewinnanteil von 4 050,00 €. Die hier beschäftigten Facharbeiter weisen folgende Daten auf:

Betriebszugehörigkeit in Jahren, Lohnsumme im abgelaufenen Geschäftsjahr in Euro

Abel	26	32 000,00
Bertram	10	30 000,00
Cernek	14	28 000,00

Berechnen Sie für jeden Facharbeiter den Gewinnanteil für den Fall, dass
a) die Verteilung nach der Betriebszugehörigkeit erfolgt,
b) die Verteilung nach der Lohnsumme vorgenommen wird.

7 Die Berechnung der Gewinnbeteiligung nach der Kosteneinsparung ist problematisch und nicht immer gerecht. Suchen Sie nach einer Begründung für diese Aussage.

3 Produktionscontrolling

3.1 Quantitäts- und Qualitätskontrolle

3.1.1 Quantitätskontrolle und optimale Losgröße

Durch den Ausfall eines Großkunden ergeben sich im Monat Januar bei der Bürodesign GmbH Probleme bei der Kapazitätsausnutzung. Die Produktionsleitung möchte deshalb einen Teil der Fertigungsaufträge im Rahmen der Produktgruppe „Konferenzen und Schulung" in größeren Losen auf Lager produzieren, damit die vorhandenen Produktionsanlagen ausgelastet werden.

- Stellen Sie fest, wie man die optimale Werkstattlosgröße berechnen kann.
- Suchen Sie nach Gesichtspunkten und Tatbeständen, die häufig zu einer Abweichung von der optimalen Werkstattlosgröße führen.
- Beschreiben Sie den Einfluss einer feststehenden Losgröße auf die Auswahl des Fertigungsverfahrens.

Ein **Los** beinhaltet die Anzahl der Fertigungseinheiten für einen Fertigungsgang, ohne dass die Maschine oder Maschinenstraße umgerüstet wird.

▲ Einflussgrößen auf die Losgröße

- **Verfügbare Zeit:** Ist eine kurze Durchlaufzeit erwünscht, muss das Los klein gehalten werden. Eventuell erfolgt ein Lossplitting, d.h., der Auftrag wird geteilt und die einzelnen Teillose werden parallel auf ähnlichen Maschinenplätzen gefertigt. Die Durchlaufzeit sinkt, die Rüstkosten steigen.
- **Höhe der Rüstkosten:** Bei aufwendigen Rüstarbeiten wird man ein möglichst großes Los bilden, um die anteiligen Rüstkosten zu senken. Unter Umständen werden verschiedene Fertigungsaufträge zu einem Werkstattauftrag bzw. zu einer Ablauffamilie zusammengefasst. Die anteiligen Rüstkosten sinken, die Liegezeiten für einzelne Aufträge und damit ihre Durchlaufzeiten steigen.
- **Umfang der Kapitalbindung:** Enthalten die Werkstücke eine hohe Kapitalbindung, z.B. Bohrer aus Platin, so wird man kleine Lose bilden. Unter Umständen sind hier Kundenauftrag und Fertigungslos identisch, weil die Lagerzinsen bei einer höheren Stückzahl zu hoch wären.
- **Gängigkeit des Erzeugnisses:** Handelt es sich bei dem Erzeugnis um einen jederzeit absetzbaren Standardartikel oder um eine Baugruppe, die in allen Ausführungen des Enderzeugnisses vorkommt, so neigt man zu größeren Losen.
- **Beschäftigungslage:** Bei einem Auftragshoch besteht die Tendenz zu kleineren Losen, um die Kapazität für weitere Aufträge freizuhalten. Bei einem Auftragstief wird auf Lager produziert, um Leerkosten zu vermeiden.
- **Lagerfähigkeit:** Besitzen die Erzeugnisse eine begrenzte Lagerfähigkeit, so neigt man zu kleinen Losen, damit nicht zu hohe Abschreibungen für den Verderb der Ware vorgenommen werden müssen.
- **Geplanter Jahresbedarf:** Eine große Rolle spielt der voraussichtliche Jahresbedarf bei der Festlegung von Fertigungslosen. Je größer der Bedarf eingeschätzt wird, um so eher wird man sich für größere Fertigungslose entscheiden.

▲ Berechnung der optimalen Losgröße

Die Fertigungsmenge, bei der die Summe aus Rüst- und Lagerkosten in einem bestimmten Planungszeitraum ein Minimum bildet, bezeichnet man als optimale Werkstattlosgröße.

Steigt die Fertigungsmenge, so nehmen die Lagerhaltungskosten zu. Ein großer Teil der gefertigten Halb- oder Enderzeugnisse muss zunächst gelagert werden und verursacht hierdurch **Kapitalbindungskosten**, erhöhte Abschreibungen bedingt durch einen Werteverlust, der sich aus einer modischen oder technischen Veralterung ergeben kann oder durch einen Preisverfall. Gleichzeitig steigen die Lagerkosten durch höhere Aufwendungen für Energie, Bestandspflege, den notwendigen Verwaltungsaufwand, Versicherungsprämien und die Bereitstellung des Lagerraumes. Diese Kosten sind **auflagenvariabel**. Dies bedeutet: Je mehr eingelagert werden muss, um so höher sind die Kosten.

Andererseits entstehen durch die Produktion einer bestimmten Fertigungsmenge sogenannte **Rüstkosten**. Dies sind Kosten, die sich aus der Vorbereitung und Nachbereitung der notwendigen Fertigungsabläufe für die Herstellung eines Teiles, einer Baugruppe oder eines Endproduktes ergeben, unabhängig davon, wie groß auch immer die gefertigte Menge sein mag. Diese Kosten sind also **auflagenfix**. Die auflagenfixen Kosten umfassen die Bereitstellung der notwendigen Belege für die Durchführung der Fertigung, die Einrichtung der Maschinen, die Bereitstellung der Werkzeuge für die Durchführung ganz bestimmter technischer Verfahren, die Vornahme von Arbeitsanweisungen, in vielen Fällen auch die Prüfkosten. Je größer die Fertigungsmenge bzw. das Los ist, um so geringer sind hier die anteiligen Kosten.

Die optimale Losgröße kann man über die Losgrößenformel oder tabellarisch ermitteln.

Berechnung nach der Losgrößenformel:

MATH

Die Losgrößenformel lautet:

$$\sqrt{\frac{200 \cdot \text{Jahresbedarf} \cdot \text{Rüstkosten}}{\text{Herstellkosten pro Einheit} \cdot (\text{Lagerkostensatz} + \text{Lagerzinssatz})}}$$

Beispiel Die Bürodesign GmbH rechnet für das laufende Kalenderjahr mit einem Absatz von 30000 Stapelstühlen. Die Material- und Fertigungskosten werden mit 25,00 € angesetzt. Die Rüstkosten betragen 750,00 €. Bei den Lagerhaltungskosten sind 10 % für die Lagerkosten und 5 % Zinsen für das gebundene Kapital zu berücksichtigen.

$$\sqrt{\frac{200 \cdot 30000 \cdot 750}{25 \cdot (10 + 5)}} = \underline{\underline{3464{,}1 \text{ Stück}}}$$

Tabellarische Berechnung:

Anzahl der Lose	Fertigungsgröße in Stück	Herstellwert in €	Lagerbestand in €	Lagerhaltungskosten in €	Rüstkosten in €	Summe aus Lager- und Rüstkosten in €
1	30000,00	750000,00	375000,00	56250,00	750,00	57000,00
2	15000,00	375000,00	187500,00	28125,00	1500,00	29625,00
3	10000,00	250000,00	125000,00	18750,00	2250,00	21000,00
4	7500,00	187500,00	93750,00	14063,00	3000,00	17063,00
5	6000,00	150000,00	75000,00	11250,00	3750,00	15000,00
6	5000,00	125000,00	62500,00	9375,00	4500,00	13875,00
7	4286,00	107150,00	53575,00	8036,00	5250,00	13286,00
8	3750,00	93750,00	46875,00	7031,00	6000,00	13031,00
8,66	3464,00	86605,00	43303,00	6495,00	6495,00	12990,00
9	3333,00	83333,00	41667,00	6250,00	6750,00	13000,00
10	3000,00	75000,00	37500,00	5625,00	7500,00	13125,00
11	2727,00	68182,00	34091,00	5114,00	8250,00	13364,00
12	2500,00	62500,00	31250,00	4688,00	9000,00	13688,00

Aus der vorangegangenen Tabelle ist zu erkennen, dass die optimale Losgröße wesentlich von den folgenden Einflussgrößen abhängt:

- dem geplanten Jahresbedarf,
- den Herstellkosten und damit dem im Lager gebundenen Kapital,
- der Höhe der anfallenden Rüstkosten,
- den Lagerkosten und den zu kalkulierenden Zinsen für das gebundene Kapital.

Einfluss der Losgröße auf die Auswahl des Fertigungsverfahrens

Steht die zu fertigende Losgröße aufgrund eines ganz bestimmten Kundenauftrages fest, so hat sie häufig einen erheblichen Einfluss auf die Auswahl des Be- oder Verarbeitungsverfahrens. Bei einem kleinen Los, d. h. einer geringen Anzahl von Produkten, neigt man zu einem Einsatz manueller oder mechanisierter Verfahren, weil bei ihnen der Rüstaufwand geringer ist.

Bei einem großen Los lohnt sich der Einsatz automatisierter Verfahren, auch wenn hier der Rüstaufwand erheblich höher ist. Durch die weitaus kürzere Bearbeitungszeit für eine Produkteinheit sinken die variablen Kosten pro Einheit, vor allem die Lohnkosten.

Beispiel Bei der Bürodesign GmbH soll ein Los von 50 Regalböden, Kiefer massiv, für das Regalsystem „Wikinger" grundiert und lackiert werden. Die folgenden Verfahren sind möglich und stehen der Arbeitsvorbereitung im Rahmen der verfügbaren Kapazität zur Auswahl.

Kostenstellen-Nr.	Arbeitsgang	Rüstkosten in €	Fertigungskosten in € pro Einheit	· 50 Einheiten	Gesamt in €
8261	Streichen	15,00	4,00	200,00	215,00
8270	Spritzen	35,00	2,00	100,00	135,00
8320	Plüschen	90,00	1,50	75,00	165,00
8440	Tauchbad	180,00	1,00	50,00	230,00
8490	Spritzroboter	300,00	0,50	25,00	325,00

Abweichungen von der optimalen Losgröße

Im Alltag ist es der Arbeitsvorbereitung nicht immer möglich, optimale Losgrößen zu bilden oder eine vorgegebene Losgröße der optimalen Fertigungsmöglichkeit zuzuordnen. Handelt es sich um einen Eilauftrag, so wird man den Auftrag teilen und in kleineren Losen an gleichartigen Maschinenplätzen parallel fertigen. Hierdurch verdoppeln sich die Rüstkosten, die Durchlaufzeit wird jedoch erheblich verkürzt. Ähnlich ist die Situation, wenn ein Maschinenplatz einen Engpass darstellt, der für verschiedene Fertigungsaufträge benötigt wird und nicht durch einen Auftrag längere Zeit blockiert werden darf. Befindet sich das Unternehmen in einer auftragsschwachen Zeit, so besteht wiederum eine Tendenz zu größeren Losen, um die vorhandene Kapazität auszulasten. Die ansteigenden Lagerkosten werden dann in Kauf genommen.

Vielfach ergeben sich auch ungeplante Abweichungen von der optimalen Losgröße. Man kennt den Jahresbedarf nicht oder er wurde falsch eingeschätzt. Sinkt der Jahresabsatz, so vermindert sich auch die optimale Losgröße. Auch falsche Annahmen zu den Lagerkosten und schwankende Zinssätze erschweren die exakte Berechnung der optimalen Losgröße. Fällt der Marktzinssatz von 6 % auf 4 %, so kann die optimale Losgröße höher angesetzt werden.

Quantitätskontrolle und optimale Losgröße

Die Losgröße beinhaltet die pro Fertigungsgang zu erstellende Menge.

Optimale Losgröße

Hier ist die Summe aus Rüst- und Lagerhaltungskosten am niedrigsten.

Kleinere Lose werden gebildet:

- zur Engpassüberwindung
- zur Verringerung der Lagerkosten
- zur Verkürzung der Durchlaufzeit

Die Auftragsmenge wird geteilt und in mehreren Einzellosen parallel an gleichartigen Maschinenplätzen gefertigt (**Lossplitting**).

Größere Lose werden gebildet:

- zur besseren Kapazitätsauslastung
- zur Verringerung der anteiligen Rüstkosten

Gleiche oder ähnliche Fertigungsaufträge werden zu einem innerbetrieblichen Werkstattauftrag zusammengefasst (**Losraffung**).

1 Die Bürodesign GmbH hat im abgelaufenen Kalenderjahr jeweils monatlich und in Einzellosen das Fußkreuz für den Arbeitssessel „ergo-design-natur" in der folgenden Stückzahl gefertigt:
Fußkreuz in Stahl 1 000 Stück
Fußkreuz in Alu 3 000 Stück
Fußkreuz in PP (Polypropylen) 2 000 Stück
Für die genannten Produktteile sind die folgenden Kosten in Euro angefallen:

Produkt	**Materialkosten in €**	**Fertigungskosten in €**	**Loswechselkosten in €**
Stahl	25,00	23,00	1 440,00
Alu	40,00	26,00	1 485,00
Polypropylen	27,00	23,00	607,50

Die Kostenrechnung kalkuliert mit einem Lagerkostensatz von 12 % und einem Lagerzinssatz von 6 %. Überprüfen Sie, ob man bei den einzelnen Produktteilen optimale Losgrößen aufgelegt hat.

2 Erläutern Sie jeweils drei Einflussgrößen
a) auf die auflagefixen Kosten (Loswechselkosten),
b) auf die auflagevariablen Kosten.

3 Beschreiben Sie fünf Sachverhalte, die eine Abweichung von der optimalen Losgröße bedingen können.

4 Bei der Bildung von Fertigungsaufträgen kommt es häufig zu einem Lossplittung, manchmal aber auch zu einer Losraffung. Beschreiben Sie die genannten Maßnahmen und suchen Sie nach einer Begründung für ihre Zweckmäßigkeit.

3.1.2 Qualitätskontrolle und Qualitätssicherung

Im Rahmen einer Neugestaltung der Konferenzräume bei der Allfinanz AG in Köln erhielt die Bürodesign GmbH einen Großauftrag für die Lieferung von „Logo-Kombinationen". Bereits nach einigen Wochen wiesen einige Stapelstühle erhebliche Verschleißerscheinungen auf. Die Lackierung der Schweißstellen begann abzublättern und bei einigen Stühlen bildeten sich Risse an den Schweißnähten. Bei einer Konferenz zerbrach sogar der Stahlrahmen eines Konferenztisches. Die Geschäftsführung der Allfinanz AG ist sehr verärgert und droht der Bürodesign GmbH entsprechende Konsequenzen an.

- Suchen Sie nach den möglichen Ursachen der aufgezeigten Qualitätsprobleme.
- Erstellen Sie einen Katalog von möglichen Maßnahmen zur Qualitätssicherung.
- Erläutern Sie den Einsatz und die Zweckmäßigkeit verschiedener Kontrollverfahren.

Nach dem japanischen Qualitätswissenschaftler Ishikawa sind bei Problemlösungen immer vier Aspekte zu untersuchen, die von ihm in dem sogenannten Fischgrätenmodell dargestellt wurden. Danach können Qualitätsprobleme ihren Ursprung bei den eingesetzten Maschinen oder Anlagen, dem verwendeten Material, dem verantwortlichen Arbeitnehmer oder bei der Auswahl des Verfahrens haben.

Beispiel Probleme bei einem Lackauftrag können entstehen durch einen zu geringen Druck in der Spritzpistole, zu große oder ungereinigte sowie teilweise verstopfte Düsen, eine zu geringe Fließfähigkeit der Farbe, falsche Handbewegungen des Arbeitnehmers, z. B. zu geringer Abstand zum Werkstück, zu kurze Wartezeiten bis zu dem zweiten Spritzvorgang.

Qualitätsmerkmale

Unter dem Begriff **Qualität** versteht man den Grad der Beschaffenheit bzw. Eignung eines Erzeugnisses bezogen auf den vorgesehenen Verwendungszweck. Die Anforderungen, die hierbei an das Produkt gestellt werden, nennt man **Qualitätsmerkmale**.

- Qualitätsmerkmale ergeben sich zunächst aus der **Produktbezeichnung**.

  Beispiel Bezeichnet man ein Produkt als Stuhl, so muss dieses Produkt ein Fußgestell, eine Sitzfläche und Rückenlehne aufweisen.

- Die Produktmerkmale werden meist durch eine Fülle von **DIN-Normen** ergänzt.

  Beispiel Handelt es sich z. B. um einen Bürodrehstuhl, so muss die Sitzfläche nicht nur drehbar sein, sondern nach DIN 4551 mindestens eine verstellbare Sitzhöhe zwischen 42 und 50 cm aufweisen.

- Zu den DIN-Normen kommen noch **Sicherheitsvorschriften** des Staates.

  Beispiel So muss das Fußgestell bei einem Bürodrehstuhl fünf Beine bzw. Rollen aufweisen, während bei einem normalen Stuhl vier Beine genügen.

- In vielen Fällen ergänzen zusätzliche **eigene Werksnormen** und **Kundenvorgaben** den vorgegebenen Qualitätsrahmen.

  Beispiele So können die Werksnormen engere Toleranzen für eine Fehlerklassifizierung vorsehen, als sie allgemein üblich sind, z. B. ob die Größe einer Schweißnase bei einem Fußgestell noch toleriert werden kann oder nicht. Die Kundenvorgaben können z. B. Anforderungen an die Pflegeleichtigkeit oder Abriebfestigkeit des Stoffbezuges beinhalten.

  Die Beschreibung von Qualitätsmerkmalen reicht hierbei nicht aus. Eine Qualitätssicherung kann nur erfolgen, wenn eindeutige Vorschriften für die Messbarkeit und Prüfung von Qualitätsmerkmalen vorliegen.

  Beispiel Wünscht ein Kunde eine besonders abriebfeste Lederpolsterung bei einem Drehstuhl, so muss dieses Leder nach einer Branchennorm einen Abrieb von mindestens 50000 Reibungen aushalten, bevor durch die Reibung ein Loch entsteht.

Qualitätsmerkmale, bei denen man nur unterscheiden kann, ob sie vorhanden sind oder nicht, nennt man **Attributsmerkmale**.

Beispiel Eine Glühlampe brennt oder brennt nicht.

Merkmale, die mehr als nur Ja-Nein-Antworten bei ihrer Beurteilung zulassen, bezeichnet man als **Variable**. Zur Beurteilung von variablen Merkmalen müssen Soll-Werte vorgegeben werden. Unter einem Soll-Wert versteht man den von der Fertigung anzustrebenden Ausprägungsgrad des Merkmals.

Beispiele Damit ein Polsterstoff bei einer größeren und längeren Beanspruchung nicht reißt, sollte er eine gewisse Höchstzugkraft aufweisen, die je nach verwendeter Garnart zwischen 15 und 28 CN (Centinewton) liegen muss. Ähnliches gilt für die Dehnung des Stoffes. Damit der Stoffbezug nicht faltig und unansehnlich wird, sollte das Dehnungsverhalten unter Höchstzugkraftbeanspruchung möglichst nicht mehr als 10 % betragen.

Durch die Angabe von Grenzwerten wird häufig festgelegt, in welchem Maße Abweichungen nach unten oder oben von dem Soll-Wert noch akzeptabel sind. Den Bereich zwischen dem oberen und unteren Grenzwert nennt man dann **Toleranz**. Die Angabe von Toleranzen ist dann notwendig, wenn bei dem eingesetzten Material unterschiedliche Ausprägungen einer bestimmten Eigenschaft nicht zu verhindern sind.

Beispiele Werden Holz- oder Spanplatten gestapelt, so weisen die einzelnen Einheiten durch ihren unterschiedlichen Kontakt mit dem Raumklima auch einen unterschiedlichen Feuchtigkeitsgehalt auf. Hier wird man dann Toleranzen für den Feuchtigkeitsgehalt festlegen, z. B. einen Grenzbereich zwischen 8 % und 9 %.

Mängel und Fehler

Der Begriff Mangel ist ein juristischer Begriff. Ein **Mangel** beinhaltet die Nichterfüllung einer vertraglich vereinbarten Forderung im Hinblick auf den beabsichtigten Gebrauch eines Erzeugnisses.

Beispiel So beinhalten Risse im Holz keinen Mangel, wenn dadurch seine Festigkeit nicht beeinträchtigt wird. Ähnlich verhält es sich, wenn die Patina bei einem Leder zu unterschiedlichen Farbwirkungen führt.

Der Begriff Fehler ist nach DIN ISO 8402 weiter zu fassen. Ein **Fehler** liegt dann vor, wenn eine festgelegte Forderung nicht erfüllt wird, unabhängig davon, ob diese Forderung für den Verwendungszweck wichtig ist oder nicht.

Beispiel So müssen Schlieren oder Kratzer im Lack keinen Mangel darstellen, weil sie die Gebrauchsfähigkeit des Erzeugnisses nicht beeinträchtigen, wohl aber einen Fehler, wenn sie die Optik des Produktes schmälern.

Bereiche im Rahmen der Qualitätssicherung

Das Ziel der Qualitätssicherung besteht vornehmlich darin, potenzielle Fehlerquellen so früh wie möglich zu erkennen, damit sie gar nicht erst wirksam werden können. Die Qualitätssicherung umfasst die Bereiche:

Qualitätsplanung:

Die Qualitätsplanung bestimmt die konkreten Qualitätsziele, die bei der Fertigung der einzelnen Produkte erreicht werden sollen. Sie legt den Vollkommenheitsgrad für einen Auftrag oder ein einzelnes Produkt fest.

Beispiel Wenn 1 000 Stühle gefertigt werden, so wird man i. d. R. eine gewisse Ausschussquote in Kauf nehmen, weil ansonsten der Aufwand an Prüfung und für Fehlerverhütung viel zu hoch wäre, um ein 100-Prozent-Gut-Ergebnis zu erreichen.

Die Qualitätsplanung entscheidet auch im Einzelfall über die notwendigen Qualitätsmerkmale und ihre Ausprägung.

Beispiel Dürfen z. B. die Schweißnasen sichtbar sein oder nicht? Wenn ja, welche Größe kann toleriert werden und welche nicht mehr?

▲ Qualitätssteuerung:

Das Ziel der Qualitätssteuerung besteht darin, Fehler zu verhüten, z.B. durch die folgenden Maßnahmen:

- **Ermittlung kritischer Materialien oder Teile bei der Konstruktion eines Produktes:** Kritische Materialien sind solche Werkstoffe, die eine geringere Eignung des Erzeugnisses für den vorgesehenen Verwendungszweck aufweisen.

  Beispiele Wird ein Polsterbezug aus Synthetic gewählt, so erreicht man eine gewisse Pflegeleichtigkeit der Sitzfläche, die Einreißgefahr ist jedoch größer als bei Leder. Dies erfordert einen größeren Kantenabstand der Nähte. Besitzt dieses Synthetic eine Deckschicht aus PUR (Polyurethan), so ist das Material weicher, anschmiegsamer, leichter und entsorgungsfreundlicher als PVC, jedoch nicht so kratzfest wie PVC.

- **Feststellung der Eignung des eingesetzten Fertigungsverfahrens:** Fehler entstehen häufig durch eine mangelnde Eignung des gewählten Fertigungsverfahrens und der eingesetzten Betriebsmittel.

  Beispiel Werden Polsterteile miteinander vernäht, so muss die Stärke der Nähnadel optimal auf die Stärke des Polstermaterials und die Stärke des Fadens abgestimmt sein, damit es beim Vernähen nicht zu einem Fadenreißen kommt oder später die Naht aufreißt, weil die Spannung der Naht zu hoch ist, die Einstiche zu groß sind oder die Stichverbindung von Ober- und Unterfaden nicht in der Mitte des Nähgutes liegt.

Je kontinuierlicher und beherrschbarer ein Fertigungsprozess abläuft, umso geringer kann i.d.R. der Prüfaufwand gehalten werden.

- **Festlegung qualitätsrelevanter Arbeitsanweisungen:** Arbeitsanweisungen beschreiben die qualitätsrelevanten Arbeitsschritte. Qualitätsrelevante Arbeitsanweisungen können sich bis zur Verpackung und dem sachgerechten Transport der Erzeugnisse erstrecken, um Schäden beim Versand zu verhindern.

  Beispiel Wie viele Stiche soll eine Naht pro Zentimeter aufweisen? So rechnet man bei einem Textil durchschnittlich mit sieben Stichen pro Naht. Verringert man die Stichzahl, so spart man Arbeitszeit und reduziert den Fadenverbrauch. Die Festigkeit der Naht nimmt allerdings auch ab.

- **Festlegung von Prüfplänen:** Prüfpläne legen fest, wann und welche Prüfungen vorzunehmen sind.

  Beispiel Bei der Bürodesign GmbH ist die Funktion der Gasfeder vor dem Einbau zu überprüfen. Die Gängigkeit der Doppel-Lenkrollen ist jedoch erst nach Fertigstellung des Drehstuhles zu kontrollieren, weil sie nach der Montage schnell ausgewechselt werden können.

- **Festlegung von Prüfanweisungen:** Prüfanweisungen legen fest, wie zu prüfen ist, z.B. Augenscheinkontrolle oder eine messende Prüfung mithilfe eines bestimmten Prüfgerätes.

  Beispiel Dehnungsvermögen und Elastizität der Zugfeder werden bei der Bürodesign GmbH maschinell überprüft und gemessen. Die Überprüfung des Polsterbezuges erfolgt durch eine Augenscheinkontrolle, um eventuelle Webfehler festzustellen.

- **Festlegung der Prüfmittel und Prüfmittelüberwachung:** Prüfmittel sind Vorrichtungen oder Hilfsmittel, mit denen man ein Qualitätsmerkmal überprüfen kann. Man unterscheidet hier **Messgeräte**, die eine quantitative Aussage erlauben, und **Lehren**, die nur eine qualitative Aussage möglich machen. Lehren sind speziell vorgefertigte Prüfmittel, mit denen man das Werkstück schnell überprüfen kann, jedoch nur mit dem Ergebnis zu groß oder zu klein, zu dick oder zu dünn, d.h. gut oder schlecht. Sie ersetzen die messende Prüfung durch eine kostengünstigere Attributskontrolle (vgl. S. 492).

  Beispiel Sollen die Schutzrohre für die Gasfeder einen Durchmesser von 40 mm und eine Länge von 120 mm aufweisen, so kann man das Vorhandensein dieser Anforderungen durch ein Metermaß exakt messen. Man kann aber auch zwei Lehren ansetzen, die auf dieses Maß eingestellt sind.

Kontrollverfahren

100-Prozent-Kontrolle:

Bei dieser Prüfung werden alle Einheiten oder Stücke eines Fertigungsloses überprüft. Die Überprüfung kann sich auf ein kritisches Merkmal beziehen oder auf mehrere wesentliche Qualitätsmerkmale.

Beispiele

- Die Prüfung kann sich darauf beschränken, ob eine Glühbirne brennt oder nicht brennt. Die Prüfung kann sich aber auch auf die Gängigkeit der Fassung oder das Vorhandensein von Schlieren im Glas erstrecken.
- Ähnlich ist die Situation bei der Bürodesign GmbH bezüglich der Überprüfung der Gasfeder eines Drehstuhls. Die Prüfung kann sich darauf beschränken, ob sie funktioniert oder nicht funktioniert. Sie kann aber auch weitere Merkmale wie die Geschwindigkeit beim Hoch- und Tieferfahren des Drehstuhls oder das Geräuschverhalten umfassen.

In der Regel sind die Kosten einer solchen umfangreichen Kontrolle sehr hoch, sodass ihr Einsatz nur bei technisch hochwertigen Produkten gerechtfertigt ist.

Beispiele Fahrzeugbau, optische Geräte wie Kameras, ein Behandlungsstuhl für eine Zahnarztpraxis.

Eine **100-Prozent-Prüfung** ist jedoch notwendig, wenn es sich um Sicherheitsteile handelt oder Qualitätsmerkmale über Menschenleben entscheiden können.

Beispiele

- Autoräder, die keine Haarrisse aufweisen dürfen
- Injektionsflüssigkeiten, die keine Schweißpartikel enthalten dürfen, die beim Zuschweißen der Ampullen entstehen können

Eine Vollprüfung ist auch zweckmäßig bei hochwertigen Produkten, die aus vielen Teilen und Baugruppen bestehen, die ineinander greifen, wobei die mangelnde Funktion eines Bauteiles unter Umständen das gesamte Produkt zerstört.

Beispiele Fehler in der Ankerwicklung eines Transformators, eine zu hohe Amperezahl von elektrischen Absicherungen in Schaltschränken oder Relais, unsachgemäße Fundamente beim Bau einer Brücke

Sinnvoll ist die 100-Prozent-Kontrolle grundsätzlich auch in den Fällen, wo durch eingesparte Prüfkosten überproportionale Fehlerkosten entstehen können.

Beispiel Der Ausfall oder die Fehlreaktionen eines Steuerungselementes in einer NC-Maschine können bei der Bürodesign GmbH zu einem Produktionsausfall oder zu einem erheblichen Ausschuss führen. Dies zwingt den Hersteller zu einer 100-Prozent-Überprüfung, bevor das Element eingebaut wird.

Stichprobenkontrolle:

Häufig entspricht der Aufwand im Rahmen einer 100-Prozent-Kontrolle nicht den hierdurch eingesparten Fehlerkosten. Deshalb prüft man nur eine beschränkte Anzahl von Erzeugnissen aus einem Fertigungslos. Diese Menge nennt man auch **Prüflos**. Damit die gewonnenen Informationen Rückschlüsse auf die Beschaffenheit der gesamten Fertigungsmenge zulassen, ist es notwendig, dass eine ausreichende Zahl von Prüfeinheiten der Fertigungsmenge entnommen wurde und diese möglichst die Eigenschaften der gesamten Fertigungsmenge widerspiegeln.

Diese Anforderung ist automatisch bei der **Chargenfertigung** gegeben.

Beispiele Entnimmt man einer Mischtrommel zehn Grippepräparate oder 100 g Farbe, so spiegelt die herausgenommene Prüfmenge die Eigenschaften der restlichen Fertigungsmenge wider.

Eine Vollprüfung wäre völlig unwirtschaftlich. Zudem werden die Prüfstücke bei der Überprüfung im Labor zerstört und sind daher für den Absatz unbrauchbar. Dies gilt für fast alle Erzeugnisse in der Lebensmittelindustrie.

Die Durchführung **statistischer Qualitätskontrollen** ist meist problemlos und spart erhebliche Kosten. Die Hauptschwierigkeiten liegen in der Bestimmung der Stichprobe und in der Bestimmung der Eingriffsgrenzen. Die Stichprobe muss die Wahrscheinlichkeit, mit der ein Fehler auftreten kann, berücksichtigen. Die Eingriffsgrenze entscheidet eventuell über die Brauchbarkeit oder Unbrauchbarkeit des gesamten Bedarfs- oder Fertigungsloses, aus der die Stichprobe gezogen wurde. Bei der statistischen Qualitätskontrolle unterscheidet man statische und dynamische Qualitätskontrollen. Bei der **statischen Qualitätskontrolle** ist die Stichprobe immer gleich.

Beispiel Bei einer Bedarfsmenge von 500 Zugfedern werden jeweils immer 30 Zugfedern überprüft, und zwar unabhängig von der Fehlerquote.

Bei der **dynamischen Qualitätskontrolle** richtet sich der Stichprobenumfang nach dem bisherigen Vollkommenheitsgrad bzw. der bisherigen Fehlerquote des überprüften Materials.

Beispiel 50 Zugfedern aus einem Los von 500 Zugfedern wurden überprüft mit dem Ergebnis null Fehler. Die zweite Bedarfsmenge führt bei der Überprüfung zu dem gleichen Ergebnis. Die dritte Bedarfsmenge wird deshalb überhaupt nicht überprüft. Die vierte Bedarfsmenge wird wieder überprüft, ergibt jedoch bei einer Stichprobe von 30 Einheiten drei Fehler. Die fünfte Stichprobe wird deshalb auf 100 erhöht und ergibt zehn Fehler. Nun besteht die Frage, ob eingegriffen werden muss oder nicht, z. B. ob die gesamte Bedarfsmenge noch eingesetzt werden darf, ob der Lieferant zu rügen ist oder sogar gewechselt werden muss. Wurden die Zugfedern selbst gefertigt, so ist der Fertigungsablauf zu überprüfen und eventuell zu ändern.

Qualitätskosten

Aufwendungen, die durch das Qualitätswesen verursacht werden, nennt man Qualitätskosten. Hierbei unterscheidet man drei Kostenaspekte.

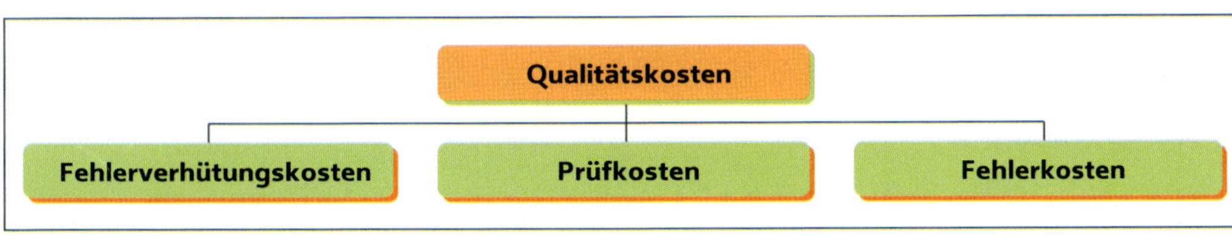

Fehlerverhütungskosten:

Dies sind alle Aufwendungen für Maßnahmen, die das Entstehen von Fehlern vermeiden sollen und das Beseitigen von Fehlerquellen zum Ziel haben.

Beispiele Lieferantenüberwachung und -beurteilung, Qualitätsschulung und -motivation der Mitarbeiter, Optimierung der angewendeten Fertigungsverfahren, Entwicklung zweckmäßiger Prüfgeräte

Je größer der Aufwand ist, der für die Fehlerverhütung eingesetzt wird, umso geringer sind voraussichtlich die Fehlerkosten bzw. die Chance, dass ein fehlerhaftes Produkt den Betrieb verlässt (vgl. Grafik S. 491).

Prüfkosten:

Sie beinhalten Aufwendungen, die zur Feststellung von Fehlern entstehen.

Beispiele Personalkosten der Prüfer, Anschaffung und Instandhaltung von Prüfgeräten, Betriebskosten der Prüfstellen, Produktionsunterbrechungen bedingt durch Prüfungen, Unbrauchbarkeit der bei der Prüfung zerstörten Erzeugnisse

Die Höhe der Prüfkosten wird von den folgenden Faktoren beeinflusst:

- **Prüfungsumfang:** So werden die Kosten bei einer Vollprüfung erheblich höher sein als bei einer Stichprobenprüfung. Es sei denn, dass automatisierte Prüfgeräte eingesetzt werden können.
- **Prüfungsort:** Hierbei ist zu unterscheiden, ob die Prüfung am Arbeitsplatz stattfindet oder an einer gesonderten Prüfstelle. Erfolgt die Prüfung am Arbeitsplatz, so entstehen keine zusätzlichen

Transport- und Liegezeiten. Die Durchlaufzeit ist kürzer. Andererseits kann der Aufwand für die Bereitstellung von Prüfmitteln höher sein.

- **Prüfungsart:** Bei Durchführung von Prüfungen unterscheidet man die **Variablenprüfung** und die **Attributskontrolle**. Wird eine notwendige Eigenschaft des Erzeugnisses gemessen, so bezeichnet man diese Prüfung als Variablenprüfung. Die Qualität gilt als gewahrt, wenn der Messwert innerhalb der festgelegten Toleranz liegt. In der Regel nimmt eine solche Prüfung eine gewisse Zeitdauer in Anspruch und bedarf aufwendiger Prüfmittel. Im Gegensatz hierzu steht die Attributskontrolle, bei der nur das Vorhandensein oder Nicht-Vorhandensein einer Eigenschaft geprüft wird. Man bezeichnet sie auch als Gut-oder-Schlecht-Prüfung. Häufig erfolgt die Attributskontrolle in Form einer Augenscheinkontrolle, der Aufwand ist dann relativ gering.
- **Prüfer:** Normalerweise erfordert das Wesen einer Prüfung, dass niemand sich selbst kontrolliert, sodass eine Eigenprüfung ausscheidet. Dieser Grundsatz wird jedoch nicht immer eingehalten, denn die Eigenprüfung kann dann sinnvoll sein, wenn hierdurch erhebliche Prüfkosten eingespart werden und das Verantwortungsbewusstsein der Arbeitnehmer oder Fertigungsgruppe gestärkt werden soll. Fremdprüfungen durch eine interne oder externe Prüfstelle sind nicht zu umgehen, wenn umfangreiche Prüfmittel notwendig sind und spezielle Fachkenntnisse für die Durchführung des Prüfungsablaufs vorhanden sein müssen.

Zwischen dem Prüfungsaufwand und der Fehlerquote oder dem Vollkommenheitsgrad eines Produktes besteht zunächst kein ursächlicher Zusammenhang. Unabhängig vom Umfang einer speziellen Prüfung kann sich als Ergebnis eine hohe oder niedrige Fehlerquote ergeben. Werden jedoch im Gesamtablauf der Fertigung mehrere Prüfstellen bei einzelnen Teilabläufen zwischengeschaltet, so steigt der Prüfaufwand und die Folgewirkungen von Fehlern, die in frühen Teilabläufen bereits vorhanden sind, nehmen ab. Hier gilt:

Je später ein Fehler entdeckt wird, desto größer werden die Kosten, die er verursacht.

Fehlerkosten:

Dies sind Kosten, die durch Fehler an einem Teil, an einer Baugruppe oder am Enderzeugnis verursacht werden.

Beispiele Ausschuss, Nacharbeit, Preisminderungen bei dem hergestellten Erzeugnis, Entsorgungskosten, Garantieleistungen bei Kundenreklamationen, Schadenersatz im Rahmen einer Produkthaftung

Zwischen den Fehlerverhütungskosten und den Fehlerkosten besteht eine erhebliche Wechselwirkung. Wird ein hoher Aufwand für die Fehlerverhütung angesetzt, so sinken die Fehlerkosten. Andererseits ist mit hohen Fehlerkosten zu rechnen, wenn die Fehlerverhütung vernachlässigt wird.

Beispiel Bei der Bürodesign GmbH verhalten sich die Fehlerkosten bei der Produktgruppe „Arbeiten am Schreibtisch" weitgehend umgekehrt proportional zur Fehlerquote. Die Fehlerverhütungskosten steigen jedoch in dem Bereich zwischen einem Vollkommenheitsgrad von 80 % und 100 % überproportional an, sodass eine Null-Fehler-Quote nur bei den kritischen Teilen angestrebt wird, wie bei der Funktion von Gasfedern und der Festigkeit von Schweißnähten. Kleine Lackschäden wie Kratzer im Lack oder Schweißnasen an nicht direkt sichtbaren Stellen werden jedoch toleriert.

EDV

Vollkommenheitsgrad der Produktgruppe „Arbeiten am Schreibtisch"	10 %	20 %	30 %	40 %	50 %	60 %	70 %	80 %	90 %	100 %
Fehlerquote	90 %	80 %	70 %	60 %	50 %	40 %	30 %	20 %	10 %	0
Fehlerverhütungskosten monatlich in €	100	200	300	500	1 000	1 700	2 500	3 400	6 000	10 000
Fehlerkosten monatlich in €	9 000	8 000	7 000	6 000	5 000	4 000	3 000	2 000	1 000	0

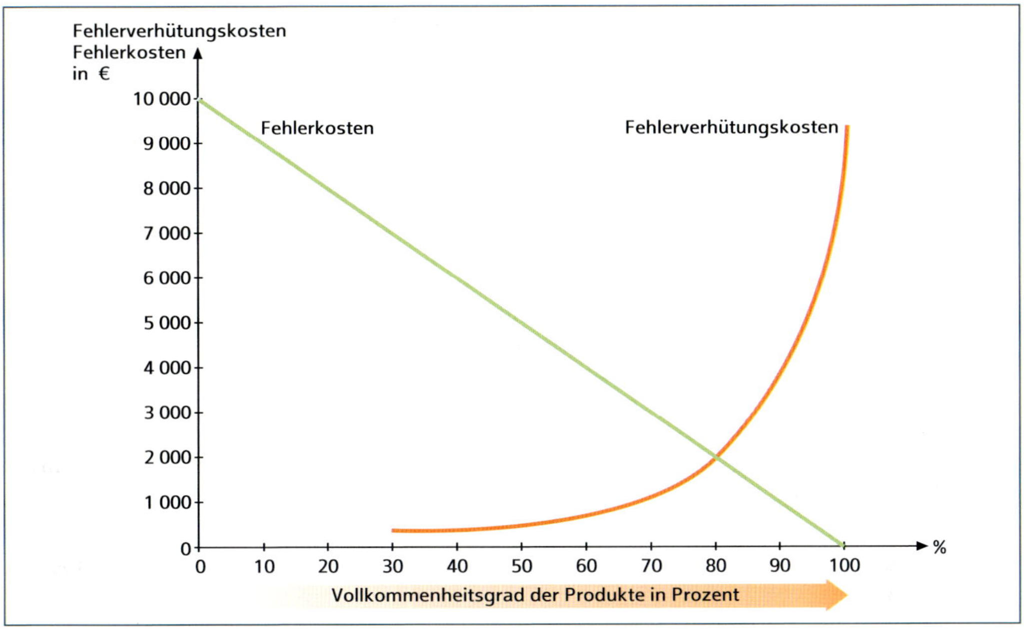

Optimale Fehlerquote:

Sie beinhaltet, dass nicht unbedingt ein Vollkommenheitsgrad von 100 % anzustreben ist, sondern eine gewisse Fehlerquote in Kauf zu nehmen ist. Das Ziel einer Null-Fehler-Produktion erfordert einen solchen Aufwand an Fehlerverhütung und Prüfung, der durch die eventuell eingesparten Fehlerkosten nicht gerechtfertigt ist. Die optimale Fehlerquote ergibt sich dann dort, wo die Summe der gesamten Qualitätskosten am niedrigsten ist. Die Frage nach der optimalen Fehlerquote ergibt sich allerdings nicht bei der Fertigung von Sicherheitsteilen, sondern nur für Fehler mit begrenzten Folgeschäden, z.B. für nebensächliche Fehler oder Schönheitsfehler.

Beispiel Die Tabelle und Grafik zeigen, dass in der Produktgruppe „Arbeiten am Schreibtisch" ein Vollkommenheitsgrad von 80 % anzustreben ist, weil hier die Summe aus Fehlerverhütungskosten und Fehlerkosten ein Minimum ergibt. Gewisse Mängel wie Kratzer oder kleine Blasen im Lack wird man nicht völlig ausschließen können.

Möglichkeiten zur Qualitätssteigerung

Qualitätszirkel:

Sie beinhalten die Einrichtung einer Arbeitsgruppe mit Mitarbeitern aus den betroffenen Bereichen, die in regelmäßigen Besprechungen während der Arbeitszeit auf freiwilliger Basis qualitätsrelevante Vorschläge machen.

Beispiel Bei der Bürodesign GmbH erfolgt die Produktentwicklung in Projektarbeit. Die Projektgruppen sind zumindest zeitweise aus Mitarbeitern der verschiedensten Verantwortungsbereiche zusammengesetzt. So fließen von Anfang an die Kompetenzen aus Beschaffung, Vorrichtungsbau, Logistik und Produktion in den Entwicklungsprozess ein.

Qualitätsprämien:

Die Mitarbeiter erhalten eine zusätzliche Vergütung, wenn die Fehlerkosten, wie Ausschuss oder Nacharbeit, bisherige Erfahrungswerte unterschreiten.

Beispiel Die Mitarbeiter der Bürodesign GmbH erhalten neben ihrem Grundlohn eine Prämie von bis zu 50 % des normalen Stundenlohnes. Diese Prämie richtet sich je zur Hälfte nach positiven persönlichen

Qualifikationen wie Flexibilität und Teamfähigkeit des einzelnen Mitarbeiters und nach dem mengenmäßigen und qualitativen Leistungsgrad der Fertigungsgruppe. Sinken die Fehlerkosten wie der Rückruf von Produkten oder die Nachbesserungen beim Kunden unter den Normalwert, erhält die Gruppe eine Qualitätsprämie.

Qualität im Kopf:

Hinweisschilder an den einzelnen Arbeitsplätzen weisen die Arbeitnehmer auf die Bedeutung der Qualitätssicherung für die Sicherung ihrer Arbeitsplätze hin.

Beispiele

- Nur durch Qualität sichern wir die Zukunft des Unternehmens!
- Die Kunden vergessen den Preis, die Qualität jedoch nicht!
- Wir waren gestern gut, morgen sind wir noch besser!
- Nicht wir, sondern der Kunde zahlt den Lohn!

Automatisierte Prüfverfahren:

Sie unterliegen nicht der Ermüdung bzw. dem Konzentrationsverlust, mit dem bei manuellen Verfahren gerechnet werden muss.

Beispiele So können Einschüsse – dies sind sehr kleine Blasen im Stahl – durch Ultraschall festgestellt werden. Ähnliches gilt für Haarrisse in Aluminium, die durch das Auge kaum aufgedeckt werden können, jedoch durch eine Röntgenbestrahlung eindeutig sichtbar werden.

Qualitätsregelkarten:

Sie enthalten die verschiedenen Messwerte bei einzelnen Fertigungsabläufen und können durch statistisch ermittelte Warn- und Eingriffsgrenzen die Entscheidung über Gut oder Schlecht erheblich erleichtern.

Beispiel Bei der Bürodesign GmbH wird jede Spanplatte vor dem Auftrag des Furniers nach ihrem Gehalt an Feuchtigkeit untersucht. Die Messwerte gehen von dem Messinstrument online zu einem Rechner, der die Messwerte festhält. Liegen die Messwerte zwischen 6 % und 8 % an Feuchtigkeit, so besteht kein Anlass zu einem Eingriff. Übersteigen mehrere Prüfwerte den Normalbereich, d. h., liegen sie über 8 %, so besteht ein Grund zu erhöhter Vorsicht. Ergibt sich dreimal ein Messwert, der über 8,5 % liegt, so fordert der Rechner zu einem Eingriff auf, d. h., alle restlichen Spanplatten werden für die Fertigung gesperrt und noch einmal nachgetrocknet.

Vorbeugende Instandhaltung:

Durch Inspektion und Wartung der eingesetzten Maschinen nach festen Wartungsplänen können häufig Bearbeitungsfehler vermieden werden. Ähnliches gilt für den vorzeitigen Austausch von Werkzeugen oder Lehren, die einer mechanischen Beanspruchung unterliegen.

Qualitätskontrolle und Qualitätssicherung

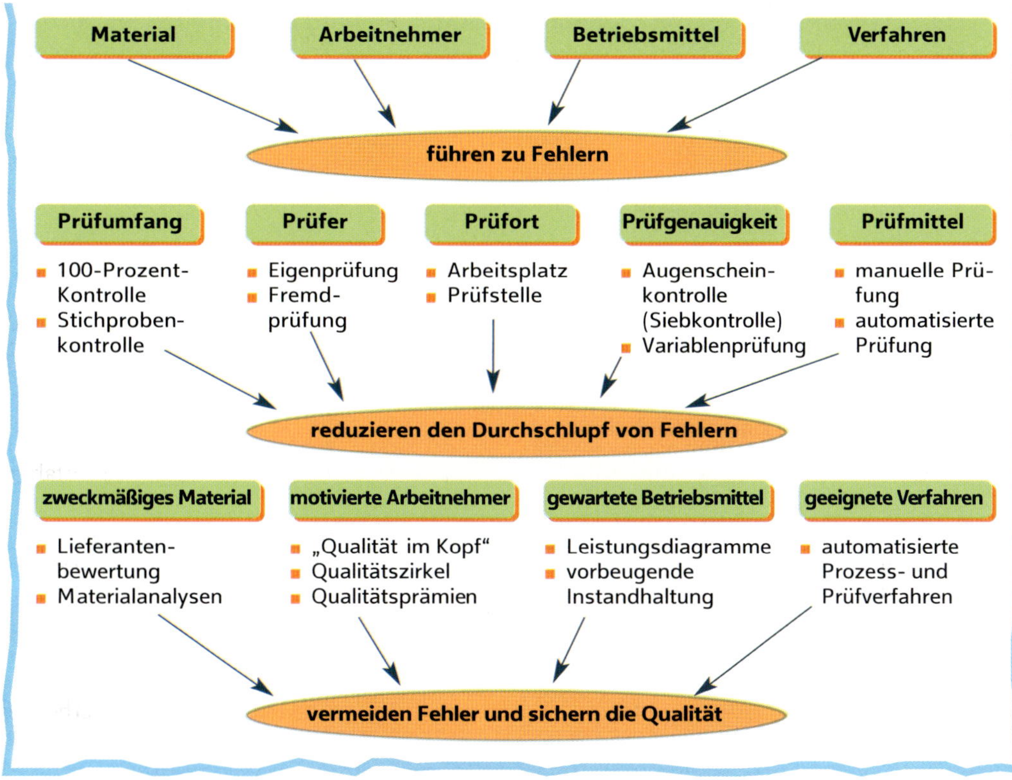

1 Produktherstellung ist in Industrieunternehmungen stets mit einer Qualitätskontrolle verbunden.

a) Nennen Sie
   aa) Gründe und hiermit verbundene Ziele der Qualitätskontrolle,
   ab) Möglichkeiten, die durch die Qualitätskontrolle entstehenden Kosten zu senken.

b) Erläutern Sie die wechselseitige Beziehung zwischen den Fehlerverhütungskosten, den Prüfkosten und den Fehlerkosten.

2 Beschreiben Sie jeweils zwei gegensätzliche Organisationsverfahren, um die Qualität der Produkte in der Fertigung zu kontrollieren, und zwar unter den Gesichtspunkten

a) Prüfumfang,
b) Prüfer,
c) Prüfort,
d) Genauigkeit,
e) Technisierungsgrad.

3 Die Fertigungskontrolle stellt im Laufe eines Vierteljahres folgende Fertigungsfehler fest. Der Produktionsbereich arbeitet in einem vollkontinuierlichen „Fünf-Schicht-Betrieb".

Lfd. Nr.	Fehlerarten	Schicht 1	Schicht 2	Schicht 3	Schicht 4	Schicht 5	Σ
1	Zugfeder zu schwach	/	//	////	/	/	9
2	Polsterbezug eingerissen	////	/////	///// ///	//	///	22
3	Laufrad klemmt	/////	///// ///// /	///// ///	//	///// /	32
4	Abdeckkappen nicht angebracht	///// /	///// ///// /	///// ///	////	///// //	36

Lfd. Nr.	Fehlerarten	Schicht 1	Schicht 2	Schicht 3	Schicht 4	Schicht 5	Σ
5	Gasfeder nicht funktionsfähig	/	///	////	/	//	11
6	Doppel-Lenkrollen drehen sich nicht	/	////	///	/	/	10
7	Schutzrohr nicht gängig	///// /	///// ///// //	///// /////	/////	/////	38
8	Spiel im Schalthebel	/	/	//	/	/	6
		25	49	47	17	26	164

EDV

a) Erstellen Sie zunächst ein Säulendiagramm, mit dem ein Gesamtüberblick über die Fehler je Schicht gewonnen werden soll.
b) Erläutern Sie drei Maßnahmen, die man aus der unterschiedlichen Fehlerhäufigkeit für die einzelnen Schichten ableiten kann.

4 Die folgende Tabelle zeigt die Ausfallstunden, bedingt durch Maschinenstörungen in verschiedenen Werkstätten der Bürodesign GmbH.
a) Ermitteln Sie die Summe der Ausfallkosten für den Monat Mai.
b) Errechnen Sie den Wertanteil der einzelnen Kostenstellen/Maschinenplätze an den Ausfallkosten.

Kostenstelle/Anlagen	Ausfallstunden im Monat Mai	Belegungsfaktor pro Minute in €
0300 Sägen	12	1,5
0600 Biegen	11	4,5
0750 Bohren	36	1,0
0850 Schweißen	14	2,0
0875 Löten	27	2,5

EDV

5 Bei der Bürodesign GmbH soll eine Entscheidung über die Intensität der Qualitätssicherung bei den eingesetzten Gasfedern getroffen werden. Folgende Daten stehen zur Verfügung:

Fehlerquote in %	Kosten für Nachbearbeitung und Ausschuss in €	Kosten der Fehlerverhütung in €
0	0,00	20000,00
2	4500,00	14000,00
4	9000,00	9000,00
6	13500,00	5000,00
8	18000,00	2000,00
10	22500,00	0,00

a) Zeichnen Sie den Kurvenverlauf für die Fehlerverhütungskosten und die Fehlerkosten.
b) Ermitteln Sie die Fehlerquote mit den niedrigsten Gesamtkosten.

6 Die Textilwerke AG in Krefeld fertigt unter anderem Tischwäsche und Bettwäsche in Serienfertigung und Sortenfertigung. Ein Schwerpunkt im Fertigungsablauf ist nach dem Zuschneiden das Vernähen von Saum und Umschlag. Da in der Vergangenheit verbogene und stumpfe Nadeln häufig zu Fadenrissen führten und damit zu Ausschuss, Nacharbeit und Reklamationen von Kunden, wurde von der Qualitätssicherung eine Analyse durchgeführt mit dem Ergebnis, dass ein vorzeitiger Austausch der Steppnadeln die Fehlerquote erheblich sinken lässt. Sie sind Mitarbeiter/-in in der Arbeitsvorbereitung und sollen daher die Qualitätskosten für den folgenden Auftrag optimieren:
Ein Großhändler hat 10000 Tischdecken zur Auslieferung Ende März bestellt.
Die Herstellkosten betragen 40000,00 €.

Steppnadeleinsatz/ -wechsel	Fehlerverhütungskosten	Sonstige Herstellkosten	Fehlerquote	Fehlerkosten	Summe der Qualitätskosten
1	0,00 €	40000,00 €	3,20 %	1280,00 €	1280,00 €
2			1,60 %		
3			0,80 %		
4			0,40 %		
5			0,20 %		
6			0,10 %		
7			0,05 %		

a) Der Austausch der Steppnadeln verursacht jeweils 60,00 € an Kosten.
Ergänzen Sie die Tabelle und ermitteln Sie die optimale Fehlerquote.
b) Begründen Sie, warum in dem vorliegenden Fall die Suche nach der optimalen Fehlerquote gerechtfertigt ist.
c) Beschreiben Sie die Ansprüche des Käufers bei Schlechtleistungen eines Lieferers.
d) Die Geschäftsleitung der Textilwerke AG erwägt den Aufbau eines Beschwerdemanagements, das systematisch alle Kundenreklamationen erledigt. Erläutern Sie verschiedene Unternehmensziele, die mit einem gut organisierten Beschwerdemanagement angestrebt werden sollen.

3.2 Kennziffern des operativen Controllings

In der Bürodesign GmbH findet wieder einmal eine Besprechung statt. Anwesend sind Herr Stein, Frau König, Herr Müller, Herr Stam und die Auszubildende Silvia Land. Es geht um die Frage, ob die Arbeit des Betriebes in den ersten Monaten dieses Jahres erfolgreich war.

Herr Stein eröffnet. „Also meine Damen, meine Herren", sagt er und betrachtet ein Blatt Papier, das Frau König ihm gegeben hat, „so wie das hier aussieht, hätten wir unser Kapital besser zur Bank getragen. Dort bringt es bei 2 % Zinsen weitaus mehr. Dabei hatten wir doch für dieses Jahr eine höhere Eigenkapitalrentabilität geplant." „Ja, ja", meint Herr Stam, „die Zeiten sind schlecht. Unsere Kunden fordern günstigere Preise. Unsere Preise sind deshalb so hoch, weil unsere Kosten hoch sind." „Dabei", wirft Herr Müller ein, „haben wir doch unsere Produktivität erheblich verbessern können. Die Produktionsdauer konnten wir verkürzen. An uns liegt es nicht." Frau König meldet sich. „Nach meinen Zahlen produzieren wir sehr kostengünstig. Die Wirtschaftlichkeitskennziffern sind in Ordnung."

„Jeder scheint hier seine eigenen Zahlen zu haben", sagt Herr Stein, „und jeder liest aus seinen Zahlen etwas anderes heraus. Jetzt wird es Zeit zu untersuchen, welchen Informationsgehalt diese Zahlen überhaupt besitzen!"

„Richtig", denkt sich Silvia, „was steckt eigentlich hinter diesen Begriffen?"

- Beantworten Sie mithilfe des folgenden Sachinhalts die Frage von Silvia.

Das Betriebsergebnis als Differenz zwischen Leistungen und Kosten ist kein eindeutiges Zeugnis dafür, dass das ökonomische Prinzip erfüllt wurde. Außerdem lässt das Betriebsergebnis keinen echten Leistungsvergleich mit anderen Betrieben zu.

Damit die Ergebnisse einer Rechnungsperiode mit den geplanten Werten verglichen werden können und Vergleiche mit anderen Betrieben möglich sind, wurden die **Produktivität**, die **Wirtschaftlichkeit** und die **Rentabilität** als Messzahlen des wirtschaftlichen Handelns entwickelt. Bei diesen Kennzahlen handelt es sich zugleich um Formalziele des Betriebes.

EDV

Produktivität

Wird die erstellte Leistung (der Output) ins Verhältnis zu den eingesetzten Produktionsfaktoren (dem Input) gesetzt, so erhält man die Gesamtproduktivität.

Gesamtproduktivität:

$$\text{Gesamtproduktivität} = \frac{\text{Ausbringungsmenge (Output) gesamt}}{\text{Faktoreinsatzmenge (Input) gesamt}}$$

Sie gibt Auskunft über den **mengenmäßigen** Erfolg (Ergiebigkeit) der eingesetzten Kombination aller Produktionsfaktoren. Diese Formel berücksichtigt lediglich **mengenmäßige Größen**. Da der Input sich aus unterschiedlichen, nicht addierbaren Faktoren (Betriebsmittel, Arbeit, Materialien) zusammensetzt, ist die Gesamtproduktivität nicht aussagefähig.

Beispiel Die Vereinigte Spanplatten AG stellte im letzten Geschäftsjahr 1,6 Mio. m^2 Spanplatten her (Output). Dazu wurden folgende Faktoren eingesetzt (= Input): Arbeitsstunden 16 000, Maschinenstunden 50 000, Material 1 600 t.

Da sich die Faktoreneinsatzmengen wegen der unterschiedlichen Maßeinheiten (Stunden, Tonnen) nicht addieren lassen, wäre das Ergebnis nicht aussagefähig. Um den Input aller Faktoren bestimmen zu können, werden die Einsatzmengen in Euro bewertet und somit gleichnamig gemacht.

Aussagefähigere Kennziffern erhält man, wenn man den Output in Beziehung zu nur einem Produktionsfaktor setzt und die Produktivität z. B. je Arbeitsstunde, pro Arbeitskraft, je m^2 Nutzfläche, je Materialeinheit oder je Maschinenstunde ermittelt.

Wichtigste Produktivitätskennzahl im internationalen Vergleich ist die **Arbeitsproduktivität**.

$$\text{Arbeitsproduktivität} = \frac{\text{Ausbringungsmenge (Output)}}{\text{Menge des Arbeitseinsatzes}}$$

Beispiel Ein Zulieferer der Bürodesign GmbH, die Abels, Wirtz & Co. KG, hat vor Kurzem durch erfolgreiche Rationalisierungsmaßnahmen seine Produktivität verbessern können. Vor der Rationalisierung wurden von den 50 gewerblichen Mitarbeitern monatlich in 8 000 Arbeitsstunden 160 000 Schrankschlösser produziert. Jetzt, nach der Rationalisierung, werden in der gleichen Zeit 240 000 Schlösser hergestellt.

	vorher	nachher
Produktivität je gewerbl. Mitarbeiter	$\frac{\text{160 000 Schlösser}}{\text{50 gewerbl. Mitarbeiter}}$ = 3 200 St./gewerbliche Mitarbeiter	$\frac{\text{240 000 Schlösser}}{\text{50 gewerbl. Mitarbeiter}}$ = 4 800 St./gewerbliche Mitarbeiter
Produktivität je Arbeitsstunde	$\frac{\text{160 000 Schlösser}}{\text{8 000 Stunden}}$ = 20 Schlösser	$\frac{\text{240 000 Schlösser}}{\text{8 000 Stunden}}$ = 30 Schlösser

Nach Durchführung der Rationalisierungsmaßnahme werden jetzt pro Stunde zehn Schlösser zusätzlich erstellt. **Der mengenmäßige Erfolg, also die Produktivität, ist gestiegen.**

Die Produktivitätskennzahlen gewinnen erst durch die Beobachtung über einen bestimmten Zeitraum und den Vergleich mit Industriebetrieben derselben Branche an Aussagekraft. Nur so lassen sich verwertbare Informationen über die technische Ergiebigkeit des Betriebes oder einzelner Produktionsverfahren gewinnen. Auch der Vergleich mit Produktivitätskennzahlen vergleichbarer Industrienationen führt unter Umständen zu Überlegungen, wie die eigene Produktivität gesteigert werden kann.

Die Produktivitätskennzahlen zeigen lediglich ein Mengen/Mengen-Verhältnis oder ein Mengen/ Wert-Verhältnis auf. Deshalb können sie **alleine** kein Maßstab für wirtschaftliches Handeln sein, da hier Wert/Wert-Verhältnisse gebildet werden müssen.

Wirtschaftlichkeit

Die Produktivitätszahlen berücksichtigen nicht, dass wirtschaftliches Handeln letztlich nur mithilfe der wertmäßigen Ergiebigkeit beurteilt werden kann. Dazu sind die Werte des Inputs (Anschaffungspreise) und des Outputs (Verkaufspreise) zu berücksichtigen.

Ermittlung der Wirtschaftlichkeit:

Die Wirtschaftlichkeit ergibt sich aus dem Verhältnis von erzielter Leistung zu den eingesetzten Kosten. Erfasst wird die **wertmäßige Ergiebigkeit einer Kosteneinheit** (1,00 €) **der Produktion.**

$$\textbf{Wirtschaftlichkeit} = \frac{\text{Leistungen}}{\text{Kosten}}$$

Beispiel In der Bürodesign GmbH werden für die drei Produktgruppen folgende Umsatzerlöse und Kosten ermittelt:

Produktgruppen / Umsätze/Kosten	Arbeiten am Schreibtisch	Konferenz, Besprechung, Schulung	Warten und Empfang
Umsatzerlöse in € **Kosten in €**	2 146 046,50 2 008 264,80	2 973 540,00 2 769 306,00	1 277 183,50 1 360 136,70
Wirtschaftlichkeit	$\frac{2\,146\,046{,}50}{2\,008\,264{,}80} = \underline{\underline{1{,}07}}$	$\frac{2\,973\,540{,}00}{2\,769\,306{,}00} = \underline{\underline{1{,}07}}$	$\frac{1\,277\,183{,}50}{1\,360\,136{,}70} = \underline{\underline{0{,}94}}$

Für eine eingesetzte Kosteneinheit (1,00 €) erzielten die Produkte „Arbeiten am Schreibtisch“ und „Konferenz, Besprechung, Schulung“ jeweils 1,07 € Umsatzerlöse. Das Produkt „Warten und Empfang“ erwirtschaftete pro Kosteneinheit 0,06 € weniger als der Einsatz von 1,00 €. Es ist unwirtschaftlich.

Wirtschaftlichkeit und Produktivität:

Produktivität und Wirtschaftlichkeit hängen zusammen. Jedoch kann von der Produktivität eines Produktionsprozesses nicht ohne Weiteres auf dessen Wirtschaftlichkeit geschlossen werden. Höhere Produktivität bedeutet dann auch höhere Wirtschaftlichkeit, wenn die Produktionskosten nicht so stark steigen wie die Ausbringungsmenge.

Beispiel Die Abels, Wirtz & Co. KG stellte vor der Rationalisierung ihrer Arbeitsabläufe 160 000 Stück Schrankschlösser pro Rechnungsperiode her. Hierfür entstanden ihr 3 200 000,00 € an Kosten. Nach erfolgreicher Rationalisierung stieg die Ausbringungsmenge auf 240 000 Stück. Um diese Steigerung zu erreichen, musste sie lediglich 200 000,00 € an zusätzlichen Kosten aufbringen. Die Schlösser werden zum Stückpreis von 30,00 € verkauft.

vorher	nachher
Wirtschaftlichkeit = $\frac{4\,800\,000{,}00\text{ €}}{3\,200\,000{,}00\text{ €}} = \underline{\underline{1{,}5}}$	**Wirtschaftlichkeit** = $\frac{7\,200\,000{,}00\text{ €}}{3\,400\,000{,}00\text{ €}} = \underline{\underline{2{,}12}}$

Im Unterschied zu den Leistungen (Ausbringungsmenge · Preis), die um 2 400 000,00 € gestiegen sind, erhöhten sich die Kosten lediglich um 200 000,00 €. In diesem Fall bedeutet eine Produktionssteigerung auch eine Steigerung der Wirtschaftlichkeit.

Wirtschaftlichkeitsbetrachtungen sind für viele Entscheidungen im Betrieb notwendig. Deshalb wird man nicht nur eine Wirtschaftlichkeitskennzahl für den gesamten Betrieb errechnen, sondern gezielt die Wirtschaftlichkeit einzelner Produkte oder Produktionsverfahren ermitteln.

Beispiel In der Bürodesign GmbH soll eine Schrankwand für eine Anwaltskanzlei gefertigt werden. Die Herstellungskosten sollen 12 000,00 € nicht überschreiten. Für die Produktion bieten sich zwei Alternativen an:

① Die Schrankwand wird von sechs Schreinern weitgehend in Handarbeit gefertigt. Sie benötigen hierfür 100 Arbeitsstunden und verursachen 4000,00 € Kosten.

② Bei der Produktion werden zwei Schreiner und eine Spezialmaschine eingesetzt. Die beiden Arbeitskräfte benötigen 50 Arbeitsstunden, das sind 2000,00 € Kosten. Für den ebenfalls 50-stündigen Maschineneinsatz entstehen 3000,00 € Kosten. Dies sind insgesamt 5000,00 € Kosten.

Aus der Sicht der Arbeitsproduktivität ist die Alternative ② günstiger, da hier lediglich zwei Personen, im anderen Fall sechs Personen benötigt werden. Ermittelt man jedoch für beide Alternativen die Wirtschaftlichkeit, so zeigt sich folgendes Ergebnis:

$$\textbf{Wirtschaftlichkeit der Alternative ①} = \frac{12000{,}00\ €}{4000{,}00\ €} = 3$$

$$\textbf{Wirtschaftlichkeit der Alternative ②} = \frac{12000{,}00\ €}{5000{,}00\ €} = 2{,}4$$

Die Alternative ① ist wirtschaftlicher, weil bei gleicher Leistung die Kosten geringer sind.

Die Wirtschaftlichkeit ist zwar Grundprinzip des wirtschaftlichen Handelns, sagt jedoch nichts darüber aus, ob sich der Kapitaleinsatz (Eigenkapital und Fremdkapital) im Betrieb wirklich gelohnt hat.

Rentabilität

Die **Rentabilität** informiert über die Ertragskraft einer Unternehmung und über die Verzinsung des eingesetzten Kapitals.

Rentabilitätskennziffern:

Unter Rentabilität wird das prozentuale Verhältnis des Gewinnes (positiv) oder Verlustes (negativ) zum eingesetzten Kapital oder zum erzielten Umsatz verstanden. Entsprechend ist die **Kapitalrentabilität** von der **Umsatzrentabilität** zu unterscheiden.

Bd. 2

Die wichtigsten Rentabilitätskennziffern sind:

$$\textbf{Eigenkapitalrentabilität (Unternehmerrentabilität)} = \frac{\text{Gewinn} \cdot 100}{\text{Eigenkapital}}$$

$$\textbf{Gesamtkapitalrentabilität (Unternehmungsrentabilität)} = \frac{(\text{Gewinn} + \text{Fremdkapitalzinsen}) \cdot 100}{\text{Gesamtkapital}}$$

$$\textbf{Umsatzrentabilität} = \frac{\text{Gewinn} \cdot 100}{\text{Umsatz}}$$

Beispiele Das GuV-Konto der Bürodesign GmbH weist für den letzten Rechnungsabschnitt folgende Werte aus:

Soll GuV Haben

	Berichtsjahr	**Vorjahr**		**Berichtsjahr**	**Vorjahr**
Materialaufwand	2156015,75	1895100,00	Umsatzerlöse	3198385,00	3113050,00
Personalaufwand	842500,00	858450,00	Sonstige betriebliche Erträge	142875,00	67000,00
Abschreibungen	63000,00	60000,00			
Sonstige betriebliche Aufwendungen	223125,00	124650,00	Verlust	6093,25	
Zinsaufwendungen	22105,00	5100,00			
Steuern	40607,50	61000,00			
Gewinn		206250,00			
	3347353,25	3180050,00		3347353,25	3180050,00

	Berichtsjahr		Vorjahr	
Das Eigenkapital beträgt Das Fremdkapital beträgt	753 000,00 € 522 000,00 €		700 000,00 € 487 500,00 €	
Eigenkapitalrentabilität	$\frac{-6093{,}25 \cdot 100}{753000}$	= – 0,8 %	$\frac{206250 \cdot 100}{700000}$	= 29,5 %
Gesamtkapitalrentabilität	$\frac{(-6093{,}25 + 22105) \cdot 100}{1275000}$	= 1,3 %	$\frac{(206250 + 5100) \cdot 100}{1187500}$	= 17,8 %
Umsatzrentabilität	$\frac{-6093{,}25 \cdot 100}{3198385}$	= – 0,2 %	$\frac{206250 \cdot 100}{3113050}$	= 6,6 %

Die **Eigenkapitalrentabilität** besagt, dass sich der Eigenkapitaleinsatz im Berichtsjahr nicht gelohnt hat (– 0,8 %). Im Vorjahr betrug die Eigenkapitalrentabilität noch 29,5 %.

Bei der Beurteilung der Eigenkapitalrentabilität in Einzelunternehmen und Personengesellschaften ist zu berücksichtigen, dass der Gewinn die Faktoren Unternehmerlohn, Verzinsung des Eigenkapitals und Risikoprämie für das allgemeine Unternehmerwagnis enthält.

Die **Eigenkapitalrentabilität** sollte wesentlich über dem landesüblichen Zinssatz liegen, weil neben der Eigenkapitalverzinsung eine **Risikoprämie** für den Unternehmer erwirtschaftet werden soll.

Die **Gesamtkapitalrentabilität** drückt den Ertrag des Gesamtkapitals je 100,00 € aus, der sich aus dem Gewinn (Ertrag des Eigenkapitals) und den Fremdkapitalzinsen (Ertrag des Fremdkapitals) zusammensetzt.

Mit der Gesamtkapitalrentabilität kann nachgewiesen werden, ob der Einsatz des Fremdkapitals sich gelohnt hat. Liegt sie über dem landesüblichen Zinssatz, kann die Eigenkapitalrentabilität durch fremdfinanzierte Investitionen verbessert werden. Umgekehrt tritt eine Minderung der Eigenkapitalrentabilität ein, wenn der Zinssatz für Fremdkapital die Gesamtkapitalrentabilität übersteigt.

Die **Umsatzrentabilität** gibt den Gewinn je 100,00 € Umsatz an.

Alle Rentabilitätskennziffern haben sich gegenüber dem Vorjahr negativ entwickelt.

▲ Rentabilität und Wirtschaftlichkeit:

Hohe Wirtschaftlichkeit führt dann zu hoher Rentabilität, wenn eventuelle Kosteneinsparungen nicht durch gewinnmindernde Faktoren wie Preisverfall und Absatzeinbrüche aufgezehrt werden.

Beispiel Die Wirtschaftlichkeitskennziffern von der Bürodesign GmbH und der Schmidt OHG, einem Konkurrenzunternehmen, sehen wie folgt aus:

Bürodesign GmbH		Schmidt OHG	
Leistungen	3 287 260,00 €	Leistungen	3 000 000,00 €
Kosten	3 157 773,75 €	Kosten	2 600 000,00 €
Gewinn	129 531,25 €	Gewinn	400 000,00 €
Wirtschaftlichkeit	1,04	Wirtschaftlichkeit	1,15

Die Kosten der Schmidt OHG liegen unter denen der Bürodesign GmbH; dies führt bei gleicher Leistung für die Schmidt OHG zu einer besseren Wirtschaftlichkeit.

Die Produktivitätskennziffern sagen zunächst nichts über die Wirtschaftlichkeit oder Rentabilität des Betriebes aus. Ein Produktivitätszuwachs kann durchaus mit einer Kostensteigerung verbunden sein. Ebenso kann er auf eine Preissenkung und eine damit verbundene Nachfrageerhöhung zurückzuführen sein. Ein Betrieb kann außerordentlich produktiv sein, ohne wirtschaftlich oder rentabel zu arbeiten.

Die Steigerung der Produktivität ist jedoch ein Teilziel auf dem Weg zu einer höheren Wirtschaftlichkeit. Unterstellt man, dass ein großer Teil der Kosten fix ist, so führen Produktivitätssteigerungen zu einer Fixkostendegression.

Kennziffern des operativen Controllings

- Die Messzahlen für das Ergebnis wirtschaftlichen Handelns sind Produktivität, Wirtschaftlichkeit und Rentabilität.
- Die **Produktivität** gibt Auskunft über die **mengenmäßige Ergiebigkeit** der Produktionsfaktoren.

$$\textbf{Gesamtproduktivität} = \frac{\text{Ausbringungsmenge (Output) gesamt}}{\text{Faktoreinsatzmenge (Input) gesamt}}$$

- Die **Wirtschaftlichkeit** gibt Auskunft über die wertmäßige Ergiebigkeit der Produktion.

$$\textbf{Wirtschaftlichkeit} = \frac{\text{Leistungen}}{\text{Kosten}}$$

- Die **Rentabilität** betrifft die Verzinsung des eingesetzten Eigen- oder Gesamtkapitals.

Eigenkapitalrentabilität (Unternehmerrentabilität)	=	$\frac{\text{Gewinn} \cdot 100}{\text{Eigenkapital}}$
Gesamtkapitalrentabilität (Unternehmungsrentabilität)	=	$\frac{(\text{Gewinn} + \text{Fremdkapitalzinsen}) \cdot 100}{\text{Gesamtkapital}}$
Umsatzrentabilität	=	$\frac{\text{Gewinn} \cdot 100}{\text{Umsatz}}$

1 Die Bürodesign GmbH beschäftigt 50 Arbeitnehmer in der Produktion. Es gilt die 40-Stunden-Woche und sie leisten im Monat 8000 Arbeitsstunden. Die Ausbringungsmenge beträgt pro Monat 200000 Stück.
a) Berechnen Sie die Arbeitsproduktivität.
b) Die Tarifverhandlungen in der Metallindustrie führten zur Einführung der 35-Stunden-Woche. Stellen Sie durch Berechnung fest, wie sich die Arbeitsproduktivität verändert.

2 In der Geschäftsführung der Bürodesign GmbH werden die Ergebnisse der Monate November und Dezember verglichen. Im November wurden vom Bürodrehstuhl „ergo-design-natur“ 3400 Stück, im Dezember 2080 Stück produziert. Die Beschäftigtenzahl lag in beiden Monaten unverändert bei 50. Im Monat November wurden 6800, im Dezember 5200 Arbeitsstunden geleistet. Der Werkstoffeinsatz lag im November bei 294100,00 €, im Dezember betrug er 180960,00 €.
a) Ermitteln Sie die Produktivität des Arbeitseinsatzes für beide Monate.
b) Erklären Sie, warum sich im Monat Dezember die Arbeitsstunden vermindern, obwohl die Beschäftigtenzahl unverändert bleibt.
c) Erklären Sie Ursachen für die abweichenden Produktivitätszahlen der Werkstoffe in den Monaten November und Dezember.

3 Die Bürodesign GmbH hat im Bereich der Produktion menschliche Arbeit durch maschinelle ersetzt. Vor diesen Rationalisierungsmaßnahmen wurden pro Monat 80 Empfangstheken „INTRO“ hergestellt und zu einem Verkaufspreis von 2900,00 € abgesetzt. Hierbei beliefen sich die gesamten Produktionskosten auf 160000,00 € im Monat. Nach der Rationalisierung werden 100 Empfangstheken bei unverändertem Verkaufspreis und Produktionskosten von 176000,00 € hergestellt.
a) Ermitteln Sie die Wirtschaftlichkeit vor und nach der Rationalisierung.
b) Begründen Sie, ob sich die Rationalisierungsmaßnahme gelohnt hat.
c) Erläutern Sie, ob sich die Rationalisierung auch unter dem Aspekt, dass die Verkaufspreise je Empfangstheke (bei gleichen Kosten und Produktionsmengen) auf 2750,00 € sinken, noch lohnt.
d) Finden Sie heraus, bis zu welcher Preisuntergrenze sich die Rationalisierung lohnt.

e) Erklären Sie, ob die Veränderung der Wirtschaftlichkeit in diesem Fall auch eine Veränderung der Produktivität bewirkt.
f) Stellen Sie fest, bis zu welchem Verkaufspreis die Bürodesign GmbH am Markt mithalten kann, ohne dass (bei unveränderter Produktionsmenge und Kosten) die Wirtschaftlichkeit unter den Wert vor der Rationalisierung sinkt.

4 Zur Auswertung legt die Bürodesign GmbH folgende Bilanz und GuV-Rechnung (auszugsweise) vor:

EDV

Web

Vorjahr

S	SBK		H
...		EK	2000000,00
		FK	4000000,00

S	GuV		H
Löhne	4000000,00	Umsatz	6000000,00
Miete	1000000,00		
FK-Zins	400000,00		
Gewinn	600000,00		

Aktuelles Jahr

S	SBK		H
...		EK	2600000,00
		FK	4000000,00

S	GuV		H
Löhne	4500000,00	Umsatz	6500000,00
Miete	1000000,00		
FK-Zins	480000,00		
Gewinn	520000,00		

a) Errechnen Sie für das Vorjahr und das aktuelle Jahr folgende Werte:
aa) Eigenkapitalrentabilität, ab) Gesamtkapitalrentabilität, ac) Umsatzrentabilität.
b) Berechnen Sie für beide Jahre die Wirtschaftlichkeit.
c) Stellen Sie dar, in welcher Weise sich Wirtschaftlichkeit und Rentabilität im vorliegenden Fall beeinflussen.

5 Erstellen Sie mithilfe eines Tabellenkalkulationsprogramms ein Arbeitsblatt, in dem die wichtigsten Formeln zur Ermittlung der Produktivität der Faktoren Arbeit und Werkstoffe, der Wirtschaftlichkeit und der Eigenkapital- und Umsatzrentabilität enthalten sind.

EDV

a) Unterteilen Sie das Arbeitsblatt in einen Eingabe- und in einen Auswertungsbereich.
b) Bereiten Sie die Tabelle derart vor, dass die Eingabewerte direkt in die Formeln übernommen und die aktuellen Ergebnisse sofort gezeigt werden.
c) Geben Sie die Werte aus der Aufgabe 4 ein und überprüfen Sie die Richtigkeit der Formeln.
d) Stellen Sie die Formel für die Wirtschaftlichkeit in der Weise um, dass bei Eingabe der gewünschten Wirtschaftlichkeitskennziffer eine entsprechende Kosten- oder Leistungsänderung erfolgt.
e) Verfahren Sie in gleicher Weise mit den Rentabilitätskennziffern.

6 Die Bürodesign GmbH plant die Fertigung eines verschiebbaren Monitorständers, der als Zubehör zu den Schreibtischen angeboten werden soll. Man rechnet mit einer Jahresproduktion von 13200 Stück. Für die Produktion werden zusätzlich vier Arbeitskräfte benötigt, die im Einschichtbetrieb an ca. 220 Arbeitstagen 7½ Stunden eingesetzt werden. Durch die notwendige Kapazitätserweiterung entstehen jährlich zusätzliche fixe Kosten von 264000,00 €. Die variablen Stückkosten werden als konstant unterstellt und mit 30,00 € kalkuliert. Der Absatz hält einen Preis von 65,00 € pro Stück für vertretbar.
a) Berechnen Sie die geplante Arbeitsproduktivität und die geplante Wirtschaftlichkeit der Fertigung bei voller Kapazitätsauslastung.
b) Berechnen Sie die geplanten gesamten Stückkosten, den Deckungsbeitrag und den Stückgewinn für einen Monitorständer.
c) Ermitteln Sie den Break-even-Point und die Durchlaufzeit für einen Monitorständer.

7 Überprüfen Sie mithilfe der folgenden Angaben, ob durch den Anstieg der Produktivität die Wirtschaftlichkeit der Lackiererei bei der Bürodesign GmbH ebenfalls gestiegen ist.

Zeitpunkt	Anteil der Lackiererei an der betrieblichen Wertschöpfung in €	Summe der Kostenstellenkosten der Lackiererei in €
vorher	180000,00	120000,00
nachher	240000,00	192000,00

3.3 Öko-Controlling

Herr Braun ist Assistent der Geschäftsleitung und gleichzeitig Umweltbeauftragter der Bürodesign GmbH. Im Rahmen seiner diesjährigen Umwelterklärung berichtet er, dass die Umweltkosten im Vergleich zum Vorjahr um 5 % gestiegen seien. Dies erfordere eine Neukalkulation einzelner Produkte und gleichzeitig „sparen und sparen".

Einige Kollegen/Kolleginnen fühlen sich ungerecht angegriffen: Man sei jedem Putzlappen hinterhergerannt und habe alles getan, um Kosten zu sparen.

Die Antwort von Herrn Braun: „Ihr habt ja recht. Unsere Öko-Bilanz ist im Vergleich zum Vorjahr sogar besser ausgefallen!"

- Stellen Sie fest, was Umweltkosten sind und wie sie erfasst werden können.
- Untersuchen Sie die augenscheinliche Diskrepanz zwischen gestiegenen Umweltkosten und einer im Vergleich zum Vorjahr positiveren Öko-Bilanz.

Die umweltbezogene Kostenrechnung

Öko-Controlling hat die Aufgabe, die Unternehmensführung bei der Steuerung von umweltrelevanten Vorgängen im Unternehmen zu unterstützen. Voraussetzung für eine Unterstützung ist die Bereitstellung von Informationen. Es muss ein Informationssystem vorhanden sein, das die Kosten für den Umweltschutz bzw. die Umweltbeanspruchung (= Umweltkosten) gesondert aufweist. Für das betriebliche Rechnungswesen sind hierbei nur solche Kosten relevant, die von dem Unternehmen wirtschaftlich zu tragen sind. Umweltkosten, die auf andere Unternehmen, den Verbraucher oder Staat verlagert werden, bleiben hier zunächst außer Acht.

Kostenartenrechnung:

In der Kostenartenrechnung (vgl. S. 553 ff.) kann über eine tiefere Gliederung vorhandener Kostenarten eine größere Transparenz erreicht werden. Vielfach werden verschiedene Umweltkosten auf einem einzigen Konto, z.B. auf dem Konto „Energie", verbucht. Weist dieses Konto höhere Beträge auf, so könnte die folgende **Differenzierung** der Aufwendungen vorgenommen werden.

- Aufwendungen für Strom
- Aufwendungen für Gas
- Aufwendungen für Wasser
- Aufwendungen für Abwasser
- Aufwendungen für Benzin
- Aufwendungen für Diesel
- Aufwendungen für Schmierstoffe
- Aufwendungen für Heizöl

Die folgende Aufstellung zeigt **Umweltkosten**, für die ebenfalls ein eigenes Konto besonders sinnvoll ist, weil sie ausschließlich ökologieorientiert sind:

- Deponiegebühren für Sonderabfall
- DSD-Gebühren
- Containermiete
- Müllabfuhr
- Abschreibungen auf gesetzlich bedingte Umweltinvestitionen
- Abschreibungen auf freiwillig getätigte Umweltinvestitionen
- Zinsen für gesetzlich bedingte Umweltinvestitionen
- Zinsen für freiwillig getätigte Umweltinvestitionen

Neben einer differenzierten Erfassung der Umweltkosten müssen auch die **Erlöse**, die sich aus dem Verkauf von verwertbaren Abfällen ergeben, auf separaten Konten verbucht werden. Statt auf einem Sammelkonto wie „sonstige Erlöse" könnte eine Erfassung nach dem folgenden Schema erfolgen:

- Erlöse aus dem Verkauf von Papier/Pappe
- Erlöse aus dem Verkauf von Altmetallen
- Erlöse aus dem Verkauf von sonstigen Reststoffen zur Verwertung

Kostenstellenrechnung:

Nach einer differenzierten Erfassung der Umweltkosten besteht die Frage, wer sie verursacht hat, d.h., die Umweltkosten sind den einzelnen Bereichen des Unternehmens bzw. Kostenstellen (vgl. S. 557 ff.) zuzuordnen. Die Einrichtung von Kostenstellen unter ökologischen Aspekten macht nur Sinn, wenn man den Einsatz von Stoffen und Energien sowie den Anfall von unerwünschten Stoffen messen kann. Für das Öko-Controlling ist es zweckmäßig, Kostenstellen zu unterscheiden,

- an denen ausschließlich Umweltkosten anfallen,
- an denen Umweltkosten und andere Kosten anfallen.

Die zentrale Entsorgung und die Stelle des Umweltschutzbeauftragten dienen ausschließlich dem Umweltschutz. Somit können alle anfallenden Kosten als Umweltkosten betrachtet werden.

Bei den anderen Kostenstellen sind die Umweltkosten über die entsprechenden Kostenarten zu erfassen. Hierbei muss man zwischen Kostenstelleneinzelkosten, die sich mithilfe von Belegen oder Messungen direkt einer Kostenstelle zuordnen lassen, und Kostenstellengemeinkosten, die mehrere Bereiche betreffen, unterscheiden. Einzelkosten können z.B. Strom, Wasser, Schmierstoffe und Reinigungsmittel sein, weil man sie mithilfe von physikalischen Einheiten wie kWh, m³ oder kg messen und zuordnen kann. Die Grundgebühren für die Bereitstellung der Energie oder die Leasinggebühren für Container betreffen mehrere Bereiche und sind somit Kostenstellengemeinkosten. Für umweltrelevante Entscheidungen sind in erster Linie die Kostenstelleneinzelkosten von Bedeutung, weil sie in der Regel durch die Mitarbeiter beeinflussbar sind. Auch in der Kostenstellenrechnung lässt sich eine größere Transparenz schaffen, indem Kostenstellengemeinkosten wie Heizung oder Abfälle durch spezifische Messungen zu Kostenstelleneinzelkosten werden.

Kostenträgerrechnung:

Soweit im Bereich der Kostenartenrechnung umweltrelevante Einzelkosten auftreten, werden diese direkt dem Kostenträger (vgl. S. 564 ff.) zugerechnet. Hierzu gehören in der Regel die eingesetzten Werkstoffe und Bauelemente. Wurden an den einzelnen Kostenstellen umweltrelevante Input-Größen wie Wasser- oder Stromverbrauch gemessen, so können auch sie je nach Belastung der Kostenstelle durch den Kostenträger wie Einzelkosten auf den Kostenträger übertragen werden. Mithilfe der Plankostenrechnung werden Kostenabweichungen durch einen Soll-Ist-Vergleich ermittelt, die einen Anlass für umweltrelevante Entscheidungen geben können.

Beispiel Der Auszug einer Kostenträgerstückrechnung für den Stapler-Stapelstuhl bei der Bürodesign GmbH lässt erkennen, dass besonders die Kosten für Stahl, Strom und Wasser sowie für die Abfallentsorgung nicht den Plankosten entsprechen und neu kalkuliert werden müssen. Gleichzeitig muss bei diesen Kostenarten nach Einsparungspotenzial gesucht werden.

Kostenarten	Soll in €	Ist in €	Abweichung
Stahl, chromiert	5,00	5,90	18,00 %
Kunststoff, Polypropylen	2,80	2,94	5,00 %
Textil	4,10	4,05	– 1,22 %
Abfallentsorgung	0,40	0,48	20,00 %
Zwischensumme	12,30	13,37	8,70 %
Materialgemeinkosten (%)	**1,23**	**1,34**	**8,70 %**
Materialkosten	13,53	14,71	8,70 %

Kostenarten	Soll in €	Ist in €	Abweichung
Fertigungslöhne	12,40	12,65	2,00 %
Strom	0,60	0,69	15,00 %
Frischwasser/Abwasser	0,20	0,21	5,00 %
Zwischensumme	13,20	13,55	2,65 %
Fertigungsgemeinkosten (%)	1,32	1,35	2,65 %
Fertigungskosten I Metall	**14,52**	**14,90**	**2,65 %**
Fertigungslöhne	12,00	12,24	2,00 %
Strom	0,60	0,66	10,00 %
Frischwasser/Abwasser	0,16	0,17	16,00 %
Zwischensumme	12,76	13,07	2,43 %
Fertigungsgemeinkosten (%)	1,28	1,31	2,43 %
Fertigungskosten II Polsterung	**14,04**	**14,38**	**2,43 %**
Fertigungslöhne	3,40	3,50	2,94 %
Strom	0,30	0,36	20,00 %
Frischwasser/Abwasser	0,10	0,11	10,00 %
Zwischensumme	3,80	3,97	4,47 %
Fertigungsgemeinkosten (%)	0,38	0,40	4,47 %
Fertigungskosten III Montage	**4,18**	**4,37**	**4,47 %**
Herstellkosten	**46,27**	**48,36**	**4,56 %**

▲ Die Erstellung einer Öko-Bilanz

Die umweltbezogene Kostenrechnung ist Voraussetzung für die Erstellung einer Öko-Bilanz.

Rechtliche und gesellschaftliche Rahmenbedingungen zwingen die Unternehmen dazu, mehr Informationen und Kennzahlen über ihre umweltrelevanten Prozesse bereitzustellen.

Beispiel Viele Verordnungen der EU sind nur Empfehlungen und basieren auf dem Grundsatz der Freiwilligkeit. Wer jedoch nach EMAS II (Eco-Management-System, EU-Verordnung Nr. 761/2001) validiert wurde und registriert ist, genießt nach der EMAS-Privilegierungs-Verordnung von 2002 erhebliche Erleichterungen bei der immissionsschutzrechtlichen Überwachung.

Hierzu dient die Öko-Bilanz. Die Öko-Bilanz berücksichtigt nicht nur die Umweltkosten, die vom Unternehmen getragen werden, sondern alle relevanten Auswirkungen, die der Existenz eines Produktes zuzuschreiben sind. Somit beinhaltet die Öko-Bilanz eine Entscheidungshilfe für alle Beteiligten, seien es Produzenten, Verbraucher oder Staat, für die Bewertung der Umweltverträglichkeit von Produkten.

Kernpunkt der Untersuchung sind sämtliche umweltrelevanten **Entnahmen** aus der Umwelt (z. B. Erze, Rohöl) sowie **Emissionen** in die Umwelt (z. B. Abfälle, Kohlendioxid). Die Untersuchung umfasst den gesamten Lebensweg eines Produktes, „von der Wiege bis zur Bahre". Die englische Bezeichnung für Öko-Bilanz lautet deshalb LCA („Life Cycle Assessment"). Der Begriff der Bilanz wird bei der Öko-Bilanz im Sinne von einer Gegenüberstellung verwendet und ist nicht mit der Bilanz im Rahmen einer Buchführung gleichzusetzen.

Mit der **produktbezogenen Öko-Bilanz** wird die Frage untersucht, welche Umweltauswirkungen durch die Herstellung eines Produkts oder die Bereitstellung einer Dienstleistung entstehen. Umweltauswirkungen können positive und negative Veränderungen der Umwelt beinhalten.

Beispiele Die Parkplätze der Bürodesign GmbH wurden im vergangenen Jahr durch die Anpflanzung von Laubbäumen eingegrenzt. Oder aber: Die CO_2-Emissionen sind um 0,10 t gestiegen.

Die Produktökobilanz ist aus betriebswirtschaftlicher Sicht eine Stückrechnung. Hierbei wird zunächst der Herstellungsprozess des Produktes mit seinem Bedarf an Rohstoffen, Bauelementen sowie Hilfs- und Betriebsstoffen wie Energie untersucht. Die entstehenden Emissionen und Abfälle werden aufgelistet. Hinzu kommen im Sinne einer Lebenswegbilanz die eigentliche Nutzung des Produktes sowie alle Belastungen, die durch die Entsorgung des Produktes und vorangegangener Produktionsabfälle entstehen.

Allgemein unterscheidet man zwischen einer Öko-Bilanz, die den Umweltaspekt eines einzelnen Produktes berücksichtigt, einer vergleichenden Öko-Bilanz, die eine Gegenüberstellung mehrerer Produkte beinhaltet, sowie einer ganzheitlichen Bilanzierung, die wirtschaftliche, technische und soziale Aspekte mit einbezieht.

Nach der Norm ISO EN 14040 ist der Begriff Öko-Bilanz nur noch auf produktbezogene Öko-Bilanzen anwendbar. Nach den Normen ISO 14040 bis ISO 14043 umfasst die Erstellung einer Öko-Bilanz vier Schritte:

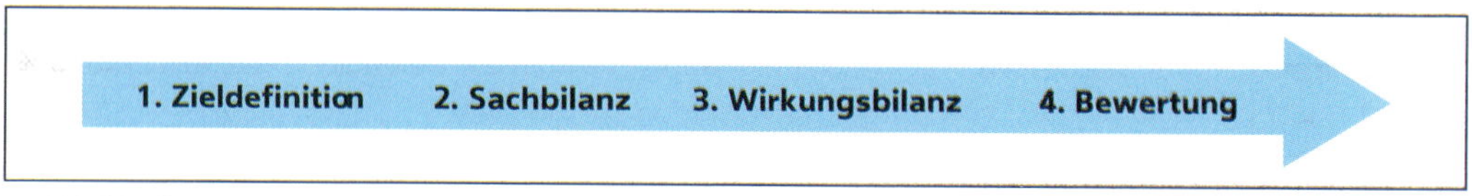

- **Zieldefinition** In einer Zieldefinition wird zunächst der Untersuchungsgegenstand festgelegt, z.B. der Lebensweg eines Produktes von der Rohstoffgewinnung bis zur entsprechenden Entsorgung des Produktes. Handelt es sich um eine vergleichende Untersuchung, so müssen die Bezugseinheiten auch gleich sein oder angeglichen werden, d.h., die Produkte müssen sich in ihrem Inhalt, ihrem Gewicht und ihren Funktionen entsprechen. Es können nur solche Systeme miteinander verglichen werden, die auch exakt die gleiche Funktion erfüllen.

  Beispiele Vergleicht man Elektro-, Gas- und Dieselantriebe miteinander, so muss der Bedarf einheitlich auf kWh umgerechnet werden. Will man die Umweltauswirkungen eines Tetrapacks mit einem Fassungsvermögen von 1,0 l mit denen einer Mehrwegflasche von 0,33 l Fassungsvermögen vergleichen, so müssen auch hier die jeweiligen Größen entsprechend angeglichen werden.

  Gleichzeitig werden die Ziele und Interessen aufgezeigt, denen die Öko-Bilanz dienen soll, z.B. warum eine Öko-Bilanz durchgeführt wird, wie die Resultate verwendet werden und wem die Ergebnisse zur Verfügung stehen sollen.

- **Sachbilanz** Als Nächstes werden in der Sachbilanz quantitative Aussagen über den erfassten Produktlebensweg gemacht. Man sammelt Informationen über Ressourcenverbrauch und Emissionen. Die Eingangsgrößen (Input) werden den Ausgangsgrößen (Output) gegenübergestellt. Dies betrifft die einzelnen Lebenswegphasen wie Rohstoffgewinnung, Rohstoffaufbereitung, Produktion, Montage, Handel, Nutzung, Unterhalt und Entsorgung des Produktes. Die Sachbilanz bildet das Kernstück jeder Öko-Bilanz.

  Beispiel Sollen die lebenszyklusweiten Umweltauswirkungen einer Pizza ermittelt werden, so gilt es hierfür, die Lebenswege der einzelnen Bestandteile (Mehl, Tomaten, Käse) von der Rohstoffgewinnung (Getreide-, Tomatenanbau und Milcherzeugung) über die weiteren Verarbeitungsstufen und den Konsum der Pizza bis zur Entsorgung des Verpackungsmaterials nachzuzeichnen und die jeweiligen stoff- und energiebezogenen Daten zu erheben.

  Die für die einzelnen Lebenswegphasen ermittelten Werte werden addiert und ergeben auf diese Weise den gesamten Stoff- und Energieverbrauch. Hierbei lassen sich unter Umständen Lebenswegphasen mit den größten Mengenanteilen identifizieren.

  Beispiel Die Öko-Bilanz für ein Produkt kann ergeben, dass der Stromverbrauch in der Herstellungsphase den Stromverbrauch der Betriebsphase um ein Vielfaches übersteigt. Hieraus kann man folgern, dass die Nutzung des gebrauchten Produktes ökologischer bzw. energiesparender ist als die Nutzung von neuen Öko-Modellen.

- **Wirkungsbilanz** Die Wirkungsbilanz erfasst die ökologischen Auswirkungen, die durch die Existenz des Produktes entstehen, wie beispielsweise den Einfluss verschiedener Emissionen auf den Treibhauseffekt, den Ozonabbau oder die Smogbildung. Hierzu ist es notwendig, die in der Sachbilanz ermittelten Input-Output-Daten einer bestimmten Wirkungskategorie zuzuordnen. Gleichzeitig ist wiederum eine physikalische Vereinheitlichung notwendig.

Beispiele Zur Beurteilung des Treibhauseffekts werden die in der Sachbilanz ermittelten Mengen an CO_2-Emissionen sowie die anderer treibhausrelevanter Gase, z. B. Methan, zusammengefasst. Hierbei wird CO_2 als Referenzwert benutzt (= 1) und die anderen treibhausrelevanten Gase werden nach wissenschaftlichen Erkenntnissen auf den CO_2-Wert umgerechnet. Die Bewertung erfolgt nach Gewicht.
Stickoxid-(NOx-) Emissionen können den Wirkungskategorien Smogbildung und Versauerung der Böden zugeordnet werden.

- **Bewertung** In einem letzten Schritt werden die Daten zusammengefasst und nach ihrer ökologischen Bedeutung bewertet, d.h. gegeneinander gewichtet. Hierbei ist es schwierig, ein Werturteil im Sinne von „wenig oder stark umweltbelastend" zu fällen. Diese Bewertung wird in der Regel sehr subjektiv ausfallen. Ist es z.B. schlimmer, das Treibhauspotenzial zu erhöhen oder eine giftige Emission zuzulassen? Objektiv kann diese Frage wohl kaum beantwortet werden. Bei der Bewertung ist zudem zu berücksichtigen, dass sicherlich manche Werte auf Annahmen beruhen, z.B. die Nutzungsdauer von Produkten und Systemen. Vielfach werden die Daten auch unvollständig sein, weil Angaben für sämtliche Lebenswegphasen nicht verfügbar sind.

Trotz aller Kritik an der Aufstellung von Öko-Bilanzen, sie sind dennoch eine wichtige Hilfe bei der Vornahme betriebswirtschaftlicher Entscheidungen. Bestehen mehrere Gestaltungsalternativen für ein Produkt oder einen Fertigungsprozess, so können Öko-Bilanzen darüber Auskunft geben, wie eine Funktion über die gesamte Lebensdauer des Produktes die vorhandenen Ressourcen am besten schont.

Beispiel So können Getränkekartons bei größeren Entfernungen zum Kunden, z. B. wenn der Radius größer als 100 km ist, umweltschonender sein als Mehrwegflaschen, weil der Transportaufwand geringer ist.

Öko-Controlling

Das Öko-Controlling erfordert:

im engeren Sinne
- eine differenzierte Erfassung der verschiedenen Umweltkosten in der Kostenartenrechnung
- ein Splitting der Kostenstellengemeinkosten in Kostenstelleneinzelkosten durch breite Nutzung möglicher Messsysteme für verschiedene physikalische Einheiten
- eine Auflistung von umweltrelevanten Kosten als Einzelkosten in der Kostenträgerkalkulation

im weiteren Sinne
- die Ermittlung der Umweltwirkungen von Stoffen und Prozessen sowie ihre Zuordnung zu Umweltkategorien wie Treibhauseffekt, Ozonlochverstärkung, saurer Regen, Smogbildung
- die Bewertung verschiedener Funktionen nach ihrer Umweltverträglichkeit
- die Durchführung umweltverträglicher Entscheidungen

1 Ökologische Strategien wie Vermeidung oder Einsparung werden durch den Reboundeffekt und eine bewusst geplante Obsoleszenz durchkreuzt. Bilden Sie zwei Gruppen, die sich jeweils mithilfe des Internets kundig machen und die genannten Tendenzen darstellen.

2 Die folgende Umwelterklärung stammt von einem Geschäftsfreund der Bürodesign GmbH, der Konfitüre für Verarbeiter und Endverbraucher herstellt.
a) Berechnen Sie das Verhältnis zwischen Verpackung und Produktinhalt.
b) Stellen Sie fest, bei welchen Positionen die Suche nach Einsparungsmöglichkeiten sich eventuell lohnt.
c) Analysieren Sie die Umwelterklärung nach Posten, die nicht aufgeführt sind, aber dennoch umweltrelevant sind. Betrachten Sie z. B. den Input von Klebstoffen und Reinigungsmitteln.

Input					**Output**
Rohstoffe		744,45 t	Produkte inkl. Verpackung		1 349,65 t
Verpackung		598,78 t	Produkte ohne Verpackung	750,87 t	
Glas/Einweg	405,37 t		Emissionen		
Glas/Mehrweg	92,42 t		Abfälle		83,96 t
Papier/Pappe	69,34 t		Papier/Pappe	54,60 t	
Kunststoff	0,29 t		Folien	5,60 t	
Metall	31,34 t		Schrott	0,60 t	
Sonstiges	0,02 t		Fettabschneider	4,50 t	
Hilfs- u. Betriebsstoffe		0,92 t	Nährstoffe	1,50 t	
Klebstoffe	0,51 t		Restmüll	17,16 t	
Reinigungsmittel	0,22 t		Abwasser		3 589 m^3
Schmierstoffe	0,02 t		Abluft		239,29 t
Sonstiges	0,17 t		Kohlendioxid, CO_2	238,90 t	
Wasser		3 589 m^3	Primärenergie	220,46 t	
Stadtwasser	2 860 m^3		Verkehr	18,44 t	
Regenwasser	729 m^3		Kohlenmonoxid, CO	0,19 t	
Energie		1 060 552 kWh	Primärenergie	0,12 t	
Elektroenergie	174 072 kWh		Verkehr	0,07 t	
Heizöl	826 996 kWh		Stickoxide, NOx	0,20 t	
Verkehr	59 484 kWh		Primärenergie	0,12 t	
			Verkehr	0,08 t	
			Staub		0,050 t
			Primärenergie	0,030 t	
			Verkehr	0,020 t	

3 Unternehmen können ihren Umweltverbrauch durch positive Umweltbeiträge teilweise ausgleichen. Suchen Sie hierfür nach Beispielen.

4 Die Bürodesign GmbH hat bereits seit einigen Jahren auf Lacke, deren Pigmente aus Cadmium bestehen, verzichtet. Cadmium ist ein toxisches Metall, das sich in der Niere festsetzt, auf diese Weise die Blutreinigungsfunktion beeinträchtigt und somit Gefäßschädigungen hervorruft. Auch werden bei der Bürodesign GmbH die beim Lackieren freiwerdenden Lösemittel wieder aufgefangen und an den Farbenhersteller zurückgesandt. Stellen Sie fest, welche ökologischen Strategien mit diesen Maßnahmen verfolgt werden.

5 Verzicht oder Vermeidung bilden einen vorrangigen Grundsatz beim Schutz der Umwelt. Beschreiben Sie jeweils weitere Beispiele für den Verzicht auf Gefahrstoffe, auf umweltfragliche Rohstoffe und auf knappe Primärrohstoffe.

6 Lacke, deren Pigmente aus Cadmium bestehen, gefährden nicht nur den Verbraucher, sondern auch die Beschäftigten in der Lackiererei. Erläutern Sie verschiedene Maßnahmen zur Erhöhung der Arbeitssicherheit für die Beschäftigten.

7 Das Europäische Parlament hat neben Blei und Quecksilber 40 andere Gifte bzw. Gefahrstoffe verboten. Dies gilt nicht für fotovoltaische Solarzellen, obwohl sie hochgiftiges Cadmiumtellurid enthalten. Erläutern Sie an diesem Beispiel konkurrierende Ziele bei der Durchsetzung des Umweltschutzes.

4 Aktuelle Veränderungen der Produktionsprozesse

4.1 Einflüsse auf die Produktionsbedingungen

Bei der letzten Betriebsversammlung der Bürodesign GmbH äußerten einige Mitarbeiter ihren Unmut über die von der Geschäftsleitung ständig neu angeordneten Regelungen sowohl in der Verwaltung als auch in der Produktion. Dem neuen Betriebsratsvorsitzenden Wilke wurde vorgeworfen, dass er der Bitte der Geschäftsleitung entsprochen habe, die vorsieht, dass in Zukunft die Wochenarbeitszeit von 35 Stunden variabel je nach Auftragslage in Blöcke von 30 und 40 Stunden angeordnet werden kann. Herr Wilke konterte mit den Worten: „Betrachtet doch einmal unseren großen Nachbarn in Köln-Niehl, nämlich den Autobauer Ford! Von ihm und seinen Konkurrenten in der Automobilindustrie können wir manches lernen. Unsere Arbeitsplätze sind nur dann sicher, wenn wir schneller, besser und kostengünstiger als die Konkurrenz sind."

- Stellen Sie fest, welche Tatbestände eine größere Flexibilität bei der Durchführung von Produktionsprozessen notwendig machen.
- Beschreiben Sie, wie man durch Arbeitsteilung und Arbeitsvereinigung die Flexibilität steigern kann.
- Suchen Sie nach Gründen für den Kosten- und Leistungsdruck auf die Produktionsbedingungen.

Durch die **Globalisierung der Märkte** und die **Beschleunigung des technischen Fortschritts** sind die Produktionsbedingungen einer ständigen Veränderung unterworfen. Industrieunternehmen konkurrieren weltweit als Nachfrager und Anbieter. Hinzu kommt, dass durch Massenfertigung eine schnelle Sättigung von bestimmten Teilmärkten erreicht wird. Dies führt zu einer immer kürzeren Produktlebensdauer. Auch die rechtlichen Rahmenbedingungen am Standort und auf den Absatzmärkten ändern sich ständig. Neben den externen Faktoren beeinflussen innerbetriebliche Gegebenheiten wie Fertigungsengpässe durch Ausfall von Maschinen und Mitarbeitern, Materialengpässe, begrenzte Lagerkapazitäten oder Finanzierungsengpässe im Alltag die Produktionsbedingungen.

Ändert sich eine bestimmte Produktionsbedingung, so hat sie in der Regel Einfluss auf viele andere Bedingungen bzw. Vorgaben, deren Wirtschaftlichkeit überprüft werden muss. Steigende Preise für einen Werkstoff können zu einer kleineren Losgröße, einer Veränderung der eingesetzten Verfahren und zu einer Verringerung der Lagerhaltung zwingen. Unter Umständen ist auch ein Werkstoffwechsel denkbar. Handelt es sich um steigende Energiepreise, so kann sogar ein Standortwechsel die Folge sein.

Beispiele Steigende Stahlpreise können dazu führen, dass bestimmte Teile, z. B. Gehäuse, Karosserien, Schrauben, in Zukunft aus Kunststoff hergestellt werden. Steigende Strompreise rechtfertigen unter Umständen sogar eine Aufgabe des Standortes, vor allem wenn es sich um die Fertigung von Aluminium handelt.

Durch die sich ständig verändernden Produktionsbedingungen sind die Unternehmungen dazu gezwungen, ein Höchstmaß an Flexibilität zu realisieren. Der Wettbewerbsdruck zwingt gleichzeitig zur Kosteneinsparung und zur Leistungssteigerung bei den angebotenen Produkten.

Maßnahmen zur Steigerung der Flexibilität

Zweistufige Produktion:

Um Lagerkosten zu sparen und eine kundenorientierte Fertigung zu verwirklichen, wird in vielen Industriezweigen zunehmend eine zweistufige Produktion angewendet. Zwischen einzelnen Betrieben oder innerbetrieblich erfolgt eine Arbeitsteilung in der Weise, dass die Vorproduktion verschiedener Baugruppen in jeweils separaten Produktionsstätten vorgenommen wird. Häufig handelt es sich bei diesen Baugruppen um Gleichteile, die als Grundbausteine in verschiedenen Endprodukten vorkommen, die später nach dem Baukastensystem gefertigt werden.

Beispiele Motoren, Schaltgetriebe, Stoßdämpfer

Sinnvoll ist eine solche Arbeitsteilung auch bei Ausstattungselementen, die als seltene Optionen nur in bestimmten Endproduktvarianten vorkommen. Hierfür lohnt sich die Eigenfertigung in der Regel nicht.

Beispiele Automatikgetriebe, Allradantrieb bei Fahrzeugen

Ein **Problem** bildet in der Vorproduktion vielfach die **Festlegung der Losgröße**. Sie kann sich nicht immer am Bedarf der nachfolgenden Produktionsstufe orientieren, weil der Rüstaufwand sehr hoch ist. Dies zwingt zu einer größeren Zwischenlagerung. Zur Erzielung einer größeren Losgröße können gängige Bauelemente über eine Kooperation mit Geschäftsfreunden für diese mitgefertigt werden.

Beispiele Die Lackierung von Gehäusen oder einer Karosserie erfolgt in der Regel in einer separaten Lackieranlage. Der Ablauf ist nur wirtschaftlich, wenn eine gewisse Fertigungsmenge den gleichen Farbprozess durchläuft. Lackierte Karosserien werden in großen Lagertürmen zwischengelagert und bei Bedarf abgerufen.
In Eigenfertigung hergestellte Motoren werden für andere Automobilunternehmen mitgefertigt, um eine größere Losgröße zu erreichen.

In einer zweiten Stufe erfolgt die auftragsabhängige Endmontage, wobei verschiedene Varianten eines Grundproduktes auf denselben Anlagen hergestellt werden. Durch den Einsatz flexibler Fertigungssysteme, die selbsttätig den jeweils notwendigen Werkzeugwechsel vornehmen, fallen meist keine nennenswerten Rüstzeiten an. Ein Problem bilden jedoch die unterschiedlichen Bearbeitungs- oder Einbauzeiten. Um eine Fließbandfertigung mit festen Taktzeiten zu realisieren, ist es notwendig, Arbeitsabläufe mit geringerer und solche mit höherer Bearbeitungszeit so aufeinander abzustimmen, dass die geplante Taktzeit eingehalten werden kann.

Eine Lösung bietet hierbei die Bildung von Arbeitsgruppen für bestimmte Arbeitsstrecken. Innerhalb der Arbeitsgruppe „schwimmen" Mitarbeiter zu vor- oder nachgelagerten Arbeitsplätzen, um unterschiedliche Bearbeitungszeiten auszugleichen.

Inselproduktion:

Inselproduktion beinhaltet, dass die für einen komplexen Arbeitsablauf notwendigen Maschinen, Vorrichtungen und Mitarbeiter zu einer **Fertigungsinsel** zusammengefasst werden. Sie stellt wiederum eine Arbeitsvereinigung dar. Selbstständige Arbeitsgruppen übernehmen die Planung und Durchführung von Fertigungsaufträgen. Zwischen den einzelnen Arbeitsplätzen besteht keine Austaktung. Die Arbeitnehmer können ihre Arbeitsplätze wechseln. Im Vergleich zur reinen Werkstättenfertigung ergibt sich eine höhere Produktivität durch die Verringerung von Transport- und Liegezeiten. Durch den Verzicht auf die Fließbandfertigung erhofft man sich eine höhere Fertigungsqualität, weil die Mitarbeiter mehr Eigenverantwortung besitzen und eine größere Sicht auf das Ganze haben.

Zur Einrichtung einer **Produktionsinsel** ist eine Arbeitsgruppe erforderlich, deren einzelne Mitglieder ein bestimmtes Anforderungsprofil erfüllen müssen. Hierzu zählen die Fähigkeit, verschiedene Arbeiten ausführen zu können, Bereitschaft zur Kooperation, Zuverlässigkeit und Verantwortungsbewusstsein für die Mitarbeiter und das Produkt. Symbolisch wird das Zusammengehörigkeitsgefühl nicht selten durch eine einheitliche Kleidung und Hintergrundmusik für die Gruppe unterstrichen.

Maßnahmen zur Kosteneinsparung und Leistungssteigerung

Kosteneinsparung:

„Jedes Bauteil, welches wir nicht brauchen, ist ein gutes Bauteil, denn es bringt kein Gewicht, macht keinen Ärger und kostet nichts." Diese Aussage stammt von Ferry Porsche, dem Sohn des genialen Firmengründers Ferdinand Porsche.

„Das Land verbraucht noch zu viel Energie." Dies ist die einhellige Meinung aller Fachleute. Es betrifft die Haushalte, den Verkehr und die Industrie. Durch den weltweit steigenden Bedarf wird Energie immer teurer. Gleichzeitig sind die Ressourcen knapp. Dies zwingt die Unternehmen dazu, Wege zu suchen, um den Energieaufwand bei der Herstellung der Produkte, ihrem Einsatz beim Kunden, aber auch bei ihrer Entsorgung zu senken.

Das Gleiche gilt im übertragenen Sinne für die Umweltbelastung, z. B. den **Ausstoß von Kohlendioxid oder Kohlenmonoxid.** In vielen Städten wie in Bangkok oder Mexico City hat diese Belastung ein unerträgliches Maß angenommen. In Europa beginnen einige Städte, sich mit Mautgebühren oder sogar Einfahrverboten für bestimmte Fahrzeuge gegen diese Belastung zu wehren.

Beispiele Das englische Wort Downsizing beschreibt ein Verfahren, das Autoingenieure anwenden, um den Kraftstoffverbrauch ihrer Motoren nachhaltig zu senken. Es bedeutet Herunterstufen zu kleineren Hubräumen. Durch die geringere Reibung ergibt sich ein geringerer Verbrauch. Um dennoch eine höhere Leistung zu erzielen, kann der Motor mit einem Turbolader und zusätzlich mit einem Kompressor ausgestattet werden.
Eine Pioniertätigkeit hat Porsche bei der Herstellung neuer Alutüren geleistet. Diese Türen bestehen aus weniger Teilen und sind 14 Kilogramm leichter als die bisherigen Stahltüren. Die neuen Türen erfordern beim Pressen jedoch Arbeitseindrücke von 4400 Tonnen, vergleichbar mit einem Gewicht von sieben Einfamilienhäusern. Während früher der Pressablauf in mehreren Stufen an verschiedenen Pressanlagen mit einem jeweils höheren Pressdruck erfolgte, geschieht dies heute in einem Ablauf durch eine elektronisch gesteuerte Pressanlage, die selbsttätig nach und nach den Pressdruck erhöht.

Leistungssteigerung:

Konkurrierende Kaufmotive beeinflussen im erheblichen Maß die Produktionsbedingungen. Während auf der einen Seite die Industrieunternehmen mit der vorhandenen „Geiz-ist-geil-Mentalität" kämpfen müssen, die verbunden mit einer abnehmenden Kaufkraft zu kostengünstigen Produkten und Produktionsprozessen zwingt, besteht auf der anderen Seite die Notwendigkeit, Produkte noch leistungsfähiger zu gestalten. Durch den Wettbewerb überbieten sich viele Hersteller bei der Gewährleistung, die den gesetzlichen Rahmen von zwei Jahren weit überschreitet. Gleichzeitig steigt der Sicherheitsanspruch an Produkte, der sich auch in einer verstärkten Produkthaftung niederschlägt.

Dies alles zwingt zu einer Verbesserung der **dynamischen Qualität** von Produkten, d. h., die Produkte müssen nicht nur zum Zeitpunkt ihrer Übergabe an den Käufer, sondern während ihrer gesamten garantierten Verwendungsdauer die versprochene Qualität halten.

Beispiel Die Abgastemperaturen erreichen bei einem Pkw 800 bis 1 000 Grad. Sie können daher Bauteile bis zur Weißglut bringen. Durch die Entwicklung hochtemperaturfester Werkstoffe mit einem großen Anteil an Nickel, wie sie auch in der Luft- und Raumfahrt verwendet werden, ist es möglich, Turbolader mit einer Aufladetechnik zu fertigen, die nicht nur den hohen Temperaturen standhält, sondern aufgrund einer variablen Turbinengeometrie auch eine erhebliche Leistungssteigerung bietet.

Ein erheblicher Einfluss auf die Produktionsbedingungen geht von der **permanenten technischen Weiterentwicklung** selbst aus. Wer neue Technologien nicht nutzt, gilt als rückständig und wettbewerbsunfähig. Dies gilt insbesondere für den Einsatz neuer Werkstoffe und den Einsatz der Mikrosystemtechnik bei der Durchführung und Steuerung von Produktionsprozessen.

Beispiele In der Raumfahrttechnik und im Flugzeugbau erprobte Kleber ersetzen im Automobilbau zeitaufwendige Schweißvorgänge.

Die neue Allradtechnik wird elektronisch gesteuert, reagiert blitzschnell und ist nahezu allwissend. Sie weiß Bescheid über die jeweilige Motorkraft, über Lenkwirbel, Raddrehzahlen, Unter- und Übersteuern, Steigung und Gefälle, Links- oder Rechtskurven und Fahrbahngriffigkeit. So erstaunt es nicht, dass nicht nur Geländewagen, sondern auch Luxusfahrzeuge der Oberklasse mit dieser Technik ausgerüstet werden.

Einflüsse auf die Produktionsbedingungen

Wettbewerb und Konkurrenzdruck
Schnelle Sättigung von Märkten
Zwang zur Energieeinsparung
Unterschiedliche Kaufmotive
Beschleunigung des technischen Fortschritts

beeinflussen und verändern Produktionsbedingungen

erfordern eine größere Flexibilität, z. B. durch Arbeitsteilung oder Arbeitsvereinigung

zwingen zur Kosteneinsparung und Leistungssteigerung

1 Kaum ein Industriezweig steht vor so einem radikalen Wandel wie die Automobilindustrie. Die gesetzlichen Vorgaben zur Reduzierung der Emissionen, zunehmende Urbanisierung, wachsendes Verkehrsaufkommen, größeres Umweltbewusstsein und ein sich wandelndes Mobilitätsverständnis erfordern neue Mobilitäts- und Antriebskonzepte.

Welche Antriebe die Fahrzeuge der Zukunft haben werden – ob Hybrid, rein elektrisch, Brennstoffzelle oder mit synthetischen Kraftstoffen aus CO_2 betrieben – ist derzeit noch nicht absehbar und wird auch in den einzelnen Regionen der Welt unterschiedlich sein.

Ob batterieelektrisch angetrieben oder mithilfe einer Brennstoffzelle – klären Sie, welche Probleme eine Entscheidung erschweren.

2 Sie sind Mitarbeiter/Mitarbeiterin der Arbeitsvorbereitung der Bürodesign GmbH. Zur Fertigung des Stapler-Stapelstuhls, Produkt-Nr. 444/1, liegt Ihnen der folgende Auszug aus einem Arbeitsplan über den Fertigungsablauf vor.

Arbeitsplan Nr.: 500-20.0102		Auftragsmenge: 200 Stück		Datum: 25.02.20..		Blatt 1 von 1		
Benennung: Seitenteil für Fußgestell				Zeichnungs-Nr.: 20.01.02-08.3				
Werkstoff: Stahlrohr verchromt				Losgröße: 200 Stück				
Kostenstelle	**Arb.-folge**	**Arbeitsgang**	**Arbeitsplatz**	**tr**	**te**	**Lohngruppe**	**Bemerkungen**	
105	1	Stahlrohr auf Länge schneiden	Stanzmaschine	10	1,2	3		
273	2	Stahlrohr entgraten und anschleifen	Schleifmaschine	4	1,1	3		
155	3	Stahlrohr mit Traverse verschweißen	Schweißplatz	15	4,4	3		
312	4	Schweißnähte säubern	Winkelschleifmaschine	4	2,0	3		
704	5	Schweißnähte überprüfen	Druckprüfvorrichtung	7	1,3	3		
800	6	Abliefern an Lager						

(tr = Rüstzeit in Minuten, te = Ausführungszeit in Minuten)

a) Berechnen Sie die Auftragszeit in Stunden für die im Arbeitsplan angegebene Menge.

b) Ermitteln Sie die Auftragszeit, wenn durch Einsatz von Lasertechnik der Arbeitsvorgang 3 in der Ausführung auf zwei Minuten verkürzt werden kann.
c) Der Arbeitnehmer erhält einen Grundlohn von 15,00 € und einen Akkordzuschlag von 20 %. Berechnen Sie die durch Einsatz der Lasertechnik erzielte Einsparung an Lohnkosten.

3 Peugeot 107, Citroen C1 und Toyota Aygo besitzen eine gemeinsame Plattform und werden auf einem Band in der Slowakei hergestellt. Stellen Sie fest, was man unter einer Plattform versteht und welche Vorteile sie den beteiligten Unternehmen bietet.

4.2 Der Weg zur Industrie 4.0 und zur Smart Factory

Elke Grau und Silvia Land verbringen gerade ihre Mittagspause in der Kantine. Mehr aus Langeweile denn aus Interesse blättern sie in der Zeitschrift der IHK. Das Titelblatt enthält die Schlagzeile: *„Industrie 4.0 – eine Herausforderung für unsere Betriebe“.* „Na“, meint Elke, „ein Fußballergebnis kann es wohl nicht sein – aber was ist es dann?“ Beim Lesen des Artikels wird schnell erkennbar, dass über die Auswirkungen der Digitalisierung berichtet und „spekuliert“ wird.

- Skizieren Sie die Geschichte der industriellen Entwicklung.
- Stellen Sie fest, was unter Digitalisierung zu verstehen ist.
- Kennzeichnen Sie den Begriff „Smart Factory“.
- Bewerten Sie die Bedeutung von TQM für die Verbesserung von Prozessen

Ausgehend von England, wo die Entwicklung schon früher einsetzte, erfolgte der **erste Aufbruch** in das Industriezeitalter in Deutschland in der ersten Hälfte des 19. Jahrhunderts, d. h. ca. 1830. Durch die Dampfmaschine war es möglich, Energie mechanisch zu erzeugen – und dies an jedem Ort und zu jeder Zeit. Die Steinkohle löste die Holzkohle beim Energieeinsatz ab. Neue Verfahren, wie der mechanische Webstuhl, ermöglichten nicht nur die massenhafte Herstellung von Textil, sondern auch den Abbau von Kohle und die Erzeugung von Stahl. Die **Mechanisierung** entlastete die Arbeiter beim Energieeinsatz, degradierte sie jedoch häufig zum Lückenfüller und unentbehrlichen Bediener der Maschinen. Durch die Entstehung zahlreicher Fabriken vollzog sich ein Übergang von der Agrargesellschaft zur Industriegesellschaft.

In der zweiten Hälfte des 19. Jahrhunderts, d. h. ab ca. 1870, setzte eine **zweite Phase** ein. Neue Energieformen wie die Elektrizität ergänzten und verbesserten die vorhandenen Verfahren. Die Glühbirne ersetzte die Öllampe. Der Generator erzeugte Strom und über Gas führte die Entwicklung zum Verbrennungsmotor. Erdöl wurde nicht nur zur Basis für Benzin und damit für die Automobilindustrie, sondern auch ein Grundstoff für viele chemische Produkte, z. B. Anilinfarben und Kunststofffasern. Der Einsatz des Fließbandes erleichterte die Massenfertigung von Kraftfahrzeugen, Waschmaschinen und vielen anderen Geräten und führte somit zu Produkten für „Jedermann“.

Hundert Jahre später, d.h. ab ca. 1970, führten Mikroelektronik und Computer zu einer **dritten Phase** in der industriellen Entwicklung, die bis heute anhält. Die Automatisierung wurde verstärkt. Erfahrungswerte können nunmehr schnell und unbegrenzt gespeichert sowie abgerufen werden. **Roboter** ersetzen Menschen bei Routinearbeiten, bei gefährlichen Abläufen und wenn eine Präzision erforderlich ist, die der Mensch nicht leisten kann. Die Rechenmaschine und Schreibmaschine wurden durch den PC im Büro, im Haushalt und in der Produktion abgelöst.

Beispiel Für den Einsatz des Computers in der Fertigung

- **CAD = Computer Aided Design** beinhaltet die Anwendung des Computers bei der Entwicklung und Konstruktion von Erzeugnissen und war ein erster wesentlicher Schritt beim Einsatz des

Rechners in der Produktionswirtschaft. Konstruieren beinhaltet eine vorwiegend schöpferische Tätigkeit, die jedoch ohne ein umfangreiches Wissen über Normen, physikalische Zusammenhänge und bisher gemachte technische Erfahrungen nicht geleistet werden kann. Durch den Rechner können die Grundelemente des zu konstruierenden Produktes gespeichert werden. Erfolgt nun aufgrund eines bestimmten Kundenwunsches oder einer Programmänderung die Veränderung eines Grundelementes, so werden die übrigen Grundelemente automatisch durch den Rechner gradiert, d.h. der Veränderung angepasst. Handelt es sich um Neukonstruktionen, so bildet der Rechner ein hilfreicher Dialogpartner bei der Suche nach Lösungen, z.B. nach dem Motto: „Geht oder geht nicht" oder „wenn, dann". Im betrieblichen Alltag ist ein Verzicht auf CAD kaum noch möglich. Der Einsatz von CAD erlaubt eine erhebliche Verkürzung der Konstruktionszeiten und des Konstruktionsaufwandes. Er verringert die Gefahr von Konstruktionsfehlern und trägt zu einer erheblichen Senkung des Lagerbestandes an Ersatzteilen und Werkzeugen bei, weil bei veralteten, nicht mehr produzierten Produkten schnell auf vorhandene Konstruktionsmerkmale zurückgegriffen werden kann, die eine Nachfertigung ermöglichen.

- **CAP = Computer Aided Planning**
  Wurden mithilfe von CAD die Konstruktionsmerkmale für ein verändertes oder neues Produkt festgelegt, dann können über CAP optimale Bearbeitungsverfahren und mögliche Alternativen für diese Verfahren ermittelt werden. Das Ergebnis sind konkrete Arbeitspläne für den speziellen Fertigungsauftrag. Hierbei greift das System auf vorhandene Standardarbeitspläne zurück. Einzelne Abläufe oder Ablaufstufen aus den gespeicherten Standardarbeitsplänen werden zu einem neuen Arbeitsplan zusammengesetzt, der dann um die spezifischen andersartigen Abläufe des Auftrages ergänzt wird. Über CAP erfolgt nicht nur die Bereitstellung der notwendigen Zeichnungen, Stücklisten und Arbeitspläne, sondern auch häufig die Ermittlung der erforderlichen Steuerungsfunktionen für die NC-Programmierung der Maschinen. Durch CAP wird der Änderungsaufwand bei der Belegwesenerstellung erheblich verringert.
- **CAE = Computer Aided Engineering**
  Bilden CAD und CAP eine Einheit, so spricht man von CAE. CAE bildet somit einen Oberbegriff für CAD und CAP. Entwicklung, Konstruktion und Fertigungsplanung erfolgen integriert und rechnerunterstützt.
- **CAM = Computer Aided Manufacturing**
  Werden die über CAD gewonnenen Daten bzw. Informationen in Programme zur Maschinensteuerung umgesetzt oder sogar direkt in die Maschinensteuerung übertragen, so liegt eine computerunterstützte Fertigung vor. Hierbei genügt nicht, dass die Programme nur die Soll-Größen für die Bearbeitung vorgeben, sondern auch die notwendigen Einwirkungsgrößen enthalten, falls eine Korrektur bei der Bearbeitung erfolgen muss. Die Maschinen selbst sind mit technischen Sinnesorganen wie Sensoren ausgestattet, die den Ist-Zustand des zu bearbeitenden Objektes erkennen und an das Steuerungssystem melden, damit hier eventuelle Änderungen bei den Einwirkungsgrößen vorgenommen werden können.
- **CAQ = Computer Aided Quality Assurance**
  Unter CAQ versteht man die rechnerunterstützte Qualitätssicherung. Auch im Qualitätswesen werden viele Aufgaben zunehmend mit Rechnerunterstützung durchgeführt oder sogar vollautomatisiert erledigt. Über den Rechner können geeignete statistische Methoden für die Qualitätskontrolle ausgewählt werden, die den Umfang des Prüfloses, der Prüfzeit und der Prüfstelle festlegen. Durch Einsatz von Röntgenstrahlen, Sensoren oder anderen fotomechanischen Prüfmitteln werden Qualitätsmerkmale vollautomatisch festgestellt. Dies erlaubt in vielen Fällen eine Hundert-Prozent-Kontrolle. Abweichungen werden sofort in einen Regelkreis aufgenommen, der eine Korrektur in dem betroffenen Produktionsprozess veranlasst.
- **CIM = Computer Integrated Manufacturing**
  CIM beinhaltet die Zusammenfassung und Verknüpfung aller computerunterstützten Betriebs- und Unternehmensfunktionen zu einem einheitlichen Konzept. Um dies zu verdeutlichen, verwendet man hierfür auch den Begriff **CAI** (Computer Aided Industry). Ein Ziel des CIM-Konzeptes ist es,

eine Abstimmung zwischen dem **technischen Herstellungsprozess** und den damit verbundenen **betriebswirtschaftlichen Aufgaben (CAO = Computer Aided Office)** zu erreichen. Hierzu ist es notwendig, zwischen den betriebswirtschaftlichen und technischen Gegebenheiten eine gemeinsame Datenbasis und Verbindung zu schaffen. CIM umfasst also die gesamte computerunterstützte Auftragsabwicklung von der Auftragsannahme bis zur Fertigstellung des Produktes.

Durch die zunehmende **Digitalisierung** in fast allen Lebensbereichen unterstellt man, dass eine **vierte industrielle Revolution** begonnen hat. Vielfach findet man hierfür den Begriff **Industrie 4.0,** der jedoch nicht eindeutig definiert ist und von einem Forschungsvorhaben der Bundesregierung stammt. Der Fortschritt in der Informations- und Kommunikationstechnik verstärkt die Vernetzung zwischen Maschinensystemen, zwischen Produktion und Logistik und allen Beteiligten einer Wertschöpfungskette. Das Ergebnis ist zunächst die **intelligente Fabrik,** auch als **Smart Factory** bezeichnet. Sie besteht aus Maschinen, die weitgehend autonom agieren, über ihren Zustand reflektieren und die eigenen Prozesse bewerten. Sie versorgen sowohl andere Maschinen als auch die Nutzer mit Informationen zur Produktion, zu äußeren Einwirkgrößen und zur Qualität der gefertigten Produkte. Die gewonnenen Informationen stehen allen Beteiligten in Echtzeit zur Verfügung. Vorwärts- und Rückwärtsinformationen verbinden nicht nur die einzelnen Maschinensysteme, sondern auch die vor- und nachgelagerten Partner der Wertschöpfungskette und alle Institutionen, die eine Berührung zur eigenen Wertschöpfung aufweisen. Das Ergebnis ist eine intelligente und **flexible Produktion:**

- Kundenwünsche begleiten den Lebenszyklus eines Produktes von der Produktidee bis zum Recycling.
- Zahlreiche Assistenzsysteme erlauben die Fertigung individueller Produkte.
- **Intelligente Maschinen** treffen eigene Entscheidungen für den Fertigungsablauf.
- Lagerhaltung wird weitgehend vermieden.
- Engpässe werden vorzeitig erkannt und rechtzeitig gelöst.

Es schließt sich die Frage an, ob die intelligente Produktion auch zu intelligenten, vor allem vollkommeneren Produkten für den Endverbraucher führt. Erfahrene Verkäufer wissen: Den Preis vergisst der Kunde, die Qualität jedoch nicht. Von **intelligenten Produkten** spricht man dann, wenn sie Informationen austauschen, Zustände erfassen und Aktionen auslösen.

Beispiele Kühlschränke, die eigenständig Milch und Butter einkaufen; Waschmaschinen, die genau dann waschen, wenn der Strom gerade günstig ist

▲ Total Quality Management (TQM)

Sehr schnell hat man erkannt, dass nur ein Streben nach einer Verbesserung der Produkte nicht ausreicht, sondern das Streben auf den gesamten Entstehungsprozess mit Aufbau- und Ablauforganisation, den Produktionsmitteln, dem Personal und den Kunden zielen muss. Man spricht in diesem Fall von einem **Total Quality Management (TQM)**. Hierbei geht man davon aus, dass langfristig der wirtschaftliche Erfolg, also die Verzinsung des eingesetzten Kapitals **(Return on Investment)**, nur erreicht werden kann, wenn am Anfang eines jeden Prozesses die Verbesserung der Qualität steht. So haben Kostenreduzierungsprogramme, die nicht von einer Qualitätsverbesserung ausgehen, nur kurzfristige Wirkungen, wenn sie weder den Kunden noch die Motivation der Mitarbeiter berücksichtigen.

Beispiele Wird die Lackierung des Furniers bei den Tischplatten in Zukunft UV-gehärtet statt luftgetrocknet, so erhöht dies die Kratzfestigkeit der Tischplatte und damit die Produktqualität, gleichzeitig verringert sich die Liegezeit, wodurch wiederum die Produktivität gesteigert werden kann und die Kosten sinken werden.

Möchte ein Unternehmen zertifiziert werden, so muss in regelmäßigen Abständen die Wirksamkeit des QM-Systems durch sogenannte **Audits** überprüft und nachgewiesen werden. Durch ein Audit werden Richtigkeit und Vollständigkeit der vorhandenen Vorschriften, ihre Darlegung und Bekanntheit bei den Mitarbeitern sowie ihre Durchführung und Einhaltung überprüft.

Mit dem **Öko-Audit** wird festgestellt, ob das Managementsystem alle Gefahrenquellen berücksichtigt, die notwendigen Anweisungen dokumentiert hat und die entsprechenden Vorschriften in allen betroffenen Bereichen eingehalten werden. Das Öko-Audit ist in zunehmendem Maße eine Voraussetzung für die Verlängerung von Betriebserlaubnissen in bestimmten Gefahrenbereichen.

Seit 2018 gilt eine neue Version der ISO 2001, und zwar die **ISO 2001:2015**. Die neue Qualitätsmanagementnorm bringt eine Reihe von Veränderungen im Qualitätsmanagement mit sich. Hierzu zählen:

- **Qualitätspolitik und Qualitätsziele** sollen die strategische Ausrichtung des Unternehmens berücksichtigen.
- Neben der obersten Leitungsebene tragen auch untergeordnete Führungskräfte die Verantwortung für die Wirksamkeit und Leistungsfähigkeit des QM-Systems.
- Nicht nur die Kunden, sondern alle relevanten Gruppen wie Mitarbeiter, Lieferanten, Banken und andere Kooperationspartner sind in das QM-System einzubeziehen.
- Bei der Festlegung von Prozessen sollen die zu erwartenden Ergebnisse aufgezeigt, ihre Einwirkgrößen dargestellt sowie mögliche Risiken und Chancen ausgelotet werden.
- Die Unternehmen müssen zukünftig Risiken und Chancen identifizieren, analysieren, bewerten sowie Gegenmaßnahmen planen, umsetzen und ihre Wirksamkeit kontrollieren.
- Die Norm fordert einen systematischen Umgang mit Wissen. Dazu gehört, das notwendige Wissen zur Durchführung der Prozesse festzuhalten, aufrechtzuerhalten und für alle Mitarbeiter verfügbar zu machen
- Ein QM-Handbuch, wie es bisher geführt wurde, ist nicht mehr erforderlich. Es reicht, wenn Dokumentationen in der EDV hinterlegt werden.

Der Weg zur Industrie 4.0 und zur Smart Factory

- **Intelligente Maschinen** kommunizieren miteinander und treffen eigenständige Entscheidungen.
- **Moderne Kommunikationstechniken** erleichtern den Austausch von Informationen in Echtzeit.
- Durch **Rechnerunterstützung** werden viele Vorgänge beschleunigt oder sogar automatisiert.
- Die Kooperation innerhalb einer Wertschöpfungskette ist unabdingbar und nimmt stetig zu.
- Die **Digitalisierung** vernetzt die hergestellten Produkte mit ihren relevanten Umweltfaktoren.
- **Qualität** ist nicht nur „Chefsache".

1 Bilden Sie vier Gruppen mit dem Auftrag, jeweils über eine Phase der Industrialisierung zu berichten.

2 Suchen Sie mithilfe des Internets nach Beispielen für das „Internet der Dinge".

3 Erstellen Sie einen Report über die Chancen und Risiken der Digitalisierung.

4 Klären Sie, was man unter einer Cloud versteht und welche Vorteile diese dem Nutzer bietet.

5 Der Trend zur vollständigen Digitalisierung im Fertigungsbereich führt auch zu Veränderungen bei der Qualitätssicherung. Suchen Sie nach Belegen für diese Aussage.

4.3 Auslagerung und Verlagerung von Teilen der Produktion

Da das Werk in Köln durch die begrenzte Grundstücksfläche keine Betriebserweiterung zulässt, eine Kapazitätserweiterung jedoch unbedingt notwendig ist, erwägt die Geschäftsführung der Bürodesign GmbH die Errichtung eines Zweigwerkes, das einen Teil der Fertigung übernehmen soll. Zu diesem Zweck wird eine Arbeitsgruppe gebildet, die von dem Assistenten der Geschäftsführung, Herrn Braun, geleitet wird.

- Sammeln Sie verschiedene Gesichtspunkte für Herrn Braun, die bei der Entscheidung für einen bestimmten Standort zu berücksichtigen sind.

Der freie Kapitalverkehr, unbegrenzte Möglichkeiten der Kommunikation und Information, Englisch als Weltsprache, direkte Flugverbindungen, relativ geringe Frachtraten im Schiffs- und Flugverkehr und viele andere Faktoren erleichtern zunehmend die Entscheidung darüber, was wo produziert werden soll. Länder, Städte und Gemeinden überbieten sich gegenseitig im Angebot für günstige Standorte. Die Länder gewähren oder vermitteln Subventionen für Standorte in strukturschwachen Gebieten. Die Städte und Gemeinden locken mit Grundstücken und einer voll erschlossenen Infrastruktur. Die Angebote sind teilweise so attraktiv, dass regelrechte Subventionsnomaden auftreten, die sich aus den einzelnen Finanztöpfen der EU und der Länder bedienen.

Beispiele Man eröffnet ein Werk in Ostdeutschland und schließt dann das alte Werk in Westdeutschland. Nach einiger Zeit eröffnet man ein neues Werk in Tschechien und schließt das Werk in Ostdeutschland. Nach dem Eintritt Rumäniens in die EU locken hier die niedrigen Lohnkosten oder man entscheidet sich sogar für ein Drittland. So erwägt Dacia einen kompletten Umzug nach Tanger, weil die durchschnittlichen Lohnkosten im Vergleich zu Rumänien im Monat um 500,00 € niedriger sind.

- Durch das Vorhandensein flexibler Fertigungssysteme ist es heute möglich, sehr kurzfristig den Standort für die Fertigung eines Bauelementes oder Endproduktes festzulegen. Trotz der Einrichtung von Gesamtbetriebsräten für einen Konzern innerhalb der EU konkurrieren sogar die Belegschaften um den Zuschlag von Fertigungsaufträgen.

  Beispiel So konkurrieren die Arbeitnehmer des Opelwerkes in Eisenach mit der Belegschaft des Opelwerkes in Rüsselsheim. Die Arbeitnehmer in Eisenach bieten eine höhere Wochenarbeitszeit. Das Werk genießt daher eine Präferenz bei der Standortwahl innerhalb des Unternehmens.

- Zunehmend entwickeln sich die Niedriglohnländer zu einer verlängerten Werkbank der Großunternehmen. Die Leistungserstellung im Inland konzentriert sich auf die Forschung, Entwicklung, Montage oder sogar nur auf die Qualitätskontrolle. In den Niedriglohnländern wie Tschechien, Ungarn oder Polen werden einzelne Bauelemente mit einem geringeren Reifegrad produziert. Bisher galt China als die größte Werkbank der Welt.

  Beispiele Ein großer Teil der benötigten Dieselmotoren für den VW-Konzern wird in Ungarn produziert. Textilien werden in Litauen vernäht, die Qualitätskontrolle erfolgt am Stammwerk in Westfalen.

- Handelt es sich um Drittländer, d.h. Länder, die nicht Mitglied der EU sind, ist eine teilweise Verlagerung der Produktion in diese Länder häufig zwingend notwendig. Importe werden mit hohen Schutzzöllen belastet. Sind Schutzzölle – bedingt durch ein Welthandelsabkommen – nicht erlaubt, so schreckt man die Nachfrage über hohe Luxussteuern ab.

  Beispiel Thailand, Malaysia, Brasilien belasten einen importierten BMW bis zu 100 % mit einem Einfuhrzoll. BMW bietet daher einen Typ aus dortiger heimischer Produktion an, der im Preis den Kunden eher entgegenkommt.

Bd. 2

- Manche Industrieunternehmen kooperieren nicht nur in den Bereichen Forschung, Entwicklung und Konstruktion, sondern auch in der Fertigung. Sie nutzen gemeinsam einen Produktionsstandort, um kostengünstig einen bestimmten Produkttyp herzustellen. Häufig handelt es sich um Nischenprodukte, die für ein kleines Marktsegment gedacht sind.

  Beispiele Leichte Lkws werden von Ford und VW gemeinsam in Portugal hergestellt. Peugeot, Citroen und Toyota produzieren einen Kleinwagen gemeinsam auf dem gleichen Band in der Slowakei.

- Für Zulieferer ist es in vielen Fällen ein Muss, Teile ihrer Produktion zum Standort eines Großkunden zu verlagern. Der Kunde möchte „just in time" beliefert werden. Unter Umständen erwartet er sogar, dass komplexe Baukomponenten durch den Zulieferer selbst in das Endprodukt eingebracht werden. Man bezeichnet solche Zulieferer auch als Systemlieferanten.

  Beispiel Der Zulieferer besorgt nicht nur die Klimaanlage. Er ist auch verpflichtet, diese durch eigene Mitarbeiter sachgerecht einbauen zu lassen.

Auch **nichttarifäre Handelshemmnisse**, die vor allem bei grenzüberschreitenden Lieferungen in Drittländer, die nicht zur EU gehören, zu beobachten sind, können zu Standortverlagerungen führen. Dies sind:

- die schleppende Abwicklung von Legalisierungsverfahren durch Botschaften des Ziellandes,
- kleinliche und uneinheitliche Auslegung von technischen Auflagen und Sicherheitsbestimmungen durch die betroffenen Behörden,
- Verzögerung bei der Einfuhrabfertigung,
- eine Dokumenteninflation.

Bei der Planung einer Standortverlagerung bzw. Standortwahl ist zwischen **Makrostandort** und **Mikrostandort** zu unterscheiden. Der **Makrostandort** betrifft die Wahl des Wirtschaftsraumes und eines geeigneten Landes.

Beispiele für die EU Deutschland, für die NAFTA Mexiko, für die LAFTA Brasilien

Wesentliche Faktoren bei der Wahl des Makrostandortes sind:

- das politische System eines Landes
- die politische Stabilität des Staates
- Schutz des Eigentums
- Subventionen und Steuerbefreiungen
- Abschreibungsmöglichkeiten
- Umweltschutzgesetze

Die Wahl des **Mikrostandortes** bezieht sich auf die Region, Stadt oder Gemeinde. Bei der Bewertung des Mikrostandortes spielen zusätzlich eine Rolle:

- Verkehrserschließung
- Kommunikationsnetz
- Energieversorgung
- Arbeitsmarkt
- Wohnungsmarkt
- Grundstücksmarkt
- Gemeindesteuern

Auslagerung und Verlagerung von Teilen der Produktion

Gründe hierfür sind:

- **Anreize durch bessere wirtschaftliche Rahmenbedingungen**
  - Nutzung von Subventionen und Steuerentlastungen
  - Begrenzung der Umweltauflagen
  - geringere Einengung der unternehmerischen Freiheit, z. B. durch Mitbestimmung der Arbeitnehmer oder Kündigungsschutz
- **Möglichkeiten der Kostensenkung**
  - geringere Lohnkosten und größere Flexibilität beim Einsatz von Arbeitskräften
  - geringere Energiekosten und Aufwendungen für Entsorgung
- **Verbesserung der Wettbewerbssituation auf einem bestimmten Absatzmarkt**
  - durch Umgehung von Importbeschränkungen und Einfuhrzöllen
- **Möglichkeiten einer besseren Kooperation mit Geschäftspartnern**
  - gemeinsame Nutzung von Produktionsanlagen
  - Absicherung einer Just-in-time-Belieferung

1 In der Diskussion um den *Standort Deutschland* werden immer wieder die Lohnkosten als Standortnachteil angeführt. Kritische Stimmen widersprechen und behaupten, es seien einfach die Kunden „an anderer Stelle“. Diskutieren Sie die Thematik.

2 Großbritannien hat sich für einen Ausstieg aus der EU entschieden. Dies beunruhigt vornehmlich die Automobilindustrie in Deutschland und die Finanzindustrie in London. Suchen Sie hierfür nach einer Erklärung.

3 Die folgenden Faktoren können die Standortwahl wesentlich beeinflussen:
- der Staat
- die Nähe zum Absatzmarkt
- das Klima
- Prestige
- Arbeitsmarkt

Bilden Sie fünf Gruppen, die sich jeweils mit einem der genannten Standortkriterien beschäftigen und hierzu Beispiele anführen.

4 Das türkische Unternehmen Nazan Oymak mit Sitz in Izmir bemüht sich um ein Joint Venture mit der Bürodesign GmbH.
a) Überprüfen Sie, ob dies eine Möglichkeit wäre, das Kapazitätsproblem zu lösen.
b) Beurteilen Sie die möglichen Vorteile und Nachteile.

5 Für die Wahl eines neuen Fertigungsstandortes stehen der Bürodesign GmbH mehrere Länder/Städte zur Auswahl:
- in Deutschland Leipzig, wo schon eine Verkaufsniederlassung besteht
- in Lettland Riga, wo man mit einem befreundeten Küchenhersteller zusammenarbeiten könnte
- in Italien Mailand, wo Mode und Design ihren Anfang nehmen

Angenommen, Sie kommen zu dem folgenden Ergebnis bei der Beurteilung einzelner Standortfaktoren.
Nehmen Sie mithilfe der folgenden Tabelle eine Rangfolge für die Standortwahl vor.
G = Bedeutung des Standortfaktors für die Bürodesign GmbH
B = Beurteilung des Standortes bezogen auf den jeweiligen Standortfaktor
1 = weniger wichtig/weniger positiv
5 = sehr wichtig/sehr positiv für die Bürodesign GmbH

		Leipzig		Riga		Mailand	
	Gewichtung/ Bedeutung des Faktors = G	**B**	**G x B**	**B**	**G x B**	**B**	**G x B**
Arbeitskräfte							
Vorhandene Arbeitskräfte	5	5		5		4	
Ausbildungsstand	3	3		2		4	
Einsatzflexibilität	3	3		4		2	
Lohnkosten	5	3		5		3	
Infrastruktur							
Energieversorgung/-kosten	3	2		3		2	
Entsorgungsmöglichkeiten	2	3		5		3	
Verkehrsanbindung	3	4		2		4	
Kommunikationsnetz	2	4		2		4	
Märkte							
Zulieferernähe	3	3		2		4	
Kundennähe	2	5		1		4	
Konkurrenzsituation	1	2		5		1	
Staat							
Steuern/Subventionen	3	4		5		3	
Umweltauflagen	1	1		5		2	
Rechtsschutz	5	4		1		5	
Summe							

▲ Fallstudie: „Prozess der Leistungserstellung"

Handlungssituation: Die Bürodesign GmbH ist als Gesellschafter an der Eifel-Frischbrunnen GmbH beteiligt. Das Unternehmen plant die Einführung einer neuen Produktlinie unter dem Motto „Aktiv-Getränke für Sportler, Autofahrer und die Party" in dem bisherigen Absatzgebiet, und zwar in den Bundesländern Nordrhein-Westfalen, Rheinland-Pfalz, Saarland. Ihnen liegen die folgenden Daten vor und Sie sollen ein Urteil über das Unternehmen und die beabsichtigte Produktinnovation abgeben.

Unternehmen: Eifel-Frischbrunnen GmbH, 200 Mitarbeiter, 80 Mio. € Umsatz im letzten Geschäftsjahr

Produktlinien: Mineralwasser und Fruchtsäfte

Marktsituation/Mitanbieter:	Gollsteiner Mineralbrunnen GmbH	Marktanteil 40 %
	Apollo GmbH	Marktanteil 20 %
	übrige	Marktanteil 24 %

Ertragssituation (Auszüge aus dem letzten Geschäftsbericht)

Jährliche Arbeitsstunden pro Mitarbeiter	1 600
Jahresausstoß	96,0 Mio. Flaschen/Einheiten
Materialaufwendungen	26,0 Mio. €
Personalaufwendungen	14,0 Mio. €
Zinsaufwendungen	1,7 Mio. €

Abschreibungen	10,4 Mio. €
Sonstige Aufwendungen	24,7 Mio. €
Gewinn	3,2 Mio. €
Umsatzerlöse	80,0 Mio. €
Gesamtkapital	70,0 Mio. €
Fremdkapital	30,0 Mio. €

Arbeitsaufträge:

1 Beschreiben Sie die Unternehmung unter den Aspekten Betriebsgröße, vorherrschender Produktionsfaktor, Rechtsform.

2 Ermitteln Sie für das letzte Geschäftsjahr
a) die Arbeitsproduktivität und die Wirtschaftlichkeit,
b) die Umsatzrentabilität, Unternehmerrentabilität und Unternehmungsrentabilität.

3 Berechnen Sie den Marktanteil der Eifel-Frischbrunnen GmbH und das Marktvolumen im letzten Geschäftsjahr für Mineralwasser und Fruchtsäfte.

4 Stellen Sie fest, welche Ziele die Unternehmung mit der Einführung einer neuen Produktlinie erreichen könnte und wo unter Umständen Zielkonflikte auftreten werden.

5 Beschreiben Sie notwendige Überlegungen bei der Gestaltung des Aktiv-Getränkes im Bezug auf die funktionalen, die ästhetischen und die symbolischen Eigenschaften. Berücksichtigen Sie hierbei Umwelt- und Gesundheitsaspekte.

5 Industrielle Kosten- und Leistungsrechnung als Vollkostenrechnung

5.1 Aufgaben und Gliederung der Kosten- und Leistungsrechnung

Mit ihren Produktgruppen

Arbeiten am Schreibtisch	Konferenz, Besprechung, Schulung	Warten und Empfang
Schreibtische, Arbeitsstühle und -sessel mit Rollen, Aktenschränke, Regale	Kombinationstische, Besprechungstische, Stühle ohne Rollen, Stapelstühle, Funktionstische	Möbel für Empfangs- und Warteräume, Stühle, Sessel, Ablagetische, Sitzgruppen, Empfangstheken

erwirtschaftete die Bürodesign GmbH im Vorjahr und im Abrechnungsjahr folgende Ergebnisse:

EDV

S	GuV im Vorjahr und im Abrechnungsjahr in €				H
	Abrechnungsjahr	**Vorjahr**		**Abrechnungsjahr**	**Vorjahr**
6000 Aufwendungen für Rohstoffe	1 888 750,00	1 755 800,00	5000 Umsatzerlöse	3 198 385,00	3 113 050,00
6020 Aufwendungen für Hilfsstoffe	47 500,00	42 500,00	5200 Bestandsveränderungen	88 875,00	–
6050 Aufwendungen für Energie	90 003,00	76 000,00	5400 Mieterträge	31 500,00	30 000,00
6160 Fremdinstandsetzung	129 762,75	20 800,00	5460 Erträge aus Vermögensabgängen	22 500,00	37 000,00
6200 Löhne	465 000,00	445 000,00	8020 Jahresfehlbetrag (Verlust)	6 093,25	–
6300 Gehälter	377 500,00	400 000,00			
6500 Abschreibungen	63 000,00	60 000,00			
6800 Aufwendungen für Kommunikation (Büromaterial, Post, Werbung)	147 125,00	117 150,00			
6960 Aufwendungen aus Vermögensabgängen	76 000,00	7 500,00			
7000 Betriebliche Steuern	40 607,50	30 500,00			
7510 Zinsaufwendungen	22 105,00	18 550,00			
8020 Jahresüberschuss (Gewinn)	–	206 250,00			
	3 347 353,25	3 180 050,00		3 347 353,25	3 180 050,00

Über das Ergebnis im Abrechnungsjahr sind Frau Friedrich und Herr Stein sehr enttäuscht. Sie versuchen, die wesentlichen Abweichungen gegenüber dem Vorjahr und deren Ursachen herauszufinden.

- Ermitteln und erläutern Sie diese Abweichungen und stellen Sie mögliche Gründe zusammen.

Web

▲ Externes und internes Rechnungswesen

▲ Unterstützungsfunktion des Rechnungswesens für den Kernprozess:

Das Rechnungswesen ist eine Dienstleistungsabteilung, die den Kernprozess „Einkauf – Lagerung – Produktion – Lagerung – Verkauf“ unterstützt und diesen mit Informationen versorgt **(Unterstützungsfunktion)**. Hinsichtlich des Informationsgegenstandes und der Informationsempfänger sind externes und internes Rechnungswesen zu unterscheiden.

▲ Externes Rechnungswesen:

Es spiegelt die Vorgänge finanzieller Art wider, die sich zwischen der Industrieunternehmung und ihrer Umwelt ergeben. Einerseits bildet es die **Güterströme** zwischen Lieferern von Werkstoffen und Leistungen und dem Industrieunternehmen aufgrund von Eingangsbelegen und zwischen dem Industrieunternehmen und den Kunden aufgrund von Verkäufen von Erzeugnissen und Leistungen aufgrund von Ausgangsrechnungen ab, andererseits die entgegengesetzt verlaufenden **Geldströme** (**Ausgaben** und **Einnahmen**).

Außerdem hält es Geldzuflüsse und -abflüsse durch finanzwirtschaftliche Vorgänge wie Eigenkapitalzuflüsse, Fremdkapitalaufnahme, Kapitalrückzahlungen und Steuerzahlungen fest.

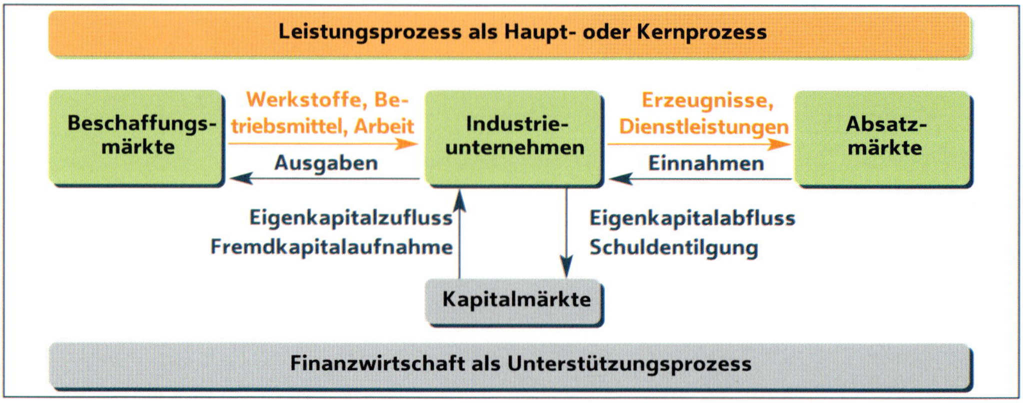

Das externe Rechnungswesen verdichtet die in der Vergangenheit erfassten Informationen im Jahresabschluss (Bilanz, Gewinn- und Verlustrechnung, Anhang) zu einer Dokumentation der Vermögens-, Finanz- und Ertragslage und -gebarung. Zum **Schutz der Gläubiger** und aller Interessenten hat der Gesetzgeber zahlreiche handels- und steuerrechtliche Vorschriften für die Erstellung des Jahresabschlusses in der **Finanzbuchhaltung** erlassen.

Internes Rechnungswesen:

Das interne Rechnungswesen hat die Aufgabe, **innerbetriebliche Prozesse** abzubilden, die durch die im Unternehmen tätigen Mitarbeiter gesteuert werden.

Wesentliche Aufgaben sind

- die Erfassung des in Geldwerten ausgedrückten Verzehrs an Produktionsfaktoren im Industriebetrieb: Werkstoff-, Arbeits- und Betriebsmitteleinsatz,
- die Erfassung der Leistungen des Industriebetriebes: Umsatz von Erzeugnissen und Dienstleistungen,
- die Überprüfung der Wirtschaftlichkeit von Leistungserstellungs- und Leistungsverwertungsprozess.

Die Zahlen, z.B. die Anschaffungskosten der Werkstoffe, die Material-, Fertigungs- und Selbstkosten einzelner Produkte sowie die Kosten einzelner Betriebsbereiche, werden nicht veröffentlicht, sondern sind Informationen zur Planung, produkt-, lieferungs-, kunden- und fertigungsverfahrenbezogenen Entscheidungsfindung und -begründung, zur Steuerung und Kontrolle des Betriebsprozesses. Deshalb wird das interne Rechnungswesen auch als Betriebsbuchhaltung bezeichnet. Leitende und ausführende Mitarbeiter/-innen erhalten bei Bedarf die Informationen aus dem internen Rechnungswesen.

Ausgaben – Einnahmen, Aufwendungen – Erträge, Strömungsgrößen des externen Rechnungswesens:

- **Ausgaben – Einnahmen**

  Unter Ausgaben versteht man alle Minderungen des Geldvermögens.

  Geldvermögen = Zahlungsmittelbestand + (Forderungen – Verbindlichkeiten)

  Ursachen der Geldvermögensminderungen sind:
  - Abflüsse liquider Mittel (= **Auszahlungen**)
  - Abnahme des Forderungsbestandes
  - Zunahme des Verbindlichkeitenbestandes

  Beispiele
  Lohnzahlung durch Banküberweisung (Auszahlung)
  Einkauf von Rohstoffen auf Ziel (Zunahme der Verbindlichkeiten a. LL.)

Einnahmen sind im Gegensatz zu den Ausgaben alle Mehrungen des Geldvermögens, hervorgerufen durch:

- Zuflüsse liquider Mittel **(= Einzahlungen)**
- Zunahme der Forderungen
- Abnahme der Verbindlichkeiten a. LL.

Beispiele

Verkauf von Erzeugnissen auf Ziel (Forderungen a. LL. nehmen zu, das Geldvermögen steigt).
Ein Kunde begleicht eine fällige Rechnung durch Banküberweisung (Einzahlung, Mehrung des Geldmittelbestandes).

Auszahlungen + Forderungsabgänge + Schuldenzugänge	Einzahlungen + Forderungszugänge + Schuldenabgänge
= Ausgaben	= Einnahmen

Die laufende Erfassung von Einnahmen und Ausgaben dient der **Liquiditäts-** und **Finanzplanung, -steuerung** und **-kontrolle**. Außenstehende interessierte Dritte erhalten über den Stand des Geldvermögens und seine Gebarung Informationen aus der Bilanz (Positionen liquide Mittel, Forderungen, Verbindlichkeiten) und dem Anhang (Verbindlichkeitenspiegel, Angaben zu Forderungen).

Aufwendungen – Erträge

Hierbei handelt es sich um Strömungsgrößen, die das **Reinvermögen** verändern.

Reinvermögen = Geldvermögen + Sachvermögen – Schulden

Aufwendungen sind der gesamte Werteverzehr an Gütern und Dienstleistungen der Unternehmung in einer Rechnungsperiode, gleichgültig, ob sie aus der Verfolgung des Sachziels oder des Betriebszweckes **(= Zweckaufwendungen)** resultieren oder nicht **(neutrale Aufwendungen)**.

Beispiele

- Verbrauch von Rohstoffen in der Fertigung
- Reparaturaufwand an vermieteten Gebäuden
- Verkauf von Anlagen unter Buchwert

Aufwendungen mindern das Reinvermögen.

Als **Erträge** wird der gesamte Wertezuwachs des Reinvermögens einer Unternehmung innerhalb einer Rechnungsperiode bezeichnet, gleichgültig, ob er aus der Verfolgung des Betriebszweckes resultiert oder nicht.

Beispiele

- Umsatzerlöse aus dem Verkauf von Erzeugnissen
- Bestandsmehrungen
- Mieterträge aus vermieteten Gebäuden
- Erträge aus Verkäufen von Sachanlagen über Buchwert

Erträge mehren das Reinvermögen.

Aufwendungen und Erträge werden in der Finanzbuchhaltung im Konto Gewinn und Verlust artmäßig gegliedert und zur Ermittlung des Gesamtergebnisses gegenübergestellt. Außenstehenden Dritten wird mit diesem Gesamtergebnis die Ertragsentstehung und -lage dokumentiert.

Kosten – Leistungen, Strömungsgrößen des internen Rechnungswesens (Kosten- und Leistungsrechnung)

Unter **Kosten** versteht man den bewerteten Güter- und Dienstleistungsverzehr der Unternehmung innerhalb einer Rechnungsperiode, der durch die Erstellung und Verwertung der betrieblichen Leistung verursacht wurde.

Beispiele

- Verbrauch an Werkstoffen
- Löhne, Gehälter
- Miete für Lagerräume
- Frachtkosten für den Versand der Erzeugnisse zum Kunden

Als **Leistungen** werden die betrieblichen Erträge aufgrund der Sachzielverfolgung bezeichnet, wie z. B. Umsatzerlöse, Bestandsmehrungen u. Ä.

Kosten und Leistungen werden in der KLR aus den Gesamtaufwendungen und -erträgen herausgefiltert und zur Ermittlung des Betriebsergebnisses gegenübergestellt.

Die Kosten- und Leistungsrechnung hat sodann die Aufgabe, die Kosten verursachungsgerecht den Kostenstellen und Kostenträgern zuzurechnen.

Informationen und Mängel der GuV-Rechnung

Mithilfe der **Finanz-** oder **Geschäftsbuchhaltung** wird durch Gegenüberstellung der **Aufwendungen und Erträge** (siehe S. 167 ff.) des Geschäftsjahres das **Gesamtergebnis der Unternehmung**, der **Gewinn** oder der **Verlust**, ermittelt. Die Gewinn- und Verlustrechnung ermöglicht somit eine **Wirtschaftlichkeitskontrolle** der Unternehmung.

Die Gewinn- und Verlustrechnung liefert jedoch keine Informationen über

- die **Wirtschaftlichkeit des Gesamtbetriebes**, weil ein Teil der Aufwendungen der Finanzbuchhaltung nicht durch das Sachziel der Unternehmung (z. B. Büromöbelproduktion und -verkauf) verursacht worden ist.

  Beispiel Das Ergebnis enthält „Mieterträge", die nichts mit dem Sachziel der Bürodesign GmbH zu tun haben.

- die **Produktivität einzelner Teilbereiche** (Abteilungen, Arbeitsplätze), weil die Aufwendungen der gesamten Unternehmung in einer Summe ausgewiesen werden.
- die **Wirtschaftlichkeit einzelner Produktbereiche oder einzelner Produkte**, weil die Zurechnung der entsprechenden Aufwendungen zu den Produktbereichen oder Produkten in der Finanzbuchhaltung fehlt.

  Beispiel Die Wirtschaftlichkeit der Produktgruppe „Arbeiten am Schreibtisch"

Um Schlüsse dieser Art ziehen zu können, ist es notwendig, zusätzlich zur Finanzbuchhaltung in der Unternehmung eine **Kosten- und Leistungsrechnung (Betriebsbuchhaltung)** einzurichten.

Die Kosten- und Leistungsrechnung dient also der innerbetrieblichen Kontrolle getroffener Entscheidungen **(Kontrollrechnung)** und der Vorbereitung von Änderungsmaßnahmen **(Entscheidungs- und Dispositionsrechnung)**.

Alle Berechnungen und Entscheidungen betreffen den Betrieb, das Sachziel der Industrieunternehmung. Die Kosten- und Leistungsrechnung orientiert sich an den betrieblichen Aufwendungen (Kosten) und Erträgen (Leistungen), die im Zusammenhang mit dem betrieblichen Leistungserstellungsprozess entstanden sind:

Beschaffung ⟷ **Produktion** ⟷ **Absatz**

Aufgaben der KLR

Die Kostenrechnung muss die **Kosten und Leistungen erfassen**, Informationen über ihre zeitliche Entwicklung bereitstellen und, um sie beeinflussen zu können, die **Ursachen ihrer Entstehung und Entwicklung verdeutlichen**.

Beispiele Zusätzliche Informationen über einzelne Kostenarten:
- Aufwendungen für Rohstoffe: Werkstoffeinsatz für einzelne Produkte
- Mieten: Raumbedarf für die Produktion, die Verwaltung
- Zinsen: Kapitalbindung in einzelnen Betriebsmitteln und Werkstätten usw.

Dazu muss sie untersuchen, ob die Aufwendungen und Erträge der GuV-Rechnung durch die eigentliche Betriebstätigkeit verursacht wurden. Erst danach können Aussagen über die **Wirtschaftlichkeit des Betriebes** gemacht werden. Die KLR hat ferner zu untersuchen, welche Teilbereiche (Abteilungen, Verantwortungsbereiche) und welche Produktbereiche oder Produkte die Kosten und Leistungen verursacht haben. Dadurch liefert sie wichtige Daten für betriebliche Entscheidungen, die das Fertigungsprogramm, das Fertigungsverfahren sowie die Annahme von Aufträgen betreffen.

Durch die **Gegenüberstellung** der **betrieblichen Erträge (Leistungen)** und **betrieblichen Aufwendungen (Kosten)** wird das **Betriebsergebnis** (vgl. S. 534f. und 546) ermittelt.

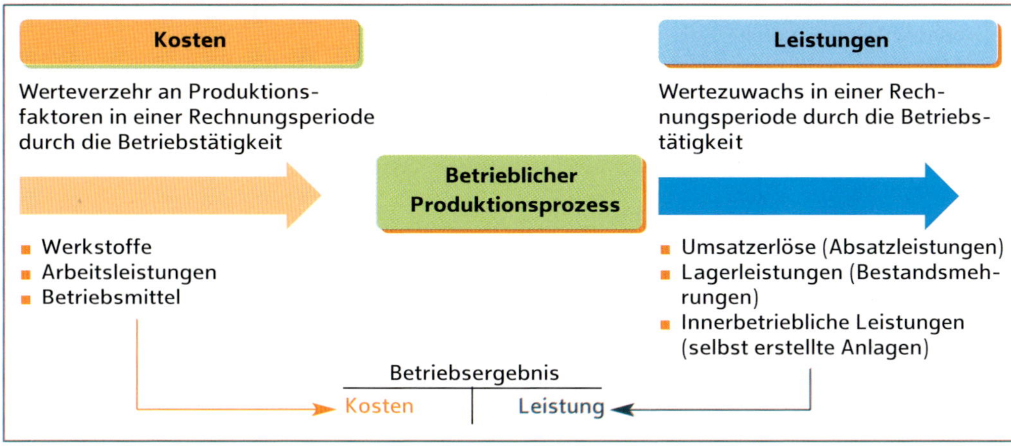

Leistungen – Kosten = Betriebsergebnis

Gliederung der KLR

Nach dem **abrechnungstechnischen Ablauf** beantwortet die KLR folgende Fragen:

- **Welche Kosten** wurden durch Beschaffung, Produktion, Lagerung, Absatz und Verwaltung verursacht?
- **Wo** sind die Kosten verursacht worden (in welchen Abteilungen)?
- **Welchen Leistungen** (z.B. Produkten) sind diese Kosten zuzurechnen?

In der Reihenfolge der Beantwortung dieser Fragen ergeben sich die **folgenden Stufen der KLR**:

Finanzbuchhaltung
Erfassung aller Aufwendungen und Erträge zur Ermittlung des **Unternehmungsergebnisses** in der GuV-Rechnung

Kosten- und Leistungsrechnung		
Kostenartenrechnung	Kostenstellenrechnung	Kostenträgerrechnung
Erfassung und Gliederung der Kosten	**Verteilung** der Kosten **auf** die Betriebsbereiche (**Kostenstellen**), in denen sie angefallen sind	**Verteilung** der Kosten auf die Leistungen (Produkte)
Welche Kosten sind entstanden?	Wo sind die Kosten entstanden?	Welcher Kostenanteil entfällt auf die einzelnen Produkte?

Danach können weitere Aussagen über die Aufwendungen und ihre Verursachung gemacht werden.

Aufgaben und Gliederung der Kosten- und Leistungsrechnung

- Hinsichtlich des Informationsgegenstandes und der Informationsempfänger sind externes und internes Rechnungswesen zu unterscheiden.
- Das externe Rechnungswesen (Finanzbuchhaltung) bildet die Geld- und Güterströme zwischen den Industrieunternehmen und der Außenwelt durch Erfassung der Ausgaben und Einnahmen und der Aufwendungen und Erträge ab.
- Die Finanzbuchhaltung ermittelt das Gesamtergebnis der Unternehmung.
- Dieses macht keine Aussagen über die Wirtschaftlichkeit des Betriebes, einzelner Teilbereiche oder einzelner Produkte.
- Solche Informationen stellt das interne Rechnungswesen (Kosten- und Leistungsrechnung) bereit.
- Sie ermittelt,
  - welche Leistungen der Betrieb erstellt und welche Kosten diese Leistungserstellung verursacht hat,
  - wo die Kosten verursacht wurden,
  - welchen Leistungen die Kosten zuzurechnen sind und
  - die Herstellkosten der Erzeugnisse zur Bewertung im Inventar und kalkuliert die Verkaufspreise.
- Entsprechend sind Kostenarten-, Kostenstellen- und Kostenträgerrechnung als Bereiche der KLR zu unterscheiden.

1 Nennen Sie drei Stufen der KLR und erläutern Sie deren grundsätzliche Aufgaben.

2 Erläutern Sie, warum die GuV-Rechnung der Finanzbuchhaltung der Bürodesign GmbH Herrn Stein als Informationsinstrument des Betriebsgeschehens nicht ausreicht.

3 Stellen Sie „externes" und „internes" Rechnungswesen gegenüber.

4 Nennen Sie je zwei Beispiele für:
a) Auszahlungen
b) Ausgaben
c) Aufwand
d) Kosten
e) Einzahlungen
f) Einnahmen
g) Erträge
h) Leistungen

5 Entscheiden Sie, welche der unten stehenden Geschäftsfälle
a) sowohl eine Ausgabe als auch einen Aufwand,
b) sowohl eine Ausgabe als auch einen Aufwand als auch Kosten,
c) eine Ausgabe, aber keinen Aufwand,
d) Aufwand, aber keine Ausgabe,
e) Kosten, aber keine Ausgabe
hervorrufen.

Geschäftsfälle
1. MWS: Rohstoffe gehen vom Lager in die Fertigung
2. ER: Einkauf einer Maschine auf Ziel
3. BA: Lohnzahlung durch Banküberweisung
4. Kassenzettel: Bareinkauf von Büromaterial
5. SB: Abschreibung auf einen betrieblich genutzten Lkw
6. BA: Banküberweisung der USt.-Zahllast an das Finanzamt

5.2 Kostenartenrechnung

5.2.1 Grundkosten und neutraler Aufwand, Leistungen und neutrale Erträge

Herr Stein und Frau Friedrich lassen die Ergebnisentwicklung in der Finanzbuchhaltung untersuchen. Schon nach wenigen Stunden erhalten sie folgende Anmerkungen zu Einzelpositionen der GuV-Rechnung des Abrechnungsjahres:

Konto	Anmerkungen	€
5400	Ein Teil des Betriebsgebäudes wurde zu Gewerbezwecken vermietet; Erträge hieraus	31 500,00
5460	Erträge aus dem Verkauf von betrieblichen Anlagen über Buchwert	22 500,00
6000	Rohstoffe (Holz, Furniere) wurden durch Überschwemmung infolge orkanartiger Niederschläge vernichtet (kein Versicherungsschutz)	145 000,00
6160	Dachreparatur am vermieteten Gebäude Bei den übrigen Fremdinstandsetzungen handelt es sich um Regelwartungen	18 394,50
6500	Abschreibungsanteil des vermieteten Gebäudes	9 000,00
6800	Anzeigen „Vermietung gewerblicher Räume“	875,00
6960	Verluste aus dem Verkauf von betrieblichen Anlagen unter Buchwert	76 000,00
7000	Grundsteueranteil für vermietete Gebäude	1 250,00
7510	Hypothekenzinsanteil für vermietetes Gebäude	3 100,00

Herrn Stein fällt ein Stein vom Herzen. Der Betrieb hat besser gewirtschaftet, als es das Ergebnis ausweist.

- Versuchen Sie diese Auffassung zu begründen.
- Grenzen Sie Zweckaufwendungen, betriebsfremde und betrieblich außerordentliche Aufwendungen voneinander ab und ziehen Sie daraus Schlüsse für die Ergebnisermittlung und -beurteilung.

▲ Grundkosten und neutraler Aufwand

Die **Beurteilung der Wirtschaftlichkeit des Betriebes** aufgrund der Gewinn- und Verlustrechnung führt zu **falschen Aussagen**, weil diese neben dem **Zweckaufwand betriebsfremde** und **betrieblich außerordentliche Aufwendungen** und **Erträge** enthält.

▲ Grundkosten – Zweckaufwand:

- **Kosten:** Die Kostenrechnung bezeichnet den **bewerteten mengenmäßigen Verzehr an Gütern** und **Dienstleistungen** einer **Rechnungsperiode**, der durch Beschaffung, Produktion, Lagerung und Absatz der Erzeugnisse und die Aufrechterhaltung der Betriebsbereitschaft verursacht wird, als **Kosten**.
- **Grundkosten:** Der Aufwand, der mengen- und wertmäßig aus der Sicht der Kostenrechnung als Kosten verrechenbar ist, wird als **betrieblicher Aufwand (Zweckaufwand)** oder als **Grundkosten** bezeichnet. **Zweckaufwendungen** sind also Aufwendungen, die zugleich Kosten darstellen. Diese Kosten sind **aufwandsgleich**, sie werden in der Kostenrechnung als **Grundkosten** bezeichnet.

Beispiele	Aufwand der FiBu in €	Kosten der KLR in €
Stromverbrauch in den Abteilungen Lager, Einkauf, Produktion, Verkauf im Monat Juni	2200,00	2200,00
Rohstoffeinsatz (Anschaffungskosten der verbrauchten Rohstoffe im Juni)	158750,00	158750,00
Löhne für die Facharbeiter und Gehälter für die Angestellten im Monat Juni	71000,00	71000,00
Werbeaktion im Monat Juni	19000,00	19000,00

Der Werteverzehr einer Rechnungsperiode wird als **Aufwand** bezeichnet. Da er im Zusammenhang mit der Verfolgung des eigentlichen Betriebszweckes der Industrieunternehmung entstand, ist er zugleich **Zweckaufwand**, der im selben Umfang Kosten darstellt **(aufwandsgleiche Kosten = Grundkosten)**. Er wird in gleicher Höhe in das Betriebsergebnis und in die Kosten- und Leistungsrechnung übernommen.

Betriebsfremde Aufwendungen:

Aufwendungen, die **nicht** mit der Verfolgung des eigentlichen Betriebszweckes angefallen sind, werden als **betriebsfremde Aufwendungen** bezeichnet.

Beispiele Die Bürodesign GmbH hat einen Teil des Verwaltungsgebäudes vermietet. Sie ließ für 18394,50 € eine Dachreparatur am vermieteten Gebäudeteil durchführen. Der Abschreibungsanteil des vermieteten Gebäudes betrug 9000,00 €. Für Anzeigen zur Vermietung gewerblicher Räume wurden 875,00 € ausgegeben. Der Grundsteueranteil für das vermietete Gebäude betrug 1250,00 €, der Hypothekenzinsanteil 3100,00 €. Alle Aufwendungen, die das vermietete Gebäude verursacht, sind betriebsfremd.

Der hier entstehende **Aufwand steht in keiner Verbindung zum eigentlichen Betriebszweck** (Büromöbelherstellung und -absatz), sondern im **Zusammenhang mit dem Nebenziel „Vermietung“**. Somit darf dieser Aufwand auch nicht in die Kostenrechnung einfließen.

Die in den Kontenklassen 6 und 7 der Finanzbuchhaltung erfassten betriebsfremden Aufwendungen der Bürodesign GmbH sind somit von den Aufwendungen abzugrenzen, die Produktion und Absatz der Büromöbel verursachen.

Beispiele	Aufwand der FiBu in €	Kosten der KLR in €
Dachreparatur am vermieteten Gebäudeteil	18394,50	–
Abschreibungsanteil des vermieteten Gebäudes	9000,00	–
Anzeigen „Vermietung gewerblicher Räume“	875,00	–
Grundsteuer anteilig für vermietetes Gebäude	1250,00	–
Hypothekenzinsanteil für vermietetes Gebäude	3100,00	–

Betrieblich außerordentliche Aufwendungen:

Sie sind zwar Aufwendungen, die bei der Verfolgung des eigentlichen Betriebszweckes entstanden sind.

- Sie fallen teilweise jedoch nur **einmalig und/oder völlig unerwartet** an und sind untypisch für das normale Betriebsgeschehen der Rechnungsperiode **(= Zufallsaufwand)**.
- Sie lassen sich vielfach **keinem bestimmten Abrechnungszeitraum zurechnen (= zeitraumneutrale Aufwendungen)**.
- Sie betreffen oft eine **bereits abgeschlossene Rechnungsperiode (= periodenfremde Aufwendungen)**.

Beispiele	Aufwand der Fibu in €	Kosten der KLR in €
Rohstoffverderb durch Hochwasser	145 000,00	–
Verluste aus dem Verkauf von Anlagen unter Buchwert	76 000,00	–

Würden diese betrieblich außerordentlichen Aufwendungen wie Kosten behandelt, dann würden die Aussagen zur **Wirtschaftlichkeit** und zum **Betriebsergebnis** verfälscht. Daher müssen die betrieblich außerordentlichen Aufwendungen von den Zweckaufwendungen abgegrenzt werden.

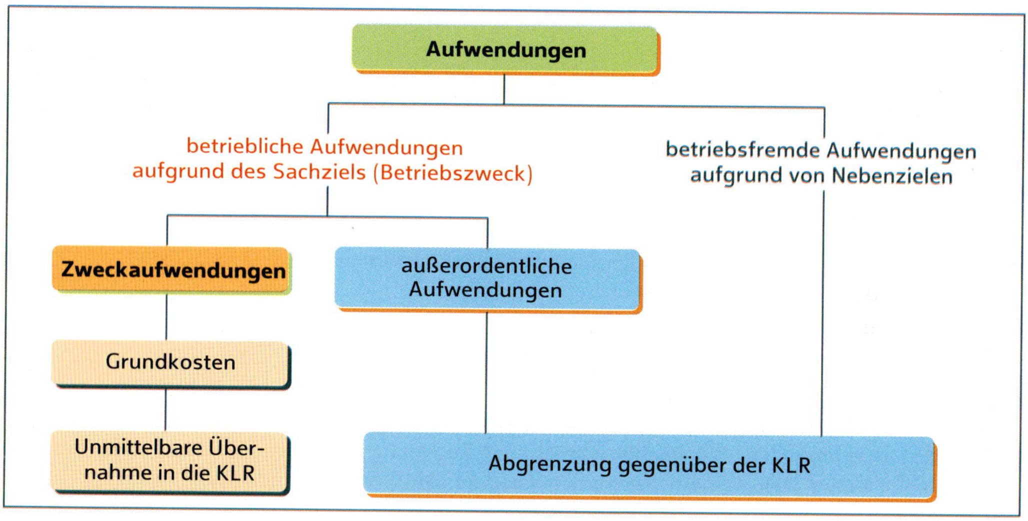

Die abgegrenzten Aufwendungen werden also nicht in die KLR übernommen. Sie werden daher auch als **neutrale Aufwendungen** bezeichnet.

Aufwendungen der Finanzbuchhaltung	–	neutrale Aufwendungen	=	Zweckaufwendungen
▪ Gesamtaufwendungen der Unternehmung		▪ betriebsfremde ▪ betrieblich außerordentliche		▪ Grundkosten

▲ Externe und interne Kosten

Volkswirtschaftlich spiegeln die ermittelten Kosten die tatsächlich verursachten Kosten nicht wider. Das kommt daher, dass ein Teil der betrieblich verursachten **Umweltkosten** nicht vom Verursacher, sondern von der Allgemeinheit (Gesellschaft) getragen wird **(gesellschaftliche Kosten)**. Es handelt sich um **externe Kosten**, die außerhalb des Betriebes anfallen.

Beispiele

- Kosten aufgrund von Gesundheitsschäden durch Hitze, Geruch, Lösungsmittelverdampfung am Arbeitsplatz
- Kosten aufgrund der Klimabelastung durch CO_2 und der Verschmutzung der Atmosphäre, zur Gesundhaltung der Luft, Gewässer und Wälder

Solche Kosten werden daher nicht in die Preise der Produkte des Industrieunternehmens eingerechnet. Es ist Aufgabe der Regierungen, mithilfe von politischen Instrumentarien (Öko-Steuer, Gebühren,

Ordnungsstrafen) für alle Verursacher Emissionsgrundwerte festzulegen, um das Verursacherprinzip umzusetzen und so externe Kosten zu internen zu machen (internalisieren) und in die betriebliche Kalkulation einzubeziehen. Soweit solche Instrumentarien vorliegen, werden die externen Kosten zu internen Kosten.

Beispiele
- Entsorgungsgebühren für Müllabfuhr, Abwasser
- Maßnahmen zur Wiederverwendung und Recycling von Verpackungen (z. B. Pfand)
- Abschreibungen auf Investitionskosten zum Umweltschutz (z. B. Einbau von Filtern in Kläranlagen, Verbrennungsanlagen)
- Schornsteinfegerentgelte zur Kontrolle von Emissionsgrenzwerten
- Strafen bei Umweltbelastungen

Die Industriebetriebe können solche Umweltkosten mit beeinflussen, indem sie planmäßig Verpackungsmaterial wiederverwenden, Rohstoffe aus zu entsorgenden Produkten wiedergewinnen, Luftemissionen vermeiden, energiesparend heizen und produzieren und grundsätzlich belastende Stoffe über Sonderentsorgung abgeben.

Besondere Möglichkeit zur Einflussnahme auf die Umweltkosten besitzt der Industriebetrieb durch die Gestaltung seines Produktionsprogramms und seiner Fertigungsverfahren. Bei der Beschaffung sollte er alle Anlagen und Werkstoffe durch die „Umweltbrille" betrachten.

Leistungen und neutrale Erträge

Der größte Teil der in der Finanzbuchhaltung erfassten Erträge wird über den Umsatz der Erzeugnisse erzielt. Es sind betriebliche Erträge aufgrund der Sachzielverfolgung. Diese betrieblichen Erträge sind auch Mittelpunkt der KLR, denn sie sind ja die Ursache und das Ergebnis der entstandenen Kosten. In der KLR werden diese typischen betrieblichen Erträge einer Rechnungsperiode als **Leistungen** bezeichnet. Ihnen sind die Kosten zuzurechnen. Sie werden damit zu **„Kostenträgern"**.

Leistungen sind also das Ergebnis der sachzielbezogenen Leistungserstellung. Typische Leistungen des Industriebetriebes sind:

- **Absatzleistungen,** die Erlöse aus dem Verkauf von Erzeugnissen und Handelswaren,
- **Lagerleistungen,** die in der Rechnungsperiode hergestellten, aber noch nicht abgesetzten Erzeugnisse (Bestandsmehrungen an unfertigen und fertigen Erzeugnissen),
- **aktivierte Eigenleistungen,** wie selbst hergestellte Anlagegüter für den eigenen Betrieb.

Von den Leistungen sind die **betriebsfremden** und **betrieblich außerordentlichen** Erträge als **„neutrale Erträge"** abzugrenzen.

Betriebsfremde Erträge:

Sie werden nicht durch die eigentliche Betriebstätigkeit verwirklicht, sondern sind das Ergebnis der Verwirklichung von Nebenzielen.

Beispiele Mieterträge aus Wohnungen in Betriebsgebäuden, Zinserträge aus gewährten Darlehen an Nichtkunden, Dividenden von Aktien

Betrieblich außerordentliche Erträge:

Sie stehen zwar im Zusammenhang mit dem Betriebsgeschehen, sind jedoch nicht Ergebnisse des Betriebsprozesses. Vielfach stellen sie nur die Stornierung eines zu hohen Aufwandes früherer Perioden dar.

Beispiele Rückerstattung von Gewerbesteuern, Zinsen für Kundendarlehen, Erträge aus dem Verkauf von betrieblichen Anlagen über Buchwert

Betriebsfremde und betrieblich außerordentliche Erträge sind von den betriebstypischen Erträgen (Umsatzerlöse) abzugrenzen, damit kein falsches Bild von der Ertragskraft des Betriebes entsteht.

Beispiele	Aufwand der Fibu in €	Kosten der KLR in €
Mieterträge aus vermieteten Gebäuden	31 500,00	–
Erträge aus dem Verkauf von betrieblichen Anlagen über Buchwert	22 500,00	–
Umsatzerlöse aus dem Verkauf von Büromöbeln	3 198 385,00	3 198 385,00

Grundkosten und neutraler Aufwand, Leistungen und neutrale Erträge

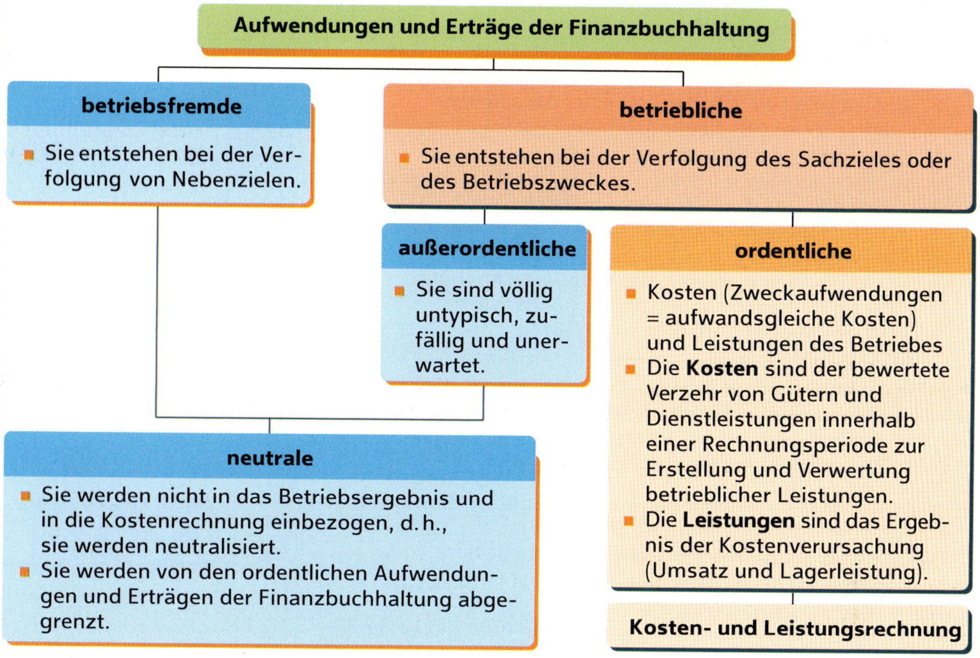

- In den Grundkosten sind sogenannte externe Kosten nicht enthalten.
- Sie werden von der Allgemeinheit (Gesellschaft) und nicht vom Verursacher getragen und in die Produktpreise einkalkuliert.

1 Entscheiden Sie, ob folgende Geschäftsfälle der Bürodesign GmbH
a) Zweckaufwand,
b) betrieblich außerordentlich oder
c) betriebsfremd sind.

1. Dachreparatur an einem Wohnhaus des Betriebes
2. Lohnzahlungen an die Lagerarbeiter
3. Schaden aufgrund eines Bedienungsfehlers an einer Maschine
4. Holzverbrauch für einen Kundenauftrag
5. Holzentnahme zur Reparatur der Treppe an einem vermieteten Lagergebäude
6. Holz ist wegen unsachgemäßer Lagerung nicht mehr verwendbar
7. Kassenfehlbetrag
8. Gewerbesteuernachzahlung für das vergangene Rechnungsjahr
9. Holz wird wegen eines Wasserrohrbruches unbrauchbar
10. Verzugszinsen für überfällige Liefererrechnungen

11. Miete für eine gemietete Lagerhalle
12. Zahlung der Kfz-Steuer für einen Betriebs-Pkw
13. Ausgaben für eine Einführungswerbung
14. Telefonrechnung
15. Vertreterprovision
16. Totalschaden eines Lkw durch selbst verschuldeten Unfall

2 In einem Industrieunternehmen wurden im Monat Februar in der Finanzbuchhaltung folgende Aufwendungen erfasst:

		€
1.	Rohstoffeinsatz	67 800,00
2.	Rohstoffverderb durch falsche Lagerung	1 200,00
3.	Miete für das Verwaltungsgebäude	12 000,00
4.	Lohnzahlung an die Facharbeiter	38 000,00
5.	Ein Pkw mit einem Buchwert von erleidet Totalschaden	1 600,00
6.	Treibstoff für Lkw	19 200,00
7.	Gehaltszahlungen	28 600,00
8.	Reparatur eines Schadens an einer Abfüllanlage aufgrund eines Bedienungsfehlers	18 500,00
9.	Beiträge zur Berufsgenossenschaft	3 600,00
10.	Ausgangsfrachten für den Versand von fertigen Erzeugnissen an Kunden	1 460,00
11.	Aufwendungen für Werbung und Reise	5 400,00
12.	Abschreibungen auf betriebsnotwendige Anlagen	14 800,00
13.	Kassenfehlbetrag	500,00
14.	Verzugszinsen für überfällige Liefererrechnungen	1 800,00
15.	Energie für Lagerräume und Fertigungshallen	7 100,00
16.	Soziale Abgaben (Arbeitgeberanteil)	8 700,00

Ermitteln Sie aus diesen Vorgängen
a) die Summe der Grundkosten,
b) die Summe der betriebsfremden Aufwendungen,
c) die Summe der betrieblich außerordentlichen Aufwendungen,
d) die Summe der neutralen Aufwendungen.

3 Im Konto 6000 Aufwendungen für Rohstoffe ist ein Rohstoffverderb im Werte von 200 000,00 € infolge einer Überschwemmung enthalten.
Erläutern Sie, wie sich die Entscheidung
a) auf die Wirtschaftlichkeitsbeurteilung,
b) auf die Wettbewerbssituation
des Betriebes auswirken kann, wenn dieser Betrag unverändert in die KLR übernommen wird.

4 a) Nennen Sie die Merkmale des Kostenbegriffes.
b) Grenzen Sie die Kosten von den neutralen Aufwendungen ab.
c) Begründen Sie die Notwendigkeit der Abgrenzung von Kosten und neutralen Aufwendungen zur Beurteilung der Wirtschaftlichkeit eines Betriebes.
d) Erläutern Sie die Merkmale des Leistungsbegriffes analog zum Kostenbegriff.

5 Ordnen Sie die Fälle 1 bis 8 eines Möbelherstellers den Erträgen dieser Übersicht zu:

Erträge			
Leistungen a)	außerordentliche b)	periodenfremde c)	betriebsfremde d)

1. Verkauf von Tischen
2. Mieteinnahmen
3. Verkauf eines Pkw über Buchwert
4. Rückerstattung zu viel bezahlter Gewerbesteuer
5. Zinsen für ein einem Kunden gewährtes Darlehen
6. Verkauf verschiedener Produkte zur Möbelbehandlung (Wachs, Lack u. Ä.)
7. Eine Sachmängelhaftungsrückstellung erübrigt sich; sie wird aufgelöst
8. Verkauf eines gebrauchten Computers über Buchwert

6 Erklären Sie an je fünf Fällen
a) betrieblich außerordentlichen, b) betrieblich ordentlichen
Werteverzehr an Produktionsfaktoren am Beispiel eines Möbelherstellers.

7 Die Buchführung eines Haushaltsgeräteproduzenten, der Mixer und Elektromesser herstellt und vertreibt, stellt der Unternehmungsleitung folgende Daten zur Erfolgsanalyse der beiden letzten Quartale des Geschäftsjahres zur Verfügung:

Konto	Aufwandsarten	3. Quartal €	4. Quartal €
6000	Aufwendungen für Rohstoffe	535 000,00	588 000,00
61	Aufwendungen für bezogene Leistungen	91 000,00	102 800,00
62	Löhne	620 000,00	614 900,00
63	Gehälter	182 000,00	179 900,00
64	Soziale Abgaben	130 200,00	129 700,00
65	Abschreibungen	85 100,00	88 600,00
67	Aufwendungen für Rechte und Dienste	94 200,00	107 400,00
68	Aufwendungen für Kommunikation	65 000,00	81 900,00
69	Aufwendungen für Beiträge und Sonstiges	32 700,00	29 100,00
70	Betriebliche Steuern	25 100,00	25 100,00
75	Zinsen und ähnliche Aufwendungen	16 800,00	16 800,00
	Aufwendungen insgesamt	1 877 100,00	1 963 200,00

Konto	Ertragsarten	3. Quartal €	4. Quartal €
5000	Umsatzerlöse Mixer	1 246 000,00	1 205 000,00
5010	Umsatzerlöse Elektromesser	754 000,00	650 000,00
54	Sonstige betriebliche Erträge	24 000,00	29 000,00
	Erträge insgesamt	2 024 000,00	1 884 000,00

a) Ermitteln Sie den Erfolg für das 3. und 4. Quartal.
b Stellen Sie die Veränderungen (Abweichungen) in Prozent fest.
c) Erläutern Sie, worauf die Abweichungen zurückzuführen sein können.
d) Zeigen Sie die Informationsmängel der GuV-Rechnung auf, wenn Sie den Einfluss der einzelnen Produktbereiche auf den Erfolg bestimmen wollen.
e) Schlagen Sie Maßnahmen vor, um bessere Informationen über die Aufwandsverursachung zu erhalten.

8 Erläutern Sie an Beispielen externe und interne Kosten.

9 Erläutern Sie, warum aufgrund des Vergleichs der Erträge mit den Aufwendungen (GuV-Konto) der Unternehmung die Wirtschaftlichkeit des Industriebetriebes nicht ohne Weiteres beurteilt werden kann.

10 Ermitteln Sie aus folgenden Vorgängen die Summen:
a) der Kosten,
b) der betriebsfremden Aufwendungen,
c) der betrieblich a. o. Aufwendungen,
d) der neutralen Aufwendungen.

		T€
1.	Rohstoffeinsatz	3 390
2.	Rohstoffverderb durch falsche Lagerung	60
3.	Miete für das Verwaltungsgebäude	60
4.	Lohnzahlungen an die Facharbeiter	1 900
5.	Ein Pkw mit einem Buchwert von erleidet Totalschaden	80
6.	Treibstoff für Lkw	460
7.	Gehaltszahlungen	1 240
8.	Reparatur einer Produktionsanlage aufgrund eines Bedienungsfehlers	205
9.	Beiträge zur Berufsgenossenschaft	180
10.	Ausgangsfrachten für Versand von fertigen Erzeugnissen an Kunden	71
11.	Aufwendungen für Werbung und Reise	270
12.	Abschreibungen auf betriebsnotwendige Anlagen	740
13.	Kassenfehlbetrag	5
14.	Verzugszinsen für überfällige Rechnungen	90
15.	Energie für Lagerräume und Fertigungshallen	355
16.	Soziale Abgaben (Arbeitgeberanteil)	435

5.2.2 Abgrenzungsrechnung zur Ermittlung des Betriebsergebnisses

Frau Friedrich und Herr Stein haben sich eingehend mit den Informationen von Frau Kluge zu einzelnen Positionen der GuV-Rechnung des Abrechnungsjahres auseinandergesetzt (vgl. S. 527). Sie wollen wissen, wie der Betrieb gewirtschaftet hat, um erforderliche Maßnahmen einzuleiten.

Um eine bessere Übersicht über die Leistung des Betriebes zu erhalten, bitten Sie Frau Kluge um eine tabellarische Aufstellung, in der die betriebsfremden und die betrieblich außerordentlichen Aufwendungen und Erträge gesondert ausgewiesen werden.

- Erläutern Sie, was diese Aufstellung bewirkt und wie sie aufgebaut sein könnte.

Aufbau der Abgrenzungsrechnung

Die **Abgrenzungsrechnung** wird in zwei Schritten durchgeführt. Zuerst werden aus den Aufwendungen und Erträgen der Finanzbuchhaltung die betriebsfremden und dann die betrieblich außerordentlichen abgegrenzt.

Ergebnis der Abgrenzung ist die Gegenüberstellung von Zweckaufwendungen (Grundkosten) und Umsatzerlösen für Erzeugnisse und Dienstleistungen (Leistungen) zur Ermittlung des Betriebsergebnisses.

Werte der Finanzbuchhaltung	**Unternehmensbez. Abgrenzungsrechnung**	**Betriebsbezogene Abgrenzungsrechnung**	**Kosten- und Leistungsarten**
Gegenüberstellung der **Aufwendungen** und **Erträge** der **Finanzbuchhaltung**	Abgrenzung der **betriebsfremden Aufwendungen** und **Erträge**	Abgrenzung der **betrieblichen außerordentlichen Aufwendungen** und **Erträge** sowie kostenrechnerische Korrekturen	Gegenüberstellung der **Zweckaufwendungen** (Grundkosten) einerseits **und Umsatzerlöse für Erzeugnisse** (Leistungen) andererseits
Gesamtergebnis oder Unternehmungsergebnis	**Ergebnis der unternehmungsbezogenen Abgrenzungsrechnung**	**Ergebnis der betriebsbezogenen Abgrenzungsrechnung**	**Betriebsergebnis**

Unternehmungsbezogene Abgrenzungsrechnung

Aufgrund der Angaben der Finanzbuchhaltung (vgl. S. 527 f. und 531) werden in der unternehmungsbezogenen Abgrenzungsrechnung die betriebsfremden Aufwendungen und Erträge ausgesondert, also diejenigen Aufwendungen und Erträge, die **nicht** durch die Produktion und den Absatz der Erzeugnisse verursacht wurden. Als Vorbereitung der unternehmungsbezogenen Abgrenzungsrechnung sind die Aufwendungen und Erträge der GuV-Rechnung in die Spalte „Werte der Finanzbuchhaltung" zu übernehmen. Der Saldo der unternehmungsbezogenen Abgrenzungsrechnung wird als **„Ergebnis aus unternehmungsbezogener Abgrenzungsrechnung"** bezeichnet (vgl. Beispiel S. 535, Spalte II).

Nach Abgrenzung der betriebsfremden Aufwendungen und Erträge verbleiben ausschließlich betriebsbezogene Aufwendungen und Erträge.

Betriebsbezogene Abgrenzungsrechnung und Verrechnungskorrekturen

Aufwendungen und Erträge, die in der unternehmungsbezogenen Abgrenzungsrechnung nicht abgefiltert wurden, sind **betriebsbezogen**. Dabei handelt es sich teilweise um **betrieblich außerordentliche Aufwendungen**.

Beispiele
- Rohstoffverluste durch Verderb, Diebstahl
- Verluste aufgrund von Unfällen
- Verluste aus Verkäufen von Anlagen unter Buchwert
- unregelmäßiger und in der Höhe schwankender Reparaturaufwand an betrieblichen Gebäuden

In diesen Fällen handelt es sich um **unerwartete, untypische** und **stark schwankende Aufwendungen**, die das **Betriebsergebnis verfälschen** würden. Daher dürfen sie nicht in das Betriebsergebnis einbezogen werden. Ebenfalls sind sie gegenüber der Kosten- und Leistungsrechnung zu neutralisieren, weil sie in keinem Verhältnis zur Leistung der Unternehmung (Umsatz) stehen (vgl. Beispiel, Spalte III).

Beispiel Ergebnistabelle: Unternehmungs- und betriebsbezogene Abgrenzungsrechnung zur Ermittlung des Betriebsergebnisses

Web

Aufwands- und Ertragspositionen / Abgrenzungsrechnung			I Werte der Finanzbuchführung		II Unternehmungsbez. Abgrenzungsrechnung		III Betriebsbezogene Abgrenzungsrechnung		IV Kosten- und Leistungsarten	
			1	2	3	4	5	6	7	8
Zeile	Konto	Bezeichnung	Aufwendungen	Erträge	betriebsfremde Aufwendungen	betriebsfremde Erträge	betr. a.o. Aufwendungen	betr. a.o. Erträge	Kosten	Leistungen
01	5000	Umsatzerlöse	–	3198385,00	–	–	–	–	–	3198385,00
02	5200	BVÄ	–	88875,00	–	–	–	–	–	88875,00
03	5400	Mieterträge	–	31500,00	–	31500,00	–	–	–	–
04	5460	Erträge aus Vermögensabgängen	–	22500,00	–	–	–	22500,00	–	–
05	6000	Rohstoffaufwand	1888750,00	–	–	–	145000,00	–	1743750,00	–
06	6020	Hilfsstoffaufw.	47500,00	–	–	–	–	–	47500,00	–
07	6050	Energie	90003,00	–	–	–	–	–	90003,00	–
08	6160	Fremdinstands.	129762,75	–	18394,50	–	–	–	111368,25	–
09	6200	Löhne	465000,00	–	–	–	–	–	465000,00	–
10	6300	Gehälter	377500,00	–	–	–	–	–	377500,00	–
11	6500	Abschreibungen	63000,00	–	9000,00	–	–	–	54000,00	–
12	6800	Aufw. für Kommunik.	147125,00	–	875,00	–	–	–	146250,00	–
13	6960	Verluste aus Vermögensabgängen	76000,00	–	–	–	76000,00	–	–	–
14	7000	Betriebliche Steuern	40607,50	–	1250,00	–	–	–	39357,50	–
15	7510	Zinsaufwendung.	22105,00	–	3100,00	–	–	–	19005,00	–
			3347353,25	3341260,00	32619,50	31500,00	221000,00	22500,00	3093733,75	3287260,00
			–	6093,25	–	1119,50	–	198500,00	193526,25	
			3347353,25	3347353,25	32619,50	32619,50	221000,00	221000,00	3287260,00	3287260,00

Kosten- und Leistungsarten

Nach Abgrenzung der betriebsfremden Aufwendungen und Erträge in der unternehmungsbezogenen Abgrenzungsrechnung und der betrieblich außerordentlichen Aufwendungen und Erträge in der betriebsbezogenen Abgrenzungsrechnung bleiben die für die KLR geeigneten Leistungen und Kosten übrig. Durch ihre Gegenüberstellung wird das Betriebsergebnis ermittelt (vgl. Beispiel, Spalte IV):

Kosten > Leistungen = betrieblicher Verlust
Kosten < Leistungen = betrieblicher Gewinn

Abstimmung der Ergebnisse

Das Betriebsergebnis unterscheidet sich vom **Gesamtergebnis** der Unternehmung durch das **neutrale Ergebnis**, das sich aus dem Ergebnis der betriebsbezogenen Abgrenzungsrechnung und dem Ergebnis der unternehmungsbezogenen Abgrenzungsrechnung zusammensetzt.

Abstimmung der Ergebnisse	**Beispiel**	
Betriebsergebnis		+ 193 526,25
± **Neutrales Ergebnis:**		
Ergebnis aus betriebsbezogener Abgrenzungsrechnung	– 198 500,00	
Ergebnis aus unternehmungsbezogener Abgrenzungsrechnung	– 1 119,50	– 199 619,50
Gesamtergebnis		**– 6 093,25**

Abgrenzungsrechnung zur Ermittlung des Betriebsergebnisses

- Das folgende Schaubild zeigt die in der Abgrenzungsrechnung auftretenden Fälle:

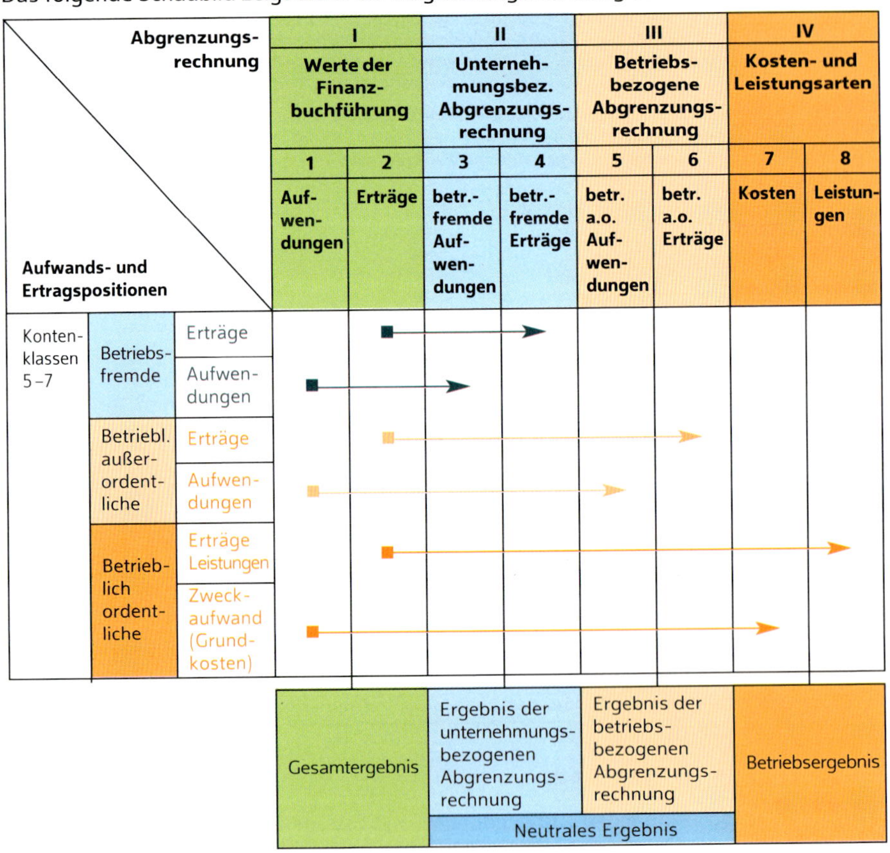

- Die Abgrenzungsrechnung dient der Ermittlung des Betriebsergebnisses.
- In der unternehmungsbezogenen Abgrenzungsrechnung werden die betriebsfremden Aufwendungen und Erträge von dem Ergebnis der Finanzbuchhaltung abgegrenzt.
- In der betriebsbezogenen Abgrenzungsrechnung werden betrieblich außerordentliche Aufwendungen und Erträge abgegrenzt, die das Betriebsergebnis der Rechnungsperiode verfälschen würden und nicht für die KLR geeignet sind.

1 Erläutern Sie am Schaubild S. 536 Aufbau und Inhalt der Abgrenzungsrechnung zur KLR.

2 Die Finanzbuchhaltung der Werner Olk Möbelfabrik GmbH leitet zum Zweck der Kostenerfassung folgende Informationen über die Erfolge im 4. Quartal an die KLR weiter:

Nr.	Konto	Aufwands- und Ertragspositionen mit Erläuterungen	€
1	5000	Umsatzerlöse für eigene Erzeugnisse	3 366 000,00
2	54	Sonstige betriebliche Erträge davon 8 000,00 € aus dem Verkauf eines unternehmungseigenen Mietshauses und 60 000,00 € Mieterträge aus der Vermietung gewerblich genutzter Betriebsräume, 126 000,00 € Ertrag aus dem Verkauf einer Lagerhalle mit Grundstück	194 000,00
3	5710	Zinserträge davon 6 500,00 € betriebsfremd, 1 500,00 € Verzugszinsen	8 000,00
4	6000	Aufwendungen für Rohstoffe davon 3 000,00 € für Holz zur Deckenverkleidung im vermieteten Gebäude Furniere im Werte von 62 000,00 € sind wegen zu feuchter Lagerung verdorben.	1 872 000,00
5	6160	Fremdinstandsetzungen davon Erhaltungsaufwand für vermietete Gebäude 3 000,00 € Fassadenanstrich am Verwaltungsgebäude 38 000,00 €	54 000,00
6	62	Löhne 14 000,00 € Lohnzahlungen für Arbeitsleistungen an vermieteten Gebäudeteilen	360 000,00
7	63	Gehälter davon 1 000,00 € für die Verwaltung der vermieteten Räume	120 000,00
8	64	Soziale Abgaben 2 500,00 € soziale Abgaben beziehen sich auf Lohnzahlungen für Arbeitsleistungen an vermieteten Gebäudeteilen sowie auf Gehaltszahlungen für die Verwaltung dieser Gebäudeteile	68 000,00
9	6520	Abschreibungen auf Sachanlagen davon 5 000,00 € Abschreibungen auf vermietete Gebäudeteile	160 000,00
10	6730	Gebühren Müllabfuhr, Straßenreinigung, Kanalbenutzungsgebühr für vermietete Gebäude 6 000,00 €	52 000,00
11	6770	Rechts- und Beratungskosten davon Aufwendungen für Rechtsstreitigkeiten mit Mietern 17 000,00 €	20 000,00
12	6900	Versicherungsbeiträge davon für vermietete Gebäude 2 000,00 €	60 000,00
13	693	Verlust aus Lkw-Unfallschaden	37 000,00
14	70	Betriebliche Steuern davon 5 000,00 € Grundsteuer für betrieblich nicht genutztes Vermögen	129 000,00
15	7510	Zinsaufwendungen 7 000,00 € Zinsen für ein Darlehen, das für den Erwerb eines zurzeit nicht genutzten Wohngebäudes aufgenommen wurde	22 000,00
		Im Übrigen handelt es sich um betriebliche Aufwendungen und Erträge.	

Führen Sie die Abgrenzungsrechnung durch und stimmen Sie die Ergebnisse miteinander ab.

3 Die Finanzbuchhaltung eines Industriebetriebes wies für das abgelaufene Geschäftsjahr folgende Werte aus:

Konto	Kontobezeichnung	Aufwendungen €	Erträge €
5000	Umsatzerlöse für Erzeugnisse	–	4 200 000,00
5400	Mieterträge	–	180 000,00
5710	Zinserträge	–	1 000,00
6000	Aufwendungen für Roh-, Hilfs- und Betriebsstoffe	1 450 000,00	–
62–64	Personalaufwand	1 300 000,00	–
6520	Abschreibungen auf Sachanlagen	250 000,00	–
66–6900	Sonstige betriebliche Aufwendungen	910 000,00	–
6960	Verluste aus dem Abgang von Vermögensgegenständen	75 000,00	–
70	Betriebliche Steuern	90 000,00	–
7510	Zinsaufwendungen	35 000,00	–

Zu den obigen Positionen liegen folgende Informationen vor:

Konto	Anmerkungen	€
5400	Mieterträge	180 000,00
5710	Verzugszinsen für verspätet bezahlte Kundenrechnungen	1 000,00
60	Rohstoffverderb, Diebstahl	21 000,00
6520	Abschreibungen, davon entfallen auf das vermietete Gebäude	250 000,00 12 000,00
6960	Verluste aus dem Verkauf betrieblicher Anlagen	75 000,00
70	a) Grundsteuer für vermietete Gebäudeteile b) Restliche Steuern sind Zweckaufwand	17 500,00 72 500,00
7510	Zinsaufwendungen für betrieblich notwendiges Fremdkapital	35 000,00
	Ansonsten handelt es sich um betrieblich ordentliche Aufwendungen und Erträge.	

Führen Sie die Abgrenzungsrechnung durch und stimmen Sie die Ergebnisse miteinander ab.

4 Die Finanzbuchhaltung der LESA-Maschinen-GmbH wies für das abgelaufene Geschäftsjahr folgende Werte aus:

Konto	Kontobezeichnung	Aufwendungen €	Erträge €
5000	Umsatzerlöse für Erzeugnisse	–	4 800 000,00
5400	Mieterträge	–	120 000,00
5460	Erträge aus dem Abgang von Vermögensgegenständen	–	16 000,00
5710	Zinserträge	–	2 000,00
6000	Aufwendungen für Roh-, Hilfs- und Betriebsstoffe	1 900 000,00	–
62–64	Personalaufwand	900 000,00	–
6520	Abschreibungen auf Sachanlagen	300 000,00	–
66–6870	Sonstige betriebliche Aufwendungen	1 415 000,00	–

6880	Spenden	4000,00	–
6900	Versicherungsbeiträge	19000,00	–
6960	Verluste aus dem Abgang von Vermögensgegenständen	140000,00	–
70	Betriebliche Steuern	66000,00	–

Zu den obigen Positionen liegen folgende Informationen vor:

Konto	Anmerkungen	€
5400	Mieterträge aus vermieteten Wohnungen	120000,00
5460	Erträge aus dem Verkauf gebrauchter Maschinen über Buchwert	16000,00
5710	Verzugszinsen für verspätet bezahlte Kundenrechnungen	2000,00
6520	Abschreibungen davon entfallen auf das vermietete Gebäude	300000,00 24000,00
6880	Spenden an das Rote Kreuz	4000,00
6900	a) Versicherungsprämie für vermietete Gebäudeteile b) Restliche Aufwendungen sind Zweckaufwendungen	3000,00 16000,00
6960	a) Verluste aus dem Verkauf eines nicht betriebsnotwendigen Gebäudes b) Verlust aus dem Verkauf gebrauchter Anlagen	25000,00 115000,00
70	a) Grundsteuer für vermietete Gebäudeteile b) Restliche Steuern sind sachzielbezogene Steuern	8000,00 58000,00
	Die übrigen Positionen enthalten ausschließlich sachzielbezogene Aufwendungen und Erträge.	

Führen Sie die Abgrenzungsrechnung durch und stimmen Sie die Ergebnisse miteinander ab.

5 Erläutern Sie die unterschiedlichen Aufgaben
a) der unternehmungsbezogenen Abgrenzungsrechnung,
b) der betriebsbezogenen Abgrenzungsrechnung.

6 Erklären Sie die Abweichungen des Betriebsergebnisses vom Ergebnis der Finanzbuchhaltung.

7 Für eine Industrieunternehmung ist zu entscheiden, ob folgende Aufwendungen für die KLR zu übernehmen sind:

	€
a) Rohstoffverderb	17000,00
b) Reparatur des Daches eines Lagergebäudes	120000,00
c) Spende an den Werksportverein	80000,00
d) Nachzahlung von Gewerbesteuer für das Vorjahr	18000,00
e) Zinsen für aufgenommene betriebsnotwendige Darlehen	24000,00
f) Verlust durch Spekulation mit Wertpapieren	115000,00
g) Ein Lkw erleidet auf der Fahrt zu Kunden einen selbst verschuldeten Unfallschaden	50000,00

Begründen Sie Ihre Entscheidungen.

8 In der Finanzbuchhaltung wurde ein Materialaufwand von 2620500,00 € erfasst. In diesem Materialaufwand sind nach Prüfung der Materialentnahmescheine enthalten:

	€
1. Reparaturmaterial für ein vermietetes Gebäude	17600,00
2. Rohstoffverderb infolge unsachgemäßer Lagerung	182000,00
3. Reparaturmaterial in Höhe von für ein betrieblich genutztes Gebäude	138400,00

Erläutern Sie jeweils Probleme einer kostenrechnerischen Zuordnung der Aufwendungen und unterbreiten Sie jeweils einen Vorschlag zur Behandlung.

5.2.3 Kostenrechnerische Korrekturen (Anderskosten, Zusatzkosten)

Silvia Land diskutiert mit Frau König: „Aufgrund unserer Angaben haben die Kostenrechner das Ergebnis korrigiert. Sie haben beispielsweise den Rohstoffverderb durch Überschwemmung von 145 000,00 € und die Dachreparatur am betrieblich genutzten Gebäude mit 76 000,00 € gegenüber dem Betriebsergebnis und der Kosten- und Leistungsrechnung neutralisiert. Das ist doch Augenwischerei, da kann man doch jedes Ergebnis der Buchhaltung umdrehen!" „Das ist nicht ganz so, Silvia, die setzen dafür andere Beträge ein." Sie haben sicherlich Argumente, weshalb die Kostenrechner die genannten Aufwendungen nicht voll in die Kostenrechnung übernehmen wollen.

- Stellen Sie Argumente zusammen, weshalb die Kostenrechner die obigen Aufwendungen gegenüber dem Betriebsergebnis und der KLR abgrenzen und dafür andere Werte angeben.

▲ Kalkulatorische Kosten als Anderskosten

Einige betriebliche Aufwendungen, die von der Art und Ursache des Güter- und Dienstleistungsverzehrs her Kosten sein könnten, werden nicht in gleicher Höhe von der KLR übernommen, weil sie dort das Betriebsergebnis des Abrechnungsjahres und somit Wirtschaftlichkeits- und Preisvergleiche verfälschen würden.

Beispiel Im Abrechnungsjahr wurden eine Dachreparatur und der Außenanstrich am Betriebsgebäude durchgeführt. Der in der Finanzbuchhaltung erfasste Aufwand hierfür betrug 88 000,00 €. Dieser betriebliche Aufwand darf dem Betriebsergebnis des Abrechnungsjahres nicht allein angelastet werden, weil er die Gebäudenutzung über mehrere Jahre möglich macht. Die Beurteilung des Jahresergebnisses würde verfälscht.

Um eine Verfälschung des Betriebsergebnisses zu verhindern, werden solche nicht verrechenbaren Aufwendungen gegenüber dem Betriebsergebnis und der KLR neutralisiert, indem sie in der betriebsbezogenen Abgrenzungsrechnung abgegrenzt werden. Langfristig müssen aber auch diese betrieblichen Aufwendungen in die KLR einbezogen und über die Verkaufspreise der Erzeugnisse hereingeholt werden. Um jedoch Störungen des Kostenvergleichs und Wettbewerbsnachteile durch sprunghafte Preissteigerungen zu vermeiden, werden statt dieser tatsächlich angefallenen Aufwendungen in der KLR Kosten in anderer Höhe **(Anderskosten)** angesetzt, die dem durchschnittlichen Werteverzehr entsprechen. Solche Kosten werden als **kalkulatorische Kosten** bezeichnet. Typische Anderskosten sind kalkulatorische Abschreibungen und kalkulatorische Zinsen. Sie werden zusätzlich zu den Grundkosten in die KLR einbezogen **(Zusatzkosten)**.

▲ Kalkulatorische Abschreibungen:

- **Bilanzmäßige Abschreibungen:** Der in der Finanzbuchhaltung erfasste **Abschreibungsaufwand (bilanzielle Abschreibung)** geht in die GuV-Rechnung ein. Er beeinflusst somit den **Gewinn, gewinnabhängige Steuern** (z. B. Einkommen- oder Körperschaftsteuer) und die **Ausschüttungspolitik** der Unternehmung (z. B. Dividende). Die Höhe der bilanziellen Abschreibung wird daher eher von handels- und steuerrechtlichen Bestimmungen (Erfolgs- und Vermögensausweis) beeinflusst als vom tatsächlichen Werteverzehr der Anlagen.

  Beispiel Eine Transportanlage mit einem Anschaffungswert von 80 000,00 € und einer betriebsgewöhnlichen Nutzungsdauer von acht Jahren wird linear abgeschrieben. Bilanzmäßige Abschreibung im ersten Nutzungsjahr: 10 000,00 €.

- **Kalkulatorische Abschreibungen:** Für Zwecke der KLR ist die bilanzmäßige Abschreibung nicht geeignet. Die Abschreibung dient hier dazu, den Werteverzehr nur solcher Anlagen zu erfassen, die dem **Betriebszweck** dienen und somit **betriebsnotwendig** sind. Dieser Werteverzehr wird unter Berücksichtigung der Wettbewerbsfähigkeit in die Preisberechnung der Produkte einbezogen.

Über die Umsatzerlöse fließen dem Unternehmen die Abschreibungsbeträge dann wieder zu. Damit stehen dem Unternehmen die liquiden Mittel für die Erneuerung der Anlagen wieder zur Verfügung (**Finanzierung durch Abschreibung**, vgl. Schaubilder unten und S. 208 f.). Zur Berechnung der kalkulatorischen Abschreibung sind die **betriebsindividuelle Nutzungsdauer**, der **Wiederbeschaffungswert** und die **Abschreibungsmethode** festzulegen.

- **Betriebsindividuelle Nutzungsdauer:** Gemeint ist die Nutzungsdauer, die die Anlage dem Betrieb dient. Wird sie beispielsweise zu kurz eingeschätzt, wird das Betriebsergebnis verfälscht, weil den einzelnen Rechnungsperioden zu hohe Kosten angelastet werden. Es ist also eher von betriebsindividuellen Erfahrungswerten oder Angaben des Herstellers als von den Durchschnittswerten der Abschreibungstabellen auszugehen.
- **Wiederbeschaffungswert:** Der **Anschaffungswert** ist als Ausgangswert für die Berechnung der kalkulatorischen Abschreibung nicht geeignet, weil damit bei fortschreitender Kaufkraftentwertung am Ende der Nutzungsdauer nicht mehr dieselbe Anlage angeschafft werden kann. Der Betrieb würde an **Substanz verlieren**. Soll die Substanz erhalten bleiben, muss die kalkulatorische Abschreibung so bemessen sein, dass über sie am Ende der Nutzungsdauer die teurer gewordene Anlage finanziert werden kann **(Prinzip der Substanzerhaltung)**. Dazu wäre der **Wiederbeschaffungswert** der geeignete Ausgangswert.
- **Abschreibungsmethode:** Um die Kosten der Abschreibungen von Rechnungsperiode zu Rechnungsperiode **vergleichbar** zu gestalten, empfiehlt sich bei annähernd gleichmäßiger Beschäftigung die lineare (vgl. S. 203 f.), bei schwankender Beschäftigung die Abschreibung nach Leistungseinheiten (vgl. S. 204 f.) als kalkulatorische Abschreibung.

Beispiel Für die kalkulatorische Abschreibung der Transportanlage (s. o.) wird eine achtjährige Nutzungsdauer und ein Wiederbeschaffungswert von 120 000,00 € zugrunde gelegt. Es wird wegen gleichmäßiger Nutzung linear abgeschrieben.

Aufwand der Finanzbuchhaltung	Kosten der KLR
Bilanzmäßige Abschreibung $= \frac{80\,000 \cdot 12{,}5}{100} = 10\,000{,}00$ €	Kalkulatorische Abschreibung $= \frac{120\,000}{8} = 15\,000{,}00$ €

Somit wird der Betrieb über seine Umsatzerlöse jährlich 15 000,00 € Abschreibungskosten auf seine Kunden abwälzen, um nach acht Jahren Nutzungsdauer über die finanziellen Mittel zur Wiederbeschaffung einer neuen Anlage verfügen zu können.

Finanzierung durch Abschreibung

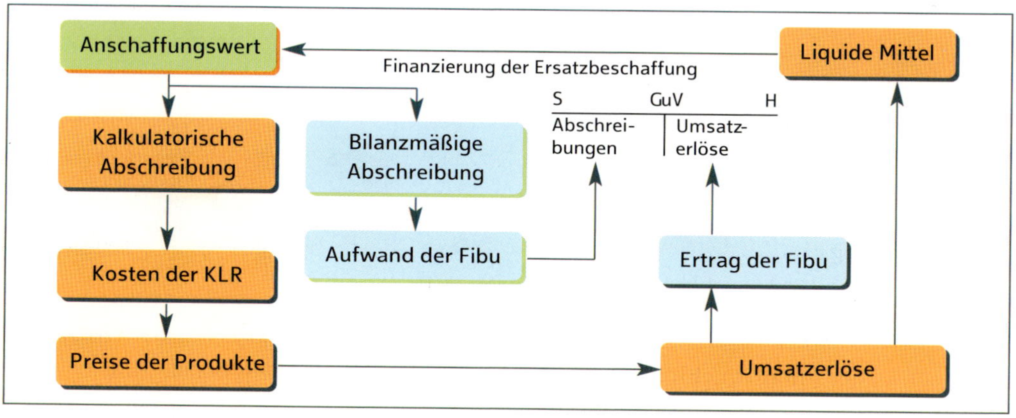

Die **bilanzmäßige Abschreibung** bewirkt Steuerersparnis, Minderung der Ausschüttung und Erhaltung der Liquidität.

Die **kalkulatorische Abschreibung** wird Preisbestandteil. Über die Umsatzerlöse werden die Anschaffungskosten und somit Mittel zur Wiederbeschaffung freigesetzt.

Bilanzmäßige Abschreibung in der Finanzbuchhaltung	Kalkulatorische Abschreibung in der KLR
– dient der Bewertung des Vermögens in der Bilanz und der Aufwendungen in der GuV-Rechnung – wird von handels- und steuerrechtlichen Vorschriften bestimmt – wird vom Anschaffungs- oder Buchwert berechnet **= nominelle Abschreibung**	– dient der Bewertung des tatsächlichen Werteverzehrs der Anlagen, die für die Leistungserstellung notwendig sind – wird vom Wiederbeschaffungswert berechnet – wird vom Grundsatz der Substanzerhaltung bestimmt **= substanzielle Abschreibung**

In der betriebsbezogenen Abgrenzungsrechnung werden die bilanzmäßigen Abschreibungen auf betriebliche Anlagen abgegrenzt. Stattdessen werden kalkulatorische Abschreibungen in anderer Höhe als Kosten (Anderskosten) verrechnet. Der verrechnete Betrag wird den bilanzmäßigen Abschreibungen als verrechnete Kosten auf der Ertragsseite gegenübergestellt. Der ursprünglich neutralisierte Aufwand wird dadurch verringert.

Beispiel **Darstellung der Beispiele in der Abgrenzungsrechnung**

Abgrenzungsrechnung / Aufwands- und Ertragspositionen und kostenrechnerische Korrekturen	I Werte der Finanzbuchführung		II Unternehmungsbez. Abgrenzungsrechnung		III Betriebsbezogene Abgrenzungsrechnung und kostenrechnerische Korrekturen		IV Kosten- und Leistungsarten	
	1	2	3	4	5	6	7	8
Bezeichnung	**Aufwendungen**	**Erträge**	**betriebsfremde Aufwendungen**	**betriebsfremde Erträge**	**betr. a.o. Aufwendungen**	**betr. a.o. Erträge**	**Kosten**	**Leistungen**
Bilanzmäßige Abschreibungen	10 000,00	–	–	–	10 000,00	–	–	–
Kalkulatorische Abschreibungen	–	–	–	–	–	15 000,00	15 000,00	–

Aufwand der Finanzbuchhaltung	Verrechnete Kosten	Kosten der KLR
– Steuerersparnis – Minderung der Ausschüttung – Erhaltung der Liquidität		– Preisbestandteil der Anschaffungskosten – Freisetzung über Umsatzerlöse – Mittel zur Wiederbeschaffung

Kalkulatorische Zinsen:

- **Zinsen in der Finanzbuchhaltung:** In der Finanzbuchhaltung werden gezahlte Zinsen für aufgenommene Fremdkapitalien als Aufwand erfasst.
- **Kalkulatorische Zinsen in der KLR:** Für Zwecke der KLR ist der Zinsaufwand der Finanzbuchhaltung aus folgenden Gründen nicht geeignet:

- **Betriebe mit hohem Fremdkapital** hätten **Wettbewerbsnachteile** gegenüber Betrieben mit hohem Eigenkapitalanteil.
- Über den **Preis** soll auch eine **Verzinsung des eingesetzten Eigenkapitals** erwirtschaftet werden.
- Die kalkulatorischen Zinsen können jedoch nicht vom Gesamtkapital der Unternehmung berechnet werden, weil das hiermit finanzierte Vermögen teilweise nicht dem Sachziel der Unternehmung dient.

Beispiel Verpachtete Grundstücke oder vermietete Gebäude dienen betriebsfremden Zwecken.

Grundlage für die Berechnung der kalkulatorischen Zinsen bildet das **betriebsnotwendige Vermögen**. Dieses wird ermittelt, indem vom Gesamtvermögen die nicht betriebsnotwendigen Vermögensteile abgezogen werden.

Von dem verbleibenden betriebsnotwendigen Vermögen sind als sogenanntes **Abzugskapital** Kapitalbeträge abzuziehen, für deren Nutzung das Unternehmen **keine Zinsen** zahlen muss (z.B. Kundenanzahlungen) oder deren Verzinsung (nicht ausgenutzter Skonto) **in einer anderen Kostenart** erfasst wird (im Aufwand für Roh-, Hilfs- und Betriebsstoffe).

Beispiel Berechnung der kalkulatorischen Zinsen in der Bürodesign GmbH

Anlagevermögen	580 000,00 €
– Nicht betriebsnotwendig (vermietet, verpachtet)	122 500,00 €
= Betriebsnotwendiges Anlagevermögen	457 500,00 €
+ Betriebsnotwendiges Umlaufvermögen	435 000,00 €
= Betriebsnotwendiges Vermögen	892 500,00 €
– Abzugskapital (Kundenanzahlungen, Verbindlichkeiten a. LL.)[1]	80 000,00 €
= Betriebsnotwendiges Kapital	812 500,00 €
Bei einem Zinssatz von 8 % betragen die kalkulatorischen Zinsen:	65 000,00 €

Die im abgelaufenen Geschäftsjahr gezahlten Zinsen beliefen sich auf 22 105,00 €. In der KLR sind 65 000,00 € kalkulatorische Zinsen zu verrechnen.

Aufwand der Finanzbuchhaltung		Kosten der KLR	
Zinsaufwendungen	22 105,00 €	Kalkulatorische Zinsen	65 000,00 €

Die Höhe des kalkulatorischen Zinssatzes orientiert sich an dem marktüblichen Zins und wird von der Geschäftsleitung festgesetzt.

▲ Kalkulatorischer Unternehmerlohn als echte Zusatzkosten

In **Kapitalgesellschaften** erhalten die gesetzlichen Vertreter – Vorstandsmitglieder der AG und Geschäftsführer der GmbH – für ihre Tätigkeit Gehälter. Diese gehen als Grundkosten in die KLR ein.

Anders ist es beim **Einzelunternehmer** und bei den **Gesellschaftern der Personengesellschaften**; sie haben nur Anspruch auf einen etwaigen Gewinn. Damit im Gewinn die Arbeitsleistung entgolten wird, muss sie als Kostenbestandteil einkalkuliert werden.

Daher muss die Mitarbeit des Unternehmers in seinem eigenen Betrieb als **Kostenbestandteil** erfasst und als **„kalkulatorischer Unternehmerlohn"** in der Kostenrechnung berücksichtigt werden. Der Unternehmerlohn wird als die Vergütung für die dem Unternehmen durch den Inhaber zur Verfügung gestellte betrieblich notwendige Arbeitskraft angesehen. Bei der Festlegung des kalkulatorischen Unternehmerlohns orientiert sich die KLR an Gehältern leitender Angestellter (Geschäftsführer, Prokuristen) mit gleichwertiger Tätigkeit in einem Unternehmen gleicher Art und Bedeutung sowie gleichen Standortes.

Dem kalkulatorischen Unternehmerlohn stehen **keine Aufwendungen in der Finanzbuchhaltung** gegenüber. Daher handelt es sich um **echte Zusatzkosten**.

[1] *Fremdkapitalanteile, für die keine Zinsen gezahlt werden.*

Beispiel Der Einzelunternehmer Klaus Oswald e.K. setzt als kalkulatorischen Unternehmerlohn monatlich 5 000,00 € an, also 60 000,00 € im Jahr.

Aufwand der Finanzbuchhaltung			**Kosten der KLR**		
Konto	Bezeichnung	€	Konto	Bezeichnung	€
–	–	–		Kalkulatorischer Unternehmerlohn	60 000,00

Erfassung der Werkstoffkosten zu Verrechnungspreisen

Zu den Werkstoffkosten zählt der betriebsbedingte Verbrauch an Roh-, Hilfs- und Betriebsstoffen. Der Verbrauch muss mengen- und wertmäßig ermittelt werden. Die Bewertung des Verzehrs erfolgt durch die Multiplikation der Kostengütermenge mit den entsprechenden Preisen.

Beispiel Für die Herstellung von 800 Schreibtischen „Chef 2000" werden jeweils 3,5 m² Tischlerplatten verarbeitet, die beim Einkauf 11,00 €/m² kosten. Der bewertete Verzehr (Kosten) beträgt:
800 · 3,5 · 11,00 = 30 800,00 €

Kostengütermenge · Kostengüterpreis = Kosten

In den Wahlmöglichkeiten des Preises offenbart sich jedoch die ganze Problematik der Kosten- und Leistungsrechnung. Grundsätzlich ist davon auszugehen, dass die **Substanzerhaltung** zu gewährleisten ist.

Die **Bewertung** der Kostengüter **zu Anschaffungskosten** sichert diese Substanzerhaltung, sofern die Preise konstant bleiben oder fallen. Bei steigenden Preisen ist von **Wiederbeschaffungskosten** der Kostengüter auszugehen. Praktisch sind diese wohl kaum für Kalkulationszwecke genau zu bestimmen, da es sich um Werte handelt, die als **Tageswerte** zum Zeitpunkt des Verkaufs der hergestellten Erzeugnisse festzustellen wären, zum Zeitpunkt der Preisfeststellung jedoch nur annähernd zu schätzen sind.

Bd. 2
Schwierig wird die Bewertung, wenn Güter aus einem Lagerbestand verbraucht werden, der sich aus mehreren Einkäufen mit unterschiedlichen Anschaffungskosten zusammensetzt. Darüber hinaus führen Schwankungen der Wiederbeschaffungskosten zu ständigen Änderungen des Kostengefüges, wodurch ein Kostenvergleich verfälscht würde.

Durch Bewertung der Kostengüter, z. B. zu durchschnittlichen Anschaffungskosten vergangener Perioden oder zu Verrechnungspreisen (Festpreise), kann dieser Mangel behoben werden.

Dies geschieht dadurch, dass in der KLR über eine Abrechnungsperiode mit gleich bleibenden Verrechnungspreisen je Verbrauchseinheit gerechnet wird, die als Durchschnittspreis der Anschaffungskosten ermittelt werden können. In der Finanzbuchhaltung wird dagegen der Verbrauch zu Anschaffungskosten ermittelt.

Beispiel In der vorangegangenen Rechnungsperiode wurden von einem Werkstoff gekauft:
200 kg zu 15,00 €/kg,
250 kg zu 16,00 €/kg,
300 kg zu 15,80 €/kg.

Ermittlung des Verrechnungspreises als gewogener Durchschnittspreis:

$$x = \frac{200 \cdot 15 + 250 \cdot 16 + 300 \cdot 15{,}80}{200 + 250 + 300} = \underline{\underline{15{,}65\ €}}$$

Mit diesem auf vergangenen Anschaffungskosten beruhenden Durchschnittswert wird der Verbrauch des Werkstoffes für die laufende Abrechnungsperiode ermittelt. Vielfach reicht jedoch der Durchschnittspreis zu Ist-Kosten **(Ist-Preisverfahren)** wegen zu erwartender Preiserhöhungen nicht aus, um die Vermögenssubstanz zu erhalten. Deshalb werden in der Praxis **Festpreise** für eine Rechnungsperiode angesetzt, die sich aus der Schätzung künftiger Wiederbeschaffungskosten ergeben **(Festpreisverfahren)**.

▲ Erfassung von Vor- und Nachleistungen in der kurzfristigen Erfolgsrechnung

Will ein Unternehmen den Erfolg für kürzere Zeiträume als ein Jahr (z. B. Monats- oder Quartalserfolg) feststellen, müssen die Kosten eines Geschäftsjahres entsprechend verteilt werden. Besondere Erfassungsprobleme bereiten dann solche Kosten, für die einmalige Ausgaben im Laufe des Geschäftsjahres erfolgen.

Beispiele
- Die Urlaubslöhne werden im Monat August ausgezahlt.
- Das Weihnachtsgeld wird Ende November ausgezahlt.
- Die Jahresprämie für die Diebstahlversicherung wird am 2. Januar gezahlt.

Es stört die Vergleichbarkeit, dass nur der Monat, in dem die Zahlung erfolgt, mit diesen Kosten belastet wird. Deshalb sind sie aus Gründen der Vergleichbarkeit auf alle Monate eines Jahres zu verteilen. Das kann gleichmäßig oder proportional zu den Fertigungslöhnen und Gehältern auf die Monate eines Jahres erfolgen. Da diese Kostenarten also auch schon für Monate anzusetzen sind, die vor dem Zahlungsmonat liegen **(Vorleistungen)**, müssen die anzusetzenden Urlaubslöhne zu Beginn des Rechnungsjahres geschätzt werden. Teilweise sind sie nach der Zahlung auf die restlichen Monate des Jahres zu verteilen **(Nachleistungen)**.

Beispiel 1

Geschätztes Urlaubsgeld für das Jahr 20..	64 200,00 €
Auszahlungsmonat	August 20..
Geschätzte Gesamtsumme an Löhnen und Gehältern im Jahr 20..	802 500,00 €

- **Gleichmäßige Verteilung**

  $$\frac{64\,200}{12} = 5\,350{,}00\ \text{€/Monat}$$

  In der Kostenartenrechnung sind somit monatlich 5 350,00 € Urlaubsgelder als Kosten zu erfassen.
- **Proportionale Verteilung mithilfe eines Verrechnungssatzes**

  $$\frac{64\,200 \cdot 100}{802\,500} = 8\ \%$$

  Monatlich werden zusätzlich zu den gezahlten Löhnen und Gehältern 8 % Urlaubsgeld als Kosten verrechnet.

Beispiel 2 Abgrenzungsrechnung unter Einbeziehung kostenrechnerischer Korrekturen

Die Bürodesign GmbH führte in der Abgrenzungsrechnung folgende kostenrechnerische Korrekturen durch:

1. **Kalkulatorische Abschreibungen** 72 000,00 €

   Sie wurden statt der verbleibenden Abschreibungen der Finanzbuchhaltung von 54 000,00 € auf betriebsnotwendige Sachanlagen in die KLR übernommen.

2. **Kalkulatorische Zinsen** 65 000,00 €

   Sie wurden statt der Zinsaufwendungen in Höhe von 19 005,00 € für betriebsnotwendige Fremdkapitalien in die KLR übernommen.

Abgrenzungsrechnung / Aufwands- und Ertragspositionen			I Werte der Finanzbuchführung		II Unternehmungsbez. Abgrenzungsrechnung		III Betriebsbezogene Abgrenzungsrechnung und kostenrechnerische Korrekturen		IV Kosten- und Leistungsarten	
			1	2	3	4	5	6	7	8
Zeile	Konto	Bezeichnung	Aufwendungen	Erträge	betriebsfremde Aufwendungen	betriebsfremde Erträge	betr. a.o. Aufwendungen	betr. a.o. Erträge	Kosten	Leistungen
01	5000	Umsatzerlöse	–	3 198 385,00	–	–	–	–	–	3 198 385,00
02	5200	BVÄ	–	88 875,00	–	–	–	–	–	88 875,00
03	5400	Mieterträge	–	31 500,00	–	31 500,00	–	–	–	–
04	5460	Erträge aus Vermögensabgängen	–	22 500,00	–	–	–	22 500,00	–	–
05	6000	Rohstoffaufwand	1 888 750,00	–	–	–	145 000,00	–	1 743 750,00	–
06	6020	Hilfsstoffaufw.	47 500,00	–	–	–	–	–	47 500,00	–
07	6050	Energie	90 003,00	–	–	–	–	–	90 003,00	–
08	6160	Fremdinstands.	129 762,75	–	18 394,50	–	–	–	111 368,25	–
09	6200	Löhne	465 000,00	–	–	–	–	–	465 000,00	–
10	6300	Gehälter	377 500,00	–	–	–	–	–	377 500,00	–
11	6500	Abschreibungen	63 000,00	–	9 000,00	–	54 000,00	–	–	–
12	6800	Aufw. für Kommunikation	147 125,00	–	875,00	–	–	–	146 250,00	–
13	6960	Verluste aus Vermögensabgängen	76 000,00	–	–	–	76 000,00	–	–	–
14	7000	Betriebliche Steuern	40 607,50	–	1 250,00	–	–	–	39 357,50	–
15	7510	Zinsaufwendungen	22 105,00	–	3 100,00	–	19 005,00	–	–	–
16	–	kalk. Abschreib.	–	–	–	–	–	72 000,00	72 000,00	–
17	–	kalk. Zinsen	–	–	–	–	–	65 000,00	65 000,00	–
			3 347 353,25	3 341 260,00	32 619,50	31 500,00	294 005,00	159 500,00	3 157 728,75	3 287 260,00
			–	– 6 093,25	–	1 119,50	–	134 505,00	129 531,25	
			3 347 353,25	3 347 353,25	32 619,50	32 619,50	294 005,00	294 005,00	3 287 260,00	3 287 260,00

Web

Abstimmung der Ergebnisse:

Das Betriebsergebnis unterscheidet sich vom **Gesamtergebnis** der Unternehmung durch das **neutrale Ergebnis**, das sich aus dem Ergebnis der betriebsbezogenen Abgrenzungsrechnung und dem Ergebnis der unternehmensbezogenen Abgrenzungsrechnung zusammensetzt.

Abstimmung der Ergebnisse	Beispiel	
Betriebsergebnis		+ 129 531,25
± **Neutrales Ergebnis:**		
Ergebnis aus betriebsbezogener Abgrenzungsrechnung	– 134 505,00	
Ergebnis aus unternehmungsbezogener Abgrenzungsrechnung	– 1 119,50	– 135 624,50
Gesamtergebnis		**– 6 093,25**

Kostenrechnerische Korrekturen (Anderskosten, Zusatzkosten)

- Wegen der unterschiedlichen Zielsetzung erfassen Finanzbuchhaltung und KLR unterschiedlichen Werteverzehr:
  - Die Fibu erfasst alle Aufwendungen der Unternehmung.
  - Die KLR erfasst alle Kosten des Betriebes.
- Die KLR
  - grenzt betriebsfremde und betrieblich außerordentliche Aufwendungen ab,
  - übernimmt Zweckaufwendungen als Grundkosten (aufwandsgleiche Kosten),
  - verrechnet kalkulatorische Kosten,
    - > Anderskosten (aufwandsungleiche Kosten), wie kalkulatorische Abschreibungen, Zinsen, Wagnisse, Miete,
    - > echte Zusatzkosten (aufwandslose Kosten), wie kalkulatorischer Unternehmerlohn.

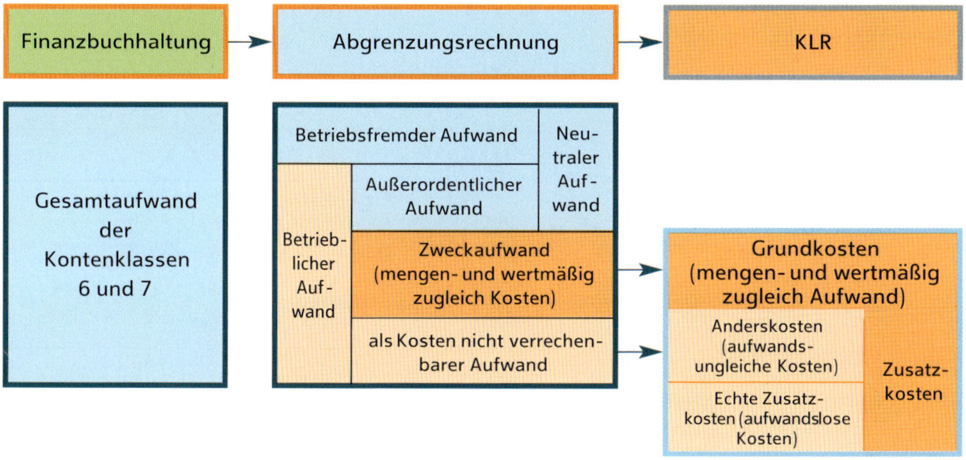

1 In der Finanzbuchhaltung wurde eine Abfüllanlage über eine geschätzte Nutzungsdauer von acht Jahren mit 12,5 % linear abgeschrieben. Für die KLR wird die Leistungsabschreibung vom Wiederbeschaffungswert gewählt. Begründen Sie die unterschiedlichen Ansätze der Abschreibung.

2 Eine Maschine, die für 600 000,00 € angeschafft wurde, ist in den beiden ersten Nutzungsjahren folgendermaßen abgeschrieben worden:

bilanzmäßig:	10 % linear vom Anschaffungswert
kalkulatorisch:	10 % vom geschätzten Wiederbeschaffungswert in Höhe von 800 000,00 €

Ermitteln Sie den Buchwert am Ende des dritten Jahres aufgrund der bilanzmäßigen Abschreibung der Finanzbuchhaltung und der kalkulatorischen Abschreibung der Kostenrechnung.

3 Ein Lkw mit einem Anschaffungswert von 120 000,00 € wird bilanzmäßig in acht Jahren linear abgeschrieben. Für Zwecke der KLR ist linear vom Wiederbeschaffungswert über eine Nutzungsdauer von zehn Jahren abzuschreiben. Bei der Ermittlung des Wiederbeschaffungswertes soll von einer durchschnittlichen jährlichen Preissteigerungsrate von 4 % ausgegangen werden.
a) Berechnen Sie den geschätzten Wiederbeschaffungswert am Ende der Nutzungsdauer (auf volle 100,00 € abrunden).
b) Stellen Sie in einer Tabelle die bilanzmäßigen und kalkulatorischen Abschreibungen gegenüber.
c) Erläutern Sie, welches Ziel die Kostenartenrechnung mit der Berechnung der kalkulatorischen Abschreibung vom Wiederbeschaffungswert verfolgt.

4 Stellen Sie anhand der Schaubilder auf S. 546 f. die kostenrechnerischen Korrekturen dar und erläutern Sie Ihre Ausführungen mithilfe des Overhead-Projektors oder der Tafel.

5 a) Eine Maschine, die für 200 000,00 € angeschafft wurde, ist in den beiden ersten Nutzungsjahren folgendermaßen abgeschrieben worden:
bilanzmäßig: 10 % linear vom Anschaffungswert
kalkulatorisch: 10 % linear vom geschätzten Wiederbeschaffungswert in Höhe von 250 000,00 €
Ermitteln Sie den Buchwert am Ende des dritten Jahres.

Web

b) Für eine Anlage, die Anfang des Jahres für 200 000,00 € angeschafft und bilanzmäßig mit 10 % vom Anschaffungswert und kalkulatorisch mit 10 % linear vom Wiederbeschaffungswert in Höhe von 300 000,00 € abgeschrieben werden soll, sind in der Finanzbuchhaltung und in der KLR die beiden Abschreibungsbeträge irrtümlich vertauscht worden.
Erläutern Sie die Auswirkung
ba) auf die Bilanz, bb) auf die GuV-Rechnung, bc) auf die ermittelten Gesamtkosten.

6 Auf einen Computer mit einem Anschaffungswert von 50 000,00 € werden 15 % linear abgeschrieben. Die kalkulatorische Abschreibung soll linear vom geschätzten Wiederbeschaffungswert in Höhe von 60 000,00 € berechnet werden. Es wird mit einer betrieblichen Nutzungsdauer von zehn Jahren gerechnet.

Web

Ermitteln Sie die bilanzmäßige und die kalkulatorische Abschreibung für
a) das erste Nutzungsjahr, b) das fünfte Nutzungsjahr.

7 Die Bilanz eines Industriebetriebes (GmbH) weist folgende Bestände in T€ aus:

Aktiva	Bilanz		Passiva
I. Anlagevermögen		**I. Eigenkapital**	
Bebaute Grundstücke	400	Gezeichnetes Kapital	1 000
Fabrikgebäude	650	Gewinnrücklagen	150
Wohngebäude	210	Jahresüberschuss	50
Maschinen und maschinelle Anlagen	420	**II. Schulden**	
Betriebs- und Geschäftsausstattung	40	Hypothekenschulden	850
II. Umlaufvermögen		Darlehensschulden	200
Roh-, Hilfs- und Betriebsstoffe	250	Verbindlichkeiten a. LL.	210
Unfertige und fertige Erzeugnisse	100	Kundenanzahlungen	75
Forderungen a. LL.	280		
Bankguthaben	170		
Kasse	15		
	2 535		2 535

1. Von den bebauten Grundstücken entfallen 100 T€ auf die Wohngebäude, die an Nichtbetriebsangehörige vermietet sind.
2. Die kalkulatorischen Restwerte des Anlagevermögens liegen über den Buchwerten, und zwar (in T€):

Fabrikgebäude	25	Maschinen und maschinelle Anlagen	50
Wohngebäude	15	Betriebs- und Geschäftsausstattung	20

3. Die Durchschnittswerte des Umlaufvermögens betrugen im abgelaufenen Jahr (in T€):

Roh-, Hilfs- und Betriebsstoffe	240	Bankguthaben	180
Unfertige und fertige Erzeugnisse	90	Kasse	10
Forderungen a. LL.	250		

Ermitteln Sie
a) das betriebsnotwendige Kapital unter Berücksichtigung der kalkulatorischen Restwerte und der Durchschnittswerte,
b) die kalkulatorischen Zinsen bei einem Zinssatz von 7 %,
c) die Abweichung des Wertansatzes der Betriebsbuchhaltung von dem der Finanzbuchhaltung (75 Zinsen und ähnliche Aufwendungen 69 000,00 €).

8 Einkauf folgender Werkstoffposten:
80 kg zu 75,00 €/kg 50 kg zu 63,00 €/kg 90 kg zu 64,00 €/kg
Verbrauchsmengen: 40 kg, 60 kg, 50 kg
a) Ermitteln Sie die Werkstoffkosten nach der Ist-Preismethode.
b) Ermitteln Sie die Werkstoffkosten zu einem Festpreis, der eine zu erwartende Preiserhöhung von 4 % gegenüber dem Durchschnittspreis berücksichtigt.

9 a) Aus nachstehenden Angaben sind die kalkulatorischen Zinsen in Höhe von 10 % zu ermitteln:

	€
Anlagevermögen	5 000 000,00
davon – verpachtete Grundstücke	500 000,00
– vermietete Lagerhalle	1 500 000,00
Umlaufvermögen	3 000 000,00
Eigenkapital	4 000 000,00
Hypothekenschulden	2 000 000,00
Darlehensschulden	800 000,00
Verbindlichkeiten a. LL.	900 000,00
Anzahlungen von Kunden	300 000,00

Die tatsächlich angefallenen Zinsaufwendungen betrugen 270 000,00 €.

b) Begründen Sie die Notwendigkeit der Berücksichtigung kalkulatorischer Zinsen.

10 Der Einzelunternehmer Peter Wolf berücksichtigte im letzten Jahr einen Unternehmerlohn in Höhe von 125 000,00 € bei einem Umsatz von 6,25 Mio. €. Wie hoch ist der Unternehmerlohn in diesem Jahr anzusetzen, wenn Peter Wolf mit einer Umsatzsteigerung von 8 % rechnet?

11 Der Unternehmer Willi Mus, dessen Unternehmen mit 20 Beschäftigten einen Umsatz von 18 Mio. € erzielt, legt für die Berechnung seines Unternehmerlohnes die Daten einer ihm bekannten Maschinenfabrik (GmbH) derselben Branche zugrunde:

Gehalt des Geschäftsführers im Jahr	84 000,00	€
Umsatz im Jahr	20	Mio. €
Durchschnittliche Zahl der Beschäftigten	30	Personen

Ermitteln Sie den Unternehmerlohn für die KLR.

12 a) Nennen Sie die Merkmale des Kostenbegriffes.
b) Grenzen Sie die Kosten von den neutralen Aufwendungen ab.
c) Begründen Sie die Notwendigkeit der Abgrenzung von Kosten und neutralen Aufwendungen.
d) Begründen Sie die Aufnahme von Zusatzkosten in der Kostenrechnung.
e) Grenzen Sie die Grundkosten, die Anderskosten und die echten Zusatzkosten voneinander ab.

13 a) Erläutern Sie die Merkmale des Leistungsbegriffes analog zum Kostenbegriff.
b) Nennen und erläutern Sie die möglichen Erträge des Unternehmens.
c) Erklären Sie, warum aufgrund des Vergleichs der Aufwendungen mit den Erträgen der Unternehmung die Wirtschaftlichkeit des Industriebetriebes nicht ohne Weiteres beurteilt werden kann.

14 Am Anfang des Geschäftsjahres wird die Höhe der folgenden Kosten, die stoßweise anfallen, für Zwecke der kurzfristigen Erfolgsrechnung (monatlich) geschätzt:
Weihnachtsgeld: 150 000,00 € Urlaubsgeld: 120 000,00 €
a) Berechnen Sie, welcher Verrechnungssatz für Weihnachts- und Urlaubsgeld zusammen in der KLR anzusetzen ist, wenn die gezahlten Löhne und Gehälter mit 3 000 000,00 € geschätzt werden.
b) Berechnen Sie mithilfe dieses Verteilungsschlüssels (siehe a) den zu verrechnenden Anteil an Weihnachtsgeld und Urlaubsgeld unter Berücksichtigung der gezahlten Löhne für die folgenden Monate:
Januar 240 000,00 € Juli 80 000,00 € Oktober 320 000,00 €
c) Begründen Sie, warum in diesem Beispiel die Verteilung mithilfe des Verrechnungssatzes vorteilhafter ist als eine gleichmäßige Verteilung.
d) Begründen Sie, warum in der KLR Urlaubs- und Weihnachtsgeld nicht den Monaten belastet werden, in denen sie ausgezahlt werden.

15 In der Finanzbuchhaltung wurde ein Materialaufwand in Höhe von 1 234 000,00 € erfasst und als Grundkosten in der Kostenartenrechnung angesetzt.
In diesem Materialaufwand sind enthalten:

	€
1. Reparaturmaterial für ein vermietetes Gebäude	50 800,00
2. Rohstoffverderb infolge unsachgemäßer Lagerung	134 000,00
3. Reparaturmaterial für das Privathaus des Inhabers	5 400,00

a) Nehmen Sie kritisch Stellung zur vorgenommenen Behandlung dieser Vorgänge in der Kostenartenrechnung.
b) Stellen Sie die korrekte Behandlung dieser Vorgänge in der Abgrenzungsrechnung dar.

16 Die Finanzbuchhaltung eines Industriebetriebes wies für das abgelaufene Geschäftsjahr folgende Werte aus:

Konto	Kontobezeichnung	Aufwendungen €	Erträge €
5000	Umsatzerlöse für Erzeugnisse	–	8 400 000,00
5400	Mieterträge	–	360 000,00
5710	Zinserträge	–	2 000,00
6000	Aufwendungen für Roh-, Hilfs- und Betriebsstoffe	2 900 000,00	–
62–64	Personalaufwand	2 600 000,00	–
6520	Abschreibungen auf Sachanlagen	500 000,00	–
66–6900	Sonstige betriebliche Aufwendungen	1 820 000,00	–
6960	Verluste aus dem Abgang von Vermögensgegenständen	150 000,00	–
70	Betriebliche Steuern	180 000,00	–
7510	Zinsaufwendungen	70 000,00	–

Zu den obigen Positionen liegen folgende Informationen vor:

Konto	Anmerkungen	€
5400	Mieterträge	360 000,00
5710	Verzugszinsen für verspätet bezahlte Kundenrechnungen	2 000,00
60	Rohstoffverderb, Diebstahl Hierfür besteht eine Sachversicherung, deren Prämie im Konto 6900 erfasst wurde.	42 000,00
6520	Abschreibungen Davon entfallen auf das vermietete Gebäude Für die restlichen bilanziellen Abschreibungen sind kalkulatorische Abschreibungen zu verrechnen.	500 000,00 24 000,00
6960	Verluste aus dem Verkauf nicht mehr betriebsnotwendiger Anlagen	150 000,00
70	a) Grundsteuer für vermietete Gebäudeteile b) Restliche Steuern sind Zweckaufwand	35 000,00 145 000,00
7510	Zinsaufwendungen für betrieblich notwendiges Fremdkapital Statt der Fremdkapitalzinsen werden kalkulatorische Zinsen verrechnet (s. u.).	70 000,00
	Ansonsten handelt es sich um betrieblich ordentliche Aufwendungen und Erträge.	
	Folgende kalkulatorische Kosten sind anzusetzen: a) kalkulatorische Abschreibungen b) kalkulatorische Zinsen	 350 000,00 180 000,00

Führen Sie die Abgrenzungsrechnung durch und stimmen Sie die Ergebnisse miteinander ab.

17 Die Finanzbuchhaltung der LESA-GmbH wies für das abgelaufene Geschäftsjahr folgende Werte aus:

Konto	Kontobezeichnung	Aufwendungen €	Erträge €
5000	Umsatzerlöse für Erzeugnisse	–	9 600 000,00
5400	Mieterträge	–	240 000,00
5460	Erträge aus dem Abgang von Vermögensgegenständen	–	32 000,00

Konto	Kontobezeichnung	Aufwendungen €	Erträge €
5710	Zinserträge	–	4000,00
6000	Aufwendungen für Roh-, Hilfs- und Betriebsstoffe	3800000,00	–
62–64	Personalaufwand	1800000,00	–
6520	Abschreibungen auf Sachanlagen	600000,00	–
66–6870	Sonstige betriebliche Aufwendungen	2830000,00	–
6880	Spenden	8000,00	–
6900	Versicherungsbeiträge	38000,00	–
6960	Verluste aus dem Abgang von Vermögensgegenständen	280000,00	–
70	Betriebliche Steuern	132000,00	–

Zu den obigen Positionen liegen folgende Informationen vor:

Konto	Anmerkungen	€
5400	Mieterträge aus vermieteten Wohnungen	240000,00
5460	Erträge aus dem Verkauf gebrauchter Maschinen über Buchwert	32000,00
5710	Verzugszinsen für verspätet bezahlte Kundenrechnungen	4000,00
6520	Abschreibungen, davon entfallen auf das vermietete Gebäude Für die restlichen bilanziellen Abschreibungen sind kalkulatorische Abschreibungen zu verrechnen.	600000,00 48000,00
6880	Spende an das Rote Kreuz	8000,00
6900	a) Versicherungsprämie für vermietete Gebäudeteile b) Restliche Aufwendungen sind Zweckaufwendungen	6000,00 32000,00
6960	a) Verluste aus dem Verkauf eines nicht betriebsnotwendigen Gebäudes b) Verlust aus dem Verkauf gebrauchter Anlagen	50000,00 230000,00
70	a) Grundsteuer für vermietete Gebäudeteile b) Restliche Steuern sind sachzielbezogene Steuern	16000,00 116000,00
	Die übrigen Positionen enthalten ausschließlich sachzielbezogene Aufwendungen und Erträge.	
	Es sind folgende kalkulatorische Kosten anzusetzen: a) kalkulatorische Abschreibungen b) kalkulatorische Zinsen	 500000,00 200000,00

Führen Sie die Abgrenzungsrechnung durch und stimmen Sie die Ergebnisse miteinander ab.

18 Nachstehende GuV-Rechnung einer Maschinenfabrik ist für Zwecke der Kostenrechnung auszuwerten:

	€
Umsatzerlöse	10200000,00
Bestandsmehrungen	70000,00
Sonstige betriebliche Erträge	90000,00
Aufwendungen für Roh-, Hilfs- und Betriebsstoffe	7250000,00
Personalaufwand	1475000,00
Abschreibungen	150000,00
Sonstige betriebliche Aufwendungen	390000,00
Zinsen und ähnliche Erträge	50000,00
Zinsen und ähnliche Aufwendungen	60000,00
Ergebnis der gewöhnlichen Geschäftstätigkeit	1085000,00
Steuern	125000,00
Jahresüberschuss	960000,00

Dabei sind folgende Korrekturen für Zwecke der Kostenrechnung zu berücksichtigen:
1. Die Aufwendungen für Roh-, Hilfs- und Betriebsstoffe sind ausschließlich Zweckaufwand.
2. Von den sonstigen betrieblichen Erträgen sind 20000,00 € auf betriebsfremde Geschäftsfälle zurückzuführen. Die restlichen sonstigen betrieblichen Erträge sind betrieblich außerordentliche Erträge.
3. Sämtliche Personalaufwendungen sind Zweckaufwand.
4. Die kalkulatorischen Abschreibungen auf Anlagen sind mit 170000,00 € anzusetzen.
5. Von den sonstigen betrieblichen Aufwendungen sind 8000,00 € betrieblich außerordentlich. Weitere 55000,00 € sind auf betriebsfremde Geschäftsfälle zurückzuführen. Die restlichen Aufwendungen sind Grundkosten.
6. Es handelt sich um Zinsen in Höhe von 40000,00 € aus Darlehen an Betriebsangehörige und um 10000,00 € Verzugszinsen.
7. Die Zinsen wurden für betriebsnotwendiges Fremdkapital gezahlt. Die kalkulatorischen Zinsen betragen 80000,00 €.
8. Die Position Steuern enthält 50000,00 € Körperschaftsteuer.

   Führen Sie die unternehmungs- und betriebsbezogene Abgrenzungsrechnung durch und stimmen Sie die Ergebnisse miteinander ab.

19 Das Konto 6160 Fremdinstandsetzung der Finanzbuchführung weist einen Saldo von 723600,00 € aus.

Darin sind u. a. folgende Vorgänge erfasst:

	€
1. Reparaturen in einem vermieteten Gebäudeteil	34000,00
2. Erneuerung des Daches einer Werkshalle	217000,00
3. Reparatur eines Maschinenschadens infolge unsachgemäßer Bedienung	81000,00

Machen Sie einen begründeten Vorschlag für die Abwicklung dieser Vorgänge in der Abgrenzungsrechnung.

20 a) Führen Sie die Abgrenzungsrechnung für folgende Kostenarten durch:

Aufwand der Finanzbuchhaltung		Zu verrechnende Kosten im Quartal
Urlaubslohnzahlungen Juni August	 46000,00 € 68000,00 €	30000,00 €
Versicherungsprämien April	 6000,00 €	1500,00 €
Fremdreparaturen Februar November	 32000,00 € 8000,00 €	9000,00 €

b) Führen Sie die Abgrenzungsrechnung nach dem vierten Quartal durch (sonstige Abgrenzung).

21 Eine Maschinenfabrik hatte in der Abrechnungsperiode lt. MES folgende mengenmäßige Entnahmen des Werkstoffs ZK 573:

Menge in Stück	AK je kg in €	Menge in St.	AK je kg in E
6000	3,60	2000	3,70
4000	3,70	5000	3,80

Der Betrieb rechnet den Materialverbrauch mit einem gleich bleibenden betriebsinternen Verrechnungspreis für diese Rechnungsperiode von 3,75 € je kg ab.

a) Ermitteln Sie
   aa) den Rohstoffaufwand der Finanzbuchhaltung,
   ab) die Rohstoffkosten (Fertigungsmaterial) für die KLR.

b) Führen Sie die Abgrenzungsrechnung durch.

5.2.4 Gliederung der Kosten

Frau Friedrich und Herr Stein sind zunächst erfreut, als sie erfahren, dass ihr Betrieb einen Gewinn von 129 531,25 € (siehe Abgrenzungsrechnung S. 546) erwirtschaftet hat.

Im Vorjahr betrug der Betriebsgewinn jedoch lt. Abgrenzungsrechnung noch 254 000,00 €. Sie fragen sich nach Ursachen dieser negativen Entwicklung. Herr Stein verlangt von Herrn Stam, dem Abteilungsleiter „Absatz", eine Erklärung für den Gewinnrückgang.

- Stellen Sie für Herrn Stam mögliche Ursachen für diese Entwicklung zusammen.

Einflussgrößen des Betriebserfolges

Der **Betriebserfolg (Gewinn/Verlust)** einer Unternehmung wird einerseits durch die **Umsatzerlöse**, andererseits durch die **Kosten** beeinflusst. Die Kosten setzen sich aus den **Herstellkosten der einzelnen Produkte** und den **Verwaltungs- und Vertriebskosten**, die Umsatzerlöse aus dem Umsatz der einzelnen Produkte zusammen.

Beispiel

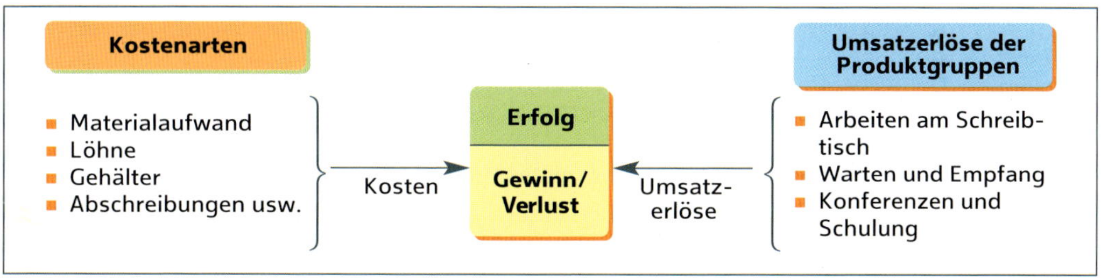

Nehmen beispielsweise die Umsatzerlöse einer Sortimentsgruppe (z. B. Konferenzen und Schulung) ab oder steigen deren Herstellkosten, kann der Gewinn dadurch abnehmen.

Der Unternehmer muss also laufend die Einflussgrößen des Gewinns beobachten, d. h.

- einerseits die **Umsatzerlöse** insgesamt und der einzelnen Produktgruppen,
- andererseits die **Kosten** insgesamt und der einzelnen Produktgruppen.

Er muss stärker darauf achten, dass möglichst jedes Produkt seine eigenen Kosten deckt und darüber hinaus einen Gewinn erzielt. Der Unternehmer braucht also Informationen über die Umsatzerlöse und die Kosten jedes Produktes.

Gliederung der Kosten nach der Art des Werteverzehrs

In Anlehnung an den Kontenrahmen und die Abgrenzungsrechnung lassen sich die Kostenarten unter dem Gesichtspunkt eingesetzter Produktionsfaktoren gliedern und für Zeit- und Betriebsvergleiche auswerten:

Material- oder Stoffkosten (Werkstoffkosten)	Verbrauch an Rohstoffen, Fremdbauteilen, Hilfsstoffen und Betriebsstoffen, Aufwendungen für bezogene Leistungen
Arbeitskosten	Löhne, Gehälter, soziale Abgaben, Aufwendungen für Altersversorgung und für Unterstützung
Abschreibungen (Betriebsmittelkosten)	Abschreibungen auf Anlagevermögen
Dienstleistungskosten (sonstige betriebliche Aufwendungen)	Aufwendungen für die Inanspruchnahme von Rechten und Diensten, Aufwendungen für Kommunikation

Kapitalkosten	Zinsen, Kosten des Geldverkehrs
Zwangsabgaben	Steuern, Gebühren, Beiträge
Umweltkosten	Kosten aufgrund gesetzlicher Produktions-, Entsorgungs- und Reinhaltungsauflagen

Gliederung der Kosten nach ihrer Zurechenbarkeit in Einzel- und Gemeinkosten

Soll die Wirtschaftlichkeit einzelner Produkte betrachtet werden, müssen den Umsatzerlösen des jeweiligen Produktes die entsprechenden Kosten gegenübergestellt werden.

Gemeinkosten:

Voraussetzung für die Verteilung der Kosten ist, dass die in der Abgrenzungsrechnung ermittelten Kosten den einzelnen Produkten zugerechnet werden können. In Mehrproduktunternehmen ist das jedoch nicht exakt möglich, weil zahlreiche Kostenarten für **mehrere** oder **alle Produkte gemeinsam** anfallen. Solche Kosten, die durch mehrere Produkte oder alle Leistungen verursacht werden, sind **Gemeinkosten**. Sie können den einzelnen Produkten oder Aufträgen nur auf dem Weg besonderer Umlageverfahren zugerechnet werden.

Beispiele **Gemeinkosten der Bürodesign GmbH**
- Verbrauch von Hilfsstoffen, wie Nägel, Schrauben, Unterlegscheiben, Leime, Lacke, Farben
- Verbrauch von Verbrauchswerkzeugen und Betriebsstoffen, wie Schmierstoffe, Schleifmaterial, Poliermittel
- Kosten der Entsorgung (Verpackung, Lösungsmittel, Farbreste, Verschnitt)
- Brennstoffe und Energie
- Hilfslöhne, Gehälter und entsprechende soziale Abgaben
- Aufwendungen für Fremdleistungen (z. B. Fremdinstandsetzungen, Frachten)
- Lagermiete, Lagerreinigung
- Aufwendungen für Kommunikation
- Aufwendungen für Versicherungen
- Kalkulatorische Kosten
- Steuern, Gebühren

Einzelkosten:

Kostenarten, die **einzelnen Produkten direkt** zugeordnet werden können, werden als **Einzelkosten** bezeichnet.

Beispiele
- **Verbrauch von Rohstoffen und bezogenen Fertigteilen** (Holz- und Metallsockel, Scharniere, Schlösser lt. Stücklisten oder Materialentnahmescheinen) für den Schreibtisch „Chef 2000“
- **Fertigungslöhne** lt. Akkordzettel, Lohnlisten, Arbeitspläne (356 Elemente à 4,45 € Stückgeld = 1584,20 €)

Soweit die Ermittlung des Hilfsstoffverbrauchs für das einzelne Produkt oder den einzelnen Kundenauftrag keine Schwierigkeiten bereitet und wirtschaftlich vertretbar ist, kann auch dieser zu den Einzelkosten gezählt werden.

Beispiel Beim Holzschrauben- und Nägelverbrauch ist die Einzelerfassung wirtschaftlich nicht vertretbar.

Sondereinzelkosten:

Einzelkosten, die aufgrund besonderer Produktions- und Lieferbedingungen nur für einen bestimmten Auftrag anfallen, sind **Sondereinzelkosten**. Diese werden in **Sondereinzelkosten der Fertigung** und **Sondereinzelkosten des Vertriebs** gegliedert.

- **Sondereinzelkosten der Fertigung** entstehen im Rahmen der Fertigung insbesondere bei Sonderanfertigungen.

  Beispiele der Bürodesign GmbH
  - besondere Konstruktionspläne, Baupläne, Modelle, Vorrichtungen für eine Empfangstheke für einen Zahnarzt
  - Spezialwerkzeuge oder Sonderteile für einen bestimmten Auftrag lt. Eingangsrechnungen (z. B. Einbau Thermoplatte)
  - besondere Modelle und Formen für einen bestimmten Auftrag
  - stückabhängige Lizenzgebühr (besonderes Design)
- **Sondereinzelkosten des Vertriebs** entstehen im Rahmen des Vertriebs

  Beispiele Vertreterprovision, Ausgangsfracht (der Kunde wünscht den Direkttransport zu einem Abnehmer nach Buxtehude), Spezialverpackung für einen bestimmten Auftrag, Kundenskonto

Gliederung der Kosten

- Kostengliederung nach der Art des Werteverzehrs
  - Material- oder Stoffkosten
  - Arbeitskosten
  - Abschreibungen (Betriebsmittelkosten)
  - Dienstleistungskosten
  - Zwangsabgaben
  - Umweltschutzkosten
- Kostengliederung nach ihrer Zurechenbarkeit

Einzelkosten	Gemeinkosten
– **Kostenarten**, die dem einzelnen Produkt oder Auftrag aufgrund von Stücklisten direkt zugerechnet werden können. – Kosten, die aufgrund von besonderen Produktions- und Lieferbedingungen nur für einen Auftrag abfallen, sind **Sondereinzelkosten** – der Fertigung oder – des Vertriebs.	– **Kostenarten**, die durch mehrere Produkte oder Aufträge verursacht werden und somit nicht direkt zugerechnet werden können. – Sie werden den einzelnen Erzeugnissen oder Aufträgen auf dem Wege besonderer **Umlageverfahren** zugerechnet.

1 Entscheiden Sie, bei welchen der folgenden Kostenarten es sich um
a) Einzelkosten, b) Sondereinzelkosten, c) Gemeinkosten handelt.
1. Rohstoffverbrauch laut MES für einen Kundenauftrag
2. Stromverbrauch laut Monatsabrechnung
3. Werkzeugverbrauch für den Auftrag Kunde Müller
4. Fertigungslöhne laut Akkordlohnzettel
5. Abschreibungen auf Maschinen
6. Gewerbesteuer
7. Kfz-Steuer
8. Reinigungsmaterial für Maschinen
9. Hilfsstoffverbrauch laut Befundrechnung
10. Gehälter lt. Gehaltsliste
11. Miete für Büroräume
12. Verkaufsprovision für die Handelsvertreter für bestimmte Aufträge
13. Besondere Konstruktionspläne für einen Kunden
14. Kosten einer Werbeanzeige des Unternehmens
15. Soziale Abgaben laut Lohn- und Gehaltslisten
16. Verbrauch von bezogenen Fertigteilen laut MES für einen Kundenauftrag
17. Büromaterial
18. Spezialverpackung mit Kundenetikett
19. Kosten einer Werbeaktion für die Einführung eines neuen Produktes
20. Reparaturkosten an einer Drehbank in der Dreherei

2 Entscheiden Sie, welche der in folgender Tabelle angegebenen Kosten der Bürodesign GmbH
a) Einzelkosten, b) Gemeinkosten sind.

Kosten der Büromöbelfabrik	a)	b)
1. Holzverbrauch zur Tischherstellung		
2. Fremdstromverbrauch des Betriebes		
3. Kfz-Steuer für die Betriebs-Lkw		
4. Lackverbrauch		
5. Benzinverbrauch Lkw		
6. Holzverbrauch zur Herstellung mehrerer Werkbänke zum eigenen Gebrauch		
7. Abschreibung der Werkbänke (siehe Fall 6)		
8. Scharniere und Schlösser zur Schrankherstellung		
9. Miete für die Verwaltungsräume		
10. Lohnzahlung an die Facharbeiter		

3 In der Finanzbuchhaltung eines Industriebetriebes werden u. a. die folgenden Aufwendungen erfasst: 6000 Rohstoffaufwand, 6020 Hilfsstoffaufwand, 6030 Betriebsstoffaufwand, 6040 Verpackungsmaterial, 6050 Energie, 6150 Vertriebsprovision, 6160 Fremdinstandsetzung, 62 Löhne, 63 Gehälter, 64 Soziale Abgaben, 65 Abschreibungen, 6700 Mieten, 6730 Gebühren, 6750 Kosten des Geldverkehrs, 6800 Büromaterial, 6820 Postentgelte/Telekommunikation, 6870 Werbung, 7030 Kfz-Steuer, 7700 Gewerbesteuer.
Entscheiden Sie, in welchen der nachfolgenden Kostenarten die obigen Aufwendungen berücksichtigt werden können. Stellen Sie die Ergebnisse in einer Matrix mit folgender Einteilung zusammen:

Kosten / Aufwand	Einzelkostenarten				Gemeinkostenarten
	FM	FL	SEKdF	SEKdV	
6000 . 7030					

4 Erklären Sie an je einem Beispiel
a) Einzelkosten, b) Gemeinkosten.

5 Entscheiden Sie in den folgenden Fällen der Autoreparaturwerkstatt Karl Hauser, ob es sich um
a) Einzelkosten, b) Sondereinzelkosten, c) Gemeinkosten handelt.

1. Verbrauch von Werkzeugen für die Reparaturen
2. Materialverbrauch lt. Kundenauftrag 302
   a) 4 Zündkerzen
   b) 2 Paare Bremsklötze
   c) 1 Zylinderdichtungsring
3. Eine Tube Schmierfett laut MES für Arbeitsplatz 10
4. Banküberweisung der Unfallversicherung an die Berufsgenossenschaft
5. Banküberweisung der Gehälter für die Büroangestellten
6. Schmierfette für die Wagenheber
7. Vertreterprovision lt. aufgeschlüsselter Abrechnung über den Verkauf einzelner Fahrzeuge
8. Löhne für die Gesellen aufgrund der Arbeitsaufträge
9. Gewerbesteuervorauszahlung
10. Steuerberatungskosten
11. Reinigungsmaterial für die Büroräume
12. Arbeitslohn für Auftrag 303
13. Ausgleich der Stromrechnung durch Banküberweisung
14. Reifen für Auftrag 304
15. Telefonentgelte der Betriebsverwaltung
16. Materialverbrauch bei Ölwechsel lt. Auftrag 305
   a) Ölfilter
   b) 4 l Öl 20/50

5.3 Kostenstellenrechnung

Herr Stein hat festgestellt, dass der Block der Gemeinkosten den einzelnen Produktgruppen nicht ohne Weiteres zugeordnet werden kann, sodass noch keine exakte Aussage darüber möglich ist, wie groß der Gewinnanteil der einzelnen Produktgruppen ist und ob jede Produktgruppe überhaupt einen Gewinn erzielt hat. Herr Stein sieht keine Möglichkeit, die Gemeinkosten zu beeinflussen, da er nicht genau weiß, wo diese Kosten entstanden sind und wer sie zu verantworten hat.

- Entwickeln Sie einen Vorschlag zur Lösung dieser Probleme.

▲ Kostenstellen und ihre Einteilungskriterien

Um die Gemeinkosten beeinflussen zu können, muss der Unternehmer wissen, wo sie entstanden sind und **wer** sie zu verantworten hat. Dazu ist es notwendig, den **Gesamtbetrieb** nach **Aufgaben**- oder nach **Verantwortungsbereichen** zu unterteilen. Diese **Bereiche der Kostenverursachung** werden als **Kostenstellen** bezeichnet.

Für die Aufteilung des Betriebes in Kostenstellen bieten sich Verantwortungsbereiche oder betriebliche Funktionen an.

Eine **Gliederung nach Verantwortungsbereichen** ist sinnvoll, wenn bei Untersuchungen der Kostenstruktur bzw. der Kostenentwicklung, z.B. bei Abweichungen von den Plankosten, die Verantwortlichen herangezogen werden sollen.

Beispiel Die Kosten der Polsterei sind bei vergleichbarem Umsatz unverhältnismäßig gestiegen. Verantwortlich ist Herr Müller, der Abteilungsleiter Produktion.

Bei einer **Gliederung nach Funktionen** (Aufgaben) werden die Kostenstellen nach Tätigkeitsbereichen abgegrenzt. Ein Tätigkeitsbereich kann vom einzelnen Arbeitsplatz bis zu Abteilungen reichen. Organisatorisch kann eine Übereinstimmung von Funktions- und Verantwortungsbereich erzielt werden.

Beispiele

Funktionsbereiche	Verantwortliche	Funktionsbereiche	Verantwortliche
Beschaffung Produktion	Herr Kaya Herr Müller	Absatz Verwaltung	Herr Stam Frau Jaeger

Jeder einzelne Funktionsbereich kann in weitere Kostenstellen gegliedert werden. In kleineren Industriebetrieben beschränkt man sich vielfach, den Hauptfunktionsbereichen entsprechend, auf die Einteilung des Gesamtbetriebes in vier Kostenstellen mit den zugehörigen Tätigkeiten, wie folgendes Schaubild zeigt:

Kostenstellen und zugehörige Tätigkeiten

I. Material	II. Fertigung	III. Verwaltung	IV. Vertrieb
■ Material- – beschaffung – annahme – prüfung – lagerung – ausgabe usw.	■ Technisches Büro – für Entwicklung – für Konstruktion ■ Arbeitsvorbereitung ■ Verschiedene Fertigungsbereiche ■ Reparaturwerkstatt ■ u. a.	■ Kaufmännische Leitung ■ Personalabteilung ■ Buchführung ■ Statistik ■ Kosten- und Leistungsrechnung ■ u. a.	■ Verkauf ■ Werbung ■ Versand ■ Fertiglager ■ u. a.
↑	↑	↑	↑

Verteilung der **Gemeinkosten** aufgrund der Verursachung durch die jeweiligen Tätigkeiten

Aufgaben der Kostenstellenrechnung

Die Kostenstellenrechnung hat die Aufgabe, die Gemeinkostenarten nach ihrer Verursachung auf die **Kostenstellen** zu verteilen. Sie gliedern sich in

Material-gemeinkosten (MGK)	Fertigungs-gemeinkosten (FGK)	Verwaltungs-gemeinkosten (VwGK)	Vertriebs-gemeinkosten (VtGK)
Beispiele Kosten der ▪ Materialannahme, ▪ Lagerung, ▪ Pflege und ▪ Materialausgabe	**Beispiele** Gehälter für Personal in der Arbeitsvorbereitung, Abschreibungen auf Produktionsanlagen, Hilfslöhne	**Beispiele** Geschäftsleitung, Rechnungswesen, Personalabteilung	**Beispiele** Marktforschung, Fertiglager, Public Relations

Auf diese Weise werden die Gemeinkosten jeder Kostenstelle überwacht. Durch Zeitvergleiche kann die Kostenentwicklung in jeder Kostenstelle beobachtet werden. Dadurch können Schwachstellen des Betriebes erkannt und beseitigt werden, indem den Kostenstellen entsprechende Plankosten vorgegeben werden. Regelmäßig müssen dann die Ist-Kosten ermittelt und mit den vorgegebenen Plankosten verglichen werden.

Für Zwecke der Kostenträgerrechnung lassen sich aus der Kostenstellenrechnung Zuschlagssätze ableiten, mit deren Hilfe die Gemeinkosten der Kostenstellen auf die Kostenträger verrechnet werden (vgl. S. 564ff.).

Verteilung der Gemeinkosten auf die Kostenstellen im Betriebsabrechnungsbogen

Ziel der Gemeinkostenverteilung muss es sein, die Gemeinkosten möglichst verursachungsgerecht auf die Kostenstellen zu verteilen. Denn welcher **Abteilungsleiter** möchte schon für die Kosten verantwortlich gemacht werden, die die Abteilung nicht verursacht hat.

Beispiel Frau König schlägt vor, die Anteile der Feuerversicherung für alle vier Kostenstellen gleichzusetzen. Damit sind die Abteilungsleiter Kaya und Stam nicht einverstanden, weil sie meinen, dass die unterschiedliche Raumgröße zu berücksichtigen sei.

Kostenstelleneinzelkosten:

Ein Teil der Gemeinkosten kann aufgrund von Belegen oder mithilfe von Mess- und Zähleinrichtungen zugeordnet werden:

Beispiele

- Materialgemeinkosten mithilfe von Materialentnahmescheinen
- Gehälter, Sozialkosten mithilfe von Gehaltslisten
- Kosten der Werbung anhand von Belegen
- Instandhaltungskosten anhand von Belegen
- Abschreibungen bestimmter Anlagen mittels Anlagendatei
- Stromkosten mithilfe von Zählern
- Büromaterial aufgrund von Materialentnahmescheinen oder Eingangsrechnungen

Die Kostenträgergemeinkosten, die den Kostenstellen direkt zugerechnet werden können, sind Kostenstelleneinzelkosten.

Kostenstellengemeinkosten:

Ein Teil der Gemeinkosten wurde von mehreren oder allen Kostenstellen gemeinsam verursacht. Es sind Kostenstellengemeinkosten. Sie können den Kostenstellen nur mithilfe von Verteilungsschlüsseln zugerechnet werden. Kernproblem der Kostenstellengemeinkostenverteilung ist es, geeignete Verteilungsschlüssel zu finden, die die Kostenverursachung auch widerspiegeln.

Verteilungsmöglichkeiten einzelner Gemeinkosten

Kostenart	Verteilungsgrundlage
– Kfz-Kosten (Versicherung, Steuer, Kraftstoffe)	km (Fahrtenbücher) auf die Funktionsbereiche
– Unfallversicherung	Zahl der Beschäftigten in den Funktionsbereichen
– Feuerversicherung	Wert des versicherten Vermögens in den Funktionsbereichen
– Miete, Heizung	m^2 oder m^3 der einzelnen Funktionsbereiche
– Abschreibungen	Wert des Anlagevermögens in den Funktionsbereichen
– Kalkulatorische Zinsen	Wert des betriebsnotwendigen Vermögens einzelner Funktionsbereiche

Betriebsabrechnungsbogen (BAB)

Die Verteilung der Gemeinkosten wird in statistisch-tabellarischer Form im **Betriebsabrechnungsbogen (BAB)** durchgeführt.

Aus der Abgrenzungsrechnung der Kostenartenrechnung werden die Gemeinkosten übernommen und dann mithilfe von Belegen, Zähl- und Messeinrichtungen oder mithilfe von Schlüsseln auf die Kostenstellen verteilt (Beispiel siehe folgende Seite).

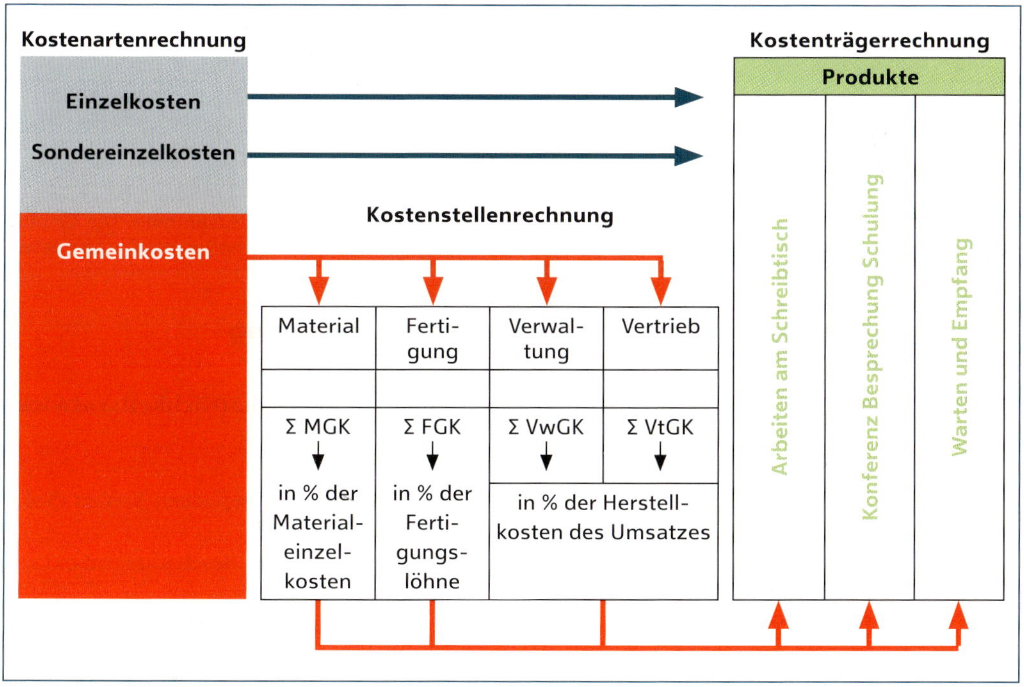

Die regelmäßige Erstellung eines BAB ermöglicht der Unternehmensleitung neben der Kostenartenkontrolle eine Überwachung der Kosten einzelner Kostenstellen. Dadurch können im Falle starker Schwankungen und unveränderter Beschäftigung und Preissituation die Ursachen der Abweichungen leichter herausgefunden werden (zur Auswertung des BAB für Zwecke der Kalkulation siehe S. 564 ff.).

Mithilfe von Verteilungsschlüsseln werden die Kosten der Funktionsbereiche Material, Fertigung, Verwaltung und Vertrieb auf die Kostenträger verteilt.

Zur Aufstellung des BAB werden die Gemeinkostenarten lt. Abgrenzungsrechnung mit den Beträgen übernommen. Dann werden Verteilungsgrundlagen (Belege, wie Gehaltslisten, MES, ER) und Verteilungsschlüssel angegeben, mit deren Hilfe die Gemeinkosten den Kostenstellen zugeordnet werden können.

Beispiel Einstufiger BAB der Bürodesign GmbH

Frau König hat folgenden einstufigen Betriebsabrechnungsbogen nach Abstimmung der Verteilungsgrundlage und -schlüssel unter den Abteilungsleitern erstellt:

Web

Zeile	Konto	Kostenarten	€	Verteilungsgrundlage	Verteilungsschlüssel	Kostenstellen			
						I. Material	II. Fertigung	III. Verwaltung	IV. Vertrieb
01	6020	Hilfsstoffaufwand	47 500,00	MES		4 750,00	41 750,00	375,00	625,00
02	6050	Energie	90 003,00	kWh	1 : 8 : 2 : 1	7 500,25	60 002,00	15 000,50	7 500,25
03	6160	Fremdinstandsetzung	23 368,25	ER		7 291,00	9 575,25	3 058,75	3 443,25
04	6300	Gehälter	377 500,00	Gehaltslisten		61 920,25	154 492,75	111 987,00	49 100,00
05	6800	Aufw. für Kommunikation	146 250,00	Belege		20 291,00	8 557,50	56 050,00	61 351,50
06	7000	Betriebliche Steuern	39 357,50		1 : 1 : 4 : 1	5 622,50	5 622,50	22 490,00	5 622,50
07		Kalkulator. Abschreibungen	75 000,00	Anlagendatei		22 000,00	56 000,00	22 500,00	10 500,00
08		Kalkulatorische Zinsen	65 000,00	betr.-notw. Vermögen		45 000,00	36 000,00	16 500,00	16 500,00
Summe der Gemeinkosten			948 978,75			174 375,00	372 000,00	247 961,25	154 642,50

Beispiel **Erläuterung des Verteilungsschlüssels „Energie"**

Die Energiekosten setzen sich aus Grundgebühren und Verbrauchseinheiten zusammen. Die Grundgebühren wurden im Verhältnis der Verbrauchseinheiten verteilt. Verbrauchseinheiten der Kostenstelle I 130 000 kWh, II 1 040 000 kWh, III 260 000 kWh, IV 130 000 kWh.

▲ Auswertungsmöglichkeiten der Kostenstellenrechnung für die Kostenkontrolle und Kalkulation

Die Kostenstellenrechnung liefert fertige **Informationen über die Wirtschaftlichkeitsentwicklung einzelner Betriebe und Kostenstellen**

- durch Vergleich mit den Kosten vergangener Zeiträume,
- durch Vergleich der tatsächlich angefallenen Kosten **(Ist-Kosten)** mit geplanten Kosten **(Soll-Kosten)**,
- durch Vergleich der Kosten für innerbetriebliche Leistungen mit Preisen am Beschaffungsmarkt zur Wirtschaftlichkeitskontrolle der Eigenherstellung.

Kostenstellenrechnung

- Die Kostenstellenrechnung informiert über die **Kostenverursachung** einzelner Betriebsbereiche (**Funktions-** und **Verantwortungsbereiche**); dadurch lassen sich Kosten verantwortlichen Personen zuordnen.
- Durch Vergleich verschiedener Zeiträume (**Zeitvergleich**) kann die **Kostenentwicklung** jeder Kostenstelle festgestellt werden.
- Durch Vergleich der angefallenen Kosten (**Ist-Kosten**) mit den geplanten Kosten (**Soll-Kosten**) liefert sie Unterlagen für die Kostensteuerung und damit für die **Wirtschaftlichkeitskontrolle**.
- Die Kostenstellenrechnung ist Voraussetzung für die Verteilung der Gemeinkosten auf die Kostenträger.
- Nach der Zurechnung der Gemeinkosten auf die Kostenstellen sind **Kostenstelleneinzel-** und **Kostenstellengemeinkosten** zu unterscheiden.
- Die Verteilung der Gemeinkosten wird in statistisch-tabellarischer Form im **Betriebsabrechnungsbogen** (BAB) durchgeführt.
- Je nach Tiefengliederung werden **einstufiger** und **mehrstufiger BAB** unterschieden.

1 Die Betriebsbuchhaltung eines Industriebetriebes ermittelte folgende Gemeinkosten:

	€
GKM: Hilfs- und Betriebsstoffaufwand	480 000,00
Energie	160 000,00
Wasser	12 000,00
Löhne: Hilfslöhne	120 000,00
Gehälter	540 000,00
Sozialabgaben	220 000,00
Fremdinstandsetzung	100 000,00
Versicherungen	38 000,00
Verschiedene Aufwendungen	380 000,00
Kalkulatorische Abschreibungen	580 000,00
Kalkulatorische Zinsen	150 000,00

Verteilen Sie diese Gemeinkosten unter Berücksichtigung folgender Angaben auf die Kostenstellen I. Material, II. Fertigung, III. Verwaltung, IV. Vertrieb und stellen Sie den BAB auf.

Angaben zur Verteilung der Gemeinkosten

Kostenart	Verteilungsgrundlage	I.	II.	III.	IV.
Gemeinkostenmat.	Materialentnahmescheine	12 000,00	456 000,00	2 000,00	10 000,00
Energie	kWh	14 000	370 000	110 000	6 000
Wasser	m³ lt. Zähler	300	3 600	800	100
Löhne: Hilfslöhne	Lohnlisten	12 000,00	108 000,00	–	–
Gehälter	Gehaltslisten	56 000,00	102 000,00	324 000,00	58 000,00
Sozialabgaben	Lohn- und Gehaltslisten	10 000,00	120 000,00	80 000,00	10 000,00
Fremdinstandsetzung	Eingangsrechnungen	6 000,00	70 000,00	4 000,00	20 000,00
Versicherungen	Belege	1 000,00	8 000,00	1 000,00	28 000,00
Verschiedene	Belege	15 000,00	25 000,00	220 000,00	40 000,00
Aufwendungen	Rest: m²	500	2500	500	500
Kalk. Abschreib.	Anlagenkartei	30 000,00	305 000,00	55 000,00	190 000,00
Kalk. Zinsen	8 % des betriebsnotwend. Kap. von 1 875 000,00 €	500 000,00	600 000,00	300 000,00	475 000,00

2 In der Abgrenzungsrechnung ermittelte ein Industriebetrieb folgende Kosten und Leistungen:

	Soll €	Haben €
Fertigungsmaterial (Rohstoffaufwand)	295 000,00	
Gemeinkostenmaterial (Hilfs- und Betriebsstoffaufwand)	48 000,00	
Energie	18 000,00	
Wasser	2 000,00	
Löhne:		
Fertigungslöhne	98 000,00	
Hilfslöhne	20 000,00	
Gehälter	102 000,00	
Sozialabgaben	20 000,00	
Gewerbesteuern	8 000,00	
Versicherungen	16 000,00	
Miete	80 000,00	
Reisekosten	35 000,00	
Abschreibungen	54 000,00	
Umsatzerlöse		854 000,00
Bestandsveränderungen		46 000,00

Stellen Sie unter Beachtung folgender Verteilungsschlüssel den BAB auf.

a) Nutzungsfläche der Betriebsräume 32 000 m², davon entfallen auf Kostenstelle

I. Material	II. Fertigung	III. Verwaltung	IV. Vertrieb
4 000 m²	18 000 m²	2 000 m²	8 000 m²

Nach diesem Schlüssel sind die Versicherungen und die Miete zu verteilen.

b) Hilfslöhne, Gehälter und Sozialabgaben sind gemäß den Lohn- und Gehaltslisten zu verteilen. Es entfallen hiernach auf:

Kostenstelle I:	Hilfslöhne	4 000,00 €;	Gehälter 15 300,00 €
	Sozialkosten	1 700,00 €;	
Kostenstelle II:	Hilfslöhne	10 000,00 €;	Gehälter 25 500,00 €
	Sozialkosten	12 000,00 €;	
Kostenstelle III:	Hilfslöhne	2 000,00 €;	Gehälter 45 900,00 €
	Sozialkosten	4 300,00 €;	
Kostenstelle IV:	Hilfslöhne	4 000,00 €;	Gehälter 15 300,00 €
	Sozialkosten	2 000,00 €;	

c) Gemeinkostenmaterial: Aufteilung laut Entnahmescheinen auf Kostenstelle I 6 000,00 €; Kostenstelle II 27 000,00 €; Kostenstelle III 3 000,00 €; Kostenstelle IV 12 000,00 €.

d) Für die Kostenstellen wurde aufgrund der Einzelzähler folgender Stromverbrauch festgestellt: Kostenstelle I 67 500 kWh; Kostenstelle II 270 000 kWh; Kostenstelle III 45 000 kWh; Kostenstelle IV 67 500 kWh.

e) Wasserverbrauch: Kostenstelle I 800 m³; Kostenstelle II 2 400 m³; Kostenstelle III 200 m³, Kostenstelle IV 600 m³.

f) Die Gewerbesteuern sind der Kostenstelle III, die Reisekosten der Kostenstelle IV zuzurechnen.

g) Die Abschreibungen auf Maschinen und maschinelle Anlagen in Höhe von 44 000,00 € sind mit 40 000,00 € der Kostenstelle II, mit dem Rest der Kostenstelle IV zuzurechnen.
Die Abschreibungen auf Betriebs- und Geschäftsausstattung in Höhe von 10 000,00 € sind gleichmäßig auf alle Kostenstellen zu verteilen.

3 Die Statistikabteilung wertete die Ergebnisse der Kostenarten- und Kostenstellenrechnung in zwei verschiedenen Kostenstatistiken aus, nämlich in einer Kostenarten- und in einer Kostenstellenstatistik.

a) Erläutern Sie den Inhalt der beiden Statistiken an unten stehenden Dateien.

b) Nennen Sie Gründe
   ba) für Schwankungen der Hilfslöhne von Monat zu Monat in den einzelnen Kostenstellen,
   bb) für Schwankungen der einzelnen Kostenarten in der Kostenstelle „Säge I“.

Kostenart: Hilfslöhne	**Januar**		**Februar**		**März**	
Kostenstelle	**€**	**%**	**€**	**%**	**€**	**%**
Gebäude	600,00	2,4	600,00	2,4	660,00	2,4
Sozialdienst	300,00	1,2	400,00	1,6	470,00	1,7
Fuhrpark	2400,00	9,6	2800,00	11,1	3200,00	11,6
Reparaturwerkstatt	4000,00	16,0	2600,00	10,3	1700,00	6,2
Material	900,00	3,6	1100,00	4,4	4500,00	16,4
Säge I	5000,00	20,0	5800,00	23,0	4400,00	16,0
Säge II	5400,00	21,6	4900,00	19,4	4500,00	16,4
Dreherei	1200,00	4,8	1300,00	5,1	1000,00	3,6
Fräserei	1100,00	4,4	1150,00	4,6	1200,00	4,4
Schleiferei	900,00	3,6	1000,00	4,0	1300,00	4,7
Montage	2100,00	8,4	2500,00	9,9	3600,00	13,1
Verwaltung	150,00	0,6	150,00	0,6	170,00	0,6
Vertrieb	950,00	3,8	900,00	3,6	800,00	2,9
Summe	25000,00	100,0	25200,00	100,0	27500,00	100,0

Kostenstelle: Säge	**Januar**		**Februar**		**März**	
Kostenart	**€**	**%**	**€**	**%**	**€**	**%**
Gemeinkostenmaterial	250,00	2,6	300,00	2,9	220,00	2,5
Strom	650,00	6,7	700,00	6,7	600,00	6,8
Hilfslöhne	5000,00	51,4	5800,00	55,9	4400,00	49,8
Gehälter	400,00	4,1	450,00	4,3	400,00	4,5
Sozialaufwendungen	850,00	8,8	900,00	8,7	800,00	9,0
Instandsetzung	600,00	6,2	200,00	1,9	500,00	5,7
Versicherungen	120,00	1,2	120,00	1,2	120,00	1,4
Verschiedene Kosten	100,00	1,0	100,00	1,0	100,00	1,1
Kalk. Abschreibung	1000,00	10,3	1000,00	9,6	1000,00	11,3
Kalk. Zinsen	750,00	7,7	800,00	7,8	700,00	7,9
Summe	9720,00	100,0	10370,00	100,0	8840,00	100,0

4 Vater und Mutter sind sich nicht einig, wo das Einkommen von 2800,00 € geblieben ist. Dagmar, ihre 18-jährige Tochter, die die gymnasiale Oberstufe am Wirtschaftsgymnasium besucht, schaltet sich ein: „Macht euch doch mal eine Aufstellung über eure Ausgaben und verteilt dann diese in einem BAB. Statt zu diskutieren, habt ihr dann was zum Schauen und Nachdenken."
Wie könnte eine solche Aufstellung sinnvollerweise aussehen? Machen Sie Vorschläge.

5 Anhand des Organigramms der Bürodesign GmbH sind die Kostenstellen für einen einstufigen BAB zu bilden. In diesem Zusammenhang sind folgende Einzelaspekte zu betrachten und zu protokollieren:

a) Kostenstellenbildung nach Funktionen „Beschaffung", „Produktion", „Absatz" und „Verwaltung"
b) Vor- und Nachteile einer Kostenstellenbildung nach Gruppenleitern und einer Kostenstellenbildung nach Hauptfunktionsbereichen
c) „Kosten und Verantwortung"
d) Vergleich der Ergebnisse (Kostenstellenplan und Begründung)

5.4 Kostenträgerrechnung, Kostenträgerzeitrechnung, Kostenträgerstückrechnung

Nachdem die Einzel- und Gemeinkosten lt. BAB festgehalten sind, ist Herr Stein der Meinung, dass jetzt der Erfolg der einzelnen Produktgruppen (Arbeiten am Schreibtisch, Warten und Empfang, Konferenzen und Schulung) festgestellt werden kann. Zu diesem Zweck ruft er Frau Grell und bittet sie, eine Aufstellung über die Ergebnisse der einzelnen Produktgruppen anzufertigen. Frau Grell meint dazu: „Das fragen Sie besser die Finanzbuchhaltung und die Kostenrechnung, die kennen jeweils die Umsatzerlöse und die Kosten der Produktgruppen."

- Erläutern Sie, warum Herr Stein den Erfolg der einzelnen Produktgruppen wissen will.
- Machen Sie Vorschläge für die Verteilung der Kosten auf die Produktgruppen.

Kostenträger sind zu unterteilen in Absatzleistungen und innerbetriebliche Leistungen. Bei Absatzleistungen sind die Kosten entstanden, um eine **Erzeugniseinheit** (ein Schrank, ein Stuhl) herzustellen, einen **Kundenauftrag** (ein Großraumbüro) zu erhalten oder um einen **Lagerauftrag** zur Erhaltung der Verkaufsbereitschaft auszuführen. Innerbetriebliche Leistungen sind im Unterschied zu diesen Außenaufträgen Innenaufträge, wie zu aktivierende (Anlagen, Großreparaturen) und nicht zu aktivierende Leistungen (regelmäßige innerbetriebliche Wartungen, Verbrauchswerkzeuge).

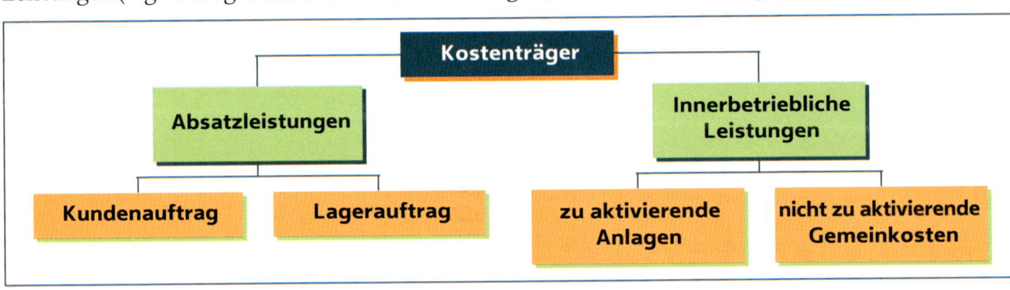

Werden die Kosten einzelnen **Erzeugniseinheiten** oder **Aufträgen** zugeordnet, spricht man von der **Kostenträgerstückrechnung** oder **Kalkulation**.

Werden die Kosten Zeiträumen zugeordnet, spricht man von der **Kostenträgerzeitrechnung**.

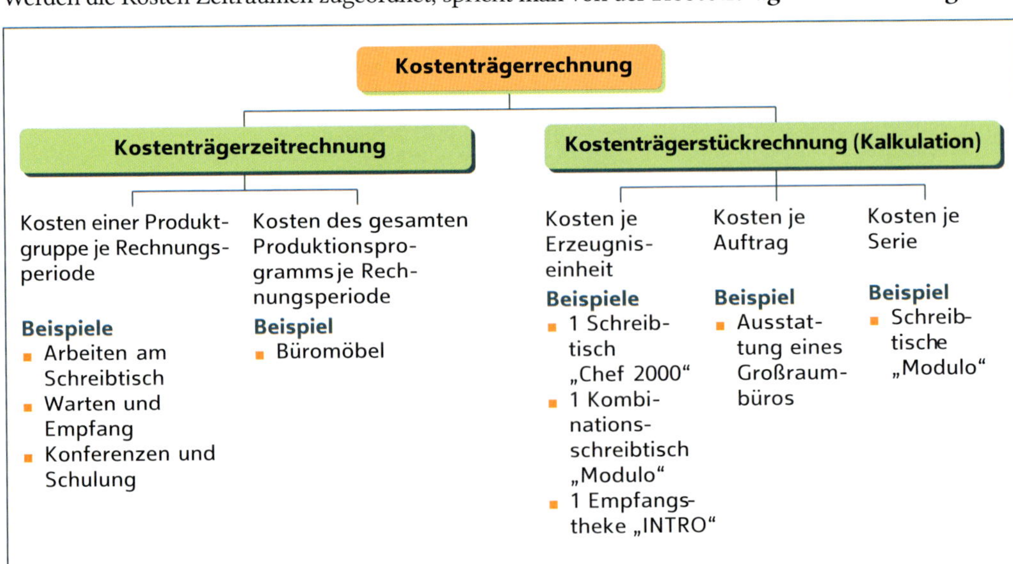

Kostenträgerzeitrechnung

Die **Kostenträgerzeitrechnung** hat die Aufgabe, die **in einer Rechnungsperiode erzielten Erfolge** des gesamten **Produktionsprogramms** und bestimmter **Produktgruppen** und Erzeugnisse zu ermitteln. Das wird erreicht, indem den Umsatzerlösen des gesamten Produktionsprogramms oder einzelner Produktgruppen bzw. Erzeugnisse die entsprechenden Kosten gegenübergestellt werden. Die Gesamtkosten des Industriebetriebes und jeder Produktgruppe setzen sich aus den Einzelkosten und den anteiligen Gemeinkosten zusammen. Um den Erfolg des Betriebes insgesamt oder einzelner Produktgruppen oder gar einzelner Erzeugnisse zu ermitteln, müssen den Umsatzerlösen jeweils die Selbstkosten gegenübergestellt werden.

Diese Gegenüberstellung bereitet keine Schwierigkeiten bei der Erfolgsermittlung des Gesamtbetriebes. Will man jedoch die Wirtschaftlichkeit einzelner Kostenträger feststellen, muss geklärt werden, welche Kosten dem jeweiligen Kostenträger zugerechnet werden müssen.

Zurechnung der Einzelkosten:

Anhand von genauen Aufzeichnungen werden die **Einzelkosten** wie

- **Materialeinzelkosten** (Stücklisten, Arbeitspläne),
- **Fertigungslöhne** (Lohnscheine, Arbeitspläne) und
- **Sondereinzelkosten** (Belege, Arbeitspläne)

dem einzelnen Kostenträger direkt zugerechnet (vgl. S. 570).

Zurechnung der Gemeinkosten:

Mithilfe der Kostenstellenrechnung wird ermittelt, an welchen Stellen die Gemeinkosten angefallen sind. Da die einzelnen Kostenstellen in unterschiedlichem Maße von den Kostenträgern beansprucht werden, muss eine Zuschlags- oder Vergleichsgrundlage für die Gemeinkosten gefunden werden, die das Verhältnis der Beanspruchung durch die Kostenträger wiedergibt. Es muss eine Größe sein, von der die Gemeinkosten des einzelnen Kostenträgers abhängig sind.

Solche Bezugsgrößen können sein:

- **Fertigungsmaterial** (Rohstoff- und Fremdbauteileaufwand) für die **Materialgemeinkosten**
- **Fertigungslöhne** für die **Fertigungsgemeinkosten**
- **Herstellkosten des Umsatzes** für die **Verwaltungs- und Vertriebsgemeinkosten**

Zwischen der Bezugsgröße und den darauf bezogenen Gemeinkosten wird eine unmittelbare Abhängigkeit unterstellt.

Beispiel Erhöht sich der Fertigungsmaterialeinsatz in der Bürodesign GmbH (Holzverbrauch) um 10 %, dann wird ebenfalls eine Steigerung der Materialgemeinkosten um 10 % angenommen (z. B. Leim- und Lackverbrauch).

Errechnung der Gemeinkostenzuschlagssätze:

Diese Abhängigkeit wird in einem Prozent- oder **Gemeinkostenzuschlagssatz** ausgedrückt, der sowohl für den Gesamtbetrieb als auch für die einzelnen Kostenträger gilt. Damit ist es möglich, neben den Einzelkosten auch die Gemeinkosten des Gesamtbetriebes auf die Kostenträger zu verteilen.

Diese Verteilung erfolgt im **Kostenträgerblatt** (vgl. S. 566). Hier werden zunächst die Einzelkosten (Fertigungsmaterial, Fertigungslöhne) insgesamt und für die einzelnen Erzeugnisgruppen aufgenommen. Danach werden die Gemeinkosten lt. BAB den Einzelkosten zugeordnet und mithilfe von Zuschlagssätzen auf die Erzeugnisgruppen verteilt.

Beispiel Die Bürodesign GmbH, die drei Erzeugnisgruppen herstellt, ermittelte in der abgelaufenen Rechnungsperiode in der Kostenarten- und Kostenstellenrechnung folgende Werte:

Web

Kosten lt. Kostenarten- und Kostenstellenrechnung	insgesamt	Produktgruppen: Arbeiten am Schreibtisch (A)	Konferenzen und Schulung (B)	Warten und Empfang (C)
Einzelkosten				
Fertigungsmaterial	1 743 750,00	532 700,00	770 050,00	441 000,00
Fertigungslöhne	465 000,00	172 000,00	212 500,00	80 500,00
Gemeinkosten lt. BAB	948 978,75			
Materialgemeinkosten (MGK)	174 375,00			
Fertigungsgemeinkosten (FGK)	372 000,00			
Verwaltungsgemeinkosten (VwGK)	247 961,25			
Vertriebsgemeinkosten (VtGK)	154 642,50			
Umsatzerlöse	3 198 385,00	1 073 023,25	1 486 770,00	638 591,75
Bestände an unfertigen Erzeug.				
Anfangsbestand (AB)	27 310,00	7 730,00	11 075,00	8 505,00
Endbestand (EB)	31 085,00	9 300,00	14 130,00	7 655,00
Bestände an fertigen Erzeug.				
Anfangsbestand	31 050,00	11 400,00	17 500,00	2 150,00
Endbestand	116 150,00	33 000,00	41 000,00	42 150,00

EDV

Kostenträgerzeitrechnung	insgesamt €	%	Erzeugnisgruppe A €	B €	C €
1. Fertigungsmaterial	1 743 750,00		532 700,00	770 050,00	441 000,00
2. Materialgemeinkosten	174 375,00	10	53 270,00	77 005,00	44 100,00
3. Materialkosten (1+2)	1 918 125,00		585 970,00	847 055,00	485 100,00
4. Fertigungslöhne	465 000,00		172 000,00	212 500,00	80 500,00
5. Fertigungsgemeinkosten	372 000,00	80	137 600,00	170 000,00	64 400,00
6. Sondereinzelkosten der Fertigung	–		–	–	–
7. Fertigungskosten (4–6)	837 000,00		309 600,00	382 500,00	144 900,00
8. Herstellkosten der Rechnungsperiode (3+7)	2 755 125,00		895 570,00	1 229 555,00	630 000,00
9. + AB Unfertige Erzeug.	27 310,00		7 730,00	11 075,00	8 505,00
10. – EB Unfertige Erzeug.	31 085,00		9 300,00	14 130,00	7 655,00
11. Herstellkosten der Produktion (8–10)	2 751 350,00		894 000,00	1 226 500,00	630 850,00
12. + AB Fertige Erzeug.	31 050,00		11 400,00	17 500,00	2 150,00
13. – EB Fertige Erzeug.	116 150,00		33 000,00	41 000,00	42 150,00
14. Herstellkosten des Umsatzes (11–13)	2 666 250,00		872 400,00	1 203 000,00	590 850,00
15. Verwaltungsgemeinkosten	247 961,25	9,3	81 133,20	111 879,00	54 949,05
16. Vertriebsgemeinkosten	154 642,50	5,8	50 599,20	69 774,00	34 269,30
17. Sondereinzelkosten des Vertriebs	–		–	–	–
18. Selbstkosten des Umsatzes (14–17)	3 068 853,75		1 004 132,40	1 384 653,00	680 068,35
19. Umsatzerlöse	3 198 385,00		1 073 023,25	1 486 770,00	638 591,75
20. Betriebsergebnis	**129 531,25**		**68 890,85**	**102 117,00**	**– 41 476,60**

- **Materialgemeinkostenzuschlagssatz (MGKZ):** Es wird unterstellt, dass eine Abhängigkeit der Materialgemeinkosten von den Materialeinzelkosten lt. Kostenartenrechnung besteht.

$$MGKZ = \frac{MGK \cdot 100}{\text{Fertigungsmaterial}} \qquad \textbf{Beispiel} \quad \frac{174\,375 \cdot 100}{1\,743\,750} = \underline{\underline{10\,\%}}$$

- **Fertigungsgemeinkostenzuschlagssatz (FGKZ):** Zuschlagsgrundlage für die Fertigungsgemeinkosten lt. BAB bilden die Fertigungseinzelkosten (Fertigungslöhne). Der Zuschlagssatz drückt die Abhängigkeit der FGK von den Fertigungslöhnen aus:

$$FGKZ = \frac{FGK \cdot 100}{\text{Fertigungslöhne}} \qquad \textbf{Beispiel} \quad \frac{372\,000 \cdot 100}{465\,000} = \underline{\underline{80\,\%}}$$

- **Verwaltungs- (VwGKZ) und Vertriebsgemeinkostenzuschlagssätze (VtGKZ):** Die angefallenen Verwaltungs- und Vertriebsgemeinkosten jeder Unternehmung entstehen im Zusammenhang mit der Herstellung und dem Vertrieb. Deshalb bilden die **Herstellkosten der umgesetzten Erzeugnisse** eine geeignete Grundlage für die Berechnung dieser beiden Zuschlagssätze.
- **Herstellkosten der Rechnungsperiode (HKdP):** Die **Summe der Material- und Fertigungskosten** ergibt die **Herstellkosten der Rechnungsperiode**.
- **Herstellkosten der Produktion:** Lagen zu Beginn der Rechnungsperiode Anfangsbestände an unfertigen Erzeugnissen vor, die nun in der laufenden Rechnungsperiode fertiggestellt wurden, dann muss den ermittelten Herstellkosten **(= Herstellkosten der Rechnungsperiode)** dieser Anfangsbestand hinzugerechnet werden, weil dieser Bestand im laufenden Produktionsprozess eingesetzt und damit zu Kosten wurde.

  Liegt zum Ende der Rechnungsperiode noch ein Endbestand lt. Inventur vor, dann ist dieser abzuziehen, wenn man die **Herstellkosten der fertiggestellten Erzeugnisse** ermitteln will.

Beispiel (vgl. Beispiel S. 566)

	insgesamt	Produkt A	Produkt B	Produkt C
Herstellkosten der Rechnungsperiode	2 755 125,00	895 570,00	1 229 555,00	630 000,00
+ AB unfertige Erzeugnisse	27 310,00	7 730,00	11 075,00	8 505,00
− EB unfertige Erzeugnisse	31 085,00	9 300,00	14 130,00	7 655,00
= Herstellkosten der Fertigung	2 751 350,00	894 000,00	1 226 500,00	630 850,00

- **Herstellkosten des Umsatzes (HKdU): Wurden alle hergestellten Erzeugnisse abgesetzt**, stimmen die Herstellkosten des Umsatzes mit den Herstellkosten der Fertigung überein. Die Absatzmenge entsprach der Produktionsmenge. Lag jedoch zu Beginn der Rechnungsperiode ein **Anfangsbestand** vor, **der neben den produzierten Erzeugnissen verkauft wurde**, muss dieser den Herstellkosten der Fertigung hinzugerechnet werden, um die Herstellkosten aller verkauften Erzeugnisse zu ermitteln. **Die Absatzmenge ist in diesem Falle größer als die Produktionsmenge.** Umgekehrt ist der am Ende der Rechnungsperiode vorliegende Bestand lt. Inventur von den Herstellkosten der Fertigung abzuziehen, weil diese Erzeugnisse in der abgelaufenen Rechnungsperiode noch nicht verkauft wurden. **Überwiegt der Endbestand den Anfangsbestand, ist die Absatzmenge kleiner als die Produktionsmenge.**

Beispiel (vgl. Beispiel S. 566)

	insgesamt	Produktgruppe A	Produktgruppe B	Produktgruppe C
− Herstellkosten der Fertigung	2 751 350,00	894 000,00	1 226 500,00	630 850,00
+ AB fertige Erzeugnisse	31 050,00	11 400,00	17 500,00	2 150,00
− EB fertige Erzeugnisse	116 150,00	33 000,00	41 000,00	42 150,00
= Herstellkosten des Umsatzes	2 666 250,00	872 400,00	1 203 500,00	590 850,00

Die Herstellkosten des Umsatzes bilden die Zuschlagsgrundlage für die Verwaltungs- und die Vertriebsgemeinkosten:

$$\textbf{VwGKZ} = \frac{\text{VwGK} \cdot 100}{\text{Herstellkosten des Umsatzes}} \qquad \textbf{Beispiel} \quad \frac{247\,961{,}25 \cdot 100}{2\,666\,250} = 9{,}3\ \%$$

$$\textbf{VtGKZ} = \frac{\text{VtGK} \cdot 100}{\text{Herstellkosten des Umsatzes}} \qquad \textbf{Beispiel} \quad \frac{154\,642{,}50 \cdot 100}{2\,666\,250} = 5{,}8\ \%$$

Aufgaben der Kostenträgerzeitrechnung

- Ermittlung des Betriebsergebnisses des Gesamtbetriebes
- Ermittlung der Gemeinkostenzuschlagssätze mithilfe der Kostenträgerzeitrechnung für den Gesamtbetrieb
- Ermittlung der Selbstkosten (Einzel- und Gemeinkosten) der Erzeugnisgruppen mithilfe der Zuschlagssätze
- Ermittlung des Erfolges der Erzeugnisgruppen

Durch Gegenüberstellung der Leistungen (= Umsatzerlöse) und Kosten (Selbstkosten) kann die Wirtschaftlichkeit als Kennziffer ermittelt werden.

Beispiel (vgl. Beispiel S. 566)

	Gesamtbetrieb	Produkt A	Produktgruppe B	Produktgruppe C
Wirtschaftlichkeit $= \frac{\text{Leistungen}}{\text{Kosten}}$	$\frac{3\,198\,385{,}00}{3\,068\,853{,}75} = 1{,}04$	$\frac{1\,073\,023{,}25}{1\,004\,132{,}40} = 1{,}07$	$\frac{1\,486\,770{,}00}{1\,384\,653{,}00} = 1{,}07$	$\frac{638\,591{,}75}{680\,068{,}35} = 0{,}94$

Diese Kennziffer drückt den Ertrag aus, der mit dem Kosteneinsatz von 1,00 € erzielt wurde. Man nennt sie **Wirtschaftlichkeitsfaktor**.

Mögliche Wirtschaftlichkeitsfaktoren:	
Wirtschaftlichkeitsfaktor = 1	Betriebskostendeckung
Wirtschaftlichkeitsfaktor > 1	Betriebsgewinn
Wirtschaftlichkeitsfaktor < 1	Betriebsverlust

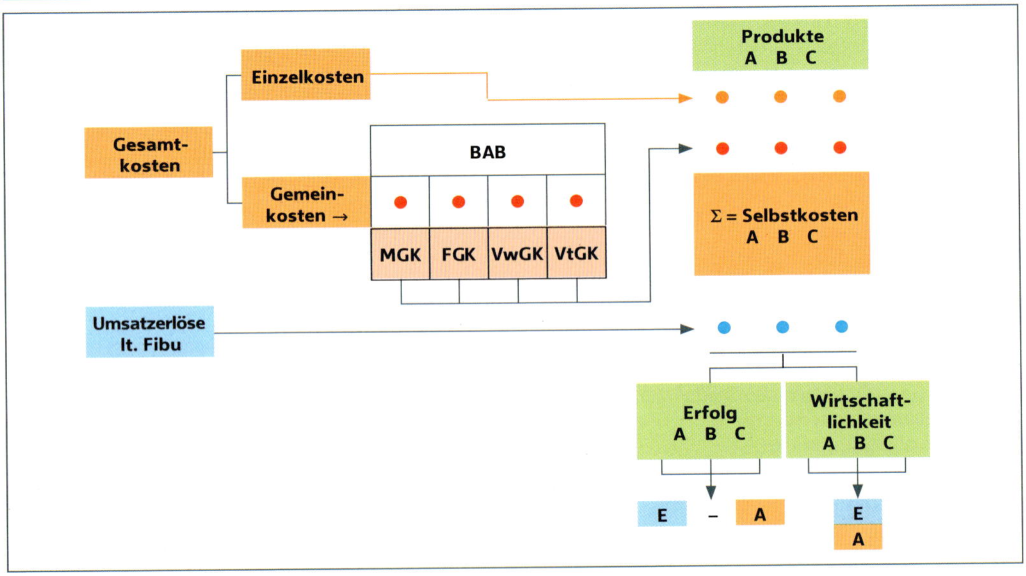

Kostenträgerstückrechnung (Kalkulation)

Besondere Ziele der Kostenträgerstückrechnung:

Die **Kostenträgerstückrechnung**, auch **Kalkulation** genannt, hat folgende Ziele:

- **Ermittlung der Herstellungskosten der vorhandenen unfertigen und fertigen Erzeugnisse** für das Inventar bzw. für die Bilanz.
- **Kalkulation der Selbstkosten** und damit Schaffung von Daten für die richtige Preispolitik des Unternehmens (Vorkalkulation).
- **Überprüfung der Wirtschaftlichkeit einzelner Produkte des Produktionsprogramms** (Nachkalkulation).

Zeitpunkte der Kostenträgerstückrechnung:

- **Vorkalkulation:** Es werden die Kosten von zukünftig zu erstellenden Leistungen ermittelt. Die Notwendigkeit hierzu besteht vor allem bei der Angebotspreisermittlung in Fällen von Einzelaufträgen zur Zeit der Fertigung. Diese **Plankosten** der **Auftragsvorkalkulation** ergeben sich aus den Soll-Einsatzmengen an Materialien und Fertigteilen laut Stücklisten sowie aus den Mengendaten aus dem Arbeitsplan, wie Arbeitszeiten für bestimmte Arbeitsgänge der Betriebsmittel und Facharbeiter. Die Bewertung dieser Mengendaten erfolgt dann mit entsprechenden **Standardpreisen** für Materialien und Fertigteile sowie mit **Plantarifen** für die Löhne und Planzuschlagssätzen für die Gemeinkostenanteile.
- **Nachkalkulation:** Sie stützt sich auf die tatsächlich entstandenen Kosten (Ist-Kosten) und wird nach Fertigstellung der Kostenträger durchgeführt. Ihre Aufgabe ist es also, den Anteil der Kosten an den Gesamtkosten (Einzel- und Gesamtkosten) zu ermitteln und diese den Erlösen der einzelnen Leistungseinheiten (Stück, Serie) gegenüberzustellen. Zugleich werden durch die Nachkalkulation die Werte der Vorkalkulation überprüft und Daten für künftige Vorkalkulationen bereitgestellt.

Fertigungsstruktur und Kostenträgerstückrechnung:

Die Verfahren der Kostenträgerstückrechnung unterscheiden sich wesentlich hinsichtlich der Bedingungen, die sie an die Kostengliederung stellen, hinsichtlich der Abrechnungsschritte und nicht zuletzt hinsichtlich ihrer Anpassung an Fertigungsprogramm und Fertigungsverfahren.

Kostenträgerstückrechnung als Zuschlagskalkulation:

In Betrieben mit **Einzel-** und **Serienfertigung** wird wegen der Verschiedenheit der Leistungen ein Kalkulationsverfahren benötigt, das der Kostenerfassung für die einzelnen Kostenträger mit unterschiedlichem Fertigungsablauf Rechnung trägt. Es ist die Zuschlagskalkulation.

Voraussetzungen der Zuschlagskalkulation:

- Die **Erfassung der Einzelkosten** aufgrund von Belegen: Fertigungsmaterial, Fertigungslöhne, Sondereinzelkosten der Fertigung und des Vertriebs.
- Eine Kostenstellen- und eine Kostenträgerzeitrechnung zur **verursachungsgerechten Umlage der Gemeinkosten** mithilfe der Gemeinkostenzuschlagssätze.

Ihr Aufbau entspricht der Kostenträgerzeitrechnung. Jedoch können Bestandsveränderungen nicht auftreten, weil diese Rechnung sich auf eine Einheit (Auftrag, Stück, kg, Serie) bezieht und nicht auf eine Rechnungsperiode.

Wie dort die Gemeinkosten des Gesamtbetriebes über Zuschlagssätze allen Erzeugnissen einer Erzeugnisart zugerechnet werden konnten, so können in der Kostenträgerstückrechnung die anteiligen Gemeinkosten einer Erzeugnisart der einzelnen Einheit dieser Erzeugnisart mit denselben Zuschlagssätzen zugerechnet werden.

Web

Beispiel Auswertung des Beispiels S. 566 für die Kostenträgerstückrechnung der Bürodesign GmbH

Einzelkosten je Stück einer Erzeugniseinheit	**Volumen**	**Konzentra**	**Stand**
Fertigungsmaterial	150,00 €	200,00 €	50,00 €
Fertigungslöhne	100,00 €	150,00 €	60,00 €

EDV

Kostenträgerzeitrechnung zur Ermittlung der Gemeinkostenzuschlagssätze			**Kostenträgerstückrechnung zur Ermittlung der Selbstkosten je Einheit der Erzeugnisarten**			
	€	**%**		**Volumen**	**Konzentra**	**Stand**
Fertigungsmaterial MGK lt. BAB	1 743 750,00 174 375,00	 10 →	FM lt. Stückliste MGK	150,00 15,00	200,00 20,00	50,00 5,00
Materialkosten	1 918 125,00		Materialkosten	165,00	220,00	55,00
Fertigungslöhne FGK lt. BAB Sondereinzelk. d. F.	465 000,00 372 000,00 –	 80 →	FL lt. Lohnbelege FGK –	100,00 80,00 –	150,00 120,00 –	60,00 48,00 –
Fertigungskosten	837 000,00		Fertigungskosten	180,00	270,00	108,00
Herstellkosten der RP – BVÄ an unf. Erzeug.	2 755 125,00 3 775,00		Herstellkosten –	345,00 –	490,00 –	163,00 –
Herstellkosten d. F. – BVÄ an fert. Erzeug.	2 751 350,00 85 100,00		– –	– –	– –	– –
Herstellkosten des Umsatzes VwGK lt. BAB VtGK lt. BAB Sondereinzelk. d. V.	2 666 250,00 247 961,25 154 642,50 –	 9,3 → 5,8 →	– VwGK VtGK	– 32,09 20,01	– 45,57 28,42	– 15,16 9,45
Selbstk. des Umsatzes	3 068 853,75		Selbstkosten	397,10	563,99	187,61

Kostenträgerrechnung, Kostenträgerzeitrechnung, Kostenträgerstückrechnung

- **Kostenträger** sind die betrieblichen Leistungen (Güter, Dienstleistungen), die den Verzehr von Produktionsfaktoren ausgelöst haben und die demzufolge auch die Kosten tragen sollen.
- Die **Kostenträgerrechnung** kann als **zeitraumbezogene** und **stückbezogene** Rechnung durchgeführt werden.

Kostenträgerrechnung

zeitraumbezogen
= Kostenträgerzeitrechnung

- Ermittlung der Kosten eines Abrechnungszeitraumes (Monat, Quartal, Jahr), differenziert nach einzelnen Kostenträgern (Produkte oder Produktgruppen)
- Gegenüberstellung von Selbstkosten und Umsatzerlösen zur Ermittlung des Betriebsergebnisses und des Ergebnisses einzelner Produktgruppen

stückbezogen
= Kostenträgerstückrechnung

- Kalkulation von
  - Herstellkosten
  - Selbstkosten
  - Verkaufspreisen einzelner Produkte, Aufträge, Serien
- Als Kalkulationsmethode wurde die **Zuschlagskalkulation** für Betriebe mit Einzel- und Serienfertigung dargestellt.

1 Ein Industriebetrieb, der zwei unterschiedliche Erzeugnisse produziert, ermittelte in der Betriebsbuchhaltung folgende Werte für eine Rechnungsperiode:

	insgesamt	**Erzeugnisse**	
		A	**B**
Einzelkosten			
Fertigungsmaterial	108 000,00	84 000,00	24 000,00
Fertigungslöhne	266 000,00	210 000,00	56 000,00
Gemeinkosten	439 826,00	?	?
Materialgemeinkosten	27 000,00	?	?
Fertigungsgemeinkosten	319 200,00	?	?
Verwaltungsgemeinkosten	57 616,00	?	?
Vertriebsgemeinkosten	36 010,00	?	?
Umsatzerlöse	963 612,00	768 852,00	194 760,00
Produktions- und Absatzmenge		4 200 Stück	800 Stück

Führen Sie die Kostenträgerzeitrechnung durch und ermitteln Sie
a) das Betriebsergebnis für den Gesamtbetrieb,
b) die Gemeinkostenzuschlagssätze,
c) die Anteile der Erzeugnisse am Gesamtergebnis,
d) die Herstellkosten, Selbstkosten und Umsatzerlöse je Erzeugniseinheit von A und B,
e) die Wirtschaftlichkeitsfaktoren vom Gesamtbetrieb und von den beiden Erzeugnissen.

2 Ein Industriebetrieb, der ein Produkt herstellt, führt in regelmäßigen Abständen zu Vergleichszwecken die Kostenträgerzeitrechnung durch. Für die beiden letzten Rechnungsperioden ermittelte die Betriebsbuchhaltung folgende Werte:

	Vorjahr €	**Abrechnungsjahr €**
Einzelkosten		
Fertigungsmaterial	300 000,00	330 000,00
Fertigungslöhne	200 000,00	220 000,00
Gemeinkosten	395 549,20	452 403,60
MGK	36 000,00	41 250,00
FGK	186 800,00	217 140,00
VwGK	136 609,20	149 552,15
VtGK	36 140,00	44 461,45
Umsatzerlöse	1 110 500,00	1 221 550,00
Produktions- und Absatzmenge	5 000 Stück	5 500 Stück

a) Stellen Sie die Kostenträgerzeitrechnung für beide Jahre auf und ermitteln Sie
  aa) das Betriebsergebnis für den Gesamtbetrieb,
  ab) die Gemeinkostenzuschlagssätze,
  ac) die Herstellkosten, Selbstkosten und Umsatzerlöse je Erzeugniseinheit,
  ad) die Wirtschaftlichkeitsfaktoren für beide Zeiträume.
b) Vergleichen Sie die Ergebnisse beider Jahre und erläutern Sie die Entwicklung.

3 In der Betriebsbuchhaltung eines Industrieunternehmens werden u. a. folgende Daten ermittelt: Fertigungsmaterial 101 600,00 €; Fertigungslöhne 188 100,00 €. Die gesamten Gemeinkosten betragen 427 085,00 €. Davon entfallen laut BAB auf
Materialgemeinkosten. . . . . .6 350,00 €,
Fertigungsgemeinkosten. . . . . . . .235 125,00 €,
Verwaltungsgemeinkosten . . . . . 106 235,00 €,
Vertriebsgemeinkosten. . . . . 79 375,00 €,

Bestände	**Unfertige Erzeugnisse**	**Fertige Erzeugnisse**
Anfangsbestand	27 550,00 €	38 810,00 €
Endbestand	26 080,00 €	42 690,00 €

Umsatzerlöse 821 531,25 €

Stellen Sie die Kostenträgerzeitrechnung für den Gesamtbetrieb auf und ermitteln Sie
a) das Betriebsergebnis,
b) die Gemeinkostenzuschlagssätze,
c) den Wirtschaftlichkeitsfaktor des Gesamtbetriebes.

4
5 Stellen Sie die Kostenträgerzeitrechnung für den Gesamtbetrieb auf und werten Sie diese aus.

	4	5
	€	€
Einzelkosten		
Fertigungsmaterial	20562,00	36230,40
Fertigungslöhne	46264,50	84537,60
Sondereinzelkosten der Fertigung	6168,60	–
Sondereinzelkosten des Vertriebs	2002,00	4808,00
Gemeinkosten lt. BAB	70751,40	154523,17
MGK	6168,60	8332,99
FGK	46264,50	101445,12
VwGK	10990,98	28682,73
VtGK	7327,32	16062,33
Umsatzerlöse	178077,90	323638,50
AB Unfertige Erzeugnisse	707,60	4581,60
EB Unfertige Erzeugnisse	597,80	320,71
AB Fertige Erzeugnisse	2928,00	4963,40
EB Fertige Erzeugnisse	6344,00	10308,60
Produktionsmenge	5145 St.	6150 St.

6
7 Stellen Sie die Kostenträgerzeitrechnung für den Gesamtbetrieb auf und ermitteln Sie
a) das Betriebsergebnis insgesamt und der beiden Erzeugnisse,
b) die Gemeinkostenzuschlagssätze,
c) die Wirtschaftlichkeitsfaktoren,
d) die Herstellkosten je Stück,
e) die Absatzmenge,
f) Selbstkosten, Umsatzerlöse und Erfolg je Stück.

	Aufgabe 6			Aufgabe 7		
	insgesamt	**A**	**B**	**insgesamt**	**A**	**B**
Einzelkosten						
Fertigungsmaterial	110527,20	30163,20	80364,00	83084,00	25964,00	57120,00
Fertigungslöhne	97151,00	50272,00	46879,00	146046,00	38946,00	107100,00
Sondereinzelkosten des Vertriebs	2947,20	2947,20	–	–	–	–
Gemeinkosten lt. BAB	220867,22	?	?	315439,37	?	?
MGK	27631,80	?	?	23263,52	?	?
FGK	136011,40	?	?	211766,70	?	?
VwGK	29534,98	?	?	56759,40	?	?
VtGK	27689,04	?	?	23649,75	?	?
Umsatzerlöse	452921,12	236168,96	216752,16	626352,30	143415,30	482937,00
AB Unfertige Erzeug.	3126,60	2268,00	858,60	4515,00	2259,48	2255,52
EB Unfertige Erzeug.	9306,00	1864,80	7441,20	1811,22	495,50	1315,72
AB Fertige Erzeugnisse	17502,00	5418,00	12084,00	14477,70	5549,60	8928,10
EB Fertige Erzeugnisse	13456,80	9450,00	4006,80	8346,70	6937,00	1409,70
Produktionsmenge	–	2520 St.	3245 St.	–	3290 St.	3580 St.
Absatzmenge	–	?	?	–	?	?

8 Ein Industrieunternehmen berechnete seine Preise bisher mithilfe der Zuschlagskalkulation. Grundlage für die Berechnung der Gemeinkostenzuschlagssätze bilden folgende Angaben der Kostenrechnung (Bestandsveränderungen lagen nicht vor) aus dem vergangenen Jahr:

	€		€
Fertigungsmaterial	800000,00	Fertigungsgemeinkosten lt. BAB	760000,00
Fertigungslöhne	200000,00	Verwaltungsgemeinkosten lt. BAB	990000,00
Materialgemeinkosten lt. BAB	440000,00	Vertriebsgemeinkosten lt. BAB	198000,00

a) Berechnen Sie die Gemeinkostenzuschlagssätze.
b) Errechnen Sie die Selbstkosten eines Produktes, für dessen Produktion 1 000,00 € Fertigungsmaterial und 400,00 € Fertigungslohn anfielen.

9 Die Herstellung eines Gasherdes verursachte folgende Kosten: 320,00 € Materialkosten, 180,00 € Fertigungslöhne.
a) Berechnen Sie die Höhe der Materialeinzelkosten bei einem MGK-Satz von 60 %.
b) Ermitteln Sie, mit welchem Fertigungsgemeinkostensatz der Betrieb arbeitet, wenn die Herstellkosten 620,00 € betragen.
c) Berechnen Sie, mit welchem Gewinn in Euro und Prozent der Hersteller kalkuliert, wenn der Vw- und VtGK-Satz zusammen 40 % und der Verkaufspreis netto 998,20 € betragen sollen.

10 Eine Fabrik für landwirtschaftliche Maschinen stellt verschiedene Maschinen in Serienfertigung her. Für jede Serie werden die Einzelkosten getrennt erfasst. In diesem Jahr wurden 500 Pflüge gebaut, die 160000,00 € Materialeinzelkosten und 120000,00 € Fertigungslöhne verursachten. Die Maschinenfabrik kalkuliert mit 30 % MGK, 35 % FGK, 40 % VwGK und 20 % VtGK.
a) Berechnen Sie die Höhe
- der Herstellkosten je Pflug,
- der Selbstkosten je Pflug.

b) Ermitteln Sie, mit wie viel Prozent Gewinn der Betrieb bei einem Verkaufspreis (netto) von 1 480,00 € je Pflug rechnet.

11
12 Führen Sie die Kostenträgerzeitrechnung des Gesamtbetriebes durch und erstellen Sie aufgrund der Ergebnisse die Kostenträgerstückrechnung zur Ermittlung der Selbstkosten für ein Erzeugnis (Prozentsätze auf eine Stelle hinter dem Komma runden).

	Aufgabe 11		Aufgabe 12	
	insgesamt	**Erzeugnis**	**insgesamt**	**Erzeugnis**
Einzelkosten				
Fertigungsmaterial	118 000,00	25,00	126 950,00	25,00
Fertigungslöhne	188 800,00	40,00	223 432,00	44,00
Gemeinkosten				
MGK	20 060,00	?	22 241,70	?
FGK	226 560,00	?	268 118,40	?
VwGK	44 010,96	?	57 405,59	?
VtGK	27 506,85	?	28 702,80	?
AB Unfertige Erzeug.	4 221,00	–	5 299,35	–
EB Unfertige Erzeug.	15 946,00	–	3 785,25	–
AB Fertige Erzeugnisse	10 552,50	–	16 403,40	–
EB Fertige Erzeugnisse	2 110,50	–	20 819,70	–

5.5 Vollkostenrechnung mit Normalkosten, Zuschlagskalkulation mit Normalzuschlägen

„Heute ist eine wichtige Sitzung in unserer Abteilung. Geschäftsführerin Friedrich, Geschäftsführer Stein und die entscheidenden Leute vom Absatz sind bei Frau König", erzählt Silvia Land einer Mitarbeiterin während der Mittagspause.

„Habt ihr Revision oder was Ähnliches?", fragt diese. „Nein, die beraten die neue Preisliste für das kommende Halbjahr." „Ach, das ist doch kein besonderes Problem, die schlagen doch Jahr für Jahr einfach ein paar Prozent darauf, dann sind sie schon fertig."

- Stellen Sie Gesichtspunkte zusammen, die bei einer Preisfestlegung für die kommende Rechnungsperiode beachtet werden müssen.

Von Zeit zu Zeit müssen die **Verkaufspreise** der Produkte **überprüft** und für die nächste Rechnungsperiode **neu festgelegt** werden.

Bei der Überprüfung soll festgestellt werden, ob die in der Kalkulation angewandten Zuschlagssätze auch für die kommende Rechnungsperiode beibehalten werden können. Dies ist zu bejahen, wenn sie ausgereicht haben, die entstandenen Kosten auf die Kostenträger umzulegen und über die Verkaufserlöse wieder hereinzuholen.

▲ Vorkalkulation mit Normalkosten

Die Zuschlagssätze für die Gemeinkosten werden auf der Basis der Ist-Zahlen lt. Kostenarten- und Kostenstellenrechnung einer **vergangenen Rechnungsperiode** ermittelt. Für künftige Vorkalkulationen, zum Beispiel zur Abgabe von Angeboten oder zur Erstellung von Preislisten, eignen sich diese Zuschlagssätze nicht, weil sie die Kostenentwicklung in der Zukunft nicht berücksichtigen:

Beispiele

- Preisänderungen bei Hilfsstoffen (Leim, Lack), Betriebsstoffen (Treibstoffe) und Energie
- Gehaltserhöhungen aufgrund neuer Tarifabschlüsse
- Änderungen der Durchlaufzeiten aufgrund von Rationalisierungsmaßnahmen
- Änderung der Auftragslage und damit verbundene stärkere Belastung durch Fixkosten (bei rückläufiger Beschäftigung)

Daher muss bei der Kalkulation der Verkaufspreise innerhalb der Rechnungsperiode mit geschätzten Gemeinkostenzuschlagssätzen gerechnet werden. Diese Schätzung beruht i.d.R. auf den **durchschnittlichen Ist-Zuschlagssätzen vergangener Rechnungsperioden** bei **durchschnittlicher** oder **normaler Beschäftigung (= Normalkostenrechnung)** unter Berücksichtigung bereits erkennbarer Kostenänderungen in naher Zukunft. Mit der Durchschnittsbildung soll verhindert werden, dass sich Kostenschwankungen auf Kostenvergleiche und auf die Preisbildung auswirken.

Beispiel Die Bürodesign GmbH hat im letzten Jahr die drei Produktgruppen mit folgenden Gemeinkostenzuschlagssätzen kalkuliert:

MGK 9 %	FGK 75 %	VwGK 10 %	VtGK 7 %

Sie dienten der **Vorkalkulation** der Selbstkosten und Verkaufspreise im letzten Jahr. Häufig müssen Betriebe zur Abgabe von Angeboten auch die Einzelkosten (Fertigungsmaterial und Fertigungslöhne) normalisieren, wenn Preisveränderungen dieser Kostengüter zu erwarten sind. Aber auch um kurzfristige Schwankungen zu eliminieren, hilft sich der Betrieb mit Verrechnungspreisen und Lohnverrechnungssätzen.

Das Fertigungsmaterial ergibt sich dann als Produkt aus den Einsatzmengen lt. Stücklisten mal den Verrechnungspreisen.

Die Fertigungslöhne lassen sich aufgrund der Berechnungen der Arbeitsvorbereitung (Vorgabezeiten) und den Lohnverrechnungssätzen ermitteln.

▲ Nachkalkulation mit Ist-Zuschlägen

In regelmäßigen Abständen muss die KLR feststellen, ob die Normalkosten ausreichen, um die tatsächlich angefallenen Kosten **(Ist-Kosten)** zu decken, und ob das kalkulierte Ergebnis **(= Umsatzergebnis)** tatsächlich erreicht wird.

Dies geschieht, indem am Ende der Rechnungsperiode auf dem Wege der oben beschriebenen Kostenarten-, Kostenstellen- und Kostenträgerrechnung die **Ist-Kosten** und die Ist-Kostenzuschlagssätze ermittelt und mit den Ergebnissen der Normalkostenrechnung verglichen werden.

Vorkalkulation
vor Beginn
eines Abrechnungszeitraumes

Angebotskalkulation
für Preislisten

Nachkalkulation
am Ende
eines Abrechnungszeitraumes

- Überprüfung bisheriger Kalkulationssätze
- Überprüfung der Wirtschaftlichkeit einzelner Kostenträger

Die Ergebnisse der Nachkalkulation können dann wieder für künftige Vorkalkulationen ausgewertet werden.

Kostenabweichungen

Normal- und **Ist-Kosten** stimmen selten überein. Es können sowohl bei Einzel- als auch bei Gemeinkosten **Kostenabweichungen** auftreten, nämlich **Kostenüber-** oder **Kostenunterdeckungen**.

Kostenüberdeckung:

Die **kalkulierten Normalkosten** sind **größer** als die **tatsächlich entstandenen Ist-Kosten**. Folglich ist das Umsatzergebnis der Normalkostenrechnung kleiner als das Betriebsergebnis der Ist-Kostenrechnung.

Kostenunterdeckung:

Die **kalkulierten Normalkosten** sind **kleiner** als die **tatsächlich entstandenen Ist-Kosten**. Das Umsatzergebnis der Normalkostenrechnung ist besser als das Betriebsergebnis.

Die Kostenabweichungen können im **BAB** oder in der Kostenträgerzeitrechnung als Kostenstellenabweichungen dargestellt werden.

Beispiel Die Bürodesign GmbH hatte in der vergangenen Rechnungsperiode die Verkaufspreise ihrer Erzeugnisgruppen auf der Grundlage angefallener Ist-Einzelkosten und folgender Normalkostenzuschlagssätze berechnet:

MGK: 9 % FGK: 75 % VwGK: 10 % VtGK: 7 %

In der Abrechnungsperiode fielen folgende Ist-Kosten in Euro an:

	insgesamt
Fertigungsmaterial	1 743 750,00
Fertigungslöhne	465 000,00
Bestände an unfertigen Erzeugnissen	
Anfangsbestand	27 310,00
Endbestand	31 085,00
Bestände an fertigen Erzeugnissen	
Anfangsbestand	31 050,00
Endbestand	116 150,00
Umsatzerlöse	3 198 385,00
Gemeinkosten lt. BAB	948 978,75
Materialgemeinkosten (MGK)	174 375,00
Fertigungsgemeinkosten (FGK)	372 000,00
Verwaltungsgemeinkosten (VwGK)	247 961,25
Vertriebsgemeinkosten (VtGK)	154 642,50

Web

Darstellung der Kostenstellenabweichungen im BAB:

Z.	Konto	Kostenarten	€	Verteilungsgrundlage	Verteilungs-schlüssel	Kostenstellen			
						I. Material	II. Fertigung	III. Verwaltung	IV. Vertrieb
01	6020	Hilfsstoffaufwand	47 500,00	MES		4 750,00	41 750,00	375,00	625,00
02	6050	Energie	90 003,00	kWh	1 : 8 : 2 1	7 500,25	60 002,00	15 000,50	7 500,25
03	6160	Fremdinstandsetzung	23 368,25	ER		7 291,00	9 575,25	3 058,75	3 443,25
04	6300	Gehälter	377 500,00	Gehaltslisten		61 920,25	154 492,75	111 987,00	49 100,00
05	6800	Aufw. für Kommunikation	146 250,00	Belege		20 291,00	8 557,50	56 050,00	61 351,50
06	7000	Betriebliche Steuern	39 357,50		1 : 1 : 4 : 1	5 622,50	5 622,50	22 490,00	5 622,50
07		Kalk. Abschreibungen	75 000,00	Anlagendatei		14 000,00	43 000,00	12 500,00	5 500,00
08		Kalk. Zinsen	65 000,00	betr.-notw. Vermögen		27 500,00	17 500,00	12 000,00	8 000,00
09		Kalk. Wagnisse	49 000,00	betr.-notw. Vermögen		17 500,00	18 500,00	4 500,00	8 500,00
10		Kalk. Miete	36 000,00	m^2	8 : 13 : 10 : 5	8 000,00	13 000,00	10 000,00	5 000,00
11	Summe der Ist-Gemeinkosten		948 978,75			174 375,00	372 000,00	247 961,25	154 642,50
12	Zuschlagsgrundlage					1 743 750,00	465 000,00	2 666 250,00	2 666 250,00
13	Ist-Zuschlagssätze					10,0 %	80,0 %	9,3 %	5,8 %
14	Normalzuschlagssätze					9,0 %	75,0 %	10,0 %	7,0 %
15	Zuschlagsgrundlagen					1 743 750,00	465 000,00	2 625 562,50	2 625 562,50
16	Normalgemeinkosten		952 033,13			156 937,50	348 750,00	262 556,25	183 789,38
17	Kostenstellenüberdeckung							+ 14 595,00	+ 29 146,88
18	Kostenstellenunterdeckung					– 17 437,50	– 23 250,00		
19	Kostenüberdeckung insgesamt		+ 3054,38						

Web

Darstellung der Kostenstellenabweichungen in der Kostenträgerzeitrechnung

Kostenträgerzeitrechnung	Ist-Kosten		Normalkosten		Kostenabweichungen Über- (+), Unterdeckung (–)
	€	%	%	€	€
Fertigungsmaterial Materialgemeinkosten	1 743 750,00 174 375,00	 10,0	 9,0	1 743 750,00 156 937,50	 – 17 437,50
Materialkosten	1 918 125,00			1 900 687,50	
Fertigungslöhne Fertigungsgemeinkosten	465 000,00 372 000,00	 80,0	 75,0	465 000,00 348 750,00	 – 23 250,00
Fertigungskosten	837 000,00			813 750,00	
Herstellkosten der RP + AB Unfertige Erzeugnisse – EB Unfertige Erzeugnisse	2 755 125,00 27 310,00 31 085,00			2 714 437,50 27 310,00 31 085,00	
Herstellkosten der Fertigung + AB Fertige Erzeugnisse – EB Fertige Erzeugnisse	2 751 350,00 31 050,00 116 150,00			2 710 662,50 31 050,00 116 150,00	
Herstellkosten des Umsatzes + Verwaltungsgemeinkosten + Vertriebsgemeinkosten	2 666 250,00 247 961,25 154 642,50	 9,3 5,8	 10,0 7,0	2 625 562,50 262 556,25 183 789,38	 + 14 595,00 + 29 146,88
= Selbstkosten des Umsatzes Umsatzerlöse	3 068 853,75 3 198 385,00			3 071 908,13 3 198 385,00	
Umsatzergebnis Kostenüberdeckung Kostenunterdeckung				126 476,88 + 3 054,38	 + 3 054,38
Betriebsergebnis	129 531,25			129 531,25	

Bei geringfügigen Abweichungen der Bestände an unfertigen und fertigen Erzeugnissen ist es wirtschaftlich vertretbar, die mit Ist-Kosten bewerteten Bestände auch in die Normalkostenrechnung zu übernehmen, um die zeitaufwendige Normalisierung der Bestandswerte zu umgehen.

Neben dem Teilergebnis einzelner Erzeugnisse kann aus dem Kostenträgerblatt auch das Betriebsergebnis ermittelt werden.

Die Bürodesign GmbH ermittelt für die Produktgruppen A, B und C (siehe S. 566) das jeweilige Betriebsergebnis. Dabei stellt sie fest, dass die Produktgruppe C ein negatives Betriebsergebnis (Verkauf) erwirtschaftet hat.

Beispiel

	insgesamt	A	B	C
Nettoumsatz aller Erzeugnisse – Selbstkosten (Normalkosten)	3 198 385,00 3 071 908,13	1 073 023,25 1 004 413,41	1 486 770,00 1 386 069,17	638 591,75 681 425,55
= Umsatzergebnis + Kostenüberdeckung – Kostenunterdeckung	126 476,87 3 054,38 – ...	68 609,84 281,01 – ...	100 700,83 1 416,17 – ...	– 42 833,80 1 357,20 – ...
= Betriebsergebnis	129 531,25	68 890,85	102 117,00	– 41 476,60

Ursachen der Kostenabweichungen:

Ursachen der Kostenabweichungen können **Verbrauchs-, Preis-** oder **Beschäftigungsabweichungen** sein.

- **Verbrauchsabweichungen:** Die tatsächlich verbrauchte Kostengütermenge ist kleiner oder größer als die kalkulierte.

  Beispiele
  - Kürzung der Durchlaufzeit von Schreibtischen durch Änderungen des Fertigungsverfahrens und damit Verringerung der Arbeitszeit pro Fertigungseinheit
  - Verschnitt von Furnierplatten
- **Preisabweichungen:** Die tatsächlichen Kostengüterpreise sind kleiner oder größer als die kalkulierten.

  Beispiele
  - Lohnerhöhungen lt. Tarifabschluss
  - Preiserhöhungen für Holz, Energie, Leim, Lack
- **Beschäftigungsabweichungen:** Der tatsächlich erreichte Beschäftigungsgrad liegt unter oder über der kalkulierten Normalbeschäftigung. Dadurch fällt der Kf-Anteil pro Erzeugniseinheit anders aus.

  Beispiel Wegen der rückläufigen Auftragslage wird der erwartete Beschäftigungsgrad von 80 % nicht erreicht.

Maßnahmen:

Bei größeren Kostenabweichungen müssen die Ursachen untersucht und Gegenmaßnahmen eingeleitet werden: Änderung einzelner Zuschlagssätze, Rationalisierungsmaßnahmen in einzelnen Kostenstellen, Veränderung der Verteilungsschlüssel einzelner Gemeinkostenarten, Werbemaßnahmen, Bereinigung bzw. Erweiterung des Produktions- und Absatzprogramms usw.

Vollkostenrechnung mit Normalkosten, Zuschlagskalkulation mit Normalzuschlägen

Kostenträgerzeitrechnung mit Ist- und Normalkosten

Ist-Kosten

- Die tatsächlich angefallenen Kosten (Ist-Kosten) einer abgelaufenen Rechnungsperiode werden in die Kostenstellen- und Kostenträgerrechnung einbezogen.
- Sie ermöglicht Rückschlüsse auf die Entwicklung in der Vergangenheit, wie z. B. auf
  - das Betriebsergebnis und die Wirtschaftlichkeit des Gesamtbetriebes,
  - den Anteil einzelner Kostenträgergruppen am Betriebsergebnis.
- Sie bildet die Grundlage für die Bewertung nicht abgesetzter Erzeugnisse zu Herstellungskosten im Inventar
  - für den Vergleich mit den Ergebnissen der Vorkalkulation (Soll-Ist-Vergleich),
  - für künftige Vorkalkulationen.

Normalkosten

- Für zahlreiche Entscheidungen in der Zukunft, wie z. B. die Festlegung von Angebotspreisen, benötigt der Betrieb Vorgaben der Kosten.
- Da die Ist-Kosten erst am Ende eines Abrechnungszeitraumes bekannt sind, bezieht man Normalkosten ein.
- Normalkosten sind
  - **Durchschnittskosten** mehrerer abgelaufener Rechnungsperioden bei durchschnittlicher Beschäftigung,
  - **Soll-Kosten**, in die Kostenerhöhungen aufgrund von Lohn- und Preissteigerungen oder Kostensenkungen aufgrund von Änderungen in der Beschaffung und in der Fertigung berücksichtigt werden.
- In der Kostenträgerzeitrechnung werden den Umsatzerlösen die Normal-Selbstkosten gegenübergestellt. Die Differenz wird als **„Umsatzergebnis“** bezeichnet.

Die **vergangenheitsbezogenen Ergebnisse** sind nicht als Vorgabewerte für die Zukunft geeignet.

Die Normalkostenrechnung arbeitet mit **zukunftsbezogenen Schätzwerten.** Ihre Ergebnisse bedürfen daher einer regelmäßigen Kontrolle durch Vergleich mit den Ergebnissen der Ist-Kostenrechnung.

Gegenüberstellung im BAB oder im Kostenträgerblatt

Ist-Kostenrechnung

Gegenüberstellung der Ist-Selbstkosten und der Umsatzerlöse auf dem Wege der Zuschlagskalkulation zur Ermittlung des **Betriebsergebnisses**

Normalkostenrechnung

Gegenüberstellung der Normal- oder Soll-Selbstkosten und der Umsatzerlöse auf dem Wege der Zuschlagskalkulation zur Ermittlung des **Umsatzergebnisses**

Der Vergleich der Ergebnisse zeigt die Bereiche und Höhe der Kostenabweichungen an.

Kostenunterdeckung

- Es wurden weniger Kosten verrechnet, als tatsächlich angefallen sind.
- **Ist-Kosten > Normalkosten**

Kostenüberdeckung

- Es wurden mehr Kosten verrechnet, als tatsächlich angefallen sind.
- **Ist-Kosten < Normalkosten**

- **Ursachen der Kostenabweichungen** können Verbrauchs-, Preis- und Beschäftigungsabweichungen sein.
- Maßnahmen, wie z. B. Änderung der Normalzuschlagssätze, Herausnahme oder Förderung einzelner Produkte, muss eine detaillierte Ursachenforschung der Kostenabweichungen vorausgehen. Mögliche Ursachen können Abweichungen der Verbrauchsmengen (Mengenabweichungen), der Preise der Produktionsfaktoren (Preisabweichungen) und Abweichungen der Ist- von der Normalbeschäftigung (Beschäftigungsabweichungen) sein.

1 In der Betriebsbuchhaltung eines Industriebetriebes werden u. a. nachstehende Zahlen ermittelt:

Fertigungsmaterial .... 88 500,00 €
Fertigungslöhne .... 79 500,00 €
....
Sondereinzelkosten des Vertriebs .... 47 680,00 €
Umsatzerlöse .... 606 430,00 €

Die gesamten Gemeinkosten betragen 252 750,00 €. Davon entfallen laut BAB auf:

Materialgemeinkosten .... 6 880,00 €
Fertigungsgemeinkosten .... 125 610,00 €
Verwaltungsgemeinkosten .... 75 260,00 €
Vertriebsgemeinkosten .... 45 000,00 €

Die Konten der unfertigen und fertigen Erzeugnisse weisen folgende Bestände aus:

	Unfertige Erzeugnisse	Fertige Erzeugnisse
Anfangsbestände	15 250,00 €	26 400,00 €
Endbestände	18 350,00 €	24 600,00 €

a) Berechnen Sie die Ist-Zuschläge.
b) Führen Sie die Kostenträgerzeitrechnung mit folgenden Normalsätzen durch: MGK 8 %, FGK 160 %, VwGK 25 %, VtGK 15 % (BVÄ zu Ist-Kosten).
c) Stellen Sie die Kostenüber- und -unterdeckungen fest.
d) Führen Sie die Abstimmung zwischen Betriebsergebnis und Umsatzergebnis durch.

2 Die KLR eines Industriebetriebes gibt folgende Zahlen (in Euro) bekannt:

	insgesamt	verteilt auf die Erzeugnisse	
		A	B
Fertigungsmaterial	136000,00	86000,00	50000,00
Fertigungslöhne	92000,00	64000,00	28000,00
Gemeinkosten	327321,00	–	–
Anfangsbestände			
Unfertige Erzeugnisse	15000,00	9000,00	6000,00
Fertige Erzeugnisse	35000,00	24000,00	11000,00
Umsatzerlöse	634900,00	433300,00	201600,00

Endbestände lt. Inventur:
Unfertige Erzeugnisse A .... 12000,00 €
Unfertige Erzeugnisse B .... 8000,00 €
Fertige Erzeugnisse A .... 26000,00 €
Fertige Erzeugnisse B .... 12000,00 €

Laut BAB entfallen auf die Kostenstellen:
Material .... 12920,00 €
Fertigung .... 191360,00 €
Verwaltung .... 101827,00 €
Vertrieb .... 21214,00 €

Im vergangenen Rechnungsabschnitt wurde mit folgenden Normalkostensätzen kalkuliert: MGK 10 %, FGK 210 %, VwGK 25 %, VtGK 6 %.

a) Die Ist-Zuschläge sind zu errechnen.
b) Das Kostenträgerblatt ist aufzustellen.
c) Die Kostenüber- und -unterdeckungen sind zu errechnen.
d) Es ist festzustellen, in welcher Höhe die Kostenträger A und B am Umsatzergebnis beteiligt sind.
e) Die Wirtschaftlichkeitsfaktoren der Kostenträger A und B sind zu errechnen.

3 In einem Industriebetrieb wurden in einer Rechnungsperiode 5350 Stück eines Erzeugnisses fertig gestellt. Dazu wurden in der Kostenträgerzeitrechnung mit Ist- und Normalkosten folgende Werte (in Euro) ermittelt:

Kostenträgerzeitrechnung	Verrechnete Normalkost.	%	Entstandene Ist-Kosten	%	Über- bzw. Unterdeckung
Fertigungsmaterial	101724,00		101724,00		
Materialgemeinkosten	?		17801,70		+ 508,62
Materialkosten	?		?		
Fertigungslöhne	?		?		
Fertigungsgemeinkosten	?	150	234982,44	154	– 6103,44
Fertigungskosten	?		?		
Herstellkosten der Rechnungsperiode	?		507094,14		
Bestandsminderung unfertige Erzeugnisse	26010,68		26300,86		
Herstellkosten der Fertigung	?		?		
Bestandsmehrung fertige Erzeugnisse	10846,00		10967,00		
Herstellkosten des Umsatzes	?		?		

a) Ergänzen Sie die obige Kostenträgerzeitrechnung und berechnen Sie
   aa) den Normal-Materialkostenzuschlagssatz,
   ab) die Höhe der normalisierten Fertigungslöhne,
   ac) die Herstellkosten des Umsatzes zu Ist- und Normalkosten,
   ad) die Menge der in der Rechnungsperiode abgesetzten Erzeugnisse.
b) Schildern Sie den Aufbau und den betrieblichen Ablauf des obigen Kostenrechnungssystems.

4 Die Betriebsbuchhaltung eines Industriebetriebes weist u. a. folgende Zahlen aus:

Fertigungsmaterial . . . . 124 800,00 €
Fertigungslöhne . . . . 157 600,00 €
Sondereinzelkosten des Vertriebs. . . . . 61 270,00 €
Umsatzerlöse . . . . 1 158 220,00 €

Die gesamten Gemeinkosten betragen 567 322,00 €. Lt. BAB entfallen davon auf:

Materialgemeinkosten . . . . 17 472,00 €
Fertigungsgemeinkosten. . . . . 264 768,00 €
Verwaltungsgemeinkosten . . . . . . 165 813,00 €
Vertriebsgemeinkosten. . . . . 119 269,00 €

Die Konten der unfertigen und fertigen Erzeugnisse weisen folgende Bestände aus:

	Unfertige Erzeugnisse	Fertige Erzeugnisse
Anfangsbestände	32 785,00 €	48 650,00 €
Endbestände	25 667,00 €	38 608,00 €

a) Berechnen Sie die Ist-Zuschläge.
b) Führen Sie die Kostenträgerzeitrechnung mit folgenden Normalkostenzuschlägen durch: MGK 12,5 %, FGK 170 %, VwGK 30 %, VtGK 20 % (BVÄ zu Ist-Kosten).
c) Stellen Sie die Kostenüber- und -unterdeckungen fest.
d) Führen Sie die Ergebnisrechnung durch.

5.6 Kosten in Abhängigkeit von der Beschäftigung, lineare Kostenverläufe, Anpassung an Beschäftigungsschwankungen

„Tja, Renate“, sagt Herr Stam zur Auszubildenden Renate Becker, „das war wohl ein wenig voreilig.“ Renate hatte einen Auftrag für die Bürodesign GmbH telefonisch angenommen.

„5 000 Stück in drei Wochen, das können wir nicht schaffen, da reicht unsere Kapazität nicht aus!“ „Wenn wir den Arbeitern Zulagen zahlen, die Maschinen auf Volldampf laufen lassen und alles ein bisschen beschleunigen, dann müsste das doch klappen. Stellen Sie sich doch mal vor, was wir verdienen.“ „Aber Mädchen“, ruft Herr Stam aus, „Sie sind doch Kauffrau! Denken Sie doch mal an die zusätzlichen Kosten. Das rechnet sich doch nicht! Und was die Schnelligkeit betrifft: Irgendwann ist die Grenze erreicht. Also rufen Sie den Kunden an und sagen Sie ihm, dass wir in den drei Wochen nur 2 000 Stück liefern können.“ „Was der nur hat“, denkt Renate.

- Sammeln Sie betriebswirtschaftliche Gründe, warum ein Unternehmen nicht immer unvorhersehbare Aufträge annehmen kann.

Kapazität und Beschäftigung

Kapazität:

Durch Investition in Betriebsmittel (Grundstücke, Gebäude, Maschinen u. a.), durch Einstellung von Mitarbeiterinnen und Mitarbeitern, durch die Bereitstellung von Werkstoffen und durch die organisatorische Gestaltung des Betriebsprozesses hat das Industrieunternehmen eine bestimmte **Betriebsbereitschaft** oder ein bestimmtes Leistungsvermögen innerhalb einer Rechnungsperiode geschaffen, das als **Kapazität** bezeichnet wird.

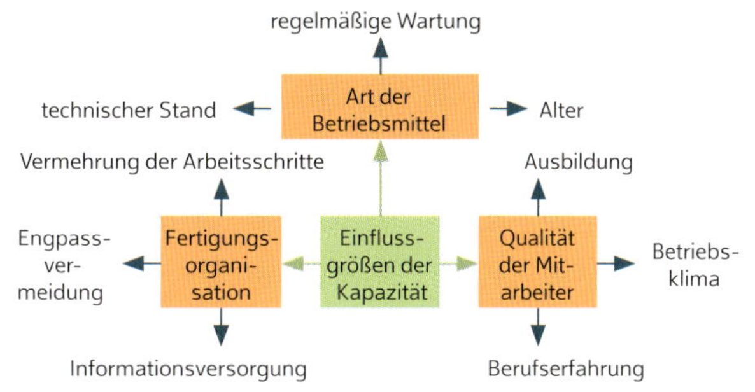

Das Leistungsvermögen des Betriebes ist also abhängig von der Leistungsfähigkeit der Anlagen, der Qualifikation und der Leistungsbereitschaft der Mitarbeiterinnen und Mitarbeiter, der Qualität der Werkstoffe und nicht zuletzt von der Organisation des Zusammenwirkens der Produktionsfaktoren.

- **Maßstäbe der Kapazität**

  Die Kapazität kann gemessen werden
  - am **Output,** z. B. an der mögliche Ausbringungs- oder Absatzmenge an Fertigprodukten,
  - am **Input,** z. B. an der notwendigen Zahl an Beschäftigten, Arbeitsstunden, Maschinenstunden, um die benötigte Ausbringungsmenge zu produzieren.

  Beispiel Auf einem Rohrbiegeautomaten können in einer Stunde 20 Gestelle eines Stapelstuhls gefertigt werden. Bei einer Arbeitszeit von 35 Stunden pro Woche beträgt die Jahreskapazität, gemessen am Output als Maßstab der Kapazität: 36 400 Gestelle/Jahr (20 · 35 · 52), am Input als Maßstab der Kapazität: 1 820 Maschinenstunden (35 · 52).

- **Arten der Kapazität**

  Zu unterscheiden sind maximale und optimale Kapazität.
  - **Maximale Kapazität:** Sie drückt das **höchstmögliche Leistungsvermögen** in einer bestimmten Zeit aus, das Anlagen und Menschen erbringen können. Eine ständige maximale Ausnutzung führt häufig zu übermäßiger Maschinen- und Menschenbelastung, zu Ausfällen, Fehlern und erhöhten Kosten (progressive Kosten).

    Beispiel Der Rohrbiegeautomat kann einen Output von 36 400 Stapelstuhlgestellen (siehe vorstehendes Beispiel) nur erreichen, wenn der Rohrbiegeautomat während der täglichen Arbeitszeit ständig auf Hochtouren läuft und die Mitarbeiter die Anlage ohne Pause bedienen und überwachen.
  - **Optimale Kapazität:** Sie drückt das Leistungsvermögen bei **normaler durchschnittlicher Beanspruchung** von Anlagen und Menschen aus. Es ist die Kapazität, bei der Betriebsmittel und Menschen die Leistungen am kostengünstigsten erstellen. Sie wird daher auch als **wirtschaftliche Kapazität** bezeichnet.

    Beispiel Die neu beschaffte Lackiermaschine der Bürodesign GmbH kann monatlich maximal 10 000 Stück Regalsysteme lackieren, dies entspricht einer Kapazität von 100 %. Bei dieser Maximalbelastung beträgt die anteilige Abschreibung 8 000,00 € und die Wartungs- und Reparaturkosten betragen 4 900,00 €. Bei einer Auslastung von 50 %, also bei 5 000 Stück, beträgt die anteilige Abschreibung lediglich 5 000,00 €. Die Wartung wird mit pauschal 1 000,00 € angesetzt. Für die einzelnen Auslastungen hat die Bürodesign GmbH die folgende Aufstellung erstellt:

Anzahl der lackierten Regale pro Monat in Stück	Kapazitätsauslastung	Kosten pro Monat für Abschreibung und Reparaturen in %	Stückkosten in €
1 000	10	6 000,00	6,00
2 000	20	6 000,00	3,00
3 000	30	6 000,00	2,00
4 000	40	6 000,00	1,50
5 000	50	6 000,00	1,20
6 000	60	6 500,00	1,08
7 000	70	7 200,00	1,03
8 000	**80**	**8 000,00**	**1,00**
9 000	90	10 500,00	1,17
10 000	100	12 900,00	1,29

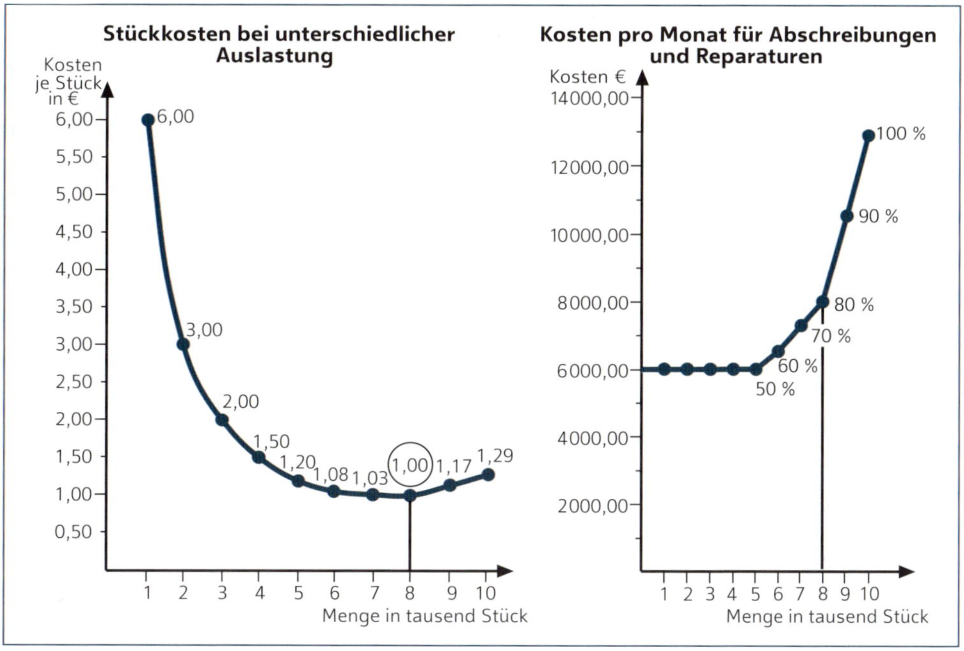

Die grafische Auswertung dieser Zahlen zeigt, dass die Stückkosten ab einem Kapazitätsgrad von 80 % ansteigen. Dies liegt daran, dass durch die stärkere Beanspruchung der Maschine die Abschreibungs- sowie die Wartungs- und Reparaturkosten höher sind als bei einer geringeren Auslastung. Unterhalb einer Kapazität von 60 % bleiben diese Kosten unverändert. Dies bedeutet, dass bei rückläufiger Produktion die Kosten je Stück ständig steigen (stückfixe Kosten). In der zweiten Grafik wird diese Entwicklung deutlich. Sie zeigt allerdings auch, dass oberhalb einer Kapazität von 80 % die Stückkosten aufgrund der erhöhten Reparaturanfälligkeit ebenfalls wieder ansteigen. Die geringsten Stückkosten werden bei einer Kapazität von 80 % erreicht. Die Bürodesign GmbH wird versuchen, diese Auslastung der Anlage zu erreichen. Dies ist die wirtschaftliche Kapazität (**Optimalkapazität**).

Beschäftigung:

Unter **Beschäftigung** versteht man die **tatsächliche Nutzung** der Kapazität. Schwankungen in der Nachfrage nach den produzierten Gütern, Probleme bei der Material- und Personalbeschaffung, Unterbrechungen des Produktionsprozesses (z.B. wegen Maschinenausfällen und Planungsfehlern) können zu schlechteren Nutzungs- oder Auslastungsgraden führen. Vielfach wird keine volle Auslastung erreicht.

- **Beschäftigungsgrad**

  Er ist Maßstab der Beschäftigung, der den prozentualen Anteil der tatsächlich genutzten Kapazität an der gegebenen Kapazität ausdrückt.

  Beispiel Bei optimaler Auslastung kann eine Fräse der Bürodesign GmbH jährlich 1 800 Stunden genutzt werden. Im letzten Jahr betrug die Laufzeit nach Angaben der Kostenstellenrechnung 1 152 Stunden

$$\text{Beschäftigungsgrad} = \frac{\text{Genutzte Kapazität} \cdot 100}{\text{Kapazität}} \quad \frac{1\,152 \cdot 100}{1\,800} = 64\ \%$$

Der Beschäftigungsgrad liegt meistens unter 100 % der maximalen Kapazität. Die Differenz zwischen beiden kann bei Zusatzaufträgen genutzt werden. Der Beschäftigungsgrad sollte sich an der wirtschaftlichen Kapazität orientieren.

Kostengliederung nach ihrem Verhalten bei Beschäftigungsschwankungen:

Für jeden Betrieb stellt sich die Frage, wie sich einzelne Kostenarten bei Beschäftigungsschwankungen verhalten und wie die Betriebsleitung auf das Verhalten der einzelnen Kostenarten reagieren kann. Nach ihrer Reaktion auf Beschäftigungsschwankungen sind fixe Kosten, variable Kosten und Mischkosten zu unterscheiden.

- **Fixe Kosten**

Sie verändern sich nicht bei Veränderungen des Beschäftigungsgrades. Sie bleiben in ihrer Gesamthöhe über einen Zeitraum (zeitabhängige Kosten) und innerhalb einer bestimmten Kapazität konstant. Man nennt sie auch **Kosten der Betriebsbereitschaft**, weil sie bereits mit der Bereitstellung einer bestimmten Kapazität anfallen. Sie bleiben konstant, ob nun produziert wird oder nicht, ob der Beschäftigungsgrad 0 %, 50 % oder 100 % beträgt.

Fixe Kosten können bei Beschäftigungsrückgang kurzfristig überhaupt nicht oder nur mit erheblichen Verlusten abgebaut werden. Ihre Konstanz während einer begrenzten Zeit begründet sich aus der festgelegten Nutzungsdauer (bei Anlagen), aus Miet-, Leasing-, Abnahmeverträgen, Arbeitsverträgen mit bestimmten gesetzlichen Kündigungsfristen oder Versicherungsverträgen.

Dadurch nehmen die fixen Kosten je Produktionseinheit bei Beschäftigungsrückgang zu und bei Beschäftigungswachstum ab.

Beispiele Miete, kalkulatorische Abschreibungen, Gebäudeversicherung, Gehälter, Kfz-Versicherung, Strom- und Heizungskosten für eine Lagerhalle, Kfz-Steuer usw.

Absolut fixe Kosten: Fixe Kosten bleiben für eine bestimmte Kapazität **konstant** oder **absolut fix**, unabhängig davon, in welchem Maße die Kapazität ausgelastet ist.

Beispiel Kfz-Versicherung und -steuer ändern sich nicht, wenn der Lkw viel oder wenig gefahren wird.

Diese absolut fixen Kosten werden in ihrer Höhe nicht von der Produktions- oder Absatzmenge der Produkte beeinflusst. Da sie nicht von der Produktion und dem Absatz, der eigentlichen Tätigkeit des Industriebetriebes, abhängig sind, bezeichnet man sie als **beschäftigungsunabhängige Kosten**.

Beispiele möglicher absolut fixer Kosten Kfz-Steuer 1 400,00 €, Kfz-Versicherung 3 600,00 €, Abschreibungen 19 000,00 €

Die in einer Rechnungsperiode gleich bleibenden K_f (im Beispiel 24 000,00 €) müssen auf die Produktions- und Absatzeinheiten verteilt werden. Mit steigender Produktions- oder Absatzmenge fällt der Fixkostenanteil je Produktions- oder Absatzeinheit. Er lässt sich folgendermaßen errechnen:

$$k_f = \frac{K_f}{x} \qquad \text{Fixe Stückkosten} = \frac{\text{Fixe Gesamtkosten}}{\text{Produktions- oder Absatzmenge}}$$

Fixe Stückkosten (k_f) und Gesamtkosten (K_f)

Produktions- und Absatzmenge (x)	Fixe Kosten (K_f) insgesamt	Fixe Kosten (k_f) je Stück
0	24 000,00	–
100	24 000,00	240,00
200	24 000,00	120,00
300	24 000,00	80,00
400	24 000,00	60,00
500	24 000,00	48,00

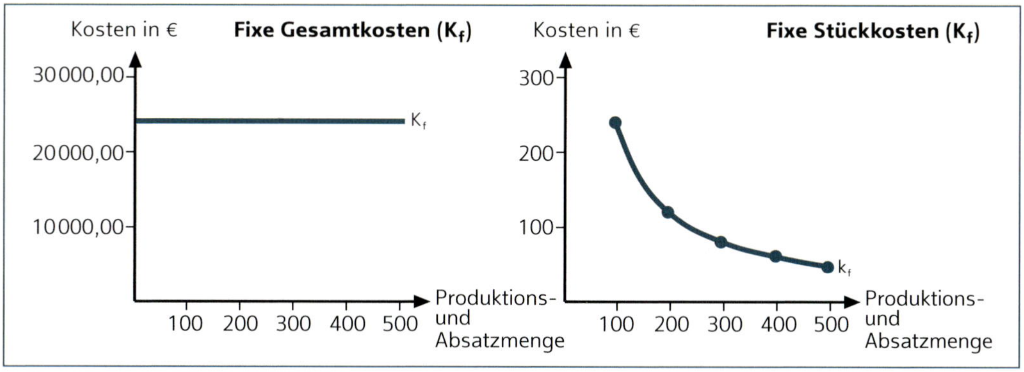

Unterstellt man die im Beispiel dargestellten Kostenverläufe, muss es Ziel des Unternehmens sein, seine Kapazität möglichst auszulasten, weil an der Kapazitätsgrenze die fixen Kosten je Stück am geringsten sind.

- **Intervall- oder sprungfixe Kosten**

  Wenn die gegebene Kapazität (einer Maschine, eines Lkw) nicht ausreicht, um den Absatz- und Produktionsplan zu realisieren, wird die Kapazität erweitert, damit die Betriebsbereitschaft gewährleistet ist.

  Beispiele Anschaffung eines weiteren Lkw, Miete einer weiteren Lagerhalle

  Die **fixen Kosten steigen** zunächst **sprunghaft** an, bleiben dann aber bis zur nächsten Kapazitätserweiterung konstant.

  Beispiele sprungfixer Kosten Gehälter von zusätzlich eingerichteten Verkaufsabteilungen, Abschreibungen bei Kapazitätserweiterungen, Miete für zusätzliche Lagerräume, Kfz-Steuer und Kfz-Versicherung für zusätzliche Lkw

Sprungfixe Gesamtkosten (k_f) und fixe Stückkosten (K_f) nach Anschaffung eines zweiten Lkw

Produktions- und Absatzmenge (x)	Fixe Kosten (K_f) insgesamt	Fixe Kosten (k_f) je Stück
0	24000,00	–
100	24000,00	240,00
200	24000,00	120,00
300	24000,00	80,00
400	24000,00	60,00
500	24000,00	48,00
600	48000,00	80,00
700	48000,00	68,57
800	48000,00	60,00
900	48000,00	53,33
1000	48000,00	48,00

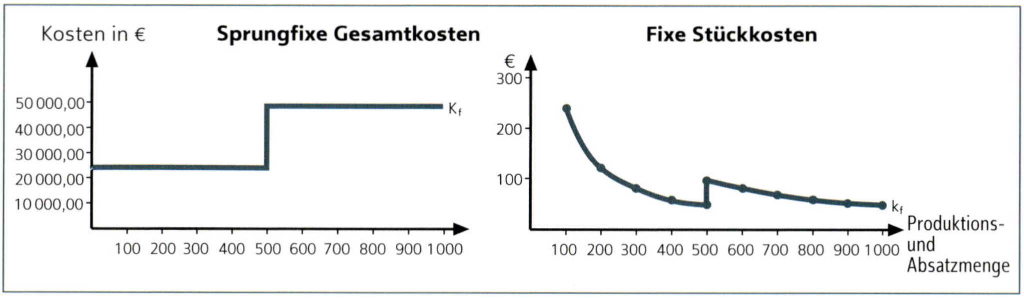

Fixe Gesamtkosten (K_f) bleiben innerhalb einer gegebenen Kapazität konstant. Da sie in der Kalkulation auf die Produktpreise abgewälzt werden, belasten sie die Preise als Durchschnitts- oder Stückkosten **bei abnehmender Beschäftigung** stärker als bei zunehmender Beschäftigung. Wegen des sprunghaften Anstiegs der fixen Kosten je Produktions- oder Absatzeinheit sollte vor jeder Erweiterungsinvestition die künftige Auslastung bedacht werden.

- **Nutz- oder Leerkosten**

  Wird die Kapazität aufgrund geringer Beschäftigung nur teilweise genutzt, teilen sich die Fixkosten in Nutzkosten und Leerkosten auf.

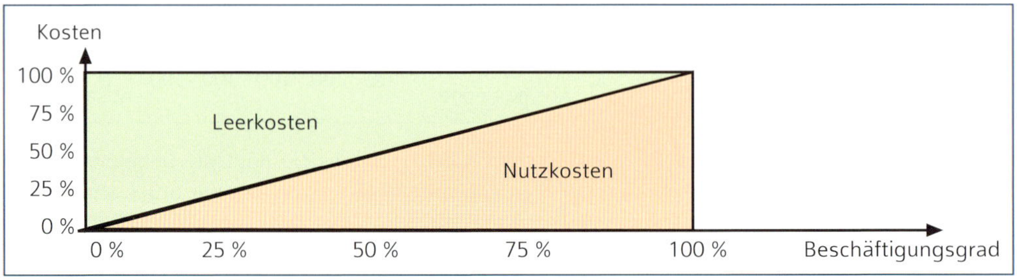

Rechnerisch ergeben sich die Nutzkosten aus Gesamtfixkosten mal Beschäftigungsgrad. Leerkosten bilden die Differenz zwischen Fixkosten und Nutzkosten.

Beispiel Die jährlichen Fixkosten eines Rohrbiegeautomaten in der Bürodesign GmbH betragen 30 000,00 €. Der Beschäftigungsgrad betrug im letzten Jahr 64 %.

Nutzkosten: $\frac{30\,000 \cdot 64}{100} = 19\,200{,}00$ €

Leerkosten: $30\,000 - 19\,200 = 10\,800{,}00$ €

Diese Gliederung der Fixkosten macht deutlich, welcher Anteil produktiv genutzt wird, welcher nicht. Der Anteil der Leerkosten an den Gesamtfixkosten (im Beispiel 36 %) verdeutlicht, in welchem Maße noch Kapazitäten bei zusätzlicher Beschäftigung zur Verfügung stehen, ohne zusätzliche Investitionen und Steigerung der Fixkosten.

- **Bedeutung der Fixkosten und Notwendigkeit der Kostenauflösung**

  Aufgrund der technischen Entwicklung und zunehmend anlageintensiveren Produktion nimmt der Anteil der Fixkosten in Form von kalkulatorischen Abschreibungen und Zinsen an den Gesamtkosten ständig zu. Dies zwingt die Industriebetriebe, ständig Vollbeschäftigung anzustreben, um die fixen Stückkosten zu minimieren **(Degressionseffekt der Fixkosten)**. Bei rückläufiger Beschäftigung steigt der Anteil der Fixkosten pro Stück, weil die Fixkosten nicht flexibel und damit kurzfristig abgebaut werden können. Im harten Wettbewerb führt das zu Verlusten bzw. zur Verringerung des Gewinns.

  Die Auflösung der Kosten in fixe und variable ist wichtig, um Ursachen von Kostenschwankungen festzustellen. Die Verteilung der Fixkosten auf unterschiedliche Produktions- und Absatzmengen zeigt, dass ihr Stückanteil von dem Beschäftigungsgrad abhängig ist (siehe S. 581 f.).

- **Variable Kosten:** Mit Aufnahme der Produktions- und Absatztätigkeit entstehen neben den bereits gegebenen Kosten der Betriebsbereitschaft mit jeder Produktions- und Absatzeinheit zusätzliche Kosten. Kosten, die in Abhängigkeit von der Produktions- und Absatzmenge (Beschäftigung) entstehen, werden als **variable Kosten** bezeichnet. Variable Kosten können sich **proportional, degressiv** oder **progressiv** zu Beschäftigungsänderungen verhalten.

- **Proportional** verhalten sich die Kosten, wenn das Verhältnis von Kosten zur Beschäftigung bei Beschäftigungsänderung gleich bleibt. Die Kosten je Einheit der Absatzmenge bleiben gleich.

Beispiel proportionaler Kosten eines Bürotisches Bezugs-/Einstandspreis einer Tischlerplatte 200,00 €, Spezialverpackung 15,00 €, Fertigungslöhne 165,00 €, Vertriebsprovision für den Handelsvertreter 10 % vom Verkaufspreis von 1 200,00 €

Produktions- und Absatzmenge (x)	variable Gesamtkosten (K_v)	variable Stückkosten (k_v)
0	–	–
1	500,00	500,00
2	1 000,00	500,00
3	1 500,00	500,00
4	2 000,00	500,00
5	2 500,00	500,00

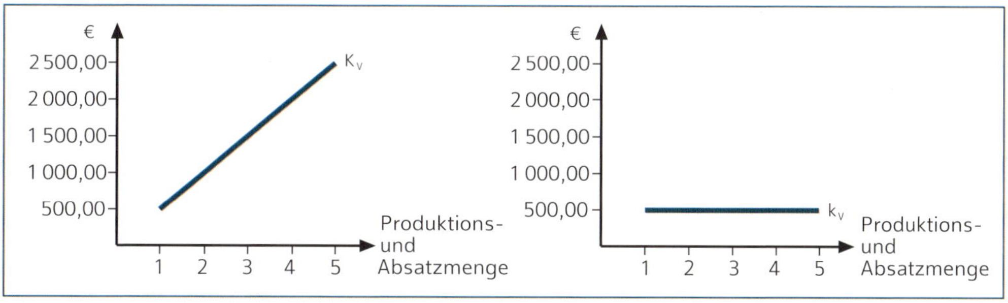

- **Degressive Kosten** verhalten sich unterproportional zu einer Beschäftigungsänderung. Bei einer Beschäftigungsgradzunahme steigen die Kosten in geringerem Maße als die Produktions- und Absatzmenge. Der Anstieg der variablen Gesamtkosten verringert sich mit zunehmender Produktions- und Absatzmenge.

Beispiel Fallende Bezugs-/Einstandspreise aufgrund gestaffelter Mengenrabatte beim Einkauf von Tischlerplatten zum Einzelpreis von 200,00 €

Produktions- und Absatzmenge (x)	variable Gesamtkosten (K_v)	variable Stückkosten (k_v)
0	–	–
100	19 000,00	190,00
200	36 000,00	180,00
300	51 000,00	170,00
400	64 000,00	160,00
500	75 000,00	150,00

Abnahmemenge in Stück	Rabatt in %
1– 99	0
100–199	5
200–299	10
300–399	15
400–499	20
500–599	25

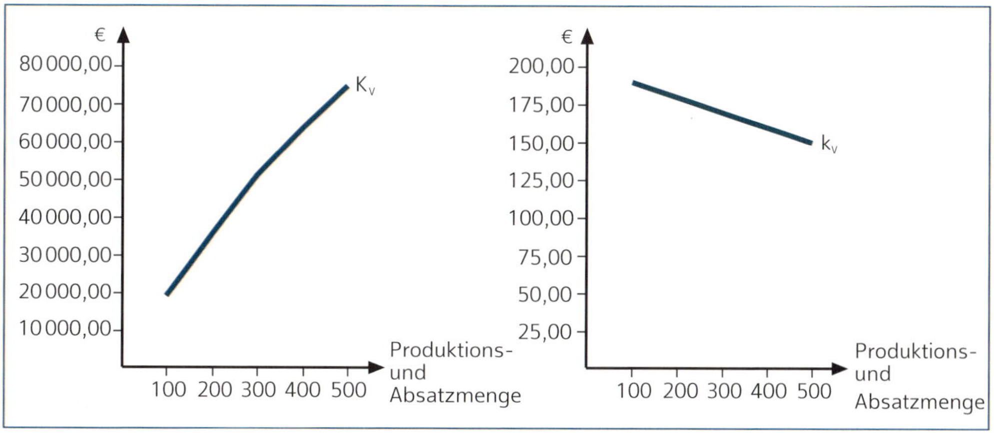

- **Progressive Kosten** verhalten sich bei steigender Produktions- oder Absatzmenge überproportional. Dadurch steigen die Stückkosten mit steigender Ausbringungs- oder Absatzmenge. Die Gesamtkosten steigen prozentual stärker als die Produktions- oder Absatzmenge. Der Anstieg der variablen Gesamtkosten nimmt mit zunehmender Produktions- oder Absatzmenge zu.

Beispiele Erhöhter Energieverbrauch bei überdurchschnittlicher Beanspruchung einer Bandsäge, Anstieg der Reparaturkosten, Überstundenzuschläge

Produktions- und Absatzmenge (x)	variable Gesamtkosten (K_v)	variable Stückkosten (k_v)
0	–	–
1	4,00	4,00
2	10,00	5,00
3	18,00	6,00
4	28,00	7,00
5	40,00	8,00

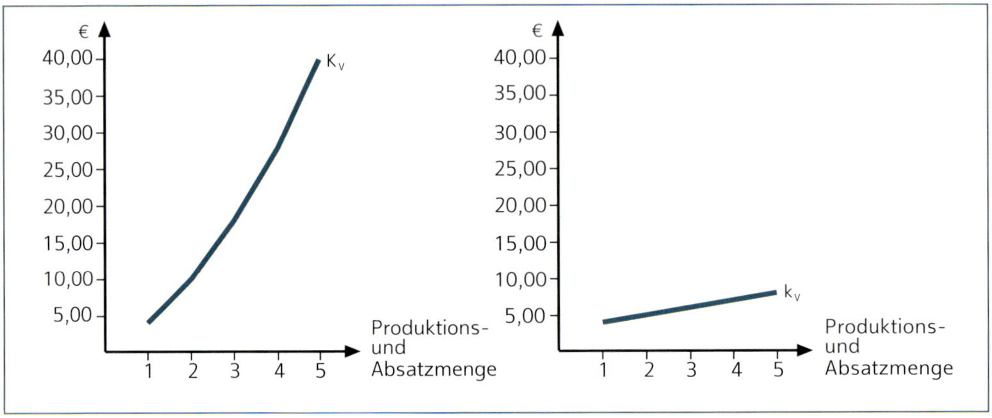

- **Mischkosten:** Manche Kostenarten setzen sich aus fixen und variablen Bestandteilen zusammen.

  Beispiele Stromkosten, Telefonkosten, deren Höhe sich aus den Grundgebühren (fixe Kosten) und den verbrauchsabhängigen Kosten (variable Kosten) zusammensetzt

MATH

Kostenfunktionen (lineare Kostenverläufe):

Durch Addition der fixen und variablen Kosten ergeben sich die Gesamtkosten. Wegen des unterschiedlichen Verhaltens variabler Kosten bei Beschäftigungsänderungen kann die Gesamtkostenkurve unterschiedliche Verläufe aufweisen.

Wegen der Fixkosten (K_f) beginnt die **lineare Gesamtkostenkurve** (K_g) auf der Ordinate in Höhe der K_f. Die proportionalen variablen Kosten bestimmen die Steigerung der Gesamtkosten.

Die **variablen Stückkosten** bleiben in diesem Falle bei unterschiedlicher Beschäftigung gleich. Das gilt auch für die **Grenzkosten**. Das sind die zusätzlichen Kosten jeder weiteren Produktionseinheit.

Die **fixen Stückkosten** und die Gesamtstückkosten nehmen mit zunehmender Beschäftigung innerhalb der gegebenen Kapazität bis zur Kapazitätsgrenze kontinuierlich ab. Der Abstand zwischen der gesamten Stückkostenkurve und der fixen Stückkostenkurve bleibt gleich. Unterstellt man diesen Kostenverlauf, liegen **Betriebsoptimum** und **Gewinnmaximum** an der Kapazitätsgrenze.

Kostenfunktionen definieren die Abhängigkeit zwischen
- dem Verbrauch an Faktoreinsatzmengen und
- der Inanspruchnahme eines Betriebsmittels.

Es wird von einem linearen Verlauf ausgegangen, obwohl auch über- oder unterproportionale Gesamtkostenverläufe denkbar sind. Diese Annahme gilt für die relevanten Beschäftigungsintervalle im Bereich der optimalen oder wirtschaftlichen Kapazität (vgl. S. 582). Steigt die Beschäftigung über dieses Optimum hinaus, führt das zu einem progressiven Anstieg der variablen und damit auch der Gesamtkosten.

Beispiel Für gewerbliche Mitarbeiter der Bürodesign GmbH werden Überstundenzuschläge gezahlt, Betriebsmittel (Maschinen, Werkzeuge) laufen ständig auf Hochtouren und verursachen dadurch höhere Reparaturen.

Gesamtkosten (K_g)

Typisch für den linearen Gesamtkostenverlauf ist das gleiche Steigungsmaß, das identisch ist mit den proportional-variablen Kosten je Bezugsgrößeneinheit (Produktionseinheit, Maschinenstunde u. a.). Dieser Gesamtkostenverlauf kann somit auf folgende Ausgangsgleichung (Funktion 1. Grades) zurückgeführt werden:

$$K_g = K_f + k_v \cdot x$$

Gesamte Stückkosten (k_g)

Auf die einzelne Produktionseinheit bezogen ergeben sich bei Beschäftigungszunahme degressive Stückkosten, weil die Gesamtkosten je Einheit sich nicht proportional zur Beschäftigung verändern, sondern sich wegen der konstanten Fixkosten relativ geringer als der Beschäftigungsgrad entwickeln. Die Gesamtkosten pro Produktionseinheit werden berechnet, indem man die Summe aus fixen und variablen Gesamtkosten durch die Ausbringungsmenge dividiert:

$$k_g = \frac{K_f + K_v}{x}$$

Grenzkosten (K')

Hierunter versteht man die Veränderung der Gesamtkosten aufgrund einer Beschäftigungsänderung um eine Produktionseinheit. Bei linearen Gesamtkostenverläufen entsprechen die Grenzkosten den variablen Kosten, die lt. Kostenfunktion konstant bleiben bzw. proportional verlaufen. Dadurch ist es möglich, die Grenzkosten mithilfe der Zweipunktformel zu ermitteln. Bei ihr wird unterstellt, dass die Steigung der Gesamtkosten ausschließlich auf die Steigerung der variablen Kosten zurückzuführen ist.

Bestimmung der Grenzkosten bei linearem Gesamtkostenverlauf

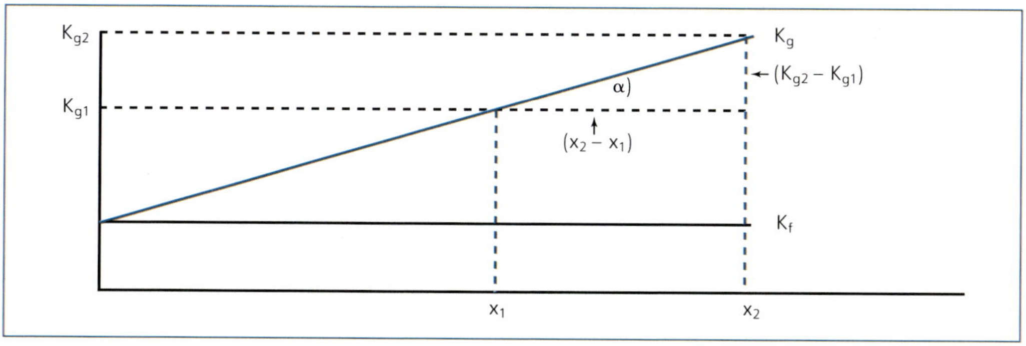

$$\text{Grenzkosten} = \frac{Kg_2 - Kg_1}{x_2 - x_1} \quad \text{oder tang } \alpha = \frac{\text{Gegenkathete}}{\text{Ankathete}}$$

Kritische Kostenpunkte bei linearer Kostenfunktion:

MATH

- **Betriebsoptimum**
  Es wird bei der Beschäftigung mit den niedrigsten Stückkosten erreicht. Wie das folgende Beispiel zeigt, liegt es wegen des Degressionseffektes der Fixkosten an der Kapazitätsgrenze.

- **Gewinnmaximum**

Verlaufen Umsatz und Kosten linear, liegt das Gewinnmaximum ebenfalls an der Kapazitätsgrenze. Das gilt sowohl für den Gesamt- als auch für den Stückgewinn.

Beispiele Bei der Herstellung des Staplerstuhls fallen in der Bürodesign GmbH im Jahr 3 000 000,00 € Fixkosten und 150,00 € variable Kosten je Staplerstuhl an. Die Jahreskapazität beträgt 40 000 Stück.

a) Stellen Sie die Kostenfunktion 1. Grades auf.

b) Erstellen Sie eine Tabelle, aus der die K_f, K_v, K_g, k_f, k_v, k_g, K' bei den Beschäftigungsgraden 0, 10, 20, 30, 40, 50, 60, 70, 80, 90, 100 hervorgehen.

Stellen Sie die linearen Gesamtkosten und Stückkosten in einem Diagramm dar.

Lösung

a) $K_g = 3\,000\,000 + 150 \cdot x$

Web

b)

Menge	**Kosten in €**						
Stück	K_f	K_v	K_g	k_f	k_v	k_g	K'
0	3 000 000	0	3 000 000		0,00		
4 000	3 000 000	600 000	3 600 000	750,00	150,00	900,00	150,00
8 000	3 000 000	1 200 000	4 200 000	375,00	150,00	525,00	150,00
12 000	3 000 000	1 800 000	4 800 000	250,00	150,00	400,00	150,00
16 000	3 000 000	2 400 000	5 400 000	187,50	150,00	337,50	150,00
20 000	3 000 000	3 000 000	6 000 000	150,00	150,00	300,00	150,00
24 000	3 000 000	3 600 000	6 600 000	125,00	150,00	275,00	150,00
28 000	3 000 000	4 200 000	7 200 000	107,14	150,00	257,14	150,00
32 000	3 000 000	4 800 000	7 800 000	93,75	150,00	243,75	150,00
36 000	3 000 000	5 400 000	8 400 000	83,33	150,00	233,33	150,00
40 000	3 000 000	6 000 000	9 000 000	75,00	150,00	225,00	150,00

c)

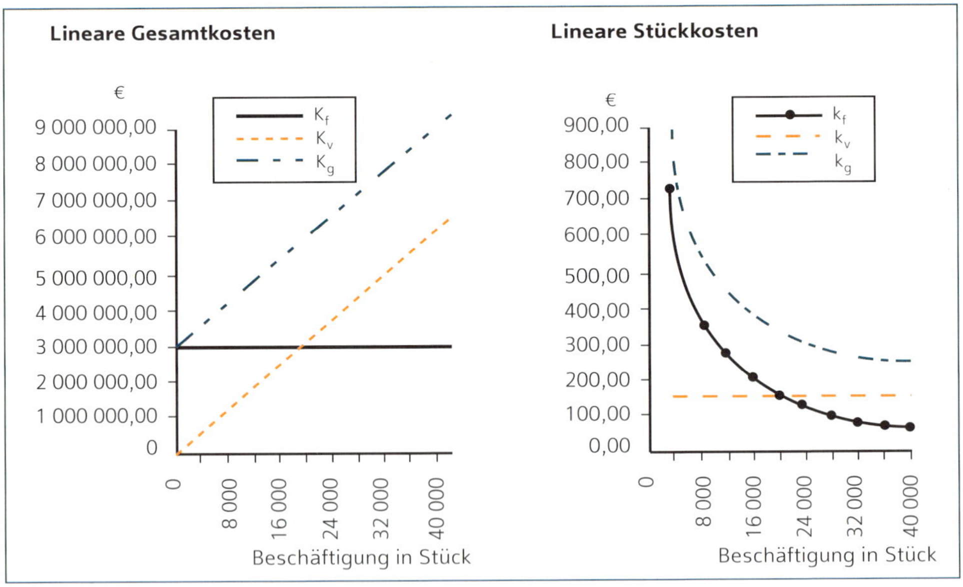

▲ Anpassung an Beschäftigungsschwankungen

Bei rückläufiger Beschäftigung werden Nutzkosten zunehmend zu Leerkosten. Der Vorteil der Fixkostendegression in der Wachstums- oder Expansionsphase kehrt sich in der Rezession wegen der starr bleibenden Fixkosten zum Nachteil um.

Ursachen liegen zumeist im Absatzmarkt (veränderte Nachfrage) oder im Beschaffungsmarkt (technische in Verbindung mit wirtschaftlichen Veränderungen).

Eine Anpassung an die veränderten Situationen ist insbesondere bei vollautomatisierten Betrieben schwierig oder gar unmöglich, weil die hierin investierten Kapitalien nicht oder nur mit großen Verlusten freigesetzt werden können.

Betriebe reagieren mit unterschiedlichen Anpassungsformen auf Beschäftigungsschwankungen.

Zeitliche Anpassung:

Sie ist wohl die vorherrschende Reaktion auf Beschäftigungsschwankungen. Im Falle des Beschäftigungsrückgangs werden bei konstantem Potenzialfaktorbestand Maschinenlaufzeiten und Arbeitszeiten abgebaut, indem Feierschichten oder Kurzarbeit eingeführt werden.

Nimmt die Beschäftigung zu, werden Feierschichten oder Kurzarbeit wieder abgebaut oder gar Überstunden geleistet, Samstags- und Sonntagsarbeit und zusätzliche Schichten eingeführt. Die fixen Kosten bleiben bei dieser Anpassungsform gleich. Die Anpassung erfolgt in erster Linie über die variablen Kosten. Die variablen und damit auch die Gesamtkosten werden beim Überschreiten der normalen Arbeitszeiten wegen eventueller Überstunden-, Nachts-, Sonn- und Feiertagszuschläge steiler verlaufen.

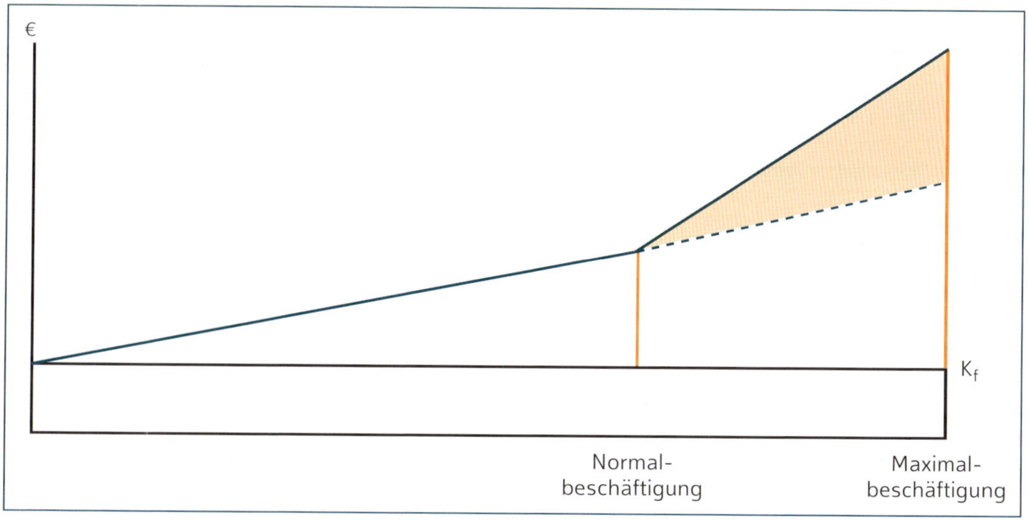

Quantitative Anpassung:

Können negative Wirkungen von Beschäftigungsschwankungen nicht ausreichend durch zeitliche Anpassung abgebaut werden, greift der Betrieb zum Mittel der quantitativen Anpassung. Dabei werden bei dauerhaftem Beschäftigungsrückgang Betriebsmittel stillgelegt, verkauft oder vermietet und Mitarbeiter entlassen. Umgekehrt sollten langfristige Beschäftigungsverbesserungen zu Neueinstellungen oder zu Investitionen führen. Es handelt sich also um eine Anpassung durch Veränderung der Kapazität. Durch Veränderung des Potenzialfaktorenbestands treten Sprünge in der Gesamtkostenkurve auf (sprungfixe Kosten). Die Entwicklung der variablen Kosten bleibt unverändert.

Beispiel Die Bürodesign GmbH hat in der Sägerei drei Sägen stehen, die jeweils 10 000,00 € Fixkosten im Jahr verursachen. Die variablen Kosten jeder Laufstunde betragen 10,00 €. Die Laufzeit jeder Säge beträgt bei voller Auslastung 2 000 Stunden im Jahr.

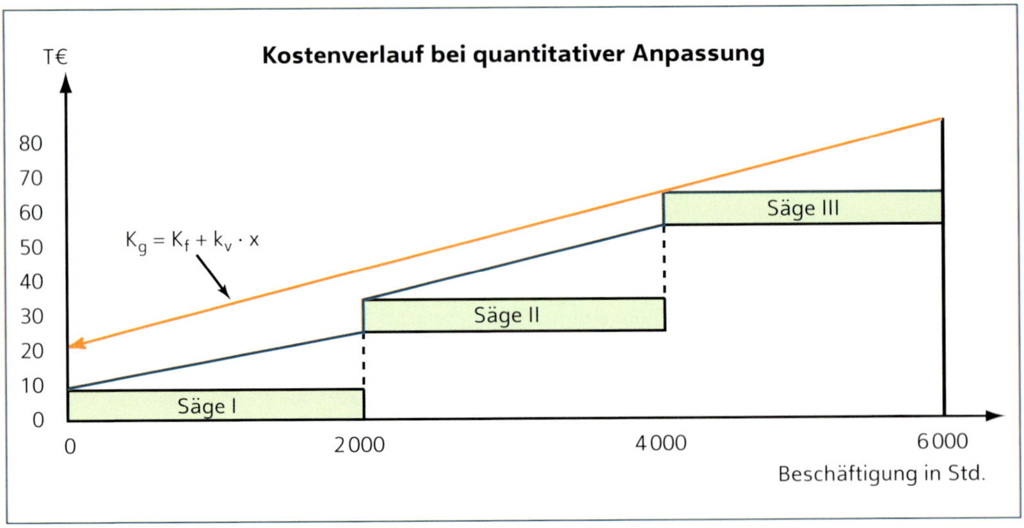

Das Beispiel zeigt, dass die Anpassung wegen der nicht beliebig teilbaren Produktionsanlagen nur für bestimmte Beschäftigungsintervalle erfolgen kann. Wenn die Säge III stillgelegt wird, entfallen die entsprechenden variablen Kosten. Wird die Säge III verkauft oder vermietet, werden auch die K_f dieses Intervalls abgebaut. Die Gesamtkostenkurve kann sich je nach Nutzung der Sägen unterschiedlich darstellen:

Bei **Nutzung aller drei Sägen:** $K_g = 3 \cdot 10000 + 10 \cdot 6000 = 90000{,}00$ €

Bei **Stilllegung von Säge III:** $K_g = 2 \cdot 10000 + 10 \cdot 4000 = 60000{,}00$ €

Bei **Stilllegung von Sägen III und II:** $K_g = 1 \cdot 10000 + 10 \cdot 2000 = 30000{,}00$ €

Selektive Anpassung:

In Verbindung mit der quantitativen Anpassung werden die Potenzialfaktoren mit der geringsten Produktivität aufgegeben. Denkbar ist die Kündigung von weniger qualifizierten Mitarbeitern oder die Stilllegung bzw. der Verkauf von weniger wirksamen älteren Anlagen. Neben der sprunghaften Veränderung der fixen Kosten sind auch Veränderungen der variablen Stückkosten für diese Anpassungsform typisch.

Intensitätsmäßige Anpassung:

Der Betrieb nutzt die Spanne zwischen Maximal- und Optimalkapazität zur Anpassung an Beschäftigungsschwankungen.

Progressiv steigende variable Kosten bei zunehmender Beschäftigung (erhöhter Anlagenverschleiß, Überstundenlöhne, Mehrverbrauch an Energie, Schmiermitteln u.a.) sind wegen der weiteren Fixkostendegression meist noch vertretbar.

Kostenverlauf bei intensitätsmäßiger Anpassung

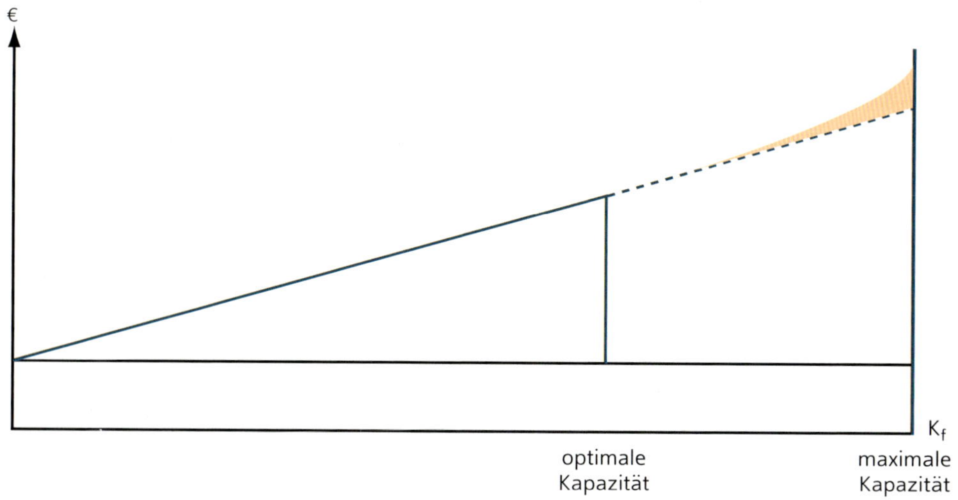

Kosten in Abhängigkeit von der Beschäftigung, lineare Kostenverläufe, Anpassung an Beschäftigungsschwankungen

- **Kapazität**

  Kapazität: Maßstab für das Leistungsvermögen einer Unternehmung oder Kostenstelle in einem bestimmten Zeitabschnitt

  Kapazitätsarten: maximale: höchstmögliches Leistungsvermögen
  optimale: Leistungsvermögen, bei der die Leistungen am kostengünstigsten hergestellt werden (wirtschaftliche Kapazität)

- **Beschäftigung**

  tatsächliche Nutzung der Kapazität
  Messgröße für die Beschäftigung ist der Beschäftigungsgrad:

  $$\text{Beschäftigungsgrad} = \frac{\text{genutzte Kapazität} \cdot 100}{\text{Kapazität}}$$

- **Kostengliederung nach ihrem Verhalten bei Beschäftigungsschwankungen**

  fixe Kosten: Kosten der Betriebsbereitschaft, die für eine bestimmte Zeit konstant sind und unabhängig von der Beschäftigung anfallen.
  → absolut fixe Kosten, intervall- oder sprungfixe Kosten
  → Nutz- oder Leerkosten: Anteil der K_f, der produktiv genutzt wird oder nicht
  variable Kosten: beschäftigungsabhängige Kosten
  → proportionale Kosten: Verhältnis von Kosten zur Beschäftigung bleibt bei Beschäftigungsänderungen gleich.
  → degressive Kosten: steigen unterproportional bei Beschäftigungsgradzunahme
  → progressive Kosten: steigen bei zunehmender Beschäftigung überproportional
  Mischkosten: Kostenarten, die sich aus fixen und variablen Bestandteilen zusammensetzen.

- **Lineare Gesamtkostenverläufe**

  $$\text{Gesamtkosten } (K_g) = \frac{K_f + k_v \cdot x}{K_f - K_v}$$

  $$\text{Stückkosten } (k_g) = x$$

  $$\text{Grenzkosten} = \frac{K_{g2} - K_{g1}}{x_2 - x_1} \quad \text{oder } \tan \alpha = \frac{\text{Gegenkathete}}{\text{Ankathete}}$$

- **Anpassung an Beschäftigungsschwankungen**
  - **zeitliche Anpassung:** Nutzungsdauer der Potenzialfaktoren wird verkürzt (Kurzarbeit, Feierschichten), sofortiger Abbau beschäftigungsabhängiger Kosten; K_f bleiben konstant
  - **quantitative Anpassung:** Potenzialfaktoren werden stillgelegt, verkauft oder vermietet; Veränderung der Kapazität; Sprünge in der Gesamtkostenkurve durch Abbau von Teilkapazitäten
  - **selektive Anpassung:** In Verbindung mit der quantitativen Anpassung werden weniger qualifizierte oder wirksame Potenzialfaktoren stillgelegt oder verkauft. Veränderung der K_f (sprunghaft) und der K_v
  - **intensitätsmäßige Anpassung:** Betrieb nutzt die Spanne zwischen Optimal- und Maximalkapazität zur Anpassung mit der Folge progressiv ansteigender variabler Kosten

1 Nennen Sie je drei Beispiele für
a) proportionale Kosten,
b) degressive Kosten,
c) progressive Kosten,
d) fixe Kosten.

2 Die Produktion von 1 200 000 Kugelschreibern verursacht 360 000,00 € Gesamtkosten.
a) Berechnen Sie die fixen Kosten, wenn die variablen Stückkosten 0,18 € betragen.
b) Stellen Sie den Verlauf
  ba) der fixen Kosten,
  bb) der variablen Kosten,
  bc) der Gesamtkosten insgesamt und je Stück
  im Koordinatensystem dar.
c) Leiten Sie die Gleichung für die Gesamtkosten bei der angegebenen Produktionsmenge ab.

Web

3 Geben Sie an, welche der unten angegebenen Kosten einer Möbelfabrik, die Tische, Stühle und Schränke herstellt,
a) Einzelkosten,
b) Gemeinkosten,
c) fixe Kosten,
d) variable Kosten sind.
  1. Holzverbrauch zur Tischherstellung
  2. Fremdstromverbrauch des Betriebes
  3. Kfz-Steuer für die Lkw
  4. Lackverbrauch
  5. Benzinverbrauch des Lkw
  6. Schraubenverbrauch zur Herstellung von Schränken
  7. Abschreibung einer Fräsanlage
  8. Scharniere und Schlösser zur Schrankherstellung
  9. Miete für die Verwaltungsräume
  10. Lohnzahlung an die Facharbeiter

4 Ein Spiegelglasproduzent stellte im Abrechnungsjahr insgesamt 50 000 m² Spiegelglas her. Damit wurde die Produktion gegenüber dem Vorjahr durch bessere Kapazitätsauslastung um 25 % gesteigert. Die Gesamtkosten stiegen gegenüber dem Vorjahr nur um 16 % auf 580 000,00 € im Abrechnungsjahr.
a) Berechnen Sie die fixen Kosten, wenn die variablen Stückkosten in beiden Jahren gleich sind.
b) Erklären Sie die verhältnismäßig geringe Kostensteigerung im Vergleich zur Produktionssteigerung.
c) Im Vorjahr wurde ein Beschäftigungsgrad von 60 % erreicht. Ermitteln Sie den Beschäftigungsgrad im Abrechnungsjahr und bei welcher Ausbringung die Kapazität voll ausgelastet wäre.

5 Aufgrund von Aufzeichnungen ermittelt ein Unternehmer für den Pkw eines Reisenden folgende Kosten (aus Vereinfachungsgründen wurden einige Kostenarten nicht berücksichtigt) bei einer durchschnittlichen Fahrleistung von 48 000 km im Jahr:

Benzinverbrauch	5 000 l zu je 0,96 €/l
Ölverbrauch	1 l zu je 6,00 € je 1 000 km
Steuer	228,00 € im Jahr
Versicherung/Vollkasko	720,00 € im Jahr
Garage	35,00 € im Monat
Reparaturen/Inspektionen	1 200,00 € im Jahr (variabel)
Abschreibungen	3 600,00 € im Jahr

a) Ermitteln Sie
   aa) die fixen Kosten je Monat,
   ab) die variablen Kosten je 100 km,
   ac) die Gesamtkosten im Jahr und je km.

b) Dem Reisenden soll der Pkw auch für private Zwecke gegen Berechnung einer km-Pauschale zu Selbstkosten zur Verfügung gestellt werden.
   ba) Berechnen Sie, über welchen Betrag die km-Pauschale lauten muss, wenn davon ausgegangen wird, dass sich die Fahrleistung dadurch auf 60000 km im Jahr erhöht.
   bb) Vergleichen Sie das Ergebnis mit dem der Aufgabe a) und erklären Sie den Unterschied.

6 Sie sind Sachbearbeiterin/Sachbearbeiter bei der Fritz Rellek GmbH, Hersteller von Herrenoberbekleidung. Die Abteilung Kostenrechnung erstellte Ihnen folgende statistische Tabelle:

Fritz Rellek GmbH
Herrenoberbekleidung

Hochstraße 25
53721 Siegburg

Rellek
Jeans

Abteilung: Kostenrechnung

Produktsparte: Jeans-Produktion

monatliche Maximalkapazität: 1200 Jeanshosen

Zeile	Geschäftsjahr . .	Produktions- und Absatzmenge in Stück	Selbstkosten* in €	Gesamterlöse in €
1	Januar	840	24 696,00	25 200,00
2	Februar	720	21 816,00	21 600,00
3	März	816	24 120,00	24 480,00
4	April	864	25 272,00	25 920,00
5	Mai	960	27 576,00	28 800,00
6	Juni	900	26 136,00	27 000,00
7	J			

* Es liegt ein linearer Gesamtkostenverlauf vor.

a) Berechnen Sie die Erfolge in den einzelnen Monaten.

b) Veranschaulichen Sie in einem Diagramm die grundsätzlich vorliegende Kosten- und Erlössituation bei der Produktsparte Jeanshosen.

c) Berechnen Sie für den einzelnen Monat die erreichten Beschäftigungsgrade.

d) Nach der augenblicklichen Planung ist für den Monat Juli 20.. eine Produktions- und Absatzmenge von 936 Designer-Jeanshosen zu den bisher vorliegenden Kosten und Erlösen gesichert. Es besteht jedoch die Möglichkeit, mit der Top-Jeans-Moden GmbH einen Kauf auf Abruf für ein Geschäftsjahr abzuschließen, bei dem monatlich ca. 144 Jeanshosen von diesem Kunden abgenommen würden. Auf den bisherigen Preis der Jeanshosen müsste jedoch ein Rabatt von 10 % gewährt werden. Nehmen Sie zu diesen Überlegungen Stellung.

Web

7 Ein Büromöbelhersteller stellt einen Drehstuhl zu folgenden Bedingungen her:

Kapazität:	20000 Stück
Fixe Kosten je Abrechnungszeitraum:	1800000,00 €
Variable (proportionale) Kosten je Drehstuhl:	330,00 €

Web

a) Vervollständigen Sie mithilfe eines Tabellenkalkulationsprogramms folgende Tabelle:

Produktionsmenge	Fixe Kosten in €		Variable Kosten in €		Gesamtkosten in €	
	gesamt	je Stück	gesamt	je Stück	gesamt	je Stück
5000	?	?	?	?	?	?
10000	?	?	?	?	?	?
15000	?	?	?	?	?	?
20000	?	?	?	?	?	?

b) Stellen Sie die folgenden Kostenverläufe in einem Diagramm dar:
  ba) fixe und variable Kosten insgesamt sowie Gesamtkosten insgesamt,
  bb) fixe und variable Kosten je Stück sowie Gesamtkosten je Stück.
c) Erläutern Sie die Tabelle bzw. die Grafiken.

8 Ein Industriebetrieb mit einer Monatskapazität von 16000 Stück hat bei einem Beschäftigungsgrad von 75 % 370000,00 € Gesamtkosten. Diese steigen bei einem Beschäftigungsgrad von 80 % bei linearem Gesamtkostenverlauf auf 384000,00 €. Ermitteln Sie
a) die variablen Kosten pro Stück,
b) die Fixkosten des Betriebes.

9 Errechnen Sie
a) die Nutzkosten,
b) die Leerkosten
für eine Kostenstelle mit Fixkosten im Jahr von 800000,00 €, einer Kapazität von 40000 Stück und einem Beschäftigungsgrad von 72 %.

Web

10 Ein Betrieb mit einer Jahreskapazität von 50000 Stück produziert bei 600000,00 € K_f eine Erzeugniseinheit mit 300,00 € k_v.
a) Erstellen Sie analog zu S. 591 eine Wertetabelle, aus der K_f, K_v, K_g, k_f, k_v, k_g bei den Beschäftigungsgraden 10 %, 20 %, 30 %, 40 %, 50 %, 60 %, 70 %, 80 %, 90 % und 100 % hervorgehen.
b) Stellen Sie die Gesamtkosten- und Stückkostenverläufe jeweils in einem Diagramm dar.

11 Beschreiben Sie die Kostenverläufe ① bis ③ und die schraffierten Zonen ④ und ⑤ der folgenden Grafik:

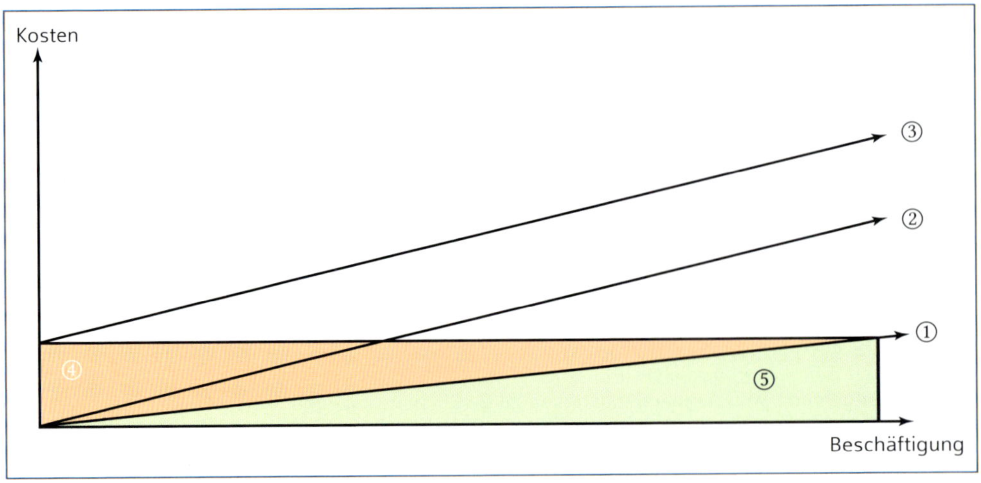

6 Kosten- und Leistungsrechnung als Teilkostenrechnung

6.1 Markt- statt Kostenorientierung in der Kostenrechnung

Laut Anfrage benötigt die Großhandelsunternehmung Klassik 2000 GmbH, Hamm, für einen Kunden 200 Stück des Kombinationsschreibtisches „Modulo" mit geringfügigen Änderungen zur Verwendung als Computertisch. Für das abzugebende Angebot wird ein Verkaufspreis von 1 251,90 € je Einheit ermittelt. Die Kostenrechnung legte folgende Kalkulationsdaten zugrunde:

Fertigungsmaterial lt. technischer Zeichnung und Stückliste .... 400,00 €
Fertigungslöhne lt. Arbeitsplan .... 240,00 €

Normalkostenzuschlagssätze (vgl. S. 574 ff.):
MGK: 9 %; FGK: 75 %; VwGK: 10 %; VtGK: 7 %
Gewinnzuschlagssatz 25 %

Frau Grell, die die Anfrage bearbeitete, hat mehrere Tage vergebens auf einen Auftrag der Klassik 2000 GmbH gewartet. Sie versucht auf telefonischem Wege, den Grund zu erfahren. „Wir haben zwar den Auftrag noch nicht vergeben, aber einer Ihrer Mitbewerber hat den Schreibtisch mehr als 200,00 € billiger angeboten." „Das ist nicht möglich, die Konkurrenz muss doch auch kalkulieren." „Ja, aber sie kalkuliert wohl anders." Frau Grell wendet sich sofort an die Kostenrechnung: „Ihr müsst den Angebotspreis ‚Modulo' neu kalkulieren; wir müssen den Auftrag unbedingt kriegen – und die Klassik 2000 GmbH als Kunden halten."

- Suchen Sie nach Möglichkeiten, wie dieses erreicht werden kann.

▲ Kosten- und marktorientierte Kostenrechnung

Die **Wirtschaftlichkeit** eines Industriebetriebes ist gegeben, wenn die **Leistungen** aus dem Verkauf der Produkte (= Verkaufspreis) **über den Kosten** liegen, die die Leistungserbringung verursacht hat. Sämtliche anfallende Kosten müssen den Kostenträgern zugerechnet **(Vollkostenrechnung)** werden, damit sie über den Verkauf (Umsatz) hereingeholt werden.

Marktorientierte Unternehmungsführung verlangt vom Industriebetrieb eine flexiblere Preisstellung, um bestimmte Aufträge zu erhalten. Dabei muss auf Teile der Gesamtkosten verzichtet werden, die die Kostenrechnung ermittelt hat.

Beispiele besonderer Marktsituationen

- Einführung neuer Produkte
- Sonderangebote aus verschiedenen Anlässen (Lagerabbau auslaufender Modelle)
- niedrigere Konkurrenzpreise

In solchen Situationen stellt sich die Frage nach der **Preisuntergrenze**. Die Vollkostenrechnung führt zwangsläufig zu Wettbewerbsnachteilen, weil sie dem einzelnen Artikel Kosten anlastet, die der Gesamtbetrieb, aber nicht das einzelne Produkt (Artikel), direkt verursacht hat. So fällt ein großer Teil der Gemeinkosten auch an, wenn der einzelne Artikel nicht geführt und verkauft wird.

▲ Mängel der Vollkostenrechnung gegenüber der Deckungsbeitragsrechnung im Einproduktunternehmen

In den oben dargestellten Verfahren der Kostenträgerrechnung auf Vollkostenbasis wurden folgende Unterstellungen gemacht:

1. **Alle Kosten** wurden auf die Erzeugnisse (Kostenträger) abgewälzt **(Vollkostenprinzip)**.

2. **Veränderungen des Beschäftigungsgrades** wurden in der Kostenverrechnung nicht berücksichtigt.
3. Die **fixen Gemeinkostenbestandteile** wurden mithilfe der Gemeinkostenzuschlagssätze wie variable Gemeinkostenbestandteile behandelt, d.h., es wurde durch die prozentualen Zuschlagssätze ein proportionales Verhältnis zwischen den Gemeinkosten und den Einzelkosten bzw. den Herstellkosten des Umsatzes unterstellt.

Bei veränderter Beschäftigung zeigen sich daher folgende Auswirkungen:

Bei **abnehmender Beschäftigung** nehmen die fixen Kosten je Stück wegen verringerter Ausbringungsmenge und damit die gesamten Stückkosten zu. Da die Gemeinkostenzuschlagssätze beibehalten werden, kann der kalkulierte Gewinn wegen der eintretenden **Kostenunterdeckungen** nicht erzielt werden. Beachtet der Unternehmer den Beschäftigungsrückgang nicht, dann verlangt er am Absatzmarkt zu niedrige Preise. Er kalkuliert sich somit in die Krise.

Bei **zunehmender Beschäftigung** nehmen die fixen Kosten je Stück und damit die gesamten Stückkosten ab. Da die Gemeinkostenzuschlagssätze beibehalten werden, treten **Kostenüberdeckungen** auf, die den ursprünglich kalkulierten Gewinn erhöhen. Dieses Unternehmen könnte seinen Marktpreis senken, um damit seinen Marktanteil zu erweitern und die Beschäftigung zu verbessern.

Beispiel In der Fertigungsstelle „Sägerei" der Bürodesign GmbH können monatlich 400 Büroschreibtische zu folgenden Bedingungen hergestellt werden:

k_v: 700,00 €, K_f 72 000,00 €. Es wird von einem Gewinn von 25 % der Selbstkosten und einem Beschäftigungsgrad von 60 % (= 240 Stück) ausgegangen.

In der KLR setzt sich der Preis folgendermaßen zusammen:	€
Variable Kosten je Stück (k_v)	700,00
Verrechnete fixe Kosten je Stück (k_f): $\frac{72\,000}{240}$ =	300,00
Selbstkosten je Stück	1 000,00
Gewinn (25 %)	250,00
Verkaufspreis	1 250,00

- **Geplante Beschäftigung = tatsächlich erreichte Beschäftigung:** Wird der geplante Beschäftigungsgrad von 60 % erreicht, werden die Gesamtkosten gedeckt. Der erwartete Gewinn entspricht dem tatsächlich erzielten.

  Beispiel

Web

Kalkulierter Erfolg		Erzielter Erfolg	
Umsatzerlöse: 240 · 1250 =	300 000,00	Umsatzerlöse: 240 · 1250 =	300 000,00
Verrechnete Kosten		**Eingetretene Kosten**	
K_v: 240 · 700 = 168 000,00		K_v: 240 · 700 = 168 000,00	
K_f: 240 · 300 = 72 000,00	240 000,00	K_f: 240 · 300 = 72 000,00	240 000,00
Kalkulierter Gewinn	60 000,00	Erzielter Gewinn	60 000,00

- **Geplante Beschäftigung < tatsächlich erreichte Beschäftigung = Kostenüberdeckung:** Liegt der erreichte Beschäftigungsgrad über dem geplanten, werden in der Vollkostenrechnung bei unveränderten Zuschlagssätzen zu viele **fixe Kosten** einkalkuliert **(Kostenüberdeckung)**. Der kalkulierte Gewinn wird in Wirklichkeit überschritten.

  Beispiel Die Fertigungsstelle erreichte einen Beschäftigungsgrad von 80 %. Es wurden 320 Stück produziert und abgesetzt.

Kalkulierter Erfolg		Erzielter Erfolg	
Umsatzerlöse: 320 · 1250 =	400 000,00	Umsatzerlöse: 320 · 1250 =	400 000,00
Verrechnete Kosten		**Eingetretene Kosten**	
K_v: 320 · 700 = 224 000,00		K_v: 320 · 700 = 224 000,00	
K_f: 320 · 300 = 96 000,00	320 000,00	K_f: 240 · 300 = 72 000,00	296 000,00
Kalkulierter Gewinn	80 000,00	Erzielter Gewinn	104 000,00

Die Bürodesign GmbH könnte bei diesem Beschäftigungsgrad ihren Marktpreis senken, um den Marktanteil und die Beschäftigung zu verbessern.

- **Geplante Beschäftigung > tatsächliche erreichte Beschäftigung = Kostenunterdeckung:** Liegt der erreichte Beschäftigungsgrad niedriger als der geschätzte, werden im Preis der Vollkostenrechnung bei unveränderten Zuschlagssätzen zu wenig fixe Kosten berücksichtigt **(Kostenunterdeckung)**. Der kalkulierte Gewinn wird in Wirklichkeit wegen der nicht verrechneten K_f-Anteile nicht realisiert.

Beispiel Die Fertigungsstelle erreichte einen Beschäftigungsgrad von 40 %. Es wurden 160 Stück produziert und abgesetzt.

Kalkulierter Erfolg		Erzielter Erfolg	
Umsatzerlöse: 160 · 1250 =	200 000,00	Umsatzerlöse: 160 · 1250 =	200 000,00
Verrechnete Kosten		**Eingetretene Kosten**	
K_v: 160 · 700 = 112 000,00		K_v: 160 · 700 = 112 000,00	
K_f: 160 · 300 = 48 000,00	160 000,00	K_f: 240 · 300 = 72 000,00	184 000,00
Kalkulierter Gewinn	40 000,00	Erzielter Gewinn	16 000,00

Beachtet der Unternehmer den Beschäftigungsgrad nicht, kalkuliert er seine Selbstkosten zu niedrig. Ein Teil seiner Kosten wird nicht über die Umsatzerlöse hereingeholt.

An diesen Beispielen wird deutlich, dass bei zunehmender Beschäftigung die fixen Kosten je Produktionseinheit abnehmen und bei abnehmender Beschäftigung zunehmen. Dies führt in der Kalkulation zu der Situation, dass man bei rückläufiger Beschäftigung, die ohnehin eine schwierige Marktsituation erkennen lässt, den Preis erhöhen müsste, wenn man die bisherigen Gewinne erreichen will. Marktpolitisch lässt sich das aber nicht durchsetzen.

Folgendes Diagramm verdeutlicht die Zusammenhänge:

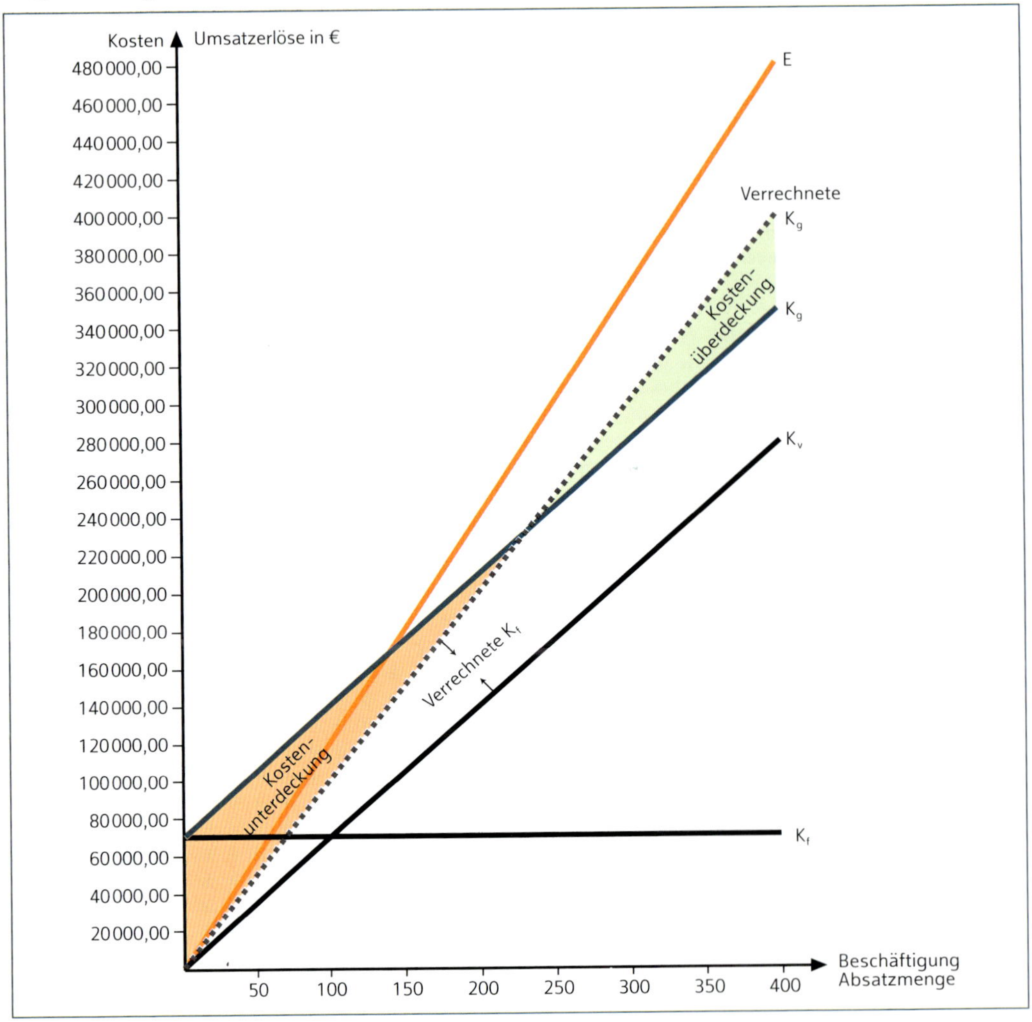

Markt- statt Kostenorientierung in der Kostenrechnung

- **Kostenorientierte Kostenrechnung** kalkuliert alle Kosten, auch die fixen, mit festgelegten Zuschlagssätzen auf die Kostenträger.
- **Fixe Kosten** belasten damit als Durchschnittskosten die Preise.
- Die Beschäftigung, die der Ermittlung der Zuschlagssätze zugrunde lag, wird nur selten erreicht.
- Dadurch werden bei niedrigerer Beschäftigung zu wenig K_f-Anteile und bei höherer Beschäftigung zu viel K_f-Anteile verrechnet.
- Bei Beschäftigung unter dem geplanten Beschäftigungsgrad kommt es zu einer Kostenunterdeckung, bei Beschäftigung über dem geplanten Beschäftigungsgrad zu einer Kostenüberdeckung.
- Werden die **Fixkosten als Durchschnittskosten** kalkuliert, belasten sie die Preise bei abnehmender Beschäftigung stärker als bei zunehmender.

1 Nennen Sie Beispiele für Fixkosten, die kurzfristig nicht mit in die Kalkulation einbezogen werden müssen.

2 Eine Möbelfabrik mit einer Kapazität von 30000 Stück stellt bei 540000,00 € K_f Schultische her, deren variable Stückkosten 200,00 € betragen. Es soll mit einem Gewinn von 20 % der Selbstkosten kalkuliert und von einem geplanten Beschäftigungsgrad von 75 % ausgegangen werden. Web

a) Ermitteln Sie einerseits den kalkulierten, andererseits den tatsächlich erzielten Gewinn, wenn
   aa) der geplante Beschäftigungsgrad,
   ab) ein Beschäftigungsgrad von nur 60 %,
   ac) ein Beschäftigungsgrad von 80 % erreicht wird.

b) Stellen Sie in einem Diagramm K_f, K_v, K_g, verrechnete K_g und Erlöse dar.

6.2 Deckungsbeitragsrechnung für ein Produkt und für Produktgruppen

Herr Stein, Frau Friedrich und Frau Grell diskutieren erneut über die Preisgestaltung des Schreibtisches „Modulo" im Zusammenhang mit dem Auftrag der Klassik 2000 GmbH. Frau Grell meint, dass bei der Neuberechnung des Angebotspreises (vgl. S. 597) auf die Einrechnung der fixen Kosten verzichtet werden sollte.

- Stellen Sie Argumente zusammen, die in dieser besonderen Situation dafür sprechen, die fixen Kosten bei der Preisermittlung nicht zu berücksichtigen.

Deckungsbeitragsrechnung für ein Produkt

Variable Kosten als Preisuntergrenze:

Die Deckungsbeitragsrechnung geht von der Aufteilung der gesamten Kosten in fixe und variable Bestandteile aus (vgl. S. 586 f.).

Obwohl im Einproduktunternehmen die fixen Kosten dem Produkt verursachungsgerecht zugerechnet werden können, verzichtet die Deckungsbeitragsrechnung ganz auf ihre Einbeziehung in die Preisfestsetzung.

Es werden nur die vom einzelnen Produkt **direkt verursachten variablen Kosten** kalkuliert. Im Industrieunternehmen stimmen sie weitgehend mit den Einzelkosten überein. In der Deckungsbeitragsrechnung werden sie als **direkte Kosten** bezeichnet. Direkte Kosten oder Einzelkosten erkennt man daran, dass sie nur dann auftreten, wenn das bestimmte Produkt produziert wird. Wird das Produkt nicht produziert, treten diese Kosten nicht auf.

Beispiel Direkte oder variable Stückkosten für einen Schreibtisch:

Fertigungsmaterial lt. Stückliste	400,00 €
Fertigungslöhne lt. Arbeitsplan	240,00 €
Variable Gemeinkosten	60,00 €

Diese **direkten** oder **variablen Kosten** entstehen mit jeder produzierten oder abgesetzten Produkteinheit. Sie müssen also immer über den Preis hereingeholt werden, damit die Kostengüter für die weitere Produktion wieder beschafft werden können. Die direkten Kosten bilden somit die absolute **Preisuntergrenze**.

Deckungsbeitrag:

Jeder Preis, der über den variablen Kosten liegt, erbringt einen Beitrag zur Deckung der durch den Gesamtbetrieb verursachten fixen Kosten.

Deckungsbeitrag je Einheit	=	Verkaufspreis je Einheit	–	variable Kosten je Einheit
d_B	=	e	–	k_v

Beispiel Herr Stein hat den Berichten des Gruppenleiters „Außendienst“ entnommen, dass ein Mitbewerber den von ihm mit 1 251,90 € angebotenen Computertisch zum Preis von 998,00 € anbietet. Das hätte die Bürodesign GmbH auch gekonnt, wie folgende Rechnung zeigt:

Ermittlung des Deckungsbeitrages		
Verkaufspreis – Variable Kosten	e k_v	998,00 € 700,00 €
= Deckungsbeitrag	d_B	298,00 €

Mit jeder Verkaufseinheit werden neben den variablen Kosten zusätzlich 298,00 € zur Deckung der fixen Kosten erwirtschaftet. Die Ermittlung des Deckungsbeitrages (d_B) zeigt, dass der Verkaufspreis kurzfristig sogar bis auf 700,00 € zurückgenommen werden könnte. Langfristig müsste der Verkaufspreis aber über 700,00 € liegen, weil die Fixkosten des Unternehmens gedeckt werden müssen.

▲ Gewinnschwelle, Break-even-Point

MATH

Deckt die Summe aller Deckungsbeiträge oder der Gesamtdeckungsbeitrag die fixen Kosten, erreicht der Betrieb die **Gewinnschwelle** bzw. den **Break-even-Point (kritischer Punkt)**. In diesem Punkt stimmt die Summe der Deckungsbeiträge (D_B) mit den gesamten fixen Kosten überein: $D_B = K_f$. Wird dieser Punkt nicht erreicht, bewegt sich der Betrieb in der **Verlustzone**, wird er überschritten, tritt er in die **Gewinnzone** ein.

Beispiel Auf Anregung der Außendienstmitarbeiter plant Herr Stein sogar eine besondere Fertigungs- und Vertriebsabteilung für Computermöbel, die nach Berechnung der KLR im Quartal 11 160,00 € fixe Kosten verursachen würde. Der Einführungspreis des Computertisches wird auf 880,00 € festgelegt. Es wird ein Deckungsbeitrag von 180,00 € je Verkaufseinheit erzielt. Wie viele Computertische müsste die Abteilung produzieren und verkaufen, um ihre fixen Kosten zu decken?

Die Produktions- und Absatzmenge zur Deckung der fixen Kosten und damit zur Erreichung der Gewinnschwelle lässt sich auf zwei Wegen berechnen:

1. Jede Produktions- und Absatzeinheit erzielt im Beispiel einen Beitrag von 180,00 € zur Deckung der fixen Kosten in Höhe von 11 160,00 €. Die notwendige Produktions- und Absatzmenge zur Deckung der gesamten K_f von 11 160,00 € wird erreicht, indem man die K_f durch den d_B teilt:

$$\text{Produktions- und Absatzmenge am Break-even-Point} = \frac{K_f}{d_B} \quad \frac{11\,160}{180} = 62 \text{ Stück}$$

2. Der Break-even-Point ist auch dadurch gekennzeichnet, dass die Umsatzerlöse sämtliche Kosten decken. Er kann somit auch durch folgende Gleichung definiert werden:

Web

Umsatzerlöse	=	**Gesamtkosten (K_g)**				
Preis je Einheit · Absatzmenge	=	Fixe Kosten	+	variable Kosten je Einheit	·	Absatzmenge
$e \cdot x$	=	K_f	+	k_v	·	x
$880 \cdot x$	=	11160	+	700	·	x
$180\,x$	=	11160				
x	=	62				

Diese Zusammenhänge werden im folgenden Diagramm verdeutlicht:

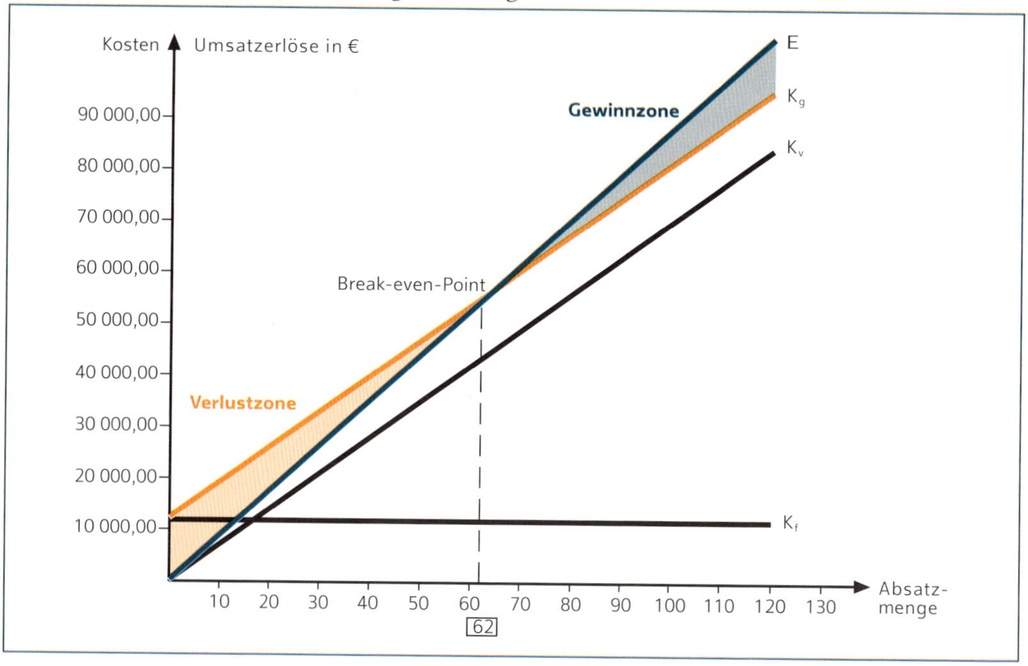

Die Break-even-Analyse verdeutlicht die Beziehungen zwischen Umsatz, Kosten, Gewinn und Beschäftigung. Trägt man auf der x-Achse die Menge (x) bzw. den Beschäftigungsgrad, auf der y-Achse die Kosten und Erlöse ab, so lassen sich ablesen:

- Gesamtkosten, Gesamterlöse und Gewinn für jede Stückzahl,
- der Beschäftigungsgrad, bei dem Kostendeckung vorliegt (Gesamtkosten K_g = Gesamterlös E).

Für eine systematische Gewinnplanung und -steuerung macht das Gewinnschwellendiagramm Folgendes deutlich:

1. Der Deckungsbeitrag wird nur durch Veränderung der Erlöse und der variablen Kosten beeinflusst.
2. Eine Veränderung der fixen Kosten verschiebt die Gewinnschwelle, hat aber keine Auswirkung auf den Deckungsbeitrag.
3. Eine Änderung der k_v oder e verschiebt ebenfalls die Gewinnschwelle.

Die im Folgenden angegebenen Prämissen verdeutlichen zugleich auch schon die Probleme der Break-even-Analyse.

Prämissen der Break-even-Analyse

1. Linearer Gesamtkostenverlauf: $K_g = K_f + x \cdot k_v$
2. Aufteilung der Kosten in fixe und variable
3. Konstante Verkaufspreise im Laufe der Periode
4. Konstantes Produktionsprogramm im Laufe der Periode
5. Konstantes Fertigungsprogramm im Laufe der Periode
6. Produktionsleistung = Absatzleistung, keine Lagerbildung

Bei Änderung der Produktionsdaten können auf diesem Weg Auswirkungen auf die Gewinnschwellenmenge sofort abgelesen werden.

Veränderung der Produktionsdaten		Auswirkung auf die Gewinnschwellenmenge	
		steigt	fällt
Verkaufspreis	steigt		x
	fällt	x	
Variable Kosten je Einheit (k_v)	steigen	x	
	fallen		x
Bereitschaftskosten (K_f)	steigen	x	
	fallen		x

Deckungsbeitragsrechnung für Produktgruppen

Ist der Deckungsbeitrag aller Produkte bekannt, kann der Gesamtdeckungsbeitrag der Produktgruppe bzw. des Betriebes ermittelt werden. Der Gewinn wird ermittelt, indem vom Gesamtdeckungsbeitrag (DB) die Fixkosten abgezogen werden.

Beispiel Mittlerweile werden vier verschiedene Computertische in der neuen Abteilung geführt, allerdings mit noch sehr unterschiedlichen Erfolgen im letzten Geschäftsjahr:

Computertische	A	B	C	D
Absatzmenge in Stück	400	250	120	100
Verkaufspreis in €	880,00	460,00	350,00	780,00
Variable Kosten in €	700,00	320,00	380,00	740,00
Fixe Kosten in €	44 640,00			
	A	B	C	D
d_B je Einheit	180,00	140,00	– 30,00	40,00
D_B je Produkt in €	72 000,00	35 000,00	– 3 600,00	4 000,00
D_B insgesamt	107 400,00			
Fixkosten (K_f)	44 640,00			
Gewinn	62 760,00			

Die Unternehmungsleitung kann auf der Grundlage dieses Ergebnisses z. B. folgende Absatz- und Produktionsentscheidungen treffen:

- Herausnahme von Produkten mit negativem Deckungsbeitrag (im Beispiel C) aus dem Produktions- und Absatzprogramm (Produktelimination)
- Pflege und Förderung von Produkten mit positivem Deckungsbeitrag (Preis-, Konditionenpolitik, Werbung u. a.)

Deckungsbeitragsrechnung für ein Produkt und für Produktgruppen

- Sie setzt die Trennung fixer und variabler Kosten voraus.
- Sie berechnet den **Deckungsbeitrag** einzelner Produkte: $d_B = e - k_v$
- d_B = Beitrag zur Fixkostendeckung
- Sie stellt die Summe der D_B den Fixkosten des Betriebes zur Ergebnisermittlung gegenüber: Betriebsergebnis = Summe aller $D_B - K_f$
- Positive Deckungsbeiträge verbessern das Betriebsergebnis.

1 Ein Hersteller von Küchengeräten produzierte und verkaufte je 1 000 Stück von drei Geräten zu folgenden Bedingungen im Abrechnungsquartal:

Geräte	I	II	III
Fertigungsmaterial in €	9,00	12,00	15,00
Fertigungslöhne in €	6,00	7,00	8,00
Verkaufspreis in €	58,00	68,00	48,00

Web

Es wird mit folgenden Gemeinkostenzuschlagssätzen kalkuliert:
MGK 10 %, FGK 100 %, VwGK 50 %, VtGK 20 %.

a) Ermitteln Sie den Quartalserfolg des Betriebes und den Erfolg der drei Geräte im Kostenträgerblatt auf dem Wege der Zuschlagskalkulation.
b) Erläutern Sie die Ergebnisse und zeigen Sie mögliche Konsequenzen auf.
c) Eine nähere Untersuchung ergab, dass der Anteil der fixen Kosten an den Gemeinkosten 44 520,00 € betrug. Die übrigen Gemeinkosten sind variable Kosten, von denen 8,50 € auf ein Stück des Gerätes I, 12,40 € auf ein Stück des Gerätes II und 16,30 € auf ein Stück des Gerätes III entfallen. Ermitteln Sie die Erfolge auf dem Wege der Deckungsbeitragsrechnung.
d) Zeigen Sie mithilfe der Ergebnisse von c) die Mängel der Vollkostenrechnung auf.

2 Ein Industriebetrieb, der die Erzeugnisse A und B produziert, erweitert seine Kostenrechnung um die Deckungsbeitragsrechnung. Am Anfang sollen die Ergebnisse mit denen der Vollkostenrechnung verglichen werden. Beim Vergleich sind zunächst folgende Zahlen rechnerisch auszuwerten:

Einzelkosten je Stück in €	A	B
Fertigungsmaterial	20,00	40,00
Fertigungslöhne	10,00	30,00

Web

Zuschlagssätze in %	Gesamtgemeinkosten	variable Gemeinkosten
Material	20	10
Fertigung	100	50
Verwaltung	25	5
Vertrieb	25	5

	A	B
Herstellungs- und Absatzmenge in Stück	12 000	6 000
Verkaufspreis in €	62,00	203,00

a) Errechnen Sie die Stückkosten nach der Voll- und Teilkostenrechnung.
b) Nach der Vollkostenrechnung sind zu ermitteln
   ba) der Stückerfolg der Produkte A und B,
   bb) der Gesamterfolg.
c) Nach der Deckungsbeitragsrechnung sind zu errechnen
   ca) die Deckungsbeiträge der beiden Produkte je Stück und insgesamt,
   cb) der Gesamterfolg, wenn die fixen Kosten insgesamt 688 200,00 € betragen.

3 Ein Industriebetrieb stellt ein Massenprodukt her. Im abgelaufenen Monat wurden 50 000 Stück hergestellt und zum Stückpreis von 3,20 € verkauft. Die Produktion verursachte 55 000,00 € K_v und 84 000,00 € K_f.

a) Ermitteln Sie
   aa) den Stück- und Monatsdeckungsbeitrag,
   ab) den Erfolg.
b) Berechnen Sie, bei welchem Absatz die Gewinnschwelle erreicht werden würde und wie hoch Umsatz und Kosten an der Gewinnschwelle sind.

4 Ein Hersteller von Haushaltsgeräten stellte im abgelaufenen Rechnungsabschnitt drei Entsaftertypen her.

a) Ermitteln Sie aus folgenden Angaben mithilfe der Deckungsbeitragsrechnung
   aa) das Betriebsergebnis des Rechnungsabschnittes,
   ab) die Deckungsbeiträge je Stück der einzelnen Entsafter.

	Typ I	Typ II	Typ III
Variable Kosten (K_v) in €			
Fertigungsmaterial	21 600,00	30 800,00	105 000,00
Fertigungslöhne	8 400,00	13 200,00	60 000,00
Variable Gemeinkosten	10 800,00	15 400,00	45 000,00
Produktion = Absatz (in Stück)	1200	1100	2500
Verkaufspreis in €	32,00	58,00	118,00
Fixkosten insgesamt in €		45 000,00	

b) Interpretieren Sie die Rechenergebnisse.

5 Ein Hersteller von Industrieordnern ist gezwungen, seinen Verkaufspreis um 30 % zu reduzieren, um seinen bisherigen Marktanteil behaupten zu können:

Absatzmenge (= Produktionsmenge)	4 000 000	Stück
Verkaufspreis bisher	1,50	€
Variable Stückkosten (kv)	0,90	€
Bereitschaftskosten (Kf)	480 000,00	€
Beschäftigungsgrad	80	%

a) Ermitteln Sie, wie sich die Preissenkung bei angegebener Absatzmenge auf den Gewinn auswirkt.
b) Berechnen Sie die Deckungsbeiträge vor und nach der Preissenkung.
c) Bestimmen Sie im Break-even-Point vor und nach der Preissenkung
   ca) Absatz- bzw. Produktionsmenge,
   cb) Beschäftigungsgrad,
   cc) Umsatz und Gesamtkosten.
d) Ermitteln Sie, wie viel Prozent nach der Preissenkung mehr verkauft werden müssen, um die Gesamtkosten zu decken.
e) Berechnen Sie, wie viel Stück zusätzlich produziert bzw. verkauft werden müssten, um bei vermindertem Preis keine Gewinneinbuße hinnehmen zu müssen.

6 Ein Hersteller von Taschenrechnern produziert unter folgenden Bedingungen:

Monatskapazität	12 000	Stück
Derzeitige Monatsproduktion	9600	Stück
Fertigungsmaterial	40,00	€ je Stück
Fertigungslöhne	20,00	€ je Stück
Variable Gemeinkosten	16,00	€ je Stück
Kosten der Betriebsbereitschaft	84 000,00	€ je Monat
Verkaufspreis	90,00	€ je Stück

a) Welcher Beschäftigungsgrad wurde erreicht?
b) Ermitteln Sie, wie viele Taschenrechner der Betrieb produzieren muss, um die Gewinnschwelle zu erreichen.
c) Berechnen Sie, welchen Jahreserfolg der Betrieb bei weiterhin gleich bleibender Produktion erzielt.
d) Um die Kapazität noch besser auszunutzen, erwägt die Unternehmensleitung
   da) den Anschluss an eine Kaufhauskette, die sich zu einer monatlichen Abnahme von 1500 Stück zu einem Preis von 80,00 € verpflichtet,
   db) die Aufnahme eines besseren Rechners in das gegebene Produktionsprogramm. Untersuchungen ergaben, dass sich die Materialkosten auf 48,00 € je Stück, die Kosten der Betriebsbereitschaft auf insgesamt 96 000,00 € erhöhen würden. Monatlich könnten auf längere Sicht über den Fachhandel rd. 900 Stück zu einem Preis von 112,00 € abgesetzt werden.

Diskutieren Sie beide Alternativen und unterbreiten Sie einen Vorschlag.

Die rechnerischen Ergebnisse sind vergleichsweise in einer Übersicht zusammenzustellen, aus der Umsatz, direkte Kosten, Bereitschaftskosten, Deckungsbeitrag und Gewinn hervorgehen.

6.3 Teilkostenrechnung als Entscheidungsinstrument bei der Produktions- und Absatzplanung

Vom Büroschreibtisch „Modulo" werden von der Bürodesign GmbH im Jahr 2 250 Stück hergestellt und verkauft. Die Kapazität der dafür eigens eingerichteten Fertigungsstelle wurde dabei zu 75 % ausgelastet.

Herstellung und Vertrieb verursachen 520,00 € variable Stückkosten (k_v) und 765 000,00 € fixe Kosten (K_f). „Modulo" wird für 1 092,00 € angeboten.

In dieser Situation hat die Bürodesign GmbH über die Annahme eines Auftrages der Stadt Köln über 510 Schreibtische zu entscheiden. Allerdings ist die Stadt Köln nur zur Zahlung eines Kaufpreises von 850,00 € je Schreibtisch bereit.

- Sammeln Sie Argumente, die für die Annahme des Auftrages zum Verkaufspreis von 850,00 € sprechen.

Entscheidung über Zusatzaufträge

Wenn die Kapazität des Betriebes nicht voll ausgelastet ist, wird die Unternehmungsleitung um Zusatzaufträge bemüht sein, um die fixen Kosten auf möglichst viele Produkteinheiten zu verteilen. Zusatzaufträge sind häufig nur mit Zugeständnissen (Preis, Qualität) zu erhalten.

Vor der Annahme ist zu überprüfen, ob

1. die vorhandene Kapazität ausreicht,
2. noch ein positiver Deckungsbeitrag und damit
3. eine Erfolgsverbesserung erzielt wird.

Beispiel

1. **Prüfung der Kapazität**

   a) **Bestimmung der maximalen Kapazität**

   $$\frac{2\,250 \cdot 100}{75} = \underline{\underline{3\,000 \text{ Stück}}}$$

   b) **Bestimmung des Beschäftigungsgrades bei Zusatzauftrag**

   $$\frac{(2250 + 510) \cdot 100}{3000} = \underline{\underline{92\ \%}}$$

   Die Kapazität reicht aus, um weitere 510 Schreibtische zu produzieren.

2. **Deckungsbeitrag:** 850 – 520 = $\underline{\underline{330{,}00\ €}}$

   Mit der Annahme des Zusatzauftrages wird ein positiver Deckungsbeitrag von 330,00 € erzielt.

3. **Auswirkung auf den Erfolg bei TKR**

   Erfolg bisher

D_B 2 250	· (1 092 – 520)	=	1 287 000,00
K_f		=	765 000,00
Gewinn		=	522 000,00

Jeder Preis, der über den variablen Stückkosten liegt, führt zum Anstieg des Gesamtdeckungsbeitrags und damit des Gewinns.

Erfolg bei Auftragsannahme

D_B bisher:	2 250 (1092 – 520)	=	1 287 000,00
D_B Zusatzauftrag:	510 (850 – 520)	=	168 300,00
Σ Deckungsbeiträge		=	1 455 300,00
– K_f		=	765 000,00
Gewinn		=	690 300,00

Der Auftrag ist nach der Deckungsbeitragsrechnung anzunehmen.

Auswirkung auf den Erfolg bei VKR

Die VKR legt ihre bisher ermittelten Gesamtkosten für die Kalkulation des Zusatzauftrages zugrunde:

k_v	=	520,00 €
k_f 765 000 : 2 250	=	340,00 €
Selbstkosten	=	860,00 €

Da der Verkaufspreis lt. Zusatzauftrag für einen Schreibtisch (850,00 €) unter den Selbstkosten (860,00 €) liegt, besteht bei Vollkostenrechnung die Gefahr, dass der Auftrag abgelehnt wird.

Stehen zur vollen Auslastung der Kapazität mehrere Zusatzaufträge zur Wahl, werden die Aufträge mit den höchsten Deckungsbeiträgen vorgezogen (Gewinnmaximierungsprinzip).

Ermittlung der Preisuntergrenze

Preisuntergrenze im Rahmen der Absatzpolitik:

Wenn es darum geht, den Marktanteil bei starker Konkurrenz zu erhalten oder ein neues Produkt auf dem Markt mit vergleichbaren Anbietern einzuführen, gewinnt der Preis als absatzpolitisches Instrument an Bedeutung. Es stellt sich die Frage nach der **Preisuntergrenze**.

- **Kurzfristige Preisuntergrenze** bilden die **variablen Kosten** (vgl. S. 586 ff.). Auf den **Ersatz der fixen Kosten** kann nur kurzfristig **verzichtet** werden.

  Bei **nachgebender Preispolitik** muss überprüft werden, ob sich nicht langfristige Nachteile ergeben:

  Beispiele
  - eingeräumte Preisvorteile sind meist nur schwerlich zurückzunehmen
  - andere Kunden erfahren die Sonderbedingungen

  Außerdem ist neben der Kostenorientierung der Preisuntergrenze die Liquidität zu beachten, wenn große Teile der fixen Kosten kurzfristig zu Ausgaben führen.

  Beispiele Mieten, Leasingraten, Versicherungsbeiträge, Gehälter, soziale Abgaben

- **Langfristige Preisuntergrenze** bilden die gesamten Stückkosten, da keine Unternehmung auf die Deckung der fixen Kosten verzichten kann. Allerdings ist in Mehrproduktunternehmen eine produktbezogene Preisuntergrenze nicht exakt zu ermitteln, da die Fixkosten den Produkten nicht verursachungsgerecht zugeordnet werden können.

  In Mehrproduktbetrieben kann die Preisuntergrenze eines Produktes durch den Erfolg anderer Produkte mitbestimmt werden.

Beispiel Die Bürodesign GmbH produzierte im letzten Jahr 800 Stück einer Bürokombination, bestehend aus einem Schreibtisch (S), einem PC-Tisch (P) und einem Drehstuhl (D). Während alle Schreib- und PC-Tische abgesetzt wurden, konnten trotz der Preissenkung bis auf die k_v 300 Drehstühle nicht verkauft werden, weil mehrere Kunden den billigeren Drehstuhl eines Mitbewerbers zum Preis von 400,00 € mit S und P kombinierten.

Produkte	S	P	D
Produktionsmenge in Stück	800	800	800
Absatzmenge in Stück	800	800	500
Verkaufspreis in €	750,00	900,00	480,00
Variable Stückkosten in €	420,00	580,00	480,00
K_f		310 000,00	

Ermittlung der langfristigen Preisuntergrenze

Erfolgsermittlung	S	P	D	insgesamt
Umsatzerlöse Variable Kosten (K_v)	600 000,00 336 000,00	720 000,00 464 000,00	240 000,00 240 000,00	1 560 000,00 1 040 000,00
Deckungsbeitrag (D_B)	264 000,00	256 000,00	0	520 000,00
K_f				310 000,00
Gewinn				210 000,00

- Vielfach ist es nicht sinnvoll, ein Produkt aus dem Produktionsprogramm zu nehmen, obwohl es die **kostenorientierte Preisuntergrenze** unterschreitet.

  Beispiele Produkte einer sich ergänzenden Produktgruppe, wie Trennwände und Stapelstühle

  Durch die Herausnahme eines dieser Produkte wird wahrscheinlich der Absatz der anderen Produkte leiden. Daher wird die Preisuntergrenze jetzt vom Erfolg der Produktgruppe bestimmt. Der negative Deckungsbeitrag eines Produktes dieser Gruppe muss dann im Wege des kalkulatorischen Ausgleichs durch positive Deckungsbeiträge der übrigen Produkte ausgeglichen werden.

  Beispiel Um den Marktanteil zu halten, aber auch um einen schädigenden Einfluss auf den Marktanteil der beiden anderen Kombinationsteile zu vermeiden, könnte der Preis von D zu Lasten des Gewinns bzw. der positiven Deckungsbeiträge von S und P unter die variablen Kosten auf den Konkurrenzpreis (400,00 €) gesenkt werden. Das bedingt natürlich einen vorübergehenden Gewinnverzicht von 80,00 € (480 – 400) je Einheit D oder 24 000,00 € bei einer angestrebten Absatzmenge von 300 Stück.

Preisuntergrenze im Rahmen der Beschaffungspolitik:

Durch den Fremdbezug von Einzelteilen, die bisher hergestellt wurden, können die Herstellkosten von Produkten gesenkt werden.

Wahl des Produktionsverfahrens:

Können Erzeugnisse wahlweise maschinell oder manuell oder wahlweise auf mehreren vorhandenen Anlagen produziert werden, muss festgestellt werden, welches Verfahren die geringsten variablen Stückkosten und damit den höchsten Deckungsbeitrag bewirkt.

Beispiel Ein Produkt kann auf zwei verschiedenen Anlagen zu folgenden Bedingungen gefertigt werden:

	Anlage A	Anlage B
Maschinenlaufzeit im Jahr K_f in € K_v in €	2 000 Std. 80 000,00 30 000,00	2 000 Std. 40 000,00 50 000,00

Kosten in €	Verfahrenswahl	
	Anlage A	Anlage B
K_f Maschine A K_f Maschine B K_v Maschine A K_v Maschine B	80 000,00 40 000,00 30 000,00 –	80 000,00 40 000,00 – 50 000,00
K_g	150 000,00	170 000,00

Die Gegenüberstellung zeigt, dass die variablen Kosten die Verfahrenswahl bestimmen. Wird die Kapazität nicht voll ausgenutzt oder ist die Ausbringung der Maschinen in gleicher Zeit unterschiedlich, können die variablen Kosten jedes Verfahrens mithilfe der Maschinenstundensatzrechnung ermittelt werden.

	A	B
Maschinenstundensatz = $\frac{K_v}{\text{Maschinenstunden}}$	15,00 €	25,00 €

Die Anlage mit den geringsten variablen Stückkosten ermöglicht unter sonst gleichen Bedingungen den höchsten Deckungsbeitrag. Sie kommt daher zum Einsatz.

Eigenfertigung oder Fremdbezug (make or buy)

Sind in einem Betrieb noch **Kapazitäten frei**, taucht die Frage auf, ob bisher fremdbezogene Produkte oder Fertigteile selbst produziert werden können (vgl. S. 425 f.). Bei voller Auslastung der Kapazität oder bei **Produktionsengpässen** ist zu prüfen, ob es nicht günstiger ist, bisher gefertigte Produkte oder Fertigteile durch andere Betriebe herstellen zu lassen. Dadurch können Kapazitäten für Produkte mit höheren Deckungsbeiträgen geschaffen werden.

Entscheidungen bei freien Kapazitäten:

Bei freien Kapazitäten ist es bei **kurzfristigen Entscheidungen** wirtschaftlich sinnvoll, ein Produkt oder ein Fertigteil von einem anderen Betrieb zu beziehen, wenn der **Bezugs-/Einstandspreis unter den beschäftigungsabhängigen variablen Stückkosten** liegt.

Dies wird damit begründet, dass die bei Eigenfertigung anfallenden Fixkosten nicht kurzfristig abgebaut werden können.

Bei **langfristigen Entscheidungen** sind in die Vergleichsrechnung auch die Fixkosten bei Eigenfertigung einzubeziehen.

Beispiel Die Bürodesign GmbH benötigt zur Produktion der verschiedenen Bürotische die verchromten Tischbeine T1, T2, T3 und T4. Diese bisher im eigenen Betrieb hergestellten Tischbeine werden auch von der Stahlrohr GmbH angeboten. Der Einkaufsabteilung liegen folgende Daten zur Entscheidungsfindung vor:

	T1	T2	T3	T4
Bedarfsmenge in Stück	8000	20000	15000	11400
Bezugs-/Einstandspreis je Stück in €	26,00	16,00	18,00	22,00
Variable Stückkosten je Stück in €	17,00	18,00	13,00	14,00
Gesamte Stückkosten in €	29,00	20,00	17,50	30,00
k_f in €	12,00	2,00	4,50	16,00

Aufgrund der Vollkostenrechnung würde T1 fremdbezogen, weil der Bezugs-/Einstandspreis (26,00 €) unter den eigenen Stückkosten (29,00 €) liegt. Bei dieser Entscheidung wird jedoch nicht beachtet, dass die anteiligen k_f von 12,00 € (29 – 17) je Stück bei einem Bedarf von 8 000 Stück 96 000,00 € den Betrieb auch in Zukunft belasten. Die Kosten für T1 betragen somit bei Fremdbezug 38,00 € (26 + 12). Danach lohnt sich der Fremdbezug nur bei T2, weil hier kurzfristig ein Kostenvorteil von 2,00 € (18 – 16) je Stück erzielt wird, der den Nachteil nicht abgebauter k_f ausgleicht.

Entscheidung bei Vollbeschäftigung oder Engpässen:

Stehen bei der Entscheidung, ob eigengefertigt werden soll, nicht genügend Kapazitäten zur Verfügung, um alle Teile zu produzieren, deren variable Kosten unter dem Bezugs-/Einstandspreis liegen, muss eine Auswahl für den Fremdbezug getroffen werden. Es werden die Produkte vorgezogen, die den höchsten engpassbezogenen Kostenvorteil bringen.

Beispiel (Fortsetzung des Beispiels oben) Der Bürodesign GmbH steht eine Mehrzweckanlage 4 400 Stunden zur Verfügung, um die Tischbeine T1, T2, T3 und T4 zu fertigen.

	T1	T2	T3	T4
Bedarfsmenge in Stück	8000	20000	15000	11400
Bezugs-/Einstandspreis je Stück in €	26,00	16,00	18,00	22,00
Variable Stückkosten in €	17,00	18,00	13,00	14,00
Fertigungszeit je Einheit in Minuten	12	3	6	8

Lösung

1. **Berechnung des Kapazitätsbedarfs in Stunden**

   T1 + T2 + T3 + T4 = benötigte Kapazität

   $$\frac{8000 \cdot 12}{60} + \frac{20000 \cdot 3}{60} + \frac{15000 \cdot 6}{60} + \frac{11400 \cdot 8}{60} = \underline{\underline{5620 \text{ Stunden}}}$$

2. **Berechnung des Kapazitätsfehlbedarfs = maximale Kapazität – benötigte Kapazität**

   4400 – 5620 = **– 1220 Stunden**

   Da T2 wegen des Kostenvorteils fremdzubeziehen ist, verringert sich der Kapazitätsfehlbedarf um

   $$\frac{(20000 \cdot 3)}{60} = 1000 \text{ Stunden auf } 220 \text{ Stunden.}$$

   Damit steht fest, dass der Bedarf an T1, T3 und T4 nicht ohne Kapazitätserweiterung in Eigenfertigung produziert werden kann. In diesem Falle wird die Entscheidung von der Inanspruchnahme des Engpasses, d.h. vom Kostenvorteil je Engpasseinheit bestimmt.

3. **Ermittlung der engpassbezogenen Kostenvorteile und der Rangfolgen**

Produkte	Bezugspreis in €	kv in €	Kostenersparnis je Einheit in €	Fertigungszeit je Stück in Minuten	Kostenersparnis je Engpassstunde in €	Rangfolge
T1	26,00	17,00	9,00	12	45,00	3
T3	18,00	13,00	5,00	6	50,00	2
T4	22,00	14,00	8,00	8	60,00	1

4. **Eigenfertigung und Fremdbezug**

Rangfolge	Produkte	Eigenfertigungsmenge in Stück	Fremdbezugsmenge in Stück	Fertigungszeit	verbleibende freie Kapazität
1	T4	11400	... –	1520	2880
2	T3	15000	... –	1500	1380
3	T1	6900	1100	1380	0
	T2	... –	20000	... –	... –

▲ Planung und Analyse des Produktionsprogramms

Die **kurzfristige Programmplanung** ermittelt,

- welche Produkte durch Einsatz der Marketinginstrumente besonders gepflegt werden sollen,
- welche Produkte aus dem Produktions- und Absatzprogramm herausgenommen werden sollen,
- welche Zusatzaufträge für das Unternehmen rentabel sind.

Bei diesen Entscheidungen wird eine bestimmte unveränderliche Kapazität unterstellt, sodass die fixen Bereitschaftskosten nicht in die Überlegungen einbezogen werden müssen. Entscheidungen dieser Art hängen von der gegebenen Beschäftigungssituation ab, d.h., ob **Unterbeschäftigung** oder **Vollbeschäftigung** vorliegt.

Programmplanung bei Unterbeschäftigung:

In diesem Fall werden alle Produktarten und Aufträge in das Produktionsprogramm aufgenommen, die einen positiven Deckungsbeitrag erzielen. Langfristig muss allerdings darauf geachtet werden, dass die Summe der Deckungsbeiträge die Fixkosten der Rechnungsperiode deckt.

Programmplanung bei Vollbeschäftigung:

Bei Vollbeschäftigung ist der absolute Deckungsbeitrag der Produkte kein geeigneter Maßstab für produktionspolitische Entscheidungen, weil dieser keine Aussage über die wirtschaftlichste Nutzung oder die Ergiebigkeit der ausgelasteten Anlagen macht.

Eine solche Aussage macht der **engpassbezogene Deckungsbeitrag**, auch **relativer** oder **spezifischer Deckungsbeitrag** genannt. Er wird durch Umrechnung des absoluten Deckungsbeitrages je Produktions- oder Absatzeinheit in den Deckungsbeitrag je Zeiteinheit (Minute, Stunde) **der zeitlichen Beanspruchung des Engpasses** ermittelt (spezifischer oder relativer Deckungsbeitrag). Das Produkt mit dem **höchsten Deckungsbeitrag** je Maschinenstunde oder -minute erhält den **ersten Rang** in der Reihenfolge der Fertigung. Das Produkt mit dem niedrigsten Deckungsbeitrag je Maschinenstunde oder -minute wird unter Umständen nicht mehr oder mit verringerter Menge produziert oder zur Ergänzung des Absatzprogrammes fremdbezogen.

Beispiel Die Bürodesign GmbH stellt fünf Regalsysteme zu folgenden Bedingungen her:

Regalsysteme	Verkaufspreis in €	Variable Kosten in €	Fertigungszeit je Stück in Minuten	Maximale Absatzmenge lt. Absatzplan in Stück
A	1 320,00	840,00	200	400
B	540,00	300,00	75	500
C	300,00	180,00	30	1 600
D	420,00	480,00	50	600
E	1 920,00	1 560,00	225	450

Die maximale Absatzmenge kann nicht produziert werden, weil die Plattenfurnieranlage (Engpass) dieser Fertigungsstelle nur über eine Kapazität von 4 050 Maschinenstunden (243000 Minuten) verfügt. Die fixen Kosten dieser Kostenstelle betragen 420 000,00 €. Das gewinnmaximale Produktionsprogramm ist zu ermitteln.

1. Ermittlung der absoluten Deckungsbeiträge

	A	B	C	D	E
Verkaufspreis (e) in €	1 320,00	540,00	300,00	420,00	1 920,00
Variable Stückkosten (k_v) in €	840,00	300,00	180,00	480,00	1 560,00
d_B in €	480,00	240,00	120,00	– 60,00	360,00

2. Ermittlung der relativen oder spezifischen Deckungsbeiträge (je Maschinenstunde)

	A	B	C	D	E
Fertigungszeit in Minuten	200	75	30	50	225
Relativer d_B je Engpassstunde in €	$\frac{480 \cdot 60}{200}$ = 144,00	$\frac{240 \cdot 60}{75}$ = 192,00	$\frac{120 \cdot 60}{30}$ = 240,00	$\frac{-60 \cdot 60}{50}$ = – 72,00	$\frac{360 \cdot 60}{225}$ = 96,00
Rangfolge	3	2	1	–	4

Unter dem Gesichtspunkt der Gewinnmaximierung sollte das Regalsystem D aus der Fertigung genommen werden, weil es einen negativen Deckungsbeitrag bringt.

3. Produktionsprogramm

Rangfolge		Menge in Stück in Minuten	Fertigungszeit je Stück in Minuten	belegte Engpasskapazität in Minuten	verbleibende Engpasskapazität
1	C	1600	30	48000	195000
2	B	500	75	37500	157500
3	A	400	200	80000	77500
4	E	344	225	77400	100
				242900	

4. Ermittlung des Gewinns

Produkte	Menge	dB in €	DB in €
C	1600	120,00	192000,00
B	500	240,00	120000,00
A	400	480,00	192000,00
E	344	360,00	123840,00
insgesamt			627840,00
K_f in €			420000,00
Gewinn in €			207840,00

Teilkostenrechnung als Entscheidungsinstrument bei der Produktions- und Absatzplanung

Teilkostenrechnung

Break-even-Analyse

- Sie zeigt, bei welcher Beschäftigung die **Gewinnschwelle** liegt:

$$x = \frac{K_f}{d_B}$$

- Auswirkungen von absatzpolitischen Maßnahmen auf den Erfolg werden sofort erkennbar wie
  - Steigerung der Absatzmenge,
  - Erhöhung des Preises,
  - Senkung der variablen und fixen Kosten.

Eigenfertigung oder Fremdbezug

- Diese Frage wird kurzfristig beantwortet durch Gegenüberstellung der variablen Stückkosten und des Fremdbezugspreises.
- Fixe Kosten werden nicht einbezogen, weil sie bei Fremdbezug nicht kurzfristig abgebaut und somit auch getragen werden müssen.

Bestimmung von Preisuntergrenzen

- Kurzfristige Preisuntergrenze bilden die variablen Kosten.
- Mit Preisen oberhalb der Preisuntergrenze wird ein Deckungsbeitrag zur Abdeckung der fixen Kosten bzw. zur Gewinnerzielung erwirtschaftet.

Entscheidungen über Zusatzaufträge

- Zusatzaufträge tragen zu einer besseren Kapazitätsauslastung bei.
- Sie können die bisherige Produktion um Teile der K_f entlasten.
- Voraussetzung hierzu ist jedoch, dass der Verkaufspreis über den variablen Stückkosten liegt.

Produktionsprogrammplanung

- Bei Engpässen von Kapazitäten wird den Produkten der Vorzug gegeben, die den höchsten d_B erzielen.
- Wenn die Produkte je Einheit die Anlage unterschiedlich in Anspruch nehmen, ist der spezifische Deckungsbeitrag, der d_B je Maschinenlaufstunde zu ermitteln.

Wahl des Produktionsverfahrens

- Können Erzeugnisse wahlweise auf zwei vorhandenen Anlagen hergestellt werden, wird auf der Anlage mit den geringsten variablen Stückkosten produziert.
- Dadurch wird der höchste d_B zur Deckung der K_f erzielt, die bei den alternativen Verfahren gleich hoch sind.

1 Ein Zementwerk stellt u. a. Rasenkantensteine 100 x 25 x 5 cm her. Die Produktion von 50000 Stück im letzten Jahr verursachte bei einem Beschäftigungsgrad von 62,5 % 105000,00 € Gesamtkosten. Der Anteil der fixen Kosten betrug 40000,00 €. Der Umsatz belief sich beim Absatz der gesamten Produktionsmenge auf 125000,00 €. In dieser Situation hat das Unternehmen zu entscheiden, ob ein Auftrag der Gemeindeverwaltung von 10000 Stück angenommen werden kann, wobei der Verkaufspreis von 1,90 € je Stück nicht überschritten werden darf.

a) Berechnen Sie, ob der Auftrag bei gegebener Kapazität überhaupt angenommen werden kann.

b) Ermitteln Sie
   - ba) die fixen Kosten pro Stück,
   - bb) die variablen Kosten pro Stück,
   - bc) die Gesamtkosten pro Stück,
   - bd) den Verkaufspreis,
   - be) den Gewinn.

c) Beurteilen Sie eine Kalkulation des Zusatzauftrages zu den ermittelten Stückkosten.

d) Begründen Sie, wie sich das Zementwerk verhalten soll.

2 a) Die Medi GmbH produziert und verkauft das Medikament „Nisita" zu einem Verkaufspreis von 12,80 € je Packung auf dem Inlandsmarkt. Die variablen Kosten zur Herstellung dieser Arznei betragen 9,60 € je Stück. Die Medi GmbH hat für die geplante Rechnungsperiode 400000,00 € an fixen Kosten ermittelt. Die vorhandene Gesamtkapazität des Unternehmens beträgt 250000 Einheiten in der Rechnungsperiode. Die Medi GmbH rechnet mit einem möglichen Gesamtumsatz im Inland von 1920000,00 €.
   - aa) Berechnen Sie den Deckungsbeitrag je Packung.
   - ab) Berechnen Sie den Gesamtdeckungsbeitrag.
   - ac) Berechnen Sie den Erfolg der Rechnungsperiode.

b) Die Medi GmbH könnte auf einem ausländischen Absatzmarkt das Medikament unter der Bezeichnung „Nashspray" zu einem Preis von 12,00 € absetzen. Die Aufnahme dieser Produktion würde jedoch die variablen Stückkosten um 10 % und die oben genannten fixen Kosten um 15 % erhöhen. Der erwartete Umsatz auf dem Auslandsmarkt würde 1050000,00 € betragen.
Weisen Sie rechnerisch nach, ob es sinnvoll ist, auch für den Auslandsmarkt zu produzieren.

3 Ein Betrieb hat eine Produktionskapazität von 102000 Stück. Er erzielt für ein Erzeugnis 8,00 €. An Kosten fallen an: Fertigungsmaterial 4,50 €, Energiekosten 0,10 €, Fertigungslöhne 0,50 €, Verpackungskosten 0,20 €. An fixen Kosten hat er 110 160,00 €.

a) Der Unternehmer möchte wissen, wie viele Erzeugnisse er absetzen muss, um Gewinn zu erzielen bzw. bei welchem Beschäftigungsgrad die Gewinnerzielung beginnt.

b) Die Produktionsanlage ist zurzeit mit 70 % ausgelastet. Ermitteln Sie, welchen Gewinn das Unternehmen erzielt.

c) Das Produkt könnte im Ausland unter einem anderen Produktnamen für 6,00 € abgesetzt werden. Die Absatzsteigerung könnte laut Planung 35000 Einheiten betragen. Zur Vergrößerung der Kapazität wäre der Erwerb einer weiteren Maschineneinheit notwendig, deren Kapazität 51000 Einheiten beträgt. Die dabei anfallenden zusätzlichen fixen Kosten würden 7000,00 € betragen. Für das Auslandsprodukt würde sich der Fertigungsmaterialeinsatz von 4,50 € auf 4,70 € erhöhen, die übrigen variablen Kosten blieben gleich. Prüfen Sie, in welcher Weise der Gewinn und der Beschäftigungsgrad durch die Expansion verändert werden.

4 Ein Industriebetrieb benötigt zur Herstellung eines Erzeugnisses die Teile T1, T2, T3, T4, die alle eigengefertigt oder fremdbezogen werden können. Für Eigenfertigung stehen die dafür notwendigen Kapazitäten zur Verfügung.

	T1	T2	T3	T4
Bedarfsmenge je Monat in Stück	5000	8000	6000	10000
Fremdbezugspreis je Stück in €	28,00	48,00	40,00	15,00
Variable Stückkosten in €	20,00	40,00	30,00	10,00
Gesamte Stückkosten in €	25,00	50,00	38,00	14,00

a) Entscheiden Sie mit rechnerischem Nachweis, ob Einzelteile langfristig fremdbezogen werden sollen.

b) In Verhandlungen mit einem Lieferanten wird für T4 ein Fremdbezugspreis von 9,00 € für eine gleich bleibende Abnahmemenge von monatlich 10000 Stück ausgehandelt. Prüfen Sie, ob dieses Verhandlungsergebnis Ihre unter a) getroffene Entscheidung beeinflusst.

5 Ein Industriebetrieb benötigt die Teile A, B und C, die zu folgenden Bedingungen fremdbezogen oder eigengefertigt werden können:

Geräte	**A**	**B**	**C**
Bedarfsmenge im Jahr in Stück	20000	40000	10000
Fertigungsmaterial in €	18,00	30,00	80,00
Fertigungslöhne in €	24,00	10,00	30,00
Weitere variable Fertigungsgemeinkosten in €	28,00	15,00	40,00
K_f bei obiger Bedarfsmenge in €	500000,00	320000,00	400000,00
Fremdbezugspreis in €	100,00	50,00	200,00

Treffen Sie langfristig eine begründete Entscheidung für Eigenfertigung oder Fremdbezug.

6 Ein Industrieunternehmen fertigte bei einer Monatskapazität von 2800 Einheiten das Erzeugnis E. Über die Produktion des Erzeugnisses im ersten Vierteljahr liegen folgende Daten vor:

	Januar	**Februar**	**März**
Absatz- und Produktionsmenge in Stück	2100	1680	2520
Gesamtkosten in €	166600,00	148960,00	184240,00
Gesamterlöse in €	189000,00	151200,00	226800,00

Die variablen Gesamtkosten verlaufen proportional.
Berechnen Sie
a) die variablen Stückkosten,
b) die Gesamtfixkosten je Monat,
c) den Erlös je Stück,
d) den Deckungsbeitrag je Stück,
e) den Break-even-Point,
f) den maximalen Gewinn bei Ausnutzung der Kapazität,
g) den prozentualen Erfolg in den einzelnen Monaten im Verhältnis zu den jeweiligen Gesamtkosten,
h) die langfristige Preisuntergrenze bei einer Kapazitätsausnutzung von 80 % und
i) nennen Sie die kurzfristige Preisuntergrenze.

7 Eine Maschinenfabrik fertigt auf einer Anlage die Teile A, B, C und D zu folgenden Bedingungen:

	A	**B**	**C**	**D**
Bedarfsmenge im Monat in Stück	8000	4000	6000	12000
Fertigungszeit je Einheit in Minuten	12	30	15	10
k_v in €	20,00	40,00	25,00	15,00
Fremdbezugspreis in €	30,00	48,00	28,00	19,00
Kapazität von vier Maschinen in der Maschinenfabrik	6800 Stunden			

a) Berechnen Sie den Kapazitätsfehlbedarf bei Eigenfertigung.
b) Treffen Sie eine begründete Entscheidung darüber, welches Produkt (Art und Menge) fremdbezogen wird.
c) Stellen Sie das Produktionsprogramm zusammen.

8 Folgende Angaben aus dem abgelaufenen Rechnungsabschnitt eines Industriebetriebes, der drei Produkte herstellt, sind auszuwerten:

Produkte	**A**	**B**	**C**
Produktions- und Absatzmenge in Stück	2000	5000	4000
Umsatz in €	45000,00	67000,00	172000,00
K_v in €	34000,00	28000,00	112000,00
Fertigungszeit in Minuten (Auftragszeit)	12	30	45
K_f in €	82000,00		

a) Errechnen Sie
   aa) den Deckungsbeitrag je Stück jeder Produktart,
   ab) den Deckungsbeitrag jeder Produktart,
   ac) den Deckungsbeitrag je Fertigungsstunde,
   ad) den Erfolg der abgelaufenen Rechnungsperiode,
   ae) den Beschäftigungsgrad bei einer Kapazität von 7 375 Fertigungsstunden.
b) Welches Produkt ist in der kommenden Rechnungsperiode bei voller Kapazitätsausnutzung bevorzugt zu produzieren, wenn der Markt vorläufig von jedem Produkt jede Produktionsmenge aufnimmt?

9 Ein Industrieunternehmen fertigt auf einer Maschinenkombination drei verschiedene Erzeugnisse, über die folgende Informationen vorliegen:

Informationen – Daten	**Erzeugnis I**	**Erzeugnis II**	**Erzeugnis III**
Produktions- und Absatzmenge in Stück	3 060	1 530	9 860
Auftragszeit je Erzeugnis in Minuten	8	12	6
Fertigungsmaterial je Erzeugniseinheit	14,00 €	28,00 €	17,00 €
Weitere einzeln zurechenbare Kosten im Fertigungsbereich (Löhne, Energie)	8,00 €	12,00 €	23,00 €
zu erzielender Marktpreis	20,00 €	50,00 €	52,00 €
Summe der fixen Kosten der Planperiode	97 500,00 €		

a) Ermitteln Sie den in der obigen Planungsperiode zu erzielenden Gesamterfolg und erläutern Sie Ihre Berechnung.
b) Nennen Sie die Reihenfolge der Maschinenbelegung mit den Erzeugnissen, falls Sie nur noch geringe Maschinenkapazität frei hätten und der Absatzmarkt die Erzeugnisse aufnehmen würde. Begründen Sie Ihre Entscheidung.
c) Geben Sie den theoretisch denkbaren Gesamterfolg an, wenn nur ein Erzeugnis produziert und abgesetzt würde. Nehmen Sie kritisch Stellung zu diesem Ergebnis.
d) Berechnen und nennen Sie den jeweiligen Break-even-Point, falls nur das Erzeugnis I oder nur das Erzeugnis II oder nur das Erzeugnis III produziert und abgesetzt würde.

10 Eine Brotfabrik kann in einem Backofen alternativ drei Brotsorten herstellen. Zurzeit werden in dem Backofen nacheinander gebacken:

	Sorten		
	A	**B**	**C**
Planabsatz in Stück je Tag	1 000	1 500	2 000
Verkaufspreis je Stück in €	4,00	2,00	3,00
Variable Stückkosten in €	2,00	1,28	2,10
Fertigungszeit je 100 Stück in Minuten	24	18	12

Eine Marktuntersuchung ergibt, dass der Absatz jeder Brotsorte gesteigert werden könnte. Erstellen Sie einen Bericht, in dem sie folgende Fragen beantworten:
a) Welche Sorte ist am ehesten zu fördern, wenn die Kapazität des Backofens nicht ausgelastet ist?
b) Wie lautet das Produktionsprogramm, wenn der Backofen für diese drei Brotsorten höchstens zehn Stunden zur Verfügung steht und der Planabsatz der Sorten mit den höchsten Deckungsbeiträgen angestrebt wird?

Weitere Aufgaben zur Teilkostenrechnung als Entscheidungsinstrument bei der Produktions- und Absatzplanung finden Sie auf S. 621 ff.

6.4 Vollkosten- und Teilkostenrechnung als sich ergänzende Kostenrechnungssysteme

Silvia Land hilft im Rahmen der Inventur bei der Bewertung noch nicht verkaufter Büromöbel. Nachdem sie sich längere Zeit mit der VKR und TKR auseinandergesetzt hat, drängt sich ihr die Frage auf: „Sollen wir die nun zu Teil- oder Vollkosten bewerten?“ Grundsätzlich ist dies dem Kaufmann vom Gesetzgeber freigestellt.

- Stellen Sie zusammen, welche Kosten bei Voll- und welche bei Teilkostenrechnung zu berücksichtigen sind, und verfolgen Sie anschließend die Auswirkung der unterschiedlichen Bewertung in der Gewinn- und Verlustrechnung.

Vollkostenrechnung (VKR)

Vollkostenrechnung bedeutet, dass alle Kosten ohne Aufteilung in fixe und variable Kosten auf die Kostenträger eines Betriebes verteilt werden. Zum Zwecke der Verrechnung ist die Gliederung in **Einzel-** und **Gemeinkosten** Voraussetzung.

Für die **Verrechnung der im BAB gegliederten Gemeinkosten** auf die Kostenträger werden in der Kostenträgerzeitrechnung Zuschlagssätze ermittelt. Mithilfe dieser **Zuschlagssätze** werden die anteiligen Materialgemeinkosten dem Fertigungsmaterial, die anteiligen Fertigungsgemeinkosten dem Fertigungslohn, die anteiligen Verwaltungs- und Vertriebsgemeinkosten den Herstellkosten jedes Erzeugnisses zugerechnet.

Darin liegen wesentliche Mängel der VKR begründet:

- Die in den Gemeinkosten enthaltenen zeitabhängigen Fixkosten werden wie leistungs- oder produktabhängige behandelt.
- Damit wird eine Kostenverursachung unterstellt, die überhaupt nicht besteht.
- Zwangsläufig muss diese Behandlung der fixen Kosten (innerhalb der Gemeinkosten) bei schwankender Beschäftigung und Beibehaltung der Zuschlagssätze zu Fehleinschätzungen führen:
  - **Bei rückläufiger Beschäftigung** wird der kalkulierte Gewinn nicht erzielt, weil wegen der höheren Fixkosten pro Stück eine Unterdeckung eintritt. Ein Teil der Fixkosten wird nicht hereingeholt. Umgekehrt müsste der Betrieb bei Anpassung der Zuschlagssätze an die rückläufige Beschäftigung und gleichem Gewinnziel höhere Preise verlangen. Marktlage und Beschäftigung würden dadurch weiter verschlechtert.
  - **Bei zunehmender Beschäftigung** wird wegen eintretender Überdeckungen der kalkulierte Gewinn überschritten. Chancen der Markterweiterung durch Preissenkung werden nicht wahrgenommen.
- Kostenunterdeckungen einzelner Produkte führen zudem häufig zur verfrühten Produktionseinstellung einzelner Produkte. Die auch danach anfallenden Fixkosten müssen dann von den im Produktionsprogramm verbleibenden Produkten mitgetragen werden.

  Die Ergebnisse der VKR sind somit nicht geeignet, produktions- und absatzpolitische Entscheidungen zu begründen.

  Die oben dargestellten Nachteile der VKR treten nicht auf
  - bei gleich bleibender Beschäftigung,
  - bei Massenproduktion eines Produktes und Anwendung der Divisionskalkulation.

Teilkostenrechnung (TKR)

Die TKR rechnet den Kostenträgern nur die variablen Kosten zu. Es sind die vom Produkt verursachten Kosten, wenn es gefertigt wird. Die zeitabhängigen Fixkosten werden nicht in die Kostenträgerstückrechnung (Kalkulation) einbezogen. Voraussetzung für die Anwendung der TKR ist die Gliederung der Kosten in beschäftigungsabhängige variable Kosten und zeitabhängige Fixkosten im BAB.

Bei der Kalkulation ist darauf zu achten, dass

- grundsätzlich ein positiver Deckungsbeitrag erzielt wird, der sich als Differenz zwischen Verkaufspreis und variablen Stückkosten ergibt,
- die Summe aller Deckungsbeiträge in einer Rechnungsperiode
  - die fixen Kosten des Betriebes deckt und
  - einen Gewinn garantiert.

Die TKR räumt die Mängel der VKR für produktions- und absatzpolitische Entscheidungen aus, sie hat jedoch auch wesentliche Nachteile, wie folgende Gegenüberstellung von Vor- und Nachteilen zeigt.

Vorteile der TKR:

- Verrechnungsprobleme der Gemeinkosten auf Kostenstellen entfallen.
- Es werden nur die variablen Kosten und somit nur die durch das Produkt verursachten Kosten zugerechnet.
- Aus dem Verhältnis von Verkaufspreis und variablen Stückkosten können sehr schnell Aussagen zur Bedeutung des Produktes für die Gewinnerzielung und produktions- und absatzpolitische Entscheidungen abgeleitet werden:
  - Beitrag zur Deckung der Fixkosten
  - Preisuntergrenze bei Annahme von Aufträgen
  - Gewinnschwelle
  - Auswirkungen von Kostenerhöhungen oder -senkungen
  - Auswirkungen von Umsatzeinbußen oder -steigerungen
  - Preis- und Kostenkontrolle für einzelne Erzeugnisse
  - Entscheidungen zur Produktions- und Absatzprogrammgestaltung
  - Produktionspolitische Entscheidungen, wie Eigenfertigung oder Fremdbezug, optimale Maschinenbelegung u. a.

Nachteile der TKR:

- Die Kosten müssen in fixe und variable aufgelöst werden.
- Entscheidungen aufgrund des Deckungsbeitrages können falsch sein, weil der Fixkostenanteil nicht erkennbar ist: Ein hoher d_B eines Produktes mit hohem k_f-Anteil kann schlechter sein als ein niedriger d_B eines anderen Produktes, das nur geringe k_f verursacht.
- Produktionsprogrammbezogene Entscheidungen setzen daher eine erzeugnisbezogene oder kostenstellenbezogene Aufteilung der Fixkosten voraus, um die Auswirkung einer solchen Entscheidung auszuloten.
- Die Lagerbestände an unfertigen und fertigen Erzeugnissen müssen nach den Bewertungsvorschriften des Steuerrechts zu Herstellungskosten bewertet werden. Diese setzen sich aus den Einzelkosten und notwendigen Teilen der Gemeinkosten zusammen.
- Langfristig muss das Produktionsprogramm einen Gewinn erzielen. Entscheidungen im Sinne einer Gewinnmaximierung müssen daher langfristig immer die Vollkostendeckung beachten.

Für Zwecke der Bewertung und für langfristige Produktionsentscheidungen kann auf die VKR nicht verzichtet werden.

Beispiel Bei der Bewertung der Erzeugnisse sind die Herstellkosten gem. § 255 HGB zugrunde zu legen.

Für kurzfristige markt- und produktionsorientierte Entscheidungen ist die TKR geeignet.

Vollkosten- und Teilkostenrechnung als sich ergänzende Kostenrechnungssysteme

- **System der Teilkostenrechnung (TKR)**
  - Dem einzelnen Kostenträger werden nur die variablen Kosten zugerechnet. Die Zurechnung der fixen Kosten auf die Kostenträger entfällt.
  - Vom Umsatzerlös je Einheit werden die variablen Kosten abgezogen.
  - Die Differenz ist der **Deckungsbeitrag**.
-

Kostenträgerstückrechnung
– Verkaufspreis (e)
– Variable Stückkosten (k_v)
= Deckungsbeitrag (d_B)

- Von den Deckungsbeiträgen aller Erzeugnisse zusammen werden die Fixkosten des Abrechnungszeitraumes zur Ermittlung des Betriebserfolges abgezogen.
-

Kostenträgerzeitrechnung
– Verkaufserlöse der Rechnungsperiode (E)
– Variable Kosten der Rechnungsperiode (K_v)
= Gesamtdeckungsbeitrag (D_B)
– fixe Kosten der Rechnungsperiode (K_f)
= Ertrag der Rechnungsperiode

- Für **absatzpolitische Entscheidungen** kann dadurch auf einfachem Wege ermittelt werden, welchen Kostenanteil ein Produkt bei gegebenen Konkurrenzpreisen tragen kann.

1 Erklären Sie, wodurch sich „Deckungsbeitrag“ der Teilkostenrechnung und „Stückerfolg“ der Vollkostenrechnung unterscheiden.

2 Unterscheiden Sie die Kostenkategorien
a) in der Vollkostenrechnung,
b) in der Teilkostenrechnung.

3 Erläutern Sie, was man unter einem engpassbezogenen Deckungsbeitrag versteht und welche Bedeutung diese Kennzahl in der Deckungsbeitragsrechnung hat.

4 Im Kostenträgerblatt eines Industriebetriebes, der fünf Produkte herstellt, wurde auf dem Wege der Vollkostenrechnung bei einem Produkt ein Verlust festgestellt. Erläutern Sie mögliche Maßnahmen und deren Folgen.

5 Erläutern Sie die Erfolgsermittlung
a) nach der Vollkostenrechnung,
b) nach der Teilkostenrechnung.

6 Ein Produkt, das zum Nettopreis von 198,00 € verkauft wird, verursacht variable Stückkosten von 140,00 € und Fixkosten je Rechnungsperiode von 290000,00 €.
a) Ermitteln Sie
  aa) den Deckungsbeitrag,
  ab) den Break-even-Point,
  ac) den Erfolg bei einem Absatz von 14000 Stück.
b) Im harten Wettbewerb mit der Konkurrenz sieht die Unternehmensleitung drei Alternativlösungen, um den Erfolg der letzten Rechnungsperiode zu halten:
  ba) Senkung des Stückpreises um 20 %,
  bb) Produktion eines qualitativ besseren Produktes, wodurch sich die variablen Kosten auf 154,50 € je Stück erhöhen.
  bc) Anschaffung einer neuartigen Produktionsanlage, durch die die Fixkosten allerdings um 10 % zunehmen.
  Zeigen Sie Auswirkungen der drei Alternativen auf die Gewinnschwellenmenge und den Umsatz auf, wenn der letztjährige Erfolg erreicht werden soll.

7 Web

Die Rasi GmbH, die zu den kleinen Kapitalgesellschaften zählt, produziert die drei Rasenmähertypen Turbo 2000, Rasti T4 und Elec T2. Monatlich werden die Ergebnisse der Kostenträgerzeitrechnung hinsichtlich der Zielsetzung und Marketingkonzeption ausgewertet. Zurzeit wird eine kontinuierliche Verbesserung des Betriebsergebnisses angestrebt, insbesondere durch verstärkte Werbemaßnahmen für den preiswerten und umweltfreundlichen Elektromäher „Elec T2". Als „Billiganbieter" vertreibt die Rasi GmbH ihre Mäher über SB-Warenhäuser und Verbrauchermärkte.

1. Für die Beratung der Geschäftsführer mit den Produktmanagern sind zunächst folgende Ergebnisse der Ist-Kostenrechnung für den Monat Mai auszuwerten:

	insgesamt	**Turbo 2000**	**Rasti T4**	**Elec T2**
Fertigungsmaterial in €	337 500,00	171 000,00	90 000,00	76 500,00
Fertigungslöhne in €	495 000,00	258 750,00	130 500,00	105 750,00
Umsatzerlöse in €	1 867 920,00	1 009 400,00	516 520,00	342 000,00
Verkaufspreis in €		980,00	698,00	450,00

Bei der Kostenträgerzeitrechnung wurden folgende Ist-Gemeinkostenzuschlagssätze ermittelt:

MGK 25 %; FGK 110 %; VwGK 10 %; VtGK 5 %.

Alle im Mai produzierten Erzeugnisse wurden im selben Monat verkauft.

a) Erstellen Sie das Kostenträgerblatt.

b) Bestimmen Sie die Wirtschaftlichkeitsfaktoren des Gesamtbetriebes und der einzelnen Rasenmäher.

c) Bestimmen Sie die Absatzzahlen der drei Produkte im Monat Mai.

2. Der Assistent der Geschäftsführer hat produktspezifische Entscheidungen mit entsprechenden Begründungen vorbereitet. Er schlägt vor, den Rasenmäher „Elec T2" aus dem Produktions- und Absatzprogramm herauszunehmen. Dem widerspricht der Leiter der KLR. Stellen Sie mögliche Argumente gegenüber.

3. Die Geschäftsführer stimmen letztlich dem Leiter der KLR zu, vor einer Produkteliminierung mögliche Auswirkungen auf das Betriebsergebnis mithilfe der TKR zu überprüfen. Seinen Untersuchungen gemäß bestehen die Gemeinkosten zu 80 % aus fixen und nur zu 20 % aus variablen Kosten.

a) Ermitteln Sie das Ergebnis des Monats Mai für den Betrieb und die einzelnen Produkte mithilfe der Deckungsbeitragsrechnung.

b) Gehen Sie aufgrund des Ergebnisses der TKR auf den Vorschlag des Assistenten des Geschäftsführers ein.

4. Zeigen Sie Maßnahmen zur Verbesserung des Betriebsergebnisses durch optimale Programmgestaltung auf. Zu beachten ist dabei, dass alle drei Rasenmäher eine Montagestraße, die monatlich 400 Stunden genutzt werden kann, mit folgenden Durchlaufzeiten beanspruchen:

Turbo 2000: 12 Minuten
Rasti T4: 10 Minuten
Elec T2: 8 Minuten

a) Bestimmen Sie die Rangfolge der Produkte.

b) Erstellen Sie auf dieser Grundlage einen Absatzplan für den Monat Juni, wenn aufgrund von Marktuntersuchungen von

Turbo 2000: 1 200 Stück
Rasti T4: 600 Stück
Elec T2: 550 Stück

abgesetzt werden können.

Wiederholungsaufgaben zu „Prozess der Leistungserstellung und Kosten- und Leistungsrechnung“

1 Ein Industriebetrieb produziert und verkauft monatlich durchschnittlich 7000 Stück eines Erzeugnisses bei 224000,00 € K_v und 132000,00 € K_f bei einem Verkaufspreis von 52,00 €. Die Kapazität wurde dabei nur zu 56 % genutzt. Zur besseren Ausnutzung der Kapazität und Erhöhung des Gewinnes sieht der Unternehmer aufgrund vorliegender Verhandlungsergebnisse folgende Möglichkeiten:
1. Absatz über eine internationale Handelskette, die bei einem Wiederverkäuferrabatt von 25 % eine Abnahme von 4000 Stück je Monat garantiert.
2. Bindung an einen Kunden, der langfristig 3000 Stück zum bisherigen Preis abnehmen wird, wenn ein Sonderwunsch berücksichtigt wird, der sich in einer Erhöhung der variablen Kosten um 11,00 € je Stück niederschlägt.
3. Aufnahme eines weiteren Erzeugnisses in die Produktion, dessen variable Kosten je Stück 25,00 € betragen. Die fixen Kosten werden wegen Umrüstung bisheriger Anlagen und wegen Anschaffung einer zusätzlichen Anlage, deren Kapazität 3125 Stück beträgt, um 40000,00 € steigen. Marktuntersuchungen haben ergeben, dass von diesem Produkt monatlich durchschnittlich 2 500 Stück zum Preis von 42,00 € abgesetzt werden können.

a) Vergleichen Sie die drei Alternativen und treffen Sie eine begründete Entscheidung.
b) Ermitteln Sie für die drei Alternativen die kurzfristige Preisuntergrenze.

2 In der Bürodesign GmbH ist für die Produktion des Stapler Besucherstuhles 900/1 über die alternative Anschaffung eines Rohrbiegeautomaten zu entscheiden:

	Teilautomatische Fertigung	**Vollautomatische Fertigung**
Variable (proportionale) Kosten je Stück	135,00 €	100,00 €
Fixe Kosten je Quartal	40000,00 €	250000,00 €
Kapazität je Quartal	10000 Stück	15000 Stück

Web

a) Bestimmen Sie, bei welcher Produktions- und Absatzmenge die Kosten gleich hoch sind.
b) Treffen Sie mithilfe eines Tabellenkalkulationsprogramms eine begründete Entscheidung, welche Anlage unter Kostengesichtspunkten anzuschaffen ist, wenn vom Marketing für das erste Jahr ein Absatz von 20000 Stühlen, für das zweote Jahr von 40000 und für die folgenden Jahre von 50000 Stühlen prognostiziert wird.

3 Ein Industriebetrieb kann bei einer Monatskapazität von 400 Maschinenstunden drei unterschiedliche Produkte zu folgenden Bedingungen herstellen und absetzen:

Produkt	**A**	**B**	**C**
Verkaufspreis in €	36,00	55,00	21,00
k_v in €	11,00	25,00	5,00
Maschinenstunden je Stück	0,25	0,5	0,2

Die fixen Kosten betragen 21000,00 €.

Begründen Sie, welches Produkt herzustellen ist, wenn keine Absatzschwierigkeiten bei voller Kapazitätsauslastung bestehen.

4 Ein Autohersteller, der bisher monatlich 50000 Felgen zum Preis von 112,00 € bezieht, will zur Eigenfertigung mit vollautomatischer Großanlage übergehen. Berechnungen haben ergeben, dass die monatlichen Fixkosten 1768000,00 €, die variablen Kosten je Felge 78,00 € bei Eigenfertigung betragen würden.
a) Begründen Sie, ob die Eigenfertigung zu empfehlen ist.
b) Ermitteln Sie, von welchem Bedarf an sich die Eigenfertigung lohnt, wenn mit der Anlage 100000 Felgen im Monat produziert werden können.

5 Ermitteln Sie das gewinnmaximale Produktionsprogramm für die kommende Rechnungsperiode

Web

a) nach der Vollkostenrechnung,
b) nach der Deckungsbeitragsrechnung (K_f = 189 300,00 €).

Bisher wurden die fünf Produkte A bis E hergestellt und angeboten, für die folgende Daten vorliegen:

Produktion	K_g in € je Produktart	K_v in € je Produktart	Verkaufspreis in €	Absatzmenge in Stück
A	165 000,00	132 000,00	170,00	1 500
B	306 000,00	244 800,00	153,00	1 800
C	193 500,00	154 800,00	255,00	900
D	192 000,00	153 600,00	119,00	2 400
E	228 000,00	210 000,00	306,00	600

c) Die Ergebnisse sind in einer Tabelle etwa folgender Art zusammenzustellen:
ca) Ergebnisse nach der Vollkostenrechnung

Vollkostenrechnung			Erzeugnisse					gesamt
			A	B	C	D	E	
Produktions- u. Absatzmenge	x	St./RP						
Erlös	e	€/St.						
Gesamterlös	E	€/RP						
Gesamtkosten	K_g	€/RP						
Erfolg		€/RP						

cb) Ergebnisse nach der Deckungsbeitragsrechnung

Teilkostenrechnung			Erzeugnisse					gesamt
			A	B	C	D	E	
Produktions- u. Absatzmenge	x	St./RP						
Erlös	e	€/St.						
Gesamterlös	E	€/RP						
Gesamtkosten	K_g	€/RP						
mengenabhängige Kosten	k_v	€/St.						
	K_v	€/RP						
Deckungsbeitrag	d_B	€/St.						
	D_B	€/RP						
Fixe Kosten	K_f	€/RP						
Erfolg		€/RP						

d) Berechnen Sie, welche Produkte aus der Produktion zu nehmen sind.
Die Entscheidung ist unter Angabe der Folgen zu begründen
da) nach den Ergebnissen der Vollkostenrechnung,
db) nach den Ergebnissen der Deckungsbeitragsrechnung.

▲ Fallstudie: „Entscheidungen mithilfe der Teilkostenrechnung"

Handlungssituation: Seit Jahren verzeichnet die Kommunikationsbranche konstante Wachstumsraten und die wirtschaftlichen Prognosen für die kommenden Jahre sind ebenfalls sehr günstig. Dies hat zur Gründung vieler neuer Unternehmen in diesem Sektor geführt, was allerdings auch eine Verschärfung des Wettbewerbs zur Folge gehabt hat.

Eines dieser Unternehmen ist die Elbert GmbH, ein führender Hersteller von Haustelefonanlagen. Die Unternehmensleitung plant eine Erweiterung des Produktprogramms.

Arbeitsaufträge

1 Für die Herstellung des Basisgerätes der Haustelefonanlage gelten folgende Daten:

- monatliche Kapazität: 100000 Anlagen
- derzeitige Kapazitätsauslastung: 80 %
- Verkaufspreis/Stück: 76,00 €
- variable Kosten/Stück: 29,00 €
- Fixkosten pro Monat: 3000000,00 €

a) Berechnen Sie den Break-even-Point.
b) Ermitteln Sie mithilfe der Deckungsbeitragsrechnung das monatliche Betriebsergebnis.
c) Ermitteln Sie die Preisuntergrenzen und beurteilen Sie ihre Realisierbarkeit.

2 Um die Kapazität noch besser auszunutzen, erwägt die Unternehmensleitung die Annahme eines Zusatzauftrages:

- Eine Baumarktkette ist bereit, monatlich 15000 Anlagen abzunehmen, sofern ihr ein Rabatt von 30 % eingeräumt wird.
- Ein amerikanisches Unternehmen würde pro Jahr 210000 Anlagen zu 49,00 € abnehmen; dabei würden wegen der besonderen US-Vorschriften die variablen Kosten pro Stück um 8 % steigen.

Begründen Sie, zu welcher Entscheidung Sie der Elbert GmbH raten.

3 Zu Beginn dieses Jahres hat die Elbert GmbH zusätzlich mit der Produktion neuer Haustelefone begonnen, von denen drei Varianten hergestellt werden. Es gelten folgende Daten:

Modellvariante	Selecto	Nimbus	BelCall
Verkaufspreis/Stück in €	95,00	79,00	74,00
Variable Kosten/Stück in €	30,00	28,00	24,00
Produktions- und Absatzmenge pro Jahr (Stück)	18000	28000	50000
Herstellbare Menge pro Stunde (Stück)	30	20	25
Fixkosten pro Jahr in €	2100000,00		

Der Markt für Haustelefone ist hart umkämpft und die Elbert GmbH möchte durch eine aggressive Preispolitik Marktanteile gewinnen. Die Unternehmensleitung erwägt daher, die Modelle „Nimbus" und „BelCall" für jeweils 73,00 € zu verkaufen.

a) Berechnen Sie, wie sich diese Preissenkung durchführen lässt, ohne dass sich das Betriebsergebnis für den Bereich Haustelefone verschlechtert (eine Senkung der variablen Kosten ist zurzeit nicht möglich).
b) Leider kann die Elbert GmbH diese Strategie zunächst nicht umsetzen, da durch ein Feuer im Produktionsbereich für Haustelefone ein Engpass entstanden ist. Die jährliche Produktionskapazität ist dadurch auf 3400 Stunden gesunken. Ermitteln Sie unter Berücksichtigung des Engpasses das optimale Produktionsprogramm.

4 Aus Wettbewerbsgründen ist die Elbert GmbH bestrebt, die am Markt absetzbaren Stückzahlen voll zu produzieren. Zur Beseitigung des bestehenden Engpasses soll deshalb ein neuer Fertigungsautomat angeschafft werden. Zwei Automaten stehen zur Wahl:

	Automat I	Automat II
Fixkosten (in €) pro Jahr	190000,00	235000,00
Variable Kosten (in €)/Stück	23,00	19,00
Maximalkapazität	15000	19000

a) Erläutern Sie kritisch, welcher Fertigungsautomat für die Produktion der noch fehlenden Menge vorzuziehen ist.
b) Beurteilen Sie den Vorschlag, die fehlende Menge fremdzubeziehen.

▲ Fallstudie: „Entscheidungen im Rahmen der Kapazitätsauslastung“

Handlungssituation: Die Utopia Fahrrad GmbH fertigt hochwertige Fahrräder in einer gehobenen Preisklasse zwischen 900,00 € und 1 500,00 €. Die Fertigung erfolgt auftragsorientiert, d. h., die Produktion folgt dem Absatz. Die mögliche Jahreskapazität liegt bei 24 000 Einheiten. Der durchschnittliche Auftragswert pro Einheit liegt bei 1 200,00 €. Die jährliche Fixkostenbelastung beträgt 10 080 000,00 €.

Der durchschnittliche Absatz betrug im vergangenen Jahr in Stück:

	1. Quartal	2. Quartal	3. Quartal	4. Quartal	Jahresabsatz
Herrenfahrräder	2 000	4 000	3 000	1 000	10 000
Damenfahrräder	900	1 800	1 200	500	4 400

Arbeitsaufträge:

1 Erläutern Sie verschiedene Einflussgrößen auf die Kapazität des Betriebes.

2 Erläutern Sie unter Berücksichtigung ihres Einflusses auf die Stückgesamtkosten die Begriffe maximale und optimale Kapazitätsauslastung.

3 Die Kenntnis der Normalkapazität bildet eine Grundlage für die Fertigungsplanung. Die effektive Kapazität ist Ausgangspunkt für die Fertigungssteuerung.

Suchen Sie nach möglichen Ursachen für Abweichungen.

4 Berechnen Sie den durchschnittlichen Beschäftigungsgrad der Utopia GmbH.

5 Ermitteln Sie die fixen Stückkosten unter Berücksichtigung der aktuellen Auftragslage pro Fahrrad. Wie hoch wären die fixen Stückkosten bei voller Kapazitätsauslastung?

Berechnen Sie die vorhandenen Leerkosten bedingt durch die mangelnde Kapazitätsauslastung.

6 Um die Fixkosten zu senken, erwägt die Geschäftsleitung eine emanzipatorische Fertigung, d. h., die Fertigung soll gleichmäßig, weitgehend losgelöst von den Absatzschwankungen durchgeführt werden. Gleichzeitig soll ein Abbau der Maximalkapazität auf eine jährlich mögliche Stückzahl von 16 000 Einheiten erfolgen.

a) Erläutern Sie zwei mögliche Probleme, die mit dem Kapazitätsabbau verbunden sind.
b) Suchen Sie nach einer Begründung dafür, dass die Unternehmensleitung die Maximalkapazität nicht auf 14 400 Einheiten festlegt.
c) Erklären Sie, welche zusätzlichen Kosten jetzt durch die emanzipatorische Fertigung entstehen.

7 Die Utopia GmbH stellt die Lenkerprofile mithilfe von fünf mechanischen Biegemaschinen in der Schlosserei her. Die bisherigen Herstellkosten pro Lenkerprofil betragen 40,00 €. Der Anteil der variablen Kosten liegt bei 26,00 €, davon entfallen auf die Materialkosten 11,00 € je Stück. Die gesamten fixen Kosten belaufen sich auf 168 000,00 € im Jahr. Durch die Anschaffung einer NC-gesteuerten Biegemaschine würden sich die gesamten fixen Kosten um 40 000,00 € jährlich erhöhen, die Lohnkosten könnten allerdings durch die Einsparung von vier Arbeitnehmern in der Schlosserei um 20 % gesenkt werden.

a) Überprüfen Sie, ob sich die Anschaffung der NC-gesteuerten Biegemaschine unter Berücksichtigung der bisherigen Ausbringungsmenge lohnt.
b) Falls sich die Anschaffung rein rechnerisch nicht lohnt – suchen Sie nach anderen Argumenten, die für eine Anschaffung dieser Maschine sprechen.
c) Ermitteln Sie die Ausbringungsmenge, bei der die Kosten für die beiden Maschinen gleich sind.
d) Stellen Sie fest, um wie viel Stück die Ausbringungsmenge erhöht werden muss, wenn bei einem Einsatz der NC-gesteuerten Biegemaschine die Herstellkosten auf 38,00 € gesenkt werden sollen.

Bildquellenverzeichnis

Beiersdorf AG, Hamburg: 311 3.

Bergmoser + Höller Verlag AG, Aachen: 37 1.

CTO Software GmbH, Aachen: 59 2, 62 2, 253, 254.

Deutsche Postbank AG, Bonn: 311, 366 1, 371, 371.

EURO Kartensysteme GmbH, Frankfurt am Main: 371.

Europäische Union, Berlin: 312 4.

fotolia.com, New York: 54 2; 3darcastudio 15 2; Aaron Kohr 21 1; Andres Rodriguez 408 1; auris 608 2; by-studio 206 4; bystudio 599 3; Dariusz T. Oczkowicz, ars digital media services 15 5; Dietl, Jeanette 486 1; Fatman73 199 3, 361 1; fhmedien_de 19 2; fischer-cg.de 14 3, 15 1; Frank Herrmann - www.fh-photodesign.com 15 4; Goran 14 2; Jaume Felipe 206 5; Jürgen Effner 256 1; Lepro 267 1; Liv Friis-Larsen 251 1; Mixage 347 1; Pfluegl, Franz 11; rgbdigital.co.uk 407 2; str33t cat 103 2; styleuneed 14 4; Swapan 290 4; terex 31 2; Wörhle, Thomas 592 2.

Galas, Elisabeth, Bad Breisig: 10 1, 10 2.

Henkel AG & Co. KGaA, Düsseldorf: 311 2.

Jouve Germany GmbH & Co. KG, München: 11 1, 12 1, 15 6, 18 1, 18 2, 20, 22, 28, 34, 35, 40, 41, 42 1, 46, 46 2, 46 3, 50 2, 51, 54 1, 56 1, 56 2, 58, 59 1, 60 3, 62 1, 63 1, 64, 65, 65 1, 65 2, 66 2, 68 1, 69 1, 69 2, 70 1, 71, 72 2, 74, 74 1, 76 1, 77 2, 78 1, 78 2, 80 1, 83, 84 1, 86 1, 86 2, 88, 88 1, 89 2, 89 3, 90, 91 1, 92 1, 92 2, 94 1, 95, 96 1, 97, 99 1, 100, 102, 102 1, 103, 105 1, 106, 108, 108 2, 110 1, 111, 112, 116, 116 1, 119, 124, 125 1, 125 2, 126 1, 127 2, 128, 129, 131 2, 132, 134 1, 136 1, 138, 139 1, 139 2, 140 1, 140 2, 142, 144 2, 146, 148 1, 150 1, 151, 152 1, 154, 154 2, 156 1, 158, 158 1, 160 1, 161, 162 1, 163 1, 164 2, 165, 167, 167 1, 169 1, 171 1, 172 1, 174 1, 177, 179 4, 180, 182, 183 1, 183 2, 185 1, 186 1, 189, 189 1, 190, 190 1, 192 1, 195 1, 195 2, 198, 198, 198 2, 198 2, 198 4, 199, 199, 199 2, 199 4, 200 1, 200 2, 200 3, 201, 204 1, 207 1, 208 2, 209 1, 209 2, 210 1, 214, 218 1, 231 1, 235, 237, 242, 244 2, 244 3, 247 2, 252, 257 1, 258, 259 1, 262, 267, 269 2, 273 2, 274, 276 1, 278 1, 279 1, 280 1, 282, 284 1, 286, 291 1, 292, 293 3, 297 2, 300, 300 1, 303, 303 1, 303 2, 310, 310 1, 311 4, 315 1, 318 1, 319, 323, 324 1, 324 2, 325 1, 326, 328 1, 329 2, 331, 332 1, 334 1, 335, 335 1, 337 1, 339, 339 2, 340, 340 1, 345, 346 1, 348, 355, 358 1, 363, 364 1, 372 1, 375, 375 1, 377 1, 380, 380 3, 381 1, 381 2, 381 3, 382, 383, 385 1, 386 2, 387 1, 390, 390 1, 392 1, 395 1, 395 2, 396 1, 403 1, 409, 409 2, 413 1, 414, 415 1, 416 1, 417 1, 418 1, 419 1, 421, 424 2, 425 2, 426 1, 426 2, 427, 427, 428, 432 1, 433 2, 435 1, 436, 437, 437 1, 438 1, 438 3, 438 4, 440 3, 444 1, 445, 445 1, 450 1, 452, 454 1, 455, 457 1, 459 1, 460, 461 1, 462 1, 464 1, 466, 469 1, 470, 475 1, 477 1, 478 1, 481, 484, 484 1, 485, 485 1, 489 1, 491 1, 492 1, 493, 495, 502, 505 1, 508, 512, 516, 520, 521, 522 1, 524 1, 525 1, 527, 529 2, 529 3, 531 2, 534, 536 2, 540, 541 2, 547 1, 553, 553 1, 557, 558 1, 564, 564 2, 564 3, 568 4, 570 3, 573, 574 1, 575 1, 578 1, 579, 581, 581 3, 583 1, 585 1, 585 3, 586 1, 587 2, 587 4, 588 2, 589 1, 590 2, 591 1, 592 1, 593 1, 595 1, 596 2, 597, 600 1, 601, 602 6, 603 1, 607, 613 3, 617.

PantherMedia GmbH (panthermedia.net), München: Shironosov, Dmitriy 369.

Picture-Alliance GmbH, Frankfurt/M.: dpa-infografik 36 2, 36 3, 205 2, 216, 294, 356, 365, 389, 389, 475, 476.

RAL gemeinnützige GmbH, Bonn: 312 1.

Shutterstock.com, New York: Art65395 433; Dewayne Flowers 52; ideldesign 483; Monkey Business Images 370.

stock.adobe.com, Dublin: chesky 463; contrastwerkstatt Titel; Davizro Photography 369; froto 206; goodluz 373; Popov, Andrey 11; RAM 455; rbkelle 292; Reiter, Malte 422; vege 363; ©ChantalS 217.

Stollfuß Medien GmbH & Co. KG, Bonn: 220, 221.

TransFair e.V., Köln: 312 3.

TÜV SÜD AG, München: 312.

Wir arbeiten sehr sorgfältig daran, für alle verwendeten Abbildungen die Rechteinhaberinnen und Rechteinhaber zu ermitteln. Sollte uns dies im Einzelfall nicht vollständig gelungen sein, werden berechtigte Ansprüche selbstverständlich im Rahmen der üblichen Vereinbarungen abgegolten.

Sachwortverzeichnis

A

B